耕地质量培育技术与模式

曾希柏 等 著

中国农业出版社

本专著出版得到以下课题资助:

1. “十一五”国家科技支撑计划课题“耕地地力提升与退化耕地修复关键技术研究（2006BAD05B01)”;

2. “十一五”国家“863”计划课题“退化红壤旱地地力重建与定向调控技术研究（2006AA10Z419)”;

3. “十二五”国家科技支撑计划课题“中低产田障碍因子消减与地力提升共性关键技术研究（2012BAD05B06)”;

4. “十二五”国家科技支撑计划课题“东北平原瘠薄盐碱中低产田改良技术集成示范（2012BAD05B01)”。

主　　编：曾希柏

副 主 编：黄道友　魏朝富　宇万太

编写人员（按姓氏拼音排序）：

白玲玉　段　然　俄胜哲　葛体达　郭熙盛
何传龙　侯立刚　黄道友　李莲芳　李录久
刘守龙　刘武仁　刘兆辉　罗友进　马　强
任　军　苏世鸣　孙　楠　王道中　王立春
王亚男　魏朝富　吴翠霞　闫晓艳　杨思存
宇万太　曾希柏　张　贞　朱捍华　朱　平
朱奇宏

序

人口、粮食、耕地，这些词汇始终困扰着我们国家，以致不敢对之有丝毫的懈怠。原因不难理解，我国人多耕地少，粮食供求紧张，每年要从国外进口大量粮食。我国不仅耕地少，而称得上田面平整、土层深厚、水分供排良好、土壤肥沃、且无明显障碍因素的优质耕地更少。20 世纪 80 年代初全国第二次土壤普查的统计资料表明，高产稳产的优质耕地只占全国耕地总量的 22%。30 余年后之今天又如何？不得而知，不过可以估计：过去 30 年持续的大规模基本建设和城镇化过程中大量占用优质耕地，补偿回来的又多为次等耕地，因此优质耕地的比重必定是下降了。这不能不令人担忧，我国低质量耕地的改良任务是何等艰巨。

广义而言，耕地质量的改善，既包括对一些直接影响作物生长的障碍性因素或破坏性因素的消解，也包括对土壤肥力的培育和养护。前者如侵蚀坡耕地改造梯田、沙化耕地护田林网建设、盐渍耕地水利改良、缺水易旱耕地的农田水利建设等；后者则包括旨在改善耕地特性、提高土壤肥力的技术应用如耕作、轮作、施肥、秸秆还田等。

本书显然不是广泛意义上的土壤改良技术研究成果汇集，而是从土壤学的视角和方法，研究我国耕地质量现状及其修复技术所取得的系列成果集成。无论是辨识引起耕地质量退化的原因，还是探寻改良、修复退化耕地的技术途径，本书无疑是具有重要参考价值的科学著作。本书作者是我国优秀的中年土壤学家，各自领导着一支年轻研究团队，多年来活跃于有关我国耕地地力提升和退化耕地改良、修复这一密切关系我国粮食生产的研究领域，本书是他们的研究成果之一，相信以后还会有更多的学术专著面世。

沈善敏

2013 年 11 月 2 日于沈阳

前　言

本书的写作经历了一个相对漫长、也是相当艰苦的过程。写作的动机始于2008年年底，当时是希望通过本书把我们共同承担的“十一五”国家科技支撑计划课题“耕地地力提升与退化耕地修复关键技术研究”的工作做一个系统总结，并就今后的研究开展一些讨论。但在写作过程中，先后有几部与耕地质量培育相关的专著出版，加上到2009年下半年开始参加国家“十二五”科技发展规划的相关工作，使得本书的完成时间一拖再拖，在内容上也先后进行了多次调整和补充。现在呈献给大家的这本专著，既是“十一五”相关科研工作的总结，又包括了“十二五”国家科技支撑计划课题“中低产田障碍因子消减与地力提升共性关键技术研究”的中期成果。

作为一个发展中的人口大国、农业大国，受自然、社会多方面因素的影响，我国耕地质量不高、存在障碍因子、养分瘠薄、综合生产能力不高的问题较为突出，已成为制约国家粮食安全和农产品有效供给的重要因素。而且，随着人口数量逐年增加、耕地面积逐年减少趋势的继续，单位耕地所承担的生产压力将有增无减，也正因为如此，加强耕地质量培育与保护，提高耕地地力，持续提高单位耕地的综合生产能力，长期以来一直是我国的基本国策，更是农业、特别是土壤肥料科技工作的重点。近年来，特别是“十五”以来，国家持续加大了对耕地质量培育相关科技工作的投入，先后在“973”、国家科技支撑等计划中把耕地质量培育等工作作为重要支持方向之一，有力地促进了相关科研工作的发展，也为提高耕地质量和综合生产能力提供了更加坚实的科技保障。

在国家科技支撑计划的支持下，中国农业科学院农业环境与可持续发展研究所、中国科学院亚热带农业生态研究所、西南大学、中国科学院沈阳应用生态研究所等单位从“十五”后期开始耕地质量培育与退化耕地修复的合作研究，尽管课题资助的强度相对有限，但对已有长期定位试验的延续和结果提升，耕地培育相关科学问题的凝练，特别是对研究队伍的培养与稳定等，均起到了十分重要的作用。也正是在前期合作良好的基础上，课题组研究人员才有了把这些年的合作研究成果整理成专著出版的冲动，大家才有机会聚集在一起开始专著的写作。由于我们所承担的课题主要侧重共性关键技术研究，考虑到专著内容的系统性、完整性，以及不同区域的差异和模式集成等的需要，我们充分吸收了“十一五”科技支撑计划项目“耕地质量调控关键技术研究与示范”中与团队有良好合作、且区域代表性较强的单位承担区域技术模式内容的编著。相关单位研究人员在区域技术与模式的撰写中，展示了良好的合作精神，结合所承担课题的研究进展及所在区域的实际情况，在认真讨论和整理的基础上，提交了各具特色、可操作性很强的技术模式，不仅完善了本专著的内容，也在一定程度上成为了本书的一个亮点。

在系统总结国内外耕地地力培育研究的基础上，本书以整体提升耕地质量和综合生产能力为目标，试图从耕地质量培育的相关理论基础、共性关键技术、区域模式集成等方面出发，对相关问题进行全面、系统的阐述。但是，由于耕地质量培育与退化耕地修复所涉及的范围非常广泛，我们的学识水平又十分有限，因此，最终成稿时尽管在章节上按上述内容进行排列，但未对每个方面的内容单独成篇，目的是避免挂一漏万，给读者留下充分想象和发挥的空间。在本书稿的编著中，我们充分吸收了近年国内外的最新研究成果，结合"十五"以来课题组成员负责的长期定位试验、开展的田间试验的结果，并对全书的结构、内容做了多次讨论和修改，其目的是能尽量展示我们在耕地质量培育、退化耕地修复等方面的最新成果和学术观点，并和同行们进行交流。

在内容方面，本书的结构及各章节的具体内容由曾希柏、黄道友、魏朝富、宇万太4人先后经过多次讨论策划而成。全书初稿撰写完成后，又在重庆集中讨论数天，对各个章节内容进行了详细梳理，并对全书各章的内容分别做了必要的修改。此后，4人又分别对有关章节的内容进行了必要的完善和补充，并由曾希柏最后对全书系统修改、定稿。最终形成的专著共分21章，其中：第1～8章分别就作者对耕地质量的一些基本观点、国内外研究现状与展望，土壤有机质、土壤胶体、土壤物理性质、土壤生物等对耕地质量的影响进行分别叙述，并就耕地质量退化及其调控的理论基础等方面进行了探讨；第9～13章分别就长期定位试验在耕地质量研究中的地位和作用、耕地有机质提升、养分库容增效与结构调控、污染土壤修复、施肥进步对作物生产的贡献等内容进行了分别叙述；第14～21章分别就黑土、棕壤、潮土、紫色土、灌漠土、砂姜黑土、红壤旱地、水稻土等主要类型耕地的质量培育与退化耕地修复模式进行了总结和提炼，希望能形成对相应区域具有一定指导意义的技术模式。

从最初构思到稿子交付的几年中，结合课题的研究工作，先后得到中国科学院亚热带农业生态研究所吴金水研究员、苏以荣研究员，中国农业大学李保国教授、林启美教授，西南大学谢德体教授，中国科学院沈阳应用生态研究所武志杰研究员、张旭东研究员，浙江大学徐建明教授，华中农业大学黄巧云教授，中国农业科学院农业资源与区划研究所徐明岗研究员，中国科学院南京土壤研究所李忠佩研究员，湖南农业大学张杨珠教授、刘强教授，湖南省土壤肥料研究所罗尊长研究员，以及此处未提及姓名的许多前辈科学家、领导和专家的悉心指教，使我们课题的研究成果不断提炼，也使得本书的内容不断深入和完善。本书完成过程中，中国科学院沈阳应用生态研究所沈善敏先生对其中的许多章节给予指导，并亲自为本书作序，对我们的工作寄予了殷切希望，在激动与感谢之余，让我们备感身上的担子更重、责任更大。同时，参加"耕地地力提升与退化耕地修复关键技术研究"以及"中低产田障碍因子消减与地力提升共性关键技术研究"课题的所有成员对本书的出版给予了大力支持，并无偿提供相关研究资料。中国农业出版社贺志清编辑等人为本书出版做了耐心、细致的工作。在此，谨向为本书出版作出贡献的老师、专家们致以衷心的谢意和诚挚的敬意！

受编著者水平和专业等诸多方面的限制，本书中肯定还存在许多不当、甚至错误的地方，特别是在参考文献的引用等方面因诸多原因难免还存在不少遗漏，书中提出的一些观点也较简单、肤浅，尚待进一步完善和深入探讨。同时，由于每章作者的理解及研究侧重点等方面存在一定差距，全书中各章在写作风格上亦存在较大差别，尽管全书成稿后，由曾希柏研究员做了反复、多次修改，书稿付印前又由曾希柏、黄道友、朱奇宏等人仔细阅读和修改，但读者在阅读时还是可以发现疏漏之处。在此，我们恳请广大同行、读者批评指正。

编著者

2013年10月

目　　录

第一章　耕地质量及其影响要素

耕地是人类赖以生存的物质基础，也是人类最早开发利用的自然资源之一，保护耕地资源的数量和质量，是每个国家的重要国策。改革开放以来，我国用占世界不足9%的耕地和不足世界平均1/3的水资源养活了占世界近21%的人口，为保障国家粮食和食物安全、维护社会稳定、促进世界和平与发展做出了重要贡献。但与此同时，由于耕地资源的高集约化利用，以及施肥、耕作和管理等方面的问题，近年来耕地质量和生产力下降的问题十分突出。国土资源部历时10年，根据自然条件、基础设施、农业生产技术及投入等进行综合调查与评定，结果表明我国优等和高等耕地的面积总计不足耕地面积的1/3，2/3以上的耕地为中低产田。因此，加强耕地质量培育与退化耕地修复技术研究，已成为当前我国土壤学、特别是农业土壤学的研究热点。

第一节　耕地质量与土壤肥力

在土壤学研究中，通常没有把耕地和土壤的概念严格加以区分，但实际上二者是有较大区别的。土壤的概念无疑比耕地要广泛得多，而耕地则可以理解为仅仅是作为农业利用（主要是种植农作物）的土壤。而且，由于耕地更多的是在人工干扰下的土壤，因此，其理化性质、肥力状况等均与自然土壤有很大的差异，特别是氮素含量、土壤剖面层次、土壤微生物组成等，均具有十分显著的差异。从某种意义上说，研究耕地和研究土壤，在相应的理念、方法上也应该有所不同，其目标也不尽一致。

一、土壤肥力的基本概念

一般而言，土壤被认为是地壳表层的岩石、矿物及其风化产物在成土因素（如生物、气候、地形、时间等）综合作用下形成的疏松多孔结构表层，是一个独立的历史自然体，也是从形态、组成、结构以及功能上都可以剖析的物质实体。从农业利用的角度看，土壤是农作物生长的重要介质，是农作物生长所需养分、水分的主要供给者。所谓“土者、吐生万物”实际上主要是针对土壤的生产功能，或者说是从耕地的属性而言的，在农业“八字宪法”中把“土”放在第一位，应该说也大多是出于土壤的生产功能。实际上，从农学的角度出发，耕地的质量状况才是政府、农民、农学家最关注的。近年来我国连续多年发布的中央1号文件中，均把提高耕地质量和生产力、稳定耕地面积放在十分重要的位置，这既符合我国国情，也是对建设高产稳产农田、提高农业综合生产能力重要性的有力证明。

耕地质量和土壤肥力是相互联系、密不可分的两个概念，也是近年来土壤学研究中出现频率最高、受到研究者关注和重视的研究方向，因此，研究耕地质量首先必须谈土壤肥力。但是，作为土壤、特别是耕地基本属性的土壤肥力，其概念与土壤的概念一样，迄今为止尚未统一。长期以来，不同的土壤学家对土壤肥力的理解总是存在这样或那样的差别，我国古代的“土敝则草木不长、气衰则生物不遂”，是对土壤肥力的最形象的认识，古希腊和古罗马对土壤肥力的认识亦有相似之处。到了现代，特别是从李比希（J. F. Liebi）、道库恰耶夫（B. B. Докучаев）、威廉斯（B. P. Вильямс），到法鲁（F. A. Fallow）、李希霍芬（F. V. Richthofen）、拉曼（E. Ramann）等，到马伯特（C. F. Marbtu）、H. 詹尼（Jenny Hans），再到近代日本土壤学家，我国老一辈土壤学家侯光炯、李庆逵等，其对土壤肥力的理解均有各自的观点，这也在很大程度上丰富和发展了土壤肥力学的理论与方法。日本土壤学家冈岛秀夫（1983）在其《土壤肥沃度论》中认为，土壤肥力是土壤满足植物对于水分和养分要求的能力，即具有作为作物根生长环境的条件，并通过根来供给作物与其生长相适应的水分、养分的能力；金野隆光（1983）等在其《土壤培肥原理》中则认为，土壤肥力的概念应包括两层含义，即生产能力（产生生物量的能力）和抵抗能力（即对低温、过湿、干旱、病虫害等不良条件的抵御能力），土壤培肥的目的不仅在于提高土壤为植物生长提供必需的水分和养分的能力，更主要在于提高土壤对不良外界条件的忍受能力，依据相关性状可以将耕地的肥力分为3个级别。在熊毅、李庆逵主编的《中国土壤》（1987）中，对土壤肥力的阐述为：“肥力是土壤的基本属性和质的特征，是土壤从营养条件和环境条件方面，供应和协调植物生长的能力。土壤肥力是土壤物理、化学、生物等性质的综合反映，土壤的各种性质都能通过直接或较为间接的途径，影响作物生长”。《中国农业百科全书·土壤卷》中对土壤肥力的描述亦与此相类似。《土壤学名词》（1998）中，对土壤肥力的阐述为“土壤是陆地表面由矿物质、有机物质、水、空气和生物组成，具有肥力，能生长植物的未固结层。土壤肥力是土壤能供应与协调植物正常生长发育所需的养分、水、气、热的能力”。侯光炯（1982）认为土壤肥力是“土壤持久稳定地供应植物水分、养分要求的能力”，这种能力的表现是以复合胶体在太阳辐射热的周期变化影响下，土壤具有自动调节热、水、气、肥的功能和供应水分、养分的稳、匀、足、适程度。陈恩凤（1993）在系统研究了土壤中微团聚体的组成和性质等基础上认为，土壤肥力的整体状况必须从“体质”和“体型”两方面来探明，不同粒径的微团聚体组合具有对土壤中水、肥、气、热的保持和协调作用，对土壤疏松层的形成和稳定作用，还密切影响着土壤酶的种类和活性，因而可以作为评价土壤肥力水平及其调控能力的综合指标。从某种意义上说，尽管受研究和认识角度差异的影响，不同学者对土壤肥力及其本质的认识有所差别，但从整体看，土壤肥力的概念不仅包括了土壤各组成成分、土体构型的特性和功能，而且也体现了土壤整体的综合特性与功能。

土壤作为一个有生命的活的自然体，土壤、特别是耕地的肥力不仅应该表现为在一定条件下稳、匀、足、适地供应植物生长所必需的养分和水、气、热的能力，而且还应该包括对外源无机及有机物质特别是养分、污染物等的缓冲能力，以及对养分、水分、热量和空气的储存能力。简单地说，土壤肥力应该包括3个能力，即对水、肥、气、热的供应能力，储存能力，以及对外来物质的缓冲能力，只有这3种能力都达到最佳状态，土壤肥力才是最高的。

二、耕地质量的定义及内涵

耕地质量是从土壤质量演变而来的，是对广义的土壤质量在农业土壤（耕地）中的表述，因此，我们说耕地质量的定义，首先得从土壤质量说起。土壤质量（Soil Quality）的概念始于20世纪90年代初，是随着世界人口增长、对粮食和食物需求量急剧增加，以及全球气候变化等背景下，土地的过度开发利用发生退化并对农业可持续发展构成严重威胁的背景下提出来的，也是适应土地保护和综合生产能力提升等需求提出的。一般认为，它是“与土壤利用和土壤功能有关的土壤内在属性”。1995年联合国粮农组织、世界银行、联合国开发计划署、联合国环境规划署共同建立的土地质量指标体系，认为土地质量是一个范围，是与农业生产、林业生产、环境保护、管理等各种土地利用的需求相关的土地条件，是维持生态系统和动植物健康而不发生土壤退化及其他生态环境问题的能力（FAO，1993）。Rossiter（1996）则认为土地质量是土地一个复杂的属性，是土地满足某种利用类型特定要求的能力。如曹志洪、周健民等（2008）在系统总结国内外研究成果的基础上，认为土壤质量是“土壤提供食物、纤维、能源等生物物质的土壤肥力质量，土壤保持周边水体和空气洁净的土壤环境质量，土壤容纳消减无机和有机有毒物质、维护人畜健康和确保生态安全的土壤健康质量的总和度量”。这种概念实际上是对已有研究的高度概括和总结，具有较强的可操作性。由于土壤本身所具有的多重属性，因此，要对土壤质量赋予一个非常严格、完整的概念是很难的，无论从哪个角度出发，所提出的概念均可能会或多或少带有某些片面性。

近年来，随着粮食和食物安全、全球气候变化等问题的出现，在土地和水资源增长十分有限以及生态环境整体状况变差等大背景下，不断提高单位耕地的综合生产能力，以满足人口增长、食物结构改善等对粮食和食物的需求，已成为影响国家经济发展和社会稳定的重要因素。在此背景下，我国政府大幅度强化了对耕地质量、生态环境建设、循环农业等与农业综合生产能力相关领域研究的支持，如在“十一五”国家科技支撑计划中启动实施了“耕地质量调控关键技术研究与示范”、“沃土工程关键技术研究与示范”、“农田污染综合防控关键技术研究与示范”等项目，不仅大大强化了耕地质量培育与提升技术研究的相关工作，也在很大程度上提高了社会各界对耕地质量重要性的认识。通过多年的研究，形成了一系列具有良好效果的耕地地力提升技术和物化产品，对依靠科技提高耕地质量和综合生产能力、保障农业可持续发展等，均具有十分重要的意义。但是，由于耕地质量决定因素的复杂性以及耕地质量研究的非系统性等，因此，目前还缺乏严格的耕地质量定义。如《全国耕地地力调查与质量评价技术规程》中，将耕地质量定义为“耕地满足作物生长和清洁生产的程度”，包括耕地地力和土壤环境质量两个方面。

根据我们的理解，耕地质量是指“在正常的施肥和管理等情景下，耕地供给作物生长所必需的水分和养分、并获得相应的收获物，以及维持其原有肥力和生产力、保持土壤生态系统健康、有效抵御不良外界条件（低温、高温、干旱、淹水、病虫害等）、缓冲外来物质的能力”。或者说，耕地质量至少应该包括耕地对养分和水分供应能力，耕地的维持能力，耕地的生产能力，耕地对不良外界条件的抵御能力以及耕地对外来物质的缓冲能力5个方面。

耕地的养分供应能力是指耕地在正常耕作、施肥和管理下，稳、匀、足、适地供应作物养分和水分，并保障作物健康生长的能力。它要求耕地养分和水分的供应不仅数量上能满足作物生长的需要，而且在供应强度和供给时间上也应该满足作物不同生长阶段的需要，即耕地对养分和水分的供应必须与作物的需求相协调、一致，使二者之间保持同步，这样才能保证作物的高产、稳产和优质。

耕地的维持能力是指耕地在相应的农业措施下保持并不断提高养分和水分供应，促进地力不断改善和提高，实现“地力常新”的能力。它要求耕地不仅有较强的养分和水分供应能力，而且还必须在正常的耕作管理和培肥措施下使这种能力得到保持并逐渐提高。实际上，这种能力也是提高耕地质量、保证农作物优质高产高效、实现耕地可持续利用的必要条件，是保障国家粮食安全、食物安全、生态环境安全，建设现代农业的基本前提。

耕地的生产能力是指单位耕地中生产农产品的能力，它要求不仅能保证农作物高产，而且还必须做到稳产，并同时达到优质、高效、生态、安全的目标。尽管我们通常可以用单位面积产量来表示耕地的生产能力，但这实际上仅仅是一个相对的指标，在农产品质量、效益及安全等方面，通常很难用一个量化的指标来衡量。

耕地的抵御能力是指其对不良外界条件（如温度过高过低、水分过量与不足等）的抵抗能力。或者说，是指在不良外界条件影响下耕地保持其原有生产力的状况，很显然，作物生长和产量受不良外界条件影响越小的耕地，其质量也越高。由于在大多数时候，我们可以通过施肥补充养分、通过排灌调节水分来提高作物产量，可以通过增施有机肥等措施来培肥耕地，提高其维持能力和生产能力，但要提高其抵御能力则困难大得多，因此，从某种意义上来说，耕地抵御能力强弱，可能是直接决定其质量高低的关键因素。

耕地的缓冲能力不仅是对外来有害物质（如重金属、有机污染物等）而言，对养分和水分也同样是需要的，或者说，耕地不仅要具有对养分和水分的缓冲能力，而且同时还必须具有对外来有害物质的缓冲能力。在一定范围内，耕地对养分和水分的供应能力不因施肥或灌溉量的改变而发生很大的波动，对外来有害物质则可将其对作物的影响降低到最小限度，以保障作物优质高效和安全生产。

第二节　耕地质量与土壤理化性质的相互关系

耕地质量的状况，在很大程度上与其理化性质是直接相关联的。现阶段在我们还没有明确的指标直接表示耕地质量的前提下，耕地的有机质和养分含量、水分供应状况、物理性质等指标，也成为直接反映耕地质量状况的重要标志。

一、土壤有机质含量与耕地质量

土壤中有机质的含量及其存在形态对土壤的一系列性质均具有十分重要的影响。当自然植被下的土壤被开垦为耕地时，在人类一系列耕作、管理措施的作用下，原有自然生态系统中固有的平衡被打破，并在一定的农业生产等条件下形成新的平衡，这也使得土壤中的有机质含量出现较大范围的变化。一般而言，土壤中有机质含量会随着开垦后耕种年限的延长而呈现出下降的趋势，但在达到一定水平时可维持动态平衡；也有部分本来有机质含量很低的自然土壤如第四纪红土等，经过人工开垦培肥后，有机质含量有较大幅度的提升，并在较高的含量水平下维持新的动态平衡。受立地条件、气候条件及耕作水平等诸多因素的影响，耕地中有机质含量的变化通常会很大，这不仅与母质、地形、水分状况、土壤结构等密切相关，更重要的是与其对应的耕作管理、作物种植类型及施肥的关系十分密切。因此，用耕地有机质含量来评价其质量状况时，必须充分考虑其立地条件、作物类型等各种因素，并结合土壤的其他理化性质及相关性状等进行，才能使评价结果尽量客观。

土壤有机质含量由于与养分和水分的供应及保持能力、土壤结构、土壤耕性、土壤微生物数量和组成等诸多因素密切相关，同时也在很大程度上直接影响作物的生长、产量和品质，因此，在很多场合均将其作为土壤质量的一个重要指标。实际上，耕地中有机质的形成也是在气候、地形、母质及质地、植被、耕作管理等诸多因素的共同作用下，经过一个漫长的过程逐步转化形成的，并在土壤中形成动态平衡，其中腐殖质的结构与功能更是在很大程度上取决于上述因素的综合影响。在大多数情况下，对同一地区、同一母质发育且种植作物类型相同的耕地而言，有机质含量较高意味着耕地的质量也相应较高，这也是把有机质作为评价耕地质量指标之一的重要依据。

二、土壤养分含量与耕地质量

耕地的养分供应状况直接影响作物对养分的吸收利用，并由此影响作物的产量和品质，因此，是决定耕地质量的重要指标。一般认为，碳、氢、氧、氮、磷、钾、钙、镁、硫、铁、锰、锌、铜、钼、硼和氯 16 种元素是植物生长所必需的，硅、钴、钠和钒等元素有时也被认为是植物营养的必需元素。其中，植物对氮磷钾等矿质营养的吸收量相对较大，因而被称为是植物营养的“三要素”。实际上，植物生长所需的大多数营养元素主要来自土壤，但氮素通常是母岩所不具备、需要在成土过程中逐步累积的。土壤中的氮素主要为有机氮，并且土壤全氮含量一般随有机质含量的变化而变化。耕地中的氮素主要是依靠施用氮肥、生物固氮、降水和降尘、灌溉水和地下水补给、土壤吸附等途径获得，其含量变幅通常在 0.2～2.0g/kg之间。土壤中磷钾等元素在大多数情况下也很难满足作物高产稳产的需要，因此，在农业生产实际中经常要通过肥料的施用来补充。

由不同母质发育的土壤，受母质特性、气候、植被、地形等因素的影响，其中的养分含量及比例会有很大差异。自然土壤经开垦后，受人类活动的影响，其养分的投入量、种植的作物类型及产量、作物对养分的吸收量等也存在很大的差异，因此，土壤养分含量及比例的差别更大，且主要决定于进入与输出土壤生态系统的养分数量，并在一定条件下维持一种动态平衡。尽管耕地对养分的供应量与强度在很大程度上与其质量密切相关，但由于耕地的养分并非取之不尽、用之不竭，会随着作物的吸收及投入量等而呈现出不同的变化趋势，而且，土壤对养分的供应能力也往往与其含量有一定差异，加上土壤养分含量在某些情况下也并非是越高越好，因此，如果以土壤养分含量等指标来评价耕地的质量，其结果往往会与实际情况出现较大差别。

三、土壤质地与耕地质量

质地是耕地最重要的物理性质，在生产实际中常被视为耕地最重要的特性。土壤质地是由大小粒径不同的矿物质颗粒含量比例组成的，在很大程度上取决于成土母质的特性，此外，气候条件、地形以及耕作、客土等人为活动也在很大程度上影响耕地的质地。由于土壤颗粒本身保持了一定量的土壤矿质养分，而颗粒组成则对土壤的水、肥、气、热具有调节功能，因此，土壤质地在许多情况下也被认为是评价耕地质量的一个重要指标。在我国，除山地丘陵区外，土壤质地通常以壤质为主，包括壤土、粉沙质壤土、黏壤土等，约占土壤总面积的 60％左右，而沙质土（包括沙土、壤质沙土和沙质壤土）和黏质土则大约各占 20％，其总的分布趋势为北部和西北部地区土壤质地偏轻、偏沙，而南方地区土壤则多偏黏。但对耕地而言，受人类耕作等活动的影响，其质地通常以壤质为主。

由于土壤质地与其养分和保肥供肥性、水热状况等密切相关，因此，不同质地的土壤，其生产性能差异很大。沙质土壤一般空隙较大，且以非毛管空隙为主，土粒的结构性差、保水保肥能力差、养分含量低，但松散性和透水性较好，该类土壤中种植的作物容易出现前期生长快、后期脱肥早衰现象。黏质土壤的黏粒含量较高，毛管空隙多、土壤通透性较差，既不耐旱也不耐涝，适耕期短、耕性差，但保肥性好，该类土壤中种植的作物容易出现前期发苗慢、后期生长过旺现象。因此，耕地的质地状况常作为合理利用与管理耕地的重要依据，也是评价耕地质量的重要指标。但是，由于耕地的质地状况与其生产力、养分供应等的关系十分复杂，且对其质地进行量化表达也存在诸多问题，因此，尽管其与耕地质量关系密切，但用它作为评价耕地质量的一个指标至少在目前还存在许多问题没有解决，或者说在很大程度上也很难成为评价耕地质量的直接指标。

四、土壤水分特性与耕地质量

土壤水在土壤的形成过程中具有十分重要的作用，是土壤中溶质运移、物质转化等许多化学、物理和生物学过程必不可少的载体，对作物的养分吸收和生长、土壤通气状况调节等具有十分重要的作用，同时也是作物吸收水的最主要来源，是自然界水循环的一个十分重要的环节。因此，土壤水的研究也是土壤学研究中最早和文献量最丰富的领域之一。实际上，土壤水并非纯水，而是稀薄的溶液，其中不仅有各种溶质如矿质养分、易溶性有机物等，而且还可能有土壤或有机质的胶体颗粒悬浮、分散于其中。在大多数研究中，一般根据所受力的不同将土壤水分分为吸附水（束缚水）、毛管水和重力水，其中毛管水和重力水是与土壤质量关系最为密切的两种形态水分。在地下水较深时，降水或灌溉水进入土壤，并借助于毛管力保持在土壤表层的毛管孔隙之中，且与地下水并不相连，好似悬挂在表层土壤中一样，因而称之为毛管悬着水。当毛管悬着水达到最多时的土壤含水量常称为田间持水量，它主要受土壤质地、结构、有机质含量、土壤的松紧状况等因素影响，是确定耕地灌水量的重要依据，在农业生产中具有十分重要的作用。但如果按照植物吸收利用的难度，则又可将土壤水分为无效水和有效水两部分，很显然，对耕地而言，能被作物利用的有效水含量范围越大、所保持的有效水量越多，或者说土壤水的有效性越高，则对作物水分养分吸收和生长就越有利，这样的耕地质量也越高，当然也是农业生产实际中所需要的。

由于土壤的水分状况与质地组成、养分运移和有效性、物质转化、氧化还原状况、微生物组成和活性等诸多因素相关联，并在很大程度上影响作物的生长和产量，因此，在评价耕地质量时，通常要考虑其水分的特性。但是，耕地的水分特性除在很大程度上与其本身的质量相关联外，又在很大程度上可以通过灌溉、水分管理等方式来调节，所以，如果用耕地水分状况指标来评价其质量，在很多时候不一定合适，仅在某些情况下可以作为参考指标来应用，且一般是与土壤颗粒组成、通气状况等综合起来考虑。

五、土壤有害物质状况与耕地质量

土壤中对作物生长具有毒害等作用的物质（重金属、有机污染物等）含量及其活性也是直接影响耕地质量的重要因素。在通常情况下，有害物质的含量越高、活性越强、对作物生长的影响越大，则耕地质量也会相应受到影响。但是，耕地中有害物质、特别是重金属和部分有机污染物的含量达到一定水平时，尽管所生产的农产品中的含量可能已经超过了国家食品质量标准，但并不一定会对作物的生长和产量构成相应的威胁，或者甚至对作物生长和产量具有促进作用。所以，如果用有害物质的含量来评价耕地质量时，不能单纯用其含量作为标准，必须综合考虑其对农产品质量的影响。

土壤中的有害物质通常包括无机污染物（重金属、氟、盐碱、酸等）和有机污染物（如酚类、氰化物、有机农药、多氯联苯类、有机悬浮物及含氮物质、石油、3，4-苯并芘等）两大类。土壤中有害物质的输入途径除地质异常（主要是重金属等）外，主要来自工业废气、废水和废渣（即工业“三废”），以及化肥农药等农用化学品、畜禽粪便、城市垃圾和废水，以及生活废弃物等。实际上，在大多数情况下，由地质异常带来的有害物质含量超标因为大多以矿物态存在、作物有效性较低等，通常其危害性相对较小，人类活动导致土壤中有害物质含量超出其自净能力，且逐步达到并超过其环境容量，这才是对耕地质量、作物生长等影响最大的。近年来，随着农用化学品投入量大幅度增加，以及部分地区集约化养殖场畜禽粪便的大量施用等，由此带来的重金属（Cd、As、Cu、Zn 等）及有害微生物等也呈逐渐增加的趋势，对农业生态环境带来了较大风险。强化对农用化学品、畜禽粪便等投入品的质量检测，已成为保护农业生态环境的重要内容之一。

近年来，随着农田生态系统有害物质输入途径增多、对耕地含量增加和农产品质量影响的增大，以及对农产品质量安全问题的重视等，耕地有害物质含量、来源、转化及作物有效性等相关研究也愈来愈多，对强化农民的环境保护意识、保护耕地质量、减少有害物质的危害等起到了十分重要的作用。同时，针对耕地中有害物质状况及其与农产品质量的关联，国家已陆续出台了一系列与耕地质量相关的国家（或部门、地方）标准，对规范农产品安全生产、促进耕地质量建设与保护、构建资源节约型和环境友好型现代农业等，均具有十分重要的指导作用。

第三节　影响耕地质量的主要因素

研究耕地质量的目的主要是为了耕地质量培育，探讨不同措施对耕地质量的影响，通过建设高产稳产耕地提高其生产力、保障农业持续稳定发展。但是，由于农业生产的复杂性，作物生长和产量不仅取决于耕地质量，同时也在很大程度上取决于外界因素如气候条件、作物品种、农业措施等，或者说在很大程度上是取决于耕地在一定条件下能否正常发挥出其生产力。所以，如果忽略耕地所处的环境条件、忽略人类活动对耕地生产力产生的影响等因素来单纯研究耕地质量，可能是毫无意义的。

一、耕地质量与土壤生产力

一般而言，土壤生产力是指土壤在正常耕作、管理等条件下生产农产品的能力。土壤生产力和土壤肥力之间既紧密相连又有所区别，之所以说二者紧密相连，是因为土壤肥力在某种程度上说是土壤生产力的基础，即肥力高的土壤，一般情况下其生产力也较高。但是，由于二者之间的这种正相关在很大程度上是建立在土壤肥力能否得到正常发挥的基础之上的，因此，影响土壤肥力发挥的外界条件都在很大程度上决定了土壤生产力的高低，这也是二者的区别之所在。也就是说，仅有高肥力的土壤是不够的，同时还必须有发挥土壤肥力的良好外界环境，使土壤肥力能有效表达出来，才能充分发挥其生产力。

从前面对土壤肥力的讨论，我们大致可以看出耕地质量与土壤肥力实际上也是两个既紧密相连又有所区别的概念，从这个角度看，耕地质量在很大程度上与土壤生产力也是紧密相连的。基于耕地质量与土壤生产力的相互联系，在许多情况下，我们可以把土壤生产力作为评价耕地质量的一个重要指标，或者直接将耕地的地力产量作为评价其质量的重要依据。一般而言，耕地的生产力越高，其质量越好，反之其质量一般较低。但必须注意的是，即使质量基本一致的耕地，在不同的耕作管理等条件下所表现的生产力也差异很大；在质量较差的耕地中，我们也可以通过增加养分的投入、加强水肥管理、种植高产农作物品种等措施，提高其单位面积的生产能力，因此，我们也可以认为耕地质量的发挥在很大程度上是受人为因素影响的。

此外，与土壤肥力一样，较为例外的情况可能会出现在障碍耕地中，即对有障碍因子的耕地，我们通常在根据生产力进行其质量评价时，大多数情况下会认为其肥力差或质量不高，但一旦排除障碍因子，其生产力就可以显著提升或者甚至成为高产耕地。如南方地区的冷浸田，由于地处寒冷阴湿的环境，导致耕地整个土层的温度较低，使土壤肥力得不到正常发挥、作物生长发育晚且产量低，即使土壤本身肥力较高也难以表达出来，但只要采取必要的措施如开深沟等排除地下水的干扰，消除障碍因子，耕地的生产力就会得到较大幅度的提升。对于这种类型的耕地，如果我们仅根据生产力来评价其质量状况，在很多情况下是有失全面的，或者说至少与其实际情况是有所出入的。

二、气候条件对耕地质量的影响

由于土壤本身就是在生物、气候、母质、地形、时间等自然因素和人类活动的综合作用下的产物，因此，上述影响土壤形成的各要素同样对耕地质量产生十分重要的影响。气候条件不仅影响土壤的形成，同时也是影响耕地生产力发挥的重要外因，因而也对耕地质量具有十分重要的影响。

气候条件对耕地质量的影响一是表现在气温方面。由于作物生长、土壤中的生物化学过程等均与温度具有十分紧密的关系，而土壤的温度状况在很大程度上是在太阳辐射平衡、土壤热量平衡和土壤热学性质共同作用下的结果，因此，尽管不同质量状况的耕地受气温的影响状况可能会有所差异，但其所呈现出的日变化、季节变化和年变化规律是基本一致的，只是其变化幅度、对气温变化的响应时间等不同而已。一般而言，在较高的温度下，土壤中的理化反应速度快、微生物活性强且代谢旺盛、作物生长速度也较快，因此，有机质的分解和养分的转化等也较快，其对耕地质量的直接影响是贫瘠化，有机质和养分含量相对较低，如我国南方丘陵区红壤旱地，其有机质和全氮含量分别仅 14.6～21.8g/kg（平均约为 18.7g/kg）、0.64～1.52g/kg（平均约为 0.91g/kg）；而当气温相对较低时，尽管作物的生长可能较慢，但由于土壤中各种理化反应的速度也较慢、微生物的活性也较弱且代谢相对较差、有机质的分解和养分转化等也相应较慢，因而耕地质量反而较高，有机质和养分的含量也较高，如我国东北地区的黑土等，其有机质和全氮含量可达 18.0～39.0g/kg（平均约为 26.0g/kg）、1.02～3.56g/kg（平均约为 1.63g/kg）。

降雨量及降雨时期等作为一个重要的气候因素，也是影响土壤水分等状况的重要因素。我国旱作农业面积大，北方旱作农区主要依靠降雨来满足作物生长对水分的需要，因此，降雨量及降雨时期等也在很大程度上决定了作物的生长及产量。由于降雨与土壤水分状况密切相关，因此，也在很大程度上直接影响上壤湿度和通气性、土壤氧化还原状况等，并在土壤的形成、肥力状况等方面发挥着重要、有时甚至是决定性的作用。实际上，通过降雨进入土壤中的水分，在土壤中是以溶液的形式存在的，其中不仅含有各种溶质，同时也有胶体颗粒悬浮或分散于其中，并在土壤剖面的土层中运移，使土体内的物质不断发生交换；同时，土壤水还参与土壤中矿物质风化、有机物的合成和分解等过程，势必影响到作物的生长和土壤的物理、化学、生物学过程。所以，降雨等气候因素对耕地质量的影响在很大程度上是直接的，且其影响也是巨大的，加强耕地的水分管理，充分利用好降雨因素调节土壤的水分状况，不仅对耕地质量培育，而且对耕地生产力的有效发挥等，均具有十分重要的意义。

气候条件中的另一个重要因素是光照，由于光照不仅影响气温，而且还同时将对空气湿度等产生相应的影响，因此，对耕地质量的影响也是十分巨大的。实际上，光照也是作物进行光合作用的能量来源，对作物的生长和产量将产生直接影响，因而也必将通过作物的生长等影响耕地有机质含量及养分活性等，从而影响耕地的质量状况。一般而言，适宜的光照有利于作物生长发育，是保证作物高产稳产的必要条件；而当光照较弱或过强时，作物光合作用受到抑制，与耕地的养分、水分供应以及土壤温度等相互间不能很好地协调一致，最终必将导致作物产量低、品质下降，同时耕地中累积的有机物也较少、土壤微生物的活性较差、土壤养分活性也较差，耕地的质量也将受到相应的影响。

由于气候要素之间是相互联系、相互影响和制约的，一个气候要素的变化必将引起其他要素的变化，如太阳辐射时间、辐射强度的变化，会同时引起气温、大气湿度等诸多要素的变化，并可能对耕地质量的变化带来相应的影响。而且，气候要素的变化同时也将引起土壤相关要素的改变，并由此影响耕地质量及其在生产实际中的表达。因此，我们在评价某个气候要素对耕地质量的影响时，必须将其与相关要素的变化联系起来综合考虑，不能排除与之相关要素的综合影响，因为只有如此，其评价结果才更加客观，也更符合实际情况。

三、成土母质特性对耕地质量的影响

母质是土壤形成的基本要素，也是直接决定耕地质量的重要因素。母质对土壤质量的影响主要表现为母质的元素含量和比例、矿物组成、理化性质等对耕地相关要素的直接作用，在同一气候、耕作、管理等条件下，不同母质发育的土壤，其理化性质差异较大，也直接决定了其质量状况。由不同母质发育而成的耕地土壤，尽管在人为耕作管理下理化性质变化很大，但在很大程度上还是与母质特性密切相关，只是其中部分性质变化较快、保留母质特性较少，部分性质变化较慢、保留母质的特性就较多。

母质对耕地质量的影响首先表现在其养分含量和组成上。耕地中多数矿质养分主要来自于母质，如钾、钙、镁、铁、铜、锌、磷、硅等，如果母质中某种矿质养分的含量较高，一般风化所形成的土壤中相应养分的含量也较高，反之亦然。如钾长岩风化后形成的土壤一般钾素含量较高，斜长岩风化后形成的土壤一般钙含量较多，而由磷含量较高的石灰岩母质形成的土壤则磷素含量一般也较高、且土壤含钙量也较高。曾希柏（2003）在湖南祁阳的调查结果，在同一地区由紫色砂页岩、第四纪红土、花岗岩3种母质发育的土壤，其开垦为耕地后由紫色砂页岩母质发育的红壤旱地中 P_2O_5、K_2O 含量分别为0.71和29.8g/kg，交换性Ca、交换性Mg含量为48.6和2.1cmol(+)/kg；第四纪红土母质发育的旱地中 P_2O_5、K_2O 的含量分别为0.58和14.4g/kg，交换性Ca、交换性Mg含量为0.6cmol(+)/kg和痕量；花岗岩母质发育的旱地中 P_2O_5、K_2O 的含量分别为0.27、40.4g/kg，交换性Ca、交换性Mg的含量分别为1.2、1.6cmol(+)/kg，土壤中其他元素的含量亦表现出相应的差异。当然，在农业生产实际中可以通过人为措施增加耕地中某些营养元素的含量，如可以通过施用含氮磷钾的化肥和有机肥来提高耕地的氮磷钾含量，从而改善其质量。

母质对耕地质量的影响其次表现在土壤质地组成等物理性质上。由于不同母质的抗风化能力不同，因此，土壤中沙粒、黏粒的含量也有较大差别，如由花岗岩母质发育的红壤旱地中，土壤沙粒含量较高、且以石英为主，土壤质地通常为沙质壤土、沙质黏壤土等，并夹杂石砾，＜0.002mm 黏粒含量仅 200～320g/kg，这对耕地质量带来的直接影响是养分流失较快，但培肥较易；而由第四纪红土发育的红壤旱地，土壤主要由黏粒组成，＜0.002mm 黏粒含量通常达 550～880g/kg，且质地均一、土壤黏性强，导致其通气性差、培肥难度也较大。母质特性的差异，在影响土壤各级土粒组成的同时，也对其通气性、结构性及水分特性等一系列物理性质带来相应的影响。如由花岗岩母质发育的旱地，由于沙粒含量多、黏粒含量少，土粒间孔隙大、通气性好，降水和灌溉水容易进入土壤，但蓄水量少且蒸发失水强烈，水汽可由大孔隙扩散至土壤表面而损失，因此，该类土壤的热容量较小，温度变化受气温的影响大，保水能力差，抗旱能力弱。由第四纪红土发育的旱地，黏粒含量高、粗粒含量低，常呈紧实黏结的固相骨架，土粒间孔隙小，降水和灌溉水难于进入土壤，水分在土壤中扩散慢、排水困难且通气不畅，但保水性强，该类土壤热容量大、昼夜温差小，春季土温上升慢，但短期寒潮侵袭时降温也慢，由于保水能力较强，因而抗旱能力也强。

母质对耕地质量的影响还可表现在土壤其他理化性质的差异上。由于母质特性的差异，不同母质发育而成的耕地理化性质的差异也很大，同样以在湖南祁阳的调查结果为例，由紫色砂页岩、花岗岩、第四纪红土和板页岩 4 种母质发育的土壤，其开垦为耕地后的 pH 分别为 8.1、4.8、4.7 和 4.8，土壤交换性酸含量分别为 0.76、5.81、5.32 和 3.61cmol/kg，很显然，土壤的酸碱性与母质特性的关系是十分紧密的。母质对耕地保肥供肥性能影响也是十分显著的，如花岗岩母质发育的红壤旱地沙粒含量高、养分含量低，由于通气性好、有机质分解快、累积少，导致其保肥性差，养分在土壤中极易流失，施肥后易导致肥效猛而后劲不足，被农民称之为“少施肥、一把草，多施肥、立即倒”。而由第四纪红土母质发育的旱地土壤，黏粒含量高且钾、钙等矿质养分含量丰富，由于通气性较差、土壤中有机质分解慢、累积较多，土壤对阳离子的吸附能力较强，养分在土壤中不易被流失，施肥后肥效较慢但后劲较足，不发小苗，且常常导致作物贪青晚熟。

母质对耕地质量的影响同样表现在其耕性的差异上。很显然，耕地的耕性在很大程度上与质地是密切相关的，因此，母质特性在影响耕地质地的同时，也对其耕性产生十分重要的影响。同样地，由花岗岩母质发育的红壤旱地，土体松散，较易耕作，但对土粒大小相近的细沙土和粉沙土等，在淹水后易结板闭结，即出现“闭砂”现象，导致耕作困难。而由第四纪红土发育的红壤旱地，土体紧实、犁耕阻力大、耕性较差，这类土壤在有机质含量较低时，湿胀干缩现象严重，干后经常出现龟裂，严重影响作物生长。此外，成土母质的层次分布由于直接决定了耕地的剖面质地组成，因而也对土壤的耕性产生十分显著的影响，同时还对土体中的水分运移、肥力发挥等产生十分深远的影响，如在华北平原沙土剖面中有中位或深位黏土夹层的耕地，由于黏土的透水性较差，可提高土壤的抗旱和保水保肥能力，有利于耕作、施肥、灌排等农事措施的实施，同时也有利于作物生长发育，是一种良好的土壤质地剖面类型，但如果在壤土剖面的中位或深位有沙土夹层，则易导致跑水跑肥，不利于耕作、施肥和灌排等农事活动，严重影响耕地的质量状况。

四、人类活动对耕地质量的影响

耕地是自然土壤在人为耕作、施肥、栽培及管理等措施综合影响下的产物，其质量状况及其演变在很大程度上决定于人类的活动。通常耕地的许多性质如氮、磷、钾等养分含量、有机质状况、耕作层厚度、土壤通气性、土壤微生物数量和组成等的变化，在很大程度上与人类活动密切相关。通过人为措施培肥耕地，使之成为高产稳产农田，是农业持续发展、耕地地力常新的重要保障。

耕作、施肥、水分管理、作物种植等，是耕地管理的主要技术措施，也是决定作物产量、耕地质量的重要技术措施。一般认为，耕作是指在作物种植前或作物生长期间，为改善作物的生长条件而对耕层土壤进行的机械操作，它对耕地肥力的发挥、质量改善、作物生长等均具有十分重要的影响。传统的耕作通常包括两个步骤，首先是用犁等工具将土层翻转，然后将翻转的土块破碎、平整，以形成松散、平整的耕作层。但是，根据作物生长和耕地管理的需要，耕作也有不同的方式，其所达到的效果、目的及难易程度也有较大差别，如中耕主要是疏松耕作层、去除杂草，同时配合施肥以促进养分在耕地中的保蓄等，一般工程量相对较小。耕作的主要目的：一是改良耕作层土壤的结构（包括改善耕作层土壤的容重和孔隙度、改变固液气三相比例等）；二是将作物残茬清除或掩埋到深土层，或使土壤与有机肥相互掺和等；三是清除杂草或不需要的作物植株。但实际上，耕地耕作的作用远远不止这些，如通过耕作可以改善耕作层土壤的通气性，提高其中微生物的活性，改善土壤水分状况等，当然从某种意义上说耕作也破坏了耕作层原有的结构，增加了水土流失的可能，对某些作物而言，耕作破坏了其根系的生长，可能会因此减产等，因此，在实际中必须因土、因作物选择合适的耕作方式。耕地耕作的难易在一定程度上决定于其本身的特性如黏结性、黏着性、塑性、胀缩性以及决定耕作阻力的抗压性、抗楔性及抗位移等，也与耕作时土壤水分等状况密切相关，如在土壤湿润和含水达到过饱和状态时其耕作相对较易，而在其他水分含量下则耕作的难度较大。近年来，以保护土壤结构、降低生产成本、提高生产效益为主要目标的保护性耕作和少耕法、免耕法等推广较快，并在生产实际中起到了较好的改土培肥效果，也获得了较好的经济效益。

施肥是现代农业发展的重要标志之一，也是提高作物产量和农产品质量、改善耕地质量的重要手段。施肥对耕地质量的影响首先表现在补充作物生长、土壤肥力提升所必需的养分，其次是提高土壤有机质状况，再次是在此基础上还对改善土壤中微生物的组成等亦具有十分重要的作用。关于施肥与土壤养分含量、作物产量的相互关系，可以从作者在湖南省祁阳县中国农业科学院红壤试验站的研究结果得到说明。在该试验站进行的试验结果，以第四纪红土母质发育的旱地为例，经过 15 年连续不同施肥处理后，在不施肥处理耕作层土壤有机质含量从 11.5g/kg 增加到 17.9g/kg，单施有机肥处理（年均用量为 6 000kg/hm^2）增加到 30.8g/kg，在施用氮、磷、钾肥的基础上施用有机肥处理增加到 24.3g/kg，单施氮磷钾化肥处理亦增加到 19.7g/kg，不同处理间差异较大；同样，在不施肥或不施氮肥处理下，耕层土壤全氮含量下降 0.24～0.36g/kg，而单施氮肥及施用氮磷、氮磷钾化肥各处理耕层土壤全氮含量增加 0.04～0.06g/kg，在施用氮磷钾化肥基础上增施有机肥处理则耕层土壤全氮含量增加 0.56g/kg，是单施化肥处理的 14 倍；耕层土壤磷钾等养分的含量、土壤 pH、土壤交换性酸和交换性钙镁、微生物数量和活性等亦因施肥不同而呈现出相应的变化，而且这些变化实际上在一定程度上也是与作物产量的变化直接相关的。在该试验站利用模拟池进行的由花岗岩、紫色砂页岩和第四纪红土母质发育的旱地，连续30年不同施肥下的长期试验结果，也表明不同施肥结构下耕地表层、亚表层的有机质和养分含量、微生物数量和组成、土壤pH及交换性酸、交换性盐基离子含量及组成等均出现了较大的差异。也就是说，耕地的施肥管理在促进作物生长、提高作物产量、改善农产品质量的同时，也直接或通过作物间接地影响着耕地质量的变化。

灌溉与水分管理是调节耕地水分状况、作物需水以及养分供应等的有效手段，同时也与土壤中溶质运移、养分有效性和形态、土壤微生物的组成及数量、土壤通气性等密切相关，并在很大程度上影响和制约着土壤的耕性，因而也对耕地质量变化带来十分重要的影响。根据水分含量的状况，在土壤中水分的运动存在3种类型，即饱和水流、非饱和水流及水汽移动。当耕地灌水充足并将土壤孔隙全部充满时，土壤中水的流动主要为重力水流，此时含在水中的溶质（如可溶性有机物、养分离子等）就会随水分的运移而下渗，并可能进入地下水中，导致耕作层中养分等的流失。当耕层中土壤水分含量没有达到饱和即只有部分孔隙中充满水时，土壤中水的流动主要是毛管水和膜状水的运动，其推动力为基质势梯度和重力势梯度，可用公式 $q=-K(\psi_m)\cdot \mathrm{d}\psi/\mathrm{d}x$ 来表示，式中 $K(\psi_m)$ 为非饱和导水率，$\mathrm{d}\psi/\mathrm{d}x$ 为总水势梯度。在该种情况下，水分在土壤中的运动方向随两种力的差异而变化，这种方式也是作物吸收水分和养分的重要途径之一，即溶解在水中的养分等物质随水运移到作物根际并被作物吸收和利用转化。当土壤中的水分进一步减少时，液态水可以汽化成气态水，且液态水和气态水之间处于一种动态平衡，此时，土壤中水的流动表现为水汽移动，其推动力是水汽压梯度，土壤中的水不断以水汽的形态由表土向大气扩散而遗失的现象即为土面蒸发，是耕层土壤中水分损失的重要途径，也是衡量耕地质量的重要标志之一。由于土壤水并不是纯水而是溶有溶质的水溶液，特别是对耕地而言水溶液中养分离子等溶质的浓度更高，因此，其在运动中对养分的迁移转化、养分有效性等，均具有举足轻重的作用。近年来，受氮磷等化肥施用量较高、水分管理不当等多种原因的影响，耕地中氮磷流失所导致的面源污染也呈现出不断增加的趋势，在对农业环境带来一系列影响的同时，也对耕地质量、特别是养分平衡等带来相应影响，不仅对耕地质量和农业综合生产能力提升，也对农业环境保护等带来了严峻挑战。在强化合理施肥的前提下，加强土壤水分管理，减少其中养分等向环境的排放，已成为现代农业发展的重要课题。

作物类型的影响实际上与前面所述的耕作、施肥、水分管理在很大程度上是相互关联的，由于不同类型作物的需水量和需水时期、养分需要量和时期、生长季节等差异较大，也导致了其管理上（特别是耕作、灌溉、施肥等）的差别，最终，作物的生物量、吸收和带走的养分量等也大不相同，对耕地质量所带来的影响也肯定是不一样的。以水稻和旱作为例，二者首先在水分管理上具有很大的差异，水稻土长期处于淹水状态，其氧化还原电位相对较低，即使是耕作层土壤中，氮素养分亦大多以铵态氮为主、且有机质累积较快，在同类地区二者相比较，水稻土中有机质和氮素的含量相对较高，且速效磷、钾的含量也较高，当然在微生物的数量、组成和活性上也不尽一致，尽管不能以此来说明水稻土的质量就一定较旱地高，但至少部分指标确实超过了旱地，或者说相关指标可以在较高水平下维持动态平衡。而即使是对于旱地而言，由于作物种植类型的差异，最终也导致了耕地质量的较大差别，尽管这种差别在一定程度上是由于施肥、管理等因素影响的结果，如种植蔬菜的旱地一般管理精细、施肥量特别是有机肥施用量较高、复种指数也较大，因此与种植普通旱作的耕地比较，其质量一般较高，或者说其生产力、肥力等均较高。但从另一方面看，即使排除人为管理差异等因素，作物本身的影响也是不可忽视的，如种植豆科作物与块根类作物比较，豆科作物具有良好的固氮功能，可以通过根瘤菌固定大气中的氮素，因此，长期种植豆科作物的土壤中有机质和全氮含量一般都较高，如果相应的管理措施较好，则该类旱地的质量也较高；长期种植块根类作物的旱地，则由于作物对磷钾的需要量相应较大，因此如果不注意增加磷钾、特别是钾肥的施用量，就容易出现磷钾等养分亏缺，导致其质量下降。如根据我们在湖南省祁阳县的调查结果，在第四纪红土母质发育的旱地中，长期种植不同作物下耕作层土壤有机质、全氮、全磷、全钾含量比较，大豆—油菜连作时分别为 12.3、1.38、0.72 和 21.6g/kg，茶叶—牧草间作时分别为 19.7、2.21、0.52 和 20.3g/kg，长期种植黄花菜时分别为 13.9、1.93、0.86 和 18.1g/kg，长期种植蔬菜时分别为 21.6、2.69、1.38 和 25.9g/kg，而不种植任何作物的撂荒地则仅分别为 8.9、0.59、0.38 和 12.3g/kg，很显然，由于作物类型的差异并由此导致的施肥、管理等方面的差异，最终使得土壤的有机质和养分含量产生了较大差别，其同时也对耕地的质量带来了相应的影响。

障碍因子改良从某种意义上说实际上也是耕地管理的一部分，或者说是针对某种障碍因素采取的综合措施，但因其与耕地的耕作、施肥等在实际上存在较大差别，因此在此单独进行讨论。毫无疑问，障碍因子改良是耕地质量提升的一个十分重要、也是行之有效的手段之一，对存在障碍因子的耕地而言，只有通过人为措施改良了障碍因子，该耕地才具备了高产稳产的必要条件。如在湖南省多数丘陵地区冲垄谷地的潜育性水稻土中，由于受长期淹水的影响，稻田氧化还原电位低、低价铁锰氧化物含量高，部分潜育化严重的稻田中甚至 Eh 值在−200mV 以下并伴有 H_2S 的腐烂臭鸡蛋味，土壤中还原物质含量在 200cmol/kg，该类型稻田尽管有机质含量也较高，但有效养分含量低，在该类稻田中生长的水稻根系常腐烂呈乳白色，严重者甚至有腐烂的臭鸡蛋味，严重影响其正常生长，也严重限制了土壤肥力正常发挥，该类稻田的质量也因此被列入了较差的类型之中。20 世纪 80 年代后期，作者在湖南省临湘市羊楼司镇的潜育性稻田中，采取开深沟（60cm 以上）排除冷浸水，配合施用石灰及锌铜等微量元素等措施，经连续 2 年的大田实验结果表明，土壤 Eh 值由 0mV 以下增加到 200mV 以上，还原物质含量降低到 100cmol/kg 以下，且微生物数量大幅度增加，其中好气性微生物数量增加 10 倍以上，厌气性微生物数量则大幅度减少，土壤有机质及氮磷钾等养分的含量有较大幅度改善，水稻产量由每公顷不足 3 000kg 增加到每公顷 4 500kg 以上，耕地质量得到明显提升。此外，对潜育化较轻的稻田采取起垄栽培、水旱轮作等方式，也能起到较好的改良耕地、提高地力的效果。

根据上述讨论，我们认为：人为措施在很大程度上实际上决定了耕地质量变化的方向，其对耕地质量的影响在很大程度上是任何自然措施所无可比拟的，合理的耕作管理措施不仅有利于耕地质量提升，而且也有利于作物高产稳产，而不合理的耕作管理措施则只能获得相反的结果。因此，人类必须善待每一寸耕地，正确利用好每一块耕地，使其为人类自身的生存发挥出最大的作用。

第四节 耕地质量的评价

近年来，关于土壤质量评价的研究较多，研究者分别从不同角度来评价土壤质量状况，并提出了一些相应的评价方法，根据这些方法来评价土壤质量，尽管与土壤的实际情况或多或少存在某些差异，但至少也代表了一种方向，为今后的进一步研究奠定了良好的基础和前提。由于土壤是一个十分复杂、在多种因素综合作用下形成的自然体，而且人类对土壤利用的目标各异，因此，用单纯的数学方法来评价土壤质量是相当困难的，除指标的选择外，评价方法和模型的选择也是非常重要的。

在土壤质量评价的指标选择上，通常用得较多的是参数指标，包括物理指标、化学指标和生物学指标 3 个方面。其中物理指标主要有土壤质地、土层厚度和剖面构型、土壤容重、田间持水量、土壤含水量、土壤温度、土壤通气性等；化学指标包括土壤有机质和氮磷钾含量、土壤 pH、土壤电导率、对阳离子的吸附解吸等；生物学指标包括土壤微生物数量和组成、微生物量碳和氮、土壤呼吸量、微生物量碳占总碳的比例、土壤酶活性等。由于土壤测定的指标众多，且每个指标对土壤质量的影响又有所差异，不同指标之间还可能存在某些内在关联，在现有条件下要把所有指标都用作评价土壤质量的因素、并将每个指标的权重和指标间的相互关系计算出来几乎是不可能的，因此，在指标的选择上，研究者往往是根据自己的专业积累以及对已有结果的分析，有意识选择较少的指标来进行评价，尽管在模型和方法上做了许多的改进和创新，使其更加完善，但最终的评价结果却还是存在这样或那样不尽如人意之处。实际上，导致这种结果的主要原因还是在指标的选择上，一是选择的指标数量有限，不一定能完全用来表达土壤的质量状况；二是所选择的部分指标相互关联，不适合作为一个独立的评价因子；三是土壤相关理化指标的获取难易往往在很大程度上制约了评价指标的取舍；四是在评价方法上也或多或少地存在一些不足，远远无法用来说明和表达土壤的复杂性。在相关研究方面，近年来许多研究者从不同角度做了一些有益的探索，如刘占锋等（2006）在对土壤质量、土壤质量指标及其评价国内外进展进行系统分析的基础上，对未来的研究做了相应展望，提出了相关研究的发展趋势；李桂林等（2007）探讨了基于土壤特征和土地利用变化的土壤质量评价最小数据集确定的方法，将其分别应用在 1985 年及 2004 年采样分析的两套数据各 12 个土壤候选参数集上，得到了各包含 6 个因子的评价参数最小数据集（MDS），发现二者间略有差异。许明祥（2005）等亦以黄土高原土壤为例对其质量评价进行了相关研究。

在土壤质量评价方法上，研究者大多趋向于用模型进行评价，主要方法包括多变量指标克里格法（MVIK），该方法可以根据特定的标准将多个土壤理化指标（即多个变量）整合成一个综合的土壤质量指数，其评价范围可以是农场或区域水平，通过对单个土壤理化指标的评价，利用该方法还可以确定影响土壤质量的关键指标。其次是土壤质量综合评价法，该方法将土壤质量评价细分为食物与纤维生产量、土壤侵蚀量、地下水质量、地表水质量、大气质量及食物质量 6 个要素，通过建立各要素的评价标准，利用简单的乘法运算计算出土壤质量的大小指标值。第三是土壤相对质量评价法，该方法引入相对土壤质量指数的概念，先假设研究区有一种理想土壤，其各项评价指标均能完全满足植物生长的需要，以该种土壤的质量指数为标准，其他土壤的质量指数与该土壤相比较的值即为相对质量指数（RSQI），根据 RSQI 值的大小比较，可以定量评价土壤的质量状况。近年来，在地理信息系统的支持下，相关学者将灰色关联度法、多元统计分析方法、Fuzzy 聚类分析方法、地统计学方法、模糊数学方法、高维降维技术—投影寻踪评价模型（PPE）、系统评价模型等应用到土壤质量评价中，对推动土壤质量评价相关研究的发展起到了十分重要的作用。

耕地质量的评价往往是以土壤质量评价为基础的，但是，由于耕地是用来生产农产品的，在管理上加入了人为干扰的因素，且评价其质量高低实际上在很大程度上需要以产出来衡量，因此，耕地质量评价在很大程度上比土壤质量评价更为复杂。近年来，国内许多研究者在耕地质量评价方面做了很多有益的探索，并取得了较好结果，如聂艳等（2005）利用ArcCIS和模糊物元贴近度聚类分析模型，以土壤相关原始数据为基础，对湖北省宜都市耕地质量进行了评价；邢世和（2003）、胡科（2008）、吕焕哲（2009）等也先后就耕地质量评价的相关指标及方法进行了探索和讨论，并获得了相应的结果。王良杰等（2010）结合所在区域测土施肥工作，在GIS支持下，利用土壤图和土地利用现状图叠置法确定评价单元，选取土壤养分含量和有效性以及立地条件3个方面共14个因子，运用层次分析法和模糊数学、综合指数等方法对耕地地力进行了综合评价，并确定了相应耕地的等级。但从总体看，耕地质量评价大多还局限在土壤质量评价的方法上，其指标的选择、评价方法的应用等与土壤质量评价差别不大。应该说，这种结果与土壤和耕地二者的关系是相符合的。

从对耕地质量的理解出发，我们认为耕地质量评价也至少应该包括耕地对养分和水分的供应能力，耕地的维持能力，耕地的生产能力，耕地对不良外界条件的抵御能力以及耕地对外来物质的缓冲能力五个方面的指标。在评价方法上，土壤相对质量评价法在思路、方法上具有一定的创新性，可以作为耕地质量评价的参考方法。根据上述思考，可以将耕地质量评价用下述数学式来表示：

$$Q=(A_1+A_2+A_3+A_4+A_5-N)/5$$

式中，Q代表耕地质量等级，$Q\leqslant 1$。当$Q=1$时即为理想耕地，$Q<1$时代表所评价耕地的质量与理想耕地相比较的相对质量状况。A_1、A_2、A_3、A_4、A_5分别代表耕地对养分和水分的供应能力、维持能力、生产能力、对不良外界条件的抵御能力以及对外来物质的缓冲能力与理想耕地的比值，A值越大说明其与理想耕地相应能力愈接近，反之则差异愈大。N为障碍因子的个数。

当然，在实际评价中，由于上述A_1、A_2、A_3、A_4、A_5每一个指标都代表许多不同要素的相互作用，所以还可以将这些指标分解成若干要素之和来表示，这样可以较完整地代表耕地与理想耕地的相对质量状况。而不同地区耕地，由于种植的作物类型等的差异，因此，其相应的理想耕地指标也有所不同，这是在评价时必须引起注意的。

第五节　耕地质量关键驱动因子辨析

耕地质量研究所涉及的因素很多，不仅成土母质、利用方式，而且气候、地形等因素均对耕地质量具有十分重要的影响，这也在很大程度上导致了不同研究者对耕地质量理解的差别，因此，准确辨识耕地质量的关键驱动因子，对相应的研究尤显重要。目前，对于耕地质量关键因子辨析的方法尽管没有专门报道，但在实际中却有不少应用，我们认为较为可行的方法主要有以下4种。

一、实地调查比较法

实地调查是土壤学研究中最常用的方法，也是研究耕地质量关键驱动因子的重要方法。通过实地调查，可以了解耕地的剖面结构、质地、土壤颜色、是否存在障碍因子，以及耕作层厚度、作物生长情况等，并可向农户了解其生产力的实际状况，获得对调查耕地质量状况的第一手资料。同时，通过现场的一些简单分析手段，还可以了解土壤的 pH、$CaCO_3$ 等表观指标，这对了解耕地质量状况也十分重要。

一般而言，应用实地调查方法对了解影响耕地质量的表观因子如耕层厚度、剖面层次、质地、结构以及是否存在障碍因子等是不可缺少的。但是，野外实地调查结果无论是耕层厚度、pH 等相对简单和可用数字表达的指标，还是如质地、结构等只能定性描述的指标，在很大程度上一般很难被定量描述，其与耕地质量的关系均很难用数学表达式来定量进行描述，因此，用这些指标来评价与之对应的耕地质量状况时，通常只给出与耕地质量等级相对应的指标范围，且两者间一般不呈直线相关。

实地调查的方法不仅用于土壤表观性质的比较，这只是研究耕地质量关键驱动因子的第一步，在更大程度上，实地调查取样也是其他研究方法的第一和关键的一步。因为只有通过实地调查取样，把相应的土壤样品带回实验室分析，进一步了解其相应的理化性质，才能进行其他分析、比较。

二、相关分析法

顾名思义，相关分析法是求土壤某种因子与耕地质量的相互关系，通过二者的相关性来进行判断。由于耕地质量实际上也是一个定性的指标，一般其高低很难用数字来表达，因此，在应用这种方法时，通常需要假设在某一区域土壤气候条件下，可以用常规栽培管理措施下的作物产量结果来衡量耕地质量的高低，而且，这种方法实际上是求某种土壤因子（如有机质及氮磷钾含量等）与该条件下作物产量的相关性，根据所求得的两个变量相关性的大小，作为判断某土壤因子与耕地质量相关性的依据，以确定其是否为影响耕地质量的主要或驱动因子，这种方法在土壤学研究中采用较广泛。

通常，在大多数情况下我们都可以对任意两个变量求相关性，并且可以用相应的方程式来表示两个变量的相互关系，但根据相关数据求出两个相关性很好的变量之间也可能根本就不存在任何直接相关，或者说两个变量之间本身并没有因果关系，所求出的相关性只是一种假象，这种情况在实际应用中可能经常会遇到。因此，在判断其相关性，或者确定其是否具有因果关系时，还必须是两个相互联系的因子之间，这就需要根据研究者的经验，以及相应的调查结果等来判断。

三、异常因子辨析法

一般而言，在既定的土壤、气候条件及人为耕作管理水平下，耕地的各种理化指标均会维持在一定的范围内，因为耕地中某种理化指标发生异常，不仅会导致耕地质量和生产力退化，也会同时带来农产品质量下降甚至污染等问题。如耕地中重金属含量超标尽管在一定程度上不会导致耕地生产力下降，但却可能在很大程度上导致农产品质量下降乃至污染；耕地中某些元素如 Na、Ca 等的含量异常（过高或过低），土壤 pH 异常（过高或过低），Eh 值过低，Fe^{2+} 、S^{2-} 等的含量过高，有机质和氮磷钾含量异常（包括含量过高过低、相互间不平衡等），微量元素含量异常（过高或过低）、结构和质地异常（结构差、过沙或过黏）等，土壤相关理化指标的异常，均将在很大程度上导致作物生长受阻，从而降低作物产量，或导致其品质下降等。

在进行异常因子辨析前，一般可以根据实地调查比较的结果，对耕地中可能出现的异常因子作必要的判断，这样可以在进行理化分析和结果比对前先有一个大致的了解，同时也可以据此提出进行理化分析的指标。根据耕地各层次（主要是耕作层、犁底层等）土壤理化分析结果，并与所在地区相同母质发育的耕地相比较，一般可以辨析出相应的异常因子，该因子（一个或几个）可能是导致耕地退化和低产等的主要因子。

根据上述方法对异常因子进行辨析，尽管可能带有一定的片面性，但由于结合了农业生产实际情况的分析，因而与实际情况较符合。当然，从理论上看，由于不同因素对作物生长和产量、品质的影响后果在很大程度上是可以辨识的，且这种影响也在很大程度上与异常因子存在这样或那样的联系，因此，如果结合最终所导致的后果来分析，则其辨识的结果与生产实际情况的吻合度将会更高。

四、主成分分析法

主成分分析法是一种对多元数据的变量数目进行有效减维压缩的方法，它是一种能在保持原有资料大部分信息的基础上，将变量数较多，而且相互之间有不同程度相关关系的数据，转换成一组变量数较少，而且变量间相互独立的新数据的方法。在耕地质量的研究中，为了全面系统地分析不同要素的影响，必须考虑耕地的多种理化指标，这些指标能从不同侧面反映耕地质量的特征，但这些指标在某种程度上存在信息的重叠，具有一定的相关性。主成分分析的目的是试图在力保数据信息丢失最少的原则下，对这种多变量的截面数据表进行最佳综合简化。因此，应用主成分分析方法可以将表示耕地质量高低的多个变量之间互相关联的复杂关系进行简化，从多个复杂交错的变量中删除多余的变量，找出其中最主要、也是最关键的变量。

主成分分析法的计算步骤主要包括：①将原始数据转换成标准化的数据；②求数据的相关矩阵；③求相关矩阵的特征根、特征向量、各特征根的方差贡献率以及累计方差贡献率；④保留适当数目的前几个特征根，并利用它们的特征向量来构成主成分的结构式；⑤用标准化数据与前几个特征向量相乘求得前几个主成分的得分值；⑥必要时，可用特征根的平方根（即主成分的标准差）除主成分得分，将其化为标准化主成分得分；⑦按照研究的需要作更深入的分析。

在主成分分析法中，如何决定该保留多少个主成分是保证分析结果与实际相符合的关键，尽管前人已对相关问题进行了较系统研究，如 Morrison（1971）建议保留能使累计方差大于 75%的前几个主成分；张尧庭和方开泰（1983）提出保留能使累计方差大于 85%的前几个主成分；亦有人建议保留特征值（λ）大于 1 所对应的前几个主成分；或者是用特征根号作横轴，特征根值为纵轴，做成折线图（Scree 图），舍去折线中坡度平缓处的那些特征根作对应的主成分，但无论采取哪一种方法，都或多或少地带有主观性，需要研究者根据实际经验来做准确的判断。目前广泛应用的一些统计分析软件如 SAS、SPSS 中都带有主成分分析包，为相应的分析带来了极大的方便，但其同时，不仅要求使用者具有较高的数理统计知识、熟悉软件的使用方法，还要求其具有较系统的专业理论和实际经验，这样才能对分析结果做出准确判断，以保证结果的可用性。

需要注意的是：对于不同区域、不同类型的耕地而言，由于其理化性质差异较大，因此，通过主成分分析所得出的影响耕地质量的关键因子及其权重也不尽相同，这应该说与耕地质量驱动因子随土壤类型、气候条件、作物耕作管理等的差异而不同是相一致的，而且，这也是我们在研究中所希望得到的。同时，根据不同地区、不同类型耕地的研究结果，我们还可以进一步应用相关方法，对筛选出的因素作进一步分析，并从中发现共同的、对耕地质量起决定作用的因子。

（曾希柏、黄道友、魏朝富、宇万太）

参 考 文 献

曹志洪，周健民，等.2008. 中国土壤质量［M］. 北京：科学出版社.

陈恩凤.1993. 土壤肥力物质基础及其调控［M］. 北京：科学出版社，1-9.

冈岛秀夫.1983. 土壤肥沃度论［M］. 林心清，沈德余，译. 北京：农业出版社，12-19.

何圆球，孙波，等.2008. 红壤质量演变与调控［M］. 北京：科学出版社，1-29.

侯光炯，高惠民.1982. 中国农业土壤概论［M］. 北京：农业出版社，81-101.

胡科，石培基.2008. 甘肃省耕地质量评价研究［J］. 中国土地科学，22（11）：38-43.

黄昌勇.2008. 土壤学［M］. 北京：中国农业出版社，8-12.

金野隆光，前田乾一，大久保隆弘.1983. 土壤培肥原理［M］. 林齐民，译. 林景亮，校. 福州：福建科学技术出版社，1-11.

李桂林，陈杰，孙志英，等.2007. 基于土壤特征和土地利用变化的土壤质量评价最小数据集确定［J］. 生态学报，27（7）：2715-2724.

刘占锋，傅伯杰，刘国华，等.2006. 土壤质量与土壤质量指标及其评价［J］. 生态学报，26（3）：901-913.

吕焕哲，张建新，胡姝芳，等.2009. 灰色关联分析在土地复垦耕地质量评价中的应用［J］. 农业现代化研究，30（5）：591-594.

聂艳，周勇，于婧，等.2005. 基于GIS和模糊物元贴近度聚类分析模型的耕地质量评价［J］. 土壤学报，42（4）：551-558.

秦祖平，徐琪，熊毅.1988. 太湖地区两种稻麦轮作制中营养元素的循环［J］. I. 稻麦作物内养分的移出与残留. 生态学报，8（1）：10-17.

全国土壤普查办公室.1998. 中国土壤［M］. 北京：中国农业出版社，875-900.

沈仁芳，陈美军，孔祥斌，等.2012. 耕地质量的概念和评价与管理对策［J］. 土壤学报，49（6）：1210-1217.

沈善敏.1998. 中国土壤肥力［M］. 北京：中国农业出版社，1-6.

土壤学名词审定委员会.1998. 土壤学名词［M］. 北京：科学出版社，1，88.

王良杰，赵玉国，郭敏，等.2010. 基于GIS与模糊数学的县级耕地地力质量评价研究［J］. 土壤，42（1）：131-135.

西南农业大学.1980. 土壤学（南方本）［M］. 2版. 北京：农业出版社，142-145.

邢世和，黄吉，黄河，等.2003. 区域耕地质量评价与合理利用对策［J］. 土壤通报，34（1）：6-10.

熊毅，李庆逵.1987. 中国土壤［M］. 2版. 北京：科学出版社，306-309.

徐明岗，梁国庆，张夫道，等.2006. 中国土壤肥力演变［M］. 北京：中国农业科学技术出版社，1-46.

许明祥，刘国彬，赵允格.2005. 黄土丘陵区侵蚀土壤质量评价［J］. 植物营养与肥料学报，11（3）：285-293.

曾希柏.2003. 红壤化学退化与重建［M］. 北京：中国农业出版社，1-204.

张尧庭，方开泰．1983. 多元统计分析引论［M］. 北京：科学出版社，302－339.

中国农业百科全书编辑委员会．1996. 中国农业百科全书．土壤卷［M］. 北京：中国农业出版社，263－264.

Food and Agricultural Organization（FAO）. 1993. FESLM：an international framework for evaluating sustainable land management World Resources Report［J］. 73，Rome，Italy.

Morrison DF. 1971. Expectations and variances of maximum likelihood estimates of the multivariate normal distrbution parameters with missing data［J］. Journal of the American Statistical Association，66（335）：602－604.

Rossiter DG. 1996. A theoretical framework for land evaluation Geoderma［J］. 72（3）：165－190.

第二章　耕地质量研究的现状与展望

耕地资源作为土地的精华部分，其生产功能和质量的变化等，始终是各国政府和科学家共同关注的焦点问题。近年来，随着世界科学技术、特别是生物技术和信息技术等高新技术的快速发展及其在农业和土壤学研究中的不断应用，为耕地质量研究注入了新的活力。国内外在耕地质量评价、耕地质量退化机理、退化耕地修复技术等研究方面得到快速发展，与耕地质量有关的土壤微生物结构与功能等研究亦取得良好进展，为耕地质量培育等奠定了十分坚实的理论基础。

第一节　耕地质量的影响因素研究

如前所述，在影响耕地质量的主要因素中，气候条件和成土母质对某一既定地区和耕地而言是很难改变的，其对耕地质量的影响也是相对稳定的。因此，近年国内外相关研究主要集中在与人类活动相关的农业管理措施、土地利用变化、经济因素与社会因素等方面。

一、农业管理措施

不同的耕作方式对坡耕地的土壤储蓄降水的能力有着明显的影响，其中以免耕与深松对降水的利用率较高。免耕对于减少坡耕地的地表径流有着较为明显的作用。免耕与深松处理下的小麦水分生产效率较高。陈四龙等（2006）研究结果表明，耕作方式对田间土壤水分动态变化的影响是显著的：传统深耕（CT）、旋耕（RT）、全免耕（NT）、秸秆粉碎免耕（SNT）4 种耕作方式对小麦棵间蒸发的影响显著；秸秆覆盖免耕对抑制小麦棵间蒸发效果明显，其日蒸发强度仅为传统耕作的 59%和旋耕的 74%。耕作方式对土壤蓄水的作用差异主要发生在作物生育前期，对于不同土层主要影响耕层 50cm 深的土壤剖面。免耕条件下冬小麦植株高度降低，生物量增加，但产量偏低；而深耕和旋耕的田间植株密度高，最终产量也最高。从水分利用效率综合考虑，旋耕是比较理想的耕作方式。许迪等（1999）比较并评价了夏玉米生长期内不同耕作方式（传统耕作、免耕及深松）对耕层土壤物理性质和水力学特性的影响，定量描述了土壤干容重、地面入渗率以及饱和导水率等特性在整个作物生长季节内的时间变异性，研究认为，深松耕作方式明显地减少了耕层土壤的容重，增加了孔隙度，土壤孔隙分布状况的改变使得土壤饱和时土壤的水分传导性能得以改善，但干旱时土壤的持水能力相对减弱。

频繁耕作加剧土壤扰动，改变了土壤结构，进而促进了土壤侵蚀和微生物活性，导致土壤有机碳（SOC）含量降低，最终造成农田土壤成为大气 CO_2 “源”的首要因素。研究表明，温带土壤经过 50~100 年的常规耕作后，有机质含量下降到不足原始含量的 50%。然而，长期采用合理的农业管理措施，如保护性耕作和轮作，可以提高土壤有机物质的输入量，减少土壤有机质的矿化分解，增加 SOC 和全氮含量（吴建国等，2004；夏建强等，2005；周莉等，2005），从而使农业土壤成为大气 CO_2 的“汇”。但耕作措施对土壤碳、氮含量的短期效应很复杂，试验结果差异很大。AI. Kaisi（2005）和 McCarty 等（1998）研究认为，常规耕作转变为免耕后的前 3 年，SOC 含量并没有显著增加。Roldan 等（2003）则通过 5 年的试验发现，免耕土壤较常规耕作增加了土壤 SOC。庄恒扬等（1997）在沿江沙壤土上进行少、免耕试验后指出，少、免耕 5 年后，全耕层有机质含量在不同耕作处理下无显著性差异，但在层次分布上两种处理都表现出表层富集，这与上述 AI. Kaisi 和 McCarty 等的研究结果相一致。王昌全（2001）通过 8 年的长期定位试验发现，连续 8 年的双免（每年大春和小春两季都实行免耕）可使土壤有机质含量较传统耕作方式增加 28.4g/kg。然而，由于耕作对土壤 SOC 的短期影响（≤10 年）因土壤质地、气候、生物量以及采样时间等因素的不同而不同，因此，上述研究结果各不相同。但是，耕作对土壤有机质的短期影响将有助于探讨耕作对土壤有机质的作用机制，进而为选择有效的管理措施来促进土壤固碳提供依据。在不同耕作处理下耕层 SOC 含量随深度加深而呈现不同的变化趋势，常规耕作和免耕处理各土层 SOC 含量差异不显著。采用等深度和等质量方法对比研究不同耕作处理下耕层土壤 SOC 库储量在短期内的变化结果表明，将土壤容重考虑在内的等质量土壤 SOC 库储量计算方法，可以更准确地反映耕作对土壤 SOC 库储量的短期影响。各耕作处理下等质量 SOC 库储量不存在显著性差异（梁爱珍等，2006；刘梦云等，2005）。秸秆还田对翻耕、旋耕、耙耕和免耕 4 种模式下土壤呼吸差异的研究发现，全年土壤呼吸速率为翻耕＞旋耕＞耙耕＞免耕，各模式间差异显著，同时土壤呼吸速率与 5cm 土壤温度相关性最大（江晓东等，2009）。亦有研究者在华北平原玉米秸秆覆盖免耕对土壤呼吸的影响研究中发现，玉米秸秆覆盖免耕处理下，土壤中全年 CO_2 的平均释放量比还田翻耕和清翻均有所增加，同时土壤呼吸表现出显著的季节性动态变化。李升东等（2009）通过田间定位试验，对比研究了免耕＋秸秆覆盖、旋耕＋秸秆覆盖和传统耕作 3 种耕作方式对土壤温度、土壤呼吸速率、土壤微生物数量和土壤肥力状况的影响，发现秸秆覆盖对地温的影响存在“双重效应”。在红壤地区的研究结果则表明，红壤侵蚀裸地恢复为百喜草地、板栗园和马尾松林后，土壤的呼吸速率有一定程度增加，但仍显著低于次生林的土壤呼吸速率；在严重侵蚀地恢复过程中，土壤性质的恢复尤其是 C、N 和表层土壤结构的改变，是决定土壤呼吸速率大小的重要因素。有学者对北亚热带次生栎林和人工松林进行了相应研究，发现松林和栎林土壤呼吸具有明显的日变化特征，基本上呈单峰型分布，呼吸速率最强一般出现在下午，最弱一般出现在凌晨；同时，松林土壤的呼吸速率明显比栎林的高，并出现较明显的年变化规律，即在每年 3 月松林和栎林土壤的呼吸速率较低，此后呈现逐渐增加趋势，到 6 月时达到最高，之后又逐渐下降，土壤呼吸同地温之间存在显著的相互性。

施肥通过影响土壤养分的含量，直接影响土壤肥力和土地质量。不同施肥处理直接影响土壤微生物群落的多样性，Fliepbach 等（1994）研究发现，有机耕作土壤微生物群落功能多样性显著高于常规的施用化肥的耕作土壤；Degens 等（1999）发现施用污泥后代谢均匀度与有机物料的施用量成正比。Sarathchandra 等（2001）研究发现，施用尿素后土壤微生物功能多样性和线虫成熟指数显著降低，施用磷肥对微生物多样性无影响。有学者在黄土高原半湿润农田生态系统的研究发现，长期施肥对土壤中水解氨态氮、水解未知氮在土壤各级团聚体中分布的影响最大，对氨基糖态氮分布的影响则较小；长期施肥条件下土壤水解全氮与有机碳、全氮以及团聚体分形维数均呈极显著正相关（孙天聪等，2007）。亦有研究者在江西红壤地区的肥料长期定位试验中发现水稻土中团聚体的形成与有机碳的含量等密切相关，施用P、K、NK肥以及NPK＋有机肥，可显著提高大团聚体的含量和团聚体的稳定性；施用NPK＋有机肥也能显著提高土壤中有机碳、氮和各级团聚体中的有机碳、氮的含量（郭菊花等，2007）。近年来，又有研究者发现，长期施用农家肥比长期施用城市垃圾或化肥能更好地保持土壤的肥力质量，由于城市垃圾及部分化肥（特别是磷肥）中重金属的含量较高等原因，长期施用还可导致蔬菜地中重金属的积累，严重危害蔬菜生产的持续发展；施用不同量的化学氮肥能显著提高土壤速效氮的含量，但对土壤有机质、pH、全氮、速效钾和黏粒含量的影响则不明显。但是，从相关研究结果看，尽管使用化肥仅仅几十年的时间，大量和不合理施用化肥的弊端已暴露无遗：不仅对耕地质量破坏很大，而且使土壤板结、肥力下降，导致农产品品质降低，甚至还增加土壤中重金属的含量等。

二、土地利用变化

土地利用变化对土壤物理化学性质产生巨大的影响，特别是对土壤肥力的影响最为显著，如当初生林地转变为次生林和耕地后，土壤有机碳、全氮、全磷、速效磷和离子交换量均明显下降。Hajabbasi 等（1997）的研究发现，森林砍伐将导致土壤容重增加，有机质、全氮和可溶性离子的含量下降。Saikh 等（1998）的研究亦表明，林地转变为耕地后土壤有机质含量明显下降，全氮、全磷和速效磷含量则下降不明显，但在实际中由于转变为耕地后氮磷钾化肥的大量施用，一般全量及速效氮磷钾的含量会出现较大幅度增加。Lal R（2005）的研究指出，森林砍伐后随着耕作时间的增加，土壤化学性质会出现一定程度的恶化，对比天然林、人工林、草地、耕地等不同土地利用方式下的土壤质量状况时发现，土地覆被变化影响了土壤的物理结构、机械组成和养分含量等，一般耕作会导致土壤质量的明显降低，而造林和草地则有助于改善土壤质量。Celik（2005）研究发现，牧场转变为耕地后土壤有机质含量降为原来的49%。水稻田转变为水浇地、菜园、果园后，旱地和果园的速效钾含量都有不同程度的增加，而菜地和水浇地的速效钾含量则有一定幅度减少；沙荒地转换为旱地、水浇地、菜地后，除速效钾含量降低外，其他养分含量都有所增加，但增加幅度没有明显规律（孔祥斌等，2005）。

不同土地利用类型中的不同重金属含量表现强弱不一，水稻田土壤的Hg、Cr、Ni、Cd含量明显高于其区域土壤背景值，而菜地含量比较高的重金属是Hg、Ni、Cu；园地和撂荒地各种重金属的含量相对较低（高中贵等，2005）。亦有研究表明，山区坡地通过人工坡地改造工程，可使山坡地土壤有机质和氮素含量得到明显的提高，在林木根系活动层40～60cm中土壤有机质、氮素的增量高于其他处理，土壤速效磷增幅较小，土壤速效钾有少量增加（张源润等，2005）。科尔沁退化区域采取围封恢复措施后，植被恢复和凋落物积累使土壤免遭风蚀，也显著增加了土壤有机质的输入量，因而显著增加了大气碳的截存，但排除家畜放牧的长期围封使植物碳向土壤碳的再循环受到限制，截存的大部分碳以凋落物的形式积存在土壤表面；不同的土地利用方式和管理措施显著影响了土壤质量变化的程度和方向（苏永中和赵哈林，2003）。刘世梁和傅伯杰（2003）从样带尺度上探讨了土地利用与坡面景观位置对土壤水分与养分的影响，研究发现灌丛有着较高的土壤质量指数，而人工林与农田的土地质量指数较低，灌丛在坡面上有着“肥力岛屿”效应。

坡面土壤质量的变化是土地利用方式变化与景观位置分异综合作用的结果。如研究者对贵州喀斯特生态脆弱区土壤的调查发现，不同的土地利用方式比较，林地、灌木丛地、荒草地等自然植被下的土壤理化性状相对较好，养分的含量较高，而经过开垦耕作后，土壤理化性质出现了较大变化，大多土层变浅、腐殖质层变薄、颗粒变细、水稳性团聚体数量减少，土壤易于流失，有机质及养分含量明显降低，pH 升高，即土壤出现贫瘠化，总体质量表现出明显的退化趋势。喀斯特地区良好生态系统下土壤剖面发育良好，层次分异较明显，表层土壤较深厚，以黏壤土和黏土为主，土壤容重适宜，土壤孔隙性和结构性良好，土壤的抗蚀性和抗冲性强；但退化生态系统（裸地）下土壤的各种物理性状恶化，土壤的抗蚀性和抗冲性明显减弱（何腾兵等，2006）。

土地利用变化也会对土壤微生物产生明显的影响，影响土壤微生物数量和分布。Ruess（1988）的研究发现，土壤肥力和微生物过程的区域格局、微生物过程与食草动物的利用和强度的景观格局密切相关。土壤水分、温度和由作物根系、根际产物和作物残体引起的碳输入的季节性变化，对土壤微生物生物量及其活性有明显影响。有研究者对不同土地利用方式下微生物总量的研究发现，土壤中微生物的数量因土地利用方式的不同而具有显著差异，且微生物数量与土壤养分含量之间存在一定的正相关关系，说明土地利用方式的变化在影响土壤有机质和养分含量及相关物理性质变化的同时，也对微生物的数量甚至其组成和活性等产生了相应的影响。

三、经济因素

社会经济的发展、人民生活水平的变化以及农业生产技术的改变，必将引起耕地面积乃至耕作栽培水平等的变化，并最终引起耕地质量的变化。经济因素是影响耕地质量乃至整体价值的主要因素之一，其主要包括区位因素、技术因素以及市场因素。区位是指某一地块的空间几何位置以及各种自然要素与社会经济要素之间相互作用所形成的整体组合效益在空间位置上的反映。土地的区位是自然要素、经济区位和交通区位在空间地域上有机组合的具体表现，包括自然区位、经济区位和交通区位。区位条件主要影响耕地的使用价值和收益水平，产生土地利用的级差收益。马克思级差地租理论中指出：地租产生的必要条件之一就是土地位置上的差异。

自然区位是导致影响耕地质量及其价值尤其是经济质量的最基本的自然因素，如光照、降水、灌溉条件、地质地貌、土壤类型等不同。随着与中心城市距离不断增加，中心城市的经济辐射功能逐渐减弱，社会生产力发展水平逐步落后，机械化程度降低，耕地中种植作物的劳动成本会随之增加，耕地的经济价值也将因此而减少；同时，这种变化又将间接影响耕地社会保障价值以及生态质量。如果地理区位不好，难以吸引外来资金投资农业，且农业生产的高风险、低收益和非农就业的高收益，驱使当地农户对土地需求意愿和投资意愿很低，仅仅关注土地的保障功能，耕地社会保障价值以及生态价值比重则会相对增加。技术因素主要包括科技发展水平、生产管理水平、物质技术条件等，当今社会经济和科学技术发展突飞猛进，邓小平同志提出“科学技术是生产力，而且是第一生产力”，将科学技术融入农业生产中，作为一个重要的生产要素，机械化水平的提升对农业产出具有显著的正向作用，即有效降低农业的投入，提高作物成活率以及作物产量，提高单位面积产量和耕作效率，直接影响耕地的经济价值。

市场因素包括生产力水平、市场状况、经济结构、经济增长。耕地面积随着GDP的增加呈对数递减，即表明耕地面积随着经济发展水平的增加而减少（刘华宾等，2009），而耕地社会承载价值与地区经济发展水平呈正相关，地区经济发展水平高，其耕地社会承载价值高；反之，其耕地社会承载价值则低。

四、社会因素

影响耕地质量的社会因素总结起来主要包括行政因素和人口因素。人口因素主要包括人口素质、人口数量、人口结构。人口素质即为文化素质、思想素质、价值观念等综合素质。我国是农业大国、人口大国，但相对而言耕地资源较短缺，人均耕地面积远低于世界平均水平，因此，耕地的复种指数远远高于世界平均水平，即我国农业的增长主要是依靠不断提高单位耕地的农药、化肥、除草剂等的施用量，这样做的结果是农业投入品使用量大大高于世界平均水平，农业环境进一步退化。耕地生产力是土壤肥力等自然影响因素在一定耕作制度下的综合反映，在土壤肥力、耕作制度、作物种类确定的前提下，耕地生产力主要受劳动力投入和管理水平的影响。受中国几千年传统文化的影响，我国农民一直依靠土地来解决其养老问题，农民有了土地，就有了赖以生存的物质基础，农用地的存在对农民具有社会保障作用。改革开放以来，我国经济发展迅速、经济水平大幅度提高，越来越多的农民已经离开农村外出打工，但是农民仍不愿意放弃土地使用权，越不发达的地区农民对土地的依赖程度越高，耕地的社会保障价值也就越高。

目前，我国生产力水平不高，仍处于发展中国家水平，因此，国家通过落实和完善最严格的耕地保护制度，强化对基本农田的保护，使全国耕地面积稳定在1.2亿hm^2（18亿亩）以上，并加大力度推进高标准农田建设，以保证国家粮食安全、社会经济稳定发展。同时，通过完善相关法律制度，逐步使现有土地承包关系保持稳定并长久不变；坚持依法自愿有偿原则，引导农村土地承包经营权有序流转，鼓励和支持承包土地向专业大户、家庭农场、农民合作社流转，发展多种形式的适度规模经营，提高耕地的集约化利用水平。积极探索建立严格的工商企业租赁农户承包耕地（林地、草原）准入和监管制度，建立耕地和基本农田预警、监测系统，保证耕地不被占用。通过各种政策的建立和落实，既保证了耕地面积不大幅度减少，同时也维持了现有耕地的质量。

总之，耕地质量由气候、地形、岩石、植被、水文、土壤等内部因素决定，并且受耕作制度、经营规模、土地利用结构、技术、基础设施、区位、人口、土地政策、经济环境、社会政治等外部因素影响，是内外部因素共同作用的结果。

第二节　耕地质量退化的机理研究

耕地退化是土地退化的核心部分，主要是指耕地质量及其可持续下降甚至完全丧失其物理、化学、生物特性的过程，其标志是耕地承载力的下降或土壤肥力的下降（张桃林等，2000），耕地退化是自然活动与人类活动长期相互作用的产物。目前，不合理的人为活动，如毁林、过度放牧、地下水过度开采、过量施用商品化肥和有机厩肥等所引起的土壤退化问题，无论在范围还是程度上均比自然因子引起的退化要严重得多。近年来，国内外许多学者从宏观和微观的层次对耕地退化的机理进行了研究。

Roostalu 等（2000）的研究认为，土壤退化过程主要发生在土壤平衡功能被破坏的情况下，耕地的土壤质量退化主要表现在由于低施肥投入及不平衡施肥导致的营养成分亏缺至临界水平的土壤贫瘠化，同时伴随土壤肥力丧失及腐殖质状况的恶化。Blaikie 等（1987）研究认为，从宏观层次上看土地退化乃至耕地退化均是多种力共同作用的产物，可以表示为：土地净退化＝（自然退化过程＋人为干扰）－（自然再生产过程＋恢复管理）。

耕地退化或者土壤退化，主要包括土壤的侵蚀化、沙化、盐碱化、肥力贫瘠化、酸化、沼泽化及污染化等，也可以归为土壤的物理退化、化学退化与生物退化（曾希柏，2003），以土壤侵蚀为代表的耕地退化机理主要归于土壤结构的退化，最明显形式是土壤团聚体状况变差和土壤板结，从而加剧土壤的风蚀、水蚀等作用，并形成恶性循环。土壤结构退化因阻碍空气和水进入土壤流动，会导致作物的减产。除土壤侵蚀外，当土壤质地细、湿，有机质含量低时，也易发生结构的退化。同时，强度耕作、种植方式不合理、轮作不够，也可促使土壤结构退化（赵其国等，2000）。

对我国南亚热带丘陵湿润铁铝土结构退化机理分析发现，养分贫瘠化和有机质的减少是退化的主要内在因素，表土沙化严重，空隙性变差，容重增加（钟继红等，1999）。在半干旱农牧交错生态环境脆弱背景下，人为滥垦和不合理的管理以及过度放牧是土壤退化的主导因素；而对西部生态脆弱区退化土壤的分析发现，除了自身生态环境恶化外，经济发展状况、工矿区、城镇周围等地的基本建设过程对土地和土壤都造成直接破坏。土壤侵蚀也是三峡库区紫色土坡地土壤退化及土壤养分贫瘠化的主要原因，由于紫色土的质地松软，黏粒含量较低，易于风化，抗蚀性较差，加之库区地形复杂，降水量大，水土流失严重，直接造成土壤薄层化。岩溶山地的土壤退化主要是物理退化，并以侵蚀造成的土壤薄层化及沙化为主，从宏观上看，其退化主要是不合理垦殖和植被的采伐造成水土流失，以及岩溶山区自然灾害等共同作用的结果，最终往往形成石漠化土地、光板地或劣质土地（张建平，2001）。黄土丘陵区的水土流失直接造成表层耕作土壤变薄和地表径流损失，养分流失严重，土地生产力下降，粮食减产幅度较大（陈奇伯等，2004）。

土壤的化学退化主要是因为可溶性元素随水淋洗渗漏、高强度密集种植、过度放牧、不合理灌溉、农药污染、酸雨等引起土壤化学成分变化，有毒或放射性元素不断聚积（曾希柏，2003）。川西高原、南方丘陵区的部分地区由于大规模放牧，也成为严重沙化地区。

耕地质量退化已成为土壤学研究的重点，根据其退化机理，采取切实可行的修复技术，提高土壤及土地的质量，才能有效实现所在区域农业和社会的可持续发展，有效解决环境和生态退化的问题。

第三节 退化耕地修复技术研究

近年来在退化耕地修复技术上，国际上较通用的方法是采取少耕/免耕、休闲、增施有机肥、增加植被覆盖、农艺措施调整等，修复与重建内容主要围绕土壤有机质、养分供应、植被覆盖度和土壤紧实度等因素展开。土地退化过程需要进行预防、调节和治理，需要借助生态学原理选择合理的利用方式、土壤修复（施用石灰、肥料、排水、额外补充有机质）、养分平衡及当地传统农业中合理技术的运用（少耕或免耕、地膜覆盖）等来实现。

一、自然修复

人类活动的人为干扰、不合理的土地利用已经严重破坏了自然生态系统。这些强烈的干扰直接导致耕地质量下降、土壤水分短缺、微生物生长环境恶化，严重制约了农业生产的发展，进而影响居民居住空间质量。如何有效地修复退化的生态系统，对于增加作物产量、提升环境条件、最终实现农业的可持续发展具有重要的意义，“自然修复”是众多修复措施中最有效的一种方式。所谓自然修复，指在不需要人类行为辅助的前提下，直接通过自然演替修复退化生态系统。

封山育林是自然恢复的典型方法。封闭森林或草原，使这些地区不受人类活动的影响，同时还可防止火灾及杂草入侵，能加快土地的自然更新。这种方法可以缩短实现森林覆盖所需的时间，保护珍稀物种和增加森林的稳定性，且投资小、效益高。研究认为，在保持水土、控制和改善微气候、保护生物多样性和维持大气平衡方面，人工林要比封闭后自然恢复的森林逊色很多，如通过自然修复的林地比通过人为修复的林地更能控制土壤水分、保持土壤，保持森林稳定性，维持生物多样性。对山地丘陵区退化草地生态系统 20 年自然修复变化趋势的研究发现，药草和灌木是该环境的优势植物，只有小部分喜阴树种被侵袭，且有机质、可溶性氮、有效磷、钾都已经复原到适合当地气候的水平。土壤水分保持能力首先恢复，但是需要更多时间才能完全修复生产力和其他功能，养分循环恢复比较缓慢。进一步说明不同生态系统具有与时间、小环境气候变化相适应的特殊本质。研究发现，退化生态系统经过 20 年左右就能恢复养分水平和控制水土流失，但是要修复其他功能就需要进行合理的耕作（Ren 等，2007）。

二、生态修复

生态修复是指利用大自然的自我修复能力，在适当的人工措施辅助下，恢复生态系统原有的保持水土、调节小气候、维护生物多样性的生态功能，以及其开发利用等经济功能。值得注意的是，生态修复并不是指将生态系统完全恢复到原始状态，而是指通过修复使生态系统的功能不断得到改善。

在澳大利亚，农户采用浅根一年生作物代替深根多年生自然植被导致了区域地下水位的上升，并产生了次生盐碱化问题。通常情况下，景观修复都需要重新培植多年生植物（包括树木、灌木和饲料等）并逐渐将其转变为农业系统。虽然按照这种措施有一定程度的恢复，但是由于种植多年生作物利润低于一年生植物，所以农户更偏向于种植一年生作物，从而使盐碱化过程依然继续。种植抗盐碱的作物（盐土植物）是改良盐碱地的有效措施，种植盐土植物能够降低地下水位、削弱水灾和减少水量，且多年生盐土植物能够将盐分长期吸附在作物根部，可为进一步通过淋洗作用等方式修复盐碱地创造有利条件（Barrett - Lennard，2002）。采用深耕细耙、增施绿肥和发展节水农业是改良盐碱土有效的耕作措施。

植被恢复的过程实质上就是通过植被—土壤复合生态系统间的相互作用来增加土壤有机物的输入，改善土壤结构，提高土壤的生态功能，达到改变区域生态环境的作用。王国梁等（2002）的研究认为，植被在恢复过程中对表层土壤养分的影响大于下层，土壤有机质含量增加可能是植被正向演替系列上土壤变化的主要方面。胡泓等（2001）研究表明，植被在人工恢复过程中，土壤的容重减小，孔隙度和湿度增加，而土壤物理性质改善的直接原因是演替过程中有机质含量的增加。土壤结构影响植物生长所需的水分与养分供应能力、通气和热量等环境条件，以及根系在土体中的穿透情况，土壤结构的形成过程同时也是土壤中团聚体的形成过程，团聚体的大小、形状和特性直接影响土体的松板和孔隙状况以及水、气、热和根系活动。在团聚体形成过程中，作为胶结剂的3种重要胶体物质是黏粒、铁锰氧化物胶体和有机胶体，其中以有机胶体的作用最为重要（张成娥等，1997），而有机胶体实际上是在有植物残体情况下微生物活动的产物，由此可看出，凋落物是土壤结构改善的重要物质基础。

三、耕作修复

保护性耕作技术是通过少耕、免耕、化学除草技术措施的应用，保持作物残茬覆盖地表，以达到减少水土流失、保持土壤养分的一种先进的农业耕作体系。保护性耕作的内涵就是要最大限度地保持土壤的自然状态，保护土壤的自我恢复能力和自我平衡的能力。我国的保护性耕作从20世纪60年代开始，20世纪80年代前都着重研究覆盖和少免耕，但到20世纪90年代后开始研究保护性耕作机械设计和耕作技术。

国内外学者在保护性耕作对作物产量的影响研究方面较为集中，这也与农业生产的直接目的密切相关，但不同地区实行保护性耕作后作物产量的变化有一定差异。如有研究者对山西部分地区进行保护性耕作试验研究，结果表明免耕播种使小麦增产85%以上，但该方式主要适用于中等肥力以上的土壤，如果是在肥力较低的土壤中，则第一年实施免耕容易导致作物减产。亦有研究者在新疆阿勒泰等地区开展了保护性耕作的效果研究，发现免耕小麦比常规种植每公顷增产375kg，免耕玉米比常规种植每公顷增产675kg，免耕油葵比常规种植每公顷增产270kg，免耕牧草比常规种植每公顷增产525kg。对不同区域保护性耕作的增产效果进行对比，发现灵宝市2009年保护性耕作示范田比对照田平均每公顷增产小麦498kg，增产幅度达10.7%；三门峡市永靖县保护性耕作技术增强土壤蓄水能力14%～15%，提高水分利用率15%～17%，降低作业成本10%～15%。研究者对我国干旱灌溉地区不同保护性耕作措施的研究发现，免耕、秸秆覆盖和覆膜均增加了土壤含水量，免耕和秸秆覆盖措施下初始入渗率和稳定入渗率都高于翻耕，而覆膜低于翻耕，总体来看保护性耕作措施改善了土壤物理性质。在本书中，我们将主要对免耕和少耕修复技术作一系统阐述。

1. 免耕　免耕技术始于20世界30年代的美国，60年代后各国相继实施。我国从20世纪70年代开始免耕研究，80年代侯光炯院士在南方大力推广自然免耕法，促进了免耕技术在中国的发展（侯光炯，2000）。免耕法又称零耕、直接播种，指用大量的秸秆残茬覆盖地表，将耕作减少到只要能保证种子发芽即可，并主要用农药和除草剂来控制杂草和病虫害的一种耕作技术。免耕技术对土壤肥力以及土壤物理化学性质都有显著影响，与传统耕作相比较，免耕可节水2%～8%。长期实施免耕对土壤理化性质具有较明显的影响，只有覆盖程度达到一定程度，免耕的节水效果才能得到体现，且在少雨年份干旱季节免耕的保水效果才相对更好，土壤水分利用效率也更高（彭文英，2007）。免耕技术减少了对土壤的扰动次数，土壤结构得到改善，非侵蚀性团粒增加，保持水土效果明显。研究者在黄土高原半干旱区的研究中发现，与传统耕作相比，免耕对土壤容重的影响不大，但增加土壤总孔隙度，0～5cm土层水稳性团聚体均增加。

研究者通过对多年连续免耕的大田试验结果分析，发现随着作物秸秆及根系的连续还田，养分以缓释的形式供给土壤和作物，根系死亡后，丰富了土壤耕作层中腐殖质含量，促进土壤中营养元素的循环，土壤肥力和产量均有较明显的提高。侯光炯等（2000）的研究发现，稻田免耕与常规插秧相比较，表层土壤有机质出现累积，＞5mm 和＞0.25mm 水稳性大团聚体的含量增加，全氮和速效磷、速效钾等养分的含量提高，土壤肥力状况得到改善。有研究者在黑土地区进行的免耕实验亦发现，免耕覆盖下的玉米叶面积指数下降较慢，维持较高水平的时间相对较长，产量因此有较大幅度增加。秦红灵等（2007）在北方农牧交错带免耕措施的研究中发现，免耕地升温和降温都比较缓慢且幅度小，但受土壤温度等物理性状的影响，免耕地作物生物量及产量不如翻耕地，因此，对于交错带要通过农艺措施改善土壤物理结构以提高免耕农田作物产量。在南方地区桑园中，免耕覆盖对桑园土壤肥力影响较为显著，稻草覆盖对桑园土壤有明显的供肥效果，尤其是对土壤供磷、钾的能力，同时对微量元素的供应也有一定的增加效果。在北方旱区，保护性免耕技术作为新型的耕作技术带来了巨大的生态和经济效益，留茬覆盖免耕保护性耕作措施较传统耕作有明显的增产并提高小麦水分利用效率的作用，但同时发现在秋闲期并不是秸秆使用量越大土壤储水量越大（张凤云等，2007）。甘肃天水的深松免耕保护性耕作试验结果表明，耕层 10～40cm 土壤容重比传统中耕下降 11.8 个百分点，深松的土壤耕层 0～40cm 含水量比传统中耕高出 10.4 个百分点，每公顷玉米产量增加 1 500kg 以上。在四川水旱轮作区长期自然免耕对土壤理化性质有较大的影响：0～15cm 土层容重随免耕年限的增加而减小，土壤团聚体随免耕年限的增加而增加，表层增加更明显；土壤有机质、全氮、速效氮和磷含量均随免耕年限增加而逐年上升，并且有明显表聚现象，但对速效钾影响不明显（张锡洲等，2006；刘定辉等，2009），而秸秆还田免耕增加了 10～20cm 土层通气空隙的当量孔径，降低了无效空隙的当量孔径，改善了心土层土壤结构；提高稻田耕层土壤持水性能，增加土壤的水分库容；还能提高土壤耐旱性能和供水能力（刘定辉等，2009）。免耕对土壤呼吸也具有重要的影响，玉米秸秆覆盖免耕土壤 CO_2 全年平均释放量为 13.2g/（m^2・d），分别比还翻处理和清翻处理增加 8.38%和 27.6%；玉米秸秆覆盖免耕全年土壤呼吸的最低峰值比最高峰值降低 77.1%，显著高于清茬翻耕和还田翻耕，表明玉米秸秆覆盖免耕土壤呼吸季节性变化较为强烈（吴建富等，2009）。

由于不同作物生长发育特点差异显著，因此相应作物免耕栽培技术要点也有较大的差异。国内许多学者对保护性耕作技术做了十分详细的总结，已在近年国内的相关期刊及类似著作中做了专门论述。如对小麦免耕栽培而言，一般认为首先要把好开沟整厢关、把好化学除草关、把好适量播种关、把好配方施肥关、把好秸秆覆盖关、把好病虫防治关；需要注意在秸秆覆盖后，要用水喷湿，以加快秸秆腐烂速度；同时要注意配方施肥，以农家肥为主，重施有机肥，配施氮、磷、钾化肥和微肥。而在稻田中采取保护性耕作方法栽培榨菜时，除了要注意开厢做沟外，同小麦栽培类似需要注意苗床管理和田间管理，因为苗床期是榨菜最容易感病的阶段，要注意施药要周到；同时，在大田生长期要注意适时追肥，且施肥原则是前期轻施，中期重施，后期轻施。稻桩蚕豆免耕栽培技术对保蓄土壤水分、培肥地力有良好的效果，除了常规免耕技术所注意的问题，蚕豆免耕需要注意灌水问题；蚕豆注意花期灌水和鼓豆期灌水，灌水时速灌速撤，切忌慢灌久淹；而采收宜在下午豆荚含水量相对较低时进行。麦茬玉米免耕直播是在小麦机械收获后，不翻耕直接播种玉米的栽培方式，玉米免耕要注意播种和施肥问题，一般播种深度为 4～5cm，机播肥深度为 10cm，每公顷播种量为

30～37.5kg；机播化肥用量以磷、钾肥为主，同时由于免耕覆盖的夏玉米底施化肥不足，因此追肥宜早不宜迟；在收获方面考虑到不影响播种小麦，应当晚收，收获后及时晾晒。油菜免耕分为油菜单季免耕和稻油连续免耕，由于在油菜免耕中存在排水不好、湿害严重、粗放撒播等问题，因此油菜免耕要开好主沟、背沟和腰沟，排干田水；同时在免耕栽培中，配方施肥要按照不同的区域测土配方，增施硼肥。

2. 少耕　带状耕作是20世纪90年代兴起的一种保护性耕作模式之一，先施肥入土，耕作带类似传统耕作的种床。条带少耕就是播前或播种同时只对种床部分进行耕作，减轻对土壤结构的破坏，减少了耕作量，有利于保水保墒。从20世纪70年代开始，世界各国就大面积应用少耕技术。美国在20世纪90年代少耕面积达6 000万hm^2，20世纪90年代英国的秋播作物有60%采用少耕、玉米有70%采用少耕。我国早在300年前就已发展少耕技术，到现代少耕技术已成为农业重点推广项目。大量实践证明，少耕适用于风沙干旱地区、水土流失严重的丘陵区以及抢农时的多熟制地区等，该技术具有简便、低耗、增产、省工、节能、高效、环保的特点，其优势已在长期的实践中得到证明。如吉林省农业科等院在玉米连作基础上连续少耕20年，玉米平均产量比连耕20年增产4%；在干旱灾年平均产量比连耕增长6.7%，具有较强的抗旱力。在吉林省中部地区玉米少耕法的调查中发现，在公主岭黑土同一地块13年实行少耕法，土壤理化性状变化对玉米产量没有不良影响，有明显增产的效果；同时少耕可节省作业次数，减少成本。如果在少耕地上结合整地播种，以大量化肥作底肥，施于表层，有利于玉米增产，残留根茬还加速增加地力。总体来看，少耕法可保持良好的土壤紧实度，可促进土壤团粒结构的形成，保持地力，保墒保苗好（佟培生等，1999）。夏玉米的种植以少耕技术效果最佳。高留茬少耕全程覆盖技术对于防止坡地水土流失具有明显的蓄水效果，稳定了土壤肥力，为作物持续生产和增产创造了有利环境。对水田采用少耕整地方式，取消了传统水耙田、人工扬肥、耪平、沉浆和捞残茬五项作业环节，节省50%～60%的整地费用，平均增产8.4%～12%（徐春林，2006）。侯光炯等（2000）在研究少耕对晚稻土生物活性影响时发现，少耕土壤搅动程度轻，稻草在土壤表层，既有利于还田稻草的分解利用，又有利于土壤质量的维护。深松少耕技术增大了土壤空隙，提高了水分蒸发速率，增强了水肥利用效率，对玉米产量的提高具有促进作用。

四、土壤改良剂应用

土壤改良剂的研究始于19世纪末，研究较多的是沸石、粉煤灰、污泥等单一改良剂，随着科学技术不断进步，国内外的研究重点转向对土壤保湿剂、松土剂、固沙剂、增肥剂、消毒剂等的开发和利用方面。为进一步提高土壤改良剂的应用效果，降低其负面影响，研究者将研究重点转向新型多功能复合型改良剂的开发和研制。总体看来，土壤改良剂具有改善土壤结构、调节土壤酸碱度及降低土壤重金属活性、防止植物土传病害等方面的作用。土壤改良剂可以分为天然改良剂、合成改良剂、天然—合成共聚物改良剂和生物改良剂。

1. 天然改良剂　按照有关学者的总结，天然改良剂主要包括无机物料和有机物料两大类，其中无机物料主要是天然矿物（石灰石、膨润土、石膏等）和无机固体废弃物（粉煤灰等），而有机物料主要包括有机固体废弃物、天然提取高分子化合物、有机质物料等，天然改良剂在工业、农业上运用较多。膨润土富含动植物所需的常量和微量元素，具有较强的阳离子吸着作用，是优良的天然改良剂和保肥材料。有关研究表明，利用膨润土作为土壤改良剂对土壤理化性质和作物生长都有显著影响，改良后的土壤酸度下降，交换性酸含量降低，阳离子交换量、盐基离子总量有一定幅度增加，作物产量、植株高度也相应增加。以皖南红黄壤地区为例，该地区的酸性条件加速了土壤中 NH_4^+、K^+、Ca^{2+}、Mg^{2+} 等营养元素的淋失，针对该地区的土壤状况，王允青等人（2009）通过施用白云石和沸石改良土壤，经改良后的土壤中 N、K 的淋失量减少，交换性酸含量下降，土壤理化性质得到一定程度改善。针对南方酸化菜园土壤，中国科学院亚热带农业生态研究所在湖南桃源进行了单施石灰、石灰和沸石混用等措施对降低土壤酸度的效果研究，结果表明，两者均能提高土壤 pH，显著降低土壤中交换性铝含量，减少铝毒发生，但单施沸石对土壤交换性铝则无明显的影响。沸石在空气湿度很小的情况下，也能有效地从空气中吸取水分，在持续少雨期内，这种吸取外来水分的能力对作物生长十分有利，也能改良干旱半干旱地区的沙质土壤。低灰和低有害物质的粉煤灰可以作为土壤微量元素补充改良剂，大量用于污染土壤的改良中。在龙口地区进行的大田种植玉米的试验中发现，通过施用粉煤灰使玉米产量增加 25%，生物产量增加 40%（Mou，2007）。

常用于土壤改良的有机物质主要包括污泥、城市污水污泥、作物秸秆、绿肥和畜禽粪便等。城市垃圾和污泥中含有一定量植物生长所必需的矿质元素，是一种良好的肥料和土壤改良剂。污泥垃圾复混肥促进了土壤速效 N 和速效 P 养分含量的提高，同时还能提高土壤有机质的含量，但对土壤速效 K 含量无显著性影响（闫双堆等，2006）。城市污泥富含作物生长所需的营养物质和有机质，将城市污泥和绿肥作物进行堆肥，可促进作物吸收、利用和营养物质的积累（Bokrovski 和 Kasatikov，1987）。周期性对土壤施入城市污泥可促进土壤理化性质的改善，提高营养元素的含量；作为混合堆肥成分，施用城市污泥以及和化学肥料配施，对农作物生长具有良好的作用，保证了产量最大化（李承强等，2001）。林云琴等（2009）在对酸性赤红壤的研究中发现，添加造纸污泥堆肥能有效减缓土壤酸化，增加土壤有机质和有效磷含量，提高土壤质量，同时，通过盆栽试验证明造纸污泥堆肥农用不会对酸性土壤形成活性铝累积问题。而施用城市生活污泥对褐土性土和石灰性褐土土壤肥力的影响表明，施用城市生活垃圾能明显提高上述两种土壤中有机质和速效 N、P、K 的含量，且随施用量增加，效应提高，其效果可持续相当长的时间。秸秆中含有大量的 C、N、P 等多种营养元素，富含纤维素、半纤维素和木质素等有机物质，是一种可以资源化利用的固体废弃物，通过秸秆还田可以改善土壤结构及保水、肥、气、热的能力，使土壤容重降低、孔隙度增加、有机质含量提高，养分结构趋于合理。研究者在中国科学院亚热带农业生态研究所桃源实验站的研究结果表明，秸秆与化肥配合施用能够促进作物对土壤磷素的吸收和提高磷素利用效率，增加土壤腐殖质含量，改善腐殖质品质；秸秆与化肥配合施用能够明显提高乌栅土和红壤土肥力水平，保证土地资源的可持续利用。

泥炭是盐碱土、风沙土、采矿废弃地和污染土壤的重要改良基质，具有高有机质、高腐殖酸、良好的吸水和持水性等特性，在污染土壤的处理中，不会造成二次污染，又可提高土壤地力，并促进植物健康生长。Shamshuddin 等（2004）以泥炭改良种植可可树的铝毒害土壤，其结果为施用泥炭可显著降低铝在土壤中的活性，减少对可可树的毒害，提高植物根系生物量和地上部生物量。

2. 合成改良剂 合成改良剂主要是由天然改良剂人工合成的高分子有机聚合物，例如：水解聚丙烯腈（HPAN）、聚乙烯醇（PVA）、聚丙烯酰胺（PAM）、沥青乳剂（ASP）等多种聚合物，其中以PAM的应用最为广泛。PAM作为土壤改良剂始于20世纪前半叶，在50年代达到高潮。PAM作为保水剂，能够改善土壤结构，促进团粒结构的形成，增加土壤入渗率，在美国和澳大利亚水土流失区运用较为广泛。有研究认为，在黄土高原区施用PAM能够保存非生育期的降雨，增加土壤入渗并减少径流，提供作物较好的生长环境；同时提高大团聚体的含量，并降低团聚体分形维数。由于不同土壤有机质和黏粒含量的差异，导致PAM对不同土壤的水稳性团聚体的改良效果也出现差异。Lentz（1994）在犁沟内灌溉施用PAM，能够减少沟灌侵蚀94%，增加入渗15%；也能有效抑制土壤结皮的形成（Helalia等，1988；唐泽军等，2002）。PAM的施用主要是通过地表施用和随灌溉水施用，试验证明将PAM拌施于土壤后能抑制水分的渗流，同时降低土壤饱和导水率，提高土壤蓄水能力，但不能降低土壤水分的散失速率，PAM对地域和土壤理化性质及质地等条件存在一定的适应性（刘东，2006）。同时，在塿土和沙黄土的研究中发现，施用PAM降低入渗，结构较差的沙黄土表现更显著；PAM处理明显提高沙黄土的径流磷和钾流失量，变化趋势强于塿土；在水蚀环境不严重的黄土区，试图采用施加PAM来减少土壤养分流失是不可行的（王辉等，2008）。Levy（1991）在棉花地加施PAM大大增加了土壤颗粒间的凝聚作用，在净化污水时也提高了棉花产量。Stern（1992）在灌溉时向地表撒施PAM，使得小麦产量显著提高。PAM对人体和环境基本上无害，也不易受土壤微生物的影响而分解，其降解速度直接影响土壤改良的持久性。一般PAM的有效性可以持续两个月左右，取决于释放后的总降水量和气候情况，如何确定最合适的施放量、建立合适的施用方法，是目前研究的热点问题。PAM的应用前景相当广阔，将成为农业生产上不可缺少的物质。

目前高聚物土壤改良剂主要应用于解决水土流失和干旱等问题，其效果也最好，除了上述提到的PAM改良剂，将土壤固化剂和AAM水泥添加剂等在一定水分条件下与土壤混合后，整个土体的强度提高，水稳性增强，具有较高的集雨效率。在盐碱化的地区采用有机—无机复合改良剂可以使土壤中盐分离子组成比例发生改变，降低其含量（邵玉翠等，2009）。将聚马来酸酐（HPMA）在阻盐剂（木醋液＋木焦油＋少量聚丙烯酸PAA与碱土形成的阻隔盐碱向表层运输的阻盐碱层）阻隔下，使盐碱地pH与盐分明显下降。聚丙烯酸（PAA）与碱土混合在阻盐剂阻隔下的改良效果较聚马来酸酐处理稍差，施用高分子聚丙烯酸钠能够有效改善土壤结构，使土壤容重降低，由于其自身具有保水能力，可使作物例如小麦在整个生育期耗水总量降低，水分利用效率提高，但是，其最佳用量以及对土壤质量和植物品质的影响还有待研究。

3. 生物改良剂 生物改良剂能够改善土壤结构，提高土壤有机质含量，促进土壤生态平衡；同时，可减少化肥流失，且能分解消除土壤中农药、高分子有机物等有害物质的残留，自身一般不会在土壤中残留。目前研究和应用的生物改良剂包括生物控制剂、微生物接种菌、菌根、好氧堆制肥等，运用较多的是菌根修复。

菌根是土壤中真菌菌丝与高等植物营养根系形成的联合体，能够有效降解污染物；同时能够改善作物生长环境，保障其在受损环境中的生长，帮助其退化生态系统的重建，因此被广泛运用于环境与土壤修复中，其中又以丛枝菌根技术最为成熟。杜善周等（2008）研究了丛枝菌根在矿区土壤修复中的效果，以玉米为接种植物，接种泡囊丛枝菌根真菌，发现丛枝菌根真菌能有效降解石油烃，且在多种菌种相互协同时其效果更佳。Noyd等（1996）把Glmous intraradices和Glmous claroideum接种到牧草上，改善了矿渣地的植被；将Glomus mosseae 和 Glomus etunicatum 混合的菌种接种到杨树和白蜡上用于进行煤矿区生态环境修复，发现在接种菌根菌 6 个月后，孢子数量明显增加，生态效益显著，可防止矿区土地的沙化（杜善周等，2008）。对于菲和芘污染的土壤，在紫花苜蓿上接种丛枝菌根后，可使修复土壤中芘的数量下降 90%以上；同时，接种后明显提高土壤微生物的数量和活性，有效降解多环芳烃的污染（李秋玲等，2008）；土壤中多环芳烃降解率与植物根系的丛枝菌根（AM）真菌侵染率呈显著正相关关系，再次说明 AM 真菌侵染能有效提高接种植物对多环芳烃污染土壤的修复效率（杨婷等，2009）。丛枝菌根真菌对土壤重金属污染的毒性降解也非常有效，试验证明 AM 对重金属 Cu 有较强的固持作用，这是菌根减轻宿主植物 Cu 毒害的一个重要机制（杨秀梅等，2008）。盆栽试验证明，AM 可以提高木豆对 Cd 污染土壤的抗性，同时，适量的重金属 Cd 对木豆生长有促进作用，当 Cd 污染浓度为 10mg/kg 时，木豆的长势最好，生长量最大。菌根真菌对修复农药污染的土壤也有一定的作用，菌根化植物对农药有较强的耐受性（刘世亮等，2004）。土壤施用绿麦隆、二甲四氯和氟乐灵等农药后，再接种菌根真菌使得宿主植物的菌根侵染率、生长量和对 N、P 元素的吸收量都高于不接种的对照植株（林先贵和郝文英，1991）。菌根真菌侵染的大豆，其生长不受杀虫剂乐果的影响，在施用 0.5g/L 乐果时反而增加了 AM 的孢子萌发（Menendez，1999）。

蚯蚓在未污染的土壤上能够起到改良土壤结构、提高土壤肥力的作用。将蚯蚓与菌根同时放在污染的土壤上，蚯蚓能选择性地提取菌丝，以含有菌根孢子的土壤作为食物，经过消化后由粪便排出，在一定程度上能够影响根系菌根的侵染（Bonkowski 等，2000）。研究证明，在 Cd 污染的土壤上，接种蚯蚓、菌根均能增加黑麦草对 N、P 的吸收，同时接种蚯蚓和菌根促进了黑麦草对 N 的吸收，但没有促进对 P 的吸收（成杰民等，2006）。由于接种蚯蚓可以提高菌根的浸染，同时接种蚯蚓和菌根具有促进 Cd 向地上部转移的协同作用（成杰民等，2007）。

五、工程修复

1. 水土保持林业生态工程 水土保持林业生态工程就是在同一地块上相间种植农作物和林木（含经济林木和草），包括配置在缓坡耕地上的水流调节林带、生物地埂（生物坝、生物篱），配置在梯田地埂的梯田地坎防护林及坡地农林（草）复合工程。

植物篱是由丛生草本植物或萌生力强的灌木树种构成，它们在近地面处紧密地靠近在一起，形成多条“篱笆”，属于农林复合经营的形式，最初应用于平原地区的带状耕作系统。近年来，我国把植物篱作为一种实施土地利用发展规划的工具，充分发挥植物篱的生态功能和优势，在湖北、湖南、广东、四川等地对植物篱都进行了多年的研究与应用。大量研究表明，密集种植的植物篱能有效降低地表径流和土壤侵蚀，同时减少养分流失，加上每年植物篱腐根、枯枝落叶的输入，能有效提高土壤肥力，改善土壤水分状况。在对四川植物篱模式下退耕还林、还草技术示范区的研究中发现，退耕还林还草区采用植物篱牧草种植模式可以有效解决山区畜牧饲料不足的问题，调整农业产业结构；而在非退耕还林还草耕作区利用植物篱技术，可以提高土壤肥力；同时种植固氮牧草，可有效缓解畜牧饲料的压力及减少水土流失，培肥土壤（邓智伟和伍世良，2004）。植物篱技术由于具有投资小、施工简单、操作方便等优点，在湖北地区广泛应用于坡耕地治理，张炎周等（2001）在湖北省部分地区的研究中发现，植物篱每年可向坡地提供 8 000～30 000kg/hm^2 的鲜枝叶绿肥，改善土壤结构，增加土壤肥力，固氮植物篱能使土壤全氮含量增加65%以上。同时，推行"植物篱+经济林"模式将农林牧有效结合，更能增加地表覆盖率，减少地表径流，也得到农民普遍认同。在西南地区植物篱沿等高线布设，在植被带上方泥沙经拦蓄过滤沉积下来。植物篱技术解决了坡耕地用地和养地问题，通过植物篱根系吸收土壤深层养分以刈割茎叶返还土壤，促进养分的循环和再分配，发挥了养分泵的功能。坡耕地在建立植物篱后，土壤黏粒在篱前富集，篱下加剧侵蚀，形成水平带状分布规律，土壤有机质、N、P等主要元素出现与土壤颗粒相同的分布规律，K则不受植物篱的影响，在坡面上分布均匀。由于植物根系改善了土壤物理性状，土壤容重减轻，孔隙增加，因而土壤初始入渗速率均显著提高，有较多的水入渗进入农业生态系统，减少面源污染（谢庭生和罗蕾，2005）。植物篱能明显提高篱前土壤肥力，削弱篱下土壤肥力，减少由径流与侵蚀泥沙携带的养分损失，有效改善土壤肥力形状。在三峡库区推广的篁竹草植物篱技术与广泛存在的纯粮套作顺坡种植相比，明显提高了土壤有机质和土壤营养，单纯的植物篱措施有明显控制水土流失的功能，若能结合施肥、覆盖措施，水土效益会更高，但投入产出比会较低；如果配合有机肥或者无机肥，水土保持效益和产出比较理想。另外，在福建红壤地区的研究也发现植物篱形成以后能够降低坡度，提高土壤的保水能力，具有显著地提高土壤抗冲性功能，可以将植物篱和坡改梯工程结合起来，促进福建山地农业生态环境的改变。

植物篱充分利用坡地因其坡度、坡向和坡位而具有的空间优势来发展立体种植和多种经营，对培肥土壤具有显著作用，是实现坡耕地可持续利用的重要途径，在我国坡耕地治理中应用前景广阔。

2. 坡改梯及中低产田改造工程　坡改梯工程是传统的坡地改造模式，是治理坡耕地水土流失最有效的手段，坡改梯工程后利于机械化耕作，可发挥机械效率，提高机耕质量，灌水方便均匀，利于压盐、排水、改良土壤等，也能提高粮食产量。

据统计，西南高原山区水平梯田平均单产为原坡耕地的2～4倍，黄土高原地区水平梯田平均单产为原坡耕地的3～5倍，且造林成活率显著提高。在我国南方红壤丘陵地区坡耕地实现坡改梯后，具有明显的保水保土效果，地表径流量明显减少，抗蚀性明显增强。在坡改梯区域大力推广梯壁植草，将植物篱与坡改梯结合在一起，更有效地起到水土保持的作用（左长清和马良，2004）；同时坡改梯后梯田蓄水保土效益显著提高，蓄水效益高达65%以上，保土效益达85.0%以上。同样，在黄壤旱坡地上梯化和未梯化的坡地养分差异显著，梯化后地种植能明显减少地表径流颗粒中磷的流失量，其年均颗粒态磷的流失量比顺坡种植减少。亦有研究表明，黄壤旱地梯化种植结合平衡施肥是减少土壤磷素流失以及保护水体质量的有效途径（刘方等，2003）。在黄土高原半干旱退化山区实施坡改梯后，显著提高了土壤中作物活动层有机质含量水平，增加速效养分的数量，改善土壤肥力状况（张源润等，2005）。砂岩山区"旱农"开发的最佳途径就是以坡改梯建设为中心的农田基本建设，在坡改梯后土壤容重平均减少3.7%，土壤含水率提高28%，N、P养分增加5%～8%，土壤肥力显著提高；同时由于该工程显著的水保与经济效益，适应了群众承包治理的承受能力，极大地调动了农民搞好坡改梯工程的积极性（徐桂华和魏立同，1996）。西南岩溶山区将坡耕地改为石坎梯耕地是治理岩溶山区水土流失的重要措施，土坎梯地的作用效果显著低于石坎梯地；坡改梯是喀斯特地区实现农业可持续发展的重要途径，能够提高水资源利用率和增加耕地面积。在膨胀土分布地带不宜修建土坎水平梯田，应尽量修石坎地，才能更好发挥梯地的生产作用和水土保持作用；同时，水土保持措施的减蚀效果与坡耕地坡度有关，对于陡坡耕地，横坡种植的水土保持作用非常小，只有坡改梯才能有效控制坡耕地的水土流失。有研究者综合考察了石埂坡改梯在黔西北山区水土保持中的作用，发现在旱坡地上修建石埂坡改梯，具有保水、保土、保肥和增产的作用，能够将旱坡地面上的冲刷水变成地下渗透水，确保梯土中的水土不被冲刷流失。重庆地区山地茶园坡改梯工程，再配套绿肥等复合种植技术及开沟集中深度施入速效追肥技术，提高了茶园覆盖度，也提高坡地茶园持续的保土保水保肥能力，是降低山地茶园土壤侵蚀最有效的措施。长江流域水土流失区在进行坡改梯改造后，可以增加种植一季小春作物。

3. 农田水利建设工程 耕地质量的提升除了直接改造和利用土壤外，还可以通过修筑能够保障土地基础条件不退化的措施加以实现，其中，农田水利工程就是在对洪、涝、旱、渍、盐、碱等进行综合治理和水资源合理利用的原则下，对水土资源、灌排渠系统及其建（构）筑物等进行改造，保障耕地质量不退化。在我国农业基础设施总体上相对较弱、多数地方靠天吃饭、抵御自然灾害能力不强的前提下，耕地质量相对较差也是必然的。因此，要从总体上提高耕地质量状况，需要大力修建水利基础设施。

在南方丘陵山区，坡改梯工程一般配套农田水利工程同时建设，从工程上提高了耕地质量。三峡库区地表水和地下水相对缺乏，但可利用的雨水资源十分可观。需要因地制宜，兴建集雨工程，通过修建预制瓦形混凝土壳窖、砖砌混凝土壳窖，把天然降水变成现实可调水资源，是解决三峡库区人畜饮水和农业用水的最佳途径。“分户建池、田间蓄水”农田水利建设模式：利用“长藤结瓜”和天河水窖（池）两种方式，通过分农户、分田块修建天河水窖（池）实现田间蓄水，解决了三峡库区山区农业灌溉的难题，也符合三峡库区的实际情况。另外，通过政府给予适当补贴来调动农民的积极性，正确引导他们自主投入、自主建设、自主管理，化解了建管分离的矛盾，与农村经营管理体制相适应。岩溶地区的“金钱吊葫芦”型水利建设模式，利用山区小股水源，顺水势建设小水池，按等高线集中成片，高水高用，低水低用，相对于传统水利设施模式，提高了水资源的利用率，这些都是三峡库区改造土地质量的工程措施。

第四节　中国耕地质量现状与研究展望

耕地质量是关系到国家粮食和农产品安全、农业和国民经济可持续发展的头等大事，长期以来一直受到我国党和政府的高度关注，在《中华人民共和国国民经济和社会发展第十二个五年规划纲要》中明确提出，要“加强以农田水利设施为基础的田间工程建设，改造中低产田，大规模建设旱涝保收高标准农田”；《国家中长期科学和技术发展规划纲要（2006—2020年）》、《国家“十二五”科学和技术发展规划》中，均明确提出要加强地力培肥，大幅度改造中低产田，建设旱涝保收的高产稳产粮田，提高耕地的产出能力；近年的中央1号文件中，亦将耕地质量培育与高产稳产农田建设作为农业科技工作的重要内容。近年来，在我国党和政府的高度重视下，进一步强化了耕地质量培育相关技术的示范和推广应用，有效促进了我国耕地数量平衡和质量提升，为我国农业发展和国家粮食与食物安全等提供了有效保障。但从总体看，受多方面因素的影响，我国耕地质量相对较低，提升空间仍然很大。

一、我国耕地质量现状

按照相关标准，一般将在正常管理水平下，因为耕地本身存在障碍或限制因子，作物产量比当地高产田低30%以上的农田称之为低产田。这些农田是当前制约粮食持续稳定增产、农业可持续发展的重要因子，也是我国农业综合生产能力提升、粮食持续稳定增产的关键之所在。受自然条件等多种因子的限制，我国耕地质量始终徘徊在较低的状态，尽管国家每年花大力气改良中低产田，但中低产田比例大的现实一直没有得到根本改变，这也在很大程度上制约了我国农业综合生产能力的稳步提升。

目前对我国耕地质量状况实际上还缺乏非常准确的数据，此前沿用最多的是国土资源部发布的相关数据（沈仁芳等，2012），认为我国中低产田面积大约为0.769亿hm^2，超过耕地总面积的70%。而据农业部2008年的调查结果，我国现有的1.219亿hm^2耕地中高产、中产、低产田的面积分别为0.353、0.475和0.39亿hm^2，即高产、中产、低产耕地比例大致为3∶4∶3；在0.39亿hm^2的低产田中，可改造的低产田大约在0.273亿hm^2，相当于低产田总面积的70%。因此，培肥中产田、改良低产田，提高其单位面积产量和综合生产能力，是保障国家粮食和食物安全、促进农业可持续发展的重要选择。

根据我国不同地区影响耕地质量的自然和社会因素，我们在大量野外调查、问卷调查等的基础上，对我国低产耕地的分区情况进行了统计，结果认为：我国低产耕地不仅面积大、类型多，而且分布比较集中，障碍因子明显，在区域分布上主要以东北平原西部、环渤海沿线、黄淮平原西部、黄土高原北部及沿洞庭湖流域等地为主，这些区域同时也是我国农业的主要产区。对上述区域导致农田低产的土壤因子进行分析，发现环渤海沿线主要为盐碱荒地淡水资源匮乏、土壤瘠薄盐碱，主要分布在渤海沿线平原及丘陵区。东北平原西部主要为干旱瘠薄、耕作层浅薄、苏打盐化和白浆化，集中分布在其西部地区。黄淮平原西部主要是低洼渍害和黏板，集中在沿淮地区；其次是沙化贫瘠，集中分布在沿黄河流域。黄土高原北部主要为风沙瘠薄、水土流失等，该地区生态脆弱，低产田面积大、且其分布广。沿洞庭湖流域主要为土壤过酸、板结、养分贫瘠等，且其分布广、治理难度较大，但该地区水热资源丰富，农业生产潜力很大。

对前述几大区域相关数据的调查和统计，这些地区共涉及全国16个省（自治区、直辖市）275个县（市、区）的0.153亿hm^2低产农田。其中，环渤海地区涉及266.7万hm^2低产田和66.7万hm^2盐碱荒地，黄淮平原西部共涉及沿黄河两边及黄河古道20个县的106.7万hm^2沙土、沿淮河北部22个县的126.7万hm^2砂姜黑土，东北平原西部共涉及61个县的166.7万hm^2盐碱化农田、160万hm^2风沙瘠薄农田、126.7多万hm^2侵蚀黑钙土农田，黄土高原北部共涉及53个县的120万hm^2旱塬瘠薄农田、206.7万hm^2丘陵风沙农田，沿洞庭湖和鄱阳湖流域110个县（市、区）的187.5万hm^2酸性、黏重板结、瘠瘦低产旱地及192万hm^2浅薄耕层、排水不良的低产水稻土。通过对这些区域低产田进行改造，预期到2020年可实现增加粮食生产能力190亿kg以上，同时，每公顷耕地可增收节支750～1 500元，带动项目区农民年均增收1 000元以上，其经济和社会效益显著。

二、制约耕地质量的主要障碍因子

我国幅员辽阔、气候类型多样，受多种自然条件如降水量、气温等，以及地形、成土母质等要素的影响，不同区域影响耕地质量的主要因子也有较大差别。从总体看，这些因素主要有以下几个方面：

1. 土壤瘠薄或养分非均衡化 由于农民对耕地培肥的积极性不高，在施肥上过分依赖化肥而忽视有机肥的施用，在肥料种类上重视氮肥忽视磷钾肥的施用，忽视微量元素肥料的施用，以及肥料总体施用量不足、耕作管理粗放等多方面原因，导致耕地有机质含量低，养分总体含量水平低且不同养分间含量不均衡等，严重制约了耕地综合生产能力的发挥。该类土壤一般生产力仅为同一地区大田产量的60%左右且年度变异大，对环境要素变化的适应性差，但只要加强管理、增加有机肥及养分的施用等，一般能在较短时间内使耕地质量得到较大幅度提升。

2. 土壤过酸或过碱 尽管对于不同的作物而言，其适宜生长的pH有所差别，但是，pH过高或过低无疑都不利于作物生长，也在很大程度上成为耕地质量的制约因素。一般认为，当土壤的pH小于5.0或大于8.5时，即会对作物生长和产量带来较严重影响，因此，土壤过酸或过碱是制约其质量的重要因子之一。实际上，土壤酸碱性同时也是影响养分有效性的重要因子，如土壤pH在6.5左右时各种养分的有效性较高；而pH小于5.5时土壤中的铝、锰等易被活化，交换性Al^{3+}、交换性Mn^{2+}的含量大幅度提高，并可能对作物生长产生毒害作用等。当然，土壤酸碱性同时也影响土壤微生物的活性，过酸或过碱的土壤条件同样不适宜微生物的生长，并因此影响耕地的质量。

3. 土壤盐渍（碱）化 由于气候干旱、地面蒸发作用强烈，或者地势相对低平等诸多原因，导致地表和地下径流滞缓或汇集，水分蒸发后盐分在表层逐渐积聚，并使土壤盐渍（碱）化。由于土壤中盐分含量高，部分地区甚至Na^{+}等离子累积，使土壤耕性变差、土粒分散，土壤胶体被Na^{+}等所饱和，有机质和养分的含量低，微生物生长差，种群和数量少，严重制约了土壤的生产力，也严重影响作物的生长发育，从而导致低产。在部分地区特别是干旱、半干旱半湿润以及沿海地区，在现代积盐过程的作用下，土壤中甚至可以出现盐结壳、盐积层或者盐磐，严重影响作物生产，已成为相关地区重要的低产耕地。

4. 土壤沙性过强 土壤颗粒是构成土壤固相骨架的基本物质，其大小和形状差异很大，一般按照土粒的当量粒径来表示其大小，并将当量粒径大于0.05mm的颗粒称之为沙粒，大于0.25mm的颗粒称之为粗沙粒。土壤沙性过强或沙粒含量过高时，由于土粒间空隙大、水分容易渗入，内部排水快，因而蓄水量少且易因蒸发等途径失水，其抗旱保水能力弱；同时，沙粒的养分含量少、离子交换容量低、保肥力弱，易造成养分的流失；细沙粒和粗粉粒含量高的土壤因黏粒和有机质少而难以形成微团聚体或大团聚体，导致其在泡水耙耕后易发生结板闭结（即发生“闭沙”现象）。所有这些因素，都将在很大程度上影响作物的正常生长并导致土壤生产力下降，不利于作物高产稳产。

5. 剖面构型不良 良好的土体构型有利于养分和水分的均衡供应，也是作物高产稳产的重要保证条件。由于自然、社会等多方面因素的影响，部分耕地剖面中存在障碍土层，严重制约了耕地生产力的正常发挥，导致作物生长不良、产量低。通常而言，耕地剖面构型中的障碍土层主要包括表土层过薄、犁底层过黏过厚或过紧实、白浆层或漂白层、灰化淀积层、黏化层或黏盘、石膏层、钙积层或钙磐等，这些不良层次的存在，无疑是导致作物低产的重要因子。此外，就土壤剖面的整体构型而言，上黏下沙或剖面中有夹沙层、全剖面土壤过沙过黏等，都将严重影响作物的生长和产量，因而也属于不良的剖面构型。不良土体构型的存在，不仅是导致作物低产的重要原因，也是低产田改良的重点和难点。

6. 土壤潜育化 由于长期淹水等多方面原因，导致土壤通气性差、还原作用强烈，当土壤的 Eh 值低于－100 mV 时，土壤中亚铁离子的浓度及超过三价铁离子的浓度，即可能使作物产生铁的毒害；当土壤的 Eh 值低于－200mV 时，土壤中可能会因此产生 H_2S、丁酸等的累积，对水稻等作物中含铁氧化还原酶的活动具有抑制作用，并因此影响水稻的呼吸作用，大大减弱其根系吸收养分的能力。同时，土壤中 H_2S 浓度较高时，将抑制作物对磷、钾的吸收甚至使作物体内的磷钾等养分从根内渗出，严重影响作物的生长和产量。在我国南方地区一些排水不良、长期积水的稻田，常因通气不畅等多种原因导致潜育化，土体结构严重破坏，层次性也不明显，且还原铁锰的累积使得土壤呈浅灰色，是较常见的低产土壤之一。

7. 土壤易板结及表土流失 土壤易板结和表土流失的主要原因还是在于土壤颗粒比例不协调、结构较差等原因所致，板结不利于作物根系生长和土壤通气，而表土流失则不仅是一个十分严重的环境问题，同时也导致黏粒比例减少、沙粒比例增多，并使土层变薄、土壤有机质和养分含量降低等，均将在很大程度上影响作物生长和产量。

实际上，影响耕地质量的因子除上述几种外，还有许多方面，不同类型障碍因子的形成尽管是多种自然、社会因素综合影响的结果，但其结果无疑均不利于作物生长发育和优质高产。因此，消除土壤中的障碍因子，促进耕地质量快速提升，保证作物高产稳产，既是土壤学研究的重要任务，也是建设和发展现代农业，保障国家粮食和食物安全、生态安全的重要任务之一。

三、研究展望

在 2012 年 4 月 11 日召开的全国耕地质量建设与管理工作的座谈会上，相关领域的专家指出了我国目前耕地质量及其研究存在的问题，如耕地质量是个大概念，需要我们更全面、更综合地理解和认识；目前发达国家已经形成了耕地数量、质量和生态防护三位一体的框架体系，我们对耕地质量也应该有创新的思路和认识，不能将土壤肥力单独分割出来；应把农用地分等定级与土地的地球化学质量评估、地力调查等整合到一起，形成比较完整的耕地质量评价体系。而作为科研工作者，如何从理论上更好地探知耕地质量并将其应用于指导农业生产规划，将是土地科学或土壤学科面临的重要课题。

根据国内外研究现状，结合我国建设和发展现代农业、保障粮食和农产品有效供给的迫切需求，在当前及今后一段时间内，我国耕地质量培育及退化耕地修复等研究将以解决下述问题为重点进行：

1. 耕地障碍因子成因 不同成土因素作用下耕地的发育和质量具有较大差异，其可能存在的障碍因子也不尽一致，但无论对哪个地区而言，耕地质量和生产力的差别很大，因此，必须深入分析不同地区导致作物低产的主要障碍因子，探讨其成因，才有可能对症下药。从现有研究看，尽管对很多障碍因子的成因已有一定的研究，但整体上仍显薄弱，特别是针对某一障碍因子的成因及其影响等研究仍有待加强。

2. 耕地障碍因子修复与质量保育 特别是在已有研究的基础上进一步应用相关高技术成果，快速消除耕地中制约作物高产的障碍因子等，尚需加强和完善，应在明确不同类型障碍因子成因的基础上，进一步强化障碍因子消减技术研究，形成针对不同障碍因子快速消减的技术模式，为中低产田改良提供必要的技术和措施。同时，应强化中产耕地的地力提升技术研究，不断提高该部分耕地的肥力和综合生产力；强化高产耕地质量保育等技术研究，防止其地力和生产力退化。同时，应进一步强化耕地资源可持续利用综合技术集成研究，在改良低产耕地、提高中产耕地质量的同时，促进耕地资源可持续高效利用。

3. 耕地库容扩增与综合生产能力提升 耕地对养分和水分的保持及供给作物利用的能力在很大程度上取决于其库容的大小，也与土壤胶体的性质密切相关。一般而言，高产耕地对养分和水分保持、供应的能力相对较强，施肥、灌水等方面的可塑性较大，耕作管理也较容易，但低产土壤则与之相反。因此，对中低产农田而言，如何提高土壤中有机质的含量，增加其养分的库容和对养分的保蓄能力，这是提高其质量水平和综合生产能力的重要因子之一。由于土壤本身的容量大，所以，提高其有机质和养分含量的难度也非常大，且有机质在土壤中还存在因矿化等途径而消耗的过程，其提高难度更大。同时，要提高土壤对养分的保蓄能力，则在更大程度上取决于其阳离子交换量等特性，其影响因子更多，也更加复杂。

4. 耕地质量培育相关产品研发 针对影响耕地质量的主导因子如酸化、盐渍化、板结等，开发相应的调理剂，以快速消除这些因子的影响，是耕地质量培育的重要方法之一。近年来，国内外在相关方面的研究也较多，并且开发出一系列具有较好效果的产品，但总体看这些产品大多是利用农业废弃物改性等方法，或者就地取材获得，其成分复杂、针对性较差，应用效果也具有很大差异，在很大程度上限制了这些产品的推广应用。在已有基础上，研发一系列具有针对性、且效果良好的调理剂，并实现产业化应用，是当前和今后一段时间内的重要研究方向之一。

5. 区域耕地质量培育技术与模式 我国不同区域成土母质和气候要素各异，耕作管理水平不同，作物类型多种多样，土壤质量培育的方向和重点也存在很大差异，因此，在耕地质量培育上必须采取不同的技术和模式。近年来，各地科学家根据所在地区的实际情况，研究形成了一系列具有良好效果的耕地质量培育技术和模式，并在农业生产实际中发挥了十分重要的作用。但是，在当前我国建设和发展现代农业、全球气候变化以及水土资源紧张态势日趋严峻等大背景下，农业的生产和经营方式等均发生了一系列变化，特别是生态环境建设的任务更加艰巨，以及高新技术的快速发展和应用等，对耕地质量培育提出了更高的要求。因此，根据不同区域现代农业发展的新要求，不断研发与之适应的新技术、新模式，是区域农业发展的必然要求。

（张贞、魏朝富、曾希柏）

参 考 文 献

陈奇伯，齐实，孙立达，等 .2004. 黄土丘陵区坡耕地土地退化研究［J］. 水土保持通报，24（1）：12-15.

陈四龙，陈素英，孙宏勇，等 .2006. 耕作方式对冬小麦棵间蒸发及水分利用效率的影响［J］. 土壤通报，37（4）：817-820.

陈印军，肖碧林，方琳娜，等 .2011. 中国耕地质量状况分析［J］. 中国农业科学，44（17）：3557-3564.

成杰民，俞协治，黄铭洪 .2006. 蚯蚓—菌根相互作用对 Cd 污染土壤中速效养分及植物生长的影响［J］.

农业环境科学学报，25（3）：685－693.
成杰民，俞协治，黄铭洪.2007. 蚯蚓—菌根相互作用对土壤—植物系统中Cd迁移转化的影响［J］. 环境科学学报，27（2）：228－234.
邓智伟，伍世良.2004. 三峡库区等高植物篱之成本效益分析［J］. 资源科学，26（21）：132－136.
杜善周，毕银丽，吴王燕.2008. 丛枝菌根对矿区环境修复的生态效应［J］. 农业工程学报，24（4）：113－116.
高中贵，彭补拙，喻建华，等.2005. 经济发达区土地利用变化对土壤性质的影响——以江苏省昆山市为例［J］. 自然资源学报，20（1）：44－51.
郭菊花，陈小云，刘满强，等.2007. 不同施肥处理对红壤性水稻土团聚体的分布及有机碳、氮含量的影响［J］. 土壤，39（5）：785－793.
何腾兵，刘丛强，王中良，等.2006. 贵州乌江流域喀斯特生态系统土壤物理性质研究［J］. 水土保持学报，20（5）：43－47.
侯光炯.2000. 农业土壤学［M］. 成都：四川科学技术出版社，乌鲁木齐：新疆科技卫生出版社，156－236.
胡泓，刘世全，陈庆恒，等.2001. 川西亚高山针叶林人工恢复过程的土壤性质变化［J］. 应用与环境生物学报，7（4）：308－314.
江晓东，迟淑筠，宁堂原，等.2009. 少免耕模式对土壤呼吸的影响［J］. 水土保持学报，23（2）：253－256.
孔祥斌，张凤荣，王茹，等.2005. 城乡交错带土地利用变化对土壤养分的影响——以北京市大兴区为例［J］. 地理研究，24（2）：213－221.
李承强，魏源送，樊耀波，等.2001. 不同填充料污泥好氧堆肥的性质变化及腐熟度［J］. 环境科学，22（3）：60－65.
李秋玲，凌婉婷，高彦征，等.2008. 丛枝菌根对土壤中多环芳烃降解的影响［J］. 农业环境科学学报，27（5）：1705－1710.
李升东，王法宏，司纪升，等.2009. 耕作方式对土壤微生物和土壤肥力的影响［J］. 生态环境学报，18（5）：1961－1964.
梁爱珍，张晓平，杨学明，等.2006. 耕作方式对耕层黑土有机碳库储量的短期影响［J］. 中国农业科学，39（6）：1287－1293.
林先贵，郝文英.1991. 三种除草剂对VA菌根真菌的侵染和植物生长的影响［J］. 环境科学学报，11（4）：439－444.
林云琴，王德汉，陈晓燕，等.2009. 造纸污泥堆肥农用对酸性土壤性质影响研究［J］. 农业环境科学学报，28（6）：1159－1163.
刘定辉，陈尚洪，舒丽，等.2009. 四川盆地丘陵区秸秆还田少免耕对土壤水分特征的影响［J］. 干旱地区农业研究，27（6）：119－128.
刘东.2006. 聚丙烯酰胺（PAM）对土壤水分蓄渗能力的影响［J］. 灌溉排水学报，25（4）：56－63.
刘方，黄昌勇，何腾兵，等.2003. 长期施磷对黄壤旱地磷库变化及地表径流中磷浓度的影响［J］. 应用生态学报，14（2）：196－200.
刘华宾，张俊梅，许皞，等.2009. 河北省近30年耕地资源变化与经济发展耦合关系研究［J］. 水土保持研究，16（2）：121－127.
刘梦云，安韶山，常庆瑞.2005. 宁南山区不同土地利用方式下土壤有机碳特征研究［J］. 水土保持研究，12（3）：47－49，114.
刘世梁，傅伯杰.2003. 坡面土地利用方式与景观位置对土壤质量的影响［J］. 生态学报，23（3）：414－420.

刘世亮，骆永明，丁克强，等.2004.菌根真菌对土壤中有机污染物的修复研究［J］.地球科学进展，19（2）：197－203.

彭文英.2007.免耕措施对土壤水分及利用效率的影响［J］.土壤通报，38（2）：379－383.

秦红灵，高旺盛，李春阳.2007.北方农牧交错带免耕对农田耕层土壤温度的影响［J］.农业工程学报，23（1）：40－47.

邵玉翠，任顺荣，廉晓娟，等.2009.有机—无机土壤改良剂对滨海盐渍土降盐防碱的效果［J］.生态环境学报，18（4）：1527－1532.

沈仁芳，陈美军，孔祥斌，等.2012.耕地质量的概念和评价与管理对策［J］.土壤学报，49（6）：1210－1217.

苏永中，赵哈林.2003.持续放牧和围封对科尔沁退化沙地草地碳截存的影响［J］.环境科学，24（4）：23－28.

孙天聪，李世清，邵明安，等.2007.半湿润农田生态系统长期施肥对土壤团聚体中有机氮组分的影响［J］.应用生态学报，18（10）：2233－2238.

唐泽军，雷廷武，张晴雯，等.2002.降雨及聚丙烯酰胺（PAM）作用下土壤的封闭过程和结皮的形成［J］.生态学报，22（5）：674－681.

佟培生，奇勇，何奇镜.1999.吉林省中部地区玉米少耕法研究报告：Ⅱ少耕有效年限实验报告［J］.吉林农业科学，24（1）：8－11.

王昌全，韦成明，李廷强，等.2001.不同免耕方式对作物产量和土壤理化性状的影响［J］.四川农业大学学报，19（2）：152－154.

王国梁，刘国彬，等.2002.黄土丘陵区纸坊沟流域植被恢复的土壤养分效应［J］.水土保持通报，22（1）：1－5.

王辉，王全九，邵明安.2008.聚丙烯酰胺（PAM）对不同土壤坡地水分养分迁移过程的影响［J］.灌溉排水学报，27（2）：86－89.

王允青，郭熙盛.2009.皖南红黄壤施用白云石、沸石后营养元素的淋溶特征研究［J］.土壤通报，40（2）：347－351.

吴建富，潘晓华，石庆华，等.2009.水稻连续免耕抛栽对土壤理化和生物学性状的影响［J］.土壤学报，46（6）：1132－1139.

吴建国，张小全，徐得应.2004.六盘山林区几种土地利用方式下土壤活性有机碳的比较［J］.植物生态学报，28（5），657－664.

夏建强，章明奎，徐建民.2005.林地开垦后对不同质地红壤碳氮和磷库的影响［J］.土壤通报，36（2）：185－189.

谢庭生，罗蕾.2005.紫色土丘陵侵蚀沟建植物篱自然植被恢复及水土流失特征研究［J］.水土保持研究，12（5）：62－65.

徐春林，何堤，李金峰，等.2006.稻田节水少耕技术及机具的初步研究［J］.农业工程学报，22（4）：116－120.

徐桂华，魏立同.1996.砂岩山丘区坡改梯规划设计及其效益［J］.水土保持通报，16（11）：175－178.

许迪，Schmi. R. 1999.耕作方式对土壤水动态变化及夏玉米产量的影响［J］.农业工程学报，15（3）：101－106.

闫双堆，卜玉山，刘利军，等.2006.污泥垃圾复混肥对油菜及土壤的影响［J］.土壤学报，43（3）：524－527.

杨婷，林先贵，胡君利，等.2009.丛枝菌根真菌对紫花苜蓿与黑麦草修复多环芳烃污染土壤的影响［J］.生态与农村环境学报，25（4）：72－76.

杨秀梅，陈保冬，朱永官，等.2008.丛枝茵根真菌（Glomus intraradices）对铜污染土壤上玉米生长的影响［J］. 生态学报，28（3）：1052－1058.

曾希柏 . 2003. 红壤化学退化与重建［M］. 北京：中国农业出版社，5－9.

张成娥，陈小利 . 1997. 黄土丘陵区不同撂荒年限自然恢复的退化草地土壤养分及酶活性特征［J］. 草地学报，5（3）：195－200.

张凤云，张恩和，景锐，等 . 2007. 河西绿洲灌区留茬覆盖免耕保护性耕作的增长节水效应［J］. 草业学报，16（2）：94－98.

张建平 . 2001. 西南地区山地不同土地退化类型特征及调控途径［J］. 地理科学，21（3）：236－241.

张桃林，王兴祥 . 2000. 土壤退化研究的进展与趋势［J］. 自然资源学报，15（3）：280－284.

张锡洲，李廷轩，余海英，等 . 2006. 水旱轮作条件下长期自然免耕对土壤理化性质的影响［J］. 水土保持学报，20（6）：145－147.

张炎周，唐亚，等 . 2001. 等高固氮植物篱中套种桑树的桑叶产量及生物产量［J］. 应用与环境生物学报，7（4）：303－307.

张源润，蔡进军，火勇，等 . 2005. 半干旱退化山区坡地改造工程对土壤理化性质的影响［J］. 水土保持通报，25（5）：1－4.

赵其国，张桃林，鲁如坤 . 2000. 我国东部红壤地区土壤退化的时空变化、机理及调控对策的研究［J］. 土壤学报，37（增刊）：1－62.

钟继红，谭军，郭庆荣，等 . 1999. 南亚热带丘陵湿润铁铝土结构退化及其机理［J］. 土壤学报，36（4）：499－509.

周莉，李保国，周广胜 . 2005. 土壤有机碳的主导影响因子及其研究进展［J］. 地球科学进展，20（1）：99－105.

庄恒扬，刘世平，沈新平，等 . 1999. 长期少免耕对稻麦产量及土壤有机质与容重的影响［J］. 中国农业科学，32（4）：39－44.

左长清，马良 . 2004. 红壤坡地果园不同耕作措施的水土保持效应研究［J］. 水土保持学报，18（3）：12－15.

AI. Kaisi MM，Yin XH. 2005. Tillage and crop residue effects on soil carbon and carbon dioxide emission in corn－soybean rotations［J］. Journa of Environmental Quality，34：437－445.

Barrett－Lennard EG. 2002. Restoration of saline land through revegetation［J］. Agricultural Water Management，53：213－226.

Blaikie P，Brookfield H. 1987. Land Degradation and Society［J］. London and NewYork：Methuen.

Bonkowski M，Grimths BS，Ritz K. 2000. Food preferences of earthworms for soil fungi［J］. Pedobiologia，44：666－676.

Celik I. 2005. Land－use effects on organic matter and physical properties of soil in a southern Mediterranean highland of Turkey［J］. Soil and Tillage Research，83：270－277.

Degens BP，Vojvodi'c－Vukovi'c M. 1999. A sampling strategy to assess the effects of land use on microbial functional diversity in soils［J］. Australian Journal of Soil Research，37（3）：593－602.

Fliepbach A，Martens R，Reber H. 1994. Soil mirobial biomass and activity in soils treated with heavy metal contamination sewage sludge［J］. Soil Biology and Biochemistry，26：1201－1205.

Hajabbasi M A，JalalianA，Karimzadeh HR. 1997. Deforestation Effects on Soil Physical and Chemical Properties［J］. Lordegan，Iran. Plant and Soil，190（2）：301－308.

Helalia AM，Letey J，Graham RC. 1988. Crust formation and clay migration effects on infiltration rate［J］. Soil Science Society of America Journal，52：251－255.

Lal，R. 2005. Forest soils and carbon sequestration［J］. Forest Ecology and Management ，220：242－258.

Lentz RD，Sojka RE. 1994. Field results using polyarylamide to manage furrow erosion and infiltration［J］.

Soil Science，158（4）：274－282.

Levy GJ，Ben－Hur M，Agassi M. 1991. The effect of polyacrylamide on run off，erosion and cotton yield from fields irrigated with moving sprinkler system [J]. Irrigation Science，12：50－60.

McCarty G，WLysenko N，Start J L. 1998. Short－term changes in soil carbon and nitrogen pools during tillage management transition [J]. Soil Science Society of America Journal，62：1564－1571.

Menendez A. 1999. Influence of the insecticide dimethoate on arbuscu－laxmycorrhizal colonization and growth in soybean plants [J]. Microbiology，2（1）：43－45.

Mou JS，Zhu SQ. 2007. Research on application of coal fly ash soil ameliorant within modern Chinese planting environment [J]. Acta Scientiarum Naturalium Universitatis Sunyateseni，46：312－313.

Noyd RK，Pfleger FL，Norland MR. 1996. Field responses to added organic matter，arbuscular mycorrhizal fungi，and fertilizer in reclaimation of taconite iron ore tailing [J]. Plant and Soil，179：89－97.

Pakrovskau CV，Kasatikov VA. 1987. Application of municipal sludge in agriculture [J]. Moscow，123－145.

Ren H，Du WB，Wang J. et al. 2007. Natural restoration of degraded rangeland ecosystem in Heshan hilly land [J]. Acta Ecologica Sinica，27（9）：3593－3600.

Roldfin A，Caravaca F，Hemandez M T，et al. 2003. No－tillage，crop residue additions，and legume cover cropping effects on soil quality characteristic under maize in Patzcuaro watershed [J]. Soil and Tillage Research，172：65－73.

Roostalu H. 2001. Estonian agriculture on the way to the European Union [J]. In Eesti loodus ja Euroopa Liit，28－32.

Rossiter DG. 1996. A theoretical framework for land evaluation [J]. Geoderma，72（3）：165－190.

Ruess RW，Seagle SW. 1988. Large mammals and process dynamics in African ecosystems [J]. Bioscience，38：794－800.

Saikh H，Varadachari C，Ghosh K. 1998. Changes in carbon，nitrogen and phosphorus levels due to deforestation and cultivation：A case study in simlipal national park，India [J]. Plant and Soil，198：137－145.

Shamshuddin，Muhrizal S，Fauziah I. 2004. Effects of adding organic materials to an acid sulfate soil on the growth of cocoa（*Theobroma cacao* L.）seedings [J]. Science of the Total Environment，323（1～3）：33－45.

Stern R，Van Der Merwe AJ，Laker MC，et al. 1992. Effect of soil surface treatments on runoff and wheat yields under irrigation [J]. American Society of Agronomy，84：114－119.

第三章　土壤有机质及其在耕地质量培育中的作用

有机质是土壤的重要组成部分，一般认为是由生命体和非生命体两大部分有机物质所组成，因此，土壤有机质的循环在农田生态系统中具有十分重要的作用。尽管对耕地而言，有机质含量一般仅占土壤总重量的很小一部分，但其在耕地地力和生产力、耕地可持续利用、耕地保肥供肥性能等方面均具有十分重要的作用，其含量高低及质量状况一般被认为是表征耕地质量的重要指标。提高耕地的有机质含量对全球碳平衡同样具有十分重要的意义，也是全球变化研究的重点。

第一节　土壤有机质的组成和结构

有机质的组成和结构决定了其在土壤中的作用和功能。传统观点认为，土壤有机质是由新鲜有机物、半分解有机物以及腐殖质组成。但这种分组方式难以准确阐述有机质在土壤中的作用以及指示土壤质量状况的变化，而且在研究中也难以加以严格界定。因此，近年来有土壤学家提出了各种指示不同活性的碳库指标，对有机质的功能及其活性进行探讨。

一、耕地中有机质的组成和结构特点

1. 土壤腐殖质　腐殖质是土壤有机质的主要存在形态，是除未分解和半分解动、植物残体及微生物体以外有机物质的总称，由有着特殊化学和生物特性的、构造复杂的高分子化合物组成，它对土壤有机质功能的发挥具有决定性的作用。土壤腐殖质的主要成分包括胡敏酸（HA）、富里酸（FA）、胡敏素（HM）以及10%～15%的简单有机化合物。根据与土壤矿物的结合形态，也可将腐殖质分为松结态、稳结态和紧结态3种。

通常，可以利用胡敏酸与富里酸的比例（H/F）或者胡敏酸在可提取腐殖物质中的比例（PQ）、胡敏酸缩合度（E4/E6、C/H、O/C）等来指示自然条件与管理措施所导致的土壤腐殖质性质改变。自然植被下土地开垦后往往导致肥力的下降，在土壤腐殖质中的表现主要为含量和稳定性降低，郝翔翔等（2010）研究认为，不同土地利用方式下土壤的腐殖质特性存在明显差异，休闲地有利于团聚体中腐殖质的形成，胡敏酸（HA）、富里酸（FA）含量均高于耕地和裸地；休闲地各级团聚体中HA的缩合度最低，脂族性最强；耕作会导致＞2mm和2～0.25mm团聚体中HA的芳香性增强，脂族性降低。在吉林省草原土壤的研究结果证实，草地开垦后（风沙土和淡黑钙土）腐殖质含量下降，松稳比（松结态/稳结态）上升、PQ值下降，说明土壤开垦后有机质的稳定性下降（平立凤等，2004）。黄土高原坡地土壤在停止耕作至植被恢复（草地）后，腐殖质含量亦显著增加，H/F比值也随恢复年限延长而增加（刘国彬，1997）。李忠佩等（2002a）认为，南方红壤中腐殖质的H/F变异较大，其值一般在1.0以下，且随有机质含量的增加而增加；在外源碳停止进入土壤中后，

H/F 比值有增加趋势。有研究者在川西低山区的研究结果则显示，尽管农田（水田和旱地）中腐殖质的含量低于林地，但其 H/F 比值较高，松/稳比降低，说明耕作尽管降低了土壤腐殖质的含量，但其稳定性却呈现增加趋势。上述结果说明不同土壤、气候条件下，土壤腐殖质的组成及其稳定性对农业利用的反应可能存在一定差异。

长期以来，土壤腐殖质的研究主要集中在胡敏酸和富里酸方面，对胡敏素的研究则相对较少，其主要原因是胡敏素的稳定性较高，在现有条件下对其在土壤肥力及环境中作用的认识还十分有限。但近年的研究显示，占土壤腐殖质量 50%～80%的胡敏素在土壤肥力方面起着非常重要的作用，如与 HA 和 FA 相比，与 HM 结合的氨基酸、氨基糖对微生物和植物具有更高的有效性；土壤 HM 中绝大部分（93%～97%）有机氮能被 3mol/L 的 H_2SO_4 水解，其比例显著高于原土和 HA。也有研究指出，HM-C/（HA+FA）-C 的比值可以作为土壤腐殖化程度的指标，该比值越高表明土壤的腐殖化程度也越高，反之则腐殖化程度较低；林地土壤 HM 的绝对含量高于草地或农地，而相对含量则低于草地和农地（张晋京和窦森，2008）。

2. 土壤活性有机质 与土壤有机质总量相比，有机质中的“活性组分”（labile fraction）对耕作管理方式改变的反应更为灵敏，在土壤养分循环中起着更直接的作用，因而也受到更广泛关注（Janzen 等，1987；Campbell 等，1982）。国内外相关研究中，关于土壤有机质活性组分的指标很多，包括土壤微生物生物量、轻组有机质、可溶性有机质、颗粒有机质、易矿化有机质等，但这些指标在概念上存在部分交叉。

土壤可溶性有机质通常用溶解性有机质（DOM）和热水溶性有机质（WSOM）来指示，是土壤有机质中活性最高的组分。DOM 和 WSOM 是养分移动的重要载体，对土壤中 C、N、P、S 等的迁移转化起着重要作用，同时也是环境污染物移动的载体，对重金属的迁移转化具有重要作用。土壤微生物生物量（Soil microbial biomass）是指土壤中微生物的总质量，通常用微生物生物量碳含量表示土壤微生物生物量的大小。研究表明，农田（主要是旱地）表层微生物生物量碳含量一般为 100～1 000mg/kg 土，占土壤有机碳总量的 0.5%～4%，土壤微生物生物量氮占土壤全氮的 2%～6%，土壤微生物生物量磷占土壤全磷的 1%～5%（吴金水，1994；何振立，1997）。此外，微生物生物量还是土壤有效养分的重要源泉（Van Veen，1984）。土壤中游离态未分解或半分解植物残体的比重小于有机—无机复合体，可利用比重法将其分离，成为土壤轻组有机质（light fraction），相对应的比重较大的则为重组有机质（heavy fraction）。轻组有机质仅占土壤的很小一部分，但其有机碳含量较高，占土壤有机质总量的 2%～18%，是土壤活性有机质的重要表征之一（Haynes，2000）。由于轻组有机质的成分较易于降解且没有土壤矿物的保护，因此，其周转速率远远大于其他组分（Janzen，1992）。据 Dalal 等（1986）报道，在人工培养条件下土壤轻组有机质的减少速率比有机质总量快 2～11 倍。颗粒有机质（POM，Particulate organic matter）是与轻组有机质相类似的有机质库，是指粒径在 3～2 000μm 之间的土壤颗粒中的有机质，具有比重小、C/N 比高、易被微生物分解等特点，是土壤中营养物质的重要来源。POM 对耕作很敏感，天然土壤在耕作后 POM 损耗迅速。近年来，POM 对土壤团粒结构形成的重要作用受到广泛重视。土壤有机质中易氧化组分（易氧化有机质，ROM）的稳定性较差，其周转时间较短，是植物营养的主要来源，也是土壤活性有机质的重要指标。一般而言，易氧化有机质（高锰酸钾）约占土壤有机质总量的 13%～28%。

活性有机质可以在一定程度上指示土壤有机质变化的方向，且由于其灵敏性高于土壤总有机质，因此通常用来作为土壤质量变化及其环境、管理条件影响的快速测定指标。有研究表明，土地利用方式对有机物输入量、土壤扰动状况等具有显著影响，其同时也影响土壤活性有机质的数量和变化。一般而言，草地和林地土壤微生物生物量碳含量远高于耕地土壤，长期休闲地微生物生物量碳含量低于耕地（吴金水，1994）。不同土地利用方式下，我国南方红壤区土壤微生物商（微生物量碳/有机碳）值为水田＞林地＞旱地（刘守龙等，2006）。草地、耕地和休闲地中土壤微生物生物量碳含量的差异，与相应管理方式下进入土壤新鲜有机物量的差异是一致的。农田中轻组有机质含量一般较低，在 0.18%～2.39%之间，草地（包括牧场）和灌木的轻组有机质含量分别为 0.13%～8.24%和 1.8%～3.2%，而森林的轻组有机质含量一般较高，达 0.6%～14.7%。轻组有机质中碳的含量一般在 20%～30%，显著高于土壤有机质中碳的含量，不同土地利用方式下轻组有机质占总有机质的比例为农田＜草地＜林地（Boone，1994）。Tiessen 和 Stewart（1983）对北美谷物—休闲轮作 4～90 年之间的耕作与天然草原下相似的土壤进行比较后发现，4 年的耕作导致＞50μm 的 POM 大量损失（占初始损失 C 的 43%），60 年的连续耕作导致土壤总 C 和 N 分别净损失 34%和 29%，有机 P 含量减少了 20%，POC 减少了 65%，而细粉粒和粗黏粒结合的有机质占土壤总有机质的比例则随耕作时间的延长而增加，POM 的损耗和向细粉粒和粗黏粒转化，导致土壤有机质在土壤大小颗粒组分之间的重新分布。Chan（2001）的研究发现草地转变成农田后，首先是 POC 的损失。Zhang（2010）在三江平原的研究结果显示，与自然湿地相比，旱地中易氧化有机质含量下降了 53%，但随弃耕年限的增加，土壤中易氧化有机质含量亦相应增加。

3. 不同粒级团聚体的有机质分布　从 Tisdall 和 Oades（1982）提出有机质对土壤团粒结构形成作用的概念性模型以来，团聚体中有机质的研究开始受到广泛重视。由于团聚体分组可以与土壤有机质其他分组方式（比重分组、化学分组、POM、SMB 等）相结合，因而可以更为清晰地反映土壤有机质的活性变化及其在肥力等方面的意义。近年来，陆地生态系统有机碳对气候变化的响应与反馈机制逐步成为研究前沿领域，自 2000 年有研究者利用团聚体分组对有机碳进行研究以来更是逐步升温，国内关于土地开垦对团聚体有机质分布及其肥力指示意义、有机碳稳定性等方面的研究已涉及了红壤、黄绵土、紫色土、潮土、白浆土、栗钙土和黑钙土等（Wei 等，2008；刘晓利和何园球，2009；张旭辉等，2001），相关研究结果显示，土壤大团聚体含量变化趋势与有机碳基本一致且较为敏感，长期耕作降低了林地、草地等土壤中稳定性大团聚体的含量，而荒地开垦后，短期内稳定性大团聚体下降，但长期耕作后逐步上升，这主要与有机黏结物质对大团聚体形成具有重要作用和耕作土壤扰动剧烈等有关。此外，很多研究显示土壤团聚体中活性有机质含量（LF、DOM、POM）等呈现出随土粒粒径增加而增加的趋势，说明大团聚体的形成与活性有机质的黏结作用密切相关，且其中有机碳的稳定性低于小团聚体。但从团聚体破碎培养试验看，大团聚体的形成在很大程度上降低了活性有机质的矿化，从而有助于土壤有机碳的积累（Pulleman 和 Marinissen，2004）。

二、耕作管理措施对土壤有机质含量和组成的影响

1. 耕作对土壤有机质含量和组成的影响　近年来，关于耕作对土壤有机质含量和组成

的影响主要集中在保护性耕作方面。保护性耕作一般包括免耕（no till）、垄耕（ridge till）、覆盖耕作（mulch till）、凿耕（chisel till）等方式。在北美、欧洲、太平洋地区以及湿润和半湿润的热带地区，保护性耕作被广泛采用，并证实其对土壤有机质具有固持作用（Lal，2004）。近年来，国内也开始对保护性耕作的效果进行了研究，如在黑土上的免耕试验结果显示，连续5年免耕显著提高了0～5cm土层的有机质含量，而对0～30cm土层中有机质含量的影响则不明显，但显著提高了0～30cm土层中＞1mm团聚体内的有机碳含量（Liang等，2010）；杨晶等（2010）在黄土高原玉米—小麦—大豆轮作系统中实行免耕后，土壤有机质、易氧化有机质含量均显著高于传统耕作，且碳库活度提高，说明免耕在提高土壤有机质含量的同时也改善了其质量（表3-1）。

表3-1　保护性耕作对土壤碳库及碳库管理指数的影响

处　理	易氧化有机碳 C_A（g/kg）	全碳 TC（g/kg）	碳库活度 A	碳库活度指数 A1	碳库指数 CP1	碳库管理指数 CPM1
传统耕作	5.59	16.24	0.57	1.00	1.00	100.0
传统耕作＋秸秆覆盖	6.49	17.42	0.60	1.06	1.07	112.62
免耕	6.50	16.71	0.68	1.19	1.03	120.10
免耕＋秸秆覆盖	7.72	18.28	0.75	1.31	1.13	146.62
$LSD_{0.05}$	0.97	1.52	0.20	0.35	0.09	29.35

注：碳库活度＝活性有机碳/非活性有机碳碳库，碳库活度指数＝样品碳库活度/参考土壤碳库活度，碳库指数＝样品全碳/参考土壤全碳，碳库管理指数＝碳库指数×碳库活度指数×100；以传统耕作土壤为参考土壤。

研究者对草甸白浆土的研究结果显示，不同耕作措施下草甸白浆土的有机质变化与黑土存在较明显的差异，尽管与翻耕、深松相比较，免耕处理下土壤有机质的含量较高，但其增加的量主要是稳结态和紧结态，松/紧比下降，而对H/F比的影响则较小，这种结果说明免耕可在一定程度上提高草甸白浆土中土壤有机质的稳定度。近年来，免耕对南方稻田中有机质影响的研究较多，其主要结果与黑土、黄绵土基本一致，即免耕能够显著提高水稻土表层的有机质含量，土壤中大团聚体及其有机质含量、活性有机质（LF、SMB、ROM、POM）、碳库管理指数、活度指数等指标增加（唐晓红等，2007；孙国锋等，2007；李琳等，2008）。但是，由于免耕对土壤有机质含量的影响主要集中在土壤表层，与传统耕作方式比较，其有机质含量随土层深度增加下降较快，往往20cm以下土层的有机质含量短期内与常规耕作差异很小。

2. 施肥及残落物对土壤有机质含量和组成的影响　施用化肥可提高作物的生物量，在一定程度上增加了作物残茬和根系等有机物的输入量，从而提高土壤有机质的含量，即起到了“以无机换有机”的效果。但是，由于施用化肥增加的作物残体数量有限，且以低分子有机物为主，在土壤中易被分解，致使其对提高土壤有机质的作用十分有限。Campbell（2000）的研究结果表明，连续30年施用化肥后土壤有机质的含量仅增加4%～6%；英国洛桑试验站的研究结果也结果表明，连续施用化肥160年后，土壤有机质的含量仅增加10%左右，且土壤物理性质并无明显改善（Christensen和Johnston，1997）。根据曾希柏（2003）在中国农业科学院红壤实验站的研究结果，长期施用化肥可以提高土壤有机质的含量，但其增加的幅度有限。

根据湖南桃源和祁阳等地的长期定位试验结果，水稻土在施用化肥时土壤有机质含量可得到小幅度提升，而在有机—无机肥配施时则土壤有机质含量随有机物质投入量的增加而提高，当试验进行到一定年限后，土壤有机质含量的增加幅度减小，即逐步趋于平衡。在肥力较低的新垦旱坡地中，秸秆还田和沼渣投入可快速提高土壤的有机质含量，而在熟化旱地中，有机肥施用对土壤有机质含量的影响明显低于新垦旱地。根据中国科学院沈阳生态试验站的长期定位试验结果，施肥对东北中部黑土有机质含量的影响不明显，对南部黑土的培肥效果则较明显，其结果主要与南部黑土本身有机质的含量较低有关；在土壤有机质提升的过程中，存在一个较明显的生态阈值，只有当农田生态系统的养分循环通量或施用的有机肥量超过其阈值后，土壤有机质的含量才会上升；我国黑土区北部地区开垦历史较短，土壤中活性有机碳仍处于分解阶段，因而整体表现为土壤有机质含量仍继续下降，尚未达到稳定平衡点；而中部和南部黑土开垦时间较长，土壤有机质处于平衡状态，提升其含量需要大量投入化肥或有机肥，少量的投入只能在一定程度上改变土壤有机质的质量和养分状况，但很难提高土壤有机质的含量。

施肥在影响土壤有机质含量的同时，对土壤的结构和组成也具有显著的影响。根据曾希柏（2003）在中国农业科学院祁阳红壤实验站的研究结果（表 3－2），施用化肥相应提高了土壤有机质的含量，且以有机—无机肥配施的效果更好，但土壤有机质中腐殖质碳占总碳的比例呈下降趋势，与对照相比，各施肥处理下土壤腐殖质的 H/F 比均呈下降趋势，说明在施肥条件下土壤中腐殖质的分解速度大于腐殖化速度，腐殖化过程相对较慢，进入土壤中的有机物质可能在较短时间内被分解为简单有机物乃至二氧化碳和水，而很少形成有机—无机复合体，这也是南方红壤地区农田生态系统相对脆弱的重要原因。施用有机肥可提高土壤中游离态和钙结合态腐殖质的含量，并使松结态和紧结态腐殖质含量增加（关文玲等，2002）；与单施化肥相比，玉米秸秆直接还田或间接还田配施化肥后，土壤中水浸提腐殖酸的含量增加了 1.4%～14%，松紧结合态腐殖酸的比值提高了 0.07～0.19，HA/FA 比值提高了 0.07～0.24，且施用高量秸秆时效果更显著（武志杰等，2002）。中国科学院海伦试验站的长期试验结果显示，有机无机肥配施显著提高了黑土中胡敏酸的含量，土壤 H/F 比增加，而富里酸含量则变化规律不明显（徐金忠等，2009）。辽宁棕壤的试验结果显示，施用有机肥有利于提高胡敏酸和胡敏素比例，减少富里酸的生成（刘小虎等，1998）。上述结果表明，在不同区域土壤条件下，施肥对土壤腐殖质组成的影响存在一定差异，有机肥施用对腐殖质稳定性的影响仍无一致的结论。

表 3－2　不同施肥配比对土壤腐殖质组成的影响

处理	全 C (%)	腐殖质 C (%)	占全 C (%)	胡敏酸 C (%)	占腐殖质 C (%)	富里酸 C (%)	残渣 C (%)	HA/FA
CK	0.905	0.312	34.4	0.169	54.2	0.143	0.593	1.180
N	0.835	0.298	35.6	0.144	48.3	0.154	0.537	0.934
NPK	1.130	0.383	33.9	0.164	43.9	0.219	0.747	0.749
NPKM	1.584	0.441	27.8	0.195	44.2	0.246	1.143	0.793
NPKS	1.055	0.398	37.9	0.178	44.7	0.220	0.657	0.802
M	1.330	0.327	24.6	0.170	51.97	0.15	1.003 0	1.080

施用有机肥能显著提高土壤中活性有机质的含量，且其变化幅度可能高于有机质总量。如在灌漠土中施用有机肥，特别是有机肥与化肥配合施用能显著提高土壤轻组碳含量，氮磷配合及氮磷钾配合施用时土壤微生物量碳显著高于不施肥和单施氮肥处理，施用有机肥时土壤微生物量碳的增加幅度大于单施化肥。我们在红壤区旱地和水稻土中的长期定位试验结果表明，施用有机肥可显著提高土壤中微生物生物量碳和微生物商，且旱作土壤中酶的活性随秸秆还田量的增加而显著增加，说明其对土壤有机质质量提升具有良好效果。在水稻土中，土壤轻组有机碳含量随有机肥施用量的增加而增加，且其增加幅度高于总有机碳；可溶性有机碳的含量尽管也呈增加趋势，但其增加幅度略低于总有机碳。

3. 轮作对土壤有机质含量和组成的影响　种植制度对农田生态系统中有机质的动态平衡起着十分重要的影响。一般认为，提高复种指数，采取合理的种植制度可以降低农田碳的损失，稳定甚至提高土壤有机质的含量（杨景成等，2003）。提高耕地的复种指数、降低休耕频率可以提高作物产量，并增加土壤中作物残茬和根系等的输入量。研究表明，土壤碳的输入量与降低休耕频率直接相关，在碳输入量相同的前提下，小麦/休耕种植模式下碳的净损失量比小麦连作高 20～25g/m^2（Campbell 等，1992）。长期休耕下表层土壤（0～20cm）有机质的含量大约降低 1/3，而种植残茬（地上部和根）比例高的作物能够维持甚至提高土壤的有机质含量（Gerzabek 等，2001）。在轮作中加入豆科作物或豆科牧草时，由于豆科植物的固氮作用，其根和残茬的 C/N 比值低、分解快，提高了土壤有机质的含量，增加了活性有机质及矿化的氮，因而促进了后茬作物的生长。党廷辉（1998）对黄土旱塬区轮作培肥效果研究时发现，与小麦连作和小麦/玉米轮作相比较，在轮作系统中加入豌豆或豆科牧草（苜蓿和红豆草）时，能显著增加土壤有机质含量。

水旱轮作对土壤有机质含量亦具有一定影响。水稻连作时土壤中碳的累积量往往高于水旱轮作，但两种种植制度下碳累积量的差异似乎与作物残茬碳的输入无关。水稻连作下土壤碳累积量高的主要原因可能与淹水时微生物对碳的矿化降低等有关。蔡燕飞等（2006）的研究表明，稻田冬泡比水旱轮作更有利于增加土壤有机质、重组有机质以及胡敏酸、富啡酸的含量，而水旱轮作比冬泡更有利于提高土壤松结合态腐殖质、紧结合态腐殖质、胡敏酸 E4 值和总酸度。或者说，稻田冬泡有利于有机质和胡敏酸的累积，但不利于胡敏酸分子量增加或碳链延长，腐殖质的品质较差。而水旱轮作条件下土壤有机质的活性增加，胡敏酸分子结构更趋复杂化，其氧化度和芳香度均有一定程度增加。因此，通过周期性水旱轮作，可使土壤中有机质的腐殖化和矿质化过程更加协调，从而提高土壤有机质的质量。

Capriel 等（1992）研究表明，尽管休耕、轮作等管理措施对农田有机质含量有很大影响，但对其化学组成的影响有限，但蔡燕飞等（2006）的研究结果则与此有较大差异。杨东方和李学垣（1990）的研究也认为，双季稻复种轮作比油稻稻、麦稻稻、肥稻稻等连作更能促进土壤有机质与矿质部分复合，且紧结态腐殖质的氧化稳定性强，能促进土壤形成稳定的团聚体；复种轮作与 3 种连作比较，土壤腐殖质的芳香性及缩合度提高，有利于土壤结构改善；而肥稻稻连作能降低土壤、重组和黏粒的 C/N 比值，增加松结态腐殖质含量及其氧化性，在一定程度上有利于土壤养分的释放与供给。

第二节　有机质对耕地质量的影响

有机质是土壤生态系统中最活跃的物质，有机质对土壤肥力和生产力、环境效应以及农业可持续发展等均具有重要的意义。通常，将外源有机物进入土壤后的分解转化过程分为矿化与腐殖化两个方面，环境条件、土壤性质、外源有机物特性以及耕作管理措施等，均对有机物的矿化与腐殖化具有直接或间接的影响，各种影响相互作用共同决定了有机物的转化和土壤有机质的形成。

一、土壤有机质的形成

外来有机物质输入土壤后，在微生物的作用下分解转化，部分形成新的腐殖物质；同时，土壤有机质又不断矿化、分解并从土壤中移出。Jenkinson（1966）提出了土壤有机质周转的基本概念，即由有机物的输入、在土壤中分解转化及矿化过程所构成的物质循环，土壤中有机质的周转量达到土壤有机质含量所需的理论时间，称为土壤有机质的周转时间。在长期稳定的生态系统中，土壤有机质的积累处于与土壤及其生态环境条件相适应的动态平衡状态，随着系统中相关要素的变化，土壤有机质含量将向与之相适应的方向移动。土壤中有机质的周转由 3 个基本要素组成：①外源有机物的输入；②有机物质各组分的分解矿化（矿化过程）；③有机质各组分在分解过程中的相互转化（腐殖化过程）。矿质化和腐殖化两个过程互相联系，随土壤及环境等条件的改变而相互转化，矿化过程中形成的中间产物是形成腐殖质的重要原料，而腐殖化过程的产物可再经矿化分解并释放出养分。通常情况下，需要对上述两个过程的进程进行必要的调控，使其在供应作物生长所需养分的同时，又能使土壤有机质含量维持在一定的水平。植被类型和生长状况、气候、地理因素及土壤性质等，对土壤有机质含量的影响都是通过这些动力学过程进行的（吴金水，1994）。

1. 土壤有机物质的输入　新鲜有机物质不断进入土壤是土壤有机质周转必要的物质和能量条件。在自然植被条件下，进入土壤中的新鲜有机物质绝大部分来源于自然归还的植物残体和根系分泌物等；在农业土壤中，进入土壤的新鲜有机物质除植物残体和根系及其分泌物外，还包括人为归还的有机肥（秸秆及绿肥、沤肥、堆肥等各种有机肥）等，自然归还进入耕地的有机物量取决于种植制度、作物种类及产量水平，人为归还的量则决定于有机肥的施用量及其品质等。

植物地上部分进入土壤的新鲜有机物质数量可以通过收集凋落物和收割的方法测定，而通过植物根系进入土壤的新鲜有机物包括死亡的根系残体、根系分泌物和脱落物等，在现有条件下尚很难进行直接测定。文启孝（1992）曾指出，自然归还农田的根茬量，尤其是根量的测定十分复杂，而且在技术上无法区分当季作物根系和往季作物的残留根系。Jenkinson 和 Rayner（1977）通过测定核爆炸前后土壤有机碳放射性 ^{14}C 量的变化，确定洛桑试验站不施肥小区土壤新鲜有机碳年加入量为 1.2t/hm^2，化肥施用小区（NPK）为 1.9t/hm^2；Keith（1986）推断，单季作物地下部分的含碳量约为地上部的 30%。应用同位素标记技术进行的研究表明，冬小麦和春小麦大约有 30% 的光合产物进入地下部（Kuzyakov 等，2000），但冬小麦、玉米和春小麦通过根系进入土壤中的有机碳量一般不超过作物光合产物总量的 33%（Swinnen 等，1995；Zagal 等，1993）。

环境条件、土壤性质、作物种类、管理和种植方式等都会对进入土壤中同化产物的相对量产生一定的影响。据报道，同一作物在质地较粗土壤中的根量较在黏重土壤中多，在干旱或半干旱地区的根量较在湿润地区多（林心雄，1998）。不同作物的根量差异较大，同一作物的根量也因产量不同而存在较大差异（赵强基等，1992；Zeng 等，1983）。此外，Liljeroth 等（1990）的研究结果表明，施用化肥后进入土壤中的同化产物相对量减少。

2. 新鲜有机物与土壤中有机质的矿化分解及其影响因素 有机质在土壤中的矿化作用是指有机物质在微生物的作用下，分解成各种简单有机物乃至释放 CO_2 和无机物的过程，是有机物中养分释放的过程，也是土壤有机碳循环中输出的过程。土壤中有机物质的矿化主要包括碳水化合物（氧化作用、发酵作用）、含氮有机物（水解、氨化、硝化、反硝化作用）以及含磷硫等有机物的分解。

简单有机化合物在土壤中的分解一般可用热力学第一方程来表达，但由于矿化作用发生的同时，也进行着有机物质的转化及腐殖化，因此，经过一段时间后新鲜简单有机物的分解速度，实际上为剩余有机物与转化产物两者的分解速度（吴金水，1994）。植物残体通常由很多种类的有机化合物组成，其在土壤中的分解不同于单一有机化合物，但组成植物残体的各类有机化合物含量因植物种类、生长条件、组织或器官以及生长年限等的不同而有较大差异，这种差异对植物残体的分解具有很大的影响。根据应用 ^{14}C 标记培养试验结果，植物残体在土壤中的分解通常包括两个阶段：第一阶段在植物残体加入土壤的前期，其矿化速度较快，主要为可溶性有机化合物、简单有机化合物的分解；第二阶段为残留在土壤中植物残体的慢速分解阶段，主要为较稳定有机物的分解。图 3－1 和表 3－3 分别为红壤旱地和稻田中 ^{14}C 标记葡萄糖和稻草的分解特征（李玲等，2007）。

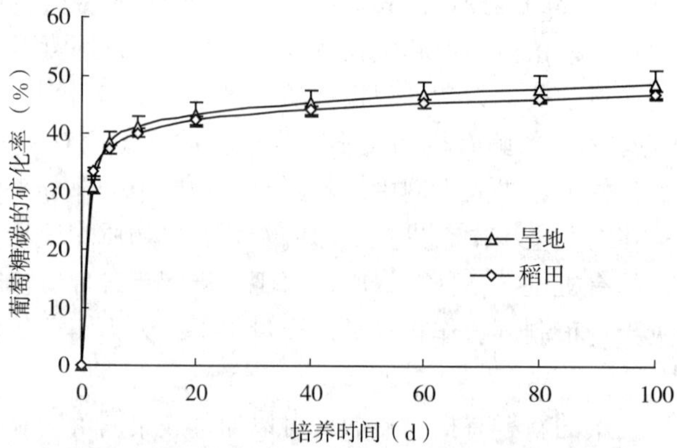

图 3－1 葡萄糖在旱地和稻田中矿化动态

表 3－3 ^{14}C－稻草在旱地和稻田土壤中分解的动态特征（25℃）

土壤	培养阶段（d）	矿化速率常数	残留碳的半衰期（d）	矿化量（%）	残留量（%）
旱地	0～5	2.48×10^{-2}	28	11.7	88.3
	6～60	2.51×10^{-3}	276	12.2	76.9
	61～100	4.84×10^{-4}	1 432	1.3	75.5

（续）

土壤	培养阶段（d）	矿化速率常数	残留碳的半衰期（d）	矿化量（%）	残留量（%）
稻田	0～5	1.91×10^{-2}	36	9.1	90.9
	6～60	2.31×10^{-3}	300	11.5	80.0
	61～100	3.40×10^{-4}	2 036	1.1	79.0

从图 3-1 可以看出，葡萄糖在培养第三至第四天时的矿化量已经达到整个培养期（100d）的 80%左右，而在此后培养时间内矿化速率已降至很低水平，直至培养期结束时，仍有 50%左右的葡萄糖残留在土壤中，可能已经被微生物转化为其他较难矿化的组分。而稻草则在培养的0～5d时矿化速率最高，此后则逐步下降，残留碳的半衰期以数量级以上的差异提升，大致可分为 3 个阶段，但至培养结束时仍有 75%以上的秸秆残留或被转化为其他有机物。

土壤腐殖质的组成非常复杂，且通常与土壤矿物相结合形成有机—无机复合体，因而其矿化速率很慢。在土壤腐殖质的组成中，富里酸的分子量较小，结构相对简单，分解矿化最快；其次为胡敏酸，胡敏素的稳定性最高。一般认为，土壤腐殖质的分解转化经历 3 个阶段：第一阶段，腐殖质经过物理化学作用和微生物降解，芳香结构核心与其复合的简单有机物分离，或整个复合体解体；第二阶段，释放出的简单有机复合物被矿化和转化；第三阶段，腐殖质中的脂肪酸被分解，释放出的芳香族化合物参与新腐殖质形成。由于土壤腐殖质的矿化过程非常复杂，目前对其分解转化动力学的了解非常有限。但已有研究证明，自然条件下土壤中有机质的周转主要发生在非腐殖质组分，土壤中腐殖质的周转周期一般在 1 000 年以上。

影响土壤有机质分解和转化的因素主要包括：

（1）温度和湿度　土壤有机质分解的速度与温度、湿度密切相关。有研究表明，在 5～30℃的范围内，禾本科植物秸秆在土壤表面与埋入土壤中的物质残留比率和温度具有明显负相关（Sumerell 等，1989）。一般而言，在 0～30℃范围内，温度每升高 10℃，土壤有机质的分解速率提高 2～3 倍，与生物活性 Q10 较为接近。旱地土壤的微生物在土水势 1～3Pa 时活性最大，随着水势的上升土壤微生物活性降低，有机质分解的速率随之减小（Paul 等，1989）。Coxson 等（1987）的研究则发现，温度与土壤湿度对土壤呼吸强度、林地凋落物的分解等有交互促进作用。同样，林心雄等（1995）的研究也表明，温度与降水共同决定着土壤有机质的分解速率。此外，旱地中有机质的分解、转化还受土壤干湿交替的影响，干湿交替可以增加土壤中有机质的矿化（吴金水，1994）。据 Wu 等（1990）对洛桑试验站草地的研究结果，干湿交替不仅能引起土壤中微生物的死亡，而且能加速土壤微生物生物量碳的周转。

（2）有机物料的组成　有机物料的组成是影响其分解的一个重要因子。有机物料的碳氮比影响土壤微生物对有机物的利用，因而对输入土壤有机物的分解速度有很大的影响。在水分供应不充足的条件下，外源有机物的腐殖化系数常与物料的 C/N 比值具有极显著正相关（林心雄等，1985）。此外，有机物料中木质素的含量与其分解速率也具有明显关系。据林心雄等（1985）的研究，广州红壤性水稻土中，稻草和绿萍新形成的腐殖质和较难分解组分的分解速率相差很远，物料中木质素的含量与残留碳量呈极显著正相关，但其中氮含量（C/N 比）与残留碳量关系不明显，其原因可能与土壤中原有的氮素对微生物分解有机物所需氮的补充等有关。

（3）土壤黏粒矿物含量　土壤质地，主要是黏粒的含量由于影响土壤的水、气状况以及养分的形态和微生物的活性，因而也显著影响土壤有机质的分解和转化。此外，黏粒矿物对有机质的物理保护机制，在一定程度上降低了土壤有机物的降解速度，增加了土壤有机质的积累。有研究表明，土壤有机质含量与黏粒含量具有显著正相关（Nichols，1984；McDianel 和 Munn，1985）。陆发熹（1998）对珠江三角洲土壤的研究亦表明，物理性黏粒含量与土壤有机质含量呈极显著正相关。

（4）土壤 pH　土壤 pH 对作物残体的分解具有一定影响，Jenkinson 和 Rayner（1977）曾指出，在酸性土壤（pH 为 3.7）中植物残体分解初期的分解速率较慢，直至腐解 5 年后才看不到土壤酸度的这种影响。在 pH 5.2 的红壤中加入土壤重量 1%的白云石粉，稻草分解一年后的残留碳量比未加处理低 10%左右（林心雄等，1985）。土壤中游离的碳酸钙与土壤 pH 关系密切，已有研究表明，游离碳酸钙的存在有利于土壤有机质的分解（林心雄，1998）。

（5）激发效应　“激发效应”是指因加入新鲜有机物质，促进了土壤中原有有机质矿化的现象。对“激发效应”的机理解释有两种观点：一种观点认为，新鲜有机物引起的土壤微生物生物量大幅度增加足够保持到底物消耗完以后，加速了土壤非生物有机质的分解；另一种观点则认为，新鲜有机物加速了土壤微生物生物量碳的周转。Wu（1990）的研究结果表明，“激发效应”可能与以上两种机理都有一定关系。向土壤中加入复杂底物主要表现为前一种机理，而加入简单有机物则主要表现为后一种机理。值得注意的是：激发效应导致土壤中原有有机物质的分解量远小于新鲜有机物的残留量，而且在一些土壤中并不产生“激发效应”。

3. 有机物质在土壤中的腐殖化作用　腐殖化是指有机质被分解后再合成新的较稳定的复杂有机化合物，并使有机质和养分得以保蓄的过程。一般认为，腐殖质的形成要经过两个阶段：第一阶段是微生物将动植物残体转化为腐殖质的组分如芳香族化合物（多元酚）、含氮化合物（氨基酸和多肽）等；第二阶段为在微生物的作用下，各种组分通过缩合作用形成腐殖质。在第二阶段中，微生物分泌的酚氧化酶将多元酚氧化为醌，醌与其他含氮化合物合成腐殖质，即①多元酚氧化为醌；②醌和氨基酸或肽缩合。通常用腐殖化系数即单位重量有机碳在土壤中分解一年后的残留碳量衡量有机物质在土壤中的腐殖化过程。土壤有机质的矿化与腐殖化作用是相互联系、相互影响的过程，一般而言，对土壤有机质矿化分解具有促进作用的因素往往会降低有机质的腐殖化系数，李忠佩等（2002b）对我国东部农田有机质腐殖化系数差异的研究也证实，在气温低、降水量小的地区，有机质腐殖化系数较高，C/N 较高，有机物质的腐殖化系数也较高（表 3-4）。

表 3-4　我国东部地区主要农田有机质腐殖化系数

研究区域	作物秸秆		作物根		绿肥		粪肥	
	范围	平均	范围	平均	范围	平均	范围	平均
松辽平原	0.32～0.50	0.37±0.06	0.40～0.51	0.47±0.05	0.20～0.31	0.26±0.04	0.50～0.58	0.54±0.04
下辽河平原	0.27～0.49	0.35±0.05	0.26～0.53	0.39±0.09	0.16～0.37	0.22±0.06	0.18～0.40	0.33±0.06
黄淮海平原	0.19～0.30	0.25±0.04	0.23～0.39	0.32±0.07	0.16～0.28	0.18±0.02	0.26～0.29	0.27±0.02
红壤丘陵区	0.22～0.34	0.28±0.04	0.41～0.52	0.45±0.05	0.15～0.33	0.25±0.05	0.33～0.45	0.42±0.06

二、我国耕地中有机质的平衡

在过去的30年中，随着农业科技的发展，我国农田的施肥结构、耕作和种植制度、作物品种、灌溉方式等均产生了较大变化，同时，也对农田有机质的平衡带来了一系列影响。近年来，许多研究者对1980年以来中国不同区域的有机质平衡进行了较为系统的研究，如李忠佩等（2002）的研究认为，松嫩平原农田中有机质的亏损最为严重，为－367kg/（hm^2·年），下辽河平原也呈现出一定的亏损，为－44kg/（hm^2·年），黄淮海平原则呈现出小幅度盈余，为38kg/（hm^2·年），而以红壤丘陵区的盈余量最高，达277kg/（hm^2·年）；宇万太等（2009）的研究亦认为，近20年来东北黑土区开垦农田中有机碳的含量呈下降趋势，并由此导致土壤团聚体、养分含量等的效应变化。程锟等（2009）利用全国299个土壤肥力长期定位监测点的数据，分析了不同区域农田耕层（0～20cm）有机碳的变化，结果显示，全国土壤样本中有机碳上升为主要趋势，含量增加样本所占比例最高的为华东和华北地区，分别达到92.9%和84.6%；其次为西南（80.4%）和华南地区（78.0%）；最低则为西北和东北地区，仅分别为69.4%和59.5%，均低于全国平均（79.1%）水平。孙波等（2008）对我国6个农业生态试验站长期定位试验采样对比的研究结果显示，海伦站黑土和常熟站水稻土的有机碳呈下降趋势，其余各试验站土壤则均有不同幅度的上升。潘根兴（2008）通过对1099个监测数据的计算表明，1982—2006年全国农田有机碳平均年增加幅度为0.69%±1.86%，在区域格局上表现为华北、华东、西北增长明显，而西南、华南和东北地区增长不明显。

作者在湖南省的调查结果，与第二次全国土壤普查时比较，该省红壤旱地的有机质含量均出现不同程度的下降，平均降低0.8～2.0g/kg，下降幅度达5%～10%，说明由于施肥结构趋于无机化、管理相对粗放等原因，使红壤旱地中腐殖质被大量消耗，最终导致土壤结构变坏、保肥供肥性能下降，因而不利于作物的生长和高产稳产。在湖南桃源县盘塘镇的调查结果则显示，近30年中土壤有机碳含量呈现出显著上升趋势，但旱地的变化不大（表3-5）。

表3-5　红壤丘陵区农田有机碳的含量的变化

年份	土地类型	样本数	土壤有机碳（g/kg）				变异系数（%）
			平均值	最大值	最小值	标准差	
1979*	稻田	347	11.79	26.34	6.62	3.72	31.5
	旱地	218	8.76	17.28	3.14	2.68	30.5
	园地	85	14.52	23.73	7.29	4.24	29.2
	林地	128	8.91	20.46	2.38	3.71	41.7
	农用地	778	10.76	26.34	2.38	7.43	68.8
1990**	稻田	115	13.73	26.18	6.41	2.98	21.8
	旱地	67	9.22	18.12	3.34	2.56	27.8
	林果地	45	6.56	13.47	1.62	1.94	29.4
	农用地	227	11.03	26.18	1.62	5.10	46.4

（续）

年份	土地类型	样本数	土壤有机碳（g/kg）				变异系数（%）
			平均值	最大值	最小值	标准差	
2003	稻田	251	16.04	22.34	8.37	2.65	16.5
	旱地	71	11.17	19.58	6.32	2.86	25.5
	林果地	212	9.38	17.28	4.35	2.03	21.7
	农用地	534	12.75	22.34	4.35	3.99	31.3

* 来源于桃源县第二次土壤普查资料，其中园地系成片面积在 3.33hm^2 以上的菜园、茶园、桑园和果园，零星园地分别计入旱地（菜园）和林地（茶、桑、果园）中。

** 来源于“湘北试区”立项时的本底资料。

三、有机质与土壤质量

土壤有机质尽管只占土壤总重量的很小部分，但由于它不仅含有植物生长所需的各种营养元素，而且还是土壤微生物生命活动所需的能源，并对重金属、农药等各种污染物具有吸附和缓冲的作用，同时，其在全球碳平衡中的作用亦越来越受到广泛关注。因此，有机质的数量和质量一般被认为是表征土壤质量的重要指标，其在土壤肥力、环境适应性、土壤耕性及综合生产力等方面的作用和功能是无可替代的。

土壤每年释放的 CO_2 量达 1.35×10^{11} t，这对全球碳平衡是非常巨大的贡献。因此，采取必要的耕作、栽培和管理等措施，减少土壤中碳的排放，增强其碳汇功能，既是缓解全球变化、稳定作物产量、促进可持续发展的重要方面，同时也是改善和提高耕地质量的必要手段。与此同时，土壤有机质中的氮素占全氮的 90%～98%、磷素占全磷的 20%～50%，且含有丰富的 K、Na、Ca、Mg、S、Fe、Si 等营养元素，因此，土壤有机质也是作物矿质营养的重要来源。增加土壤有机质含量，对保证作物营养元素的稳、匀、足、适供给，促进作物生长、提高产量具有十分重要的意义。

从土壤有机质的物理性质看，有机质的黏力居中，无论是对黏性、沙性还是壤质土壤，都能促进其形成的良好结构体；有机质颜色较深，易吸收热量，其热容量仅小于水，其在加深土色、促进土壤升温等方面亦具有十分重要的作用；同时，有机质还具有较强的缓冲性能，提高有机质含量对增强土壤保水、保肥和缓冲性亦具有重要意义。对土壤微生物而言，有机质是微生物生命活动所需要养分和能量的重要来源，因此，土壤微生物的数量和类型等与有机质的含量密切相关。

同时，有机质分子中含有大量羧基（R－COOH）、酚羟基（酚－OH）、醇羟基（R－CH_2－OH）、醚基（R－CH_2－O－CH_2－R）、醛基［R－C＝O（－H）］、胺（R－CH_2－NH_2）、酰胺［R－C＝O（－NH－R）］等功能团，这些功能团表现出多种活性，如离子交换、对金属离子的络合、氧化—还原性以及生理活性等，还可通过与土壤中物质（如重金属、农药等）的络合、氧化还原、吸附等作用，从而降低其活性，减少作物吸收。

第三节　土壤有机质与无机胶体的相互作用

在土壤的形成过程中，有机和无机胶体总是以不同形式和紧密程度，通过各种力的作用相互结合，形成不同类型的有机—无机复合体。土壤有机—无机复合体是普遍存在于土壤中的胶体，是决定土壤物理、化学及生物性质的主要物质基础，而且在土壤质量中具有十分重要的作用。由于土壤中有机—无机复合体组成种类繁多、成分复杂，因此，其相互作用机理研究也具有较大困难。但是，随着研究手段和方法的进步，现代分析测试技术及计算机技术的应用，对土壤有机、无机胶体间的作用机理逐步有了更为深刻的认识，也大大强化了对有机—无机复合体结构和功能的了解。

一、土壤有机质与无机胶体的相互作用

自然土壤中黏粒矿物的电荷以负电荷为主，但在其边缘也可能带一定数量的正电荷，高岭石、水铝英石等矿物在酸性条件下即带有正电荷。在土壤有机质与黏粒矿物的相互作用中，离子吸附占据重要地位，但土壤有机质和黏粒矿物多具有极性，因此，分子吸附在二者的相互作用中不可复视，范德华力和氢键在 Fe－土壤有机质复合体中也起了十分重要的作用。

除表面吸附外，很多矿物具有对有机化合物的层间吸附。通过对 XRD 数据的分析，可以清晰地看出有机长链胺侵入蛭石层间，并且黏土矿物表面有高密度的电荷（Perez－rodriguez 和 Maqueda，2002），在这种情况下，疏水部分的长轴与硅酸盐表面的氧面相结合，键角随黏粒电荷密度的增加而增大（Yariv 和 Lapides，2005），蛭石基底间距大于 2nm，存在很弱 N－H…O 键，N－C 键普遍存在于硅酸盐矿物的表面，烷基链与硅酸盐表层呈 54°44′角。生物聚合物如蛋白质等，容易进入蒙脱石的层间，带净正电荷、中性甚至于带少量负电荷的较大分子生物聚合物或有机无机复合体，都可以嵌入膨胀性层状硅酸盐的层间。高岭类黏土矿物的结构与云母型层状硅酸盐矿物不同，仅有 1 个铝片与 1 个硅片相结合，其晶格边缘在低 pH 时带正电荷，而且这个电荷可以维持到较高的 pH，边缘正电荷可以和带负电荷的化合物形成包皮复合体。尽管高岭石不像蒙脱石与蛭石那样容易形成层间吸附，但我国古代早就知道高岭类矿物可以与有机物质形成层间复合体，现代研究也承认在一定条件下，高岭石中可插入各种有机化合物。极性有机化合物进入高岭石层间主要通过 3 种方式：①直接从溶液中进入；②借助“夹带剂”进入；③交换出早已进入的化合物进入（蒋剑敏和熊毅，1983）。夹带剂等可以先进入高岭石层间，扩大层间间隔，从而有利于较大的有机化合物物进入，但总体而言，高岭石层间吸附在自然土壤中所占比例很小。

与一般黏粒矿物不同，铁铝氧化物及水合氧化物通常带正电荷，具有比黏粒矿物更大的表面积，其表面电荷对有机化合物具有显著的吸附作用。此外，有机物可以通过 Fe^{3+} 和 Al^{3+} 桥键合在硅酸盐的表面。在土壤中，尤其是带可变电荷的土壤中，它们可作为胶膜覆盖在黏粒矿物表面，所以，铁铝氧化物及水合氧化物在复合体形成过程中也起着重要的“桥”的作用，针铁矿、三水铝石和羽毛石对胡敏酸和富里酸的吸附机制可能是通过配位体交换。当铁铝的含量达到某个临界值时，腐殖酸将被沉淀，这种表面沉淀作用比吸附作用要大，干燥后在黏粒—有机复合体表面形成一层凝缩的薄膜，很难去除。土壤中某些腐殖质很难被提取，可能就是铁铝沉淀的有机物质，这也反映了铁铝氧化物及水合氧化物在可变电荷土壤腐殖质的积累和迁移过程中所起的作用（Schnitzer 和 Kodama，1992）。

复合体中的有机物质吸附在黏粒矿物表面还是进入晶层之间，对于有机质的分解具有决定性的影响。有机物质以单层吸附在蒙脱石层间时，蒙脱石对有机质的分解起最大的阻碍作

用，而以多层吸附在蒙脱石层间或只是外表面吸附时，矿物对有机质的分解只是略有抗御分解的作用。一般而言，蒙脱石对有机物质的保护作用比其他黏粒矿物大，而高岭石对有机物质的保护作用较小。

有机—无机胶体的结合方式可以认为主要是通过两种键合力，即库伦引力和范德华引力。库伦引力可分为阳离子键合、阴离子键合、离子偶极和配位作用，范德华引力则包括氢键合、共价键合和 π 键合作用。通过对有机—无机胶体作用机理的研究分析，我们可以推断影响黏粒和有机化合物相互作用的主要因素应包括有机分子的性质、水分含量、黏粒矿物表面交换性阳离子的性质和黏粒矿物的结构等。

二、黏粒矿物及其组成与有机质含量的关系

许多研究表明，土壤黏粒和细沙含量与有机质含量有直接的关系，这在前文土壤性质对有机质含量的影响中已有阐述。有研究表明，土壤有机—无机复合体总量与土壤黏粒含量间具有极显著的正相关关系，说明复合体总量在很大程度上受黏粒含量的影响，也间接证明了黏粒对有机质含量的影响（王继红等，2001）。

黏粒的种类不同，其聚合有机质的能力也不相同。例如前文中所述蒙脱石由于层间吸附作用较强而对有机质的保护作用一般要高于其他黏粒矿物。D'Acqui 等（1998）发现蒙脱石比高岭石更易吸附低分子量的富里酸，从而导致更高的碳残留和胡敏酸含量。黏粒矿物对有机物质分解的影响机制主要在于表面积、CEC、电荷密度、分散度和膨胀性等的差异，这在前文中也有所描述。Ca^{2+} 和蒙脱石丰富的土壤、石灰质土壤和其他富含蒙脱石土壤中，有机—无机复合体的含量均很高，但石灰质土壤中的有机—无机复合体更加难于分离，这表明土壤中的蒙脱石，特别是在 Ca^{2+} 体系中，有机—无机复合可能储藏大量的土壤碳并可减少有机质的分解。提取和吸附试验（Wang 和 Xing，2005）结果表明，蒙脱石选择性吸附腐殖质溶液中的烷基和羧基化合物，疏水键和离子键桥交互作用可能是导致有机—无机复合的主要机制。高岭石（1∶1 型）的 CEC 较小、比表面积小，且层间吸附困难，对有机质的保护作用较弱，但由于其具有良好的静电絮凝作用，有利于矿物和有机质的复合。硅酸盐矿物和 2∶1 型黏土矿物因其比表面积大、CEC 高，固持的有机质含量往往也较高（史吉平等，2002；Seta 和 Karathanasis，1996）。非晶质水铝英石和伊毛缟石的比表面积大，可变电荷含量高，能增加土壤中的有机—无机复合，这在火山岩（Volcanic）土壤中与有机质和土壤团聚作用有极其密切的关系（Powers 和 Schlesinger，2002）。

无机胶体的含量在一定程度上决定了有机无机复合体的形成，并进而影响土壤有机碳的含量。在黏粒含量高的情况下，腐殖质可以直接吸附在黏粒矿物的表面，并形成“单层”包被在矿物表面的结构，其结合程度与腐殖质分子的大小、分子量、复杂程度等都密切相关。腐殖质的体积和分子量越大，分子越复杂，越不易与黏粒矿物紧密结合，腐殖质分子暴露在外面的面积就越大，也就越易被微生物所分解；在黏粒含量低的情况下，疏水的大腐殖质分子吸附在有机—无机复合体表面，形成“多层”包被在黏粒表面的结构，没有与黏粒直接键合的外层腐殖质更容易被土壤微生物所降解。在黏粒含量高的土壤中，黏粒和有机质是有机—无机复合体形成的重要物质基础，在高肥力土壤中，因采取了施用有机肥培肥等措施，可使黏粒胶体与有机胶体的复合作用相对活跃，小粒级团聚体的团聚度增加，大粒径复合体含量相对增多，从而改善了土壤因质地黏重而产生的通气不良等性质，使土壤综合肥力水平

提高。

三、土壤有机无机复合体与耕地质量

有机—无机复合体的形成是土壤发生与肥力形成的最重要过程之一，很多有机化合物可以和土壤黏粒相互作用而形成稳定性不等、性质不同的复合体，并密切影响土壤肥力特性的变化。有机—无机复合体是土壤肥力的物质基础，对土壤的水、肥、气、热状况有着直接的影响。有研究者认为："有机物质与矿物质相结合而形成有机无机复合体是一种合成作用，犹如光合作用那样是生命繁衍所必需的"。有机—无机复合体在耕地质量中的作用主要有以下方面：

（1）对土壤有机质的保护作用　黏粒矿物与氧化物等与有机物质结合形成的有机无机复合体，在很大程度上可以视为微团聚体，微团聚体可以进一步通过有机物质或无机物的黏结作用形成较大的团聚体，并进而影响土壤有机碳的稳定性。通常认为，土壤中有机质的稳定机制主要包括：选择性固存，主要受有机物性质的影响；有机物质与无机胶体的相互作用，即有机—无机复合体的形成；空间不可接近性，主要是指团聚体形成将有机质与微生物空间隔离降低（刘满强等，2007）。较大的团聚体（如$>25\mu m$）中有机碳的分解需要足够的空气和水，孔隙度的减少直接阻碍其分解进程；而微团聚体内（如 $20\sim250\mu m$）的孔隙如小于细菌所能通过的限度（$31\mu m$）时，有机碳的降解只能依靠胞外酶向基质扩散，对生物来说这是极大的耗能过程，有机碳的分解因而降低；在黏沙粒或微团聚体级别（如$<20\mu m$），有机碳与金属氧化物和黏土矿物的相互作用将占主导。实际上，有机—无机复合体形成对土壤有机碳积累的意义不仅体现在土壤肥力方面，其对气候变化中陆地生态系统的固碳作用也逐步成为日益重要的研究热点。

（2）对土壤团粒结构形成的作用　土壤有机—无机复合体是形成良好土壤结构的基本条件，主要以胶膜的形式包被在矿质土粒的外表，黏结力增强，因而可促进团粒结构的形成。此外，由于有机—无机复合体具有松软、絮状、多孔特性，易形成散碎的团粒，使土壤变得松软而不易于板结，说明土壤有机—无机复合体可改变土壤的结构，从而使土壤的透水性、蓄水性以及通气性都得到相应改善。土壤肥力的高低，在很大程度上取决于土壤的结构状况，而土壤结构又与土壤有机—无机复合体的性质密切相关，因此，土壤中有机—无机复合体的形成及其特性极大地影响着土壤的肥力状况。在显微镜下观察，熟化度较高的土壤（也就是有机无机复合作用较强的土壤），其复合体加水后不分散；熟化度较低的土壤，其复合体加水后容易分散。用双氧水处理也有类似情况。

（3）对养分供应的作用　土壤有机—无机复合体中的 C、N 含量随复合体粒径增大而逐渐下降，而 C/N 则与此相反；在$<2\mu m$ 粒级中氮的有效性最高，随着粒径增大有效性逐渐下降（王岩等，2000）。磷的含量随复合体粒径的增大而下降，如树脂- P、$NaHCO_3$ - P、NaOH - P、H_2SO_4 - P 和残留磷含量从黏粒级到沙粒逐渐下降（Leinweber 等，1997）；在酸性土壤中，磷主要分布在较细的复合体中；而在石灰性土壤中则主要分布在较粗粒级中（王岩等，2000）。砂姜黑土的有机磷和无机磷均主要集中分布在$<5\mu m$ 粒级的有机无机复合体中，其含量随着土壤肥力水平的提高而增加（孙华和熊德祥，1998）。复合体对磷的吸附与解吸不仅与其表面积有关，而且也与土壤的耕作熟化程度有关，土壤有机质能降低土壤及其复合体对磷的吸附量，增大对磷的解吸，提高土壤肥力（甘海华和徐盛荣，1994）。复

合体对磷的最大吸附值和P、K和NH_4^+的固定作用为水铝英石>水铝英石—胡敏酸复合体>水铝英石—富里酸复合体，有机—无机复合体对P、K和NH_4^+的固定作用随有机质含量的减少，最初是增加的，随后出现下降，表明有机—无机复合体中存在多重固定位（Basak和Gosh，1999）。有机—无机复合体因其比表面积、电荷密度和有机质含量的差异，其对养分和污染物（无机和有机）的吸收（保持）和解吸（释放）能力具有很大的不同，土壤阳离子交换量随复合体粒径的增大而下降。

第四节　土壤腐殖质化学

腐殖质是土壤有机质的主体，对其化学性质的研究长期以来在土壤化学研究中占据十分重要的地位。自1786年Achard从泥炭中提取出腐殖物质以来，对其结构、功能、特性、形成及转化逐步有了较深入的认识。但是，由于腐殖物质本身的复杂性以及测试技术等的限制，研究难度极大，因此，迄今为止仍然是土壤有机质研究中存在问题较多的领域之一。

一、土壤腐殖质的组成及其化学结构

前文中我们已经对腐殖质的组成进行了初步阐述。通常，可依据腐殖质在酸碱溶液中的溶解性，将其分为HA、FA和HM三类及部分简单有机化合物，此处主要探讨前三类物质的化学特性。土壤HA的分子直径为1～1 000nm，FA的直径则更小。在溶液中不同pH、离子强度、金属配合物、腐殖质浓度和溶剂介电常数下，腐殖质具有不同的结构。但样品浓度较高，pH低或有一定量的中性电解质存在时，腐殖质分子类似于球形。在低浓度和中碱性pH下，腐殖质分子呈轻微卷曲的纤维状结构。如果样品的浓度更低、pH更高，则其卷曲状结构将进一步伸展，可能发生断裂，也可能形成片状结构。

腐殖质是由大小不同的分子组成的混合物，很少有精确或相同的结构形状、活性功能团序列。目前关于FA和HA的分子模型主要有Flaig（1960）提出的HA模型，Stevenson（1982）的HA模型以及Schnitzer和Khan（1972）提出的FA模型。Flaig模型特点是HA含有较多的酚羟基和醌基，羧基不多。Stevenson模型中，HA有自由和结合的酚羟基、醌结构，N和O是桥接单元，羧基互不相同地连接在芳香环上。Schnitzer和Khan模型中，FA结构单元由氢键连接，结构可以弯曲，可聚合或者分散；结构中有大小不一的很多孔隙，可以捕获或固定相对分子量较低的有机和无机化合物。Schulten（1998）通过综合运用现代分析技术与计算机处理等方法，提出了水域和土壤中的HA低聚物3D结构模型，强调氢键在腐殖物质形成中的重要性，表明腐殖物质结构中存在固定低分子化合物的孔洞（李学垣，2001）。

土壤腐殖质主要由C、H、O、N、P、S等元素组成，并含有少量的灰分元素。一般而言，FA的C、N含量低于HA和HM，O或O+S的含量较高，C/H比较高而O/C比较低，说明其缩合度较低而氧化度较高、分子结构简单、稳定性低于HA和HM。腐殖物质的含氧功能团主要包括羧基、酚羟基、甲氧基、羰基和醌基等，这些功能团的存在，使腐殖物质表现出离子交换性、配合性、氧化还原性以及生理活性等多方面的特性。

二、土壤腐殖质的物理化学性质

如前所述，土壤腐殖质由于带有多种不同特性的功能团，因此，其所具有的物理化学性质也相对较复杂，主要包括：

亲水性：腐殖物质具有较大的比表面积，而且属于亲水胶体，其最大吸水量可达到本身重量的 5 倍甚至更大。

溶解性：HA 不溶于水，但其无机盐类均可溶解于水中；FA 的水溶性高于 HA，主要是其一价和二价金属离子盐类能溶于水。FA 与 HA 均可溶于碱，且 FA 还可溶于酸，而 HM 则难溶解于酸碱溶液中。

稳定性：腐殖质是一类较为复杂的高分子聚合物，与简单有机化合物比较，其稳定性较高，对微生物分解的抵抗力较大。如前所述，在温带条件下 HA 的更新周期可达 780～3 000年，FA 亦可达 200～630 年。

电化学特性：腐殖质一般均带可变负电荷，其 CEC（200～500cmol/kg）比无机胶体大，且随 pH 升高而增加的幅度也较无机胶体显著。此外，HA 还具有一定的还原性，有研究者测得热带苔藓泥炭沉积物中 HA 的氧化还原电位可达到 0.32～0.38V。

配合反应：腐殖质的含氧功能团能与金属氧化物、金属氢氧化物以及金属离子配合形成化学和生物学稳定性不同的金属—有机配合物，这种配合作用在提高植物营养元素的有效性、降低重金属离子毒性等方面具有重要作用。

三、腐殖质在耕地质量中的作用

腐殖质对土壤肥力形成具有重要意义，其作用的大小主要取决于其物理化学性状。一般认为，腐殖质对耕地质量的贡献主要为以下几方面：

①腐殖质能够增强土壤的保肥、供肥能力。腐殖质表面带有负电荷，能够通过吸附和配合等作用，与阳离子或多价金属离子相结合，而这种吸附与固定并不十分稳定，既能将养分保持在土壤中防止其损失，又能够在作物吸收时快速释放，具有较高的有效性。同时，腐殖质能够在黏粒矿物表面形成胶膜或参与竞争吸附位点，减少某些阴离子的固定。此外，腐殖质的弱酸性还能溶解土壤中的矿质组分，使其释放到土壤溶液中供作物吸收利用。

②腐殖质与黏粒矿物等形成有机—无机复合胶体，能促进土壤中团粒结构的形成，改善土壤结构，从而提高土壤肥力，其具体作用已在前面有机—无机复合体部分有相应的叙述。

③土壤腐殖质的高亲水性能，使其能够作为土壤重要的保水剂，增强土壤的保水能力。同时，腐殖质具有的改良土壤结构等作用，亦在一定程度上增强了土壤的保水性能。

④腐殖质的颜色相对较深，因此，腐殖质含量高的土壤吸热快，且热容量较大，有利于土温快速增加和保持。

⑤土壤腐殖质功能团的大量存在，使其对土壤中的各种离子具有吸附—解吸等特性，能够一定程度上增强土壤的缓冲能力。

⑥腐殖质对植物生长具有促进作用，被植物吸收后具有影响植物细胞膜的透性、改善养分运输、促进蛋白质合成、提高植物激素活性等作用。有研究者将腐殖质中的 FA 组分喷洒到植物叶面，被证明对植物生长具有一定的促进作用。

此外，腐殖质还是陆地生态系统中重要的碳库，其稳定性高于非腐殖化的简单有机化合物，且腐殖质中的活性功能团还对农药等有机类化合物具有很高的吸附性。有研究发现，土壤对农药的吸附能力有74%取决于土壤中HA和FA的含量，其中FA的作用更为突出。被腐殖物质吸附后，农药的活动性降低。同时，腐殖质中存在大量对农药分解具有催化作用的功能团，可在一定程度上加快农药在土壤中的降解。此外，腐殖质还对土壤中的重金属离子具有吸附作用，可在一定程度上降低重金属的有效性，这在本书的相关章节已有论述。总体而言，腐殖质的存在不仅对耕地质量，而且对土壤环境质量安全亦具有重要意义。

第五节　土壤有机质的测定

有机质测定是土壤有机质研究的前提和基础。传统研究中，通常对土壤有机质总量以及土壤腐殖质含量进行分别测定。但随着对有机质功能及其转化分解特性认识的逐步深入，为进一步准确界定不同功能、不同稳定状况有机质的分离测定方法，土壤学家利用物理、化学以及生物学相结合的手段，相继开发出了多种分离方法，并结合对其结构的分析，探讨其功能，使各分离组分能够更准确地反映土壤有机质的质量及功能变化。

一、土壤有机质总量的测定

测定土壤有机质的传统方法主要有3种：干烧法、化学氧化法和灼烧法。干烧法与灼烧法的工作原理主要是通过高温将土壤有机质中的碳氧化为CO_2，通过测定CO_2的浓度换算成土壤有机质含量，当然也可以用有机碳直接表示土壤有机质含量。目前，该方法在仪器分析中应用较为广泛，可直接测定土壤中有机碳、氮的含量，且适合进行批量分析。但是，灼烧法不适合于碳酸盐含量较高土壤中有机质的测定，其主要原因是碳酸盐在灼烧后产生的CO_2会对有机质的测定结果产生较大的干扰。

半个多世纪以来，世界各国在土壤有机质含量测定中应用比较普遍的方法是化学氧化法。为了使有机质测定方法更加简便、快速、廉价、适合于大批量样品的测定，许多分析工作者经过多年的研究和改进，推出了各种改进的方法和措施。化学氧化法的主要原理是通过测定氧化土壤有机质中碳时所消耗的氧化剂量，以此来确定土壤有机质的含量，其主要测定方法包括重铬酸钾容量法、水合热法和比色法3种。

重铬酸钾容量法的氧化温度为170～180℃，保持溶液沸腾5min，氧化率为90%～95%，是我国通用的常规分析法国家标准方法（GB 7857—8）。它的优点是快速、简便（无需收集和测定产生的CO_2），不需要特殊的设备和操作技巧，不受样品中碳酸盐的干扰。其缺点是：容易受到活性锰离子、亚铁及氯离子的干扰，且当测试样品的有机质含量超过15%时，不能得到准确的结果。近年来许多研究者对重铬酸钾容量法国标进行了相应的改进，有研究表明，在样品量较大并同时消煮时，加入浓硫酸的时间不一致可能对测定结果产生很大的影响，建议将0.4mol/L重铬酸钾溶液改为0.2mol/L重铬酸钾＋浓硫酸，可以避免浓硫酸加入时间的差异，且具有较好的重现性；消煮时石蜡油浴易引起环境污染，试管上的石蜡油难以清除且对人体有害，因此，有研究者将石蜡油浴中的石蜡油改用甘油后，获得了良好的重复性，且测定结果可靠。现代研究中有很多采用远红外加热技术，操作简便，且测定结果与油浴一致。也有研究者用烘箱法测定土壤有机质，其基本原理与油浴法相同，但加热温度改为较低的110℃，时间延长为15min，测定结果需乘氧化校正系数1.33，所得结果的变异系数小，精确度较高，与全N相关性好，可用于大批量分析。

Walkley和Black在20世纪30年代就提出以浓硫酸稀释时的反应热加速 $K_2Cr_2O_7$ 氧化土壤有机质的方法（也称W-B法）。该方法氧化温度较低，最高温度为120℃左右，氧化率低约为60%～86%，平均为75%～77%，受土壤类型及室温的影响较大，适合于在室温20～30℃条件下进行。但该方法简便，重现性好，是国际上常用的方法。但也有研究认为，该方法仅适用于有机质含量低于2%的土壤，用来测定含量超过2%的土壤时误差较大。水合热法与外加热法所测得的有机质含量间具有极显著的相关性，其精度高于外加热法，且操作更简单，快速易于掌握，不污染空气，不会影响人体健康，适于土壤普查等工作中大批量样品有机质的测定。有研究认为，就我国土壤作为整体而言，水合热法的氧化校正系数可用1.4，如按地区（或土壤类型）划分，应采用不同的氧化系数（邵则瑶等，1980）。现代研究中对水合热法研究的改进主要是对其保温方法进行了小的改进，使其免受室温影响。

土壤有机质分子中含有很多的生色基团，其碱性溶液常呈红棕色至深褐色，且颜色的深浅在一定范围内符合比耳定律，因此，亦可用比色法来测定土壤有机质的含量，该方法具有快速简捷等特点。但有许多研究表明，土壤有机质颜色的深浅还与其所处的氧化还原条件密切相关，且不同类型土壤间存在显著差异。因此，比色法一直未能得到广泛应用，但可以作为基层生产实际中土壤有机质速测的手段，对土壤有机质管理具有重要的实际操作意义。

二、土壤活性有机质的测定

1. 土壤微生物生物量测定 土壤微生物生物量测定方法主要包括熏蒸培养法（FI）、熏蒸提取法（FE）、底物诱导呼吸法（SIR）、三磷酸腺苷法（ATP）等。熏蒸培养法原理是利用氯仿熏蒸（24h）土壤，杀死土壤中的微生物后，在标准培养条件下进行培养，观测培养期间 CO_2 释放量并与对照土壤（未熏蒸）的释放量比较，其增量主要来自于土壤微生物死亡后释放的C，与显微观测得到的土壤生物量呈线性相关，因此，可以通过此方法测定土壤微生物生物量。该方法通常被视为测定土壤微生物生物量的经典方法，其对近中性、排水良好的土壤被认为是可靠的，但对强酸性土壤、渍水及含有较多新鲜有机物的土壤，以及微生物受到破坏的土壤则不适合（吴金水，1994）。熏蒸提取法的原理与熏蒸培养法接近，其主要差别是直接用 K_2SO_4 溶液提取土壤碳、氮，并与对照比较得到微生物释放的碳、氮量，因此，该方法较熏蒸培养法简单，不需要培养过程，目前我国土壤微生物生物量的研究大多采用熏蒸提取法。底物诱导呼吸法的原理为通过加入简单呼吸底物（葡萄糖），引发土壤微生物的最大呼吸速率，而此速率与熏蒸培养法观测得到的土壤微生物生物量成正比，可以用来测定土壤微生物的生物量。该方法测定较为快速，但所需仪器设备相对复杂，且方法本身尚不够成熟，不同研究者之间的结果相差较大，因而应用不很广泛。三磷酸腺苷法主要是利用土壤中ATP含量与微生物相关关系进行微生物生物量的测定，但目前应用并不广泛。

土壤微生物生物量测定方法的提出，为研究土壤微生物对养分循环的贡献提供了重要的基础，同时也为进一步明确微生物在土壤肥力演变与发展中的作用等提供了方法学基础，对土壤学研究的发展具有重要的意义。

2. 土壤可溶性有机碳的测定 土壤可溶性有机碳主要包括水溶性有机碳、热水溶性有机碳和可溶性有机碳3种，是土壤有机质中的可溶性组分。前两者为采用水（不同温度）浸提，后者系采用 $CaCl_2$、KCl或 K_2SO_4 等稀盐溶液提取。由于可溶性有机碳对于土壤有机质在土壤—水体系中的迁移等占据重要地位，同时也是土壤微生物对有机质利用的直接来源，因此，其测定对有机质研究具有极其重要的意义。

3. 轻组有机质的测定 由于土壤中未分解或半分解的有机物质主要以游离态或松结合态存在，其比重低于有机—无机复合体，因此，可以利用比重分组的方法将其分离出来。在最初的分离方法中，常采用有机溶剂如四溴甲烷（2.96g/cm^3）、三溴甲烷（2.88g/cm^3）及四氯化碳（1.59g/cm^3）等作为重液来将其分离，但其缺点明显，如具有毒性，对碳含量具有潜在污染和影响等。其后，许多研究者探索采用水溶性无机盐作为重液来分离，这些无机盐包括 NaI、$MgSO_4$、$NaBr_2$、$ZnCl_2$ 以及聚钨酸钠［$Na_6(H_2W_{12}O_{40})$］等，目前最常用的是 NaI 和聚钨酸钠。但无机盐成本高，对环境具有毒害作用，通常只用少量干土样品（约10g）用于密度分组研究，悬浮物质在无机盐溶液中平衡所需的时间也很长。此后，又有研究者发现硅胶悬浮液作为重液具有很多优点，如化学惰性强，性质稳定且成本低、无毒，与有机物质易分离等，并可以进行大样品（500g）分析，对分离的有机质活性没有影响（Meljboom 等，1995）。

4. 土壤颗粒中有机质的测定 土壤有机质按颗粒大小分成两部分，即<53μm 的粉粒和黏粒部分、53～2 000μm 的沙粒部分。<53μm 土粒中的有机质因受到粉粒和黏粒的化学保护作用而不易被分解。53～2 000μm 土粒中的有机质一般称为 POM，有时也称为大有机质（Macro-OM），其活性较高，对土壤碳循环具有重要意义，其测定原理为将土壤充分分散后，过筛并分离 POM。分散方法最初主要采用六偏磷酸钠和振荡，但有时可能对土壤分散不足，因此有很多研究者尝试采用超声波对土壤颗粒进行分散。由于分散时的能量不尽一致，所得到的结果也存在较大差异，相互间难以进行比较。目前，还有研究者对土壤颗粒有机质作进一步分组，将其分为细颗粒有机质（53～250μm）和粗颗粒有机质（250～2 000μm）。

5. 土壤易氧化有机质的测定 根据不同有机质组分的抗氧化能力，可以对其相应的活性状况进行界定。在土壤活性有机质的指标中，易氧化有机碳是我国土壤有机质活性研究中常用的一个指标，其主要测定原理是将土壤与氧化剂作用后，根据有机质氧化中消耗的氧化剂量来确定易氧化有机质的含量，目前主要的氧化剂为 $K_2Cr_2O_7$ 和 $KMnO_4$。前者主要是在土壤有机质湿氧化测定方法的基础上降低硫酸的浓度和氧化的温度，主要代表方法为袁可能法，系用 1∶3 H_2SO_4-$K_2Cr_2O_7$、130～140℃加热 5min（袁可能，1963），氧化的有机质即为易氧化有机质。Logninow 等（1987）利用 3 种不同浓度的 $KMnO_4$（33、167、333mmol/L）将土壤有机质分为 3 个级别。Lefroy（1993）发现，333mmol/L 的 $KMnO_4$ 溶液氧化的有机质，在种植作物土壤中含量的变化最大，可将其称为活性有机质。有研究者以灰漠土为对象，研究比较了易氧化有机碳的各种指标，以此为基础推荐在室温 25℃条件下，用 333mmol/L 的 $KMnO_4$ 氧化、振荡 1h 的方法来测定土壤中易氧化有机质。

6. 土壤团聚体有机质的分组 团聚体分组一般采用干筛或湿筛加上分散的办法进行，小于 20μm 的团聚体是非常稳定的，只有通过超声波才能将其破碎，而小于 2μm 的团聚体即使是利用超声波也无法将其分散。为了弄清长期稳定的土壤有机质库，Six 等（2000）提出了一种湿筛分离方法，能够在对所释放出的微团聚体破坏最小的情况下，完全分散大团聚体。一般认为，随着团聚体粒径的减小，土壤团聚体有机质的周转时间增加，说明土壤有机质的稳定是通过不同粒径团聚体形成过程来实现的，团聚体分组对于有机碳稳定性具有重要意义。但事实上，不同粒径团聚体有机碳周转速率的差异可能更大程度上来自于有机物质本身，因此，尚需进一步开展相关机理等研究，以明确其主导因子。很多研究者在对有机碳进行团聚体分组的基础上，进一步分析了团聚体中各种活性有机质指标（包括 DOM、POM、SMB、ROM、FA、HA 等），能够对有机质的不同活性炭库进行更为详细的分离和研究，并阐释土壤有机质各组分在肥力等方面的贡献。

三、土壤腐殖质的分离测定

传统腐殖质的概念是根据其溶解特性进行定义的，富里酸组分溶于酸和碱，胡敏酸组分溶于碱而不溶于酸，胡敏素则不溶于碱。传统有机质提取与分组方法如 Kononova 法等，一般采用酸碱提取的方式来分离 HA、FA 和 HM。目前，我国采用较多的为 $NaOH-Na_4P_2O_7$ 提取法。$NaOH-Na_4P_2O_7$ 浸提液具有极强的络合能力，能与土壤中难溶于水和易溶于水的结合态腐殖质络合，结合成易溶于水的腐殖酸钠盐，从而较完全地将腐殖质提取到提取液中。取一部分提取液测定其中的碳含量，此即为胡敏酸和富啡酸的总量。再取一部分提取液，经酸化后使胡敏酸沉淀，分离出富啡酸，然后将沉淀溶解于氢氧化钠溶液中，测定溶液中的碳量，此即为胡敏酸的含量，富啡酸的含量可按差数算出。留在土样残渣中的有机物质即为胡敏素，由腐殖质测定中的全碳量减去胡敏酸和富啡酸的量算出。

为区分腐殖质与土壤无机胶体的结合形态，准确反映有机—无机复合作用对腐殖质分解转化的影响，傅积平（1983）在熊毅等人土壤腐殖质结合形态分级的基础上，提出了结合态腐殖质分组的测定方法，即用 0.1mol/L 的 NaOH 及 0.1mol/L 的 NaOH 和 0.1mol/L 的 $Na_4P_2O_7$ 混合液，分别连续提取松结态和稳结态腐殖质，残留态腐殖质即为紧结态腐殖质，这一划分方法已被许多研究者所采用，并根据其组成和性质阐明土壤肥力特征及土壤培肥机理。有研究表明，用 0.1mol/L 的 NaOH 及 0.1mol/L 的 NaOH 和 0.1mol/L 的 $Na_4P_2O_7$ 混合液连续浸提所测得的松结态和稳结态腐殖质，实际上是不同金属离子联结的有机—矿质复合体，其中松结态主要是由铁、铝离子或其氧化物联结的有机—矿质复合体，而稳结态则主要是由钙离子联结的有机—矿质复合体。

日本学者提出了腐殖质分离的“熊田法”，即结合运用 0.1mol/L 的 NaOH 及 0.1mol/L 的 $Na_4P_2O_7$ 连续提取技术和酸碱分离技术，将腐殖质划分为游离态 HA 和 FA，以及结合态 HA 和 FA，该方法也得到了较为广泛的应用。近年来，有很多研究者采用无水乙醇进行分离沉淀，即通过增加不同量乙醇到 NaOH 提取液中，可以提取并获得更多的腐殖质组分，但是，由于对所获取组分功能差异的分析和研究尚不够深入，因而其应用尚较少。

上述腐殖质提取分析方法的主要目标是最大效率地提取土壤中的腐殖质并进行分组。但是，为准确分析土壤腐殖质的化学结构与功能特性，往往腐殖质分离的目标并非提取效率，而是要求最高的纯度以及最大限度保持腐殖质的性质。有很多研究者认为，用 NaOH 提取可能在一定程度上改变了土壤腐殖质的形态，但也有研究者对此持否认态度（McLaren 等，1984）。应用常规方法提取出腐殖物质后，为进一步开展其他方面的研究，往往需要对提取出的腐殖质进行纯化。去除腐殖质中黏土矿物等杂质的方法主要包括加入硫酸钠、氯化钾等絮凝无机胶体、抽滤、HCl－HF 混合液处理等，除去无机盐类常用透析和电渗析方法，去除 HA 中有机杂质的方法主要包括用乙醚、苯—醇等除去脂类非腐殖物质，用酸碱溶液反复溶解—沉淀以去除其中的碳水化合物。FA 中的有机杂质主要包括糖类、低分子有机酸等，可通过活性炭吸附法、XAD-8处理法等加以去除。

（刘守龙、黄道友）

参 考 文 献

蔡燕飞，章家恩，张杨珠，等．2006．稻作制度对红壤性水稻土有机质特征的影响［J］．土壤，38（4）：396-399．

程琨，潘根兴，田有国，等．2009．中国农田表土有机碳含量变化特征——基于国家耕地土壤监测数据［J］．农业环境科学学报，28（12）：2476-248．

党廷辉．1998．黄土旱塬区轮作培肥试验研究［J］．土壤侵蚀与水土保持学报，4（3）：44-47．

傅积平．1983．土壤结合态腐殖质分组测定［J］．土壤通报，2：36-38．

甘海华，徐盛荣．1994．红壤及其有机无机复合体对磷的吸附与解吸规律探讨［J］．土壤通报，25（6）：264-266．

关文玲，王旭东，李利敏，等．2002．长期不同施肥条件下土壤腐殖质动态变化及存在状况研究［J］．干旱地区农业研究，20（2）：32-35．

郝翔翔，窦森，安丰华，等．2010．不同利用方式下土壤团聚体腐殖质组成及胡敏酸结构特征［J］．水土保持学报，24（5）：248-252．

何振立．1997．土壤微生物量及其在养分循环和环境质量评价中的意义［J］．土壤，2：61-69．

黄昌勇，徐建明．2010．土壤学［M］．3版．北京：中国农业出版社，29-43．

蒋剑敏，熊毅．1983．土壤有机无机复合体［M］//熊毅，等．土壤胶体（第一册）土壤胶体的物质基础．北京：科学出版社．

李琳，伍芬琳，张海林，等．2008．双季稻区保护性耕作下土壤有机碳及碳库管理指数的研究［J］．农业环境科学学报，27（1）：248-253．

李玲，肖和艾，吴金水．2007．红壤旱地和稻田土壤中有机底物的分解与转化研究［J］．土壤学报，44（4）：669-674．

李学垣．2001．土壤化学［M］．北京：高等教育出版社．

李忠佩，程励励，林心雄．2002a．红壤腐殖质组成变化特点及其与肥力演变的关系［J］．土壤，1：9-15．

李忠佩，林心雄，车玉萍．2002b．中国东部主要农田土壤有机碳库的平衡与趋势分析［J］．土壤学报，39（3）：351-360．

林心雄，文启孝，程励励，等．1995．土壤中有机物质分解的控制因素研究［J］．土壤学报，32（增刊2）：41-48．

林心雄，文启孝，徐宁．1985．广州地区土壤中植物残体的分解速率［J］．土壤学报，22（1）：47-54．

林心雄．1998．中国土壤有机质状况及其管理［M］//沈善敏．中国土壤肥力．北京：中国农业出版社，112-159．

刘国彬．1997．黄土高原植被恢复与土壤抗冲性形成过程Ⅲ．植被恢复对土壤腐殖物质及水稳性团聚体的影响［J］．水土保持学报，4（5）：122-128．

刘满强，胡锋，陈小云．2007．土壤有机碳稳定机制研究进展［J］．生态学报，27（6）：2642-2650．

刘守龙，苏以荣，黄道友，等．2006．微生物对亚热带地区土地利用及施肥制度的响应［J］．中国农业科学，39（7）：1411-1418．

刘小虎，邹德乙，康笑峰，等．1998．长期轮作施肥对土壤有机质及其组分的影响［J］．沈阳农业大学学报，29（1）：53-58．

刘晓利，何园球．2009. 不同利用方式和开垦年限下红壤水稳性团聚体及养分变化研究［J］. 土壤，21（1）：84－89.
陆发熹，1998. 珠江三角洲土壤［M］. 北京：中国环境科学出版社．
潘根兴．2008. 中国土壤有机碳库及其演变与应对气候变化［J］. 气候变化研究进展，4（5）：282－289.
平立凤，窦森，张晋京．2004. 关松草原及开垦后土壤有机质性质研究［J］. 应用生态学报，15（5）：824－826.
全国土壤普查办公室．1998. 中国土壤［M］. 北京：中国农业出版社，843－983.
邵则瑶，黄业海，等．1980. 水合热法测定土壤有机质的研究［J］. 土壤通报（3）：29－32.
沈善敏．1998. 中国土壤肥力［M］. 北京：中国农业出版社，57－153.
史吉平，张夫道，林葆．2002. 长期定位施肥对土壤有机无机复合状况的影响［J］. 植物营养与肥料学报，8（2）：131－136.
孙波，潘贤章，王德建．2008. 我国不同区域农田养分平衡对土壤肥力时空演变的影响［J］. 地球科学进展，23（11）：1201－1208.
孙国峰，陈阜，李琳，等．2007. 耕作措施对长期免耕双季稻田土壤碳库的影响［J］. 中国农业大学学报，12（6）：45－49.
孙华，熊德祥．1998. 鲁南砂姜黑土及其有机无机复合体的有机磷研究［J］. 土壤通报，29（2）：61－64.
唐晓红，邵景安，黄雪夏，等．2007. 垄作免耕下紫色水稻土有机碳的分布特征［J］. 土壤学报，44（2）：235－242.
王继红，赵兰坡，王宇，等．2001. 吉林省主要耕作土壤胶散复合体的组成特征［J］. 吉林农业大学学报，23（3）：72－77.
王岩，杨振明，沈其荣．2000. 土壤不同粒级中 C、N、P、K 的分配及 N 的有效性研究［J］. 土壤学报，37（1）：85－94.
文启孝．1992. 土壤氮素的含量和形态［M］//朱兆良，文启孝．中国土壤氮素．南京：江苏科学技术出版社，3－26.
吴金水．1994. 土壤有机质及其周转动力学［M］//何电源．中国南方土壤肥力与作物栽培施肥．北京：科学出版社，28－62.
武志杰，张海军，许广山．2002. 玉米秸秆还田培肥土壤的效果［J］. 应用生态学报，13（5）：539－542.
谢锦升，杨玉盛，陈光水，等．2008. 植被恢复对退化红壤团聚体稳定性及碳分布的影响［J］. 生态学报，28（2）：702－709.
熊毅，李庆逵．1987. 中国土壤［M］. 北京：科学出版社，306－567.
徐金忠，孟凯，崔晓阳，等．2009. 不同施肥处理对黑土腐殖质组成的影响［J］. 东北林业大学学报，37（11）：84－85.
杨东方，李学垣．1990. 双季稻复种轮作与连作对土壤有机质性状影响的研究［J］. 中国农业科学，23（2）：51－56.
杨晶，沈禹颖，南志标，等．2010. 保护性耕作对黄土高原玉米—小麦—大豆轮作系统产量及表层土壤碳管理指数的影响［J］. 草业学报，19（1）：75－82.
杨景成，韩兴国，黄建辉，等．2003. 土壤有机质对农田管理措施的动态响应［J］. 生态学报，23（4）：787－796.
杨长明，欧阳竹，杨林章，等．2006. 农业土地利用方式对华北平原土壤有机碳组分和团聚体稳定性的影响［J］. 生态学报，26（12）：4149－4155.
宇万太，姜子绍，马强，等．2009. 施用有机肥对土壤肥力的影响［J］. 植物营养与肥料学报，15（5）：1057－1064.
袁可能．1963. 土壤有机矿质复合体的研究Ⅰ．土壤有机矿质复合体中腐殖质氧化稳定性的初步研究［J］.

土壤学报，2：286 - 293.

曾希柏．2003. 红壤化学退化与重建［M］. 北京：中国农业出版社，43 - 77.

张旭辉，李恋卿，潘根兴．2001. 不同轮作制度对淮北白浆土团聚体及其有机碳的积累与分布的影响［J］. 生态学杂志，20（2）：16 - 19.

张晋京，窦森．2008. 土壤胡敏素研究进展［J］. 生态学报，28（3）：1229 - 1239.

赵梦霞，姜俊玲．1999. 测定土壤有机质氧化条件的研究［J］. 土壤肥料（2）：45 - 47.

赵强基，Crarrity DP，王增远．1993. 菲律宾以稻为基础的种植制度生物学评价Ⅰ. 各类种植方式的养分平衡［J］. 作物学报，19（5）：402 - 411.

Basak UK，Ghosh SK. 1999. Studies on ion adsorption/fixation by synthetic amorphous aluminosilicates and their organic complexes of varying Si/Al molar ratio［J］. Journal of the Indian Society of Soil Sciences，47：700 - 710.

Boone R D. 1994. Light fraction soil organic mater：orion and contribution to net nitrogen mineralization［J］. Soil Biology and Biochemistry，26：1459 - 1468.

Campbell CA，Zentner RP，Liang BC，et al. 2000. Organic C accumulation in soil over 30 years in Semiarid Southwestern Saskatchewan - Effect of crop rotations and fertilizers［J］. Canadian Journal of Soil Science，80（1）：179 - 192.

Campbell CA，Zentner RP，Selles F，et al. 1992. Comparative effects of grain lentil - wheat and monoculture wheat on crop production：N economy and N fertility in a brown Chernozem［J］. Can. J. Plant Sci.，72：1091 - 1107.

Campell CA，Souster W. 1982. Loss of organic matter and potentially mineralizable nitrogen from Saskatchewan soils due to cropping［J］. Can. J. Soil Sci，62：651 - 656.

Capriel P，Harter P，Stephenson D. 1992. Influence of management on the organic matter of a mineral soil［J］. Soil Science，153：122 - 128.

Chan KY. 2001. Soil particulate organic carbon under different land rise and management［J］. Soil Use and Management. 17：217 - 221.

Christensen BT，Johnston AE. 1997. Soil organic matter and soil quality - lessons learned from long - term experiments at Askov and Rothamsted［M］. In：Gregorich EG，Carter MR（eds）. Soil quality for crop production and ecosystem health. Amsterdam：Elsevier science publishers，399 - 428.

Coxson DS，Parkinson D. 1987. Winter respiratory activity in aspen woodland and forest floor litter and soils，Soil biol［J］. Biochem.，19：49 - 59.

D'Acqui LP，E Kaniele，F Fornasier，et al. 1998. Interaction between clay microstructure，decomposition of plant residues and humificaion［J］. Eur. Soil Sci.，49：579 - 587.

Dalal RC，Mayer RJ. 1986. Long - term trends in fertility of soils under continuous cultivation and cereal cropping in southern Queensland. IV. Loss of organic carbon from different density fractions［J］. Austr. J. Soil Res.，24：293 - 300.

Gerzabek MH，Haberhauer G，Kirchmann H. 2001. Soil organic pools and carbon - 1 3 natural abundances in particle - size fractions of a long - term agricultural field experim ent receiving organic amendments［J］. Soil Sci. Soc. Am. J.，65：352 - 358.

Haynes RJ. 2000. Labile organic matter as an indicator of organic matter quality in arable and pastoral soils in New Zealand［J］. Soil Bio. Biochem.，32：211 - 219.

Janzen HH，Campell CA，Brandt SA，et al. 1992. Light - fraction organic matter in soils from long - term crop rotations［J］. Soil Sci. Soc. Am. J.，56：1799 - 1806.

Janzen HH. 1987. Soil organic matter characteristics after ling - term cropping to various spring wheat rotations

[J]. Can. J. Soil Sci.，67：845－856.

Jenkinson DS，Rayner JH. 1977. The turnover of soil organic matter in some of the Rothamsted classical experiments [J]. Soil Science. 123：298－305.

Jenkinson DS. 1966. The turnover of organic matter in soil. In The Use of Isotopes in Soil Organic Matter Studies [J]. Report FAO/IAEA Technical Meeting，Brunswick，Volkenrode，1963，Pergamon，187－197.

Keith H，Oades JM. 1986. Input of carbon to soil from wheat plant [J]. Soil Biol. Biochem. 9：1－7.

Kuzyakov Y，Domanski G. 2000. Carbon input by plants into the soil [J]. Review. J. Plant Nutr. Soil Sci. 163：421－431.

Lal R. 2004. Soil carbon sequestration to mitigate climate change [J]. Geoderma，123：1－22.

Lefroy RDB. 1993. Changes in soil organic matter with cropping measured by organic carbon fraction and ^{13}C natural isotope abundance [J]. Plant and Soil，155/156：399－402.

Leinweber P，Haumaier L，Zech W. 1997. Sequential extractions and ^{31}P－NMR spectroscopy of phosphorus forms in animal manure，whole soils and particle－size separate from a densely populated livestock area in Northwest Germany [J]. Boil. Ferti. Soils，25：89－94.

Liang AZ，Yang XM，Zhang XP，et al. 2010. Short－term impacts of no tillage on aggregate－associated C in black soil of northeast China [J]. Agricultural Sciences in China，9 (1)：93－100.

Liljeroth E，Veen Van JA，Miller HJ. 1990. Assimilate translation to the rhizosphere of two wheat lines and subsequent utilization by rhizosphere microorganisms at two soil nitrogen concentrations [J]. Soil Biol. Biochem.，22：1015－1021.

Logninow W，Wisniewski W，Strony WM，et al. 1987. Fractionation of organic carbon based on susceptibility to oxidation [J]. Polish Journal of Soil Science，20：47－52.

McDianel PA，Munn LC. 1985. Effect of temperature on organic carbon－texture relationships in Mollisols and Aridisols [J]. Soil Sci. Am. J.，49：1486－1489.

McLaren AD，Peterson GH，Paul EA. 1984. 土壤生物化学 [M] //闽九康，关松荫，王维敏，等译. 北京：农业出版社.

Meijboom FW，Hassink J，Van Ncordwijk M. 1995. Density froationation of soil macroorganic matter using silica suspensions [J]. Soil Biology and Biochemistry，27：1109－1111.

Nichols D. 1984. Relations of organic carbon to soil properties and climate in the Southern Great Plains [J]. Soil Sci. Am. J.，48：1382－1384.

Paul EA，Clark FE (eds). 1989. Soil microbiology and biochemistry [M]. Academic Press Inc. New York. London，1－31，91－130.

Perez－rodriguez JL，Maqueda C. 2002. Interaction of vermiculites with organic compounds [M]. In Yarivs，Cross H (eds). Organo－clay complexes and interactions. New York：Marcel Dekker，Inc.，113－174.

Powers JS，Schlesinger WH. 2002. Relationships among soil carbon distributions and biophysical factors at nested spatial scales in rainforests of northeastern Costa Rica [J]. Geoderma，(109)：165－190.

Pulleman MM，Marinissen JCY. 2004. Physical protection of mineralizable C in aggregates from long－term pasture and arable soil [J]. Geoderma，120：273－282.

Schnitzer M，Kodama H. 1992. Interactions between organic and inorganic components in particle－size fractions separated from four soils [J]. Soil Science Society of American Journal，56：1099－1105.

Seta AK，Karathanasis AD. 1996. Water dispersible colloids and factors influencing their dispersibility from soil aggregates [J]. Geoderma，(74)：255－266.

Six J. Elliott ET，Paustian K. 2000. Soil macroaggregate turnover and microaggregate formation mechanism for C sequestration under no－tillage agriculture [J]. Soil Biol. Biochem.，32：2099－2103.

Summerell BA, Burgess. 1989. Decomposition and chemical composition of cereal straw [J]. Soil Biol Biochem, 21: 551 - 559.

Swinnen J, Veen Van JA, Merckx R. 1995. Carbon fluxes in the rhizosphere of winter wheat and spring barley with conventional vs integrated farming [J]. Soil Biol. Biochem., 27: 811 - 820.

Tiessen H, Stewart JWB. 1983. Particle - size fractions and their rise in studies of soil organic matter: II. Cultivation effects on organic matter composition in size fractions [J]. Soil Science Society of American Journal, 47: 509 - 514.

Tisdall JM, Oades JM. 1982. organic matter and water stable aggregates in soils [J]. Journal of Soil Science, 33: 141 - 161.

Veen Van JA, Ladd JN, Frissel MJ. 1984. Modeling C and N turnover through the microbial biomass in soil [J]. Plant and Soil, 76: 257 - 274.

Wang K, Xing B. 2005. Structural and sorption characteristics of adsorbed humic acid on clayminerals [J]. Journal of Enviromental Quality, 34: 342 - 349.

Wei Chaofu, Shao JA, Ni JP, et al. 2008. Soil aggregation and its relationship with organic carbon of purple soils in the Sichuan Basin, China. Agricultural Sciences in China, 7 (8): 987 - 998.

Wu J. 1990. The turnover of soil organic C in soil [J]. Ph. D thesis, University of Reading, U. K.

Yariv S , Lapides I. 2005. The use of thermo - XRD - analysis in the study of organo - smectite complexes [J]. Journal of Thermal Analysis and Calorimetry, 80: 11 - 26.

Zagal E, Bjarmason S, Olsson U. 1993. Carbon and nitrogen in the root zone of barley supplied with nitrogen fertilizer at two rates [J]. Plant and Soil. 157: 51 - 63.

Zeng ZS, Shen SM, Qiao Q. 1983. Situation and regulation of the agrosystem of the black soil region in China. Soil Science, 135: 54 - 58.

Zhang GL. 2010. Changes of soil labile organic carbon in different land uses in Sanjiang Plain, Heilongjiang Province [J]. Chinese Geographical Science, 20 (21): 139 - 143.

第四章　土壤胶体化学及其与耕地质量的关系

土壤胶体是指土壤中直径在 $1\times10^{-9}\sim1\times10^{-7}$m 的固体颗粒，包括无机（矿质）胶体、有机胶体、有机—无机复合胶体 3 种。其中，无机胶体是土壤矿物质中最活跃的组分，其主体为黏粒矿物。土壤胶体表面带有电荷，比表面大，能与土壤固、液、气相中的离子、质子、电子和分子相互作用，对土壤的物理性质、化学性质和生物与生物化学性质等均具有较深刻的影响。分析和讨论土壤胶体的理化特性与变化过程，对于正确认识土壤形成演化、耕地质量变化、合理利用耕地资源与改良提升耕地质量等，均具有十分重要的意义。

第一节　土壤黏土矿物的组成及其特点

土壤中的黏土矿物主要包括铁、铝、硅等含水氧化物类黏土矿物，以及层状硅酸盐类黏土矿物等，是构成土壤的最重要矿物。黏土矿物的性质与矿物的化学组成和结晶构造关系十分密切，也在很大程度上决定了土壤的理化特性。

一、铁/铝/硅等含水氧化物类黏土矿物

土壤中含水氧化硅的分子式为 $SiO_2\cdot H_2O$，也可写成偏硅酸 H_2SiO_3，$SiO_2\cdot H_2O$ 发生电离时能解离出 H^+ 而使胶体带负电荷。土壤中的含水氧化铁铝一般可用 $Fe_2O_3\cdot nH_2O$、$Al_2O_3\cdot nH_2O$ 等形式表示，也可用 $Fe(OH)_3$、$Al(OH)_3$ 的形式来表示，它们是硅酸盐矿物彻底风化后形成的产物，在风化程度高的土壤中，这些类型的矿物较多。这类矿物属两性胶体，其带电情况主要取决于土壤的酸碱反应，一般在酸性条件下带正电荷，碱性条件下带负电荷。

二、层状硅酸盐类黏土矿物

层状硅酸盐类矿物从外部形态上看是极细微的结晶颗粒，从内部构造上看是由两种基本结构单元——硅氧四面体和铝氧八面体构成，并且都含有结晶水。但不同类型层状硅酸盐矿物的化学成分和水化程度均存在较大差异。

1. 层状硅酸盐矿物的基本结构单元　层状硅酸盐矿物的基本结构单元包括硅氧四面体和铝氧八面体。

硅氧四面体：由 1 个硅离子（Si^{4+}）和 4 个氧离子（O^{2-}）组成。其中 3 个氧离子（O^{2-}）构成 1 个三角形为底，Si^{4+} 位于这个三角形的上方、3 个氧离子（O^{2-}）的中心底凹处，第四个 O^{2-} 位于顶部，恰好把 Si^{2+} 盖在下面，这样的构造体如果将相邻的 3 个 O^{2-} 连接起来，从外表面看就形成了由 4 个面组成的正四面体，且每个面均由 3 个 O^{2-} 组成，而 Si^{4+} 则居于 4 个面的中心，因此，这种结构被称之为硅氧四面体。

铝氧八面体：是由1个铝离子（Al^{3+}）和6个氧离子（或氢氧离子）所组成的，6个O^{2-}排列成上、下两层，每层由3个O^{2-}（或OH^-）构成1个三角形，但上层的O^{2-}和下层的O^{2-}在排列上其位置相互交错，Al^{3+}位于两层O^{2-}形成的三角形间的中心孔穴内。这种结构体如果将相邻的3个O^{2-}连接起来，从外表看就具有8个面，且每个面都由3个O^{2-}组成，而Al^{3+}则位于8个面的中心，因而被称之为铝氧八面体。

2. 层状硅酸盐矿物的单位晶片 从化学式看，硅氧四面体（SiO_4）$^{4-}$和铝氧八面体（AlO_6）$^{9-}$都没有达到电荷平衡状态，因而都不是化合物，在形成硅酸盐矿物之前，硅氧四面体和铝氧八面体需要各自分别聚合，在平面两维方向上无限延伸，并相互连接形成单位晶片，这样构成一个完整的结构体。

一般而言，硅氧四面体可以通过共用底部氧的方式在平面上连接成四面体片（即硅片），其分子式可以用n（SiO_{10}）$^{4-}$来表示。由于硅片顶端的氧仍带有负电荷，因此，所形成的黏土矿物亦呈电负性。

与硅片的连接方式不同，铝氧八面体是通过共用两端的氧，并在平面两维方向上连接成八面体片（即铝片），铝片的分子式可用n（Al_4O_{12}）$^{12-}$来表示。从铝片的分子式及结构可以看出，铝片上下两端的氧均带有剩余负电荷，因此，其所形成的黏土矿物亦呈电负性。

3. 单位晶层 如前所述，硅片n（SiO_{10}）$^{4-}$、铝片n（Al_4O_{12}）$^{12-}$都带有负电荷，因而其结构仍然不稳定，必需重叠化合后才能形成稳定的化合物。在土壤中，硅片和铝片可以通过不同的配合方式，在垂直方向上相互重叠形成单位晶层，并由此构成黏土矿物的主要结构单元。根据形成单位晶层时，硅片和铝片相互间配合比例的不同，黏土矿物的类型可包括2∶1型、1∶1型、2∶1∶1型等，其组合方式与硅片和铝片的结构有关，同时也在很大程度上与环境条件等有关。

1∶1型单位晶层。系由一层硅片和一层铝片组成，即由硅片顶端的活性氧、铝片底层的活性氧通过共用的方式连接在一起。

2∶1型单位晶层。系在两层硅片中夹一层铝片组成，即两层硅片顶端的活性氧都朝向铝片，铝片两端的氧分别与两层硅片顶端的氧通过共用的方式连接在一起。

2∶1∶1型的单位晶层。系在2：1型单位晶层的基础上增加了一个水镁片和水铝片而成。

4. 层状硅酸盐矿物 层状硅酸盐矿物是由单位晶层相互重叠后形成的，根据构成层状硅酸盐矿物单位晶层类型的差异，可以把层状硅酸盐矿物分为以下几个类型：

（1）蒙脱石类矿物 主要包括蒙脱石、蛭石、绿泥石等矿物。该类型矿物具有以下几方面的特点：

①2∶1型晶层结构。该类型矿物的单位晶层由两层硅片夹一层铝片组成，硅片∶铝片=2∶1，其中以蒙脱石最为典型。

②胀缩性大。该类型矿物相邻两个晶层的层面都是Si-O面，晶层与晶层间只能形成很小的分子引力，连接力弱，晶层间胀缩性较大，常随着水分的进入而膨胀，失去水分则收缩。

③电荷数量大。其主要原因是由于该类矿物同晶置换（即组成矿物的中心离子被电性相同、大小相近的离子代替，而晶格构造保持不变的现象）较普遍。蒙脱石的同晶置换主要发生在铝片中，以Mg^{2+}代替Al^{3+}为主，蛭石的同晶置换主要发生在硅片中，以Al^{3+}代替

Si^{4+}为主，由于替换时替代离子的电价不相等，从而使晶体带有电荷，低价阳离子对高价阳离子的替代使晶体带有负电荷。所以，蒙脱石类矿物一般带有大量的负电荷，能吸附保存大量的阳离子，这也使得含蒙脱石类矿物较高的土壤，其保肥性能良好。

④胶体特性突出。一般而言，该类型的黏土矿物颗粒特别细，总表面积大，其可塑性、黏结性、黏着性、吸湿性都很强，因而对耕作不利。

（2）高岭石类矿物 主要包括高岭石、珍珠陶土、迪岩石及埃落石等。该类型黏土矿物主要具有以下几方面的特点：

①1∶1型晶层结构。该类型矿物单位晶层是由一层硅片和一层铝片组成，即硅片：铝片＝1∶1，因此又称1∶1型矿物，其中以高岭石最为典型。

②非膨胀性。该类型矿物中相邻两个晶层的层面，一个是硅片的Si－O面，一个是铝片的Al－OH面，因此，两个晶层之间能形成键能较强的氢键，其连接力较强，晶层间也不易发生膨胀。

③电荷数量少。由于晶层间的连接力较强等原因，该类型矿物的硅片和铝片中没有或极少发生同晶置换现象，因而其电荷的来源主要是晶体表面的断键，或者是晶体表面的OH基在中性或碱性条件下解离，电荷数量少，这也是含1∶1型黏土矿物高的土壤保肥性能差的重要原因。

④胶体特性弱。尽管该类型矿物颗粒的大小在胶体范围内，但颗粒的直径仍比其他类型的硅酸盐黏土矿物要大，而且由于其外形大部分呈片状，致使颗粒的总表面积相对较少，其可塑性、黏结性、黏着性、吸湿性小，所具有的胶体特性也相应较弱。

（3）水云母组矿物 该组矿物包括水云母、伊利石等，又常称之为2∶1型非膨胀性矿物或伊利组矿物，其主要特点如下：

①2∶1型晶层结构。该类型矿物的晶层结构与蒙脱石相类似，同样是由两层硅片夹一层铝片组成，硅片：铝片＝2∶1，其中以伊利石最为典型。

②非膨胀性。由于伊利石的晶层之间吸附有K^{+}，且K^{+}半陷在晶层层面由6个氧离子构成的六角形孔穴中，使其同时受到相邻两个晶层负电荷的吸附，并因此产生很强的键联效果，其连接力强，晶层不易膨胀。

③电荷数量较大。由于在该类型矿物中发生在硅片中的同晶置换现象普遍，其中主要为$Al^{3+} \rightarrow Si^{4+}$，同时铝片中也有少量的$Fe^{3+}$、$Mg^{2+} \rightarrow Al^{3+}$，因此，其电荷数量较大，但因同时部分负电荷被$K^{+}$中和，所以，其总的电荷数量介于高岭石和蒙脱石之间。

④胶体特性。该类型矿物的颗粒大小、总表面积均介于高岭石和蒙脱石之间，因此，其可塑性、黏结性、黏着性、吸湿性也介于高岭石和蒙脱石之间。

第二节 土壤黏粒的表面性质及其对耕地质量的影响

土壤黏粒是构成土壤固相的基本粒子，尽管其大小和形状各异，矿物组成和理化性质差异很大，但其对土壤质量的作用是决定性的。由于土壤中黏粒的表面性质决定了其对养分离子的吸附、解吸等特性，以及土壤对养分的固定与释放能力等，因而对耕地质量状况具有十分重要的作用。

一、土壤黏粒的表面结构特点与电荷特性

根据黏粒矿物表面所处的位置，可将其分为内表面和外表面。外表面指黏土矿物、Fe、Al、Si等氧化物暴露在外的表面。内表面主要是指层状硅酸盐矿物晶层间的表面。一般而言，在外表面上产生的吸附反应速率快，而在内表面产生的吸附反应则是一个十分缓慢的渗入过程。土壤中高岭石、水铝英石和铁铝氧化物等矿物的表面以外表面为主，具有较强的吸附能力，而蒙脱石、蛭石等矿物的表面以内表面为主，吸附能力较低。

根据土壤矿物表面的结构特点，可将其分为硅氧烷型表面和水合氧化物型表面两大类。

1. 硅氧烷型表面及其电荷特性 2∶1型黏土矿物的单位晶层由1个铝氧八面体片夹在两层硅氧四面体片中所组成，其暴露的基面是由氧离子层紧接硅离子层所组成的硅氧烷（Si-O-Si）型表面，以云母的基面为典型代表。蒙脱石、蛭石以及其他2∶1型黏土矿物的基面也都属于此类表面。但是，高岭石和其他1∶1型黏土矿物仅有一半的基面属于硅氧烷型表面。

硅氧烷型表面是非极性的疏水表面，不容易被解离，颗粒边面羟基的效应也很小，其电荷来源除断键外，主要依靠部分Si^{4+}被Al^{3+}的同晶置换而产生，这种电荷不会因土壤pH、阳离子浓度和电解质浓度的变化而改变，称为永久电荷（亦可称为恒电荷或结构电荷）。同晶置换作用是2∶1型黏土矿物负电荷的主要来源，如果其中心离子被低价的阳离子所代替，则黏土矿物带负电荷；反之，如果中心离子被高价的阳离子所代替，则黏土矿物带正电荷。在大多数情况下，黏土矿物的中心离子被低价阳离子所取代，如$Al^{3+}\rightarrow Si^{4+}$、$Mg^{2+}\rightarrow Al^{3+}$，这也是黏土矿物之所以往往带有负电荷的主要原因。

2. 水合氧化物型表面及其电荷特性 水合氧化物型表面是由金属阳离子和氢氧基组成的表面，一般用M-OH来表示，M代表黏粒表面的配位离子或硅离子，如铝醇（Al-OH）、铁醇（Fe-OH）和硅醇（Si-OH）等。一般认为，1∶1型黏土矿物的羟基铝层基面、硅氧烷型基面因断键而产生的硅烷醇、结晶和非结晶水合物以及氢氧化物表面等，均属于水合氧化物型表面。

与硅氧烷型表面不同的是，水合氧化物型表面属于极性的亲水表面，易解离，表面质子的缔合和离解可产生电荷，且产生的电荷数量因土壤的pH和电解质浓度变化而改变，因而称之为可变电荷。土壤中黏土矿物边面和表面断键，1∶1型黏土矿物的Al-OH基面，晶质和非晶质的铁、铝、锰氧化物和氢氧化物，非晶质和铝硅酸盐等表面所带的电荷均属于可变电荷。可变电荷的数量和正负取决于土壤黏粒表面的性质、介质的pH和电解质浓度等。可变电荷实际上是因土壤胶体向土壤中释放离子或吸附离子而产生的。

3. 土壤胶体的表面电荷特性 土壤中游离的铁、铝氧化物是产生正电荷的主要物质（酸性条件下解离可带正电荷），高岭石矿物裸露在外的铝氧八面体在酸性条件下的质子化亦产生正电荷，有机质-NH_2在酸性条件下的质子化也能产生正电荷。同晶置换、含水氧化硅的解离、含水氧化铁铝在碱性条件下的解离、黏土矿物表面-OH在碱性条件下的解离、腐殖质功能团中R-COOH、R-CH_2-OH、-OH等的解离，均可能产生正电荷。由于一般情况下土壤所带的负电荷数量远远大于正电荷的数量，因此，大多数情况下土壤带有净负电荷，只有在少数含铁铝氧化物较高强酸性土壤中才有可能带有净正电荷。

土壤电荷主要集中在胶体部分。土壤颗粒中小于2μm的胶体部分是土壤电荷的主体，有80%以上，甚至有些土壤几乎全部的电荷量均是由土壤胶体部分所引起的。胶体的组成

成分是决定电荷量的基础。一般来说，含有较多蛭石、蒙脱石或有机质的土壤胶体，其电荷量一般较高；而含有较多高岭石、铁铝氧化物的土壤胶体，其电荷量则较低。对于矿质土壤来说，黏土矿物是土壤胶体的主体，其对土壤电荷的贡献大于有机质。此外，土壤胶体各组分间的相互作用也影响土壤的电荷数量，如游离铁、铝氧化物对黏粒矿物表面的包被作用，有机胶体对黏土矿物表面的包被作用，以及土壤对阴阳离子的专性吸附等，均可导致有机—无机复合体的电荷量小于有机部分和无机部分负电荷的加和值，即土壤胶体电荷具有非加和性。

当带电胶体分散于电解质溶液中时，等量的相反电荷的离子在带电表面临近也会相对累积。此时，溶液中带相反电荷的离子受到胶体表面电荷的吸引，更趋向于排列在紧靠胶体表面；而且，由于热运动的作用，这些离子又会向远离胶体表面的方向扩散。当静电引力与热扩散达到相互平衡时，在带电的胶体表面与溶液的界面上形成了一层固相表面电荷和一层溶液中相反电荷离子组成的电荷非均匀分布的空间结构，即所谓的双电层。

土壤胶体粒子的表面带有负电荷，因此，在紧靠胶粒的表面分布着较多的阳离子，随着和胶粒表面距离的增加，阳离子的分布趋于均匀，到本体溶液时，阳离子呈现出均匀分布；而阴离子则正好相反。上述离子的这种分布可用 Boltzmann 方程来表示：

$$C_x = C_0 \exp\ (-ZF\psi_x/RT)$$

式中，C_x 和 C_0 为距离表面 x 处的反号离子浓度和本体溶液中反号离子的浓度（mol/L^{1}）；Z 为反号离子的价位；F 为 Faraday 常数；ψ_x 为距离表层 x 处的电位；R 为气体常数；T 为绝对温度。该方程式同时也意味着，双电层中距表面距离 x 处的反号离子浓度是该处电位 ψ_x 的函数。

在 Gouy（1910）和 Chapman（1913）提出的双电层模型中，扩散层中的电位 ψ 随与表面距离 x 的增加呈指数下降：

$$\psi_x = \psi_0 \exp\ (-kx)$$

式中，ψ_0 为表面电位；k 是与离子浓度、价位、介电常数和温度有关的常数，室温下，$k=3\times10^7\ Z\cdot C_0$；$1/k$ 为扩散双电层的厚度。

可见，室温下，扩散双电层的厚度主要受离子价数 Z 和离子浓度 C_0 的影响。离子价数越高、浓度越大，则 k 值越大，双电层的厚度越小。因此，增加离子的价数，提高离子的浓度，可起到压缩双电层厚度的作用。

二、土壤黏粒的比表面

土壤黏粒的比表面是指单位重量或单位体积土壤黏粒的总表面积，常用 m^2/kg 或 m^2/g 来表示。根据黄昌勇和徐建明（2010）的研究结果，我国主要黏土矿物表面积的范围如表 4-1 所示。

表 4-1　土壤中常见黏土矿物的比表面积（m^2/g）

黏土矿物	内表面积	外表面积	总表面积
蒙脱石	700～750	15～150	700～850
蛭石	400～750	1～50	400～800
水云母	0～5	90～150	90～150

（续）

黏土矿物	内表面积	外表面积	总表面积
高岭石	0	5～40	5～40
埃洛石	0	10～45	10～45
水化埃洛石	400	25～30	400～430
水铝英石	130～400	130～400	260～800

我国几种主要土壤胶体的比表面积大小与其黏土矿物的组成和含量呈现出基本一致的变化规律。如以高岭石和三水铝石为主的砖红壤，其胶体的比表面积仅为 60～80m^2/g，且以外表面为主；以高岭石、1.4nm 过渡矿物和水云母为主的红壤，其胶体的比表面积为 100～105m^2/g，且外表面积大于内表面积；以水云母和蛭石为主的黄棕壤，其胶体的比表面积为 200～300m^2/g，且以内表面为主。但是，由于黏土矿物比表面积测定等多方面的问题，相关方面的研究不多，致使其研究和应用等受到较大的局限。

由于地理位置的不同，我国不同地区土壤中黏粒矿物、氧化物及腐殖质的性状均存在较大差异，这与所处地区的气候、母质等因子的变化是相一致的。如温带地区土壤中含有大量的 2∶1 型黏土矿物，且主要由永久负电荷决定着其表面化学性质，该地区土壤被称之为恒电荷土壤；而热带和亚热带地区大部分土壤的黏粒矿物主要是高岭石，其永久负电荷的量很少，且有较大量的可变正电荷和可变负电荷，该地区的土壤也被称之为可变电荷土壤。

王军和陈世正（1991）测定了四川盆地由紫色砂页岩发育水稻土胶体的比表面积为 297～459m^2/g，其比表面及的大小主要取决于 2∶1 型黏土矿物蒙脱石的含量；有机质对中性紫色水稻土和石灰性紫色水稻土胶体的比表面有一定贡献，对酸性紫色水稻土胶体比表面则有所消耗；氧化铁对中性和石灰性紫色水稻土胶体比表面有所掩盖，但对酸性紫色水稻土胶体比表面有一定的贡献；二价阳离子对比表面的贡献大于一价阳离子。此外，亦发现羟基的释放量与比表面有一定的相关性（表 4－2）。

表 4－2　紫色水稻土胶体的比表面和黏土矿物组成

紫色水稻土胶体	肥力水平	比表面（m^2/g）	$X \pm S$	黏土矿物组成（%）
中性土	低	305	365±76	蒙脱石 25、蛭石 15、1.4nm 过渡矿物 15、伊利石 13、高岭石<15
	高	371		
石灰性土	低	297		蒙脱石 15、蛭石 12、1.4nm 过渡矿物 16、伊利石 22、高岭石<15
	高	304		
酸性土	低	459		蒙脱石 33、蛭石 13、1.4nm 过渡矿物 18、伊利石 4、高岭石<15
	高	454		

实际上，对土壤中不同粒径的颗粒而言，沙粒与粗粉粒由于其直径大、比表面小，相对于黏粒的比表面来说很小，几乎可以忽略不计，所以，土壤的比表面实际上主要取决于黏粒。此外，由于土壤颗粒并非光滑的球体，其表面常凸凹不平，因此，它的比表面比光滑的球体要大得多，且粉粒和黏粒大多呈片状结构，因而其比表面会更大。

第三节　土壤胶体的电动性质及其对耕地质量的影响

一、土壤胶体的动电电位

1. 动电电位的表述　土壤胶体悬液在电场的作用下，其胶粒向电极的一方移动，带反号电荷的离子向电极的另一方移动，由此形成一个固液界面，该界面的电位即为动电电位。它位于本体溶液与同胶粒一起移动的水壳之间的切面或滑动面，因而不等于表面电位，并小于胶体的电化学位。

电泳法是用来测定土壤胶体动电现象的常用方法，通常可以用下面的公式来描述电泳速率（u）与动电电位的关系。

Helmholtz－Smoluchowski 方程：$u=\varepsilon\zeta/(4\pi\eta)$。条件是 $kr>100$，ε 为介质的电容率，η 为液相的黏滞系数，k 为 Deby－Hückel 参数，r 为颗粒的实际半径。该方程对任何性状的固体颗粒都实用，在 kr 值很大情况下适用。

Hückel 公式：$u=\varepsilon\zeta/(6\pi\eta)$。条件是 $kr<0.1$，该式在 kr 值很小情况下较适用。

Herry 公式：$\mu=\dfrac{\varepsilon\xi}{6\pi\eta}\left\{\begin{aligned}&1+\frac{1}{16}(kr)^2-\frac{5}{48}(kr)^3-\frac{1}{96}(kr)^4+\frac{1}{96}(kr)^5\\&-\left[\frac{1}{8}(kr)^4-\frac{1}{96}(kr)6\right]\exp(kr)\int_{\infty}^{kr}\frac{e^{-1}\mathrm{d}t}{t}\end{aligned}\right\}$。该式在任何 kr 值下都适用。

在推导以上公式时，一般应有如下几个假定：①胶粒表面不导电；②双电层中的电导、介电常数和黏滞度与本体溶液相同；③胶体的松弛效应忽略不计；④不考虑动电现象引起的双电层变形。因此，可以看出用上述方法计算出的动电电位实际上均为理论值，仅具有半定量的意义，只在一定条件下具有合理性。

2. 土壤胶体动电电位的影响因素

①电解质浓度。一般而言，双电层的厚度取决于本体溶液中电解质的浓度。李学垣（2001）认为，当电解质的浓度较高时，往往会导致双电层的压缩（表 4－3），并使固—液间界面与液体间的浓度梯度降低，相应地，土壤胶体的动电电位也减小。

表 4－3　电解质浓度和离子价数对扩散双电层的影响

电解质浓度（mol/L）	扩散双电层厚度 $1/k$（cm）	
	一价离子	二价离子
1×10^{-5}	1×10^{-5}	0.5×10^{-5}
1×10^{-3}	1×10^{-6}	0.5×10^{-6}
1×10^{-1}	1×10^{-7}	0.5×10^{-7}

②离子价数。扩散层中反号离子的价数也是影响双电层厚度的重要因素。一般而言，在电解质浓度相同的情况下，一价离子的双电层厚度比二价离子的双电层厚度要大，二价离子的厚度比三价离子的厚度要大。即随着离子价数的增加，双电层的厚度呈变薄的趋势。

③配位吸附。离子的配位吸附也在一定程度上显著地改变着动电电位，甚至可因为对某种离子的配位吸附而使动电电位的符号发生改变。

④胶粒表面的几何形状。胶粒表面的几何形状可在一定程度上影响其局部双电层的结构，因而可能导致动电电位的差异。另外，胶粒的形状和大小也将在一定程度上影响其动电电位，因此，计算球形和圆柱胶粒的动电电位时我们可以用相同的公式，而计算形状不规则胶粒的动电电位时，就需要用另外的公式。

二、土壤胶体的等电点

1. 几种常见的电荷零点 电荷零点是指土壤胶体颗粒表面所带的静电荷为零时，土壤溶液的 pH。通常，电荷零点可以有多种表述方式（表 4 - 4）。

表 4 - 4 几种电荷零点的定义

电荷零点种类	符号	定义方程
电荷零点	PZC	$\sigma_D=0$
净质子电荷零点	PZNPC	$\sigma_H=0$
盐效应电荷零点	PZSE	$(\partial\sigma_H/\partial I)_T=0$
净电荷零点	PZNC	$\sigma_{OS}+\sigma_D=0$

土壤颗粒的电荷零点（PZC）是指土壤可变电荷表面所带电荷为零时体系的 pH。土壤 PZC 多用电位滴定法来测定，测定所得的值受配位吸附的影响较大，当配位吸附的离子为阴离子时，PZC 值降低；当配位吸附的离子为阳离子时，PZC 值上升。

土壤颗粒净质子电荷零点（PZNPC）是指土壤颗粒的净质子电荷为零时体系的 pH，是用电位滴定测定的曲线：$\sigma_H=f\ (q_{H^+}-q_{OH^+})$。

土壤盐效应电荷零点（PZSE）是指离子强度不同的电解质溶液在与 pH 对应的坐标轴上相交处的 pH。在一定的温度下，净质子表面电荷密度不随离子强度的变化而变化，即 $(\partial\sigma_H/\partial I)_T=0$，此时的 pH 称为盐效应电荷零点。在该电荷零点时，电解质溶液的浓度对等电点没有影响。因此，PZSE 可在不同的电解质浓度下，用电位法进行测定。

土壤颗粒的净电荷零点（PZNC）是指土壤颗粒表面吸附的阳离子与吸附的阴离子总量相等时体系的 pH，即土壤颗粒表面的阳离子交换量与阴离子交换量相等时，所测得的体系的 pH，亦可表示为 $\sigma_{OS}+\sigma_D=0$ 时体系的 pH。一般可以用离子交换法来测定土壤的 PZNC 值。

2. 几种电荷零点间的相互关系 从表 4 - 4 几种电荷零点类型的表达式可以看出，定义上述各种电荷零点时，土壤颗粒表面的电荷密度条件是不一样的，因此，用同一土壤测得的上述不同条件下的 pH，其数值可能也会有所差异。

①土壤电荷零点的测定。土壤表面电荷的测定方法可分为离子吸附法和电位滴定法。用两种方法测得的土壤表面正、负电荷量和电荷零点都不尽相同，其差异的大小因土壤的矿物组成、颗粒大小差异等诸多因素而异。迄今为止，还没有通用的定量测定土壤表面电荷的方法。但是，在已有的测定土壤电荷零点的方法中，有以下两点值得注意：一是在土壤胶体颗粒 σ_O 的负电荷量相当大时，它在 PZC 时的 σ_H 值也会相应较大，在这种情况下，土壤溶液的 pH 必须降低到一定程度时才能进行测定，但在如此低 pH 的介质中，土壤矿物会因此发生溶解，所以，以 2∶1 型层状硅酸盐矿物为主的恒电荷土壤，由于其所带的电荷主要来自

同晶置换，σ_O 的绝对值相当大，用现行的方法很难测定出土壤的 PZC 值。二是由于颗粒间的相互作用及不同矿物间的结合等，通过实验测得的土壤 PZC 值，与所测得的组成土壤的各种矿物的 PZC 值之间并不具有线性关系。

②PZC＝PZNPC 的条件是 $\sigma_O+\sigma_{is}+\sigma_{OS}=0$。这个电荷平衡方程可以通过许多方式达到，方式之一是 σ_O 或 σ_{is} 或 σ_{OS} 不受约束的为零，尽管这种特殊情况与土壤中的情形完全不同，但是，在悬浮于 1∶1 型电解质溶液中的一水软铝石、一水硬铝石和水钠锰矿中可近似地达到。但是，在比较针铁矿的 PZC 和 PZNPC 时不能用此平衡方程。

③PZC＝PZNC 的另一条件是 $\sigma_{OS}=0$。如果土壤溶液处于 PZC，则 $\sigma_D=0$，此时，PZNC（$\sigma_{OS}+\sigma_D=0$）同样需要等于零；反之，如果土壤是处于 PZNC，则有 $\sigma_{OS}=-\sigma_D$，也只有在 $\sigma_{OS}=0$ 时土壤才能处在 PZC 状况。要确定 PZC 或 PZNC 时 σ_{OS} 是否等于零，需要将进入表面外圈配合物的土壤吸附的离子形态与完全解离的离子形态相对应。如果土壤颗粒悬浮在阳离子和阴离子仅形成表面外圈配合物的 1∶1 电解质溶液中，那么 PZC 与 PZNC 在分子水平上也会是相等的。

④PZC＝PZSE 还可以在 $(\sigma_{is}+\sigma_{OS})_{I1}=(\sigma_{is}+\sigma_{OS})_{I2}$ 时成立。上式中括号外的 I1 与 I2 为土壤溶液的两个不同离子强度，$(\sigma_{is}+\sigma_{OS})_{I1}=(\sigma_{is}+\sigma_{OS})_{I2}$ 意味着来自每个离子强度下的 $\sigma_O+\sigma_H+\sigma_{is}+\sigma_{OS}+\sigma_D=0$，如果删除掉 σ_O（因为结构永久电荷不受离子强度变化的影响），那么在有表面配合物形成时 PZC 与 PZSE 便相等，但这种情形在土壤中不大可能。所以，最好是假定悬浮于 1∶1 电解质溶液中的土壤颗粒缺乏或者不存在表面内圈配合物，在这种情况下，$(\sigma_{OS})_{I1}=(\sigma_{OS})_{I2}$。这意味着在离子强度变化下，外圈配合物的表面电荷密度将保持不变。这种条件在下述两种情况下可以遇到：离子强度为 I1 或 I2 下，σ_{OS} 为最大值；阳离子和阴离子（如 Na^+ 和 Cl^-）与土壤颗粒的亲和力相同，且他们的吸附与解吸随溶液离子强度的变化也相等。

如果背景电解质含有能形成表面内圈配合物的离子（如 Ca^{2+} 和 SO_4^{2-}），则必须保留 PZC＝PZSE 的一般条件。在任何离子强度下，PZC 时都是 $\sigma_O+\sigma_H+\sigma_{is}+\sigma_{OS}+\sigma_D=0$，需要的条件是 $\sigma_H=-(\sigma_O+\sigma_{is}+\sigma_{OS})$。如果 $\sigma_{is}<0$（阴离子配位吸附），σ_H 值比不发生配位吸附时的 σ_H 值大，因为 σ_H 随质子活度的增加而增大，因而导致 PZC 降低。如果 $\sigma_{is}>0$（阳离子配位吸附），σ_H 值就减小，PZC 升高。

⑤ZNC 与 PZNPC 的关系。当 pH＝PZNPC 时，$\sigma_H=0$，因为不存在表面内圈配合物，就不含 σ_{is}，于是 $\sigma_O+\sigma_H+\sigma_{is}+\sigma_{OS}+\sigma_D=0$ 变为 $\sigma_O+\sigma_{OS}+\sigma_D=0$。另一方面，当 pH＝PZNC 时，$\sigma_O+\sigma_H=0$，如果 PZNPC＞PZNC，则 PZNC 时的 σ_H 大于 PZNPC 时的 σ_H，因为 σ_H 会随 pH 的提高而增大。假设 PZNPC 时的 $\sigma_H=0$，PZNC 的 σ_H 就是正值，此时 σ_O 就为负值；同理，如果 PZNPC＜PZNC，σ_O 就为正值。综上所述，可以得出下面的一般规则：悬浮于 1∶1电解质溶液的土壤在电解质的阳离子和阴离子只形成表面外圈配合物下，（PZNPC－PZNC）差值的符号就与结构表面电荷密度（σ_O）的符号相反；如果 PZNPC＝PZNC，那么 σ_O 必等于零。应当指出：σ_O 的符号与（PZNPC－PZNC）差值符号间的关系，并不取决于 PZC＝PZNC，其唯一的条件是 $\sigma_{is}=0$。

在 PZNPC 下，可将 $\sigma_{OS}+\sigma_D=\dfrac{F(CEC-AEC)}{S}$ 与 $\sigma_O+\sigma_{OS}+\sigma_D=0$ 式结合起来，表示为 $\sigma_O+\dfrac{F(CEC-AEC)}{S}=0$，表明在 PZNPC 下，可将测出的（$CEC-AEC$）之差值用于计算

土壤的表面结构电荷密度，但 σ_O 的符号与（$CEC-AEC$）差值的符号相反。在中度风化的土壤中，层状硅酸盐矿物的高价离子往往被低价离子所取代，其（$CEC-AEC$）的差值为正，故 σ_O 为负值。而在高度风化的土壤中，含水氧化物中的低价离子被高价离子取代，在 PZNPC 下，（$CEC-AEC$）的差值往往为负值，因此，σ_O 为正值。

3. 我国主要土壤与常见黏粒矿物的 PZC 土壤胶体颗粒的 PZC 与支持电解质离子的正负电荷及其性质密切相关，根据熊毅等（1990）和李学垣（2001）的归纳，当土壤的有机质含量较高时，一般会使其 PZC 下降；由于有永久电荷出现或氧化物表面被包蔽等方面的原因，氧化硅与氧化铝或氧化硅与氧化铁共沉淀时的 PZC 值均比将其各自分别机械混合时的 PZC 值要低。上述结果均说明，人工合成的与自然形成的同一氧化物，其 PZC 值的大小可能会不一样（表 4-5）。

表 4-5 部分氧化物的 PZC 值

名 称	来源	平均值±标准差	名 称	来源	平均值±标准差
非晶型氧化铁	人工	8.4±0.2	非晶型氧化铝	人工	8.0～9.4
纤铁矿	自然	7.4±0.2	三水铝石	自然	5.0±0.3
	人工	6.5±1.3		人工	8.5±0.9
针铁矿	自然	3.2	一水软铝石	人工	7.7，7.2
	人工	8.2±0.6	刚玉	人工	9.3±0.2
磁铁矿	自然	6.5±0.2	石英	自然	2.2
	人工	6.7		人工	2.0±0.2
赤铁矿	自然	6.3±0.2	氧化硅凝胶	人工	1.8，3.0，3.5
	人工	8.9±0.6	二氧化锰	人工	2.0±0.5

土壤的电荷零点 pH_0 的大小，与土壤矿物的组成及各种成分所占的比重直接相关。如根据李学垣（2001）的整理结果（表 4-6），一般氧化铁、铝含量高的土壤，其 pH_0 偏大，2∶1 型层状硅酸盐矿物或有机质含量高的土壤，其 pH_0 则较小。如我国低纬度地区土壤与中纬度地区土壤相比较，其 pH_0 明显较小。即使是同为中纬度带的土壤，低海拔土壤的 pH_0 大于高海拔土壤，如贺纪正等（1992）对天宝山不同海拔土壤的 pH_0 与铁、铝氧化物含量的相关分析结果，pH_0 与土壤游离氧化铁含量的相关性不显著，而与非晶型铁、铝含量则显著相关（表 4-7）。

表 4-6 我国几种地带性土壤的 PZC 值

土 壤	母岩与地点	主要黏土矿物	游离铁（%）	pH_0
铁质砖红壤	玄武岩，昆明	高岭石，三水铝石	21.16	6.05
铁质红壤	石灰岩，昆明	高岭石，蛭石	15.44	3.6
赤红壤	砂页岩，景洪	高岭石，水云母	6.58	2.95
砖红壤	安山岩，海南兴隆	高岭石，三水铝石		3.8
赤红壤	花岗岩，广东惠阳	高岭石，三水铝石，水云母		3.9
红壤	Q2，湖南，郴县	高岭石，水云母，1.4nm 过渡矿物	3.5	56.8
红壤	Q2，江西，进贤	高岭石，水云母	4.52	3.2
红壤	砂页岩，武汉	高岭石，水云母，蛭石	11.07	3.57
黄棕壤	Q3，武汉	水云母，蛭石，高岭石	3.89	3.06

表 4-7　天宝山不同海拔土壤的 pH_0 与黏粒矿物组成

海拔高度（m）	土壤	pH_0	非晶型氧化（g/kg）		主要黏土矿物
			Fe^a	Al^b	
80	黄棕壤	2.23	0.4	0.6	高岭石[55]，水云母[25]，1.4nm 矿物[20c]
270	黄棕壤	2.28	0.5	1.4	高岭石[60]，水云母[20]，1.4nm 矿物[30]
700	黄棕壤	3.13	0.9	2.5	1.4nm 矿物[55]，高岭石[20]，水云母[20]
1 000	暗黄棕壤	3.85	3.5	4.5	1.4nm 矿物[65]，高岭石[15]，水云母，三水铝石
1 320	暗黄棕壤	3.89	2.7	4.4	1.4nm 矿物[60]，云母[15]，高岭石[10]，三水铝石
1 590	暗黄棕壤	3.93	3.3	5.3	1.4nm 矿物[80]，水云母[10]，少量高岭石，三水铝石
1 900	山地棕壤	3.97	6.6	8.3	1.4nm 矿物，少量水云母
2 000	山地棕壤	3.70	7.4	8.8	

a. 与 pH_0 的相关系数为 0.725，样品数为 7；b. 与 pH_0 的相关系数为 0.804，样品数为 7；c. 上角数字为约略百分数。

第四节　土壤胶体物质的团聚作用及其对耕地质量的影响

土壤胶体物质由于本身带有电荷，依靠其相互间的作用，可以使土粒（单粒或复粒）相互排列和团聚，从而形成具有一定形状和大小的土块（或土团），这也是土壤结构形成的基础。所形成的土块或土团具有不同程度的稳定性，能不同程度地抵抗机械破坏或在遇水时不至于立刻分散。同时，土块或土团的大小和结构也在很大程度上与土壤的保水保肥性能、土壤孔隙及通气性等诸多肥力要素密切相关。因此，土壤中胶体物质的团聚作用在很大程度上是耕地质量高低的重要决定因素。

一、土壤黏粒间的相互作用

土壤黏粒的粒径很小，具有很大的内、外表面积，因而也具有很强的吸附能力。黏粒间的相互作用力主要有范德华力、库仑力、水膜的表面张力等物理引力，也有氢键作用，此外，往往还有化学键的参与。

范德华力是指分子与分子间的相互作用力，包括取向力、即极性分子的永久偶极矩相互间的静电作用力，只为极性分子所具有，其大小和方向与偶极矩的取向有关；诱导力是指感应偶极矩的相互作用力，在极性分子与极性分子、极性分子与非极性分子之间均可存在，但非极性分子相互间没有这种作用力；色散力是指瞬时偶极矩的相互作用力，存在一切分子与原子之间。上述 3 种相互作用力中，一般以色散力所占的比例最大，因此，范德华力的大小主要取决于色散力，而色散力的大小则与极化率的平方呈正比。虽然范德华力是一种引力，但它的作用范围一般不到 1nm，只有土粒十分靠近时才能发挥作用。

氢原子可以同时与两个负电性强而半径小的原子（O、F、N 等）相结合，形成氢键，氢键可在分子与分子间，或分子内的默许官能团之间形成。

土壤黏粒表面一般带有电荷，带反电荷的土壤黏粒之间存在近电引力，即库仑力。通常，土壤胶粒表面带有负电荷，因而在其周围吸附着阳离子，形成双电层。双电层的动电电位（ψ）造成胶粒的静电斥力，使之不能相互靠近。通过各种途径降低土壤胶体的动电电位，可以使土粒发生凝聚。负电胶粒可通过阳离子“桥”而连接起来。

干燥的土壤可借助范德华力吸附水汽，并在土粒表面形成水膜。范德华力的作用范围很小，因此，土粒表面对水分子的引力一般只能达到几个水分子的厚度。但是，通过水分子与水分子之间的范德华力、氢键、库仑力的作用，可使土粒表面的水膜逐渐加厚，在土粒与土粒的接触点上，水膜融合而形成凹形曲面，并可借助水膜表面张力的作用，使临近的两个土粒互相靠拢。

铁铝氧化物对土壤理化性质的影响主要是表面作用，且其影响程度与土粒的表面积密切相关。非晶质的铁铝氧化物可以吸附阴离子如磷酸根离子、砷酸根离子等，使这些离子被固定而失去其有效性。层状硅酸盐黏土矿物因其构造特点和性质不同而具有不同的表面和电荷特性，在两者的共同作用下，深刻地影响着土壤黏粒间的胶结作用。

二、黏粒—水分散体系的稳定性及其影响要素

土壤胶体有两种不同的状态：一种是土壤胶体微粒均匀地分散在水中，呈高度分散的溶胶；另一种是胶体微粒彼此凝集在一起，呈絮状的凝胶。

土壤胶体颗粒受某些因素的影响在溶液中下沉，使其由溶胶变成凝胶的过程称之为土壤胶体的凝集作用；反之，由凝胶分散成溶胶的过程称之为胶体的分散作用。土壤胶体是凝集还是分散，主要取决于其动电电位。通常，土壤胶体是带有负电荷的，土壤胶体之间带有负的动电电位，导致其相互间排斥，这种负动电电位越高，其排斥力就越强，越能成为稳定的溶胶；但当这种负动电电位降低到土壤胶体之间分子引力大于静电排斥力时，胶体就会相互凝集形成凝胶。比如，向溶液中加入多价离子，可能会降低负动电电位而促使胶体凝集，其凝集力大小是 $Fe^{3+}>Al^{3+}>Ca^{2+}>Mg^{2+}>H^{+}>NH_4^{+}>K^{+}>Na^{+}$。

胡俊栋等（2009）对北方土壤的研究显示，当胶体悬液中的离子强度逐渐增大至 0.01mol/L 时，悬液中的胶体浓度会迅速降低。但此后，虽然离子强度继续增大，悬液中土壤胶体的浓度则会维持在较稳定的状态。产生这种现象的原因是在离子强度快速增加的过程中，胶体的表面双电层厚度被压缩而变薄，胶体颗粒间的静电排斥力减小，从而使得胶体间相互吸引集聚的机会增大。而当离子强度继续增加时，胶体双电层厚度已被压缩至最小，此时胶体颗粒间的吸引力不再增大，因此悬液中胶粒含量呈稳定状态。

土壤胶体的凝聚不仅受离子强度的影响，也在很大程度上受土壤 pH 的影响。一般而言，土壤溶液 pH 的增加及离子强度的减小，对土壤胶体的稳定和释放具有促进作用。当悬液的 $pH>5$ 时，悬液中土壤胶体的浓度变化不大，呈较稳定状态。而当 $pH<5$ 时，悬液中胶体的浓度迅速下降。这是由于随着 pH 降低，土壤胶体净表面势能降低，从而导致了颗粒絮凝作用增强。而且，随着静置时间延长，悬液中胶体的稳定性愈差，这可能是由于胶体颗粒间相互碰撞接触的概率随着时间的延长而加大，土壤胶体颗粒因此产生吸附集聚的可能性也增大。

胶体态悬液的稳定性是受胶体表面双电层结构中扩散层厚度、胶体颗粒零点电位值（PZC）所影响的。双电层（double - layer）结构包括了稳定层（sternlayer）和扩散层。当

两胶体颗粒在扩散层相遇时，它们因为表面静电斥力而相互排斥，使得彼此能够分离，从而保持稳定的悬液状态。但如果溶液的离子强度增加，扩散层被压缩，两胶体颗粒表面得以更近距离接触时，若颗粒表面间的距离持续减小，以至于静电排斥力已经无法抵挡范德华吸引力时，两胶体颗粒便可能相互吸附并结合，悬浊液会因此不稳定，并导致絮凝现象的出现。同时，若悬液中反电荷离子存在，它们在胶体颗粒间起到桥梁作用，从而加速了胶体的絮凝。因此，胶体悬液的稳定性是与系统中离子强度密切相关的。PZC 值是使得土壤颗粒表面带电荷量为零时的 pH，处于 PZC 点的胶体颗粒之间是没有静电排斥力的，此时，胶体可以最大程度上相互结合集聚，产生絮凝。而当 pH 处于非 PZC 时，胶体颗粒间由于具有同性净电荷，导致其相互间排斥，从而保持了胶体悬液的稳定性，阻止絮凝发生。因此，胶体悬液的稳定性与系统 pH 密切相关。

土壤介质对胶体的持有和吸附能力与胶体颗粒的粒径等密切相关，一般而言，大粒径胶体颗粒比小粒径颗粒更容易向土壤介质表面分配沉积。这主要是因为颗粒大小能够有效影响胶体颗粒与介质表面间的反应能。当土壤胶体处于凝胶状态时，有利于土壤水稳性团聚体的形成，对改善土壤结构具有较好效果。因此，向土壤中添加石灰能促进胶体凝集，有利于水稳性团聚体的形成，也使土壤结构得到有效改良。但是，当土壤胶体处在溶胶状态时，会使土壤的黏结性、黏着性、可塑性等增加，降低其宜耕性，会使土壤耕作困难，作物的生长也将受到一定影响，不利于土壤肥力的发挥。

三、土壤的团聚作用及其影响因素

1. 团粒的形成过程

（1）黏结团聚过程　土壤团粒的多级团聚过程包括各种化学作用和物理化学的作用，如胶体凝聚作用、黏结和胶结作用以及有机—矿质胶体的复合作用等，并伴有生物（植物根系、微生物和一些小动物）的参与。胶粒相互凝聚形成凝聚体，单粒、微凝聚体又可通过各种黏结作用形成复粒、不同粒级微团聚体（微团粒）以及团聚体（团粒）。该过程包括无机物质的化学黏结作用、黏粒本身的黏结作用以及有机物质（腐殖质、根系分泌物、菌丝等）的黏结作用等。

①凝聚作用。凝聚作用是指土壤胶体相互凝聚在一起的过程。土壤胶粒通常带有负电荷，因而会相互排斥。但是，如果在胶体溶液中加入多价阳离子如 Ca^{2+}、Fe^{3+} 等，或降低溶液的 pH，就可使胶体表面的电位势降低。当各个土粒之间的分子引力超过相互排斥的静电力时，土壤胶体颗粒就会相互靠拢而凝聚。在酸性土壤中，黏粒矿物晶粒带负电荷的面与带正电荷的边之间的静电引力是重要的凝聚机制。三价阳离子也在黏粒与黏粒的凝聚中起着重要的作用。凝聚作用使黏粒集合成微凝聚体，这种凝聚体的化学稳定性一般较低，如果阳离子的种类发生改变，如以一价阳离子（Na^+、NH_4^+ 等）代替多价阳离子，凝聚体就可能重新分散。从这种角度看，微凝聚体还不能看作是复粒。

②无机物质的黏结作用。土壤中常见的无机物质如碳酸钙（$CaCO_3$）、硫酸钙（$CaSO_4 \cdot 2H_2O$）以及无定形硅酸（H_2SiO_3）、氧化铁（$Fe_2O_3 \cdot nH_2O$）、氧化铝（$Al_2O_3 \cdot nH_2O$）等，还有黏粒本身，在湿润时可起黏结作用，将土粒或凝聚体黏结在一起，当其干燥脱水后就成为土块。心土和底土中的大块状结构或棱柱状结构，都是通过无机物质黏结起来的。这种结构体的水稳性较差，在水中容易分散，只有氧化铁和氧化铝胶体在脱水后不可逆或可逆缓慢，

形成较牢固的结构体。在红壤中氧化铁对形成结构体的作用是非常明显的。我国南方各省（自治区）低丘红壤地区，在水流冲击下可发现有“假沙粒”聚积，这就是由氧化铁胶结成的紧实而具有水稳性和力稳性的结构体。这种结构体的大小、形状和粗糙程度与沙粒相似，实际上是由黏粒胶结成的核状结构的微结构体。

③有机物质的胶结及复合作用。有机物质是土壤中重要的胶结物质，各种有机物如木质素、蛋白质和真菌、丝状菌丝等都具有胶结作用，在土壤结构形成上较重要的是新施入土壤中的有机物质，它们在分解时产生的多糖类、脂肪、蜡等，都具有胶结作用，尤其多糖类是重要的土壤胶结剂。因此，土壤在施用新鲜有机肥后结构体的数量可在一定程度上增加。但是，随着时间的延长，这些有机物质被微生物分解后所形成的结构体又可能会遭到破坏。

土壤腐殖质不但是重要的有机胶体剂，而且还可通过多价阳离子（如 Ca^{2+}、Fe^{3+}、Al^{3+} 等）与矿质土粒形成有机—矿质复合体。有机—矿质复合体的形成机制有许多种，其中一种就是通过阳离子桥的连接。

多糖类是一种线性的、挠曲的高分子聚合体，在其链上有大量的—OH 基，它们可与黏粒矿物晶面上的氧原子形成氢键，从而使团粒团聚起来。同腐殖质比较，多糖类虽较容易被微生物分解，但处于复合体内部的多糖一般较难被分解。在有机物质参与下形成的团粒，因黏粒表面吸附的水分子被高分子有机化合物所取代，且有机化合物的亲水功能基与黏粒矿物的活性点相结合，黏粒表面被疏水的烃链覆盖，从根本上改变了黏粒的水合性和胀缩性，使生成的团粒既具有力稳性，又具有水稳性。

④有机—矿质复合体。根据阿·弗·丘林的研究，上述方式形成的有机—矿质复合体因为阳离子桥的差异，可分为 G_1 组（中性盐分散）和 G_2 组（稀碱液加研磨分散），分别是松、紧结合的两种水稳性复粒。20 世纪 60 年代，我国研究者从 G_1 组中又分出 G_0 组（水分散）；90 年代进而把有机—矿质复合体分为铁—铝键结合和钙键结合两大类，红壤的复合体中以前者为主，后者则很少。

通过有机—矿质复合形成的复合体稳定性相对较高，因为腐殖质是较难分解的，在土壤中保持时间较长，在此基础上形成的结构体具有较好的水稳性。用有机的人工结合剂（理化性质与腐殖质相似而分子量更大）形成的结构体，其稳定性比由腐殖质形成的天然结构体（团粒）具有更强的稳定性。有研究者主张把土壤水稳性团粒分为临时性的（季节性稳定）和长期性的（多年稳定）两种，前者由微生物的活细胞胶结而成，后者则由腐殖质等稳定态有机物质结合而成。

⑤蚯蚓和其他小动物的作用。土居小动物如蚯蚓、蚁类和一些昆虫的活动，也可在一定程度上促进土壤团粒结构的形成，其中特别是蚯蚓的作用较大，它的排泄物本身就是含有丰富有机质和养分的团粒。

（2）切割造型过程

①根系的切割作用。植物根系把土体切割成小团，在根系生长过程中可对土团产生压力，把土团压紧。因此，在根系发达的表层土壤中容易形成较好的团粒结构。

②干湿交替过程。湿润土壤在干燥过程中由于胶体失水而收缩，使土壤出现裂缝并破碎，从而产生各种结构体。在缺少根系的底层土壤中，由于干湿交替产生裂隙，可促进形成垂直的棱柱状结构。

③冷融交替过程。当土壤温度较低使孔隙中的水结冰时，由于体积增大，会对土体产生

压力并使其崩碎，这有助于团粒的形成。因此，秋冬季翻起的土垡，经过冬季的冻融交替后，土壤结构会得到相应的改善。

④耕作。合理的耕作和施肥（有机肥）可以促进土壤中团粒结构的形成。通过耕耙可将大土块碎成小块状或粒状，而中耕松土则可把板结的土壤变成细碎疏松，有利于形成团粒结构。但是，不合理的耕作反而会破坏土壤的团粒结构。

（3）影响结构形成的主要因素　土壤结构的形成必须具有必要的胶结物质和成型的外力推动作用，只有在相关条件合适的前提下，土壤中才可能形成良好的结构。

①土壤结构形成的胶结物质及其作用。土壤结构形成的胶结物质主要包括有机胶体与无机胶体。一般而言，有机胶体主要是土壤腐殖质、土壤微生物的菌丝体和黏液等；无机胶体主要包括黏粒、铁铝氢氧化物、硅酸凝胶等。此外，石灰质等化合物也是形成土壤结构的胶结物质。

土壤中的无机胶体通常带负电荷，当它遇到带正电荷的二、三价阳离子（Ca^{2+}、Mg^{2+}、Fe^{3+}、Al^{3+}等）时，则会发生胶体的凝聚，形成初生微团粒；带正电荷的胶粒如铁、铝的胶体化合物与带负电荷的二氧化硅、腐殖质等胶体化合物，也可以相互凝聚而形成微团粒。初生的微团粒间又可互相吸引，形成二级、三级以及更多级的微团粒，并进一步结合成中团粒和大团粒，即团粒结构。

土壤中有机胶结物质的种类虽然很多，但其中最重要的是具胶结作用的腐殖质。腐殖质中胡敏酸的缩合和聚合程度均较高，分子量大，可与Ca^{2+}结合生成不可逆的凝胶；胡敏酸在带相反电荷有机胶体作用，或在冰冻影响下，也可能会发生不可逆凝聚，因此，它是形成水稳性团粒结构的重要胶结剂。关于腐殖质胶结作用的机制目前有许多解释，前苏联土壤学家丘林（И. В. Тюлин）认为，有机和无机胶体结合的方式一种是通过钙离子键桥直接联结起来，但这种联结不很牢固，可用氯化钠将其拆开；另一种是通过黏粒表面上的铁、铝氧化物分子或离子作为吸附有机胶体的"焊接剂"把两者联结起来，这种联结比较牢固，只有用稀碱液处理或研磨才能分散。由于胡敏酸的解离度较小，其羧基端带有阳电性，表面带阴电荷的黏粒能使胡敏酸带阳电性一端定向排列成胶膜，经过脱水亦可将黏粒胶结成稳定的团粒结构。

②土壤结构成型的外力作用。土壤结构的形成，除依靠胶结物质的作用外，还离不开外力的推动，主要的外力推动作用有下列几种：

一是植物根系。植物根系在生长过程中对土体进行分割和挤压作用，促使土体形成破碎的结构体，草本植物的根系以须根为多，其穿插挤压、粉碎土体的作用更为显著，根系分泌物及其死亡后分解形成的腐殖质，又能胶结土粒形成团粒结构。此外，土壤中蚯蚓、鼠类等动物的活动，也会破碎土体形成土壤结构体，而且蚯蚓的排泄物也是一种团粒结构。二是干湿交替。土壤潮湿膨胀时会对土体产生挤压力，变干时收缩使土体沿黏结力弱的部位裂开，这种干湿交替反复进行可使土体破碎成许多大小不等的结构单元。三是冻融交替。土壤孔隙内的水分因结冰体积增大，对周围的土壤产生压力使其崩裂，当冰融化时压力减小，土壤就会沿裂痕散碎，这种冻融交替可使土壤酥散成许多大小不等的结构体。四是耕作。适宜的耕作如翻耕、犁耙、碎土、平地等，均有利于土壤结构的形成。

在自然界中，土壤结构的形成是普遍的，但同时也存在破坏消失的过程，这两个过程是相互交错、相互关联的，旧的结构不断破坏并形成新的结构，才有利于土壤肥力的发生发展。实际上，在一定条件如雨水冲击、微生物对腐殖质的分解，以及农具、牲畜对土壤的压力等作用下，土壤中的团粒结构会破坏以致消失，并同时在新的条件下形成相应的团粒结构。

2. 团粒形成的微观机制 经过多级团聚而具有多级孔隙特征的团粒，是从有机—矿质复合体的基础上开始的。但关于复合体（或复粒、黏团）的形成机制，目前尽管有多种假说，却一直没有定论，究其原因，主要是团粒形成过程包括多种因素和多种机制的综合作用，且在不同条件下起主导作用的因素或机制可能会完全不同，其所形成的团粒在结构、功能等方面也有较大差别。此处介绍两种常见的假说。

（1）黏团说 黏团是由黏粒定向排列和静电引力形成的一种直径小于 5μm 的土体，是片状黏粒相互缔合而成的，片状黏粒之间的缔合有“面—面”（FF）、“面—边”（FE）和“边—边”（EE）等方式。黏团是形成微团粒和团粒的基本单元，其稳定性对团粒的稳定性和土壤孔隙等具有重要意义。

（2）等电凝聚说 黏粒矿物颗粒以带负电荷为主，但有局部的正电荷点（如高岭石颗粒的断键处等），腐殖质和氧化铁、铝等可变电荷胶体虽然带有负电荷，但在低 pH（等电点以下）时呈正电性（如根系分泌物的微域内），因此，在土壤的不同微域内可出现正、负电荷点，从而使其互相凝聚。如初级微凝聚体正、负电荷不完全达到平衡，则尚带剩余正、负电荷的微凝聚体又可进一步聚合（团聚），如此多次反复，最终形成了多级微团粒。在较小的微团粒形成中，等电凝聚机制可能起到很重要的作用。

3. 土壤团聚作用对耕地质量的影响 土壤结构本身并不等同于土壤肥力，但土壤肥力的高低往往在一定程度上与土壤结构有关。一般而言，具有良好结构的土壤，其中一部分土粒紧密排列成团，水稳性较强，遇水不容易分散，且团粒间存在适当比例的大小孔隙，这种结构能很好地体现土壤的水、肥、气、热状况。

在具有良好团粒结构的土壤中，团粒内部充满着毛管孔隙，而团粒之间则存在孔径较大的非毛管孔隙，当降雨或灌溉时，水分经过非毛管孔隙很容易地渗入土体，然后被毛管吸力吸入团粒内部，使其保存而不致流失；当水量过多时，多余的水分可以随着非毛管孔隙渗入下层土壤，从而使表层土壤保持一定的通气性。在晴、旱季节，土壤中水分依靠团粒间的毛管向上移动、蒸发，从而减少水分的蒸发量。在这种土壤由于具有良好的团粒结构，水气间相互协调，相应地也使热量也得到了较好的调节。

在团粒结构土壤中，水、气、热相互协调的同时，对土壤养分的调节释放亦具有很大的影响。由于团粒结构的表面通气性较强，好气微生物的活动相对较旺盛，土壤中的有机物易于分解，使其中的养分不断释放出来供植物吸收利用，从而能更好地发挥出土壤的生产力；相反，如果团粒内部水分多空气少，通气性较差时，嫌气微生物的活动相对旺盛，有机物的腐殖化过程较强，其腐殖化过程中释放的养分较少，并同时可能产生一些还原性物质，影响作物的生长，但该过程同时也有利于土壤中养分的贮存，对提高土壤的保肥供肥性能具有较好的作用。因此，如何保持土壤良好的团粒结构，促进土壤中水、肥、气、热的协调，使土壤能够稳、匀、足、适地供应作物生长所必需的养分和水分等，是耕地质量培育的关键，也是耕地地力提升的必然要求。此外，由于土壤团粒结构中团粒之间的接触点小，黏结性相对较弱，因此土壤的耕作性能也较好。因此，在多数情况下，团粒结构被认为是土壤肥力高的一种重要表征。

创造良好的土壤结构，是农业生产的重要增产措施之一。改善土壤结构的途径和措施很多，在农业生产实际中，通常采取的措施包括增施有机肥以提高土壤有机质含量；合理施用化肥以促进土壤养分和元素平衡；合理耕作和轮作、间作、套种以促进土壤结构的形成，使其朝有利于促进土壤中水、肥、气、热相互协调的方向发展；施用土壤结构改良剂，改良土壤结构，促进团聚体形成，以达到土壤水肥气热相互平衡协调发展的目的。

第五节　土壤胶体的离子交换及其对耕地质量的影响

被土壤胶体吸附的离子，在一定条件下可以被带相同电荷的离子所交换而释放到溶液中。由于土壤胶体一般带有负电荷，因此，土壤中的离子交换一般表现为阳离子交换，但在一些带正电荷的土壤胶体表面，也可以发生阴离子交换的现象。当然，土壤胶体对阴离子的吸附一般认为主要是负吸附或专性吸附。无论是阳离子交换还是阴离子交换作用，其对土壤中养分的保持、固定及其有效性，对相关离子的环境行为等，均具有十分重要的意义，因而也在耕地质量中发挥着十分重要的作用。

一、土壤阳离子交换容量与交换反应模式

土壤中被胶体通过静电方式吸附的阳离子，一般都可以被溶液中另外的阳离子交换而从胶体表面解吸出来。这种能相互交换的阳离子我们称之为交换性阳离子，而把发生在土壤胶体表面的交换反应称之为阳离子交换作用。阳离子交换作用有以下 3 个特点：其一是一种可逆反应，其二是遵循等价离子交换的原则，其三是符合质量作用定律。土壤中常见阳离子的交换能力顺序为：Fe^{3+}、Al^{3+}＞H^{+}＞Ca^{2+}＞Mg^{2+}＞K^{+}＞Na^{+}。

1. 阳离子交换量与盐基饱和度　阳离子交换量（CEC）是指土壤所能吸附和交换的阳离子的容量，用每千克土壤所能吸附和交换的一价离子的厘摩尔数表示，即 cmol（＋）/kg 土。土壤阳离子交换量是土壤的一个很重要的化学性质，它直接反映的是土壤的保肥、供肥性能和缓冲能力。一般认为，阳离子交换量＞20cmol（＋）/kg 的土壤保肥力较强；20～10cmol（＋）/kg 为保肥力中等；＜10cmol（＋）/kg 为保肥力弱。

不同土壤的阳离子交换量具有较大的差异。其主要影响因素：一是胶体的类型。黄昌勇和徐建明（2010）认为，含腐殖质和 2∶1 型黏土矿物较多的土壤，其阳离子交换量大；含高岭石和氧化物较多的土壤，其阳离子交换量小（表 4－8）。二是土壤质地。土壤中黏粒的含量愈高，即土壤质地愈黏稠，土壤的负电荷量就愈多，阳离子交换量也越高。三是土壤 pH。一般情况下，随着 pH 升高，土壤中的可变负电荷增加，相应的阳离子交换量增大。可见，在测定土壤阳离子交换量时，控制 pH 是很重要的。

表 4－8　不同类型土壤胶体的阳离子交换量

土壤胶体	CEC［cmol（＋）/kg］
腐殖质	200
蛭石	100～150
蒙脱石	70～95

（续）

土壤胶体	CEC［cmol（+）/kg］
伊利石	10～40
高岭石	3～15
倍半氧化物	2～4

土壤胶体吸附的交换性阳离子可分为两种类型：一是致酸性离子，如 H^+、Al^{3+} 离子等；二是盐基离子，如 K^+、Na^+、Ca^{2+}、Mg^{2+} 等。土壤盐基饱和度反映了土壤中致酸离子的含量，即土壤 pH 的高低。同时，盐基饱和度也常常用作判断土壤肥力高低的重要指标，盐基饱和度≥80%的土壤一般认为是肥沃土壤，盐基饱和度在 50%～80%的为中等肥力土壤，盐基饱和度<50%的土壤则为低肥力土壤。我国土壤的盐基饱和度大致以北纬 33°为界，其北的土壤盐基饱和度较高，一般达 80%甚至 100%；其南的土壤盐基饱和度较低，一般在 20%～30%，甚至低于 10%。盐基饱和度高的土壤，交换性阳离子以 Ca^{2+} 为主，其次是 Mg^{2+}；盐基饱和度低的土壤，交换性阳离子以 H^+ 和 Al^{3+} 为主。

①胶体的种类。不同类型的胶体，其交换量也不相同。黏土矿物的交换量一般为蒙脱石>水化云母>高岭土；含水氧化铁、铝的交换量极微；有机胶体的交换量可高达 150～700cmol(+)/kg 土。因此，有机质含量高的土壤，其交换量一般远高于黏土矿物。

②溶液的 pH。这是影响胶体负电荷的重要因素，一般而言，随着 pH 的升高，土壤负电荷的数量随之增大，交换量也增大。所以，由不同类型母质发育的土壤，在其 pH 发生改变时，阳离子交换量也可能出现相应的变化。

土壤胶体表面吸收的离子与溶液介质中电荷符号相同的离子相交换，称为土壤的离子吸收或离子交换作用。根据土壤胶体吸收或交换离子的不同，可分为阳离子吸收与交换作用，或阴离子吸收与交换作用。简称为土壤的离子交换（ion - exchangeofsoil），其中主要是阳离子的交换。

2. 阳离子反应的 Eisenman 能量模型及其意义 Eisenman 认为，吸附剂对阳离子吸附的选择性取决于离子与水的反应自由能和离子与吸附剂的吸附点位之间反应自由能之差，因此，吸附点位的有效电场强度和离子的水合能是影响离子吸附选择性的主要因素。离子水合能在一般情况下起主要作用，但在吸附点位附近电场强度很大时，其与离子的作用力大于离子的水合能，可使离子部分或完全脱水，于是决定离子与胶体表面吸附强度的就不是离子水合半径而是离子的半径。

吸附阳离子（A^+）同表面电荷点位的静电吸附能（E_{att}）与 A^+ 的半径（r_A）和该点位有效半径（r_S）之和成反比：

$$E_{att} \propto \frac{e^2}{r_S + r_A}$$

式中：e 为电子的电荷。

交换性阳离子直接接触表面电荷点位，这些阳离子离开表面推开水分子时需要消耗能量。水分子是由阳离子点位水化和离子的水化保持的，消耗的能量应与阳离子水化能（E_A）、点位水化能（E_S）成比例。所以，将 A^+ 从溶液迁至与表面接触需要的总能量为：

$$E_{att} \propto \left(-\frac{e^2}{r_S+r_A}+E_S+E_A\right)$$

A^+离子的吸附伴随着B^+离子的解吸，两者交换中的能量变化为：

$$\Delta E_{t_0,t} \propto \left[\left(\frac{e^2}{r_S+r_B}-\frac{e^2}{r_S+r_A}\right)-(E_B-E_A)\right]$$

式中：E_B为B^+离子的水化能，r_B为B^+离子的半径。

如胶体表面的电荷来自层状硅酸盐矿物（如蒙皂石类等）八面体的同晶置换，它与交换性阳离子的距离较大，静电引力小，取决于A^+、B^+离子水化能之差。

如果结构电荷靠近或就在胶体表面，与r_A、r_B相比，它的r_S较小，静电作用的贡献比水化能的大。

该模型未考虑离子交换中提供交换自由能的熵变。同价离子的熵变通常很小，但不等价离子交换中的熵变对推动离子交换反应的进行却至关重要。

二、土壤的阴离子吸附

土壤对阴离子的吸附既有与阳离子吸附相似的地方，又有不同之处。在很多情况下，阴离子还可以出现负吸附。尽管从数量上讲，大多数土壤对阴离子的吸附量比对阳离子的吸附量少，但由于许多阴离子在植物营养、环境保护甚至矿物的形成、演变等方面均具有十分重要的作用，因此，土壤的阴离子吸附一直是土壤化学研究中非常活跃的领域。

1. 阴离子的静电吸附　土壤对阴离子的静电吸附是由于土壤胶体表面带有正电荷引起的。产生静电吸附的阴离子主要有Cl^-、NO_3^-、ClO_4^-等，与胶体对阳离子的静电吸附相同，这种吸附作用是由胶体表面与阴离子相互间的静电引力所控制的。因此，离子的半径及其水合半径等，都直接影响其与胶体表面的作用力。对于同一土壤而言，当环境条件相同时，反号离子的价数越高，吸附力越强；同价离子中，水合半径较小的离子吸附力也相应较强。土壤中产生阴离子静电吸附的主要是带正电荷的胶体表面，因此，这种吸附与土壤表面正电荷的数量及密度密切相关。土壤中铁、铝、锰的氧化物是产生正电荷的主要物质，也是在一定程度上决定土壤对阴离子静电吸附的重要因素。在一定条件下，高岭石结晶的边缘或表面上的羟基也可能带有正电荷。此外，有机胶体表面的某些带正电荷的基团如—NH^{2+}等，也可以静电吸附阴离子。

pH是影响土壤可变电荷的重要因素，因此，土壤pH的变化对阴离子的静电吸附同样有十分重要的影响。随着pH的降低，土壤的正电荷增加，静电吸附的阴离子也会相应增加。在土壤$pH>7$时，即使是以高岭石和铁、铝氧化物为主要胶体物质的可变电荷土壤，其阴离子的静电吸附量也相当低。

2. 阴离子的负吸附　大多数土壤在一般情况下主要带负电荷，因此会造成对同号电荷阴离子的排斥，其斥力的大小视阴离子距土壤胶体表面的远近而异，距离越近则斥力越大，对阴离子的排斥越厉害，表现出较强的负吸附；反之负吸附越弱。一般而言，阴离子的负吸附是指电解质溶液加入土壤后，土壤溶液中阴离子浓度相对增大的现象。对阴离子而言，负吸附随着阴离子价数的增加而增加，如在钠质膨润土中，不同钠盐的阴离子所表现出的负吸附次序为：$Cl^-=NO_3^-<SO_4^{2-}<Fe(CN)_6^{4-}$。陪伴阳离子不同，对阴离子的负吸附也有较大的影响。如在不同阳离子饱和的黏土与含有相应阳离子氯化物溶液的平衡体系中，影响Cl^-负

吸附的大小顺序为：$Na^+ > K^+$、$Ca^{2+} > Ba^{2+}$。对于土壤胶体而言，不同类型表面对阴离子的负吸附作用不同，带负电荷愈多的土壤胶体，对阴离子的排斥作用愈强，负吸附作用也愈明显。

3. 阴离子的专性吸附 阴离子专性吸附是指阴离子进入黏土矿物或氧化物表面的金属原子的配位壳中，与配位壳中的羟基和水合基重新配位，并直接通过共价键或配位键结合在黏土矿物或氧化物的表面。这种吸附发生在胶体双电层的内层，因此也称为配位体交换吸附。产生专性吸附的阴离子主要有 F^- 以及磷酸根、硫酸根、钼酸根、砷酸根等含氧酸根离子。

与阴离子的静电吸附不同，专性吸附的阴离子不仅可以在带正电荷的表面发生，也可以在带负电荷或零电荷的表面发生。专性吸附的结果是土壤表面正电荷减少，负电荷增加，体系的 pH 上升。例如磷酸根可以在带不同电荷的氧化铁表面发生专性吸附：

体系 pH＝3，pH＜ZPC 时：

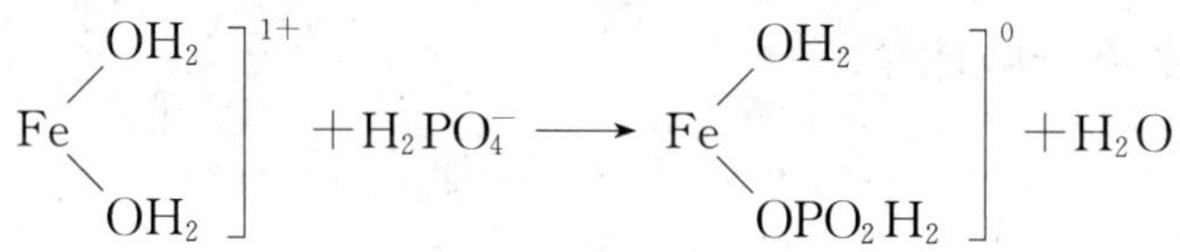

体系 pH＝9，pH≈ ZPC 时：

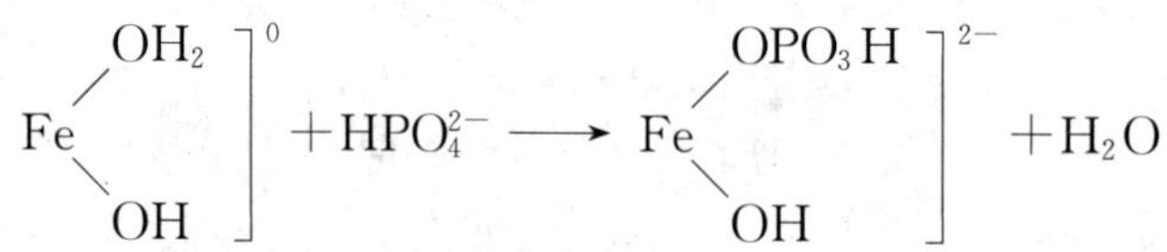

体系 pH＝9，pH＞ZPC 时：

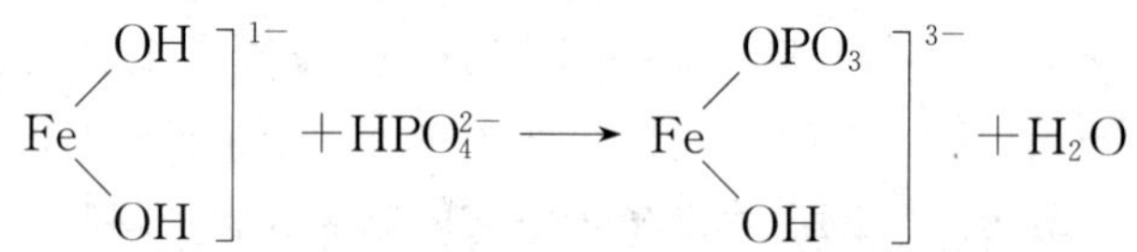

从上述反应方程式可以看出，在反应过程中，氧化物表面的正电荷在逐渐减少，即使至出现中性表面甚至负电荷表面，反应亦继续进行。

由于专性吸附是发生在胶体双电层的内层，因此，被吸附的阴离子是非交换态的，在离子强度和 pH 相对固定的条件下，不能被静电吸附的离子如 Cl^-、NO_3^- 等离子置换，只能被专性吸附能力更强的阴离子置换或部分置换。

阴离子的专性吸附主要发生在铁、铝氧化物表面，而这些氧化物多分布于可变电荷土壤中，因此，在红壤等可变电荷土壤中阴离子的专性吸附现象相当普遍。专性吸附一方面对土壤的一系列化学性质如表面电荷、酸度等产生十分深刻的影响；另一方面也决定了多种养分离子和污染元素在土壤中的存在状态、迁移和转化等，并进而制约着它们对植物的有效性和环境效应。

三、离子交换吸附对耕地质量的影响

1. 增强土壤保持和供应养分的能力 离子态的养分，在土壤胶体的吸附和交换作用下，能够保持在土壤中，这就是土壤的保肥性。被土壤胶体吸附的离子与土壤溶液间的离子能进行可逆交换，这使得植物可以随时从土壤中吸收所需要的养分，这就是土壤的供肥性。土壤胶体所具有的对养分离子的吸附和交换能力，决定了土壤对作物养分供应能力的强弱。一般而言，具有较高离子交换容量的土壤，同时也具备了较好的养分保持与供应能力，使土壤保肥性和供肥性矛盾得到统一。相反，离子交换容量较低的土壤，其保肥性和供肥性也较差，且二者间不能较好地保持协调，这种土壤的肥力也就相应较低。在农业生产实际中，通过增加有机肥施用，增加土壤黏粒含量等措施，可以一定程度地提高土壤的离子交换性能，从而达到提高耕地肥力的目的。

2. 使土壤具备较佳的缓冲性　对土壤来说，局部的酸碱污染是经常发生的，在这种条件下，土壤胶体的缓冲作用就显得尤为重要。另一方面，在施用无机肥料时，局部的养分浓度可能会过高，并因此导致烧根等现象，而如果土壤的离子交换量较高，则可有效减轻甚至消除这种危害。同时，离子交换容量大的土壤由于相应的缓冲能力也较大，在施肥量较大时能使多余的养分在土壤中保存下来，而在施肥量较低时又能释放出养分以满足作物生长的需要，因此，可保证土壤能较稳、均、足、适地供应作物生长所需的养分，使作物既不出现疯长，又不至脱肥。

3. 使土壤的物理状况得到调节　土壤胶粒之间的凝聚作用，是土壤具有结构的根本原因。当土壤胶体表面吸收大量的钠离子时，因钠离子的水膜较厚，带电量少，胶体扩散层的厚度大，促使胶粒分散。而当土壤胶体特别是有机胶体吸附钙离子后，因钙离子的带电量较高，水膜较薄，胶粒易于凝聚，形成土壤结构体，从而在一定程度上改善土壤的物理性状。在农业生产实际中，我们经常在碱性土壤中施用适量的石膏，即是运用这种原理来改良土壤的不良性状。

实际上，尽管耕地质量的高低是多种因素综合作用的结果，但土壤胶体的性质对养分的保持与供应、土壤结构等均具有十分重要的作用，因此，我国老一辈土壤学家侯光炯、熊毅等，也十分关注土壤胶体化学的相关研究，如侯光炯院士从20世纪50年代即先后开始土壤的黏韧率及黏韧曲线、土壤胶体性质日变化及其在土壤肥力上的意义等研究，提出了著名的“生物热力学”观点，认为土壤中无机—有机—微生物复合体是随太阳辐射热的变化起着相应日周期和年周期变化的胶体，是气候、土壤、植物相互联系相互制约的根源，也是看天、看地、看庄稼“三看”经验的基础。熊毅院士在20世纪80年代主持编著的《土壤胶体》专著，对土壤胶体的性质、化学行为、作用等进行了系统和深入的探讨，不仅为相关研究奠定了十分重要的基础，同时也进一步奠定了土壤胶体化学在土壤学研究中的重要地位和作用。

第六节　土壤胶体对养分的固定释放及其对耕地质量的影响

土壤胶体的带电性，决定了其对养分的固定和释放能力，由于土壤胶体与养分离子间可发生吸附、沉淀、络合等诸多化学过程，因而其与不同养分离子间的作用也存在较大差异，而相互间的这种差异，实际上也在一定程度上决定了耕地的保肥供肥性能。毫无疑问，土壤胶体对养分的固定和释放，将在很大程度上决定耕地质量的高低。

一、土壤中化学过程对养分有效性的影响

土壤的沉淀和络合反应主要影响磷素和微量元素的形态和有效性。可溶性磷肥（磷酸二

氢钙为主）施入土壤后，与铁、铝氧化物和水化氧化物，层状铝硅酸盐、碳酸钙和钙、铁、铝等发生沉淀反应和吸附反应，致使磷肥在土壤中的生物利用率一般只有10%～20%，远远低于氮、钾肥的利用率。在石灰性土中，由于Ca^{2+}活度大，化学固定产物为Ca－P，至于其化学组成则视活度和pH而定，只要pH>6.38（石灰性土pH一般>7.3），其固定的Ca－P化合物通常以磷酸八钙为主，可通过一系列的沉淀反应最后成为羟基磷灰石或氟磷灰石。在酸性土壤中，往往存在有游离的Fe（OH）$_3$和Al（OH）$_3$，施入的可溶性磷肥则转化为磷酸铁、铝，发生磷的化学固定。在pH＝4时，这种固定作用引起的水溶性磷的固定率为90%～99%。当土壤中没有游离态的氧化铁和氧化铝时，在pH<5.5的酸性矿质土壤中，则会发生磷的吸附固定。如在酸性条件下，铝硅酸矿物经风化等作用使得其结构破坏，释放出部分活性Al^{3+}、Fe^{3+}，和磷酸盐结合，可促进磷的化学固定。同时Fe（OH）$_3$和Al（OH）$_3$在pH升高时，出现沉淀作用，可直接包裹在磷素表面，通过包被过程产生磷素的固定，即磷素的"闭蓄机制"。这些过程都深刻地影响着土壤中养分的生物有效性。

土壤中的氧化还原过程主要影响土壤中变价元素的生物有效性，如高价铁、锰（Fe^{3+}、Mn^{4+}）是难溶性的，植物不易吸收。在还原条件下，高价铁、锰还原成溶解度较高的低价化合物（Fe^{2+}、Mn^{2+}），对植物的有效性增高。氧化还原状况还影响土壤养分的存在形态，进而影响其有效性。如土壤Eh>480mV时，土壤氮素以硝态氮为主，适于旱地作物的吸收；当Eh<220mV时，则以铵态氮为主，适合水稻等作物的吸收，但容易引起反硝化作用，造成氮的损失。但是在土壤开放体系中，氧化还原、沉淀溶解、吸附解吸等一系列反应，往往是在同一时间和空间进行的。如在土壤强还原条件下，高价铁（Fe^{3+}）还原成低价铁（Fe^{2+}），同时硫酸根（SO_4^{2-}）也还原成硫化物（S^{2-}），同时可能发生硫化亚铁（FeS）的沉淀反应，使得铁的有效性快速下降。因此，在讨论氧化还原反应的影响时要综合分析判断。

二、土壤胶体对钾素固定与释放的影响

土壤是植物所需钾素的主要来源。土壤中全钾含量一般在16.6g/kg左右，显著高于全氮和全磷，但土壤中绝大部分钾素因被固定而不能被植物直接吸收利用。土壤钾素的固定和释放是影响钾素对植物有效性的两个重要过程，二者之间的相互的转化是一个可逆过程，主要受原生和次生矿物类型和颗粒大小的控制，也受土壤结构、pH、水分、有机质、伴随离子、钾肥的种类和用量等的影响。

1. 钾素的固定 钾的固定往往与黏土矿物层间的反应力有关。黏土层间的反应力有负电荷与正的层间阳离子之间的静电引力和离子水化作用产生的膨胀力。K^+的高度极化所产生的范德华力也可能加强钾的固定。钾的固定主要是K^+渗入三八面体硅酸盐矿物层间的结果。黏土矿物表面的K^+在库仑力的作用下，必然和黏土矿物内部的阴离子点的距离尽量接近。2∶1型矿物的六角形蜂窝状孔穴直径约为0.28nm，这个直径恰巧能容纳K^+进入其间（脱水K^+直径约为0.27nm），所以一旦钾离子落入这一孔穴就被闭蓄成了固定的钾。

矿物结构的变化也可能对钾的固定产生影响。当2∶1型黏土矿物边缘一旦形成楔形区，它对外源钾素的固定强度就会提高。这种楔形区可以在云母脱钾风化过程中形成，也可以通过土壤溶液中的钾离子或铵离子进入膨胀性矿物层间的复三方网孔后、引起晶层不均匀收缩形成。另外，因在酸性土壤上施用石灰而使pH升高后，在层间失去复合羟基铝，导致晶层

塌陷的同时也可能形成楔形区。

固定态钾离子位于 2∶1 型黏土矿物上下两层的复三方网孔中，起到平衡同晶置换产生的剩余负电荷的作用，同晶类质替代发生的位置将影响层间电荷对钾离子吸引的强度。蛭石和伊利石的同晶类质替代主要是四面体片中的 Si^{4+} 被 Al^{3+} 替代产生的负电荷距复三方网孔较近，对钾离子的吸引力强。而蒙脱石的剩余负电荷来源于八面体中的同晶类质替代，电荷距复三方网孔较远，对网孔中钾离子的吸引力相对较小，固钾强度相对较弱。

2. 钾素的释放　钾的释放是指由于作物的吸收利用，土壤溶液中的钾或交换性钾的浓度降低，层间固定的非交换性钾和矿物态钾转化为可以被植物吸收利用的交换性钾的现象。土壤钾素的释放和固定是影响钾对植物有效性的两个重要过程，二者之间的相互转化是一个可逆过程，其反应方向依赖于土壤交换性钾和水溶性钾的浓度和环境条件。土壤钾主要存在于含钾的云母和长石中，主要的含钾原生矿物有白云母、黑云母、微斜长石、正长石，其他的云母、长石和其他的矿物也含有一定量的钾。在土壤中，钾一旦与风化的云母、蛭石、水铝英石或沸石起作用，就变为固定态钾。矿物态钾的释放包括长石类矿物钾的释放和云母类矿物钾的释放。不同矿物之间钾素的释放速率是不同的，长石类矿物释放钾的速度非常缓慢，黑云母中的钾比较容易释放，其释放钾的速率分别是金云母、白云母和微斜长石的13～16倍、75～105 倍和 118～190 倍。当溶液中钾浓度在 0.2mmol/L 以下时，黑云母就可以释放钾，而白云母释放钾素需要溶液中钾浓度保持在 10mol/L 以下。矿物风化程度对钾素释放也有影响。黑云母易风化，钾的释放也较快，钾长石和白云母风化较慢，钾的释放也较慢。非交换性钾的释放是黏土矿物层间钾缓慢扩散进入液相的过程，释放速率决定着土壤供钾能力。非交换性钾释放动力学性质在土壤供钾能力评价中有着更为重要的作用。已有研究表明，黑麦草、水稻和大米草生物耗竭试验中，植物吸收的钾素的 23.4%～87.0%来自层间钾。因此，非交换钾是土壤钾库中对作物钾营养起重要作用的组分。

（1）长石类矿物的钾素释放机制　长石类矿物释放钾的速度非常缓慢，这与其晶格构造有关。长石中的硅氧四面体呈架状，所有硅氧四面体的 4 个氧原子是公有的，并由共价键将钾离子束缚于晶格内部。不同的钾长石（透长石、正长石、微斜长石）中由于晶格的排列不同、孪晶的形成以及钠的混合，其稳定性差异很大。含钾长石风化的速度与其组成、晶体结构中 Si 和 Al 的次序、晶体和颗粒大小等有关。风化速度随 Al/Si 的无序度和钠含量的增加而加快。长石结构的架状体松散，位于四面体环之间空隙中的阳离子比紧缩在云母结构中的层间阳离子有较高的活性。温度和压力升高时，阳离子有相对较高的扩散系数，但在水溶液中，阳离子交换局限于很薄的表层，因此长石钾的释放取决于其比表面。长石类含钾矿物的分解主要是水解过程，由 H^+ 置换 K^+ 的表面反应开始。H^+ 首先与矿物表面的 Si—O—Si 或 Al—O—Al 反应，使其水解并释放出钾，H^+ 中和了矿物结构中由同晶代换产生的电荷，使得原来平衡电荷的 K^+ 释放出来，进入到土壤溶液中。

（2）云母类矿物的钾素释放机制　云母是由带负电荷的 2∶1 晶层组成，属于层状构造，对层间钾的束缚力较小。不同含钾云母钾的释放速率为：黑云母＞金云母＞白云母。黑云母与白云母之间释钾能力的显著差异主要是由三八面体和二八面体的特性引起的。由于充填在二八面体中 Al^{3+}（0.051nm）的半径小于三八面体孔隙中 Fe^{2+}（0.074nm）和 Mg^{2+}（0.066nm）的半径，二八面体片的体积就要比三八面体片的小。因此，二八面体云母四面体的旋转角度就要大于三八面体云母的。当四面体旋转角度大时，K－O 键短而强度大，钾的稳定性高。所以，二八面体云母的 K－O 键比三八面体云母的强，不易释放出钾离子。云母中钾的稳定性也与 OH^- 键的定向有关，三八面体云母中 OH^- 垂直于底面，因而 K^+ 被 OH^- 排斥。在二八面体云母中，OH^- 的偶极距不对着 K^+，所以钾的稳定性较强，释放比三八面体缓慢。云母中 OH^- 与 O^{2-} 的作用不同，OH^- 上的质子对 K 产生斥力，有促进云母的脱钾作用。三八面体云母中 3 个二价阳离子对 OH^- 偶极上质子产生的斥力相等，OH^- 偶极取向垂直底面，K－H 距离短，质子对钾的斥力大：而在二八面体云母中，Al^{3+} 只占据了 2/3 八面体孔隙，另外的 1/3 八面体孔隙是空的，OH^- 与两个 Al^{3+} 相邻，OH^- 偶极上质子倾向空位一边，K－H 的距离加大，质子对钾的斥力减弱，使得三八面体云母的钾比二八面体云母的容易释放。云母类矿物释放钾必须通过水分子进入硅层内，使层间膨胀。此外，钾离子的水化力必须克服钾离子与带负电荷的硅层之间的吸引力，同时释放出的钾离子必须有等量的其他阳离子代替。代替钾离子而进入层内的水化阳离子的扩散，只能从云母粒的边缘开始。云母类矿物钾的释放有以下两个过程，一是 K^+ 与水化阳离子的交换使含钾云母转变为膨胀性 2∶1 型层状硅酸盐矿物；二是云母的溶解，风化产物的形成。钾的释放过程中，首先是含钾矿物的颗粒边缘膨胀，导致颗粒边缘层面逐步打开，紧接着边缘破损形成楔形带，楔形带随层面打开而增加，随层内全部打开而减少。

（3）非交换性钾的释放机制　以非交换态存在的含钾矿物主要包括伊利石、水化云母和蛭石等，其释放钾素的过程实际上是一个交换反应。当这种缓慢的交换发生在黏土矿物如风化云母的层间时，置换离子必须以不带水化外壳的形态首先进入未膨胀的层间。同时，由于这些离子的水化作用，发生层间膨胀，从而使已固定的和截留的 K^+ 水化，并缓慢地扩散到黏土颗粒外部的交换点上。也有证据表明，2∶1 型黏土矿物层间存在有未水化的非交换态 K^+ 向外的很缓慢的固态扩散，同时，交换态阳离子向内部扩散，从而导致 K^+ 的释放。当由于作物吸收利用充分降低 K^+ 的浓度时，与交换点之间的相当高的结合能就会被克服，从而有更多的 K 进入溶液。最后，当没有足够的交换性 K^+ 来维持溶液中的浓度时，非交换性钾的更强的结合能被克服，从而释放 K^+ 到溶液中或到交换点上。由蒸腾引起的富二价离子溶液的质流在向根部移动的过程中也引起了一种富集溶液 K^+ 的作用。当植物由于蒸腾流吸收水分时，水压差引起来自近于饱和点的毛管孔隙的质流。二价阳离子浓度较高的溶液的质流应取代并向根部运送更多的 K^+，因为 Ca 浓度是 K^+ 的 2～7 倍，这应能激起 K^+ 从可变电荷点到溶液、从永久电荷点到可变电荷点、从优先键合点到永久键合点、从固定键合点到优先键合点的转移。当质流液中 K^+ 的浓度由于吸收而降低时，这种二价阳离子激发的机制应能有助于补充 K^+ 水平，并启动了从较高浓度的地方向浓度降低地方的扩散。

三、土壤胶体对养分固定与释放的影响及其与耕地质量的关系

土壤 2∶1 型黏土矿物镜架表面孔穴大小与 NH_4^+ 和 K^+ 的直径大小十分接近。当 NH_4^+ 和 K^+ 陷入孔穴内时，可被固定暂时失去其生物有效性，即产生矿物固定作用。土壤中对铵有固定能力的矿物是 2∶1 型层状铝硅酸盐黏土矿物，包括蛭石、蒙脱石和伊利石。一般认为，蛭石的固铵能力最强，其次为伊利石和蒙脱石，而高岭石和三水铝石则几乎不具有固定铵的能力。一般认为，NH_4^+ 半径较 K^+ 大，具有较低的水化能，与 K^+ 相比，NH_4^+ 优先被黏土矿物固定。K^+ 对 NH_4^+ 的固定作用具有抑制效应，且这种效应是可变的，与加入的浓度和先后顺序以及 2∶1 型黏土矿物的性质有关。土壤矿质胶体的类型影响 NH_4^+ 的释放。

含蛭石多的土壤被固定的铵难以释放，而含蒙脱石的土壤被固定的铵氮基本可以全部释放，这主要是由于蛭石的负电荷多产生于硅氧四面体片中，而蒙脱石的负电荷则产生在铝氧八面体片中，所以蛭石对铵的吸持力较大，被固定的铵量多且难以释放。土壤对 NH_4^+ 的矿物固定与释放是一个动态过程，这对于土壤氮素的积累、减少损失、维持较长时段的供氮能力等方面具有重要的意义。

土壤钾的固定主要是由于向土壤中施入钾肥或原生矿物风化使土壤溶液中钾离子浓度升高而引起的。一般土壤的固钾量为 1.5～5.0mmol/100g，但土壤性质不同，固钾量差异很大，如荷兰冲积土的固钾率为 21%～59%，而美国密歇根州的沙质黏壤土固钾率高达 92%。我国土壤的固钾能力表现明显的地带性，即由南向北和由西向东固钾容量逐渐增加。其中，以东北土壤的固钾能力最强，在土壤施钾为 4g/kg 时，平均固钾量达 1.5g/kg。土壤钾素的固定一方面降低了钾的有效性，另一方面减少了钾的淋失和植物对其过多的吸收。对于多数土壤，施钾后大部分有效钾转为非交换性钾，钾的固定导致植物有效钾离子浓度降低，只有小部分可被当季作物利用，尤其是在固钾能力较强的土壤上。施入的钾被土壤固定可能是有益的，因为它降低了因淋溶和作物奢侈吸收而造成的钾的损失，有利于保存肥力和提高肥效，这部分被固定的钾将是一个潜在的有效钾库。非交换性钾的释放是黏土矿物层间钾缓慢扩散进入液相的过程，释放速率决定着土壤供钾能力。非交换性钾释放动力学性质在土壤供钾能力评价中有着更为重要的作用。已有研究表明，黑麦草、水稻和大米草生物耗竭试验中，植物吸收的钾素的 23.4%～87.0%来自层间钾。因此，NH_4^+ 和 K^+ 的固定对培肥管理尤为重要，无论是在固定铵氮和钾能力较强的北方土壤，还是在固定铵氮和钾能力较弱的南方土壤上，铵和钾肥施用时都应该遵循分期施用，少量多次的原则。这样可避免因一次性施用而导致铵和钾的固定或流失/损失，从而影响了当季作物氮和钾的有效性和利用率。

可溶性化学磷肥（磷酸二氢钙为主）施入土壤后，很快转变为不溶性或缓效磷，称为固磷作用。磷肥在土壤中的生物利用率一般只有 10%～20%，远低于氮、钾肥的利用率。这是因为施入土壤的可溶性磷与铁、铝氧化物和水化氧化物，层状铝硅酸盐、碳酸钙以及钙、铁、铝等发生沉淀反应和吸附反应。在石灰性土中，通过一系列的沉淀反应最后成为羟基磷灰石或氟磷灰石；而在酸性土壤中最后则成为磷酸铁、铝。因此，如何降低耕地土壤磷素的固定和促进土壤磷素的释放是磷素转化研究和提升耕地质量的核心问题。

土壤磷素的释放主要受土壤酸碱度、有机质含量、水分状况等因素的影响。土壤酸碱度是影响土壤固磷作用的重要因子之一，对酸性土壤，适当施用石灰调节其 pH 至中性附近（以 pH 6.5～6.8 之间为宜），可减少磷的固定作用，提高土壤磷的有效性。施用有机物质不仅可提供有机磷，还可促进磷素的释放，主要途径有：①有机阴离子与磷酸根竞争固相表面专性吸附点位，从而减少了土壤对磷的吸附；②有机物分解产生的有机酸和其他螯合剂的作用，将部分固定态磷释放为可溶态；③腐殖质可在铁、铝氧化物等胶体表面形成保护膜，减少对磷酸根的吸附；④有机质分解产生的 CO_2，溶于水形成 H_2CO_3，增加钙、镁、磷酸盐的溶解度。土壤淹水促进磷素的释放，主要途径有：①酸性土壤 pH 上升促使铁、铝形成氢氧化物沉淀，减少了它们对磷的固定；碱性土壤 pH 有所下降，能增加磷酸钙的溶解度；反之，若淹水土壤落干，则导致土壤磷的有效性下降；②土壤氧化还原电位（Eh）下降，高价铁还原成低价铁，磷酸低铁的溶解度较高，增加了磷的有效度；③包被于磷酸表面铁质胶膜还原，提高了闭蓄态磷的有效度。

土壤胶体中 Zn、Cu、Co、Mo 等微量元素的固定与释放主要受吸附—解吸作用所支配，其中氧化物专性吸附起重要作用。这些微量元素在土壤胶体中的专性吸附特征，不仅在调控微量元素的生物有效性方面起重要作用，而且还可调控重金属元素的生物毒害性。如将氧化锰加入被铅污染的土壤，可以抑制植物吸收铅。因此，土壤胶体对养分固定与释放作用与耕地质量关系密切，在植物营养化学和指导施肥上具有重大意义。

（朱捍华、朱奇宏、黄道友）

参 考 文 献

贺纪正，李学垣，徐凤琳．1992. 天宝山土壤的黏粒矿物［J］. 华中农业大学学报，10（1）：45－51.

胡俊栋，沈亚婷，王学军．2009. 离子强度、pH 对土壤胶体释放、分配沉积行为的影响［J］. 生态环境学报，18（2）：629－637.

黄昌勇．2000. 土壤学［M］. 2 版．北京：中国农业出版社，158－169.

黄昌勇，徐建明．2010. 土壤学［M］. 3 版．北京：中国农业出版社，156－168.

黄绍文，金继运．1995. 土壤钾形态及其植物有效性研究进展［J］. 土壤肥料，5：23－29.

黄绍文，金继运．1996. 我国北方一些土壤对外源钾的固定［J］. 植物营养与肥料学报，2（2）：131－138.

蒋梅茵．1982. 土壤含钾矿物中钾的固定与释放［J］. 土壤通报，3：44－49.

李学恒．1997. 土壤化学及实验指导［M］. 北京：中国农业出版社．

李学恒．2001. 土壤化学［M］. 北京：高等教育出版社．

李学垣．1987. 土壤表面化学性质［M］//于天仁．土壤化学原理．北京：科学出版社．

梁成华，魏丽萍，罗磊．2002. 土壤固钾与释钾机制研究进展［J］. 地球科学进展，17（5）：679－684.

刘冬碧，贺纪正，刘凡，等．1997. 中南地区几种土壤的表面电荷特性，II. 几种测定永久负电荷量的方法的比较［J］. 热带亚热带土壤科学，6（4）：260－264.

刘冬碧，贺纪正，刘凡，等．1997. 中南地区几种土壤的表面电荷特性，I. 几种测定电荷零点的方法的比较［M］//迈向二十一世纪的土壤与植物营养科学．北京：中国农业科技出版社．

刘冬碧，贺纪正，刘凡，等．1999. 中南地区几种土壤的表面电荷特性，III. 土壤的电荷量、电荷零点（PZC）和净电荷零点（PZNC）［J］. 土壤学报，36（3）：361－368.

王军，陈世正．1991. 四川紫色水稻土胶体比表面及其主要影响因素研究［J］. 西南农业大学学报，13（3）：296－301.

熊毅，等．1983. 土壤胶体（第一册）［M］. 北京：科学出版社．

熊毅，陈家坊，等．1900. 土壤胶体（第三册）［M］. 北京：科学出版社．

徐国华，鲍士旦，史瑞和．1995. 生物耗竭土壤的层间钾自然释放及固钾特性［J］. 土壤，27（4）：182－185.

于天仁，季国亮，丁昌朴，等．1996. 可变电荷土壤的电化学［J］. 北京：科学出版社．

张琪，方海兰，黄懿珍，等．2005. 土壤阳离子交换量在上海城市土壤质量评价中的应用［J］. 土壤，37：679－682.

张效年，蒋能慧．1964. 土壤电化学性质的研究，Ⅲ．红壤胶体的电荷特征［J］. 土壤学报，12（2）：120－131.

Barshad I. 1954. Cation exchange in soils：II. Replaceability of ammonium and potassium from vermiculite，biotite，and montmorillonite［J］. Soil Sci. 78：57－76.

Barshad I. 1948. Vermiculite and its relation to biotite as revealed by base exchange reactions，x－ray analyses, differential thermal curves, and water content [J]. Am. Mineral. 33: 635 - 678.

Bassett W A. 1960. Role of hydroxyl orientation in mica alteration [J]. Geol Soc. Am. Bull. 71: 449 - 456.

Feigenbaum S, Shainberg I. 1975. Dissolution of illite - a possible mechanism of potassium release [J]. Soil Sci. Am. Proc. 39: 985 - 990.

Lagache M. 1976. New data on the kinetics of the dissolution of alkali feldspars at 200℃ in CO_2 charged water [J]. Geochim. Cosmochim. Acta, 40: 157 - 162.

Six J. bossuyt H. Denef K. 2004. A history of research on the link between (micro) aggregates, soil biota, and soil organic matter dynamics [J]. Soil Tillage Res. 79: 7 - 31.

Sparks D L. 1995. Environmental Soil Chemistry [M]. San Digeo: Academic Press.

第五章　土壤物理性质及其对耕地质量的意义

土壤质量作为耕地质量评价的重要内容之一，其的优劣直接影响着耕地质量的好坏。而在土壤质量评价中，土壤物理性质由于其既能反映土壤质量变化，也能反映人类活动对土壤质量的影响，成为了不可或缺的评价指标。土壤物理性质主要是指构成土壤的物质组成、形态以及土壤三相物质的存在状态与关系。土壤三相的状态不仅反映固相、气相和液相在土壤中的多少及所占的比例，而且也包括各相的能量状态、结构和物理特性。

不同的土壤物理性质会造成土壤水、气、热的差异，影响土壤中矿质养分的供应状况，从而影响作物的生长发育。土壤物理性质与土壤中的生物种类、数量、活性有着密切的关系，尤其是土壤微生物和土壤酶活性。李阜棣研究表明，质地黏重的土壤比轻质地的土壤酶活性强。不同质地土壤团聚体的大小不同，小团聚体的酶活性较大团聚体的酶活性强。佘东山研究表明，即使在两种腐殖质存在和分布无多大差别的土壤上，若土壤质地不同，则肥力水平也不同。土壤中的空气是作物根系和微生物呼吸作用的直接来源，它受土壤耕作深度、土壤温度、栽培措施等条件影响。土壤通气性的改变使得土壤的其他一些物理性质也随之改变，使土壤有机质含量、根系生物量、土壤呼吸、微生物数量及酶活性发生相应的变化。因此，本章将在阐明土壤物理性质基本概念的基础上，重点阐述土壤物理性质对耕地质量的意义。

第一节　土壤颗粒

土壤颗粒是指在岩石、矿物的风化过程及土壤成土过程中形成的碎屑物质，是构成土壤固相的基本组成。土壤颗粒一般以矿质颗粒为主，但也含有少量的植物降解的碎屑。土壤矿质颗粒是指裸露在地表的岩石、矿物在一系列物理、化学作用下形成的无机矿物质土壤颗粒。矿质土壤颗粒在土壤中占绝大多数，其数量和性质比较稳定，是构成土壤固相的主要组成部分。一般所说的土壤颗粒就是指土壤矿物质颗粒。有机土壤颗粒是指有机残体在降解过程中形成的有机物碎屑。它们是植物残体在动物、微生物的作用下植物组织逐渐破坏，失去原有的组织结构特征而形成的颗粒有机物质，数量少，易被动物、微生物分解，在土壤结构中存在的时间短，主要存在于土壤表层。另外，根据土壤颗粒存在状态的形式不同，将土壤颗粒分为复粒和单粒。在土壤固相中单个存在形式的矿质土壤颗粒，称为单粒；复粒是由多个单粒相互聚集在一起形成的矿质土壤颗粒。在黏粒和有机质含量高的土壤中，大多数土壤颗粒都是以复粒形式存在的；沙土中则主要以单粒形式存在。

一、土壤颗粒特性

原生矿物是指由岩浆岩冷凝而形成的矿物。土壤中的原生矿物种类与数量，因土壤母质类型、风化强度和成土过程不同而异。在各种原生矿物中，最难风化的是石英，硅酸盐矿物中的正长石、白云母也较难风化，它们往往构成了沙粒和粗粉粒（物理性沙粒）的主要矿物成分。其他几种硅酸盐矿物——斜长石、辉石、角闪石和黑云母等的风化较易，在物理性沙粒中的残留很少，它们的一部分构成中、细粉粒的矿物成分，而且相当大部分被化学风化破坏而成为次生矿物的材料。土壤颗粒中的原生矿物对耕地质量的贡献较小，但可以作为土壤颗粒形成的骨架，也可作为土壤发育和形成过程的指标。

次生矿物是由原生矿物经过化学变化形成的新矿物。土壤次生矿物包括次生铝硅酸盐矿物、含水氧化物以及简单的盐类。次生铝硅酸盐矿物主要有高岭石、蒙脱石、伊利石等。次生矿物主要存在于土壤黏粒中，具有明显的胶体特征，对耕地质量具有重要影响。

土壤颗粒的化学组成十分复杂，地壳中几乎所有的元素都可以在土壤中找到。主要元素有O、Si、Al、Fe、Ca、Mg、K、Na、Ti、C、N、P、S等，微量元素有Mn、Zn、B、Mo、Cu等，多数以氧化物的形式存在。在以上元素中，O、Si、Al、Fe 4种元素所占的比例最大，SiO_2、Al_2O_3和Fe_2O_3三者之和占土壤矿物质部分的75%以上。土壤颗粒越粗，含SiO_2越多，含Al_2O_3、Fe_2O_3、CaO、MgO、P_2O_5、K_2O等养分越少；反之，土壤颗粒越细，含SiO_2越少，而养分元素含量越高。

不同粒径土壤颗粒，其理化性质有明显的差异，主要表现在水分物理性质和表面化学性质上。颗粒越细，比表面积愈大，表面能越高。固相颗粒表面能的增加，土粒由大变小，粒间孔隙愈小，吸水数量越多，透水性能越差，持水性、湿胀性、可塑性、黏结性、黏着性均明显增强。

以下为几个主要粒组的主要特性：石砾和沙粒（>0.05mm）是土壤颗粒的粗骨部分，矿物组成以原生矿物为主，与母质和岩石的矿物组成相似。颗粒比表面积小，无黏结性、黏着性、可塑性；不吸水、没有胀缩性；不带电荷，没有胶体特性，对土壤肥力贡献小。黏粒（<0.002mm）是土壤形成过程的产物，是土壤中最小部分，又称土壤无机胶体。黏粒的矿物成分主要为次生矿物，与母岩或母质的矿物成分差异较大；黏粒的颗粒小，比表面积大，如蒙脱石可达$800m^2/g^2$，具有很高的表面能；次生铝硅酸盐黏粒矿物多为次生层次结构，有较强的黏结性、黏着性、可塑性；蒙脱石类黏土矿物具有很强的膨胀性；黏粒本身养分含量高，胶体特性强，具有很强的吸附能力，是储藏土壤养分的仓库。粉粒的粒径大小介于黏粒与沙粒之间，粉粒的许多性质也介于黏粒与沙粒之间。矿物成分既有原生矿物，也有次生矿物，但主要成分也是石英，有时被称为粉沙粒。粉粒具有一定的可塑性、黏结性、黏着性和吸附性。

二、土壤颗粒组成

按土粒的大小，将其分为若干组，称为土壤粒级（粒组）。但是，土粒的形状多是不规则的，有的土粒的三维方向尺寸相差很大（如片状、棒状），难以直接测定其真实直径。在现有的分级体系中，通常以土粒的当量粒径或有效粒径代替之。

当量粒径和有效粒径的概念来自土壤机械分析中采用的假设和方法。把全部复粒分散成单粒的土壤悬液，通过套筛进入沉降筒中。粗粒部分先后被截留在各个筛子上，即以圆筛的孔径作为土粒的有效粒径。如通过2mm筛而阻留在0.25mm筛上的土粒即是0.25～2mm土粒，其余类推。细粒部分则根据颗粒半径与颗粒在静水中沉降速率的关系，即Stokes定律，计算不同粒径土粒在静水中的沉降速度，把土粒看作光滑的实心圆球，取与此粒级沉降速率相同的圆球直径作为当量粒径。

目前对土壤矿质颗粒的分级未有完全统一的标准，主要的土壤颗粒分级制有国际制、美国农业部制、卡钦斯基制以及中国制，具体如表 5－1。这 4 种粒级制都把土壤颗粒分为石砾、沙粒、粉粒和黏粒 4 组。一般大于 2mm（或 1mm）的土壤颗粒称为石砾，沙粒与粉粒的分界线为 0.02 或 0.05mm，而黏粒直径的上限为 0.002mm。土壤各粒级之间的界限划分的主要依据是粒级间颗粒的理化性质的转折；但分级是按照当量粒径来划分的，与实际土壤颗粒的大小是有差异的。另外，土壤有机质和测定颗粒组成时土壤颗粒的分散程度、溶液的温度等都对土壤颗粒分级结果产生影响。

表 5－1　几种常见的土壤颗粒分级制

<table>
<tr><th>当量粒
(mm)</th><th>国际制
(1930)</th><th>美国农业部制
(1951)</th><th colspan="3">卡钦斯基制
(1957)</th><th>中国制
(1987)</th></tr>
<tr><td>3～2</td><td>石砾</td><td>石砾</td><td colspan="3" rowspan="2">石砾</td><td rowspan="2">石砾</td></tr>
<tr><td>2～1</td><td rowspan="2">粗沙粒</td><td>极粗沙粒</td></tr>
<tr><td>1～0.5</td><td>粗沙粒</td><td rowspan="7">物理性
沙粒</td><td colspan="2">粗沙粒</td><td rowspan="2">粗沙粒</td></tr>
<tr><td>0.5～0.25</td><td rowspan="2"></td><td>中沙粒</td><td colspan="2">中沙粒</td></tr>
<tr><td>0.25～0.2</td><td rowspan="2">细沙粒</td><td colspan="2" rowspan="3">细沙粒</td><td rowspan="3">细沙粒</td></tr>
<tr><td>0.2～0.1</td><td rowspan="4">细沙粒</td></tr>
<tr><td>0.1～0.05</td><td>极细沙粒</td></tr>
<tr><td>0.05～0.02</td><td rowspan="4">粉粒</td><td colspan="2" rowspan="2">粗粉粒</td><td rowspan="2">粗粉粒</td></tr>
<tr><td>0.02～0.01</td></tr>
<tr><td>0.01～0.005</td><td rowspan="2">粉粒</td><td rowspan="6">物理性
黏粒</td><td colspan="2">中粉粒</td><td>中粉粒</td></tr>
<tr><td>0.005～0.002</td><td colspan="2" rowspan="2">细粉粒</td><td>细粉粒</td></tr>
<tr><td>0.002～0.001</td><td rowspan="4">黏粒</td><td rowspan="4">黏粒</td><td>粗黏粒</td></tr>
<tr><td>0.001～0.000 5</td><td rowspan="3">黏
粒</td><td>粗黏粒</td><td rowspan="3">细黏粒</td></tr>
<tr><td>0.000 5～0.000 1</td><td>细黏粒</td></tr>
<tr><td><0.000 1</td><td>胶质黏粒</td></tr>
</table>

三、土壤颗粒组成的改良

质地对土壤性质和肥力具有极为重要的影响，而土壤质地主要是继承母质的特性，一般很难发生改变。土壤质地过沙或过黏均对作物生长不利，因此，有必要通过一些工程措施来实现土壤质地的改良。

1. 坡改梯工程　坡耕地水土流失是其耕地质量下降的主要原因，而引起水土流失的主要自然因素是降水和地面坡度。实施坡改梯工程将陡坡改成水平梯田或 5°以下的缓坡梯地，从而达到有效拦蓄降水，减少水土流失的目的。从表 5－2 可以得知，在重庆紫色土山区实施坡改梯工程后，在所有的土壤中粗沙粒含量均有不同程度的增加，其增幅位于 19%～140%之间；细黏粒含量均有不同程度的减少，其降幅位于 20%～93%之间；细沙粒含量在除半沙土和石骨子土中均略有增加外，增幅位于6%～158%之间。由于不同土种的土层厚度以及所处地形环境的不同，改土后其土壤颗粒组成的变化也存在很大的差异。大眼泥土和死黄泥土通常分布在比较平缓的地形上，其本身土层较深。实施坡改梯地后，其土壤颗粒各组成（除粗沙粒外）变化不大，变幅位于－20%～9%之间。沙土类——半沙半泥土、油沙土和沙土，坡改梯地后其土壤颗粒组成发生明显变化，其中油沙土物理性沙粒的含量提高幅度最大为26.6%。沙土的物理性沙粒含量也从838.2g/kg增加至918.7g/kg。

表5－2　坡改梯工程对土壤颗粒组成的影响

土壤	时间	土壤颗粒（mm，g/kg）							变异系数（%）
		1～0.25	0.25～0.05	0.05～0.01	0.01～0.005	0.005～0.001	<0.001	>0.001	
大眼泥土	改土前	86.8	282.4	227.4	118.9	191.3	93.1	596.7	47.83
	改土后	130.3	299.8	246.5	130.1	179.3	74	616.6	40.81
死黄泥土	改土前	61.5	191.5	233.6	107.4	193.4	212.6	486.6	40.25
	改土后	147.8	196.7	216	102.9	174.9	161.7	560.5	23.77
半沙半泥土	改土前	288.7	234.2	143.3	74.4	130.3	129	666.3	47.43
	改土后	392.1	261.8	141.7	68.4	114.6	20.4	88.8	148.5
油沙土	改土前	398.6	227.9	96.1	64	138.7	74.7	701.2	76.98
	改土后	698.1	200.3	20.3	30.5	45.7	5.1	918.7	161.9
沙土	改土前	586.1	189.6	62.5	40.1	73.3	48.4	838.2	127.6
	改土后	698.1	300.3	20.3	30.5	45.7	5.1	918.7	161.9
石骨子土	改土前	524.6	123	134.7	67.4	108.8	41.5	782.3	107.3
	改土后	637.7	88.6	66.6	78.7	119.9	8.5	792.9	104.2

坡改梯工程对土壤颗粒组成的影响效应正负与否，主要看其对整个土壤颗粒大小分布状况的影响。土壤颗粒作为土壤这一复杂体系的基本骨架，其组成越复杂，土壤这个体系所发挥出来的肥力功能也就越高，稳定性也就越强，也就能更好地协调水、热、气、肥等土壤肥力因素间的矛盾。具体来说，若土粒在各粒级上的含量差异（变异系数）较小，其土壤的基本性质和肥力水平就较好；相反，若土壤颗粒集中分布在某个或两个粒级上，即土壤偏沙或偏黏，或者粉沙粒含量过高，都不利于土壤肥力的发挥和作物生长。表5－2所示，实施坡改梯工程后，在大眼泥土和死黄泥土的颗粒大小分布上，各粒级含量的变异系数相对下降，也就是说实施坡改梯工程改善了大眼泥土和死黄泥土的颗粒组成。但是，半沙半泥土、油沙土和沙土，土壤原质地就偏沙，黏粒含量低，这是由于改土时将土壤底层的粗沙翻到土壤中，各粒级含量的变异系数增大，土粒集中在沙粒部分，土壤的偏沙性进一步恶化。

2. 客土　客土是指非当地原生的、由别处移来用于置换原生土的外来土壤，通常是指质地好的壤土或人工土壤。客土法是通过沙掺黏或黏掺沙或在原有土层上覆盖良好的壤土或人工土壤改善土壤性质或肥力的一种有效措施。在采用客土法改善土壤质地时，一般就地或就近取材，以达到省事省力的目的。但是，由于客土所需的土方量和人工量都很大，因此在对果、桑、茶园等进行客土时应先改良树墩或树行的土壤并逐年进行。在有条件的地方，如河流附近，可引水淤灌，把富含养分的黏土覆盖在沙土上，通过耕翻拌和之。三峡库区“移土培肥工程”——客土工程包括以下3个步骤：一是表土剥离：即坡改梯前将原坡耕地较肥沃的表土（厚20cm）先剥离，堆积在附近，待平整后回填作梯田表土；二是修建石坎及土地平整：每隔1.6m高程布设一排石坎，水平梯田坡地田土移动，挖高填低［包括底土方挖填，母质层（紫色土区域，坡耕地土层A下面为母质层AC或C，母质层厚度在10～50cm，取平均30cm作为设计）挖填，石方（母质层下为基岩）爆破深翻挖填］，保证挖填爆破的土层厚度在20cm以上；三是表土回填及覆土：梯田建成后将原表土回填，其厚度为20cm；在此基础上，从将淹没耕地20cm肥沃耕作层土壤剥离，搬运覆土10cm，这样在保证水平梯田建成后土层可厚达50cm以上，新建耕层在20～30cm，有效改善了耕地质地状况（表5-3），有机质增加了1/3左右，达到高产农田的建设目标。

表5-3　客土对耕层土壤颗粒组成的影响

样点	土壤	层次	砾石	土壤颗粒组成（mm，%）						质地
				1.0～0.25	0.25～0.05	0.05～0.01	0.01～0.005	0.005～0.001	<0.001	
1	原土壤	A	2.88	10.82	35.45	22.01	8.18	11.26	12.28	中壤土
		BC	7.8	7.66	32.16	21.10	9.25	11.83	18.00	中壤土
	客土			1.89	18.68	35.58	13.00	16.70	14.15	中壤土
	新建耕层			7.83	29.86	26.54	9.78	13.09	12.90	中壤土
2	原土壤	A		9.41	31.99	20.45	6.65	11.25	20.25	中壤土
		BC		41.65	11.84	11.99	6.82	11.37	16.33	中壤土
	客土			2.30	20.03	26.62	14.07	22.60	14.38	重壤土
	新建耕层			7.21	28.00	22.27	9.23	15.00	18.29	中壤土
2	原土壤	A		19.36	31.04	10.34	8.16	8.20	22.90	中壤土
		BC		22.36	38.82	11.24	5.10	4.09	18.39	轻壤土
	客土			22.01	30.53	14.08	7.82	13.56	12.00	中壤土
	新建耕层			20.27	30.84	11.58	8.06	10.05	19.20	中壤土
4	原土壤	A	35	0.45	2.20	28.35	19.10	24.85	25.05	重砾质轻黏土
		C	38	1.20	2.30	19.53	21.00	30.77	25.20	重砾质中黏土
	客土			11.83	18.31	21.31	7.76	14.03	26.76	重壤土
	新建耕层			4.57	7.57	26.00	14.99	21.25	25.62	轻黏土
5	原土壤	A	20.5	0.99	24.18	31.18	10.39	20.79	12.47	重砾质中壤土
		C	15	2.90	20.24	30.82	12.53	20.68	12.83	重砾质重壤土
	客土			0.35	0.88	19.44	15.23	37.30	26.80	中黏土
	新建耕层			0.78	16.41	27.27	12.00	26.26	17.28	重壤土
6	原土壤	A	0.88	3.10	43.40	13.75	9.25	8.00	22.50	重砾质中壤土
		BC	0.82	0.70	19.80	25.50	7.50	22.00	24.50	重砾质重壤土
	客土			1.40	12.90	25.97	14.02	32.72	12.99	重壤土
	新建耕层			2.53	33.23	17.83	10.84	16.24	19.33	重壤土

（续）

样点	土壤	层次	砾石	土壤颗粒组成（mm，%）						质地
				1.0～0.25	0.25～0.05	0.05～0.01	0.01～0.005	0.005～0.001	<0.001	
7	原土壤	A		2.34	19.90	28.65	12.28	22.00	14.83	重壤土
		B		1.57	21.48	26.67	11.29	21.55	17.44	重壤土
	客土			5.71	19.66	27.70	4.10	15.91	26.92	重壤土
	新建耕层			3.46	19.82	28.35	9.54	19.97	18.86	重壤土
8	原土壤	A		2.70	34.30	20.00	4.50	15.00	23.50	中壤土
		BC		2.05	36.70	16.00	8.00	6.75	30.50	重壤土
	客土			40.92	9.78	12.26	6.12	14.50	16.42	中壤土
	新建耕层			15.44	26.13	17.42	5.04	14.83	21.14	中壤土
9	原土壤	A		0.74	29.68	30.66	10.22	14.10	14.60	中壤土
		BC		0.14	44.86	26.44	6.10	12.00	10.46	轻壤土
	客土			2.51	16.56	24.86	11.53	21.06	23.48	重壤土
	新建耕层			1.33	25.32	28.71	10.66	16.42	17.56	中壤土

第二节　土壤结构

土壤颗粒的排列组合形式决定了土粒对外界干扰力（如雨滴打击力、耕作破坏力、大型机械压力等）的承受能力。一般将土粒的这种排列组合方式称为土壤结构。土壤颗粒的组成结构处于一种动态的、复杂的状态，而且比较抽象。由矿物和有机物结合所形成的复杂有机无机复合体的过程，对于生命延续的重要性正如植物光合作用一样都具有十分重要的意义。虽然人们已从黏土矿物学、胶体科学及沉积学等多学科入手做了大量的研究工作，更进一步地了解了土壤结构的形成、分类以及管理措施。但是，关于土壤结构的研究仍然是一个较复杂的科学问题，是土壤物理性质中最重要但却认识最不足的问题之一。土壤结构的研究之所以复杂，主要是因为：一是它所表达的尺度，结构的形成发生在从几个埃至几厘米的尺度范围内；二是土壤结构的动态性，也就是在时间和空间上处于不断变化之中。在某一特定时间所观察到的结构，实际上是所有不断变化着的影响因素相互作用的平均效应。因此，很难精确地解释土壤结构，这就造成了在文献资料中充满了很多名目繁多的术语、定义及其研究土壤结构的方法，某些术语经常被用来描述结构单元，如构造形式、组织、团聚体、自然结构体、小颗粒、碎屑等，这些术语都在不同的土壤学子学科中得到应用。

一、土壤结构的概念

可以从土壤学、土壤生态学、工程学和生态学的角度去理解土壤结构。土壤学观点：这种定义土壤结构的方法是基于其结构成分的机械论观点，因此土壤结构自然会涉及到大小、形状、排列及其组成单元团聚体或土壤自然结构体。与团聚体相比较，土壤结构也被定义为是土壤破碎后形成的特定碎屑或土块。从土壤学的角度来讲，土壤结构就是矿物颗粒和有机组分复合形成的三维结构体。土壤生态学观点：该方法主要考虑了土壤结构的功能性质，尤其是与植物生长相关的性质。土壤结构的功能属性与土壤孔隙有关，支配着根系的生长和发育，水分的保持与运移以及气体的扩散。土壤—孔隙系统是土壤结构中最重要的一个方面，这种体系本身包括两种类型的孔隙：一种是分布于团聚体内部的孔隙，这类孔隙主要受到本身构造特性的影响，因此也称为构造孔隙；另一种是团聚体与团聚体之间的孔隙，这种孔隙主要是由于结构基础和团聚体的大小及不同排列所造成的，因此也称为结构孔隙。土壤结构中最重要的就是颗粒之间孔隙的数量、大小以及孔隙的连通性。因此，土壤结构也被认为是土粒和孔隙的组合体，包括团聚体内部及团聚体之间的所有孔隙，或者说是土壤固相物质和颗粒孔隙的排列组合。工程学观点：从工程学的角度来定义土壤结构有其必要性，土壤结构在建筑工程中的主要功能表现为其自身的承载能力、抗剪强度、边坡稳定性、压实性及渗透性。以工程学的观点来看，土壤结构就是相对于土的压实性、承载力及渗透性而言，土壤团聚体和孔隙组合体的强度和稳定性。在工程学中另外一个相关的术语称为敏感系数，它是指未扰动土的抗剪强度与重塑土的强度比（在等容积下）。敏感度也就是当原始土体在受到扰动后土壤抗剪强度的损耗。生态学观点：也许土壤结构最完整的定义应该是将土壤学、土壤生态学以及生态学的观点加以综合，通过这样的归纳总括后，土壤结构的定义就会涉及到大小、形状，团聚体的强度，孔隙，孔隙的持水性，溶质的溶解及迁移，支撑根系生长发育的能力。换言之，土壤结构涉及三大方面：①团聚体的团聚度，大小分布及稳定性；②孔隙的大小分布，形状，连通性及稳定性；③自然成土过程及人类活动影响团聚体和孔隙状况的时空变化。

二、土壤结构体

除纯净沙土外，土壤颗粒在自然条件下通过不同的堆积方式相互黏结而形成土壤结构。因此，土壤结构即是土粒（单粒和复粒）互相排列、组合的形成，其包含两重含义即结构体和结构性，但通常所说的土壤结构多指结构性。土壤结构体或称结构单位，是土粒（单粒和复粒）互相排列和团聚成为一定形状和大小的土块或土团。它们具有不同程度的稳定性，以抵抗机械破坏（力稳性）或泡水时不致分散（水稳性）。土壤结构性是由土壤结构体的种类、数量（尤其是团粒结构的数量）及结构体内外的孔隙状况等产生的综合性质。良好的土壤结构性，实质上是具有良好的孔隙性，即孔隙大而且数量大（总孔隙度）、小空隙的分配和分布适当，有利于土壤水、肥、气、热状况的调节和植物根系的活动。

土壤结构体分类依据其形态、大小和特性等。最常用的是根据形态和大小等外部性状来分类，较为精细的是外部性状和内部特性（主要是稳定性和多孔性）的结合。1951 年美国农业部土壤调查局在前人的研究基础上提出了一个较为完善的土壤结构形态分类制。先按结构体的形态分为三类：板状（片状），柱状和棱柱状，块状和球状，然后再根据结构体大小细分，最后根据其稳定性分为几等。

块状结构和核状结构：土粒互相黏结成的不规则的土块，内部紧实，轴长在 5cm 以上，而长、宽、高三者大致相似，称为块状结构，可按大小再分为大块状（＞10cm）和小块状。比此更小的土块，叫做碎块状结构（5～0.5cm），更小则为碎屑状结构。碎块小而且边角明显的则叫核状结构，也分为大（＞1cm）、中和小（0.5～0.7cm）三等。此类结构体多出现在有机质缺乏而耕作不良的黏质土壤中，一般表土中多大块状、块状结构体，心土和底土中多为块状、碎块状结构体。当表层土壤中含有较多块状时，其相互支撑形成较大的空洞，加速了土壤水分丢失，漏风跑墒，还会压苗，使幼苗不能顺利出土。在黏重的心底土中，常见核状结构，系由石灰质或氢氧化铁胶结而成，内部十分紧实。如红壤下层由氢氧化铁胶结而成的核状结构，坚硬而泡水不散。

棱柱状结构和柱状结构：土粒黏结成柱状体，纵轴大于横轴。这种结构体多出现于土壤下层。水分经常变化而质地较黏重的水田心土层（潴育层），在湿涨干缩交替的作用下，土体垂直裂开，形成边角明显的柱状体，叫做棱柱状结构，棱柱体外常有铁质胶膜包着。种植水稻的年限愈长，干湿变化越频繁，棱柱体越小；反之，棱柱体则大。如果柱状体边角不明显，则叫做柱状结构体。柱状结构体常出现于半干旱地带的心土和底土中，以柱状碱土的碱化层中的最为典型。这两种结构体按其横轴长度，可分为大（>5cm）、中和小（<3cm）三等。但总的来说，这种结构大小不一，坚硬紧实，内部无效孔隙占优势，外表常有铁铝胶膜包被，根系难以伸入，通气不良，微生物活动微弱。结构体之间常出现大裂缝，造成漏水漏肥。

片状结构（板状结构）：土粒排列成片状，结构体的横轴大于纵轴，多出现于冲积性土壤中。老耕地的犁底层往往呈片状结构。旱地犁底层过厚，对作物生长不利，影响扎根和上下层水、气、热的交换以及作物对下层养分的利用；而对水稻土来说，犁底层的存在可以起到减少水渗漏和托水保肥的作用。在表层发生结壳或板结的情况下，也会出现片状结构。土壤细小颗粒在水分、盐分等因素的作用下板结而形成的表层片状硬壳，其对土壤水分的运动具有显著影响。结皮都出现在沙壤土到轻壤土质土壤中，一般较薄（1～2mm），一旦表层失水，就会干裂成碎土片且边缘向上翘起。板结则多出现于中壤以上的土壤中，一般厚度为3～5mm，也有几厘米的，干裂后成大口，耕翻成大土块，坚实不易破碎，常压坏幼苗，撕断根系，引起漏风跑墒。土壤结皮会明显降低土壤入渗速率，增加地表径流，不利于土壤保水。同时结皮也会影响植物出苗，尤其是对双子叶植物。

团粒（粒状和小团块）结构：土粒胶结成粒状和小团块状，大体成球形，自小米粒至蚕豆粒般大，称为团粒。这种结构都出现于表土中，具有良好的物理性能，是肥沃土壤的结构形态。团粒具有水稳性、力稳性和多孔性。团粒的直径为10～0.25mm，而<0.25mm的则称为微团粒。按照团粒的形状和大小，也可分为团粒和小团块两种。团粒结构体是符合农业生产要求的良好的土壤结构体。团粒结构体的数量和质量在一定程度上反映了土壤的肥力水平。在有机质含量高且肥力高的土壤中（如黑钙土A层）团粒结构可占土重的70%以上。团粒具有多孔性，总的孔度大，即水、气总容量大，又在各级（复粒、微团粒、团粒）结构体之间发生了不同大小的孔隙通道，大小孔隙兼备，蓄水（毛管孔隙）与透水、通气（非毛管孔隙）同时进行，土壤孔隙状况较为理想。在团粒结构土壤中，团粒和团粒之间通过孔隙（非毛管孔），可以透水通气，把大量雨水甚至暴雨迅速吸入土壤。同时团粒结构土壤中又有大量毛管孔隙可以保存水分，从而可以源源不断供应植物根系吸收的需要。另外，团粒结构土壤中，团粒的表面（大孔隙）和空气接触，微生物活动强烈，有机质迅速分解，供应有效养分；团粒内部（毛管孔隙）贮存毛管水造成通气不良，只有厌气微生物活动，有利于养分的贮藏。总之，每一个团粒既好像是一个小水库，又是一个小肥料库，起着保存、调节和供应水分和养分的作用。

土壤团聚体是土壤的重要组成部分，在土壤中具有“三大作用”，即保证和协调土壤中的水、肥、气、热，影响土壤微生物活性，酶的种类和活性，以及维持和稳定土壤疏松熟化层。团聚体的稳定性经常被作为土壤结构的指示因子。土壤团粒结构是土壤肥力的物质基础，是作物高产所必需的土壤条件之一。维持和提高有机质含量，其作用之一就是为了维持和改良土壤团粒结构。土壤有机质是植物的重要营养库，依靠微生物的分解作用和矿化作用释放出可供植物利用的养分，对土壤结构的形成和稳定起到重要作用。土壤团聚体对土壤性质的变化至关重要，如土壤侵蚀、有机质保护、土壤肥力和生产力的维持等。提高团聚体的稳定性可以提高土壤碳汇功能，使农田土壤呼吸减弱，减少温室气体的排放。团聚体的稳定性是指团聚体抵抗外力作用或外部环境变化而保持其原有形态的能力，包括水稳定性、力学稳定性、化学稳定性、酸碱稳定性和生物稳定性等。水稳性团聚体是指土壤结构体经水浸后不立即散开，保持土壤结构体形态不破碎。土壤结构水稳性的好坏往往用分散系数和结构系数来评价。力稳性团聚体指在一定外力作用下不致受到完全破坏。降水、灌水及农机具频繁耕作的外力作用是导致土壤结构体被破坏的主要原因。没有一定力稳性，团粒很容易受到破坏，不能继续发挥团粒结构的功能。力稳性结构对保持土壤结构的短期稳定，对抵抗土壤侵蚀有重要作用。生物稳定性团聚体是指结构体抗拒微生物对有机物质分解使土壤结构破坏的能力。在团粒结构中有机质包被与矿质土粒的表面或黏附在团粒之间，随着有机质分解，结构体也逐步解体。黏结结构体的有机质种类很多，但其抵抗微生物分解的能力各不相同。另外，团粒的生物学稳定性还取决于有机质与矿物质相结合的牢固程度，同类有机物质与黏粒矿物结合得越紧密，其稳定性越高。

三、土壤结构管理

土壤结构对于土壤实现供给作物生长、养分及水分循环、减少水土流失和缓冲有害物质等功能具有重要的影响。人类活动对土壤功能产生的影响已引起高度的重视，尤其是对土壤结构的影响。合理的种植制度、耕作方式、水肥条件管理以及土壤改良剂的施用均有利于形成良好的土壤结构，有利于耕地质量的培育。

1. 种植制度 土壤结构受到种植制度的较大影响。例如耕作类型和强度对土壤结构产生显著变化。作物种类也可使土壤结构发生显著变化。种植玉米、马铃薯和小麦等中耕作物，会使得土壤结构变差，而短期轮作草地和种植牧草苜蓿，则会使得土壤结构得到改善。然而在一些特定情况下，如长期种植牧草，土壤结构仍然不好，而长期种植中耕作物的土壤中却一直保有着良好的土壤结构。因此，在推荐改良或维持土壤结构的方法时，除了种植作物的种类外，仍需要考虑一些其他因素，如耕作方式、轮作、间套模式等。

耕作机械直接作用于土体，破坏土壤原有结构，影响土壤孔隙大小和分布，因而强烈地影响土壤的传导性质和根系的生长。耕作对土壤中某些生物也有一些间接的影响，后者反过来又影响土壤物理性质。由于耕作使得土壤颗粒重新排列，因而直接影响土壤结构和孔隙大小及分布。若土壤中原来就存在着较多的大孔隙，则耕作不会使其增多；但如压实等耕作行为则会使大孔隙减少。土壤含水量的多少强烈地影响着土壤结持度和可压缩性，因此也大大影响着耕作改变土壤结构的程度。当含水量大于塑限时，耕作机具和拖拉机轮子很容易将土壤整平并压紧，但如果含水量低于塑限时，则土壤会有脆性。当含水量处在硬结持度范围，耕作可造成土块和尘土。耕作使微生物呼吸作用增强，土壤有机质减少。即使是适度的耕作，也能促进微生物的活动。耕作使土壤的通气性增加，细菌和真菌菌丝分布较好，因原先封闭的有机质被微生物破坏，从而减少了土壤结构的稳定性。

保护性耕作以减少对土壤的扰动和增加秸秆覆盖为特征，众多研究表明其有助于改善土壤结构。如周虎等（2007）通过研究表明，在实施保护性耕作后，免耕使表层土壤容重显著增加，土壤团聚体稳定性增加。罗珠珠等（2005）研究表明，与传统耕作相比，免耕覆盖在前期（2～3 年）使得土壤容重增加，而之后则保持稳定状态不再持续增加；同时对渗吸率、宏观毛管长度、有效孔径以及饱和导水率等指标的比较发现，免耕覆盖有助于改善土壤的渗透性。而马星竹等（2009）研究表明，保护性耕作使得土壤容重降低，田间持水量增加；同时，吐尔逊·买合苏木（2009）经过一年免耕耕作后发现，免耕土壤实际硬度为 4.78kg/m^2，而常规耕作土壤为 7.07kg/m^2，即表明免耕土壤相对于常规耕作土壤已开始松软。从以上研究结果可以看出，虽然众多研究都表明免耕有助于改善土壤的结构，但是免耕对土壤容重的影响研究却存在差异。这与当地传统耕作的耕作方式、耕作频率、耕作时间的长短和耕作深度等相关，同时免耕结合不同的秸秆覆盖方式也会对其产生影响。赵红等（2009）研究表明，免耕结合秸秆覆盖还田使土壤容重降低，而免耕结合秸秆立秆还田则使土壤容重增加，其研究还表明，秸秆还田方式对土壤结构稳定性的影响存在差异，但总的来说不论是覆盖还田，还是立秆还田或粉碎还田，均能改善田间土壤结构，其中以秸秆粉碎还田的效果最佳。孙利军等（2007）研究发现，免耕结合秸秆覆盖和地膜覆盖方式对土壤容重的影响不同，免耕秸秆覆盖会减少表层土壤容重，而免耕结合地膜覆盖处理中土壤容重则有所增加。

根系系统和地表覆盖物对土壤结构有重要影响。作物通过影响根系生物量、各土层吸水率和吸水量、总生物量和生物量的 C∶N 比值来影响土壤结构性质，进而影响作物本身的生长。在农业种植系统中，采取不同的轮作和间套作方式可改变根系系统和地表覆盖。密集须根系的草本作物和粗主根系的豆科作物，对土壤团聚体性质的影响存在着较大的差异。如何根据实际需要进行合理的轮作和间套作达到维持或改善土壤团聚体，以期提高土壤生产力一直是农业学科研究的重点问题。据相关研究发现，玉米—燕麦—牧草、连续种植玉米、玉米—大豆等轮作方式下土壤团聚体平均直径比为 1.00∶1.66∶2.1，玉米—大豆轮作方式的 MWD 为 1.34mm，玉米连作为 1.0mm，玉米—燕麦—牧草轮作方式为 0.7mm。同时，有研究指出，豆科作物和牧草等作物的长期栽培能提高土壤结构，这是因为这些作物对土壤有机碳和土壤总氮含量有正效应。生长了 5 年的高羊茅和滑雀麦草使得土壤有机碳增加了 18.5%，0～3cm 深的土层中土壤总氮增加了 12.5%。但是也有研究报道，长期种植牧草会导致土壤结构性变差。

因此，种植制度对土壤结构体的影响受到众多因素的影响。耕作方式、秸秆覆盖方式、轮作方式、间套作、田间管理措施等都会对土壤结构产生影响。另外，当地的气候、地形等条件也会对采用的种植制度起到限制作用。

2. 水肥管理　农田水肥管理是影响农作物生长的一项重要措施。合理的农田水肥管理可以有效地减少或缓和不利气候等自然因素对作物生产的影响。在一般情况下，水分是导致土壤团聚体破坏的主要原因，而同时团聚体的水稳性又影响水分的渗透、保持、土壤微生物的活性、表层土壤的侵蚀和作物生长。在干旱地区，土壤干团聚体的稳定性十分重要，但绝大多数情况下，团聚体浸水后比较容易破碎。给过湿或过干土灌溉都会改变土壤团聚体，这种效应的性质依赖于土壤和环境条件。非排水土壤的土壤团聚体平均重量直径（MWD）为 2.94mm，而排水土壤则为 2.49mm，即表明灌溉有助于土壤团聚体的形成，提高了土壤团聚体的稳定性，而产生这种的现象的原因主要为土壤有机碳随着排水过程而流失。另外，不同的灌溉方式也会影响土壤含水量、土壤有机质含量、土壤盐含量、土壤微生物活性等土壤性质。孙继亮等（2012）对沟灌、畦灌、滴灌、微喷灌和不灌 5 种灌溉方式的对比分析发现，梨园果树根层土壤含水量以微喷灌最高，其次为滴灌、畦灌、沟灌，不灌最低，即表明微喷灌方式下土壤的蓄水能力最强。亓沛沛等（2012）研究得出漫灌相对于滴灌会降低土壤耕层的总含盐量，但是却使耕层表层的盐分积聚；漫灌条件下盐分在水平方向分布比较均匀，而滴灌条件下其分布离散程度较高。刘宇锋等（2012）研究了灌溉方式对水稻土微生物活性的影响，其结果表明在有机无机氮肥配施的条件下，控制灌溉和间歇灌溉等节水灌溉方式能有效地提高土壤微生物活性。因此，灌溉对土壤结构的影响，除了本身的时间、方式、量等以外，还需要考虑种植作物的类型以及外部的环境条件。如在 Na 含量较高的土壤中，灌溉则可能会减弱土壤的团聚作用。

施肥和表土覆盖等农艺管理措施都会对土壤结构产生影响，影响着土壤的团聚过程。施肥对土壤剖面含水量有较大影响，0～20cm 土层土壤含水量略有下降，而 20～60cm 土层则急剧下降（李芳林等，2010）。施用化肥会导致土壤 pH 的下降，从而引起土壤生物化学属性的变化，进而影响土壤团聚体的形成。这种效应在活性黏粒含量较低的土壤中尤为突出，而在活性黏粒含量较高的土壤中施用化肥则会促进土壤团聚作用。有机物料施用能降低风沙土中沙粒的含量，提高黏粒和物理性黏粒含量，提高>0.25mm 团聚体含量，降低土壤比重和容重，提高土壤孔隙度与孔隙比。

长期有机肥和肥料配施可使冬小麦加强对深层土壤水分的吸收利用，致使土壤总储水量下降，下降幅度最大的是氮肥与有机肥配施、氮磷与有机肥配施、有机肥单施和磷肥与有机肥配施，较不施肥分别下降了 28%、24%、21% 和 20%（李芳林等，2010）。刘恩科等（2007）研究指出，在褐潮土中长期施肥会增加耕层土壤中各粒径团聚体（2～5mm，1～2mm，0.5～1mm，0.25～0.5mm）的含量，同时指出有机无机肥配施这 4 个粒径团聚体含量增幅较大，即表明化肥与有机肥配施有利于土壤较大粒径团聚体的形成；同时，长期施肥可以提高各级团聚体的养分含量、微生物量碳、氮以及酶活性，并且可显著提高土壤 2～5mm、1～2mm、0.5～1mm、0.25～0.5mm 团聚体的养分储量和贡献率，其中长期配施有机无机肥优于长期施用化肥。同时，在相同施肥条件下，提高各级团聚体养分含量和储量长期复种轮作要优于复种连作。据刘骅等（2010）研究结果，与不施肥相比，配施有机肥可以显著增加灰漠土各粒径有机碳组分的含量，并以沙粒有机碳含量增速最快；而长期施用化肥则不利于增加灰漠土各粒径有机碳组分的含量。同时，施肥有助于显著提高土壤微生物量碳以及脲酶、酸性磷酸酶的活性，其中施用有机肥效果要明显优于单施化肥。另外，施用有机肥也改善了土壤微生物群落结构，提高了其多样性。高崇洋等（2010）指出，耕作和施加有机肥、化肥，对表层黑土细菌群落结构影响较大，而对中层和深层细菌群落结构影响较小；但是对 1m 以下土壤细菌群落影响较小且细菌群落随土壤深度不同的垂向变化要远高于土壤管理措施造成的影响。

因此，合理的水肥管理措施可以改善土壤结构，但其对土壤结构的影响可能更多的是通过对植物生长、土壤有机质、土壤微生物活性等影响而产生。

3. 土壤调节剂 添加有机质（比如混合肥料、粪肥和污泥）可以通过促进矿质有机混合物的形成而对土壤结构起到有益作用。目前，很多合成有机聚合物（土壤改良剂和土壤稳定剂）已广泛应用于改善土壤结构。关于土壤改良剂等有机聚合物的研究可追溯到 19 世纪 50 年代，Monsanto 公司生产了 Krilium，一个综合了几种聚合物的商标名称：乙酸乙烯酯、羟基丁二酸和水解聚丙烯腈。聚合物是由小的重复单位和单体连接在一起形成的延长链。在溶液中链长在几千到 $3\times10^5\mu m$ 之间，平均直径为 0.5～1.0μm。通常使用的聚合物为多聚糖（PSD）和聚丙烯酰胺（PAM）。黏土和聚合物混合体可以形成稳定的团聚体。

土壤调节剂是能被土壤黏粒表面吸附的合成聚合物，并且能够改变黏粒与溶液中水分和离子的相互关系。一个聚合物分子也能与几个黏粒通过颗粒间的链接形成而相连，这种链接会减小一个分散体系的聚沉或使得已有的非稳定团聚体更加稳定。黏粒表面对聚合物的吸附作用会导致熵和焓的变化，这是因为溶液态和吸附态的分子状态的变化，以及土壤颗粒与聚合物分子的相互作用能的变化。当有大量焓或相互作用能净释放时，吸附过程就显得很重要。有两种水平的相互作用能决定了黏粒表面对聚合物的吸附：①净相互作用能 E；②临界能 Ec。当 $E>Ec$ 时，吸附过程就会达到平衡。除了会产生焓变外，也可能会产生熵变。界面对聚合物的束缚会导致熵的减少（AS）。而熵的增加可能是由于：①水分脱离黏粒表面的束缚；②水分子与聚合物分开或结合，以及变成表面态分子或脱离表面态；③聚合物构象的变化。因此，当高分子类土壤改良剂施入土壤后能模拟土壤中有机大分子物质的作用，可使分散的矿物质颗粒形成人工团粒并使天然团粒的稳定性提高，进而使土壤结构及其物理性质如孔隙度、通气性、透水性、坚实度等得到改善。王久志等（1988）研究表明，聚乙烯醇用于改良沙土时，土壤中的团粒数从 6.67%～63.00%增加至 7.50%～79.00%，并影响土壤容重、最大持水量、土壤温度和抑制水分蒸发。贡学锋等（2005）通过模拟试验表明，施用聚丙烯酰胺处理的土壤饱和含水量和田间持水量分别比对照土壤增加 5.18%和 1.22%，同时可减弱土壤空气与大气之间的水汽扩散率，降低土壤水分蒸发，在土壤形成很多“小水库”，为作物生长提供更多的可利用水源，并且有效降低土壤容重，增大土壤总孔隙度。龙明杰等（2002）研究表明，接枝丙烯酸和丙烯酰胺的改性淀粉可使土壤中的水稳性团粒含量提高 19%和 24%。曾觉廷和陈萌等（1993）研究了聚丙烯酰胺、高级吸水变性聚乙烯醇树脂、腐殖酸钠 3 种土壤改良剂的改良效果，盆栽和田间试验表明这 3 种改良剂均能提高土壤中大团聚体的含量，且以聚丙烯酰胺的效果最好，质地黏重的比沙质土的效果好；同时也能降低土壤容重，提高总孔隙度，盆栽条件下以聚丙烯酰胺效果最佳，在田间条件下则以聚乙烯醇树脂效果最佳。因此，施用土壤调节剂能够改善土壤结构，但其效果受土壤质地、作物类型、施用量和施用方式等诸多因素的影响。

4. 工程措施　工程措施的目的是改变土壤结构（包括层次结构），使土壤颗粒组成从不适合作物生长向适合作物生长的比例改变。通过采取工程措施，不仅会使土壤的颗粒组成发生改变，同时也使土壤有机质、各种养分的含量等理化性质发生相应变化，其结果也必然引起土壤水稳性微团聚体含量以及土壤颗粒团聚性的变化（表 5-4）。

如果仅直观地从表 5-4 所列土壤水稳性微团聚体的含量来分析，除大眼泥土和半沙半泥外，改土使各种土壤中>0.01mm 水稳性微团聚体的含量均有一定幅度增加。>0.01mm 水稳性微团聚体含量的增加是土壤>0.01mm 物理性沙粒含量增加的结果，两者之间呈显著性正相关（r=0.931 5，n=12）。>0.01mm 水稳性团聚体的含量很难反映改土后团聚体大小分布变化的本质。以土壤颗粒团聚能力为依据的指标，<0.01mm 物理性黏粒的团聚度能较好地反映改土对土壤颗粒团聚化的影响。<0.01mm 土粒团聚度与<0.01mm 物理性黏粒

含量和土壤有机质含量呈正相关（r=0.713 1，r=0.669 8，n=10），而与>0.01mm物理性沙粒含量呈负相关，除死黄泥土外，其余几种土壤中<0.01mm土粒团聚度均呈现出不同程度的下降，其中油沙土<0.01mm土粒团聚度下降幅度最大。

表5-4　改土前后土壤水稳性微团聚体大小分布的变化

土壤	时间	水稳性团聚体（mm，g/kg）							<0.01mm土粒团聚度
		1～0.25	0.25～0.05	0.05～0.01	0.01～0.005	0.005～0.001	<0.001	>0.001	
大眼泥土	改土前	128.3	34.0	351.6	60.7	103.4	22.0	813.9	538.6
	改土后	222.7	289.1	274.9	64.9	110.9	37.5	786.9	444.2
死黄泥土	改土前	189.2	311.8	252.5	80.6	128.9	37.0	753.5	519.9
	改土后	271.4	215.3	329.2	82.3	51.4	50.4	815.9	581.1
半沙半泥土	改土前	449.0	273.5	170.8	40.8	37.4	28.9	893.3	643.0
	改土后	420.1	257.0	191.5	55.4	44.4	31.6	868.6	354.0
油沙土	改土前	449.0	273.5	170.8	40.8	37.4	28.9	893.3	643.0
	改土后	745.5	123.2	41.6	20.4	35.1	34.2	910.3	199.8
沙土	改土前	627.5	168.4	97.4	46.7	34.0	26.0	903.3	402.3
	改土后	762.0	123.5	59.0	24.3	10.8	20.0	944.9	322.3

注：$<0.01\text{mm土粒团聚度}=\frac{>0.01\text{mm水稳性团聚体}->0.01\text{mm物理沙粒含量}}{<0.01\text{mm物理性黏粒含量}}\times 1\,000$

第三节　土　壤　水

土壤水是土壤最重要的组成部分之一，是作物吸收水的主要来源，是自然界水循环的重要环节。土壤水处于不断地变化和运动中，影响着作物的生长以及土壤中许多物理、化学和生物过程。但是土壤水并非纯水，而是稀薄的溶液，不仅溶有各种溶质，而且还有胶体颗粒悬浮或分散于其中。通常所说的土壤水实际是指在105℃下从土壤中驱逐出来的水。根据土壤水分所受的力可将其分为如下几类：一是吸附水，或称束缚水，受土壤吸附力作用保持，其中可分为吸湿水和膜状水；二是毛管水，受毛细管作用而保持；三是重力水，受重力支配，容易进一步向土壤剖面深层运动。上述各种水分类型，彼此密切交错联结，很难严格划分。同时，在不同土壤中其存在的形态也不尽相同。在无结构的黏质土中，非活性孔多，无效水含量高。在质地适中的壤质土和良好结构的黏质土中，孔隙分布适宜，水、气比例协调，毛管水含量高，有效水也多。

一、土壤水的有效性

植物从土壤中吸水然后经叶面蒸腾到大气中，可以看作是一个统一的物理过程的连续体系，把这个体系称为土壤—植物—大气连续体，英文缩写为SPAC。在SPAC中水流总是从水势高处向水势低处流动，其通量与水势差成正比，与相应的阻力成反比。其阻力的大小在植物体中最小，在土壤中其次，在叶面与大气间最大。土壤和植物之间的总水势差只有零点几兆到几兆帕的范围，而土壤与大气之间的总水势差可达几十兆帕甚至更多。

当土壤供水充足，能满足植物蒸腾的需要时，蒸腾强度是由蒸发所决定的。但在土壤供水不足或土水势降低，不能满足植物蒸腾消耗时，叶水势降低，膨压下降，叶片气孔关闭，蒸腾减弱，这时蒸腾强度就不单纯决定于蒸发了，而是与土壤导水率、土水势有密切关系。当土水势＞根水势＞叶水势，植物能顺利地从土壤中吸水，并满足蒸腾耗水，此时植物就不会萎蔫。可见植物从土中吸水，经过本身传导又蒸腾到大气中去，与气象因素和土壤水的有效性关系密切。

土壤水的有效性是指土壤水能否被植物吸收利用及其难易程度。不能被植物吸收利用的水称为无效水，能被植物吸收利用的水称为有效水。其中因其吸收的难易程度不同又可分为速效水（易效水）或迟效水（难效水）。通常把土壤萎蔫系数看作土壤有效水的下限。低于萎蔫系数的水分，作物无法吸收利用，属于无效水。这时土水势（或土壤水吸力）约相当于根的吸水力（平均为－1.5MPa）或根水势（平均为－1.5MPa）。一般把田间持水量视为土壤有效水的上限。所以土壤田间持水量与萎蔫系数之间的差值，即土壤有效水最大含量。土壤有效水最大含量因不同土壤和不同作物而异，如表 5－5。土壤质地由沙变黏，田间持水量和萎蔫系数也随之增高，但增高的比例不同。黏土的田间持水量虽高，但萎蔫系数也高，其有效水最大含水量并不一定比壤土高。因而在相同条件下，壤土的抗旱能力反比黏土强。

表 5－5　土壤质地与有效水最大含量的关系

土壤质地	沙土	沙壤土	轻壤土	中壤土	重壤土	黏土
田间持水量（%）	12	18	22	24	26	30
萎蔫系数（%）	3	5	6	9	11	15
最大有效水含量（%）	9	13	16	15	15	15

土壤水是否有效及其有效程度的高低，在很大程度上取决于土壤水吸力和根吸力的对比。一般土壤水吸力＞根吸力则为无效水；反之则为有效水。但是从 SPAC 中可知道，土壤水有效性不仅决定于土壤含水量或土壤水吸力与根吸水力的大小，同时，还取决于气象因素决定的大气蒸发力，以及植物根系密度和根伸展的速度。例如，在同一含水量或土水势时，大气蒸发力弱，根系分布密而深，根系伸展也大时，植物可能得到一定水分而不发生萎蔫；反之，大气蒸发力强，根系分布浅而稀，根伸展的速度慢，植物虽然仍能得到一部分水，但因入不敷出，则会发生永久萎蔫。

二、土壤水运动

在土壤中存在 3 种类型的土壤水分运动——饱和水流、非饱和水流和水汽移动，前两者指土壤中液态水的流动，后者指土壤中气态水的运动。

1. 饱和水流　饱和水流的推动力主要是重力势梯度和压力势梯度，饱和水流的运动规律由法国工程师达西通过实验确定，即单位时间内通过单位面积土壤的水量，也就是土壤水通量与土水势梯度成正比。饱和水流不只是垂直地发生，也会水平流动。如果把土壤中的饱和水流动简化为一维垂直饱和流，可用下列差分方程来描述：

$$q = -K_s \frac{\Delta H}{L}$$

式中，q 表示单位面积的土壤水通量（cm/h）；ΔH 表示总水势差（实际中一般用厘米水柱表示，单位 cm）；L 为水流路径的直线长度（cm）；K_s 为土壤饱和导水率（cm/h），负号表示土壤水通量指向水势梯度下降的方向。通过土柱的水通量可以用下式计算：

$$Q = q \times A$$

式中，A 为此土柱的横截面积（cm^2）；Q 为通过该土柱横截面的水通量（cm^3/h）。

土壤饱和导水率反映了土壤的饱和渗透性能，任何影响土壤孔隙大小和形状的因素都会影响饱和导水率。土壤孔隙中的总流量与孔隙半径的四次方成正比，因此通过半径为 1cm 的孔隙的流量，相当于通过 10 000 个半径为 0.1cm 的孔隙的流量，显然大孔隙对饱和水流的影响最大。

土壤质地和结构与导水率有直接关系。沙质土壤通常比细质土壤具有更高的饱和导水率，同样具有稳定团粒结构的土壤比具有不稳定团粒结构的土壤传导水分要快得多，后者在潮湿时结构就被破坏了，细的黏粒和粉沙粒会阻塞较大孔隙的连接通道。天气干燥时龟裂的细致土壤起初能让水分迅速移动，但过后因这些裂缝膨胀而闭塞起来，可使水的移动减少到最低限度。土壤中的饱和水流受到有机质含量和无机胶体性质的影响。有机质有助于维持高比例的孔隙；某些类型的黏粒则有助于增加小孔隙，从而降低土壤导水率，如 1∶1 型黏粒多的土壤比含蒙脱石多的土壤通常具有更低的导水率。在土壤中，某些情况下会出现饱和水流，如大量持续降水和稻田淹灌时会出现垂直向下的饱和流；地下泉水涌出属于垂直向上的饱和水流；平原水库库底周围则可能出现水平方向的饱和水流。当然以上各种饱和水流的方向也不一定完全是单向的，大多数是多向的复合流。

2. 非饱和水流　土壤非饱和水流的推动力主要是基质势梯度和重力势梯度。一般可以用非饱和达西定律来描述：

$$q = -K(\psi_m)\frac{d\psi}{dx}$$

式中，q 为非饱和水通量；$K(\psi_m)$ 为非饱和导水率；$\frac{d\psi}{dx}$ 为总水势梯度；负号表示水流方向指向总水势梯度下降的方向。

非饱和条件下土壤水流的数学表达式与饱和条件下相类似，二者的区别在于：饱和条件下的总水势梯度为重力势和压力势之和的梯度，而在非饱和条件下则为重力势和基质势之和的梯度；饱和条件下的土壤导水率 K_s 为一常数，而非饱和条件下的土壤导水率是土壤含水量或基质势（ψ_m）的函数。

3. 土壤水分的入渗与再分布　入渗是指地面供水期间水进入土壤的运动和分布过程。入渗过程一般是指水自土表垂直向下进入土壤的过程，但也不排斥如沟灌中水分沿侧向甚至向上进入土壤的过程。

在地面平整、上下层质地均一的土壤上，水进入土壤的情况由两方面因素决定：一是供水速率，一是土壤的入渗能力。在供水速率小于入渗能力时（如低强度的喷灌、滴灌或降雨时），土壤对水的入渗主要由供水速率决定。当供水速率大于入渗能力时，则水的入渗主要取决于土壤的入渗能力。土壤的入渗能力是由土壤的干湿程度和孔隙状况（质地、结构、松紧等）决定的。例如干燥的土壤、质地粗的土壤以及有良好结构的土壤入渗能力就强；相反，土壤越湿、质地越细和越紧实的土壤入渗能力就弱。但是，不管入渗能力是强还是弱，入渗速率都会随入渗时间的延长而减慢，最后达到一个比较稳定的数值。

土壤入渗能力的强弱，通常用入渗速率来表示，即在土面保持有大气压下的水层，单位时间通过单位面积土壤的水量，单位是 mm/s、cm/min、cm/h、cm/d 等。在土壤学中常使用的 3 个指标为最初入渗速率、最后入渗速率、入渗开始后 1h 的入渗速率。对于某一特定的土壤，一般只有最后入渗速率是一个比较稳定的参数，故常用其表达土壤渗水强弱，又称为透水率（或渗透系数）。几种不同质地土壤的最后稳定入渗速率比较，以沙土最大，可达 20mm/h 以上，沙质和粉质土次之，为 10～20mm/h，其次为壤土 5～10mm/h 和黏质土 1～5mm/h，而以碱化黏质土最低，一般在 1mm/h 以下。

当入渗停止时，由于土壤水入渗而进入土层内的水分在水势梯度作用下还将继续运动，这个过程称之为土壤水的再分布过程。土壤水的再分布过程也是随着时间推移速率逐渐变慢，但其过程很长，可达数十天乃至几个、十几个月甚至一两年或更长的时间。

土壤水的再分布是土壤水的不饱和流。开始时湿润深度浅而下层土壤又相对干燥，吸力梯度必然大，土壤水的再分布就快；反之，若开始时间湿润深度大而下层又较湿润，吸力梯度小，再分布主要受重力的影响，进行就慢。不管在哪种情况下，再分布的速度也和入渗速率的变化一样，通常是随时间而减慢。这是因为湿土层不断失水后导水率也必然相应降低，湿润前锋向下移动的速度也跟着降低，湿润前锋在渗吸水过程中原来可能是较为明显的，但在再分布中逐渐消失了。

在地下水埋深较浅时，土壤水通过剖面上的再分布可能达到地下水，从而补给地下水，促使地下水水位抬高，或者随着地下水侧向排到它处。这时人们把再分布进一步延续的过程称为内排水，也叫土壤渗漏。

4. 土壤气态水的运动　土壤中保持的液态水可以汽化为气态水，气态水也可以凝结为液态水。在一定条件下，两者处于相互平衡之中。土壤中水蒸气的运动分为两种，即内部运动和外部运动。外部运动发生在土壤表面，称为土面蒸发，内部运动发生在土壤内部，其运动表现为水汽扩散和水汽凝结两种现象。

水汽运动的推动力是水汽压梯度，这是由土壤水势梯度或土壤水吸力梯度和温度梯度所引起的。其中温度梯度的作用远远大于土壤水吸力梯度，是水汽运动的主要推动力。因此，水汽运动总是由水汽压高处向水汽压低处，由温度高处向温度低处运动。当水汽由暖处向冷处运动遇冷时便可凝结成液态水，这就是水汽凝结。水汽凝结有两种现象值得注意，一是夜潮现象，二是冻后聚墒现象。夜潮现象多出现于地下水埋深较浅的夜潮地。白天土壤表层被晒干，夜间降温，底土温度高于表土，所以水汽由底土向表土移动，遇冷便凝结，使白天晒干的表土又恢复潮湿，这对作物需水有一定的补给作用。冻后聚墒现象是我国北方冬季土壤冻结后的聚水作用。由于冬季表土冻结，水汽压降低，而冻层不断加厚，其含水量有所增加，这就是冻后聚墒现象。虽然对土壤上层的增水作用有限（2%～4%），但对缓解土壤旱情有一定意义。冻后聚墒的多少主要决定于该土壤的含水量和冻结强度，含水量高冻结强度大，冻后聚墒就比较明显。在土壤含水量较高时，土壤内部的水汽移动对于土壤供给作物的水分很小，一般可以不加考虑，但在干燥土壤给耐旱的漠境植物供应水分时，土壤内部的水汽移动可能具有重要意义。

土壤水不断以水汽的形态由表土向大气扩散而逸失的现象称为土面蒸发。蒸发作用的强弱常以蒸发强度表示，即单位时间地面上所蒸发的水量。土面蒸发的形成及蒸发强度的大小主要取决于两方面：一是辐射、气温、湿度和风速等外界条件，综合起来称为大气蒸发能力。它不仅决定水分蒸发过程中能量的供给，还影响蒸发表面水汽向大气的扩散过程；二是受土壤含水率的大小和分布的影响。这是土壤水分向上输送的条件，也即是土壤的供水能力。当土壤供水充分时，由大气蒸发能力决定的最大可能蒸发强度称为潜在蒸发强度。

要使蒸发过程持续进行，必须具备以下 3 个前提条件：不断有热量达到土壤表面，以满足水的汽化热量需要（15℃时 1g 水的汽化热约为 3.47kJ）；土壤表面的水汽压要高于大气的水汽压，以保证水汽不断进入大气；表层土壤必须能不断地从地下层得到水的补给。

根据大气蒸发能力和土壤供水能力所起的作用、土面蒸发所呈现的特点和规律，将土面蒸发过程分为 3 个阶段：

（1）大气蒸发力控制阶段　在蒸发的起始阶段，当地表含水率很高时，尽管含水率有所变化，但地表处的水汽压仍维持或接近于饱和水汽压。结果含水率的降低并不影响水汽的扩散通量，土壤能向地表充分供水。在这种情况下，表面蒸发强度不随土壤含水率的降低而变化，称为稳定蒸发阶段。稳定蒸发阶段蒸发强度的大小主要取决于大气蒸发能力，可近似为水面蒸发强度 E_0 。一般认为此阶段含水率的下限相当于田间持水量的 50%～70%。

（2）表土蒸发强度随含水率的变化阶段　当表土含水率低于临界含水率 θ_k 以下时，土壤导水率随土壤含水率的降低或土壤水吸力的增高而不断减少，导致土壤水分流向地表的土壤水通量（即土壤的供水能力）不可避免地减小下来，表层土壤消耗的水分得不到补充，导致地表含水率进一步减少。随着表土含水率的降低，地表处的水汽压也降低，蒸发强度随之减弱。该阶段是土表蒸发强度随表土含水率降低而递减的阶段。

（3）水汽扩散阶段　当表土含水率很低，低于萎蔫系数时，土壤表面形成干土层。土壤水分在干土层下汽化，然后以水汽扩散的方式穿过干土层而进入大气。在此阶段，蒸发面不是在地表，而是在土壤内部，蒸发强度的大小取决于干土层的气体扩散速率。该扩散速率主要取决于干土层的孔隙状况和厚度，一般比较稳定。

土壤的蒸发强度与外界条件、土壤条件密切相关，尤其是气象条件的变化对土壤蒸发速率的影响极大。由于气象因素的周期变化，昼夜蒸发强度就有很大的差异。土表蒸发的第一阶段的蒸发强度最大，是土壤水分损失最快的阶段，在该阶段进行中耕或其他保墒措施效果最好。土面蒸发是自然界水循环的重要一环，也是造成土壤水分损失、导致干旱的一个主要因素。在一定条件下，蒸发还可以引起土壤沙化或盐渍化。

三、土壤水平衡

土壤水是自然界水循环的一个重要分支。大气降水或灌溉水进入地面，一部分可通过地表径流汇入湖泊，另一部分则入渗成为土壤水。入渗进入土壤的水经再分布，从而形成土壤含水剖面。土壤水可能进一步下渗，补充地下水（即所谓内排水），另外在有植被的地块，根层周围的土壤水经作物根系吸收并由叶面蒸腾，以及地面水分蒸发等途径又回到大气中。因此，土壤水在自然环境中有着许多水分收支过程。尽管田间的各种水流过程错综复杂，但仍遵循质量守恒定律。

土壤水分平衡是指对于一定面积和厚度的土体，在一段时间内，其土壤含水量的变化应等于其来水项和去水项之差，正值表示土壤贮水增加，负值表示减少。田间土壤水分平衡数学表达式为

$$\Delta W = P + I + U - ET - R - I_n - D$$

式中，ΔW 表示计算时段末与时段初土体储水量之差（mm）；P 表示计算时段内降水量（mm）；I 表示计算时段内灌水量（mm）；U 表示计算时段内上行水总量（mm）；ET 表示土面蒸发量与植物蒸腾量之和，称为蒸散量（mm）；R 表示计算时段内地面径流损失量（mm）；I_n 表示计算时段内植物冠层截留量（mm）；D 表示计算时段内下渗水量（mm）。

降水量和灌溉量可用雨量筒和水表定量，为简便起见，二者可以合并，以 P 代表之。田间蒸腾和蒸发很难截然分开，常结合在一起，统称为蒸散。截留是降水或喷灌时被植物冠层所截获而未达到土表的那部分水量，苗期自然很少，但生长中后期有时可占降水量的2%～5%，这部分来水未参与土面蒸发而直接从植物冠层上蒸发掉，因此又常合并写成 ET_i 。可是截留量较难统计，且数量不大，许多情况下予以忽略。地表径流与截留有着同样的情况，不过对于平坦地块来说，不出现暴雨或降雨强度不太大时也可以忽略，$R = 0$ 和 $I_n = 0$ ，U 和 D 可通过测定基质吸力，由达西定律求出，通常 U 和 D 两者取其一，ΔW 可由测定的含水率求得。因此，土壤水分平衡式可简化为：$\Delta W = P + U - ET - D$ ，土壤水平衡在实践中有很多用处，根据土壤水分平衡式，用已知项可以求得某一项（如蒸散量等），这就是所谓的土壤水量平衡法。

四、土壤水库

天然降水是维持陆地生态系统乃至全人类生存需要的基础，降水量的56%消耗于陆面蒸发和植物蒸腾，即降水资源化为地表径流的水资源仅有44%。我国目前水资源利用数量相当于我国降水资源的7.5%，地表径流的18.0%。因此，大力提高降水资源的回收和利用率，防止水的二次蒸发和污染，加强雨水利用是21世纪水资源开发的方向。雨水利用在解决全球部分地区水资源紧缺以及生态环境问题方面的可行性与有效性已经得到认可，具有良好的发展前景。

土壤中储存的土壤水是作物直接的水分来源，无论是大气降水、地表水，还是地下水都必须通过土壤这个载体，变成储存在土壤中的土壤水，作物才能吸收利用。未来节水农业技术实施的实质是以水为中心的田间水—土—植—气的系统关系，保持降水、地表水、地下水、土壤水和作物水之间的适应于农业生产用水要求的互相转化的平衡，求得良好的土壤水、肥、气、热、盐状况，提高灌溉水源（或降水）到形成作物产量各个转化环节的水分利用效率。只有在清楚农田地表水、土壤水和地下水运移原理的基础上，通过土壤水的调控、保蓄作用，联合利用地上地下水资源方可实现农田系统水资源的可持续利用。

土壤水库是指地面以下、地下潜水面以上的整个包气带，水源主要来自降水与人工灌溉，库容的大小与土壤水分的有效性和土层厚度密切相关。土壤水库库容分为贮水库容、有效水库容、无效水库容、通透库容和总库容。计算土壤水库库容的公式有两类，一是根据体积质量、质量含水量和土层深度来计算，另一类是根据土壤的基本水分常数和土层深度来计算。

研究土壤水库有助于掌握土壤季节性需水状况，促进作物正常生长，保证粮食产量；合理利用土壤水库，可以贡献于农业水资源平衡，促进生态系统的和谐发展；同时，土壤水库能够与森林植被一起，发挥蓄水、保土、减蚀和削减洪峰的功能，减少自然灾害的发生。土壤类型、地表覆盖、气候条件以及人类活动共同影响着土壤水库的库容大小。在长江流域的研究发现，水土流失是破坏土壤库容的主要原因，而通过提高地表植被覆盖和改善土壤入渗率可有效地提高库容。在旱地农田实行全程全覆盖的保水措施，既能较大程度地吸纳天然降水，又可抑制土壤水分蒸发，形成良好的“土壤水库”。同时，随着人们生活水平的提高，地表封闭和土壤压实也给土壤水库带来了损失，如何保证城市土壤水库库容也成为了近年来的热点问题。

1. 土壤水分是农田水量平衡的核心 基于农田土壤水分平衡原理建立的农田水量平衡模型，在估算土壤水分贮量、制订农田灌溉计划、预报作物产量以及区域水资源评价等方面得到了广泛应用。农田水量平衡是指在一定时间内，作物根系层范围一定深度内得到的水分和损失的水分之间的平衡关系，平衡过程的实质就是土壤水分的变化过程。

土壤水分转化是以土壤—植物—大气连续统一体（SPAC）为基础的，主要指入渗（降雨或灌溉）水分在土壤内的运动和转化过程。地表蒸发和植被蒸腾是坡地水量转化和水量平衡中的一个重要内容，也是研究工作的难点。一是蒸腾、蒸发的直接测定比较困难；二是常用的半理论半经验公式是建立在大量观测资料的基础上，具有计算方便、操作简易的优点，半经验公式中参数地域性强，理论模型通常建立在质量守恒和能量平衡的基础上，物理概念明确，适应性强，但需要一定的气象观测资料；三是受局部小气候的影响大，需要引入不少标定函数。由于作物棵间蒸发和植株蒸腾是互为消长和难以分开的，实际工作中常将二者结合起来考虑，统称为腾发量或蒸散量。关于腾发的理论与计算方法可分为水量平衡法和能量平衡法、紊流扩散法、模式综合法和经验方法等，各种理论与方法都有其适用条件和局限性。

目前，土壤水分变化的研究已经进入定量化和综合化的研究阶段。主要反映在以下两个方面：①以 Richards 方程为基础的特定条件下的土壤水分变化模型及其数值解，并与实验观测值进行比较。研究比较基于 Richards 方程和土壤水容量概念的两个方法，以模拟非饱和流的过程，发现前者能较合理地模拟土壤表层或深层土壤水变化的运动，而后者则对中层土壤的模拟效果较好。Richards 方程的非稳定解更能客观地描述土壤水分的变化动态，在无作物的条件下，该模型能合理预测土壤水和水势的分布，模型模拟 3 种典型土壤的三维土柱入渗过程能获得观测与模拟较一致的结果。②对土壤水分变化/运动参数及其影响因素的认识与定量化研究。

土壤含水量年内变化主要受降雨和蒸腾散发的年内变化影响，可划分为 4 个时期：春季土壤水分缓慢蒸发期、旱季土壤水分严重亏缺期、雨季土壤水分补偿期和冬春土壤水分相对稳定期。大气降水对裸地土壤水分的影响十分明显，水平向和垂直向土壤水分梯度均明显大于草地和耕地；天然草地浅层土壤水分明显受天气状况和牧草生长影响。土壤水分变化/运动的定量研究表明，以 Darcy - Buchingham 为基础的模型可以很好地模拟根区（rhizosphere）的土壤水分变化运动特征。定量化主要以模型模拟为主，建立了旱地农田土壤水分的动态模型和保护性耕作土壤水分模型及其相关子模型；提出了描述降水（灌水）入渗、地下潜水蒸发（或补给）、根区土壤水分传输、根系吸水和蒸发蒸腾 5 个子系统的麦田“五水”（大气水、地面水、地下水、土壤水和植物水）转化动力学模式；推导出了描述大尺度非饱和土壤水分运动宏观特征的数学模型；构建了以土壤水分作为调控因子的根、冠互相耦合机制模型，该模型具有较强普适性和较高模拟预测精度，不仅能模拟预测不同土壤水分条件下根、冠干物重，研究根、冠间互利互制消长反馈关系，而且简单易行。

近年来，农田水量平衡研究是一大热点，已基本弄清了农田水量平衡的基本特征和土壤水量平衡的影响因素，比如，土壤深度和微地形对土壤水量平衡的作用，层次化土壤的水分运动特征等。在定量研究方面，目前比较广泛应用的是 MIKE SHE 模型，它是一种综合性的、确定性的、能反映空间分布的、基于自然过程的数学模型模拟系统，该模型适合在灌溉计划等水资源管理中应用。同时，基于地理信息系统的水文水量平衡模型正在兴起，多细胞水量平衡（Multi - cell water balance）模型就能较好地预测小流域的月均或年均水量平衡；土壤水分路径（Soil moisture routing）模型是一种日均水量平衡模型，特别适用于薄层土壤，具有有效的预测能力。

2. 土壤水库是农田三水转化的枢纽　土壤作为一个水库应具备两个条件：一是水源，二是库容。土壤水库的水源主要是大气降水和人工灌溉补给。库容的大小与土壤水分的有效性和调控深度密切相关。一个良好的天然土壤水库其大部分农田应该土层深厚，结构良好，对水分具有渗透性、持水性、移动性和相对稳定性以及吐纳、调节的功能，为农作物生长发育提供了较好的生存空间。土壤水库的功能主要包括：对作物供水具有连续性，对作物供水具有调节能力，对三水转化具有重要影响。土壤“水库”的调蓄能力可用 3 个基本土壤水分常数，即饱和水量（θ_s）、田间持水量（θ_f）和凋萎系数（θ_{wp}）来计算，θ（h）为容积含水量［即土壤水分重量（%）乘以土壤容重（g/cm^3）］。则土壤“水库”的总库容$\left[V_s=\int_0^H\theta_s(h)dh\right]$、田间蓄水能力$\left[V_f=\int_0^H\theta_f(h)dh\right]$、凋萎蓄水能力$\left[\text{死库容}\ V_{wp}=\int^H 0\theta_{wp}(h)dh\right]$和有效蓄水能力$\left[\text{有效库容}\ V_e=\int_0^H[\theta_f(h)-\theta_{wp}(h)]dh\right]$都可以计算。

土壤水库的库容因为土壤类型、地表覆盖物、气候因素，以及人为作用而发生改变。从表 5 - 6 几种黄壤水库的蓄存能力可以看出，受土壤性质的影响，几种黄壤间在有效水库容、总库容等各个指标间均存在较明显的差异。

表 5 - 6　黄壤水库蓄存能力

土　壤	土层（cm）	田间持水量（%）	萎蔫系数（%）	有效水含量（%）	贮水库容（mm）	无效水库容（mm）	有效水库容（mm）	总库容（mm）	通透库容（mm）
厚黄黏泥土	0～10	41.83	32.93	8.90	41.83	32.93	8.90	61.80	19.97
	10～17	44.19	36.52	7.67	30.93	25.56	5.37	40.97	10.04
	17～49	56.42	53.13	3.29	180.54	170.02	10.52	184.09	3.55
	49～100	56.30	53.57	2.73	287.14	273.20	13.94	299.23	12.08
	0～100	—	—	—	540.45	501.71	38.74	586.08	45.64
厚橘黄泥土	0～5	40.49	36.10	4.39	20.24	18.05	2.19	24.35	4.10
	5～20	39.14	35.07	4.07	58.72	52.61	6.11	74.46	15.74
	20～47	37.64	33.72	3.92	101.63	91.05	10.59	142.42	40.78
	47～90	44.88	41.81	3.07	192.97	179.77	13.19	222.73	29.76
	0～90	—	—	—	373.56	341.48	32.09	463.96	90.40

（续）

土　壤	土层（cm）	田间持水量（%）	萎蔫系数（%）	有效水含量（%）	贮水库容（mm）	无效水库容（mm）	有效水库容（mm）	总库容（mm）	通透库容（mm）
黄泥土	0～20	36.99	32.10	4.89	73.97	64.19	9.78	101.14	27.17
	20～60	43.56	40.23	3.34	174.24	160.90	13.34	221.58	47.34
	60～95	40.06	37.30	2.76	140.21	130.57	9.65	208.91	68.70
	0～95	—	—	—	388.43	355.66	32.76	531.64	143.21

不同区域的土壤由于性质差异较大，因而其土壤水库容差异也较明显。对于长江流域而言，水土流失是破坏土壤库容的主要原因，而提高地表植被覆盖度，增加土壤入渗率是提高库容的有效途径。对于赤红壤、红壤旱地，土壤水总库容、贮水库容、有效水库容和通透库容存在差异，要充分发挥旱地土壤的生产潜力，管理的核心应该是水分管理，充分蓄水、合理用水、千方百计保水是管理的出发点和归宿。探讨旱作区不同气候类型土壤水库的贮水能力及其运行规律，可以给出不同农业干旱程度的贮水标准和贮水量亏缺额，为土壤水库潜力的开发利用提供依据。在旱地农田实行全程全覆盖的保水措施，采用不同覆盖材料，配合垄作方式，既能较大程度地吸纳天然降水，又可做到全程全封闭地抑制土壤水分蒸发，形成良好的“土壤水库”，使不均衡的天然降水变为较均匀的供水。在整个覆盖周期内其土壤贮水量始终高于半覆盖和不覆盖处理，有效地缓解了作物旱情，提高了天然降水的利用效率。另外，合理的施肥深度能明显促进冬小麦中、下层根系的生长发育，扩大作物觅取水分和养分的土壤空间，有效地吸收和利用储藏在土壤深层的水分，从而能充分发挥土壤水库的调控作用，提高小麦的产量和水分利用效率。

土壤水库的研究不能仅仅局限于农田范围，应该纳入到整个生态系统之中。对黄土高原形成及其演变规律进行分析发现，土壤水库与陆地生态环境的发展过程有相辅相成的内在联系，只有充分发挥土壤水库的作用才可以重建生态环境，同时促进生态农业的持续发展和黄河水利事业的兴旺。土壤水库功能的完全发挥也必须和其他环境系统协调配合。土壤水库和森林系统有效结合就能具有更大调节水资源的潜力。合理利用土壤水库和森林植被可以蓄水、保土、减蚀，削减洪峰，减少自然灾害。

3. 降雨径流资源化与土壤水库的关系　土壤水库蓄水量的大小，对降雨的三水转化具有重要的影响。如果雨前土壤水库的蓄水量大，则降雨形成的地表水或地下水就多，相应地蓄存在土壤水库中的水分就减少，降雨有效利用程度降低；如果雨前土壤水库的蓄水量小，则降雨蓄存在土壤中的水分增加，地表水和地下水就相应地减少，降雨有效利用程度提高。因此，充分开发利用土壤水库就必须明确降雨产流机制，因地制宜地采用雨水利用方式。

（1）降雨产流机制与模拟　产流机制是特定内外条件结合的结果，不同环境地点和条件，其产流机制不同。地面产流机制主要有两种：超渗产流（Infiltration - Excess Flow - Hortonian Flow）和饱和产流（Saturation - Excess Overland Flow）。在坡上部，产流以超渗产流为主，中部以饱和壤中流为主，坡脚以回归流为主；陡坡上没有明显的地面径流，地面径流只有当降雨量超过大孔隙中前期有效含水量的缺额时才能发生。而壤中流主要来源于雨水，而不是土壤水大孔隙中的水流，是入渗和壤中流的主要机制。丘陵小流域的溪流夏季主要是超渗流、集水排泄和饱和流，而冬季则是回归流（Return flow）、饱和流和壤中流。在多数情况下，超渗产流是一种重要机制，若坡度小于30°，它对入渗率的影响是可忽略的，回归流也是表面径流的一种原因，地表结壳对表面径流有重要影响。土表结壳的形成使黄土入渗率减少一半，因而是产流的重要影响因子。在退化土地上，对于低有机质含量（<0.5%）和小入渗率（<5mm/h）的土壤，降雨产流以超渗产流为主，而高有机质含量（>2%）和大入渗率（>8mm/h）的土壤，产流以饱和产流为主。对于流域产流近年来也做了许多研究，例如，用大型模拟降雨装置研究了澳大利亚东南部一成林桉树林流域的产流过程，认为其主要产流机制是超渗产流；实地观测英国一泥炭地小流域的产流特征，研究指出，饱和产流是该区的主要产流机制，壤中流主要是超渗透流（Percolation - Excess）。

坡地产流模型主要以Saint Venant方程和土壤水分运动的Richard方程为基础。据不同特定条件下，可以得出与之较相适应的模型和算法。地面径流可定义为薄层水流，具有空间变化的非稳定流，一般用St Venant方程描述。Saint Venant方程和土壤水分运动的Richard方程构成的坡地水文模型有一定的物理基础，但不能全面反映径流形成的复杂过程，而且室内所测得的参数未能反映田间植被、耕作制度等条件的影响，坡地的降雨和土壤水分状况是不均匀的，且受风力、风向等随机因素的作用，完全确定性模型也无法反映随机因素的影响。最早求解St Venant方程采用差分法，是基于非入渗表面而考虑的。后来考虑了入渗和渗透这一作用，而且采用了有限元法求解之，并考虑了表土结壳的影响，但没有考虑边界粗糙度和雨滴对薄层水流的作用。差分法有两大弱点：不能处理非规则边界，通过大量计算才能达到较高精度。用特征线法数值求解一维Saint Venant方程，解得的坡面径流过程结果与水文学方法解得的较一致。在给定详细的土壤初始状况和水力学性质的条件下，丘坡水文模型能较合理地估计表面径流和侵蚀过程，但也反映出多方面的限制，难以反映特定的物理过程（比如土表结壳、饱和非饱和水流、大孔隙水流），原因是缺乏这方面参数化的具体认识；在实践应用方面，存在着小尺度变异，缺乏详细的土壤信息数据等问题。采用二维模型及其差分法能够较准确地模拟自然条件下的丘坡小区在稳定雨强无作物生长时的地面径流和入渗过程。

针对壤中流模型与模拟所依据的主要原理，将壤中流模型分为三大类：①Richards模型；②动力波模型；③贮水泄流模型。Richards模型又可分为一维Richards模型、二维Richards模型和三维Richards模型；贮水泄流模型又可分为动力贮水泄流模型和Boussinesq贮水泄流模型。

（2）降雨资源化的方法　降水资源化的最终目的就是尽量多地把降雨和雨水径流转化为土壤水。土壤水作为雨水转化中占较大比例的一部分，也是雨水资源合理利用的延伸。更好的保蓄土壤水也是降水资源化的一部分，如地下地膜截水墙阻断土壤水分侧向运移，保持耕地土壤水分，抗旱增产。

降雨径流的利用方式多样，可以利用雨水资源的可储性，通过人为构筑集流拦蓄工程，使雨水就地拦蓄入渗，水保工程技术如水平梯田、隔坡梯田、水平沟、鱼鳞坑等，水保耕作技术如等高耕作、起垄耕作、粮草轮作、带状间作、渗水孔耕作、蓄水聚肥耕作等。旱作农业中作物对雨水的当时和就地的利用，提高土壤水利用率如深耕耙耧、覆盖保墒、丰产沟种植等，国外报道了秸秆覆盖或将其埋在一定土壤层位来保持土壤水分。旱坡地的水土保持可采用“地面覆盖+生物篱”技术，地面覆盖材料为作物秸秆或地膜，生物篱材料为紫穗槐、拧条等适生灌木。在微观措施上国外在果树植株周围筑起一定高的土墙或在种植地块的上部围起一定大小的集水小区域来进行种植，称之为 Micro－catchment water harvesting 和 Run-off farming water harvesting 种植。

雨水资源的利用除了各种集水技术、耕作方法、水保措施外，对雨水资源的合理分配利用也是雨水利用的一个重要方面，在广大亚热带的丘岗山区，高岸的天水田就宜采取水稻和其他旱地作物套作的方式。雨水集蓄利用工程则是雨水利用的一种特殊形式，是指采取人工措施，高效收集雨水，加以蓄存和调节利用的微型水利工程，是半干旱与干旱地区利用降雨径流资源发展旱作农业的高效系统。根据农田土壤水分平衡方程和植物需水量与供水量的对比关系，可以定量确定系统中存水区与集水区的面积比。小型径流场、集流梯田和微型集水区是当前使用最多、效果最好的降雨径流集存形式。

径流资源化发展潜力的大小关键在于如何布局集流工程，合理利用有限的降水资源，尤其是在已经实施了集雨工程的小型集水区，降水资源的总量有多少，在不同的时空尺度上如何变化。解决这些问题要依靠准确评估降水资源的数量、分布及其变率，建立能够快速提供上述信息的空间数据库，利用计算机软件来对水库、河流等用水进行管理。与地理信息系统（GIS：Geographic Information System）相结合，利用 ARC/INFO 地理信息系统，建立研究区的栅格数字高程模型（DEM），利用模拟精度最优的栅格降水空间数据库，建立多年平均降水资源信息系统，可快速计算研究区内任一地域单元中降水的总量及其空间变化，对集水农业径流资源模拟、工程规划、发展战略及决策管理，均具有重要的意义。

五、土壤水的可持续利用

旱农地区农业生态环境脆弱，表现为“人增—耕进—林退—水土流失—土壤退化”，从而导致“环境脆弱—贫困—掠夺资源—环境恶化—贫困加剧”的恶性循环，改善生态环境应恢复植被防止水土流失，保护水土资源。旱农地区水分缺乏是限制作物生长的主要因子之一，而作物生长发育所需水分都是通过根系吸收土壤水分来获得的，土壤水分状况与变化决定了作物对其吸收利用的强度和难易程度，从而影响作物的生长发育和最后经济产量的形成。作为未来农业的农—林复合生态经营模式，因其经济上具有收益高、见效快、投资回收期短等优越性和生态上具有明显改善农田生态环境的效应，特别是在干旱半干旱地区的农业生产中，已被人们广泛地采用。土壤水分是土壤—植物—大气水分循环的重要环节，是土壤系统养分循环和流动的载体，因此土壤水分是农林复合系统的重要组成部分。有研究表明，农林复合系统中土壤水分状况影响林木和农作物根系的伸展和农林界面树种的选择，林木进入农田系统，能有效拦截降水和地表径流，增加降水入渗，降低风速，使水汽较长时间保存在农田地表上空，上下气流交换减少，降低土壤水分蒸发和作物蒸腾，不仅提高整体上的土壤水分含量，而且充分利用了土壤水分、林木和农作物在生长季节上的差异性及深层土壤水分较大的调节和补充作用，在很大程度上缓和了水分供需矛盾，增加了生物产量。而有的研究则认为，农林复合系统中林木与作物对土壤水分竞争是造成作物减产的主要原因，由于林农间作导致耗水量较大，将导致土壤水分含量下降，只有当林木与农作物在所需资源上达到互补时，通过农林间作才有可能增加收获量。不同物候期，林农之间的关系不一样，其中灌浆期是它们竞争最激烈的时期，而幼苗期和返青期影响不大；由相同土地单元组成的农林复合结构模式，因土地单元的配置结构不同，土壤水分的动态变化存在着显著差异，土壤涵养水源的能力相异。尽管研究结果还有争议，结论还不能够统一，但目前普遍认为农林复合系统具有改善和调节土壤水分状况的功能，能够提高土壤水分利用效率，增加系统生物产量，比单一经营的土地能更有效地改善生态环境。在农林复合系统中，土壤水分起着十分重要的作用，土壤水分决定着农林复合系统的生产力。

农田系统自身在一定时期内比较具有固定的土壤水分变化特征，产生了农田水量平衡与其周围环境的协调性，可以尝试将农田系统作为一个整体，依据农田水量平衡的原理和方法，以土壤水为核心，联合利用农田三水（地表水、土壤水、地下水），实现农业水资源的可持续利用。

由于农田在长期人为的耕作环境下，无论是土壤质地、覆盖物，还是地质构造、水文环境都发生了深刻变化，并且在一定时期形成了相对稳定的农田结构。人类改变了农田土壤的组成，改变了农田水分运动与交换的特性。对小流域内耕地、牧地、桉树林地、自然林地等几种土地利用方式下的土壤性质研究结果表明，前 3 种利用类型土壤的沙粒含量较高，而钙、镁离子和阳离子交换量较低，直接表现为保水蓄水和通水通气的能力降低，水土流失的可能性增大。而不同耕作措施对土壤入渗率的影响研究发现，人工耕作系统的入渗率最大，机耕系统则最小。可见农田土壤性质的任何改变都将直接影响农田土壤水分，进而改变农田水量平衡；反之，农田水量平衡中的任一环节发生改变也会对土壤水产生影响。因此，农田三水运动以及其与自然环境的转化、交换都应该被视为整体。农田三水是农田系统中与农业生产直接相关的水资源，它们也是 SPAC 循环中的主体，一直处于动态的变化之中，相互之间有着千丝万缕的联系，特别是山区地形复杂，农田三水转化频繁。山丘区发展生态农业的有效措施就是综合运用本区地面水、土壤水、地下水开展“三水”联合运用，在中旱年能满足灌溉供需平衡要求，大旱年大大减轻作物受旱程度。

实现土壤水的可持续利用还必须将农田系统纳入到一个小流域进行考虑。对于一个小流域（闭合的集水单元）来说，土壤水的来源是雨水。由于土壤水资源存在对降水的依赖性与相关性，所以，首先要对雨水资源开发利用程度进行评价，如雨水资源化理论潜力、可实现潜力和现实潜力等，准确地把握可利用的雨水资源的范围和程度，特别要注意各个田块之间的雨水分配是否存在较大的差距，在必要情况下可以考虑田块之间的雨水调度。然后，根据土壤水资源的构成，包括土壤蓄水量资源、多年平均可更新的土壤水资源、可开发利用的土壤水资源，对土壤蓄水量资源、区域土壤水资源总量、区域土壤湿度系数、可开发利用土壤水资源进行评价，深入了解土壤水的开发利用程度。最后，结合流域气候、地形、土地利用、当地经济条件等因素综合开发利用土壤水资源，真正实现一个完整水循环系统土壤水的可持续利用。

第四节　土壤空气

一、土壤空气的组成

土壤空气是作物生长发育不可缺少的重要条件，是土壤三相组成的物质之一。土壤气体的数量和组成直接影响作物种子的萌发、根系的生长、微生物的活动以及土壤的养分状况，并最终影响作物的生长和产量，因而也直接决定了耕地质量的状况。

在土壤固、液、气三相体系中，土壤空气存在于土体内未被水分占据的孔隙中，因此，在一定容积的土体内，如果土壤的孔隙度不变，土壤的含水量越大，土壤中空气含量就必然减少；反之亦然。所以，土壤空气含量在很大程度上是随土壤含水量而变化的。对于通气良好的土壤而言，其空气组成接近于大气；但若突然通气不良，则土壤空气的组成可能会与大气具有明显的差异。一般愈接近地表的土壤，空气与大气组成愈接近，土壤深度越大则空气组成与大气的差异也愈大，大气与土壤空气的组成见表 5－7。

表 5－7　近地表大气和土壤空气组成

气　体	O_2（%）	CO_2（%）	N_2（%）	其他气体（%）
近地表的大气	20.94	0.03	78.05	0.98
土壤空气	18.0～20.03	0.15～0.65	78.8～80.24	0.98

土壤空气的组成不是固定不变的，影响土壤空气变化的因素很多，如土壤水分、土壤生物活动、土壤深度、土壤温度、pH、季节变化及栽培措施等。表 5－8 列出了几种耕地不同管理措施下土壤 O_2 和 CO_2 含量的变化情况，可以发现，施肥、植被类型等的变化均在一定程度上影响土壤中 O_2 和 CO_2 的含量。一般来说，随着土壤深度增加，土壤空气中 CO_2 含量增加，O_2 含量减少，其含量是相互消长的，两者之和总维持在 19%～22%之间。随土壤温度升高，土壤空气中 CO_2 含量增加。从春到夏，土壤空气中 CO_2 含量逐渐增加，而冬季表土中 CO_2 含量最小，主要原因是因为土温升高，微生物和根系的呼吸作用加强而释放出更多的 CO_2。另外，还有少量的土壤空气溶解于土壤水中和吸附在胶体表面，溶于土壤水中的 O_2 对土壤的通气有较大的影响，是植物根系和微生物呼吸作用的直接 O_2 源，如水稻下渗水携带 O_2 是水田 O_2 的主要来源，对改善水田的通气性起重要作用。而溶解在土壤水中 O_2 的多少，决定土壤氧化还原电位的高低和氧化还原反应的过程。溶解在水中的 CO_2 也有多方面的重要性，特别是与土壤的 pH 和土壤矿物质的溶解度有关。

表 5－8　土壤管理对土壤 O_2 和 CO_2 的影响

土壤管理	O_2（%）		CO_2（%）	
	15cm	46cm	15cm	46cm
耕地（施肥）	20.52	20.33	0.34	0.50
耕地（不施肥）	20.32	20.35	0.34	0.45
草地	18.44	17.87	1.46	1.64

二、土壤空气的运动

土壤是一个开放的耗散体系，时时刻刻与外界进行着物质和能量的交换。土壤空气并不是静止的，它在土体内部不停地运动，并不断地与大气进行交换。土壤空气运动的方式有两种：对流和扩散。影响土壤空气运动的因素有气象因素、土壤性质及农业措施，气象因素主要有温度、气压、风力和降雨等。

1. 土壤空气的对流　土壤空气的对流是指土壤与大气间由总压力梯度推动的气体的整体运动，也称为质流。土壤与大气间的对流总是从高压区流向低压区。

许多原因可引起土壤与大气间的压力差，从而引起土壤空气与大气的对流，如大气中的气压变化，温度梯度及土壤表面的风力。大气压上升，一部分大气进入土壤孔隙。大气压下降，土壤空气膨胀，使得一部分土壤空气进入大气。当土壤温度高于大气温度时，土壤中空气上升，扩散到近地表大气中，而大气下沉，通过土壤孔隙渗入土中，形成冷热气体的对流，使土壤空气获得更新。

降雨或灌溉也可导致土壤空气的整体流动。当土壤接受降雨或灌溉水时，土壤含水量增加，更多的孔隙被水充塞，而把部分土壤空气排出土壤孔隙之外；反之，当土壤水减少时，大气中的新鲜空气又会进入土体孔隙之内。在水分缓缓渗入时，土壤排出的空气数量多，但在暴雨或大水漫灌时，会有部分土壤空气来不及排出而封闭在土壤之中，这种被封闭的空气往往阻碍水分的运动。地面风力对土壤空气的更新也有一定的影响。另外，翻耕或疏松土壤会使土壤空气增加，而农机具的压实作用使土壤孔隙度降低，土壤空气减少。

土壤空气对流可用如下方程式描述：

$$q_v = -(k/\eta)\nabla p$$

式中，q_v 是空气的容积对流量（单位时间内通过单位横截面积的空气容积）；k 为通气孔隙透气率；η 表示土壤空气的黏度；p 表示土壤空气压力的三维梯度。

2. 土壤空气的扩散 在土壤空气组成中，CO_2 的浓度高于大气，而 O_2 的浓度低于大气，这样就分别产生了土壤和大气之间的 CO_2 分压差。在分压梯度的作用下，驱使 CO_2 气体分子不断从土壤中向大气扩散，同时使 O_2 分子不断从大气向土壤空气扩散，这种土壤从大气中吸收 O_2，同时排出 CO_2 的气体扩散作用，称为土壤呼吸。一般情况下，扩散作用是土壤与大气交换的主要机制。

O_2 和 CO_2 在土壤中的扩散过程，部分发生在气相，部分发生在液相。通过充气孔隙扩散保持着大气和土壤间的气体交流作用，为气相扩散；而通过不同厚度水膜的扩散，则为液相扩散。这种扩散过程都可以用 Fick 定律表示。根据 Fick 定律，气体的扩散速率（dQ/dt）和该气体的浓度梯度（dc/dx）用下式表示：

$$qd = -Ddc/dx$$

式中，qd 表示扩散通量（单位时间通过单位面积扩散的质量）；D 表示在该介质中的扩散系数（其纲量为面积/时间）；c 表示某种气体（O_2 或 CO_2）的浓度（单位容积扩散物质的质量）；x 表示扩散的距离；dc/dx 表示浓度梯度，对于气体来说，其浓度梯度常用分压梯度来表示，则

$$qd = -(D/B)dp/dx$$

式中，B 表示偏压与浓度的比。扩散系数 D 代表气体在单位分压梯度下（或单位浓度梯度下），单位时间内通过单位面积土体剖面的气体量。D 值的大小取决于土壤性质，同一土壤在同样的条件下，不同气体的扩散系数是不同的，如 O_2 的扩散系数比 CO_2 约大 1.25 倍。不同压力和温度下的气体扩散系数变化也较大。

由于土壤孔隙的曲折复杂，一般来讲，气体在土壤中的扩散系数 D_s 明显地小于其在空气中的扩散系数（D_0），它们的具体数值因土壤的含水量、质地、结构、松紧程度、土层排列等状况而异。

在结构良好的土壤中，气体扩散在团聚体间的大孔隙中迅速进行。降雨或灌水过后，大孔隙中的水能迅速地排出，形成连续的充气孔隙网。而团聚体内的孔隙则在较长的时间内保持或接近水饱和状态，限制其团聚体内部的通气性状。观察表明，植物根系大多数伸展在团

粒间的大孔隙中而几乎不穿过团聚体本身，只有微生物可进入团聚体内，并消耗其中的 O_2 而影响整个土壤的通气。大而密实团块，即使其周围的大孔隙出现良好的通性状态，在团块中心则可能是缺 O_2 的。所以，在通气良好的旱地，也会有厌气性的环境。

三、土壤通气性与耕地质量

1. Eh 值 土壤通气状况决定土壤空气中的氧浓度，通气良好的土壤与大气间气体交换迅速，土壤氧浓度较高，Eh 值较高。排水不良的土壤通气孔隙少，与大气交换较缓，氧浓度降低，再加上微生物活动消耗氧，Eh 值下降。Eh 可以作为土壤通气性的指标。

氧化还原状况主要影响土壤中变价元素的生物有效性，如高价铁、锰化合物（Fe^{3+}、Mn^{4+}）为难溶性，植物不易吸收。在还原条件下，高价铁、锰还原成溶解度较高的低价化合物（Fe^{2+}、Mn^{2+}），对植物的有效性增高。氧化还原状况还影响养分的存在形态，进而影响它的有效性，如土壤 Eh＞480mV 时，以硝酸氮为主，适于旱作作物的吸收，当 Eh＜220mV 时，则以铵态氮为主，适合水稻作物的吸收，但容易引起反硝化作用，造成氮的损失。但在土壤开放系统中，氧化还原、沉淀溶解、吸附解吸等一系列反应，往往在同一时间和空间进行。例如在土壤强还原条件下，高价铁还原成低价铁，同时硫酸根也还原成硫化物，同时可能发生硫化亚铁的沉淀反应，使铁的有效性下降。

在强还原土壤中，如长期淹水条件下的水稻土中，二价 Fe^{2+}、Mn^{2+} 离子甚至还原性物质 H_2S 和丁酸等易产生累积。在 Eh＜200mV 时，土壤中的铁锰化合物就从氧化态转化为还原态，而当 Eh＜－100mV 时，则低价铁浓度已超过高价铁，会使植物产生铁的毒害。当 Eh 继续下降至小于－200mV 时，就可能产生 H_2S 和丁酸等的过量累积，对水稻的含铁氧化还原酶的活动起到抑制作用，影响其呼吸，减弱了根系对养分的吸收能力。在 H_2S 浓度高时，抑制植物根对磷、钾的吸收，甚至出现磷、钾从根内渗出。水田土壤大量施用绿肥等有机肥时常常发生 FeS 的过量累积，使稻根发黑，土壤发臭变黑，影响其地上部分的生长发育。

2. 微生物活性 在通气良好的土壤中，或有氧的土壤微环境中（如大孔隙中、团聚体外等），存在着大部分的细菌，如芽孢杆菌、假单胞菌、根瘤菌、固氮菌、硝化细菌、硫化细菌等以及霉菌、放线菌、藻类和原生动物等属好氧性微生物。这些微生物进行着有氧呼吸，共同担负转化土壤中有机质，获得能量，构建细胞物质，各自行使生理的功能，如固氮菌的固氮作用。好氧性化能自养型细菌，以还原态无机化合物为呼吸基质，依赖它特殊的氧化酶系，活化分子态氧去氧化相应的无机物质而获得能量。如亚硝酸细菌以 NH_4^+ 为呼吸基质氧化成 NO_2^-（亚硝化作用），硝酸细菌以 NO_2^- 为基质氧化成 NO_3^-（硝化作用），氧化硫杆菌以硫为基质氧化成 SO_4^{2-}（硫化作用）。

在缺氧的环境或通气性差的土壤微环境中，生存着厌氧性微生物如梭菌、产甲烷细菌和脱硫弧菌等。其进行着不需氧的呼吸过程，基质的氧化不彻底，产生一些比基质更为还原的终产物，释放的能量很少。长期淹水的水稻土或沼泽地或人工沼气池等环境中，产甲烷细菌进行沼气发酵产生甲烷，脱硫弧菌可使硫酸盐还原产生 H_2S。

另外，在土壤中存在一类特殊类型的兼厌氧性细菌，如反硝化假单胞菌、某些硝化还原细菌、硫酸还原细菌等。其在有氧环境中，与其他好氧性细菌一样进行着有氧呼吸。在缺氧环境中，能将呼吸基质彻底氧化，以硝酸或硫酸中的氧作为受氢体，使硝酸还原为亚硝酸或分子氮，使硫酸还原为硫或硫化氢。

通气状况或氧化还原电位（Eh 值）的高低对微生物生长有一定的影响。好氧性微生物需要在有氧气或氧化还原电位高，Eh 值在 100mV 以上的条件下生长，最适 Eh 值为 300～400mV。厌氧性微生物必须在缺氧或氧化还原电位 Eh 值 100mV 以下的条件下生长。兼厌氧性微生物适应范围广，在有氧或无氧，氧化还原电位较高或较低的环境中都能生长。

因此，结构良好、通气的旱作土壤中有较丰富的好氧性微生物发育。淹水下层土壤，覆盖作物秸秆土壤，或土壤施用新鲜有机肥时，厌氧性微生物常占优势。

第五节　土壤剖面

由于土壤的剖面构型对水分的运移、养分的保持、作物根系生长等均具有很重要的影响，因此，其对耕地质量亦具有十分重要的作用。良好的剖面构型有利于水分运移、养分保持和作物生长，是作物高产稳产的重要保障；相反，不良的剖面构型如上黏下沙、耕作层浅薄、犁底层过厚等，则是导致作物低产的重要障碍因素。

一、土壤剖面与发生层

土壤在成土因素的作用下，产生了一系列的土壤属性，这些属性的内在综合表现为肥力，而其外在特征则反映在土壤剖面的形态、发生层或土体构型上。土壤剖面是指一个具体土壤的垂直断面，其深度一般可以达到基岩或达到地表沉积体的相当深度为止。一个完整的土壤剖面应包括土壤形成过程中所产生的发生层次和母质层。

土壤发生层是指土壤形成过程中所形成的具有特殊性质和组成的、大致与地面平行的，并具有成土过程特性的层次。作为一个土壤的发生层，至少应能为肉眼识别，其不同于相邻的土壤发生层。识别土壤发生层的形态特征一般包括颜色、质地、结构、新生体和紧实度等。

土壤发生层分化越明显，即上下层之间的差别越大，表示土体非均一性愈显著，土壤的发育度愈高。但是许多土壤剖面中发生层之间是逐渐过渡的，有时母质的层次性会残留在土壤剖面中，这种情况应区别对待。

作为一个发育完全的土壤剖面，从上至下一般由最基本的 3 个发生层组成。

淋溶层 A 层　处于土体最上部，故称为表土层，包括有机质的积累层和物质的淋溶层。本层中生物活性最为强烈，进行着有机质的积累或分解转化过程。在较湿润的地区，该地层内发生着物质的淋溶，故称为淋溶层。它是土壤剖面中最为重要的发生学土层，任何土壤都具有这一土层。

淀积层 B 层　处于 A 层的下面，是物质淀积作用造成的。淀积的物质可以来自土体的上部，也可来自下部地下水的上升，可以是黏粒，也可以是钙铁锰铝结核等，淀积的部位可以是土体的中部，也可以是土体的下部。一个发育完全的土壤剖面必须具备这一重要土层。

母质层 C 层　处于土体的最下部，没有产生明显的成土作用的土层，其组成物为母质。

二、土体构型

土体构型是指土壤剖面中土层的类型、数目、排列组合形式及其厚度，它是鉴定土壤类型和肥力的最重要的形态特征之一，由质地、结构和孔度剖面构成。不同的土壤类型有不同的土体构型，在观察鉴定时，首先要依据土壤剖面中物质累积、迁移和转化的特点，划分出

A层（表土层）、B层（淀积层）、C层（母质层）或R层（母岩层）等最基本的土壤发生层次。然后再根据土层的数目、排列组合形式、土层厚度等，鉴定其发育程度、侵蚀堆积情况及耕作土壤的类型等。一般按照其成土年限可分为幼年土、成熟土、当地典型土壤，或埋藏型、侵蚀型及耕作土壤的独特构型。

1. 质地剖面 土体构造是上下层质地、结构的垒结，其中主要是由质地剖面构成。土壤质地的层次组合主要是成土过程和母质沉积过程所致，而人为的影响甚少（除了客土法、平整土地、引洪淤灌以外），常见的土壤质地剖面类型有以下几种：

（1）上沙下黏（上松下紧） 土壤上层的质地以沙质为主，透水通气性良好，可以迅速接纳较大的降水量，防止地面径流，减少水土流失。下层质地偏黏，起保水托肥作用，减少养分下渗流失，又有回润水分的能力，这种质地剖面既发小苗又发老苗，对土壤水、肥、气、热状况调节较好，宜于作物生长，群众称为“蒙金土”。沙层的厚薄对水分状况的影响较大，一般以厚度在30～40cm为宜。

（2）上黏下沙（上紧下松） 上层为黏质土，毛管孔隙多，保水力强，通透性弱，缺乏有机质，干燥后易板结成大土块，耕性不良，不利于幼苗生长。下层是沙质土，易漏水漏肥，作物根系伸至沙层后，水分养分供应不足。这种质地剖面不发小苗也不发老苗，土壤肥力低。

（3）沙夹黏或黏夹沙（夹层型） 沙黏层次相间排列，沙层和黏层的厚度不大，为30～50cm，或者再薄一些。沙黏层次适当相间，既可透水透气，又可保水托肥，对温度和养分的调节都有良好的作用。但是，若夹层过厚，则变为“上沙下黏”型或“上黏下沙”型。

（4）特殊夹层型 剖面中夹有一层特殊的坚实层，如红壤的铁结核层和铁盘层，坚硬紧实，作物根系难以穿过，若此层出现的位置过高，则严重影响作物生长。再如碱土亚表土的碱化层，黏重坚实而碱性强；相反，漂洗型水稻土剖面中有粗粉质的白土层，紧实而缺养分，如位置较浅则也影响作物生长。

（5）均一的沙土型或黏土型（松散型或紧实型） 孔隙单调且大小配比不协调，应当因地制宜地栽培适宜的作物，如花生、芝麻、马铃薯等宜于生长在沙质土上。

2. 结构剖面 土壤的结构层次与质地层次有密切关系。一定的质地层次往往易形成相应的结构类型。如黏土的表层往往形成大块状结构，而黏质心土层在干湿交替的影响下容易形成柱状、棱柱状结构。沙质土在缺乏有机质时易成单粒结构。

结构剖面（除耕层外）主要是由成土过程造成的，尤其受上下行水流和淋溶沉积作用的影响。以黏质、黏壤质的水稻土为例，常见的几个发生层各有其特征性的结构。自上而下的各土层的结构如下：

淹育层（A层） 此层常受农具的干扰，土壤团聚体易遭破坏，灌水期间土粒分散，只有在土块中的毛管孔隙中有少量闭蓄空气。秋收排水后，土面干燥，土体逐渐收缩，沿稻椿四周裂成多边形的大块。耕耙后呈块状、碎块状。如耕层中富含腐殖质，则在灌水期间多产生微团粒，而在排水干燥后恢复成团粒。

渗育层 有轻微的铁质淋溶淀积现象，具有完整的块状结构，或者为短的棱柱状、柱状结构体。

潴育层 受地下水位升降或季节渍水的影响，有铁质大量的淋溶沉积，产生锈纹、锈斑，常有铁结核、铁盘等新生体。由于较长时间的水分浸渍和多次的干湿交替，形成较小的棱柱状、棱块状结构体，其外面常有胶膜覆盖。

潜育层（G层）终年处于地下水浸渍下，土壤的分散度较大，常常未形成结构体，而仅以单粒存在。

3. 孔度剖面　土体结构反映在上下层土壤孔隙的分布和叠合、联通的状况即孔度剖面，而后者则是质地剖面和结构剖面的综合反映。黑钙土的分级孔度剖面，1m 土层（A 层和 B 层）的总孔度、通气孔度和毛管孔度均较大，土体构造良好。

为适于作物的生长发育，对土壤孔度剖面的要求是，耕层的总孔度为 50%～56%，通气度在 8%～10%以上，如能达到 15%～20%则更好。土体内的孔隙垂直分布为“上虚下实”。耕层上部（0～15cm）的总孔度为 55%左右，通气孔度达 15%～20%；下部（15～30cm）的总孔度和通气孔度分别为 50%和 10%左右。“上虚”有利于通气透水和种子的发芽、破土；“下实”则有利于保土和扎稳根系。“下实”是与“上虚”相对而言的，即要求大孔隙度适当减少，不是极实，即使在心土层也需要保持一定数量的大孔隙，以利于下层土壤的通气，增强微生物活性和养分转化，而且促进根系深扎，扩大作物的营养范围。此外，在潮湿多雨地区，土体下部有适量的大孔隙可增强排水性能。

三、土壤构型与耕地质量

土体构型的好坏对土壤水、肥、气、热诸肥力和水盐运行有着重要的制约和调解作用。良好的土体构型是土壤肥力的基础，而土壤质地是影响土体构型的物质基础。颜春起（1984）研究表明，在同样的降雨条件下，土体构型是土壤抗旱涝能力的内在因素。各土体构型的抗旱涝能力的差异决定于 0～100cm 土壤的质地状况。李学敏等（2005）以献县淮镇、南皮县刘八里、东光东曲庄 3 个类型区为代表，研究了河北省东南部冲积平原土体构型及其属性，1996—2000 年定位观测表明，0～100cm 土体的质地层次结构对土壤的理化性状和生产性能有重大影响，均质型和蒙金型土体构型是建设高产田的基础，而夹沙型和叠夹型则呈现低产类型；在 0～100cm 土体的质地层次中中壤—黏土质地厚度之和大于 60cm，具有阻滞表层土壤盐化的关键作用。罗家雄（1981）研究表明，层状土壤的水分运移特性不同于均质土，层状土壤质地的不均匀使得土水势在界面处发生了突变，因而水分在界面处的运动方式也发生相应的变化，同时，上大下小或上小下大的孔隙分布也影响到土层含水量、水分压力、水力梯度和传导度，从而影响到水盐的运行。王立春等（2008）通过对不同耕法所形成的耕层剖面研究，分析了不同耕法形成的耕层结构特点，提出了苗带紧行间松、松紧兼备型耕层模式的构建，该构造对土壤水、气调节具有良好效果，是春玉米生长的理想耕层。

土层厚度是指土壤母质层以上到土壤表面的垂直深度，能直接反映土壤的发育程度，与土壤物理学肥力密切相关，是野外土壤肥力鉴别的重要指标。它既是土壤养分的补源，又是土壤矿质元素的储存库，还是判定土壤侵蚀程度的主要指标。Rhoton 等（1994）研究表明，土层厚度是一个包含多个土壤属性的复合土壤因子，与土壤沙粒、黏粒、有机质含量等显著相关。此外，土壤厚度还影响着地表径流、壤中流及侵蚀过程。土层厚度通过影响土壤性质、地表植被和水文过程，进而影响土壤水分的时空异质性，二者关系密切。王志强等（2008）研究表明不同厚度土壤的地上生物量和植被盖度不同，造成各土层的蒸腾耗水率差异显著，进而影响土壤水分的空间分布。部分学者研究了土层厚度对作物的影响，结果表明随着土层厚度的增加作物根系增长，产量和品质提高。石岩（2001）研究表明随土层厚度加深，小麦根系活力、根系 SOD、CAT 活性及可溶性蛋白质含量增加，MDA 含量减少，土层愈薄，其根系衰老愈快。因此，可以通过增加土壤厚度，以提高小麦根系活力，进而提高小麦产量和质量。土柱实验进一步表明，土层厚有利于旱地小麦根系生长，根系分布于表层的比例少；土层愈薄，籽粒产量中来自开花前贮藏器官物质运载的量所占的比例就愈高，产量愈低。苏世荣（2008）调查了20、30、40cm土层厚度对2年生酸枣实生砧木根系的影响，结果表明，在这3个处理中主根弯曲株率分别为86%、56%、22%；根颈下20cm范围内，侧根量平均值分别为10.4、7.7、5.9个。酸枣主根生长势强于侧根，主根垂直生长受阻会向斜下或水平方向弯曲。土层越浅，弯曲株率越大，同时侧根根量增多，粗度增大。陈若红（2006）研究表明夏玉米的播种出苗和生长发育与耕层土壤水分含量关系密切。

（罗友进、魏朝富）

参 考 文 献

陈恩凤，关连珠，汪景宽，等.2001.土壤特征微团聚体的组成比例与肥力评价［J］.土壤学报，38（1）：49-53.

陈利军，张岫岚，周礼恺.1998.土壤保肥—供肥机理及其调节，Ⅰ.棕壤型菜园土的磷素保持与供应［J］.应用生态学报，9（3）：254-256.

陈若红，张源，陈若礼，等.2006.耕层土壤水分含量对夏玉米出苗及生育的影响［J］.安徽农业科学，46（1）：116-117.

高崇洋，赵阳国，王爱杰，等.2010.耕作和施肥对不同深度黑土中细菌群落结构的影响［J］.微生物学报，50（1）：67-75.

黄昌勇.2000.土壤学［M］.2版.北京：中国农业出版社.

卡庆斯基.1965.土壤机械组成、微团聚体组成及其研究方法［M］//田积莹，译.北京：科学出版社.

雷志栋，胡和平，杨师秀.1999.土壤水研究进展与评述［J］.水科学进展，10（3）：311-317.

李芳林，郝明德，杨晓，等.2010.黄土旱塬施肥对土壤水分和冬小麦产量的影响［J］.麦类作物学报，30（1）：154-157.

李恋卿，潘根兴，张旭辉.2000.退化红壤植被恢复中表层土壤微团聚体及有机碳的变化［J］.土壤通报，5：193-195.

李小刚，崔志军，等.2002.施用秸秆对土壤有机碳组成和结构稳定性的影响［J］.土壤学报，39（3）：421-428.

李学敏，翟玉柱，李雅静，等.2005.土体构型与土壤肥力关系的研究［J］.土壤通报，36（6）：161-163.

李映强，曾觉廷.1991.不同耕作制下水稻土有机物质变化及其团聚作用［J］.土壤学报，28（4）：404-409.

李韵珠，李保国.1998.土壤溶质运动［M］.北京：科学出版社.

刘光崧.1996.土壤理化分析与剖面描述［M］.北京：中国标准出版社.

刘骅，佟小刚，马兴旺，等.2010.长期施肥下灰漠土矿物颗粒结合有机碳的含量及其演变特征［J］.应用生态学报，21（1）：84-90.

刘宇锋，邓少虹，梁燕菲，等.2012.灌溉方式与有机无机氮配施对水稻土壤微生物活性的影响［J］.华中农业大学学报，31（4）：428-435.

龙明杰，张宏伟，陈志泉，等.2002.高聚物对土壤结构改良的研究，Ⅲ.聚丙烯酰胺对赤红壤的改良研究

[J]. 土壤通报，33（1）：9－13.
吕贻忠，李保国.2006. 土壤学［M］. 北京：中国农业出版社.
罗家雄，魏一谦，朱振兴.1981. 有关滴灌设计的几个参数的测定［J］. 新疆农垦科技（4）：33－41.
罗珠珠，黄高宝，张国盛.2005. 保护性耕作对黄土高原旱地表土容重和水分入渗的影响［J］. 干旱地区农业研究，23（4）：7－11.
亓沛沛，冉圣宏，张凯.2012. 不同灌溉方式和作物类型对西北干旱区耕地土壤盐渍化的影响［J］. 农业环境科学学报，31（4）：780－78.
马星竹，周宝库，张喜林，等.2009. 保护性耕作对贫瘠型黑土区土壤理化特性的影响［J］. 黑龙江农业科学（6）：55－57.
石岩，位东斌，于振文，等.2001. 施肥深度对旱地小麦氮素利用及产量的影响［J］. 核农学报，15（3）：180－183.
苏世荣.2008. 土层厚度对酸枣实生苗根系生长的影响［J］. 河北果树（1）：10.
孙继亮，李六林，陶书田，等.2012. 灌溉方式对梨园土壤水分及产量品质的影响［J］. 干旱地区农业研究，30（1）：61－65.
孙利军，张仁陟，黄高宝.2007. 保护性耕作对黄土高原旱地地表土壤理化性状的影响［J］. 干旱地区农业研究，25（6）：207－211.
吐尔逊·买合苏木.2009. 保护性耕作与传统土壤含水量及土壤硬度对比试验［J］. 新疆农机化，（6）：21，44.
王久志，巫东堂.1988. 沥青乳剂、聚乙烯醇对土壤物理性质的影响［J］. 土壤学报，25（3）：303－307.
王立春，马虹，郑金玉.2008. 东北春玉米耕地合理耕层构造研究［J］. 玉米科学，16（4）：13－17.
王志强，刘宝元，路炳军.2003. 黄土高原半干旱区土壤干层水分恢复研究［J］. 生态学报，23（9）：1944－1950.
向鹏华，罗建新，周万春，等.2007. 土壤水分管理对烤烟生长发育及干物质与养分积累分配的影响［J］. 作物研究，21（B12）：733－735.
颜春起.1984. 三江平原土体构型与旱涝关系的研究［J］. 土壤学报，21（1）：70－78.
杨金玲，张甘霖.2008. 城市"土壤水库"库容的萎缩及其环境效应［J］. 土壤，40（6）：992－996.
员学锋，汪有科，吴普特，等.2005. PAM对土壤物理性状影响的试验研究及机理分析［J］. 水土保持学报，19（2）：37－40.
曾觉廷，陈萌.1993. 三种土壤改良剂对紫色土结构孔隙状况影响的研究［J］. 土壤通报，24（6）：250－252.
赵红，吕贻忠.2009. 保护性耕作对潮土结构特性的影响［J］. 生态环境学报，18（5）：1956－1960.
中国科学院南京土壤研究所.1978. 土壤物理性质测定［M］. 北京：科学出版社.
周虎，吕贻忠，杨志臣，等.2007. 保护性耕作对华北平原土壤团聚体特征的影响［M］. 中国农业科学，40（9）：1973－1979.
周礼恺.1980. 土壤酶的活性［J］. 土壤学进展，8（4）：9－15.
朱祖祥.1983. 土壤学［M］. 北京：农业出版社.
Hillel D. 1998. Environmental soil physics［M］. Academic Press.
Kim HK，Jang TI，Im SJ，et al. 2009. Estimation of irrigation return flow from paddy fields considering the soil moisture［J］. Agricultural Water Management，96：875－882.
Lal R，Shukla MK. 2004. Principles of Soil Physics［M］. New York：Mareel Dekker，Inc.
Singh Saranath，Singh JS. 1995. Microbial biomass associated with water－stable aggregates in forest，savanna and cropland soils of a seasonally dry tropical region，India［J］. Soil Biology and Biochemistry，27（8）：1027－1033.
Sumner ME. 1999. Handbook of Soil Science［M］. Florida：CRC Press.

第六章　土壤生物对耕地质量的影响及其调控

土壤肥力生物热力学观点认为，土壤是类生物体，是由矿物质以及类似于蛋白质的无机—有机—微生物—酶复合胶体组成的。其中，土壤微生物和酶是土壤中活的有机体，具有生物化学活性，能直接参与土壤的物质和能量转化、土壤腐殖质形成、有机质转化、养分固定与释放等过程，对土壤肥力的发展起着十分重要的作用，是土壤不可缺少的组成部分。由于土壤中无机—有机—微生物—酶复合胶体的存在，使得土壤在一定外界环境条件的作用下，能产生雏形的生理机制和一定的生态表现，同生物一样具有代谢性和抗逆性。因此，研究土壤生物对耕地质量的影响，对耕地质量培育、促进作物高产稳产等均具有十分重要的意义。

第一节　土壤微生物的组成与功能

土壤是一个十分复杂的异质体系，并由此决定了土壤中微生物群落的分布和数量在很大程度上受其理化性质的影响。土壤中微生物的类群繁多，主要包括细菌、放线菌、真菌、藻类以及原生动物等，也有学者将土壤微生物分为多细胞的后生动物、单细胞的原生动物、真核细胞的真菌（酵母、霉菌）和藻类、原核细胞的细菌、放线菌和蓝细菌，以及没有细胞结构的分子生物如病毒等。不同类群微生物的结构、生理功能差异很大，对生长环境的要求也各不相同，因此，用经典方法所能检测出的微生物类群和数量估计仅为土壤微生物总量的10%左右甚至更低。尽管目前随着现代DNA探针技术的发展和分离技术的改进，在研究土壤微生物的结构与功能等方面发挥了十分重要的作用，并有可能逐步了解土壤中的微生物库和基因库，但是，由于目前对微生物生长条件，特别是营养等特性了解的局限，新微生物类群的发现还是十分有限的。

一、原核微生物

1. 土壤细菌　土壤中细菌的个体形态特征主要是单细胞、球状、梭状，少数呈弧状、螺旋状或丝状菌体，尽管从生物量看并不很高，但其数量却占微生物总数的70%以上。据研究，10g肥沃的土壤中的细菌总数量大约与目前全球人口总数量相一致。根据营养类型、能量代谢等方式，细菌可以分为自养、兼性自养及异养3种类型，但土壤中的细菌以异养型为主。

土壤中自养细菌的主要作用是氧化土壤中的无机物，促进土壤养分的转化。对于严格的自养型细菌而言是不能利用有机化合物的，有时甚至抑制其生长，但大多数自养型细菌在腐殖质丰富的土壤中生长更好，这主要是因为土壤腐殖质分解可以产生CO_2和矿质养分，并且腐殖质对酸碱具有一定的缓冲性，从而为自养细菌的生长创造良好的环境。土壤中重要的自养细菌包括硝化细菌、硫细菌、硫化细菌、铁细菌及氢细菌等，它们在土壤氮硫等养分的转化与循环方面发挥着较为重要的作用。

土壤中异养细菌有好气和嫌气两类，好气型细菌一般需要在有氧的条件下才能较好地生长，并能较迅速地将土壤中的有机物分解为 CO_2 和水等。土壤中的好气型细菌主要包括芽孢杆菌、无芽孢杆菌、固氮菌、根瘤菌、纤维素分解菌等。土壤中的嫌气型细菌一般在无氧情况下才能较好地生长，它们在土壤中的作用包括分解植物残体，使之形成合成土壤腐殖质的前体；固定大气中的氮素，增加土壤的氮素供应；在植物根际形成生长素、维生素等类物质，刺激作物生长等；但有部分细菌也可能会对土壤产生不利影响。土壤中的嫌气细菌主要包括丁酸细菌、乳酸细菌、反硝化细菌、反硫化细菌、沼菌等。

由于土壤中细菌的个体小、代谢能力强、繁殖快且数量变化迅速，以及与土壤接触的表面积大等，因此，被认为是土壤中最活跃的因素，在土壤的物质和能量代谢方面，特别是在土壤碳氮磷硫等元素的循环方面担当着十分重要的角色。目前，土壤中已经被确证并能检测出的细菌主要包括以下类型：

（1）节杆菌属（*Arthrobacter*）　该类细菌在土壤中的分布非常广泛，几乎在不同地带、不同类型的土壤中都可以分离得到，是非常典型的土壤细菌类型。节杆菌属为革兰氏阳性（G^+）细菌，但很容易褪色，化能异养型、好氧、不抗酸，幼龄培养物的细胞呈不规则的杆状，细胞宽 0.8～1.2μm、长 1.8～8.0μm。该类细菌具有很强的耐饥饿性和广食性，能有效利用各种有机物碳源和能源，因此，即使在营养十分贫乏的条件下也能存活较长时间，而且可以降解土壤中多种难分解的物质以及许多种化学农药等；同时，该类型细菌还具有很强的抗旱能力，即使是经过 15d 的干燥，其他类型细菌几乎全部消失的情况下，其存活率仍然可达 90%左右。

（2）芽孢杆菌属（*Bacillus*）　芽孢杆菌属为革兰氏阳性（G^+）细菌，细胞呈杆状，内生一个芽孢，为化能有机营养型。芽孢是菌体的休眠器官，是细菌细胞物质功能上的分化现象。该属细菌也是土壤中分布广泛、数量众多的一类，除个别为病原菌外，大多为对动植物无害的腐生菌，具有较强的分解蛋白质和复杂多糖的能力，在土壤有机质的分解转化中起着较重要作用。土壤中最普遍的芽孢杆菌为蜡质芽孢杆菌（*B. cereus*）。该属细菌的生理特性从嗜冷到嗜热、从嗜酸到嗜盐，具有较大的经济价值。热带和亚热带土壤中的绝对嗜热菌如酸热芽孢杆菌（*B. acidocaldaius*）和嗜热脂肪芽孢杆菌（*B. stearothermophilus*）等，能在 65～75℃的高温下生长，但在温度低于 40℃时即停止生长，它们对高温环境下土壤中的物质转化起着十分重要的作用。此外，在寒冷的土壤如接近南极地区的土壤中，也可以检测到嗜冷芽孢杆菌的存在，它们同样对寒冷地区土壤中的物质转化发挥着十分重要的作用。

（3）假单孢菌属（*Pseudomonas*）　为革兰氏阴性（G^-）、能运动的直或弯曲的杆菌，包括各种需氧类型，具有一根或几根极生鞭毛，是一个很大而庞杂的属。该属细菌最突出的特点是具有代谢多种化合物的能力，能广泛利用有机化合物作为碳源和能源，多数种甚至能利用 100 多种不同的化合物，在降解水体、土壤中的农药和除草剂以及含石油废水处理中具有重要作用。其中的反硝化细菌在氮素循环中亦起着十分重要的作用。该属中有很多种具有合成黄绿色的水溶性荧光色素功能，是土壤、淡水、海水、污水、动植物体表、各种含蛋白质食品中常见的腐生菌，同时，一部分为兼性寄生菌，是土传性植物病害的病原菌。

（4）土壤杆菌属（*Agrobacterium*）　为革兰氏阴性（G^-）、单个成对排列、不形成芽孢，常以1～6根周毛运动，细胞宽0.6～1.0μm、长1.5～3.0μm。该属细菌严格好氧，并以分子氧为末端电子受体。大多数菌株可在氧压较低的植物组织中生长，其最适宜温度为25～28℃，温度超过34℃时在土壤中的存活率低；部分菌株可在有硝酸盐的环境中进行厌氧呼吸。为有机化能营养型，能广泛利用碳水化合物、有机酸盐和氨基酸作为碳源，但一般不能利用淀粉、纤维素、琼脂、半乳糖等糖类。土壤中致病类型与非致病类型土壤杆菌的比值为1∶13～1∶500，除放射土壤杆菌（*A. radiobacter*）外，其余的种如根瘤土壤杆菌（*A. tumefaciens*）等，可经过伤口侵入许多植物的根冠、根及茎等组织中，导致植物细胞自发增生成为肿瘤细胞，其引起的肿瘤与菌细胞内的肿瘤诱导质粒（Ti质粒）有关。该属细菌常在植物根际附近富集，较容易在土壤中越冬，但在温度较高或酸性土壤中存活率降低，而在通气较好的沙土中则生长良好。

（5）产碱杆菌属（*Alcaligenes*） 广泛分布于土壤、海水、淡水及污水等环境中，为腐生菌，革兰氏阴性（G^-）、成对或链状排列、好氧，但真养产碱杆菌（*Al. eutrophus*）属于兼性化能自养型细菌，既能利用有机物作为能源和碳源，又能在氢气、氧气和二氧化碳同时存在的前提下进行化能无机营养，固定环境中的CO_2。该属的许多菌种中以粪产碱杆菌（*Al. fecalis*）最为重要和常见，反硝化产碱杆菌（*Al. denitrificans*）在有硝酸盐存在的厌氧条件下，可以依靠氧化有机质取得能源，并以硝酸盐中的氧作为电子受体而产生氮气。该属细菌对营养要求不高，能在普通培养基上生长，在含有蛋白胨的肉汤中可以产生氨，并使pH上升至8.6以上，可基于此点来鉴别该属细菌。

（6）黄杆菌属（*Flavobacterium*） 广泛分布于土壤、海水及淡水中，也可以在加工的蔬菜及乳制品中发现，革兰氏阴性（G^-）、不形成内生孢子，直杆状、端圆，严格好氧，通常宽0.5μm、长1.0～3.0μm，不运动、无滑动或泳动。在固体培养基上培养和生长时，大多可产生典型的色素（黄色或橙色），菌落半透明（偶尔为不透明）、直径1～2nm的圆形，隆起或微隆起，光滑且有光泽。有机化能异养菌，不消化琼脂，培养时需要某些含氮物质和复合维生素，因此，分离后的培养物难于保存和培养。

2. 土壤放线菌 放线菌（actinomycetes）是一类主要呈丝状生长、以孢子繁殖、陆生性较强的单细胞多核的原核生物，它与细菌十分接近，迄今已发现的放线菌有80多个属，且几乎都呈革兰氏阳性（G^+）反应。放线菌广泛分布在土壤、堆肥、淤泥、淡水水体等环境中，一般以孢子或菌丝片断存在于土壤中，在含水量较低（或通气性良好）、有机物含量丰富、呈微碱性的土壤中数量较多，每克土壤中的细胞数在10^4～10^6间变动，土壤所具有的泥腥味一般被认为是放线菌产生的土腥味素所引起的。

放线菌绝大多数属于有益菌，且与人类的关系极其密切。土壤中的放线菌尽管种类很多，但用常规方法监测时主要为链霉菌属（*Streptomyces*），占总数的70%～90%；其次为诺卡氏菌属（*Nocardia*），占10%～30%；第三位为小单孢菌属（*Micromonospora*），占1%～15%。在迄今已报道过的近万种抗生素中，由放线菌产生的抗生素约占微生物产生的抗生素的70%，如我们经常用到的红霉素、链霉素、四环素等。近年来筛选到的许多新的生化药物包括抗癌剂、酶抑制剂、免疫抑制剂、农用杀菌（杀虫）剂等，也大多系放线菌的次生代谢产物。许多放线菌具有极强的分解纤维素、石蜡、角蛋白、橡胶等复杂有机化合物的能力，并产生对其他有害菌具有拮抗作用的抗生素类物质，因而在环境修复（如POPs降解转化等）、土壤肥力提升以及土壤物质循环等过程中均可发挥十分重要的作用。此外，高温型的放线菌在堆肥制作中对养分的转化等亦具有重要作用。

（1）链霉菌属（*Streptomyces*）　是放线菌目中最大的一属，约有 1000 余种，其中有 600 多种可以产生抗生素，且有 100 多种抗生素已用于临床。该属放线菌细胞呈丝状分枝，菌丝直径一般小于 1μm。在营养生长期，菌丝内部无横隔膜，单细胞内有多个原核，随着分枝菌丝不断延伸，逐步形成网状结构（菌丝体）。菌丝体按其形态可分为三部分：基内菌丝（substrate mycelium），又称基质菌丝、营养菌丝或一级菌丝；气生菌丝（aerial mycelium），或称为二级菌丝；孢子丝（spore - bearing mycelium）。基内菌丝是指孢子在固体基质表面发芽后，菌丝体不断伸长、分枝并以放射状向基质表面和内层扩展，形成的大量色浅、较细且具有吸收营养和排泄代谢物功能的菌丝。气生菌丝是指基内菌丝生长到一定阶段后不断向周边分化出的颜色较深、直径较粗的分枝菌丝。孢子丝是指气生菌丝生长到一定阶段后形成的菌丝体，并通过横割分裂的方式产生的成串的分生孢子。链霉菌孢子丝有直、螺旋、钩状、波曲、一级或二级轮生等多种形态，其中以螺旋状孢子丝较为常见。根据气生菌丝颜色、基内菌丝颜色、可溶性色素、孢子丝形态以及孢子形态等，可将该属分为白色、黄色、球孢、粉红孢、淡紫灰、青色、烬灰、绿色、蓝色、灰红紫、灰褐、金色、吸水和轮生 14 个类群。同时，多数腐生型的链霉菌在土壤中生长，可以分解土壤中其他微生物难以分解和利用的有机物，对土壤环境的适应性很强，在土壤改良和物质循环中具有十分积极的意义。

（2）诺卡氏菌属（*Nocardia*）　本属放线菌广泛分布于自然界，为具有分枝状、发达营养菌丝的原始放线菌，基内菌丝经常断裂，多数没有气生菌丝，当营养菌丝成熟后会以横割分裂方式形成形状、大小较为一致的杆菌状、球菌状或分枝杆状的分生孢子。具有球状、杆状、丝状等形态，菌体大小 0.6×（3～4）μm，无运动性，专性需氧。在普通琼脂培养基上培养 3d 后即形成可见菌落，7～10d 后菌落凸起，气生菌丝形成后表面呈绒毛状，一般菌落呈黄、橙、红等颜色，或这些颜色的混合色。有时抗酸的菌丝体内含诺卡氏菌类脂（LCN - A）和诺卡氏菌酸，根据菌丝体发育的程度和断裂的迟早，可将该属分为 3 群。大多为腐生菌，存在于土壤中，星形诺卡氏菌、巴西诺卡氏菌、鼻疽诺卡氏菌、豚鼠诺卡氏菌等可引起人或动物产生诺卡氏菌病；同时，该属的放线菌也是多种抗生素的产生菌，并且在石油脱蜡、污水净化等方面也具有一定作用。

（3）小单孢菌属（*Micromonospora*）　该属放线菌的菌丝体纤细，直径为 0.3～0.6μm，有分枝、不断裂，一般只形成营养菌丝（基内菌丝），不形成气生菌丝，但在分枝的基内菌丝顶端产生一个孢子。孢子单生、无柄，或着生在分枝成簇、长短不一的孢子梗上，约有 30 多个种。菌落通常较小，直径仅 2～3μm，为橙黄色或红色，也有深褐色、黑色或蓝色，表面覆盖一层粉末状的污褐或黑绿色孢子薄层。在土壤、湖底泥土中分布较广，堆肥和厩肥中亦有分布，一般为好氧、腐生，具有很强的分解纤维素、几丁质能力。该属也是产生抗生素较多的放线菌属，如产生庆大霉素的棘孢小单孢菌和绛红小单孢菌等即属于此属，有的种还可累积维生素 B_{12}。

3. 土壤古菌　土壤中的古菌主要有甲烷产生菌、极端嗜酸热菌和极端嗜盐菌，它们都生活在特殊的极端环境如沼泽地、盐碱地、盐水湖、矿井等中，对物质的转化和循环担负着十分重要的角色。自 1977 年 Woese 和 Fox 提出将在极端高温、高盐和厌氧等环境下发现的古菌（Archaea）作为有别于真核生物（Eukarya）和细菌（Bacteria）的另一种生命形式，并由此构成了生物的三域系统以来，古菌一直被冠以嗜极端环境的特征，而且由于古菌和细菌具有类似的细胞结构，因而曾一度被认为是原核生物中更原始的一个分支。但是对16SrRNA基因的比较分析时发现，它与真核生物在进化树上具有更近的亲缘性，这一点在基因转录过程上也得到进一步证实。

由于古细菌生活在极端特殊的环境中，其生理特征也相对较特殊，因此，近年来其生存机制的研究一直为研究者所关注。20世纪90年代，Fuhrman和DeLong等通过对16SrRNA基因序列分析，发现许多在极端环境条件下才能找到的古菌在一些海洋环境中亦有分布，并将其称之为非嗜热泉古菌（或称为中温泉古菌），此后，又陆续在森林土壤、沉积物、草地、水稻土等环境以及水生动物的组织中发现了非嗜热泉古菌的踪迹。近年来，利用宏观基因组学的研究方法，进一步揭示未培养的非嗜热泉古菌中携带有与细菌氨氧化基因相类似的基因，并通过分离培养方法获得了一株具有氨氧化活性的泉古菌，其结果对明确泉古菌在氮素循环中的作用具有十分重要的意义。此外，还有研究者认为，古菌在海底沉积物中的数量占原核生物量的87%，是地球的一个潜在碳库；亦有研究者报道，在古菌中发现了一条独特的二氧化碳固定途径，并将其称之为“第五途径”。尽管相关研究结果还没有得到最后定论，但可以肯定的是，古菌所具有的对生长环境的适应能力及其相应的机理和应用等研究，将是今后一段时间内的研究热点之一。通过功能基因研究发掘其中具有特异功能的基因，并将其开发应用，不仅可以提高生物对环境的适应能力，而且对生态系统物质和能量循环等均具有十分重要的作用。

土壤中的古菌主要包括广古菌和泉古菌两大门，以中温泉古菌为主，其在土壤中分布广泛，具有一定的多样性，且在土壤不同层次间也有一定的专一性。近年来，部分学者对泉古菌16SrRNA基因的系统发育分析显示，土壤中的泉古菌主要集中在Group 1，且以1.1b和1.1c为主，仅少数属于1.1a。Sliwinski和Goodman应用单链构象多态性分析技术（Single strand conformation polymorphism，SSCP）和克隆文库的方法，对威斯康星州不同环境条件下的土壤样品检测结果，所有样品中的古菌均以Group 1.1b为主；但Kemnitz等（2007）对酸性森林土壤样品的分析结果，其中的泉古菌则以Group 1.1c为主。一般而言，土壤中的中温泉古菌的含量相对较高，约占全部原核生物的1%～5%，在酸性森林土壤中甚至可高达12%或更高，且随着土壤层次的加深，古菌在整个原核生物中的比重有逐渐增加的趋势。由于古菌与其他类型微生物比较种群相对简单，对生存环境要求苛刻，因而有可能成为比细菌更加特异的指示群落，有可能用来作为评价环境体系的指标。

实际上，根据近年的研究结果，古菌，特别是中温泉古菌在土壤的碳氮循环中可能也起着十分重要的作用。Leininger等（2006）对3个气候带的12个原始土壤和农业土壤样品的分析结果，发现这些土壤的泉古菌中含有*am oA*基因（氨氧化古菌，ammonia oxidizing bacteria，AOB）的拷贝数是β-变形菌纲细菌的3 000倍，*am oA*基因的拷贝数与泉古菌特有的细胞脂质（包括crenarchaeol）含量呈显著正相关。应用反转录定量PCR和焦磷酸测序技术对cDNA的测序分析结果，也证实了泉古菌*am oA*基因的拷贝数高于氨氧化细菌。而且，有研究表明，不论是在pH很低的酸性土壤，还是在pH较高的碱性潮土中，氨氧化古泉菌*am oA*基因的拷贝数都明显高于氨氧化细菌，氨氧化古泉菌是土壤温泉古菌的主要类型，在土壤氮循环中可能发挥着十分重要的作用。

近年来还有研究表明，古菌作为一个潜在的巨大碳库，在碳代谢中亦可能发挥着十分重要的作用。Ouvemey 等（2000）在地中海和太平洋 200m 深度的海域中，应用底物示踪显影和荧光原位杂交相结合的方法，检测到了 60%的中温泉古菌可主动吸收可溶性氨基酸；Wuchter 等（2003）和 Herndl 等（2005）应用碳辐射和同位素示踪的方法，揭示出海洋中浮游的泉古菌是以可溶性无机碳作为碳源。Lipp 等（2008）认为，在世界 16 个海域海底 100～365m 的沉积物内生存着大量古菌，其生物量占所有原核生物生物量的 87%，海洋泉古菌可能是生物能量的储存库，以碳元素来衡量全球海底地层中的古菌总量可达 900 亿 t，相当于陆地土壤中各种微生物总量的 3 倍以上。可以预见，随着研究方法与手段的不断发展，泉古菌在生态系统的物质和能量循环中所起的重要作用将不断被发现，并受到愈来愈多研究者的关注。

4. 蓝细菌及其他原核微生物 蓝细菌（*Cyanobacteria*），原名蓝藻（blue algae）或蓝绿藻（blue-green algae），其进化历史悠久，革兰氏阴性（G^-）、无鞭毛，能进行产氧性光合作用。该类细菌属大型单细胞原核生物，细胞内的类囊体膜上含叶绿素 a、β-胡萝卜素和藻胆蛋白（藻蓝素和藻红素，通常因藻蓝素占优而使菌体呈蓝绿色），但未形成叶绿体。蓝细菌与光合细菌的主要区别在于：光合细菌进行较原始的光合磷酸化作用，在反映过程中不放出氧气，为厌氧微生物，而蓝细菌则能进行光合作用并放出氧气。

蓝细菌的构造与革兰氏阴性（G^-）细菌相类似，即具有双层细胞壁，含肽聚糖。蓝细菌的形态有单细胞球状、杆状、长丝状以及分枝状等，大致可分为由二分裂形成的单细胞、由复分裂形成的单细胞、有异型孢的菌丝、无异型孢的菌丝、分枝状菌丝五类。细胞的体积较细菌大，通常直径在 3～10μm，最大可达到 60μm。不少类型，特别是水生的蓝细菌，细胞壁外有黏质糖被或（鞘）胶质外套，以此将单细胞集合在一起，并进行滑动运行等。

蓝细菌的细胞质周围有复杂的光合色素层，是其进行光合作用的部位。细胞中的内含物包括用作碳营养的糖原、PHB，用作氮营养的蓝细菌肽，以及作为贮存磷用的聚磷酸盐等。由于其对外界条件和营养的要求较低，因此，广泛分布于水体、土壤和部分生物体内，甚至在岩石表面和其他恶劣环境中均能找到其踪迹，在岩石分化、土壤形成、氮素转化与累积、水体生态平衡等过程中均具有重要作用，部分种类蓝细菌在人类生活中亦具有十分重要的应用和经济价值。

目前已知的蓝细菌中较有代表性的类型包括：①宽球蓝细菌群，该菌群通过营养细胞的复分裂产生小球型细胞（小孢子）进行繁殖，常见的属有宽球蓝细菌属（*Pleurocapsa*）、皮果蓝细菌属（*Dermocarpa*）等。②念珠蓝细菌群，是唯一能在平面上进行二分裂并产生异形孢的丝状蓝细菌，有些属可产生假分支，或产生静息孢子等，通常在雨后出现的地木耳就是念珠蓝细菌的一种。常见的属有鱼腥蓝细菌属（*Anabaena*）、红萍鱼腥蓝细菌属（*A. azollae*）等，后者生活在红萍体腔内，能固定空气中的氮素。③色球蓝细菌群，是以二分裂或芽生繁殖形成的单细胞菌蓝细菌，细胞呈球形至杆状，可单生，也可形成长生聚合体，细胞间通常有荚膜或黏液。常见的属有黏杆菌属（*Gloeobacter*）、微囊蓝细菌属（*Microcystis*）、黏球蓝细菌属（*Gloeocapsa*）以及管胞蓝细菌属（*Chamaesiphon*）等。④无异型胞丝状蓝细菌群，其细胞链由单纯的营养细胞组成。以螺旋蓝细菌属（*Spirulina*）为代表，它是地球上最早出现的利用光能和无机物合成有机物的原始生物之一，利用螺旋蓝细菌制造的螺旋藻是重要的保健食品之一，其蛋白质含量通常为 50%～60%、脂肪含量为 6%～7%，并含有多种矿物质和维生素。⑤真枝蓝细菌群，是指细胞能多平面、多方向分裂，具有异形胞的丝状蓝细菌，能周期性产生真分支，部分属还可形成二排或多排细胞组成的细胞列。

此外，土壤中原核微生物还包括立克次氏体（rickettsia）、支原体（mycoplasma）和衣原体（chlamydia）等，它们是介于真细菌与病毒之间的一类原核微生物，革兰氏阴性（G^-）、代谢能力差，主要寄生于细胞内，细胞直径 0.2～0.5μm，其中立克次氏体稍大，支原体相对较小。

①立克次氏体：其特点与细菌相类似，细胞个体较大，有球状、双球状、杆状及丝状等多种形态，有细胞壁、细胞膜透性高以便于从寄主细胞中获得营养物质，以二次分裂方式繁殖，能量代谢方式不完整，对四环素和青霉素等抗生素敏感，不耐热，基因组仅约 1.1Mb、834 个基因，一般寄生在虱、蚤等节肢动物消化道的上皮细胞并在其中大量繁殖。

②支原体：是一类无细胞壁、介于独立生活和在细胞内寄生的最小型的原核生物，在自然界分布广泛，许多种类是人和动物的致病菌，其细胞很小，仅 150～300nm，细胞膜具有较高的机械强度和韧度，形态易变，对渗透压敏感，菌落直径仅 0.1～1.0mm，在固体培养基上呈“油煎蛋”状，以二分裂或出芽等方式繁殖，能以糖类作为能源，并在有氧或无氧条件下进行氧化型或发酵型产能代谢，对能抑制蛋白质生物合成的抗生素如四环素、红霉素等，以及破坏含甾体细胞膜结构的抗生素非常敏感，基因组仅 0.6～1.1Mb。

③衣原体：是一类在真核细胞内营专性能量寄生的小型原核生物，具有细胞构造，呈球形或卵球形，直径 0.2～0.3μm，具有细胞壁和核糖体，以二分裂方式繁殖，但产生能量的酶系统不完整，须严格寄生在细胞内，对抑制细菌的抗生素和药物敏感。衣原体存在大小两种细胞，小细胞称为原体（elementary body），为直径小于 0.4μm 球状，壁厚、致密，不生长、抗干旱，具有传染性；大细胞称为始体（initial body）或网状体（reticulate body），为无感染力的细胞。

二、真核微生物

是一大类具有真正细胞核、核膜和核仁，能进行有丝分裂，细胞质有线粒体，部分还具有叶绿体等细胞器的微生物，包括真菌、黏菌、藻类和原生动物等。真核微生物的多样性十分明显。真菌是最常见的土壤真核微生物之一，特别在森林土壤和酸性土壤中往往是占优势或起主导作用的种群，包括单细胞的酵母、单细胞或多细胞的丝状真菌（霉菌），以及产生子实体的蕈菌（大型真菌）。

真菌与人类生活密切相关，如人类食品加工中制造面包、酒类、酱油、豆腐乳等，发酵工业中生产酒精、青霉素等抗生素，柠檬酸和葡萄糖酸等有机酸、淀粉酶和纤维素酶等酶制剂，人类直接作为食物的香菇、木耳等食用菌，以及作为药用的灵芝、茯苓、天麻等，都与真菌直接相关。同时，真菌在饲料发酵、植物生长素（如赤霉素等）、病虫害生物防治等方面亦发挥着十分重要的作用。真菌还参与土壤中有机物的分解转化和物质循环等过程，是土壤中物质循环和土壤质量提升的重要影响因素之一，部分真菌也是重要的致病菌。

1. 酵母菌（yeast） 酵母菌是一群单细胞、典型的真核微生物，也是应用最早、与人类关系密切的一类微生物，由于其经济价值巨大，因而也是国内外研究最活跃的微生物之一。常见的细胞形态有球状、卵圆状、椭圆状、柱状等，细胞大小为（1～5）cm×（5～30）μm。细胞壁厚度约 25nm，约占细胞干重的 25%，细胞膜主要由蛋白质、类脂（甘油脂、磷脂、甾醇等）以及糖类（如甘露聚糖等）组成。在成熟的酵母菌细胞中通常有一个大液泡（vacuole)，可能是营养物质和水解酶类的驻藏库，同时还可以起到调节细胞渗透压的作用。

酵母菌喜欢潮湿或液态的生境，部分酵母菌也可以寄生在生物体内，兼性或专性好氧，发酵型酵母在缺氧条件下通过将糖转化为 CO_2 和 C_2H_5OH 来获得能量。芽殖是酵母菌最常见的繁殖方式，在营养和生长条件良好的环境下，酵母快速生长，在细胞上长出芽体，芽体上亦可形成新的芽体，成为簇状细胞团。部分酵母也可通过裂殖（fission）、产生掷孢子（ballistospore）等无性孢子进行繁殖。同时，部分酵母菌还可以通过形成子囊（ascus）和子囊孢子（ascospore）等进行有性繁殖。酵母菌的生活史大致可以分为营养体只能以单倍体（n）的形式存在、营养体只能以二倍体（2n）的形式存在、营养体既可以单倍体（n）又可以二倍体（2n）形式存在 3 种类型。

（1）酵母菌属（*Saccharomyces*）　具有较典型的酵母菌形态和构造，约有 40 多个种。细胞为圆、椭圆或香肠形，没有真菌丝，但部分有假菌丝，无性繁殖时为芽殖，有性繁殖时形成子囊孢子。最主要的种有酿酒酵母和葡萄汁酵母，其中酿酒酵母含有丰富的维生素和蛋白质，既可药用，又可用作饲料，同时也常被用作研究真核生物分子和细胞生物学的模式生物，广泛分布于各种水果表皮、发酵的果汁、酒曲及土壤中。

（2）假丝酵母属（*Candida*）　细胞呈圆形、卵形或长形，以多边芽殖方式进行无性繁殖，尚未发现进行有性繁殖，形成假菌丝，但部分菌也形成真菌丝，可产生厚垣孢子，不产生色素，有的菌种能利用纤维生产食用或饲料蛋白质。主要类型包括热带假丝酵母（*C. tropicalis*）、解脂假丝酵母（*C. lipolytica*）和产朊假丝酵母（*C. utilis*）等。热带假丝酵母细胞球形或卵球形，大小（4～8）cm×（6～11）μm，有较强的氧化烃类能力，在 230～290℃石油馏分的培养基上经 22h 培养后，可得到相当于烃类重量 92%的菌体。解脂假丝酵母细胞为卵形或长形，长度可达 20μm，分解脂肪和蛋白质的能力很强，可用廉价的石油为原料生产石油蛋白，并使石油脱蜡，降低其分馏的凝固点，亦可用来生产柠檬酸、维生素、谷氨酸及脂肪酸等。产朊假丝酵母能利用五碳糖和六碳糖，并以尿素和硝酸作为氮源，其蛋白质和维生素 B 的含量较高。

（3）裂殖酵母属（*Schizosaccharomyces*）　属于较简单的单细胞真核微生物。无性繁殖方式为分裂繁殖，有时可形成假菌丝；有性繁殖时以营养细胞结合形成子囊的方式进行，子囊内通常有 1～4 个或 8 个球形或卵圆形的孢子。裂殖酵母也是一种研究真核生物，尤其是研究细胞周期和基因表达调控的模式生物。

（4）掷孢酵母属（*Sporobolomyces*）　其特点是形成红至鲑肉粉红色的菌落及肾形或豆形的掷孢子。由卵圆形营养细胞生出的小突起形成孢子后，通过一种机制将其有力地射出，即所谓掷孢（投掷孢子）。掷孢酵母的幼年菌落和红酵母几乎无法区别，因而有研究者也认为，红酵母可能是由掷孢酵母丧失形成掷孢能力退化而来的。

（5）红酵母属（*Rhodotorula*）　细胞呈圆形、卵形或长形，以多边芽殖方式繁殖，多数种类没有假菌丝。具明显的红色或黄色色素，部分种因形成荚膜而使菌落呈黏质状，部分菌能产生脂肪，且含量可达 50%～60%，但合成速度较慢；此外，还可产生丙氨酸、谷氨酸、蛋氨酸等多种氨基酸。

2. 丝状真菌（mold，霉菌）　是指菌体呈丝状、无光合作用的异养形真核微生物。菌丝由坚硬的含几丁质的细胞壁包被，宽度约 3～10μm，菌丝内含大量的真核生物所特有的细胞器。菌丝较老的部位有大量液泡，并可能与较幼嫩的区域以隔膜分开。菌丝可分为有隔膜菌丝和无隔膜菌丝两种类型，菌丝通过顶端生长不断延伸，并多次重复分枝形成相互交错的群体（菌丝体，mycelium）。菌丝体可分为营养菌丝体和气生菌丝体，营养菌丝体包括假根、吸器、附着胞、附着枝、菌核、菌索及匍匐枝等特化形式，主要起固着、吸收营养等作用，菌核则为休眠体；气生菌丝主要特化形成各种形式的子实体。丝状真菌的繁殖有无性繁殖和有性繁殖两种类型，无性孢子包括节孢子、游动孢子、厚垣孢子、孢囊孢子、分生孢子等，是丝状真菌进行繁殖的主要方式；有性繁殖主要通过产生卵孢子、接合孢子、子囊孢子、担孢子等有性孢子进行。丝状真菌的菌落由分枝状菌丝体组成，因菌丝既粗且长，菌落常呈疏松状、绒毛状、絮状或蛛网状，其孢子的形状、构造和颜色以及所产生的色素等的差异，使得菌落表现出不同的结构和色泽特征，因此，可以将菌落特征作为鉴定丝状真菌的主要依据之一。

（1）青霉属（*Penicillium*） 广泛分布于空气、土壤及各种物品上，在腐烂的柑橘皮上常能见到其菌落，是产生青霉素的重要菌种。目前已发现的青霉属真菌有数百种，其中产黄青霉（*P. chrysogenum*）、点青霉（*P. notatum*）等都能大量产生青霉素，其大规模的生产和应用，对抗生素工业的发展起到了十分重要的推动作用。青霉菌的菌丝与曲霉相类似，但没有足细胞，分生孢子梗顶端不膨大，无顶囊，通过多次分枝后形成几轮对称或不对称的小梗，在其顶端可产生成串的青色分生孢子，形成扫帚状的孢子穗。有学者根据分生孢子梗的形态，将青霉分为一轮青霉、二轮青霉、多轮青霉和不对称青霉四组。孢子穗的形态构造是分类鉴定青霉的重要依据。近年亦有研究表明（Zeng 等，2010），青霉属的一些真菌对土壤中重金属的富集、转化等具有一定作用，特别是微紫青霉对砷具有较强的富集、转化能力，有可能在重金属污染土壤修复、高风险农田调控中发挥较重要的作用。

（2）曲霉属（*Aspergillus*） 为多细胞霉菌，菌丝有隔膜。在幼小且活力旺盛时，菌丝体产生大量分生孢子梗，其顶端膨大为近球形顶囊，顶囊的表面生长一层或二层辐射状小梗，最上层小梗呈瓶状，其顶端着生成串的球形分生孢子，上述几部分结构合称“孢子穗”。孢子有绿、黄、橙、褐、黑等多种颜色，是鉴定其种类的重要依据。曲霉属真菌广泛分布在空气、土壤及谷物、各种有机物上，是生产淀粉酶、蛋白酶、果胶酶等酶制剂，柠檬酸、葡萄糖酸、五倍子酸等有机酸等的重要菌种，目前已有 60 多种该属的微生物被利用在发酵工业和食品加工业中。在农业上，目前主要用来作糖化饲料菌种，如黑曲霉、米曲霉等。但生长在花生和大米上的曲霉有时会产生对人体有毒的真菌毒素，或导致农产品霉腐。

（3）木霉属（*Trichoderma*） 是广泛存在于土壤、植物根际和叶面的腐生型真菌，也常寄生于某些真菌的子实体上，其菌落生长速度快，呈棉絮状，开始时颜色为白色，逐渐转变为绿色，菌丝无色，有隔膜、有分枝、有厚垣孢子。分生孢子梗成对生或互生分枝，其上还可以再分枝，分枝的顶端着生瓶状小梗，其上可生出多个分生孢子。目前至少已知木霉对 18 个属的 29 种病原真菌具有拮抗作用，因而可广泛用于植物性病原菌的生物防治，已制成的木霉商品化制剂多达 50 余种。木霉对植物病原菌的防治机制包括竞争作用、重寄生作用、抗生作用以及诱导作用等，且往往是多种机制共同起作用。此外，木霉还可用来制备纤维素酶，对纤维素的合理开发利用具有重要意义。有些种的木霉能合成核黄素，并可转化甾体，也有的木霉能产生抗生素，在污染土壤生物修复等方面具有较大作用。

（4）毛霉属（*Mucor*） 菌丝体发达，由许多分枝的菌丝构成，呈棉絮状，菌丝多为白色、无隔膜，有多个细胞核，主要以孢囊孢子进行无性繁殖，亦可通过产生接合孢子进行有性繁殖。在自然界广泛分布于土壤、空气中，是十分重要的食品工业微生物。毛霉的种类较多，淀粉酶的活性大多很强，能将淀粉转化为糖，在酿酒工业中占有重要位置。在腐乳生产中，利用毛霉（*M. racemosus*）产生的蛋白酶、淀粉酶、酯酶等，可分解豆腐中的许多成分，形成腐乳所特有的色、香、味，部分能产生草酸、乳酸、琥珀酸及甘油等。

（5）根霉属（*Rhizopus*）　根霉与毛霉具有许多相似的特征，其主要区别是根霉具有毛霉所没有的假根和呈弧形的匍匐菌丝。可通过接合孢子进行有性繁殖，亦可通过孢囊孢子进行无性繁殖，菌丝体白色、单细胞、无隔膜，气生性强，生长快，在自然界广泛分布于空气、土壤以及各种器皿的表面，且常出现于淀粉质食品上，导致馒头、面包等发霉变质，也可导致水果、蔬菜腐烂。根霉生命活动中可产生淀粉酶、糖化酶等，是家用甜酒曲的主要菌种，同时，根霉也是脂肪酶的重要生产菌，目前已分离到的脂肪酶已超过 30 种，近年来在甾体激素转化、延胡索酸和乳酸等有机酸的生产中亦被广泛应用。此外，在发酵饲料、吡咯类抗真菌药物制造等方面，根霉亦具有重要作用。

（6）红曲属（*Monascus*）　广泛存在于新鲜的牧草、橡胶、鱼干，以及泥土、河川表面沉积物、松树根组织中。其菌丝多核，初为白色，老熟后不同菌种可逐步转变为淡红、紫红、橙红及烟灰等颜色，菌丝中有大型液泡、线粒体和隔膜，分生孢子单一或成串生长在菌丝的顶端，并由上至下逐渐成熟。由于能产生红色色素，因而在食品加工中被作为天然红色色素的添加剂，在食品及中药上的应用已有千余年的历史。红曲霉蕴藏着丰富的聚酮体合成酶基因，在新药物开发中具有巨大潜力。

（7）镰刀霉属（*Fusarium*）　该属在自然界广泛存在，其菌丝有隔、分枝。分生孢子有两种形态，其中小型分生孢子呈卵圆形至柱形，有 1～2 个隔膜；大型分生孢子呈镰刀形或长柱形，有较多的横隔。分生孢子梗可分枝或不分枝。镰刀菌能产生赤霉素等植物生长刺激素，对农作物具有增产效果；有些种还可产生纤维酶、脂肪酶、果胶酶等，在土壤物质转化等方面具有较大应用价值。但还有些种可产生毒素，污染粮食、蔬菜和饲料，并可能导致人畜中毒；有些种可侵染多种农作物，并导致作物赤霉病。

实际上，自然界丝状真菌（霉菌）类型很多，远不止前面介绍的这几类，如脉孢菌属（*Neurospora*）、交链孢霉属（*Alternaria*）、赤霉属（*Gibberella*）等，都是自然界广泛存在，且应用范围较广、与人类生活密切相关的类型。

3. 黏菌（Slime mold）　黏菌是一类介于真菌与原生动物之间的真核微生物，在生物系统中占有较特殊的位置。其生活周期包括 3 个形态各异的阶段：原质团或假原质团阶段（也称变形虫群合体），该阶段最初为不定型黏团，逐渐发展成为扇形，最后成为网状；子实体阶段，该阶段形成孢子囊和孢子；游动孢子阶段，该阶段孢子萌发产生游动孢子或配子。黏菌的繁殖包括无性繁殖和有性繁殖，无性繁殖主要为变形虫裂殖，一般培养单个变形虫能得到某一菌种的无性繁殖系；由两个变形虫异宗结合，或者单孢子通过同宗结合产生原质团，该原质团 DNA 含量为变形虫的 2 倍，即在形成时发生了核的结合，这是黏菌有性繁殖的方式之一；当两个不同交配型的变形虫群合体混合在一起时，可通过有性结合形成大孢囊（macrocysts），大孢囊内含有一个大核和几个小核，能消化周围的变形虫，在其萌发时进行减数分裂，放出变形虫，这是黏菌有性繁殖的另一种方式。

黏菌主要分布在潮湿、温暖和阴暗的地方，在土壤、树皮、草皮及腐烂的植物叶下均能见到，子实体主要分布在有散射光或明暗交界的地方。黏菌的原质团和子实体都有美丽鲜艳的颜色，因而在自然界中易于被发现。在实验室人工培养条件下原质团能很好地生长，因此，对原质团内原生质流动、有丝分裂以及原生质融合等的研究相对较多，但从孢子很难培养出黏菌，这也是黏菌尽管已经发现了百余年，对其却仍然了解不足的重要原因。从另一方面看，黏菌具有特殊的形成结构，能整齐进行同步分裂、有序聚集，且细胞分化能力强，因此，在细胞学和分子生物学研究方面具有十分重要的价值。

4. 原生动物 原生动物是土壤中无细胞壁、能自由活动的单细胞真核微生物，也可以认为是最原始、最低等、结构最简单的单细胞动物。它们个体很小，一般长度在 100～300μm，主要营腐生和寄生生活，少数与其他生物共生。在自然界分布广泛，不仅土壤中，而且在各种水体、动物粪便及其他生物体内都可以找到其踪迹。原生动物种类很多，形态、大小及生活周期差异巨大，在形态上有球状、椭圆状、钟状、喇叭状及拖鞋状等，也有的原生动物没有固定的形状。具有完善的生理系统，能依靠各种细胞器行使多细胞动物才具有的营养、呼吸、排泄、生殖等机能。研究原生动物的组成、数量和分布等，对了解土壤肥力和生产力，以及不同措施的影响等均具有十分重要意义。

从结构看，原生动物的细胞由细胞膜、细胞质和细胞核组成。细胞膜由细胞质的外层特化而来，其机能与多细胞动物类似，其厚度因不同种群而有很大差异，有的很薄，可随原生质的流动改变形状，但有的则成为具有一定厚度的表膜以保持其特有的形状。细胞质可分为外质和内质两部分，外质透明清晰、致密，内质色泽较暗，有很多内含物颗粒，细胞核和各种分化的细胞器亦位于其中。细胞核由核膜、核质和染色质组成，核膜上有小孔与细胞质相连，大多原生动物为单核，但亦有少数具有双核或多核。根据染色质的多少和分布，可分为致密核和泡状核，前者染色质多，分布均匀，与代谢有关；后者染色质少，分布不均匀，与生殖有关。

目前已知的原生动物有 3 万余种，根据其运动器或摄食方式，将其分为肉足纲、鞭毛纲、纤毛纲及孢子纲 4 个纲。肉足纲（Sarcodina）又称变形虫，在土壤和水体，特别是中污性水体的分布广泛，可分为 2 个亚纲，其中体形可以任意改变者为根足类（*Rhizopodea*）；体形呈球形、伪足呈针形者为辐足亚纲（Actinpodea）。鞭毛纲（Mastigophora）又称为鞭毛虫，具有一根或以上与其体长相等甚至更长的鞭毛，依靠其鞭毛可在水中运动，根据其营养类型又可将其分为植物性鞭毛虫、动物性鞭毛虫两种。纤毛纲（Ciliata）原生动物依靠细胞表面无数短须（即纤毛）同步而有节奏的摆动运动或捕食，是原生动物中最高级的一类，其构造也最复杂，细胞核有一个大核（营养核）和若干个小核（生殖核），为动物性营养，竞争能力较强，根据其活动特性可分为游泳型和固着型两种。孢子纲（Sporozoa）则营寄生生活，生活史复杂，有世代交替，无运动器。

此外，土壤中还有除原生动物以外的多细胞动物——后生动物，这些动物多为无脊椎动物，主要包括轮虫（Rotifers）、线虫（Nematoda）及寡毛类动物等。轮虫为长形，长度在 0.04～2mm，但多数不超过 0.5mm，其分布广泛，多数自由生活，可区分出头、躯干、后尾等部分，在废水的生物处理中有净化作用，可作为指示生物。线虫广泛分布在各种自然环境中，种类多，长形、长度一般在 1mm 以下，有腐食性（以动植物的残体及细菌等为食）、植食性（以绿藻和蓝藻为食）和肉食性（以轮虫和其他线虫为食）3 种营养类型，可同化其他微生物不易降解的固体有机物，在有机污染土壤及水体的修复中具有较重要的作用。寡毛类动物包括颗体虫、颤蚓及水丝蚓等，其共同特征是身体分节但不分区，体表具刚毛，但数量少，体型差异大，疣足退化，具有陆生及水生两种类型，在自然界分布很广，是土壤肥力、土壤污染等的重要指示类动物。

5. 藻类（algae）是含有叶绿素但不同于绿色植物光合自养型的真核微生物，包括单细胞个体和高度分化的多细胞个体，它与植物的主要区别在于有性繁殖，藻类属于配子结合，由单细胞转变为配子，或由配子囊中产生配子。细胞壁组分主要为纤维素或木聚糖、甘霹聚糖等多糖，叶绿体呈盘状、带状、螺旋状、星状、裂片状及分枝状等，形态较高等植物复杂，细胞中除含叶绿体外还有胡萝卜素、叶黄素和藻胆蛋白载色体，其贮存物主要为淀粉，具完整的膜系统、一个或多个细胞核。无性繁殖时由孢子囊产生游动孢子或不动孢子，或进行裂殖繁殖等；有性繁殖主要为配子生殖。

按照藻类的色素、光合作用贮存物质、运动性、细胞壁组分、藻体形态和微结构等，可将其分为五类：①绿藻（green algae），常分布于水域表层、土壤、岩石、树皮及某些原生动物体内，大多为单细胞，细胞壁主要为纤维素。含叶绿素A、叶绿素B、胡萝卜素及叶黄素等，细胞纯绿色，是水质优劣的重要指示性生物。②金藻和硅藻（golden algae and diatoms），广泛分布于在水体和土壤中，细胞内含叶绿素、叶黄素和β-胡萝卜素，其中因β-胡萝卜素含量变化而使藻体呈黄绿至褐色，无性繁殖主要依靠游动孢子或分裂繁殖，有性繁殖为卵配生殖。③甲藻（pyrrophyta），为呈球状、丝状、不定型或变形虫状的单细胞、双鞭毛藻类，含叶绿素A、叶绿素C、β-胡萝卜素及叶黄素，细胞壁由纤维素组成，无性繁殖主要为裂殖，有性繁殖为同配或异配生殖，游动孢子结合为合子，广泛分布于各类水体中，是其食物链的重要成员，但对水环境有害。④裸藻（euglenoids），属于单细胞、无细胞壁、兼有动物和植物特性的一种藻类，其细胞表面仅一层柔软可变的薄膜，主要生长在有机物丰富的水体中，对温度的适应性较广，是富营养化水体的指示生物。⑤隐藻（cryptophyta），属于不对称单细胞、有两根侧生鞭毛、鞭毛上具许多硬刚毛、细胞颜色因环境条件而异的藻类，含叶绿素A、叶绿素C、β-胡萝卜素、叶黄素及胆蛋白，其无性繁殖为纵裂，有性繁殖过程不详。此外，藻类中还包括红藻、褐藻及轮藻等丝状体、有分枝、形似植物的大型藻类。

在真核微生物中，除上述介绍的几种类型外，常见的大型真菌（担子菌）亦属此类，其菌体大小一般在（3～18）cm×（4～20）cm，有的甚至更大，包括食用菌和药用菌，如蘑菇、木耳、香菇、灵芝等，食用菌蛋白质含量高，氨基酸种类齐全，维生素丰富，对丰富城乡居民的菜篮了具有十分重要的作用。

三、病毒

病毒（virus）是一种比较原始、有生命特征、能自我复制、专性活细胞内寄生的非细胞生物，直到19世纪末才被科学家所发现，且大多是以其致病性而被发现的。它区别于其他生物的主要特征是：没有细胞结构，核酸只有DNA或RNA一种，故又被称为“分子生物”；没有或没有完整的酶系统，不能进行独立的代谢；没有自身的核糖体，不能合成蛋白质；必须依赖宿主细胞进行核酸复制，形成子代；体积小，必须在电子显微镜下才能看见；在离体条件下能以生物大分子状态存在，并能长期保持其侵染力。随着研究的不断深入，到20世纪后期，科学家又发现比病毒更简单的致病因子。根据其化学成分，目前一般将其分为两大类，即真病毒（euvirus，简称病毒）、亚病毒（subvirus）。其中病毒为至少含有核酸和蛋白质两种成分的非细胞生物，亚病毒为仅含有核酸或蛋白质的分子病原体。亚病毒又可分为类病毒（只含具有独立浸染性的 RNA 组分）、拟病毒（只含不具有独立浸染性的 RNA 组分）及朊病毒（只含有单一蛋白质组分）三类。

病毒虽然有球形、杆状、棒状、蝌蚪状等多种形态，但其化学组成十分简单，主要是由核酸和蛋白质组成，亦有部分病毒含有脂肪、碳水化合物或少量酶类。一种病毒只含一种核酸，其中 DNA 多为开放式双链（dsDNA），RNA 则多为具有侵染力的开放式单链（又称正链 RNA，ssRNA）。蛋白质是病毒的主要组成成分，其中氨基酸的组成与含量因病毒的种类而异，根据蛋白质在病毒粒子中的存在与否，可将病毒蛋白质分为结构蛋白和非结构蛋白。结构蛋白是构成一个形态成熟有感染性病毒颗粒所必需的，包括壳体蛋白、包膜蛋白和存在于病毒粒子中的酶等；非结构蛋白是由病毒基因组编码及病毒复制所必须，但不结合于病毒粒子中。当病毒粒大量聚集并使宿主细胞发生病变时，可形成具有一定形态、构造并能用光学显微镜加以观测和识别的“包含体”（inclusion body）。病毒的繁殖只能在活的细胞内进行，其过程包括吸附、侵入、脱壳、生物合成、装配及释放 6 个步骤，每个步骤发生的结果和周期长短因病毒的种类、核酸类型、温度及宿主细胞种类等而异，反映了病毒演化所形成的专一性特点。

第二节　土壤微生物活性与土壤养分

土壤肥力生物热力学认为：土壤是一个类生物体，土壤有机质（主要是腐殖质）是土壤肥力的精华，微生物是土壤中活的有机体，具有生物化学活性，能直接参与土壤中物质与能量转化、腐殖质形成、有机质分解、养分固定与释放等过程，对土壤肥力的发展起着十分重要的作用，是土壤不可缺少的组成部分。

一、影响土壤微生物生长和活性的主要因素

土壤中微生物的生长既受环境因素如温度、水分及其有效性、pH、土壤空气和通气状况、生物因素等的影响，同时也在很大程度上受土壤性质以及人类耕作管理等的影响，因此，调节土壤微生物的活性通常需要从多种途径入手。

1. 温度对土壤微生物生长和活性的影响　温度是影响微生物生长和代谢的最为重要的环境因素。与其他生物相比较，微生物对温度的适应性似乎较差，当温度超过最低和最高限度时，可导致其停止生长甚至死亡。根据微生物对温度的适应性及其生长的最适宜温度，一般将其分为高温型、中温型和低温型 3 种类型。高温型微生物一般在温度 30℃以上的温度下生长，其中普通嗜热微生物的最适生长温度为 45～60℃，最高为 70℃，极端嗜热微生物的最适生长温度为 80～90℃，最高为 100℃以上。中温型微生物一般在 0℃以上的温度下生长，最适生长温度为 25～40℃，最高一般在 50℃以下。而低温型微生物中，兼性嗜冷微生物一般可以在 0℃以上的温度下生长，最适宜温度为 20～30℃，最高为 35℃左右，专性嗜冷微生物一般可以在 0℃以下的温度下生长，最适宜温度在 15℃以下，最高在 20℃以下。

土壤中的微生物大多属于中温型，其最适宜生长温度在 25～40℃，但也存在低温型和高温型的微生物种群，如近年来研究发现中温泉古菌在土壤中亦有较大数量存在。一般情况下，土壤微生物的组成及其优势种群往往会因为温度、施肥、作物种植类型、耕作管理等因

素的改变而有所不同，但无论是哪类优势种群的微生物，在其最适宜的生长温度内，其生长速度都是随温度的升高而加快、活性随温度的升高而增强的，当温度过低或过高时，微生物停止生长或生命活动减慢，同时部分微生物会通过产生孢子等方式休眠，在合适的温度下再重新萌发、生长，但温度过高时可能会导致微生物生长和代谢停止、死亡，因此，我们在生活中经常采取高温方式来杀灭微生物。

2. 土壤水分及其有效性对微生物生长和活性的影响　水是生命之源，也是微生物细胞生命活动的基本条件之一。由于土壤水中一般会含有各种溶质，从而影响其活度，并因此导致其对微生物可给性等的差异。除极少数能忍受高渗透压环境的微生物（如嗜渗菌、嗜盐菌等）外，如果土壤水中溶质（如钙镁钾钠等阳离子，或硫酸根、硝酸根等阴离子）的浓度过高，则势必使土壤水的渗透压增大，活度下降，可能会导致微生物对水的利用难度大，甚至造成其生理干燥，严重影响微生物的生长和活性。另一方面，在水分供应不足，或长期淹水环境下，土壤微生物的生长和活性均将受到较大影响，并因此改变其群落和结构，逐步形成与水分条件相适合的微生物群落结构。因此，在农业生产实际中，可以通过调节土壤水分状况，调节微生物的组成和活性，并进而使土壤肥力朝着所需要的方向发展，或者改变土壤中某些物质的形态等，从而达到改良土壤、提高耕地质量的目的。

3. pH 对微生物生长和活性的影响　如前所述，多数土壤微生物均有各自最适合生长的 pH 范围，过高或过低的 pH 均不利于土壤微生物的生长，这是由于 pH 对土壤溶液中的离子组成和活性、微生物细胞内酶的活性、微生物细胞膜的电荷性质与稳定性、微生物对外界物质的吸收能力、微生物细胞表面蛋白质的活性等均具有十分重要的影响。在大多数情况下，土壤的 pH 在 4.0～9.0 之间，基本上在各类微生物生长发育的允许范围之内。对于不同类型的微生物而言，其最适宜的环境 pH 也有较大差异，如细菌最适宜范围为 6.5～7.5（可生长的 pH 范围为 4.0～10.0，下同）、放线菌为 7.0～8.0（5.0～10.0）、霉菌为 3.0～6.0（1.5～10.0）、酵母菌 5.0～6.0（1.5～10.0），但也有极少数微生物可以在极端 pH 条件下生长，如嗜酸菌（*Acidophiles*）可以在 pH 低于 2 的环境中生长，嗜碱菌（*Alkalinophiles*）可以在 pH 高于 10 的环境中生长。当然，在不同的土壤环境中，由于 pH 等相关条件的变化，微生物的类群、生长状况、数量等也相应存在较大差异，这也为微生物多样性研究等提供了前提条件。

4. 土壤空气和通气状况对微生物生长和活性的影响　与高等植物不同，微生物只能利用溶解于水中的氧气（即溶解氧，DO）。DO 与温度、大气压等因素有关，温度越高，则氧的溶解度越小。按照对氧的需求程度，一般可将微生物分为专性好氧型、微好氧菌、耐氧菌、兼性厌氧型和厌氧型五类。土壤水中溶解的氧气量通常主要决定于土壤的通气状况（或氧化还原电位即 Eh 值）的高低，一般在 Eh 值＞100mV 的土壤中，通气较好，氧气含量充足，有利于好气微生物的生长；而在 Eh 值＜100mV，甚至＜0mV 的土壤中，由于通气较差，氧气含量不足，因而较适合厌氧微生物的生长。从总体看，在通气良好、水分供应较充足的土壤中，微生物生长良好、数量多、活性强；反之，则微生物数量少、生长差、活性低。

5. 生物因素对微生物生长和活性的影响　土壤中的微生物按照其来源可以分为土居性和客居性两种类型。前者由于长期生活在其所处的土壤中，对环境的变化具有较强的适应能力，即使是土壤环境变劣也能存活下来，并在环境转好时重新繁殖。而后者如随施肥、微生物制剂应用、排污等若干途径进入土壤中的微生物，大多因其适应性、竞争性差而不能在土壤中长期存在，只能短时间在土壤中生长和繁殖。但如果两者存在互生互利关系，则客居微生物可以在土壤中长期生长甚至定居，这对微生物肥料和生物农药的有效性是十分重要的。实际上，即使是土居微生物，相互间也存在互生、共生、拮抗等关系，并且通过各种相互作用，特别是土壤立地条件的变化不断达到新的平衡，从而使土壤微生物呈现出丰富的多样性。

6. 土壤本身特性对微生物生长和活性的影响 土壤自身的性质如矿物组成、颗粒特性、元素组成等，均对微生物的生长和活性产生十分重要的影响，但是，在研究对微生物影响的因素时，由于我们往往将相关因素放在环境要素中来研究，如 pH、通气性等尽管与土壤自身性质密切相关，但在研究中一般将其作为一个单独的要素，因此大多数时候对土壤自身性质与微生物生长关系的研究反而有所忽视。事实上，土壤的矿物组成由于在很大程度上决定了土壤颗粒特性、元素组成、土壤酸碱性等性质，因此对微生物的营养特性、生长环境等同样具有十分重要的影响，如在湖南祁阳同一立地条件下由第四纪红土母质发育的红壤，由于有机质和氮磷钾等含量的差异，土壤微生物的组成、数量乃至活性均有较大差别，有机质和氮磷钾含量高的土壤中细菌、真菌和放线菌的数量分别达 1.94×10^7、3.42×10^4 和 1.22×10^6 个，而有机质和氮磷钾含量低的土壤中则分别仅 0.71×10^7、1.63×10^4 和 0.79×10^6 个，二者在微生物数量上相差 2 倍甚至更高；在微生物群落方面，前者固氮菌、氨化细菌、硝化细菌、反硝化细菌、纤维分解菌的数量分别为 1.51×10^7、4.13×10^6、1.36×10^2、1.37×10^6 和 1.95×10^3 个，后者上述 5 种微生物的数量则分别仅 7.55×10^6、4.07×10^6、0.13×10^2、2.94×10^5 和 3.48×10^2 个，二者固氮菌数量相差 2 倍，硝化细菌数量相差 10 倍多，反硝化和纤维分解菌数量相差近 5 倍。由此可见，由于土壤有机质和氮磷钾养分的差异，微生物的数量、类型和活性等也呈现出十分显著的差异。

7. 耕作管理措施对微生物生长和活性的影响 耕作是影响耕地质量的重要因素，也对土壤微生物的组成、数量和活性具有十分重要的影响。人类通过对土壤的合理耕作和利用，可以大幅度改变土壤，特别是耕层土壤的理化性质和生产能力，使其朝着有利于作物高产稳产和优质高效的方向发展。在这个过程中，土壤的养分、水分状况、土壤结构及通气性等得到显著改善，障碍因素基本或完全消除。在此同时，也使土壤微生物的结构发生根本性变化，数量大幅度增加，功能和活性大幅度提升。如以不同施肥管理为例，在湖南祁阳第四纪红壤旱地中不同施肥处理下土壤真菌数量比较，长期不施肥处理为 1.63×10^4 个，施用氮磷钾化肥处理为 1.72×10^5 个，施用氮磷钾化肥并实行秸秆还田处理则达到 2.11×10^5 个；与此同时，土壤微生物群落的差异也很大，如土壤中硝化细菌的数量在前述 3 处理下分别为 0.13×10^2 个、1.36×10^2 个和 0.70×10^2 个，不同处理下土壤微生物数量和类群都出现了较大差异。由此可见，耕作管理措施对土壤中微生物的影响不仅表现在数量、生长和活性上，同时也表现在土壤微生物的类群和结构上。

二、土壤微生物活性与有机质及养分含量

土壤中的大多数微生物都以有机物作为能源，因此，其活性与有机质的含量密切相关。一方面，当土壤中外源有机物较多时，会通过激发效应等的影响，在较短时间内使微生物的数量和类型（特别是纤维分解菌等的数量和类型）显著增加，活性也明显增强；当土壤中有

机物较少时，则微生物的数量相应较少，活性也相应较弱。同时，土壤中的有机物质存在腐殖化和矿化2个相反的过程，通过腐殖化过程使外源有机物质转化为土壤有机质（腐殖质），通过矿化过程使有机物质甚至土壤腐殖质转化为简单有机物。也就是说，在一定条件下，通过不同类群微生物的作用，可以使土壤中的有机物质（包括土壤腐殖质）发生相反的转化过程，从而影响土壤有机质的含量和质量。

当在土壤中施入有机物质（有机肥）时，一方面，在微生物和酶的作用下发生氧化反应，并将其最终分解为CO_2、水和能量，其中的氮磷钾及微量元素等养分被释放成为植物可利用的矿质养料，该过程为有机质的矿化过程；另一方面，各种有机化合物在微生物的作用下又可合成，或在原植物组织中聚合转变为组成和结构比原有机化合物更为复杂的新的有机化合物，该过程即为腐殖化过程。一般而言，在好氧条件下微生物的活动较旺盛，分解作用进行得较快且较彻底；而在嫌气条件下则分解作用进行得既慢且不彻底，往往还产生有机酸、乙醇等中间产物，极端嫌气时甚至产生CH_4、H_2等还原物质，养分和能量的释放很少。但无论是在好气还是嫌气条件下，微生物在其中所起的作用都是非常重要而关键的，且微生物的类型及活性也最终决定了外源有机物向土壤腐殖质转化的数量和质量等。

由于施入土壤中的有机物质C/N比不一、施用量多少不一，其相应的土壤微生物数量和活性也差异很大。如阳文锐等（2007）的研究结果，在不同EM堆肥和传统堆肥施用量条件下，由于土壤有机质及养分含量等的差异，土壤微生物数量和组成也有很大差别，其中在EM堆肥或传统堆肥施用量较高的处理下，土壤有机质和养分含量高，相应的微生物数量较低用量下高出20%甚至数倍，且其代谢能力也大大增强。胡诚等（2006）、李秀英等（2005）、白震等（2008，2009）很多研究者亦就相关内容进行了一系列研究，从不同侧面阐述了土壤微生物数量及活性与有机质、有机肥种类、土壤及有机物中养分含量的相互关系。

实际上，由于微生物生长对环境较为敏感，因此，不仅土壤本身有机质和养分含量、土壤结构、土壤水分特性等，而且不同的肥料施用量、养分比例、有机物C/N比等，均与微生物的组成、数量和活性具有十分密切的关系，并在一定程度上成为制约微生物生长和组成等的关键因子。

三、土壤微生物活性与作物生长

实际上，土壤微生物活性不仅与作物生长具有十分密切的关系，而且，由于根系活性及分泌物等的差异，作物的类型和栽培管理等也在很大程度上决定了微生物的群落结构、组成、活性，因此，植物根际土壤中微生物的结构和活性等也成为植物和微生物关系研究的核心内容。另一方面，土壤微生物由于在土壤物质和能量转换等方面具有许多独特的功能，微生物的分泌物对植物生长等也具有十分重要的作用，因此，土壤微生物的群落结构、数量及活性等，也在一定程度上决定了作物的生长状况。

关于土壤微生物活性与作物生长相互关系的研究，近年来已成为相关领域的重要内容之一，受到了众多研究者的关注。如据罗佳等（2010）的研究结果，在不同有机无机复合肥施用条件下，不仅土壤中矿质态氮、氮肥利用率差异很大，而且土壤微生物的多样性表现也各不相同，最终油菜籽的产量、地上部分氮素累积量、油菜产量构成要素等均具有较大差异，其中在施用鸡粪堆肥、猪粪堆肥时表现最好，其结果说明土壤微生物的活性、作物的生长和产量、有机物质的施用量（或有机物和养分的供应量）是相互关联、相互影响的。王延军等

(2007) 对不同肥料施用下番茄生长和土壤酶、微生物量关系的研究，孙建等 (2010) 对不同耕作方式下内蒙古旱作农田土壤微生物量和作物生长和产量的影响研究，张奇春等 (2010) 对不同施肥下水稻养分吸收和土壤微生物生态特性影响的研究等，均从不同程度上对土壤微生物与作物生长的关系进行了探讨。

实际上，土壤微生物不仅与作物生长及产量等密切相关，同时，微生物与土壤酶的活性等亦具有十分显著的相关性。近年来，关于土壤酶的研究也十分活跃，特别是对土壤中几种主要酶的研究，更是受到多数研究者的关注，在此不做过多的探讨。

第三节　土壤微生物与耕地质量的相互关系

微生物在土壤中的生长既受土壤条件、作物类型及生长、耕作施肥等诸多因素的影响，同时也受温度、湿度等气候条件的制约，但反过来，微生物的群落结构、组成及数量等也在很大程度上将影响作物的生长和产量、土壤养分等状况。同时，由于微生物与土壤中物质、能量代谢密切相关，因此，也在很大程度上与耕地质量紧密相连。

一、土壤微生物对耕地质量的指示作用

土壤微生物是一个动态的、易变的、十分复杂的群体，其数量、组成及活性等在很大程度上受土壤性质的影响，对耕地而言，其微生物的种群、数量及活性等与土壤理化性质的变化密切相关，或者可以说，微生物的数量和群落的变化可以直接反映耕地质量（或耕地某些理化性质）的变化情况，因此，我们通常可以通过分析土壤微生物的数量和种群、活性等指标，来对耕地质量状况及其演变等做出相应的评价。

碳素是构成生物体的最基本的元素，约占生物体干物质重量的一半，从某种意义上说，碳素循环是生命活动的晴雨表。碳素在土壤中多以腐殖质的形式存在，相对较稳定，但土壤腐殖质等有机态碳素又是微生物生命活动能量的重要来源，因此，通常可以通过与碳代谢密切相关的微生物的数量和活性等指标来评价土壤腐殖质（或有机质）的状况。如在纤维素含量较高的土壤中，一般梭状芽孢杆菌及木霉属、青霉菌属、毛壳霉属、曲霉属中的一些具有分解纤维素功能的真菌数量较多，且活性也较强；在果胶物质含量较丰富的土壤中，枯草芽孢杆菌、多黏芽孢杆菌、热解糖梭菌（*Cloctridium thermosaccharolyticum*）及黑曲霉（*Aspergillus niger*）、意大利青霉（*Penicillium itaticum*）、扩展青霉（*Penicillium expansum*）、微小毛霉（*Mucor pusilus*）、出芽短梗霉（*Aureobasiduim pulluans*）、粗糙链孢霉（*Neurospora rassa*）、嗜热侧孢霉（*Sporotrichum thermophile*）等微生物的数量较多，活性也较强；土壤中的降解一般需要有真菌和细菌的共同参与，因此，在木质素类物质含量较多的土壤中，厌氧梭菌（*Clostridium*）、不动杆菌属（*Acinetobacter*）、黄杆菌属（*Flavobacterium*）、微球菌属（*Micrococcus*）、假单胞菌属（*Pseudomonas*）、双芽孢杆菌属（*Amphibacillus*）、黄单胞菌属（*Xanthomonas*）、枝动杆菌属（*Mycoplana*）等细菌，链霉菌属（*Strepomyces*）、高温放线菌属（*Thermoactinomyces*）、节杆菌属（*Arthrobacter*）、小单孢菌属（*Micromonospora*）及诺卡氏菌属（*Nocardia*）等放线菌，白腐菌、褐腐菌和软腐菌等真菌的数量较多，活性也相对较强。上述微生物的数量、类型及活性，在很大程度上可以指示土壤有机质的状况，或土壤中有机物质的类型、分解程度等，因而也在一定程度上可以

反映出耕地的质量。

微生物在土壤氮素循环的大多数环节中亦担当着不可替代的重要角色，土壤氮素的氨化过程、硝化过程、反硝化过程以及空气中氮素的固定等，均离不开微生物的参与。在土壤中，荧光假单胞菌、普通变形杆菌、巨大芽孢杆菌、枯草芽孢杆菌、巴氏芽孢杆菌、脲芽孢八叠球菌等微生物主要参与氨化过程，亚硝化单孢菌属、亚硝化螺菌属、亚硝化球菌属、亚硝化叶菌属、亚硝化弧菌属等微生物主要参与亚硝化过程，硝化杆菌属、硝化刺菌属、硝化螺菌属、硝化球菌属等微生物主要参与硝化过程，而假单孢菌属、产碱杆菌属、芽孢杆菌属、土壤杆菌属、黄杆菌属、丙酸杆菌属、盐杆菌属（古细菌）、芽生杆菌属、硫杆菌属、慢生根瘤菌属等中的部分微生物主要参与反硝化过程，固氮菌属等微生物主要参与氮素的固定过程。因此，在氮素含量较高且氮代谢较旺盛的耕地中，上述类型微生物数量多，活性也较强；反之，则上述类型微生物的数量少，活性也较弱；或者在有障碍因子存在的耕地中，仅仅其中某一类型的微生物数量多，活性强。

微生物在土壤其他营养元素的循环与转化中所担当的作用同样是不可替代的。如土壤中的芽孢杆菌属（*Bacillus*）、假单胞菌属（*Pseudomonas*）、埃希氏菌属（*Escherichia*）、欧文氏菌属（*Erunnia*）、土壤杆菌属（*Agrobacterium*）、沙雷氏菌属（*Serratia*）、黄杆菌属（*Flavobacterium*）、肠细菌属（*Enterbacter*）、微球菌属（*Micrococcus*）、沙门氏菌属（*Salmonella*）、色杆菌属（*Chromobacterium*）、产碱菌属（*Alcaligenes*）、节细菌属（*Arthrobacter*）等类型细菌，青霉属（*Penicillium*）、曲霉属（*Aspergillus*）、根霉属（*Rhizopus*）等真菌，以及链霉菌属（*Streptomyces*）等放线菌均具有解磷作用。此外，曲霉属、青霉属、根霉属、链霉菌属、假单胞菌属、芽孢杆菌属等类微生物可以分泌出植酸酶，能将肌醇六磷酸分解为磷酸和肌醇，即具有将有机磷无机化的作用。同样，土壤中的硫杆菌属（*Thiobacillus*）、假单胞菌、红球菌、棒杆菌、短杆菌、戈登氏菌等，在硫的循环与转化中发挥着十分重要的作用。根据耕地中相应的微生物类型、数量及其活性，可以大致判断出土壤中某种养分的状况、代谢过程，并同时对耕地的质量做出相应的判断。

由于土壤中微生物的种类、数量及活性等总是与相应的过程相联系，即土壤中有机质及养分的含量状况、土壤中的理化过程等，均可通过微生物的类群、数量及活性等指标反映出来。因此，我们可以通过分析土壤微生物的类群、数量及其活性等指标，对耕地中相关的理化性质演变及其过程做出相应判断，并以此评价耕地的质量状况及其演变趋势。

二、耕地质量演变中土壤微生物的变化

土壤微生物的种类、数量及其活性等指标可以在一定程度上反映出耕地质量的状况，这实际上是由于耕地质量的演变在很大程度上将导致土壤微生物生长环境的变化，从而使其种类、数量及其活性发生相应的变化，或者说耕地质量演变与土壤微生物的变化是相互关联的两个过程。因此，我们通常可以根据土壤微生物群落和数量、结构及活性等的变化，来判断耕地质量的状况及其演变趋势。

微生物数量的变化通常被用来作为衡量耕地质量高低的重要指标。一般而言，肥沃的耕地，特别是有机质和氮磷钾等养分丰富的耕地中，土壤微生物的数量也会相应较多；而相对瘠薄的耕地中微生物的数量则会相应较少，有障碍因子的耕地中则可能会出现某些类型微生物数量显著减少、但对障碍因子适应性强的微生物（在某种程度上也可以认为是该障碍因子

的指示微生物）数量则显著增多。如据王英等（2007）的研究结果，经 27 年长期不同施肥影响下，在耕地有机质及氮磷钾等养分含量出现较大差异的同时，土壤微生物数量也差异显著，与耕地表层土壤含量相对应，有机质和氮磷钾养分含量低的耕地中细菌数量仅 1.92×10^6 个/g 干土、真菌仅 0.12×10^4 个/g 干土，而有机质和氮磷钾养分含量较高的耕地中则达到 3.14×10^6～5.75×10^6 个/g 干土和 0.22×10^4～0.40×10^4 个/g 干土，是前者的 1.64～2.99 倍和 1.83～3.33 倍；在有机质和氮磷钾养分含量较低、中等及较高的 3 种耕地中，亚硝酸细菌、反硝化细菌、固氮菌（含好气性和嫌气性固氮菌）、嫌气性纤维分解真菌等均有随有机质和氮磷钾养分含量增加而显著提高的趋势，而硫化细菌的数量则呈现出相反的变化趋势，且在有机质和氮磷钾含量较高的耕地中甚至没有检出。严君等（2009）的研究表明，经不施肥、单施化肥、化肥＋有机肥处理 14 年后，耕地表层土壤的容重、有机质和氮磷钾含量等均出现了较大差异，其生产力也有较大的差别，在土壤有机质和氮磷钾含量均较低的不施肥处理土壤中，尽管由于细菌数量差异不大而使微生物总数量与单施化肥土壤差异不大，但较化肥＋有机肥处理下的差异显著，而真菌、放线菌的数量则 3 种处理下土壤中差异显著，以不施肥土壤中最少、化肥＋有机肥处理土壤中最多，很显然，这种差异与不同处理下耕地的有机质及氮磷钾含量，或者说与耕地质量是密切相关的。白震等（2009）的研究结果，在长期不同施肥处理下，土壤有机质和氮磷钾含量、生产力等均有显著差异的耕地中，单烯不饱和脂肪酸（16∶1ω9c，16∶1ω7t，18∶1ω9c，18∶1ω9t 之和）含量值差异明显，耕地质量最差的不施肥处理仅 15.7nmol/g，而耕地质量最高的有机肥＋化肥处理则达到 162.6nmol/g，是不施肥处理下的 10.36 倍。可见，微生物的数量在很大程度上可以反映出耕地质量的状况，或者说，在耕地质量演变中，微生物的数量也将出现相应的变化。

微生物群落及结构的变化在很大程度上意味着耕地质量的演变。耕地中有机质、养分含量、水分特性等的差异，以及其他物质含量的差异，不仅直接影响耕地质量，其同时也对微生物的种群、结构及活性等带来一系列重要的影响。因此，通过分析耕地中微生物种群、结构及活性等的演变，可以反映出耕地相关理化性质及过程等的变化，并可以此作为衡量和评价耕地质量的重要指标。如据李忠佩等（2007）的研究结果，在酸性强、有机质和氮磷钾含量低、生产力也较低的耕地中，细菌、放线菌和真菌的数量分别为 6.36±0.16、3.72±0.12 和5.84±0.14LogCFU/g 干土，而在 pH 偏中性、有机质和氮磷钾含量高、生产力也较高的耕地中，细菌、放线菌和真菌的数量分别为 7.23±0.23、4.04±0.17 和 6.26±0.15LogCFU/g 干土，与此相对应，两种耕地的 Shannon 指数（反映群落物种及其个体数和分布均匀程度的综合指标）分别为 2.95±0.05 和 3.16±0.04，Simpson 指数（反映群落中最常见的物种的优势度）分别为 15.9±1.06 和 21.1±1.29，McIntosh 指数（反映群落物种均一性的度量指标）分别为 2.13±0.34 和 4.84±0.27，即在质量较差的耕地中，由于缺乏有效的碳源，以及速效养分缺乏等原因，限制了微生物的生长，因此，土壤微生物群落功能多样性指数也最低。同时，稻田改成旱地后，由于水分条件发生变化，土壤有机质及氮素等养分的含量会出现较大幅度下降，土壤的生产力也相应下降，可能因此扰乱了土壤微生物生长的养分环境，导致某些种群的爆发性生长，另一些种群则因不能适应而死亡，从而造成土壤微生物的物种丰富度降低，因此，土壤微生物群落功能多样性指数均呈现出显著下降的趋势。陈哲等（2009）的研究结果，质量低中高的 3 种耕地比较，Shnnon 多样性和 Pielou 均匀度指数显示，质量高的耕地细菌多样性和均匀度最高，而质量低的耕地的细菌多样性和均匀度都最低；同时，硝化基因 *am oA* 和反硝化基因 *nosZ* 多样性也呈相应的变化趋势。因此，可以认为耕地理化性质的变化在很大程度上都将引起微生物结构的相应变化，或者说，微生物的群落及结构的演变可以较直观反映出耕地质量的变化。不仅如此，实际上微生物活性的变化也在很大程度上与耕地质量的变化密切相关，即在质量较高的耕地中，由于有机质和养分、水分等的供应能力也相对较强，微生物生长旺盛、活性强；而质量较低的耕地中，由于有机质和养分、水分等的供应能力也较弱，因此，微生物的生长就较差、活性较弱；至于有障碍因子的耕地中，由于障碍因子的存在改变了耕地的理化性质，因而也使部分微生物生长的环境条件发生了相应变化，使其生长过旺或抑制其生长，这对耕地中微生物的平衡是十分不利的，也必将对相应的代谢过程等带来一系列影响。

第四节　土壤动物及其对耕地质量的影响

一般而言，土壤动物包括单细胞的原生动物和多细胞的后生动物。耕地中动物的数量、类型及活动能力等，在很大程度上与其质量密切相关。质量高的耕地中有机物和养分、水分等的供应能力强，因而土壤动物的类型和数量通常也较多，且活动能力也较强；反之亦然。基于此点，我们也可以根据土壤动物这些特性的变化来评价耕地的质量状况。

一、土壤后生动物

土壤中后生动物包括线虫、蠕虫、蚯蚓、蜗牛、千足虫、蜈蚣、蚂蚁、螨、环节动物和昆虫等土居性多细胞动物，也是一般用肉眼能看见的主要的土壤动物，其中线虫又成为圆虫、丝线虫或发状虫，是土壤后生动物中数量最多的一类，每平方米可达到几百万条，且多数寄生在高等植物和动物体上，并因此导致植物根部的线虫病，土壤中线虫主要以微生物和其他动物为食。蚯蚓是土壤中无脊椎动物的主要部分，能分解土壤中的枯枝落叶和有机物质，蚯蚓、蚂蚁和白蚁等均具有破碎有机物质并将其转移到深层土壤的功能。千足虫、螨等足目动物以及弹尾目动物也具有破碎土壤中枯枝落叶的功能。后生动物对植物枯枝落叶的这种破碎作用，实际上是土壤中有机质矿质化的第一阶段，也是必不可少的阶段，通过这一过程，使得土壤中的植物残体破碎并有利于原生动物的取食以及微生物的进一步分解。

在后生动物中，轮虫属于担轮动物门、轮虫纲的微小动物，包括旋轮属（*Philodina*）、猪吻轮属（*Dicranophorus*）、腔轮属（*Lecane*）和水轮属（*Epiphanes*）等。轮虫的长度一般在 0.04～2.0mm，多数不超过 0.5mm，其体型多为长形，可区分出头部、躯干和后尾部。轮虫雌雄异体、卵生，多为孤雌生殖，一般以细菌、霉菌、酵母菌、藻类、原生动物及有机颗粒为食，为杂食性动物，在废水的生物处理中具有净化作用，可用来作为指示生物。

线虫隶属线形动物门的线虫纲，是无脊椎动物中的一个庞大的类群，大多数线虫营自生生活，但也有少数如蛔虫、钩虫、丝虫、旋毛虫等营寄生生活。线虫呈体形微小的长线形，大多长度在 1mm 以下，需要在显微镜下才能清晰可见。线虫体内有神经系统，雌雄异体、卵生，其营养型有以动植物残体及细菌为食的腐食性线虫、以绿藻和蓝藻为食的植食性线虫及以轮虫和其他线虫为食的肉食性线虫 3 种。根据其对氧气的需求，可将线虫分为好氧和兼性厌氧型，兼性厌氧型线虫在缺氧时可大量繁殖，是水体净化程度差的指示性生物。

寡毛类动物属环境动物门寡门纲，主要包括颤蚓、水丝蚓、颗体虫等，其共同特征是身体分节但不分区，疣足退化，体表具刚毛但数量少。寡毛类动物身体通常呈圆柱形，有时略扁，体表分节明显，但体型差别很大，最小的原口虫科等个体不足1mm，最大的蚯蚓则体长可达1～3m，具100～200节。按照寡毛类动物的生长环境，可将其分为陆生及水生两种类型，但多数为陆生，水生的主要分布在各种淡水水域，特别是有机质含量丰富的淡水中，水域中寡毛类动物数量的多少通常可作为水质污染的重要标志。

土壤后生动物由于大多可以用肉眼观测到，因此也在很大程度上被人们所熟知，相关研究也较多。通常后生动物的数量及其生长状况在很大程度上取决于土壤肥力的高低，如在质量高，特别是有机质丰富以及结构性等均较好的耕地中，后生动物的数量和类型都较多；反之则不仅后生动物类型少，数量也很少。

二、土壤原生动物

原生动物又成为原虫，是指无细胞壁、能自由活动的单细胞真核微生物。原生动物在自然界分布十分广泛，其细胞结构较简单，是最原始、最低等的单细胞动物，但在土壤中数量多、分布广，不同地区和不同类型土壤中，原生动物的类型及数量具有较大差异，在自然土壤中的数量一般为10^4～10^5个/g土，而在较肥沃的耕地中则可高达10^6～10^7个/g土，其数量差异可达1～2个数量级。可见，根据土壤原生动物的数量及其生长状况，可以对耕地的质量做出相应的判断。

原生动物一般个体很小，长度在100～300μm，需要借助光学显微镜才能观察到。其形态差别很大，主要有球状、椭球状、钟状、喇叭状、拖鞋状等，甚至有的种如变形虫等根本没有固定的形状。但原生动物在生理上具有完善的系统，能依靠各种细胞器行使多细胞动物具有的营养、呼吸、排泄及生殖等机能。其中，胞口、胞咽、食物泡、吸管等细胞器行使摄食、消化、营养等功能，收集管、伸缩泡、胞肛等细胞器行使排泄功能，鞭毛、纤毛、刚毛、伪足等细胞器行使运动和捕食功能，眼点则属于行使感觉功能的细胞器。但有的细胞器如伪足、鞭毛和纤毛等，可同时执行多种功能。

原生动物的细胞膜由细胞质的外层特化而来，其机能与多细胞动物相同，其厚度因不同类型原生动物而异，如变形虫的细胞膜很薄，可随原生质的流动而改变形状，但多数原生动物细胞膜内的蛋白质增厚可形成一定厚度的表膜，以保持虫体的特有形状。原生动物的细胞质可分为内质和外质两种，外质透明清晰、致密，内质色泽较暗且有很多内含物的颗粒，细胞核和各种分化的细胞器位于内质中。原生动物大多为单核细胞，多核变形虫、蛙片虫等少数有两个或两个以上细胞核。细胞核由核膜、核质和染色质组成，核膜上有小孔和细胞质沟通，根据染色质的多少和分布情况，可将原生动物的细胞核分为致密核和泡状核，前者染色质多，分布均匀，与代谢有关；后者染色质少，分布不均匀，与生殖有关。

按照运动器或摄食的方式，可以将原生动物分为肉足纲、鞭毛纲、纤毛纲和孢子纲。其中，孢子纲原生动物营寄生生活，无运动器，生活史复杂，有世代交替。肉足纲又可分为体型可以随意改变的根足类（变形虫）和体形不变呈球形伪足呈针状的辐足亚纲。肉足类原生动物形体小，无色透明，大多没有固定形状，但亦有少数呈球形，该类原生动物仅有细胞质本身形成的一层薄膜，由体内细胞质不定方向流动而呈千姿百态，并具有伪足作为运动和摄食的胞器。绝大部分以细胞、藻类、有机颗粒和比它本身小的原生动物为食，属于动物性营养。肉足类广泛分布于土壤和水体中，中污染水体是其最适宜的生活环境。

鞭毛纲原生动物一般具有一根或一根以上的鞭毛，又称鞭毛虫，其鞭毛一般与体长相等甚至更长。根据其营养类型，可分为植物性鞭毛虫和动物性鞭毛虫两大类。大多数植物性鞭毛虫具有绿色色素体，是仅有的进行植物性营养的原生动物，其中绿眼虫亦称为绿色裸藻，一般在中污染的小水体中较常见，亦能适应多污性水体，眼虫藻、衣藻等则常出现在耗氧活性污泥中，因而可作为耗氧生物处理的指示生物。动物性鞭毛虫有梨波豆虫、侧滴虫等，其体内无绿色的色素体，体形小，属动物性营养，主要生活在腐化有机物较多的水体内，如在废水处理厂曝气池运行的初期常常出现。

纤毛纲是构造最复杂，也是最高级的一类原生动物，主要依靠细胞表面的无数短须（纤毛）同步而有节奏的摆动运动或捕食。该类原生动物有较明显的胞口，以及口围—口前庭及胞咽等吞食和消化的细胞器，其细胞核有大核（营养核）和小核（生殖核）两种，一般大核只有一个，但小核则有一个以上。纤毛虫可分为游泳型和固着型两类，喜吃细菌和有机颗粒，其竞争能力较强，为动物性营养。

实际上，根据原生动物的上述特性，我们不难发现，在有机物含量高、养分和水分供应充足的耕地中，原生动物的数量也会相应较多；反之亦然。而在有障碍因子的耕地中，由于土壤中存在不利于某些生物生长的因子，因而也必将直接或间接影响原生动物的生长和活性，其数量也将相应较少，或只有适应该条件的原生动物生长。因此，根据耕地中原生动物的类型、数量等，我们同样可以对耕地质量做出相应的判断，或者间接用原生动物的数量、类型等指标来表示耕地的质量状况。

（曾希柏、王亚男、段然）

参 考 文 献

白震，张明，宋斗妍，等 . 2008. 不同施肥对农田黑土微生物群落的影响 [J]. 生态学报，28 (7)：3244 - 3253.

白震，张明，闫颖，等 . 2009. 长期施肥对农田黑土微生物活力与群落结构的影响 [J]. 土壤学报，46 (1)：108 - 117.

白震，张明，张旭东，等 . 2008. 长期磷肥处理农田黑土细菌群落特征 [J]. 应用生态学报，19 (7)：1567 - 1573.

常影，刘淑霞，朱平，等 . 2006. 栽培和施肥对黑土细菌数量年变化影响的初步研究 [J]. 吉林农业大学学报，28 (1)：60 - 63.

陈法霖，屠乃美 . 2009. 保护性耕作对土壤微生物的影响及机制 [J]. 作物研究，23 (3)：228 - 232.

陈吉，赵炳梓，张佳宝，等 . 2010. 长期施肥处理对玉米生长期潮土微生物生物量和活度的影响 [J]. 土壤学报，47 (1)：122 - 131.

陈建国，张杨珠，曾希柏，等 . 2008. 不同配方施肥对长期缺施钾肥的红壤性水稻土微生物特性的影响 [J]. 植物营养与肥料学报，14 (6)：1200 - 1205.

陈哲，陈春兰，秦红灵，等 . 2009. 化肥对稻田土壤细菌多样性及硝化、反硝化功能菌组成的影响 [J]. 生态学报，29 (11)：6143 - 6149.

辜运富，云翔，张小平，等 . 2008. 不同施肥处理对石灰性紫色土微生物数量及氨氧化细菌群落结构的影响 [J]. 中国农业科学，41 (12)：4119 - 4126.

郝晓晖，刘守龙，童成立，等.2007.长期施肥对两种稻田土壤微生物量氮及有机氮组分的影响［J］.中国农业科学，40（4）：757-764.

郝晓晖，肖宏宇，苏以荣，等.2007.长期不同施肥稻田土壤的氮素形态及矿化作用特征［J］.浙江大学学报（农业与生命科学版），33（5）：544-550.

贺纪正，沈菊培，张丽梅.2009.土壤中温泉古菌研究进展［J］.生态学报，29（9）：5047-5055.

胡诚，曹志平，叶钟年，等.2006.不同的土壤培肥措施对低肥力农田土壤微生物生物量碳的影响［J］.生态学报，26（3）：808-814.

黄昌勇.2008.土壤学［M］.北京：中国农业出版社，50-65.

黄文昭，赵秀兰，朱建国，等.2007.土壤碳库激发效应研究［J］.土壤通报，38（1）：149-154.

蒋小芳，罗佳，黄启为，等.2008.不同原料堆肥的有机无机复混肥对辣椒产量和土壤生物性状的影响［J］.植物营养与肥料学报，14（4）：766-773.

来璐，郝明德，王永功.2004.黄土高原旱地长期轮作与施肥土壤微生物量磷的变化［J］.植物营养与肥料学报，10（5）：546-549.

李东坡，武志杰，陈利军，等.2004.长期培肥黑土微生物量碳动态变化及影响因素［J］.应用生态学报，15（8）：1334-1338.

李娟，赵秉强，李秀英，等.2008.长期不同施肥制度下几种土壤微生物学特征变化［J］.植物生态学报，32（4）：891-899.

李世清，李生秀，邵明安，等.2004.半干旱农田生态系统长期施肥对土壤有机氮组分和微生物体氮的影响［J］.中国农业科学，37（6）：859-864.

李秀英，赵秉强，李絮花，等.2005.不同施肥制度对土壤微生物的影响及其与土壤肥力的关系［J］.中国农业科学，38（8）：1591-1599.

李忠佩，吴晓晨，陈碧云.2007.不同利用方式下土壤有机碳转化及微生物群落功能多样性变化［J］.中国农业科学，40（8）：1712-1721.

林英华，张夫道，杨学云，等.2005.陕西农田土壤动物群落与长期施肥环境的灰色关联度分析［J］.植物营养与肥料学报，11（5）：609-614.

刘兰兰，史春余，梁太波，等.2009.腐殖酸肥料对生姜土壤微生物量和酶活性的影响［J］.生态学报，29（11）：6136-6142.

刘明，李忠佩，张桃林.2009.不同利用方式下红壤微生物生物量及代谢功能多样性的变化［J］.土壤，41（5）：744-748.

刘淑霞，王鸿斌，赵兰坡，等.2008.几种纤维素分解菌在有机质转化中的作用［J］.农业环境科学学报，27（3）：991-996.

刘晓梅，方建，张婧，等.2009.长期施肥对麦田土壤微生物垂直分布的影响［J］.植物生态学报，33（2）：397～404.

罗佳，蒋小芳，孟琳，等.2010.不同堆肥原料的有机无机复合肥对油菜生长及土壤供氮特性的影响［J］.土壤学报，47（1）：97-106.

罗希茜，郝晓晖，陈涛，等.2009.长期不同施肥对稻田土壤微生物群落功能多样性的影响［J］.生态学报，29（2）：740-748.

乔洁，毕利东，张卫建，等.2007.长期施用化肥对红壤性水稻土中微生物生物量、活性及群落结构的影响［J］.土壤，39（5）：772-776.

申卫收，尹睿，林先贵，等.2008.绰墩山遗址古水稻土细菌与古菌群落的PCR-DGGE分析［J］.生态学报，28（6）：2916-2924.

时唯伟，支月娥，王景，等.2009.土壤次生盐渍化与微生物数量及土壤理化性质研究［J］.水土保持学报，23（6）：166-170.

时亚南，张奇春，王光火，等．2007. 不同施肥处理对水稻土微生物生态特性的影响［J］. 浙江大学学报（农业与生命科学版），33（5）：551－556.

孙建，刘苗，李立军，等．2010. 不同耕作方式对内蒙古旱作农田土壤性状及作物产量的影响［J］. 生态学杂志，29（2）：295－302.

谭周进，周卫军，张杨珠，等．2007. 不同施肥制度对稻田土壤微生物的影响研究［J］. 植物营养与肥料学报，13（3）：430－435.

王英，王爽，李伟群，等．2007. 长期定位施肥对土壤微生物区系的影响［J］. 东北农业大学学报，38（5）：632－636.

王延军，宗良纲，李锐，等．2007. 不同肥料对有机栽培番茄生长和土壤酶及微生物量的影响［J］. 南京农业大学学报，30（3）：83－87.

韦革宏，王卫卫．2008. 微生物学［M］. 北京：科学出版社，12－128.

吴晓晨，李忠佩，张桃林，等．2009. 长期施肥对红壤性水稻土微生物生物量与活性的影响［J］. 土壤，41（4）：594－599.

吴展才，余旭胜，徐源泰．2005. 采用分子生物学技术分析不同施肥土壤中细菌多样性［J］. 中国农业科学，38（12）：2474－2480.

徐明岗，梁国庆，张夫道，等．2006. 中国土壤肥力演变［J］. 北京：中国农业科学技术出版社，36－38.

阳文锐，李维炯，陈展．2007. EM 堆肥对土壤生物影响的研究［J］. 中国生态农业学报，15（6）：88－91.

于建光，常志州，黄红英，等．2010. 秸秆腐熟剂对土壤微生物及养分的影响［J］. 农业环境科学学报，29（3）：563－570.

于树，汪景宽，李双异．2008. 应用 PLFA 方法分析长期不同施肥处理对玉米地土壤微生物群落结构的影响［J］. 生态学报，28（9）：4221－4227.

宇万太，姜子绍，柳敏，等．2008. 不同土地利用方式对土壤微生物生物量碳的影响［J］. 土壤通报，39（2）：282－286.

张彬，白震，解宏图，等．2010. 保护性耕作对黑土微生物群落的影响［J］. 中国生态农业学报，18（1）：83－88.

张平究，李恋卿，潘根兴，等．2004. 长期不同施肥下太湖地区黄泥土表土微生物碳氮量及基因多样性变化［J］. 生态学报，24（12）：2818－2824.

张奇春，王雪芹，时亚南，等．2010. 不同施肥处理对长期不施肥区稻田土壤微生物生态特性的影响［J］. 植物营养与肥料学报，16（1）：118－123.

郑勇，高勇生，张丽梅，等．2008. 长期施肥对旱地红壤微生物和酶活性的影响［J］. 植物营养与肥料学报，14（2）：316－321.

Buckley DH，Graber JR，Schmidt TM. 1998. Phylogenetic analysis of non－thermophilic members of the kingdom Crenarchaea and their diversity and abundance in soils［J］. Applied and Environmental Microbiology，64：4333－4339.

DeLong EF. 1992. Archaea in coastal marine environments［J］. Proc Natl Acad Sci USA，89：5685－5689.

Fuhrman JA，McCallum K，Davis AA. 1992. Novel major archaebacteria l group from marine plankton［J］. Nature，356：148－149.

Fuhrman JA，Ouvemey CC. 1998. Marine microbial diversity studied via 16S rRNA sequences：cloning results from coastal waters and counting of native archaea with fluorescent single cell probes［J］. Aquatic Ecology，32：3－15.

Hallam SJ，Mincer TJ，Schleper C，et al. 2006. Pathways of carbon assimilation and ammonia oxidation suggested environmental genomic analyses of marine Crenarchaeota［J］. PLOS Biology，44：0520－0536.

Hansel CM，Fendorf S，Jardine PM，et al. 2008. Changes in bacterial and archaeal community structure and functional diversity along a Geochemically Variable Soil Profile [J]. Appl Environ Microbiol, 74: 1620 - 1633.

He JZ, Shen JP, Zhang LM, et al. 2007. Quantitative and lyses of the abundance and composition of ammonia - oxidizing bacteria and ammonia - oxidizing archaea of a Chinese upland red soil under long - term fertilization practices [J]. Environ Microbiol, 9: 2364 - 2374.

Herndl GJ, Reinthaler T, Teira E, et al. 2005. Contribution of Archaea to total prokaryotic production in the deep Atlantic Ocean [J]. Appl Environ Microbiol, 71: 2303 - 2309.

Kemnitz D, Kolb S, Conrad R. 2007. High abundance of Crenarchaeota in a temperate acidic forest soil [J]. FEMS Microbiol Ecol. 60: 442 - 448.

Leininger S, Urich T, Schloter M, et al. 2006. Archaea predominate among ammonia - oxidizing prokaryotes in soils [J]. Nature, 442: 806 - 809.

Lipp JS, Morono Y, Inagaki F, et al. 2008. Significant contribution of Archaea to extant biomass in marine subsurface sediments [J]. Nature, 454: 991 - 994.

Nicol GW, Schleper C. 2006. Ammonia - oxidising Crenarchaeota: important players in the nitrogen cycle [J]. Trends Microbiol, 14: 207 - 212.

Nicol GW, Tscherko D, Embley TM, et al. 2005. Primary succession of soil Crenarchaeota across a receding glacier foreland. Environ Microbiol [J]. 7: 337 - 347.

Ouvemey CC, Fuhrman JA. 2000. Marine planktonic archaea take up amino acids [J]. Appl Environ Microbiol, 66: 4829 - 4833.

Schleper C, Jurgens G, Jonuscheit M. 2005. Genomic studies of uncultivated archaea [J]. Nat Rev Micro, 3: 479 - 488.

Shen JP, Zhang LM, Zhu YG, et al. 2008. Abundance and composition of ammonia - oxidizing bacteria and ammonia - oxidizing archaea communities of an alkaline sandy loam [J]. Environ Microbiol, 10: 1601 - 1611.

Sliwinski MK, Goodman RM. 2004. Spatial heterogeneity of crenarchaeal assemblages within mesophilic soil ecosystem as revealed by PCR - single - stranded conformation polymorphism profiling [J]. Appl Environ Microbiol, 70: 1811 - 1820.

Woese CR, Fox GE. 1977. Phylogenetic structure of the prokaryotic domain: the primary kingdoms [J]. Proc Natl Acad Sci USA, 74: 5088 - 5090.

Wuchter C, Schouten S, Boschker HT, et al. 2003. Bicarbonate uptake by marine Crenarchaeota [J]. FEMS Microbiol Lett, 219: 203 - 207.

Zeng XB, Su SM, Jiang XL, et al. 2010. Capahility of Pentaralent Arsenic Bioallumulation and Biovolatilization of Tree Fungal Strains under Laboratory Conditions [J]. Clean - Siol, Air Water, 38: 238 - 241.

第七章　耕地质量调控与退化耕地修复原理

耕地的质量状况在很大程度上受人为管理措施的影响，合理的耕作、施肥和管理等措施有利于耕地质量培育与发展；反之亦然。因此，对耕地质量演变趋势及其调控，其主要措施在于采取正确的方法管理和利用耕地，使其向有利于耕地质量提升和改良的方向发展；其主要原理在于通过调节或改良土壤的物理、化学和生物特性，使耕地能最大限度地保证作物高产稳产对水、肥、气、热的需求，发挥出耕地的最大生产潜力。

第一节　耕地质量退化的主要特征

通常情况下，如果不是采取非常极端的措施，耕地质量演变是一个相对漫长的过程，在不合理的施肥、耕作及管理等方式影响下，其质量下降通常需要二、三年甚至更长时间才会在作物生长和产量上表现出来。但是，在上述演变的过程中，实际上耕地的理化性质、生物学性质等已经在悄然发生着变化，因此，可以通过了解耕地相关性质的变化来分析其质量及其演变特点。

一、耕地质量退化中物理性质的变化

土壤物理性质的变化尽管在耕地质量演变中可能不如化学性质、微生物特性的变化显著，但由于土壤物理性质如结构、团聚体组成、水分特性、通气性等的微小变化，将导致土壤质量的大幅度改变。因此，在耕地质量研究中，尽管对土壤物理性质变化的研究尚显不足，但强化相关研究是非常必要的。

1. 土壤水分特性的变化　水是土壤的最重要的组成部分之一，由于它参与土壤内的物质运移，以及土壤矿物质风化、有机质合成和分解、养分形态转化等过程，因此，在土壤的形成和肥力发展等过程中起着十分重要的、有时甚至是决定性的作用。对于耕地而言，水分的供应同时还决定了土壤养分的有效性、作物对水分的吸收利用以及生长状况等，因而也在很大程度上决定了耕地的质量。当然，反过来耕地质量的变化也将在一定程度上对其水分特性带来一系列影响，并在相关指标上反映出来。

实际上，耕地质量变化首先影响土壤水的植物有效性。一般而言，当耕地质量出现退化时，土壤水贮量可能减少、保水能力下降、有效水含量范围变窄，土壤中水的运移速率等也将相应受到影响，其对植物的有效性也可能降低；反之，当耕地质量上升时，会使土壤的保水能力增强、贮量增加、有效水含量范围变宽，其植物有效性也相应提高。

耕地质量的变化也影响土壤水势及水分特征曲线的变化。当耕地质量下降时，会因土壤胶体特性等的变化，使土壤水吸力受到相应的影响，在同一吸力下土壤的含水率出现增加或减少，从而使土壤水分特征曲线出现相应变化。出现这种变化的最重要原因在于：耕地质量

的变化，在很大程度上将引起土壤胶体性质、土壤阴阳离子组成、土壤颗粒组成等的相应改变，使土壤胶体对水分的吸持能力可能发生相应改变；同时，土壤阴阳离子组成的变化可能使土壤水中溶解的溶质数量和组成发生改变，从而使土壤的溶质势发生变化。

土壤水的入渗和溶质运移也在很大程度上将随着耕地质量的变化而发生相应变化。由于土壤对水的入渗受质地、结构和松紧度等物理性质的影响，因此，当耕地质量发生退化时，土壤的上述性质会随之改变，也同时会对水分的入渗带来较大影响。而且，随着外界水分条件的变化，土壤水中离子的浓度和组成也出现相应的变化，导致土壤中溶质运移的速度、方向以及数量等出现相应改变，即溶质的水动力弥散（分子扩散与机械弥散）过程及强度会发生相应的变化。

当然，不论怎样演变，从一定意义上说，耕地质量的退化意味着土壤对作物的水分供应能力、保障能力以及土壤水分的植物有效性向不利于作物高产稳产的方向发展，即土壤水分的植物有效性下降、保水能力下降、有效水储量减少等，并最终影响作物的生长和产量。

2. 土壤质地、结构及团聚体特性的变化　与自然土壤比较，由于耕地的有机质和养分的投入增加、循环速度加快，表土层受人为扰动等多种因素的影响，对土壤结构、团聚体组成等也带来相应的影响。因此，当耕地质量下降时，也将带来土壤粒级组成、团聚体数量等的相应变化，特别是有机质等的减少可导致土粒的黏结力增加、土粒间容易黏结、团聚体内部孔隙变小且数量减少，并失去原有的团粒结构，从而影响耕地质量的提升以及作物的生长发育。

有机质作为土壤的重要组成部分之一，由于其含有植物生长所需要的各种营养元素，且是微生物生命活动的重要能源，对全球碳平衡也具有十分重要的影响，尤其是对土壤的物理、化学和生物学性质都具有十分深远的影响。土壤中的有机质绝大多数为结合态，且通常是与黏粒矿物和阳离子紧密结合以有机无机复合体的方式存在，因此，土壤中52%～98%的有机质集中在黏粒部分。当耕地质量退化时，大多数情况下有机质和养分含量也会相应下降，此时，与黏土矿物结合的有机质和阳离子量减少，黏土矿物吸附的养分离子部分被H^+、OH^-等所取代，黏土矿物相互间通过氢键、静电吸附、阳离子键桥等方式连接，其吸附力大、颗粒间空隙变小等，不利于土壤保持良好的土壤结构，原有的团聚体状况也难以维持，势必会对土壤质地、结构及团聚体特性等带来一系列的影响。

3. 土壤通气性及空气组成的变化　土壤通气性与其水分状况在很大程度上是直接关联的。在土壤固液气三相体系中，土壤气体存在于未被水分占据的土体的空隙中，在一定容积的土体内，如果保持孔隙度不变，则土壤水分和空气的含量呈现出负相关，亦即土壤的含水量越高，则空气含量越低；反之亦然。与此同时，土壤空气组成的变化也在一定程度上与其通气性相关，通气良好的土壤中空气的组成一般与大气差别不大，而通气不良的土壤中则其组成与大气差别较大。

耕地质量退化在影响土壤水分和结构等物理性质的同时，实际上无疑也对土壤的通气性以及空气的组成带来相应的影响。从一定程度上来说，耕地质量退化，意味着土壤水分状况变差、结构变差等，而这些性质又将对土壤中水—气交换、空气的运动等带来相应的影响，若使土壤中无效态水分增加，则土壤的通气性变差，空气组成不良，会因此而影响作物的生长和产量；反之，若使土壤的水分保持和供应能力变差，则尽管土壤通气性增强、空气的组成与大气也较接近，会有利于作物生长，但由于水分供应变差，也将影响作物的生长，并在很大程度上抵消通气性增强所带来的正面效应。因此，耕地质量退化，无论是对土壤水分、结构带来哪方面的影响，或者说对土壤通气性和空气组成带来什么样的影响，其最终结果肯定都是不利于作物生长和产量提升，不利于土壤综合生产能力提高的。

4. 土壤热量状况的变化　如前所述，耕地质量退化在很大程度上会表现为有机质和养分含量的下降，而有机质含量又在很大程度上与土壤颜色具有一定关联，即有机质含量愈高，土壤颜色会相对较深；反之亦然。同时，在耕地质量退化中，除有机质含量外，土壤中相关矿物质、养分等的含量也会出现一定程度的变化，即土壤整体质量下降。

土壤的热容量与土壤的物质组成直接相关，如腐殖质的重量和体积热容量分别为 1.996J/(g・℃)、2.515J/(cm^3・℃)，高岭石的重量和体积热容量分别为 0.975J/(g・℃)、2.410J/(cm^3・℃)，粗石英砂的重量和体积热容量分别为 0.745J/(g・℃)、2.163J/(cm^3・℃)。其中，腐殖质具有较大的重量热容量，对土壤的热量状况具有直接的、十分重要的影响。当然，有机质的含量由于与土壤颜色也具有一定的关联，因而其含量高低也将反映在土壤热量状况的变化上。有机质含量高的耕地吸热快，温度升高也快，有机质含量较低的耕地吸热慢，温度升高也较慢，这在一些季节，特别是春季作物需要较高温度的时候尤为重要，很显然，耕地质量的退化意味着春季土温的升高可能会较慢，可能因此导致作物晚发，并由此影响作物的产量和品质。

5. 耕地物理性质退化的主要特性　前面对耕地退化中主要物理性质的变化进行了分别介绍，实际上，耕地退化中物理、化学、生物等性质的变化是相互联系和相互影响的，即耕地每一个特性的微小变化，都可能引起与之相关的一系列性质的改变。就前述土壤物理性质而言，水分状况、热量状况、通气性、质地、结构等性质间同样有着十分密切的联系，其中某个指标的变化势必会引起其他指标出现相应的变化，这也在很大程度上决定了土壤学研究的复杂性。

对土壤物理性质退化进行系统归纳，可以用表 7-1 作较详细说明。

表 7-1　耕地物理性质退化的主要特征

主要指标	变化特点与趋势
质地	变化很慢，但在某些特殊条件下亦可能出现沙化或黏化，并导致耕地退化。土壤质地状况对结构的影响较大
结构	一般有较好的团粒结构，但退化土壤可能因母质等的影响而呈块状、核状、柱状、棱柱状、片状及分散状结构等，一般与质地变化等有关
容重	耕地退化一般将导致容重增加，但其变化通常与孔隙、水分等状况有关。一般受质地、结构等的影响，但同时又对孔隙度、水分和通气状况等产生影响
孔隙度	耕地退化通常会使有效孔隙减少，无效孔隙增多，当量孔径变大或变小，不利于作物生长和水分保持等。孔隙度的变化一般会引起水分和通气状况的变化
水分状况	耕地退化一般会降低对水分的保蓄能力，无效水分含量增加等，不利于作物对水分的吸收，一般与孔隙度、通气性等联系较紧密
通气性	耕地退化一般会导致通气性变差，亦可能使土壤空气的质量变差等，一般与土壤水分、孔隙度等指标的变化有较直接的联系

（续）

主要指标	变化特点与趋势
热量状况	耕地退化一般会使热量扩散，土温变化加快或减缓，导致热量状况与作物生长存在较大差别。耕地的热量状况受有机质含量、水分状况、通气状况等诸多因素的影响
剖面结构	是变化较慢的指标，耕地退化时一般表现为耕作层变薄，犁底层加厚且紧实度增加，不利于作物根系生长等

表 7-1 中虽然对相关指标的变化进行了初步总结，但由于耕地退化表现形式等的差别，因此，相关指标的变化大小和趋势可能会有较大差异，甚至可能与表中的描述完全不同。而且，表中所总结的变化特点与趋势也仅仅是作者个人的判断而已，具体判断，特别是某个指标变化的量的概念则需要在今后工作中积累。

二、耕地质量退化中化学性质的变化

耕地质量退化，在很大程度上也意味着其化学性质的退化，而且在化学性质变化上所反映出来的程度会更为强烈。土壤有机质含量、氮磷钾等养分的含量、阳离子交换量、酸碱性、氧化还原、胶体表面性质等，都将在一定程度上受到耕地质量变化的影响，并成为耕地质量变化的重要指标。

在耕地质量退化的过程中，首先受到关注的，也是变化较大的指标可能要数有机质含量及其组成、土壤氮磷钾含量等的变化。一般情况下，伴随着耕地质量的退化，土壤有机质含量将出现较大幅度下降，其中活性有机质的含量下降尤其显著，土壤氮磷钾含量也将出现较大幅度下降（当然也可能存在因过量施用氮肥导致土壤氮素含量过高等情况）。如在湖南祁阳县第四纪红土发育的旱地中，连续 17 年不施肥或单施一种化肥条件下，土壤生产力一直维持在很低水平，土壤有机质含量从试验前的 11.5g/kg 增加到 13.8g/kg，仅比试验前略有增加；但有机肥与化肥配合施用时，作物产量是不施肥处理的 3～5 倍，且土壤有机质含量达到 25.1g/kg。与此同时，土壤活性有机质含量分别由试验前的 2.7g/kg 变化为 2.3g/kg、3.3g/kg，土壤全氮含量分别由实验前的 1.09g/kg 变化为 0.81g/kg、1.65g/kg，全磷含量由 0.45g/kg 分别变化为 0.34g/kg、1.67g/kg，全钾含量由 16.0g/kg 变化为 13.91g/kg、16.29g/kg，土壤速效氮磷钾等养分含量亦出现相应的变化趋势。也就是说，随着耕地生产能力的提升，土壤有机质和养分含量也得到较大幅度增加。毫无疑问，随着耕地质量退化或保持原有水平，土壤有机质和氮磷钾等养分的含量也仅能维持在原有水平甚至在原有基础上出现下降趋势。

在耕地质量退化中土壤其他化学性质也同样会出现相应的变化。如随着耕地质量退化和生产力下降，土壤 pH 的变化在一定程度上也会变得不适合作物生长，即出现酸化或盐碱化等现象，该现象在南方红壤地区、设施菜地等利用方式下尤其明显。如据曾希柏等的研究，设施菜地在连续种植 0～13 年间，设施菜地生产力逐年下降且对化肥依赖性的增强，土壤 pH 也呈现出随种植年限增加而降低的趋势；而在第四纪红壤发育的旱地中，随着耕地质量的退化，土壤 pH 的下降则更加明显，有时甚至下降到 4.5 以下，下降幅度达到 2 个 pH 单位，严重影响了耕地的生产力，并成为旱地低产的重要因素。同样地，随着耕地质量的退化，土壤阳离子交换量、交换性酸含量、吸附解吸特性、电荷性质、交换性阳离子组成等，均会出现一定程度的改变，其变化幅度等尽管会有所差别，但结果将肯定是向更不适合作物高产稳产的方向发展。

关于耕地退化中化学性质，特别是pH、有机质和氮磷钾含量、CEC、交换性酸及交换性阳离子组成、污染物含量等指标的变化情况，是研究者长期以来非常关注的，相应的研究很多。而且，在本专著中后面还有很多章节要涉及到化学性质的变化，因此，作者在此处不再做过多的论述。

三、耕地质量退化中微生物特性的变化

随着耕地质量的退化，微生物（含土壤动物）的数量、类型及其活性可能会因此发生十分显著的变化，这在很大程度上是微生物对环境条件适应能力的一种表现。当耕地质量退化时，土壤理化性质会相应发生一系列的变化，同时也改变了微生物的生活环境，在这种条件下，适应变化后环境的微生物就可能继续生长繁殖，甚至数量和活性大幅度增加，而不适应新环境的微生物就会死亡或者生长和繁殖缓慢、活性低，最终导致微生物数量、类型及活性等发生变化。实际上，由于微生物也是一个有生命的有机体，因此，耕地质量退化既然对作物的生长和产量具有十分重要的影响，其同时也无疑对微生物带来相应的影响，这一点应该说无论是植物还是微生物都可能是共同的。

在土壤微生物特性随耕地质量退化而发生改变的过程中，不同类型微生物的变化幅度乃至方向等均存在较大差别，这显然与不同类型微生物生长的适宜环境有关，如在耕地质量退化中某些性状可能更适合部分类型微生物的生长，那么该类型微生物的数量可能会大幅度增加，活性会大大增强，这种结果也在很大程度上意味着，该种微生物数量的增加是否可以作为耕地质量退化的重要参考指标。当然，这种情况毕竟是较为极端的例子，在多数情况下，土壤微生物，特别是多数有益微生物的数量一般会因耕地质量退化而迅速下降。如在湖南祁阳县红壤旱地中的研究结果，在不合理施肥处理下10年后，伴随着旱地质量的退化，耕层土壤中细菌数量由10.87×10^6下降到4.29×10^6，放线菌数量由1.34×10^5下降到0.83×10^5，真菌数量由17.34×10^4下降到5.43×10^4，与此同时，土壤中固氮菌、硝化细菌、反硝化细菌和纤维分解菌的数量均呈现出相应的变化趋势，但氨化细菌数量则呈现相反的变化趋势。所以，通过比较微生物数量、组成及活性等，可以对耕地质量的变化做出较合理的判断。但值得注意的一点是：用传统方法对微生物特性进行分析时，由于培养方法等的局限，以及培养条件控制等的不一致性，所获得的数据通常会有较大的差异，应用相应的结果来判断也可能会出现较大偏差，因此，应用现代分子生物学方法对微生物数量、组成等进行系统研究就显得十分必要和迫切。

由于土壤微生物的组成、数量、活性等对理化性质的变化十分敏感，因此，耕地质量的微小变化，往往会使微生物的特性发生很大的变化，并进而通过微生物特性的变化影响土壤中的理化过程。但是，由于土壤微生物研究的复杂性，以及已知的微生物类型少等诸多原因，目前相关资料的积累不多，必须大力强化微生物数量、类型、活性等变化与耕地性质的相互关系等研究。

四、耕地质量退化中对作物水、肥、气、热供应的变化

耕地质量退化的最显著的表现在于耕地对作物生长所需的水、肥、气、热的满足能力下

降，或者作物对化肥的依赖性增强、对外界环境变化的适应性降低等，其最终结果是耕地对养分和水分等的调节能力减弱，综合生产能力下降，并可能由此导致作物生长不良、产量和品质下降。

按照侯光炯院士的“生物热力学”观点，土壤作为一个具有明显生理功能的类生物体，其肥力的实质是土壤持久稳定地主动满足植物对水分和养分要求的能力，是土壤具有自动调节机制抗拒外界不良环境的能力。一般而言，肥沃的耕地至少应具备3个条件，即：水分和养分贮量丰富、供应能力强，能满足作物生长各个阶段的需要；具有优良的生理调节功能，能使耕地在不良条件下仍具有正常供应作物生长所必需养分和水分的可能；水热条件稳、匀、足、适，能保障土壤的生理调节机制始终正常运行。应该说，这是对耕地质量的最直接、也是最为恰当的描述。实际上，伴随着耕地质量的退化，尽管其生产力可能还没有下降，但相应的一些功能（特别是生理调节功能）已经在开始下降了，当发展到一定程度后，这些功能的全面退化也就不可避免了。

因此，伴随着耕地质量的退化，土壤水、肥、气、热的供应尽管变化趋势可能会不一致，如以水分供应而言，随着耕地质量退化，由于长期淹水或出于水分不足的条件下，因此，土壤对水分的供应能力可能会增强、也可能会减弱，但实际上这些都不重要，关键是土壤对水分供应的调节能力可能因此大幅度下降了，使得土壤对水分的供应与作物的需求不协调，从而影响作物生长和产量。在此基础上，伴随着耕地质量退化，土壤养分、通气性、热量状况也将出现类似的变化趋势，即其对作物的供应能力可能因此增强、也可能减弱，但其调节能力逐渐下降，与作物生长需求的协调性减弱，这才是导致作物产量和品质下降，耕地生产力降低的主要原因。

第二节　自然要素对耕地质量演变的影响及其调控

在自然土壤的形成过程中，环境要素发挥着十分重要且非常关键的作用。在耕地质量演变中，环境要素的作用尽管相对较小，但由于环境要素的变化同样会对耕地的理化性质、生物学性质等带来一系列影响，因而也将在一定程度上影响耕地质量的演变。如果环境要素的变化不利于耕地质量改善，就需要通过人为措施进行调节，使其控制在对耕地质量演变的副作用最小、甚至有利于耕地质量提升的范围内。

一、光温条件对耕地质量演变的影响

光照与温度在很大程度上是直接相关的，一般而言，光照较强时，温度也相应较高，光照较弱的地方温度也相应较低。如对于某个地区来说，在其他条件差异较小的前提下，光照时间长且强度较大的地方，气温及土壤温度也较高；而在光照时间短且强度较小的地方，气温以及土壤温度也较低，最常见的例子就是阳坡地和阴坡地，两者在土壤温度、植物类型、水分条件等方面都存在较大差别，光温条件对土壤质量的影响由此可见一斑。

光照、温度和养分之间也具有某种相关性。按照侯光炯院士“生物热力学”的观点，植物的生长状况可以直接反映其对光能和养分的利用水平，此间，光和肥在对植物的作用方面，也毫无疑问地应当存在着某种“内在的”平衡关系，即所谓的“光肥平衡”。它是指“植物在进行光合作用、形成碳水化合物的同时，土壤适时、适量地供应其以养分和水分的

状况”。实际上，作物对养分的需要量，既受其本身遗传特性和生长状况等的影响，又在一定程度上取决于太阳辐射的强弱，即在太阳辐射影响下作物光合速率及土壤养分供应速度的变化。它意味着，太阳辐射（光照）的强弱，控制着植物光合速率的变化，并驱使了植物根系对养分的吸收与土壤养分浓度在根系吸收的影响下降低，因而破坏了原有养分的平衡，促进了新平衡的建立，即土壤中缓效或无效态养分的活化。这一活化的过程，实质上是土壤溶液体系中养分浓度平衡的动态过程，是一个因生物的吸收作用所驱使的土壤动力学过程，它的根本起因是生物因光合作用的强弱、兴衰所导致的。土壤中养分随植物的需要而不断补充的作用，从数量上和质量上均因土壤的不同而表现出不同的能力，这种能力直接决定了土壤养分的含量和土壤保存与释放养分的能力。

不同的作物，由于其本身生长及遗传特性等的差异，它们达到各自最适宜的生长状态时所要求的光照强度、土壤肥力状况以及施肥等均不相同，也就是说，不同的作物具有各自不同的“光肥平衡点”。或者可以说，在某种作物达到其最适宜生长时，所要求的光照强度、土壤肥力状况及施肥等条件有所不同。对不同作物“光肥平衡点”的研究，可以说是作物进一步合理施肥的必需，也是对土壤—作物相互关系研究的深化，是深入探讨耕地质量演变的重要内容之一。但是，由于在农业生产实际中，太阳辐射（或光照）的强弱变化实际上是很难通过人为途径来控制的，因此，就要求其他因素的变化必须与太阳辐射的变化相适应。这也就是说，在影响耕地质量和作物生长的诸多因素中，太阳辐射（或光照）的变化是处于主动的、起支配作用的因素，而其他因素则是处于其影响和控制之下的。土壤与作物间除存在“光肥平衡”现象外，实际上还存在“水肥平衡”、“热肥平衡”等多种现象，只有深入探讨这些现象，才能进一步明确耕地质量的演变规律以及高产稳产耕地的培育途径，有效控制耕地质量的退化。

光照强度、养分施用量与作物的光合速率和产量之间亦有一定联系。相关研究表明，在光照较强的条件下，植物对养分的需要也较多，光合速率也较快，产量亦较高；而在光照较弱时，则反而以养分的施用量较低时植物的光合速率较快，生长较好，产量也较高，说明光照强度、养分施用量与植物光合速率和产量之间是相互联系、相互影响的统一关系。据此，我们可以预计，当养分的施用量达到了在某种光照条件下作物进行光合作用所需要的最大限度时，可以认为是该条件下养分施用的高限，或者说当达到植物的“光肥平衡点”时，将可以获得该条件下的最高产量。随着光照强度的变化，作物的光合速率和生长也可能发生相应改变，并引起作物对养分需要量和吸收量的变化，从而对土壤养分的供应能力及其动态变化产生相应影响。在这种条件下，如果施肥、管理等措施跟不上这种变化，则会导致土壤肥力和生产力下降，并因此引起耕地质量的退化。

从耕地质量提升的要求出发，对不同地区，甚至同一地区不同地形部位的耕地，由于其光照和温度的变化，作物对养分和水分的需要量等也存在很大的差别，在这种前提下，就必须相应地采取不同的施肥、管理措施，才有利于耕地质量的培育和提升。光照和温度变化对作物施肥、管理方式的影响及其相互联系，同时说明由于光温条件的差异，耕地质量也可能会有相应的差别，如果在施肥和管理上不做相应的调整，可能会导致耕地的水分和养分供应与作物生长需求不协调，并由此引起耕地质量下降。

二、土壤水分状况对耕地质量演变的影响

水是土壤中最活跃的因素，也是土壤肥力得以发挥的重要前提条件之一，当然更是作物

生长的必不可少的要素之一。由于水分在土壤养分的运移、形态转化、作物吸收利用等方面具有十分重要的作用，同时也是土壤中许多物理化学过程的非常重要的载体，因此，其在耕地质量演变中起着十分重要和关键的作用。

作物所需要的水分基本来自降雨和灌溉，但在作物生长过程中，降雨和灌溉是间歇性的，而且还受雨量大小、灌溉量的多少、气温高低等而变化，另外，作物对水分的需要又是连续的。土壤水分的这种供给与需求之间的动态变化与调整，不仅因此影响作物对水分的需求，也可能在一定程度上导致土壤、作物之间的水热矛盾，并进而影响耕地质量的演变。而从另一个角度来看，不同类型作物生长对水分的需求和消耗是不一样的，这使得即使在同一块耕地中，由于作物类型的差异，也会导致土壤水分供应出现不同的结果，并对作物生长产生不同的影响，最终也必将对耕地质量带来相应的影响。

在土壤水分过多的情况下，由于水的比容较大，可能会因此导致土壤温度上升较慢，特别是在春季冷而湿的环境条件组合下，由于土壤冷凉等原因，将严重影响作物生长，并可能导致作物出现冻害等而减产。南方丘陵区低洼的潜育性水稻田，地下水位通常高于地面，由于长期受冷浸水的影响，土壤温度通常比同一地区的潴育性水稻土低 3～4℃甚至更多，而且土壤中 Fe^{2+} 、Mn^{2+} 等还原物质、活性有机物等的含量较高，氧化还原电位低，在春季常因土壤温度低而使水稻的发育期比同一地区大田晚 7～10d，不仅严重影响水稻产量，稻田的肥力也因存在障碍因子而严重退化。

在土壤水分不足的情况下，土壤空气较多、通气性较好，这样土壤温度随气温的变化相对较快，但与此同时，如果水分含量太低，则可能会导致对作物的水分供应与需求间的不协调，且土壤中溶质的运移难度大，不利于养分的循环与作物吸收利用等。由于长期处于好气状态，土壤养分（特别是氮素及部分微量元素养分）呈氧化态，其有效性可能会因此降低。同时，通气性好、温度较高的土壤中，有机质矿质化速度大于分解速度，有机质累积少，易导致土壤瘠薄。如南方红壤旱地，由于水分供应经常不足，土壤有机质和速效磷的含量低，作物生长差，而且土壤含水量低，保水供水能力和养分供应能力差，是该地区较为典型的中低产田，也是影响区域农业持续发展的重要因素之一。

耕地的水分状况不仅与有机质及养分供应等密切相关，而且还与土壤通气性、土壤团聚体组成、土壤胶体性质、土壤表面性质以及土壤中物质的迁移转化等具有直接或间接的联系，并在一定程度上影响到耕地质量的演变。由于土壤孔隙在特定的背景下基本上是固定不变的，因此，当土壤水分较多时势必占据一定数量的孔隙，并使空气从其中排出而使土壤通气性降低；反之则土壤通气性较好。同时，如前所述，土壤中的许多物理和化学过程均需要在溶液中进行，因此，土壤水分的状况可直接影响溶质的浓度，并由此影响土壤中养分等的迁移转化、植物对养分的吸收，以及土壤表面性质等，当然也必将最终对耕地的质量演变带来相应的影响。

耕地水分状况的变化同时还对土壤的热量状况、土壤温度变化等带来相应的影响。按照侯光炯院士的“生物热力学”观点，土壤—植物系统除存在“光肥平衡”外，土壤与环境之间还存在“水热平衡”等过程。也就是说，土壤的水分状况将在很大程度上影响其热量状况，并对土壤温度变化带来相应影响，而这种影响最终的结果是导致土壤的养分供应状况、作物对养分的吸收等发生相应改变，并影响耕地质量的演变。因此，强化土壤水分状况与耕地质量的相关研究，不仅对阐明土壤中养分的有效性及其运移规律、土壤对作物养分供应等具有重要意义，同时也对土壤质量演变等具有十分重要的意义。

实际上，在对耕地质量影响的诸多自然要素中，地形、坡度、母质等的影响也是十分显著的，耕地的许多性质也或多或少地带有这些因素影响的烙印。由于在耕地质量演变中，这些因素实际上基本上是维持不变的，至少其变化要较土壤水分含量和通气性、土壤热状况等的变化小得多，而且其影响已有很多文献在自然土壤的形成过程中进行过相应的探讨，因此，在本研究中未对这些因素进行一一论述。

三、自然要素对耕地质量影响的调控策略

如前所述，光照、温度、水分等自然条件均可能在一定程度上对耕地质量及其演变带来这样或那样的影响，在当前全球变化影响下，降雨、光照等自然要素的变化十分频繁，特别是灾害性天气事件发生频率加快、强度也大幅度增强，其对耕地质量产生的可能影响也呈加大的趋势。因此，我们在进行耕地质量培育时，必须充分考虑气候变化背景下自然要素的影响，采取符合耕地所处环境条件下质量提升的技术措施。因为只有这样，耕地的质量演变才能与其所处的环境条件相一致，所采取的措施才能发挥出最大的效果。

针对不同自然要素对耕地质量的可能影响，从有利于耕地质量培育的角度出发，有必要采取相应的、与耕地所处的自然条件相一致的培育措施，使耕地的质量特征与所处的自然条件相一致，这样才能使耕地的生产力得到保持并不断发展。当然，在自然要素对耕地质量影响的调控中，我们所能做的更多的是适应自然要素的变化采取相应的措施，因为人们很少有可能去改变自然因素，而只能根据自然因素的变化对相应的活动进行必要调整，以适应自然因素变化的需要。在这一点上，尽管人们可能改变大自然的某个小区域或局部地区的某种环境要素，但要改变大自然是不可能的，因此，不论是耕地质量培育、作物类型和种植制度，还是耕作与灌溉制度等，都只能是尽量按照所处的自然条件进行相应调整。

为了降低自然要素对耕地质量的影响，我们有必要针对耕地所处的立地条件，采取相应的、有利于耕地质量培育的技术措施，如在降雨较多的地区有必要改善农田排水条件，减少水分在耕地中的过分积蓄；在降雨不足的地区有必要采取增加覆盖等措施，减少耕地中水分的蒸发等以积蓄更多的降水；在早春气温较低时有必要采取相应的措施增加土壤温度，为作物生长创造良好的土壤条件；在地下水位过高的耕地中，必须采取开沟排水等措施降低地下水位，促进土壤结构改善；在气温较高的地区，为提高耕地质量，必须加强水肥管理，特别是必须注意增加有机肥的施用量，增加土壤覆盖，防止水分挥发，降低土壤温度等。同样地，在农业生产实际中，我们在选择作物类型、种植与耕作管理方式等方面，也应根据环境条件的变化进行相应的调节，这样才有利于作物高产稳产，同时也有利于耕地质量培育。

近年来，全球变化问题已越来越受到世界各国政府、科学家和民众的广泛关注，在连续多年召开的世界各国首脑、国际高层论坛等会议上，气候变化都是最敏感的话题。同时，每年召开一次的联合国气候会议，也吸引了愈来愈多的政府首脑参加，其中减少温室气体排放，降低气候变化影响等已成为世界各国争论的焦点问题。据联合国政府间气候变化专门委员会（IPCC）研究和分析结果，即使将温室气体排放控制在 2000 年的水平，仍可使未来 100 年间的气温升高 0.6℃；即使稳定大气辐射强度在 4.5W/m^2，全球气温仍将升高 2～4℃，且其影响因稳定途径而不同。也就是说，在当前我们所处的大背景下，全球气候变化在很大程度上已经不可避免，只是气温增幅大小的问题，因此，我们必须提前采取相应的应

对策略，防患于未然。在耕地质量培育上，针对气候变化及其发展态势，同样需要采取必要的对策和措施，目前最重要的是加强相应的技术与方法研究，在施肥、水分管理、耕作方式、种植制度等方面进行相应的调整，形成气候变化背景下有利于耕地质量培育的技术措施和模式，并在不同地区进行验证和完善，这样才能防患于未然。

第三节　人为因素对耕地质量演变的影响及其调控

耕地作为一种人为干扰作用下形成的土壤，其性质在很大程度上可以反映出人为因素影响的程度，从某种意义上说，耕地质量的演变是可以通过人为措施来调控的，或者说，人类对耕地利用和管理方式的差异，决定了耕地质量演变的方向和程度。实际上，耕地的利用类型、作物种植种类、施肥、耕作、水分管理等，都是通过人类的活动来决定和控制的，当然，人类对耕地利用方式及管理等也是通过长期实践不断积累而来的，如不同地区作物类型、施肥及管理等差异很大，这在很大程度上是与该地区的土壤、气候等自然条件相一致的。但是，也不排除在个别极端条件下，人类为了获取某种利益违背自然因素而对耕地采取一些极端的措施，从而加速耕地质量的改变，其好的方向是加快耕地质量培育，坏的方向当然是使耕地质量退化、生产力严重下降甚至丧失。所以，研究耕地质量的演变及其调控，主要内容在于人为因素的影响及其调控，它与自然因素相比较，自然因素影响的调控实际上是一个被动的过程，而且其调控的范围和容量十分有限，但人为因素的调控则更大程度上是一个主动的过程，且调控的范围和容量都很大。

一、作物类型和种植制度对耕地质量演变的影响

作物类型和种植制度对耕地质量的影响更多是通过土壤有机质、微生物组成、养分状况等来实现的。不同类型的作物，其对养分的需求量和比例、根系分泌物、根际微生物组成、水分需要量以及温度要求等均有较大差别，加之其种植季节和管理方式等的差异，其对耕地质量的影响也就显而易见了。同时，不同作物的生长及产量、收获物等也不尽相同，生长旺盛、生物量大的作物，从土壤中吸收和带走的养分等也相应较多，而生物量较低的作物从土壤中带走的养分等一般也会相应较少，从而可能使耕地质量的演变出现相应的差异。在种植制度方面，一方面不同种植制度下作物的类型存在差异，另一方面由于作物间的相互作用等，会对土壤微生物组成、残留根茬量、土壤水分状况、土壤结构等带来一系列影响，而这些性质实际上在一定程度上也决定了耕地质量的演变及其状况。

在作物类型和种植制度对耕地质量影响的研究方面，近年来国内学者作了很多的工作，如李忠佩等（2007，2009）研究了稻田、旱地等利用方式下土壤有机碳转化、微生物群落功能多样性、微生物生物量等的变化，认为不同利用方式下作物类型及种植制度等的差异，将在很大程度上导致上述指标的差别，并对耕地质量产生相应的影响。曾希柏等（2002）研究了红壤区不同植被影响下土壤养分及吸附—解吸性能的变化，发现草灌乔植被下土壤中氮磷钾等养分的含量均较高，对养分的吸附和解吸能力均较强，而单一白茅植被下土壤有机质的含量则较高，无植被生长时土壤的有机质和养分含量均很低且对养分吸附能力强，但所吸附养分的解吸明显较少。

双季稻田改制及冬季作物类型的差异，也在很大程度上影响耕地质量的变化。曾希柏等

(2007，2008）还研究了红壤区灌溉条件较差的双季稻田改制对土壤肥力和作物产量等的影响，研究结果认为，对灌溉条件较差、产量较低、不具备种植双季稻条件的稻田，在改制为种植牧草、水旱轮作（亚麻或洋葱—中稻）、种植旱作（高粱或玉米—马铃薯）下连续3年后，土壤有机质和氮磷钾等养分的含量、土壤剖面构型、土壤团聚体组成等理化性质均因种植制度不同而产生较大差异。其中种植旱作或水旱轮作时有利于耕地质量培育和生产力提升，并获得较高的经济效益，而继续种植双季稻或改种牧草则耕地的生产力和效益相对较差，耕地质量的改善也较难。有研究表明，当冬季作物分别为紫云英、黑麦草和油菜时，连续种植3年后，水稻的生育期、株高、分蘖、产量等均出现了一定的差别，其中双季稻油菜种植制度下水稻的产量最高，比双季稻紫云英增加9.90%，而且还可以收获一季冬季作物油菜，其经济效益十分明显。同时，在双季稻油菜种植制度下，土壤有机质及养分含量也较高，团聚体等发育良好，这与油菜施肥、秸秆还田等是紧密相连的；而双季稻紫云英种植制度则有利于土壤氮素的累积，这与紫云英的固氮作用等密切相关。

二、耕作栽培措施对耕地质量演变的影响

不同耕作栽培措施对耕地的水分、养分、微生物数量和活性、有机质合成与分解、土壤结构等均具有较大影响。不同耕作方式如免耕、深耕、旋耕等，其翻耕深度、对表土层土粒的粉碎程度等均有较大差异，在免耕条件下表土层的结构基本上不受任何影响，深耕则使表土层相对混合，土壤含水量降低，与底层土壤的毛管孔隙切断等，而旋耕则使表土层充分混合，且大土粒被粉碎等，很明显，不同的耕作方式下表土层结构和水分含量等将首当其冲地受到影响，并将进而影响表土层的温度、有机质及养分等状况，当然，最后也将对耕地的质量带来相应的影响。土壤水分也是影响耕地质量的重要因素，因此，灌溉方式及灌水量、灌溉时间等不仅影响作物的生长和产量，同时也通过土壤的水分状况影响养分供应、有机质累积和分解等一系列过程，同时也对土壤团聚体、土壤结构等带来相应影响，并最终对耕地质量的演变等带来相应的影响。

近年来国内学者在耕作栽培措施对耕地质量影响方面也做了大量的研究，如王芸等（2006，2007）研究了保护性耕作条件下土壤微生物量碳、土壤呼吸、酶活性等的影响，认为保护性耕作有利于0～10cm土层活跃微生物量、前期土壤呼吸速率等的提高，即在一定程度上有利于耕地质量的改善。孙建等（2009，2010）研究了不同耕作方式对内蒙古旱作农田土壤理化性质、微生物量碳氮、作物生长及产量等的影响，认为免耕有利于提高土壤微生物量碳氮磷的含量，也有利于土壤有机质及养分的累积，但在免耕前3年作物（玉米）产量的稳定性较差，甚至有小幅下降；免耕条件下不同留茬高度间的影响亦有一定差别，而传统耕作方式则不利于土壤有机质和养分的累积，也使土壤微生物量碳氮磷的含量有较大幅度下降。因此，适当实行少、免耕等措施，可能在一定程度上有利于耕地质量的提升。

三、施肥对耕地质量演变的影响

施肥的主要目的是补充作物生长对养分的需要，当然有机肥还在一定程度上具有改良土壤理化性质的效果。施肥量的多少一是将影响作物的养分状况和生长，二是在一定程度上对养分在土壤中的累积带来直接影响，三是将通过作物生长和土壤养分累积等间接影响有机质、阳离子交换量乃至土壤结构、团聚体等一系列理化性质，并最终对耕地的质量及其变化

带来相应影响。

不同类型的化学肥料，其所含的养分类型、伴随离子种类及酸碱性等均具有较大差别，因此，尽管能使耕地的养分含量得到提高、作物产量提升，但其效果亦有差异，在施肥时必须综合予以考虑。如氮肥中常用的尿素含氮量较高，所含的氮素被作物吸收后不会残留阴离子，因此对土壤的pH影响较小；硫酸铵则因作物吸收其中的氮素后会残留硫酸根离子，尽管可以在一定程度上补充作物对硫素营养的需要，但长期施用时有可能使土壤的pH下降。又如过磷酸钙本身的pH较低，可能同样会导致土壤pH下降，因此在酸性土壤上一般应避免使用；相反，钙镁磷肥的pH较高，磷的有效性相对较低且属于热性肥料，因而在酸性土壤、特别是偏酸性的旱地中应用效果较好。当然，近年来由于化肥工业的快速发展，各种形式的二元、三元乃至多元复合肥料，液体肥料等新型化肥不断涌现，其有效养分含量更高，所含的副成分更少，施用后对作物的效果也更好，对土壤可能带来的负效应也更低。但值得注意的是肥料中重金属的问题，据我们在吉林、山东、甘肃、河南等省随机抽样的检测结果，一些磷肥及含磷复合肥中镉含量较高，最高达到54.12mg/kg，可能会因此对耕地的质量带来较大的负面效应。

有机肥的施用对耕地质量的演变也具有十分重要的影响。不同类型的有机肥，其有机物的组成、养分含量等差异较大，施用后在土壤中的分解、转化等过程也有很大差别。如畜禽粪便类有机肥一般养分含量较高，有机质含量较丰富，因而施用后对土壤有机质和养分含量提升的效果较好；作物秸秆类还田时，由于其有机质含量高，C/N比大，养分含量相对较低等，因此，如果不相应补充氮磷等养分，则会导致作物缺氮等现象，土壤有机质，特别是养分的累积也相应较少；绿肥中一般氮素含量较高，且以新鲜有机质为主，因此施用后腐解快，易产生“起爆效应”，如不注意则容易导致前期伤苗。但从整体看，增加耕地中有机肥的施用量，不仅对耕地有机质和养分含量的提升，而且对耕地物理性质改善等均具有良好效果，即总体上有利于耕地地力提升。

施肥时期和方式不仅对作物的生长和养分利用等带来十分重要的影响，同时也在一定程度上影响耕地的有机质和养分含量，并最终影响到耕地的质量。根据作物生长对养分的需要，以及不同肥料的养分释放等性质，一般而言，有机肥由于养分释放较慢等原因，通常被用作基肥，而化肥则既可作为基肥，又可作为追肥施用，有些化肥甚至还可以作为叶面肥施用。根据作物不同生长期对养分的需要量，一般60%左右的养分作为基肥，40%左右的养分作为追肥，这样能保证作物全生育期的养分需要。如果施肥时期与作物生长的需求差异较大，则易导致作物对养分的吸收不足或过量，从而生长不良，产量和品质下降，当然也在很大程度上引起肥料中养分的消耗或在土壤中累积较多，不利于耕地质量培育与提升。同样，不同的施肥方式下，作物对养分的利用也有较大的差别，如穴施、条施等方式在一定程度上有利于作物对养分的吸收利用，且养分损失少，因而有利于耕地地力提升；而肥料撒施时，尽管可能更有利于土壤胶体的吸附，但作物的吸收利用相对较低，损失量也相对较大，因而在多数情景下对耕地地力的提升效果较穴施和条施等方法差。

四、污染物排放对耕地质量演变的影响

污染物是影响耕地质量十分重要的因素之一，人们在工农业生产中常常有意或无意地向周边环境（包括土壤）中排放一定量的污染物，特别是在认识尚不到位、监管不严等条件

下，未经处理的污染物向环境的排放数量较多，所导致的后果也较严重，如工业、生活废弃物及废水的排放等。当土壤中污染物的含量超过一定水平后，会对农产品的质量构成严重威胁，并可能使农产品失去应有的价值。因此，防止污染物向耕地中排放，保护耕地环境不受外来污染物的危害，不仅事关农业生态环境建设与保护，也是农产品安全生产、耕地质量建设的重要保障。

污染物被排放到耕地中后，由于其移动性较差、有效性较高等，因此很容易导致土壤中含量超标，并因此使作物的吸收量和含量超标。以重金属为例，当其随灌溉、施肥等方式进入耕地中后，一般在耕作层中累积，当其含量超过一定水平时，尽管此时耕地的生产能力并未丧失甚至可能提高，但由于所生产的农产品中重金属含量超标，致使耕地失去了应有的生产价值。因此，污染物向耕地中的排放，尽管在许多情景下并不一定使其生产能力下降，但因为生产的产品中污染物含量超标，会使其失去使用价值，这是耕地质量退化的另外一种情景，也是农业生产中必须杜绝出现的情景。

污染物，特别是重金属对耕地质量的影响还在于：当污染物进入土壤中后，由于其难于转化、降解和迁移等，会长期累积在耕地表层，要使其含量恢复到正常水平必须花费大量的人力、物力和财力，同时还需要花费较长的时间（如 10 年甚至更长），而在修复至正常水平前，耕地基本上失去了其使用价值，即使可以通过结构调整等方式种植非食用类作物，但也存在产量较低，作物废弃部分可能构成二次污染等诸多问题。而且，耕地种植制度和方式的改变，可能会在一定程度上对农业和粮食生产带来影响，并因此威胁到国家粮食安全。如在重金属超标耕地的修复中，由于多数重金属的移动性较差，不易降解和转化等，不仅修复成本巨大，且修复周期长，从土壤中提取出来的重金属还可能成为新的污染源。因此，目前国外对重金属污染土壤大多采取废弃自然恢复等方式来修复，实际上这也存在污染土壤中重金属的二次流失和污染问题。所以，对污染物的排放必须采取源头控制的方式，防止其进入农田生态系统。

实际上，即使是对可降解的有机污染物而言，当其进入耕地并导致土壤中含量超标时，尽管可以通过微生物降解等方法来降低其含量，但由于微生物的降解效率较低，速度也较慢等原因，其修复时间也十分漫长，且与重金属一样，在超标耕地中种植农作物基本上是不可行的，除非是非食用类作物，但这样也会出现和重金属超标土壤利用同样的问题。近年来，国内外在持久性有机物微生物（真菌）分解方面做了许多研究，分离出了一些具有降解持久性有机物的菌株，且具有较高的分解效率。但是，在土壤中实际应用方面，由于与土居微生物的竞争，对土壤环境的适用性等诸多方面还存在许多需要解决的问题，所以目前实际应用很少，这也是当前和今后一段时间内需要进一步研究的重大问题。

五、耕地质量调控的主要措施

实际上，明确影响耕地质量主导因素的目的就是为了采取相应的调控措施，使其向有利于地力培育和综合生产能力提高的方向发展。而且，在本章前面所讨论的耕作栽培、种植制度、施肥、水分管理等措施中，对耕地质量培育具有良好效果的技术都是在实际生产中可以、或者大多是已经应用的。当然，作为耕地质量的调控，还必须根据耕地所处的立地条件，特别是耕地的地力特征、种植制度、施肥及管理等实际情况采取相应的措施，或者说必须做到因地制宜，才有可能获得理想的调控效果。

1. 种植制度调整 一个地区种植制度的形成是受气候、土壤等诸多自然条件以及灌溉、施肥等人为条件影响的，如我国从南到北由东北平原一熟区到黄淮海平原二熟区、长江中下游平原二三熟区、华南地区多熟区，由东到西从长江中下游平原二三熟区到西南和四川盆地二熟区、黄土高原和河西走廊一熟区、绿洲灌溉一熟农区等，尽管这种种植制度经过多次演替，但每一次的变化均是与灌溉、施肥、耕作、管理等方面水平的提高紧密相连的。如果我们不遵循自然规律，随意改变种植制度，势必会对作物生长和产量等带来一系列不良影响，并最终使耕地质量发生退化，因此，对于许多退化耕地而言，不合理的种植制度是其重要的原因之一，在这种前提下，根据区域气候、土壤等自然条件和耕作管理水平等要素，对不合理的种植制度进行必要调整，是提高退化耕地质量的重要手段之一。

2. 耕作方式调整 与种植制度的形成相类似，耕作方式的形成不仅与土壤、气候条件密切相关，也与作物类型、机械化发展水平等紧密相连，不合理的耕作方式、长期单一的耕作方式等均是耕地质量退化的重要影响因素之一。如长期机械化耕作条件下容易导致耕作层变薄且有机质及养分含量下降，犁底层加厚并变紧实，作物根系很难下扎，其结果是耕地质量退化、生产力下降，如果不及时调整耕作方式，其后果十分严重。所以，对于因耕作方式不当或长期采用一种耕作方式而导致的耕地质量下降问题，必须及时根据实际情况调整耕作方式，消除不良因子的影响，改善耕地质量。

3. 施肥结构与比例调整 对耕地而言，施肥是肥力和生产力提升的最重要的手段，施肥技术的改进和施肥量的合理化等，标志着人类对耕地利用的水平高低。由于作物生长需要吸收养分，因此，如果不相应补给有机质和氮磷钾等物质，将导致耕地中有机质消耗，养分得不到有效的补给，最终导致耕地质量和生产力下降。实际上，在所有耕地质量退化的因素中，由于施肥不当所引起的退化是最主要的因素，也是影响最大的因子。对于退化耕地而言，适当增加有机肥施用量，根据耕地的养分特点和作物对养分的需要调整化肥的施用结构和比例，改进施肥方法，可以防止其继续退化，并使耕地质量逐步恢复，地力逐步提升，但如果采取不合理的施肥措施等，则可能会使耕地质量继续退化并最终丧失其生产力。

4. 水分管理与调控 水是生命之源，是作物生长和耕地质量提升的重要因子。对耕地而言，水在其肥力发生发展过程中的作用是极其重要的，因为耕地剖面中各种物质的运移均离不开水，同时，土壤水在很大程度上参与了土壤中矿物质风化、有机质合成和分解等诸多过程，水分过多或不足都将严重制约这些过程的正常进行，如南方潜育性水稻土就是由于长期淹水导致土壤通气不良、结构变劣，并影响耕地生产力的发挥，最终导致耕地质量退化。所以，对退化耕地而言，根据其水分状况制定合理的管理与调控方式，满足作物生长和耕地质量提升对水分的需求，不仅有利于有机质和养分含量提升、通气状况得到有效调节、结构得到有效改善，同时也有利于作物生长和耕地生产力的正常发挥，使耕地的质量不断改善。

5. 土地整理 对于丘陵山区而言，受地形等诸多因素的影响，土地不平整、地块小，给耕作带来了很大的困难，而且，有相当部分耕地因灌溉条件得不到保障、耕层浅薄、水土流失较严重等诸多原因，导致其肥力不高、生产力低。因此，通过工程措施使土地平整，变零散的小块田地为面积较大的农田，并建设好相应的排灌渠道、道路等设施，使土地管理更加方便、简单，农业栽培耕作等活动强度减轻，有利于采取统一的耕作、栽培措施以及水肥供应等，使耕地得到有效培肥，从而提高其肥力。在南方丘陵山区，通过必要的土地整理措施，使耕地平整、耕作层加厚、土壤疏松、灌排和田间管理难度大大降低，有利于相关措施的落实和统一，同时也有利于耕地培肥。

6. 调理剂应用 调理剂是修复退化耕地常用的手段之一，也是见效快、成本较低的方法之一，如果在应用调理剂的同时再结合前述的一些农业措施来修复退化耕地，可能会起到事半功倍的效果。从目前的研究看，常用的调理剂包括化学类、生物类及生物—化学类等，其中化学类调理剂是研究最多、使用范围最广泛的一类，因为在实际应用时，可以根据耕地退化的主导因素选择不同类型的化学调理剂，而生物类调理剂的适应范围、调理效果等相对较小，生物—化学类调理剂近年在耕地修复中的应用亦愈来愈受到重视。此外，以农作物秸秆等有机物料为原料的各种调理剂亦开始受到重视，且其对退化耕地亦具有较好的修复效果，因为该类型调理剂除可以消除耕地中的障碍因子外，还可以提高其有机质和养分含量，起到综合调控和修复的效果。将调理剂与复合肥配合，制成调理剂型复合肥，这在近年来耕地修复和改良中逐渐被接受，毕竟，单独施用调理剂将加大人工成本，而与肥料同时使用既可降低劳动强度，又在一定程度上提高了调理剂的使用效果。

第四节 退化耕地调控与修复原理

退化耕地调控修复是一项十分复杂的系统工程，尽管措施很多，但每个措施发挥的作用到底如何，主要取决于其措施的针对性，或者说，退化耕地的调控与修复实际上是调节导致耕地退化的因子，使其适应作物生长的需要，以保证作物高产、稳产。所以，对于不同类型的退化耕地，必须针对退化原因采取相应的措施，才有可能获得最好的调控与改良修复效果。因此，针对不同类型的退化耕地，分析导致其退化的主导因子至关重要，也是退化耕地调控修复的重点和难点。

一、耕地质量退化的主导因子分析

耕地质量的状况在很大程度上与其所处的立地条件密切相关，对土壤形成及其性质起重要影响的母质、气候、地形、生物等要素，在很大程度上也直接影响着耕地的质量状况。即使是经过很长时间耕作熟化的耕地，其养分状况、质地和颗粒分布状况、水分状况等都与母质的特性密切相关，气候、生物乃至人类活动除对土壤性质产生相应的影响外，在更大程度上是加快土壤形成及其演变的过程。但是，对某一地区而言，母质、气候、地形等因素实际上是既定的，在这种条件下，人类活动对耕地质量演变实际上是起决定作用的。

人类活动对耕地质量演变的影响包括耕作、施肥、灌溉排水、种植制度以及土地整理等许多方面，而其中的每个方面又包括多种因子。如以施肥为例，其对耕地养分状况的影响是不容置疑的，而施肥本身则可以分为施有机肥和化肥，有机肥又包括不同类型、不同用量、不同施用方法等，化肥亦包括不同类型、不同用量、不同养分比例、不同施用方法等多种要素，其中某个要素的变化势必会在一定程度上影响作物生长和产量，并最终导致耕地质量的相应变化。很显然，如果施肥不当，肯定会导致耕地养分状况，特别是其供应与作物生长需求间的不协调，使作物生长和产量受到相应影响，也使得耕地质量出现退化。

要明确导致耕地质量退化的主导因子，首先必须从其理化性质及微生物状况等的变化进行判断，根据其相关指标的变化、比较，初步确定是哪些方面指标发生了变化或不协调，这些指标的变化会导致耕地哪方面性质的变化。然后，根据耕作管理与施肥、作物类型等因素进行系统分析和判断，确定是由于哪方面措施的变化导致了耕地性质的相应变化，在必要时还必须结合耕地所处的立地条件进行分析。实际上，尽管导致耕地退化的因子可能很多，但只要对相关现象进行系统、深入分析，是不难找出其主导因子的。当然，由于导致耕地质量退化的因子很多，且一般是多种因子共同作用的，因此，在分析时必须对各种因子进行全面、系统比较，找出相应的影响因子，才能在制定相应的调控和修复对策时做到对症下药，以获得最佳的调控与修复效果。

二、耕地中有机质的平衡及其调控

有机质是土壤的重要组成部分，尽管其含量只占土壤重量的百分之几甚至更低，但由于其在土壤肥力、土壤生产力等方面所发挥的重要作用，因此也是衡量耕地质量的十分重要的指标。一般而言，有机质的含量及其组成等，均在很大程度上影响耕地的质量，提高有机质含量和品质，通常是提高耕地质量的重要措施之一。

耕地有机质含量的变化，在很大程度上取决于外源有机物的投入数量和质量，因为在既定立地条件下，耕地中有机质的矿化与其本身的含量、质量等密切相关，耕地有机质的含量愈高，则矿化量愈大，有机物的结构愈简单，愈容易被矿化分解，有机物（腐殖质）与土壤胶体结合愈紧密，愈难被矿化；反之，外源有机物的加入量及其质量也与土壤腐殖质的形成密切相关，如新鲜有机物的腐殖化系数通常较低，对耕地有机质的贡献相对较小；而禾本科作物秸秆由于C/N比较大，一般需要同时加入适量的氮素以促进其腐解。通常，施入耕地的有机物量越大，则对耕地有机质含量的贡献也愈大，但其腐殖化系数则可能会变小，或者当施用的有机物过量时，可能会影响作物生长，因而也是不可取的。

与氮磷钾等养分不同，有机质一般不被作物直接吸收利用，因此，耕地中有机质的平衡一般可以用下面的公式简单表示为：

$$\Delta C=k\cdot O_c-M_c$$

式中，ΔC 为耕地中有机质的变化量；M_c 为耕地有机质的矿化量；O_c 为有机物的投入量；k 为腐殖化系数。当然，耕地中有机质的动态平衡也可表示为：

$$dc/dt=A-kC$$

式中，C 为在时间 t 时耕地的有机质含量；t 为时间；A 为输入土壤中的有机质量；k 为有机质的分解速率。

由于耕地有机质的平衡是一个相对漫长的过程，因此，有学者采用计算机模型模拟的方法，对耕地有机质的长期变化与平衡进行模拟，以分析较长时间内耕地有机质的变化趋势。目前较常用的模型包括：Jenkinson 和 Rayner 于 1977 年开发的 Roth－C 模型、Parton 等于 1987 年建立的 CENTURY 模型、Li 等于 1992 年建立的 DNDC 模型、Franko 等于 1995 年建立的 CANDY 模型等。尽管每个模型应用的区域范围有所不同，但由于基本上是基于所在区域长期定位试验结果建立的，且考虑了所在地区的土壤、气候及作物等条件，因此，其预测的准确度均较高。

耕地中有机质的平衡与其所处的立地条件有关，温度、土壤水分和通气状况、有机物本身的特性、土壤性质等，都直接影响耕地中有机质的分解和转化。要维持耕地较高的有机质含量，必须增加有机物的施用量，而且，耕地的有机质含量越高，所矿化的量也愈大，维持其含量所需要补充的有机物量也愈多，如果要使其有机质含量继续保持增加，就必须投入更多的有机物。当然，不同地区比较，南方广大地区由于气温高、湿度大等原因，耕地中有机质的矿化速度较快，维持并提高有机质含量所需要投入的有机物量也较大；而北方地区气温较低，耕地中有机质的矿化速度相对较慢，因此，维持并提高有机质含量所需要投入的有机物量也较少。

近年来，受耕地复种指数加大、有机物投入量减少、耕作不合理等诸多原因的影响，我国各地区耕地中有机质含量呈现出普遍下降的趋势，使耕地质量出现了不同程度的下降，其中以东北黑土下降幅度较大。其主要原因是该地区土壤有机质含量较高，开垦后使其立地条件发生改变，加速了土壤中有机质的矿化，在得不到相应补充的前提下，其含量逐年下降也就不可避免了。因此，当前我国耕地有机质调控的主要方向是通过增加有机物投入量等途径提高其有机质含量，以保证其肥力和生产力能够保持在较高水平。

三、耕地中养分平衡原理及其调控

近年来，随着我国农业集约化水平提高，以及配方施肥等先进技术的推广应用，耕地中氮磷钾等养分趋于平衡，且其含量总体上呈稳中有升的趋势，但不同养分含量变化的趋势不完全一致，其中氮、磷含量的上升较快，幅度较大，钾含量则有不同程度的下降。耕地中养分含量的变化，与相应养分的投入量、作物吸收量等密切相关，同时也与其向环境的流失量等有一定的联系。

在耕地各种养分的平衡中，氮素的平衡较为特殊，这是因为氮素是母质本身所不具备的，而是在土壤形成过程中通过生物的同化作用或物理、化学作用进入土壤中的，而且，在土壤中氮素可以有不同的形态，并通过淋洗、反硝化、挥发等途径损失，使其循环和平衡较其他养分元素复杂。通常用下面的方程将耕地中氮素的平衡表示为：

$$\Delta N = (T_N + B_N) - (L_N + P_N + D_N + V_N + U_N)$$

式中，ΔN 为土壤中氮素的累积量；T_N 为进入耕地的氮素总量（包括灌溉、大气沉降等方式进入耕地的氮素）；B_N 为微生物固定的氮量；L_N 为氮素的淋洗损失量；P_N 为随排水损失的氮量；D_N 为氮素的反硝化损失量；V_N 为氨挥发量；U_N 为作物吸收利用的量。

土壤氮素的矿化尽管与其损失关系密切，但由于不直接导致氮素从耕地中移出，因此，没有包括在上面的公式中。

在当前我国农业生产实际中，氮素的投入量较大，部分地方甚至过量，因此，耕地中氮素呈现累积的趋势。所以，耕地中氮素平衡与调控的关键是适当减少氮素的投入量，扩大耕地的氮素库容，减少氮素向环境的流失量。

对于其他在土壤中形态转化相对较简单的养分，其平衡可简单表示为：

$$\Delta Y = T_Y - (L_Y + P_Y + U_Y)$$

式中，ΔY 为耕地中某种养分的总累积量；T_Y 为某种养分进入耕地的总量（包括灌溉等方式进入耕地的量）；L_Y 为该养分的淋洗损失量；P_Y 为该养分随排水损失的量；U_Y 为作物吸收利用的量。

实际上，养分的人为投入是耕地区别于自然土壤的重要标志之一，因此，耕地中养分平衡最重要的是投入量的多少，其次是减少其向环境的流失。从目前的情况来看，耕地中氮磷等养分的投入量相对充足，部分区域过量，这也是耕地的氮磷养分累积并导致面源污染的重要原因。但是，由于资源短缺等多方面原因，耕地中钾素养分的投入量在很大程度上与作物吸收量具有较大差距，这也导致一些地区耕地钾素出现亏缺，通过各种措施增加耕地的钾素投入，对保持耕地钾素平衡十分重要。

总体看，养分缺乏或不平衡是耕地质量退化的重要原因之一，因此，保持耕地中足够的养分供应，以及各种养分的平衡供应，对耕地质量保育是十分重要的。而且，实际上耕地养分含量的提高、容量的增加，对耕地质量建设尤其重要，因为只有养分含量提高、容量增加，耕地的养分供应能力才能不断提升，才能使耕地的生产力得到保持和提升。从这种意义上来说，适当增加养分的投入量，使其含量稳步提高，有利于耕地质量改善，而养分投入不足、不同养分投入的比例失衡，则无疑将导致耕地质量退化，是必须杜绝的农业生产方式。

四、耕地的结构和团聚作用及其调节

良好的质地和团粒结构，是耕地质量的重要标志之一。土壤质地的类别和特点，主要受成土母质的影响，但同时也受到人类耕作、施肥、灌溉排水、整理土地等多种因素的影响，因此，耕地质量的改变尽管可以理解为是一个长期的过程，但实际上某些措施如土地整理等可使其质地和结构在很短时间内改变。

对质地和结构退化的耕地，其最简单的调控方式是土地整理、客土，但其工程量较大，且通常经客土或整理后的耕地肥力较低，必须采取相应的培肥措施尽快提高其地力。而对于不同退化类型的耕地，采取增加有机肥施用量、适当深耕、免耕等方式，也是改变其质地及结构的非常重要的措施之一。因为通过增施有机肥、提高耕地有机质的含量，可以提高耕地中团聚体的数量，特别是增加水稳性团聚体数量，有利于耕地质量提升；而采取适当深耕、免耕等方式，使原有的耕层结构发生改变，原有的土粒分布被打乱，从而达到改变其质地和结构的目的。

实际上，对于部分耕地而言，改变作物种植制度也将使耕地结构和质地以及不同土层的厚度等得到大幅度改善，从而提高耕地的质量。如曾希柏等（2008）利用田间试验方法，研究了红壤区灌溉条件较差的双季稻田改为稻—稻—紫云英、牧草、水旱轮作和旱作 4 种种植模式时，土壤剖面构型及耕层土壤性质的变化，其结果表明，与试验前相比，旱作种植模式下，耕作层厚度增加了 4cm，犁底层厚度减少了 2cm，湿筛＞2mm 粒级团粒含量提高了 6.94%，湿筛法平均质量粒径增加了 0.37mm，水稳性结构商是试验前的 1.78 倍；水旱轮作种植模式下，土壤水稳性结构商较高（95.86）；稻—稻—紫云英种植模式下，除有机质含量（增加 1.3g/kg）和土壤水稳性结构商（降低 8.82）变化较大外，其余指标变化不大；牧草种植模式下，耕作层厚度增加 2cm，过渡层厚度增加 9cm，土壤水稳性结构商增加 1.39g/kg，在所有处理中变化幅度最大。这种结果表明，土壤结构的改善同样可以通过耕作改制等方法来实现，或者说，对耕地物理性状的调节和修复，根据耕地所处的立地条件，改变其耕作制度也能起到较好的效果。

五、耕地中水—盐平衡及其调控

耕地中水—盐平衡由于直接影响表层盐分的累积等，因而对北方干旱半干旱地区尤为重要，通过合理灌溉调节水—盐平衡，是防止耕地次生盐渍化的重要，也是最有效的措施。据有关资料，目前我国盐渍土面积大、且分布较广，受气候及水资源等条件的限制，很多盐渍土尚难以得到有效利用。在一些地区由于农业灌溉不当等因素的影响，地下水位上升超过其临界深度，使地下水和土体中的盐分随毛管水通过地表蒸发损耗而聚积在表层土壤中，或者利用地面或地下矿化水进行灌溉而又不采取调节土壤水盐运动措施等，从而导致耕地的次生盐渍化，严重影响了耕地的生产能力，并成为耕地质量退化的重要原因之一。

土壤中水盐运动的共轭性，决定了耕地盐渍化和次生盐渍化的调控和防治必须围绕“水”做文章，即以水调盐。以水调盐的关键一是合理灌溉，包括选择在作物生长的关键时期如拔节、抽穗灌浆期等灌水，采用节水灌溉如滴灌、喷灌和渗灌等技术，以及井渠结合灌溉控制水盐运动等；二是因地制宜调整作物的种植制度，如改种粮食作物为牧草，种植耗水量较小的作物等；三是增加有机肥的施用，做到精耕细作，并采用低矿化度的水灌溉等。

耕地的盐渍化和次生盐渍化是全球干旱半干旱地区农业持续发展的重要制约因素，而导致耕地盐渍化和次生盐渍化的主要原因是人为不合理灌溉，因此，防止该类地区耕地退化的首要措施是合理灌溉，即强化耕地的水分管理。而对于已经出现盐渍化或次生盐渍化的耕地，则必须在强化水肥调控与管理的基础上，根据实际情况采取耕作改制、精耕细作、减少含盐性物资投入等各种有效措施，特别是要减少下层土壤中盐分向表层的聚积，逐步降低耕层土壤中的盐分含量，促进耕地质量提升。

六、耕地中微生物多样性及其调控

耕地中微生物的多样性，特别是有益微生物的种类、数量和活性等，是衡量耕地质量状况的重要指标之一。土壤中微生物作为一个有生命的有机体，其种类的变化、数量的多少、活性的强弱，都是与土壤的理化性质等密切相关的，因此，耕地质量退化将在很大程度上对微生物的上述指标带来一系列的影响。一般而言，在肥力和生产力高的健康耕地上，土壤有益微生物的种类多、数量多、代谢旺盛，这也在很大程度上为耕地中养分、水分等的代谢创造了良好条件，有利于耕地持续稳定供给作物以养分和水分，为其生长提供良好的土壤条件。但是，如果由于某些因子改变而导致耕地质量退化，则势必同时影响到微生物的生长和生活，有益微生物种类减少、活性降低，并由此影响到作物的生长和产量。

微生物的生长离不开其所处的环境条件，因此，对耕地中微生物多样性的调控同样必须从所处的环境调控入手，即针对不利于微生物生长的水分、营养、通气性等状况采取相应的调控措施。首先需要了解哪些种类的有益微生物发生了变化，导致其变化的主要原因是什么，然后才可能在此基础上采取针对性的措施。当然，实际上耕地中微生物的调控与退化耕地的调控修复原则上是一致的，即只要修复了不利于耕地质量的障碍因子，微生物的多样性同样可以得到相应的恢复甚至改善。

总之，退化耕地的调控修复尽管很复杂，但实际上也很简单，其关键是找准导致耕地退化的主导因子，并制定针对性的调控和修复策略，如调整种植制度、改变耕作方式、合理灌溉、土地整理等，快速修复和调控障碍因子。在此基础上，从全面提升耕地质量的要求入手，还必须采取一系列必要的综合措施，如增加有机肥施用量、测土配方施肥、合理耕作和管理等，以提高耕地的肥力和综合生产能力，最后达到退化耕地改良的目标。

（曾希柏、苏世鸣、白玲玉、黄道友、刘守龙）

参 考 文 献

曹志洪，周健民，等．2008. 中国土壤质量［M］. 北京：科学出版社，110－304.

陈建国，张杨珠，曾希柏，等．2008. 不同配方施肥对长期缺施钾肥的红壤性水稻土微生物特性的影响［J］. 植物营养与肥料学报，14（6）：1200－1205.

窦森．2010. 土壤有机质［M］. 北京：科学出版社，1－25，295－325.

韩宾，李增嘉，王芸，等．2007. 土壤耕作及秸秆还田对冬小麦生长状况及产量的影响［J］. 农业工程学报，23（2）：48－53.

韩晓日，郑国砥，刘晓燕，等．2007. 有机肥和化肥配合施用土壤微生物量氮动态、来源和供氮特征［J］. 中国农业科学，40（4）：765－772.

黄昌勇．2000. 土壤学［M］. 北京：中国农业出版社，32－97，192－220.

李秀英，赵秉强，李絮花，等．2005. 不同施肥制度对土壤微生物的影响及其与土壤肥力的关系［J］. 中国农业科学，38（8）：1591－1599.

李忠佩，吴晓晨，陈碧云．2007. 不同利用方式下土壤有机碳转化及微生物群落功能多样性变化［J］. 中国农业科学，40（8）：1712－1721.

刘明，李忠佩，张桃林．2009. 不同利用方式下红壤微生物生物量及代谢功能多样性的变化［J］. 土壤，41（5）：744－748.

刘巽浩，高旺盛，陈阜，等．2005. 农作学［M］. 北京：中国农业大学出版社，112－163.

孙建，刘苗，李立军，等．2009. 不同耕作方式对内蒙古旱作农田土壤微生物量和作物指标的影响［J］. 生态学杂志，28（11）：2279－2285.

孙建，刘苗，李立军，等．2010. 不同耕作方式对内蒙古旱作农田土壤形状及作物产量的影响［J］. 生态学杂志，29（2）：295－302.

谭周进，周卫军，张杨珠，等．2007. 不同施肥制度对稻田土壤微生物的影响研究［J］. 植物营养与肥料学报，13（3）：430－435.

王芸，韩宾，史忠强，等．2006. 保护性耕作对土壤微生物特性及酶活性的影响［J］. 水土保持学报，20（4）：120－123.

王芸，李增嘉，韩宾，等．2007. 保护性耕作对土壤微生物量及活性的影响［J］. 生态学报，27（8）：3384－3390.

徐明岗，卢昌艾，李菊梅，等．2009. 农田土壤培肥［M］. 北京：科学出版社，16－99.

杨林章，孙波，等．2008. 中国农田生态系统养分循环与平衡及其管理［M］. 北京：科学出版社，86－237.

曾希柏，刘更另．2002. 不同植被对红壤养分含量及吸附—解吸性能的影响［J］. 植物营养与肥料学报，8（1）：35－39.

曾希柏，孙楠，高菊生，等．2007. 双季稻田改制对作物生长及土壤养分的影响［J］. 中国农业科学，40（6）：1198－1205.

曾希柏，孙楠，高菊生，等．2008. 双季稻田改制对土壤剖面构型及性质的影响［J］. 应用生态学报，19（5）：1033－1039.

第八章　土壤中污染物的胶体化学

近年来，随着工业化、城镇化的快速发展，各种来源污染物的排放量呈现出逐年增加的趋势，因排放不当等多种原因导致的农田污染物含量超标等现象屡屡发生，在一定程度上已成为耕地质量培育、农产品安全生产的重要障碍。耕地中污染物含量超标尽管在许多情况下不一定导致作物减产，但由于严重影响了耕地的健康质量，并进而导致农产品中污染物含量超标乃至污染，因而不仅是耕地质量培育，也是农业环境相关研究的重点和热点问题。

第一节　土壤胶体对重金属阳离子的交换吸附

土壤胶体是土壤中最为活跃的组分，其构成以及物理、化学行为都深刻影响着土壤的理化性质。重金属离子在土壤中发生交换性吸附的载体也主要是具有较大比表面积和带有负电荷的土壤胶体，因此，土壤胶体对重金属离子的交换性吸附，是影响重金属在土壤中生物化学行为的重要过程，受到广泛关注。

一、阳离子交换容量

交换性吸附阳离子的过程是可逆的，能够与土壤溶液中其他阳离子进行等当量交换，而其容量（即阳离子交换量，国际上通用 CEC 为符号）则决定于土壤所带净负电荷的数量。土壤胶体所带的负电荷可分为两种：永久电荷和可变电荷。永久电荷主要是来源于黏土矿物的同晶置换，这种负电荷不受体系 pH 和电解质浓度的影响。可变电荷的来源途径包括 3 种：水合氧化物、有机质和黏土矿物表面 Al－OH 基及 Si－OH 基的解离；水合氧化物对阴离子的专性吸附；电解质离子强度较高导致双电层外层离子化而产生的，其中以第一种途径为主。

可变电荷密度与体系的 pH 和电解质浓度密切相关。对于以可变负电荷为主的热带和亚热带地区土壤，影响可变负电荷量的因素一是 pH，二是在测定时电解质的浓度。永久负电荷在土壤不含 $CaCO_3$ 时也不是恒定的，这是因为自然过程中所发生的交换性盐基离子的水解或与土壤溶液中 H^+ 的交换，都可以使黏土矿物表面产生吸附态 H^+，从而连贯地发生表面的 H－M（Al 或 Mg）离子互换反应，其结果都将导致黏土矿物的崩解和永久电荷数量下降。这在较短时期内虽然是不易检测的，但在一定条件下形成层间羟基铝，因可以堵塞交换点而使 CEC 下降。可见，土壤中净负电荷总量，即永久负电荷与可变负电荷数量之和并不是一个恒定值，因此，土壤的 CEC 实际上也可以认为是一个变量。尽管土壤 CEC 值并非常数，但对不同类型的土壤而言，均有一个反映特征的数量范围。这是因为，土壤的 CEC 决定于土壤的黏粒含量及其矿物组成，并同时受到土壤有机质含量和组成等的影响。而黏粒矿物类型和有机质组成，在很大程度上受生物气候的影响，具有较强的地带性。因此，我国土壤的阳离子交换量，呈现出自南向北递增的现象。

二、吸附反应方程式

最常用来描述重金属离子在土壤胶体上吸附过程的方程有 Langmuir 方程和 Freundlich 方程，二者均属于经验方程。Langmuir 方程的表达式为：

$$Q_i = b\left(\frac{KC_i}{1+KC_i}\right)$$

式中，Q_i 表示重金属离子的平衡吸附量；C_i 表示吸附达到平衡时溶液中重金属离子的浓度；K 和 b 是吸附常数，前者反映胶体表面对重金属离子的吸附强度，后者则反映胶体对重金属离子的最大吸附量。

Freundlich 方程的表达式为：

$$Q_i = aC_i^{1/n}$$

式中，Q_i 表示重金属离子的平衡吸附量；C_i 表示吸附达到平衡时溶液中重金属离子的浓度；a 和 $1/n$ 为吸附常数，$1/n$ 反映吸附强度。对于 $1/n$ 值来说，一般认为当 $1/n<0.5$ 时，重金属离子容易被胶体吸附；当 $1/n>0.5$ 时，则认为重金属离子难以被胶体吸附。

Kinniburgh 等（1983）在上述两个方程的基础上，构建了 Langmuir－Freundlich 方程，其表达式为：

$$\Phi_t(c) = \frac{(Kc)^\beta}{1+(Kc)^\beta}$$

式中，K 和 β 是调节参数，其中 β 是异质性系数，其范围在 0～1 之间，与吸附曲线的平坦程度有关。当 $\beta=1$ 时，该吸附方程即转化为经典的 Langmuir 方程。

三、质量作用定律的应用

这一原理适用于所有的化学过程，阳离子交换反应尽管没有形成新的化合物，但却导致了土壤溶液中、土壤固相表面上阳离子组成和活度的改变，因此，利用质量作用方程，可以求出阳离子交换反应中的平衡常数。

$$K = \frac{[B-X_\upsilon]^\mu (A^{\mu+})^\upsilon}{[A-X_\mu]^\upsilon (B^{\upsilon+})^\mu}$$

式中，K 为平衡常数；$B-X_\upsilon$ 和 $A-X_\mu$ 分别表示发生交换反应的两种离子；μ 和 υ 表示电荷数；$A^{\mu+}$ 和 $B^{\upsilon+}$ 表示相应的离子活度。

但是，在实际应用中，由于迄今为止还无法测定土壤表面吸附的阳离子活度，因此，在实际应用时一般使用质量分数乘以活度系数来解决。在这种前提下，上面的方程式又可以转换为：

$$K_\upsilon = \frac{M_B^\mu f_B^\mu \ [A^\mu]^\upsilon}{M_A^\upsilon f_A^\upsilon \ [B^\upsilon]^\mu}$$

四、分子运动和动力学方程式

Gapon 根据单层分子吸附原理，提出分子 M_2 可与以单分子层吸附在固体表面的另一分子（M_1）发生交换，则这个分子 M_2 被吸附的数量与另一分子 M_1 占固相表面积成比例；而且，阳离子交换反应与上述分子置换情况相似，同时阳离子交换量还可以看作为固相的全表面。以此为基础，提出了 Gapon 方程式：

$$\frac{C_1F_2}{C_2(F_0-F_2)}=K$$

式中，F_1 和 F_2 分别为分子 M_1 和 M_2 在固相上所占的面积，$F_1+F_2=F_0$（总面积）；C_1 和 C_2 为平衡时 M_1 和 M_2 在液相中的浓度。

Jenny 则认为，交换性阳离子总是振动在颗粒表面的电荷中心附近，其所能达到的空间称为振动体积，而溶液中的阳离子也处于热运动状态，因此，该离子如有通过振动空间的机会，则可能发生交换作用，原先在溶液中的阳离子成为交换态，交换态阳离子则进入溶液。以此为基础可建立如下方程式：

$$W^2(1-\frac{V_W}{V_b})-W(S+N)+SN=0$$

式中，W 为平衡时被吸附或解吸的阳离子数；S 为土壤胶体的交换性阳离子总数（相当于 CEC）；N 为加入电解质中的阳离子数；V_W 和 V_b 为两种阳离子成为交换态时的振动体积。

Davis 根据 Jenny 关于振动体积的概念，对其所提出的方程进行了相应的修改，使之适用于不等价阳离子的交换反应。其方程式如下：

$$\frac{Z_w(N_b)^{1/2}}{Z_b(N_w)}=K$$

式中，Z_w 和 Z_b 分别为平衡时 1 价和 2 价交换性阳离子数；N_b 和 N_w 则分别为自由溶液中阳离子 w 和 b 的离子数。

五、Donnan 膜平衡原理及其应用

Donnan 膜平衡原理，即膜两边的离子乘积相等。土壤胶体可以看作为 Donnan 体系，由带电荷颗粒表面及其周围由多离子形成的离子雾构成的扩散双电层，可作为 Donnan 体系的内相，双电层以外的自由溶液，即可视为 Donnan 体系的外相。在该体系中，反离子可以通过离子交换而向外相扩散，外部溶液中的离子也可向内扩散进入扩散层，但带电荷的土壤颗粒及其吸附的补偿离子则是不可扩散的。因此，尽管没有渗透膜的存在，但却构成一个 Donnan 体系，其内相离子乘积与外相离子的乘积相等。这一膜平衡原理，可以用来表述阳离子交换反应，以 Na^+ 和 Ca^{2+} 离子交换反应为例，内溶液（内相）中部分离子来自交换性阳离子的解离，以及从自由溶液中扩散进去的自由电解质，以 Y_{Na}，Y_{Ca} 和 Y_{Cl} 代表其浓度，部分则为交换态阳离子，以 Z_{Na} 和 Z_{Ca} 代表，外相自由溶液中离子浓度以 X_{Na}、X_{Ca}、X_{Cl} 表示，则根据 Donnan 平衡原理，可以把上述 $Na^+\rightarrow Ca^{2+}$ 交换反应表示为：

$$Y_{Cl}\ (Y_{Na}+Z_{Na})\ =X_{Na}\cdot X_{Cl}$$

设土壤胶体具有较大的 CEC，外液电解质的浓度又较稀，即 $y\ll Z$，亦即（$Y_{Ca}+Y_{Na}$）与（$Z_{Ca}+Z_{Na}$）比较可以忽略不计，则上式可改写为：

$$\frac{Z_{Na}}{\sqrt{Z_{Ca}}}=\frac{X_{Na}}{\sqrt{X_{Ca}}}$$

Donna 膜平衡原理不但能应用于阳离子交换反应，而更重要的是由此导出比例律以及稀释效应，前者可以解释不同价态重金属阳离子在固相/液相间的分布规律，后者可用来阐明土壤水分改变时，对不同价交换性阳离子比例的变化。但是，要定量确定离子的吸附状态，仍然需要吸附态离子的活度系数数据，或者是表面电位的数据（颗粒之间中间处电位的获

得，首先必须知道表面电位）。所以，该方面的理论计算迄今仍无法实现，利用它们来确定离子的吸附机理仍很困难；而且，具有简单形式的离子分配模型只适合于离子浓度很高的情况，而在土壤中离子浓度不太高时，吸附方程又太复杂。

六、离子交换反应中的热力学参数

阳离子交换反应中的热力学，主要研究土壤胶体表面阳离子交换反应中能量的变化，从而据此了解土壤胶体对某种离子的亲和力大小或结合能的高低，以及吸附态的稳定性和土壤对某种离子的缓冲能力。直接测定离子交换反应中热量的变化是十分困难的，因此，自 20 世纪 50 年代起，在阳离子交换反应的研究中引入热力学原理之后，各项热力学参数大都是根据平衡常数计算而得的。

研究阳离子交换反应中的能量变化，常用自由能（G）、热焓（H）和熵（S）等热力学参数来表征，其中以研究交换反应中自由能变化（ΔG）较为广泛。

1. 标准自由能（ΔG°） 热力学平衡常数（K）与标准自由能（ΔG°）的关系如下式所示：

$$\Delta G^\circ = -RT\ln K$$

式中，R 为气体常数，T 为开尔文温度，K 为平衡常数。根据化学热力学原理，在恒温恒压的平衡状态下，体系所做的功相当于内能的降低，这降低部分的内能即为自由能。因此，在等温等压条件下，通过自由能变量可以判断该过程的进行方向及状况，即：

$\Delta G^\circ < 0$ 自发过程

$\Delta G^\circ = 0$ 体系处于平衡状态

$\Delta G^\circ > 0$ 不是自发过程

根据阳离子交换反应过程中的 ΔG°，可以判断该反应是否能够自发进行，或者判断吸附剂对离子的偏好程度。

2. 热焓（ΔH°） 离子交换反应中通常伴随有热焓（ΔH°）的变化，但其变化值一般很小。体系的 ΔH°变化主要包含了离子水化、稀释、混合等作用的热量变化。因此，要分别进行测定是十分困难的，这也导致交换反应的 ΔH°也无法进行单独计算。当电解质溶液同为氯化物，阳离子为二价时，溶液的稀释是放热过程。ΔH°可根据下式计算：

$$\ln\frac{K_{T2}}{K_{T1}} = -\frac{\Delta H^\circ}{R}\left(\frac{1}{T_2}-\frac{1}{T_1}\right)$$

式中，K_{T1}和 K_{T2}分别为绝对温度 T_1 和 T_2 时的热力学平衡常数，R 为气体常数，如 ΔH°为正值时表明为吸热反应，为负值时表明为放热反应。

3. 熵（ΔS°） 熵所反映的是体系内部运动的混乱程度，因此，不能离开物质的运动去了解熵的意义。通常情况下，离子交换反应的 ΔS°常相当于或大于 ΔH°，尤其在一价与二价阳离子的交换反应中更是如此。ΔS°与 ΔG°、ΔH°的关系如下：

$$\Delta G^\circ = \Delta H^\circ - T\Delta S^\circ$$

已知 ΔG°和 ΔH°，即可根据上述公式计算出 ΔS^0。多数情况下，熵的变化主要是由于内溶液中离子水化引起的。离子半径相同的情况下，二价离子的水化度要比一价离子强，而水解作用又使水分子趋于定向排列，随之相伴着熵的降低。当二价离子离开液相而进入交换剂表面时，在该表面上离子的水化度很低，加之两个一价离子因被置换而进入液相，因此，一般说来 ΔS°是增加的，这有利于交换过程。

第二节　土壤胶体对重金属离子的专性吸附

重金属离子进入土壤后的环境行为与土壤对这些重金属离子的吸附、解吸特性密切相关，近年来，土壤胶体对重金属离子的专性吸附，已成为土壤化学分支中一个受人关注的极为活跃的领域。土壤胶体中 Mn、Fe、Al、Si 等氧化物及其水合物和土壤有机质是专性吸附的主要载体，它们对许多重金属元素的专性吸附所导致的土壤富集过程，在一定程度上控制着这些重金属元素在土壤溶液和水体中的浓度、化学行为等。因此，研究重金属离子在土壤胶体中的专性吸附，可为制定土壤中重金属的环境容量，防治重金属污染等提供相应的理论依据。

一、土壤胶体对重金属离子专性吸附的特点及选择性

重金属离子进入土壤后，能与氧化物金属原子配位壳中的—OH 和—OH_2 配位基重新配位，并直接通过共价键或配位键结合在固体的表面。这种类型的吸附作用发生在胶体的决定电位层中，被吸附的金属离子进入双电层内层，称之为专性吸附。通常认为，专性吸附的金属离子为非交换态，不能被提取交换性阳离子的提取剂提取，只能被亲和力更强的金属离子置换（或部分置换），或在酸性条件下解吸。表 8－1 为熊毅等人归纳的重金属离子在土壤胶体表面发生专性吸附的特点。

表 8－1　重金属阳离子在土壤胶体上吸附的特点

性　　质	非专性吸附	专性吸附
吸附时表面电荷符号	（－）	（－）、（O）、（＋）
吸附发生的位置	外层	内层（Stern 层）
阳离子所起的作用	反离子	平衡表面剩余的配位价键
被吸附离子与表面的距离	至少为一个水分子层	直接与配位基键合，不存在水分子层
对体系 pH 要求	＞ZPC	＞或≤ZPC
对表面电荷影响	无	可使表面电荷符号逆转
吸附作用力	静电引力（库伦力，弱）	配位键，共价键（强）
吸附反应性质	可逆或基本可逆，并遵守质量作用定律	基本不可逆，只能为亲和力更强的金属离子置代，或在酸性条件下解吸
与 CEC 的关系	最大吸附量等于 CEC	无关
吸附机理	离子交换反应	配位说、内层交换、水解吸附等

土壤中不同组分对重金属离子的专性吸附能力具有很大差别。一般而言，土壤中对重金属离子产生专性吸附的载体主要包括氧化锰和氧化铁、铝，以及有机质。氧化硅及含有铝硅氧键合的无定形矿物（如水铝英石等）亦可能对重金属离子产生专性吸附。土壤胶体对重金属离子的专性吸附能力与其吸附选择性密切相关，因此，某种吸附剂的选择性是衡量它对不

同离子相对亲和力的重要尺度，这种选择性主要取决于吸附剂的特性和离子的本性，当然溶剂也起着重要的媒介作用。

不同类型黏土矿物对金属离子吸附亲和力的相对大小，通常用选择系数表示。熊毅等人就我国几种主要类型土壤对重金属离子的选择系数进行了归纳（表 8-2）。

表 8-2 土壤对重金属离子的选择系数（K_{Ca}^{M}）

样品号	土壤类型	主要矿物组成	游离氧化铁（Fe_2O_3，%）	全碳（g/kg）	Pb^{2+}	Cu^{2+}	Zn^{2+}	Co^{2+}	Cd^{2+}
Ⅰ-2	暗色土	A（1），Im	6.4	26	2 600	2 200	480	7	12
Ⅰ-4	风化火山灰土	A（2）	1.6	—	>1 800	340	46	3	5
Ⅱ-2	风化火山灰土	Ht（10°）	2.6	—	5 400	3 800	220	19	2
Ⅱ-3	红黄土	Ht（10°）	7.8	—	>8 900	6 900	275	12	4
Ⅲ-1	氧化土	Kt	21.4	—	>11 000	>11 000	460	87	55
Ⅲ-2	红黄土	Kt，Vt-Ch	3.0	6	500	340	140	5	4
Ⅳ-1	红黄土	Mt	2.3	—	22	9	3	2	1
Ⅳ-2	灰色低地土壤	Vt	1.7	62	780	410	9	4	3
Ⅴ-1	暗色土	A（1），Im	5.2	86	1 700	1 700	51	8	7
Ⅴ-3	暗色土	O. S.	3.1	172	1 100	660	17	6	8
Ⅴ-5	黑钙土	Mt，MI	—	45	180	83	2.1	<1.5	1.5

注：①除Ⅴ-5为自然土样外，其他样品均为钙饱和；表中数值为（M）土壤/CEC=20%时的选择系数。CEC为（$M_{\pm}+Ca_{\pm}$）的最大值。

②A（1）和A（2）分别表示 SiO_2/Al_2O_3 接近1或2的水铝英石；Ht=埃洛石；Im=伊毛镐石；Kt=高岭石；Mt=蒙脱石；O. S.=蛋白石质二氧化硅（Opaline-Silica）；Vt=蛭石；Vt-Ch=蛭石—绿泥石过渡矿物；MI=云母。

从表 8-2 可以看出，由于黏土矿物组成的差异，不同类型土壤对重金属离子的选择系数差别很大，一般来说，土壤中各种氧化物及其水合物对重金属离子的选择系数要比黏土矿物大得多，前者可达1 000～100 000，而后者则只有0.8～6.1，因此，含有高岭石和大量游离氧化铁（主要为针铁矿和赤铁矿）的氧化土（Ⅲ-1）对 Pb^{2+}、Cu^{2+}、Zn^{2+} 等离子的选择吸附最为显著。如将Ⅰ-2、Ⅱ-3和Ⅲ-1样品的选择系数分别与Ⅰ-4、Ⅱ-2和Ⅲ-2比较，前3种土壤中游离氧化铁含量均分别高于后3种土壤，而其他矿物组成则基本相同，由此即可以判断出氧化铁对重金属阳离子具有极强的选择吸附能力。而与其他黏土矿物比较，埃洛石和水铝英石—伊毛镐石对 Pb^{2+}、Cu^{2+}、Zn^{2+} 的选择吸附也较为明显，而以蒙脱石为主的红黄土（Ⅳ-1）对这些离子的选择吸附则不明显。总起来看，不同类型矿物对金属离子选择吸附的顺序大致为：蒙脱石<腐殖质、高岭石<水铝英石、伊毛镐石<埃洛石、氧化铁，但不同金属离子的选择序列略有差异，同种矿物对不同重金属离子的选择系数也随重金属离子的本性而异。

二、土壤胶体对重金属离子的专性吸附及其初步机理

土壤胶体对重金属离子的专性吸附与交换性吸附在许多方面存在明显差异，有部分现象很难用离子交换吸附理论来解释，因此，很多学者认为其对重金属离子吸附的机理与一般的

离子交换吸附亦不尽相同。

目前对重金属离子在氧化物表面专性吸附的机理主要有以下几种判断：①土壤胶体氧化物表面的羟基或水合基中的质子与重金属离子进行配位交换，形成氧原子与重金属离子化学键结合的单配体、双配体、三配体表面配合物，并导致胶体表面电荷零点和动电电位的变化。重金属离子与胶体表面的羟基作用时，形成单基配合物或双基配螯合物，释放出 1 个或 2 个质子，使 H^+/M^{2+} 的交换比不是 2，而是介于 1 和 2 之间。②重金属离子在表面的吸附是一种离子交换反应，M^{2+} 离子被吸附到紧贴于胶体表面层的位置，或 Stern 层，使胶体表面扩散层的电荷符号变正。③当重金属离子被专性吸附时，其自由能变化主要是由库仑作用项 $\Delta G^{\circ}_{库仑}$、溶剂化作用项 $\Delta G^{\circ}_{溶剂化}$ 和化学作用项 $\Delta G^{\circ}_{化学}$ 组成。与离子电荷的平方呈正比的溶剂化自由能越大，离子越难靠近吸附剂的表面，由于重金属离子的电荷数较多，二级水合能较大而难以进入 Helmboltz 层。但在 pH 高到一定程度的时候，离子水解而形成羟基化离子，其平均电荷减少，二级水合能大幅度下降，使其向胶体表面靠近所需克服的能量障碍降低。每种胶体表面与水溶液的界面，通常都会有一个小于 1 的特征 pH 范围，离子的吸附量可由低 pH 时的零增加至高 pH 时的 100%，这种临界 pH 与重金属离子的水解常数有关。该机理既可解释吸附量随 pH 的变化而改变，又可解释 H^+/M^{2+} 交换比不是 2 而是介于 1 和 2 之间的实验结果，还能比较合理地解释各种离子的吸附选择性秩序，认为氧化物表面可以优先吸附羟基金属离子，这是目前比较普遍被接受的机理解释（李学垣，2001）。黏土矿物对重金属离子专性吸附的作用，主要涉及边面或破键的可变电荷吸附点，因此，上述的氧化物对重金属离子专性吸附机理，一般均适用于黏土矿物。

氧化物胶体表面是两性的，其电荷来源于表面基团对质子的吸附和解离。因此，氧化物胶体的决定电位层是由表面—O_2、—OH 和—OH_2 基团所组成的，H^+ 和 OH^- 是其定位离子。在氧化物—水体系中，氧化物表面的净电荷必定被溶液中的阴离子或阳离子所中和，并且形成了表面双电层，氧化物对重金属离子的专性吸附主要发生在双电层的内层。大量研究表明，土壤和沉积物中的锰、铁、铝、硅等氧化物及其水合物，对微量的重金属离子在一定程度上起着富集作用，其中以氧化锰和氧化铁的作用尤为明显。根据对黄土物质发育的灰黄壤的铁锰结核进行分析，结果表明，其中 Zn、Co、Ni、Ti、Cu、V 等离子都有不同程度的富集，其中 Zn、Co、Ni 的含量均与 Mn 含量呈正相关，而 Ti、Cu、V、Mo 与 Fe 含量呈正相关。土壤中氧化锰也能富集 Pb，土壤氧化锰结核中的 Pb 含量可高达 2 500mg/kg，表土氧化锰中 Pb 含量亦可高达 2%。氧化铁也能富集许多重金属，如灰化土 B 层的氧化铁中，Cu 的含量可高达 300～600mg/kg，而土壤中 Cu 的含量仅为 10～15mg/kg。值得注意的是，这些被铁、锰等氧化物吸附的所有重金属离子都不能被通常用来提取交换性阳离子的试剂（如 NH_4OAc、$CaCl_2$ 等）所提取，也就是说，这些富集现象是由于氧化物胶体对重金属离子专性吸附的结果。

通过对我国主要河流沉积物中重金属形态的分析，其结果进一步证明了铁锰等氧化物胶体对重金属离子的专性吸附作用。有研究者用逐级提取法对湘江株洲段底泥中 Cr、Mn、Ni、Cu、Zn、Cd 和 Pb 等重金属的形态分布进行研究，以及对京杭大运河底泥中相应的重金属形态分布特征进行研究，其结果显示，底泥中的铁锰氧化物结合态重金属均占有较大的比例。这种结果同样意味着，铁锰氧化物胶体对重金属离子具有专性吸附作用，这种结果对控制天然水体中重金属元素的浓度、保护水质、保障水环境安全起着十分重要的作用。

层状铝硅酸盐矿物边面上裸露的 Al-OH、Si-OH 和 Fe-OH 基团，其性质与水合氧化物表面有许多相似之处，是重金属离子发生专性吸附的主要位点。许多研究都曾指出，黏土矿物对重金属离子的吸附作用除简单的交换吸附外，还有类似于氧化物表面的吸附特性。例如，蒙脱石所吸附的 Co^{2+} 具有两种不同的类型：一种可以用 2.5%的 HAc 解吸，也能被其他重金属离子（如 Zn^{2+}、Cu^{2+} 等）所置换，但不能被 Ca^{2+}、Mg^{2+}、NH_4^+ 所交换；另一种则既不能被其他重金属所置换，也不能用 2.5%的 HAc 解吸，但其数量一般较前者少得多。而在其他各种类型的黏土矿物，如膨胀的和不膨胀的 2∶1 型黏土矿物、1∶1 型黏土矿物，以及长石、石英等，其对 Co 和 Zn 专性吸附的结果也都显示，这些矿物对 Zn 和 Co 至少存在两种以上的专性吸附方式，其数量和比例取决于黏土矿物的种类、溶液的 pH、反应时间以及添加的金属离子数量。因此，可以认为黏土矿物对 Co 和 Zn 的专性吸附涉及相同的机理，即主要为矿物表面羟基的化学吸附作用，并且与氧化物的专性吸附作用相类似。然而，黏土矿物只有在低浓度时，才对多价重金属离子产生专性吸附，这在环境科学中具有重要的实际意义，但与氧化物（包括水合物）以及有机质相比较，黏土矿物在这方面所起的作用相对要小得多。

需要指出的是，黏土矿物对重金属离子的专性吸附作用目前尚存在一些争论，有少数人对此持怀疑态度。有学者认为，黏土矿物对重金属离子的专性吸附，可能是由于含有氧化物杂质所引起的。但电子自旋共振等方法的研究结果显示，纯度较高的黏土矿物胶体对重金属离子的吸附作用，主要是静电吸附，只有当 pH 高到能引起重金属离子表面发生水解作用时，才会产生专性吸附。尽管与水合氧化物相比，黏土矿物对重金属离子的专性吸附作用较小，但由于在土壤中它们的含量要比氧化物高得多，因此，其对于控制土壤溶液中重金属离子浓度所起的作用，却是不能低估的。

三、影响专性吸附的主要因素

关于土壤胶体对重金属离子专性吸附的影响因素，多年来国内外开展的研究较多。如杨亚提和张一平（2003）研究了不同恒电荷土壤胶体对 Cu^{2+} 和 Pb^{2+} 的专性吸附和静电吸附时发现，恒电荷土壤胶体对两种重金属离子的吸附兼有专性吸附和静电吸附，各土壤胶体专性吸附所占百分比的大小为：塿土＞黄褐土、黑垆土＞黄绵土，而且，专性吸附的比例随着溶液 pH 的变化而出现相应的变化。陆雅海等（1995）的研究结果则表明，砖红壤表面吸附重金属离子的顺序是：$Cu^{2+}>Zn^{2+}>Co^{2+}>Ni^{2+}\geqslant Cd^{2+}$，针铁矿表面的吸附顺序为：$Cu^{2+}>Zn^{2+}>Cd^{2+}>Ni^{2+}>Co^{2+}$，而无定形氧化铝和高岭石的吸附顺序则为：$Cu^{2+}>Zn^{2+}>Ni^{2+}>Co^{2+}\geqslant Cd^{2+}$，也就是说，不同土壤胶体对重金属离子的专性吸附受到胶体类型和重金属离子种类的影响，反应体系的 pH 是影响重金属离子吸附过程的重要因素。王维君等（1995）研究了红壤黏粒对重金属离子的吸附，其结果，不同重金属离子在红壤黏粒表面的吸附机理并不相同，Cu^{2+}、Pb^{2+} 以专性吸附为主，而 Zn^{2+} 和 Co^{2+} 则非专性吸附亦占有一定比例。亦有研究者探讨了反应体系 pH 对土壤胶体静电和专性吸附 Cu^{2+} 的影响，结果显示，其吸附量随 pH 的升高而增加，在低 pH 条件下有利于静电吸附，而在高 pH 条件下主要为专性吸附所控制。由此可见，胶体本身特性、重金属离子种类、陪伴离子以及反应体系的 pH，是影响专性吸附的主要因素。

四、土壤胶体对重金属阴离子的专性吸附

土壤胶体表面具有羟基或水合基的非晶形铝硅酸盐，铁、铝、锰氧化物和水合氧化物，以及黏土矿物表面等，均可与重金属阴离子间发生专性吸附。近年来，关于重金属阴离子（主要是 AsO_4^{2-} 等，尽管 As 属于类金属元素，但通常将其作为重金属来研究）在土壤胶体上的吸附广受关注，对其吸附的热力学和动力学过程以及吸附机理等方面均开展了大量研究。结果显示，土壤氧化物和黏土矿物均可对含 As 阴离子产生专性吸附，其吸附量和吸附强度受胶体类型、As 的形态和反应体系 pH 等影响。相关研究结果显示，含镁铝氧化物黏土对 As（V）的吸附是吸热过程，根据热力学函数关系可以计算出 As（V）在该胶体表面的吸附焓 ΔH°和自由能变 ΔG°。有研究者对 As（III）在高岭石和蒙脱石上的吸附过程进行了探讨，并对吸附的动力学和热力学行为进行了模拟，指出 As（III）在黏土矿物上的吸附机理可能是其与黏土矿物表面的 Al－OH 羟基位发生表面络合反应的化学专性吸附，高岭石对 As（III）的吸附速率、吸附能和最大吸附量均大于蒙脱石。王强等（2008）研究结果表明，反应体系的 pH 是影响 As（III）在赤铁矿表面吸附的重要因素，当 pH＜8 时，吸附量和吸附率均随 pH 的上升而增加，在 pH＝8 时达到最大，其后随着 pH 的上升吸附量和吸附率反而减小。亦有研究者探讨了反应体系 pH 对氢氧化铝吸附 As（V）的影响，发现 pH 对氢氧化铝吸附 As（V）的影响显著，pH 在 4～10 之间的弱酸至弱碱性条件下，氢氧化铝吸附 As（V）的能力最强，随着 pH 在上述幅度以外降低或升高，其吸附能力均出现下降。王永等（2009）研究了 As 在 3 种可变电荷土壤胶体表面的吸附，通过测定土壤胶体的 Zeta 电位，探讨了 As（V）和 As（III）在土壤胶体表面吸附的机理，结果显示，在酸性条件下，土壤胶体吸附 As（V）后，土壤表面的负电荷增加，Zeta 电位则下降，据此推测 As（V）在土壤胶体表面的吸附是以专性吸附为主，土壤胶体吸附的 As（V）进入双电层的紧密层中；土壤胶体吸附 As（III）后 Zeta 电位的变化较小，作者推测其对 As（III）的吸附主要是通过形成外圈性表面络合物，即并非是因为发生专性吸附所致。与此同时，土壤中除铁铝氧化物以外的其他固相组分也可能参与对 As 的吸附。张昱等（2006）利用红外光谱研究了铁铈氧化物（Fe－Ce）对 As 的吸附作用，结果显示，Fe－Ce 表面存在丰富的 M－OH，但在吸附 As 且达到饱和后，M－OH 的摇摆振动小，且同时生成了新的 As－O 振动峰，表明 M－OH 在 As 的吸附中起着重要作用；初始反应体系的 pH 由 9 降至 5 时，仅使吸附剂上 As－O 键的伸缩振动向高频略微偏移，作者根据这种结果推测，M－OH 和 As 阴离子发生了直接的表面络合反应，且在不同的 pH 条件下均可与 As 形成内层络合物。

第三节　有机污染物的土壤胶体化学

近年来，随着工农业生产的迅猛发展、城镇化的快速推进，特别是农业的高度集约化等，有机污染物通过多种渠道进入土壤中，并因此对农田生态系统带来了一系列重要影响。由于大量有机污染物均具有“三致”效应，可通过大气、水的输送影响到区域和全球环境，并能通过食物链富集对人类健康及环境造成不利影响。有机污染物进入土壤后将经历一系列过程，如被土壤矿物和有机质组分吸附、随水分向周边迁移或淋溶至土壤深层、向大气中挥发扩散、被植物吸收利用、被土壤微生物转化和降解等。因此，其在土壤中的数量、形态、

转化、累积及其生态效应研究作为环境化学研究的重要方面备受关注。本节简要介绍典型持久性有机污染物（persistent organic pollutants，POPs）和农药与土壤胶体的相互作用。

一、典型 POPs 与土壤胶体的相互作用

持久性有机污染物（POPs）是指在环境中难降解、高脂溶性、可以在食物链中富集并放大，能够通过多种传输途径进行全球迁移的一类具有半挥发性的毒性极大的污染物。根据2001年5月签署的《斯德哥尔摩持久性有机污染物（POPs）公约》，POPs主要包括三大类12种化学物质，即杀虫剂——包括艾氏剂、狄氏剂、异狄氏剂、氯丹、七氯、灭蚁灵、毒杀酚、滴滴涕；杀菌剂——包括六氯苯和多氯联苯；化学品的副产物——包括二噁英和呋喃。2005年，世界野生动物保护基金组织建议增列的候选POPs类污染物共有20种（WWF，2005）。2009年5月《POPs公约》第四次缔约方大会上，又增加了9种新的POPs（表8-3）。从用途和成因上看，POPs主要可分为农药类（OCPs）、工业品类（PCBs、PBDE等），以及人类无意生产和排放的POPs（部分PCBs和PAHs等）（表8-3）。

表8-3 斯德哥尔摩公约中持久性有机污染物及候选持久性有机污染物

化合物	英文名或简称	对人类健康影响
艾氏剂*	Aldrin	引起肝功能障碍、致癌
氯丹*	Chlordane	损害人体免疫系统、致癌
狄氏剂*	Dieldrin	引起肝功能障碍、致癌
异狄氏剂*	Endrin	妨碍人体发育、致癌
滴滴涕*	DDT	引起肝功能障碍、致癌
七氯*	Heptachlor	损害人体生殖系统、致癌
灭蚁灵*	Mirex	致癌
毒杀芬*	Toxaphene	引起甲状腺肿瘤、致癌
六氯苯*	BHC	损害人体免疫及生殖系统
多氯联苯*	PCBs	损害人体免疫及生殖系统、致癌
多氯代二苯并-对-二噁英*	PCDD	损害人体免疫及生殖系统、致癌
多氯代二苯并呋喃*	PCDF	损害人体免疫及生殖系统、致癌
多环芳烃**	PAHs	损害人体免疫及生殖系统、致癌
硫丹**	Endosulfan	毒性较强，具有生殖毒性
短链氯化石蜡**	SCCPs	引起肝功能障碍，可疑内分泌干扰物
多氯代萘**	PCN	致癌，具有内分泌干扰特性
六溴环十二烷**	Hexabromocyclododecane	肝脏毒性及生殖毒性
甲氧氯**	Methoxychlor	内分泌干扰物、动物实验致癌
三氯杀螨醇**	Dicofol	内分泌干扰物、动物实验致癌
六氯丁二烯**	HCBD	损害人体免疫及生殖系统、致癌
五氯酚**	PCP	损害人体免疫及生殖系统、致癌

（续）

化合物	英文名或简称	对人类健康影响
五氯苯***	Penta - CB	引起人体脏器损伤
α-六氯环己烷***	α - HCH	引起肝功能障碍、致癌及致畸
β-六氯环己烷***	β - HCH	引起肝功能障碍、致癌及致畸
多溴二苯醚***	PBDEs	具有内分泌干扰特性
六溴联苯***	Hexabromobiphenyl	损害人体免疫及生殖系统、致癌
全氟辛烷磺酸及其盐类***	PFOA	损害人体免疫及生殖系统、致癌
林丹***	γ - HCH	引起肝功能障碍、致癌及致畸
十氯酮***	Chlordecone	损害人体免疫及生殖系统、致癌

* 首次列入《POPs 公约》的 12 种 POPs。

** 2005 年世界野生动物保护基金组织建议增列 20 种候选 POPs（WWF，2005）。

*** 2009 年 5 月 4 日《POPs 公约》新增列 9 种 POPs，其中多溴二苯醚包括 4～5 和 6～7 溴代二苯醚同族体。

《斯德哥尔摩公约》认为 POPs 的主要特点包括：具有毒性，难以降解，可产生生物蓄积，可通过空气、水和迁徙物种进行跨越国际边界的迁移并且沉积在远离其排放源的地区，随后在沉积地的陆地生态系统和水域生态系统中逐渐蓄积。POPs 具有高毒性和“三致”作用，并且其危害具有隐蔽性和突发性的特点，一旦发生重大 POPs 污染事件，将会产生灾难性后果甚至会持续危害几代人。由于其污染的严重性和复杂性远远超过常规污染物，最近数十年来已成为环境科学研究的热点。土壤生态系统的潜在危害及其 POPs 的生态效应，很大程度上依赖于对其在环境介质中的污染水平、分布、来源及迁移转化等生物地球化学过程。由于土壤胶体是土壤中最为活跃的组分，POPs 与土壤及其组分的相互作用是决定其生态效应的重要过程，国内外科研工作者围绕土壤胶体对 POPs 的吸附，以及 POPs 在土壤胶体上的转化等内容，已经开展了大量而深入的研究。

土壤有机胶体是吸附 POPs 最主要的土壤组分，并在一定程度上决定着 POPs 在土壤中的生物地球化学行为。Lamber（1965）等人最早发现，土壤中有机碳的含量直接决定着土壤吸附杀虫剂的能力时，他们认为土壤有机质的作用相当于有机萃取，有机污染物在土壤有机质与水之间的分配就相当于该化合物在水与水不相溶有机溶剂间的分配，这被认为是最早从机理上对土壤吸附有机污染物的解释。汪立刚和将新（2003）、Gevao（2000）等的研究认为，农药残留物与土壤有机胶体的相互作用可以包括以下几种方式，即：离子键结合、氢键结合、共价键结合、范德华力、基团转移、电荷转移复合物、疏水性结合、多价螯合等。土壤有机质对农药等有机污染物具有强烈的亲和力，对有机污染物在土壤中的生物活性、残留、生物降解、迁移和转化等过程具有重要的影响。宋善军（2010）选择黄河三角洲地区典型土壤作为研究对象，探讨了其对 PCBs 的热力学和动力学吸附过程，研究结果显示，有机质是影响土壤对 PCBs 吸附的重要因子，其含量与吸附 PCBs 显著相关。刘书田（2008）提取了黑土的腐殖质（HA），并系统研究了其对 γ - BHC 的吸附过程，结果显示，在 20℃条件下，黑土中 HA 对 γ - BHC 具有较强的吸附能力，其吸附在试验前期呈急速上升的趋势，大约在 30h 左右达到吸附平衡，等温吸附过程可以用 Freundlich 方程模拟。

POPs 与土壤胶体的相互作用除表现在土壤有机胶体对其吸附等过程外，其在土壤中的转化过程也受到广泛重视。以 PCP 为例，因为其中氯离子具有电负性，PCP 比较难于被氧化，在土壤胶体表面的反应以还原转化为主。如王旭刚（2007）研究发现，厌氧条件下 PCP 在纤铁矿、赤铁矿、针铁矿和磁赤铁矿 4 种土壤典型铁氧化物的胶体表面均可发生还原转化，且其转化过程可以用一级动力学方程式来表示（R＝0.807～0.991），转化速率常数分别为 0.144±0.008、0.062±0.003、0.014±0.001 和 0.004±0.001/d。反应体系的 pH 在 3.0～4.0 的范围内时，转化速率常数随着 pH 的升高而升高，在 pH4.0 到 8.0 的范围内则随 pH 的升高而降低。同时，Fe（II）、Mn（II）或者草酸、柠檬酸、琥珀酸、酒石酸等有机酸的加入，可以显著促进铁氧化物界面上五氯酚的还原转化。

PCP 在土壤氧化物胶体表面还原转化的机理可以初步理解为：在厌氧条件下，PCP 首先接受一个电子并脱离一个氯离子形成自由基，然后，自由基可以进一步接受电子通过氢解反应加氢形成氢解产物，或者通过去双卤作用从自由基碳原子邻位碳原子上脱除第二个氯原子而生产烯烃类化合物。固体表面的 Fe（Ⅲ）原子可以水解成 $Fe(OH)_2^+$，通过与溶液中 Fe（Ⅱ）发生离子交换作用，或者水解成 $Fe(OH)_3$ 而形成新的 Fe（Ⅱ）吸附位点，促进反应的继续发生。PCP 还原转化的产物主要有四氯酚、三氯酚、二氯酚、氯酚、氯苯、二氯顺丁烯二酸、四氯邻苯二酚、2、4-二氯对苯二酚、二氯环戊烯、多氯二苯二氧（杂）芑等（Ahn，et al，2003；Skurlatov，et al，1997；Ho et al，1998；Mills，et al，1993；Hong et al，2000；Hoekstra，et al，1999）。其反应的主要方程式如下：

$$\text{Surface-O-H} + Fe^{2+}_{aq} + H_2O \rightarrow \text{Surface-O-Fe-OH} + 2H^+$$

$$Fe^{2+} \rightarrow Fe^{3+} + e^-$$

$$R-Cl + e^- \rightarrow R^-$$

$$R^- + e^- + H^+ \rightarrow RH$$

二、非 POPs 农药与土壤胶体的相互作用

化学农药在植物病虫草害综合防治中占有重要地位，为世界粮食生产和保障粮食安全做出了十分重要的贡献。但是，由于化学农药的过量使用，不仅污染了土壤，也使农作物中含量超标，并且威胁到地表水、地下水以及海洋环境，最终影响人类的生存环境和身体健康（Younes & Galal-Gorchev，2000）。农药进入土壤后，会随之发生一系列物理、化学以及生物化学反应，如挥发、溶解、分配、吸附、迁移、氧化、水解、光解以及生物富集、生物代谢等。其中，吸附和降解是农药在环境中行为和归宿的两个最为重要过程（Guo，2000）。土壤，尤其是土壤胶体对农药的吸附作用，使得一部分农药可以滞留在土壤中，并对农药的迁移、转化、降解和生物利用等过程产生十分重要的影响（Calvet，1989；Ortega-Calvo 等，1999）。关于土壤有机、无机胶体对农药的吸附/解吸过程，迄今已有大量报道，这些研究有助于预测和评价农药对土壤、地下水存在的潜在危害性，并在此基础上开展化学农药污染土壤的化学修复和生物修复。

有机质和黏土矿物是土壤吸附农药等有机污染物的最主要、也是活性最大的组分，二者共同作用形成了土壤对农药等有机污染物的吸附（Wolfe 等，1990；Mingeigrin 和 Gerstl，1983）。离子型农药可以通过静电吸附、离子交换反应和表面络合作用等途径，与具有低有机碳含量的吸附剂表面相互作用，这种类型的农药在无机矿物表面的吸附是非常重要的（Celis 等，1999）。在有机质含量较高的土壤中，由于具有各种官能团的腐殖质具有多孔性

和大比表面，农药的吸附将在很大程度上受有机质含量的控制，这种吸附主要是依靠非离子型有机化合物与土壤有机胶体之间的各种键合作用进行，且这种键合作用主要是依赖于土壤中有机碳的含量及其组成。非离子极性有机物可以与土壤有机质形成氢键而被吸附，非离子型且非极性的除草剂等有机物会在吸附剂的一定部位通过范德华力等而被吸附，其作用力随着除草剂等有机物分子以及和吸附剂表面距离的减小而增大。当然，对于某种特定农药在土壤中的吸附过程，往往是多种作用力共同作用的结果，只不过是其中的一种作用力起着支配的地位而已。

刘忠珍（2007）通过研究比较了土壤典型有机和无机胶体对丁草胺的吸附（表 8－4），结果显示，其等温吸附过程可用 Freundlich 方程进行描述，不同类型土壤胶体对其吸附能力的差异较大，按大小排列为：腐殖质＞蒙脱石＞钙饱和蒙脱石≫高岭石＞钙饱和高岭石＞水合氧化铝＞水合氧化铁。土壤腐殖质对丁草胺的吸附主要是分配溶解作用，吸附等温线呈线性，吸附的可逆性高；蒙脱石和高岭石由于其表面亲水性，水分子的竞争造成其吸附等温线呈 S 形。而无定形氧化物主要是表面羟基与丁草胺分子发生化学键合作用，其吸附可逆性较差，吸附等温线呈 L 形。

表 8－4　不同类型土壤胶体吸附丁草胺的 Freundlich 方程拟合参数

样　品		K_f	N	r^2	pH
矿物胶体	蒙脱石	268.60	1.210±0.042	0.992（n=10）	6.95
	钙饱和蒙脱石	202.95	1.229±0.029	0.996（n=10）	7.03
	高岭石	51.73	1.052±0.029	0.994（n=10）	7.25
	钙饱和高岭石	40.08	1.100±0.025	0.996（n=10）	7.35
	无定形氧化铁	27.42	0.751±0.028	0.981（n=16）	5.97
	无定形氧化铝	35.23	0.839±0.026	0.987（n=16）	4.98
有机胶体	腐殖质－1	540.28	0.938±0.024	0.995（n=10）	5.38
	腐殖质－6	606.72	1.009±0.039	0.988（n=10）	6.95
	腐殖质－10	372.73	1.001±0.033	0.991（n=10）	5.95
	腐殖质－12	240.61	1.076±0.033	0.992（n=10）	5.90

贺小敏（2008）系统研究了农药甲基对硫磷（又名甲基 1605，MP）在土壤无机胶体表面的吸附过程。研究结果表明，蒙脱石、高岭石和针铁矿对 MP 的吸附在 12h 内即基本上达到平衡，其吸附过程以快反应为主，应用相关方程对吸附过程进行模拟，发现以 Elovich 方程的拟合度较高，能更好地反映出吸附的动力学过程（R＝0.93－0.98），说明该吸附过程为非均相扩散的过程，即在吸附的初始阶段，MP 主要吸附在矿物的表面，随着时间的延长，其对 MP 的吸附逐渐转化为向颗粒内部的迁移和扩散。3 种黏土矿物相比较，蒙脱石对 MP 的亲和力最大，高岭石次之，而针铁矿则最小，同时，上述吸附过程在一定程度上受体系初始 pH 的影响，即随着 pH 的升高，3 种黏土矿物对 MP 的吸附大致呈现出先减小后增大的趋势。在酸性条件下，MP 可与土壤中黏土矿物的表面发生静电吸附，或形成氢键；随着 pH 的升高，其分子质子化程度逐步降低，与胶体表面之间的静电引力逐渐减弱，与矿物的结合程度也相对降低；当体系逐渐向碱性转变时，由于 MP 在碱性条件下易发生分解作

用，因而其表观吸附率增加，MP 分子中的官能团如 P=S、C=O 等，可能通过氢键等形式与土壤胶体结合。

第四节 土壤胶体表面性质对污染物化学行为的影响

土壤中污染物的形态特征、迁移转化等化学行为主要取决于其与土壤胶体及其不同组分间的相互作用。土壤胶体通过影响污染物的吸附/解吸、溶解/沉淀、氧化/还原、络合（螯合）、质子化等过程，决定了土壤中污染物的化学行为。本节主要以重金属为对象，介绍黏土矿物类型、腐殖质以及土壤比表面、动电性质、pH 和氧化还原状况等对其化学行为的影响。

一、黏土矿物对重金属化学行为的影响

黏土矿物是构成土壤胶体的主体，一般可分为三大类，即高岭石类（由一层硅氧片和一层水铝片组成，称之为 1∶1 型黏土矿物）、蒙脱石类（由两层硅氧片中间夹一层水铝片组成，称之为 2∶1 型黏土矿物）、伊利石类（由两层硅氧片、一层水铝片和一层水镁片或水铝片组成，属 2∶1∶1 型黏土矿物）。不同类型黏土矿物对重金属污染物化学行为的影响具有很大的差异。土壤的重金属污染中，Pb 大部分可被土壤固定，这是由于土壤中含有的蒙脱石、伊利石和高岭石对 Pb 的吸附力要比对 Ca 的吸附力大 2～3 倍，因而使得 Pb 在土壤中的迁移能力相对较弱。土壤中的 Cr 主要两种价态（$Cr_2O_7^{2-}$、CrO_4^{2-}），其中以正三价形态最为稳定，除土壤中的氧化物对三价 Cr 有强烈的吸附作用以外，高岭石和蒙脱石对 Cr 亦具有较强的吸附能力。一般认为，土壤对 As 的吸附以黏土矿物中铁铝的氢氧化物为主。

何宏平等（1999）研究比较了蒙脱石、伊利石和高岭石 3 种黏土矿物对 Cu^{2+}、Pb^{2+}、Zn^{2+}、Cd^{2+}、Cr^{3+} 5 种重金属离子的吸附能力，结果表明，蒙脱石对 Cr^{3+}、Cu^{2+} 具有很好的选择性，而伊利石和高岭石则对 Cr^{3+}、Pb^{2+} 有较好的亲和力。对膨润土黏土矿物吸附溶液中重金属离子能力的研究结果表明，在相同的条件下，膨润土对溶液中重金属离子吸附的次序大致为：$Cu^{2+}>Zn^{2+}>Ni^{2+}>Cd^{2+}$。Alvarez - Ayuso 和 Garcia - Sanchez（2003）应用吸附和土柱淋洗试验，研究了坡缕石对 Pb、Cd、Cu 和 Zn 吸附等化学行为的影响，结果显示，其对上述几种重金属的吸附能力依次为 Cu>Pb>Zn>Cd，同时，其吸附过程受 pH 的影响，最大吸附区间在 pH 5～6 之间；坡缕石可显著降低土壤中重金属的移动性，添加 4%的坡缕石可使水溶和交换态 Pb 降低 92%、Cu 减低 77%、Zn 降低 76%、Cd 降低 48%，渗漏液中上述几种重金属的浓度依次降低了约 50%、59%、52%和 66%。Garcia - Sanchez 等（2002）的研究发现，在土壤 pH 4.6 条件下，添加 10%的褐铁矿时，淋洗液中 As 的浓度降低了约 80%，但同等条件下添加斑脱石（主要是蒙脱石）的下降幅度仅为 50%；在 pH 3.8 条件下，褐铁矿的降低效果降至 50%以下。Kumpiene 等（2008）研究了采用斑脱土（含有 99%的蒙脱石）来修复 As 污染土壤的效果，结果表明，添加 10%的斑脱土能够使土壤中 As 的淋溶量减少 50%，即斑脱土能较显著吸附土壤中的 As，降低其活性。郝秀珍等（2005）通过盆栽实验开展了天然蒙脱石和沸石处理对黑麦草在铜矿尾矿砂上生长影响的研究，结果表明，蒙脱石的加入显著降低了尾矿砂中有效态锌的含量，但对有效态铜的含量影响不明显。中国科学院亚热带农业生态研究所通过田间试验研究了不同改良剂对铅镉污染稻

田的改良效应，结果表明，使用适量的海泡石和高岭土对 Pb、Cd 污染稻田具有一定改良效果，在一定程度上改善了水稻的生长发育，提高了产量，同时也降低了土壤和糙米中两种重金属的含量。

二、腐殖质对重金属化学行为的影响

腐殖质是一种复杂的高分子芳香多聚物，在土壤有机质中占有很大比例，且其带有如苯羧基、酚羟基等很多活性基团，这些活性基团之间可以通过氢键相互结合，使得分子表面多孔、比表面积大，因此对重金属离子具有较强的吸附能力，是一种良好的吸附重金属的载体。Sauve（2003）的研究发现，土壤中有机物质对重金属的吸附能力是黏土矿物的 30 倍，因此，有机物含量高的土壤对重金属的吸附量也相对较大，可以有效降低土壤中重金属的有效性和迁移性。同时，由于腐殖质分子具有较多的羟基、羧基、酚羟基等活性功能团，它们可以和土壤中的重金属形成络合物，所形成的络合物的稳定性也决定了土壤中重金属的化学行为。影响腐殖质—重金属离子络合物稳定性的因子包括金属离子本身的特性、有机质分子活性功能团类型、与重金属离子成键的数目、所形成环的数目以及 pH 等。有机质中的富里酸等低分子有机酸，由于其较高的酸性和较低的分子量，它们与重金属形成的配位键及环的数目少于胡敏酸等高分子有机酸，因此，富里酸等与重金属形成的络合物的稳定性要小于胡敏酸。Schnitzer（1982）采用核磁共振和电子自旋共振技术，研究了腐殖质与重金属离子相互作用的机理，结果显示，腐殖质可与重金属离子形成外环和内环络合物，内环络合物的稳定性更高。腐殖质与重金属元素发生络合或螯合作用，也是影响重金属元素迁移及植物吸收等行为的重要因素，其作用既可能是增加也可能是降低重金属的有效性。

对腐殖酸吸附重金属离子的研究结果，腐殖酸对 Cu^{2+}、Zn^{2+}、Pb^{2+}、Cd^{2+} 的竞争吸附在 pH<3.5 时的排列次序大致遵循 Irving williams 序列；在 3.5<pH<5.0 时其次序为 $Cu^{2+}>Cd^{2+}>Pb^{2+}>Zn^{2+}$，而在 pH>5 时其竞争吸附的次序则为 $Cd^{2+}>Cu^{2+}>Zn^{2+}>Pb^{2+}$，同时，腐殖酸对上述 4 种离子的等温吸附都符合 Freundlich 方程，而对 Cd^{2+} 的吸附则更适合用 Langmuir 方程来表示。亦有研究结果表明，每千克重金属污染土壤添加 3mg 腐殖酸后，土壤中水提取态 Zn、Cu、Pb 和 Ni 的量分别降低 38.6%、50.9%、45.5%、23.9%，1mol/L HCl 提取态 Zn、Cu、Pb 和 Ni 的量则分别降低 28.9%、64.7%、31.0%、53.5%。高卫国和黄益宗（2009）的培养实验结果显示，在重金属污染土壤中添加 5%腐殖酸后培养 3 个月，交换态 Zn 的比重由 38%～51%下降至 26%～46%，铁锰氧化物结合态 Zn 的比重由 23%～34%提高至 26%～45%；碳酸盐结合态 Pb 的比重由 12%～25%下降到 2%～15%，残渣态 Pb 由 12%～14%提高到 20%～23%。何雨帆等（2006）的研究发现，随着大分子胡敏酸用量的增加，小白菜植株体内的 Cd 含量呈不断下降趋势：当胡敏酸用量为 0mg/kg 时，小白菜地上部 Cd 含量为 3.74mg/kg，胡敏酸用量为 5mg/kg 时，小白菜地上部 Cd 含量降低至 2.88mg/kg。但是，小分子富里酸则对小白菜吸收 Cd 具有一定的促进作用，随富里酸用量的增加，小白菜地上部的 Cd 含量呈逐步增加的趋势。当富里酸用量为 0mg/kg 时，小白菜地上部 Cd 含量为 2.618mg/kg，当富里酸用量提高到 5mg/kg 时，小白菜地上部 Cd 含量增至 4.05mg/kg。相关研究结果则表明，在高 As 污染条件下，腐殖酸对大豆吸收 As 具有一定的抑制作用，但却显著提高了水稻对 As 的吸收量；腐殖酸对土壤中 Cd、Pb、Cu 和 Zn 植物有效性的影响有较大差异，低量腐殖酸对水稻吸收重金属没有明显的影响，但高量时显著提高了Cd、Cu和Zn对水稻的有效性，仅降低了Pb的有效性；腐殖酸降低了Cd和Cu对大豆的有效性，但提高了Pb和Zn对大豆的有效性。

三、土壤表面性质对重金属化学行为的影响

土壤比表面是许多土壤过程的重要参数，也是影响土壤对重金属和有机物吸附的重要因子。黄丽等（2006）以亚热带地区的黄棕壤、黄褐土和红壤为对象，研究了土壤基质、铁锰胶膜及脱锰胶膜的表面性质及其对重金属离子的吸附，结果显示，铁锰胶膜的比表面积最大，基质次之，脱锰胶膜最小；其对Pb^{2+}、Cu^{2+}、Cd^{2+}和Zn^{2+}的吸附以及对Cr^{3+}的氧化能力也与其比表面积的变化趋势大体一致。胡红青等（2004）研究比较了石灰土、水稻土、潮土、棕红壤等对Cu^{2+}的吸附，结果显示，几种土壤对Cu^{2+}的吸附量与土壤比表面积间没有明显的相关性，但与土壤CEC具有一定相关性。

一般而言，土壤表面电荷数量决定了土壤吸附重金属离子的容量，而电荷的类型（恒电荷或可变电荷）则决定了土壤对重金属离子吸附的强度。胡红青等（2005）研究了恒电荷黄棕壤、黄褐土和可变电荷红壤、砖红壤对Cu^{2+}的吸附，结果显示，恒电荷的黄棕壤、黄褐土对Cu^{2+}的吸附量显著高于可变电荷的红壤、砖红壤。王维君等（1995）和虞锁富（1991）的研究结果亦显示，恒电荷土壤对Cu^{2+}、Cd^{2+}、Zn^{2+}、Ni^{2+}、Co^{2+}的吸附量比可变电荷土壤相对要高。杨亚提和张一平（2003）的研究结果表明，不同类型土壤胶体对Cu^{2+}和Pb^{2+}吸附的规律是表面电位愈高，吸附量愈大，这一方面的原因是表面电位愈高，相对来说动电电位也愈高，土壤胶体悬液的稳定性就愈大，与重金属离子接触的机会也较多，因而容易吸附重金属离子；相反，离子强度愈大，双电层的厚度变薄，表面电位降低，胶粒之间容易相互凝结，土壤胶体表面吸附点位减少，对重金属离子的吸附量也相应降低。当然，从另一方面看，土壤表面电位高实际上也意味着其表面电荷的密度大。

可变电荷对水解性强的重金属具有强烈的专性吸附作用，可变电荷矿物如氧化锰、氧化铁铝是土壤中具有专性吸附能力的主要载体，它们对土壤中重金属的富集起着十分重要的作用。有些研究者认为，无论恒电荷土壤还是可变电荷土壤，其与重金属离子作用时都同时存在静电吸附和专性吸附，即使是纯矿物也如此，仅其所占比例不同而已。杨亚提和张一平（2003）的研究也认为，恒电荷土壤胶体对Pb^{2+}的专性吸附百分数约为60%，而对Cu^{2+}的专性吸附百分数则约为50%，根据相关结果，提出了采用表面络合离子化模式中的络合平衡常数以及专性吸附特征值计算专性吸附所占比例的方法。土壤吸附重金属离子的容量和强度同时还受到重金属离子本身性质以及体系pH等的强烈影响，这种结果一般可以从pH能改变土壤表面电荷性质、产生竞争性吸附以及改变离子的水合形态等角度来解释。陪伴离子的类型也强烈影响着重金属离子的吸附，杨亚提和张平（2001）通过络合平衡常数以及专性吸附特征值的计算，研究了陪伴阴离子对Cu^{2+}、Pb^{2+}吸附的影响，结果认为Cl^-可以显著影响Cu^{2+}、Pb^{2+}在土壤表面的吸附。胡红青等（2005）研究了乙酸、草酸、酒石酸和柠檬酸对恒电荷及可变电荷土壤吸附Cu^{2+}的影响，结果表明，加入有机酸后，土壤对Cu^{2+}的吸附一般表现为先提高再降低的“峰”形曲线，其峰值所对应的有机酸浓度因有机酸的类型而异，且随土壤可变电荷的增加而增高。

四、土壤酸度和氧化还原性质对重金属化学行为的影响

土壤酸度和氧化还原状况是土壤重要的理化属性，通常采用pH和Eh值来反映。土壤

pH 是影响土壤中重金属元素化学行为的重要因子，主要通过影响重金属在土壤中的赋存形态来改变其在土壤中的迁移能力及其植物有效性。由于土壤胶体大多带有负电荷，而重金属在土壤—作物系统中大都以阳离子的形式存在，因此，一般来说，土壤的 pH 值越低，H^+ 越多，被解吸的重金属离子就越多，其活动性就越强，从而加大了土壤中重金属的迁移能力和对植物的有效性。在酸性和中性 pH 条件下，重金属离子如 Cd、Co、Cr、Cu、Ni、Pb 和 Zn 等的植物有效性随土壤 pH 的提高而降低；在碱性 pH 条件下，重金属离子 Co、Cu 和 Ni 的植物有效性随 pH 增加而降低（Wang 等，2003）。余涛等（2008）在洞庭湖区采集了 180 份水稻及其对应的土壤样品，分析了 Pb、Cd 含量及其与土壤理化性质和水稻吸收量之间的关系，结果发现，土壤交换态 Cd、Pb 含量均与土壤 pH 呈极显著的负相关关系，且植物吸收 Cd 量与土壤 pH 呈极显著的正相关关系。可见，土壤 pH 降低显著提高了土壤中 Cd 和 Pb 的有效态性，增加了植物的吸收量。

然而，对部分主要以阴离子状态存在的重金属来说，pH 对其化学行为的影响规律完全不同。以砷为例，有研究表明（吴萍萍等，2011），由于 As 主要是以阴离子形态存在，在较低 pH 范围内，$H_2AsO_4^-$、$HAsO_4^{2-}$ 等能被带正电荷的氢氧化铁等吸附剂迅速吸附；随着 pH 的增加，吸附剂表面负电荷增高，又在一定程度上促使含砷阴离子向溶液中解吸。在通常的 pH 环境内，三价 As 和五价 As 的溶解度均随 pH 的增加而增高；当土壤由酸性转为中性乃至碱性时，三价砷的迁移能力更强，又因为三价砷的毒性比五价砷高许多倍，因此，pH 高的土壤中过量砷的危害尤甚。吴萍萍（2011）的研究表明，不同初始 pH 下第四纪红壤、花岗岩红壤、紫色土、潮褐土、黄壤和黑土对 As（V）的吸附量有随 pH 的增加总体上呈减少的趋势。

Eh 对土壤中重金属的化学行为也有明显的影响。对重金属阳离子而言，土壤氧化还原状况可以影响其在土壤介质中与硫化物形成沉淀、与有机质络合、被铁锰氧化物吸附等。研究指出，Cd 在氧化条件下（Eh 值高）比在还原条件下（Eh 值低）更容易由无效态转化为水溶态和交换态。Cd 污染稻田采用长期淹水处理后，水稻根系、茎叶、糙米中的 Cd 含量均显著低于相应的湿润灌溉处理，不同母质发育的两种稻田土壤长期淹水下水稻糙米的平均 Cd 含量比间歇灌溉处理下降了 41%，比湿润灌溉处理下降了 71%，其原因主要是 Cd 污染酸性稻田长期淹水的还原条件下 Fe^{2+} 等金属离子与 Cd^{2+} 的竞争吸附作用，以及 S^{2-} 和 Cd^{2+} 的共沉淀作用加强，致使土壤中 Cd 的植物有效性显著降低（纪雄辉等，2007）。对于变价重金属（类金属）污染物来说，在不同的氧化—还原电位条件下，其生态毒性、生物可利用性及移动性差异很大，以 Cr 为例，施加有机质或者铁还原性物质，可以促进五价 Cr 还原成毒性较小的三价 Cr，并可使其在土壤环境中相对稳定（Kumpiene 等，2008）。对于 As 而言，土壤在氧化条件下，As 大部分以 As（V）形态存在；但随着 Eh 值降低，As（V）转化为 As（III），由于 As（V）比 As（III）更容易被土壤胶体所吸附，因而使得 As（III）的相对含量大幅增加，加剧了 As 的毒害（吴萍萍，2011）。

第五节　耕地中主要污染物的含量及其与农产品质量的关系

农田生态系统是全球生态系统的重要组成部分，也是人类获取食物的物质基础。自 20

世纪中叶以来，随着工业化和城市化快速发展，农用化学品的种类、用量逐年增加，各种重金属元素及有机、无机污染物等通过各种途径进入农田，且数量亦呈逐年增加的趋势。有研究表明，目前我国已有近 2.0×10^7 hm^2 的耕地出现了不同程度的重金属污染，由此导致的粮食减产已超过了 1.0×10^7 t（张红振等，2010）。由于20世纪60年代以来高效高残留农药的大量使用，我国耕地中农药的残留也较严重，据初步统计，全国约有（8.7～10.7）$\times10^5$ hm^2 农田不同程度受到农药残留的影响。重金属和农药向农田生态系统的输入，不仅可能降低耕地质量和作物的产量与品质，而且累积在耕地中的重金属、有机或无机污染物等，还有可能通过食物链危及人类的健康。本节主要介绍我国耕地重金属和有机污染物的状况及其对农产品质量和安全的影响，并探讨土壤性质、作物类型、耕作管理方式的影响及其机理。

一、耕地中重金属的含量及其对农产品质量的影响

1. 耕地重金属含量状况 采矿和工农业生产活动是土壤重金属的主要来源，乡镇企业不合理的“三废”排放等更是导致土壤重金属累积的十分重要的原因。据有关资料，1980年我国因工业“三废”的不合理排放等导致了266.7万 hm^2 耕地污染，1988年受污染的耕地面积增加到666.7万 hm^2，1992年又增加到1 000万 hm^2，近年来这种趋势更是有增无减（张从和夏立江，2000）。根据农业部环境监测系统近年的监测结果，我国耕地中80%的污染物超标为重金属含量超标，其中Cd、Pb、Hg、Cu及其复合污染最为严重（孙波，2003），陈同斌等的研究和分析结果亦得出与之类似的结论。曾希柏、徐建明等（2013）的研究结果则认为，目前我国耕地重金属含量的总体情况为“主产区基本安全、重点区域奉献较大”，主产区耕地中重金属含量仅个别元素超过“土壤环境质量标准”，超过Ⅲ级标准的样品比例均在10%以下，但累积趋势明显，值得注意；而在采矿区、冶炼区等重点区域，重金属含量超过Ⅲ级标准的样品比例均在10%以上，部分甚至在60%以上。

而从对不同区域的调查结果看，由于采矿业、工业等发展状况，以及农业投入品使用等的巨大差异，我国不同地区农田重金属的状况差异很大。如据陈亚华等（2006）实地采样调查的结果，南京市郊农田中重金属Cd、Cu、Zn、Pb的含量超过国家土壤环境质量二级标准限值（GB 15618—1995）的样品比例分别达58%、56%、18%、16%；有研究者对乌鲁木齐等地区“菜篮子”基地的重金属含量分析时发现，重金属含量有随蔬菜种植年限延长而增加的趋势，其中Pb含量与1989年土壤背景值相比较增长了约3.58倍；此外，沈阳市郊区耕地土壤、西安市污灌区土壤也均出现了不同程度的Hg、Cd等重金属含量超标的现象（张勇，2001），成都平原蔬菜基地也出现了重金属Hg超标的问题；而曾希柏等（曾希柏等，2007a，b；曾希柏等，2009；李莲芳等，2008；白玲玉等，2010；Li等，2009；胡留杰等，2008）的相关研究结果则认为，我国不同区域中蔬菜地的重金属含量与国家土壤质量标准（GB 15618—1995）相比较，首先是Cd含量超标样本的比例最高，达到24.1%；其次是Hg，为10.3%；最后是As，为9.2%，但总体看超标并不十分严重，主要是所调查的区域均属农业主产区，重金属的排放相对较少。可见，我国耕地重金属含量超标现象尽管发生较频繁，但从其区域分布看，除采矿和冶炼区周边较严重外，其余主要集中在城郊集约化程度较高的地区，农业主产区农田则是相对较安全的。

自2007年以来，研究者所在课题组先后在典型蔬菜种植区（山东寿光）、农业主产区（吉林四平）、典型采矿区（湖南石门）和典型冶炼区（湖南株洲）等地区，按照基本等距离

布点方法共采集了461个普通农田、蔬菜地的耕层（0～20cm）样品，分析了其重金属的含量。根据所采集样品的分析结果，山东寿光大田中重金属含量没有出现超标，蔬菜地中也仅有Cd、Cu等含量有个别样品超过国家土壤质量二级标准，其含量分别为0.05～3.56mg/kg和13.83～79.50mg/kg，超标样品比例分别为9.7%和29.0%（李莲芳等，2008；Li等，2009）；吉林四平的大田土壤亦基本上没有重金属含量超标现象，但设施菜地中Cu和Cd含量存在轻微超标现象，其中土壤Cu含量达9.85～95.00mg/kg，超标样品比例为18.1%；Cd含量为0.04～2.95mg/kg，超标样品比例为39.8%（白玲玉等，2010）。而与之形成鲜明对比的是，湖南石门某雄黄矿区附近大田中As和Cd含量、菜地中As、Cd、Ni含量均有部分样品出现超标，其中大田中As和Cd含量分别为7.40～244.50mg/kg、0.09～0.53mg/kg，超标样品比例分别为55.6%和40.7%；菜地土壤中As、Cd、Ni的含量分别在7.71～136.20mg/kg、0.17～0.54mg/kg和21.70～51.83mg/kg，超标样品比例分别为62.5%、75.0%和25.0%（课题组未发表数据）；湖南株洲市某冶炼厂周边大田中Cu、Pb、Cd、As和Zn含量均出现不同程度的超标，其中以Cd和Zn超标较严重，其含量分别为0.48～13.57mg/kg和157.80～1 450.90mg/kg，超标样品比例分别为100.0%和62.5%；菜地中重金属的超标比大田更严重，其中Cu、Pb、Cd和Zn的含量分别达到28.40～109.59mg/kg、45.89～954.93mg/kg、0.24～21.13mg/kg和123.50～2 127.10mg/kg，超标样品比例分别为50.0%、42.9%、78.6%和64.3%（课题组未发表数据）。上述地区大田和菜地土壤比较，菜地的超标似乎比大田更为严重，这种现象在很大程度上是由于二者经营方式的差异引起的，菜地高度集约化的经营方式可能在一定程度上增加了重金属的输入量。而从不同地区的比较来看，在有重金属污染源的地区，由于重金属可以通过多种途径输入到农田中，因此在一定程度上导致了农田重金属含量超标，污染的风险也明显增大。如曾希柏等（2007a）对1989年以来中国菜地土壤重金属研究的相关资料进行了收集与整理，统计分析结果表明，在当前利用方式下，我国大部分蔬菜地的重金属含量未超过国家标准，但在个别地区，特别是工矿/污灌区、城市郊区等，部分重金属的含量存在不同程度的超标。

2. 主要农产品重金属超标状况 农产品中重金属的含量是评价农产品安全性的重要指标之一，其主要来源是农田生态系统中重金属在土壤—植物系统中的迁移，这也是土壤中重金属危害人体健康的重要途径。近年来，关于农产品中重金属含量的研究较多，如李晓燕等（2008）对北京市郊区生产的小麦籽粒中重金属含量进行了调查和分析，结果表明，小麦籽粒中各种重金属元素的含量均明显低于国家食品卫生标准，对于普通人群而言，通过食用小麦及其加工品没有摄入重金属风险；季书勤等（2006）的研究表明，河南省主要小麦品种的重金属含量均未超过国家食品卫生标准；相关研究结果亦表明，贵阳市等地区的市售蔬菜中重金属As、Pb、Hg、Cd、Cr和Cu含量的平均值均低于国家食品卫生标准。从相关结果来看，对于大多数农产品而言，其中重金属的含量基本上未超过国家食品卫生标准的限值，土壤中的重金属通过农产品收获输出的量尚处于较低水平。但是，在一些工业较发达的城郊区、重金属采矿或冶炼区的周边地区，所生产的农产品中重金属含量超标风险则大大增加。如付红波等（2009）对珠三角滩涂围垦农田中农产品重金属含量的调查发现，所调查区域农产品中重金属Ni、Pb、Cr、Cd和Zn的超标样品分别占总样品数的48.3%、28.9%、12.3%、2.6%和6.1%。陈同斌等对北京市部分蔬菜中重金属含量的调查结果亦显示，部分蔬菜中Cd、Zn、As等的含量出现超过国家食品卫生标准现象。

中国农业科学院农业环境与可持续发展研究所相关课题组自2007年以来，先后在山东寿光、吉林四平、湖南石门及株洲等典型区域的调查结果（课题组内部数据），农产品中重金属的含量与土壤中相应重金属的含量具有较强的一致性。如山东寿光的大田作物和蔬菜样品中均没有出现重金属含量超过国家食品卫生标准的现象，其农产品质量总体上是安全的。吉林四平的大田作物中As含量没有出现超标，Cu、Pb、Cd、Cr、Ni和Zn含量（以干重计算）尽管出现少数样品超标，但其超标幅度较小、超标样品所占比例也较低；蔬菜的超标比例尽管稍高，但超标幅度亦较小，且主要是Cd和Pb的含量相对较高。但是，在湖南石门雄黄矿区及湖南株洲冶炼区，农产品中重金属含量超标的现象相对要严重得多，其中石门矿区周边部分耕地重大田作物的Cd和As含量分别为0～0.23mg/kg和0～4.37mg/kg，超标样品占总样品的比例达到30.6%和42.9%，蔬菜中Cu、Cd和As的超标也较严重，超标样品率分别达到45.4%、54.5%和40.9%；湖南株洲冶炼区周边大田作物中Pb、Cd和Zn超标样品占总样品的比例分别为40.0%、70.0%和45.0%，蔬菜中Cu、Cd、As和Zn超标样品的比例更是分别达到74.4%、76.8%、79.3%和86.6%，超标比例较大田作物更高。上述调查结果表明，在采矿区、冶炼区的周边地区，由于土壤中重金属的含量相对较高，且部分元素出现超标甚至污染，因此，在这些耕地中生产的农产品也存在着不同程度的重金属超标现象，尤其是以茎叶等营养体作为收获物的部分蔬菜作物，其重金属含量超标的比例相对更高。而在普通农区，特别是农业主产区，尽管由于大量施用化肥、有机肥以及相关农用物资也可能会输入一定数量的重金属元素，但大多只是个别现象，而且，我国农业主产区工业和采矿相对较少，基本上没有真正的重金属排放源，以及严格的耕地保护措施等，耕地的重金属含量较低，农产品重金属含量超标的风险也较小。

3. 影响农产品中重金属含量的主要因素 土壤性质包括重金属的含量、形态、土壤pH、Eh、有机质含量等，是影响农产品中重金属含量的十分重要的因素。作者对环洞庭湖区典型蔬菜基地农产品和土壤中Cd和Pb的含量状况进行调查时发现，在农产品中除瓜类和豆类蔬菜的Pb含量外，农产品中Cd和Pb的含量均与土壤中相应元素的含量有显著正相关关系（朱奇宏，2006）。除重金属含量外，土壤中重金属的形态也是影响农产品中相对应的重金属含量的重要因子。根据Tessier等（1979）的连续提取法，将重金属的形态划分为交换态、碳酸盐结合态、铁锰氧化物结合态、有机结合态和残渣态，其中交换态的植物有效性最高，而残渣态则在通常情况下被认为是基本上不具生物有效性的，碳酸盐结合态、铁锰氧化物结合态和有机结合态则属于过渡形态，它们在一定的条件下可以相互转化，亦可转化为植物可利用的形态。

土壤pH是影响植物吸收重金属元素的重要因子，对阳离子态的重金属元素而言，在通常的土壤pH范围内，其植物有效性一般呈现出随土壤pH升高而降低的趋势，但As属于阴离子型，因而在通常的pH范围内，三价As和五价As的溶解度均有随pH的升高而增大的趋势；当土壤由酸性转为中性乃至碱性时，三价As的迁移能力更强，又因为三价As的毒性比五价As高大得多，因此，在pH高的土壤中过量As的危害更甚。

一般而言，随着土壤氧化还原电位（Eh值）的升高，土壤中可溶性的重金属离子和高价铁锰氧化物相结合，会在一定程度上降低这些重金属元素的可溶性和迁移性。但As元素由于在还原条件下（Eh值较低时）可以转化为三价As，导致其植物有效性和毒性大大提高。土壤有机质含量与作物吸收重金属的关系较为复杂，主要是由于有机物的分子量和分子结构的差异，会导致其与重金属的络合、与土壤胶体的相互作用等过程也不尽一致，一般认为大分子的腐殖质会降低土壤中重金属的植物有效性，而小分子的可溶性有机质则会促进植物对重金属的吸收。

作物类型和耕作管理措施等也会对农产品中重金属的含量产生十分重要的影响。根据相关的调查结果，不同类型蔬菜对土壤中 Cd 和 Pb 的吸收能力存在较大差异，如蔬菜作物对 Cd 的吸收能力依次为：叶菜类＞鲜豆类＞瓜类＞根茎类和茄果类；对 Pb 的吸收能力顺序依次为：叶菜类＞根茎类＞茄果类＞瓜类和鲜豆类（朱奇宏，2006）。不同的水肥管理措施和种植制度等，同样会对土壤中重金属的植物有效性产生显著的影响。纪雄辉等（2007）的研究发现，不同水分管理措施下潮泥田和黄泥田中水稻糙米的 Cd 含量，长期淹水条件下分别比间歇灌溉降低 46.6%和 36.1%，比湿润灌溉降低 72.0%和 69.4%。Hassan 等（2005）的研究结果显示，水稻对不同形态氮肥受外源 Cd 胁迫的影响具有很大差异，施用 $(NH_4)_2SO_4$ 作为氮源时水稻所受的毒害最轻，稻谷中 Cd 的含量也最低，施用 $Ca(NO_3)_2$ 处理下水稻受 Cd 的毒害最严重，稻谷中 Cd 的含量也相应较高。史锟、张福锁等（2004）的研究亦发现，在 Cd 含量超标的水稻田中，不同的水分管理和覆膜措施对籼稻及粳稻中 Cd 的含量均具有较明显的影响，而且其影响的程度亦存在明显差异。

二、耕地中有机污染物含量及其对农产品质量的影响

1. 耕地中农药等有机污染物污染现状　我国耕地的农药污染较严重，其主要原因是由于具有高毒和“三致”效应的杀虫剂所占比例大，2000 年前后达到 40%以上，尤其是在发达国家已禁用或限用的甲胺磷所占比例亦达到 20%左右（米长虹等，2000），这些农药在土壤中残留、累积，成为耕地中的重要污染源。另外，由于农药使用者缺乏对农药的了解和用药技术，长期、大量、不合理地使用，甚至滥用农药，也在很大程度上加大了农药在土壤中的残留和累积。根据相关资料统计，我国每年的农药用量达 50 万～60 万 t，全国平均用量为 2.34kg/hm^2，有 87 万～107 万 hm^2 农田不同程度地受到农药污染。其中，上海市和浙江省的农药用量最高，分别达到 10.80kg/hm^2 和 10.41kg/hm^2。这些施用的农药有50%～60%残留于土壤中，只有 10%～20%依附在植物上。尽管农药中的部分有机成分可以在土壤中缓慢降解或转化，但一是其中间产物的毒性有时甚至超过原药；二是其残留期长，如有机氯农药的残留期一般有数年至 30 年，均三苯类、取代脲类和苯氧乙酸类除草剂的残留期也在数月至一年左右；三是部分农约中所含的 Hg、As 等残留在土壤中，也可能成为上壤重金属累积的重要来源之一（林玉锁，1999）。农田中农药含量超标，种植在这些农田中的作物从土壤中吸收这些残留的农药或其衍生物，不仅对作物的正常生长发育带来较大影响，而且通过作物吸收转化等最终转移到人体内，威胁人类自身的健康。

自 20 世纪 50 年代开始使用有机氯农药到 1983 年禁止使用以来，我国累计施用 DDTs 约 4 000t、HCHs 约 4 900t。有资料表明，20 世纪 70 年代我国有机氯农药施用量最大的棉田中 HCHs 和 DDTs 的残留量分别达到 11.68mg/kg 和 0.80mg/kg，1980 年全国农田耕层土壤 HCHs 和 DDTs 残留量均值分别为 0.742mg/kg 和 0.419mg/kg，这个数值在 1985 年分别降低至 0.181～0.254mg/kg 和 0.222～0.273mg/kg（孙宝利，2011）。但是，近年的研究报告显示，已经停产和停用了几十年的有机氯类农药，目前在土壤中仍有较高的残留量，如刘广民等（2001）发现，松原地区农田土壤中 BHC 残留量的最高值仍有约 60ng/kg，

DDT 残留量的最高值为 120ng/kg；有研究者对大连湾沉积物中有机氯农药含量的采样分析结果表明，12 个站点中 BHCs 含量最高达 7.959×10^{-4}mg/kg，DDT 含量最高为 5.723×10^{-4}mg/kg。尽管我国早已禁止生产有机氯农药，但已经生产的产品仍在一定范围内使用，由此带来的残留已成为潜在的危险物质。

有机磷类农药是我国目前使用范围最广、用量最大的农药（孙宝利，2011），一些发达国家已经禁用或限用的甲胺磷类农药在我国甚至占到农药总产量的 20%（米长虹等，2000）。有机磷农药施用过程中，部分农药会残留于土壤中，且有一定的残留期。如 2003 年在江苏省苏中地区 7 个县（市）分别选择具有代表性的高、中、低 3 种不同施药水平田块，对土壤中 7 种有机磷农药残留的检测结果显示，土壤有机磷农药检出率达到 100%，可见，有机磷类农药的使用及其在土壤中的残留，已经成为当前刻不容缓的重要环境问题。

由于各种类型的农药都是以消灭病虫害、杂草等为目的，因此，其对农田中的有益生物或多或少会带来一些负面影响，因此，除有机氯类和有机磷类农药以外，其他类型农药的残留也不容忽视。如磺酰脲类除草剂自问世以来，虽然对世界农业发展作出过巨大的贡献，但是它具有不易挥发、难光解，随土壤 pH 上升半衰期延长等特点，在碱性土壤中化学水解作用慢，其使用量的 1%～20%长期残留在土壤中，以致对后茬敏感作物产生药害，这种残留的影响甚至可延长至施用后 2～3 年或更久（程幕如和孙致远，2000）。1995 年沈阳发生氯磺隆污染水稻的重大事故，造成 533.4hm^2 稻田受害，其中 267hm^2 绝收；一些长期使用长残效除草剂的田块还出现了土壤中除草剂累积的现象，严重影响了后茬作物的生长，形成了“癌症田”的现象。其他类型的除草剂如咪唑啉酮、三唑嘧啶磺酰胺、三氮苯，甚至用于小麦田的敌稗等，也可能对后茬作物带来一定的伤害。

残留在土壤中农药的母体化合物或代谢物与土壤中的腐殖质通过化学结合或物理结合作用，可以牢固结合在一起，形成结合残留，并在一定条件下可再度以农药母体或代谢产物的形式释放出来，使之成为生物活性高、植物可吸收利用的游离农药或代谢物，从而增加土壤中这些有毒物质的浓度。多年来，尽管持久性的有机氯农药已经被禁止使用，但有机磷、氨基甲酸酯、拟除虫菊酯类农药的应用非常广泛，这些非持久性的农药与土壤胶体或腐殖质都具有较强的结合能力，导致其在土壤中长期残留。据推算，有机磷类杀虫剂在土壤中的结合残留量高达 26%～80%，氨基甲酸酯类农药西维因的结合残留量可达 49%以上，拟除虫菊酯类农药的结合残留量可达 36%～54%，一些其他类型除草剂的结合残留量亦可达 28%～55%（Fuhremann 等，1978；Khan 等，1980），这是一个值得引起关注和重视的问题。

2. 农产品中农药残留状况及成因分析 目前，我国生产和使用量最多的前 5 种杀虫剂为：甲胺磷、敌敌畏、敌百虫、乐果和氧化乐果，这 5 种杀虫剂均属于毒理学评价中的危险级农药，它们或者毒性很强，或者具有潜在的“三致”（致畸、致癌、致突变）作用，但其用量占全国杀虫剂用量的 56.7%、农药总用量的 44.7%。由于大量甚至是超量使用农药，加上农药品种构成不合理等多方面的原因，对我国农产品安全构成了十分巨大的威胁。据对全国 16 个省部分农产品的检查结果，蔬菜、水果中农药总检出率为 20%～60%，总超标率为 20%～45%；根据相关研究者对北京、广东等 11 个省份 30 多种蔬菜、水果中 17 种农药残留状况的抽样检测结果统计，在所检测的样品中农药的总检出率达到 32.28%，总超标率达到 25.28%；2001 年第一季度，全国上市蔬菜 80 个品种的 181 个样品，农药含量超标样品占 47.5%；如果按欧盟 2000 年 7 月 1 日实施新标准统计，我国茶叶中氰戊菊酯的平均超标率达到 61.6%，三氯杀虫醇平均超标率达 17.5%，其风险十分巨大。根据宁波市农业环境监测站等单位的调查结果，该市郊区 6 个乡镇的菜地中有机氯农药残留量检出率高达 100%，但未超过标准允许剂量，BHC 和 DDT 是蔬菜地中被检出物的主要成分。河北省对石家庄和保定等城市市场的小白菜、豆角等 10 种蔬菜连续多年检测，结果表明蔬菜中残留农药的品种逐年增加，残留量检出率呈大幅度上升趋势；北京市郊区自产蔬菜中有机磷农药残留量超标率达到约 17%，外埠进京蔬菜的超标率则更高，达到 69%（周启星，2005）。

农产品中农药残留物的来源大致有 3 条途径：农药的直接施用、大气沉降和从土壤中吸收。农产品中农药的残留状况与农药的种类、农药用量或土壤中农药的残留浓度、土壤理化性质以及农作物种类等有关。一般来说，土壤中农药的残留量越高，被植物吸收的就越多；作物较容易吸收水溶性农药，而难以吸收脂溶性农药，这是因为脂溶性农药与土壤，尤其是与土壤胶体的结合力强。土壤质地也是影响作物吸收农药的重要因素，沙质土壤中残留的农药易流失和被作物吸收，黏质和有机质含量较高的土壤中残留的农药较难流失和被作物吸收。质地黏重的土壤无机胶体含量与活性一般较高，土壤有机质含量高时有机胶体含量高且活性强，这两种类型土壤对农药的吸附能力也较强，因而作物吸收的农药量也相应较少。土壤水分能一定程度降低土壤对农药的吸附能力，因此，水分含量高的土壤中作物对农药的吸收量也可能会相应增多。不同类型作物对农药的吸收能力差异也很大，根菜类作物对农药的吸收能力大于叶菜类，而叶菜类作物又大于果菜类。据日本相关学者对污染严重的有机氯农药的调查结果，马铃薯和胡萝卜等作物的地下部分中农药的含量相对较高，大豆、花生等油料作物籽粒中农药的含量也较高，而茄子、番茄、辣椒、白菜等茄果类及叶菜类蔬菜中农药的含量则一般较低。因此，针对不同类型土壤以及不同农药残留等，选择合理的作物，对降低土壤中农药残留带来的农产品污染风险、保障农产品质量安全意义重大。

（朱奇宏、黄道友、李莲芳）

参　考　文　献

白玲玉，曾希柏，李莲芳，等．2010. 不同农业利用方式对土壤重金属累积的影响及原因分析［J]. 中国农业科学，43（1）：96－104.

陈亚华，黄少华，刘胜环，等．2006. 南京地区农田土壤和蔬菜重金属污染状况研究［J]. 长江流域资源与环境，15：356－360.

程幕如，孙致远．2000. 三种磺酰脲类除草剂的光解和水解作用［J]. 植物保护学报，27（1）：93－94.

付红波，李取生，骆承程，等．2009. 珠三角滩涂围垦农田土壤和农作物重金属污染［J]. 农业环境科学学报，28（6）：1142－1146.

高卫国，黄益宗．2009. 堆肥和腐殖酸对土壤锌铅赋存形态的影响［J]. 环境工程学报，3（3）：549－554.

郝秀珍，周东美，薛艳，等．2005. 天然蒙脱石和沸石改良对黑麦草在铜尾矿砂上生长的影响［J]. 土壤学报，43（3）：434－439.

何宏平，郭九皋，谢先德，等．1999. 蒙脱石等黏土矿物对重金属离子吸附选择性的实验研究［J]. 矿物学报，19（2）：231－235.

何雨帆，刘宝庆，吴明文，等．2006. 腐殖酸对小白菜吸收 Cd 的影响［J]. 农业环境科学学报，25（增刊）：84－86.

胡红青，陈松，李妍，等．2004. 几种土壤的基本理化性质与 Cu^{2+} 吸附的关系［J］．生态环境，13（4）：544－545，548.

胡红青，刘华良，贺纪正．2005. 几种有机酸对恒电荷和可变电荷土壤吸附 Cu^{2+} 的影响［J］．土壤学报，42（2）：232－237.

胡留杰，曾希柏，何怡忱，等．2008. 外源 As 形态和添加量对作物生长及吸收的影响研究［J］．农业环境科学学报，27（6）：2357－2361.

黄丽，洪军，谭文峰，等．2006. 几种亚热带土壤铁锰胶膜和基质的表面化学特征［J］．地球化学，35（3）：221－226.

纪雄辉，梁永超，鲁艳红，等．2007. 污染稻田水分管理对水稻吸收积累镉的影响及其作用机理［J］．生态学报，27（9）：3930－3939.

季书勤，郭瑞，王汉芳，等．2006. 河南省主要小麦品种重金属污染评价及镉吸收规律研究［J］．麦类作物学报，26（6）：154－157.

李莲芳，曾希柏，白玲玉．2008. 不同农业利用方式下土壤铜和锌的累积［J］．生态学报，28（9）：4372－7380.

李晓燕，陈同斌，谭勇壁，等．2008. 北京市小麦籽粒的重金属含量及其健康风险分析［J］．地理研究，27（6）：1340－1346.

李学垣．2001. 土壤化学［M］．北京：高等教育出版社．

林玉锁．1999. 农药与生态环境保护［M］．北京：化学工业出版社．

刘广民，姜桂兰，张辉，等．2001. 有机氯类农药在包气带及地下水中长期残留的研究［J］．农业环境保护，20（6）：408－410.

刘书田．2008. 持久性有机污染物与土壤腐殖物质相互作用研究［D］．长春：吉林农业大学．

刘忠珍．2007. 丁草胺与土壤及土壤组分作用机理的研究［D］．杭州：浙江大学．

陆雅海，黄昌勇，袁可能，等．1995. 砖红壤及其矿物表面对重金属离子的专性吸附研究［J］．土壤学报，32（4）：370－376.

史锟，张福锁，刘学军，等．2004. 不同栽培方式对镉污染水稻土籼、粳稻根表铁膜、镉含量及根镉含量的影响［J］．土壤通报，35（2）：207－212.

宋善军．2010. 典型多氯联苯在土壤中的吸附动力学及热力学研究［D］．济南：山东大学．

孙宝利．2011. 毒死蜱主要有毒代谢物 3，5，6－TCP 在土壤中的环境行为研究［D］．北京：中国农业科学院研究生院．

孙波，周生路，赵其国．2003. 基于空间变异分析的土壤重金属复合污染研究［J］．农业环境科学学报，22（2）：248－251.

汪立刚，蒋新．2003. 土壤结合态农药残留生物效应研究进展［J］．农业环境科学学报，22（3）：376－379.

王强，卜锦春，魏世强，等．2008. 赤铁矿对砷的吸附解吸及氧化特征［J］．环境科学学报，28（8）：1612－1617.

王维君，邵宗臣，何群．1995. 红壤胶体对 Co、Cu、Pb 和 Zn 的吸附亲和力的研究［J］．土壤学报，32（2）：167－178.

王旭刚．2007. 土壤胶体界面五氯酚的还原转化研究［D］．杨陵：西北农林科技大学．

王永，徐仁扣，王火焰，等．2009. 砷酸根在可变电荷土壤颗粒表面的配位吸附［J］．环境化学，28（2）：163－167.

吴萍萍．2011. 不同类型矿物和土壤对砷的吸附—解吸研究［D］．北京：中国农业科学院研究生院．

熊毅，陈家坊，等．1990. 土壤胶体（第三册）——土壤胶体的性质［M］．北京：科学出版社．

杨亚提，张一平．2001. 离子强度对恒电荷土壤胶体吸附 Cu^{2+} 和 Pb^{2+} 的影响［J］．环境化学，20（6）：

566－571.

杨亚提，张一平．2003. 恒电荷土壤胶体对 Cu^{2+}、Pb^{2+} 的静电吸附和转型吸附特征［J］. 土壤学报，40（1）：103－109.

余涛，杨忠芳，钟坚，等．2008. 土壤中重金属元素 Pb、Cd 地球化学行为影响因素研究［J］. 地学前沿，中国地质大学（北京），北京大学，15（5）：67－73.

虞锁富．1991. 土壤对重金属离子的竞争吸附［J］. 土壤学报，28（1）：50－57.

曾希柏，李莲芳，白玲玉，等．2007b. 山东寿光农业利用方式对土壤 As 累积的影响［J］. 应用生态学报，18（2）：310－316.

曾希柏，李莲芳，梅旭荣．2007a. 中国蔬菜地土壤重金属含量及来源分析［J］. 中国农业科学，40（11）：2507－2517.

曾希柏，徐建明，黄巧云，等．2013. 中国农田重金属问题的若干思考［J］. 土壤学报，50（1）：189－197.

曾希柏，杨佳波，李莲芳，等．2009. 溶解性有机物对土壤中铜生物有效性的影响［J］. 农业环境科学学报，28（5）：883－889.

翟辉，孙红霞，李义连，等．2008. 微量 As（Ⅲ）在黏土矿物上的吸附模拟实验研究［J］. 农业环境科学学报，27（6）：2246－2250.

张从，夏立江．2000. 污染土壤生物修复技术［M］. 北京：中国环境科学出版社．

张红振，骆永明，章海波，等．2010. 土壤环境质量指导值与标准研究 Ⅴ. 镉在土壤—作物系统中的富集规律与农产品质量安全［J］. 土壤学报，47（4）：628－638.

张勇．2001. 沈阳郊区土壤及农产品重金属污染的现状评价［J］. 土壤通报，32（4）：182－186.

张昱，豆小敏，杨敏，等．2006. 砷在金属氧化物/水界面上的吸附机制 Ⅰ. 金属表面羟基的表征和作用［J］. 环境科学学报，26（10）：1586－1591.

周启星．2005. 健康土壤学——土壤健康质量与农产品安全［M］. 北京：科学出版社．

朱奇宏．2006. 环洞庭湖区土壤质量状况及其对蔬菜污染的影响［D］. 武汉：华中农业大学．

Ahn DS，Jeon IS，Jang SH，et al. 2003. Hydrogen bonding in aromatic alcohol－water clusters：a brief review［J］. The Bulletin of the Korean Chemical Society，32：685－702.

Alvarez－Ayuso E，Garcia－Sanchez A. 2003. Palygorskite as a feasible amendment to stabilize heavy metal polluted soils［J］. Environmental Pollution，125（3）：337－344.

Calvet R. 1989. Adsorption of organic chemicals in soils［J］. Environmental Health Perspectives，83：145－177.

Celis R，Heromosin MC，Cox L，et al. 1999. Sorption of 2，4－dichlorophenoxyaetic acid by model particles simulating naturally occurring soil colloids［J］. Environmental Science and Technology，33（8）：1200－1206.

Fuhremann TM，Lichtensein EP. 1978. Release of soil－bound methyl［^{14}C］parathion residues and their uptake by earthworms and oat plants［J］. Journal of Agricultural Food Chemistry，26（5）：605－611.

Garcia－Sanchez A，Alvarez－Ayuso E，Rodriguez－Martin F. 2002. Sorption of As（Ⅴ）by some oxyhydroxides and clay minerals［J］. Application to its immobilisation in two polluted mining soils. Clay Minerals，37（1）：187－194.

Gevao B，Semple KT，Jones KC. 2000. Bound pesticide residues in soils：a review［J］. Environmental Pollution，108：3－14.

Guo L，Jury WA，Wagenet RJ，et al. 2000. Dependence of pesticide degradation on sorption：nonequilibrium model and application to soil reactors［J］. Journal of Contaminant Hydrology，43：45－62.

Hassan MJ，Wang F，Ali S，et al. 2005. Toxic effect of cadmium on rice as affected by nitrogen fertilizer form [J]. Plant and Soil, 277: 359 - 365.

Ho TFL, Bolton JR. 1998. Toxicity changes during the UV treatment of pentachlorophenols in dilute aqueous solution [J]. Water Research, 32: 489 - 797.

Hoekstra EJ, De Weerd H, De Leer EWB, et al. 1999. Natural formation of chlorinated phenols, dibenzo - *p* - dioxins, and dibenzofurans in soil of a Douglas fir forest [J]. Environmental Science and Technology, 33: 2543 - 2549.

Hong J, Kim DG, Cheong C, et al. 2000. Identification of photolytical transformation products of pentachlorophenol in water [J]. Analytical Science, 16: 621 - 626.

Khan SU, Hamihon HA. 1980. Extractable and bound residues of prometryn and its metabolites in an organic soil [J]. Journal of Food Chemistry, 28 (2): 126 - 132.

Kinniburgh DG, Barker JA, Whitfield MA. 1983. A comparison of some simple adsorption isotherms for describing divalent cation adsorption by ferrihydrite [J]. Journal of Colloid and Interface Science, 95: 370 - 384.

Kumpiene J, Lagerkvist A, Maurice C. 2008. Stabilization of As, Cr, Cu, Pb and Zn in soil using amendments - A review [J]. Waste Manage, 28: 215 - 225.

Lambert SM, Porter PE, Schieferstein H. 1965. Movement and sorption of chemicals applied to the soil [J]. Weeds, 13, 185 - 190.

Li LF, Zeng XB, Bai LY, et al. 2009. Cadmium accumulation in vegetable plantation land soils under protected cultivation: A case study [J]. Communications in Soil Science and Plant Analysis, 40: 2169 - 2184.

Mills G, Hoffmann R. 1993. Photocatalytic degradation of pentachlorophenols on TiO_2 particles: identification of intermediates and mechanism of reaction [J]. Environmental Science and Technology, 27: 1681 - 1689.

Mingerlgrin U, Gerstl Z. 1983. Reevaluation of partitioning as a mechanism of nonionic chemicals adsorption in soils [J]. Journal of Environmental Quality, 12 (1): 1 - 11.

Ortega - Calvo JJ, Fesch C, Harms H. 1999. Biodegradation of sorbed 2, 4 - Dinitrotoluene in a clay - rich, aggregated porous medium [J]. Environmental Science and Technology, 33: 3737 - 3742.

Sauve S, Manna S, Turmel MC, et al. 2003. Solid solution partitioning of Cd, Cu, Ni, Pb, and Zn in the organic horizons of a forest soil [J]. Environmental Science and Technology, 37: 5191 - 5196.

Skurlatov YI, Ernestova LS, Vichutinskaya EV, et al. 1997. Photochemical transformation of polychlorinated phenols [J]. Journal of Photochemistry and Photobiology, 107: 207 - 213.

Wang J, Huang CP, Allen HE. 2003. Modeling heavy metal uptake by sludge particulates in the presence of dissolved organic matter [J]. Water Research, 37 (20): 4835 - 4842.

Wolfe NL, Metwally MES. 1990. Hydrolysis of chlorostilbene oxide: Ⅱ. Modeling of hydrolysis in aquifer samples and in sediment - water systems [J]. Environmental Toxicology and Chemistry, 9 (8): 963 - 973.

Younes M, Galal - Gorchev H. 2000. Pesticides in drinking water - a case study [J]. Food and Chemical Toxicology, 38: 87 - 90.

第九章 长期定位试验及其在耕地质量研究中的作用

长期定位试验对了解施肥、耕作、栽培等措施影响下耕地质量变化规律及其机理等，均具有十分重要的意义，也是土壤学研究的重要方法之一。目前，国内外对长期试验的持续年限尚无统一的认识，但通常将超过20年的田间试验称为长期试验，而将超过50年的试验称之为非常长期试验。实际上，国外在19世纪初就已经开始了长期定位试验，但国内直到20世纪七八十年代才有真正意义上的长期定位试验，且部分试验还在中途因这样或那样的原因而终止，真正持续下来的数量很有限。

第一节 国内外长期定位试验

尽管长期定位试验从开始至今已有100余年的历史，但由于多方面的原因，从建成开始至今一直坚持下来，且其研究得到同行公认的并不是很多，其主要原因一是由于长期试验从开始研究后就必须一直坚持下来，二是试验处理的设置必须有代表性、科学性，三是试验的继承与发展，以及所能解决的科学问题等。而我国因长期试验开展较晚，且许多未能坚持下来，因此，很难与国外持续100年以上的试验相比较，但我国地域辽阔，已有的长期试验对不同生态区相互间的比较具有重要意义，这是国外长期试验无法相比的。

一、历史背景

19世纪初期，随着对植物营养的研究日益兴盛，出现了一批著名的植物营养学家如Saussuse、Liebig等人，关于植物营养和土壤施肥的相关论著也相继问世，但此时植物营养学界不同学说之间的争论和对立也非常激烈，促使了当时英国人J. B. Lawes和他的合作者、化学家J. H. Gilbert于1843年起开始了一系列的田间肥料试验。如1843年秋开始的Broadbalk冬小麦肥料试验，1848年开始的Agdell作物轮作肥料试验，以及1852年开始的Hoosfield大麦肥料试验等，成为世界上历史最为悠久的一批长期肥料试验（Bawden，1969；Johnston和Garner，1969）。

Lawes在肥料试验方面取得的成功，为欧洲农业中应用化学肥料开创了新局面。同时，也推动了肥料应用的试验研究。许多农业试验站相继成立，田间肥料试验研究先于欧洲各国，然后又漫延到其他国家纷纷开展起来。1861年G. Ville在法国的Vincennes、1873年Drechsler在德国的Gottingen，以及1876年George Morrow在美国的Illinois大学，先后开始了肥料或轮作的长期试验。再晚些时候，丹麦在Askov试验站于1894年开始了它的著名轮作长期肥料试验等。这些试验中的一部分被保存至今，成为后人开展肥料学、农学、生态

注：本章内容是在沈善敏先生指导下完成的，特此致谢。

学和环境科学研究的重要平台。我国在20世纪50年代后期也有人布置过一批长期定位试验，但在文革中基本被毁掉。改革开放以来，特别是在70、80年代之后，中国科学院和中国农业科学院的相关院所相继布置了一批长期定位试验，它们成为现阶段我国长期定位试验的主体，在农业生产和科学研究上发挥着积极的作用。

二、国内外长期定位试验简介

要查明世界上有多少长期定位试验几乎不可能，只能根据相关文献及报道，汇总世界上各地的长期定位试验，其结果列于表9-1。

表9-1 世界各国的长期田间肥料试验起止年限

国别	试验机构或地点	试验内容及名称	起止年限
英国	Rothamsted 试验站的本站试验场	（1）Broadbalk 小麦连作肥料试验	1843—
		（2）Hoosfield 大麦连作肥料试验	1852—
		（3）Parkgrass 多年生黑麦草地肥料试验	1856—
		（4）Barnfield 饲用甜菜连作肥料试验	1843—1959
		（5）Agdell 作物轮作—肥料试验	1848—1951
	Rothamsted 的 Woburn 试验场	（6）Stackyard 小麦、大麦连作肥料试验	1877—1926
	Rothamsted 的 Saxmundham 试验场	（7）作物轮作—肥料试验	1899—1965
	Rothamsted 的本站试验场	（8）Highfield 和 Foster 草田轮作试验	1949—
		（9）Reference plots 作物轮作下的肥料试验	1956—
法国	Grignon 国立农业研究所	（1）Cieherain 小麦、甜菜肥料试验	1875—
		（2）小麦连作肥料试验	1900—
美国	Illinois 州立大学	（1）Morrow 轮作—肥料试验	1876—
		（2）Morrow 磷矿石粉肥效试验	1876—
原西德	Gottingen 农业研究所	（1）E-Field 轮作下的肥料试验	1873—
		（2）多年生黑麦草肥料试验	1873—
	Limburgerhof 农业研究站	（3）化肥对作物产量及产品质量试验	1938—
	Weihenstepham 试验站	（4）钾肥对作物及土壤影响试验	1913—
丹麦	Askov 试验站	（1）轮作下的肥料试验	1894—1972
荷兰	Sappemeer	（1）泥炭土肥料试验	1881—1934
	Groningen	（2）耕地和裸地施肥对土壤腐殖质影响试验	1910—1970
	Ameland 岛	（3）草地肥料试验	1899—1969
	Geert Veenhuizenhoeve 站	（4）马铃薯肥料试验	1918—
芬兰	Heteensuo 试验站	（1）磷、钾肥试验	1905—
挪威	Moysted 试验站	（1）轮作下的肥料试验	1922—
	Voll 试验站	（2）轮作下的肥料试验	1917—
	挪威农业大学	（3）轮作下的肥料试验	1938—
比利时	Gemboux	（1）连作及轮作下的肥料试验	1909—

（续）

国别	试验机构或地点	试验内容及名称	起止年限
奥地利	维也纳农业大学	（1）轮作—肥料试验	1906—
	Grossenzerdorf 试验场		
波兰	华沙农业大学	（1）轮作—肥料试验	1921—
	Skierniewice 试验场		
日本	Konosu 中央农业试验站	（1）水稻连作肥料试验	1926—
	Aomori 县农业试验站	（2）水稻连作肥料试验	1930—1961
	Aichi 县农业试验站	（3）水稻连作肥料试验	1926—1966
	Hokkaido 农业试验站	（4）水稻连作肥料试验	1926—1966
捷克	Pohorelice，Caslav 和 hukavec	（1）长期肥料试验	1957—

这些长期肥料试验的原始目的几乎大同小异，归纳起来有以下几点：

①研究不同营养元素对植物的相对重要性，以及为保持土壤生产力所必须补充的植物营养元素。

②研究施肥对各种作物的增产效果，比较厩肥和矿质肥料的营养价值，探索是否有可能用矿质肥料代替厩肥。

③研究施肥对土壤肥力的影响，尤其是长期连续施用矿质肥料或有机肥对作物产量和土壤肥力的影响等。

就目前的眼光看，这些试验所提出的研究目标至今尚未过时。只是由于受地球资源的限制，当今世界农业面临着与当时完全不同的处境，使人们有兴趣提出反问：有机肥料是否有可能或有必要代替化学肥料？

三、主要试验概况

表 9－1 虽然未包括其他一些重要的长期肥料试验，例如苏联的长期肥料试验、印度过去和现在的一些长期肥料试验以及美国一些州立试验站的肥料试验等，但大致反映了世界长期肥料试验的概貌。欧洲依然是长期肥料试验最多的地区，而英国的洛桑（Rothamsted）试验站则是世界上进行长期肥料试验最多也最古老的研究机构，在这方面还没有第二个试验研究机构可与之相匹敌。亚洲有着许多古老的农业国家，就现在所知，仅日本进行过几个水稻连作的长期肥料试验，印度在过去做过不少有关水稻、甘蔗等的长期肥料试验，但其中的许多试验场已中止。下面介绍几个较有代表性的长期肥料试验。

1. Broadbalk 连作小麦肥料试验　该试验位于英国 Rothamsted 试验站的本部试验场，这是现存最老的肥料试验。试验区总面积 4.65hm^2，供试作物冬小麦。自 1843 年试验开始至 1982 年，至少更换过 8 个小麦品种。肥料试验处理经历过 3 个阶段。

1843—1851 年，这期间试验处理带有临时性，设计不够系统完善，供试肥料较为杂乱，包括厩肥、各种化学氮肥、用骨灰制作的磷肥、用植物灰制作的钾肥及钙、镁、硅等矿质肥。

1852—1967 年，1852 年 Lawes 和 Gilbert 才决定把 Broadbalk 的肥料试验处理设计为长

期不变地固定下来，并继续小麦连作。整个田块被划分为东西走向的 19 个条带，每一条带为一个肥料处理，条带宽约 5m、长 320m，面积 0.16hm^2。平行的条带之间留步道，宽约 2m。田间埋设有暗沟排水，在地块的低头设有排水明沟，为排水暗管的出口处。Lawe 曾利用此设施研究不同肥料处理中土壤养分淋溶的损失量。

这期间一个重要变动是从 1925 起为了控制杂草，将试验区顺纵向划分为五区，每五年轮流休耕一次，即由小麦连作改为四年小麦一年休耕轮作，这对以后小麦产量产生很大影响。

1968 年至今，Broadbalk 试验又有如下一些重大改变，以适应农业发展对试验的需要。

①将纵向排列的五区进一步划分为十区，其中三区改为马铃薯—蚕豆—小麦轮作，另三区改为小麦—小麦—休耕轮作；其余四区保持小麦连作，但也隔几年休耕一次，以控制多年生杂草。

②改用矮秆高产小麦品种 Cappelle Desprez。

③肥料试验处理中增加厩肥＋N_2PK 处理，即 2A 区号；及高氮肥处理，即第 9 区号，N 肥形态改为硝酸铵钙（Nitro－chalk），即 NH_4NO_3 和 $CaCO_3$ 的混合粒肥。

因此，1968 年以后 Broadablk 试验区不仅仅是小麦连作试验，也包括了其他轮作试验。

2. Hoosfleld 连作大麦肥料试验 位于 Rothamsted 试验站的本部试验场。试验区面积 1hm^2，1852 年起开始连作大麦至今，其间有五、六次休耕，以控制多年生杂草，肥料处理自 1852 年以来经历两个阶段：

1852—1967 年供试肥料有厩肥（35t/hm^2）、N（48kg/hm^2）、P（35kg/hm^2）、K（90kg/hm^2）、Si 以及 Mg、Na、菜籽饼等，肥料用量只一个量级，小区排列方式为：无肥、NH_4^+－N、NO_3^-－N、NO_3^-－N＋Si、有机 N 等处理呈纵向排列；无肥、P、KMgNa、PK-MgNa 等处理呈横向排列，纵横交叉，构成各种肥料处理组合共 20 个。厩肥处理设在试验区的一侧，未纳入交叉处理之中，故试验一共有 22 个小区。

从 1968 年至现在，每个小区均划分为 4 个亚区，设置 4 个 N 肥施用量级别，即 0、48、96、144kg/hm^2，厩肥用量不变。因此，自 1968 年以后，Hoostfield 也有了 N 肥用量等级的试验处理。

3. Morrow 轮作肥料试验 位于美国 Illinois 大学的校园内，它是美国现存最老的试验。Morrow 是 Illinois 大学农学院第一位院长 George E. Morrow 的姓。1968 年由于该试验在美国农业发展中具有独特贡献，而被政府授予“国家历史地物”（National Historic Land-mark）称号。Morrow 试验在 1876 年开始时有 2hm^2 面积，划分为 10 个区，主要研究作物轮作对产量及土壤性质的影响，不施肥料。至 1903 年，试验区只剩下 3 区，面积为 2 400m^2。自 1904 年起试验增设肥料处理，因而变成轮作—肥料试验。1904 年后的主要变动如下：

1904—1954 年，轮作处理包括：①玉米连作；②玉米—燕麦轮作；③玉米—燕麦—三叶草轮作，轮作中的作物每年只能出现一种。施肥处理包括：①无肥；②厩肥、石灰、磷肥（MLP）。厩肥用量为试验处理区地上收获部分通过喂饲牲畜后所产的厩肥量（约每年 5～7t/hm^2），P 肥中一区为骨磷，另一区为磷灰石，用量不同但价值相同。3 个轮作处理和两个施肥处理相组合，一共构成 6 个处理，设 1 次重复，所以一共有 12 个小区，每区 200m^2。

1955 年至现在保持上述的轮作处理，只是玉米—燕麦轮作于 1968 年起改为玉米—大豆。在两个施肥区处理基础上，将小区一分为二，增加NPK化肥处理（其中N肥只用于玉米，每公顷224kg N/hm^2；P肥及K肥用量经常变动）。所以自1955年以后施肥处理变为4个：①无肥（1876年以来不施肥）；②无肥（1876—1954年）—NPK（1955年以后）；③厩肥、石灰—P肥（1904年以后）；④厩肥、石灰—P肥（1904—1954年）—NPK（1955年以后）。小区面积因此缩减为$100m^2$。在以往不施肥或只施厩肥、石灰、P肥基础上，增设化肥处理，是为了观察NPK化肥在两种完全不同肥力基础上土壤的增产效果。

4. Askov轮作—肥料试验　是丹麦最老的田间肥料试验，开始于1894年。供试土壤为两种：壤土及沙土。试验设计大致如下：每种土壤设4个大区（壤土每区约1 $400m^2$，沙土每区约$830m^2$），种植4种作物实行轮作，即冬谷作物—根用作物—夏谷混种牧草—牧草，因此试验中每年每种作物均出现。每一大区又划分为15个施肥处理小区，小区面积分别为壤土70～$110m^2$，沙土$55m^2$。15个施肥处理分为两组，一组称厩肥试验，包括不施肥、化肥不同用量、厩肥和NPK不同用量的配合等；另一组称养分平衡试验，其实也就是NPK化肥试验，包括不施肥处理在内的8个处理。由于4个大区都有相同的肥料处理小区，所以肥料处理有4次重复，只是每个重复每年的作物不同而已。肥料处理中各养分元素的施用量自1894年以来曾有3次变动（1907、1923、1949年），每次变动均增加用量，以适应生产中肥料用量的实际变化。NPK化肥用量随作物而不同，如牧草不施用N肥，厩肥只用于根用作物，等等。为了便于比较厩肥和NPK化肥的肥效，设计时NPK化肥的用量与厩肥中NPK的有效成分量相一致。

5. Konosu的水稻连作肥料试验　位于日本Saitama县Konosu市的中央农业试验站，是日本4个水稻肥料长期试验中唯一留存至今者。试验于1926年开始，试验设计较为简单，4个肥料处理，3次重复。4个肥料处理是：化肥、有机肥（豆饼和堆肥）、绿肥和无肥对照。3种肥料的用量设计成尽可能使每种肥料处理的NPK含量相等，以便相互比较。3个肥料处理的N、P_2O_5、K_2O年施用量分别为100、50、$100kg/hm^2$。

由上面介绍的5个长期肥料试验的概况可以看出以下一些异同之点：

①除了Konosu的水稻连作试验50余年来保持原有设计不变外，其余4个试验均经历过几次修改和补进新的试验项目，以不断适应生产发展的需要。

②5个试验的共同目的之一是比较厩肥和矿质肥料的肥效和对土壤肥力的影响，但在厩肥的用量方面却各不相同，且各有所依据。Askov和Konosu试验将厩肥和矿质肥的有效成分用量设计成相同量，Rothamsted试验中厩肥包含的有效成分量显然高于矿质肥料处理，这是考虑了厩肥中养分的有效性要低于矿质肥料的缘故；Morrow试验的厩肥用量则根据试验区的产品全部喂饲牲畜后的厩肥实际产量，以便让试验的设计尽可能符合当时农业中的施肥习惯。

③试验中的作物有用单一作物连作，以便使试验设计简化并消除茬口带来的影响。但除了水稻连作外，这种做法与当时的农业实际情况相差甚远。也有用轮作，使试验更接近当时的生产实际，但试验本身较为复杂，且每年的用肥量也必需因作物而异。

第二节　长期定位试验结果概述

不同的肥料施用量及不同的养分施用比例，对作物产量、土壤肥力等的影响也存在很大差异。显然，肥料施用量适当、养分比例协调将有利于作物高产稳产和土壤质量提升，而不合理的肥料施用量及其配比，甚至掠夺式的经营方式肯定是不利于作物高产和土壤质量培育的，这种趋势从长期定位试验结果可以一览无遗。

一、作物产量变化

表 9－2 分别列举了部分长期肥料试验的产量结果。由于各国采用的产量单位不尽相同，表 9－2 不得不采用产量的相对值，例如一些国家把各种作物的产量折算成饲料单位以便于比较等。

表 9－2　有机肥、化肥增产效果长期试验比较

国别	试验场（站）	作 物	试验开始年代	产量统计年度	施肥处理			资料来源
					无肥	有机肥	NPK 化肥	
英国	Rothamsted 站试验场	饲料甜菜	1876	1941—1959	100	587	774	Cook (1976)
		小麦	1843	1935—1959	100	219	222	
		大麦	1852	1952—1961	100	378	256	
		牧草	1856	1920—1959	100	270	271	
	Woborn 试验场	小麦	1877	1877—1896	100	189	211	
		大麦	1877	1877—1896	100	184	184	
	Saxmundham 试验场	小麦	1899	1900—1961	100	186	190	
		饲料甜菜	1899	1906—1961	100	410	429	
		大麦	1899	1900—1967	100	197	219	
		蚕豆	1899	1920—1939	100	223	205	
		豌豆	1899	1940—1961	100	201	205	
法国	Grignon 国立农业研究所	小麦	1875	1970—1975	100	215	267	Morel 等 (1976)
		甜菜	1875	1970—1975	100	239	254	
美国	Illinois 州立大学	玉米	1876	1969—1975	100	164	186	Welch (1976)
		大豆	1876	1969—1975	100	137	129	
丹麦	Askov 试验站	谷物，粮食作物，牧草平均产量	1894	1949—1972	100	256	274	Kofoed 和 Nemming (1976)
奥地利	维也纳农业大学 Grossenzersdonf 试验场	大麦	1906	1960—1975	100	221	220	Steineck 等 (1976)
		黑麦	1906	1960—1975	100	122	130	
挪威	Moysted 试验站	谷物，马铃薯，牧草平均产量	1922	1922—1970	100	130	129	Uhlen (1976)
日本	Konosu 中央农业试验站	水稻	1926	1926—1976	100	168	167	Matsuo 等 (1976)

表 9-3　施肥轮作对玉米产量影响

(Welch, 1976)

施肥处理	1955—1973 年玉米平均产量（kg/hm^2）		
	连作玉米	玉米—燕麦	玉米—燕麦—三叶草
不施肥（1876 年至现在）	2 630	3 640	4 770
NPK（1876—1954 年不施肥，1955 年以来施 NPK）	7 090	7 900	8 470
厩肥（1904 年以来）	5 640	7 780	8 580
厩肥＋NPK（1904—1954 年施厩肥，1955 年以来施厩肥＋NPK）	7 780	8 150	8 400

由各国试验的产量结果可以得出以下几点：

①有机肥料或化学肥料，对所有作物都有极好的增产效果，且两者的产量效果几乎不相上下。由于在许多试验中（例如丹麦的 Askov，日本的 Konosu，奥地利的 Grossenzersdof 等试验）厩肥和矿质肥料中的有效成分用量被设计成相同量，因此，若以相当有效成分量的厩肥和矿质肥料相比较，两者的增产效果也十分接近或厩肥仅略为逊色而已。

②化学肥料具有和有机肥料一样的持续增产效果。英国的 Broadbelk、Hoosfield 试验已持续 160 年以上。丹麦的 Askov、美国的 Morrow、法国的 Deherain 等试验也已持续百年上下，所有这些试验都证实连续施用化肥并不影响土壤的生产力。相反，由于近 20 年来优良高产品种的引进，病、虫、杂草控制技术的提高，作物产量不断上升。例如 Broadbalk 小麦试验自 20 世纪 70 年代以来的平均产量，不论在厩肥区或 NPK 化肥区均比过去提高了 1 倍，达到每公顷 5 000kg 上下，个别好年成可达 7 000kg/hm^2 上下。

这些长期试验开始时，其目的之一是为查明矿质肥料是否具有持续的增产作用。然而 100 余年的试验结果在证明这一点的同时，也证明了有机肥料同样具有持续的增产作用和满足作物高产需要的能力。

③在相同施肥条件下，作物轮作较之连作可获得较好产量。例如 Morrow 试验中燕麦—玉米轮作、燕麦—三叶草—玉米轮作以及以后大豆—玉米轮作中的玉米产量均可比相同施肥下的连作玉米产量为高。Broadbaok 的小麦产量在 1968—1978 年的 10 年平均，轮作下的小麦在 NPK 区和厩肥区分别为每公顷 5 800kg 和 6 600kg，连作小麦在相同肥料处理区则为 5 000kg和 5 500kg（Rothamsted Experiment Station，1981）。不过就绝对产量而言，不论连作小麦或连作玉米，在施用充足的 NPK 化肥或厩肥情况下，作物的产量依然可列入高产水平。

④在连续 79 年不施肥料的极为瘠薄的农田土壤中，一旦施用矿质肥料，土壤的生产力可立即得到大幅度提高。从表 9-3Morrow 试验的结果可以看出，无肥区的连作玉米产量可由每公顷 2 630kg 提高到 7 090kg，或玉米—燕麦轮作区的玉米产量可由 3 640kg 提高到 7 900kg。这些数据十分接近连续施用 50 年有机肥料后再增施 NPK 化肥的玉米产量。而在玉米—燕麦—三叶草轮作中，在两种施肥处理不相同（连续 79 年不施肥和连续 50 年施有机肥）因而肥力基础也极不相同的土壤上，一旦施用 NPK 化肥，两者的玉米产量几乎完全相同。这一情况充分说明，在提高作物产量方面，供给作物充足养分较之土壤原有的肥力基础

似乎更重要。

⑤Hoosfield 厩肥残效处理的产量结果表明，厩肥具有远比想象要长久得多的残效。该处理于 1852—1871 的 20 年中，每年施厩肥 35t/hm^2，1872 年以后不再施肥。在以后的 90 年中，该处理的大麦产量始终明显高于不施肥处理，其产量在头 40 年中可比无肥处理高 1 倍以上，在后 50 年中也可高出 50%以上。

二、对土壤肥力的影响

大多数长期肥料试验在试验后期进行了土壤肥力性状的分析比较，但只有少数试验进行了土壤肥力历史演变的分析比较。Broadhalk 自 1865 年以来，Hoosfield 自 1882 年以来，都进行过多次土壤分析测定，Askov 最早的土壤样品采于 1923 年，但 1949 年以后才有系统的土壤分析资料，Morrow 试验则仅有少数历史资料可供比较。十分可惜的是，没有一个长期肥料试验在试验开始便进行土壤肥力性状的详细分析和记载。长期施肥对土壤肥力性状的影响，可以从两方面加以比较，一是横向的，即不同施肥处理对土壤肥力性状的后期影响，另一是纵向的，即比较不同施肥处理土壤肥力性状的历史演变。

1. 长期施肥影响下的土壤肥力性状 根据 Rothamsted 试验站小麦、大麦连作肥料试验的土壤分析结果（表 9-4）比较，可以发现：

表 9-4 Rothamsted 试验站肥料试验百年后土壤肥力变化

试验地	处理	有机 C（%）	全 N（%）	全 P（%）	0.5mol/L $NaHCO_3$ 溶 P（mg/kg）	代换 K（mg/kg）
Broadbalk 小麦** 连作 101 年后（1843—1944）	无肥	1.09	0.106	580	8	102
	厩肥	2.58	0.236	1214	87	655
	PK	1.00	0.105	1084	80	364
	N_1PK	1.07	0.112	1 079	88	368
	N_2PK	1.19	0.121	1 052	88	341
	N_3PK	1.19	0.123	1 119	81	295
Hoosfield 大麦 连作 113 年后（1852—1965）***	无肥	0.81	0.101	—	5	87
	厩肥残效*	1.32	0.139	—	12	121
	厩肥	3.37	0.304	—	102	758
	PK	0.97	0.110	—	128	424
	NPK	0.96	0.108	—	119	406

* 1852—1871 年 20 年间每年施厩肥 35 t/hm^2，1872 年以后不施肥。

** 资料来源：Cook（1976）。

*** 资料来源：Warren 和 Johnston（1967）。

①厩肥和堆肥对加速土壤 C、N、P 的积累和提高土壤有效养分含量的作用显然优于绿肥，更优于 NPK 化肥。

②矿质氮肥对提高土壤有机 C、N 量有微弱作用，Konosu 试验还表明对提高土壤易矿化氮含量也有一定作用。长期施用磷肥可显著提高土壤总磷量和速效磷量。土壤钾库极大，即使长期施用钾肥，对土壤全钾的影响也无法测出，但钾肥量显然提高了土壤代换钾含量。

③Hoosfield 试验中厩肥残效处理的土壤分析结果提供了一个极有意义的事实，即土壤的有机营养库因长期施用厩肥而被扩建起来后，便很难再被分解而消失，即使历经长达 94 年不再施用任何肥料，土壤依然比不施肥的对照处理含有较高量的有机碳、氮和较高的有效磷和代换性钾。

④长期不施肥土壤中的有机碳、氮含量，经历了开始阶段的逐渐下降之后，在后期趋于稳定平衡，不再下降或下降极慢。

⑤无机氮肥可略提高土壤中的有机 C、N 库，这可能是由于氮肥的应用提高了作物残茬的产量之故。不过，这一作用似乎也主要发生在施肥的开始阶段。

⑥厩肥对土壤中有机 C、N 的积累和增长无疑有着明显的作用和较长久的持续性，同时也与厩肥的用量有关。Hoosfield 每年每公顷施用 35t 厩肥，已持续 100 年以上，土壤的有机 C、N 库依然在不断增长之中，尚未达到平衡。Askov 的四区轮作，要 4 年施用 1 次厩肥，平均年施用量仅 10t/hm^2，土壤有机 C、N 库的增长过程经历 50 年后似乎已达平衡。

2. 由长期肥料试验提供的其他研究结果　长期肥料试验是提供包括土壤、肥料、植物营养、作物栽培以及病、虫、杂草等在内的大量科学问题的研究场所，如果将肥料试验和轮作试验结合起来，则由此能获得的资料、信息，几乎可以涉及农业资源环境、农业生物等学科的各个分支。因此，利用长期肥料试验开展的研究工作也可谓五花八门、不胜枚举。在本文中，我们只能选择一些与土壤肥料学科关系较为密切的内容，兹略举数例如下。

（1）关于肥料中养分的利用效率和养分去向　长期肥料定位试验，特别是那些每年采用固定肥料施用量的试验，对研究肥料成分的利用效率及其去向提供了极为有利的条件。这是由于有一些问题是无法由短期试验所能阐明或解决的，如有机肥料中养分的去向、施肥对土壤营养库的长期效应以及土壤有机营养库中养分的循环周转速率等。有些问题如无机肥料的利用率等，虽然可通过短期肥料试验获得研究结果，但所获得的结果常受当年的环境因素如气温、降水等影响，因为缺乏平均性或代表性，远不如来自长期试验的结果具有统计意义。

Widdowson 等（1979，1980）通过对 Rothamsted 的一组轮作肥料试验（Reference Plots）连续 15 年的结果计算，获得了不同作物对矿质肥料和厩肥中 N、P、K 元素的平均利用率，如表 9－5、表 9－6 所示，表中给出的数据是 15 年的平均值。

表 9－5　1961—1975 年化学肥料中 NPK 平均回收率（%）

（Widdowson 等，1979，1980）

作　　物	N_1	N_2	P	K
小麦（籽、茎、叶）	50.0	49.0	29.0	37.0
大麦（籽、茎、叶）	44.7	45.7	25.3	29.0
马铃薯（块茎）	46.3	40.3	30.0	65.7
甘蓝	39.0	39.3	47.3	60.7
黑麦草—三叶草	—	—	43.3	91.0
15 年平均	45.0	43.3	35.0	56.7

注：①养分回收率计算方法如下：$N 回收率（\%）=\frac{NPK 区作物收获 N 量-PK 区作物收获 N 量}{N 施用量}\times 100$。

②N_1、N_2：平均每年施 N 量分别为 70、140kg/hm^2，P 27.4kg/hm^2，K 208.5kg/hm^2。

表 9-6 1961—1975 年厩肥中 NPK 平均回收率（%）

（Widdowson 等，1979，1980）

作　物	N	P	K
马铃薯	23.7	22.3	38.7
甘草	10.3	15.3	23.3
黑麦草	27.0	22.7	46.7
15 年平均	20.3	20.1	36.2

注：①有机肥中养分回收率计算方法如下（以 N 为例）：

$$N回收率（\%）=\frac{厩肥区作物收获N量-无肥区作物收获N量}{厩肥中N}\times 100$$

②轮作肥料试验中厩肥只用于马铃薯和甘蓝，用量为 37.7t/hm²。黑麦草施肥为另一试验。

从上述表 9-5、表 9-6 的数据可以看出，不同作物对肥料中氮、磷、钾的利用率是不相同的，如牧草、马铃薯对钾的利用率特别高，而小麦对氮的利用率可高于其他作物。其次，氮肥施用量不同，并不影响氮肥的利用率。这一点和后来 Powlson 等（1980）用 ^{15}N 标记肥料所作的田间试验结果相一致。据所得的结果，每公顷施 N 96、144、196kg 时，小麦籽粒、茎叶、根茬中的肥料氮量分别占施肥量的 63%、67%、65%，亦即施肥量虽不同，肥料氮的当年利用率却是十分一致的。

与化肥相比较，厩肥中养分的当年利用率明显地低得多，例如厩肥中氮、磷的当年利用率不过 20%上下，钾不过 30%～40%，并随作物有所不同。厩肥中氮素的利用率极低，还可以从 Jenkinson 和 Johnston（1977）的另一项研究中得到论证。根据他们对 Hoosfield 的历次土壤分析资料和历年的作物产量记录，计算了厩肥中氮素的去向，主要结果如下：

厩肥氮施入量：1852—1975 年的 123 年中，共施入总氮量为 27.2t/hm²。

土壤中氮增加量：据分析，同期内土壤氮增加量为 4.3t/hm²。

作物移出氮量：根据计算，同期内通过作物收获物而移出的氮为 6.3t/hm²，占投入氮量的 25%。

由此可计算出 123 年中厩肥氮的损失量为 16.1t/hm²，占投入氮量的 59%。

用同样的方法，也可粗略地估算矿质肥料中营养元素的去向，从而不仅可获得关于肥料利用效率的信息，也可估计出肥料养分在土壤中的损失率，等等。厩肥中氮的巨大损失这一事实本身，提示人们有必要深入研究肥料氮在土壤中的损失去向以及控制这些氮损失的措施和方法。另外，既然厩肥中的氮在分解利用中具有如此巨大的损失，因此，利用作物吸收氮的数量作为判断或估算厩肥中有机氮的分解释放速率乃至估计有机质的分解速率，所得结果必然偏低，从而有必要应用其他方法加以核对。

Jenkinson 和 Rayner（1977）还利用 Rothamsted 许多长期肥料试验的土壤碳、氮含量测定资料，建立了在不同施肥制度下的土壤碳、氮库发展变化的数学模型，以此预测土壤碳、氮含量的发展趋势以及达到平衡点后的土壤碳、氮贮量。

（2）关于有机肥及化肥残效　从表 9-7 为 Hoosfield 厩肥残效处理的产量结果，从表中已可清楚看出，土壤长时期施用厩肥后，一旦停止施肥，其肥效可持续许多年甚至数十年后依然能测出其残留效果，从这里也可以看出耕地施用有机肥是多么的重要。Rothamsted 的 Exheustion Land 试验进一步提供了关于厩肥和矿质肥料残效的研究结果。

表 9-7 Exhaustion Land 的厩肥和化肥残效（kg/hm²）

（Warren 和 Johnston，1960）

施肥处理	1856—1901 平均年施肥量	不施肥				年施氮肥（62kg/hm²）				
		1902 大麦	1903 大麦	1904 燕麦	1917—1922 大麦、小麦平均	1949 大麦	1950 大麦	1951 大麦	1952 大麦	1953 大麦
无肥	0	2 008	557	1 393	507	954	1 418	1 707	1 619	19 83
N	84	3 576	1 115	1 456	761	1 092	1 569	1 908	2 071	2 184
PK	P28K119	1 506	778	1 242	944	3 389	3 338	3 313	2 736	2 736
NPK	N84P28K119	3 891	1 744	1 870	1 087	2 887	2 786	3 025	2 673	2 686
厩肥	20t/hm²	4 292	2 836	3 363	1 017	3 363	3 037	2 873	2 912	288

Exhaustion Land 试验的面积约 1hm²，原为 Hoosfield 试验地的一部分，1856—1901 年的 46 年间曾先后进行小麦及马铃薯肥料试验，1902 年以后停止肥料试验并改种大麦，所有处理均不施肥。1941 年起施用氮肥，以观察停止施肥 45 年后各处理对氮肥的反应。可惜整个期间有 38 年无产量纪录，无法一览试验的全貌，不过依然可得出以下信息：

①不论厩肥或矿质肥，停止施肥后的第一年均有极好的残效。

②厩肥残效显然可持续很多年限，但施用 NPK 矿质肥料区经过相当年限也还有一定残效，因此推断两者的残效可能主要来自肥料残留在土壤中的磷和钾。

③根据 1941 年以后施用氮肥在各处理区上的产量反应，也可得出同样的判断，即不论有机厩肥或无机磷钾肥，其磷钾素在土壤中的残效可持续许多年而不变。

关于磷、钾肥残效的经久持续性，还可从 Mattingly 等（1970）在 Saxmundham 的长期肥料试验结果中得到证实。

总之，通过长期肥料试验中有关磷、钾肥残效的研究，取得了短期试验无法获得的许多重要信息，从而改变了有关磷肥及其利用率的一些传统概念，如未能为当季作物利用的肥料磷，不再被看作已完全失去可被利用的价值。根据这一新概念，Cooke（1976）认为，对一贫瘠缺磷土壤施用比作物当年实际需要量高得多的磷肥的做法证明是正确的，它有助于加速建立起一个有效的土壤磷库。

（3）关于土壤钾释放　长期肥料试验提供了观测土壤钾释放能力及其持久性的有利条件，从而有助于制定正确的钾肥施用计划。一些来自长期肥料试验中不施肥处理土壤钾年释放量的观测数据证实，土壤钾的释放速率随土壤性质而不同，但就同一土壤而言，其年释放量却异常地稳定，甚至久经百年以上而不衰。根据 Cooke（1976）研究结果，Broadkalk 黏壤土自 1852 年以来每年每公顷可释放出 20kg 钾供小麦吸收，Park Grass 黏壤土 1920—1959 年期间每年每公顷土壤供给黑麦草 16kg（不施石灰处理）和 22kg 钾（施石灰处理），施用石灰明显加速了土壤钾释放，而 Saxmundham 重黏壤土在 60 年间每年每公顷可为作物提供 90kg 钾。又根据 Kofoed 和 Nemming（1976）研究显示，Askov 壤土每年每公顷可供 25kg 钾，但沙壤土只有 15kg，因此在沙土上钾肥的增产效果极好，而在壤土上几无效果。

根据同样道理，利用长期肥料试验中的无肥区，还可研究土壤的磷释放以及某些微量元素的供给能力及其持久性等。

（4）作物营养缺乏症、土壤植物营养诊断方法及土壤测试方法的选择和校验　事实上，一些供应用的作物元素缺乏症的标准样本常常来自于长期肥料试验，例如 Askov 试验的无钾区提供了三叶草、大麦、饲用甜菜等作物缺钾的标准病株（Kofoed 和 Nemming，1976）。长期肥料试验可为土壤有效养分的分析方法研究提供各种土壤样品以及其上作物对施肥反应的系统资料，从而有助于选择正确的化学分析方法。广泛被用来测定土壤有效磷的 Olsen 法用 0.5mol/L $NaHCO_3$ 溶液浸提土壤，曾在 Rothamsted 被用来和其他方法进行比较、测定各个长期肥料试验的土壤有效磷量以及这些土壤对磷肥的反应，证实这一方法在微酸性至碱性反应土壤上最为切合实际情况，Olsen 法也因此被选定为美国农业咨询部门用来测定土壤有效磷的通用方法。

（5）施肥对作物产品质量的影响　西方人担心的问题之一是施用化肥是否会降低食物产品质量。少数人曾坚持认为不施肥料的产品最干净，施有机肥料的产品也还干净，而施用化肥的产品被认为是不洁的和质量差的。因此，丹麦、奥地利、法国的长期肥料试验都曾被用来研究不同施肥情况下产品的营养价值，包括研究产品的蛋白质含量、蛋白质的氨基酸组成、维生素含量、面粉的烘焙质量以及进行动物喂饲试验比较等。主要结论概括如下：

①矿质氮肥和厩肥可提高产品中蛋白质的含量，但几乎不影响蛋白质的氨基酸组成（Steineck 和 Ruckenbauer，1976），只是谷氨酸含量施肥区比不施肥区略高。

②施肥对籽实产品中灰分元素含量几无影响。

③施肥几乎不影响黑麦中多种维生素如 V－B_1、Y－B_2、泛酸、烟酸等的含量，不过 V－B_1 及泛酸在 NPK 区的产品中略有增加（Steineck 和 Ruckenbauer，1976）。

④面包烘焙质量以 NPK 区产品最好，厩肥次之，无肥区最差，这可能与面粉中的蛋白质含量不同有关。

⑤用 NPK 化肥和厩肥区的产品进行老鼠喂饲试验，证实两者的营养水平，对老鼠生长发育影响并无显著差别，但喂饲 NPK 区产品的老鼠产仔数可略多于喂饲厩肥产品者（Morel 等，1976）。

利用长期肥料试验，特别是轮作长期肥料试验，还可以得到其他许多有价值的研究资料，如轮作中茬口的作用，病虫害、杂草的发生，土壤腐殖质和胶体性质、土壤结构性和孔隙组成等与施肥的关系，不同轮作施肥系统中水分、养分的循环平衡以及土壤生物区系的发展演替等，这里就不一一介绍。

第三节　长期定位试验在耕地质量研究中的作用

经历了一个多世纪的坚持，应该说，长期定位试验的科学价值已经不仅得到了土壤学界、而且应该是整个农学界的高度认可，已经成为农业资源环境、作物耕作与栽培、植物保护及农业生态等诸多学科研究的重要手段。如我国已建成了国家野外科学观测研究基地、农业部科学观测实验站（网），展开了全国性的野外长期定位观测研究，对进一步推进长期定位试验研究并促进耕地质量培育及相关研究的发展等，均具有十分重要的意义。

一、由长期定位试验引发的科学问题

1. 持续施用无机氮肥对土壤供氮能力的影响　在半湿润—半干旱地区，残存土壤中的 NO_3^-－N 可能保留在耕层或耕层以下土壤中而被下一季作物所利用。但在湿润地区，未被

利用的化肥氮素，可通过淋失、反硝化等途径而脱离土壤。因此，人们普遍认为持续施用化学氮肥不会产生残效或改变土壤的供氮能力。

Broadbalk 的试验设计中，处理 17 及 18 为 N 和 PK 隔年交替施用，如第一年 17 区施氮而 18 区施 PK，则第二年 17 区施 PK 而 18 区施氮。这一设计的目的是用以研究 N 和 PK 的残效。与之相比较的是处理 5 每年施用 PK 和处理 7 每年施用 NPK。各处理 N、P、K 用量分别为 $96kg/hm^2$、$35kg/hm^2$、$90kg/hm^2$。Garner 和 Dyke（1969）统计了 1852—1967 年（115 年）上述各处理的小麦产量如表 9-8。据此，他认为隔年施用 PK 对当年小麦产量有一定作用，表明 PK 肥有残效；但隔年施用氮肥对当年小麦产量并无作用，即氮肥并无残效。

表 9-8　1852—1967 年 Broadbalk 试验 N 及 PK 肥对小麦的残效

处理号	5	17/18	7	17/18
施肥	每年 PK	每年 PK 隔年 N	每年 NPK	每年 N 隔年 PK
小麦平均产量（t/hm^2）	1.13	1.03	2.22	2.11

近年来研究发现，长期施用化肥氮也可提高土壤的供氮能力。Glendining 和 Powlson（1990）综合几位作者的研究结果，用不同的指标试图说明这一现象。Suzuki 等（1990）研究了日本中央农业试验站 60 年长期水稻肥料试验中不施肥对照区和 NPK 化肥区土壤的供氮能力（表 9-9）；长期施用化肥可显著提高土壤的培养释出氮量；停止施用氮肥后的 3 年内，水稻吸收氮量依然明显高于对照区。

表 9-9　长期施用不同量 N 肥土壤供 N 力的影响

施肥处理	施 N 量	施肥年限	培养 20d 释出 N	^{15}N 试验中小麦吸收非标记 N	1987 年停止施 N 后作物吸 N	1988 年停止施 N 区作物收获后土壤残存无机 N
N_0PK	0	1852—	0.69	30.5	21.8	15.1
N_1PK	48	1852—	0.74	45.0	22.3	16.6
N_2PK	96	1852—	0.94	66.8	32.2	19.1
N_3PK	144	1852—	1.10	73.8	41.5	24.0
N_4PK	192	1968—	1.20	73.7	52.4	25.0

根据表 9-8 和表 9-9 的结果，我们可得出到如下认识：当年施用氮肥对下一年度作物产量并不能显示其残效，但长期持续施用氮肥则可提高土壤的供氮能力。

对于长期施用氮肥可提高土壤供氮能力的通常解释是：施用氮肥可增加根茬、根系和根分泌物的产量，亦即增加了归还土壤的有机氮量，这些每年增加的有机氮虽然数量有限，但其残效是可以累加的，多年之后便可显示土壤的供氮能力有所提高。另一种可能的解释是：由于施用氮肥增加了每年归还土壤的有机质量，从而可提高土壤微生物的生物量和微生物体氮量（Shen 等，1989），同时也可能加速土壤中微生物体自身的分解周转速率，因而提高了土壤的供氮能力。

2. 有机肥料氮在土壤中的损失率和残留率　有机肥料通常被认为是最理想的培肥改良土壤的改良剂。关于各种有机肥料对作物的增产效果，有机肥料 N 的利用效率，有机肥料对土壤物理、化学及生物学性质的改良作用等的研究报道极多。但是由于多数研究是基于短期的田间试验，因此，对于一些十分基本的问题时常难以作出定论。如施入土壤的有机肥料N最终究竟有多少可被作物所利用？人们对于化肥N的施用时常十分谨慎，以免用量不当造成损失，对于有机肥料的用量是否可以马虎，用量多少并无严格禁忌？残留土壤中的有机肥料N最终的去向如何？等等。长期定位试验有可能为研究上述问题提供有利的条件。

Jenkinson和Johnston（1977）利用Hoosfield长期大麦连作试验的厩肥处理区计算了1852—1975年土壤N收支如表9-10：

表9-10 1852—1975年计123年间土壤的N收支（t/hm^2）

1852—1975年施用厩肥N总量	作物移出N总量	土壤有机N增加量	损失量
27.2	6.8	4.3	16.1
100	25.0	15.8	59.2

按照上述结果，则厩肥中氮素的作物利用率（显然已包括残效在内）很低，只有25%。长期施用厩肥虽可培肥土壤，但留存在土壤中的有机氮只占施入量的15.8%，而损失十分巨大，占59.2%。

Johnston（1969）曾按时间段计算过Broadbalk长期试验中厩肥处理区耕层土壤中厩肥氮的残留率（表9-11）。

表9-11 Broadbalk厩肥处理区耕层土壤中厩肥N残存率

测定年限	2B	2A
	1852年起每年厩肥35t/hm^2	1885年起每年厩肥35t/hm^2
1835—1866	87	—
1866—1881	25	—
1882—1893	27	50
1894—1914	25	37
1915—1936	15	20
1937—1944	15	17
1945—1966	15	20

按表9-11所列结果的表面现象来看，则似乎随着厩肥施用年限的延长，厩肥中氮素在土壤中的残留率不断下降。其实，厩肥中氮素在土壤中的残留率不大可能因厩肥的施用时段不同而改变。造成这一表观现象的可能原因是，由于早期残留土壤中厩肥氮可在以后年代里继续缓慢矿化的缘故。

理论上，所有施入土壤中的有机氮最终均可被矿化。不过，由于有机氮在矿化过程中不断形成新的微生物氮以及转化形成难降解的腐殖质氮或者与黏土矿物相结合形成有机复合体，因此，有机氮全部矿化需很长时间，15%残留率则是厩肥中有机氮经80～100年的矿化分解之后，在土壤中可能达到的真实的残留率。用Roth-26模型（Jenkinson和Rayner，1977）可估算出80～100年后厩肥中有机碳的残留率约为5%，此时残留土壤中的有机物的C/N值将比起始时缩小若干倍，因此，厩肥中有机氮经80～100年后的残留率为15%是合理的。

①Broadbalk 厩肥处理区土壤有机氮含量还在继续缓慢增长，最初施入的厩肥氮尚未完全分解。假设最初施入的厩肥氮已完全矿化，土壤有机氮含量达到恒定而不再增长，则之后施入厩肥氮的表观残留率将为零，亦即表观矿化率将是 100%。此时，当年施入厩肥中的有机氮可视为 100%被矿化而释出无机氮供作物利用。这可能便是在长期试验中厩肥处理区的作物产量在后期可超过化肥区的原因之一。

②导致 Hoosfield 厩肥处理区土壤中厩肥氮的巨大损失显然与厩肥用量过大有关。每年施用 35t/hm^2 厩肥平均含氮 225kg，按 80%表观矿化率计算每年可释出 180kgN/hm^2，这期间大麦收获氮量平均每年不过 60kgN/hm^2，过剩的无机氮难以在土壤中保存而必定以各种途径损失。可见，有机肥的用量同样需要严格限制。

3. 有机肥的生态安全问题 自从 20 世纪 70 年代出现地球环境危机以来，导致环境污染、退化的各种因素中，农业中化肥，尤其是 N 肥时常被列为祸根之一。大气中 N_2O 浓度的上升、地表水体的富营养化、地下水的 NO_3^- 污染等，常常怀疑与农业中大量施用化肥 N 有关，而施用有机肥料是否也可能产生类似的风险则很少有人注意。通常以为施用有机肥料是绝对安全的。事实上，近年来通过大量的田间试验和培养试验已证实有机肥料施用，尤其是未经腐熟的有机物料如作物秸秆、新鲜绿肥、未经腐熟厩肥等的施用，可强烈地促进农田 CH_4、N_2O 等微量温室气体的排放（Bouwman，1990；Suzuki 等，1990；Wang 等，1992）。

英国土壤学家开始怀疑导致地下水 N 污染的 NO_3^- 可能并非主要来源于农业中化肥 N 的应用，而可能主要来自土壤中有机 N 的矿化（Macdonald 等，1989、1990），后者则与农田长期施用有机物料有关。欧洲温和而多雨的冬季气候使施入土壤的有机物料在冬季继续缓慢分解并释出矿化 N，此时地面的冬季作物已停止生长，不能有效利用土壤中日渐增多的无机 N，过剩的 NO_3^-－N 便可随土壤中的下渗水流而进入地下水。长期施用有机物料的土壤也可能是 N_2O 的重要排放源，充足的 C 源与 NO_3^- 同时并存，将大大促进土壤中的反硝化过程。

因此，不适当的、过量的有机肥施用同样是不安全的。上述 Hoosfield 厩肥处理区由于厩肥用量过大，导致土壤中大量厩肥 N 损失，这些损失的 N 不论以 NO_3^- 进入地下水或以 N_2O 进入大气，都将产生不良的环境影响。

二、长期定位试验在耕地质量培育中的更广泛作用

长期土壤肥力试验以长期固定的土壤管理模式使土壤性质按不同的方向发展，从而形成具有不同肥力性状和生物活性的各种土壤类型。不论是追踪发展变化的过程，还是比较发展变化后的结果，长期土壤肥力试验为土壤科学和其他相关学科提供了极为珍贵的研究平台。合理有效利用它们，有可能对一些十分复杂或似是而非的问题给予深入认识和科学阐明。

1. 土壤过程研究 有机质的分解、积累，元素的迁移、转化和循环，微量温室气体在土壤—大气界面上的交换，土壤生物区系及其生物化学行为的发展变化，以及发生于土壤中的其他物理的、化学的和生物学的变化过程，统称为土壤过程。深入认识土壤中许多基本过程的规律和实质，也就掌握了土壤性质发展变化的规律。长期土壤肥力试验为研究土壤中各种各样基本过程的发生发展以及了解人为活动对这些过程的影响创造了条件。不同专业背景的学者曾以各自的独特眼力，利用这一类试验去发现真理、探索未知。例如以研究土壤中有机质分解—积累规律著称的英国洛桑试验站 Jenkinson 博士，便是利用该试验站的长期肥料

试验，应用历史上采集的土壤标本，研究不同施肥处理土壤中有机 C 含量的发展变化及其循环周转规律，建立了用以表征和预测土壤中有机 C 含量及其组成变化的数学模型（Jenkinson 和 Rayner，1977），利用这一模型，便可预测各种情景下未来土壤有机 C 的含量及其组成。例如：若每年施入土壤有机 C 1.0t/hm²，根据模型预测，1 万年后该土壤有机 C 含量及其组成将是：达到平衡点时的土壤有机碳贮量为 24.26t/hm²，其中 0.01t 为易分解植物残体 C（周转周期 0.2 年）、0.47t 为难分解植物残体 C（0.33 年）、0.28t 为微生物体 C（2.4 年）、11.3t 为物理稳定 C（71 年）、12.2t 为化学稳定 C（2900 年）。

2. 影响作物产量因素之间的交互影响研究 长期土壤肥力试验的设计通常着眼于单一因素比较，例如或侧重于肥料，或侧重于轮作、耕作。但在漫长的试验过程中经常被人为地引入其他可影响作物生长和产量的因素，从而提供了研究各因素之间交互影响的机会。例如关于水—肥交互影响，长期肥料试验在固定的肥料处理基础上，曾经历了历史上不同的水文气象年景如丰水年、平水年、少雨干旱年等，从而可利用以研究不同水文气象年景表现出各施肥处理不同的产量效应以及水分、养分供给之间的交互影响（马强等，2007）。在长期的农业生产中，人们对施肥和育种引起的作物增产效益一直没有一个清晰的认识，育种工作者认为品种对作物产量的贡献要大于施肥对作物产量的贡献，而肥料工作者则认为施肥的贡献要大一些，对于这类问题，只有通过土壤肥力长期定位试验产量记录才能给予回答，具体详见十三章。

3. 地球环境变化研究 长期土壤肥力试验逐年记录作物产量，定期采集土壤及作物样品并长期保存。因此，长期土壤肥力试验既可作为环境变迁历史的监测记录，也可用来研究和分析诸如气候变暖或大气中 CO_2 浓度上升引起的作物响应等一类问题的理想对象。

引起环境问题的一些重大人类活动大多发生在 20 世纪 40 年代以后，如工业化和资源开采引起的大量工业废弃物排放，化石燃料消费急剧增加引起的大气中 CO_2 浓度迅速上升，化肥和杀虫剂的大规模生产和广泛应用，核爆炸，大范围的毁林垦荒等。现存的一些古老长期试验，其历史超过百年以上，恰好跨越了人类生存环境中的“清洁”时代和之后环境不断恶化和遭受各种污染威胁的时代。土壤作为某些环境信息的记录者，不同历史时期采集的土壤样品和生物样品，便可用以研究所在区域受农药污染、核辐射污染、工业排废污染等的发展过程。而“清洁”时代采集的土壤和植物便成为研究土壤生物环境背景值最可靠的样品。

大气中 CO_2 浓度增长，全球气候变暖以及由此引发的其他环境变化，都将对农作物生长产生影响。长期土壤肥力试验保存着完整的作物产量记录、气象记录以及可供分析研究的土壤、植物样品，将有助于研究和预测未来出现各种气候环境变化时农作物可能做出的响应，评估未来农业生产可能受到的影响。

三、长期定位试验研究展望

1. 长期肥力试验信息的深入开发 每一个历史悠久的长期试验都是一个巨大的信息库，都隐藏着无穷的科学真谛有待人们去开发和认识。大抵是囿于专业知识的局限，迄今对于长期试验所拥有信息的利用和开发极为有限，大多停留在最表面、最直观的信息水平上。因此，就这一状态而言，重要的不是设计、布置更多新的长期试验，而是深入研究和开发长期试验所包含的各种信息，用以研究和回答更广泛、更深入的科学问题。

2. 长期土壤肥力试验跨区域的联网研究 任何一个地点的长期试验所给出的信息（试验结果）代表了试验所在地区特定环境条件下的某些科学规律，未必适用于解释环境条件迥然不同的其他地区。实现长期土壤肥力试验跨区域联网，将使试验所得出的结论突破区域局限，从而有能力揭示更广泛、更普遍的科学规律。于是，长期试验所拥有信息的价值和科学意义也将成倍地增长。

实现长期试验联网研究需要统一的试验设计、观测研究方法、数据管理等技术规范，这是难以做到的。中国科学院于1988年启动的《中国生态系统研究站网》（CERN）计划（沈善敏，1992），其中包括了一批长期试验的联网观测研究，迄今已运行若干年。这是一个良好的开端，不过要长期下去并充分展示它的科学价值，尚需克服今后面临的重重困难。

四、长期定位试验研究中值得注意的问题

Cooke在法国Grignon会议的结尾发言中，系统总结了各国开展长期肥料试验以来在设计和实践中的经验和教训（Cooke，1976），也指出了其他一些值得注意的问题，现归纳如下：

①长期试验的试验地应选择远离建筑区的地方，以免以后的建设发展迫使试验停止或缩减规模。最生动的例子是美国伊利诺州立大学校园内的Morrow试验区。它的大部分试验地在试验布置不久便不得不被占用来建造房子。

②选择试验地时一定要事先进行土壤调查。由于土地不匀而导致试验失败的事例屡见不鲜。事实上以往的许多长期试验开始时均未进行土壤调查。Broadbalk试验区一直到1963年才完成土壤调查，结果发现试验地内部的土壤差异颇大。

③对已确定要长期进行下去的试验，试验小区最好设计得大些以便以后可增加新的试验内容。另外，大试验区可以设置较宽的区间保护带以防止在漫长的年代里土壤和肥料因耕作或其他原因而越过区间的边界。对于后一问题，Askov试验站曾进行过详细调查，证明肥料和土壤因耕耙而迁移的情况是非常惊人的（Lindhard，1976）。

④长期试验采用单一作物连作显然是不理想的，最好采用轮作而且最好是轮作中的每种作物每年都出现，以便使每种作物在年代时间上有连续性，有助于将作物反应与每年的气候条件进行比较分析。一种颇为流行（然而也时常遭到批评）的做法是将肥料处理的重复数设计成恰好是作物的轮作周期，例如四区轮作下的肥料试验便有4次重复。

⑤处理区的排列设计要符合统计分析要求，同时也要考虑到若干年后当需要增加新处理而将原有小区划小时，依然能符合统计要求。就这一点而言，Broadbalk试验的小区排列方式显然是不合理的。

⑥试验一开始便应采集土壤分析标本，以后则应定期采集土壤及作物标本。所有分析标本都应长期保存。由于土壤样品采集深度或土壤耕作深度的改变将显著影响土壤养分贮量计算，因此采样深度及耕作深度必须严格一致。土壤经长期不同施肥处理后，土壤容重将发生改变，因此，每隔一定年限应对土壤容重进行测定，以便准确计算土壤养分贮量。

⑦供试作物品种应选择那些经证明对病虫害有良好抗性的品种，避免用新出现的作物品种，也应避免频繁地更换品种。

⑧最好在长期试验中配置气象观测点（站）。系统的气象记录有助于分析年际间的产量

波动，并可分析比较不同气候年景的肥料反应。对试验中出现的其他可能影响试验结果的因素也应做好记录。

（宇万太、马强）

参 考 文 献

马强，宇万太，沈善敏，等. 2007. 下辽河平原水肥交互作用及对玉米产量的影响［J］. 农业工程学报，23（4）：29－33.

沈善敏. 1992.《中国生态系统研究站网》的设计思想［J］. 资源生态环境网络研究动态（2）：1－7.

Bouwman AF. 1990. Soils and greenhouse effect［J］. John Wiley and Sons，New York.

Bowden FC. 1969. The Broadbalk wheat experiment［J］. Rothamsted experiment station report for 1968. Part 2：215.

Cooke GW. 1976. Long－term fertilizer experiments in England：the significance of their results for agriculture science and for practical farming［J］. Ann. Agron. 27：503－536.

Garner HV，Dyke GV. 1969. The Broadbalk Wheat Experiment：The Broadbalk Yields［J］. Rothamsted experiment station report for 1968. Part 2：26－49.

Glendining MJ，Powlson DS. 1990. 130 years of inorganic nitrogen fertilizer application to the Broadbalk wheat experiment：The effect on soil organic nitrogen［J］. Transaction of 14 ICSS. 4：9－13.

Jenkinson DS，Johnston AE. 1977. Soil organic matter in the Hoosfield continuous barley experiment［J］. Rothamsted Report for 1976. Part 2：8－101.

Jenkinson DS，Rayner JH. 1977. The turnover of soil organic matter in some of the Rothamsted classical experiment［J］. Soil Sci. 123：298－305.

Johnston AE，Garner M. 1969. The Broadbalk wheat experiment：historical introduction［J］. Rothamsted Experiment Station Report for 1968. Part 2：12－25.

Johnston AE. 1969. Plant nutrients in Broadbalk soils［J］. Rothamsted Report for 1968. Part 2：93－115.

Juo A. 1990. Long－term soil fertility experiments－an overview［J］. Transaction of 14 ICSS. 4：5－8.

Kofoed AD，Nemming O. 1976. Askov 1894：Fertilizers and manure on sandy and loamy soils［J］. Ann. Agron. 27：583－610.

Lindhard H. 1976. Askov 1894：Investigations on displacement of applied fertilizers following soil preparations［J］. Ann. Aron. 27：611－624.

Macdonald AJ，Poulton PR，Powlson DS. 1990. Sources of nitrate leaching from arable soil to aquifers［M］. In (Merckx，R. etc. edited) Fertilazation and the environment. Leuven university press，282－288.

Macdonald AJ，Powlson DS，Poulton PR，Jenkinson DS. 1989. Unused fertilizer nitrogen in arable soils－its contribution to nitrate leaching［J］. J. Sci. Food Agric. 46：407－419.

Matsuo H，Hayase T，Yokoi H，et al. 1976. Results of long－term fertilizer experiments on paddy rice in Japan［J］. Ann. Agron. 27：957－968.

Mattingly GEG，Johnston AE，Chater M. 1970. The residual value of farmyard manure and superphosphate in the saxmundham rotation Ⅱ experiment，1899—1968［J］. Rothamsted Experiment Station Report for 1969. Part 2：91－112.

Morel R，Chabouis C，Bourgeois S. 1976. Some experimental results obtained on Deherains field［J］. Ann. Agron. 27：855－879.

Powlson DS. 1980. Effect of cultivation on the mineralization of nitrogen in soil [J]. Plant and Soil, 57: 151 - 153.

Shen SM, Hart PBS, Powlson DS, et al. 1989. The nitrogen cycle in the Broadbalk wheat experiment: 15N - labelled fertilizer residues in the soil and in the soil microbial biomass [J]. Soil Biol. Biochem. 21: 529 - 533.

Steineck O, Ruckenbauer P. 1976. Results of a 70 years long - term rotation and fertilizeation experiment in the main cereal growing area of Austria [J]. Ann. Agron. 27: 803 - 818.

Suzuki K, Kamekawa K, Sekiya S, et al. 1990. Effect of continious application of organic or inorganic fertilizer for sixty years on soil fertility and rice yield in paddy field [J]. Transaction of 14 ICSS. 4: 14 - 19.

Uhlen G. 1976. Effect of nitrogen, Phosphorus and potassium fertilizers and farm manure in long - term experiments with rotation crops in Norway [J]. Ann. Agron. 27: 547 - 564.

Wang Z, Delaune RD, Lindau CW. 1992. Methane production from anaerobic soil amended with rice straw and nitrogen fertilizer [J]. Fertil. Res. 33: 115 - 121.

Warren RG, Johnston AE. 1960. The Exhaustion Land Site [J]. Rothamsted Experiment Station Report for 1959. Part 2: 230 - 239.

Warren RG, Johnston AE. 1967. Hoosfield continuous barley [J]. Rothamsted Experiment Station Report for 1966. Part 2: 320 - 338.

Welch LF. 1976. The Morrow plots - Hundred years of research [J]. Ann. Agron. 27: 881 - 890.

Widdowson FV, Johnston AE, Penny A. 1980. Multifactorial experimentation on continuous winter - wheat grown in sandy clay soil at saxmundham, suffolk [J]. J. Agri. Sci. 94: 155 - 170.

Widdowson FV, Penny A. 1979. Results from the Woburn reference experiment Ⅱ [J]. Yield of the crop and recoveries of N, P, K, and Mg, from manure and soil, 1970 - 1974. Rothamsted Experiment Station Report for 1978. Part 2: 67 - 82.

第十章 耕地有机质提升技术

土壤有机质是指存在于土壤中的所有含碳的有机物质，包括土壤中的各种动植物残体，微生物体及其分解和合成的各种有机物质。虽然土壤有机质只占土壤总量的很小一部分，但它是土壤固相部分的重要组成成分，对土壤形成、土壤肥力、环境保护及农林业可持续发展等方面都有着极其重要的作用和意义。一方面，土壤有机质含有植物生长所需的各种营养元素，是土壤微生物生命活动的能源，对土壤物理、化学和生物学性质有着深刻影响；另一方面，土壤有机质也影响土壤中重金属、农药和环境激素等各种有机、无机污染物的行为，对全球碳平衡起到重要作用。因此，有机质循环和平衡是衡量耕地生态系统稳定性和可持续利用的重要标志。

第一节 影响耕地有机质含量的因素

耕地有机质含量的高低由有机物质输入量和输出量的相对大小所决定。土壤中有机质的输入、输出以及组分间的转化，又受到区域气候条件、土壤性质、耕作管理方式等及其相互作用的影响。

一、气候因素

影响土壤有机质的环境因子中，温度和水分是控制有机质分解速率的两个关键因素。温度升高导致微生物活性增加，加快有机质分解。在平均温度为 5℃时，温度每上升 1℃会引起全球范围内 10%的土壤有机质损失，而温度提高 10℃，植物残体的分解速率加快 2 倍。但也有研究表明，在年平均温度介于 10～20℃的区域，温度上升将导致土壤有机质累积量增加。不同地域土壤有机质对温度变化的敏感性可能不同，如黑龙江、内蒙古等生态脆弱区域对温度变化非常敏感，而南方热带、亚热带地区的变幅较小。根据任秀娥等（2007）的研究结果，在其他因子大致相同的条件下，土壤的质地状况也显著地影响着耕地土壤有机质的矿化速率以及对温度的反应（表 10-1）。

表 10-1 土壤质地和温度对土壤有机质矿化的影响

土壤	矿化温度系数（Q_{10}）	矿化速率常数（K）与温度（T）关系
沙壤土	1.92	$K=0.061\ \exp\ (0.68\times10^{-4}T)$
黏壤土	2.37	$K=0.067\ \exp\ (0.87\times10^{-4}T)$
粉黏土	2.32	$K=0.043\ \exp\ (0.86\times^{-4}T)$

土壤水分含量通过影响土壤通气性来改变土壤有机碳的矿化分解和外源有机碳的分解过程。适宜的水分条件促进微生物的生长，加速土壤有机质的矿化和转化。植物残体分解的适

宜水势在－0.03～－0.1MPa之间，当水势降到－0.3MPa以下，细菌的活性迅速降低，而真菌一直到－4～－5MPa时可能仍有活性。如黑土土壤水分含量在70%最大田间持水量下，有机质矿化最快，土壤活性或轻组有机质含量迅速下降。土壤干湿交替的频繁发生引起土壤结构体的破碎和加速土壤团聚体的周转，导致土壤有机质暴露，干旱也会引起部分微生物的死亡，从而加快有机质的矿化分解。稻田土壤淹水条件下处于厌氧环境，有机质的分解速率明显低于好气条件的旱地土壤。因此，与旱地相比水稻土有机质含量高，具有较大的有机质固持能力。在干旱与半干旱农业区，补充灌溉、增加降水的收集、就地入渗与保持，对提高植物生物量和土壤有机质固持有重要意义；但在湿润地区，排水通常会引起土壤温度升高，提高有机质的降解速率，导致土壤有机质含量降低。

土壤水分对土壤有机质矿化速率的影响又因土壤温度状况而异，两者的综合作用决定了土壤有机质变化的方向与大小。适宜的气温和土壤水分含量有利于激发微生物活性，促进土壤有机碳分解，使土壤有机质周转速率加快，积累量减少。

二、土壤因素

土壤基本性质也是影响土壤有机质含量的重要因素。黏粒是土壤最重要的矿质胶结剂，其与有机质结合形成有机—无机复合体，并进一步形成团聚体。土壤有机—无机复合体和结构体的形成大大增强了稳定性和抗微生物分解的能力。黏粒含量越高，其对土壤有机质的保护作用越强，土壤中有机物质的分解速率较慢。大量研究显示，土壤有机质的含量与土壤的黏粉粒含量间存在极其显著的线性相关。如老成土（Oxisol）中有机质的89%～91%是积累在黏粉粒上的，而且有机质含量越高，黏粒颗粒有机质含量越高。

我国南方热带、亚热带土壤富含的活性铁、铝、锰等金属氧化物或矿物质均具有强的吸附能力，与土壤有机质结合形成稳定性很强的有机—无机复合体和团聚体，对土壤有机质的保持和稳定具有重要的物理和化学保护作用。土壤pH也可通过影响微生物的活性而影响有机质的矿化。不同微生物适宜的pH范围不同。大多数细菌最适宜的pH在65～7.5之间，放线菌最适宜的pH稍微偏碱性，而真菌则最适合在酸性条件下（pH 3～6）活动。土壤pH过高（>8.5）或过低（<5.5）对一般的微生物都不太适宜。因此，在农业生产中，改良过酸或过碱的土壤，对于加速有机质矿化，促进养分释放具有显著效果。

三、耕作管理方式等因素

管理方式对耕地有机质含量的影响十分重要，这种影响主要是通过改变土壤有机物质的输入、转化和输出来实现的。

1. 施肥量与种类 化肥施用对耕地有机质含量的影响是通过改变作物生物量及其在耕地的残留量和改变土壤环境影响土壤有机质的生物降解过程而来实现的。一方面，化肥施用促进了作物生长，增加了耕地作物的生物量，在一定程度上增加了土壤中作物残茬和根系的输入量，若生物量在耕地的残留量大于土壤有机质的分解量，土壤有机质含量增加；反之则降低。另一方面，化肥的投入也改善了土壤的养分状态和环境（pH、结构等），改变了土壤微生物的生物量、多样性和活性，从而影响新输入的和土壤原有的有机质的矿化。大量的长期施肥试验显示，合理的施肥是可以提高耕地有机质含量的，尤其是在基础有机质水平较低的土壤。如南方红壤旱地，8年连续NPK配施，土壤有机质由10.3g/kg增加到12.4g/kg，增加了17%。干旱半干旱的黄土高原连续高量施用N肥（180kg/hm^2），土壤有机质含量在11.2g/kg的基础上增加了18%。而英国洛桑试验站160年连续施用化肥NPK，土壤有机质含量（基础值为16.0g/kg）仅增加了约10%。当然这也与气候条件和施肥水平有一定的关系。另外，有研究认为化肥对增加土壤有机碳没有作用或作用很小。这可能是由于因施用化肥而增加的作物残体量有限，而且以低分子结构的有机质为主，易于分解，致使其对提高土壤有机质的作用有限。综上研究显示，施用化肥对提升耕地有机质的作用机制非常复杂，其在区域尺度上的作用也有待进一步研究。

厩肥、堆肥、绿肥等有机肥和秸秆等有机物质的投入是农田土壤有机物料输入的主要途径。与施用化肥相比，有机肥和秸秆的施用可直接增加有机物质的投入，从而更加显著地增加耕地有机质含量。我国南方稻田8个长期试验（1986—2001）显示，尽管各监测点间存在一定差异，秸秆还田和有机肥处理下（包括中量和高量）土壤有机碳含量增加了25.4%～87.9%。我国南方旱地连续8年施用稻草秸秆（12.7t/hm^2）土壤有机质增加了37%。热带旱地土壤连续6年施用秸秆和农家肥，土壤有机质增加10%～20%。施用有机肥，特别是施用高量时，有利于提高胡敏酸和胡敏素比例，培肥土壤的效果明显。长期施用有机肥和有机无机肥配合施用，不仅可提高土壤有机质的总含量，而且还提高了微生物量、易氧化碳、可矿化碳等活性有机质成分的含量。秸秆和残茬等作物残体覆盖地表可反射太阳光线，避免阳光直接照射地表，从而使土壤温度变化缓和，在春夏季节温度通常会偏低，而秋冬季节温度又偏高。土壤温度的变化也会影响土壤水分的变化，两者的共同作用也将对土壤有机质的转化产生一定的影响。

尽管因气候条件、土壤类型、利用方式、有机物质种类和用量等不同使得土壤有机质含量提高的幅度存在很大的差异。但是施用有机肥和秸秆在各种土壤以及利用方式下都能提升耕地有机质水平。通常利用“腐殖化系数”作为有机物质转化为土壤有机质的转换系数，即单位质量的有机物质碳在土壤中分解一年后残留的碳量。根据黄昌勇等（2000）对我国不同地区耕地土壤中有机物质腐殖化系数研究结果的汇总（表10-2），由于水热条件和土壤性质的差异，同类有机物质在不同底物的腐殖化系数依次为东北地区>华北和江南地区>华南地区；同一地区不同有机物质的腐殖化系数依次为作物根>厩肥>作物秸秆>绿肥。

表10-2 中国不同地区耕地土壤有机物质的腐殖化系数

种类	范围	东北地区	华北地区	江南地区	华南地区
作物秸秆	范围	0.26～0.65	0.17～0.37	0.15～0.28	0.19～0.43
	均值	0.42	0.26	0.21	0.34
作物根	范围	0.3～0.96	0.19～0.58	0.31～0.51	0.32～0.51
	均值	0.60	0.40	0.40	0.38
绿肥	范围	0.16～0.43	0.13～0.37	0.16～0.37	0.16～0.33
	均值	0.28	0.21	0.24	0.23
厩肥	范围	0.28～0.72	0.28～0.53	0.30～0.63	0.20～0.52
	均值	0.46	0.40	0.40	0.31

2. 作物种植方式 作物种植方式对土壤有机质含量的影响主要取决于有机物投入量。轮、间、套作能够改变作物残体或根系的数量、种类，从而影响到土壤有机质的固定、矿化，以及土壤有机质的数量。在澳大利亚 Waite 长期轮作试验（1925—1993），11 个轮作小区土壤有机碳水平由初始的 27.5g/kg 平均降低到 15.6g/kg，其中，小麦—休闲处理降低幅度最大（1993 年为 10.4g/kg）。玉米连作 12 年后，土壤有机碳变化与有机物输入量呈显著的线性正相关。同样施用氮肥，在禾本科连作和禾本科与豆科轮作处理上，土壤有机质含量相对试验之初可提高 10%以上，但大豆连作土壤有机质含量有所降低。因此，选择一些具有高的生物量或高 C/N 的植物与作物轮、间、套作，可增加进入土壤的根茬或残体数量，减少土壤水分的地表蒸发，使土壤的持水和保水能力增强，从而增加土壤有机质的固定。

3. 利用方式 耕地主要包括旱地和水田，然而两者所处的环境截然不同。水田的嫌气环境抑制了大多数分解有机质的好氧微生物的活性，从而导致未分解的有机质的积累。另外，不同利用方式下，来源于作物生物量的残留量也不同。一般情况水田下水稻残茬与根系的残留量是高于旱地土壤的。如我国南方红壤丘陵区，水田土壤有机物质的进入量约为旱地土壤的 5～10 倍，其有机质含量明显高于旱地红壤和荒地红壤。沈善敏（1998）对我国不同农区耕地有机质含量的分析结果（表 10－3），水田的有机质含量都高于旱地土壤，这种结果不论是在北方还是在南方都是一致的。大量研究结果也显示，旱地改为水田后，可以明显提升土壤有机质的含量。

表 10－3 我国主要农区旱地和水田土壤有机质含量

农　　区	土壤有机质含量（g/kg）	
	旱地	水田
东北平原	40～60	45～65
黄淮海平原	12～15	15～18
黄土高原	15～18	17～20
新疆绿洲	15～25	25～35
长江中下游平原	18～25	25～30
南方红壤丘陵	17～20	25～30
珠江三角洲平原	17～25	25～35

4. 耕作方式 翻耕会改善土壤通气性，增强微生物活动，增加土壤有机质与空气的接触面积，因此通常会导致土壤有机碳降解过程加速。传统的耕作方式破坏了土壤团聚结构，改变了土壤的通气性和孔性，使其温度、水分状况得以改善，从而使微生物活性提高，加速了土壤有机碳的分解。耕作土壤更容易受到侵蚀的影响，这也是造成免耕和耕作土壤有机质含量差异的原因。少耕、免耕减少了对土壤的扰动，土壤团聚体数量和稳定性有所增加，且减少了团聚体内部有机质的分解。与传统耕作措施相比，少、免耕可显著提升表层土壤有机质的水平。北美、阿根廷、巴西等很多国家研究证明了少、免耕等保护性耕作方式对耕地土壤有机质提升的有效作用。在长期免耕的情况下，土壤耕层变浅，植物残体及连年施入的有机肥也会积累于表土，可供植物、微生物维持生命的充足能量。植物根系多集中于表土层，根的残茬及大量的根系分泌物也加剧了微生物的繁衍，从而使土壤表层有机质含量增加显

著。然而，免耕制度下有机质主要积聚于土壤浅表层，随着深度的增加有机质含量迅速下降。另外，长期免耕下土壤紧实，容重增大，不利于根系深扎，因此免耕一段时间后，需进行一次深耕，以促进根系生长和前表层土壤有机质向较深层次输入，进一步提高耕地有机质库容。

第二节　农作物秸秆还田技术

农作物秸秆是籽实收获后剩下的作物残留物，包括禾谷类、豆类、薯类、油料类、麻类，以及棉花、甘蔗、烟草和瓜果类等多种农作物的秸秆。其中，水稻、玉米和小麦 3 种作物的秸秆数量占秸秆总量的 75%以上。近年来，随着农村产业结构的调整，经济作物秸秆所占的比例有所增加。作物秸秆富含纤维素、半纤维素、蛋白质等有机物质，它们在土壤中分解为腐殖物质，可提高土壤有机质含量。

我国每年农作物秸秆产量在 6 亿 t 以上，这些秸秆中的养分含量大体上相当于全国每年化肥施用量的 1/4。随着农业生产和农村能源事业的不断发展，农作物秸秆资源出现了大量剩余，但目前还田再利用的秸秆仅占我国秸秆资源总量的 30%左右，大量的秸秆被付之一炬，这不仅浪费了宝贵的有机资源，还造成了大气污染、土壤结构恶化和温室气体排放量增加等一系列问题。

联合国粮农组织（FAO）、国际肥料工业学会（IFA）、国际植物营养研究所（IPNI）相继提出“土壤养分综合管理”理念，提倡综合循环利用农田生态系统的作物秸秆资源。近年来，欧洲以及美国、中国、印度等也通过政策、法律等手段来促进作物秸秆资源还田（土），以提升土壤肥力、实现农业固碳减排和减少燃烧作物秸秆对大气的污染。2006 年以来，我国农业部在全国启动了土壤有机质提升试点补贴项目，大力推广秸秆还田。

一、农作物秸秆还田对耕地有机质提升的效果

土壤有机质含量由有机碳输入和输出之间的平衡决定。农作物秸秆还田是最重要的耕地有机物质输入方式，也是目前提升耕地有机质水平的关键措施。秸秆还田输入的有机质以各种结合形态与矿质胶体复合而积累于土壤中。其不仅可以提高耕地土壤有机质的含量，还可提高土壤腐殖质含量，但有机质积累量和腐殖化程度受还田量、秸秆特性和还田时间等的影响。

Aggarwal 等（1997）在热带旱地土壤的试验结果表明，连续 6 年施用稻草，土壤有机质和全氮含量增加了 10%～20%。巩杰等（2003）研究表明，旱地长期秸秆覆盖，0～10cm 土壤有机质含量增加 0.19～1.36g/kg，10～20cm 增加 0.14～0.26g/kg。朱捍华等（2007）6 年田间定位试验的研究表明，与施用化肥相比，稻草易地还土下丘陵红壤有机质含量增加 5.8%～28.9%，同时土壤物理性质也明显改善。湖南省国家稻田肥力长期监测点（始于 1986 年）的研究结果显示，长期施用秸秆等有机物料稻田土壤有机质增加了 50%～120%。

农作物秸秆的施用量对土壤有机质含量亦有重要影响。孙进和王义炳（2001）对旱地小麦覆盖稻草的研究显示，覆盖稻草可以提高土壤有机质的含量，而且覆盖量在 4 500kg/hm^2 内时，土壤有机质增加量随稻草覆盖量的增加而增大。朱瑞祥（2001）的定位试验表明，秸秆还田可显著增加土壤有机质含量，增加幅度随秸秆施用量的增加而增大，但增加的比率逐

渐降低。武志杰等（2002）的研究也表明，与单施化肥相比，玉米秸秆直接还田或间接还田配施化肥，土壤易氧化有机质含量增加 11%～21%，浸提腐殖酸含量增加 1.4%～14%，松紧结合态腐殖酸的比值提高 0.07～0.19，HA/FA 比值提高 0.07～0.24，施用高量秸秆时效果更加明显。

二、农作物秸秆还田的技术与方法

（一）直接还田

农作物秸秆直接还田的方式比较方便、快捷，可大大减少用工，且还田数量较大。因此，直接还田的方式是比较普遍的。常用的直接还田方式主要有以下几种：

1. 留高茬　留高茬还田是指在收获稻、麦、玉米、油菜等作物时，通过有意识地提高作物收获高度来增加秸秆残留量的还田方式。留茬高度因作物而异：小麦一般留茬高度为 20～30cm，水稻 40～50cm，油菜 80cm 左右，玉米最高可留整株。前茬收割前 10～15d，将下茬处理后的种子（水稻浸种萌动的种子）套播于前茬田中，收割时留高茬 30～40cm 还田。

可采用的方式有牛耕法、联合收割机翻耕、滚轧耙翻田、反旋灭茬机翻耕法等。此法优点在于省时、省力，还草量大而均匀。机械翻耕适合于大面积的田地，但机械设备比较昂贵。资金不足或田地面积小的地方，可采用牛耕法或其他的秸秆还田技术。一般要做到边割边翻，以免养分散失，同时也利于秸秆腐烂。须顺行耕翻，以便秸秆覆盖和整地质量提高，做到不重、不漏、覆盖严密。耕翻后，要进行平整土地，及时追施氮、磷肥，同时灭茬除草。留高茬还田，具有调节劳力、争取季节、还田均匀等特点。

2. 原地覆盖还田　是将作物秸秆直接或粉碎后覆盖于地表或下季作物行间的还田方式。这一方法还田一般与免耕技术配合使用，称为覆盖免耕还田。具有节省耕种费用、争取农时、保水保肥等优点，尤其适合于较为干旱和灌溉条件较差的地区。如农作物播（栽）后的田面或株行间，将秸秆均匀覆盖还田，适宜铺盖稻麦作物秸秆量约 2.25t/hm^2 左右。

3. 翻压还田　翻压还田是指将作物秸秆整株或粉碎后翻耕入土的直接还田方式。机械化秸秆直接粉碎还田技术是利用秸秆还田机将收获后的玉米、高粱等农作物秸秆就地粉碎，然后均匀地撒于地表，随机翻耕入土的还田方法。对于豆类等较为矮小的作物，可不用粉碎，直接翻耕入土。还田的方法人力和机械均可。机械作业可实现收获—粉碎—抛洒—翻耕一体化，方便快捷，适合大面积实施。

4. 直接掩青　直接掩青是一种趁秸秆青嫩时直接翻埋入土的还田方法。这种秸秆由于含水量较高，翻埋入土后容易被微生物腐解。如玉米收割后，割下带青秸秆翻埋入土，可作小麦或水稻基肥。麦秆直接掩青时都要撒施一定数量的速效氮肥，以利于加速其腐解，为后茬作物提供充足的养分。

5. 易地还土　由于作物秸秆数量和质量存在较大的差异，致使种植不同作物的耕地间可利用的作物秸秆量出现不平衡性。易地还土是指在充分考虑区域农业种植结构和作物秸秆有效性的基础上，优化配置有限的有机资源，实现整体提升区域耕地有机质水平。如我国南方丘陵区，坡上旱地与坡下稻田虽然在分布上是临近的，但是作物秸秆间存在巨大的差异。稻草秸秆数量大，因超出了就地还田的容量，有 30%～50%的稻草被付之一炬；而旱地土壤中由于作物秸秆资源有限，棉花、油菜等作物秸秆存在硬度大、分解慢而难以利用的技术问题，严重缺乏可有效利用的有机资源，致使土壤贫瘠，有机质水平低下。将稻田盈余的稻草转移（易）到邻近的旱地，可显著、快速地提升旱地土壤有机质水平。

（二）间接还田

间接还田是指将秸秆堆沤腐熟后还田或者是喂养畜禽后过腹还田，这种技术尽管因受许多条件的限制而导致还田数量有限，但也是一种秸秆还田常用的方法，主要方式有：

1. 高温堆沤还田 高温堆沤还田是指将作物秸秆利用夏季高温沤制成肥还田，这也是最传统的秸秆还田方法。具体操作方法是将作物秸秆用粉碎机粉碎或铡草机切碎，一般长度以 1～5cm 为宜，在粉碎的秸秆中配加杂草、绿肥和人畜粪尿等，拌均匀后堆成堆，上面用泥浆或塑料布盖严密封，有机物质在微生物作用下，逐步矿化和腐殖化，然后腐熟，形成优质有机肥，然后将有机肥料施入耕地中。现阶段的堆沤腐解还田技术多采用高温、密闭等条件下腐解秸秆，可减轻田间病、虫、草等的危害，提高秸秆的腐殖化率，能显著提高耕地有机质含量。但是堆沤时间长，一般在 1～3 个月左右。

2. 生化催腐还田 这是一种利用生物化学技术，加速作物秸秆腐烂，制造优质高效生物有机肥料，然后再还田的方法。该腐熟技术主要包括催腐剂堆肥技术、速腐剂堆肥技术和酵腐剂堆肥技术。其特点是利用高新技术进行菌种培养和生产，通过现代化设备的自动化控制温度、湿度、数量、质量和时间，经过机械翻抛、高温堆腐、生物发酵等过程，将秸秆转化成优质有机肥料；具有自动化程度高、腐熟周期短、腐熟程度高、产量大等特点。此方法适合于晚稻、一季稻稻草和秋玉米秸秆的处理。

催腐剂堆肥技术是根据微生物中的氨化细菌、磷细菌、放线菌、真菌等有益微生物的营养特性，以秸秆等有机物质为培养基，选用适合有益微生物生长要求的营养液制剂，以改善微生物的生存环境，加速有机物质的分解和腐殖化。速腐剂是在“301”菌剂的技术上研制并发展出来的一种微生物制剂，将速腐剂加入秸秆中，通过产生大量纤维素酶，在较短的时间内可将作物秸秆沤腐成有机肥。酵素菌是由能产生多种酶的好气性、嫌气性细菌、酵母菌和霉菌组成的有益微生物群落。腐剂堆肥技术是利用酵素菌产生的水解酶的作用，快速将作物秸秆等有机物料糖化和氨化分解，产生低分子的糖类、醇类和酸类物质，这些物质成为微生物生长繁殖的培养基，促进放线菌的大量繁殖，加速有机物质的分解和腐殖化。

3. 过腹还田 过腹还田就是将作物秸秆作为家畜饲料，通过家畜消化吸收，以粪尿形式归还土壤。目前，普遍推广应用的主要有青贮氨化过腹还田技术。实现了秸秆、饲料、牲畜、肥料、粮食的良性循环。秸秆经过青贮、氨化、微贮处理，饲喂牛、马、羊等牲畜后，通过发展畜牧增值，而畜粪尿又作为肥料施入土壤，这是一种效益很高的秸秆利用方式，在畜牧业较发达的地方得到了普遍的推广和应用。

另外，秸秆还田还有沼渣和菌渣等还田方式。即利用秸秆作为蘑菇等食用菌的培养料，将生产食用菌后的秸秆废料还田，或将秸秆在沼气池中发酵制沼气后，将沼渣施入耕地土壤。随着农村经济作物种植和沼气的迅速发展，沼渣和菌渣正逐渐成为重要的有机肥源。

三、农作物秸秆还田的注意事项

农作物秸秆还田是目前提升耕地有机质水平的关键措施之一。但是秸秆还田的具体实施仍是要以增加作物产量为前提以提升耕地有机质水平。因此，科学秸秆还田方法需要考虑秸秆的还田方式、还田量与还田周期、还田时间、还田深度、合理施肥、水分调控、病虫害防治等问题。

（一）秸秆还田方式的选择

不同种植制度与之相配套的还田模式不同。水稻田由于田块水分充足，秸秆还田腐烂分解快，适宜墒沟埋草、留高桩返转灭茬、留高桩稻套麦等还田模式。旱（麦）田一般水分不足，宜选择留高桩返转灭茬、留高桩麦套稻、覆盖还田等模式。移（播）栽田一般具有一定的株行空间（如玉米、棉花等），宜选择行间覆盖的还田模式，增温保墒效果显著。春玉米与单季稻连作田，利用青玉米秸秆全量翻压还田，数量大、肥效高，对水稻增产显著；稻草秸秆覆盖还田，利于保水保肥。秸秆直接还田的时间与种植制度、土壤墒情和茬口等关系密切。双季稻区早稻收获后，由于稻草难以快速腐烂，会影响晚稻生长，不宜大量直接还田，可因地制宜地选择适宜的间接还田方式施入腐熟有机质。

（二）秸秆还田量及还田周期

秸秆还田数量的确定是以增加作物产量为前提，以维持和逐步提升土壤有机质含量为准则。从农业实际出发，一般以秸秆直接还田为主。不同地区、不同土壤间秸秆产量存在差异，所以适宜的秸秆还田量也不同。总体来说水稻、小麦秸秆的适宜还田量以 3 000～4 500 kg/hm^2 为宜，玉米秸秆以 4 500～6 000kg/hm^2 为宜。玉米秸秆腐殖化系数 21%～25%，翻压还田量以 4 500kg/hm^2 左右为宜，一般不要超过 6 000kg/hm^2。整株覆盖还田 7 500～8 500kg/hm^2 为宜。玉米秸秆除去上部做饲料的部分外的产量一般在 4 200～6 000kg/hm^2 之间。每年一次就地直接还田可逐步增加土壤有机质含量。棉花株间秸秆适宜覆盖量为 2 250～3 750kg/hm^2。

一年一季地块和肥力高的地块还田量可适当高些，在水田和肥力低的地块还田量可低些。每年每公顷一次还田 3 000～4 500kg 秸秆可使土壤有机质含量保持原水平或略有提高。果、桑、茶园等则需适当增加秸秆用量。此外，施入的秸秆量和方式应随作物及其种植地区的不同而有所改变。用量多了不仅影响秸秆腐解速度，还会产生过多的有机酸，对作物的根系有损害作用，影响下茬的播种质量及出苗。

（三）秸秆还田时间

秸秆还田的时期多种多样，无一定式。原则上水稻还田的时期越早越好，但若将水稻堆熟后再还田，则效果比直接还田更为显著。玉米、高粱等旱地作物的还田应边还田边翻埋，以使高水分的秸秆迅速腐解。要避开秸秆分解形成有机酸等毒害物质的高峰期，以减少对作物的危害，提高还田效果。一般水田常在播前 40d 还田为好，而旱田应在播前 30d 还田为好。

耕翻还田需掌握适耕还田期，防止秸秆失水不易腐烂。华北地区小麦秸秆直接翻压还田一般在作物收割时即将秸秆破碎，连同施肥、翻耕、整地，并播种下季作物。玉米行间覆盖麦秸和高留茬还田要尽量早实施，一般在 6 月至 7 月中旬进行，主要是因为 6～8 月的降雨量占全年降雨量的 60%～75%，高温高湿的环境条件有利于秸秆的腐烂，不会影响秋播。

西北地区干旱少雨，土壤墒情和秸秆的含水量对秸秆腐烂影响很大，适合收获后尽早覆盖或立即翻压秸秆入土。

（四）秸秆还田深度

水田栽秧前8～15d秸秆直接还田，浸泡3～4d后耕翻，5～6d后耙平、栽秧。施用深度一般以拖拉机耕翻18～22cm较好。稻区小麦和油菜等秸秆施入水田深度以10～13cm为好，做到泥草相混，加速分解。

玉米秸秆还田时，耕作深度应不低于25cm，一般应埋入10cm以下的土层中，并耙平压实。秸秆还田后使土壤变得过松，大孔隙过多，导致跑风跑墒，土壤与种子不能紧密接触，影响种子发芽生长，使小麦扎根不牢，甚至出现吊根死苗，应及时镇压灌水。因此，秸秆直接翻压还田应注意将秸秆铺匀，深翻入土，耙平压实，以防跑风漏气，伤害幼苗。

（五）合理施肥

作物秸秆的碳氮比一般在40∶1～100∶1之间，而适宜微生物活动的碳氮比约为25∶1～30∶1，因此，秸秆早期的大量分解可能会引起微生物对无机氮的同化作用（生物固定作用），降低土壤速效氮的含量，易引发“氮饥饿”现象，从而抑制作物的生长。通常施用秸秆等有机物料后土壤C/N大于30时，易出现土壤N的生物固定。生物固氮效应也受到土壤环境条件的影响。譬如稻草还田的生物固氮量约占施入稻草量的0.15%～0.27%，但在好气、渍水、嫌气条件下依次增大。为了解决微生物与作物幼苗争夺养分的矛盾，在采用秸秆还田的同时，一般还需补充配施一定量的速效氮肥，以保证土壤全期的肥力。采用的若是覆盖法，则可在下一季作物播种前施用速效氮磷肥。

目前，高产土壤普遍存在着“缺磷、少氮、钾不足”的现象，按比例补施氮、磷、钾肥料，可满足作物生长的需要，提高作物产量。研究表明，每100kg秸秆应配施碳酸氢铵4.0～5.0kg，过磷酸钙7.0～8.0kg，硫酸钾2.0～3.5kg，同时结合浇水，有利于秸秆的吸水腐解。玉米秸秆被翻入土壤中后，在分解为有机质的过程中要消耗一部分氮肥，如不及时进行补充，就会出现与麦苗或其他秋播作物争氮肥的矛盾，所以采用秸秆还田的地块，要增施碳酸氢铵450～600kg/hm^2。

一般地，秸秆直接翻压还田3 000～4 500kg/hm^2时，需要配施75～150kg/hm^2的氮素；覆盖还田和高留茬同样需要75～150kg/hm^2的氮素。在实际操作中，比较精确的方法是根据氮平衡理论值计算调氮量：

调氮量（kg/hm^2）＝还田秸秆量×（1.75%－秸秆含氮量%）

（六）土壤水分调控

秸秆还田以后进行矿质化和腐殖化作用，其速度的快慢主要决定于温度和土壤水分条件以及秸秆的含水量。土壤和秸秆含水量较大时，秸秆腐解快，从而减弱和消除了对作物和种子产生的不利影响。通常情况下，当温度在27℃左右，土壤持水量55%～70%时，秸秆腐化、分解速度最快；当温度过低，土壤持水量为20%左右时，秸秆的分解速度很慢。因此，还田时秸秆含水量应高于35%，过干不易分解。

秸秆还田的地块，因为土壤更加疏松，需水量更大，要早浇水、浇足水，为微生物活动创造一个合适的环境条件，以利于秸秆充分腐熟分解。土壤水分状况是决定秸秆腐解速度的重要因素，秸秆直接翻压还田的，需把秸秆切碎后翻埋土壤中，防止跑墒。对于土壤墒情差的，耕翻后应灌水；而墒情好的则应镇压保墒，促使土壤密实，以利于秸秆吸水分解。在水田水分管理上应采取“干湿交替、浅水勤灌”的方法，以避免出现影响出苗和烧苗的现象。

（七）病虫害防治

一般情况下，秸秆还田后进行连作，病虫害有加重发生的趋势。北方地区，麦秸还田后春小麦根腐病加重，在中部地区则小麦全蚀病加重；大豆秸秆还田后大豆根腐病和虫害率提高。因此，秸秆还田更适合建立在轮作的基础上，这样秸秆还田的效果才能充分发挥。在轮作的基础上进行秸秆还田，可避免病虫害发生。如果在连作情况下还田秸秆，可考虑采用秸秆翻耕还田的方法，而不宜采用秸秆耙耕浅层还田的方法。同时，必须要加强病虫害防治，以确保农作物优质高产。

第三节 有机—无机肥配合施用技术

我国耕地的基础肥力和有机质含量水平均较低，因此，有机—无机肥配合施用已成为广泛采用的一项耕地培肥措施，也是提升耕地有机质水平的基本措施之一。有机—无机肥配施对提升耕地有机质含量的显著作用在英国 Rothamsted、美国 Morrow、丹麦 Askov 和德国 Efield 等世界著名长期试验的研究结果中得到证实。无论从资源利用，还是环境保护的角度说，充分利用农业有机肥资源，实行有机—无机肥配施的重要性是不言而喻的。但是，由于种种原因，我国耕地有机肥投入比例已由新中国成立初期的 99.9%下降到目前的 50%左右，有的地方甚至下降到了 10%以下。其主要原因，一方面，化肥施用的方便快捷，对增产的效果立竿见影，使得人们逐渐淡化了对有机肥料的认识，忽视了土壤有机质对作物生产的作用，轻视了有机肥料的投入；另一方面，有机肥料的来源不足，肥粮矛盾致使绿肥种植面积逐渐减少，而丘陵区秸秆还田又存在技术上的不足和实施上的种种困难等，致使还田量和还田面积逐年减少。

一、有机—无机肥配合施用对提升土壤有机质的作用和效果

长期施用有机—无机肥对土壤有机质的提升具有十分重要的影响。施用化肥可增加作物生物量，在一定程度上增加了作物地上部分和根系等残留量，从而在一定程度上增加了耕地土壤的有机质含量。有机—无机肥配合施用除具有上述作用外，还直接增加了有机质物质的输入，且其腐殖化程度高，对耕地有机质的提升作用更大。基于我国主要农区的 18 个长期施肥定位试验研究结果显示，连续 15 年以上不施肥，土壤有机质呈明显下降趋势；但是施用化肥尤其是平衡施用 NPK 化肥，有机质维持平衡或稍有增加；有机肥与无机化肥配合施用，耕地有机质显著增加，15 年后可增加约 1 倍以上。

徐明岗等（2006）对我国 6 种典型土壤长期施肥试验结果进行了相应分析，其结果显示，有机肥与无机化肥配合施用（NPKM）10 年左右，我国耕地土壤有机质、活性有机质和碳管理指数（CMI）均极显著增加（表 10－4）。但是，不同类型土壤间存在明显的差异。

红壤总有机质（TOM）增加27%，活性有机质（LOM）增加77%，CMI增加91；𡋯土总有机质增加73%，活性有机质增加39%，CMI增加33；轻质潮土总有机质、活性有机质和CMI分别增加36%、9%和4.6；褐潮土分别增加31%、33%和39；灰漠土分别增加47%、23%和26；黑土分别增加15%、23%和26。单施有机肥（M）土壤的总有机质、活性有机质和CMI的变化与NPKM处理土壤的变化趋势基本相同，但幅度稍小。可见，有机—无机肥配合施用是我国主要农区提升耕地有机质含量的有效方法。

表10-4　长期施肥6种典型土壤的总有机质、活性有机质和CMI的变化

土壤	处理	TOM (g/kg)	LOM (g/kg)	CMI	土壤	处理	TOM (g/kg)	LOM (g/kg)	CMI
红壤（祁阳）	原始	17.6	2.74	100	轻质潮土（郑州）	原始	11.72	1.76	100
	CK	16.22	1.66	57.1		CK	11.38	1.12	59.9
	NPK	17.12	1.91	66.4		NPK	12.15	1.62	90.1
	NPKM	22.51	4.86	191.4		NPKM	15.95	1.91	104.6
	NPKS	18.32	3.21	120.2		NPKS	15.34	2.16	121.2
	M	21.31	3.31	121.0		M	14.83	1.91	105.7
𡋯土（杨凌）	原始	11.90	2.31	100	黑土（公主岭）	原始	22.33	4.24	100
	CK	13.53	0.97	36.4		CK	20.26	3.78	88.9
	NPK	14.57	1.93	77.6		NPK	22.76	4.09	95.4
	NPKM	20.60	3.21	132.6		NPKM	25.61	5.23	125.8
	NPKS	16.29	2.79	117.4		NPKS	23.88	4.66	110.8
灰漠土（乌鲁木齐）	原始	15.17	3.45	100	褐潮土（昌平）	原始	13.71	1.90	100
	CK	13.53	2.05	53.6		CK	14.48	0.97	49.0
	NPK	15.43	2.667	71.7		NPK	17.24	1.50	77.5
	NPKM	22.24	4.50	125.2		NPKM	17.93	2.53	138.9
	NPKS	14.22	3.28	94.6		NPKS	16.72	2.29	125.1

史吉平等（2002）对我国南方地区长期定位施肥试验结果进行了系统分析，认为长期施用有机肥和有机—无机肥配施，均提高潮土、红壤、红壤性水稻土的胡敏酸、富里酸含量和总腐殖质的含量，显著增加了土壤中腐殖质的胡/富比值，提高了土壤有机质的质量（表10-5）。而且，有机—无机肥配施时的效果明显高于单施化肥或单施有机肥，但不同土壤间存在一定的差异。

表10-5　施肥对耕层土壤有机质腐殖化的影响

土壤类型	指标	CK	NPK	OM	NPK+OM
潮土（1980— ）	总腐殖质	0.205	0.233	0.220	0.300
	胡敏酸	0.140	0.160	0.151	0.210
	富里酸	0.065	0.073	0.069	0.090
	胡敏酸/富里酸	2.15	2.19	2.19	2.33

（续）

土壤类型	指标	CK	NPK	OM	NPK+OM
旱地红壤（1986— ）	总腐殖质	0.296	0.359	0.313	0.393
	胡敏酸	0.087	0.110	0.104	0.133
	富里酸	0.209	0.248	0.210	0.260
	胡敏酸/富里酸	0.42	0.44	0.50	0.51
红壤性水稻土（1981— ）	总腐殖质	0.525	0.52	—	0.542
	胡敏酸	0.173	0.178	—	0.205
	富里酸	0.352	0.342	—	0.337
	胡敏酸/富里酸	0.49	0.52	—	0.61

有机—无机肥配施不仅影响土壤有机质的含量，还改变了土壤有机质的组成成分。Ellerbrock 等（1999）研究发现，厩肥与 NPK 配合施用能够增加土壤有机质分子量。Francioso 等（2000）的研究结果表明，长期施用粪肥使土壤有机质中抗降解的脂肪族和芳香族成分的含量明显提高。张付申（1996）对胡敏酸化学性质、热分解特性和红外光谱特征进行分析，研究长期施肥对黄土区土壤有机质的影响，发现长期施用化肥和有机肥均能不同程度地提高土壤胡敏酸分子的氮素含量，降低碳素含量，使其脂肪族侧链增加，芳香族结构减少，芳构化程度降低；但有机肥的效果大于化肥。Kusel 等（1999）进行的土壤有机质低分子量成分红外光谱分析表明，粪肥的施用使土壤有机质中诸如 2 -邻苯二甲酸酯、乙酸酯、环已二烯、愈创木酚、苯甲酸酯等低分子量有机物质含量增加，它们可能是在生物代谢或者有机质降解过程中产生的。

胡敏酸结合态较活泼的功能团大部分属于含氧功能团，如羧基、酚羟基和醇羟基等。这些功能团可与土壤中的金属离子、黏土矿物、水合氧化物发生相互作用，对土壤营养元素的保持与释放，以及对土壤中所进行的物理化学和生物化学反应都有着重要影响。长期施肥还可影响土壤腐殖质的组成和结构。虽然不同土壤间存在一定差异，但据史吉平等（2002）的研究结果，长期施用有机肥或有机—无机肥配施均能提高土壤胡敏酸和富啡酸的总酸性基、羧基和酚羟基含量，而单施化肥对胡敏酸和富啡酸含氧功能团含量的影响不大（表 10－6）。因此，有机—无机肥料配合施用大大增加了土壤的有机—无机胶结复合度，增强了土壤团聚化作用，有利于土壤良好结构体的形成，并进一步对土壤有机质起到保护作用，促进耕地有机质的快速提升。

表 10－6　施肥对土壤腐殖质含氧功能团的影响

土壤类型	指标	胡敏酸				富里酸			
		CK	NPK	OM	NPK+OM	CK	NPK	OM	NPK+OM
潮土（1980— ）	总酸性基	14.64	15.46	16.46	17.80	27.65	29.12	31.08	33.09
	羧基	9.84	10.44	10.88	12.10	23.95	25.25	26.95	28.68
	酚羟基	4.80	5.02	5.58	5.70	3.37	3.87	4.13	4.41

（续）

土壤类型	指标	胡敏酸				富里酸			
		CK	NPK	OM	NPK+OM	CK	NPK	OM	NPK+OM
旱地红壤（1986— ）	总酸性基	11.80	11.20	13.20	14.40	21.73	22.53	25.23	24.72
	羧基	7.34	7.01	8.11	8.86	18.87	19.58	22.16	21.54
	酚羟基	4.46	4.22	5.09	5.54	2.86	2.95	3.07	3.18
红壤性水稻土（1981— ）	总酸性基	10.54	11.87	—	13.28	20.05	21.31	—	24.82
	羧基	5.33	5.30	—	6.12	17.72	18.76	—	21.85
	酚羟基	5.68	6.57	—	7.16	2.33	2.55	—	2.97

二、旱地施肥技术

我国耕地中，旱地面积约占80%，主要分布于秦岭—淮河一线以北。有机、无机肥料配合使用不仅对土壤的有机质平衡具有不可代替的作用，而且对营养元素的循环和平衡也有重要的意义，是提升耕地地力与有机质水平和调节当季作物营养条件相结合的一种施肥制度。

1. 有机无机肥料的比例 有机无机肥料配合施用不仅可培肥地力、改良土壤、提升土壤有机质水平，还促进作物高产、稳产。从提高耕地土壤有机质含量的角度出发，施用有机肥的比例越大，其效果越好。但是过高的有机肥比例可能会抑制作物早期的生长和导致作物贪青晚熟。这主要是由于旱地土壤水分供应不足，有机物质分解受水分条件的制约而变得缓慢，致使有机肥提供的速效养分量有限，难以满足作物生长的需要。而在有机肥快速分解时期，土壤微生物的快速繁殖也有可能引发所谓的“生物固氮”，导致短期的作物“氮饥饿”，不利于作物的生长。而化肥具有有效养分含量高、肥效快等特点。因此，有机无机肥料要配合施用方可有效解决这一问题。有机无机肥料配合施用的关键是如何既实现快速提升耕地有机质水平，又避免对农作物生长产生不利的影响，即合理的调配有机无机肥料的比例。

土壤有机无机肥料的施用比例受有机肥的碳氮比、土壤基础肥力、作物需肥规律等因素的制约。作物秸秆碳氮比一般在40～100之间，而腐熟厩肥等有机肥的碳氮比一般在20～40之间。一般情况下，土壤微生物分解有机物质的适宜碳氮比为25∶1，施入有机肥的碳氮比高于30∶1时，有可能引发微生物与作物之间对氮素的竞争。但是土壤基础肥力高时，土壤氮素水平较高，可有效缓解这一作用。而对于早期需肥量较低的作物，这一作用也表现的不明显。另外，有机肥分解的快慢决定了其提供养分的速度，因此，环境条件也影响有机无机肥料的施用比例。

不同有机肥、土壤、环境条件下，有机无机肥料施用比例对耕地土壤有机质和作物产量的影响不同。南方红壤（湖南桃源）旱地连续8年以3∶7（以氮素计）的比例施用稻草和化肥，土壤有机质含量增加了13%，同时作物产量增加10%～20%。南方地区肥力水平较低的沙壤潮土（江苏徐州）以5∶3（以氮素计）的比例施用厩肥和化肥，连续施用21年后，土壤有机质含量增加10.61g/kg，相对增加53%，小麦产量增加约20%。中部地区轻质潮土（河南郑州）以7∶3（以氮素计）的比例施用厩肥和化肥或秸秆和化肥，连续施用15年后，土壤有机质含量增加2.5～3.9g/kg，相对增加21.7%～33.9%，小麦和玉米产量明显增加。西北地区𪸩土（陕西杨凌）以7∶3（以氮素计）的比例施用厩肥和化肥，连续施用10年后，土壤有机质增加了0.52～1.03g/kg，相对增加28%～78%。

2. 有机无机肥料的施用时期与方式　以有机肥为主，化肥为辅，基肥为主，追肥为辅，氮、磷、钾肥料配合。有机肥料不仅肥源广阔，施用经济，而且含有作物所需要的多种营养元素，长期施用可以改善土壤物理性状，提高土壤肥力，这是化学肥料所不能比拟的。所以在作物施肥上应本着有机肥为主，化肥为辅的原则进行施肥。基肥是满足整个作物生育期内养分的需要而在种植作物前施入土壤中的肥料，而追肥是补充作物某一时期所需的养分而施入土壤中的肥料，所以，多施基肥可以壮苗、壮根，为作物丰产打好基础；反之，基肥施用少了，作物苗差、根弱，影响了作物对养分的吸收。又因为一般作物的养分临界期在苗期，如果苗期缺了肥，即使以后追肥再多，也很难获得较高的产量。因此，在施肥中应掌握以基肥为主，追肥为辅的施肥原则。

施肥主要有撒施、条施、穴施等施肥方式。撒施是撒在土壤的表面，这样即是对肥料的浪费也是对环境的污染，不应提倡，但是在北方这一施肥方法比较普遍。条施是在作物种植行开好施肥沟，深约15cm，肥料成条施于作物种植行，施肥后覆土。一般在移栽作物前施用基肥时采用，通常是施用有机肥料。穴施（窝施）是在作物预定种植位置或种植穴内的施肥（基肥），或在作物生长期间的苗期，按株或两株间开穴施肥（追肥）。穴深约5～10cm，施肥后覆土，有机肥和化肥都可采用穴施。为了避免窝内浓度较高的肥料伤害作物根系，采用穴施的有机肥须预先充分腐熟，化肥须适量，施肥窝的位置和深度均应注意与作物根系保持适当的距离，施肥后覆土前尽量结合灌水这是作物生产中应用较普遍的一种方法。施用有机肥还要参照气候条件，少雨季节要施用完全腐熟有机肥，且宜翻耕深施；多雨季节可施用半腐熟有机肥，且翻耕宜浅。

三、水田施肥技术

据第二次土壤普查统计，我国水田面积为2 978万hm^2，约占全国耕地面积的20%。水田主要分布于秦岭—淮河一线以南的广大平原、丘陵和山区，其中长江中下游平原、四川盆地和珠江三角洲最为集中。

水田在种植水稻期间表层土壤长期处于淹水状态，土层分化为两层，其性质很不相同，表面的一薄层为氧化层，厚度仅有数毫米，一般不超过10mm，其下部为还原层。水田的这一特殊环境条件使得其有机无机养分的转化显著不同于旱地土壤。淹水条件下的还原条件限制了有机质的矿化，有利于土壤有机质的积累。施入的有机肥以及年复一年的根茬和作物残体的输入，使得水田土壤有机质含量快速提升。

铵态氮肥或能转化成为铵态氮的氮肥如硫酸铵、碳酸氢铵和尿素等，如施于表面的氧化层会受硝化细菌的作用转化为硝态氮，而硝酸离子不能为土壤胶粒所吸附，随水渗漏于下边的还原层，逐渐在反硝化细菌作用下还原成水稻难以吸收利用的气体氮逸失于大气中，致使产生大量的氮素损失。水田土壤淹水后磷的供给能力高于非淹水土壤，施入淹水土壤中可溶性磷被固在土壤固相表面，浓度上升比较显著，而且受水田土壤的性质影响很大。土壤淹水后水溶性磷浓度增加，以含铁量低的钙质沙土最明显，含铁量低的酸性沙土次之，再次为近中性黏土，酸性铁质铝土最少。淹水后土壤中可溶性二价铁离子和锰离子增加，同时将交换性钾置换进入土壤溶液，在某些条件下土壤中存在的过量亚铁离子，会与土壤中钾盐结合形

成由 K_2SO_4、Fe_2SO_4 和水以不同比例组成的难溶性二价盐，从而降低了钾的有效性，铁吸收过多会妨碍钾的吸收。

有机肥与无机肥配合施用对改良培肥土壤的效果十分显著，既能提高土壤有机质储量，改善土壤有机质组成，增加土壤中氮、磷、钾和微量元素的含量，同时也增强了土壤的保肥性和供肥性，改善了土壤的物理性质和水分状况。

因此，水田有机无机配施，需要注意以下几个方面：

1. 有机无机肥料的比例 增加有机肥料用量，提升土壤肥力。土壤培肥以调节土壤有机质含量为目标，以提高基础地力为结果。水稻土监测点的土壤有机质含量多在 26～30g/kg，有机质水平相对偏低，而肥料施用上存在有机肥料施用量逐年减少趋势。水稻土地力贡献率在 40%～50%，而一般高产水稻土的地力贡献率在 70%～80%（林葆，1991），因此，提高有机肥用量是提升土壤肥力的重要手段。

大量研究显示，水田土壤有机质的增加与施入有机肥量呈正相关。江西丘陵红壤性水稻土长期定位试验显示，等养分条件下有机无机配施，随有机肥施用比例由 30%、50%增加到 70%，土壤有机质的增加幅度也由 24.6%、28.1%提高到 38.3%，且作物平均产量略有增加。由于水田特殊的淹水环境条件使得有机物质分解缓慢，因此，过多投入有机肥可能会不仅影响秸秆腐解速度，还会产生过多的有机酸，对作物的根系有损害作用，影响下茬的播种质量及出苗，也会影响土壤养分的供应，最终影响作物产量。如黄棕壤性水稻土长期定位试验下，在有机无机 2∶1 配施的基础上增施有机肥（增施有机肥后的有机无机肥比例为 3∶1，以氮计），显著增加了土壤有机质含量，但是作物产量无明显变化。湖南省的黄泥田和河沙泥田的长期试验显示，30%的有机肥（以氮计）可以显著增加土壤有机质和作物的产量，但有机肥施用比例提高到 60%时，虽然土壤有机质含量仍有增加，但是作物产量均有明显的降低。因此，水田有机无机配施时，要实行平衡施肥技术，调节施肥比例，保持土壤养分平衡供给。水稻土监测点统计结果，土壤碱解氮、速效磷含量相对丰富，而土壤速效钾含量较低，施肥比例中存在磷、钾肥比例偏低，与水稻对氮磷钾需求的比例存在较大差异。为此，在增施有机肥的同时，提高钾肥用量，使得氮、磷、钾平衡供给，不仅可提高土壤有机质，还可提高水稻产量。

2. 有机无机肥料的种类及施用时期和方式 水田由于其独特的水分条件和还原环境，施用化肥需要选择合适的肥料品种，避免选用养分容易流失的肥料如硝酸铵、硝酸磷肥等，尽量使用铵态氮肥，氮磷钾按比例配合，追肥要及时。有机肥料分解慢，利用率低，肥效期长，养分完全，所以作基肥施用较好。但由于稻区早春气温较低，土壤中的养分释放缓慢，为了促进高产田秧苗早生快发，可以将速效氮肥总量的 30%～50%作为基肥施用，磷肥和钾肥均作为基肥施用，也可以留一部分在拔节期施用。

农家厩肥的碳氮比较低，腐熟程度较高，在水田施用量可适当增加，即使其比例占到 70%也不会影响产量。而对于腐熟程度较低的有机肥，要适当降低其施用量，同时要提前施用，以防止影响作物生长。在排水不良的稻田尤其要控制绿肥还田的量，防止“发僵”等毒害现象出现。当施用过量发生“发僵”毒害现象时，可通过每公顷施用过磷酸钙 75～112.5kg 或石膏粉 22.5～37.5kg 对其减缓。

实行合理轮作和用养结合。水旱轮作可使土壤处于氧化还原交替过程，有利于土壤有机质更新以及有害物质的降解。实行集约化管理，达到提高和发挥土壤的生产潜能。

第四节　绿肥种植与轮作技术

凡是作肥料施用的绿色植物体统称为绿肥。绿肥的种类繁多，主要有紫云英、草木樨、沙打旺、田菁、紫花苜蓿、苕子、肥田萝卜等。绿肥是一种很好的生物肥料，具有固氮、提升耕地有机质、改善土壤物理结构、富集土壤中的养分、提高碳素营养、防止土壤侵蚀和养分流失等作用。因此，许多国家都把种植绿肥作为改良土壤的重要手段。

从全国范围来看，种植绿肥曾经是缓解我国化肥数量不足和提升耕地土壤有机质水平的重要举措。从20世纪50年代以来，绿肥在全国各地迅速发展，到70年代中期，全国绿肥面积达到1 200万hm^2。随后，在化肥施用量逐年增加，耕地复种指数日益提高的集约化农业条件下，绿肥播种面积逐年下降，但是近年来随着农业种植业结构的不断调整，土壤有机质提升项目的推广实施，以及生态环境保护的需要，部分地区绿肥播种面积又呈现出逐步上升的趋势。施用绿肥是我国南方稻田的一项传统施肥方式，并且在西欧以及日本、印度等地的传统农业生产中对维持和提升耕地土壤有机质含量，以及增加作物产量等均具有非常重要的作用。

一、绿肥对提升耕地有机质的作用

绿肥是有机物质，施入土壤后矿化可形成土壤有机质，其腐殖化系数在0.16～0.43之间，均值为0.28。另外，绿肥富含作物所需的大量养分，尤其是氮素，其施用可提高作物产量，增加粮食作物的生物量及其残留量，从而增加耕地有机质含量。

1981—1986年，全国绿肥试验网组织17个省（自治区），在22个土壤上进行了5年定位试验。结果表明，无论是在中国的南方或北方，旱地或水田，平均每年压入绿肥鲜草1.5～2.0t/hm^2，5年后土壤中有机质比不压绿肥的休闲地有明显提高，增加幅度为0.1%～0.2%。压绿肥后，土壤有机质的品质有所改善，活性有机质、总腐殖质含量和有机无机复合度均较休闲地明显提高。

近年来的区域调查显示，绿肥作物中含有较多的有机物质，我国主要绿肥中有机碳的含量为52～118g/kg（鲜基），若以每公顷产鲜草30t计算，每公顷耕地可带入1 560～3 540kg有机碳。绿肥经翻压进入土壤中后，在微生物的作用下，有一定量的有机物转化成腐殖质。据徐明岗等（2009）的研究结果，连续种植并施用绿肥2～8年后，耕层土壤有机质提高了1.3～4.4g/kg（表10-7）。

表10-7　不同绿肥对耕地有机质的提升

种　类	地　点	年限	有机质增加（g/kg）	有机质增加（%）
紫云英	浙江杭州	3	2.7	—
	江苏南京	3	1.4	—
	湖南祁阳	3	2.0	—
	河南信阳	3	—	12
	江西南昌	5	1.3	—

（续）

种类	地点	年限	有机质增加（g/kg）	有机质增加（%）
草木樨	内蒙古	2	—	2.2
	陕西	4	3.1	—
	黑龙江	3	1.7	—
沙打旺	陕西	4	4.4	—
	黑龙江	3	4.0	—
田菁	山东南皮	8	—	25.8
	河南信阳	4	—	—
紫花苜蓿	山东南皮	7	2.4	28.4
	贵阳毕节	3	2.3	5.81

绿肥与粮食作物的间、套、混作也对耕地有机质有重要影响。如据李春景和田惠梅（1987）的研究结果，东北地区黑土玉米—草木樨间套作3年后，耕地有机质含量可较单种玉米增加1.8～2.0g/kg（表10-8），在此基础上，土壤腐殖质的含量明显改善，胡敏酸与富里酸的比值增加了0.19～0.21（表10-9）。

表10-8 玉米—草木樨间套作下耕地有机质含量变化（g/kg）

玉米与草木樨间作方式	1985	1986	1987	1988	1985—1988	
					增长量	净积累
2∶1	21.8	22.1	24	26.6	4.8	1.8
4∶1	21.8	24	25.4	26.8	5	2
CK（单种玉米）	20.8	21.9	21.7	23.8	3	—

表10-9 玉米—草木樨间套作下耕地土壤腐殖质组成

玉米与草木樨间作方式	胡敏酸+富里酸（g/kg）	胡敏酸（g/kg）	富里酸（g/kg）	胡敏酸/富里酸
2∶1	7.83	4.49	3.34	1.34
4∶1	7.69	4.36	3.33	1.32
CK（单种玉米）	6.28	3.33	2.95	1.13

二、绿肥种植技术

绿肥种植技术主要包括冬季绿肥、作物—绿肥间套作、作物—绿肥混种等技术。各种种植方式如下：

（一）冬季绿肥技术

冬季绿肥是南方传统的有机肥源，紫花苜蓿和苕子是两大主要绿肥品种。

1. 选用良种　选品质纯正的迟熟品种、当年新种，发芽率高，产量高。播前晒种半天，然后加等量的细沙，装入编织袋用力揉擦，磨伤种皮除去蜡质，可提高发芽率 30%，浸种 24h，种子露芽眼即可播种。

2. 提高播种质量　用种量 22.5～30kg/hm^2，以保证每公顷有 450 万～600 万苗。

拌种肥每公顷可用钙镁磷肥 22.5kg，有条件的最好每公顷加 60g 钼酸铵和草籽拌匀，对增瘤促根作用很大。

播种时间于晚稻禾穗钩头后进行，紫云英与晚稻共生期 15～20d 为宜，播种时田间要保持湿润状态，水分过多或干旱都不利其生长。

3. 越冬管理　晚稻收获前要晒田，千万不可软泥割禾，否则幼苗易被踏死，田土被踏实，不利于绿肥生长。晚稻收割后，用稻草或猪牛栏粪及时盖好草苗，可收到抗旱、防冻、施肥之效。草苗基本上长满田后，应及时施磷肥及钾肥。磷肥每公顷施钙镁磷肥 22.5～30kg，钾肥每公顷施草木灰 750kg 左右，这对促进绿肥生根增瘤，分枝壮苗十分重要。

4. 春发管理　加强春季管理，实现以“小肥养大肥”。清沟排水，做到雨停田干，降低地下水位，使土壤的水、肥、气、热协调，促进绿肥根深叶茂。根据苗情补施少量氮肥，一般每公顷施碳酸氢铵 75～120kg，促进绿肥均衡猛长。

5. 病虫害防治　以预防为主，加以综合治理，防治菌核病和白粉病等病害以及蚜虫、蓟马、潜叶蝇等虫害，确保绿肥高产稳产。

（二）作物—绿肥间、套作技术

间作指在同一块地上，同一季节内将生育季节相近的绿肥作物与其他作物相间种植。如在玉米行间种植竹豆、黄豆。甘蔗行间种植绿豆、豇豆，小麦行间种植紫云英等。间作可提高土地利用率，由间作形成的作物复合群体可增加对阳光的截取与吸收，减少光能的浪费；同时，两种作物间作还可产生互补作用，如宽窄行间作或带状间作中的高秆作物有一定的边行优势，豆科与禾本科间作有利于补充土壤氮元素的消耗等。但间作时不同作物之间也常存在着对阳光、水分、养分等的激烈竞争。因此对株型高矮不一、生育期长短稍有参差的作物进行合理搭配和在田间配置宽窄不等的种植行距，有助于提高间作效果。当前的趋势是旱地、低产地、用人畜力耕作的田地及豆科、禾本科作物应用间作较多。间作绿肥可充分利用地力，具有用地养地、增加有机物质投入和提升耕地有机质的作用。

套作指在前季作物生长后期的株、行或畦间播种或栽植后季作物的种植方式。套作的两种或两种以上作物的共生期只占生育期的一小部分时间，是一种解决前后季作物间季节矛盾的复种方式。绿肥套作是指在主种作物播种前或在收获前在其行间种植绿肥。如在晚稻乳熟期播种紫云英或苕子，麦田套种草木樨等。套种除了有间种的作用外，还可使绿肥充分利用生长季节，延长生长季节，以提高绿肥产量，增加有机物质的投入。

选配适当的作物组合，尽量使前后作物能各得其所地合理利用光、热、水资源，以及通过适当的田间配置，如调节预留套种行的宽窄、作物的行比、作物的株距行距和掌握好套种时间等。

间套作的技术要点：

（1）选择适宜的作物种类和品种进行搭配　要注意绿肥作物的生长期和抗逆能力，以及土壤条件的要求。如大多数苕子品种只适合长江以南种植，但是紫花苜蓿亦适合淮河以北地区。豆科绿肥作物的根瘤菌适宜在中性土壤环境下生长，pH过低（$pH<4.4$）时，紫云英根部的根瘤菌就会死亡。紫云英喜湿润但不积水的土壤环境，但耐旱、耐低温的能力差。许多绿肥作物怕涝，但田菁耐涝能力强，而且耐盐性也很强。要求间套作的作物对大范围环境条件的生态适应性在共生期内大致相同，而形态、生理和生长发育等方面的特征、特性、适应性互补，综合效应要高于单作。如一高一矮、一瘦一肥、一尖一圆、一深一浅、一长一短等各种搭配。

（2）建立合理的田间配置　田间结构配置包括密度、行比、株行距以及幅宽、间距、带宽等。间套作时绿肥行内的种植密度与单作基本相同。如我国东北地区的小麦间套种草木樨绿肥，适宜采用75cm内6行小麦间种4行草木樨；玉米草木樨间套作适宜于2∶1型，即6垄玉米间作3垄草木樨，或4垄玉米间作2垄草木樨。行距、行数和幅宽等还应当考虑光照利用率和机械作业等的要求。单作时，一般认为南北行向优于东西行向，受光好，可增产5%以内。在间套作群体内，行向的安排应以提高全田受光面积和产量为目的。

（3）作物生长发育调控　根据当地气候条件和绿肥作物特性适时播种，保证全苗。开好排灌沟，加强水分管理。虽然绿肥吸收养分能力强，但其生长发育仍需要一定的养分，缺肥条件下产量不高。如豆科绿肥作物，虽然自身具有固氮能力，但在生长初期和生长旺盛期也需要一定的氮素养分，若适时施氮可大大增加绿肥产量。一般绿肥作物对磷素也很敏感，适时适量地施入磷肥可达到“小肥养大肥”和“以磷增氮”的效果。这也符合“以无机换有机”提升耕地有机质的理念。早熟早收，防止养分和有机物质损失。总之，选择品种是基础，合理配置是关键，加强管理是保证。

（三）作物—绿肥混种技术

在同一块地里，同时混合播种两种或以上绿肥作物。如紫云英与肥田萝卜混播，紫云英或苕子与油菜混播等。古有谚语“种子掺一掺，产量翻一番。”豆科绿肥与非豆科绿肥，蔓生与直立绿肥混种，使得相互间能调节养分，蔓生茎可攀缘直立绿肥，使得田间通风透光，因此，混种绿肥生物产量高。

混种绿肥要求混种绿肥品种的生态适应性基本相似，对光热水等环境条件的要求基本相似或互补，生长时期基本一致，便于收获或适时翻压入土还田。作物—绿肥混种的其他技术要点与冬季绿肥及间套作的基本类似，不再累述。

三、绿肥施用技术

（一）施用方式

绿肥的主要施用方式有直接翻耕还田、堆沤还田、制沼气沼渣和过腹还田等。其中，绿肥直接翻耕作基肥还田是绿肥最主要的还田方式，间、套种绿肥也可就地掩埋作为主要作物的追肥。翻耕前最好将绿肥稍加晾晒使其萎蔫后切短或粉碎，这样更有利于翻耕和促进绿肥分解。旱稻田最好用干耕，旱地翻耕要注意保墒、深埋，使土壤和绿肥紧密结合，促进绿肥分解。

堆沤还田、制沼气沼渣还田和过腹还田是绿肥的三大间接还田方式。要注意适时收割。绿肥收割时间过早，产量低，有机成分简单，肥效短；收割时间过迟，茎叶养分含量低，养分损失大，碳氮比大，不利于分解。一般选择生物量最大时期收割。由于绿肥间接还田方式与秸秆间接还田大致类似，下面主要对绿肥直接翻耕还田方式进行介绍。

（二）施用时期

绿肥翻压时期，应掌握在鲜草产量最高和肥分总含量最高时期进行。一般豆科绿肥植株适宜的翻压时间为盛花期至谢花期；禾本科绿肥最好在抽穗期翻压；十字花科绿肥适宜在上花下荚期翻压施用。如箭筈豌豆翻压适期以盛花期为宜。多年生绿肥适宜在未木质化前刈割或翻压。间、套作绿肥作物的翻压时间，应与后茬作物需肥规律相配合，适时操作。翻压时间除去绿肥本身条件外，还必须和后作播种时间配合。稻田翻压一般在插秧前 10～20d 前进行。旱地分带轮作绿肥可在后作播种前 7～15d 前进行。如棉田施用绿肥，一般可在播前10～15d 翻耕。由于棉田有早播的要求，存在绿肥早耕影响鲜草产量的矛盾，可适当采用营养钵育苗和提早翻埋的办法来解决。夏秋季绿肥的翻耕适宜时期应选在土壤墒情较好的时期。

（三）施用方法与深度

将绿肥茎叶切或粉碎成 10～20cm 长，然后撒在地面或施入沟内，翻耕入土。一般入土深度为 10～20cm，因为这层土壤中微生物活动旺盛，有利于绿肥分解。沙质土壤应稍深一些，黏质土壤可适当浅些。翻压时要注意翻压质量，保证绿肥不外露，翻压严实，促进绿肥快速腐烂，减少养分损失。

（四）施用量

绿肥的施用应根据绿肥种类、气候特点、土壤肥力情况和作物的需肥特征因地制宜、适时适量而定。一般每公顷 15～22.5t 鲜绿肥基本可满足作物的需要。施入量过大可能造成作物后期贪青晚熟。在排水不良的稻田尤其要控制绿肥还田量，防止“发僵”等毒害现象出现。

（五）配施适量氮磷养分

绿肥分解过程中，微生物的快速繁殖可能造成短期的氮素生物固定而引发作物苗期缺氮，所以在施用非豆科绿肥或较粗老的绿肥时应施用适量的有效氮素加以调节。另外，绿肥中磷含量相对较低，而且分解慢，在翻压时可适当施用一些磷肥。配合磷肥施用，有利于氮磷养分的平衡供应。若稻田施用绿肥后出现“发僵”毒害现象，每公顷施用过磷酸钙 75～112.5kg 或石膏粉 22.5～37.5kg 可快速减缓这一毒害作用。

（六）病虫害防治

一般情况下，绿肥等直接还田，可能会诱发某些病虫害加重。在绿肥与作物具有共同或类似种类的病虫害时，要加强对共性病虫害的预防、防治与控制。

第五节　耕作管理技术

影响土壤有机质含量的人为因素主要是耕作管理措施。种植制度和耕作方式是耕作管理的两大方面，通过影响耕地土壤有机质物质的输入数量与质量、转化分解等方面而影响农田生态系统有机质动态。

种植制度主要有轮作、间作和套作等。我国典型的轮作与套作方式有多种，主要有水旱轮作、粮经作物与草（绿肥）的轮作或间套作。水旱轮作包括水稻—绿肥、稻—麦、稻—烟、稻—油、稻—菜等。粮经作物与草（绿肥）的轮作或间套作包括粮草（肥）轮作和间套作、粮经与豆类作物轮/间套作、旱地间套作绿肥等。

土壤耕作方式主要有常规耕作，少耕、免耕、深耕等保护性耕作。

采用合理的耕作制度，提高复种指数，降低休耕频率，结合合理的少、免耕等保护性耕作管理技术，可降低农田碳损失，有效提升耕地有机质水平。

一、种植制度

种植制度影响农田生态系统有机质动态。采取合理的保护性种植制度可以降低农田碳损失，稳定甚至增加土壤有机质含量。提高复种指数，降低休耕频率，合理的轮作制度等保护性管理措施可以有效地提升耕地有机质水平。提高复种指数，降低休耕频率可以提高作物产量，同时增加土壤作物残茬和根的有机质输入。在有机质输入增加的同时，其微生物降解速率也相应提高，但由于输入大于降解，总体上土壤有机质含量有不同程度的提高。

（一）休闲/休耕

在许多以小麦及谷类作物为主的半干旱地区，一方面为了增加土壤含水量，另一方面为了避免遭受水灾，多采用夏季休闲/休耕的种植制度，在休耕季节进行农田翻耕和放牧。温暖湿润的环境可促进微生物活动，加速土壤有机质矿化。如果为了控制杂草生长而多次翻耕，则会进一步加剧土壤有机质的矿化。多数研究结果表明，土壤有机质汇集与降低休耕频率直接相关。在碳输入相同的情况下，小麦—休闲/休耕种植模式有机碳净损失比小麦连作高 20～25g/m^2，这就意味着由于降低休闲/休耕频率使土壤有机质分解速率相对减缓，更多的碳保存在土壤中。Gerzabek 等（2001）运用^{13}C 自然丰度方法研究发现，长期休闲/休耕情况下，土壤表层（0～20cm）有机质含量大约降低 1/3。

（二）轮作与间套作

种植残茬（地上部和根）比例高的作物能够维持甚至提高土壤有机质含量。在轮作中加入豆科作物或豆科牧草在初期可能会降低土壤有机质的含量，主要是由于豆科植物的生物固氮作用，其根和残茬的 C/N 比低，提高了土壤供应养分的能力，提高了土壤微生物的活性，加速了土壤有机质的分解。然而，从长期来看，这一作用可促进后茬作物的生长，提高年内有机物质的总输入量，从而增加了土壤有机质的含量。如 Gregorich 等（2001）35 年的试验结果表明，种植制度（单作或轮作）对土壤碳水平的影响大于施肥的效果，玉米与豆科作物轮作情况下土壤碳含量比玉米单作高。轮作影响土壤有机质积累的另一原因是营养、根系、水分和土壤有机质之间的交互作用。短期内残茬输入加剧了微生物与植物对营养的竞争，从而降低了植物的养分利用效率。长期内残茬和有机质库的增加，可以改善植物的水分利用效率和营养再循环能力，减少养分流失，加强土壤有机质的积累。

根据不同区域长期定位试验结果，轮作和间套种对土壤有机质含量具有较显著影响。如据徐明岗等（2009）对我国不同区域相关长期试验结果的分析，南方地区实行水旱轮作几年后，作物产量提高了 7.2%～23.2%，土壤有机质提高了 3.3～3.8g/kg；东北的玉米与草木樨间作或轮作，土壤有机质增加了1.22～1.8g/kg；新疆的小麦套种草木樨后，小麦增产11.7%，土壤有机质增加2.33g/kg（表10-10）。

表10-10　轮作与间套作对土壤有机质的影响

区域	土壤	轮作/间套作	种植年限（年）	增产粮食（%）	土壤有机质增加（g/kg）
湖南	水稻土	肥—稻—稻	5	23.2	3.8
江西	水稻土	肥—稻—稻与油—稻—稻轮作	8	7.2	3.7
湖北	黄棕壤	棉—稻轮作	3	12.7	3.3
黑龙江	黑土	玉米＋草木樨间作	3	－6.9	1.8
吉林	黑土	玉米—草木樨轮作	5	－14.1	1.22
新疆	灰漠土	小麦套种草木樨	10	11.7	2.33

相同复种指数下，水稻连作对土壤有机质提升的效果一般大于水旱连作。水稻连作2年土壤有机碳可增加10%，而水稻—玉米轮作则变化不大。水稻连作土壤碳汇集升高的主要原因是由于微生物活动引起的碳矿化降低。另外，酚类产物的积累，缺氧情况下残茬分解产生的酚亚基的进一步氧化受到限制，使之在土壤中得到积累。而水稻—玉米轮作的夏作成熟期，土壤中5种微生物和7种主要生理群细菌数量明显高于连作区的稻田，良好的通气性和较大的微生物活性促进了土壤有机物质的快速分解。

稻田采取肥—稻—稻与油—稻—稻轮作比肥—稻—稻连作更加有利于土壤有机质的积累。根据徐明岗等（2009）对相关研究结果的总结和分析，在长期的水耕种植水稻后，改制种植大豆、花生、蔬菜、甘薯等旱地作物，实行季节性水旱换茬，强化土壤的干湿交替过程，使土壤体系发生变化，将有利于土壤有机质的矿化、更新，土壤腐殖质中胡敏酸增加、富里酸相对减少，腐殖质的品质得到改善（表10-11）。

表10-11　稻田作物轮作下土壤有机质含量与组成

轮作方式	有机质（g/kg）	腐殖质（g/kg）	胡敏酸（g/kg）	富里酸（g/kg）	胡敏酸/富里酸
肥—稻—稻连作	26.3	4.47	1.96	2.78	0.71
肥—稻—稻与油—稻—稻轮作	30.0	4.87	2.16	2.71	0.80
1年肥—稻—稻＋2年油—稻—稻	29.4	4.48	1.98	2.50	0.79
油—稻—稻连作	28.5	4.58	1.89	2.69	0.70

二、土壤耕作方式

（一）影响机理

一般认为，土壤团聚体对土壤有机质起到一定的保护作用，延长其周转的时间。土壤耕作直接增加了农具对团聚体的物理干扰，加快了土壤有机质的降解。其间接影响包括：①使新鲜土壤持续暴露于表层，进入干—湿、冻—融循环，加速团聚体的破碎；②改变温度、湿度、透气性等土壤条件，加速作物残茬的降解；③影响土壤微生物数量和作物残茬在土壤中的分布格局。农具对土壤结构的破坏以及频繁的干—湿循环使本来受到团块结构保护的土壤有机质得以暴露，这可能是加快土壤有机质降解的主要因素。耕作对土壤有机质动态影响的强弱取决于耕作的强度大小。

耕作强度的增加导致土壤中富含碳的大团聚体破坏加剧，形成大量有机质含量相对较低的小团聚体和游离有机质颗粒，而游离的有机质颗粒稳定性差，极易降解，从而引起土壤有机质的损失。同时，大团聚体解体释放不稳定土壤有机质，加速了微生物降解，消耗了更多土壤有机质。土壤有机质数量的减少引起微生物量及其活性下降，使形成团聚体的黏合物减少，最终导致大团聚体数量进一步降低耕作改变了土壤小气候，直接影响到土壤微生物活性。耕作还可以提高土壤表层温度，降低土壤含水量，提高土壤透气性。因此，耕作对土壤有机质的累积和分解具有重要的影响。

耕作可以改变土壤有机质的空间分布格局。Balesdent 等（2000）利用^{13}C标记作物区分土壤原有有机质和新输入的有机质，经过连续 17 茬作物的生长，在免耕条件下，50%以上新输入的有机碳集中在土壤表层 0～4cm，仅有 20%分布于 5cm 以下土层；而传统耕作条件下的有机碳几乎全部集中在耕作层。根据新输入有机质的分布格局，可以预测不同耕作方式下生物降解、土壤呼吸和氮固定的差异。

少耕免耕使土壤不稳定碳输入增加，流失减少，意味着土壤汇集碳增加。同时，免耕少耕使风雨对土壤的侵蚀作用降低，起到减少土壤有机质流失的作用。与传统耕作方式相比，免耕少耕可以显著提高土壤有机质含量。除上述原因以外还存在另外两方面因素：其一，免耕少耕促进真菌的生长和真菌菌根的增生，显著提高土壤微生物量及微生物种类，使更多的不稳定碳得以固定积累，减少由于矿化引起的损失，也有利于大团聚体的形成。免耕条件下，作物残茬更多地转化为土壤有机质、土壤微生物量碳和可矿化碳，三者在 0～5cm 土层的含量比传统耕作下的土壤高 33%～125%。免耕与提高复种指数相结合，可以更加有效地提高土壤有机质含量。其二，免耕少耕可以增加植物可利用水。作物残茬聚集在土壤表面，在土壤和大气之间形成一层屏障，减少了土壤水分蒸腾，同时降低土壤表面风速，使水分和热量交换降低。干的作物残茬比土壤有更高的反射率和热辐射性，使土壤表面温度降低，影响到土壤微生物活性，降低土壤呼吸。

但也有研究表明，少耕和免耕对提高耕层土壤有机质含量的作用并不明显。如 Freixo 等研究发现，经过 13 年作物生长，表层土壤有机质含量发生很大变化，传统耕作方式下 0～5cm 表层土壤降低了 60%，而免耕情况下降低 43%；5cm 以下土层有机质含量在两种耕作方式之间没有显著差别。Campbell 等（2001）的研究发现，免耕对土壤有机质的汇集作用很大程度上受到土壤肥力的影响，肥力贫瘠情况下免耕并不总能提高土壤有机质水平。Yang 等（2001）研究了免耕对土壤全碳、腐殖化有机碳等成分的影响，结果表明，土壤有机碳汇集程度明显地受土壤类型和耕种历史的影响。Doran（1998）的研究表明，在小麦/休耕模式下，免耕同样将导致表层土壤碳的损失，认为只有通过提高复种指数降低休耕的频率，增加有机质向土壤中的输入，才能减缓土壤有机质含量降低的速率，甚至提高其含量水平。

（二）保护性耕作技术

保护性耕作是以保护生态环境、促进农业可持续发展和节本增效为目标，以秸秆覆盖、免少耕播种施肥复式作业、轮作、病虫草害综合控制等为主要内容的先进农业技术。保护性耕作起源于美国。目前，绝大部分欧美国家已经基本取消了铧式犁翻耕的传统耕作方式，大面积采用了以机械化为支撑的保护性耕作法。同时，该方法在南美洲、澳洲、非洲、亚洲也得到了广泛的运用。

我国对于保护性耕作法的推广和运用比较落后，在20世纪末才开始进行保护性耕作法的推广和运用。为了加快保护性耕作的示范推广进程，农业部将保护性耕作列入“十五”期间重点推广的50项农业技术之一。从2002年开始中央财政又设立了保护性耕作专项资金，在北方13省、直辖市、自治区的58个县建立了保护性耕作项目示范区，2003年以来示范辐射面积又进一步扩大。保护性耕作法已经广泛地运用在果树、蔬菜等经济作物上，为当地经济、社会和生态的绿色增长带来了显著效益。

保护性耕作法将残茬或作物秸秆保留在土壤表面，不翻入土壤中，成为耕地的一个保护层。实施保护性耕作能减少土壤水分蒸发，抑制盐碱在土表积聚，减少雨季坡地的水土流失，增加降雨在土中的接纳贮存，抵抗风蚀，增加近地面空气中 CO_2 的含量，有利于补充光合作用所需的碳源，增进土壤表层微生物的活性，减少土壤有机质的分解。长期秸秆覆盖同样能增加土壤有机质，改善土壤结构，培肥地力，增加产量。在水热条件高的南方地区，保护性耕作能够有效缓解雨季所造成的水土流失和夏秋伏旱的威胁，在北方干旱或半干旱地区，能够减少蒸发和降低农业用水量。但在高寒地区，由于影响土壤增温，故不是在所有条件下皆适宜采用的。比如，对于种植玉米等喜温作物，由于春季播种时保护性耕作的地温比翻耕无覆盖地温低1～2℃，可能会对出苗产生较大影响，所以推广要慎重。而对于旱岗地播种春小麦等耐寒作物，则对温度没什么限制，免耕覆盖作业可以推广。

保护性耕作技术是一项科学性和技术性兼备的实用新型技术，可以解决不同生态类型区环境保护、水土流失、培肥地力和提升耕地有机质等生产、生态和环境问题。保护性耕作技术是由一系列农机、农艺措施构成的完整体系，其关键技术主要是秸秆覆盖技术、免耕播种技术、土壤深松技术和杂草控制技术等。我国已经发展了针对北方旱地小麦、玉米等作物和南方水田水稻、玉米、油菜等作物种植下的保护性耕作技术体系。大量试验与推广调查显示，小麦增产幅度达8.7%～12.5%，玉米增产达10%～15%。秸秆等有机肥的施用，因产量增加而增加的作物残留量的提高，因少免耕减少了土壤的扰动，综合实施2年可提高耕地有机质1.0g/kg左右。一年一季作物地块，耕地有机质提升幅度稍小，约为0.5g/kg左右。

1. 小麦—玉米轮作保护性耕作技术

（1）小麦—玉米轮作秸秆直接还田免耕技术　基本田间操作流程：小麦机收—秸秆粉碎后覆盖地表—（间隔3～4年1次深翻）—直接免耕播种玉米—化学除草剂封闭灭草—人工收获玉米后粉碎秸秆或机收玉米同时粉碎秸秆—带茬直接播种小麦。

（2）小麦—玉米轮作秸秆间接还田免耕技术　此技术主要是针对养殖业发达地区对玉米秸秆需求大的情况而采取的一项保护性耕作技术。其特点在于上茬小麦秸秆全部还田，下茬玉米留茬免耕播种，秸秆通过养殖业过腹后增施有机肥而实现还田，以达到提高耕地有机质含量的目的。田间操作流程为：小麦机收—秸秆粉碎后覆盖地表—土壤深翻（3～4年1

次）—免耕播种玉米—土壤封闭灭草—玉米收获留茬—秸秆收集作饲料并撒施有机肥—带茬直接播种小麦。

2. 小麦—蔬菜轮作行间覆盖还田免耕技术 麦茬定植花菜、大头菜、番茄、黄瓜等蔬菜作物，是城郊和村边粮经作物区常采用的传统种植方式。田间操作，小麦机收—人工收集小麦秸秆—旋耕灭茬—土壤深翻（3～4 年 1 次）—整地施肥做畦—水分调节—蔬菜定植—缓苗后行间覆盖小麦秸秆—蔬菜收获后直接免耕播种小麦。

3. 小麦—玉米—蔬菜或其他经济作物保护性耕作技术 小麦机收—秸秆粉碎后覆盖地表—免耕播种玉米—土壤封闭灭草—玉米收获—人工收集秸秆—留茬覆盖地表—次年春季旋耕灭茬—土壤深翻（3～4 年 1 次）—整地施肥（有机肥还田）—水分调节—覆盖地膜——播种或定植。

4. 小麦/玉米/水稻等作物单作少免耕技术

（1）秸秆直接还田少耕技术　人工或机器收获作物—秸秆粉碎机粉碎秸秆—旋耕进行地表秸秆处理—次年春季直接免耕直播。

（2）秸秆留茬覆盖免耕技术　作物收获—人工收割秸秆—留茬覆盖地表——次年早春深翻（3～4 年 1 次）—施用有机肥—直接免耕播种。

（3）马铃薯、玉米带状套作秸秆覆盖技术　马铃薯收获—残留秸秆就地覆盖—玉米收获—留茬固土—秸秆整株覆盖于马铃薯种植带—土壤深翻（3～4 年 1 次）—次年春耕旋耕灭茬粉碎玉米秸秆—机械起垄—水分调节—马铃薯播种—封闭灭草—覆盖地膜—带状套作玉米。

5. 早中稻高留茬免耕直播技术 我国南方地区，在早稻或中稻收获时，留茬 30～40cm 高，下季水稻或旱作作物直接播种于行间，收获后全量秸秆还田并翻耕入土。田间操作流程为，早稻人工或收割机收获—留高茬—行间直接播种晚稻或旱作作物或绿肥—人工或机械收获晚稻或旱作—秸秆全量还田—翻耕入土—此年直播早稻或中稻。

（黄道友、朱捍华）

参 考 文 献

巩杰，黄高宝，陈利顶．2003. 旱作麦田秸秆覆盖的生态综合效应研究 [J]. 干旱地区农业研究，21 (3)：69-73.

黄昌勇．2000. 土壤学 [M]. 2 版．北京：中国农业出版社．

黄耀，刘世梁，沈其荣，等．2001. 农田土壤有机碳动态模拟模型的建立 [J]. 中国农业科学，34 (5)：532-536.

李春景，田慧梅．1987. 草木樨与玉米间作栽培利用的研究 [J]. 黑龙江农业科学 (1)：25-30.

李辉信，胡锋，徐盛荣．1996. 红壤丘陵区不同农业利用和管理方式对土壤肥力的影响 [J]. 土壤通报，23 (7)：114-116.

任秀娥，童成立，孙中林，等．2007. 温度对不同黏粒含量稻田土壤有机碳矿化的影响 [J]. 应用生态学报，18 (10)：2245-2250.

沈善敏．1998. 中国土壤肥力 [M]. 北京：中国农业出版社．

史吉平，张夫道，林葆．2002. 长期定位施肥对土壤腐殖质理化性质的影响 [J]. 中国农业科学，35 (2)：

174 - 180.

孙进，王义炳 . 2001. 稻草覆盖对旱地小麦产量与土壤环境的影响 [J]. 农业工程学报，17 (6)：53 - 55.

武志杰，张海军，许广山 . 2002. 玉米秸秆还田培肥土壤的效果 [J]. 应用生态学报，13 (5)：539 - 542.

徐明岗，梁国庆，张夫道 . 2006. 中国土壤肥力演变 [M]. 北京：中国农业科学技术出版社 .

徐明岗，卢昌爱，李菊梅 . 2009. 农田土壤培肥 [M]. 北京：科学出版社 .

杨景成，韩兴国，黄建辉，等 . 2003. 土壤有机质对农田管理措施的动态响应 [J]. 生态学报，23 (4)：787 - 796.

张付申 . 1996. 黄土区土壤长期施肥对胡敏酸结构特征的影响 [J]. 植物营养与肥料学报，2 (3)：243 - 247.

朱捍华，黄道友，刘守龙，等 . 2007. 稻草易地还土对丘陵红壤有机质和主要物理性质的影响 [J]. 应用生态学报，18 (11)：2497 - 2502.

朱奇宏，黄道友，刘守龙，等 . 2005. 红壤丘陵去农作物秸秆综合利用现状与展望 [J]. 生态学杂志，24 (12)：1482 - 1486.

朱瑞祥，薛少平，张秀琴 . 2001. 机械化玉米秸秆还田对土壤水肥状况的动态研究 [J]. 农业工程学报，17 (4)：39 - 42.

Aggarwal RK，Kumar P，Power JF. 1997. Use of crop residue and manure to conserve water and enhance nutrient availability and pearl millet yields in an arid tropical region [J]. Soil and Tillage Research，41：43 - 51.

Balesdent J，Chenu C，Balabane M. 2000. Relationship of soil organic matter dynamics to physical protection and tillage [J]. Soil and Tillage Research，53：215 - 230.

Campbell CA，Selles F，Lafond GP，et al. 2001. Adopting zero tillage management：Impact on soil C and N under long - term crop rotations in a thin Black Chernozem [J]. Can. J. Soil Sci. 81：139 - 148.

Christensen BT，Johnston AE，1997. Soil organic matter and soil quality - lessons learned from long - term experiments at Askov and Rothamsted [M]. In：Gregorich EG，Carter MR (eds) Soil quality for crop production and ecosystem health. Amsterdam：Elsevier Science Publishers，399 - 430.

Doran JW，Elliott ET，Paustian K. 1998. Soil microbial activity，nitrogen cycling，and long - term changes in organic carbon pools as related to fallow tillage management [J]. Soil and Tillage Research，49：3 - 18.

Ellerbrock RH，Hohn A，Rogasik J. 1999. Functional analysis of soil organic matter as affected by long - term manorial treatment [J]. European Journal of Soil Science，50：65 - 71.

Francioso O，Ciavatta C，Sanchez - Cortes S，et al. 1999. Spectroscopic characterization of soil organic matter in long - term amendment trials [J]. Soil Science，165：495 - 504.

Francis J，Larney EB，1997. Changes in total，mineralizable and light fraction soil organic matter with cropping and tillage intensities in semiarid southern Alberta，Canada [J]. Soil and Tillage Research，42 (4)：229 - 240.

Gerzabek MH，Haberhauer G，Kirchmann H. 2001. Soil organic pools and carbon - 13 natural abundances in particle - size fractions of a long - term agricultural field experiment receiving organic amendments [J]. Soil Science Society of America Journal，65：352 - 358.

Grace PR，Oades JM，Keith H，et al. 1995. Trends in wheat yields and soil organic carbon in the permanent rotation trial at the Waite Agricultural Research Institute，South Australia [J]. Australian Journal of Experimental Agriculture，35 (7)：857 - 864.

Gregorich EG，Drury CF，Baldock JA. 2001. Changes in soil carbon under long - term maize in monoculture and legume - based rotation [J]. Canadian Journal of Soil Science，81：21 - 31.

Guo SL，Zhu HH，Dang TH，et al. 2012. Winter wheat grain yield associated with precipitation distribution under long - term nitrogen fertilization in the semiarid Loess Plateau in China [J]. Geoderma, 189 - 190: 442 - 450.

Hassink J. 1997. The capacity of soils to preserve organic C and N by their association with clay and salt [J]. Plant and Soil, 191: 77 - 491.

Kusel K, Drake HL. Microbial turnover of low molecular weight organic acids during leaf litter decomposition [J]. Soil Biology and Biochemistry, 31: 107 - 118.

Ladd JN, Oades JM, Amato M. 1981. Microbial biomass formed from ^{14}C, ^{15}N - labelled plant material decomposing in soils in the field [J]. Soil Biology and Biochemistry, 13: 119 - 126.

Larson WE, Clapp CE, Pierre WH, et al. 1972. Effects of increasing amounts of organic residues on continuous corn: II Organic carbon, nitrogen, phosphates, and sulfur [J]. Agronomy Journal, 64: 204 - 208.

Miko UFK. 1995. The temperature dependence of SOM decomposition and the effect of global warming on soil organic C storage [J]. Soil Biology and Biochemistry, 27 (6): 753 - 760.

Roscoe R, Buurman P, Velthorst EJ, et al. 2001. Soil organic matter dynamics in density and particle size fractions as revealed by the $^{13}C/^{12}C$ isotopic ratio in a Cerrado's oxisol [J]. Geoderma. 104: 185 - 202.

Schimel DS, Braswell BH, Holland EA, et al. 1994. Climatic, edaphic and biotic controls over storage and turnover of carbon in soils [J]. Global Biogeochemical Cycle, 8: 279 - 293.

Varvel GE. 1994. Rotation and fertilization effects on changes in soil carbon and Nitrogen [J]. Agronomy Journal, 86: 319 - 325.

Yang XM, Kay BD. 2001. Impacts of tillage practices on total, loose - and occluded - particulate, and humified organic carbon fractions in soils within a field in southern Ontario [J]. Canadian Journal of Soil Science, 81: 149 - 156.

Zhu HH, Wu JS, Huang DY, et al. 2010. Improving fertility and productivity of a highly - weathered upland soil in subtropical China by incorporating rice straw [J]. Plant and Soil, 331: 427 - 437.

Zinn YL, Lal R, Dimas VS, et al. 2005. Changes in soil organic carbon stocks under agriculture in Brazil [J]. Soil Tillage Research, 8: 28 - 40.

第十一章　耕地养分库容增效技术

耕地养分库容是指在一定土层厚度中土壤各养分元素的库存量。目前，研究较多的是土壤碳库量，但在计算碳库量时，一些研究者认为应该以整个耕作层为研究对象，即在计算时通常按30cm左右的土层来计算；但也有部分学者认为应该以整个土体为研究对象，即在计算时一般采用1m或整个发育层的厚度来计算。但要实现耕地稳、匀、足、适以及持续的供给养分，则必须要有良好的土壤结构。土壤结构的好坏直接影响着耕地养分库容的变化，良好的土壤结构有助于养分的保蓄，防止养分的损失；同时，耕地养分库容的提升，也有助于土壤结构的改善，尤其是有机养分的增加。实际上，耕地养分库容提升和结构改善是相互依存的，共同协调耕地养分的供应，促进作物生长以及提高作物产量。而作物产量的提高，必然会增加其在土壤中的残留量，即增加了养分库容量，从而也会改善土壤结构。因此，在农业生产中，要协调好三者直接的关系，使其达到良性循环，从而实现农业生态系统的平衡和持续发展。

如前所述，耕地质量是指在正常施肥和管理的情况下，耕地供给作物生长所必需的水分和养分，并获得相应的收获物，以及维持其原有肥力和生产力，保持土壤生态系统健康，有效抵御不良外界条件，缓冲外来物质的能力。有研究者（田有国，2006；全国农业技术推广服务中心，2005）认为耕地质量主要包括以下3个要素：①耕地地力，是耕地质量的基础和核心，指由耕地地形地貌条件、成土母质特征、培肥水平和土壤理化性状等综合构成的耕地生产能力；②田间基础设施，主要是指满足耕地种植农作物所需的沟、渠、路、田埂、涵洞和闸等；③耕地环境，是指影响耕地生产能力的各种天然的和经过人工改造的自然因素的总体，包括耕地内的水、热、气和野生生物等。耕地养分库容和土壤结构是耕地地力的重要组成部分。只有具有一定量的耕地养分库容以及良好的土壤结构，耕地才具备良好的生产力。耕地养分库容的减少或土壤结构的破坏，必然会影响耕地地力水平。耕地地力水平下降，即使在具有完善的田间基础设施以及良好的生态环境下，也不能得到作物的稳产、高产、优产。从这层意义上来看，耕地养分库容和土壤结构状况是耕地质量的基础，是评价耕地质量的核心内容，目前，主要从平衡施肥、土壤改良剂应用、保护性耕作、作物种植制度调整来提升耕地养分库容，本章将简要地阐述这些技术及其原理。

第一节　平衡施肥技术

施肥不仅是提高作物产量和品质，也是改善耕地质量，提高耕地生产力的关键措施。尽管随着科学技术的发展，新型肥料不断涌现，施肥技术也不断改进，但实际上对作物生长和土壤质量培育密切相关的仍然是有机质和矿质养分，因此，现有的新型肥料研发、施肥技术发展等都是围绕提高养分利用效率、促进作物优质高产和土壤质量提升等目标进行的。实际上，保证稳、匀、足、适地供给作物生长所需的养分，既是农业生产中施肥所要达到的目标，也是耕地质量培育的最终目标。

一、施肥的基本原理

施肥的基本原理包括定量原理、量比原理、平衡补偿原理和综合效应原理。施肥定量和量比原理的立论基础是作物的营养需要性，平衡补偿原理则立足于协调作物吸收养分和土壤培肥的矛盾，为作物生长创造良好的土壤环境，而综合效应原理则视作物—气候—栽培措施为一体，以作物高产为核心进行施肥决策。

1. 定量施肥原理 施肥定量是合理施肥和科学施肥的基本要求，也是决定施肥效应、农业生产收益和施肥利润的关键因素。因此，从理论上弄清施肥如何定量是十分重要的。

施肥是针对作物营养特性和养分需求而进行的目的性很强的农业实践活动，施肥的效果取决于作物对所施肥料的反应。早期的研究认为，施肥定量的基本依据是作物对肥料的生物效应；而现在农业中，施肥对作物产量、品质、环境等的效应和直接经济效益，是定量施肥的主要依据。

定量施肥的理论依据为米采利希（Mitscherlich）学说。米采利希等（1909）在前人的基础上，根据砂培燕麦施磷试验探讨了施肥与作物产量的关系。米氏学说可以简单地表述为：如果一切田间都符合理想的话，作物都有一最高产量，在缺乏任何主要因素时产量便会相应减少，增施单位量缺乏的养分所得到的增产量和该养分最高产量与其现有产量之差成比例，即某种养分的效果在土壤中该种养分愈不足时效果愈大，若逐渐增加该养分的施用量，增产效果就将逐渐减少。其数学表达式为：$\frac{\mathrm{d}y}{\mathrm{d}x}=c(A-y)$，其中 y 为产量，x 为施肥量，A 为养分 x 可能达到的最高产量，c 为常数。

米采利希首次用数学公式定量描述施肥与产量之间的函数关系，其基本出发点是指导施肥不超过最高产量（A）的施肥量，以保证肥料的最佳经济效益特别是在肥料数量不足的情况下，其意义重大，并得到历史的验证。但是在米氏公式中 c 值不是一个固定值，其随着作物种类及生长环境发生变化。因此，在米氏公式问世后，不少研究者对其修正、完善，如 Niklas 和 Miller（1927）提出的二次抛物线方程，Cowell 等的平方根多项式方程，以及后来的二元、三元肥料的二次多项式等，都是用数学方法定量描述肥料与产量之间的关系。且这些被采用的数学公式中，既包含了肥效递减律部分，也反映了土壤肥力水平对产量的贡献。

反映肥效递减规律的米氏学说与报酬递减律，都是以其他技术条件不变为前提，反映施肥与产量之间的报酬递减现象，即肥效递减律的相对性。然而从农业生产的发展来看，技术条件总是不断改善的，生产水平总是会不断提高的，永远不会停止在一个水平上。但是在一个短暂的轮作周期或时间较长的生产阶段内，生产技术一般来说不会发生重大的变化或突破，总是保持相对稳定的状态，这就在客观上为肥效递减提供了可能。同时大田作物生长受许多条件的影响，其中某些条件如光照、温度、作物种子的遗传性等，在一定程度上还不是人类所能完全控制的。因此，影响作物产量进一步提高的诸因素中，大部分技术因素一般均处于相对稳定的状态，而只有某些技术因素起着主导的制约作用。在改善限制产量提高的某些技术因素后，生产会出现一个新的水平。但是，在新的生产条件下，施肥与产量之间的关系，仍然随着施肥量的增加，产量则按递减率增长，肥效递减现象必将再次表现出来，这即是肥效递减规律的客观性。

总之，肥效递减规律与合理施肥的关系是非常密切的，现已作为施肥的基本理论加以运用，借以指导定量施肥，达到增产、增收的目的，从而避免施肥的盲目性，提高肥料的经济效益；相反，也不应片面地减少肥料用量来降低成本而影响产量。只有在研究综合的农艺措施以逐步提高施肥水平，才能获得更高的产量和经济效益。

2. 施肥量比原理　一般作物完成生命周期至少需要 16 种必需营养元素，其中有 13 种（C、H、O 除外）可以通过施用肥料予以补充。因此，在作物生长过程中，如何通过施肥的种类、数量和比例（施肥量比）创造适应作物的平衡营养环境，是作物施肥学研究的基本问题。

最小养分律是指作物生长受最小养分所制约的规律，或指作物产量受土壤中最欠缺的养分因子制约的规律。由德国化学家李比希于 1843 年在《化学在农业和生理学上的应用》中提出。最小养分律的基本内容为：决定作物产量的是土壤中相对含量最少（对作物需要而言），而非绝对含量最少的某种养分；最小养分不是固定不变的，而是随着条件的改变而变化；继续增加最小养分以外的其他养分，不但难以高产，而且还会降低施肥的经济效益。

限制因子和最适因子律：限制因子律是英国的 Blackman（1905）提出的，是对最小养分律的扩大。限制因子律的文字表述是：增加一个因子的供应可以使作物生长增加，但是遇到另一生长因子不足时，即使增加前一因子也不能使作物生长增加，直到缺乏的因子得到补充，作物才能继续增长。限制因子律中的因子，一般包括养分以外的土壤物理因素（如质地、结构、通气、水分、有害物质等）、气候因素（如光照、温度、风、雨等）以及栽培技术等非肥力因子。施肥不能只注意养分的种类和数量，还应注意非肥力因子对作物生长和肥效发挥的制约作用。

最适因子律是德国的 Libercher（1895）提出的，其文字表述为：植物生长受许多条件的影响，生长条件的变化范围很广，植物适应的能力很有限，只有影响生产的因子处于中间位置，最适于植物生长，产量才能达到最高。因子处于最高或最低的时候，产量反而会降低；各种肥料即使有最适的养分配比也不是越多越好，超过一定数量，会使土壤溶液浓度过高形成盐害，从而降低产量。

从最小养分律到最适因子律，可以看出：①矫治最小养分可以获得更大产量效应，为获得施肥的最大效益，必须控制养分处于最适水平；②作物需要的养分量，不决定于单一养分量的高低，而是决定于多种养分的数量和比例即量比，各种养分处于一个最适量比范围，可达到作物高产高效益，因此，施肥必须合理配方；③最小养分处于动态水平，施肥量比也相应随之改变，影响作物最小养分的因素主要为施肥、作物种类、生育时期和栽培目的；④无视最小养分的限制作用，将造成肥料利用率和经济效益下降，也不能获得高产，因此肥料科学配方和平衡施肥，是避免频繁出现最小养分的根本措施。

按照最小养分施用单一肥料虽可获得相对较高的增产效果，但从整个作物生产潜力看，仍属低产效应。这是因为作物的最小养分是动态变化的，在土壤肥力水平不高的情况下，当一种最小养分得到补充后，可能产生新的最小养分，出现作物营养新的不平衡。如果始终单一补充最小养分，产量只能维持在低水平上增长。最小养分揭示了作物生长的养分限制因素和维持土壤—作物中养分平衡的必要性。在生产实践中只有按照土壤肥力水平和作物特点进行合理的量比施肥，才能获得相对稳定的高产效应。

在现代作物施肥中，一般大田作物主要考虑三要素肥料的组合量比，其次是针对作物种类配入微量元素。肥料经科学组配特别是化合后施用，常常较单一肥料对作物营养产生更好的平衡效应。适宜的施肥量比主要表现为作物吸收养分的载体效应、同步吸收效应和养分互动平衡效应，因而增产明显。同时，养分量比符合作物营养和吸收特性，则可在供肥过程中产生养分互动平衡效应。

3. 平衡补偿原理 由于人类在土地上种植作物并把这些产物带走，就必然会使地力逐渐下降，从而土壤所含的养分将会愈来愈少。因此，要恢复地力就必须归还土壤中带走的全部东西，不然就难以指望再获得过去那样高的产量，为了增加产量就应该向土壤施加灰分，这即为德国化学家李比希提出的养分归还学说。

归还是人为的施肥对土壤养分亏损的一种积极补偿，从而达到土壤养分供应植物需求的平衡。因此，以养分归还学说为理论基础的施肥平衡补偿原理，是一个建立在生物循环基础上积极恢复地力、保证作物稳定增产的理论。其核心是以施肥达到用地养地相结合，促进农业的可持续发展。其实质是强调为了增产必须以施肥方式补充植物从土壤中摄取的养分，这就突破了过去局限于生物循环的范畴。通过增加施肥，扩大这种物质循环，从而为作物高产和均衡增产开辟广阔的前景。为了恢复和提高地力，有重点地归还必要的养分是完全合理的，全部归还是不经济的，也是不必要的，关键在于保持土壤养分供应与植物养分需求间的平衡。

单纯施用有机肥和化肥虽都具有增产效应，但这两类肥料的效应却明显不同。有机肥因其自身的特点而难以实现高水平、高速度的发展农业生产，通常只能满足稳而低的农业生产水平，但是长期大量施用可改良土壤结构，逐渐提高土壤肥力水平和养分供应容量；化肥养分浓度高且有效性也高，能适应高产量高水平农业发展的需要，采用配合或混配方式施用，可满足植物高效、高强度、临界营养期需肥，能充分体现施肥的针对性、需要性和合理性，但因其含有大量副成分（特别是单质化肥），长期、大量、单一施用必然导致土壤结构变劣，产生酸、板、瘦等不良现象。在现代高产、优质、高效农业中，有机肥与化肥科学配合施用，可充分发挥两者的优点，达到优势互补之效，特别是在调节土壤供肥容量和强度方面各具独特的作用。因此，针对土壤供肥特性归还和补偿易亏缺养分，是提高施肥经济效应的基础。

从土壤供肥方面来说，一般可以将养分归还分为土壤肥力矫正归还和土壤养分平衡归还。所谓矫正归还是指维持土壤结构和土壤潜在肥力矿物组成所需要的物质成分，如有机质、钙、磷、硅等。其目的在于协调土壤养分的容量和强度因素平衡，使土壤水、肥、气、热协调，能稳、匀、足、适维持土壤供肥的能力，所以归还的物质既包括植物所需的营养成分，也包括部分非物质需要的成分，其归还物质的目的不是供给作物吸收而是重在改变土壤的非肥力因素条件。因此，在农业生产实践中，土壤肥力矫正归还，一般施用缓效的有机物质和不易分解的矿物质。土壤养分平衡归还多指按作物产量所需要的养分，给当季作物施肥，一般以速效养分肥料为主，其目的在于满足作物生长发育的需要，使土壤有效养分能有效、及时供给作物吸收。由于土壤养分平衡归还主要在于调节土壤有效养分的动态变化，所以养分归还时必须考虑土壤潜在养分和有效养分关系、有效养分和速效养分的关系、速效养分和实际有效养分的关系。因此，从这个意义上看，养分归还学说也是测土施肥和平衡施肥的基本理论依据之一。

4. 综合效应原理 因子综合作用律的基本内容：作物丰产是影响作物生长发育的各种

因子如水分、养分、光照、温度、空气、品种以及耕作条件等综合作用的结果，其中必然有一个起主导作用的限制因子，产量也在一定程度上受该种限制因子的制约。

为了充分发挥肥料的增产作用和提高肥料的经济效益，一方面，施肥措施必须与其他农业技术措施密切配合，另一方面，各种肥料养分之间的配合施用，也应该因地制宜地加以综合运用。作物丰产不仅需要解决影响作物生长和提高产量的某种限制因子，其中包括养分因子的最小养分，而且只有在外界条件足以满足作物正常生长和健壮发育的前提下，才能充分发挥施肥的最大增产作用，收到较高的经济效益。

要发挥肥料的增产潜力，必须同时考虑水分、温度、CO_2 浓度和光照 4 个因子，即这些因子必须保持一定的均衡性才能使肥料发挥应有的增产效果。若各个因子都百分之百地满足农作物要求，则将会获得一个极限产量；如果诸因素只能满足农作物要求的 80%，则只能达到其极限产量的 32.8%。因此，高效施肥不单考虑肥料的量和养分的配比，还必须考虑上述 4 个因素。从这个角度而言，科学施肥必须具有系统工程的观点。

二、肥料效应函数

作物产量或品质等指标对施肥量的反应，称为肥料的增产效应或肥料效应。将施肥量与产量、品质等指标间的关系用数学表达，称为肥料效应函数或肥料效应回归方程式。肥料效应函数能定量地反映出施肥量与产量、品质之间的数量关系，在确定经济最佳施肥量、最大利润施肥量和最高施肥量以及进行肥料新品种的评价时，肥料效应函数可提供重要的参考依据。

肥料效应函数是以田间施肥量试验为基础，将不同储量的产量进行数量统计，求出在试验条件下施肥量与产量之间的定量关系。由于施肥量与产量、品质之间的关系极为复杂，肥料效应函数方程式的代数形式及其系数值取决于土壤、作物、肥料种类和栽培技术条件等多种因素。任何一种肥料效应函数，只是在一定条件下肥料效应数量关系的反映，不可能采用某种相同的肥料效应函数来表示不同情况下的肥料效应。

肥料效应函数的基本表达式为：

一元肥料：$y=A(1-10^{-cx})$；$y=A(1-R^x)$；$y=b_0+b_1x^s$；$y=b_0+b_1x^s+b_2x^{2s}$（常用此式，$s=1$）；$y=b_0+b_1x^s+b_2x^{2s}+b_3x^{3s}$

二元肥料：$y=b_0+b_1x_1^s+b_2x_1^{2s}+b_3x_2^s+b_4x_2^{2s}+b_5x_1^sx_2^s$

三元肥料：$y=b_0+b_1x_1^s+b_2x_1^{2s}+b_3x_2^s+b_4x_2^{2s}+b_5x_3^s+b_6x_3^{2s}+b_7x_1^sx_2^s+b_8x_1^sx_3^s+b_9x_2^sx_3^s$

1. 一元肥料效应函数

（1）直线式　直线式的基本表达式为 $y=b_0+b_1x$ 。该式的特点是表征了最小养分与作物产量的消长关系；在土壤肥力低、作物产量不高、肥料用量少、其他栽培措施适宜的条件下才存在。因此，应用直线式指导施肥应注意两点：b_0 、b_1 、x 、y 值具有相应的范围，应确定其线性界限；多年、多点田间试验检验，才能加以应用。

（2）指数式　肥料效应的指数函数可表现为报酬递减效应，产量增加量随施肥量增加而渐减，并以最高产量为极限。因此，指数式仅适于到达最高产量前的肥料效应，而不能反映总产量因施肥量增加而下降的效应。

米采利希方程式：其根据肥料效应和报酬递减律相吻合的研究结果，得出 $y=A(1-$

10^{-cx}）。该式的一阶导数为 $\frac{dy}{dx}=A\cdot C\cdot 10^{-cx}\cdot \ln 10$。由此可知，随着施肥量的增加，边际产量按一定比例递减，因而总产量按一定的渐减率增加趋向于最高产量。米氏方程曾广泛用于经济最佳施肥量，预测产量，估计土壤有效养分含量，称为指导合理施肥的基础。

斯皮尔曼方程式：斯皮尔曼于 1928 年观察到有递增等量肥料而形成的连续增产量（Δy_i），即平均边际产量，表现为系列的递减几何级数关系，设 A 为最高产量，y 为实际产量，R 为效应系数，即连续两个增产量之间的比率（$R=\frac{\Delta y_2}{\Delta y_1}=\frac{\Delta y_3}{\Delta y_2}=\cdots\cdots\frac{\Delta y_n}{\Delta y_{n-1}}$），则可得出斯皮尔曼方程式：$y=A(1-R^x)$。

二次多项式：一元肥料的二次多项式是 $y=b_0+b_1x+b_2x^2$，式中 b_1 表示起始时肥料增产效应趋势，b_2 为肥料效应的增减程度，反映效应曲线的曲率变化，由 Niklas 和 Miller（1927）提出。其建立二次多项的条件是：精确边际产量 $\frac{dy}{dx}$ 与最高产量施肥量 h 和实际施肥量 x 之差成正比，即 $\frac{dy}{dx}=C(h-x)$。

三次多项式（S 形肥料效应曲线）：一元肥料的三次多项式为 $y=b_0+b_1x+b_2x^2+b_3x^3$，是由赫尔里格尔（H. Hellriegel）的大麦氮肥砂培试验所得。试验结果表明，随着氮肥施用量的增加，递增等量氮肥的增产量，起始表现为递增，但超过一定限度后开始递减，总产量曲线呈 S 形。

在农业生产实践中，往往由于土壤中含有一定量的养分，使不施肥的生产水平超过转向点，掩盖了效应递增阶段，因而肥料效应递增的现象不能表现出来，肥料的增产效应往往一开始即呈现递减效应，肥料效应曲线往往呈二次多项式、平方根多项式等曲线形式。

2. 多元肥料效应回归方程式

（1）二元肥料效应函数　常用的二元肥料效应函数为 $y=b_0+b_1x_1+b_2x_1^2+b_3x_2+b_4x_2^2+b_5x_1x_2$。式中 b_1 和 b_2 为养分 x_1 的主效应系数，b_3 和 b_4 为养分 x_2 的主效应系数，b_5 为养分 x_1 和 x_2 的交互效应系数，当 $b_5>0$ 时，表示为正交互效应，当 $b_5<0$ 时，表示为负交互效应。

二元肥料效应函数的边际产量可根据肥料效应函数求出，如下式：

$$\frac{\partial y}{\partial x_1}=b_1+2b_2x_1+b_5x_2$$

$$\frac{\partial y}{\partial x_2}=b_3+2b_4x_1+b_5x_1$$

（2）三元肥料效应函数　常采用三元二次多项式，其一般表达式为 $y=b_0+b_1x_1+b_2x_1^2+b_3x_2+b_4x_2^2+b_5x_3+b_6x_3^2+b_7x_1x_2+b_8x_1x_3+b_9x_2x_3$。式中 b_1 和 b_2 为养分 x_1 的主效应系数，b_3 和 b_4 为养分 x_2 的主效应系数，b_5 和 b_6 为养分 x_3 的主效应系数，b_7、b_8、b_9 分别表示 x_1x_2、x_1x_3、x_2x_3 的交互效应系数。

三元肥料效应的边际产量，即产量 y 对 x_1、x_2、x_3 的偏导数，如下：

$$\frac{\partial y}{\partial x_1}=b_1+2b_2+b_7x_2+b_8x_3$$

$$\frac{\partial y}{\partial x_2}=b_3+2b_4x_2+b_7x_1+b_9x_3$$

$$\frac{\partial y}{\partial x_3}=b_5+2b_6x_3+b_8x_1+b_9x_2$$

通过肥料效应方程式可以求得最高产量的施肥量、一元肥料的最大利润率施肥量、二元肥料的经济最佳配比以及经济合理的施肥量。

三、测土配方施肥

测土配方施肥是在土壤化验分析、掌握土壤供肥情况的基础上，根据种植作物需肥特点和肥料释放规律，确定施肥的种类、配比和用量的一种方法，其主要做法是按方配肥。在当前我国新型肥料研究尚较落后、施肥技术和设备尚不够先进、农田基础设施较差的前提下，大力推广测土配方施肥技术，已成为当前及今后一段时间内我国作物施肥的重要方法。

1. 配方施肥和高产平衡施肥　配方施肥是综合运用现代农业科技成果，根据作物的需肥规律、土壤供肥性能与肥料的增产效应，在使用有机肥的基础上，提出施用N、P、K及微肥的合理量和配比以及相应的施肥技术。配方施肥包括配方和施肥量部分。

以目标产量法或以地定产、以产定肥法为例来说明配方施肥的开方过程。该法根据作物目标产量的需肥量与土壤供肥量之差计算施肥量。计算公式为：

$$施肥量=\frac{（目标产量-基础产量）\times 100\text{kg}\ 产量养分吸收量}{肥料养分利用率（\%）\times 肥料养分含量（\%）}$$

若能测定土壤有效养分含量，除土壤能够供应数量以外，只补充供应不足的养分，则设计的施肥配方针对性更强。配方的实施，应根据作物的需肥特性、土壤供肥特点以及肥料的性质，合理安排肥料的施用时间与方法。如黏土种植小麦，则需根据黏土种植中小麦有不发小苗、发老苗的特点，宜把配方肥一次施作底肥。又如磷肥在土壤中移动性差，宜作底肥，分层施肥，集中于根系的密集层，以利于根系的吸收利用。总之，施肥时间和施肥方法要依据情况，灵活运用。

高产平衡施肥是根据作物高产的需肥量和土壤供肥状况，提出施肥种类、数量，同时结合轮作高产的需肥和前作施肥情况，统筹计算全年的施肥种类和数量，使土壤养分处于丰富的状态，能适时满足作物不同时期对养分的要求，从而实现季季作物高产、全年高产和持续增产。平衡施肥首先是测定土壤养分含量，根据有效养分的丰缺状态，补足所缺的养分，提高土壤中所有元素的供应水平；其次，在土壤肥力水平较高的前提下，建立全年土壤养分收支平衡施肥体系，以维持并提高土壤肥力，防止某种养分的过多积累和流失而污染土壤，充分发挥肥料的最大增产效益和土地的最大增产潜力，并为超高产施肥提供施肥依据和技术。

2. 测土配方施肥的优点　在测土配方的基础上合理施肥，促进农作物对养分的吸收，可增加作物产量5%～20%或更高；在测土配方施肥条件下，肥料品种、配比、施肥量等都是根据土壤供肥状况和作物需肥特点确定的，既能保持土壤均衡供肥，又能提高化肥的利用率，降低化肥使用量，作物生长健壮，抗逆性增强，可降低农药施用量，从而降低化肥农药对农产品质量的影响，减少其向环境的排放；通过测土配方施肥，实现合理用肥、科学施肥，提高了农产品品质，改善了土壤肥力。测土配方施肥能使农民明白土壤中到底缺少什么养分，根据需要配方施肥，及时补充土壤缺失的养分，保持土壤养分平衡，改善土壤理化性状，发展区域性优势农产品。在对土壤进行分析基础上，根据土壤以及气候等因素合理布局适合的农作物种植区域，进行科学施肥管理，是发展“优质、高产、高效”农业，增加农民收入的有效途径。

3. 测土配方施肥的基本原则 施用有机肥料是测土配方施肥的基础。增施有机肥料可以增加土壤有机质含量，提高土壤保水保肥能力，增强土壤微生物的活性，促进化肥利用率的提高。必须坚持多种形式的有机肥料投入，才能够培肥地力，实现农业可持续发展。

氮、磷、钾相配合是测土配方施肥的重要内容。随着作物产量的不断提高，在土壤高强度消耗养分的情况下，必须强调氮、磷、钾相互配合，并补充必要的微量元素，才能获得高产稳产。

另外，测土配方施肥必须保证投入产出相平衡，使作物—土壤—肥料形成物质和能量的良性循环。坚持用养结合，投入产出相平衡，不断补充和提高土壤肥力，实现农业可持续发展。

4. 测土配方施肥关键技术环节 测土配方施肥是根据土壤测试结果、田间试验、作物需肥规律、农业生产要求等，在合理施用有机肥的基础上，提出N、P、K、中微量元素等肥料数量与配比，并在适宜时间，采用适宜方法施用的施肥方法。测土配方施肥主要包括以下几项关键技术环节：

田间试验：田间试验是获得各种作物最佳施肥量、施肥时间、施肥方法的根本途径，也是筛选、验证土壤养分测定技术、建立施肥指标体系的基本环节。通过田间试验掌握各个施肥单元不同作物优化施肥量，基、追肥分配比例，施肥时期和施肥方法，摸清土壤养分校正系数、土壤供肥量、农作物需肥参数和肥料利用率等基本参数；构建作物施肥模型，为施肥分区和肥料配方提供依据。

土壤测试：测试土壤N、P、K、中微量元素养分含量，了解土壤供肥能力状况。

配方设计：通过总结田间试验、土壤养分数据等，划分不同的施肥分区；同时，根据气候、地貌、土壤、耕作制度等相似性和差异性，结合专家经验，提出不同作物的施肥配方。

校正试验：在每个施肥分区单元，设置配方施肥、农户习惯施肥、空白施肥3个处理，以当地主要作物及其主栽品种为研究对象，对比配方施肥的增产效果，校验施肥参数，验证并完善肥料配方，改进测土配方施肥技术参数。

配方加工：不同地区有不同的模式，但最主要的运作模式就是市场化运作、工厂化加工、网络化经营。

示范推广：建立测土配方施肥示范区，为农民创建窗口，建立样板，全面展示测土配方施肥技术效果。

宣传培训：农民是测土配方施肥技术的最终使用者，迫切需要向农民传授科学的施肥方法和模式，同时加强对各级技术人员、肥料生产企业、肥料经销商的系统培训，逐步建立技术人员和肥料商持证上岗制度。

效果培训：检验测土配方施肥的实际效果，即时获得农民的反馈信息，不断完善管理体系、技术体系和服务体系。同时，为科学地评价测土配方施肥的实际效果，必须对一定区域进行动态调查。

技术研究：技术研究是保证测土配方施肥工作长效性的科技支撑。

重点开展田间试验方法、土壤养分测定技术、肥料配制方法、数据处理方法等方面的研发工作，不断提升测土配方施肥技术水平。

5. 测土后施肥配方的制订方法 一般应用配方施肥技术来制定施肥配方，但是施肥配方不可能在任何条件下都能应用。一个配方，只能在一个时期内适用于特定的土壤、作物、气候及耕作条件。因此，掌握制订配方的方法至关重要。经典的测土配方施肥法是“土壤有效养分肥力指标法”，其原理和方法也是其他测土配方施肥法的基础。其他方法有：养分平衡计量施肥法、养分丰缺指标法、土壤有效养分校正系数法、有效积温经验方程，磷肥有效指标法等。

四、土壤中微量元素的补充和调控

在大多数情况下，土壤中已有的中微量元素已基本上能够满足作物生长的需要，因此，在农业生产实际中，中微量元素的补充也经常被忽视。但是，由于土壤类型、作物营养需求的差异，特别是当前我国单位面积作物产量不断提高的背景下，中微量元素缺乏也可能会成为制约作物高产优质的关键因子，而且，根据作物生长的需要适当补充一定量的中微量养分，也有利于作物产量的提高和品质的改善。因此，在作物生产中适当补充必要的中微量元素，已成为农产品优质高效生产、土壤质量提升的重要手段之一。

1. 中微量元素的概念及作用　中量元素是指在植物体内含量为 0.1%～0.5%的元素，主要包括钙、镁、硫 3 种元素。微量元素是指在植物体内含量介于 0.2～200mg/kg 之间的元素，主要含有锌、硼、钼、铜、铁、锰、氯 7 种元素。

钙是构成细胞壁的重要元素，植物体中绝大部分钙存在于细胞壁中。作物缺钙时，细胞壁不能形成，细胞不能正常分裂，生长点就会坏死。所以缺钙症状常会首先表现在顶端叶片上。缺钙常会由一些温度、水分条件变化剧烈造成，而非单纯的养分供应问题，应注意栽培过程中环境条件的控制，同时配合钙肥的施用。

镁是叶绿素的组成成分，是许多酶的活化剂，能增强作物体内各种代谢过程。作物缺镁时，叶绿素减少，光合作用减弱，碳水化合物、蛋白质、脂肪的形成都会受到抑制。缺镁症状首先表现在中、下部的老叶上。

硫是蛋白质和核酸的组成物质，是许多辅酶的结构成分。作物缺硫时，蛋白质等的合成受阻，植株矮小，叶绿素降低，分蘖分枝少。缺硫症状首先表现在顶端新叶上。

锌在农作物生长、发育中起着极其重要的作用。其影响着蛋白质合成、叶绿素合成、碳水化合物合成和运输，能促进种子呼吸作用、根系生长发育、花粉发生、授粉受精，同时还能提高作物抗旱力、抗病力、抗寒力。缺锌症状首先表现在作物中较老的部分，并逐渐向幼嫩部位发展，具体表现为：节间生长受阻，节间缩短呈簇生状，叶片小而窄，脉间失绿出现白化症。

硼参与作物体内碳水化合物的分配和运输，促进作物分生组织的生长、作物营养器官和生殖器官的生长、早熟，同时能改善作物品质以及增强作物的抗逆性和抗病性。作物缺硼的主要症状表现为：生长点停止生长或死亡，如根尖、茎尖、侧芽大量发生；繁殖器官，如开花、结实不正常，花粉畸形，落花、落果，常出现见蕾不见果，即“花而不实”。

钼参与氮素代谢，可将硝态氮还原成铵态氮，以及参与氮的固定，与碳水化合物的合成和运输有关，能促进种子和生殖生长期的呼吸作用。作物缺钼症状通常从老叶开始，脉间叶色变淡、发黄，同时叶片常出现斑点，叶缘焦枯萎焉，向内卷曲。

铁影响着叶绿素的形成，在作物氧化还原过程中有重要作用，是许多酶的组成成分，参与硝酸还原和固氮作用。缺铁主要表现为叶片失绿黄化变白，并从作物顶端幼嫩部位开始发生。缺铁不严重时，叶肉部位首先失绿黄化，而叶脉保持绿色，形成网状；缺铁严重时，叶脉褪色，使整个叶片黄化或呈白色，有时会出现棕褐色斑点，直至脱落死亡，整个植株生长停滞。

锰是叶绿体的组成物质，在叶绿素合成中起催化作用，调节作物体内氧化还原作用，促进种子和近成熟果实的呼吸作用，降低生长前期的呼吸作用，是许多酶的组成成分或酶系统的活化剂，可促进种子发芽、幼苗生长，促进开花及果实膨大，同时也能提高作物的抗逆性、抗病性，增强某些作物的耐寒性。作物缺锰症状首先从新叶开始，表现为叶肉失绿，叶脉呈绿色，并呈网状，叶脉间叶片突起，叶缘皱缩。严重时，叶片失绿，斑点扩大相连，并出现褐色斑点，呈烧灼状，并停止生长。

铜是许多酶类的组成成分，能促进叶绿素的形成和稳定，促进种子呼吸作用，提高种子的萌发和长势，影响碳水化合物的合成与运输，影响花的发育和结实，以及与作物的抗逆性相关。作物缺铜症状表现为：新生叶失绿发黄、枯焦，叶尖发白卷曲，叶缘黄灰化，叶片上出现坏死斑点，分蘖或侧芽多，呈丛生状；繁殖器官发育受阻，某些作物的花可发生褪色现象。

2. 中微量元素的调控 必需营养元素是通过肥料直接或间接地供给植物生长发育的需要，借此改善土壤性状，以提高作物产量和品质。在植物生长必需的营养元素中，C、H、O是从空气中获得的，其余营养元素都是从土壤中获取的。而不同的营养在土壤中的含量不同，同一元素在土壤中的含量也因不同的地域、不同的土壤类型等因素存在着较大的差异。在土壤中含量不足的必需营养元素，就必须通过施肥来满足植物生长发育的需要。另外，植物从土壤中不断地吸收并被收获物带走各种营养元素，就必然使土壤中的含量逐渐下降，土壤中的各种养分越来越少，如不及时补充，归还土壤中被吸收带走的各种养分，土壤肥力就会逐渐下降甚至成为不毛之地。同样，土壤中某些必需的微量元素含量不能满足植物生长需要时，也必须通过施用微量元素肥料来补充。

微量元素肥料是可为植物生长发育提供必需的微量元素的肥料，简称微肥。将含有这些元素的肥料施入土壤或喷洒、涂抹植物地上部分，能直接或间接地供给作物养分，增加作物产量，改善作物品质。

在农作物生产上，只有在满足作物对N、P、K大量元素需要的前提下，才能发挥微量元素的作用，而微量元素的适量供给，又是充分发挥N、P、K大量元素效益的重要条件。微量元素肥料与N、P、K等其他肥料一样，对作物具有同等重要作用，缺一不可，不能互相代替。某一大量元素或微量元素不能满足作物需要时，其他营养元素充足或补充其他营养元素，仍将影响作物正常生长发育，且常常表现出特有的缺素症状，最终导致作物产量下降。品质变差。严重时，绝产绝收。因此，微量元素肥料的合理使用，是平衡施肥中一个不可缺少的重要环节。

微量元素的丰缺，因土壤类型不同及不同农作物的需求而有不同的标准。因此，在微量元素肥料使用时，必须先确定土壤中微量元素的丰缺状况和植物缺素状况，才能做到缺什么补什么、缺多少补多少，做到有针对性地施用微量元素肥料。

首先要了解土壤中微量元素的丰缺和植物缺素状况。一般通过土壤诊断、植株诊断和观察植物外观表现及形态等进行判断确定。土壤诊断、植株诊断需通过一定的化验测定手段。形态诊断则是根据不同作物不同缺素所表现出来的外观形态来判断作物缺素情况的一种方法。通过学习，掌握不同作物的不同缺素症状，进行针对性施肥，是一种经济、快速、有效的方法，在其他科学技术迅猛发展的今天，这一方法在农业生产中仍具有一定的重要性和实用性。

其次是微量元素肥料的合理使用。要掌握的是，因微量元素肥料用量小，若施用不当，不仅达不到预期效果，造成浪费，还会污染土壤，毒害作物，甚至影响人畜健康。

最后是微量元素肥料的施用方法。要根据肥料性质、作物需要量、发生缺素时期等多种因素，选择效益高、成本低、简便易行的施用方法。

中量元素肥料的主要施用技术有：

（1）钙肥　通常有石灰、石膏、硝酸钙、石灰氮、过磷酸钙等。石灰是酸性土壤上常用的含钙肥料，在土壤 pH 为 5.0～6.0 时，石灰每公顷适宜用量为黏土地 1 100～1 800kg，壤土地 700～1 100kg，沙土地 400～800kg。土壤酸性大可适当多施，酸性小可适当少施。石膏是碱性土常用的含钙肥料，石膏每公顷用量 1 500kg 或含磷石膏 2 000kg 左右。硝酸钙、氯化钙、氢氧化钙可用于叶面喷施，浓度因肥料、作物而异，在果树、蔬菜上硝酸钙喷施浓度为 0.5%～1.0%。

（2）镁肥　通常有硫酸镁、水镁矾、泻盐、氯化镁、硝酸镁、氧化镁、白云石、钙镁磷肥等。质地偏轻的土、酸性土、高淋溶的土及大量施磷肥的地块，易发生缺镁。镁肥用量因土壤作物而异，一般每公顷以纯镁计为 15～25kg。硫酸镁、硝酸镁可叶面喷施，在蔬菜上喷施浓度，硫酸镁为 0.5%～1.5%，硝酸镁为 0.5%～1.0%。

（3）硫肥　通常有石膏、硫磺、硫酸镁、硫酸铵、硫酸钾、硫酸钙等。谷类和豆科作物，在土壤有效硫低于 12mg/kg 时就会发生缺硫。对硫敏感的作物有十字花科、豆科作物及葱、蒜、韭菜等，硫肥每公顷用量石膏为 150～300kg，硫磺为 30kg。

（4）锌肥　通常有七水硫酸锌、一水硫酸锌、氯化锌、硝酸锌、碱式硫酸锌、碱式碳酸锌、碳酸锌、尿素锌、氧化锌、乙二胺四乙酸锌等。锌肥的施用，以作基肥效果最好，且不需要每年施用，可间隔 2 年左右施 1 次，一般每公顷施硫酸锌 7.5～30kg，在作物播种前，用 300～375kg 细干土与硫酸锌混匀施于土中种子下面或近旁。也可用作追肥，追肥可采用土施或喷施，土施一般为每公顷施用硫酸锌 7.5～15kg；喷施为 0.05%～0.2%硫酸锌溶液，次数以 2～3 次为宜，每隔 7d 左右喷施 1 次，喷施时间，一般以下午 4 时以后喷施效果较好。也可用于种子处理，浸种和拌种。浸种用硫酸锌水溶液的浓度为 0.02%～0.1%，时间为 12～24h，阴干后即可播种；拌种，每千克用硫酸锌 2～6g，将硫酸锌放于农用喷雾器中，先用少量水溶解，再加适量水，边喷边拌，阴干后即可播种。锌与磷存在拮抗作用，故不宜与磷肥掺和施用。

（5）硼肥　目前生长中应用的硼肥主要是硼砂，其次为硼酸和硼泥，还有如含硼玻璃肥料和硼镁肥等。硼肥主要用作基肥、追肥。作追肥时，可叶面喷施，也可土施。硼肥一般不用作种肥，若采用，需要严格掌握好硼肥浓度和处理时间。硼肥可以与有机肥或 N、P、K 等其他肥料混合施用，以混合后不产生沉淀为原则。作基肥时，每公顷施用硼砂 3.75～15kg 或硼泥 375～450kg，在种植作物前将肥料施入土壤中，以满足作物整个生育期的需要。作追肥，土施一般施于作物根际，每公顷施硼砂 3.75～7.5kg；喷施一般采用浓度为 0.1%～0.2%的硼砂溶液，果树喷施时浓度可提高到 0.3%。也可用于种子处理，通常采用浸种。浸种采用 0.02%～0.05%硼砂溶液或硼酸溶液，时间为 4～6h。

（6）钼肥　常用的钼肥有钼酸铵、钼酸钠、三氧化钼、含钼玻璃肥料和含钼工业废渣等。钼肥施用方法主要为基肥、叶面喷施和种子处理。基肥一般施用每公顷 225～625g，蔬菜类用量可达 1250g。钼肥作为基肥，最好与 N、P、K 大量元素肥料混合施于土壤中，或喷施在某些固体物质表面。叶面喷施是钼肥施用的常用方法，喷施浓度为 0.05%～0.1%，在作物营养关键期进行喷施。一般豆科作物在苗期至花前期，小麦在返青期至拔节期，蔬菜在苗期至初花期进行喷施，次数为 2～3 次，每公顷施用钼肥溶液为 1 250～1 500kg。浸种，这一方法适用于吸收溶液量少而慢的种子，如稻种、绿肥种。浸种浓度为 0.05%～0.1%，每千克种子用 1kg 钼酸铵溶液或其他钼肥溶液浸泡 8～12h，阴干后即可播种。拌种，适用于吸收溶液量大而快的种子，如豆类。一般每千克种子用 1～3g 钼酸铵，先用少量热水（40℃）溶解后，再加水至所定浓度，边喷边搅拌种子，阴干后播种。摊种喷洒时，最好不要直接在水泥地上进行，而应垫上薄膜等，以免肥液损失。另外，拌种溶液要适量，过量，易使种皮脱落，影响播种和全苗；过少，搅拌不均匀，影响肥效。

（7）铁肥　常用的铁肥有硫酸亚铁、硫酸亚铁铵、尿素铁络合物（三硝酸六尿素合铁）、磺腐酸二胺铁（磺腐酸铁）。铁肥一般采用基施和叶面喷施。在缺铁土壤中，直接施用铁肥。在中性和碱性土壤中易被固定，肥效不高，一般是将其与厩肥混合施用，以降低固定，增进肥效；叶面喷施，一般采用浓度为 0.2%～0.5%的硫酸亚铁溶液，每隔 7～10d 喷施 1 次，直至复绿为止。但上述施用方法均存在一定的局限性。作基肥土施，由于施入的低价铁在土壤中很快被氧化形成高价铁，而难以被作物吸收，肥效降低。叶面喷施由于铁在作物体内的不移动性，常常是喷施到的部位复绿正常，而未喷施到的部分依然呈现病症。

（8）锰肥　目前常用的锰肥主要是硫酸锰，其他锰肥（氧化锰、碳酸锰、氯化锰、硫酸铵锰、硝酸锰、锰矿泥、含锰炉渣、络合态锰等）很少使用。锰肥可作基肥、追肥以及种子处理使用。锰肥作基肥，可选择含锰复合肥、锰矿泥或可溶性锰肥。可溶性锰肥（如硫酸锰）作基肥应与生理酸性肥料或适量细干土混合，条施或穴施，每公顷 60kg。叶面喷施，用 0.1%～0.3%的硫酸锰溶液，在作物生长关键期进行一次或多次叶面喷施，每次间隔 7～10d，以 2～3 次为宜。果树喷施浓度可提高到 0.4%。喷施时以两面湿润不滴水为宜，喷施溶液量为 25～75kg。喷施时，可掺入酸性农药一起喷施。络合态锰用作喷施，尤其在果树、蔬菜上使用效果较好。土施一般在作物生长前期，每公顷 15～30kg，与生理酸性肥或细干土混合施于土中。浸种，用 1%硫酸锰溶液，时间为 12～48h（豆科 12h，麦类 24h，稻谷 48h），种子与溶液比例为 1∶1；拌种，用少量水溶解硫酸锰后，喷施在种子上，边洒边拌，阴干后播种，每千克种子用 4～8g。

（9）铜肥　铜肥有硫酸铜（常用）、氧化铜、氧化亚铜、螯合铜、铜矿渣（黄铁矿渣）、碱式硫酸铜。铜肥使用方法主要有基肥、叶面喷施及种子处理等。作基肥时，每公顷施用 7.5～15kg，与有机肥、化肥混合施用，或与细干土混合施用。沙性土壤要与有机肥混施，一般每 3～5 年施用 1 次。叶面喷施浓度为 0.01%～0.2%，常在苗期或开花前施用。拌种，每千克种子 0.3～1g，先用少量水溶解硫酸铜，然后喷洒在种子上，拌匀，阴干后播种；浸种，用硫酸铜 10～50g，加 100kg 水配制成 0.01%～0.05%溶液，浸泡 12～24h，捞出阴干后播种；蘸秧苗，在播种前用 0.1%硫酸铜溶液蘸秧苗。

五、肥料的合理施用

合理施肥不仅对作物高产稳产、土壤培肥和环境保护具有十分重要的意义，同时也是节约和高效利用资源、提高农业生产效益的必要手段。肥料施用过量，或养分比例不当等，是导致作物减产甚至绝收、耕地养分非均衡化甚至质量退化、肥料利用率低的重要原因，而施肥方法不当等也将导致养分流失、作物减产。

1. 化肥的合理施用

（1）氮肥　受多种因素的影响，不同作物，不同地力条件，不同产量水平，施肥量均不一致。无浇灌条件的旱薄地，施肥量应小些，如禾谷类粮食作物的适宜氮肥用量为每公顷75～105kgN，有灌溉条件的中高产田，施肥量则大些，如禾谷类的适宜氮肥施用量为每公顷120～180kgN。有固氮能力的豆科作物氮素化肥用量则少些，每公顷为90kgN左右。

氮肥主要采用基施和追施两种方式，种肥与叶面喷施的用量很少。基施和追施的比例受土壤情况及作物的影响。土壤方面的因素包括：①肥力的高低，一般情况下，低肥力的土壤基肥比例应大些，可达70%左右，高肥力的土壤追肥应占有较大的比重，一般可占50%左右；②土壤质地，质地较黏重的土壤，保肥能力强，基肥比例可大些；而质地轻的沙性土，保肥能力差，养分易损失，基肥比例应小些，施肥要掌握少量多次的原则。不同作物对氮肥施用时期的影响，关键是掌握使有限的化肥发挥最大的作用。根据报道，每公顷施用氮肥45kg的情况下，水稻以穗肥，小麦以基肥，玉米以抽穗前，棉花以蕾期时施用的增长效果比较好。每种作物一般都有营养临界期，一般在苗期和最大效率期。掌握好施肥的时间和比例，就能满足这些关键需肥期的养分供应，提高化肥肥效。同时，施肥时间、次数和比例还受灌溉条件、轮保方式等因素的影响。

氮肥品种的选择，首先是根据土壤和作物的不同，选择合适的肥料品种；其次是品种间的配合。一些地区常用尿素和碳酸氢铵两个氮肥品种，农户施肥时，可将碳酸氢铵作基肥、尿素作追肥。施基肥时，采取犁底施、撒后翻耕、起垄包施等方法；追肥时，进行沟施、穴施，要求施深6～9cm。在土壤质地轻、墒情差的情况下一定要进行深施。

（2）磷肥　磷与氮不同，在土壤中的移动距离很小，只有1cm左右，很容易被固定，其水溶性磷会逐步向难以被作物吸收利用的形态转化。因此，水溶性磷肥的施用要尽量减少磷的固定。枸溶性、难溶性磷肥的施用，要尽量使其扩大与作物根系的接触面。据大量的试验研究表明，磷肥基施是提高其肥效的重要措施。基施的方法包括耕前撒施，耕前撒施与条施相结合，集中施用等。基肥一方面可以施到较深的土层，便于根系吸收；另一方面可以满足作物磷的营养临界期的需要。而追施一般难以施到一定深度和整个耕层。在没施基肥或施用不足的情况下，要及早追施，尽量施到根系密集的土层。因土选择磷肥的品种，主要看土壤的酸碱性。偏碱性土壤宜选用水溶性磷肥，酸性土壤可选用枸溶性、难溶性磷肥。磷肥的用量主要看土壤速效磷的含量，一般在土壤速效磷含量达20mg/kg以上时，可以不施或少施；在10～20mg/kg时，每公顷施磷45～75kg（纯P）较合理；在10mg/kg以下时，则每公顷施用75～120kg（纯P）为宜。不同作物对磷的敏感性不同，应首先将磷肥施在比较敏感的作物上，这些作物包括豆科作物、甜菜、棉花、马铃薯、甘薯、油菜、瓜类和果树等。磷肥的当季利用率不高，但都有后效，因此在不同的轮作方式中，不一定每季作物都同样地施磷肥，而是将其施在能够充分发挥肥效的作物上，下茬作物利用其后效，少施或不施磷肥，以达到使轮作周期中每种作物均衡增长的目的。如在粮—绿肥、粮—豆科作物轮作时，应将磷肥首先施在豆科作物或绿肥上，以发挥以磷增氮的作用，粮食作物利用其后效；在冬小麦—玉米等秋粮轮作中，应将磷肥主要施用在小麦上。

(3) 钾肥　土壤供钾能力是确定是否施用钾肥的重要指标。我国南方土壤含钾量低，施钾效果显著。如红壤、黄壤地区缺钾较严重，速效钾在 80mg/kg 以下，施钾效果较明显；而如褐土、潮土以及紫色土区，土壤速效钾一般在 80mg/kg 以上，施钾效果则不明显。土壤质地与供钾能力的关系为：黏土＞壤土＞沙土。

作物种类不同，对钾的需要是不一致的，应首先将钾肥施用在喜钾作物上，如马铃薯、烟草、甜菜、棉花、瓜类、豆科作物等。适当施钾既可以增产，还可以提高或改善产品品质，其他作物可用其后效，不施或少施钾肥。施肥量较大的高产田，容易造成倒伏，可根据情况适当增施钾肥，搞好氮、磷、钾配施。钾肥的用量与土壤供钾水平、作物种类、产量水平等因素相关，一般可掌握每公顷 60～90kg (K_2O)。钾肥在土壤中移动性较弱，但在植物体内移动性和再利用能力很强，随着作物的生长，钾不断从老组织向生长活跃的新部位移动。因此，钾肥宜作基肥早期追肥，以保证作物生长前期的需要。同时，基肥施到较深的土层，可以减轻由于土壤的干湿交替引起的钾的固定，作物能充分吸收利用，可以更好地发挥肥效。追肥也要尽量施到湿土层。

2. 有机肥的合理施用

(1) 人粪尿　人粪尿中含有较多的氯离子，对马铃薯、甘薯、烟草等忌氯作物不能施用。人粪尿属速效性肥料，最好作追肥施用。对小麦、玉米等作物在施用前将人粪尿汤加水 3～5 倍，施后盖土。水稻田追施人粪尿，先将稻田中的水排走，再把人粪尿汤对水 2～3 倍搅匀泼入田中，并结合中耕，使肥料被土壤吸收，隔 2～3d 后再灌水。一般在水稻返青、分蘖和拔节前施用 3 次人粪尿，每次用量为 7.5～11.25t/hm^2。新鲜人尿主要成分为尿素，在旱地麦田可直接穴施或沟施盖土，不要经过腐熟过程，增产效果比腐熟的人粪尿要好得多。

(2) 家畜粪尿　就肥料本身的性质而言，猪粪尿中的 C/N 值较小，分解快，所以猪粪尿不仅能作底肥，也可作追肥。羊粪与马、驴、骡粪虽然分解比牛粪快，但分解时发酵温度高，易引起烧苗，所以一般家畜粪尿应当先腐熟或制作成腐熟厩肥后施用。从土壤性质来看，家畜粪尿首先应分配在肥力水平较低的土壤施用，因为施用在瘦土上比施用在肥土上增产明显。对土壤质地黏重的地块，应选择腐熟度较高的家畜粪尿的厩肥，而且翻耕要浅一些。对沙质土壤，因通气性和透水性良好，粪肥容易分解，所以要施用腐熟程度较轻的家畜粪尿厩肥。从作物种类而言，凡是生育期较长的农作物，可施用半腐熟的畜粪肥。水稻对厩肥利用率低，应施用腐熟较完全的。蔬菜由于生长期很短，宜施腐熟完全的家畜厩肥。对生育期长而旺盛生长期处于高温季节的农作物，可施用半腐熟的家畜粪尿厩肥。在降雨较少的地区或干旱季节，宜施用腐熟较好的家畜粪尿厩肥。在温暖、湿润地区或雨季，可施用半腐熟的家畜粪尿厩肥，而且要翻耕得浅一些。家畜粪尿厩肥作底肥，全田撒施或集中条施，应用时可根据当地、当时情况选择。全面撒施，便于机耕，利于改良土壤，对窄行密植作物适宜。对宽行中耕作物，应提倡划行集中条施，对玉米厩肥条施比撒施增长 10%～20%。因此，中耕作物应尽量提倡集中条施或穴施。

(3) 家禽粪尿　新鲜家禽粪中的氮主要为尿酸盐类，不易被农作物直接吸收利用，而且对农作物根系生长有害，所以必须先堆沤腐熟以后方可施用。家禽粪在堆制过程中易产生高温造成氮素损失，应干燥贮存，施用前进行堆制。腐熟后的家禽粪养分含量高，作追肥或种肥为好。

(4) 秸秆直接还田　秸秆直接还田，具有改善土壤的物理、化学和生物学性状，提高土壤肥力，以及增产等作用。由于水稳性团聚体含量随着土壤中多糖类含量的提高而增加，而新鲜有机物则是微生物合成糖类所必需的碳源，施入新鲜秸秆后多糖醛酸苷含量增加，有利于新鲜腐殖质在土体内形成，促进土壤团粒结构；秸秆直接还田能将土壤中的速效性氮被微生物所固定，使土壤中原有的含氮化合物免于损失，在微生物的代谢过程中大部分转化为有效态，可供当季作物利用；能增强土壤微生物活性，有助于土壤中原有的磷、钾矿质营养的释放，有利于土壤有效养分容量的提高。

（5）沤肥　沤肥需掌握以下几点，肥效才好。①沤制材料要经常淹泡，保持 3～10cm 的浅水层，同时温度保持在 12～20℃；②沤肥原料要配合适当，其关键在于沤制材料的碳氮比值要小，这样才利于腐解；③隔一段时间要进行翻耕，一般沤 1 个月，翻堆 2～3 次，其目的在于使沤制材料上下受热一致，调整氧化还原过程，以利微生物活动。为了提高腐肥的肥效，还必须掌握有效的施用条件。首先，腐肥肥效因作物种类而异，如白菜、萝卜、番茄等施用效果较好；其次是块根块茎与禾谷类作物，一般在作物生长前期和旺盛期应用效果显著，对缺乏有机质的瘠薄沙土效果较佳。腐殖酸铵主要用作底肥，硝基腐殖酸铵可作底肥也可作种肥和追肥施用。腐殖酸钠可以浸种（浓度为 0.005%～0.01%），也可以进行叶面喷施（浓度为 0.01%～0.05%）。

（6）沼肥　沼肥可直接作为各种农作物的肥料。肥水是旱地作物追肥的好肥料，追肥量为 22.5～30.0t/hm^2。沼渣可直接作底肥施用。沼肥对防治农作物病虫害也有一定效果，如稻瘟病、赤霉病、蚜虫和红蜘蛛等的病害大大减轻。

（7）微生物肥料　微生物肥料属于有生命的活体肥料，在施用过程中要防止日光直射。微生物肥料因种类不同，施用方法也不完全一样。

不同作物或同一作物不同生育期需要养分的种类、数量及其比例各不相同，单施一种肥料，常常不能满足作物的需求，即使是含有几种养分的复合肥料，因其养分比例固定，有时难以满足各种作物和作物生育期的需求。因此，要根据土壤条件、肥料性质以及作物需肥特性，按照一定原则，将不同种类的肥料混合施用，对于提高肥料增产效应，促进农业生产发展具有重要意义。肥料混合需掌握以下 3 个原则，①混合后不产生不良的物理性状；②混合后不会引起养分损失；③混合后有利于提高肥效和工效。

第二节　土壤改良剂应用技术

凡主要用于改良土壤的物理、化学和生物性质，使其更适宜于植物生长发育，而不是主要提供植物养分的物料，都可以称为土壤改良剂。例如施石灰用来调整酸性土壤的 pH，施石膏用来抑制土壤中的 Na^+、HCO_3^- 和 CO_3^{2-} 等离子，施用有益微生物用来提高土壤的生物活性等。但是，由于改良土壤结构的物料量大面广，所以习惯上人们把土壤结构改良剂与土壤改良剂等同起来。应用土壤改良剂对改良土壤理化和生物性质，提高耕地质量，促进作物高产稳产等，均具有十分重要的意义。但是，由于改良剂能用于改良土壤的理化性质和生物性质，因此，应用不当也可能起到相反的作用，必须要引起注意和重视。

一、土壤改良剂的种类

土壤结构改良剂多属高分子化合物。为了制备土壤结构改良剂，可以利用天然有机物，如泥炭、褐煤、树脂以及城市垃圾废物等作为原料，从中提取天然高分子化合物，包括多糖、多糖醛、纤维素、半纤维素、木质素、树脂酸和腐殖酸等，提取的产物，或呈黏液、或继续加工成固态的粉剂、盐剂。这类制剂，称之为天然土壤结构改良剂。与其相对应的，是利用现代合成化学技术，将某种或两种、数种作为合成材料的聚合单体聚合或缩合成具有上述天然高分子化合物特性的聚合物制剂，即为人工合成土壤结构改良剂。因此，按原料来源可以分为以下几类：

①天然土壤结构改良剂：包括糊精、藻朊酸钠、醋酸纤维、甲基纤维素、羧基甲基纤维素钠盐、棉柴胶、芦苇胶、胡敏酸钠、胡敏酸钾、硬脂酸、松香酸钠制剂等。

②合成土壤结构改良剂：包括聚丙烯酸钠、聚丙烯腈、聚丙烯酰胺、醋酸乙烯酯—顺丁烯二酸共聚物、2-甲基丙烯酸-2-甲基丙烯酸酰胺共聚物、苯乙烯—丙烯腈共聚物、二甲基烷基铵氯化物、伯胺盐酸化合物、聚4-乙烯吡啶制剂等。

③天然—合成土壤结构改良剂：包括聚丙烯腈胡敏酸钠制剂等。

如果按土壤改良剂的性质分类，则可以分为：

①有机土壤结构改良剂：包括上述天然土壤结构改良剂和合成高分子聚合物土壤结构改良剂等。

②无机土壤结构改良剂：包括硅酸钠、膨润土、沸石、珠层铁等。

③有机—无机土壤结构改良剂：包括二氧化硅有机化合物、聚烃硅氧化物、费洛塔尔制剂等。

如果按有效成分分类，则又可以分为：

①多糖类：包括藻阮酸钠、糊精、果胶、木质胶制剂等。

②纤维素类：包括纤维素黏液、醋酸纤维素、甲基纤维素、羧基甲基纤维素钠盐制剂等。

③木质素类：包括棉柴胶、芦苇胶、藤伯伦、斯艾斯等。

④树脂胶类：包括由廉价的松香皂或工业用松香中提取的硬脂酸、松香酸钠制剂等。

⑤腐殖质酸类：包括胡敏酸钠、胡敏酸钾、胡敏酸铵制剂等。

⑥聚丙烯酸类：包括聚丙烯酸钠、聚丙烯腈、聚丙烯酰胺、聚丙烯二钠—铵盐、水解性聚丙烯腈钙、钠盐制剂。

⑦醋酸乙烯马来酸类：包括醋酸乙烯酯—顺丁烯二酸化合物等。

⑧聚乙烯醇类：包括苏伊拉克、坦利姆、葛萨诺鲁制剂等。

⑨四基铵盐类：包括二甲基烷基铵氯化合物、伯胺盐酸化合物制剂等。

⑩矿物类：包括硅酸钠、膨润土、沸石、珠层铁等。

如果按离子类型分类，还可以分为以下几类：

①阳离子类：包括聚β-二基氨基乙基丙烯酸酯的醋酸盐、聚四乙烯吡啶等。

②阴离子类：包括胡敏酸钠、聚丙烯酸钠、聚甲基丙烯酸酯钠制剂等。

③非离子类：包括甲基纤维素、聚乙烯醇制剂等。

二、土壤结构改良剂的主要作用机制

土壤结构改良剂的研究始于19世纪末，距今已有100多年的历史。早在20世纪初，西方国家就开展了利用天然高分子（如瓜儿豆提取液、淀粉共聚物等）改良土壤的研究，但是由于天然改良剂容易被土壤微生物分解且用量较大，难以在农业生产上广泛应用，于是人工合成改良介质研究逐渐开展起来。到20世纪50年代，美国首先开发了商品名为Krilium的合成类高分子土壤结构改良介质，之后人们对大量的人工合成材料包括水解聚丙烯腈（HPAN）、聚乙烯醇（PVA）、聚丙烯酰胺（PAM）、沥青乳剂（ASP）及多种共聚物进行了较为深入的研究，其中聚丙烯酰胺（PAM）是目前应用较多的土壤改良剂之一。目前，土壤结构改良剂主要应用于美国、前苏联、利比亚、科威特、比利时等石油产品丰富的国家，一些石油化工副产品类的土壤结构改良剂已大面积应用于固沙造林。比利时在土壤结构改良剂的研究和应用方面处于领先地位，应用较多的为聚丙烯酰胺、聚乙烯醇和沥青乳剂等，应用范围除农作物外，主要用于海港固沙、菜地和观赏植物。

国内过去也有些单位曾研究过聚丙烯腈、聚丙烯醇等，后来由于种种原因在很长一段时间停止了这项研究。最近几年，随着化学工业的发展和国外土壤结构改良剂的研究及应用，国内许多单位也开始了这项研究和小范围的生产应用。1982年，农牧渔业部从比利时引进聚丙烯酰胺和沥青乳剂，应用于渠道防渗、盐渍地改良、造林、种草、防止水土流失、旱地增温、保墒等方面。因此，在现代人工制剂中，人们往往根据土壤特性及其主要限制因子，应用植物秸秆、氟石、磷石灰、草炭土、膨胀土、蛭石、石膏、食用菌下脚料等，并加入植物生长所需要的营养元素，研制出具有特定功效的复合型改良介质，如酸性土壤改良剂、碱性土壤改良剂和营养型土壤改良剂，以达到改土和促进植物生长的双重作用。

目前，关于土壤结构改良剂的作用机制虽然取得了某些共同的见解，但是，由于研究土壤和土壤结构改良剂彼此不同，因而在许多地方仍颇不一致。总的来说，这些论说的基本点可以分成两类：一类是把异极性聚合物土壤结构改良剂和黏粒直接结合作为团粒形成的机制，惟其结合方式，论说不一。因此，提出了诸如活性膜结合的“焊锡”论、“直接极性结合”论、黏土表面阳离子的“电学桥梁静电结合”论、离子交换结合的“絮凝—安定”论、“氢键”论以及“凝聚—氢键”论等。另一方面则认为，团粒的形成机制，并不是异极性聚合物土壤改良剂和黏土的直接结合，而是通过具有结着剂作用的水化层，使两者间接结合才形成团粒，提出了“水化层氢键结合”论。

1. 焊锡论　Д. Лл. 塔尔摩丹在1932年根据其设计的塔尔摩丹胶体A和纤维糊与土粒作用形成团粒结构的试验，提出了活性薄膜结合的“焊锡”论或“分子焊接”论。他认为，将这种土壤改良剂施入土壤后，它即以密集的分子在土粒间隙形成极薄的活性薄膜，将土粒包裹起来，从而改变土粒彼此接触的界面，增加表面能，使土粒通过活性薄膜，互相团聚黏合成团粒。在这里，土壤结构改良剂的作用，只是起了“焊锡”作用，故称之为“焊锡”论或“分子焊接”论。这一理论，后来经П. В. 维尔什尼发展，提出了“间层分子焊”理论。他指出，当借助于人工结构形成物质促使土壤形成结构时，结构形成的实质，在于以下两个过程：土壤结构改良剂填充土粒—液态系统之间的孔隙，凝固成具有弱机械稳定性和显著持水力，不易破坏的间层；增加凝固间层表面与矿物土粒表面的黏着力。上述两个过程，是所谓的“分子焊”，即П. В. 维尔什尼所说表面活性物质的分子吸附层，改变了两个固相界面的表面能所致。在П. В. 维尔什尼和В. П. 康斯坦丁诺娃著作中指出，在厚度仅若干微米“分子焊”间层上，能形成很稳固的间层物质，同时能加强土粒表面和间层表面的附着力，使分散土粒形成团粒结构，这就是П. В. 维尔什尼进一步发展了的“间层分子焊”理论。

2. 离子交换结合的“絮凝—安定”论　R. A. 鲁哲威印和D. W. 窝德在1952年根据

其聚合物阳离子和聚合物阴离子的两种土壤结构改良剂的种种实验结果，得出聚合物阳离子和聚合物阴离子对黏粒的作用有很大的差别。聚合物阳离子物对于黏粒用阳离子交换的方法被吸着，在黏土矿物晶格的C轴中增加相互作用的层际间隔，具有使黏土悬浮液强凝集的效果，即聚合物阳离子为极有效果的絮凝剂。聚合物阴离子则不是絮凝剂，只是一种安定剂，对阳离子，特别是钠离子所凝集的黏粒，具有安定剂的效果。这两种高分子安定剂的作用作为“桥梁”联系，将土壤微粒间的罅隙桥接起来，它们并被土粒有力地吸住，形成桥接固着点。这个吸着过程或可推定为一种离子交换。他们从土壤悬浮液的絮凝作用研究中推导出离子交换结合的“絮凝—安定”论，作为土壤结构改良剂作用的机制。

后来，A. 巴克托、B. P. 瓦肯廷、R. D. 米勒等进一步发展了这一论点。认为聚合物阳离子能使完全分散存在的黏土悬浮液发生絮凝，形成团粒。至于聚合物阴离子，则通过离子交换，使黏土区域结构的棱边上的正电荷与聚合物羟基相结合形成团粒。需要指出的是，这个论说是从土粒呈完全分散状态的悬浮液的絮凝试验中导出，尚难完全阐明在旱地土粒以密集状态存在条件下，施用土壤结构改良剂形成团粒的机制。

3. 氢原子结合的“氢键”论 A. S. 迈克尔斯认为高分子阴离子向黏土吸着是因黏土和聚合物的氢氧基，酰胺非离子化的氢氧基之间的氢结合而产生的吸着，其反应如下：

$$\text{黏土}-OH+HOOCR\leftrightarrow\text{黏土}\overset{H}{\overset{|}{O}}HOOCR\leftrightarrow\text{黏土}-O\overset{O}{\overset{\|}{C}}R+H_2O$$

这种过程在非离子化的羧基盐浓度很高的条件下最顺利，而pH高则吸着量减少。基于此，A. S. 迈克尔斯和O. 摩莱尔斯提出了氢原子结合的“氢键”理论。根据这一土壤结构改良剂作用的机制假说，认为高分子阴离子的非离子性羧基和黏土矿物晶格平面上的氧之间的结合，才形成了团粒。聚合物阴离子的非离子性羧基和黏土矿物晶格平面上的氧原子通过形成氢键，而使两者键联结合。这一论说为许多人所承认，并为后来一些人如Г. Л. 马斯列科娃所证明，但Г. Л. 马斯列科娃还指出，土壤结构改良剂的作用机制十分复杂。一方面，它与黏土矿物的组成、土壤的机械组成、化学成分等因素的作用程度相关；另一方面，又与土壤结构改良剂分子的大小、分子结构、活性功能基的类别与数量，以及活性功能基在分子链上的排布状况等相关。此外，它还与土壤结构改良剂的水解度、黏滞度、凝聚能力、吸附能力等物理性质相关。通常，在聚合物土壤改良剂与黏粒之间相互作用时，产生了凝聚、吸附和氢键形成等一系列的现象。这些现象的产生，很可能是夹杂在一起的，也可能是相互制约的。Г. Л. 马斯列科娃认为，水稳性团粒结构的形成，重点不在于高岭土黏粒吸附的数量，而在于它们彼此间形成的氢键数；水能使分散于干燥土壤的土粒黏结，并使土粒和微团聚体之间产生表面张力，因而能使土壤发生团聚；水解度为30%的聚丙烯酰胺，具有最合适的结构形成特性。水稳性团粒的形成与聚合物的凝聚能力以及它的吸附能力呈负相关。水稳性团粒的形成借助于氢键的形成而实现。团聚体的形成与聚合物的凝聚能力、吸附能力呈正相关，决定微团聚体形成的机制和过程，与大团粒的形成机制和过程迥然不同。根据这一理论，水稳性团粒的形成，乃是土壤结构改良剂的分子在蒙脱土、高岭石黏粒的层理之间形成矿物质晶格所致。而晶格的形成，则是借助于土壤结构改良剂分子在黏土矿物层理接触点间形成氢键来实现的。即使土壤结构改良剂的凝聚、吸附力很弱，但它仍能借助于自身分子链上功能基的离解，形成大量自由活性功能基，与黏粒之间形成氢键，从而使分散土粒通过土壤结构改良剂的作用而形成团粒。

4. “凝聚—氢键结合”论 H. A. 卡庆斯基提出的土壤结构改良剂作用的“凝聚—氢键结合”的机制认为，土壤结构改良剂形成团粒的作用，乃是聚合物结构剂与黏粒之间通过凝聚作用和形成氢键的共同结果。通常作为土壤结构改良剂的聚合物，具有以下两个共性：大部分聚合物土壤改良剂在一定条件下，均溶于水；具有活性功能基，如羧基、羟基、胺基、腈基等。由于大部分聚合物改良剂都是电解质，在水中能使活性功能基解离。聚合物电解质的带电荷聚合物阳离子和聚合物阴离子与土壤胶体之间相互作用，使它们发生凝聚作用，在土粒和微团聚体之间形成相互胶结的“小桥”。聚合物阴离子在溶液中的阳离子，主要是钙离子、铝离子和铁离子等。由于聚合物结构剂分子上功能基多，能够形成一万多个活性点，甚至有十余万个活性点，故其凝聚作用强烈。同时，它是链状化合物，分子链长，有的结构剂分子除直链外，还有支链，就像“小桥”一样将土粒与土粒、土粒与微团聚体联结起来。在这里，团粒的形成作用就是通过电学作用，使聚合物土壤结构改良剂与土壤金属离子或带电荷的胶粒之间产生凝聚，形成凝聚力；同时聚合物分子链上的活性功能基与土粒之间形成氢键，将土粒团聚成稳定团粒。H. A. 卡庆斯基指出，胶粒间的联结“小桥”，是聚合物直链上的自由共价键和胶粒的剩余价键之间的化学作用所成，其本质是聚合物直链活性功能基的分子间的氢键。正是由于土壤结构改良剂分子链上的活性点与黏粒间形成具有较大键能的氢键，故使它们彼此桥联团聚成比较牢固稳定的团粒。

5. “水化层的接着—氢键结合”论 1958 年，东久保胜彦、奥田东认为，团粒的形成并不是黏粒与土壤改良剂直接结合的结果，而是间接结合的结果。根据其所做黏粒、异极性聚合物和水这三系的相互作用试验结果认为，土壤结构改良剂形成团粒的机制，是黏粒和异极性聚合物由于氢原子结合而吸着水，形成结合水层，二者通过结合水层相联结。这样，这个共同结合水层发挥“接着剂”作用，使分散土粒与异极性聚合物土壤结构改良剂通过氢键形成团粒。

东久保胜彦和奥田东提出，形成团粒的因子有 3 个：吸着多量结合水的异极性聚合物；水的存在；吸着结合水的固形粒子。固形粒子包括粒径不等的土粒和土壤胶体。两者都是形成稳定的团粒所必需，其中土壤胶体物质大体分 3 种，即黏土粒子本身，铝铁氧化物那样的无机胶体和有机胶体。

土壤结构改良剂之所以能形成团粒，其中土壤中黏粒的含量起着重要的作用，同时，无机胶体也产生了重要作用，特别是可逆性的铁氢氧化物胶体，乃是生产稳定性团粒的重要因子。土壤结构改良剂形成团粒的吸着机制，并非带电性质，而是絮凝现象以外的吸着机制。这就是说，土壤结构改良剂并不絮凝黏土悬浮液，但形成团粒的能力却极大。特别是在铁氢氧化物胶体的参与影响下，土壤结构改良剂能使黏粒粒子集合成非常紧密的稳定团粒，这表明土壤结构改良剂形成团粒的过程并不是凝聚过程或絮凝过程。

在团粒形成过程中，从水和固体粒子之间的关系来看，当黏土粒子在水中时，其晶格内因毛细管现象侵入水分，同时，还从结晶格的层格子之间侵入水分，成为结合力强的吸着水。这时黏土粒子的界面带负电荷，而水分子双极子的正极被黏土粒子界面所吸着，整列面形成稳定层。在这个被吸着层之下，又同样另有水分子的双极子配位整列。这样，在固—液界面形成水化层，这个水化水层是由多数配向分子的层所构成的吸着层。这个水化水吸着层的厚度为 2.73 埃，即表明黏土板上的氧原子和水分子的氧原子之间有氢原子结合存在。氢原子结合有较大的结合能。黏土粒子通过结合水而产生接着作用。黏土粒子和土粒子之间也是通过水分子作为桥梁或由黏土矿物的水分子吸着作用所成的水膜而凝聚。黏土粒子和其他物体之间的吸附，也是通过水膜为媒介。

水与异极性聚合物的关系非常密切。把异极性聚合物放入水中，水的双极子就向分子链的水化中心配位，大体形成一分子层厚的固着水层和围绕这固着水层的可动水化层。这进一步表明，水对团粒形成的重要意义。

由于固体粒子、异极性聚合物结构改良剂和水的相互作用，黏土粒子和异极性聚合物结构改良剂各因氢原子结合而吸着结合水分子，形成了共同结合水层起接着剂的作用，遂形成团粒。黏土粒子和异极性聚合物结构改良剂的结合，并不是直接结合，而是通过水分子为媒介形成团粒。由于异极性聚合物结构改良剂分子链长，且有大量功能基，能产生较多的氢原子结合点，因此，能形成水稳性团粒，这就是"水化层的接着—氢键结合"机制论。

以上各种论说，从不同角度阐述了土壤结构改良剂作用的机制（吴增芳等，1976），但由于土壤结构改良剂作用的机制比较复杂，不是简单的物理、化学过程，它牵涉到物质结构学中的许多问题，所以，仍需深入研究（陈义群等，2008）。

三、土壤改良剂的改良效果

不同类型的土壤结构改良剂由于其组成、结构及理化性质差异很大，因而在改良土壤方面所具有的效果亦不尽一致，对于不同类型的土壤而言，要达到改良土壤理化性质，提高土壤质量的目的，必须选择合适的土壤结构改良剂。同样，一种土壤结构改良剂是否能达到其应有的效果，一是与所应用的土壤密切相关，二是取决于其使用方法。

1. 天然矿物 天然矿物对土壤改良的效果主要表现在以下几个方面：①改善土壤结构。有的天然矿物如膨润土具有一定的膨胀性、分散性、黏着性等，施入土壤可增加团聚体数量，增大土壤孔隙度，降低土壤容重（邵玉翠、张余良，2005）。②提高土壤的保水能力。沸石具有贮水能力，施入土壤后可提高耕层土壤含水量1%～2%，在干旱条件下使耕层土壤田间持水量增加5%～15%（姜淳等，1993）。③提高土壤肥力，增强保肥能力。沸石具有很强的吸附能力和很高的阳离子交换量，可促进土壤中养分的释放（关连珠等，1992）。另外，膨润土、蛭石等也具有保肥作用，能给土壤带来植物生长所需的常量和微量元素（Ca、Mg、K、Fe等）（化全县等，2006）。④改良盐碱地，缓冲土壤pH。土壤中的Na^+、Cl^-都可以进入沸石内部被沸石吸附，使土壤中的盐分减少，碱化度降低，并对土壤pH起到缓冲作用（左建和孔庆瑞，1987）。膨润土、石膏也能降低土壤的全盐量（邵玉翠、张余良，2005）。⑤吸附重金属。沸石、膨润土和蛭石能吸附土壤中的重金属如Pb、Ni、Cu、Zn、As、Sb、Cd等，降低其生物有效性（Garcia等，1999）。

2. 无机固体废弃物 用于土壤改良的无机固体废弃物主要有粉煤灰，其改良效果主要表现在以下几个方面：①改善土壤物理性质。粉煤灰可降低土壤容重，增加孔隙度，调节相比，提高地温。如果用于改良沙质土壤可增加土壤的持水能力，同时水力传导性增加，有利于防止结皮（Ghodrati等，1995）。②增加土壤肥力，提高作物产量。粉煤灰中有效B含量高达5718mg/kg，可补充土壤中硼元素供应，提高油菜和棉花等需硼作物的产量和品质（吴家华等，1995），碱性粉煤灰与猪粪混合可使无机磷的移动性增强（Vincini等，1994）。③改善土壤微生物和酶活性。粉煤灰配合有机物质（如污水污泥）可通过吸附作用降低有毒金属含量，同时通过降低C/N比，提供有机化合物，改善酶活性，增加微生物的多样性和提高微生物活性（Lai 等，1999）。④改良重金属污染土壤。粉煤灰或改性粉煤灰可使土壤 pH 升高，降低重金属污染土壤中重金属 Cd、Pb、Zn、Co、Cu、Ni 等的迁移能力，抑制作物对重金属的吸收。

3. 有机固体废弃物 应用于土壤改良中的有机固体废弃物主要有：造纸污泥、城市污水污泥、城市生活垃圾、作物秸秆、豆科绿肥和畜禽粪便等，其对土壤改良的作用主要表现在以下几个方面：①改善土壤物理性质。造纸污泥、城市污水污泥、城市生活垃圾、作物秸秆、豆科绿肥和畜禽粪便改良土壤都能促进团粒结构的形成，降低土壤容重，增强土壤持水能力（陈芝兰等，2005；Bhardwaj 等，1995）。②提高土壤肥力。有机固体废弃物含有丰富的有机质，可增加土壤有机质的含量（Eriksen 等，2005），还能增加各种中微量元素 Ca、Mg、Cu、Zn、Fe 等的含量。③改善土壤生化特性。豆科绿肥改良土壤能提供丰富的有机质，刺激土壤微生物的生长和活动，使微生物量和细菌数量增加，脱氢酶活性增加（Bhardwaj 等，1995）。④降低重金属的生物活性。造纸污泥与土壤相互作用能形成新的吸附位点，使土壤对 Cd 和 Sb 的吸附量增加，降低其生物有效性（张晓海等，2002）。绿肥改良土壤还能降低土壤中可提取性 Al 的浓度（Pypersa 等，2005）。

4. 天然提取高分子化合物 甲壳素类化合物是一种天然的多糖高分子化合物，被广泛应用于土壤改良。甲壳素类物质在土壤改良中的应用主要有以下几个方面。①改善土壤物理性质。甲壳素能有效改善土壤的团粒结构，将其喷洒在土壤表面，则能形成一层薄膜，具有保墒作用（蒋挺大，1996）。②改善土壤中氮的有效性。Sarathchandra 等（1996）研究表明，甲壳素改良土壤使土壤中矿化氮含量增加，从而使黑麦草的茎重增加。③改善土壤菌落。甲壳素能促进土壤中放线菌及其他一些有益微生物如同氮菌、纤维分解菌、乳酸菌、放线菌的生长。④提高植物活性，促进作物生长，提高产量。Sarathchandra 等（1996）研究表明，甲壳素改良土壤使黑麦草茎重增加，根茎比减小，这可能与来自甲壳素矿化的氮有关。

5. 有机质物料 有机质物料作为土壤改良剂应用较多的是泥炭。泥炭改良土壤的效果主要表现在以下几方面：①改善土壤物理性状，提高土壤保水能力。陈伏生等（2003）研究表明泥炭改良风沙土能提高土壤保水能力。②提高土壤肥力。泥炭能增加土壤中有机质、全氮、速效氮和速效磷等的含量，能带来植物生长所需的常量和微量元素（Ca、Mg、K、Fe 等）。③降低土壤碱性。④吸附重金属。泥炭能吸附土壤中的重金属如 Pb、Ni、Cu、Zn、As、Sb、Cd 等，降低其生物有效性（陈世俭，2000）。⑤吸附有机污染物。丁锁等（2006）研究表明在盆栽条件下泥炭能显著增强土壤对荧蒽、苯并［K］荧蒽的吸附和固定，同时降低黑麦草对两种多环芳烃的吸收。

6. 合成土壤改良剂 国内外研究和应用的人工合成土壤改良剂主要有聚丙烯酰胺（Polyacrylamide，PAM）、聚乙烯醇树脂、聚乙烯醇、聚乙二醇、脲醛树脂等，其中 PAM 是研究者最为关注的人工合成的土壤改良剂。PAM 对土壤的改良作用主要表现在以下几个方面：①改善土壤的物理性状，增强土壤的保水保土能力。PAM 可有效改善土壤结构，使土壤中大团聚体数量增加，增大土壤表面粗糙度，降低土壤容重，增大土壤总孔隙度和毛管孔隙度，进而使土壤颗粒和孔隙结构保持稳定，使土壤的入渗率明显提高，从而提高土壤的含水量（Busscher 等，2007）。用阴离子 PAM 改良退化的板结土壤，在较低的施用量下（0.001%）即能起到改善土壤物理性质的作用。②对肥料的吸附与释放作用。土壤中施用

PAM可使土壤有机质、碱解氮、速效磷和速效钾的含量增加（夏海江等，2001）。但也有学者研究发现，土壤经PAM处理后抑制了土壤对磷的物理吸附，使有效磷在土壤中向下的迁移性加强（王旭东、杨雪芹，2007）。吸水交联PAM能显著提高作物对$FeSO_4$、水溶性锰肥的吸收（Mikkelsen等，1995）。③对土壤微生物和酶活性的影响。PAM处理能够有效提高土壤中微生物的生物量（Steinberge等，1993）。大分子量的阴离子型线性PAM能作为土壤微生物的氮源，使水解小分子量酰胺的酶活性有所提高或者不发生变化（Jeanine等，1998）。此外，PAM还可以防止植物病原体通过灌溉水传播（Sojka等，2000）。

第三节　保护性耕作技术

综合国内外的研究成果，依据国际上按照耕作次数和强度的划分标准，对少耕、免耕和保护性耕作暂且赋予以下概念。

常规耕作又称传统耕作，通常指作物生产过程中由机械翻耕、耙压和中耕等组成的土壤耕作体系。在一季作物生产期间，机具进地次数常多达7～10次，作物秸秆移出田外或切碎翻入土壤中。

少耕通常是指在常规耕作基础上减少土壤耕作次数和强度的一类土壤耕作体系。它的类型较多，如以田间局部代替翻耕、以耙带耕、以旋耕代翻耕、耕播结合、铁茬（板田）播种、免中耕等，均属少耕范畴。在一季作物生长期间，机具进地次数常减为4～6次。

免耕通常是免除土壤耕作，直接播种农作物的一类耕作方法。关于它的概念国内外的说法不统一。有的认为它是不进行播前任何土壤耕作的一类耕作法；有的认为它既是不进行播前土壤耕作，也不进行播后土壤管理的一类耕作法，在一季作物生长期间，机具仅进地3～4次，从事播种、喷药、收获等作业。

典型的免耕由3个基本环节组成：①前作收获后直接播种（以采用开沟、定位播种、施肥、施药、覆土、镇压一次完成作业的免耕播种机最为理想）；②地面覆盖残茬、秸秆、砂石或其他覆盖物；③采用化学药剂除草。免耕时间可以为一季作物，可为一年，也可达数年之久。

保护性耕作通常是指以保护生态环境、促进农田可持续利用和农业节本增产增效为目标，以机械作业为主要手段，以秸秆覆盖留茬还田、免少耕播种施肥复式作业、轮作、病虫草害综合控制等为主要内容的先进农业技术，具有防治农田扬尘和水土流失、蓄水保墒、培肥地力、节本增产增效、减少秸秆焚烧和温室气体排放、促进农业可持续发展等作用。其核心技术是秸秆留茬覆盖还田和免少耕播种。秸秆覆盖留茬还田是指将30%以上的作物秸秆、残茬覆盖地表，在培肥地力的同时，用秸秆盖土，根茬固土，保护土壤，减少风蚀、水蚀和水分无效蒸发，提高天然降雨利用率。

一、技术特点

土壤耕作对环境—植物—动物—土壤这样一个生态系统并不能增加任何物质和能量，它只是在调节土壤理化性状方面起着重要的作用。多少年来，我国农民靠着传统的精耕细作创造了古老而繁荣的东方农业。但是，随着社会的发展，农田生态系统的开放度愈来愈大，频繁土壤耕作的某些弊端逐渐显露出来，有效的水土资源亟待保护，同时，农业经营者也在日益追求着较高的劳动生产率和经济效益。尤其是先进科学技术不断出现，农田作业手段不断提高，原来认为必要的那些土壤耕作措施，有的可以省略，有的可以替代。正是以上种种原因，促进了少、免耕以及保护性耕作的发展。综合国内外保护性耕作的研究和生产实践，其特点主要有以下几方面：

1. 土壤耕作的两重性和效果的可塑性　土壤耕作主要是凭借机械方法作用于土壤，通过一套耕作措施创造适宜作物生长的土壤表面状态和耕层构造。但是每一项耕作措施的作用都具有两重性，不能一概看成对作物绝对有利或不利，例如，翻耕的作用主要是翻转、疏松土层，但是也会因连年翻耕形成犁底层阻隔水分的下渗不利于蓄墒，同样在疏松耕层上也有使耕层过松，旱季不易保墒，雨季蓄水过多的问题。在风多、风大的地区还会导致风蚀。又如耙地作用在于碎土、平土，但是它亦有破坏结构的副作用，连年耙地也会使表土下层变紧和耕层变浅影响渗水和根系下伸。同时，土壤耕作效果又具有可塑性，随着气候、地形、土壤的不同，应用时间的差异和技术的高低，变动很大。因此，在具体运用中必须因地制宜，衡量利弊，尽量减少那些弊大于利的和无效的耕作环节，采用各种少耕技术，适宜自然，可获得一举多得的目的。

2. 保持土壤的自然构造，调稳有机质的矿化过程　一般认为，翻耕的土壤经过一季后会沉实变紧，充气孔隙减少，通透性变差，从而不利于作物生长。常规耕作采取翻耕土壤的主要作用就是把紧实的土壤弄松，调整耕层结构，以满足作物对水、肥、气、热诸因素协调供应的要求。这对潜在肥力高、有效肥力低、质地黏重、结构性差、通透不良的各种土壤来说，常规耕作的作用是无可置疑的。但是土壤熟化程度较高、质地轻松的地块或生产条件较好的一年多熟种植的地区而言，一季作物收后，减少某些耕作措施以致采取免耕种植，是否能满足下季作物生长的要求呢？经国内外大量的研究和生产实践，回答也是肯定的。对土壤结构回弹问题的研究非常重要，它涉及到土壤结构按照团聚过程中某一反过程进行分散，这种分散可能是由土地利用方式，耕作或不同的土壤管理措施而引起的，造成交换体系中阳离子组分的改变，腐殖质成分和数量的改变以及生物活性的降低。大多数土壤具有自恢复的能力，而在一些土壤，团聚体只有在免耕和其他有利于团聚作用的基础上才得以恢复。显然，拥有结构自恢复能力的土壤更能够适应高强度不同利用方式土壤管理。这种恢复能力与很多因素有关，包括有机质含量、土壤矿物类型、润湿性、生物因素等。

3. 依靠生物的作用　在免耕法的研究及其应用中，人们经常引用“生物代耕”这一术语。生物包括的种群很多，从对土壤理化性质的影响看，莫过于作物根系穿插、挤压土壤、根系分泌物的影响和蚯蚓一类小动物活动的作用。前述少、免耕技术原理中保持土壤的自然结构，也主要是指采用免耕法能保持作物老根遗留给土壤大小不同的根孔以及蚯蚓一类小动物活动遗留在土壤的洞穴。在适宜免耕的条件下，这类地下渠道不会被深翻、深松或其他类型的深耕所截断或破坏，因而在接近地表形成一个结构良好、孔隙度高的土层，并随着免耕的连续而逐渐积累，如此可以保持一个不经耕翻通透性较好的土体构型，代替土壤耕作的作用，同时又避免连续耕作所带来的弊端。

作物以不同粗细的根在生长期间反复穿插土壤。一茬作物收获后，粗根留下传导孔隙，细根乃至根毛可以留下<$30\mu m$的孔隙（一般看作持水孔隙）。当作物的根腐烂后固结在管壁上，使孔隙的稳定性增强。观察土壤的微结构可以清晰地看到根腐解后保留了根系的分枝形状，并形成分枝状连续性孔隙，还可见到圆圆的根孔中留存根腐解的残迹。免耕田蚯蚓的

活动非常旺盛，可见免耕地表蚯蚓粪便比比皆是，挖掘土壤所见蚯蚓的数量亦多。正是蚯蚓频繁的活动，不仅改善了土壤的结构，而且它遗留给土壤的上下连通的大孔隙形成了免耕土壤通透性好的特性。在常规耕作下，同样具有生物的作用，但不如在免耕下那么明显。因此，对肥力较高，土质比较轻松的土壤，依靠作物、土壤生物等相互作用，使土壤的自然结构得以保持，能够形成适宜的孔隙状，这是少耕尤其是免耕的重要理论依据。

4. 发挥覆盖的作用 地表覆盖是免耕种植3个主要环节之一，也是当前与少耕的主要区别。根据不同的覆盖材料和作用，可将其分为植被、暄土、残茬、铺砂、化学、地膜、棚罩7种覆盖类型。各类型在其特定的条件下具有不同的作用和效果。相比而言，在我国半干旱地区的坡耕地上，乃至湿润易旱地区平地，即使不耕，都会因没有地表覆盖物的保护，在雨水拍击等外力的作用下，会使土表“黏闭”和板结，影响渗水和加重地表径流损失。有秸秆覆盖就会减轻雨滴对土壤的直接拍击及干湿交替引起的土壤收缩和板结，地表径流减缓，渗水率明显提高。雨后免耕田一般不见积水，而常规耕作田常见一定时间积水滞留，且在坡耕地必然会发生径流。秸秆覆盖在抗御干旱方面有独到的作用。秸秆覆盖主要是避免了土壤与大气接触，不直接受太阳辐射的影响，因此土面蒸发减少，表土湿润的日数增多，减少了土壤水分的蒸发，提高了土壤水分的利用率，在干旱季节表现出明显的抗旱效果。秸秆以覆盖形式还田并与免耕结合，能促进表土层有机质的积累，大体与以下几个因素有关：作物秸秆还田，增加了有机质的来源；在不翻耕的情况下，作物秸秆处于地表与土壤微生物接触面小；覆盖物经常处于风干状态；土壤表层积累的腐殖质不容易向下移动，总之，进入土壤的有机残体，在适宜条件下通过微生物活动不断进行着分解、积累和矿化过程。采用秸秆覆盖除具有其效应外，在一定程度上起到了减缓和调稳有机残体的分解和矿化过程，从而起到有机质逐年提高的效果。当然还需适当增加无机肥的投入以满足作物生长对氮磷养分的需求，以实现产量与地力的同步提高。土壤热状况决定于土壤热量的收支和土壤热特性。覆盖的作用直接影响着土壤热量的收支并间接影响着土壤热特性。覆盖层在白天阻隔了太阳向地表的辐射，在夜间又减少了地面向大气的有效辐射，加之，土壤未经翻耕比较紧实，土壤含水量比较高，使免耕土壤有较高的导热率和热容量，使土壤温度变化比较平缓，升温和降温都慢。降温对夏播作物苗期生长有利，而对秋播作物如小麦等则产生不利影响。因此，要因时、因地、因作物的不同灵活运用。

覆盖有利于控制杂草。秸秆腐解产物中含有抑制杂草萌发（对作物也有一定毒害）的物质；萌发出土的杂草幼苗在秸秆覆盖遮阴的情况下，因不能正常进行光合作用“饥饿而死”。秸秆覆盖与各种耕作方法结合都能取得抑制杂草的效果，而作为免耕的一个环节其效果更好。因为免耕不翻动土层，深层草籽难以萌发出土，草籽集中于表层萌发期较为一致，喷施除草剂在表土湿度大、地面平坦的情况下，可以形成较均一的药剂层。加之秸秆覆盖本身的抑草作用，容易做到一次性防除，运用得当可以免去旨在除草的表土耕作。因此，这也是免耕应用的基本依据之一。当然在杂草发生严重的地块，表土耕作或者翻耕仍然是防除杂草的有效措施，尤其是随着免耕年限的增加，多年生杂草可能成为优势杂草，那时将依靠灭生性除草剂以及轮耕加以解决。

5. 经济需要和经济效益 根据众多学者的研究、考察和报道，由于采用少耕或免耕有效地减轻了土壤侵蚀，提高了水分和肥料的利用率，扩大了复种面积，提高了作物产量，同时由于水分和肥料利用率的提高，获得同样产量用于灌溉和投肥费用相应减少，因减免耕作次数降低了能量消耗和机械投资，进而获得了较高的经济效益。

二、保护性耕作的应用模式

保护性耕作技术自20世纪后期传入我国以来，由于其在减轻农业劳动强度、改善耕地质量等方面均具有较大作用，因而受到了研究者的关注，并在已有基础上创立了许多具有中国不同区域特色的具体方式和模式。该技术除在北方地区应用较广泛外，在南方一些地区甚至水稻种植中亦有应用，具有较好的经济和社会效益。

1. 北方旱地的少耕和免耕

（1）垄作少耕法　垄作是东北地区一种固有的耕作方法，在3年中只用犁垄翻一次，即有两年不耕。作物生育期间以铲趟管理灭草，属少耕法范畴。垄作少耕法又有许多类型，归纳起来有以下几个特点：人为创造小地势—垄，实行耕种结合和耕管结合，可灵活变换播种位置。创造不同紧密程度的垄体，作业次数较少，比较省工，根据需要亦可灵活选择播种方法，有一套先发治草的技术措施。具有较强的抗旱、防涝、提温和减轻风蚀的作用。存在问题是形成垄后，耕作层较浅，扎根浅，容易倒伏或影响作物产量。

（2）轮翻少耕法　在东北南部，为克服旧犁垄作耕层较浅的缺点，采用以垄作为基础的轮翻少耕法。以深翻来加深耕层并结合大豆或玉米耙茬，形成了年代间翻耙结合或翻与原垄播种结合、垄平结合、深浅交替的少耕法。代表形式有：

①轮作方式：小麦—杂粮—大豆。

土壤耕作：伏翻—秋耙茬—秋耙茬或原垄播。

②轮作方式：高粱—大豆—玉米—玉米。

土壤耕作：秋翻—秋耙茬—秋翻—秋耙茬或原垄播。

（3）深松少耕法　以间隔深松为基础，松翻耙相结合，以垄作为基础，垄平作相结合；以打破犁底层，创造虚实并存的主体状耕层构造为目的，从而协调耕层中固、液、气三相比例和水、肥、气、热肥力因素。“虚”的部分即深松铲作业所及部位，一定程度上加深了耕层，打破了犁底层。“实”的部分即未深松的原耕层。

（4）耙茬少耕法　前作收获后，用灭茬机或圆盘耙耙茬2～4次然后播种的一种少耕类型。每年都用耙茬代替翻耕，有的地块连续耙茬7～8年。具有以下特点：

①表层土壤平整疏松，能切断毛管连通减少水分蒸发，播种层紧密度一致，有利于提高播种质量。根际土壤比较紧实，保水和提水能力较强。

②作物残茬混拌表土，利于有机质积累。在风蚀、水蚀严重的地区，有减轻水蚀和风蚀的作用。

③杂草种子密集表层，由于萌发较为集中，易于一次性防除。

④提高工效，降低成本。

⑤适应的地区性较窄。

（5）免中耕少耕法　在翻耙基础上，施足底肥，播种后喷施除草剂，而后田间不再进行土壤耕作和管理，主要应用于玉米田。减免中耕有利于土壤水分损失减少，易保全苗，促进玉米生长，不易倒伏，产量一般高于中耕的田块。但是，推广应用时必须有足量的有效除草剂做保证。

（6）灭茬播种　前作收获后，一般灭茬不耕直接播种后作的一种少耕法。其主要优点是争取农时。除此之外，它还能保持土壤的自然结构，土壤孔隙状况适宜，通透性较好，表层土壤肥力较高。在华北地区夏秋雨热同季的条件下，夏播作物可以早生快发，充分利用光热资源，提高夏播作物的产量。也还有根系抓地牢固不易倒伏的特点。但是在遇到干旱时，土壤很容易损失深层土壤水分，受旱减产。因此，在播种以后必须抓紧耙地、中耕等措施。另外，杂草发生严重，需要采用化学灭草或加强中耕除草等措施。

（7）秸秆覆盖免耕法　该耕作法在北方半干旱或半湿润易旱土壤较为轻松的地区，具有节水节能、省工省时、培肥地力、增产增收的综合效益。但总得的来说，免耕法的应用对土壤、气候、管理条件要求比较严格。大面积推广对除草剂和免耕作业机具的依赖性强。迄至目前，免耕还存在不少问题，如覆盖降温延迟三麦的生育，夏作免耕经常遇到黏虫的危害，免耕的适应性及其相应的农艺配套技术和农机具等需要进一步研究。

（8）砂田免耕法　砂田免耕法是以砂石作为覆盖的一种耕法，主要分布于我国西北地区的兰州、海源一带。砂田耕作法主要针对降雨少，农田土壤干硬，接纳雨水能力差，土壤水分成为农业生产的严重限制因素，当地农民长期在与干旱作斗争的过程中创造出的独特而古老的免耕法。

具体做法：砂田依据砂石性状分为卵石砂田、破石砂田和绵砂砂田 3 种类型。作业程序是先行精耕细作和平整土地，而后施有机肥于地表，最后铺沙，厚度约 10cm。根据作物种类采取穴播或耧播，用耖耧将沙层耖开，播后覆土拍平拍实。需要施肥时，也是将沙层扒开施入土中，然后再耙开拍实覆盖沙层。一般用清水灌溉，以延长砂田的寿命。每年播种需要松沙，要注意不要造成沙土混合，随着年限延长，沙土混合日趋严重，那就要进行砂田更新。一般砂田的寿命为 5～10 年，长者可达 20～40 年。砂田免耕法具有明显的蓄水保墒、增温、通透性好等独特功能。不过目前由于砂田培肥措施跟不上，限制了作物产量的提高，加之费工费力，因此，应着手解决砂田的作业机具及采集现代科学技术，增加投入，扩大应用范围。

2. 南方旱地的少耕和免耕

（1）间套种少耕法　由于南方旱地多属于丘陵旱地，为了防止水土流失，采用间套形式的少耕法。如在麦田套种绿肥，以后不耕直接在绿肥带上播种玉米；麦茬不耕套种棉花、玉米、花生；棉花茬不耕套种绿肥、小麦、草莓等。这种以间套覆盖并少耕的做法在四川、贵州、湖北、云南等省的山坡地上应用十分普遍，在旱平地上也有存在。

（2）板田少耕法　这种耕法与免耕不同，它没有作物残体覆盖，也不同于北方的铁茬，作物播种前既不耕，作物生育期间也不中耕。如湖南省农业科学院植物保护研究所开展的棉花密植、化学除草和板茬直播就属于这种类型。

（3）少耕覆盖耕法　这是一种类似免耕的耕法，适宜南方丘陵坡地。主要是针对该类地区旱地贫瘠、干旱和水土流失等问题而采取的耕作方式。如云南省农业科学院推广的具体做法为：在小麦或玉米收获后不翻耕整地直接播种，玉米出苗后 20～30 天铲草皮 1 次，同时每公顷用作物秸秆 12 000～15 000kg 覆盖地面，或在玉米行间种植肥田萝卜或一年生草木樨等作为覆盖物，直至收获不再中耕培土。与北方平原地区的秸秆覆盖免耕有所不同，开沟较宽较深，沟内土壤深厚、细碎、松软，出苗后经过一次铲地再覆盖秸秆。秸秆覆盖免耕在坡地上应用，虽有截水保土作用，但毕竟比翻耕地土壤紧实。这样就形成了带状的虚实间隔层，更有利于拦蓄雨水，遇到暴雨，保持水土效果更佳。少耕覆盖耕法由于相对降低了土壤的通气性和好气微生物活动，减缓了有机质的分解速度。同时，水土流失减少，土壤有机质积累也会相应增加。

3. 南北方水田的少耕　我国南方气候温暖，雨量充沛，土壤质地比较黏重，雨天易形成泥泞或渍涝，雨后则干燥板结、僵硬，故人们常采用精耕细作来夺取作物高产。但是，长期实行稻麦多熟复种，沿袭传统的一套土壤耕作方法，使土壤黏闭性加剧，且加大成本。因此，围绕水田土壤耕作制度做了大量的研究工作，归纳主要有以下几种类型：

（1）稻茬麦田的少耕　根据不同的播种方式又可分为以下几种形式。

旋耙少耕麦：水稻收割后用旋耕机或盖麦机旋耙 3～5cm，打碎稻茬，松动表土，而后作埝、播种盖籽。这种方法播种质量好，能消灭部分田间杂草。但表土耕作必须在适耕含水量范围，过干过湿不能达到碎土目的，反而破坏土壤结构。故在地下水位低、排水良好的地区或田块适宜推广应用；反之，则不易掌握适耕期。

撒播少耕麦：又称稻板麦、板田麦。在水稻收割后，不翻耕，不灭茬，直接把麦籽均匀撒播在稻田田面上，而后施有机肥，开沟覆土。注意覆土均匀严密，抑制杂草生长，保证三麦齐苗。这是一种省工节能、经济效益高的耕种方法，苗期优势明显。但在中后期往往通风透光不良，田间过早郁闭而导致发生病害、倒伏现象。

条播少耕麦：又称板田条播麦。在水稻收割后，不翻耕、不灭茬。用板茬条播机直接在稻田上完成开沟、播种和覆土工序。待土壤墒情适宜时，再开纵横排水沟。这种方法有 3 个好处：有利于消灭田间杂草；可利用边际效应，改善麦田中后期的通风透光条件，使个体群体协调生长，有利于防倒伏夺高产；花工少、工效高，有利于保证秋种进度和质量。现在条播少耕的主要问题是：条播机供应数量很少，不能满足生产要求，还不能同时进行化肥底肥，亟待改进。

点播少耕麦：在土壤宜耕期短、地下水位高的黏重土田块，水稻收割后，掌握土壤墒情，用小铲开穴点播。行距 17～20cm，穴距 8～10cm，每公顷 60 万～75 万穴，每穴播种 6～7 粒种子，每公顷保基本苗 300 万左右。播后施肥盖土，喷施除草剂。这种方法虽然播种时花工较多，但质量好，产量高。有劳力条件的地区可以推广应用。

归纳起来，稻茬少耕具有以下优点：①确保农时季节，充分利用冬前光热资源。南方多熟地区播种季节都比较紧张，当前季稻排水不好或碰上多雨天气，土壤过湿无法犁耕时，不是延误农时，就是烂耕烂种。而少耕法可少受土壤耕性的制约，充分利用土壤原有土体结构和上层肥沃表土，适时早播三麦，有利早发、壮苗；②改善土壤结构，防止土壤板实。稻茬麦种，因土壤黏重，含水量高，湿害是阻碍三麦高产的原因之一。实行少耕既可避免烂耕破坏结构，又可减轻对土壤的压实，保持原有土体，提高土壤的通透性。少耕可以与沟渠配套，排水通畅，从而减轻湿害；③省工节能，降低成本。稻茬麦田少耕的主要缺点是不能全层施肥，有机质分解慢，耕层中下层有效养分偏少，苗期生长好，抽穗后，容易出现早衰现象，杂草较多。应用时，必须配合相应的栽培技术措施。

生产中除稻茬少耕外，还有稻茬板田播种蚕豆、绿肥和撬窝移栽油菜等，也还有禾根豆、禾底薯等类型，采用相当普遍。

（2）麦茬水稻的少耕　南方地区，稻田的传统耕作作为翻耕晒垡，用以改善土壤黏闭滞水、通气不良等性状，从而提高稻田氧化还原电位，促进水稻的生长发育。对稻田能否利用少耕，解决季节、劳力、土壤发僵等问题，不少科研和生产单位经过深入研究和生产实践，得出肯定结论。

具体做法：三麦收割后，铺施底肥，用旋耕机进行灭茬松土 3～5cm，然后上水平整，直接或移栽水稻。在双三熟地区，也有在早稻收割后不耕，立即喷施除草剂，灌水泡软土壤，直接在前茬棵间栽插后季水稻的做法。其复种方式是冬作（麦类、油菜）—早稻—晚稻，土壤耕作方式是深耕或旋耕（重视基肥）—旋耕—不耕。

麦茬水稻少耕法对水稻增产具有积极意义，且可节省能源，降低生产成本。但是，实行少耕，对灭茬、除草、消除病虫、分层施肥等方面也有不足之处，由于渗漏较大，保水力弱，靠雨水灌溉的稻田易受干旱。至于少耕对土壤肥力的影响能维持多久，如何根据不同情况实行深耕与浅耕、干耕与水耕结合，还有与之相适应的品种和栽培技术，都有待进一步研究。

（3）半干旱少耕法　半干旱少耕法又称“水田自然免耕法”，是以充分利用冬水田资源为目的，水田快速高产、一田多用，易控易调的新型耕法。具体做法：小麦收割后仅进行一犁一耙，淹水作垄。水层 16cm，垄距 50～60cm，垄高 20cm 左右。水稻栽于垄上，收早稻栽晚稻，保持原垄不动。水稻收后不犁田，不放水，只在小麦播种近期放水，拉线理沟作畦，然后在畦面播种小麦。中后期不中耕并保持畦面，土壤长期浸润。本项技术的机理和技术要则概括为“4 个连续”。①连续垄作，其实质在于改造水文，让毛管水代替自由重力水。因毛管水是土壤中唯一能够自由运行、通气导热，并带有大量有效养分的水分状态，毛管水控制耕层，就能适时适量满足作物对水分、养分的需要，因而也是高产肥力土壤的基本特征。②连续浸润，其实质是以水稳构，毛管水上升速度快，维持土壤结构的能力最强，只要底层水源充足，浸润表土的作用就不会停止，土壤就不会变干硬，其结果就没有必要通过常规的一些耕作措施来调整土壤松紧度。③连续植被，其实质是起着植物体覆盖的作用，保护结构不遭破坏。同时，强大根系有重新恢复土壤结构的能力，从而起到“生物代耕”的作用。④连续少耕，是指保持土壤具有完整的土体结构，使土壤保持畅通的毛管孔道，故而水分、养分、热量和空气可以自由传导至作物根部附近，进而满足地上部生长的需要，获得高产。

三、应用前景

免耕技术在美国、加拿大、巴西、阿根廷等美洲国家和英国、前苏联等欧洲国家推广速度较快，在非洲、亚洲等地推广较慢（王法宏等，2003）。全世界免耕面积约为 45×10^6 hm^2。Derpsch（1999）估计，95%的免耕地在美洲，其中北美洲为 51%，南美洲为 44%。亚洲、非洲和东欧国家的免耕面积则难以统计。根据保护性耕作信息中心统计，2000 年美国采用保护性耕作措施的农田面积已达 4 415$\times10^4$ hm^2，占耕地总面积的 37%，其中免耕为 2 100$\times10^4$ hm^2，是世界上免耕面积最大的国家，保护性耕作技术主要在玉米和大豆的种植上应用，也应用到高粱、小麦、棉花、烟草和蔬菜上（杨学明等，2004）。意大利从 1968 年开始推广免耕技术，1994 年谷类作物免耕面积达 3×10^4 hm^2，大豆面积达 3 000hm^2。1997 年免耕面积达 10×10^4 hm^2。

保护性耕作技术近年来在我国的浙江、江苏、四川、广西、上海、湖南、湖北、山东、河南、河北、陕西、山西、天津、内蒙古等地都有推广（师江澜等，2006）。除粮食作物外，还有油菜、大豆、花生等作物，从山丘、丘陵坡地发展到平原，也从旱地和干旱地发展到水田。2002年辽西地区建设以秸秆粉碎还田和高留茬为主导模式的高标准试验示范田1 862.5hm²，2003年凌源等成为农业部级示范区，重点试验浅旋覆盖、灭茬覆盖、重耙覆盖、留茬、深松覆盖、免耕覆盖等模式。2002年天津市农机局示范夏秋季保护性耕作1.24万hm²，其中秸秆还田占实施面积的95%，免耕占84%，深松占41%，推广小麦、玉米两茬平作的保护性耕作技术模式。山西省已有31个县开始示范推广适合县情的技术模式，如寿阳县一年一熟玉米覆盖深松加地表处理技术，天镇县一年一熟玉米留高茬秸秆粉碎还田浅旋耕作技术和谷黍豆类留茬固土轮作稻茬保护性耕作技术等，总面积在10万hm²以上。水田自然免耕技术已在南方10多个省份大面积示范推广，如广西浦北县2002年早稻免耕抛秧示范面积553hm²，桂林阳朔县131.3hm²"国家优质水稻免耕抛秧示范基地"已成为国内免耕抛秧技术的样板田。

但由于我国保护性耕作技术从20世纪90年代才开始研究，历时较短，大多数地区还处于试验和示范阶段，存在以下一些问题：

一是缺乏针对不同作物专用的配套机具，且已有机具性能不尽完善，如播种精度不高，实际操作中出现漏播或重播、肥料下料不匀以及不下种等情况，还如免耕播种机作业时的堵塞问题等，缺乏保护性耕作的区划研究。

二是还存在一些技术问题。①杂草防除不力，尚缺乏对除草剂使用方式、施用时间、用量等的专门研究，对一些伴生的恶性杂草因缺乏专用除草剂而不能有效防治，比如河北坝上地区莜麦田中的野燕麦，不能用现有的除草剂有效防除；②施肥问题。施用农家肥是个大问题，地表施用既浪费且肥效又差，使耕地变劣，施入地下则缺乏相应的配套机具；同时，化肥常采用深施和一次性施入，现在的施肥深度和方法是否合理？③低温问题。秸秆覆盖可降低土壤温度，可能会因此推延播期甚至影响产量等。研究表明，免耕使早春地温降低2～10℃，为此美国南部免耕玉米的生育期通常推迟7～10d。国内研究认为，地温直接影响小麦返青和早期生长，覆盖过多使幼苗发黄、苗质差，分蘖推迟且减少，直接导致有效穗数减少和产量下降。

第四节　作物种植制度调控技术

作物的种植制度总是与其所处的土壤、气候条件和耕作管理水平等相适应，良好的种植制度不仅有利于作物优质高效生产，也有利于耕地质量培育和提升。尽管经过长期的农业生产实践，对一个具体的地区而言一般已经形成了相应的种植制度，但是，由于土壤、气候条件的变化及耕作栽培技术的发展等，特别是随着水分条件的变化及生产条件的改善等，一些传统的耕作制度可能已经不适应当地经济社会发展的需要，在这种条件下，适当的耕作制度改革也是必不可少的。

一、种植制度基本概念

种植制度是指一个地区或生产单位的作物布局和种植方式的总称。作物布局指的是作物组成及其配置的决定，种植方式有复种、间套作、轮连作等多种形式。一种合理的种植制度，应该体现当地生产条件下农作物种植的优化方案，应兼顾以下几个方面：能合理利用当地自然资源与社会资源；能持续增产稳产并提高经济效益；能培肥地力，保护资源，维持农田生态平衡；能协调国家、地方和农户之间对农产品的需求关系，如粮食作物与经济作物的关系、夏粮与秋粮的关系、主粮与辅助粮的关系、饲料绿肥作物的安排等。但在实际中，往往不能同时满足以上所有方面，只能选择一个相对较优的方案。如果种植制度不合理，则会引起生产部门之间、作物与环境之间、生产部门与销售部门之间的不协调，或者产生资源利用不合理与生产环境遭受破坏，高产量低收入，降低农田生产效率等情况。所以，在农业生产中合理的种植制度具有重要的战略意义。

二、作物布局

作物布局是指一个地区或生产单位的作物种植计划，实际上就是安排作物种植的种类、面积、比例和配置地点的一种作物生产部署。因此，作物布局就是解决种什么、种多少和种在哪里的问题。

作物布局中的作物，通常是指大田种植的作物，主要是粮食作物、经济作物、饲料绿肥作物等，有时也包括蔬菜、果树等。作物布局所指的范围可大可小，可以大到一个国家、省、地区、县，也可小到一个自然村、一家农户；时间上可长可短，可短达 5 年，长达 10 年的作物布局规划。在我国南方多熟制地区，同一块地上一年要种植两熟或两熟以上作物，这样不仅在同一生长季节中，有不同作物合理布局的问题，而且在不同生产季节之间，上下茬作物同样有一个合理布局的问题。因此，在一年多熟地区，作物布局实际上还包括了连接上下熟制布局。合理的作物布局应该综合平衡天、地、人、作物、畜禽、市场、价格、政策、交通和社会等各种因素。根据需要和可能条件，统筹兼顾，满足个人和社会需要，合理利用土地和其他自然与社会资源，以最小的消耗获取最大的经济、社会和生态效益。

三、复种

复种是指在同一地块上一年内接连种植二季或二季以上作物的种植方式。最常见的复种方式有平播和套作两种。平播是在上茬作物收获后直接播种下茬作物，套作是在上茬作物收获前，将下茬作物套种在其株间或行间。此外，还可用移栽和再生作来实现复种。根据一年内作物种植的季数，可分为一年一熟、一年二熟，一年三熟以及二年三熟等。种植指数小于 100%，表明耕地有休闲或撂荒现象。休闲是指耕地在一定时间内不耕作或只耕不种的方式，可分为全年休闲和季节休闲两种。撂荒是指耕地连续两年以上不耕种的方式。休闲和撂荒具有积蓄养分、恢复地力等作用。

复种的意义在于充分利用生长季节内的自然资源，提高单位耕地利用率，增加作物产量。主要表现在 3 个方面：一是增加了作物有效播种面积；二是缓和了作物之间争地矛盾；三是有利于稳产。另外，复种还有利于增加地面覆盖，减少水土流失。在人多地少的地区，还可提高劳动就业率。

复种是一种高度集约化的种植制度，往往出现季节、肥水、劳力等紧张的矛盾。因此，在不断改善生产条件的同时，因地制宜运用耕作栽培技术，将有利于提高复种指数，缓解各种矛盾，特别是季节紧张的矛盾。

提高复种主要有以下途径：

一是培育早熟品种、开发填闲作物。对于同一作物来说，一般生育期长的品种产量潜力大。但在复种条件下，若每季作物都采用生育期长的晚熟品种，则会进一步加剧因复种造成的季节紧张的矛盾，从而影响实现全年高产。特别是在热量条件偏紧，复种生长季节矛盾突出的地区，更是如此。因此，要瞻前顾后，合理应用一些早熟品种，力争每季作物都能提供较早的茬口，做到互补互让，使每季作物都能处于相对最佳的生长季节和最适的温、光条件下。

二是改直播为育苗移栽，缩短本田生育期。主要用于水稻、甘薯、油菜、烟草、蔬菜等作物，目前棉花、玉米，甚至麻类、豆类、马铃薯、甘蔗等作物也有应用。在育秧技术上，除了采用保温育苗，如温室育秧、覆膜育秧以及两段育秧等技术外，为减少移栽后的返青长度，还广泛采用了营养钵、营养袋、营养块育秧等先进技术。

三是运用套作技术。套种是指在前茬作物收获前于行间、株间或预留行间直接套播或套栽后茬作物，如中晚稻套种绿肥，早稻套种大豆或黄麻，麦田套种棉花、玉米、花生和烤烟等。

四是缩短农耗期。复种的优势在于充分利用自然资源，因此无论复种生长季节矛盾的大小，都应及时收获，力争早播早栽。在劳动力紧张的地区，提高机械化作业水平，既可降低劳动强度，又能明显缩短农耗期。

五是发展作物晚播、早熟技术。在复种季节较紧的地区，如黄淮海平原北部，为确保玉米丰收，需要采用中晚熟品种，因而小麦只能晚播；长江中下游地区，麦收后种棉花，一般也是晚播棉。晚播作物可采用适当增加密度，加强田间管理促进早发等措施，来增加产量。另外，运用一些促进作物的早熟技术，也能缓和复种季节的矛盾，如在玉米、棉花、烤烟等作物的生育后期，喷施乙烯利可明显提早成熟期。采用地膜覆盖等技术，也能弥补因晚播造成的积温损失，提早作物的成熟期。

四、间套作

在各种种植方式中，间、套作指的是作物种植在耕地平面上的分布方式。与间、套作相关的种植方式还有单作、混作、立体种植等。

单作是在一块田地上只种植一种作物的种植方式，这是最为常见的方式。这种种植方式的特点是作物单一，群体结构简单，生育基本一致，便于统一种植、管理和机械化作业。机械化程度高的国家和地区大多为这种方式。缺点是有时不能充分利用当地自然资源和社会经济条件。

混种指把两种或两种以上的作物，不分行或同行混合在一起种植的种植方式。这是一种较为原始的种植方式，特点是简便易行，能集约利用空间。缺点是由于混作的作物间相距很近，田间分布又不规则，因此不便于分别管理和收获，并且要求混作作物的生态适应性比较一致，生育期比较接近。

间作是指一个生长季内，在同一块田地上分行或分带间隔种植两种或两种以上作物的种植方式，间作是集约利用空间的种植方式，间作因成行成带种植，不同作物可以实现分别管理和收获。特别是带状间作，较便于机械化和半机械化作业，克服了混作的缺点，可以提高劳动生产率。除了作物与作物间作外，农作物与多年生木本作物相间种植，也称为间作。以农作物为主的间作，称为农林间作；以林（果）为主的间作，称为林（果）农间作。

套种是指在前季作物生育后期，在其株间播种或移栽后季作物的种植方式。套种能充分利用时间，延长作物的生长期，提高复种指数，是集约利用生长季节的种植方式。但套作往往费工费时，一般只能人工操作，而且不宜下茬作物施肥、保苗，也易受病虫害。

五、轮作与连作

种植业是需要持续发展的产业，对耕地利用是延续不断的。由于同一地区可种植的作物种类通常很多，因此具体到某一块耕地时，就存在先种、后种的问题。

轮作是在同一地块上，有顺序地轮换种植不同作物的种植方式，如一年一熟条件下的大豆→小麦→玉米3年轮作。在一年多熟条件下，轮作由不同复种方式所组成，如油菜—水稻→绿肥—水稻→小麦—大豆3年复种轮作。轮作因采用方式不同，可分为定区轮作和非定区轮作。两者的区别在于轮作中的作物组成、比例、轮换顺序、轮作周期年数是固定的还是灵活的。

连作是指一年内或连年在同一块田地上连续种植同一种的种植方式。而在同一地块上采用同一复种方式的连年种植称为复种连作。实际生产中常把轮作中的前茬和后茬的轮换，通称为“换茬”或“倒茬”，把连作称为“重茬”。

六、种植制度在培肥中的意义

复种在提高土地利用率、增加作物产量的同时也增加了作物对土壤养分的吸收。若耕作培肥措施不当，便会使生态系统与土壤能量和物质平衡遭到破坏，土壤中水肥气热状况失调，导致肥力下降。传统的耕作制度复种指数较低，有人认为让土地有一定的休闲期有利于地力恢复。但也有观点认为，随着土壤被植被连续覆盖程度的增加，土壤中微生物氮量一般也增加，土壤质量可以得到改善。我国20世纪60～70年代，为了补充化肥资源的不足，大力推广冬季绿肥，通过绿肥的固氮、富磷、富钾能力，使土壤肥力得到恢复。据刘巽浩（1998）研究结果，北京地区大麦—玉米两熟的生产力比大麦一熟高121.23%，多消耗氮80.97%，磷80.12%，钾68.41%。即使茎叶根茬全部还田，带走的氮占60%～70%，磷占80%～90%，仍需要增施肥料补充。多熟高产留给土壤的作物根茬及可能直接或间接归还土壤的有机物质也相应增多，同时多熟制往往有较充足的水分养分补给和良好的耕种管理，使土壤的环境条件不断得到改善，水、肥、气、热等诸多环境因素不断得到调节。相关研究结果表明，在亚热带紫色土多熟制条件下，长期定位试验的结果表明复种不会使土壤肥力降低；长期均衡施用化肥，能使稻田一年三熟持续增产，同时不会对土壤肥力带来不利影响；为经济利用农业资源，稻田多熟种植时，施肥制度应实行有机—无机肥相结合。同时，亦有研究认为，长期稻—稻—油种植制度有利于增加土壤速效钾的含量，这与油菜大部分秸秆还田有关。建议缺钾土壤采用稻—稻—油，并及时补充磷肥。稻—稻—绿肥种植制度能够弥补稻—稻—油种植制度的缺磷现象，主要是绿肥在转化为有机质时，能够活化土壤固溶性磷，使有效磷提高。

间、套作对土壤肥力有促进作用，如豆科与非豆科作物间混套作，豆科作物通过根系分泌物供给非豆科作物氮素营养，而非豆科作物把豆科作物固定的部分氮素吸收后，刺激、促进豆科作物根瘤菌的固氮作用。张伟梅等（2006）研究了山区旱地多熟间套作不同培肥方法的培肥效果，试验结果表明，各种培肥方法的培肥效果依次为三季栏肥还田＞三季秸秆＋冬绿肥还田＞三季秸秆还田＞冬绿肥还田＞对照。Archna Sum 等（2006）在印度亚热带地区研究表明，甘蔗与马铃薯、玉米、小麦和菜豆等间作后，土壤中有机碳的含量明显增加，增加量分别为17%、25%、24%和13%。在不同间作方式下，土壤中微生物碳和氮含量分别占土壤有机质和总氮的2.7%～3.3%和2.6%～3.7%。Ghosh等（2006）研究高粱与大豆间作后，土壤中硝酸还原酶及脱氢酶活性和微生物碳含量都有所提高。

各种作物的秸秆、残茬、根系和落叶等是补充土壤有机质和养分的重要来源，不同作物补充供给的数量和品质各不相同。如禾本科作物中C/N含量相对较高，而豆科、油菜等作物C/N相对较低。因此，有计划地进行禾、豆轮作，有利于调节土壤碳、氮平衡，还具有调节改善耕层物理性状的作用；密植作物根系细密、数量较多，分布比较均匀，土壤疏松结构良好；深根作物和多年生豆科牧草的根系对下层土壤有明显的疏松作用。合理的轮作能提高土壤有机质和氮含量，改善土壤物理性质。种植草木樨二年压青后，土壤水稳性团粒含量增加42%，容重降低0.28g/cm^3，孔隙度增加34%。据研究者对土壤肥力长期监测试验的结果，连作农田有机质维持较低水平，水旱轮作利于有机质的积累；连作不利于氮素的维持，轮作换茬、秸秆还田能有效缓解土壤氮素消耗，由于增施磷肥及合理的水旱轮作，土壤速效磷、速效钾含量逐年增加。连作农田有机质维持较低水平，长期连作，作物对土壤中某种元素消耗过多，易造成土壤营养失衡，产生缺素症，影响作物的正常生长发育。连作不利于氮素的维持，轮作换茬、秸秆还田能有效缓解土壤氮素消耗。

种植制度是丰富多样的，但合理的种植制度才能够促进农田生态系统的良性循环，只有将农业发展、增产增收和培肥地力、促进农田的可持续利用相结合，充分发挥种植制度对培肥土壤的积极作用，因地制宜、用养结合，才能制定出适合当地农业发展需要的有效可行的种植模式。

（罗友进、魏朝富）

参 考 文 献

陈伏生，王桂荣，等.2003. 施用泥炭对风沙土改良及蔬菜生长的影响［J］. 生态学杂志，22（4）：16－19.

陈世俭.2000. 泥炭和堆肥对几种污染土壤中铜化学活性的影响［J］. 土壤学报，37（2）：280－283.

陈义群，董元华.2008. 土壤改良剂的研究与应用进展［J］. 生态环境，17（3）：1282－1289.

陈芝兰，张涪平，蔡晓布，等.2005. 秸秆还田对西藏中部退化农田土壤微生物的影响［J］. 土壤学报，42（4）：696－699.

丁锁，苏玉红，史衍玺，等.2006. 土壤改良剂对荧蒽、苯并［K］荧蒽提取和植物吸收的影响［J］. 环境化学，25（6）：710－713.

关连珠，张继宏，严丽，等.1992. 天然沸石增产效果及对氮磷养分和某些肥力性质调控机制的研究［J］. 土壤通报，23（5）：205－208.

关连珠.2001. 土壤肥料学［M］. 北京：中国农业出版社.

化全县，李见云，周健民.2006. 天然沸石对磷、钾在红壤中迁移影响的室内模拟研究［J］. 农业工程学报，22（9）：261－263.

姜秉权.1981. 耕作学［M］. 北京：农业出版社.

姜淳，周恩湘，霍习良，等.1993. 沸石改土保肥及增产效果的研究［J］. 河北农业大学学报，16（4）：48－52.

蒋挺大.1996. 甲壳素［M］. 北京：中国环境科学出版社，50－56.

李建民．1997. 农学概论［M］. 北京：中国农业出科技版社．

李仁岗．1987. 肥料效应函数［M］. 北京：农业出版社．

刘武定．1995. 微量元素营养与微肥施用［M］. 北京：中国农业出版社．

刘巽浩，牟国正，等．1993. 中国耕作制度［M］. 北京：农业出版社．

刘巽浩．1994. 耕作学［M］. 北京：中国农业出版社．

刘巽浩．1998. 中国多熟种植［M］. 北京：北京农业大学出版社．

全国农业技术推广服务中心．2005. 耕地地力调查与质量评价［M］. 北京：中国农业出版社．

邵玉翠，张余良．2005. 天然矿物改良剂在微咸水灌溉土壤中应用效果的研究［J］. 水土保持学报，19（4）：100－103.

沈学年．1981. 耕作学［M］. 北京：农业出版社．

师江澜，刘建忠，吴发启．2006. 保护性耕作研究进展与评述［J］. 干旱地区农业研究，24（1）：205－212.

田有国，辛景树，等．2006. 耕地地力评价指南［M］. 北京：中国农业科学技术出版社．

王法宏，冯波，王旭清．2003. 国内外免耕技术应用概况［J］. 山东农业科学（6）：49－53.

王维金．1998. 作物栽培学［M］. 北京：科技文献出版社．

王旭东，杨雪芹．2006. 聚丙烯酰胺对磷素在土壤中吸附—解吸与迁移的影响［J］. 环境科学学报，26（2）：300－305.

王正银．1999. 作物施肥学［M］. 重庆：西南师范大学出版社．

吴家华，董云中，刘继青，等．1995. 粉煤灰改土效应研究［J］. 土壤学报，32（3）：534－540.

吴增芳．1976. 土壤结构改良剂［M］. 北京：科技出版社．

夏海江，杜尧东，孟维忠，等．2001. 聚丙烯酰胺防治水土流失的效果［J］. 生态学杂志，20（1）：70－72.

杨文钰．2002. 农学概论［M］. 北京：中国农业出版社．

杨学明，张晓平，方华军．2004. 北美保护性耕作及对中国的意义［J］. 应用生态学报，15（2）：1335－340.

张伟梅，吕周林，姚宏．2006. 旱地多熟间套作不同培肥方法对作物产量和土壤肥力的影响［J］. 中国土壤与肥料（4）：25－28.

张晓海，邵丽，张晓琳．2002. 秸秆及土壤改良剂对植烟土壤微生物的影响［J］. 西南农业大学学报，24（2）：169－172.

左建，孔庆瑞．1987. 沸石改良碱化土壤作用的初步研究［J］. 河北农业大学学报，10（3）：58－64.

Arehna S，Menhi L，Singh AK，et al. 2006. Microbial biomass turnover in Indian subtropical soils under different sugarcane intercropping systems［J］. Agronomy Journal，98：698－704.

Bhardwaj KKR，Datt N. 1995. Effects of legume green-manuring on nitrogen mineralization and some microbiological properties in an acid rice soil［J］. Biology Fertility of Soils，19：19－21.

Busscher WJ，Novak JM，Caesar-Tonthat TC. 2007. Organic matter and polyacrylamide amendment of amendment of Norfolk loamy sand［J］. Soil and Tillage Research，93：171－178.

Derpsch R. 1999. Frontiers of conservation tillage and advances in conservation practice［R］. USA：West Lafayette Institute.

Eriksen J. 2005. Gross sulphur mineralization-immobilization turnover in soil amended with plant residues［J］. Soil Biology and Biochemistry，37：2216－2224.

Garcia Sanchez A，Alastuey A，Querol X. 1999. Heavy metal adsorption by different minerals：application to remediation of polluted soils［J］. The Science of the Total Environment，242：179－188.

Ghodrati M，Sims JT，Vasilas BL. 1995. Evaluation of fly ash as a soil amendment for the Atlantic coastal plain，soil hydraulic properties and elemental leaching［J］. Water Soil Air Pollution，81：349－361.

Ghosh PK，Manna MC，Bandyopashyay KK，et al. 2006. Inter specific interaction and nutrient use in Soybean/sorghum Intercropping System [J]. Agronomy Journal, 98: 1097-1108.

Kay-Shoemake JL, Watwood ME, Sojka RE, et al. 1998. Polyacrylamide as a substrate for microbial amidase in culture and soil [J]. Soil Biology and Biochemistry, 30: 1647-1654.

Lai KM, Ye DY, Wong JWC. 1999. Enzyme activities in a sandy soil amended with sewage sludge and coal fly ash [J]. Water Air Soil Pollution, 113: 261-272.

Mikkelsen RL. 1995. Using hydrophilic polymers to improve up take of manganess fertilizers by soybeans [J]. Fertilizer Research, 41: 87-92.

Pypersa P, Verstraete S, Cong PT, et al. 2005. Changes in mineral nitrogen, phosphorus availability and salt-extractable aluminium following the application of green manure residues in two weathered soils of South Vietnam [J]. Soil Biology and Biochemistry, 37: 163-172.

Sarathchandra SU, Watson RN, Cox NR, et al. 1996. Effects of chitin amendment of soil on microorganisms, nematodes, and growth of white clover (*Trifolium repens* L.) and perennial ryegrass (*Lolium perenne* L.) [J]. Biology and Fertility of Soils, 22: 221-226.

Sojka RE, Entry JA. 2000. Influence of polyacrylamide application to soil on movement of microorganisms in runoff Water [J]. Environmental Pollution, 108: 405-412.

Steinberger Y, Sarig S, Nadler A. et al. 1993. The effect of synthetic soil conditioners on microbial biomass [J]. Arid Soil Research and Rehabilitation, 7: 303-306.

Vincini M, Carini F, Silva S. 1994. Use of alkaline fly ash as an amendment for swine manure [J]. Bioresource Technology, 49: 213-222.

第十二章　污染土壤修复技术

近年来，我国土壤污染问题日益凸显，对生态环境、食品安全和人体健康构成严重威胁。随着我国经济的发展和人民生活水平的提高，远离污染、保证食品安全成为现阶段必须解决的一个重大问题。土壤污染物主要来自污染的大气沉降、废水和污水灌溉、工业废渣和城市垃圾，以及滥用农药化肥等农用投入品。在我国，耕地面积逐年减少，人地矛盾日趋尖锐，而土壤问题不仅仅是简单的污染问题，而且对大气、水体和人类健康构成了严重威胁。因此，对土壤污染物进行调控、土壤环境功能提升及恢复，进行土壤污染控制与修复将是土壤科技发展的必然选择，也是社会经济可持续发展的必然需求。

污染土壤修复技术的研究起步于 20 世纪 70 年代后期。在过去的 30 年期间，欧、美、日、澳等国家纷纷制定了土壤修复计划，巨额投资研究土壤修复技术与设备，积累了丰富的现场修复技术与工程应用经验，成立了许多土壤修复公司和网络组织，使土壤修复技术得到了快速的发展。我国的污染土壤修复技术研究起步较晚，在“十五”、“十一五”期间才得到重视，被列入了高技术研究规划发展计划，其研发水平和应用经验都与美、英、德、荷等发达国家存在相当大的差距。近年来，顺应土壤环境保护的现实需求和土壤环境科学技术发展的需求，科学技术部、国家自然科学基金委、中国科学院、环境保护部等部门有计划地部署了一些土壤污染物调控与污染土壤修复技术修复研究项目和专题，有力地促进和带动了全国范围的土壤污染控制与修复科学技术的研究与发展工作。

经过近十多年来全球范围的研究与应用，包括生物修复、物理修复、化学修复及其联合修复技术在内的土壤污染物调控和修复技术体系已经形成，并积累了不同污染类型场地土壤综合工程修复技术应用的经验，出现了污染土壤的原位生物修复技术和基于监测的自然修复技术等研究的新热点。本章将主要从各种农艺技术措施角度阐述耕地土壤污染物调控与污染土壤修复技术原理及实践。

第一节　生物修复技术

生物修复技术是利用生物的生命代谢活动，以降低环境中有毒有害物质的浓度或使其完全无害，从而使污染的土壤部分或完全地恢复到原始状态。通常所说的生物修复实际上乃是一个狭义的概念，它主要是指利用生物技术对进入土壤环境中的难降解物质如大分子有机污染物、重金属等进行治理。这种技术主要通过两种途径来达到对土壤中污染物净化的目的：①通过生物作用，改变污染物在土壤中的化学形态，使其固定或解毒，降低其在土壤环境中的移动性和生物可利用性；②通过生物吸收、代谢，达到对污染物的削减、净化与固定。随着现代生物技术的发展，分子生物学和基因工程技术应用于超富集、高耐性生物的培育、筛选和鉴定，促进了生物修复技术的发展。目前，生物修复技术的主体主要包括植物、微生物和动物。

一、植物修复技术

植物修复是指利用某些植物对特定污染物质具有的超富集能力，通过种植该种植物使土壤中的污染物在植物体内富集，再通过植物收获等途径使污染物质移出土壤的方法。由于超富集植物对污染物吸收量大、且植物本身的生长量也较大，因此，该办法能在一定时间内使土壤中的污染物减少，从而达到土壤修复的目的。由于植物收获后的处置等诸多问题，尽管近年来国内外研究者已经筛选出多种对特定污染物具有超富集能力的植物，且对其超富集能力等进行了一系列研究，但在生产实际中仍应用不多。

1. 重金属污染土壤的植物修复　土壤重金属污染的"植物修复"（Phytoremediation）是指将某种特定的植物种植在重金属污染的土壤上，而该种植物对土壤中的污染元素具有特殊的吸收富集能力，将植物收获并进行妥善处理（如灰化回收）后即可将该种重金属移出土体，达到污染治理与生态修复的目的。为此，植物修复通常包括：植物提取作用（Phytoextraction），即植物对重金属的吸收；植物挥发作用（Phytovolatilization），即通过植物使土壤中的某些重金属（如 Hg^{2+}）转化成气态（Hg）而挥发出来；植物固化修复主要通过植物稳定化（Phytostabilization）等作用，即利用植物将土壤重金属转变成无毒或毒性较低的形态（生物无效态），达到对重金属污染土壤的原位改良与修复的目的。

（1）植物提取修复技术　植物修复的前提是找到对某种（些）重金属具有特殊吸收和富集能力的植物种或基因型，即重金属的"超富集植物"（Hyperaccumulator），因而，利用某些"超富集植物"对某种重金属的超富集能力来清除土壤重金属污染成为植物提取技术的核心。超富集植物的一般定义是：在地上部较普通作物累积 10～500 倍以上某种重金属的植物。Reeves（1992）建议沿用一个广泛被人接受的 Ni 超富集体的定义：生长在自然群落中，某种植物的地上部分干物质中 Ni 的浓度只要达到 1000mg/kg 以上，该种植物就是 Ni 的超富集体。事实上，对土壤重金属超富集植物的研究可以追溯到 19 世纪。如 Baumann 早在 1885 年就报道了遏蓝菜属（*Thlaspi calaminare*）植物茎叶灰分中的 Zn（O）含量达 17%。此后，Minguzzi 和 Vergnano 在 1948 年报道，一种庭荠属植物（*Alyssum berbolonii*）干物质中含 Ni 量达 1%，而灰分中达 10%。根据从世界各地所收集的植物分析结果表明，超富集植物茎叶中的重金属浓度可达其干重的 1%，这些重金属主要是 Zn、Ni、Se、Cu、Co 或 Mn，对 Cd 达 0.1%以上。目前，世界范围内已经发现的超富集植物有 700 多种。国外开展这方面的工作较早，目前已发现的超富集植物有富集 Ni 的 *Streptanthus polygaloides*，*Alyssum pintodasilvae*，*Alyssum markgrafii* 和富集 Zn 的 *Brassica napus*，以及富集 Zn 和 Cd 的 *Arabidopsis halleri* 等。Baker 和 Brooks（1989）在欧洲中西部发现了能富集 Cd 高达 2130mg/kg（干重）的十字花科植物天蓝褐蓝菜（*T. caerulescens*），它是已知的积累浓度最高且研究最深入的超富集植物之一。我国开展这方面的工作较晚，到目前为止，中国的科研工作者陆续发现了 As 的超富集植物蜈蚣草（*Pteris vittata*）和大叶井口边草（*Pteris cretica* L.）、Cd 的超富集植物宝山堇菜（*Viola baoshanensis*）、Mn 的超富集植物商陆（*Phytolacca acinosa* Roxb）、Zn 的超富集植物东南景天（*Sedum alfredii* Hance），以及 Cu 的超富集植物海州香薷（*Ellsholtzia splendens*）和鸭跖草（*Commelina communis*）等。

利用超富集植物改良土壤的一个成功案例是由 Mel Chin，纽约的一位艺术家于 1991 年开始，在环境科学家 Chaney、Homer 和 Brown 的协助下，进行了为期 3 年"雕刻"试验，在明尼苏达州圣保罗遭受Cd污染的土地上，成功地创造了一件巨大的“环境艺术品”。该艺术品的设计呈环形并通过步道分隔成许多方块，从中还进行了一些种质资源的鉴定和肥料的裂区试验。共安排5种植物：遏蓝菜属（*Thlaspi caerulescens*）、麦瓶草属（*Silene vulgaris*）、长叶莴苣（*Lactuca sativa* L. var. Longifolia）、Cd累积型玉米（*Zea may* L.）近交系FR-37和Zn、Cd抗性紫羊茅（*Festuca rubra*）。肥料试验中分别施用硫肥降低土壤pH、施用NO_3^-—N增加根际pH，NH_4^+—N降低根际pH以研究对Zn和Cd吸收的影响。试验土壤为石灰性土壤，试前土壤含Cd 25mg/kg，Zn 475mg/kg，Pb 155mg/kg。不同处理对遏蓝菜属植物和莴苣吸收富集Zn、Cd、Pb的结果说明，遏蓝菜属植物对土壤Cd、Zn的富集能力远大于莴苣，且土壤酸化通常可提高植物对Zn、Cd的吸收能力，对于Pb表现不稳定，而施硫却可以增加莴苣对Pb的吸收能力。

（2）植物挥发修复技术　植物挥发是指利用植物根系分泌的一些特殊物质或微生物使土壤中的某些重金属转化为挥发形态，或者植物将污染物吸收到体内后将其转化为气态物质释放到大气中。一些植物在体内能将Se、As和Hg等甲基化而形成可挥发性的分子，从而释放到大气中。目前这方面研究较多的是金属元素Hg和非金属元素Se。某些湿地植物可清除土壤中的硒，其中挥发态占20%～25%，可通过植物体内三磷酸腺苷（ATP）硫化酶的作用还原成低毒性的CH_3SeCH_3和$CH_3SeSeCH_3$。杨麻可使土壤中3价硒转化为低毒的甲基硒挥发去除；海藻能吸收并挥发砷；烟草能使毒性大的二价汞转化为气态的单质汞；一些转基因植物如拟南芥（*Arabidopsis thaliana*）也能将有机汞和无机汞盐转化为气态单质汞。对于Se，植物与土壤微生物的协同作用可以进行挥发性Se气体（二甲基硒化物）的生物合成与释放。沈振国和刘友（1998）研究发现印度芥菜有较高吸收和积累Se的能力，在种植该植物第一年和第二年后，土壤中全Se含量可分别减少48%和13%。Terry等（1992）人致力于土壤Se的植物挥发作用研究，他们发现一些商业性蔬菜作物的植物挥发作用明显，其中花椰菜（*Brassica oleracea* L.）对Se的年移出量较大，且SO_4^{2-}对Se的挥发有强烈的抑制作用。一些农作物如水稻（*Oryza sativa* L.）、卷心菜（*Brassica oleracea* L.）、胡萝卜（*Daucus carota* L.）、大麦（*Hordeum vulgare* L.）和苜蓿（*Medicago sativa* L.）等和一些水生植物如大聚藻（*Myriophyllum brasiliense* Camb）、香蒲（*Typha latifolia* L.）等也有较强的吸收或挥发土壤或水中硒的能力。随着现代生物技术的发展，有研究者利用转基因植物转化Hg，即将细菌体内对Hg的抗性基因（汞还原酶基因）转导至拟南芥属植株中，植株耐汞能力提高，使得植物具有从环境中吸收Hg^{2+}并还原为Hg（O），然后挥发至植物体外而去除。植物挥发技术也无需处理含污染物的植物，不失为一种经济有效且具有潜力的修复技术，但植物挥发只适用于具有挥发性的金属污染物，应用范围较小。此外，采用这种方法将污染物转移至大气，对人类和生物具有一定的风险。

（3）植物固定修复技术　植物固定是指通过耐性植物根际的一些特殊物质来积累和沉淀根际污染物，使其失去生物有效性，以减少污染物的毒害作用，能起到这种作用的植物通常叫做固定植物。固定植物对重金属的耐性较强，对重金属的积累能力较差，更为重要的是通过固定植物在污染场地的生长，对污染物起稳定作用，防止污染物向周围环境扩散。植物固定修复技术的机理主要是通过改变根际环境（pH、Eh）使得重金属的形态发生改变，在植物的根部积累和沉淀，降低重金属在土壤中的移动性，并未减少土壤重金属的含量，只是暂时固定土壤重金属，包括分解、螯合、氧化还原等多种反应。它使得污染土壤不受侵蚀，减少土壤渗漏，防止重金属污染物的淋移，还通过根部的积累和沉淀或根表吸持来加强土壤中重金属污染物的固定，防止二次污染。一般说来，适用于固定污染土壤的理想植物应是一种能忍耐高含量污染物、根系发达的多年生常绿植物。目前这方面的工作主要偏重于重金属含量很高的土壤的稳定修复，如废弃矿山的复垦、尾矿区的植被重建等。此外，根际过滤修复作为植物修复技术的有效手段之一，其基本原理是利用植物根系的吸收和吸附作用，从含有重金属的土壤水溶液等流动介质中去除重金属等污染物，根际过滤修复技术常用来处理石油天然气生产过程中产生的含有重金属的废水、含有放射性物质的废水以及其他含有重金属进入土壤或者当重金属污染土壤的地下水。

2. 有机污染物的植物修复　尽管植物修复技术在进行重金属污染修复的研究与应用中取得了明显进展，而有机污染环境的植物修复技术的研究相对滞后，但近年来一些欧美国家在该领域的研究却日趋活跃。在美国，包括 EPA 及杜邦公司在内的政府和企业，都已投入大量的人力物力对该技术开展研究；加拿大、德国和韩国等国家也有相应的研究报道。我国环境中有机物的污染日益严重，环境污染治理与修复已经得到了政府的高度重视，特别是“十二五”期间，国家已在多个科技计划中设立了相应的项目，旨在加快相关技术发展。

研究表明，植物不仅能通过根系吸收难降解的多氯联苯（PCBs）和多环芳烃（PAHs）化合物，而且能迅速地从环境中吸收转移和降解多种有机物，并且由于植物根系的代谢活动提供了适宜于土壤微生物的微生态环境，也利于根际微生物吸收利用有机污染物。巴斯夫公司的 Conge 进行了黑柳（*Salix nigra*）、黄桦（*Liriodendron tulipifera*）、柏树（*Taxodium distichum*）、岸黑桦（*Betula nigra*）和栎树（*Quercus falcate* var. *pagodafolia*）清除苯达松的试验，发现柳树对苯达松的吸收代谢和忍耐能力极强。Burken 和 Schnoor 从培植于含阿特拉津土壤和沙石中的杨树的根、茎和叶中提取到了阿特拉津母体及 6 种代谢产物，并发现培养 80d 后，母体化合物占标记量的比率分别为土壤中 50%以上，杨树根系约为 38%，而叶片中仅为 10%，且随着培养时间的延长，叶片中代谢产物的比率明显上升，说明杨树对阿特拉津具有很强的吸收与同化能力。Raveton 等（1997）的研究结果表明，玉米对阿特拉津的吸收与代谢能力也很明显，诸多研究一方面证实植物对有机物的吸收量与化合物的理化性质有关。Briggs 等（1982）同时研究了大麦对递灭威等 14～18 种甲基氨基甲酰肟和取代苯脲衍生物的吸收与积累动态后，认为植物对结构和分子量相似的化合物吸收量的高低与化合物的正辛烷/水分配系数的大小呈正相关，并得出化合物在大麦根和茎中的富集系数 RCF 和 SFC 与分配系数 K_{ow} 的关系，即对分子量相似、结构相同的化合物而言，其分配系数越大或水溶性越低，在根茎中的累积率越高，而转移到叶中的量越小，表明植物对疏水性化合物的吸收主要为被动吸收。另一方面，植物通过向根际分泌氨基酸等低分子有机物而刺激微生物的大量繁殖，可能间接促进了有机污染物的根际微生物降解。根据夏会龙等（2001）的研究结果，根际微生物对凤眼莲（*Eichhornia crassipes*）清除水溶液中马拉硫磷起了约 9%的作用。总体来说，植物对不同类型化合物的吸收积累和污染环境修复能力的比较研究报道甚少。

有机污染植物修复的最大优势在于植物能同化大多数的化合物为 CO_2 或将其作为细胞骨架，即使一些环境污染物在植物内大量积累，也可以通过转移植物而达到清除的目的。此外，植物修复操作比较简单，尤其是多年生木本植物可一次投入多年受益，投资相对较低，兼具修复、保护和美化环境的功能。因而，有机污染环境的植物修复技术具有良好的应用前景。由于植物修复尤其是有机污染环境的植物修复是一个崭新的研究领域，许多问题如植物对不同类型和性质有机污染物的修复效果及差异；如何筛选、培育和合理搭配高效率的用于环境修复的植物品种以满足不同环境的修复需要；对植物富集的有机污染物及代谢产物进行跟踪与危险性评价；以及协调与植物修复重金属污染以及其他环境修复技术间的关系等问题有待进一步研究探讨。

二、微生物修复

微生物修复是利用土壤中某些微生物对重金属等污染物的吸收、沉淀、氧化还原等作用，从而降低土壤重金属等污染物毒性的技术。通过微生物的作用，如对持久性有机物、As 等的转化作用，可将持久性有机物降解、As 还原成可挥发的 H_3As 等，使土壤中这些污染物的含量逐渐减少，以达到修复的目的。当然，微生物还可以通过氧化还原等作用，使土壤中重金属的活性降低，从而有效减少植物的吸收。亦可利用微生物对某些污染物的富集作用，将污染物富集在微生物体内，通常这对溶液中污染物的去除是非常有效的方法。

1. 重金属的微生物修复 受到重金属污染的土壤，往往富集多种耐重金属等污染物的真菌和细菌，微生物可通过多种作用方式影响土壤重金属的毒性。微生物对土壤中重金属活性的影响主要体现在以下两个方面：一是生物吸附；二是生物转化。

微生物对重金属的生物吸附机理主要表现在胞外络合作用（一些微生物能够产生胞外聚合物如多糖、糖蛋白、脂多糖等，具有大量的阴离子基团，与金属离子结合；某些微生物产生的代谢产物，如柠檬酸是一种有效的金属螯合剂，草酸则与金属形成不溶性草酸盐沉淀。）、胞外沉淀作用（在厌氧条件下，硫酸盐还原菌及其他微生物产生的硫化氢与金属离子作用，形成不溶性的硫化物沉淀。）以及胞内积累 3 种作用方式。由于微生物对重金属具有很强的亲合吸附性能，有毒金属离子可以沉积在细胞的不同部位或结合到胞外基质上，或被轻度螯合在可溶性或不溶性生物多聚物上。一些微生物如动胶菌、蓝细菌、硫酸还原菌以及某些藻类，能够产生胞外聚合物如多糖、糖蛋白等具有大量阴离子的基团，与重金属离子形成络合物。Urrutia 等（1993）发现 Cu、Cd 和 Pb 能以硅酸盐或氢氧化物形式结合在芽孢杆菌（*Bacillus subtilis*）细胞的表面。

一些微生物可对重金属进行生物转化，其主要作用机理是微生物能够通过氧化、还原、甲基化和脱甲基化作用转化重金属，改变其毒性，从而形成了某些微生物对重金属的解毒机制。如假单胞杆菌（*Pseudomonas*）能使 As^{3+}、Fe^{2+}、Mn^{2+} 等发生氧化；在含高浓度重金属的污泥中，加入适量的硫，微生物即把硫氧化成硫酸盐，降低污泥的 pH，提高重金属的移动性；褐色小球菌（*Micrococcus lactyicus*）能还原 As^{5+}、Se^{4+}、Cu^{2+}、Mo^{2+}；铁还原细菌如 *Geobacter metallireducens* 等可把高度水溶性的 Fe^{3+} 还原成难溶性的形态；硒能被微生物甲基化，从而使其毒性降低。因而，在重金属的胁迫下，这些微生物能通过氧化、还原、甲基化和脱甲基化作用转化重金属，以自身的生命活动积极地改变环境中重金属的存在状态，从而改变重金属的毒性，微生物修复主要表现为如下的机制：

（1）微生物利用生物吸附和富集作用去除土壤重金属离子 微生物可通过带电荷的细胞表面吸附重金属离子，或通过摄取必要的营养元素主动吸收重金属离子，将重金属离子富集在细胞表面或内部。大肠杆菌 K12 细胸外膜能吸附除 Ti、V 以外的其他 30 多种金属离子。

菌丝体对重金属的吸附能力跟菌丝体和重金属离子的种类有关。根霉菌对几种重金属的最大吸附量顺序为：$U^{2+}>Pb^{2+}>Zn^{2+}>Cd^{2+}>Cu^{2+}$。这说明不同类型的真菌，对重金属的吸附表现出一定的差异。

(2) 微生物对土壤重金属离子的溶解 土壤微生物能够利用有效的营养和能源，在土壤滤沥过程中通过分泌有机酸络合并溶解土壤中的重金属。微生物对土壤重金属离子的溶解主要是通过各种代谢活动直接或间接地进行。土壤微生物的代谢作用能产生多种低分子量的有机酸，如甲酸、乙酸、丙酸和丁酸等。如真菌可以通过分泌氨基酸、有机酸以及其他代谢产物溶解重金属及含重金属的矿物。

(3) 微生物对土壤重金属离子的氧化还原 土壤中的一些重金属元素可以多种价态存在，它们呈高价离子化合物存在时溶解度通常较小，不易迁移，而以低价离子形态存在时溶解度较大，易迁移。微生物的氧化作用能使这些重金属元素的活性降低。微生物能氧化土壤中多种重金属元素，如某些自养细菌如硫—铁杆菌类能氧化 As（Ⅲ）、Mo（Ⅳ）、Fe（Ⅱ）等。还可以通过对阴离子的氧化，释放与之结合的重金属离子，如氧化铁—硫杆菌能氧化硫铁矿、硫锌矿中的负二价硫，使元素 Fe、Zn、Co、Au 等以离子的形式释放出来。

众所周知，菌根真菌与植物根系共生可促进植物对养分的吸收和植物生长。菌根真菌也能借助有机酸的分泌活化某些重金属离子。菌根真菌还能以其他形式如离子交换、分泌有机配体、激素等间接作用影响植物对重金属的吸收。在长期抛荒的土壤中接种 VA 菌根，可以促进亚麻对磷、锌的吸收（郭学军等，2012）。采用相应的修复技术时，应根据污染物的性质（如种类、形态、浓度等）、土壤条件（如 pH、渗透性、地下水位等）、污染的程度、预期的修复目标、时间限制、成本、修复技术的适用范围等因素加以综合考虑，选择合适的修复技术或其组合，在实际应用中两个甚至两个以上修复技术的组合可以取长补短，达到高效、低耗的双重效果。

2. 有机污染物的微生物修复 从有机污染物的微生物修复技术来看，目前主要有原位修复和异位修复两种途径。原位修复技术是在不破坏土壤基本结构的情况下的微生物修复技术，有投菌法、生物培养法和生物通气法等。投菌法是指直接向污染土壤中接入高效降解菌，同时提供给这些微生物生长所需营养的过程。Hwang 等（2002）使用 3 种补充的营养液与分枝杆菌属（*Mycobacteriums* sp.）一起注入土壤中，已经取得了良好的效果。李顺鹏等（2004）在农药（如有机磷类等）污染土壤的微生物修复方面做了系列工作，也取得了明显进展。生物培养法是定期向受污染土壤中加入营养和氧或 H_2O_2 作为微生物氧化的电子受体，以满足污染环境中已经存在的降解菌的需要，提高土著微生物的代谢活性，将污染物彻底地矿化为 CO_2 和 H_2O。生物通气法采用真空梯度井等方法把空气注入污染土壤以达到氧气的再补给，可溶性营养物质和水则经垂直井或表面渗入的方法予以补充。丁克强等（2004）研究了通气对石油污染土壤生物修复的影响，结果表明，通气可为石油烃污染土壤中的微生物提供充足的电子受体，可保持土壤 pH 稳定，从而促进微生物的生物活性，强化了对石油污染物的氧化降解作用。

异位修复处理污染土壤时，需要对污染的土壤进行大范围的扰动，主要技术包括预制床技术、生物反应器技术、厌氧处理和常规的堆肥法等。生物泥浆反应器（Bioslurryreactor）是一种典型的生物反应器，其主要技术环节是把预处理的土壤（去除粒径>4～5mm 的大颗粒）用水调和至泥浆状后放入一带有机械搅动装置的目标反应器，然后对该反应器内的温度和 pH 进行调控并补充必要的营养和氧气，使污染物达到最大程度降解。May 等（1997）在生物反应器中使用白腐真菌（*Phanerochaete chrysosporium*）处理 PAHs 污染土壤 36d 后，土壤中低分子量 PAHs 的降解率为 70%～100%，高分子量 PAHs 的降解率为 50%～60%。预制床修复可以使污染物的迁移量减至最低。其简要操作规程为：在不泄露的平台上铺上沙和石子，将污染土壤平铺（15～30cm 厚度）于平台上，并加入营养液和水，必要时加入表面活性剂，定期翻动供氧，以满足土壤微生物的生长需要，处理过程中流出的渗滤液，及时回灌于土层，以彻底清除污染物。Ellis 等（1991）用具有滤液收集和水循环系统的预制床对斯德哥尔摩中部防腐油生产区的土壤进行治理，使土壤中的 PAHs 浓度从 1 024.4mg/kg 降至 324.1mg/kg。厌氧处理又称生物还原法，是指在没有游离氧存在的条件下，兼性细菌与厌氧细菌降解和稳定有机物的生物处理方法。常规堆肥法将污染土壤与有机废弃物质（如木屑、秸秆、树叶等）、粪便等混合起来，使用机械或压气系统充氧，同时加入石灰调节 pH，依靠堆肥过程中的微生物作用来降解土壤中的有机污染物。

近年来，国内外学者均在积极研究堆制修复的原理、工艺、条件、影响因素、降解效果等，并已将该工艺应用到污染土壤的修复中。在通过向含油（TPH）2%～40%的土壤中添加氮、磷等微生物营养要素及木屑等添加物，采用土地耕耘、大面积翻地、大面积强制通风等措施，同时对土壤中的水分和氧气进行适当管理，经过为期 15 个月的生物修复工程，该污染土壤中的原油降解率可达 75%～85%，TPH 降解效果显著。国内，研究者从被石油污染的包气带土层中，分离出 159 株烃降解细菌和真菌，其中 17 株可以不同程度地分别利用烷烃和芳烃（酚、萘、甲苯和二甲苯）作为其生长的唯一碳源。在最适宜的氮源和磷源的条件下，假单胞细菌 52 在 7d 内可利用石蜡作为碳源，生物量连续增加，3d 内可将初始浓度为 500mg/L 的机油降解 99%。利用选育出的混合菌株进行原油污染土壤的模拟降解实验，25d 内可将油污的矿化作用提高一倍。除可清除石油污染外，微生物还成功地应用于其他化合物污染的修复。如原美军基地中军用化学物 2，4，6-三硝基甲苯（TNT）严重污染了当地的土壤。因 TNT 的好氧性生物转化会导致中间产物偶氮键的形成，从而产生二聚化或多聚化作用而不是进行降解，但在厌氧条件下，不稳定的中间产物不形成偶氮键，而是在生物降解过程中，首先是硝基依次被还原为氨基，然后才是芳香环的降解。在特定的厌氧条件下，检测结果说明，随着 TNT 浓度下降，最早出现的是 4-氨基-2，6-二硝基甲苯（4A26DNT），然后随着 4A26DNT 减少，2，4-二氨基-6 硝基甲苯（24DA6NT）开始出现。由此证明，在连续反应体系中，硝基被依次还原的反应模式。进一步试验证明，不仅接种甲烷菌、调节 pH 7.0 时可以明显提高 TNT 的降解速率，而且适当振摇也可明显促进 TNT 的降解速率。类似的方法也曾用于除草剂二硝基丁酚（地乐酚）污染土壤的修复。

Field 等（1992）研究了黑管菌属（*Blerkandera*）BO55 对 PAHs 的降解，对未受污染的沙壤土进行灭菌处理，人为添加浓度为 100mg/kg 的五环苯并（a）芘，然后接种在谷物或麻秆片培养了 10d 的白腐菌，经过 22d 后，苯并（a）芘的降解率可达到 80%。张小凡等（2006）在实验室模拟条件下，对被多环芳烃化合物菲污染的土壤进行生物降解研究，其结果表明，转基因工程菌对土壤中菲的生物降解有很好促进效果，在 30d 内约有 50%的菲被降解。在研究真菌降解氯化木素时，人们发现一些能够分泌木素解聚酶的真菌同样可以降解各种氯酚类化合物，并且具有较高的降解能力。而有关于氯酚类化合物的生物降解的研究主要集中于一氯苯酚、二氯苯酚和五氯苯酚。如白腐菌 *P. chrysosporium* 可用于 2-氯苯酚的生物降解实验。将菌体分别包埋于硅胶载体和轻木颗粒中进行填床式反应器试验，并和用游离菌体的批式发酵罐试验进行比较，结果表明：处理浓度为 500mg/L 的 2-氯苯酚废水，游离菌体的降解率远远低于固定化细胞。固定化细胞可将 80%～94%的 2-氯苯酚降解成二氧化碳、水和无机氯。

Laine 等（1997）在中试规模上研究堆肥工艺修复五氯苯酚（PCP）污染土壤的性能，其规模达到 $13m^3$（7 500kg），操作时添加肥料（$1kg/m^3$）、支撑物（稻草），结果发现在低浓度 PCP（10～45mg/kg）时，PCP 去除速率为 0.6mg/kg·d；PCP 浓度达到 50～180mg/kg 时，其降解速率为 2.2～4.8mg/kg·d；堆肥 6 个月，土壤中 90%以上的 PCP 被降解矿化。陈勇生等从污染土壤中分离出能够降解酚类化合物的菌株，并采用土柱试验模拟氯酚污染土壤，研究了该菌株对氯酚的降解特性，探索了其对修复氯酚污染土壤的可行性。研究结果表明，D-1 菌株对对氯酚的降解具有共代谢特征，在共生基质条件下，其对对氯酚的降解率为 60%；D-1 菌株加入到对氯酚污染的土壤中以后，可以对土壤中的氯酚进行降解，降解率可达 50%。

多氯代二噁英（PCDDs）属于全球性污染物，是目前已知的毒性很强的一类三环芳香族有机氯化合物。该类污染物在环境中能持久稳定存在，但其毒性强，有致癌、致畸、致突变等危害。目前，对土壤中的 PCDDs 进行微生物修复是研究 PCDDs 降解的主要方向之一。据报道，土壤中的白腐真菌如显金孢子菌属（*Phanerochaete chrysosporium*），能将 PCCDs 矿化为 CO_2。Takade 等（1996）报道了利用白腐真菌菌株（*Phanerochaete sordida* YK-624）在稳定的低氮介质中，降解了 10 种 PCDDs 和 PCDFs 的混合物（含四至八氯代二噁英），降解率约为 40%（四氯代二噁英）～76%（六氯代二噁英）。从自然界中分离和选育能降解 PCDDs 的菌种，对降解土壤中的 PCDDs 具有广阔的应用前景。

三、动物修复

动物修复是通过原居的土壤动物或投放高富集动物对土壤有机污染物或重金属吸收、降解、转移，以去除污染物或抑制其毒性，可视为一种经济有效的土壤生态恢复措施。

动物修复的生理基础包括：①生物体内普遍存在一种金属硫蛋白，能与重金属结合形成低毒或无毒的络合物；②生物体代谢产生一些富含—SH 的多肽（如 PC），能与重金属螯合，从而改变其存在状态；③生物体内存在多种编码金属转运蛋白的基因（如最早克隆的 Zn 转运蛋白基因和 Fe 转运蛋白基因），这些基因编码的转运蛋白能提高生物对金属的抗性。有关动物修复的研究报道较少，主要集中在有机物和农药污染土壤的修复（如利用蚯蚓等修复）和富营养化水体的修复（如利用滤食性贝类、河蟹、棘皮动物等修复），对重金属污染土壤的动物修复机理仍处于探索阶段。

四、微生物与植物的协同修复作用

修复现场的植被对修复效果有着很大的影响。植物可释放一些物质到土壤中，刺激根区微生物的活性。Fletcher 等（1995）报道，桑树、桑橙树和苹果树被人们用来刺激能降解 PCB 和 PAH 的微生物生长，它们的根际产物包含黄酮类化合物和氧杂萘邻酮。研究表明，植物根区微生物生物量明显比空白土壤中大，这些增加的微生物能增加土壤中有机物质的降解。植物还能改善土壤的通气条件，阻止有机物向地下水扩散。不仅如此，植物释放到土壤中的酶系统还能直接或协同降解不能被细菌单独转化的有机物。例如杂交杨树对 TCE（三氯乙烯）的修复结果的研究表明，杂交杨树可有效吸收 TCE，并且可把它降解成三氯乙醇、氯代酮，最后降解成二氧化碳。因此有研究人员认为，最好、最迅速的筛选接种微生物的地点应该在污染现场植物的根区。

第二节 化学钝化与原位降解

化学钝化技术是通过向土壤添加修复材料，改变土壤 pH，增加吸附点位和促进重金属离子与土壤其他组分（包括修复材料）的共沉淀等过程而降低重金属生物有效性的技术，是重金属污染农田修复最常用、也是最有效的技术之一。原位降解则是通过微生物的吸收和转化等作用，使土壤中的持久性有机物转化为成分相对简单、毒性小甚至无毒性的低分子有机物（甚至 CO_2），从而降低其作物有害性的方法，也是持久性有机物污染农田修复最有效的方法之一。毫无疑问，上述两种方法也是近年来受到研究者广泛关注，政府和企业大力支持，当前污染土壤修复中最为有效的方法之一。

一、重金属的化学钝化技术

重金属在土壤中的可移动性是决定其生物有效性的一个重要因素，而其移动性取决于其在土壤中的存在形态，因此向土壤中加入钝化剂以降低重金属的生物有效性，是一种有效的方法。化学钝化方法的关键在于成功地选择一种经济而有效的钝化剂，钝化材料主要包括黏土矿物（如针铁矿、磁铁矿、高岭土、斑脱土、蒙脱土等）、化学肥料（如磷肥）、有机肥（如秸秆、堆肥等）和天然化学材料（如石灰、磷灰石、沸石）等。从国内外的情况看，对土壤重金属污染化学钝化技术的研究多集中在土壤钝化剂的筛选和应用上，这就需要根据不同土壤重金属污染的特点，选择针对性强的化学修复材料。

从天然黏土矿物等材料的筛选和应用效果看，沸石、海泡石等均被认为是较好的重金属污染土壤的修复材料。沸石是碱金属或碱土金属的水化铝硅酸盐晶体，含有大量的三维晶体结构、很强的离子交换能力及独特的分子结构（具有骨架状的特殊构造），因而可通过离子交换吸附和专性吸附等方式，降低土壤中重金属的有效性。Álvarez-Ayuso（2003）通过研究海泡石对因矿业活动导致的重金属污染土壤的修复效果，发现海泡石对 Zn、Cd 等重金属存在强烈的吸附作用，且 4%海泡石处理的 Zn、Cd 的淋失量分别减少了 52%和 69%；Chandera 和 Joergensen（2002）比较了用沸石、堆肥、$CaCO_3$、沸石+$CaCO_3$、堆肥+$CaCO_3$ 及沸石+堆肥+$CaCO_3$ 联合处理 Pb 工厂的垃圾堆存处的 Pb 污染土壤的修复效果，发现施用 $CaCO_3$ 的处理中 NH_4NO_3 可提取态的 Pb 减少了 99%，单一沸石处理下亦减少了 69%，堆肥处理仅减少了 10%。

有机肥对重金属污染土壤的净化机制主要是通过腐殖酸与金属离子发生络合或反应来进行的，作为土壤中重要的络合剂，有机质中的羧基（—COOH）、羟基（—OH）、羰基（—C=O）和氨基（$—NH_2$）等均能与重金属发生络合或螯合反应，使土壤中重金属的水溶态和交换态明显减少，特别是胡敏酸，它能与 2 价、3 价的重金属形成难溶性盐类。腐殖质中的胡敏酸和胡敏素可与重金属离子形成稳定不易被植物吸收的络合产物，但富里酸部分却能与土壤重金属形成易溶物，因而腐殖质的性质对土壤重金属形态影响较大。另外，有机质在土壤中具有一定的还原能力，可促进土壤溶液中汞和镉形成硫化物而沉淀，减少水溶态，降低毒性，还可使毒性较高的 Cr^{6+} 转为低毒的 Cr^{3+}。张亚丽等（2001）采用添加 Cd 的盆栽实验，研究了有机肥料猪粪、稻草、麦秆对 Cd 污染土壤的改良效应，发现有机肥的施用也明显降低了污染土壤中 Cd 的有效性。

磷肥对土壤重金属的作用机制之一就是沉淀效应，使土壤溶液中的重金属离子发生沉淀，降低植物的吸收。Ownby 等（2005）探讨了含 P 材料改良 Pb、Zn 污染土壤及蚯蚓 *Eisenia fetida* 对 Pb、Zn 生物可利用的效果，发现施用磷酸氢钙使土壤浓度为 5 000mg P kg 时，可明显降低 Pb 和 Zn 的生物有效性。曹仁林等（1992）研究证明，钙镁磷肥可使土壤中交换态 Pb、Zn 等的含量降低，而碳酸盐结合态和铁锰氧化结合态的含量则增加；但熊礼明（1992）却认为 KH_2PO_4 可明显减低中性及微酸性土壤中 Zn、Cu、Cd 的有机结合态、氧化锰交换态、水溶态的量，说明 P 肥的种类对重金属在土壤中的形态有不同的影响。大多数重金属磷酸盐的溶解度很低，因此有关羟基磷灰石对重金属的固化效果、机理和影响因素的研究报道较多。Ma 等（1994）的研究表明，羟基磷灰石（HA）能有效地降低污染土壤中水溶性 Pb 含量，并证明羟基磷氯铅矿（HP）是其最终反应产物，羟基磷氯铅矿的溶解度比其类似物碳酸铅和硫酸铅低几个数量级；同时还提出 HA 的溶解和 HP 沉淀形成是 HA 固化土壤 Pb 的主要机制。研究表明，向污染土壤中添加含磷物质，如骨碳、磷肥和羟基磷灰石等可以显著增加土壤中残渣态铅，降低蔬菜体内铅的积累。陈世宝和朱永官（2004）研究了不同含磷化合物（羟基磷灰石 HA、磷矿粉 PR、可溶的磷酸氢钙 SSP）对中国芥菜铅吸收特性的影响。结果表明，高磷水平（5 000mg/L）能明显降低植物茎叶根中 Pb 含量，其中以 HA 的效果最明显，HA＋SSP 其次，顺序为 HA＞HA＋SSP＞SSP＞PR，土壤中 Pb 有效态降低最明显的为 HA，其次为 PR，效果依次为 HA＞PR＞HA＋SSP＞SSP，增加了土壤中 Pb 的稳定性。

施用石灰主要通过重金属自身的水解反应及其与碳酸钙的共沉淀反应机制降低土壤中重金属的移动性。在低石灰水平下，土壤中有机质的主要官能团羟基和羧基与 OH—反应促其带负电，土壤可变电荷增加，土壤有机结合态的重金属比较多。另外，Cd^{2+} 与 CO_3^{2-} 离子结合生成难溶的 $CdCO_3$，且随着 pH 的增高 $CdCO_3$ 含量增加，在 pH 大于 5.5 时，黏土矿物和氧化物与重金属生成络合、螯合物，性质稳定，诸多研究均表明石灰是一种有效降低重金属污染的改良剂。Alpaslan 和 Yukselen（2002）比较研究了石灰、活性炭、水泥等固定剂修复 Pb 污染土壤的效果，结果发现石灰（1∶21）和水泥（1∶15）对 Pb 的固定效果显著。王新（1995）等采用田间实验并添加外源重金属的方法，研究改性措施对复合污染土壤重金属行为的影响，发现采用石灰能使土壤交换态 Cd、Pb、Zn 的量减少，碳酸盐结合态增加，可被植物吸收的有效态含量降低。

二、有机污染物的原位降解技术

有机污染物的原位降解包括光化学降解、化学氧化降解等，是受有机物污染土壤修复的最经济、最有效的途径之一。近年来，利用微生物对有机污染物的转化作用来降解并降低其毒性也受到研究者的广泛关注，这已经在前面作了专门论述。但是，原位降解尽管具有成本低、修复彻底等优点，但相对而言降解速度慢、条件相对苛刻等也是其劣势之一，因此，围绕该问题还有许多需要系统研究的地方，这也是近年来之所以受到关注的重要原因。

1. 光化学降解技术 光催化氧化技术是一项新兴的土壤有机污染深度氧化修复技术。从 1978 年农药的土壤光解性质成为美国国家环保局（US EPA）等机构对新农药注册的一项技术要求以来，土壤污染的光化学修复过程的研究就受到极大的关注。污染物在土壤表面的光降解可分为直接光解和间接光解两类。

污染物在土壤表面的直接光解速率依赖于目标污染物对太阳光谱的光吸收率以及化合物反应的量子产率。土壤表面吸附作用引起的污染物吸收光谱红移现象，能增加太阳光直接光解的相关性，产生不同的光解产物。污染物分子在颗粒表面以吸附态存在时，比在有机溶剂中的吸收光谱发生显著移动和吸收谱带扩大。吸附态的污染物分子吸收光谱发生红移，使污染物在土壤表面光降解的可能性大大增加。

污染物的间接光解需要光敏物质的存在才能进行，光敏剂和光碎灭剂分别作为光能的载体和受体，可改变污染物的光稳定性，加速或延缓污染物的光解，对污染物的毒性、残留、环境行为及环境安全评价和污染治理具有重要作用。目前研究较多的土壤有机污染物光降解催化作用的物质大体上可以分为两大类：一类是金属氧化物，如 ZnO 和 TiO_2；另一类是溶解性腐殖质。Pascual 等（2000）的研究表明，土壤中的 ZnO 等金属氧化物对除草剂阿特拉津的光降解也具有光敏化作用。后来研究发现，TiO_2 等半导体氧化物对农药的光解也有明显的敏化作用。Higarashi 等（2002）使用 TiO_2 作为光催化剂并利用太阳能对土壤中的杀虫剂敌草隆［Duron，3－（3，4 —二氯苯基）－1，1 -二甲基脲］进行光催化降解。Aguer 等（1996）发现土壤中的腐殖酸对污染物的降解有敏化光解作用。由于腐殖酸在土壤中大量存在，所以其光敏作用对于环境中污染物的光解有着特殊的意义。夏星辉等（2006）研究了黄河泥沙和黄土 2 种颗粒物对 3 种 PAHs 在黄河水体中的光化学降解规律，结果表明，对 PAHs 光化学降解起主要作用的是黄土中存在的溶解性腐殖质，非溶解性腐殖质的作用不大。

2. 原位化学氧化降解技术 原位化学氧化修复技术主要是通过加入土壤中的化学氧化剂与污染物发生氧化反应，使污染物降解或转化为低毒、低移动性的产物。原位化学氧化修复技术主要用来修复被油类、有机溶剂、PAH、PCP（五氯酚）、农药等污染的土壤。原位化学氧化修复技术常用的氧化剂是传统的 Fenton 试剂（Fe^{2+}/H_2O_2），另外还有 K_2MnO_4、H_2O_2 和 O_3 等（崔英杰等，2008）。

Gates 等（1995）发现，每 1kg 污染土壤中加入 20g K_2MnO_4 可降解 100%的 TCE、90%的 PCE。传统的 Fenton 试剂则可利用 Fe^{2+}/Fe^{3+} 进行催化，高效率的生成具有强氧化能力和高负电性或亲电子性的羟基自由基 HO·，进而对有机污染物进行氧化降解，使其最终生成 CO_2 和 H_2O 以及无机盐类。Watts 等（1997）研究发现，在 pH＝3 时，Fenton 试剂可以使土壤中 PCP 在 24 h 内分解率达到 99.9%以上。Kao 等（2000）在泥浆反应器中研究了 Fenton 试剂处理土壤中浓度为 96 μg/kg 土的 2，3，8 -四氯二苯并-对-二噁英（TCDD），当双氧水和亚铁离子浓度分别为 20mg/L 和 26mg/L、pH＝3.5 时，TCDD 可降解 99%。Fenton 试剂还可以有效降解二甲戊乐灵、2，4，6 -三硝基甲苯（TNT）、环三亚甲基三硝铵（RDX）等有机污染物。由于 H_2O_2 进入土壤后立即分解成水和氧气，而 Fe^{2+} 则极易氧化为 Fe^{3+}，所以需使反应条件控制在 pH＝3 的强酸性条件下，对土壤生态系统的破坏较大，所以需要采取特别的分散技术避免氧化剂失效，国内外还开展了改进催化剂的研究。Kong 等（1998）发现，与传统的 $H_2O_2-FeSO_4$ 体系相比，H_2O_2 -铁矿物体系能更有效地降解土壤中的石油烃污染物。Teel 等（2001）在对比类 Fenton 试剂和传统 Fenton 试剂降解 TCE（三氯乙烯）时发现，传统 Fenton 试剂和可溶性铁- Fenton 试剂对 TCE 的去除率为 78%和 91%，两者最多都只能释放 TCE 分子中的两个氯，而针铁矿- Fenton 试剂则可使 TCE 的去除率达到 99%，几乎完全矿化。还有研究者提出，提高 H_2O_2 用量，采用 Fe 络合物代替 Fe^{2+} 等措施，使氧化降解反应能够在中性或接近中性的条件下进行，也取得了较好的研究结果。

土壤有机污染物的原位降解技术除上述的光化学降解和原位化学氧化技术外，生物降解技术近年来也取得了长足的发展，其进展详见本章第一节。

第三节　工程改良技术

污染土壤的工程改良技术措施按照污染物的不同，可以简单的区分为重金属污染土壤工程改良技术和有机污染土壤工程改良技术。前者主要用于工矿区废弃地，或被工矿严重污染的各类农林地的修复，其工程措施包括土体重构技术［客土、排（换）土、深耕翻土］、固化或稳定化技术、电动修复技术等措施；后者主要用于有机污染严重的土壤，其工程措施主要可以分为：物理修复技术（焚烧法、热修复法、换土法、隔离法、机械法）、电修复技术、超声波分解技术和气相抽提技术等。

一、重金属污染土壤工程改良技术

1. 客土（换土）法及深耕翻土　这是比较传统和经典的土壤重金属污染的治理方法，基本不受土壤环境和条件的限制。通过这些措施，可以降低土壤中重金属的含量，大幅度减少重金属对土壤—植物系统产生的毒害，从而使农产品达到食品卫生标准，以达到安全生产的目的。客土法是在被污染的土壤上覆盖非污染土壤表层或混匀，使污染物浓度降低或减少污染物与植物根系的接触，从而达到减轻危害的目的。将表土部分或全部移走后换上新的非污染土壤的做法，称之为换土法。实践证明，换土法是治理农田重金属严重污染的切实有效的方法。如在沈阳张士灌区土壤中，56.13%镉污染累积于土壤表层，去除表土 15～30cm 后种植水稻，可使稻米中 Cd 的含量降低 50%左右。深耕翻土法，即采用深耕将上下土层翻动混合的做法，可使表层土壤污染物含量降低，但只适用于土层深厚且污染较轻的土壤，同时要增加肥料的施用量，以弥补因深耕导致的耕层养分减少。这些措施具有彻底、稳定的优点，但实施工程量大、投资费用高，而且破坏土体结构，同时还必须对换出的污土进行妥善处理，以防止二次污染。因此，该方法不适宜大面积污染土壤的治理。

2. 固化与稳定化技术　固化、稳定化方法是指通过物理、化学的方法，将受重金属污染的土壤按一定比例与固化剂混合后，经熟化使土壤形成具有一定强度、化学稳定性及低渗透率的固化体，从而降低重金属在环境中的迁移渗透和生物有效性的一种方法。目前常用于处理重金属污染土壤的固化方法包括水泥及其他凝硬性材料固化法、热塑性微包胶处理、玻璃化及微波固化等。固化剂的种类繁多，主要有卜特兰水泥、硅酸盐、高炉矿渣、石灰、窑灰、飘尘、沥青等。不同固化剂及辅助剂组合对重金属污染土壤的固化效果具有较大差异。如对广西某铅锌矿场重金属污染土壤进行固化处理的结果表明，水泥、粉煤灰、生石灰比例为2∶1∶1和1∶1∶2的固化剂组合时具有很好的固化效果，水泥用量占固化体总量的30%时，Pb、Cd、Zn 3种重金属的固化率均达到99%（关亮等，2010）。近年来，用于固化和稳定化的新材料研究不断突破，如在受污染的土壤中添加比例≤8%的凹凸棒土，可以有效固定土壤中的重金属，尤其是Cu、Zn、Cd等，以阻止这些重金属进入植物体内。目前，对于重金属污染土壤填埋前的预处理、固化、稳定方法作为一项关键技术被逐步推广应用。

但是，固化和稳定化方法也存在一些缺陷。如该方法是一种原位修复方法，对土壤扰动较大，易破坏土壤的结构和生产力，且一旦遭受破坏，土壤不易恢复原状；同时，该方法也是一种治标不治本的方法，经固化和稳定化后的重金属仍留存在土壤中，对土壤和植物仍具有潜在威胁。此外，对经固化和稳定化后的土壤生态系统的长期影响仍缺乏深入研究。因此，该方法目前尚难大力推广。

3. 电动修复技术 该方法是美国路易斯安那州立大学研究出的一种净化污染土壤的原位修复方法，也被称为电动修复法。其基本原理是将电极插入受污染土壤或地下水区域，通过施加微弱电流形成电场，土壤孔隙中的水分或额外补充的流体可作为传导介质。在电解、电迁移、扩散、电渗、电泳的作用下，污染物（有机污染物和重金属）在电场中做相对运动，流向土壤中的一个电极，然后通过工程化的收集系统将电极收集起来进行处理。研究结果表明，电流能打破所有的金属—土壤键，从而使目的污染物在电极上累积，以达到去除的目的。该技术对去除低渗透性土壤中的Pb、As、Cr、Cd、Cu、Hg和Zn等重金属元素是非常有效的。

在这一过程中，土壤的pH、缓冲性能、土壤组分及污染金属的种类会对修复效果产生一系列影响。为了提高修复效率，许多研究者对这一方法进行了不断地完善和发展，并提出了电渗析法、氧化还原法、Lasagna法、酸碱中和法、阳离子选择膜法和表面活性剂法等改良方法。电动修复是一种原位修复技术，该方法不搅动土层，并可以缩短修复时间，是一种处理效率高、较经济的修复技术。

4. 土壤淋洗技术 土壤淋溶法是利用淋洗液（水或含有能提高重金属可溶性试剂的溶液）把土壤固相中的重金属转移到土壤液相中去，再把富含重金属的废水进一步回收处理的土壤修复方法。用于淋洗土壤的淋洗液较多，包括无机溶液清洗剂、有机酸及其盐清洗剂、螯合剂和表面活性剂、复合清洗剂等。吴龙华等（2002）研究发现，EDTA可明显降低土壤对Cu的吸收率，吸收率、解吸率与加入EDTA量的对数呈0.05水平显著负相关。该方法的技术关键是寻找一种既能提取土壤中各种形态的重金属，又不破坏土壤结构的淋洗液。目前，淋溶法对于烃、硝酸盐及重金属重度污染土壤的修复效果较好，适合于轻质土壤。但由于其投资较大，易造成地下水污染及土壤养分流失、土壤变性等，因而限制了该方法的推广应用。

二、有机污染工程改良技术

1. 物理修复技术 20世纪80年代以前，石油污染土壤的修复技术仅限于物理和化学方法。早期的焚烧法、热修复法、换土法、隔离法、机械法等物理方法，要求高温、机械设备或更多的人力等，成本较高，而且主要是使污染物转移，并没有从根本上解决污染问题，在修复后还需要对污染物作进一步处理，因而一直未受到重视。近年来，上述物理方法主要是应用于一些突发性的应急事件，取而代之的电修复法、通气法及净化土壤工艺等一批经济可行的新工艺、新技术，则已逐渐成为研究热点。

2. 电修复技术　该方法是将电极插入受污染的地下水及土壤中，在施加直流电后，形成直流电场，引起土壤孔隙水及水中的离子和颗粒物质沿电场方向进行定向的电渗析、电迁移和电泳运动，使土壤孔隙中的水和带电离子或粒子发生迁移运动。

污染土壤电修复是在20世纪90年代后才得到重视和发展的新兴土壤修复技术，与传统的土壤修复技术相比，电修复具有人工少、接触毒害物质少、经济效益高、不破坏现场的生态环境等优点，更适合于治理渗透系数低的密质土壤。最新研究表明，电动力学技术与生物修复的优化组合，逐渐成为高效“绿色”修复技术。Acar等（1996）和Marks等（1997）分别进行了电动力学方法为微生物输送营养元素的研究，李婷婷等（2010）进行了电动—微生物联合修复技术对石油污染物去除的研究，其结果均表明，在施加电场下，石油降解菌的数量增加，石油的去除率是对照组的2.4倍。

3. 超声波降解技术　利用超声空化现象所产生的机械效应、热效应和化学效应对污染物进行物理解吸作用、絮凝沉淀作用和化学氧化作用，从而使污染物从土壤颗粒上解吸，并在液相中被氧化降解成CO_2和H_2O或环境易降解的小分子化合物。Song等（2002）把超声波技术引入到污染土壤的净化修复中，研究结果显示，超声波不仅能对土壤有机污染物进行物理解吸，而且还能通过氧化作用将有机污染物彻底清除。张文等（2010）用超声波净化石油污染的土壤，结果表明，超声波技术用于石油污染土壤修复是有效、可行的，但在实际推广应用中还存在修复成本较高、工程量较大等问题。

4. 气相抽提技术　该方法是利用物理方法去除石油污染土壤中挥发性或半挥发性石油组分的一种原位修复技术。利用真空泵产生负压，驱使空气流过污染土壤的孔隙，解吸并驱使有机组分流向抽取井，使之得以收集。该方法具有可操作性强、处理污染物的范围宽、可由标准设备操作、不破坏土壤结构及可回收利用废物等优点，但能耗大，且费时等。美国哥伦比亚南卡罗来纳大学的Kirtland等（2000）应用土壤气相抽提方法，比较了连续操作和间歇操作的抽提效率及能量消耗，并获得了一些有价值的结果。亦有研究者应用气提吹脱法在野外试验场地进行实验研究，结果表明，不同的曝气深度下，石油类物质的去除率不同，最高去除率可达88%。

第四节　农艺综合调控技术

采取农艺措施降低土壤重金属有效性和减少现有栽培品种对重金属的吸收，或是选育低重金属积累品种来降低作物对重金属的吸收和积累，从而减少重金属进入食物链对人体引起的危害，而且不会发生二次危害的问题，是一种有效的修复措施。如改变肥料种类与施用方法、改进水分管理措施、施用有机肥、改变耕作方式、改变种植品种等，已成为未来一段时间内的研究重点和热点。

一、低吸收品种替代与种植结构调整

1. 低吸收品种替代　如何消除环境中的重金属污染已成为世界性难题，由于土壤中的重金属具有长期性、非移动性、不能被微生物降解等特点，减少和控制作物产品中有毒重金

属的积累与耐重金属毒害日益受到重视。在技术途径上，首先是控制有毒重金属对土壤的污染，对已被有毒重金属污染的土壤，除植物修复（Phytoremediation）、化学修复外，选择种植对污染重金属吸收和积累较少的作物品种，尤其是选育耐有毒重金属且食用器官积累少的作物新品系，在重金属污染区推广种植，同时研究低吸收的遗传机制及基因定位，并通过基因工程等分子生物学技术，培育出抗性强、吸收少、产量高、品质好的作物品种，以保证重金属污染条件下的作物安全生产，减少重金属向人畜的迁移与危害，近年来被认为是比较有效的途径，已成为学科研究的热点与发展方向。目前关于重金属低吸收作物的研究，主要集中在水稻方面，尤其是在重金属 Cd 污染胁迫下低积累的水稻筛选及植物抗毒害机制方面做了一些尝试性的工作，而其他作物的相关报道较少。

植物对重金属的耐性主要涉及两条途径，一是对金属的排斥性，即植物“拒绝吸收”或金属离子被吸收后又排斥体外，或其运输在植物体内受阻，植物的细胞壁是重金属进入细胞内的第一道屏障；二是植物在重金属胁迫环境中，耐性植物或基因型可通过调节其体内的生化过程，降低重金属的有效性，减轻或消除其毒害。20 世纪 80 年代以来，许多研究表明，重金属能诱导植物形成重金属结合蛋白或螯合蛋白（Phytochelatin，PC）。

植物根际环境是连接土壤与植物的关键点，重金属胁迫下的根际环境与土壤迥然不同，在重金属胁迫下，植物会发生一系列生理反应，改变根际环境中重金属的物理、化学特性，从而对土壤—植物系统中重金属的传递产生影响，其中，某些物理化学过程可能利于降低重金属的有效性，减少植物对重金属的吸收。与此同时，植物根系分泌物可通过改变根际 pH 使重金属发生溶解或沉淀，也可通过改变根际氧化还原影响重金属毒性，如水稻田淹水形成还原环境，随着 Eh 降低，对 Cd 吸收显著降低，尤其是籽粒中的 Cd；另外，根系分泌物中各种配位体的变化以及根际微生物也都会影响重金属的有效性与毒性。

近年来，植物螯合肽被认为是与植物重金属耐性机理密切相关的化学物，并在相关研究方面取得了一些重要的研究进展。如 PC 能结合被吸收的 90%的 Cd，通过 Cd 的诱导作用，可在抗性植物体内合成 PC，PC 与重金属螯合，并进一步转运至液泡储存，使细胞质的重金属浓度降低，从而达到解毒效果（Hall，2002）。有研究表明，耐 Cd 的野生型拟南芥的 Cd 含量极显著高于 Cd-敏感突变体 Cad1-1 和 Cad2-1 及其杂交种，原因是其能大量合成 PC，形成 Cd^{2+}-PC 螯合物。此外，金属硫蛋白（Metallothioneins，MT）是自然界普遍存在的一种低分子量、富含半胱氨酸的蛋白质，金属硫蛋白能够通过巯基与重金属离子结合，从而降低重金属离子的毒性。

根据对多种农作物如水稻、小麦、玉米等的研究表明，重金属 Cd 在器官中的分布是根＞茎＞叶＞籽粒。这可能与 Cd 进入根的皮层细胞后与根内的蛋白质、多肽、多糖类、核糖类、核酸等化合物形成稳定大分子络合物或不溶性有机大分子而沉积下来有关，根所吸收的重金属中有 70%～90%沉积在根系细胞壁。大量报道认为，作物对有毒重金属的积累和耐性以及植物品种间和基因型之间存在着明显的差异。Stewart 和 Napolitano（2000）根据体内 Cd 积累量把植物分为：低积累型如豆科植物，中等积累型如禾本科植物，高积累型如十字花科。以镉为例，据研究，玉米、小麦、水稻等作物在镉吸收和积累的品种间存在显著差异。在水稻上，镉积累在不同品种间存在显著差异，其差异可达 1 倍以上，为选育低积累的水稻品种奠定基础（吴启堂等，1999）。

近几年，水稻耐不良土壤环境特性的 QTLs 定位有了较大的进展。如以 DH 群体为材料，在第一染色体与第八染色体分别发现 2 个、1 个耐铁毒 QTLs；用 RILs 为材料，发现位于第十二染色体的 1 个主效 QTL 控制水稻耐低磷性状。随着分子标记的发展和广泛应用，遗传图谱的使用价值也随之提高，利用饱和的遗传图谱，开展耐重金属水稻分子标记辅助选择育种成为可能，并能显著提高育种效率。有研究者应用不同类型籼、粳、杂交稻材料进行镉处理（设对照 0μmol/L、0.1μmol/L、1μmol/L 3 种处理），以了解不同类型水稻对镉的耐性，初步研究发现，不同类型材料、置换系群体不同系在镉耐性上存在明显差异。近年来随着分子生物学的进步，一些研究者正利用 T-DNA 和转座子遗传标签试图获得与重金属代谢有关的基因突变体，最终达到有益功能基因的解析与转移，即从转基因技术上解决有毒重金属的污染问题。

随着研究的不断深入，从耐重金属资源筛选入手，通过遗传育种群体的构建，分子标记辅助选择技术的有效应用以及耐毒基因的分离克隆等的研究，加强常规技术与分子育种技术的有机结合，筛选和选育有毒重金属积累低的水稻品种，有望成为在有毒重金属污染土壤上经济有效地生产安全稻米，减少水稻有毒重金属吸收与积累的最佳途径。

2. 种植结构调整　对于重金属超标农田而言，可根据不同作物对重金属富集能力不一的特点，选择对重金属富集能力弱的农作物类型或品种，使收获物中重金属含量保持在正常水平以内。如不同类型蔬菜对重金属富集能力为：叶菜类＞根茎类＞瓜果类，因此可通过种植瓜果类蔬菜以降低蔬菜对重金属的吸收。又如不同作物对锌的富集部位不同，玉米主要在茎叶，大豆和小麦是果实，水稻则是在根部，因此对锌超标农田可考虑种植玉米、特别是水稻。据刘芬（1998）的研究结果，叶类蔬菜中 Cd 的含量约为大米的 5 倍，即使同属蔬菜，辣椒和蕹菜中 Cd 的含量亦相差 17 倍，因此，在 Cd 超标农田中应尽量避免种植菠菜、蕹菜及大豆等一些吸 Cd 量多的作物。

对一些污染较重的地区，可种植苗木或其他经济作物，切断有毒有害物质进入食物链，如在污染区种植桑树、苎麻等。在镉污染的土壤上改种苎麻，5 年后，土壤含镉平均降低 27.6%。或者种植花卉等经济林木，杜绝土壤的镉进入食物链，待土壤中的镉含量下降到合适的水平时，再种植作物。用桑蚕模式代替粮食生产模式，不仅能够清除食物中的镉，而且还提高了经济效益。农艺调控还有其他方法如：土壤质地调节强化，改变耕作方式，合理轮作等。质地较细的土壤，如黏土和壤土，吸附重金属的能力强，因而重金属的有效性低，植物的有效性也低，而沙土的重金属有效性较高。另外，常规耕作与免耕相比，植物吸收重金属都集中于地上部且含量高。有研究显示，在铅高污染地区，同一品种早季种植时子粒中的 Pb 含量一般要高于晚季种植时子粒中的 Pb 含量，且大致呈现出土壤中的 Pb 浓度越高，两者间的这种差异越明显。低富集轮作与普通轮作相比，可使污染田块的蔬菜镉含量降低 50%～80%，有明显减少镉进入食物链的效果。此外还有水旱轮作等。

间套作是农业生产上一项重要的农耕模式，其对土壤理化性质、水土保持、土壤水分和养分的利用都有不同程度的积极作用。间套作模式下，一种植物可促进另一种植物更好地吸收养分。李凝玉等（2008）研究了 7 种间作作物对玉米吸收积累 Cd 的影响，结果表明，豆科作物可大幅提高玉米的 Cd 积累总量，其中鹰嘴豆的作用最为明显，Cd 累积量较对照增加 1 倍以上。卫泽斌等（2010）研究发现，低累积玉米（*Zea mays* L.）和 Zn/Cd 超富集植物东南景天（*Sedum alfredii* H.）套种，其对于 Zn、Cd 的吸收高于各自单独种植所吸收的 Zn、Cd 量，若同时再施加混合添加剂，套种植物对重金属的提取效率更为明显。因此，可选择某些能促进土壤重金属有效性的作物与玉米间作，比较它们对玉米吸收重金属的影响，以探讨新的重金属污染土壤的植物修复模式。

二、科学施肥与优化田间水分管理

1. 改变施肥种类和方式 施肥作为农业生产中一项最普遍也是最重要的增产措施，可以把对土壤的利用和改良很好地结合起来，是一种适宜的土壤修复技术。肥料进入土壤后不仅与土壤胶体进行一系列反应，影响重金属的植物有效性，还可以通过改善植物的营养状况，从而影响到植物对重金属元素的吸收。N、P、K 肥的不同形态对植物吸收重金属的影响不同，合理施用化肥对降低重金属污染具有重要作用。

氮肥：氮肥施入土壤后首先会改变土壤 pH，随着土壤 pH 的变化，植物吸收重金属特性改变。如果施入 N 肥使土壤变酸，就会增大土壤中重金属的溶解度，土壤吸附重金属的量将减少；反之则使土壤吸附重金属的量增加，植物体内的重金属含量降低。

磷肥：研究表明，磷肥的施用会影响土壤胶体的表面电荷，因而对重金属的吸附与解吸有着深刻影响。由于 P 肥自身形态的复杂性，使得研究者对其影响土壤吸附重金属的作用有所争议。邓波儿和刘同仇（1993）的盆栽试验结果表明，施钙镁磷肥降低糙米镉含量最为有效，使米镉含量降低了 77%以上，其后效维持 1 年以上。同样在田间小区试验研究得出相同结果，在酸性（pH 5.27～5.63）Cd 污染稻田中以钙镁磷肥高用量（$1.5kg/m^2$）时降低植物重金属含量效果最佳。据分析，其原因为施钙镁磷肥提高了土壤 pH，降低了有效镉的含量，从而抑制了水稻对镉的吸收。在石灰性土壤中，植株吸收的镉量随磷施入量的增加而降低。此外，过磷酸钙等其他磷肥在修复重金属污染土壤方面也表现出良好的效果。

钾肥：施用钾肥是重要的农业增产措施之一。有资料表明，土壤 K 含量升高使大豆幼苗中 Cd 浓度显著降低，但大豆幼苗干物质量没有明显受到影响。衣纯真等（1996）研究了镉污染的水稻土上 3 种钾肥即 KCl、K_2SO_4、KNO_3 对水稻在不同生育期吸收积累镉的影响，结果表明，Cl^- 对水稻吸收镉有促进作用，而 SO_4^{2-} 显著降低了水稻对镉的吸收，降低了糙米中镉的含量。因为土壤中加 Cl^-，使土壤中镉有效性提高，而水淹条件下 SO_4^{2-} 降低了土壤中镉的有效性。

硅肥：硅肥不仅本身不产生土壤污染，而且可以降低植物对重金属的吸收。施硅肥不提高溶液 pH，但通过增施硅亦能明显降低水稻根部吸收的 Cd 向地上部迁移的量。施硅肥后，糙米镉含量相对下降 92%以上，稻草镉含量下降 94%，随着硅肥施用量的增加，抑制作用有增强的趋势。曹仁林等（1992）人试验得出镉污染的土壤上用硅肥 $1.5kg/m^2$ 时抑制水稻吸收镉的效果最佳。林匡飞等（1994）连续几年对各种改良剂进行筛选，在污染区进行小区和大区对比试验，选出钙镁磷肥和硅肥混合施用的组合，该组合可以使糙米中的镉含量相对下降 72.1%～84.2%。在镉污染不太严重的地区，施用硅肥可以防止重金属污染。

合理施用有机肥。受重金属严重污染的农田，采用施猪厩肥、石灰等农艺措施，能明显降低重金属对水稻生长发育的危害程度，显著提高产量，其中猪厩肥效果好于石灰，两项措施并用的效果更佳。有机质可以通过与土壤中的重金属元素形成络合物而影响土壤重金属的移动性和生物有效性，改变土壤对重金属元素的吸收。许多学者研究了有机肥对污染土壤中镉的有效性、形态及其生物活性的影响，结果表明，有机肥的施用明显降低了土壤中有效性镉的含量，其作用大于 $CaCO_3$ 处理。

2. 加强田间水分管理　通过控制土壤水分来调节土壤氧化还原电位（Eh），达到降低土壤重金属污染的目的。农业生产中调节土壤 Eh 的方法一般是通过灌水和晾田的方式进行，如水田的干湿灌溉法、水田和旱田轮作等。此外，增加土壤有机质也会降低土壤的 Eh。土壤氧化还原电位主要从两方面影响土壤重金属的活性：①改变重金属价态，从而影响其有效性。例如，降低土壤 Eh 时，Cr^{6+} 会被还原为 Cr^{3+}，从而降低其在土壤溶液中的浓度；而 Eh 值变化对 As 的影响正好相反，当 Eh 升高时，AsO_3^{3-} 逐渐被氧化为 AsO_4^{3-}，从而降低砷的溶解度，减少植物对 As 的吸收。②使那些溶解态重金属的受到固定，从而降低重金属活性。重金属与硫一般形成难溶物质，降低 Eh 时，硫酸根离子不稳定易发生还原，形成硫离子，而 Cd、Pb 等重金属离子会与土壤中的 S^{2-} 形成沉淀物，使其固定，从而降低土壤溶液中重金属离子的浓度，减少其被作物的吸收。一般说来，土壤淹水后 Eh 值下降，植物对 Cd、Pb 的吸收量显著降低，籽粒中 Cd、Pb 含量下降。且在低 Eh、高 pH 时，铁锰氧化物对重金属的吸附量可能增加；在还原条件下，根系对重金属的吸收减少。水稻从抽穗期到成熟期，大量无机成分向穗部转移，此时一定要加强水分管理。

第五节　因地制宜地选用不同的修复措施

土壤重金属和有机污染的修复技术总体上来说可以分为生物修复、原位钝化与降解、工程改良及农艺综合调控等，但是，这些技术均有各自的特点和适应范围，一种技术在某种特定条件下可能具有很好的效果，但在条件改变时其效果可能就会很差。同时，即使是某种具有良好修复效果的技术，在很多时候也会因成本过高等原因而使其应用受到很大的限制。因此，在具体实施污染土壤修复的时候，一定要根据污染物的种类、土壤性质及经济条件等实际情况，因地制宜地选择适宜的修复技术措施。

一、重金属污染土壤修复技术

1. 重金属污染生物修复技术　植物修复具有操作简单、不破坏土壤结构、效果彻底等优点，然而目前往往因修复效率低下导致所需的修复周期长，成本并不低。据估计，植物修复技术的成本可达每公顷 20 万美元（Miller，1996），且需要消耗大量的人力，同时收获的植物体重金属含量较高，需要妥善处理，防治二次污染。所以，这项技术较适合于工矿区重金属污染严重的土壤的修复，在目前的技术条件下想利用植物修复技术治理大面积的农田重金属污染不仅实用性差，而且是极不现实的。而重金属污染的微生物修复和动物修复目前还处于实验室阶段，尚未达到实际应用所需的技术水平。

今后有关重金属污染土壤的植物修复技术有必要从以下几个方面进一步开展工作：①筛选更多生物量大的重金属超积累或高积累的目标植物，提高植物修复的效率；②构建植物—微生物、植物—动物以及植物—其他修复技术等的联合修复技术，强化植物修复的效果；③应用现代分子生物学与基因工程技术，使超积累植物的生物学性状（个体大小、生物量、生长速率、生长周期等）进一步改善与提高，并构建高效降解污染物的微生物基因工程菌，提高植物与微生物对污染土壤生物修复的效率。

2. 重金属原位钝化技术　由于目前还缺乏经济高效的手段将污染物从土壤中移走，因此，如何通过改变土壤物理化学性质来降低污染物向食物链的迁移是降低土壤污染风险的重要途径（Lombi et al，2002）。土壤原位钝化技术顺应这种发展趋势和现实需求，尤其针对目前我国大量存在的中低度重金属污染的农田而言，不仅能在保证农产品安全的前提下进行正常的农业生产，还可大大降低修复成本，从成本和时间上均能较好地满足重金属污染土壤的治理要求，具有较好的应用前景。但至今为止，真正将钝化剂从实验室应用到田间的相关重金属污染修复与改良的技术尚不多见。

该技术可以从以下几方面进一步发展：①筛选出更为环境友好的重金属钝化剂，以期达到不仅能显著降低土壤中重金属的生物有效性，还能改良土壤性能，提高土壤肥力，使土壤质量的定向培育向着有利于农业生产可持续发展的良性循环方向发展。②由于化学钝化不能将重金属等污染物从土壤中移走，有必要开展钝化剂施用的长期效果和对生态系统影响方面的研究，筛选出具有长期稳定效果的重金属污染钝化剂产品。③还需加强新型可持续土壤添加材料的研发及其作用机理研究，特别是利用一些废弃物生产价廉物美的修复材料，将循环经济与土壤污染控制/修复相结合，为生态环境友好型土壤污染修复技术和产品的研发提供强有力的支撑。

3. 重金属工程改良技术 重金属污染土壤工程改良技术虽然在修复重金属或持久性有机物污染土壤方面具有较为彻底、稳定和长期的效果，但这些措施存在一些共同的问题：①修复成本高昂；②容易破坏土壤自身结构，导致土壤质量降低；③部分技术措施只是将土壤中的污染物转移，需要防止二次污染的发生。因此，此类技术措施一般适用于重金属或有机污染较为严重、污染面积较小的土壤。

4. 重金属污染农艺综合调控技术 该项技术通过调控田间水肥管理，应用低积累作物品种以及调整种植结构等措施，以达到保障农业生产和农产品质量安全协调统一的目的。该项技术基本上不需要增加投入成本，但其作用仅在于调控重金属的生物有效性，且其调控的幅度也较有限，因而仅适合于重金属轻度污染的农田。今后一是需要筛选出适于大面积推广应用、高产高效且对重金属吸收累积能力低的农作物品种；二是需要开展农艺调控与原位钝化等其他修复技术的有效结合，以提高其调控效果；三是需要强化不同农艺调控措施下重金属有效性变化的机理研究，并根据调控需要和农田实际情况采取相应的技术。

二、有机污染修复技术

1. 生物修复技术 从目前来看，生物修复是有机污染土壤及场地最具发展和应用前景的生物修复技术，在生物材料、降解途径以及修复技术研发等方面取得了一定的研究进展，并展示了一些较为成功的修复案例。但是，随着生物修复范畴及内涵的不断拓展，特别针对复杂的污染土壤及场地生态系统，每种生物修复技术不仅要克服自身原有的不足，而且还需进一步认识和解决在修复过程中出现的新现象和新问题，如新型污染物类型的发现、新微生物资源的评价、污染物的土壤修复过程与生态健康风险、修复技术的复合机制及高效应用等方面。因此，有机污染土壤及场地的生物修复仍面临着极大的挑战，任务十分艰巨。

今后急需在生物资源及其生物降解途径、污染土壤及场地修复过程与生态风险评估、高效稳定持续的生物联合修复技术研发、生物修复技术的污染场地应用等几个方面展开系统和深入研究。而且，由于生物修复技术的场地应用是一项复杂的系统工程，必须融合环境工程、地质水文学、环境化学及土壤学等多学科知识，创造现场的修复条件，如土地翻耕、农艺措施、添加物质、高效微生物、植物修复、季节更替等，构建出因地因时的污染土壤及场地田间修复工程技术。

2. 原位降解技术　土壤有机污染物的光降解技术，尤其是利用半导体光催化降解有机污染物，具有节能、高效、降解彻底且不会引起二次污染等多方面的优点。有机物在土壤中的光降解受到光照强度、土壤的矿物组成和理化性质、有机物的性质以及各种环境因素的综合作用，在土壤的光解过程中，由于土壤的异质性和土壤特性随环境条件的变化而变化，而且，与溶液中有机污染物的光解相比，光更容易被固体分子消减，因此，该技术的应用也受到一些局限。目前，常用的半导体光催化剂包括 ZnO、TiO_2、Fe_2O_3 和 $HNbO_3$ 等，虽然均具有较宽的能隙，但都只能被紫外光激发，因此，还需要在催化材料方面开展进一步的研究，一方面是提高光降解的效率和降低对光源的要求，另一方面是有效降低催化材料的成本。这样才能使该技术逐步在生产实际中得到应用。

土壤有机污染的化学氧化修复技术已得到不断的改进，由最初酸性反应条件下的传统 Fenton 试剂改进至接近工程应用的中性反应条件，而且降解效果不断提高。但在我国目前该技术还主要用于污染废水的处理，在降解有机污染土壤方面的应用还较少。今后需在如何延长修复反应过程中活性粒子存在的时间，降低降解过程中 H_2O_2 分解过程中的副反应，寻找适宜的试剂配比和降低工程成本等方面开展工作。

3. 工程改良技术　在有机污染土壤进行工程改良技术选择时，要综合考虑土壤条件、污染特性、技术适用性等，因地制宜选择出适合特定污染场地的最佳修复技术。

传统的物理修复技术由于成本高、修复效果的彻底性、二次污染等问题，目前主要用于应对突发性事件的修复工作。土壤有机污染的电修复技术受土壤自身条件的影响较大，比较适合于治理渗透系数低的密质土壤。土壤气相抽提修复技术一般要求土壤具有质地均一、渗透能力强、孔隙度大、湿度小、地下水位较深的特点。

（黄道友、李莲芳、葛体达）

参　考　文　献

曹仁林，霍文瑞，何宗兰，等．1992. 不同改良剂抑制水稻吸收镉的研究—在酸性土壤上［J］. 农业环境保护，11（5）：195－198.

陈世宝，朱永官．2004. 不同含磷化合物对中国芥菜（*Brassica oleracea*）铅吸收特性的影响［J］. 环境科学学报，24（4）：707－712.

崔英杰，杨世迎，王萍，等．2008. Fenton 原位化学氧化法修复有机污染土壤和地下水研究［J］. 化学进展，20（8）：1196－1201.

邓波儿，刘同仇．1993. 不同改良剂降低稻米镉含量的效果［J］. 华中农业大学学报，12（2）：117－121.

丁克强，骆永明，刘世亮，等．2004. 利用改进的生物反应器研究不同通气条件下土壤中菲的降解［J］. 土壤学报，41（2）：245－251.

关亮，郭观林，汪群慧，等．2010. 不同胶结材料对重金属污染土壤的固化效果［J］. 环境科学研究（1）：106－111.

郭学军，黄巧云，赵振华，等．2012. 微生物对土壤环境中重金属活性的影响［J］. 应用与环境生物学报，8（1）：1－6.

李凝玉，李志安，丁永祯，等.2008. 不同作物与玉米间作对玉米吸收积累镉的影响［J］. 应用生态学报，19（6）：1369－1373.

李顺鹏，蒋建东.2004. 农药污染土壤的微生物修复研究进展［J］. 土壤，3（6）：577－583.

李婷婷，张玲妍，郭书海，等.2010. 完全对称电场对电动—微生物修复石油污染土壤的影响［J］. 环境科学研究，10（23）：1262－1267.

林匡飞，项雅玲，刘雪峰，等.1994. 钙镁磷肥和硅肥对水稻产量及镉吸收的影响［J］. 土壤肥料（6）：26－29.

刘芬.1998. 清水塘地区土壤重金属污染现状及土地利用设想［J］. 农业环境保护，17（4）：162－164.

沈振国，刘友.1998. 重金属超量积累植物研究进展［J］. 植物生理学通报，34（02）：133－139.

王新，吴燕玉.1995. 改性措施对复合污染土壤重金属行为影响的研究［J］. 应用生态学报，6（4）：440－444.

卫泽斌，郭晓方，丘锦荣，等.2010. 间套作体系在污染土壤修复中的应用研究进展［J］. 农业环境科学学报，29（增刊）：267－272.

吴龙华，骆永明.2002. 铜污染土壤修复的有机调控研究Ⅲ、EDTA 和低分子量有机酸的效应［J］. 土壤学报，39（5）：679－685.

吴启堂，陈卢，王广寿.1999. 水稻不同品种对 Cd 吸收累积的差异和机理研究［J］. 生态学报，19（1）：104－107.

夏会龙，吴良欢，陶勤南.2001. 凤眼莲加速水溶液中马拉硫磷降解［J］. 中国环境科学，21（6）：553－555.

夏星辉，张曦，杨志，等.2006. 黄河水体颗粒物对 3 种多环芳烃光化学降解的影响［J］. 环境科学，21（1）：115－120.

熊礼明，鲁如坤.1992. 几种物质对水稻吸收镉的影响及机理［J］. 土壤，24（4）：197－200.

衣纯真，傅桂平，张福锁.1996. 不同钾肥对水稻镉吸收和运移的影响［J］. 中国农业大学学报，1（3）：65－70.

张文，李建兵，韩有定，等.2010. 超声波净化石油污染土壤实验研究［J］. 环境工程学报，4（4）：941－944.

张小凡，小柳津广志.2006. 土壤中多环芳烃化合物的生物降解及监测［J］. 环境科学与技术，29（4）：42－44.

张亚丽，沈其荣，姜洋.2001. 有机肥对镉污染土壤的改良效应［J］. 土壤学报，38（2）：212－218.

Acar YB，Ozsu EE，Alshawabkeh AN，et al. 1996. Enhance soil bioremediation with electric fileds［J］. Chemical Technology：4：40－44.

Aguer JP，Richard C. 1996. Transformation of fenuron induced by photochemical excitation of humic acids［J］. Pesticide Science，46：151－155.

Alpaslan B，Yukselen MA. 2002. Remediation of lead contaminated soils by stabilization/solidification［J］. Water，Air，and Soil Pollution，153：253－263.

Baker AJM，Brooks BR. 1989. Terrestrial higher plants which hyperaccumulate heavy elements：a review of their distribution，ecology and phytochemistry［J］. Biorecovery，1：81－126.

Briggs GG，Bromilow RH，Evans AA. 1982. Relationship between lipophilicity and root uptake and translacation of non-ionized chemicals by barley［J］. Pesticide Science，13：495－504.

Chandera K，Joergensen RG. 2002. Decomposition of ^{14}C labelled glucose in a Pb-contaminated soil remediated with synthetic zeolite and other amendments［J］. Soil Biology and Biochemistry，34：643－649.

Chaney RL，Li YM，Angle JS，et al. 1999. Improving metal hyperaccumulator wild plants to develop commercial phytoextraction systems：Approaches and progress［J］. In：Terry N，Bacuelos GS eds. Phytoremediation of Trace Elements. Ann Arbor Press, Miami, USA.

Ellis B, Harold P, Kronberg H. 1991. Bioremediation of a creosote contaminated site [J]. Environmental Technology, 12: 447-459.

Field JA, Jong de E, Feijoo Costa G, et al. 1992. Biodegradation of polycyclic aromatic hydrocarbons by new isolates of white rot fung [J]. Applied and Environmental Microbiology, 58: 2219-2226.

Fletcher JS, Hegde RS. 1995. Release of phenols by perennial plant roots and their potential importance in bioremediation [J]. Chemosphere, 31: 3009-3016.

Gates D, Siegrist RL, Cline SR. 1995. Chemical oxidation of volatile and semi-volatile organic compounds in soil [J]. In: Proceeding of the 88th Annual Air and Waste Management Association Conference, San Antonio, Texas.

Hall JL. 2002. Cellular mechanisms for heavy metal detoxification and tolerance [J]. Journal of Experimental Botany, 53: 1-11.

Higarashi MM, Jardim WF. 2002. Remediation of pesticides contaminated soil using TiO_2 mediated by solar light [J]. Catalysis Today, 76: 201-207.

Hinchee RE, Miller RN, Johnson PC. 1998. In situ aeration: Air sparging, bioventing, and related remediation processes [J]. Environmental Protection, 13: 145-158.

Hwang S, Cutright TJ. 2002. Biodegradability of aged pyrene and phenanthrene in a natural soil [J]. Chemosphere, 47: 891-899.

Kao CM, Wu MJ. 2000. Enhanced TCDD degradation by Fenton Reagent preoxidation [J]. Journal of Hazardous Materials, 74: 197-211.

Kirtland BC, Aelin M. 2000. Petroleum mass removeal from low permeability sediment using air/soil vapor extraction: impact of continuous or pulsed operation [J]. Journal of Contaminated Hydrology, 41: 367-383.

Kong SH, Watts RJ, Choi JH. 1998. Treatment of petroleum-contaminated soils using iron-mineral-catalyzed hydrogen peroxide [J]. Chemosphere, 37: 1473-1482.

Laine MM, Jorgensen, KS. 1997. Effective and safe composting of chlorophenol-contaminated soil in pilot scale [J]. Environmental Science and Techology, 31: 371-378.

Lombi E, Zhao FJ, Wieshammer G, et al. 2002. In situ fixation of metals in soils using bauxite residue: biological effects [J]. Environmental Pollution, 118: 445-452.

Ma QY, Logan TJ, Traina ST, et al. 1994. Effects of NO_3^-, Cl^-, F^-, SO_4^{2-} and CO_3^{2-} on Pb^{2+} immobilization by hydroxyapatite [J]. Environmental Science and Technology, 28: 408-418.

Marks RE, Acar YB, Gale RJ. 1999. In situ remediation of contaminated soil containing hazardous mixed wastes by bio-electro kinetic remediation and other comprehensive technologies [J]. In: Remediation of hazardous waste contaminated soil. New York: Marcel Dekkerlnc, 405-427.

May R, Schröder P, Sandermann, H. 1997. Ex-situ process for treating PAH-contaminated soil with phanerochaete chrysosporium [J]. Environmental Science and Technology, 31: 2626-2633.

Miller RR. 1996. Phytoremediation. Ground-water remediation technology analysis centre in cooperation with United States Environmental Protection Agency's (EPA) and Technology Innovation Office (TIO), Pittsburgh, 26.

Ownby DR, Galvan KA, Lydy MJ. 2005. Lead and zinc bioavailability to eisenia fetida after phosphorus amendment to repository soils [J]. Environmental Pollution, 136: 315-321.

Pascual JA, Garcia PC, Herndez T, et al. 2000. Soil microbial activity as a biomarker of degradation and remediation processes [J]. Soil Biology and Biochemistry, 32: 1877-1882.

Raveton M, Ravane P, Serre AM. 1997. Kinetics of uptake and metabolism of atrazine in model plant [J].

Pesticide Science, 49: 157 - 163.

Reeves RD. 1992. The hyperaccumulation of nickel by serpentine plants [J]. In: Baker AJM, Proctor J, Reeves RD eds. The Vegetation of Ultramafic (Serpentine) Soils. Intercept Ltd. Andover Hampshire, UK. 253 - 277.

Song YF, Jing X, Fleischmann S, et al. 2002. Comparative study of extraction methods for the determination of PAHs from contaminated soil and sediments [J]. Chemosphere, 48: 993 - 1001.

Stewart AJ, Napolitano GE. 2000. Cadmium sorption and toxicity in autotrophic biofilms [J]. Canadian Journal of Fisheries and Aquatic Sciences, 57: 3, 530 - 537.

Takada S, Nakamura M, Matsueda T, et al. 1996. Degradation of polychlorinated dibenzo-p-dioxins and polychlorinated dibenzofurans by the white rot fungus phanerochaete sordida Yk - 624 [J]. Applied and Environmental Microbiology, 62: 4323 - 4328.

Teel AL, Warberg CR, Atkinson DA, et al. 2001. Comparison of mineral and soluble iron Fenton's atalysts for the treatment of trichloroethylene [J]. Water Research, 35: 977 - 984.

Urrutia MM, Beveridge TJ. 1993. Remobilization of heavy metals retained as oxyhydroxides or silicates by Bacillus subtilis cells [J]. Applied Environmental Microbiology, 59: 4323 - 4329.

Watts RJ, Udell MD, rauch PA, et al. 1990. Treatment of pentachlorophenol-contaminated soils using Fenton's reagent [J]. Hazardous Waste and Hazardous Materials, 7: 335 - 346.

West OR, Cline SR, Holden WL, et al. 1997. A full scale demonstration of in situ chemical oxidation through recirculation at the X - 701B site: Field operations and TCE degradation [J]. ORNL/TM - 13556. Oak Ridge, Tennessee.

Álvarez-Ayuso E, García-Sánchez A. 2003. Sepiolite as a feasible soil additive for the immobilization of cadmium and zinc [J]. The Science of the Total Environment, 205: 1 - 12.

第十三章　施肥进步对作物生产的贡献

耕地是土地的精华，是农业生产最重要的资源，耕地地力的好坏直接影响到农业的可持续发展和粮食安全。随着经济的发展，我国耕地与人口的矛盾日益突出，粮食安全和耕地保护面临着严峻挑战，“珍惜合理利用土地和切实保护耕地”已经成为我国的基本国策。因此，提升耕地质量，实现耕地科学管理，将是我国政府和相关学者今后一段时间必须面对的问题（王蓉芳等，1996）。重视耕地质量建设的基础和核心是提升耕地地力，所谓耕地地力是指在特定气候区域以及地形、地貌、成土母质、土壤理化性状、农田基础设施及培肥水平等要素综合构成的耕地生产能力，由立地条件、土壤条件、农田基础设施条件及培肥水平等因素影响并决定（鲁明星等，2006），至少包含提高作物产量和稳定作物产量两个方面的含义。

保障粮食安全是关系到我国经济和社会可持续发展的重要基础，我国人多地少，截至2006年10月，我国耕地面积已经减少到1.218亿hm^2，接近1.2亿hm^2的警戒红线，人均耕地0.09hm^2，仅为世界平均水平的42%、美国的16%、印度的62%，而我国的人口却居高不下，粮食安全问题一直是历届政府首要面对的问题。严峻的形势决定我们既不能像地多人少国家通过牺牲作物产量来保证生态环境，也不能不顾环境质量而片面追求高产，必须走出一条既能保持作物持续高产、耕地地力不断提高，又能保持良好生态环境的可持续发展之路。提高单位面积粮食产量是实现这一目标的唯一途径，而提高单产的重要措施之一是通过施肥为作物提供足够的养分供应，满足作物营养生长和生殖生长过程中对养分的需求。实现这一目标的关键是充分科学合理地利用有机和无机养分资源，提高肥料的利用效率，优化耕作制度，利用作物之间的共生互补关系，最大限度地提高作物产量。

众所周知，肥料在作物生产中发挥着不可替代的作用，是作物的“粮食”。诺贝尔奖获得者Norman 1994年在全面分析与农业生产有关的各种因素后指出，“20世纪全世界所增加的作物产量中有一半是来自化肥的施用”。FAO在20世纪80年代通过大量田间试验得出，施肥可以提高单位粮食产量55%（曾宪坤，1995）。我国也在20世纪80年代通过化肥协作网田间试验得出，玉米、小麦和水稻施肥比对照平均增产48%（中国农业科学院土壤肥料研究所，1986）。但需要注意的是，随着化肥用量的增加和地力的逐渐提升，肥料的增产作用必定会有所下降，但依然是作物获得高产的必要保障。

由此可见，粮食产量既与耕地地力有关，也与施肥有关，肥料在粮食生产过程中贡献率究竟有多大？是否会随着地理位置的不同而有所变化，这种变化能够给予人们怎样的认识，这些都是本章将要讨论和回答的问题。

第一节　化肥对作物产量的贡献

联合国粮农组织（FAO）通过大量田间试验得出，施肥对粮食增产的贡献率为35.5%；

我国通过化肥协作网试验得出，玉米、小麦和水稻施肥比对照平均增产 48%，也就意味着施肥对作物增产的平均贡献为 32.4%（奚振邦和郑伟中，2005）。Stewart 等（2005）也从宏观上估算出化肥在农业各项增产措施中的作用占 30%～50%，可见肥料（特别是化肥）是作物增产的关键因素（奚振邦，2003），也是各项增产因素中最活跃和人力最能调控的因素。国外开展肥料对作物产量贡献的研究相对较早，俄克拉荷马州立大学学者利用 100 多年的长期定位试验，分析了自施用化肥以来氮、磷无机养分对小麦产量的贡献（Oklahoma State University，2000），结果显示有 40%的小麦产量源于无机氮肥与磷肥的贡献（图 13-1）；Morrow 长期试验表明化肥 NPK 与石灰的施用对玉米产量的贡献为 57%（University

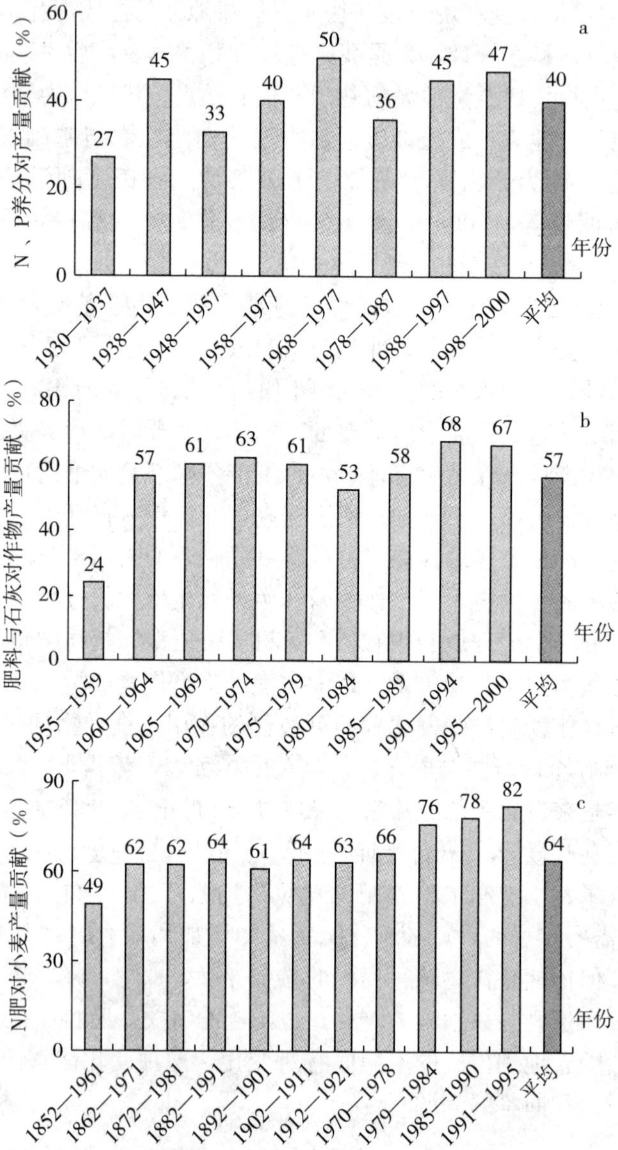

图 13-1　长期定位试验条件下施肥对作物产量的贡献

a. 为美国俄克拉荷马州立大学 Magruder 长期定位试验结果　b. 为美国伊利诺伊州立大学 Morrow 长期定位试验结果　c. 为英国洛桑试验站 Broadbalk 长期定位试验结果（Stewart 等，2005）

of Illinois Extension，2004）；而世界著名的洛桑试验站 Broadbalk 试验结果显示，氮对于小麦产量平均贡献达 64%（Stewart 等，2005），当然如此高比例的贡献率与相应对照处理长时间的缺施氮肥有关，但这些长期定位试验还是得出了令人信服的结果，从中我们不难看出，化肥在粮食增产中的贡献之巨大。

中国科学院在 1990 年前后统一设计并布置了一组自北向南不同施肥制度对作物产量和土壤肥力影响的跨区域长期定位试验，该试验涉及到的生态实验站包括黑龙江海伦、辽宁沈阳、辽宁喀左和湖南桃源，由老一辈土壤学家沈善敏先生设计，其目的是分析 20 世纪 50 年代以来我国农业中施肥制度进步和保持农业系统中养分循环再利用这一施肥传统下的作物产量增益，并比较这一效益在不同尺度之间的地理分异规律及对作物产量稳定性的影响。

该试验具体处理为：Ⅰ）不施肥处理（CK）；Ⅱ）循环猪圈肥，不施化肥，每年 80%收获产品经由喂饲—堆腐后以猪圈肥形式返回本处理，实现养分循环再利用；Ⅲ）化肥 N；Ⅳ）化肥 N＋循环猪圈肥，氮肥用量同Ⅲ，循环操作同Ⅱ；Ⅴ）化肥氮、磷；Ⅵ）化肥氮、P＋循环猪圈肥，氮、磷用量同Ⅴ，循环操作同Ⅱ；Ⅶ）化肥氮、磷、钾；Ⅷ）化肥氮、磷、钾＋循环猪圈肥，氮、磷、钾用量同Ⅶ，循环操作同Ⅱ。上述 8 个处理包含了我国农业中施肥进步的几种基本类型，同时，以不施肥对照和 3 个化肥处理为基础形成 4 对“无循环”和“加循环”处理对比。由于各地土壤水平、农业管理措施和人类活动强度的不同，其施肥水平也不尽相同，根据当地生产实际确定肥料用量，氮肥年施用量（以纯氮计）分别为：海伦 100、沈阳 150、喀左 150、桃源 260kg/hm^2；磷肥（以纯 P 计）分别为：北方一季作地区 16～18kg/hm^2，桃源 39kg/hm^2；钾肥（以纯 K 计）分别为：北方一季作地区 30～60kg/hm^2，桃源 137kg/hm^2。4 个试验地点轮作方式：桃源试验站每年固定采用稻—稻—紫云英轮作方式；其余 3 个试验采用旱田轮作，每个处理 3 个重复，3 个小区分别为一种作物，并逐年一次轮作，海伦为小麦—大豆—玉米轮作；沈阳为玉米—玉米—大豆轮作；喀左 1988—1990 年为玉米—高粱—大豆轮作，1991—1995 年为玉米连作，1996 年后为玉米—玉米—大豆轮作（张璐等，1998；宇万太等，2000；刘鸿翔等，2001；周卫军等，2002）。北方一季作物地区产量数据为当季多种作物单产平均值；桃源为两季作物产量之和。4 个试验地点气候及土壤条件见表 13－1。由该表可以看出，除喀左外，其他 3 个试验地点干燥度较为接近，而热量梯度明显，可据此分析在湿度相近条件下，气候热量差异对作物产量与养分管理措施效果的影响。

表 13－1 试验地点的气候与土壤条件

地点	气候				土壤类型	土壤				
	年均温（℃）	≥10℃积温（℃）	年降水（mm）	干燥度		pH	有机质（g/kg）	全 N（g/kg）	有效 P（mg/kg）	速效 K（mg/kg）
海伦	1.5	2 400	570	0.7～0.8	黑土	6.2	54.0	3.00	25.8	191
沈阳	7.9	3 500	700	0.8～0.9	潮棕壤	6.7	22.1	0.80	10.6	88
喀左	8.3	3 500	500	1.2	褐土	8.2	13.1	0.89	23.0	150
桃源	16.5	5 200	1 150	0.75	红壤	5.7	23.2	1.39	14.7	68

一、黑土地区化肥对作物增产的贡献

由于气候热量条件限制，海伦地区大豆、玉米和小麦3种作物产量均不高，从表13-2的结果看，在NPK均衡施用条件下，大豆、玉米和小麦产量分别为1.9、6.2和3.3t/hm²（刘鸿翔等，2001）。随着施肥制度的进步，作物产量也呈递增之势，化肥对于产量的贡献也随之提高。由各处理比较可知，化肥氮的增产作用最为明显，但年际波动较大，其对产量平均贡献率为20.8%，需要说明的是，本试验中大豆未施用氮肥，因此混合产量中氮肥增产效果主要来自玉米和小麦的增产。通过比较NP与N处理可以看出，在配施氮肥条件下，磷肥可增产粮食0.24t/hm²，对增产贡献率为6.6%（表13-2），虽明显低于氮肥对产量的贡献，但仍表现出一定增产效果。与氮肥增产效果不同的是在试验开始若干年，磷肥对作物增产效果极微，这可能是由于该区土壤有效磷本底水平较高所致，而随着试验年限延长，不施磷肥处理土壤供磷能力降低，此时化肥磷显示出较好的增产效果。NPK与NP处理相比较可见，钾肥在黑土地区增产作用并不明显，增产量为0.08t/hm²，贡献率仅为2.1%，这与黑土供钾能力超强以及不同作物类型对养分的响应不同有关（宇万太等，2003）。

表13-2　1987—2001年海伦地区不同化肥处理作物产量

试验处理	CK	N	NP	NPK
产量（t/hm²）	2.71	3.42	3.66	3.74
增产量（t/hm²）	—	0.71	0.95	1.03
贡献率（%）	—	20.76	25.96	27.54

二、下辽河平原潮棕壤地区化肥对作物增产的贡献

随着所在区域热量条件的改善和轮作制度的改变，下辽河平原地区作物产量较黑土区有了明显提高（表13-3）。施肥制度的进步也使化肥的增产作用随之提高，尤其在氮肥与磷肥或PK肥配施条件下，化肥增产作用更是高于海伦地区。就NPK 3种营养元素对产量贡献而言，氮肥仍是提高该地区作物产量最为重要的因素，其增产贡献与海伦接近（表13-2、表13-3）。而磷肥的增产作用明显提高，增产量和贡献率分别为0.57t/hm²和11.6%，这也与该研究区土壤速效磷本底含量最低有关（表13-1），因此作物对磷肥响应较为敏感。钾肥在下辽河平原地区也有一定增产作用，且效果优于海伦地区，增产量和对产量贡献率分别为0.41t/hm²和7.7%（宇万太等，2003），这与两地土壤供钾能力差异不无关系，可见，在不同土壤与环境条件下，适当调节养分配比对于提高作物产量，改善土壤肥力状况，实现农户经济收益增长具有一定作用。

表13-3　1990—2001年下辽河平原地区不同化肥处理作物产量

试验处理	CK	N	NP	NPK
产量（t/hm²）	3.46	4.36	4.93	5.34
增产量（t/hm²）	—	0.90	1.47	1.88
贡献率（%）	—	20.64	29.82	35.21

三、辽西喀左褐土地区化肥对作物增产的贡献

从土壤本底情况和当地气候条件可以看出，喀左地区土壤养分状况较好，限制产量的主要障碍应为干旱，因此试验针对该地区水分胁迫问题，进行了适当灌溉（张璐等，2000）。通过合理灌溉，极大地改善了作物产量，提高了养分投入的回报，可见明确不同地区作物产量形成的主要障碍因子并采取有针对性的应对措施，消除“短板效应”，将会明显提高当地农业生产能力和养分对产量的贡献率。就本试验而言，随着水分条件一定程度的改善，氮肥增产作用明显提高，对产量贡献率达 33.5%，年均可增产粮食 2t/hm^2 以上，明显高于其他试验地区（表 13－4）。尽管该地区土壤有效磷本底含量就较高，但磷肥施用仍有增产效果，年均可增产 0.69t/hm^2，贡献率为 9.8%，效果优于磷肥在海伦与沈阳的表现，这可能是由于磷素有助于作物根系生长，可提高作物对干旱胁迫的抵御能力（Ma 等，2010）。因此，在辽西喀左这类半湿润易旱地区，磷肥具有较好的增产效果。对于钾肥，在喀左褐土上并未表现出增产作用，可见该地土壤钾库还是比较丰富的，土壤具有较强的持续供钾能力，由此，可参考作物对钾的收获移出，将该地区钾肥施用量适当减少，使土壤不出现明显的钾素亏欠即可。

表 13－4　1989—1998 年辽西褐土地区不同化肥处理作物产量

试验处理	CK	N	NP	NPK
产量（t/hm^2）	4.21	6.33	7.02	6.97
增产量（t/hm^2）	—	2.12	2.81	2.76
贡献率（%）	—	33.49	40.03	39.60

四、湖南红壤地区化肥对作物增产的贡献

在南方红黄壤地区，随着热量条件进一步改善，农业种植制度也发生了相应的改变，作物种植由一年一熟变为一年两熟，使地处亚热带地区的湖南桃源作物产量有了较大幅度的提高，同时，随着施肥制度的进步，作物产量也呈阶梯式增长，NPK 化肥配施可使作物增产 60.9%，化肥对产量的贡献达到 37.8%（表 13－5）。同时也可以注意到，NPK 3 种养分在这一地区对产量的贡献与上述北方试验已发生了较大变化，就现有数据而言，氮肥对水稻产量的贡献（16.5%）已低于磷肥（16.6%），钾肥的增产贡献率也达到了 10.8%，磷、钾肥对于提高作物产量的作用明显高于其他地区的试验，这除与土壤本底及种植作物品种差异有关外，更好的热量条件和更高强度的种植模式对于化学养分的均衡施用提出了更高的要求，与海伦比较可知这一趋势在沈阳地区已有显现，在亚热带的桃源地区则更加明显（周卫军等，2002；宇万太等，2003）。

表 13－5　1990—2000 年湖南红壤地区不同化肥处理作物产量

试验处理	CK	N	NP	NPK
产量（t/hm^2）	5.42	6.49	7.78	8.72
增产量（t/hm^2）	—	1.07	2.36	3.30
贡献率（%）	—	16.49	30.33	37.84

综上所述，这一组跨区域化肥联网试验处理分别模拟了无养分输入的移耕农业及从 20 世纪 50 年代至今化肥逐渐引入我国农业生产的各个过程。由试验结果可以看出，随着施肥制度的进步，作物产量基本呈阶梯式增长，氮肥对作物增产的贡献居于最为重要的地位，尤其以北方一年一季耕作地区更为明显。但随着热量条件的改善和耕作强度的加大，磷、钾养分对于提高作物产量的作用凸显，其已接近甚至超过氮肥作用，这可能是因为单独施用氮肥将加速土壤磷、钾养分收支赤字，氮、磷配施将加剧土壤钾素赤字，在耕作强度高的地区更是如此（周卫军等，1998；张璐等，2001；刘鸿翔等，2002；宇万太等，2002），因此，对于化学养分的供给也应根据土壤养分状况、气候条件与耕作制度综合加以考量。

五、化肥对作物增产贡献率的变化

从以上分析中可以看出，化肥的施用对于提高作物产量至关重要，但随着化肥施用时间的延长、用量的增加、地力的变化和施用地区的不同，肥料的增产作用必定会随之改变。徐浪和贾静（2003）整理了四川地区 20 余年农业生产相关资料，利用多元回归方法分析了化肥对粮食作物产量的贡献，结果表明，随着化肥用量的增加和施肥年限的延长，化肥对粮食作物产量的贡献在最初十几年间迅速提高后又呈逐年降低趋势，说明随着化肥的施用，粮食产量的确会有较大幅度的增长，但其对粮食增产贡献并非一成不变，随着化肥用量的加大和施用年数增加，可能造成肥料利用效率和增产效果的降低。同时，耕地也会因化肥长期施用出现贫瘠化、酸化、板结等现象，致使水土流失加剧、物理结构恶化、毒害物质活性提高和土壤供水供肥能力下降等问题，严重者将造成施用化肥不仅不增产，反而会减产的现象。因此，开展科学的均衡化施肥、测土施肥和注重有机养分的施用均是提高农田可持续生产力、减少农业生产对环境威胁的有效途径，其中农业生态系统养分循环再利用近些年被大力倡导，但其对粮食产量的贡献为多少呢？随着施用地区不同养分循环再利用增产效果又将如何变化呢？这将在下面的论述中进行分析。

第二节　养分循环再利用对作物产量的贡献

农田生态系统中的养分循环及再利用，不仅能最大限度地利用农业资源、提高作物产量和经济效益，也是耕地地力培育的重要措施之一。为了准确评估农业生态系统中养分循环再利用对作物产量、耕地质量培育等方面的贡献，依托前述中国科学院在 1990 年布置的跨区域联网试验，根据对其中循环（M，即在对照基础上进行养分循环）、N＋循环（NM）、NP＋循环（NPM）和 NPK＋循环（NPKM）等处理结果的分析，来考察农业生产条件下有机肥资源对作物产量的贡献。该试验中，养分循环再利用均采取每年循环处理小区收获籽实的 80%和相似比例的秸秆分别喂猪和垫圈，制成猪圈肥于下一年度返回原处理，喂饲—堆腐试验中的投料量、投料中养分量以及制成猪圈肥后其中所含养分量均精确计算和分析测定，由此，可计算投料中养分经由喂饲—堆腐后的循环率。

一、黑土地区养分循环再利用对作物增产的贡献

根据前述长期试验结果，计算了海伦地区养分循环再利用对作物增产的贡献相对较低（表 13 - 6），可以看出，该地区养分循环再利用下作物平均增产 273kg/hm^2，其对粮食增产

贡献率约为7.5%，这除与作物产量低导致的有机肥用量较低有关外，该地区的热量条件差也是限制有机肥中养分分解释放的重要原因（刘鸿翔等，2001；宇万太等，2003）。随着施肥制度的进步，养分循环措施对于增产的贡献逐渐减小，这一现象符合“报酬递减”规律，即通过施用化肥已较为充分地供给作物养分时，增加来自有机肥的养分必定获得相对较低的增产报酬。需要指出的是，在施用NPK化肥基础上进行的养分循环再利用对作物增产贡献又有升高趋势，这可能是试验年限及更大的养分循环通量共同作用的结果，其也许将随试验年限的延长而有所变化。

表13-6　1987—2001年海伦地区养分循环再利用对作物产量影响

作物增产	试验处理				
	M-CK	NM-N	NPM-NP	NPKM-NPK	平均
增产量（kg/hm^2）	267	259	254	314	273
贡献率（%）	8.78	6.98	6.49	7.58	7.46

众多周知，有机肥具有残效及残效叠加作用，同理，循环回田的堆肥也具有相同的作用，根据前述相关结果，可以计算出养分循环再利用对作物平均增产贡献率的变化（3年滑动平均，图13-2）。从所得结果看，尽管海伦地区热量条件较差，养分循环通量较低，但随着试验年限延长，循环肥对作物产量的贡献率是波动上升的，表明了堆肥残效叠加作用的存在。由此可以认为，评估农业生态系统中养分循环再利用的作物产量增益，仅根据短期试验的数据显然不能获得可靠结果。

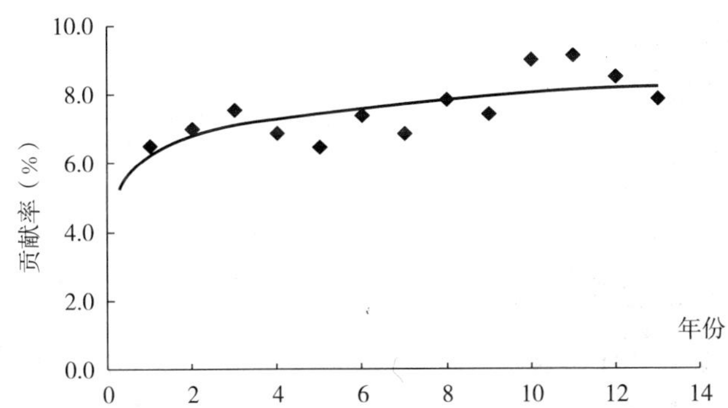

图13-2　黑土地区不同化肥基础上养分循环再利用对作物平均增产贡献变化趋势

二、下辽河平原潮棕壤地区养分循环再利用对作物增产的贡献

与海伦相比，下辽河平原地区养分循环再利用增产作用明显提高，年均可增产粮食681kg/hm^2，增产贡献率为15.1%（表13-7）。在无化肥施用条件下，农田生态系统养分循环所产生的有机肥可增产粮食1 043kg/hm^2，其对增产贡献在各处理中也最高，达到25.9%，显示出我国传统农业中养分循环利用的重要性（宇万太等，2003）。当然，随着化肥养分的逐步和全面施用，尽管农田生态系统养分循环通量加大，但循环有机肥对增产的贡献却逐渐降低，尤其是化肥氮的施用对循环有机肥增产贡献影响最为显著，表明在该地区循环有机肥主要补偿氮的作用，氮素养分也是这一地区限制作物增产的主要养分障碍因子。尽管随化肥施用，循环有机肥对产量增益贡献降低，但保持养分循环利用仍然是维持土壤质量

的主要措施（Shisanya 等，2009）。

表 13-7　1990—2001 年下辽河平原地区养分循环再利用对作物产量影响

作物增产	试验处理				
	M-CK	NM-N	NPM-NP	NPKM-NPK	平均
增产量（kg/hm²）	1 043	772	534	375	681
贡献率（%）	25.89	16.89	10.48	7.19	15.11

从该地区循环有机肥对作物增产贡献（3 年滑动平均值）的变化趋势来看，其上升趋势更加明显，体现出有机肥的残效叠加效应（图 13-3）。但试验中期有机肥对产量的贡献异常提高，这主要是因为从 1994 年至 1997 年，下辽河平原地区连续经受水涝和干旱灾害，在这些气象异常年份，循环有机肥却表现出比化肥更好的增产效果，导致这些年份有机肥对于增产贡献率显著提高，也从另一侧面说明养分循环利用对提升农田抵御自然灾害能力和保障粮食稳产高产的重要性。

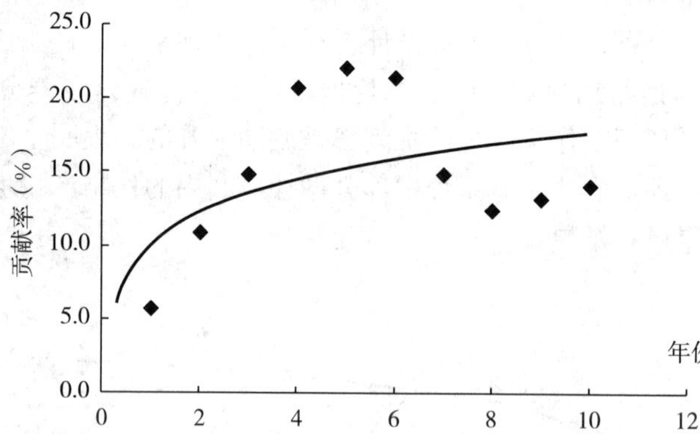

图 13-3　下辽河平原地区不同化肥基础上养分循环再利用对作物平均增产贡献变化趋势

三、辽西喀左褐土地区养分循环再利用对作物增产的贡献

从表 13-8 的结果看，辽西喀左地区循环有机肥对作物增产量平均为 986kg/hm²（张璐等，2000），略高于沈阳地区，这可能与所种植作物有关；与沈阳地区试验结果相仿，氮素也是这一地区提高作物产量的关键营养元素，循环有机肥增产效果也随化肥施用而逐渐降低。同时，从土壤本底养分状况可见，喀左地区土壤肥力水平与沈阳相近甚至略优于沈阳。由于该地粮食生产主要限制因子为水分条件，在缓解了干旱胁迫后（本试验旱季有相应灌溉）有机肥对作物产量有了明显的提升作用。

表 13-8　1989—1998 年喀左地区养分循环再利用对作物产量影响

作物增产	试验处理				
	M-CK	NM-N	NPM-NP	NPKM-NPK	平均
增产量（kg/hm²）	1 542	1 084	794	524	986
贡献率（%）	27.00	15.67	10.52	6.97	15.04

由图 13-4 喀左地区循环有机肥对作物产量贡献 3 年滑动平均的结果可以看出，其贡献随试验时间延长而逐渐升高的趋势更为明显，模型模拟的结果更好，残效叠加作用也愈加显著，这与试验期间加强水分管理措施不无关联，与沈阳地区循环有机肥增产贡献率波动较大进行比较不难看出，在作物生长或需水关键期进行适当有效的灌溉对于稳定作物产量、发挥肥料增产作用具有极其明显效果。同时，尽管该试验已进行了 10 年，但循环有机肥对作物增产的贡献仍未出现明显减缓的趋势。因此，考察有机肥对作物产量贡献时，可能需要更长期的试验，以确证其具体肥效。

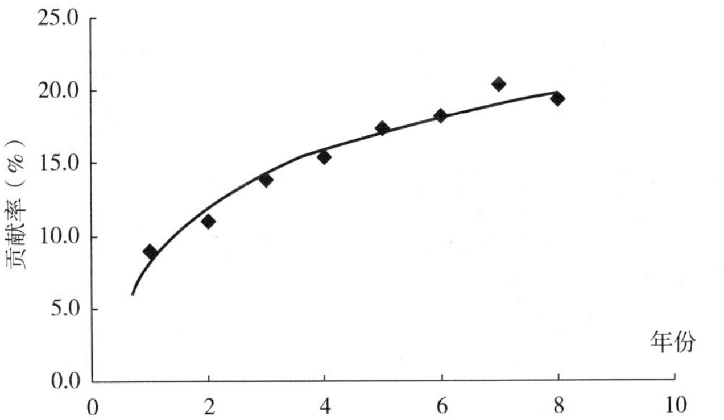

图 13-4 喀左地区不同化肥基础上养分循环再利用对作物平均增产贡献变化趋势

四、湖南红壤地区养分循环再利用对作物增产的贡献

由表 13-9 结果可见，热量条件的进一步改善，养分循环再利用对作物产量的贡献又有明显提升，平均可增产 2 015kg/hm^2，平均贡献率达 22.6%（周卫军等，2002；宇万太等，2003）。随着化肥的施用，循环有机肥对作物产量的贡献也逐渐降低，但与其他地点不同的是：该地区循环有机肥在与 N、NP 或 NPK 配施的条件下，化肥磷与化肥钾对循环有机肥的增产作用影响高于氮肥，说明桃源地区磷、钾肥施用对水稻产量的影响已与氮肥持平甚至有所超越，这与上述化肥对这一地区产量贡献的分析结果相符，再次说明在热量条件较好的地区养分的均衡施用更为重要。

表 13-9 1990—2000 年桃源地区养分循环再利用对作物产量影响

作物增产	试验处理				
	M-CK	NM-N	NPM-NP	NPKM-NPK	平均
增产量（kg/hm^2）	3 063	2 693	1 530	773	2 015
贡献率（%）	35.78	29.41	16.29	8.85	22.58

在桃源，循环有机肥对作物产量的贡献随时间变化也表现出较好的规律性，根据前述试验 3 年滑动平均的结果（图 13-5），循环有机肥对作物产量的贡献呈逐渐升高的趋势，但其升高幅度相对较小，且试验后 5 年左右循环有机肥对产量贡献已趋于平稳。造成这种现象的原因可能是由于在亚热带地区，循环有机肥施入后，其中养分可较快地矿化释放，同时，土壤微生物体养分也可较快地分解周转，导致该地区循环有机肥残效较低，而对当季作物产量的贡献较高。

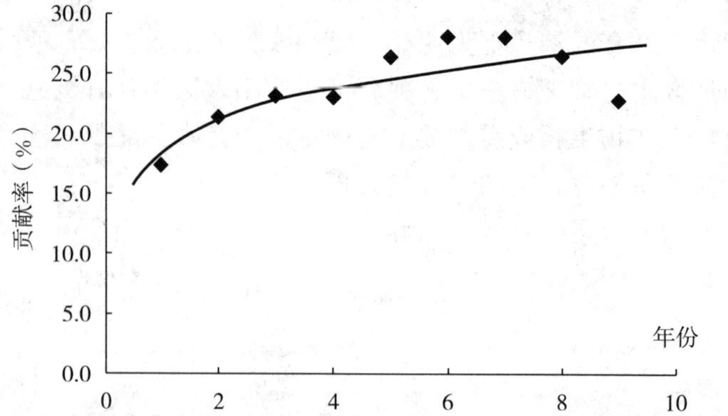

图 13－5　桃源地区不同化肥基础上养分循环再利用对作物平均增产贡献变化趋势

由以上跨地域中长期定位试验结果分析可以看出，尽管将相似比例养分投入农田生态系统进行循环再利用，但其因养分循环通量不同、养分矿化分解速率差异以及其他相关农艺管理措施改变等均会对养分循环再利用的增产效果产生显著影响，其中热量条件起着关键的作用，因此以下将依托这组跨地域试验，初步分析热量梯度下施肥进步与养分循环再利用增产作用的地理分异规律。

五、养分循环再利用与作物产量的稳定性

土壤肥力学说的原理之一是生长于肥沃土壤上的作物具有较良好的环境适应性，不同气候年景之间的产量波动较小。长期土壤肥力定位试验通过不同的土壤肥力管理措施创造了具有不同肥力水平的土壤，因此，只需检查各试验处理区长期以来的作物产量变化，便不难验证这一原理的可靠性。

依据海伦、沈阳和桃源 3 组长期定位试验数据（表 13－10），几乎在所有情况下，实行养分循环再利用处理作物产量的变异系数均小于相应没有配施有机肥的处理，由此表明，在我国不同类型农田生态系统中实行有机无机配施施肥模式可明显减少作物产量的年际波动，亦即具有较高的产量稳定性。比较 3 个地点 12 对“不循环”和“循环”的产量变异系数，其中 11 对循环处理的产量变异系数显著小于对应的不循环处理，另一对数据变异系数相等。其原因是施用有机肥有利于改善土壤对作物养分供给的持续性和全面性的缘故。此外，在本研究中长期定位试验超过 10 年的地块，作物年际间产量的变异系数也存在随化肥的全面施用而下降的趋势，例如 NPK 处理的作物产量变异系数普遍低于 NP 处理，而后者又低于单施氮肥处理。可见，全面地供给作物所需养分有助于提高作物对不同气候年景的适应性，从而提高作物产量的稳定性。

表 13－10　不同施肥处理作物平均产量及年际变异系数

实验站	产量统计	施肥处理							
		CK	M	N	NM	NP	NPM	NPK	NPKM
海伦站（1987—2004）	产量	2 326	2 549	2 916	3 140	3 144	3 363	3 255	3 453
	标准差	296	317	296	320	345	350	333	342
	CV	0.127	0.124	0.102	0.102	0.110	0.104	0.102	0.099

（续）

实验站	产量统计	施肥处理							
		CK	M	N	NM	NP	NPM	NPK	NPKM
沈阳站（1990—2005）	产量	3 324	4 365	4 390	5 498	5 047	5 600	5 555	5 873
	标准差	1 192	1 077	1 356	1 252	1 152	1 111	1 170	1 176
	CV	0.359	0.247	0.309	0.228	0.228	0.198	0.211	0.200
桃源站（1990—2001）	产量	5 499	8 562	6 618	9 283	7 808	9 339	8 055	9 528
	标准差	1 324	1 700	1 375	1 027	1 235	1 194	1 110	1 126
	CV	0.24	0.20	0.21	0.11	0.16	0.13	0.14	0.12

当然，对有机肥的上述效果也存在一定的争议，如对洛桑试验站 Hoosfield 大麦长期肥料试验于 1968 年起将原设计的施肥处理区一分为四，设 4 个氮肥用量等级，分别为 0、48、96、144kg N/hm^2。Jenkinson 和 Johnston（1977）比较了两组具有不同土壤肥力基础的氮肥处理区大麦产量变化。一组为原厩肥处理区，曾连续施用厩肥 123 年，耕层土壤有机质含量 54g/kg，另一组为原 NPK 化肥处理区，曾连续施用 NPK 化肥 123 年，耕层土壤有机质含量 17g/kg，结果如图 13 - 6 所示。1968—1975 年，原厩肥处理区各氮肥用量小区大麦产量的标准差明显大于原 NPK 区，尤其是不施氮肥的处理，尽管前者的土壤有机质含量是后者的 3 倍。据此可认为，这一结果未能支持关于有机质含量高的土壤作物产量年际波动小这一学说。

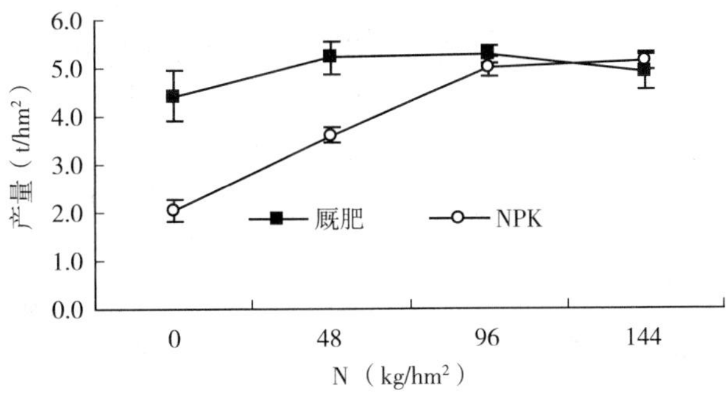

图 13 - 6　Hoosfield 原厩肥区和 NPK 区大麦对氮肥用量反应

第三节　施肥进步与养分循环再利用对粮食增产贡献的地理分异规律

为阐明热量梯度下施肥进步与养分循环再利用增产效果的地理分异规律，选择海伦、沈阳和桃源 3 个地点，分别代表温带、暖温带和亚热带气候条件，3 个地点在湿度上均属于湿润区，干燥度指数较为接近，唯在热量上形成了明显的北低南高梯度。土壤方面，3 个地点土壤性质迥异，但符合我国土壤基本性质的地理分异规律，大抵是土壤酸碱度自北向南下降；土壤有机质、全氮、速效钾含量北高南低，但因桃源供试土壤为水稻土，故有机质与全氮含量较旱作土壤略高；3 种土壤有效磷含量均较高，分属“不缺磷”和“丰磷”范围。因此，这组跨区域联网试验能够满足研究要求。有关试验设计已在前面介绍，在此不再赘述。

一、养分循环再利用对粮食增产贡献的地理分异规律

由表 13－6、表 13－7 和表 13－9 可以明显看出，自北向南随气候热量增长，海伦、沈阳、桃源 3 组长期试验在保持相似循环率情况下，采用养分循环再利用的施肥制度，作物净增产量和相对增产率不论在何种化肥基础上均呈现有规律增长势头。海伦地处黑龙江省北部，气候冷凉，保持 80％循环率的养分循环再利用，15 年试验平均每年仅获得 273kg/hm^2 净增产量，其增产贡献率为 7.5％；沈阳位于暖温带北界，热量较海伦丰沛，12 年试验年平均增产量为 681kg/hm^2，增产贡献率为 15.1％；桃源位于高温多雨的中亚热带，11 年试验年平均获 2 015kg/hm^2 增产量和 22.6％的增产贡献率，显示了农业生态系统的作物产量增益受热量因素控制的地理分异现象（图 13－7）。循环有机肥的增产效益随气候热量增长而提高，这显然与热量所驱动的系统内部养分循环通量在不同气候区之间存在巨大差异有关（沈善敏，1998），如桃源试验作物年产量可比海伦试验的作物年产量高出 1 倍或 1 倍以上，同为 80％循环率，前者随收获产品进入喂饲—堆腐循环的养分量大抵也可较后者高出 1 倍或 1 倍以上。正是由于农业系统内部可循环再利用的养分资源量自北向南随气候热量的提高而增长，因此，保持相同循环率进行养分循环再利用的作物产量增益随之增长便在情理之中。

除上述原因外，以下因素可能也是造成此种地理分异现象所不可忽略的原因：其一是循环回田有机肥中养分（尤其是氮）的分解释放速率可随气候热量增长而提高，亦即加速了有机肥养分的有效化；其二是施用有机肥引起的土壤微生物体消长和土壤微生物体的周转速率可因气候热量的增长而加速（宇万太和沈善敏，1993）。Joergensen 等（1990）报道，在实验室培养条件下，温度为 25℃时土壤中微生物体的循环周转速率可比 15℃时快 1 倍以上，35℃时更快，土壤中微生物体每一次生死周转必伴随微生物体分解过程中的养分释放（沈善敏，1998），从而使作物有机会获得更多的养分供给。由此可以认为，较大的养分循环通量、循环回田有机肥中养分较快的矿化释放以及土壤微生物体养分较快的分解周转等，可能是引起养分循环再利用作物产量增益随气候热量增长而提高的主要原因。

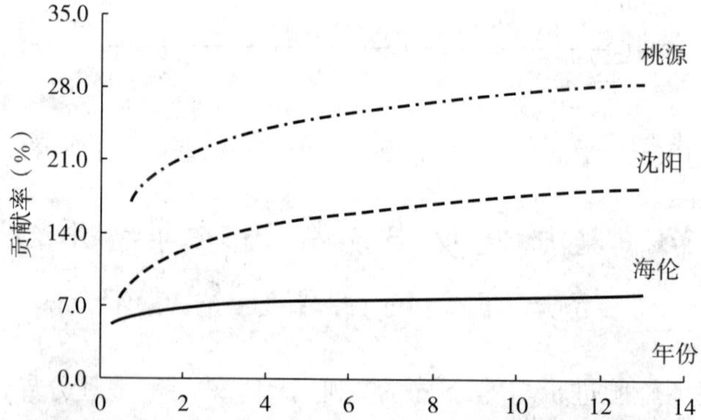

图 13－7　不同地区养分循环再利用对作物平均增产作用发展趋势（3 年滑动平均）

由图 13－7 还可看出，随农业中养分循环再利用持续年限的延长，循环回田有机肥对作物增产的贡献率有明显的增长趋势，其中的原因可能有二：其一是不施肥对照区土壤的养分供给力随试验年限延长而不断下降，致使循环回田猪圈肥的作物增产率相对提高；其二是循环回田猪圈肥的残效可随猪圈肥施用次数的增多而累加起来以及可能伴随发生的养分循环通

量的扩大，从而使当季猪圈肥的表观增产率有所提高。但是，需要注意的是随着循环有机肥残效叠加和热量条件改善所致循环有机肥中养分有效性的增强，单纯的养分循环再利用增产效果显著提高，在沈阳和桃源地区无化肥条件下循环有机肥增产效果已接近或超过单施化肥氮的处理（表 13－10），显示出养分循环再利用这种传统养分管理措施的重要性和必要性。

二、施肥进步对粮食增产贡献的地理分异规律

从表 13－2 至表 13－9 的结果可得出，无论是单独施用化肥还是在保持养分循环再利用基础上施用化肥，随氮、磷、钾化肥依次进入农业，作物的净增产量均有不同程度提高，只是保持养分循环再利用情况下，化肥的增产作用略有下降。但施肥进步带来的粮食增产也明显受气候热量条件的影响，表现在每一种化肥养分进入农业所带来的作物净增产量由北向南明显增加，单施化肥如此，在保持养分循环再利用基础上施用化肥也是如此，展示了农业中施肥进步所带来的粮食增产有着明显的地理分异现象。据此也可以认为，施肥进步对于提高我国任何地区的作物产量都是重要的，但对于热量充沛的南方地区应尤为重要；这组跨区域试验显示，由于施肥进步而增加的粮食产量南北之间可相差数倍。由此可见，当我国肥料生产紧张时，应优先满足广大南方地区粮食生产，以换取更多的粮食。

依据这组跨区域中长期定位试验模拟结果，可以绘制我国施肥进步各阶段作物产量及产量形成中施肥的贡献率（图 13－8）。在图中，施肥制度的进步沿两个方向发展，上行代表“化学方向”，下行代表“无机和有机相结合”方向，就同一试验地点而言，随着施肥进步作物产量增长，施肥在产量形成中的贡献率也随之增长。因此，可以认为施肥在作物产量形成中的贡献不是一个定数，可随施肥制度更迭而不同。其次，施肥在作物产量形成中的贡献率显然也受气候热量所影响，在海伦、沈阳、桃源 3 组试验中，各对应施肥处理的施肥贡献率几乎均随气候热量增长由北向南提高，这说明施肥进步在我国粮食生产中的贡献存在着明显的地理分异现象。如果将保持养分循环再利用基础上施用 NPK 化肥视为最佳施肥制度，则在保持其他农业技术不变的条件下，最大施肥贡献率分别为：海伦 33.9%、沈阳 39.2%、桃源 44.1%，其原因尚待进一步研究。

三、施肥与热量之间的交互影响

施肥与热量对作物产量的交互影响远不如水—肥交互影响那么引人关切和重视，原因之一是研究这一问题的技术难度太大，而采用跨区域试验则不太可能做到供试土壤、作物种类、熟制、耕作等基本试验条件的一致。因此，此处讨论应是在定性水平上进行研究的一种尝试。设想是：可以把一个地区的典型作物农田视为一农田生态系统，于是，对海伦、沈阳、桃源 3 地的试验结果进行比较但不是通常的单因子或双因子试验比较，而是在农田生态系统水平上比较系统生产力受施肥制度进步和气候（热量）增长的影响，从双因子（热量、施肥）试验的角度看，这样的比较是不严格的，因为其他可影响作物产量的因子也因地域不同而有差异，但从应用的角度则符合各地生产的实际情况，因而有其合理性的一面。计算顺序如下：以海伦试验不施肥对照区（CK）的作物产量为起点，与以下状态进行比较和计算：①与海伦试验施肥区产量比较可得出施肥进步的产量增益；②与沈阳或桃源两地试验对照区（CK）产量比较可得出气候热量增长的产量增益；③与沈阳或桃源两地试验中施肥区产量比较可得出施肥、热量同时进步，增长的产量增益。如③所得出的计算结果大于①与②两项之

和，说明施肥与气候热量之间存在正交互影响（宇万太等，2003），根据图 13－8 中的数据可以计算出施肥与热量交互作用的增产作用（表 13－11）。

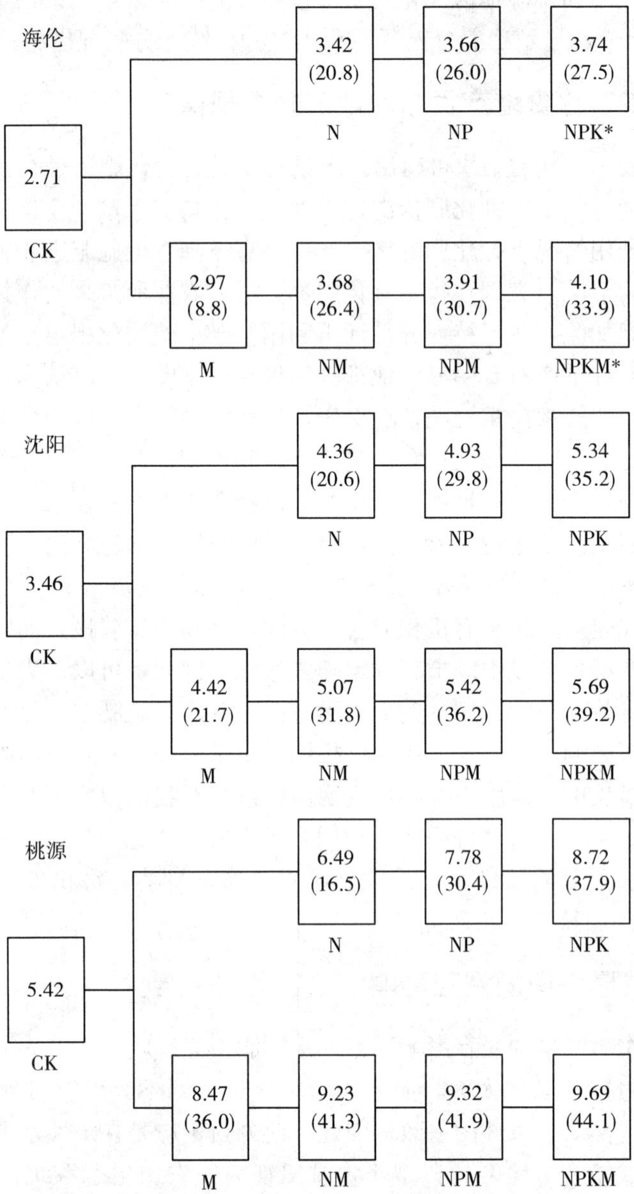

图 13－8 农业中施肥进步与作物产量增长及施肥贡献率

图中数字为产量（t/hm²），括号中数字为施肥对产量贡献率（%）；＊NPK 与 NPKM 处理由 1997 年开始布置。

表 13－11 施肥与热量的交互作用对作物增产作用（t/hm²）

施肥进步 / 热量改善	CK→M	CK→N	CK→NM	CK→NP	CK→NPM	CK→NPK	CK→NPKM
海伦→沈阳	0.70	0.19	0.64	0.52	0.76	0.85	0.84
沈阳→桃源	2.09	0.17	2.20	0.89	1.94	1.42	2.04

由表 13－11 可以看出，除热量与单施氮肥之间的交互作用外，其余沈阳与桃源间的热量—施肥交互影响远大于海伦与沈阳之间，谅必是由于沈、桃之间的热量差异大于海、沈之间热量差异的缘故。而有机肥与气候热量之间的交互影响普遍大于化肥或可说明对于有机肥而言气候热量不仅可影响作物的养分利用，而且还影响有机肥中养分的矿化分解速率之故。当气候热量成为限制因素时，热量不足可降低农业中施肥的增产效益和施肥在产量形成中的贡献率；反之，气候热量条件的改善则可提高施肥的增产效益，从而提高施肥在产量形成中的贡献率。在本组跨区域试验研究中，施肥进步与热量增长之间存在着（对作物产量）正交互影响便是很好的说明。

四、施肥与品种之间的交互影响

长期土壤肥力试验的作物产量记录也时常被用于校验诸如估算农业产量光、温潜力和水分潜力等一类经验公式的参数。这一类经验公式的可靠性需要不断有可靠的田间实验资料进行校验，而长期试验所提供的资料无疑是最可靠的，并且可以从历史上由于作物育种进步看出这一类公式需要不断进行修正的必要性。另外，也可以利用这些资料回答关于施肥与育种对作物产量的贡献份额等一些比较难回答的问题。现利用洛桑试验站的产量数据举例如下：Broadbalk 小麦长期肥料试验在 1917—1978 年 61 年间使用过 3 个小麦品种，各时段的平均产量如表 13－12 所示。若以厩肥区可保证小麦获得最充分的养分供给，则厩肥区的小麦产量便可视为已达到当地小麦产量的光温潜力，而随着小麦育种的进步，表征这一潜力的实际产量则在不断变化之中。20 世纪 30 年代前后为 2.2t/hm^2，50 年代为 3.0t/hm^2，70 年代为 5.5t/hm^2。关于施肥和小麦育种进步对产量的贡献以及施肥与品种之间的交互作用可估算如下（沈善敏，1995）：

表 13－12　Broadbalk 试验不同小麦品种产量（t/hm^2）

处理	Red Standard 1917—1945	Squarehead's Master 1314 1946—1967	Cappelle Desprez 1968—1978
无肥	0.92	1.49	1.80
厩肥	2.19	3.02	5.50
N_1PK	1.47	2.05	3.90
N_2PK	2.20	2.91	5.00

施肥（以厩肥处理为例）	2.19－0.92＝1.27t/hm^2
品种进步	1.80－0.92＝0.88t/hm^2
施肥、品种单项贡献之和	1.27＋0.88＝2.15t/hm^2
施肥、品种包括交互作用在内的总贡献	5.50－0.92＝4.58t/hm^2
由于交互影响产生的贡献	4.58－2.15＝2.43t/hm^2
对于提高产量施肥贡献份额	(5.50－1.80) / (3.70＋3.31) ＝0.53
对于提高产量品种贡献份额	(5.50—2.19) / (3.70＋3.31) ＝0.47

由上述估算可知，来自品种与施肥交互作用的贡献几乎占了总贡献的一半。这可说明，同时采用两项技术进步所取得的效益常可超过两项独立技术进步所取得的效益之和，在本例

中前者为 4.58t/hm^2，后者仅为 2.15t/hm^2，施肥和品种在提高产量中各自所占的贡献份额中施肥略高一些，为 53%，而后者占 47%。

采用试验模拟方法研究我国施肥制度进步对粮食生产发展的贡献，并估算施肥在作物产量形成中的贡献率可直接排除其他农业技术带来的干扰。根据本组试验结果，按供试作物品种的产量潜力，在最佳施肥条件下，我国东部湿润地区施肥在作物产量形成中的最大贡献率为 34%~44%，随地区气候的热量而不同，呈北低而南高。在实际生产中，由于时常不能做到充分、全面地施肥，作物产量中的施肥贡献率便可能低于此数。农业生产技术条件的进一步改善和作物育种的突破性进步将大幅度提高作物对肥料的利用效率，于是施肥在作物产量形成中的贡献份额也将发生明显改变。

面对未来地球不可再生资源逐渐枯竭和人类生存环境不断恶化的挑战，保持农业中养分循环再利用无疑是抑制此种恶果发展的重要措施之一，然则保持我国农业系统内部养分的循环再利用究竟能获得多大的作物增产效益？此处所总结的试验虽已历时多年，可据此揭示一些现象并作出解释，但显然尚不能进行定量评估，不过可以得到如下一些认识：①农业系统中养分循环再利用的作物产量增益可随气候热量增长而提高，表明这一生态过程所产生的效应有着明显的地理分异规律。据此可以认为，虽然保持农业中养分循环再利用这一我国施肥传统对于改善任何地区农业中的养分供给和提高作物产量都是有意义的，但对于热量充沛的我国南方热带、亚热地区恐尤为重要。②养分循环再利用的作物产量增益可伴随化肥施用而下降，也必然受土壤原有的养分供给力所影响；土壤养分供给力愈强，养分循环再利用的增产效果必定愈低；反之则高。因此，所获得的试验结果仅表示现实气候条件和供试土壤肥力水平的特定条件下，保持养分循环再利用可获得的作物产量增益。③鉴于农业系统养分循环再利用的作物增产效果具有累积作用并且受土壤—气候环境所影响，因此，欲评估全国范围保持农业系统养分循环再利用对于发展我国粮食生产的贡献，只有组织更多的力量，包括更多试验地点的跨区域中长期田间试验网络，按试验所获得的各项参数建模，才有可能作出全国性的评估。

（宇万太、马强）

参 考 文 献

刘鸿翔，张璐，沈善敏，等．2001. 黑土长期施肥及有机无机配施的作物产量及土壤肥力质量变化Ⅰ. 作物产量［J］. 应用生态学报，12（1）：43－46.

刘鸿翔，张璐，沈善敏．2002. 黑土长期施肥及有机无机配施的作物产量及土壤肥力质量变化Ⅲ. 土壤养分收支［J］. 应用生态学报，13（11）：1410－1412.

鲁明星，贺立源，吴礼树．2006. 我国耕地地力评价研究进展［J］. 生态环境，15（4）：866－871.

沈善敏，殷秀岩，宇万太，等．1998. 农业生态系统有机无机配施作物产量增益的地理分异［J］. 应用生态学报，9（4）：379－385.

沈善敏．1995. 长期土壤肥力试验的科学价值［J］. 植物营养与肥料学报，1（1）：1－9.

沈善敏．1998. 中国土壤肥力［M］. 北京：中国农业出版社．

王蓉芳，曹富有，彭世琪，等．1996. 中国耕地的基础地力与土壤改良［M］. 北京：中国农业出版社．

奚振邦，郑伟中．2005. 我国粮食安全与化肥问题试析［J］. 化肥工业，32（3）：1－4.

奚振邦．2003. 化肥与农业——简析化肥对现代农业的作用［J］. 磷肥与复肥，18（2）：5－10.
徐浪，贾静．2003. 化肥施用量对粮食产量的贡献率分析［J］. 优质粮油（1）：10－13.
宇万太，姜子绍，周桦，等．2007. 不同施肥制度对作物产量及肥料贡献率的影响［J］. 中国生态农业学报，15（12）：54－58.
宇万太，沈善敏．1993. 不同施肥制度下土壤微生物 C、N 量的季节变化［M］//张宪武．土壤微生物研究. 沈阳：沈阳出版社，413－418.
宇万太，张璐，马强，等．2003. 施肥进步在粮食增产中的贡献及其地理分异［J］. 应用生态学报，14（11）：1855－1858.
宇万太，张璐，殷秀岩，等．2000. 下辽河平原农业生态系统有机无机配施的作物产量增益［J］. 应用生态学报，11（增刊）：5－7.
宇万太，张璐，殷秀岩，等．2002. 下辽河平原农业生态系统不同施肥制度的土壤养分收支［J］. 应用生态学报，13（12）：1571－1574.
曾宪坤．1995. 中国化肥工业现状与展望［J］. 土壤学报，32（2）：117－125.
张璐，廉鸿志，宇万太，等．1998. 农业生态系统有机无机配施的作物产量增益［J］. 应用生态学报，9（1）：37－40.
张璐，沈善敏，廉鸿志，等．2000. 辽西褐土施肥及有机无机配施中长期试验Ⅰ．作物产量［J］. 土壤与环境，9（3）：239－242.
张璐，沈善敏，宇万太．2001. 辽西褐土施肥及有机无机配施中长期试验Ⅱ．土壤养分收支［J］. 土壤与环境，10（1）：51－54.
中国农业科学院土壤肥料研究所．1986. 中国农业区划［M］. 北京：中国农业科技出版社．
周卫军，王凯荣，谢小立．1998. 红壤稻田施肥制度与土壤持续生产力关系的研究［J］. 农业现代化研究，19（6）：388－390.
周卫军，王凯荣，张光远，等．2002. 施肥进步在红壤稻作区水稻增产中的贡献及其对土壤肥力的影响［J］. 土壤通报，33（3）：197－201.
Jenkinson DS，Johnston AE. 1977. Soil organic matter in the Hoosfield continuous barley experiment［J］. Rothamsted Report for 1976，Part 2：8－101.
Joergensen RG，Brookes PC，Jenkinson DS. 1990. Survival of the soil microbial biomass at elevated temperatures［J］. Soil Biology and Biochemistry. 22：1129－1136.
Oklahoma State University. 2000. The Magruder Plots：Environmental production history 1892—2000［J］. In Soil fertility research highlights 2000. Oklahoma State Univ.，Stillwater，283－285.
Ma Q，Yu WT，Shen SM，et al. 2010. Effects of fertilization on nutrient budget and nitrogen use efficiency of farmland soil under different precipitation in northeast China［J］. Nutrient Cycling in Agroecosystems. 88：315－327.
Shisanya CA，Mucheru MW，Mugendi DN，et al. 2009. Effect of organic and inorganic nutrient sources on soil mineral nitrogen and maize yields in central highlands of Kenya［J］. Soil and Tillage Research. 103：239－246.
Stewart WM，Dibb DW，Johnston AE，et al. 2005. The contribution of commercial fertilizer nutrients to food production［J］. Agronomy Journal. 97：1－6.
University of Illinois Extension. 2004. Morrow Plots［Online］. Available at http：//agronomyday.cropsci.uiuc.edu/2001/morrow-plots/（verified 14 Sept. 2004）. Univ. of Illinois Ext.，Urbana.

第十四章　黑土质量培育技术与模式

东北黑土区的主要土壤类型包括：黑钙土、黑土、草甸土、暗棕壤、白浆土和棕壤6种。耕地肥沃，有机质含量高，土壤生产能力强，年平均气温在－4.9～10.2℃之间，有效积温（≥10℃）1 900～3 300℃，无霜期为110～180d，年降水量为350～700mm。雨热同季，光照充足，雨热时空匹配合理，污染相对较轻。该区域地势平坦，耕地大面积集中连片，有利于实施全程机械化作业，是玉米、大豆、水稻等粮食作物的重点产区。优越的自然条件和巨大的增产潜力成为该区得天独厚的粮食发展优势。整体上，东北黑土区土壤肥力水平较高，玉米平均产量水平达到7 500kg/hm^2 水平。

第一节　黑土区域耕地质量特点

近年来，由于不合理的耕种制度及利用强度增加等，黑土区耕地生态环境不断恶化，黑土质量退化明显，资源利用效率逐年降低，生产能力呈下降趋势，黑土可持续利用的前景令人担忧，粮食产量年际间的波动加大；同时，粮食增产的稳定性较差，粮食增产的难度明显加大。大量调研结果表明，东北黑土区主要耕地土壤退化比较严重，特别是耕下层尤为严重。吉林省土壤肥力的主要表现：黑土耕地土层日益变薄，犁底层升高、加厚，土壤有机质呈明显下降趋势，土壤物理性状恶化，土壤的保水、保肥能力降低，土壤和作物的抗逆性减弱，土壤养分供应的数量、强度和比例与作物的需求相差较大。

东北黑土区主要耕地土壤质量退化的主要原因如下：①现行的耕作制度导致土壤质量退化。现行以小四轮拖拉机为主要动力的耕作制度下，耕层变浅、犁底层加厚，耕层容量减少，耕层土壤物理性质变差；②现行种植与施肥制度导致土壤质量退化。调查表明，东北黑土区主要种植作物为玉米，玉米连作极为普遍，施肥以无机肥料为主，一些农户为了减免追肥作业，常采用“一炮轰”施肥制度，导致土壤有机质净平衡下降，土壤交换性能减弱，土壤养分含量与比例不合理。

大量研究结果表明，解决东北黑土区耕地土壤肥力下降问题的主要技术措施包括：有机培肥、耕作培肥与无机培肥。通过施用有机肥料和秸秆等有机物料可提高土壤有机质的数量、提升土壤有机质的质量；通过平衡施肥可以改变土壤中营养元素的供应水平，提高养分利用效率；通过深松等耕作措施可以改变土体的构造，创建良好的土壤物理性状；同时，有机肥料与无机肥料结合施用可以明显改变耕下层土体的营养状况，为玉米生长发育创造良好的理化条件。

一、黑土肥力状况与主要问题

据估算，黑土农田生态系统的退化速度非常惊人。黑土过度利用和不合理耕作是导致其功能衰退的根源。首先，黑土的过度利用为水土流失提供前提条件，而黑土区水土流失和有机质的耗竭促进了黑土功能的进一步退化；反过来，土壤功能的退化又会加剧水土流失，造成恶性循环。主要表现如下：

1. 土壤有机质含量与质量下降　众所周知，土壤有机质是土壤肥力的重要物质基础。研究结果表明，荒地开垦后土壤有机质下降是一种自然规律和必然过程，有机质下降是随时间的增长而逐渐趋缓的，经过一定时间后在新的利用方式和气候条件下达到一种新的平衡。但是土壤有机质的平衡可以达到什么水平与土壤的耕作种植制度和管理水平密切相关，不同的耕作制度和利用方式对土壤有机质平衡的影响截然不同。

吉林公主岭国家黑土肥力和肥料效益长期定位监测基地对黑土土壤有机质的消耗、积累、转化规律及其对土壤物理、化学、生物性状的贡献进行了 30 年定位监测。试验结果表明，黑土土壤有机质总的演变趋势是不均衡施肥条件下含量逐年下降，不施肥（CK），耕层土壤有机质平均年减少 0.22g/kg；单施化肥耕层土壤有机质下降 2.5g/kg；休闲、有机无机肥配合施用耕层土壤有机质含量呈增加趋势，增加 8.9～3.2g/kg，平均年增 0.4～0.22g/kg；高量有机肥并配施化肥（NPK）耕层土壤有机质由 1980 年的 27.7g/kg 增加至 36.7g/kg。施用有机肥和秸秆还田可明显提高土壤有机质水平，改善土壤理化性状。

在玉米连作的单一作物体系下，土壤有机质的“收”和“支”严重失衡。研究资料显示，黑土有机质的年矿化率约 2.5%～3.0%，如果按黑土有机质含量的平均值（25.05g/kg）计算，每年每公顷矿化的有机质为 1 049kg，所以为了保持土壤有机质的平衡，每年至少应“归还”因矿化而损失的有机质。但是在大部分黑土区，根茬是补充土壤有机质的唯一有机物料，而根茬只能补充约 1 000kg/hm^2 土壤有机质，远远低于土壤有机质自身的矿化量。因此，传统耕作加速了土壤有机质的耗竭。更重要的是，传统耕作导致土壤有机质质量的恶化、养分活性的降低，最终对土壤生物、化学和物理环境的调控能力下降，养分的转化和周转能力减弱，对水分的保持和供应能力降低。因此，土壤有机质数量的下降和质量的恶化是土壤功能衰退的最重要的内在机制。

2. 土壤养分大量流失　土壤侵蚀不仅侵吞了大量的耕地，也带走了大量的土壤养分，造成土壤贫瘠。据有关调查资料，开垦 60～70 年的坡耕地，黑土层厚度一般都由原来的 60～70cm 减少到 30cm 左右。黑土区每年流失土壤就达 $2\times10^8 m^3$，流失掉的氮磷钾养分折合成化肥达 5×10^6 t，造成经济损失约 40 亿元。一些地区已经出现了“破皮黄”现象，黑土层急剧变薄，保肥保水性能逐渐降低。土壤虽属可再生资源，但是再生能力有一定阈值，在高产再高产的思想支配下，人们采取掠夺式经营方式，作物带走的土壤养分得不到归还或只有少量归还，从而造成土壤养分平衡失调。

3. 土壤结构与土体构型遭到破坏　高肥力土壤的最基本特征是良好的土壤结构和土体构型。黑土深厚腐殖质层是良好土壤结构和土体构型的保证，但是在黑土区 80%以上的土壤结构和土体构型已遭到破坏。主要表现在不合理耕作导致土壤压实，形成犁底障碍层，产生养分水分的运移、供应和调控障碍；有机质层剥蚀又进一步导致土壤有效库容的下降。

由于黑土土壤疏松，抗蚀能力弱，加之多年人为过度利用，人们又放松警惕，疏于保护，目前东北黑土区由于土壤侵蚀造成的水土流失情况的严重程度已超出了人们的想象。在 $1\times10^6 km^2$ 的黑土地上，发生水土流失的面积为 $2.76\times10^5 km^2$，占总土地面积的 27.59%。其中典型黑土地的流失面积已接近黑土地总面积的 40%，黑土区每年土壤流失量高达 2 亿 m^3。

风蚀是导致黑土层逐渐变薄变浅的另一个重要原因，风蚀作用不仅使黑土层变薄，而且土壤颗粒产生强烈的分选，致使土壤质地变粗，严重的导致沙化。

土壤水蚀和风蚀不断剥离黑土的腐殖质层。自然黑土腐殖质层厚度一般多在30～70cm左右，深的可达100cm以上，腐殖层小于30cm的比较少见。目前由于多年的耕种和土壤侵蚀的发展，黑土层已渐浅薄。根据吉林省的土壤普查资料统计，全省黑土腐殖殖质层厚度在20～30cm的（薄层黑土）面积占黑土总面积的27.74%，腐殖质层厚度小于20cm（破皮黄黑土）占11.46%，完全丧失腐殖质层而心土裸露的（露黄黑土）占2.80%，3种合计共占38.70%。

4. 土壤物理性质恶化 近几年，由于土地承包到户对政策稳定性存在疑虑和急功近利思想，有机肥施用量大大减少，仅以施用化肥来维持当季作物生长。再者，由于没有系统的养地措施，土壤紧实硬化加重，随着黑土腐殖质层的逐渐变薄和腐殖质含量下降，土壤一系列理化性状也渐趋恶化，结构性变劣，容重增大，孔隙度减少，持水量降低，保水保肥性能减弱，土壤日趋板结，耕性越来越差，抗御旱涝能力降低。黑土容重有明显增大的趋势。公主岭国家黑土基地定位监测结果表明，30年来，单施化肥土壤容重增加0.12～0.32g/cm^3，孔隙度下降6.0%～9.0%。自然黑土表层容重多在0.90～1.10g/cm^{3}之间，而目前黑土耕层容重在1.10～1.47g/cm^{3}之间，平均1.29g/cm^3，比垦前容重平均增加了0.2～0.4g/cm^{3}左右。实际上，黑土已有相当一部分耕地变成了中、低产田，这不能不引起重视。

土壤肥力是土壤的本质特性，黑土之所以有很高的肥力和生产力水平，是因为黑土具有较高的有机质含量、深厚的腐殖质层、良好土壤结构和土体构型，为作物生长营造了良好的物理、化学和生物学环境。协调的物理、化学和生物学环境又与土壤的抗逆性密不可分。黑土功能衰退的突出表现之一，是土壤对养分的转化和调控能力下降，直接后果是黑土粮食生产效益的下降。

黑土功能的衰退导致土壤理化特性和生物学特性的恶化，直接影响养分在土壤中的吸附和转化过程，也影响植物根对养分的吸收过程，最终影响肥料的利用率。统计结果显示，吉林黑土区的化学氮肥利用率仅为30%左右，而美国大平原黑土区氮肥的利用率高达50%～60%。在目前的价格体系下，氮肥利用率每提高一个百分点，生产成本可降低2.5个百分点。由此可以看出土壤功能衰退对生产效益的影响程度。

黑土功能退化的另一种突出表现是土壤结构和土体构型的恶化，导致对水分的贮藏和调节能力下降，加重干旱的危害。在同一地区，不同黑土对水分的贮藏和利用率的差异可达20%以上（土壤有机质减少1%可使水分利用率降低20%～30%）。土壤结构破坏以及传统耕作方式下裸露的地表显著降低了土壤对降水的截获和渗透能力，所以水土流失的恶果不仅是土壤有机质和养分的损失，同等严重的后果是降水资源的严重流失，这更应该引起关注。黑土区是雨养型农业，由于雨量偏少，干旱频繁，黑土的生产力在很大程度上取决于降水的数量和质量，所以提高黑土对降水的截获、蓄积能力和水分的高效利用是改善和提高黑土生产力的关键。

二、不同肥力水平耕地肥力质量差异

2006—2008年，研究者在吉林省黑土区选择有代表性的15个试验基地，开展了高产田块与周边同类型一般田块肥力的对比研究，探讨两者在肥力特征及其数量化指标上的差异，明确不同肥力耕地相关质量指标的差异。其中，高产田块的产量水平为 12～14.25t/hm^2，一般田块则在 9t/hm^2 以下；土壤样本的采集分为 0～20cm、20～40cm 和 40～60cm 3 个层次进行。主要研究结果如下：

1. 高产土壤与一般土壤肥力体型的主要差异

（1）高产土壤与一般土壤土壤颗粒组成的差异　大量研究结果表明，土壤肥力的高低在很大程度上取决于土壤结构，而土壤结构的好坏从根本上讲与土壤中基础物质的数量和质量有关，特别是与起重要作用的颗粒组分的比例及特性密切相关。

从土壤颗粒的分析结果（表 14－1）可以看出，高产土壤与一般土壤的颗粒组成有明显的差异，高产土壤 1～10mm 颗粒的含量明显较高，而＞10mm 颗粒的含量明显较低。

表 14－1　土壤各级颗粒含量（%）

	高产土壤			一般土壤		
	＜1.0mm	1～10mm	＞10mm	＜1.0mm	1～10mm	＞10mm
0～20cm	22.3	45.6	32.1	26.1	33.1	40.8
20～40cm	25.2	44.2	30.6	24.2	40.0	35.8
40～60cm	29.0	45.4	25.6	27.8	41.9	30.3
平　均	25.5	45.1	29.4	26.1	38.3	35.6

在 0～60cm 土层中，高产土壤 1～10mm 的颗粒比例明显高于一般土壤，而一般土壤＜1.0mm和＞10.0mm 颗粒的比例则明显高于高产土壤。高产土壤的颗粒组成中 1～10mm 的颗粒占 45.1%，粒径＜1.0mm 和＞10.0mm 的颗粒分别为 25.5%和 29.4%；而一般土壤的颗粒组成中 1～10mm 的颗粒占 38.3%，粒径＜1.0mm 和＞10.0mm 的颗粒分别为 26.1%和 35.6%。土壤中 1～10mm 的颗粒对肥力的作用明显高于其他粒径的颗粒。因此，高产土壤比一般土壤具有更好的土壤颗粒组成，特别是 0～40cm 土层最为明显。

土壤水稳性团粒的分析结果也证实了同样的结论。根据对黑土地区高产和低产土壤相应样品的分析结果，高产土壤水稳性团粒的数量明显高于一般土壤，特别是 0～20cm 和 20～40cm 土层最为明显，高产土壤水稳性团粒的数量分别为 25.3%和 21.7%，一般土壤分别为 15.4%和 15.1%，相差 6.6%～8.1%，而 40～60cm 土层分别为 17.2%和 12.6%，差距逐渐变小至 4.6%。

根据作者的相关研究结果，高产土壤的颗粒组成与一般土壤有明显的差异，对肥力贡献较大的颗粒（1～10mm）和水稳性团粒的数量明显高于一般土壤，特别是 0～20cm 和 20～40cm 土层最为明显，具备形成良好土体构造和物理性状的物质基础。

（2）高产土壤与一般土壤通透性的差异　土壤的通透性直接影响着土壤水—气状况及土壤氧化—还原特性，对土体中发生的各种生理、生化过程和作物根系的正常生长都有明显的影响。适宜的通透性可使土体中养分的转化、微生物活动及根系生长处于最佳状态，是高产土壤肥力的重要指标。

吉林省玉米高产土壤与一般土壤的通透性存在明显的差异。土壤孔隙度的分析结果表明，高产土壤 0～40cm 土层的总孔隙度和通气孔隙度明显高于一般土壤，具有良好的通气性，特别是 20～40cm 土层的差异更为明显，40～60cm 土层基本趋于一致（表 14－2）。

表 14-2 高产土壤与一般土壤孔隙度的差异

项目	高产地块			一般地块		
	0～20cm	20～40cm	40～60cm	0～20cm	20～40cm	40～60cm
总孔隙度（%）	51.2	49.0	49.0	48.8	45.8	47.3
通气孔隙度（%）	23.0	23.9	24.0	21.8	20.5	24.2

高产土壤0～20、20～40、40～60cm的土壤总孔隙度分别比一般土壤高2.4%、3.2%和1.7%，而高产土壤的通气孔隙度则分别比一般土壤高1.2%、3.4%和－0.2%。

陈恩凤等（1990）的研究表明，高产土壤的孔隙度应在50%左右，这与我们的研究结果是一致的；吉林省高产土壤的孔隙度均在较适宜的范围内。

土壤渗透性的分析结果也显示出同样的趋势，根据田间实测结果分析，高产土壤的渗透速度明显高于一般土壤，这对于因降水量过大而造成的强厌氧条件有明显的缓解作用，特别是对生育后期促进灌浆、防止早衰有明显的作用。

（3）高产土壤与一般土壤水分状况的差异　大量分析数据显示，高产土壤比一般土壤拥有更好的水分条件。高产土壤的自然含水量、田间持水量和毛管含水量均明显高于一般土壤（表14-3）。

表 14-3 高产土壤与一般土壤水分状况的差异

项目	高产地块			一般地块		
	0～20cm	20～40cm	40～60cm	0～20cm	20～40cm	40～60cm
自然含水量（%）	21.1	19.8	18.8	17.8	17.6	15.9
田间持水量（%）	28.3	25.1	25.0	27.1	25.3	23.1
毛管水含量（%）	36.0	31.7	31.4	34.1	32.1	29.9

高产土壤3层土体的自然含水量平均比一般土壤高2.2%～3.3%，田间持水量平均高0.2%～1.9%，而毛管含水量平均高0.4%～1.9%。这在雨养农业区是非常重要的，可为创高产提供了良好的水分条件。

（4）高产土壤与一般土壤紧实度的差异　许多研究表明，土壤紧实度是衡量土壤结构的重要指标。我们的研究结果表明，高产土壤与一般土壤在容重及三相比等方面存在明显的差异（表14-4）。

表 14-4 高产土壤与一般土壤紧实度的变化趋势

类型	土层（cm）	容重（g/cm^3）	三相比
高产土壤	0～20	1.34	1∶0.62∶0.37
	20～40	1.41	1∶0.50∶0.33
	40～60	1.44	1∶0.50∶0.32
一般土壤	0～20	1.39	1∶0.53∶0.28
	20～40	1.45	1∶0.46∶0.22
	40～60	1.45	1∶0.45∶0.24

从土壤容重的分析结果可以看出，高产土壤 0～20cm、20～40cm 和 40～60cm 3 个土层的容重明显低于一般土壤，分别比一般土壤低 6.4%、2.8%和 2.1%。

三相比是评价土壤结构的重要指标之一。分析结果显示，高产土壤 3 个土层的三相比与一般土壤存在质的差别。总的趋势是一般土壤与高产土壤相比固相比例偏高，而气相比例偏低，特别是 20～40cm 土层的差别最为明显；高产土壤 3 个土层固相与液—气相之和的比例分别为 1∶1、1∶0.8 和 1∶0.8 以上，而一般土壤则仅为 1∶0.8、1∶0.7 和 1∶0.6 左右。

总之，从土壤紧实度来分析，高产土壤比一般土壤多具有较好的土壤结构、较适宜的紧实度。高产土壤属于暄和紧和型，而一般田块则属于紧和僵密型。这就使前者具备了创高产的基础条件。

结合大量的调查资料可以看出，近 10～20 年来吉林省耕地土壤构造性越来越差，土壤容重增加，犁底层的阻隔作用越来越严重，特别是 20～40cm 土层的问题尤为突出，已成为吉林全省耕地高产栽培的主要限制因子之一。

2. 高产土壤与一般土壤养分状况的主要差异　大量土壤样本的分析结果表明，高产土壤与一般土壤在土壤营养状况上也存在着较明显的差别，特别是 0～20cm 和 20～40cm 土层的速效性养分含量差异较大（表 14-5）。高产土壤不仅 0～20cm 土层具有较高的营养水平，同时，20～40cm 土层亦保持有较高的营养水平，这为创造高产打下了坚实的营养基础。

表 14-5　高产土壤与一般土壤养分状况的主要差异

类　型	土层（cm）	有机质（%）	土壤 pH	速效 N（mg/kg）	速效 P_2O_5（mg/kg）	速效 K_2O（mg/kg）	速效 Zn（mg/kg）
高产田	0～20	2.915	7.00	120.0	30.5	190.3	1.43
	20～40	2.313	7.39	93.1	16.4	128.9	0.94
	40～60	1.720	7.57	67.6	13.1	113.1	0.48
低产田	0～20	2.578	7.28	100.1	23.3	153.8	0.87
	20～40	2.074	7.39	78.1	14.3	116.5	0.50
	40～60	1.480	7.62	59.6	12.0	106.2	0.24

高产土壤与一般土壤在土壤养分上的差异首先表现在各种营养物质的数量上。土壤 3 个层次有机质含量分别相差 11.6%、10.3%和 14.0%，速效 N 分别相差 20%、19.2%和 13.4%，速效 P_2O_5 分别相差 30.9%、14.7%和 9.2%，速效 K_2O 分别相差 23.7%、10.6%和 6.5%，速效 Zn 则分别相差 64.4%、88.0%和 100.0%。同时，在养分比例上亦存在明显的差异。具体地讲在 NPK 比例上差异不明显，而在大量元素与主要微量元素之间的比例上存在着很大的差别，一般土壤在大量元素与主要微量元素的比例上明显低于高产土壤。

第二节　主要作物种植与耕作管理方式

东北黑土区最主要的作物是玉米、大豆和水稻，该地区土地肥沃、光照充足、水热同季，因而作物产量也较高，是我国最重要的粮食生产基地。但受积温等的影响，该地区一般为一年一熟，因此，提高作物单产、增加作物种植面积，是该地区粮食生产稳定上升的关键。近年来，随着科学技术的进步和发展，该地区粮食单产呈现出逐年增加的良好态势，为保障国家粮食安全做出了十分重要的贡献。

一、玉米

1. 种植面积 近年来，东北黑土区玉米种植面积常年稳定在 868 万 hm^2 左右。其中，黑龙江省 340 万 hm^2，吉林省 300 万 hm^2，辽宁省 227 万 hm^2。主要分布情况见表 14-6。

表 14-6 东北玉米主要土壤类型种植面积（万 hm^2）

土壤类型	黑龙江	吉林	辽宁	总计
黑土	180	120	0	300
黑钙土	127	107	3	237
暗棕壤	12	40	7	59
草甸土	13	13	100	127
白浆土	8	20	0	28
棕壤	0	0	80	80
褐土	0	0	37	37
合计	340	300	227	868

2. 种植区域 玉米是东北地区第一大粮食作物，广泛分布在黑龙江省、吉林省和辽宁省，主要集中分布在黑龙江省的双城、龙江、肇东、青岗、呼兰、巴彦、兰西、五常、肇州、海伦、宾县、安达、甘南、望奎、泰来、齐市、拜泉、肇源、林甸；吉林省的榆树市、农安县、德惠市、九台市、双阳区、梨树县、公主岭市、伊通县、双辽市、乾安县、前郭县、扶余市、长岭县、宁江区、洮南市、大安市、通榆县、镇赉县、洮北区；辽宁省的法库县、开原市、调兵山市、铁岭县、昌图县、新民市、辽中县、瓦房店市、普兰店市、庄河市、海城市、台安县、凌海市、北宁市、黑山县、大石桥市、盖州市、灯塔市、辽阳县、盘山县、兴城市、绥中县、岫岩县、抚顺县、新宾县、清原县、本溪县、桓仁县、东港市、凤城市、宽甸县、西丰县、康平县、义县、建昌县、凌源市、北票市、朝阳县、建平县、喀喇沁左翼自治县、彰武县、阜新县。

3. 品种类型 吉林省玉米品种从农家品种到双交种的应用是品种演变的一次飞跃，从双交种到单交种为第二次飞跃，而从平展型杂交种到耐密型杂交种则为第三次飞跃。

吉林省玉米品种应用从中华民国时期直到新中国成立后的 20 世纪 60 年代初都是种植农家品种。60～70 年代初种植一段双交种，很快被单交种所取代。70 年代后期开始完全实现了品种单交化，90 年代开始种植耐密型品种。

目前，吉林省玉米品种以中熟品种和中晚熟品种为主，中早品种和晚熟品种为辅，耐密品种与稀植品种同时占有一定种植面积。

4. 耕作制度与种植方式 东北玉米为一年一熟制的春玉米，以垄作为主，垄距多为 55～65cm，玉米连作面积较大，约占 80%左右，轮作作物以大豆为主，杂粮也占一定比例。东北玉米主产区的耕作以秋、春季灭茬起垄、垄上直播为主，平作与翻地的面积较少。玉米主产区降水量为 350～700cm，多为雨养区，无需灌溉，而在西部半干旱的多数年份要在播种之前采用坐水种的方式进行补水灌溉，少数地区在生长季节采用地下水或地表水进行补水灌溉。秸秆还田较少，以不同数量的根茬还田为主要还田方式。东北玉米播种以中、小马力拖拉机机具为主，大马力农机具和畜力为辅。东北玉米以清种为主，约占90%左右，间种多采用6∶2或4∶2的模式。

5. 管理方式　东北玉米的施肥以速效性肥料为主，多采用分层、分次的施肥模式（具体内容见模式二），但近年来，一次性施肥的面积明显增加，占30%～40%。玉米除草多采用播种后苗前除草剂封闭为主体技术。生育期间多采用“三铲三趟”或“二铲二趟”的中耕模式，结合最后一次趟地，进行氮肥等养分的追施，中耕浓度多为15～18cm，深松作业较少。玉米收获多在乳熟后期进行，少数可达到完熟期。

6. 产量水平　近30年来，东北玉米的单产变化趋势大致可以分为以下几个阶段：

1979—1982年：在相应的技术投入与物资投入相对稳定前提下，单产水平稳定在3 500kg/hm^{2}左右。

1983—1989年：联产承包激发了种田积极性；农业技术取得明显进步及资金投入增加，单产水平大幅度提高，单产水平达到4 500～5 000kg/hm^2。

1985和1989年：由于东北地区出现严重内涝，单产明显下降，仅为4 000kg/hm^{2}左右。

1990—1996年：由于粮价高、农业技术进步、耐密品种的应用等原因，东北地区玉米单产水平大幅度提高，单产水平达到6 000kg/hm^{2}左右。

1997—2001年：由于“卖粮难”及干旱（1997、2000和2001年）等灾害影响，技术和资金投入减少，导致东北玉米单产波动极大。其中，3年单产4500kg/hm^{2}左右。

2002—2007年：随着国家对粮食生产的重视，农民种田积极性明显提高，生产技术（品种、密度、施肥……）取得突破，技术与资金投入明显增加，单产水平稳步提高，由5 500kg/hm^{2}左右提高到6 000kg/hm^{2}左右。

二、水稻

1. 种植面积　北方黑土区是我国水稻主产区，更是优质粳稻的最主要产区。20世纪80年代以来，北方稻区尤其是东北稻区生产得到了快速发展，稻谷产量占全国稻谷总产量的比重不断提高。1980年东北水稻种植面积为84.9万hm^{2}左右，仅占全国水稻总面积的2.5%；2005年，东北稻区有水稻314万hm^2；2007年达到358.4万hm^2，占全国水稻总面积的12.4%。

其中，北方黑土区，黑龙江省水稻栽培面积最大，其次是吉林、辽宁。据陈温福等研究，2005年黑龙江有水稻186.3万hm^2，吉林66.7万hm^2，辽宁61万hm^2。由于水资源限制，辽宁和吉林两省水稻种植面积只能恢复到各66.7万hm^{2}左右。有进一步开发潜力的是黑龙江省的三江平原。但为了保护湿地，维护生态平衡，实现可持续发展，三江平原是否被允许继续开发种稻还是一个未知数。因此，黑龙江水稻种植面积的潜力也并不像预想的那么大，似应控制在300万hm^{2}以内。

在全国水稻生产中，东北稻区的种植面积虽小，但由于产量潜力大，米质优，商品率高，内销外贸前景广阔，因此在稳定东北粮仓地位和保障我国粮食尤其是“口粮”安全方面，具有举足轻重的地位与作用。

2. 种植区域 根据影响水稻分布和分区的主要生态因子如积温、水分、日照时数、海拔、土壤等，全国稻区可划分为6个稻作区和16个亚区。北方黑土区水稻生产区域被列为东北早熟单季稻稻作区。该区位于辽东半岛和长城以北，大兴安岭以东，主要分布在辽宁省的辽河中下游平原、吉林省的东部山间盆地、黑龙江省牡丹江半山区谷地平原及三江平原等地，包括黑、吉全部和辽宁大部及内蒙古东北部，共184个县（旗、市）。本区有两个亚区，黑吉平原河谷特早熟亚区和辽河沿海平原早熟亚区。

新中国成立后，黑龙江省兴修水利，发展科技兴稻，改进施肥技术，推广化学药剂除草，节水灌溉技术等，促进了水稻面积和产量的快速发展。随着水稻种植面积的迅速增加，水稻种植区域已扩大到全省各地，从东部乌苏里江流域的虎林、饶河、抚远等县到西部嫩江流域的泰来、龙江、甘南等县。从南部拉林河、绥芬河流域的五常、宁安、东宁等县到北部黑龙江流域的黑河、萝北、同江等县以及中部松花江、牡丹江流域的广大地区均有水稻种植。其中，种稻1万hm^2以上的县有近40个，已形成稻谷的集中产区。

3. 品种类型 从原始稻作开始，东北稻区经过漫长的自然选择和人工选择，栽培稻发生了一系列农艺形态和生理特性上的重大改变，形成了品种类型复杂、栽培要求不一、稻米用途多样的局面。

依纬度和海拔高度变化造成温度高低不同，我国的栽培稻分为籼稻、粳稻两大亚种，北方稻区栽培的是粳型品种。粳稻的直链淀粉含量较低，胶稠度软。根据播种季节早晚、生育期长短、感光性强弱，粳稻可分为早、中、晚稻，北方稻区一般为粳稻早稻类型。在早稻类型中，又可分为早、中、迟熟3个类型的品种（表14-7）。

表14-7 东北稻区水稻品种熟期划分及分布情况

品种类型	≥10℃积温（℃）	生育日数（d）	纬 度	分布地区
极早熟早粳	2 100以下	110～115	45°～46°N	黑龙江，吉林东、北部
早熟早粳	2 150	120～125	44°～46°N	黑龙江，吉林东、北部
晚熟早粳	2 700	130～139	43°～46°N	黑龙江南部，吉林中、北部
早熟中早粳	2 900	140～145	42°～45°N	辽宁北部，吉林中北部，黑龙江南部
中熟中早粳	3 100	146～154	41°～43°N	辽宁北部，吉林中北部，黑龙江南部
晚熟中早粳	3 300	155～164	39°～41°N	辽宁中、西、南部
晚熟早粳	3 500	165～174	39°～40°N	辽宁东、南部

根据米粒胚乳中直链淀粉含量，北方粳稻可分为粘稻（非糯性）和糯稻两种类型。粳型粘稻的直链淀粉含量一般为12%～20%，米饭黏性较弱，而糯稻中则只有支链淀粉，不含或很少含直链淀粉（<2%）。根据栽培类型划分，可分为栽培稻和野生稻。近几年在辽宁稻区出现了一种以杂草形式生存的一年生北方野生稻，北方野生稻在田间生长繁茂，营养生长期与当地栽培稻不易区分，在出穗后才能鉴别。从育种途径来看，可分为常规稻和杂交稻。常规稻的基因型是纯合的，可以连年种植。杂交稻由两个遗传性不同的水稻品种间相互杂交所产生的具有杂种优势的子1代构成。从穗型来看，可分直立穗型、半直立穗型和弯曲穗型。直立穗型群体光照、温度、湿度、气体扩散等生态条件优越，因此结实期群体生长率和物质产量高，生物产量明显高于另外两种穗型。另外，直立穗型有利于协调产量构成因素之

间的矛盾，尤其是穗数和穗粒数可在较高水平上统一起来。尽管千粒重偏低，但产量一般明显高于半直立或弯曲穗型。因此，直立穗型被认为是北方粳型超级稻的理想株型之一。根据播种方式，北方粳稻还有直播稻类型。

4. 耕作制度　东北黑土区地处东经 118°53′～135°5′，北纬 38°43′～53°33′，气候南温北凉，雨热同季，地域广阔，土壤肥沃，稻作为 1 年 1 熟制。

从耕作方式来看，东北稻区多采用常规耕作，包括机械翻耙、施肥、播种、镇压、除草、中耕等技术。常规耕作下作物秸秆大部分作为燃料和饲料，根茬则还田。为实现作物全面持续的稳产和高产，东北稻区采取一整套用地与养地相结合的综合农业技术措施，建立了合理的耕作制度。如水稻免耕抛秧、免耕高留茬抛秧技术是近年来发展起来的一项集免耕抛秧和秸秆还田的优点于一体的轻简高效栽培技术，在近几年的生产示范过程中发现，该技术确实能提高农民种稻的经济效益，在生产上得到了迅速的应用。

5. 种植方式　东北稻区水稻种植方式有直播、抛秧和插秧 3 种。传统的是人工育秧、插秧为主，劳动强度大，作业效率低。水稻抛秧栽培技术是通过人工抛撒或机械抛植，使秧苗根部向下落入田间定植的一种水稻栽培方法，是水稻栽培技术上的一项创新和改革。根据抛植的方式不同可分为：人工抛撒、机械抛植和人工（或机械）点（或摆）秧。水稻直播就是不经育秧、移栽而直接将种子播于大田的一种栽培方式。具有省工省力、产量高、生育期短、利于发展集约化生产的优点。在黑龙江，直播、抛秧、插秧 3 种种植方式的比例是 4%、10%和 86%。

随着生产的发展，稻作机械化种植技术逐渐受到农民的青睐。水稻生产机械化可促进稻作生产规模化和标准化，实现高效、环保和优质生产，有利于加快优质稻米产业化进程，增强稻米市场竞争力。稻作机械化种植技术主要有机械移栽与机械直播两种。黑龙江稻区，1990 年机动插秧机保有量为 1 544 台，机插面积 10.3 万 hm^2，到 1999 年增加到 28 897 台，机插面积 59.6 万 hm^2。主要机型是国产 6 行乘坐式，少数是日本和韩国 4 行步行式。水稻机械直播技术具有不育秧、不移栽和一次性完成开沟、播种、施肥、覆盖的省工高效等突出优点。

6. 管理方式　20 世纪 80 年代，辽宁研究和推广了水稻高产高效益优化栽培模式—水稻模式化栽培。吉林研究和推广了水稻三早栽培和稀播稀插技术，黑龙江则研究和推广了水稻旱育稀植栽培技术。但之后 10 余年中，有影响的水稻栽培技术研究却很少，基本沿用原有的技术，只是品种的不断更新和氮肥施用量由原来的 120～180kg/hm^2 增加到 180～300kg/hm^2，有的地方施肥量甚至更多，肥料利用率和生产效率都很低。近些年，黑龙江推广了“寒地水稻旱育稀植三化栽培技术”，即旱育秧田规范化、旱育壮苗模式化、本田管理叶龄指标计划化。辽宁研究了水稻优质高产高效栽培技术，主要包括选用不同抗原的优质高产品种轮换种植、营养土保温旱育苗、合理稀植、节水灌溉、平衡施肥、综合防治病虫草害等，每项措施都有明确的数量指标，并制成模式图，农民容易操作，具有目标优化、指标定量化、技术规范化、农业标准化、经营集约化等特点。吉林研究了水稻旱育超稀植高产优质栽培技术，核心内容是选用早熟品种旱育超稀植，合理确定基肥、分蘖肥、穗肥的比例以及施用时间和施用方法，按照土壤水势进行灌溉等。分析这些技术内容，基本都是通过稀播培育健壮的中苗，增强秧苗的抗逆性；通过稀植增加有效分蘖，建立高效群体；通过减少氮肥，增施农家肥和磷、钾、微肥，增加底肥，减少追肥，提高肥料利用率；通过节水灌溉，提高水分利用率，并减少倒伏；通过综合防治，减少病虫草害，避免环境污染；通过简化田间管理内容和增加机械作业环节，减轻劳动强度，并降低生产成本。通过上述必要的措施，结合无公害、绿色和有机稻米生产，确保水稻高产优质高效安全。

7. 产量水平 水稻单位面积产量是衡量一个地区水稻生产水平的主要依据。1949—1960年，东北地区水稻单产较低，波动较大，增长缓慢。1961年以来，东北地区水稻单产总体呈增长趋势，但1990年之后增幅明显变小。其中，黑龙江2004年水稻平均单产达到7.12t/hm^2，仍有明显的增长趋势；吉林1991年平均单产达到7.07t/hm^2，1999年达到历史最高8.73t/hm^2；辽宁1983年平均单产达到7.21t/hm^2，1999年达到历史最高8.26t/hm^2。总体来说，在1978—1999年期间，东北地区水稻单产不断上升，达到历史最高水平，但之后单产水平一直徘徊不前，维持在每公顷6 750～7 275kg。与全国平均水平相比，自1990年以来东北地区水稻单产一直高于全国平均水平（2001年受旱灾影响，除外）。

在播种面积大幅增加的前提下，东北稻区水稻总产量的增长相对比较稳定，仅在本世纪初略有下降，其余时间均保持一定幅度的增长。2007年东北地区水稻产量达到历史最高水平，为2 422.9万t，比1949年增长近42倍，比1978年增长约5倍。1949—2007年期间，东北地区粮食产量年均增长3%。随着水稻产量的持续增长，东北地区水稻产量占粮食产量的比重也逐步上升，由1949年的4.2%上升到2007年的31.3%。由于东北水稻生产的崛起，使得我国水稻的区域布局发生了重大变化。目前东北已成为我国主要的水稻生产基地，其产量占全国的13%左右。

三、大豆

1. 种植面积 东北地区黑土区域分布较为广泛。黑土区域大豆种植面积黑龙江约300万hm^2，吉林约36.7万hm^2，内蒙古约40万hm^2，辽宁约13.3万hm^2，合计390万hm^2左右；大豆产量占我国大豆总产量近50%。

2. 种植区域 大豆种植区域分布在黑龙江大部、吉林中东部、辽宁中东部、内蒙古的东四盟等地区，无霜期从北到南110～170d，≥10℃年活动积温2 000～4 000℃，年均气温略低于10℃，年降水量350～1 200mm，年日照2 300～3 100h。该区域大豆为一年一熟，4月下旬至5月中旬播种，9月份成熟，是我国高油大豆优势区和兼用大豆优势区。

3. 品种类型 由于我国东北是高油大豆优势区和高油、高蛋白兼用大豆优势区，大豆主要用于榨油，品种以高油大豆为主，部分种植高蛋白大豆。品种生育期95～140d，品种对长光照反应不敏感，感温型强。熟期分为早熟极早熟品种、中早熟品种、中熟品种、中晚熟品种、晚熟品种，该区大豆以无限和亚有限结荚习性品种为主，南部也有有限品种分布。

4. 耕作制度 东北一年一熟制，春播秋收，主要采取单种的种植制度，个别地区采取玉米和大豆间作方式。从茬口看，主要有玉米—大豆—玉米、玉米—玉米—大豆、大豆—大豆—玉米的种植制度。由于北部地区由于小麦退出保护价，种植效益差，面积锐减，种植玉米等喜温作物又受到积温限制，因此这些地区已经由过去的"麦豆产区"变成了真正的"大豆产区"，年年重茬种植。吉林也存在重茬问题，在东部延边地区和敦化地区的大豆主产区存在相当一部分面积实行大豆—玉米—大豆或大豆—大豆—玉米的迎茬或重茬种植制度。

5. 种植方式 推广面积较大的种植方式主要有三垄栽培、小垄窄行密植栽培和大垄窄行密植栽培，黑龙江和内蒙古3种栽培方式均有推广，吉林省主要采用三垄栽培、小垄窄行密植栽培技术，辽宁省主要采用三垄栽培技术。

（1）大豆三垄栽培技术模式　技术要点是垄底深松播种、垄体分层施肥、垄上双条精量点播。通常密度在黑龙江每公顷33万～42万株，中晚熟品种保苗25万～33万株，双条行距10～12cm，吉林和辽宁每公顷15万～25万株，垄距均为65～70cm。

（2）小垄窄行密植栽培技术模式　技术要点是选用矮秆品种、伏秋深松整地、测土分层施肥、窄行密植、精量点播，适宜在土壤肥沃、墒情较好的地区推广。选用2BTG－3型播种机精量播种，45cm小垄种植方式，垅上播种2行，小行距10～12cm。密度比常规增加30%左右，一般为35万～45万株/hm^2。

（3）大垄窄行密植栽培技术模式　“大垄密”的播期与当地小垄播期相同，适时早播，采用大垄密专用播种机，垄为90～105cm，垄上播4行，中间宽行距调到15～18cm，两边窄行距为12cm，穴距因品种和密度而异，一般在8～12cm，保苗38万～42万株/hm^2。

6. 管理方式　管理方式根据栽培模式不同又有各自特点。

（1）大豆三垄栽培技术

①整地。最好秋起垄，三垄模式的耕地播种技术，可分为一次性的和两次性的。一次性的由整地、起垄、深松、分层施肥、播种、覆土、镇压，一次联合复式作业完成；两次性的是由两次作业完成。伏秋起垄或秋施肥，可充分积蓄秋季雨水，并达到待播状态，来年春季在垄上播种。

②施肥。每公顷施有机肥（有机质含量8%以上）15t以上，结合整地做底肥一次施入。施化肥要测土平衡施肥，氮磷钾和微量元素合理搭配，每公顷施肥量按纯氮18～27kg、五氧化二磷46～69kg、氧化钾20～30kg，施于种下4～5cm处，或分层施于种下7～14cm处。根际追肥。在大豆生长较弱时，二遍地铲后趟前追施氮肥，每公顷追施尿素45～75kg，追肥后立即培土。

③铲趟。大豆拱土时，进行铲前深松或趟一犁。及时铲趟，做到两铲三趟，铲趟伤苗率小于3%。

④化学除草。根据杂草种类采用播后苗前施药或茎叶处理。秋施药，应在秋季温度稳定在10℃以下，土壤湿度适宜（以翻地不结块为准），先翻耙平地后，边喷药，边用机车牵引圆盘耙耙一次，耙深10～15cm，待全田施完药后，再与第一次方向成直角的方向耙地1次。禁用长残效除草剂。

⑤防治病虫害。做好虫情预报，注意田间病虫发生，及时防治大豆蚜虫、食心虫、草地螟和大豆灰斑病、菌核病。

（2）小垄窄行密植栽培技术模式

①整地。平整土地、翻、旋、松相结合。

②施肥。底肥结合整地每公顷施腐熟的有机肥（有机质含量8%以上）30t。化肥采用测土配方施肥，各地可根据测土结果因地制宜确定施肥量。产量2 250kg/hm^2的地块每公顷化肥使用量尿素要在45～50kg左右、磷酸二铵150kg左右、硫酸钾50kg左右；产量3 000kg/hm^2的地块每公顷化肥使用量为尿素50kg左右、磷酸二铵175kg左右、硫酸钾75kg左右。施肥方式，种肥要做到分层侧深施，上层施在种下5～6cm处，施肥量占总施肥量的1/3。下层施在种下12～14cm处，肥量占总施肥量的2/3。

③中耕。当大豆拱土时，进行铲前深松或趟一犁。出苗后及时铲趟，做到两铲三趟，铲

趟伤苗率小于3%。

④促控结合。大豆前期长势较弱时，在大豆初花期每公顷用尿素10kg加磷酸二氢钾1.5～2.5kg溶于500kg水中喷施，并根据需要加入硼钼等微量元素肥料。大豆植株生长旺盛，在初花期选用多效唑、烯效唑等化控剂进行调控，控制大豆徒长。

⑤化学除草。根据杂草种类，采用播后苗前土壤封闭处理或茎叶处理。

⑥病虫害防治。做好病虫预报，注意观察田间蚜虫、红蜘蛛、食心虫、灰斑病、菌核病发生情况，达到防治指标时，及时采用相应药剂进行防治。

（3）大垄密栽培模式技术要点

①整地。进行秋深松整地，秋季做成90～105cm的大垄，垄高18厘米，达到待播状态。

②施肥。底肥结合整地每公顷施腐熟的有机肥15～20t。化肥采用测土配方施肥，各地可根据测土结果因地制宜确定施肥量。产量2 250kg/hm^{2}的地块每公顷化肥使用量尿素要在45～50kg左右，磷酸二铵150kg左右，硫酸钾50kg左右；产量3 000kg/hm^{2}的地块每公顷化肥使用量尿素50kg左右，磷酸二铵175kg左右，硫酸钾75kg左右。种肥要做到分层侧深施，上层施在种下5～6cm处，施肥量占总施肥量的1/3左右。下层施在种下12～14cm处，施肥量约占总施肥量的2/3。

③中耕。大豆出苗，进行深松或趟一犁。分枝期再趟一犁培土。

④化学除草。根据杂草种类采用播后苗前施药或茎叶处理。秋施药，应在秋季温度稳定至10℃以下，土壤湿度适宜（以翻地不结块为准），先翻耙平地后，边喷药、边用机车牵引圆盘耙耙1次，耙深10～15cm，待全田施完药，再按与第一次方向成直角的方向耙地1次，禁用长效除草剂。

⑤防治病虫害。做好虫情预报，注意田间病虫发生情况，及时防治大豆蚜虫、红蜘蛛、食心虫、草地螟和大豆灰斑病、菌核病。

7. 产量水平 东北地区大豆产量水平差异较大，1994—2006年间黑龙江大豆平均产量为1 857kg/hm^2，吉林省为2 343kg/hm^2，辽宁省为1 674kg/hm^2，内蒙古为1 279.5kg/hm^2。从产量水平看，吉林省产量水平最高，内蒙古产量最低，这与其土壤水平有着密切关系。

第三节 黑土质量培育的典型技术模式

近年来，随着现代农业不断发展、相关研究工作的不断深入，许多新材料、新方法不断应用到农业生产实践中；同时，受大豆连作障碍等多种因素的影响，对黑土区农业发展也提出了新的挑战。在国家科技计划的大力支持下，广大科技工作者针对该地区农业发展的实际需求以及所面临的主要问题展开攻关，取得了一系列成果，有力地推动了该区域粮食等主要农作物单产的稳步提升，促进了农业综合生产能力的提高和农业的可持续发展，为实现区域农业发展、保障国家粮食安全等做出了十分重要的贡献。

一、黑土区玉米宽窄行种植模式

1. 模式特点 吉林省现行的玉米机械化耕种技术可归纳为两种方式：一种是翻、耙、平播后形成60～70cm垄，另一种是灭茬后趟二犁（或三犁）形成60～70cm垄，垄上播。

这两种方式田间机械作业环节多，成本高。秋、春两季整地，土壤失墒严重，加重旱情。土壤耕层变浅，犁底层厚，土壤容重增大，通透性差，抗御自然灾害的能力降低。不易实施秸秆还田，生产上不施农家肥或施用的农家肥数量较少，致使土壤有机质逐年减少，年下降0.1‰左右。据气象部门预测，吉林省未来10年进入少雨期，尤其是4～5月份降雨量偏少，风大，春季土壤墒情恶化，旱情严重，给一次播种保全苗造成困难。因此，有必要改革现行耕制，推广玉米宽窄行交替休闲耕种技术，提高自然降水利用效率，改善农业生态环境，提高土壤肥力，发展持续高产高效农业。

宽窄行交替休闲种植技术的特点为高茬自然腐烂还田，在农家肥肥源不足、秸秆安全还田尚无良法时，采取高留茬（30～50cm）自然腐烂还田（还田秸秆占秸秆总量的30%左右），具有增加土壤有机质、培肥地力和减少土壤风蚀的作用。茬带窄幅深松，窄幅深松的宽度为5～15cm，深度为20～40cm。北方春玉米区，玉米追肥期在6月中旬至7月初，此时已经进入雨季或开始进入雨季，这时深松可接纳和储存更多的降水，形成土壤水库。可做到伏雨秋用和来年春用，提高自然降水利用效率。行间精量播种，在上年留茬的行间进行精量播种，可节约用种量，降低生产成本。苗带和茬带交替休闲，苗带和茬带隔年轮换形成了交替休闲的耕种方式，具有恢复地力的作用，可保证苗带处于良好的环境状态。通过深松建立的土壤水库能够为作物生长提供充足的水分，可有效缓解由于干旱而造成的土壤水分供求矛盾。

2. 主要内容　玉米宽窄行交替休闲种植技术的主要内容是把现行耕法的均匀垄（65cm）种植，改成宽行90cm，窄行40cm种植，宽窄行种植追肥期在90cm宽行结合追肥进行深松，秋收时苗带窄行留高茬（40cm左右）。秋收后用条带旋耕机对宽行进行旋耕，达到播种状态，窄行（苗带）留高茬自然腐烂还田。第二年春季，在旋耕过的宽行播种，形成新的窄行苗带，追肥期，再在新的宽行中耕深松追肥，即完成了隔年深松、苗带轮换、交替休闲的宽窄行耕种；通过缩小种植带窄行行距，加宽深松工作带（宽行），实施宽行追肥期宽幅深松，留高茬自然腐烂还田，秋季宽行旋耕整地，翌年春新形成的窄行精密播种，实现宽行和窄行交替休闲（图14-1）。

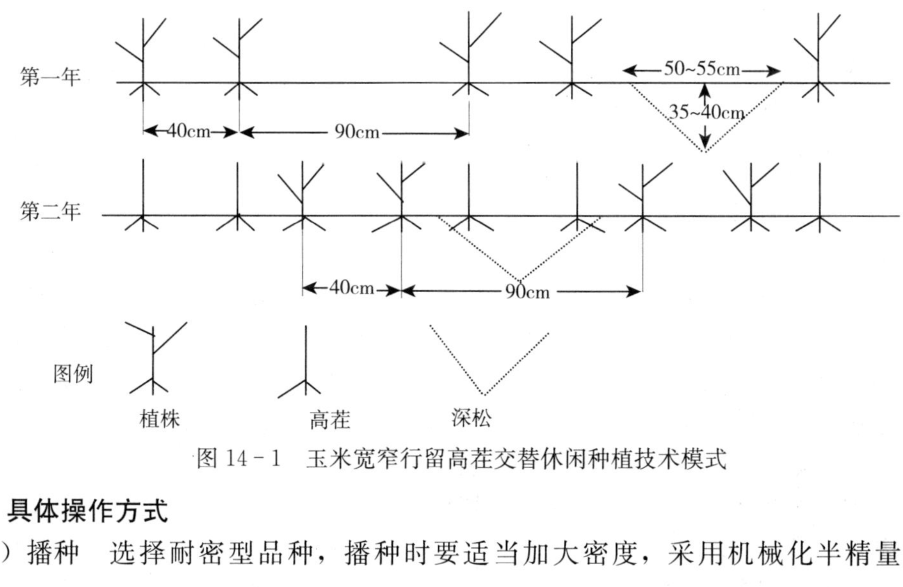

图14-1　玉米宽窄行留高茬交替休闲种植技术模式

3. 具体操作方式

（1）播种　选择耐密型品种，播种时要适当加大密度，采用机械化半精量（加密）播种。

（2）深松　深松的深度不宜过深，控制在 30cm 左右。

（3）施肥　在施肥上要基肥（底、口肥）和追肥相结合，将磷、钾肥和 1/4 氮肥作基肥，其余 3/4 的氮肥在玉米拔节前结合深松追施。如果采取一次性施肥，要保证侧深施，侧 5～8cm，深 8～10cm。

（4）收获　秋收时玉米留高茬 40～45cm，要及时旋耕，旋耕不宜过深，一般为 8～12cm，以床面平整碎土后达到播种状态为标准。

4. 对耕地质量的影响

（1）玉米宽窄行交互种植耕作技术调控土壤温度　土壤温度是太阳辐射平衡、土壤热量平衡和土壤热学性质共同作用的结果，是土壤热状况的综合表征指标。不同生物气候带、不同季节变化和土壤不同组成、性质及利用状况均不同程度地影响土壤热量的收支平衡，进而影响土壤温度的变化。土壤温度不仅影响着种子的萌发、幼苗和根系的生长发育，而且影响着植物对水分、养分的运输和吸收及土壤中有效养分等的变化。

而宽窄行交互种植技术能够留高茬实现了部分秸秆还田的目的，使地面有一定量的秸秆覆盖。研究表明，残茬（高茬）对光辐射吸收转化的热量传导均有影响。残茬覆盖地表，既可阻止太阳直接辐射，也可减少土壤热量向大气中散发，同时还可有效地反射长波辐射。残茬覆盖下土壤温度年、日变化均趋缓和，低温时具有“增温效应”，高温时又有“低温效应”，这两重效应对作物生长十分有利，能有效地缓解气温激变对作物的伤害。

（2）玉米宽窄行交互种植耕作技术调控土壤水分　吉林省农业科学院通过 7 年结果表明（表 14-8），宽窄行交替休闲种植比现行耕法均匀垄种植在播种期水分高 0.5～3.0 个百分点，这相当于多下一场 4.0～22mm 的降水；全生育期含水量高 0.5～2.4 个百分点，这相当于生育期任一阶段多储集 4.0～19.0mm 降水。从各年度的结果比较看，2003 年 4 月中旬及下旬的宽窄行土壤含水率高于均匀垄 1.95 个百分点，全生育期宽窄行平均的土壤含水率与均匀垄没有差异。2004 年 4 月中旬的土壤含水率高于均匀垄 0.86 个百分点，全生育期宽窄行平均的土壤含水率高于均匀垄 1.2 个百分点。2005 年 4 月中下旬宽窄行平均土壤含水率比均匀垄高出 3 个百分点，整个生育期高出 1.0 个百分点。

表 14-8　各年度宽窄行耕种与传统耕法含水量差值（%）

生育期	1998	1999	2000	2001	2002	2003	2004	2005	平均
春播前	+1.9	+2.7	+0.7	+0.5	+0.9	+2.0	+1.3	+3	+1.63
全生育期平均	+2.1	+2.4	+1.2	+0.9	+0.5	+0.9	+1.2	+1	+1.28

2004 年深松深度与宽度的土壤含水率差异不明显，主要原因是深松时期不缺雨，深松时期当土壤处于干旱状态，深松后又长时间不下雨，这样不同深松深度与宽度处理间的土壤水分才能有差异。2005 年进入 7 月后降雨量大，多有急雨，从土壤含水量测试结果来看，土壤水分高于正常年份，而且宽幅深松（40～40cm）土壤含水率略高于窄幅深松（20～20cm）。宽幅深松比较窄幅深松水分平均高 1.85 个百分点，这说明在降雨量较为集中的情况下，宽幅深松地表水的径流量较小，蓄水能力强。

玉米宽窄行交替休闲种植条件下的不同秸秆还田方式，全生育期平均土壤含水率明显高于均匀垄种植，并达到极显著水平。如果降雨量偏大，超出常年降雨量的 20%，在玉米生育前期不同秸秆还田方式处理间差异不明显。玉米生育中后期阵性降雨多的情况下，均匀垄种植的蓄水能力弱，易形成地表径流，与保护性耕作各处理比较其水分差异明显。玉米宽窄行（留高茬）交替休闲种植与均匀垄比较，春季土壤含水率（4 月份）高 0.5～3.0 个百分点，全生育期高出 0.5～2.5 个百分点。玉米宽窄行（留高茬）交替休闲种植与均匀垄比较，正常年分土壤含水率宽幅深松高于窄幅深松，窄幅深松高于均匀垄。降雨量偏多的年份，各种深松形式与均匀垄比较土壤含水率差异不显著。

（3）玉米宽窄行交互种植耕作技术调控土壤养分　吉林省农业科学院通过 6 年研究结果表明（表 14-9），宽窄行交替休闲种植 6 年土壤有机质提高了 3.37g/kg，速效磷提高了 5.58g/kg，速效钾提高了 32.8g/kg，速效氮降低了 72.35g/kg，速效氮有所降低，主要原因是宽窄行种植实行半秸秆还田，7 年的秸秆还田，秸秆在分解过程中要消耗一些 N 素，没有特殊的增施 N 肥调节 C/N 比。

表 14-9　宽窄行交替休闲种植 6 年土壤养分状况变化

（1995—2001）

处　理	有机质（g/kg）	速效氮（mg/kg）	速效磷（mg/kg）	速效钾（mg/kg）
1995 年宽窄行种植前（CK）	23.30	204.15	30.24	115.0
1999 年宽窄行	25.00	117.2	43.9	125.1
与 CK 比较	+1.7	−86.95	+13.7	+10.1
2000 年宽窄行	25.92	182.1	51.9	173.5
与 CK 比较	+2.6	−22.05	+21.66	+58.5
2001 年宽窄行	26.678	131.8	35.82	147.8
与 CK 比较	+3.37	−72.35	+5.58	+32.8

（4）玉米宽窄行交互种植耕作技术改善土壤物理性状　吉林省农业科学院经过多年研究表明，0～20cm、20～40cm 土层容重降低了 0.05g/cm^3 和 0.19g/cm^3，0～20cm 土层土壤的渗透系数、毛管孔隙、通气孔隙、田间持水量、土壤含水量、水分容积、空气容积分别提高 0.03mm/min、1.9%、0.5%、2.69%、2.77%、2.9%、0.7%，20～40cm 土层土壤的上述指标亦分别提高 0.46mm/min、0.48%、5.9%、4.36%、0.4%、0.2%和 9.0%。三相比均匀垄分别为 1∶0.46∶0.50 和 1∶0.48∶0.40，宽窄行分别为 1∶0.56∶0.56 和 1∶0.58∶0.68。宽窄行交替休闲种植的 0～40cm 土壤物理性状明显改善。

（5）玉米宽窄行交互种植耕作技术增加土壤有机物料　以秸秆产出量最低的四密 25 品种干重计算，留高茬 40cm 每公顷每年秸秆还田风干重量 2.78t（表 14-10）。以四密 21、四密 25 风干秸秆养分化验分析结果（全氮：6.71g/kg；全磷：2.33g/kg；全钾：11.40g/kg）为计算依据，这一措施相当于施入尿素 40.57kg、磷酸二铵 14.09kg、硫酸钾 63.04kg，每公顷可节省化肥投入 257.87 元。

表 14-10　留高茬玉米秸秆还田量

项　目	平均单株秸秆重（g）	10cm 茬秸秆重（g）	40cm 茬秸秆重（g）	10cm 茬秸秆量（%）	40cm 茬秸秆量（%）	40cm 增加重（%）
四密 21 湿重	2 858	219.1	874.1	7.6	30.6	23
四密 25 湿重	3 002	247.2	986.4	8.2	32.9	24.7

（续）

项　目	平均单株秸秆重 (g)	10cm 茬秸秆重 (g)	40cm 茬秸秆重 (g)	10cm 茬秸秆量 (%)	40cm 茬秸秆量 (%)	40cm 增加重 (%)
1243 湿重	2 100	201.4	802.1	9.6	38.2	28.6
莱育 3119 湿重	3 900	309.3	1235.2	7.9	31.7	23.8
四密 25 风干重	206	10.9	46.0	5.3	22.23	16.93

宽窄行交替休闲种植技术，实现了中耕深松蓄墒，改善了土壤理化性状，实现秸秆安全还田可以节本增效。中耕期深松可以做到伏雨秋用，土壤含水率比现行耕法高 2.27 个百分点。秋旋耕整地可以做到秋雨翌年春用，春播前土壤水分比现行耕法高 2.3 个百分点。留高茬既可以防止春季土壤风蚀，又可实现秸秆总量的 1/3 左右还田，3 年秸秆全部还田一次。深松（深 35～40cm，幅宽 50cm）打破了犁底层，加深了耕层，改善了土壤理化性状，土壤 0～40cm 深的容重降低了 0.38g/cm^3，创建了土壤水库，提高了自然降水利用效率。

5. 对作物产量的影响

（1）玉米宽窄行交互种植耕作技术提高产量　从表 14－11 可以看出，在种植的玉米品种相同，栽培技术与管理等一致的前提下，玉米宽窄行种植与现行耕法均匀垄种植相比较，除 2004 年增产的幅度较小，仅为 4.9%以外，2003 和 2005 年的增产幅度都在 10%以上，导致这种结果的主要原因就是宽窄行种植条件下，玉米的保苗株数不够，增产主要是选择耐密品种，加大种植密度。该模式在公主岭市朝阳坡镇大房身村宽窄行种植示范面积为 20hm^2。

表 14－11　产量结果比较表

（品种：四密 25）

项　目		单产（kg/hm^2）	增产幅度（%）	经济系数（%）
宽窄行	2003	9 977.0	117.5	52.1
	2004	8 959.0	104.9	—
	2005	8 928.6	110.9	50.8
	平均	9 288.2	111.1	
现行耕法（CK）	2003	8 489.6	100	51.8
	2004	8 539.2	100	—
	2005	8 053.8	100	48.2
	平均	8 360.9	100	48.2
宽窄行与 CK 比较		＋927.3	＋11.1	

宽窄行与现行耕法比较，根据 2003—2005 年 3 年的田间试验结果平均，不同品种的平均增产幅度亦达到 10%以上（表 14－12）。

表 14－12　各示范品种及对照的产量

（大房身村）

年度	耕法	品种	产量（kg/hm^2）	相对产量（%）
2003	现行耕法（CK）	银河 101	8 670.0	100
	宽窄行	原单 22	9 851.4	113.6
		银河 101	9 787.5	112.9
		四密 25	9 693.6	111.8
	平均		9 777.5	112.7

（续）

年度	耕法	品种	产量（kg/hm²）	相对产量（%）
2004	现行耕法（CK）	四密 25	8 840.0	100
	宽窄行	吉单 260	10 003.0	113.0
		登海 9 号	10 247.6	115.9
		四密 25	8 904.2	100.7
		四单 111	8 957.4	101.3
		银河 101	10 074.5	114.0
		吉单 29	10 645.9	120.4
	平均		9805.4	110.9
2005	现行耕法（CK）	银河 101	7 900.2	100
	宽窄行	银河 101	8 854.0	112.1
		吉单 260	8 973.5	113.6
		四密 25	9 251.1	117.1
		长城 799	8 611.2	109.0
		吉单 137	7 839.8	99.2
	平均		8 705.9	110.2

（2）玉米宽窄行交互种植耕作技术增加经济效益　从表 14－13 可见，宽窄行种植除了增产、培肥地力外，还可以降低生产成本，每公顷生产成本可较常规种植降低 510～560 元，可降低生产成本 20%以上。

表 14－13　田间作业成本比较（元）

种植方式	整地	种子	播种	田间管理	合计	节省费用
宽窄行种植	秋旋耕 50	150	机播 90	除草 150 深松＋追肥 100	540	
常规种植	翻＋耙 260	300	机播 90	除草 150 中耕＋追肥 300	1 100	560
	灭茬＋打垄 200	300	畜力机 100	除草 150 中耕＋追肥 300	1 050	510

宽窄行交替休闲种植技术实现了高茬自然腐烂还田，增加了土壤有机质、培肥地力，使土壤资源永续利用。减少了作业环节，降低了生产成本，提高了产出效益。每公顷可降低生产成本 500 元以上，产量提高了 10%以上。作物生育期中耕深松蓄水，秋季旋耕整地保水，具有防止春旱，保苗全、苗齐、苗壮等特点。

6. 模式的适用区域（或土壤类型）**及推广应用前景**　这项技术是发展持续高效农业和生态效益经济的配套技术，在吉林全省乃至东北雨养农业区有广泛的发展前途和推广价值。目前，在吉林省推广面积已有 2 000hm²。

二、黑土区玉米高产高效施肥模式

1. 模式特点 针对东北黑土区土壤肥力特点及玉米高产高效对主要养分的需求，我们制定了“增施有机肥、氮肥分次深施、减磷增钾、磷钾追施、增施中微量元素”的施肥方针，在实现高产的前提下，提高施肥效益。

2. 主要内容

（1）增施有机肥 针对黑土区土壤有机质明显下降和耕地质量退化明显等问题，采用增施有机肥的技术措施，提高土壤有机质含量，促进水稳性团粒结构的形成，改善土壤结构，增强土壤的透水性和保水性，提高土壤的缓冲能力与保肥能力。

（2）基肥深施 大量研究结果表明，亚耕层的土壤肥力状况对作物生长及产量具有明显的影响，通过基肥深施，可改变亚耕层的养分状况，减少养分损失，对提高作物产量及肥料利用率均有显著的作用，可实现“肥料施进土，一亩顶二亩”的效果。

（3）稳氮—减磷—增钾 吉林玉米主产区玉米连作及高磷施肥模式的应用，导致土壤氮素营养稳定，磷素营养富集，钾素营养锐减的现象，为实现玉米高产高效，应遵循“前稳—中控—后促”的施肥原则，大力推广“稳氮—减磷—增钾”的施肥模式。

（4）氮肥分次深施 以速效性氮肥为主要肥料时，采用“一次性”施肥技术很难保障作物生育后期的氮素供应，易导致后期脱肥现象的发生。因此，为满足作物后期对氮素养分的需求，应采用氮素肥料分次深施的方法，提高氮素用料的利用效率。

（5）磷钾追施 随着玉米栽培水平及产量水平的不断提高，生育中后期对磷、钾养分的需求明显增加，采用磷钾肥料的基施方式，已不能满足玉米高产高效的需求，应提倡20%左右的磷钾肥在拔节期追施方式，保证玉米生育后期对磷钾养分的需求。

（6）增施中微量元素肥料 随着玉米栽培水平及产量水平的不断提高，吉林玉米主产区土壤中微量元素的供应水平明显下降，已成为实现玉米高产高效的主要限制因素。因此，应提倡“大—中—微”相结合的施肥模式，适当增加硫、镁、锌、锰、硼等中微量元素的施用。

3. 具体操作方式

（1）高产田施肥模式 在大量施用优质有机肥（优质农家肥30～45t/hm^2）的基础上，采用大中微配施、分层（基肥＋种肥）与NPK分次（基＋种＋追）相结合的施肥技术。

在NPK施肥量的分配上采用“前促、中控、后促”的施用原则，轻施苗肥，重施穗肥。

主要养分施用量：N（270～300kg/hm^2）、P_2O_5（150～180kg/hm^2）、K_2O（150～225kg/hm^2），主要养分比例N∶P_2O_5∶K_2O＝1∶0.58∶0.66。具体分配比例如下：

氮肥：基肥、种肥、拔节肥的分配比例是40%∶10%∶50%，施肥方法是深施。

磷钾肥：基肥、种肥、穗肥的分配比例是70%∶15%∶15%，施肥方法是深施。

中微量元素肥料：基施复合微肥（S∶Mg∶Zn∶Mn∶B＝1∶0.52∶0.16∶0.13∶0.04）15～30kg/hm^2。

（2）超高产田施肥模式 在大量施用优质有机肥（优质农家肥45～75t/hm^2）的基础上，采用大中微配施、分层（基肥＋种肥）与NPK分次（基＋种＋追$_1$＋追$_2$）相结合的施肥技术。

在NPK施肥量的分配上采用“前促、中控、后促”的施用原则，轻施苗肥，重施穗肥，巧施粒肥。超高产氮、磷、钾、锌吸收量高于普通高产田，养分吸收高峰明显后移，中、后期是营养关键期。

主要养分每公顷施用量：N（270～300kg）、P_2O_5（150～180kg）、K_2O（150～225kg），主要养分比例 N∶P_2O_5∶K_2O=1∶0.58∶0.66。具体分配比例如下：

氮肥：基肥、种肥、拔节肥、穗肥的分配比例是40%∶10%∶20%∶30%，施肥方法是深施。

磷钾肥：基肥、种肥、穗肥的分配比例是70%∶15%∶15%，施肥方法是深施。

中微元素肥料：每公顷基施复合微肥（S∶Mg∶Zn∶Mn∶B=1∶0.52∶0.16∶0.13∶0.04）30～45kg。

4. 对耕地质量的影响

（1）长期施肥黑土有机质演变规律　根据连续12年（1990—2003）长期定位试验的结果，在休闲（不耕作、不施肥）条件下，耕层土壤有机质含量由1990年的23.3g/kg增加到27.1g/kg，增加了3.8g/kg，年均增加0.32g/kg。施NPK和1.5NKPM耕层土壤有机质含量亦分别增加到28.4和31.2g/kg，12年间分别增加5.1和7.9g/kg，平均年增0.43和0.66g/kg；而不施肥的对照（CK）12年间耕层土壤有机质下降了3.3g/kg，平均年减少0.28g/kg。配施秸秆和马粪等有机物料，土壤有机质均呈增加趋势。有机无机肥配合施用，有利于土壤有机质的积累。

（2）长期施肥黑土全氮的积累与变化　土壤全氮含量也是土壤供肥能力的重要指标之一，一般与有机质含量呈正相关。全氮包括可供作物直接利用的矿质氮、易矿化有机氮和不易矿化的有机氮及晶格中固定的铵，是作物氮库的主要组成部分，其循环与转化是环境物质与能量交换的重要组成环节。

长期不同施肥对土壤全氮含量影响不同，年际间变异系数为6.9%～15.0%。各施肥处理均较无肥区（CK）有不同程度的增加（表14-14），施用化肥增幅为1.23%～5.98%，有机无机肥配施增幅为7.35%～32.57%。不施肥和施用化肥土壤全氮含量前几年有所降低，随施肥年限的延长，又有所升高，最后基本与初始值持平，这可能是因为：①土壤在熟化过程中，养分在不断耗损，但随时间的延长，土壤微生物种群组成稳定后，养分供给与来源也趋于稳定，因此，全氮含量先下降后上升最后围绕在某一数值上下波动。②土壤矿质态氮素流失（作物携走与降水淋洗）较为严重，促使有机态氮不断矿化，致使全氮含量有所降低。有机无机肥配合施用土壤全氮平均含量呈上升趋势，其中施1.5NPKM土壤增加最多。秸秆还田配施化肥（NPKS）土壤全氮平均含量略有下降。各施肥土壤全氮平均含量（1990—2002）大小顺序为1.5NPKM>NPKM（2）>NPKM>NPKS>NP，NPK>PK>NK>N>CK。有机无机肥配施土壤全氮平均含量明显高于单施化肥土壤。

表14-14　长期施肥黑土全氮平均含量（g/kg）

施肥	1990—1994	1995—1998	1999—2002	1990—2002	较CK增加（%）	CV（%）
CK	1.25	1.2	1.272	1.242	0	6.9
N	1.341	1.173	1.236	1.257	1.23	13.6
NP	1.355	1.265	1.317	1.316	5.98	9.7

（续）

施肥	1990—1994	1995—1998	1999—2002	1990—2002	较 CK 增加（%）	CV（%）
NK	1.384	1.1	1.276	1.263	1.73	12.9
PK	1.382	1.203	1.272	1.293	4.14	8.8
NPK	1.392	1.183	1.324	1.307	5.24	10.3
NPKM	1.396	1.375	1.621	1.459	17.51	11.5
1.5NPKM	1.583	1.44	1.93	1.646	32.57	15
NPKS	1.388	1.358	1.24	1.333	7.35	9.9
NPKM（2）	1.572	—	1.653	1.607	29.42	10

（3）长期施肥黑土有效氮的变化　土壤有效氮的含量与土壤中氮素转化密切相关，有机态氮与矿质态氮的平衡结果决定了土壤有效氮的供应量。不平衡施肥会导致土壤氮素的淋失，使氮肥的利用率降低。土壤中有效氮主要来源于有机质的不断矿化以及外来投入的肥料养分。随着施肥年限的延长，不同施肥黑土平均有效氮含量前几年是下降的，然后又有所升高（表 14－15）。从总体趋势看，不施肥（CK）、单施化肥和施 NPKS 土壤有效氮含量呈现出下降的趋势，而休闲和有机无机肥配施土壤有效氮含量则呈上升的趋势。这可能是因为单施化肥或不施肥，没有额外有机质的输入，土壤的有效氮库容量没有得到充足的补给，处于亏缺状态，使库容降低。不同施肥土壤有效氮年际间的变异系数变化范围为 6.7%～18.3%，各施肥土壤有效氮的含量均较对照有不同程度的升高，休闲和施化肥增加幅度为 3.00%～14.46%，其中施 NK 土壤增加最多；有机无机肥配施比不施肥增加幅度为 3.28%～30.17%，其中 1.5NPKM 增加最多，NPKS 增加最少。除 NPKS 外，有机无机肥配施土壤有效氮平均含量高于单施化肥土壤。NPKS 土壤中有效氮有降低趋势，因其 C/N 比大于 25∶1，氮素略显不足；但随施肥时间的延长，且伴随秸秆的不断腐解，土壤微生物会不断利用有机碳源，逐渐缩小有机物质的 C/N 比值，使土壤逐渐恢复持续的供氮能力。

表 14－15　长期不同施肥土壤有效氮含量（mg/kg）

施肥	1990—1994	1995—1998	1999—2002	1990—2002	较 CK 增加（%）	CV（%）
休闲	117.58	111.40	122.00	116.99	3.00	11.2
CK	118.55	109.85	112.36	113.59	0.00	14.3
N	121.13	109.88	120.24	117.08	3.07	10.4
NP	136.20	114.00	120.25	123.48	8.71	14.1
NK	139.83	120.85	129.36	130.01	14.46	13.6
PK	132.08	117.35	121.22	123.55	8.77	10.5
NPK	129.80	121.78	125.61	125.73	10.69	12.8
NPKM	134.45	123.45	146.95	134.95	18.81	11.3
1.5NPKM	146.65	141.55	157.20	148.47	30.71	18.3
NPKS	120.48	112.60	118.85	117.31	3.28	14.0
NPKM（2）	138.20	—	142.66	140.43	23.63	6.7

（4）黑土剖面土壤氮素分布动态　土壤中的氮，包括土壤本身存在的和施肥降水等外来的，在经过土壤物理的、化学的、生物的系列过程后，其主要去向一是植物吸收；二是氨态损失，包括挥发和反硝化损失；三是流失，包括径流、土壤侵蚀和淋失等。淋失是土壤中氮素损失过程中的一个重要方面，它不仅会降低氮肥利用率，而且还会造成地下水污染，危害人体健康。因此，土壤中氮的淋失自 20 世纪 50～60 年代以来，就引起了世界各国学者和国际组织的重视。Bazhov、Brogan 和 Adiscott 等众多学者对氮循环中的淋洗状况、不同来源氮的淋洗及影响因子和淋洗过程中离子间及与水分运动的关系等，进行了深入广泛的研究。研究认为硝态氮时空变异性大，影响淋洗因子多，不同生态系统淋洗模式不同。朱兆良和文启孝（1992）认为氮淋失在我国不是氮素损失的主要问题。吴珊眉等（1991）的研究表明，水旱轮作氮素有较大的渗漏损失。采用养分渗滤池技术、土壤取样分析和渗漏液测定相结合的试验，研究了氮肥不同用量、不同品种及配比条件下硝态氮的移动规律及其与作物产量的关系，结果表明，淋洗损失主要发生在雨季。硝态氮的移动淋失随尿素施用量的增加而增加，与肥料品种、施肥方式也有关系，但差异不大，氮肥与磷钾及有机肥配施，可明显减少硝态氮的移动淋失。作物生长期硝态氮的淋失总量，源于土壤本身的约 2kg/hm^2 左右。淋失总量随施氮量的增加而增大。但淋失率并不大，差值法估算黑土肥料氮的淋失率约 1%左右。施氮 247.5～330.0kg/hm^2，淋失的硝态氮含量为 11～15mg/L，超过饮用水卫生标准 10mg/L，则被认为已造成地下水的污染，故应适当控制氮肥的施用量，提倡氮、磷、钾配合施用。

受气候及植被等成土因素的影响，黑土表层土壤中积累了丰富的有机质，土壤自然肥力水平较高，再经过开垦熟化和耕作施肥，土壤全 N 含量也表现出表积、向下呈骤减的趋势。连续多年的不同施肥造成 0～20cm 和 20～40cm 表层土壤全 N 含量差异增大；其中，施有机肥的土壤，不论单施（CKM_2 和 CKM_4）还是与化肥配施（$NPKM_2$ 和 $NPKM_4$），全 N 含量都高于对照（CK）和单施化肥（NPK）。40cm 以下土层则差异不显着，说明施用有机肥具有明显改善表土的供 N 能力、培肥土壤的作用（表 14－16）。

表 14－16　不同施肥黑土剖面全 N 含量（g/kg）

施肥	0～20	20～40	40～60	60～80	80～100	100～120	120～140	140～160	160～180
CK	0.998	0.746	0.325	0.312	0.323	0.258	0.264	0.279	0.263
CKM_2	1.210	0.925	0.452	0.328	0.324	0.322	0.330	0.302	0.309
CKM_4	1.346	0.965	0.458	0.422	0.420	0.366	0.357	0.288	0.300
NPK	1.200	0.896	0.431	0.420	0.411	0.435	0.357	0.365	0.328
$NPKM_2$	1.352	0.900	0.529	0.365	0.354	0.329	0.311	0.325	0.316
$NPKM_4$	1.398	0.995	0.505	0.421	0.401	0.368	0.387	0.327	0.314

土壤碱解氮是土壤中 NH_4^+－N、NO_3^-－N 和各种氨基酸、酰胺及易水解蛋白质氮的总和，代表着土壤对作物供氮的能力强弱，是土壤氮素供给水平的一个重要指标。根据田间观测结果，各施肥处理下表层（0～20cm）土壤碱解氮的含量均为最高，向下层则逐次降低，呈现出明显的“阶梯”型分布（表 14－17）。

表 14-17　0～200cm 黑土土壤剖面碱解 N 含量（mg/kg）

施肥	0～20	20～40	40～60	60～80	80～100	100～120	120～140	140～160	160～180	180～200
CK	96.51	53.30	31.26	30.81	30.34	30.11	29.00	17.35	19.78	19.75
CKM_2	117.65	88.46	46.52	44.25	45.12	46.90	40.95	39.04	38.19	41.92
CKM_4	125.38	92.85	52.47	36.38	32.49	31.28	31.00	30.75	29.25	29.67
NPK	120.36	97.02	51.69	37.40	31.38	34.92	35.26	35.26	38.87	32.30
$NPKM_2$	143.27	96.33	56.49	97.27	32.94	33.41	35.78	35.31	38.66	34.65
$NPKM_4$	138.96	93.70	55.13	38.54	32.15	33.82	33.24	31.47	31.47	34.71

与试验前相比，不施肥对照（CK）表层土壤（0～20cm）碱解氮下降到 96.51mg/kg，比 22 年前的 102.44mg/kg 减少了 5.93mg/kg，下降幅度为 5.78%；表层土壤碱解氮含量由于施有机肥数量不同而呈现出差异，连年施用有机肥明显提高了表层土壤碱解氮含量，施 M4 较试验前提高 22.39%，M2 提高 14.85%；单施化肥表层土壤碱解氮含量的增加趋势不如高量有机肥（M4）明显，但优于低量有机肥（M2）；有机肥与化肥配合施用对提高表层土壤碱解氮含量的效果最显著。

各施肥土壤 0～60cm 土层土壤碱解氮的含量明显高于对照，施用低量（M_2）有机肥料，0～20cm 土层土壤碱解氮较对照增加 21.14mg/kg，提高 21.90%，20～40cm 土层增加更为显著，提高 66.3%；高量有机肥（M_4）、单施化肥区及有机肥与化肥配合施用上层（0～60cm）土壤碱解氮亦较对照有明显的提高。0～20cm 土层碱解氮含量以 $NPKM_2$ 最高，较对照（CK）提高 48.9%，20～40cm 土层碱解氮含量以施 NPK 最高，较对照（CK）提高了 82.1%。各施肥 60cm 以下土层土壤碱解氮含量与对照区相比略有增加，但不显著，这可能与施肥主要集中在表层有关。

土壤中 NO_3^--N 易随水移动，如果向下淋移出土体，不仅会造成氮素肥料的损失，同时也污染地下水，对环境及人畜健康造成危害。施用不同数量有机肥对黑土剖面 NO_3^--N 分布有明显影响，表层土壤 NO_3^--N 含量随有机肥施用量增加而增高，是高量有机肥（M_2 和 M_4）在 100～120cm 的土层形成 NO_3^--N 含量的峰值，而对照则从表层向下呈逐渐增加的趋势，最高峰出现在 180cm 土层处，第二累积峰值在 100cm 处。单施化肥 0～20cm 表层土壤 NO_3^-N 的含量高于 20～100cm 土层，120cm 土层以下则逐渐升高并在 200cm 处达到峰值，整个土层 NO_3^--N 含量高于对照及施有机肥土壤，说明施入的矿质氮素肥料已经发生硝化反应，并且向土体下层淋移。土体中 NO_3^--N 含量由 120cm 层向下层呈逐渐增加趋势，累积层次可能不仅限于 200cm，或许更深。有机肥与化肥配合施用 0～200cm 土层土壤 NO_3^--N 含量变化趋势与单施化肥基本相同，表层 NO_3^--N 含量略高于单施化肥土壤，这与连年大量施入有机肥料改善了耕层土壤的理化性状有关，至 100cm 土层下 NO_3-N 含量呈上升趋势，低量有机肥与化肥配施（$NPKM_2$）高峰值出现在 160～180cm 土层，高量有机肥与化肥配施（$NPKM_4$）高峰值出现在 140～160cm，与对照相比峰值下移，但与单施化肥相比峰值上升。

(5) 长期施肥黑土有机氮形态的变化　土壤耕层中有机氮的各组分在不同施肥土壤中变化不同。施高量有机肥（1.5NKPM）土壤铵态氮、氨基酸态氮、氨基糖态氮含量最高，而铵态氮、酸不溶氮在施用秸秆（NKPS）的土壤中含量最低。酸解态氮在不施肥土壤中含量最高，而在有机无机肥配施（NKPM）土壤中含量最低。有机氮各组分含量均随土层的加深而下降，与土壤有机质变化规律一致。但随着土壤层次的加深，有机氮各组分占全氮的比例趋于稳定。

不同土层的 C/N 比值在 9.03～12.49 之间变动，约为微生物生存繁殖适宜 C/N 比的 1/3。因此向土壤中施用有机肥是有效的，能刺激微生物的生长繁殖，进而促进土壤有机质的转化。

（6）黑土全磷含量演变规律 根据试验结果，不施肥（CK）和单施氮肥土壤全磷含量呈缓慢下降趋势，其余各施肥土壤全磷含量表现为上升趋势，其中增加量依次为 $NPKM_4$ 79.6%、$NPKM_2$ 54.3%、NPM_2 44.1%、NM_2 33.9%和 M_2 25.3%。施磷肥增加了土壤全磷含量，但增加幅度较小。增施有机肥土壤全磷含量明显增加，尤其后几年增加幅度较大，这说明有机肥不仅提供大量的磷，还提高了土壤对磷素的持蓄能力。

（7）黑土速效磷变化 速效磷含量是土壤供磷的重要指标，它的动态变化受土壤自身的理化性质和自然因素等影响，而更重要的是与磷肥的用量和作物吸磷量有关。土壤中的磷主要来源于成土矿物，其次是所施入的磷肥肥料。

分析结果表明，从 1980 年至 2007 年，吉林中部玉米主产区的黑土土壤速效磷含量都有不同程度的增加，这与本区属于作物高产区，土壤速效磷含量的增加与连年大量施入磷肥有关。据第二次土壤普查资料表明，1980 年前本区土壤速效磷含量多在 5～10mg/kg 之间，总体上几乎所有地区都存在缺磷的问题，但目前吉林中部玉米主产区的黑土速效磷含量平均已达到 20mg/kg 左右，高肥力土壤速效磷含量可达到 45mg/kg。土壤速效磷迅速提升的主要原因是从 20 世纪 80 年代开始，该地区一直重视磷肥的施用，使土壤中速效磷含量增加。从剖面层次看，表层土壤速效磷含量较高，而底层土壤（20～40cm）速效磷含量比较低。从总体看，目前该地区土壤有效磷水平并不低，但施用磷肥的效果仍十分显著，也是本区玉米增产的主要措施。

黑土土壤肥力和肥料效益监测试验结果表明，不同施肥处理对土壤速效磷含量的影响较为简单，不施肥和单施 N 处理土壤速效磷含量呈明显的下降趋势，施磷肥处理土壤速效磷均呈增加趋势，有机肥与化肥配合施用土壤速效磷含量上升幅度最大。

（8）黑土磷素的形态与数量演变规律 黑土在耕种前全磷含量高，但速效磷含量较低。在耕种后的短期内，有机质含量迅速下降，土壤全磷含量也随之降低，但速效磷含量有所上升。随着开垦时间的增长，加之连年施用磷肥，土壤磷的数量、形态、有效性发生较大的变化。耕层土壤全磷含量平均为 0.84g/kg，20～40cm 土层平均为 0.73g/kg。有效磷显著增加，耕层平均由 5.2mg/kg 升至 48.6mg/kg，20～40cm 土层平均由 3.7mg/kg 升至 30.3mg/kg，土壤有效磷的增加是由于磷肥的连年施用和有效磷在土壤中累积的结果。土壤磷素的不同组分中，土壤有机磷数量显著下降，而土壤无机磷明显升高。在土壤无机磷组分中，Fe－P、O－P 占比例最大；其次为 Al－P、Ca_{10}－P；再次为 Ca_2－P、Ca_8－P。耕作后无机磷各组分含量均有增加，绝对增加量顺序为 Fe－P>Al－P>Ca_2－P>O－P>Ca_{10}－P>Ca_8－P，相对增加强度顺序为 Ca_2－P>Al－P>Ca_8－P>Ca_{10}－P、Fe－P>O－P。

（9）长期施肥黑土钾素演化规律 土壤全钾主要由成土母质的矿物组成决定，而黑土地区的土壤母质中以蒙脱石和蛭石为主。因此，土壤全钾的空间变异较小，一般含量在 22g/kg 左右，容量较大。吉林省农业科学院国家黑土土壤肥力和肥料效益长期定位监测基地对吉林中部玉米主产区土壤全钾进行了近30年的定位监测，耕层土壤全钾基本在20～22g/kg之间，不同施肥处理间及年际（30年）间土壤全钾的变化差异均较小。土壤速效钾的变化不同于土壤全钾。目前，吉林中部玉米主产区黑土土壤速效钾平均为120mg/kg左右，与第二次土壤普查数据相比较，土壤速效钾含量有不同程度的降低，平均降低40mg/kg，约占总量的20%。

速效钾逐年下降除受土壤和气候等自然因素影响外，人为管理措施是其降低的重要因素。1980年的土壤普查结果显示，80%以上的土壤速效钾含量丰富。因此，近20年来在该地区几乎不施用钾肥，甚至改变了我国传统施用草木灰和炕洞土的习惯。由于改革开放以来，该地区连年大量施用氮磷肥，使作物产量不断提高，而有机肥和钾肥施用很少，致使土壤速效钾含量不断降低。

黑土土壤肥力和肥料效益监测试验结果表明，连续25年施钾肥玉米仍表现明显的增产效果，不施钾肥耕层土壤速效钾含量逐年降低；不施钾肥耕层土壤缓效钾含量明显下降，施钾肥土壤缓效钾略有下降；施 K_2O 112.5kg/hm^2，钾的平衡系数为0.96，说明钾的投入和消耗基本平衡；施 K_2O 225kg/hm^2，钾的平衡系数为1.34，说明钾肥投入大于作物携走的钾，外源钾在土壤中有较大的剩余。不施肥（CK）和施N、NP土壤速效钾前12年呈平缓增加趋势，后8年呈下降趋势并低于试验前速效钾含量；而施NPK土壤速效钾前15年呈上升趋势，后5年呈下降趋势并低于试验前速效钾养分含量，这可能是由于更换高产耐密型品种造成的，使根茬还田和当前施钾量不能满足土壤和作物的需求；单施有机肥或有机肥与化肥配施土壤速效钾含量明显增加，这主要是由于有机肥中含钾较多，其不仅补充了土壤中钾的耗损，还有所盈余。

（10）长期施肥中层黑土物理性质的变化规律　土壤容重：施有机肥的耕层土壤容重呈下降趋势，下降幅度为0.04～0.24g/cm^3（表14－18和表14－19）。不施肥对照和施化肥处理下土壤容重呈增加趋势，增加幅度达到0.12～0.32g/cm^3；休闲耕层土壤容重由1.19g/cm^{3}增加到1.24g/cm^3，这主要是由于连年不耕作土壤自然沉降的结果。秸秆还田（秸秆、秸秆肥）与化肥配合施用土壤容重明显低于单施化肥，减小幅度为0.15～0.42g/cm^3。

表14－18　不同施肥耕层土壤物理性状

（2004）

施肥	容重（g/cm^3）	孔隙组成（%）		
		总孔隙度	田间持水孔隙	通气孔隙
休闲	1.24	59.1	31.9	7.2
CK	1.45	46.2	29.8	16.4
N	1.51	47.1	31.5	5.6
NP	1.31	48.7	28.3	20.5
NPK	1.33	51	25.8	25.3
1.5NPKM	1.15	57.1	30.5	16.6
NPKS	1.16	57.1	31.5	15.6
NPKM（2）	1.18	57.4	30.5	16.7

注：1989年试验前匀地后土壤容重为1.19g/m^3；总孔隙度、田间持水孔隙和通气孔隙分别为55.9、35.8和18.1%。

孔隙度：单施有机肥与有机肥配施化肥黑土耕层土壤总孔隙度呈增加趋势，增加幅度为1.2%～13.2%；单施化肥呈下降趋势，下降幅度为6.0%～9.0%。田间持水孔隙和通气孔隙的变化趋势与总孔隙度变化趋势相同。秸秆还田后，土壤物理性状趋向好转，施秸秆和秸秆肥土壤总孔隙度比对照增加7.5%左右，比施化肥增加5.1%左右；施秸秆土壤通气孔隙比对照增加7.5%，比施化肥增加6.7%；施秸秆肥比对照增加10.2%，比施化肥增加9.4%。表明秸秆还田可降低土壤容重，使总孔隙增加，土壤物理性状趋向好转。

土壤含水量：多年连续监测，不同施肥措施和不同耕作措施黑土0～20cm土层饱和毛管水、田间持水量的变幅为45.2%～50.1%、34.7%～36.7%（表14-19）；0～100cm土层储水量变幅为480～660mm，有效储水量变幅为140～320mm，单施有机肥、有机肥和化肥配施、秸秆不同形式还田和玉米—大豆轮作黑土耕层土壤饱和毛管水、田间持水量及0～100cm土层储水量和有效储水量明显高于不施肥和单施化肥。

表14-19 不同有机物料培肥对土壤物理性质的影响

施肥	容重 (g/cm^3)	饱和毛管水 (%)	田间持水量 (%)	总孔隙 (%)	通气孔隙 (%)	非毛管大孔隙 (%)
马粪	1.06	46.3	36.7	56.5	19.8	10.2
秸秆	1.05	46.7	34.7	58	23.3	11.3
秸秆肥	1.06	47.6	35.7	57.7	26	10
土粪	1.07	50.1	36	55.2	19.2	5.1
化肥	1.13	46.5	35.8	52.4	16.6	5.9
CK	1.17	45.2	34.7	50.5	15.8	5.3

注：网室盆栽试验处理及施肥水平（kg/hm^2）：①马粪7 500+N150+$P_2O_5$75；②玉米秸秆7 500+N150+$P_2O_5$75；③玉米秸秆肥7 500+N150+$P_2O_5$75；④土粪30 000+N150+$P_2O_5$75；⑤N150+$P_2O_5$75；⑥CK。

（11）长期施肥中层黑土酶活性的变化　土壤酶参与土壤生物化学过程的物质循环，能催化土壤中复杂的有机物质转化为简单的无机化合物，供作物吸收利用。研究资料表明，蔗糖酶、脲酶、中性磷酸活性与土壤有机质、氮和磷养分都呈线性正相关，有机无机肥配施可使土壤酶活性显著增加（表14-20）。

表14-20 有机无机肥配施耕层土壤酶活性

处理		蔗糖酶（葡萄糖 mg/g）	脲酶（NH_4^+-N mg/kg）	中性磷酸酶（酚 mg/g）
M_0	CK	9.2	89	14.45
	NP	9.7	103	15.11
M_2	CK	8.9	96	15.66
	NP	16.5	160	18.50
M_4	CK	9.2	97	14.89
	NP	17.7	179	19.34

表14-20结果表明，施用有机无机肥可促进土壤有机物质转化，加速土壤有机和无机养分的循环，有利于作物吸收利用。有机无机肥配施比单施用化肥能明显增强土壤蔗糖酶、

脲酶、中性磷酸酶活性，其中蔗糖酶增加 85.0%～92.0%，脲酶增加 66.7%～84.5%，中性磷酸酶增加 18.1%～29.9%。单施化肥增加幅度：蔗糖酶为 4.0%，脲酶为 4.4%，中性磷酸酶为 4.3%。以上表明，随着肥料的连年施入酶活性都呈明显增加趋势，而有机无机肥配施增加的幅度远远大于单施化肥。

(12) 长期施肥对中层黑土生物群落的影响

①黑土中动物群落结构多样性及其变化。对黑土定位监测不同施肥土壤取样进行筛分，调查了土壤动物群落结构的变化。黑土农田中，动物群落的优势类群以节肢动物门、环节动物门及软体动物门为主，其中以节肢动物门占较大比例。土壤动物类群丰富度均以休闲、轮作及有机肥配合 NPK 化肥较高，而不施肥（CK）的最低。其中，休闲土壤蛛形纲蜱螨目中气门亚目及甲螨亚目均较其他施肥高，动物个体数为 245 和 908 个，是 CK 的 1.7 倍和 3.0 倍；在土壤动物群落组成中，弹尾纲弹尾目棘跳科和球角跳科占较大比重，且也以休闲处理的土壤为最高，达到 783 和 313 个；在玉米—大豆轮作中，以疣跳科及双尾纲双尾目动物的个体数最多。休闲、玉米—大豆轮作以及增施有机肥能显著改善土壤动物主要类群、类群数量、种群密度及类群的多样性，对土壤培肥具有积极的促进作用。

土壤动物类群和数量的分布与土壤性质密切相关，农田黑土上土壤动物类群的营养方式多以杂食性、植食性为主，还有捕食性、腐食性、菌食性等营养方式。休闲土壤中动物优势类群为杂食性，其次为捕食性、腐食性、植食性及粪食性；不施肥（CK）下土壤动物的优势类群也是杂食性，其次为腐食性及植食性，类群种类与数量较休闲单一。

②施肥对黑土微生物生物量碳的影响。高量有机肥与无机肥配施与休闲地相比较，土壤微生物生物量碳含量提高了 1.96～2.75 倍；长期耕种与施肥对土壤微生物生物量碳含量产生衰减影响；各施肥土壤微生物生物量碳含量增加依次为 $NPKM_2$（+141.25%）> $NPKM_4$（+126.88%）>CKM_4（+80.63%），各施肥处理土壤微生物生物量碳含量减少依次为 $NPKM_0$（−3.75%）>NPKM（−17.50%）>CKM_2（−30.63%）>CK（−47.50%）> CKM_0（−61.88%）。黑土耕地表层土壤中，NPK 化肥配施对土壤微生物生物量碳含量有积极作用，接近休闲地土壤微生物生物量碳 1.6g/kg 的水平；有机肥与无机肥配施对土壤微生物生物量碳含量的影响明显大于非配合施肥，最佳配施处理为 $NPKM_2$。随施肥时间的延长，土壤微生物生物量碳含量呈衰减趋势，长期耕种与施肥对土壤微生物生物量碳含量水平产生不利影响。

(13) 长期施肥黑土的地力贡献系数及其变化　生产力贡献率是衡量不同肥料连施土地生产力变化的指标。利用每 5 年平均产量来比较各施肥处理对生产力的贡献率。$NPKM_4$ 与全肥生产力保持在同一水平。$NPKM_2$ 比 NPM_2 平均生产力贡献率降低 4.5%左右；NPM_2 平均生产力贡献率比 NPK 高 4.4%，这与有机肥提供大量的 K 有关。施 NP 由于长期不补充钾肥，土地生产力贡献率 20 年内平均下降 16.1%；NM_2 生产力贡献率平均下降 7.8%。有机肥单施土地生产力贡献率比全肥平均减少 19.7%，20 年间生产力水平呈缓慢增加趋势，尤其后 5 年间增加幅度较大，这可能是由于有机肥长期累积效应的作用。N 素化肥长期单施，土壤 P、K 养分耗竭严重，生产力水平在各施肥处理中最小，平均下降 27.1%，尤其后 10 年间平均下降 38.3%。

增产贡献率是衡量当年投入肥料生产能力的指标。以各阶段最高产量为 100%作参照，衡量其他施肥处理的肥料生产力。单施氮肥增产贡献率最小，且呈动态下降趋势，平均减少

43.8%（表14-21），这服从最小养分律，且与土壤养分含量的变化趋势一致。在施氮基础上增施磷肥，平均增产贡献率增加16.9%。在NP基础上施钾增产贡献率增加11.1%。有机肥单施增产贡献率较低，平均减少35.1%，但是，相应的养分携带量较小，受土壤残留养分的累积效应等因素影响，增产贡献率变化呈上升趋势。有机肥与氮肥配施增产贡献率比NPK高1.8%；低量有机肥与NP、NPK化肥配施平均增产贡献率较高；高量有机肥与NPK化肥配施，平均增产贡献率最高。说明有机肥与化肥配施具有提高肥料生产能力的效应。

表14-21　不同施肥黑土生产力贡献率及增产贡献率（%）

施肥	生产力贡献率					增产贡献率				
	1981—1985	1986—1990	1991—1995	1996—2000	平均	1981—1985	1986—1990	1991—1995	1996—2000	平均
CK	51.0	41.5	34.7	31.2	39.6	—	—	—	—	—
N	87.4	80.8	58.3	65.1	72.9	73.4	67.2	36.2	48.1	56.2
NP	91.1	84.7	74.7	85.0	83.9	80.8	73.9	61.3	76.2	73.1
NPK	93.7	96.5	84.9	87.5	90.7	86.1	94.0	76.9	79.7	84.2
M_2	74.0	75.5	77.5	93.1	80.3	48.3	58.1	65.6	87.7	64.9
NM_2	95.4	90.5	81.4	101.4	92.2	89.4	83.7	71.5	99.4	86.0
NPM_2	98.4.	89.9	90.1	101.8	95.1	95.5	82.8	84.9	100.0	90.8
$NPKM_2$	100.0	94.2	85.7	101.5	95.5	100.0	90.1	78.1	99.5	91.9
$NPKM_4$	100.0	100.0	100.0	100.0	100.0	98.7	100.0	100.0	97.4	99.0

多年黑土肥力与肥料效益长期试验的研究结果表明，不均衡施肥条件下黑土耕层土壤有机质含量逐年下降，而休闲、有机无机肥配合施用下增加3.2～8.9g/kg，年平均增加量达0.04～0.22g/kg。25年不施肥处理（CK），耕层土壤有机质年减少0.22g/kg；单施化肥土壤有机质25年下降2.5g/kg。高量有机肥配施化肥（$60m^3$+NPK）耕层土壤有机质由1980年的27.7g/kg升至2004年的36.7g/kg。

黑土土壤肥力总的演变趋势是不均衡施肥条件下，土壤有机质和N、K含量下降，土壤生物活性降低，土壤容重增加，总孔隙度下降，土壤三相比不合理，土壤持水能力降低，有效水含量减少。25年来单施化肥土壤容重增加0.12～0.32g/cm^3，孔隙度下降6.0%～9.0%。自然黑土表层容重多在0.90～1.10g/cm^3之间，而目前黑土耕层容重在1.10～1.47g/cm^3之间，平均1.29g/cm^3，比垦前平均增加了0.20～0.40g/cm^3。

施用有机肥和秸秆还田可明显提高土壤肥力水平，改善耕层土壤理化性状。黑土有机质的年矿化率为2.5%～3.0%，每年每公顷矿化的有机质量为1.5t左右。因此，若要保持土壤有机质的平衡，每年至少需要"归还"1.5t/hm^2以上的有机物质。但是在大部分黑土区，根茬只能补充约1.0t/hm^2土壤有机质，远远低于土壤有机质自身的矿化量，因此传统耕作加速了土壤有机质的耗竭，导致土壤有机质质量的恶化、土壤养分活性的降低，进而导致土壤物理、化学和生物环境的调控能力下降、养分的转化和周转能力减弱、水分的保持和供应能力降低。

黑土农田生态系统养分平衡动态变化及其对农田养分时空演变的影响主要表现为农田中

N、K元素减少，而P素有盈余。因此，精确施用氮肥，灵活施用磷肥，因作物施用钾肥是黑土区提高肥料效益的施肥理论与高效利用技术措施的基础；养分利用状况、土壤养分供给能力和施肥对作物产量的影响是黑土农田生态系统养分利用效率分析主要考虑的三大方面。

(14) 高产土壤亚耕层地力培育技术　试验结果表明，深松与深施肥技术可以明显改善耕层及亚耕层土体物理性状和养分性状，且深施肥具有改善亚耕层土壤肥力的作用（表14-22）。

表14-22　亚耕层培肥措施对土壤肥力的影响

处理		速效N	速效 P_2O_5	速效 K_2O	总孔隙度(%)	自然含水量(%)	三相比
常规施肥	0～20cm	143.4	21.3	154.8	48.8	21.6	1∶0.53∶0.28
	20～40cm	89.6	7.4	97.2	45.8	19.7	1∶0.46∶0.22
基肥深施	0～20cm	119.7	18.1	139.1	50.1	25.1	1∶0.60∶0.35
	20～40cm	102.6	13.7	119.8	47.8	21.8	1∶0.48∶0.31
氮肥深追	0～20cm	131.8	20.4	140.1	51.0	25.1	1∶0.61∶0.34
	20～40cm	110.2	7.0	105.9	49.2	21.8	1∶0.47∶0.32
深松	0～20cm	135.1	19.1	144.6	51.5	26.3	1∶0.63∶0.38
	20～40cm	90.1	7.9	90.1	49.3	20.6	1∶0.50∶0.35
全处理	0～20cm	133.8	21.9	139.8	51.8	25.0	1∶0.62∶0.37
	20～40cm	109.2	14.9	127.0	49.5	22.1	1∶0.51∶0.36

注：表中速效N、速效 P_2O_5、速效 K_2O 含量单位为mg/kg。

从表14-22的结果可以看出，深松对改变耕层及亚耕层的物理性状具有明显作用，深施肥措施对改变耕层及亚耕层的养分状况具有明显作用，同时，也对改变土体的物理性状具有一定作用，最佳组合是由深松+深施肥构成的亚耕层培肥技术。

5. 对作物产量的影响

(1) 不同施肥处理对玉米产量的影响　为探讨施用有机肥、化肥和有机肥与化肥配合对玉米产量的影响，进行了20多年的定位试验研究，结果表明，不施肥（CK）与不施氮肥（施用磷、钾肥）玉米的产量在前10年可保持在4 000kg/hm^2 左右，其后的几年则维持在3 000kg/hm^2 左右波动，总体呈平缓的下降趋势。单施N肥玉米产量可达到8 000kg/hm^2 以上，NPK三元素配施玉米产量可达10 000kg/hm^2 以上。施用化肥的各处理（N、NP、NPK）玉米产量年际间变异较大，主要是由于气候及种植品种的差异。单施有机肥及秸秆还田可大幅度提高玉米产量，多年（1990—2006）平均产量达到9 994.1kg/hm^2 和9 051.5kg/hm^2，是不施肥（CK）区玉米产量（3 651.2kg/hm^2）的2.7倍和2.5倍。

连续26年，每年每公顷施用30m^3 及60m^3 有机肥（有机质含量10%以上）可显著提高玉米的经济产量，但随着有机肥的增加产量未显著增加，说明有机肥不是越多越好，否则易造成资源浪费及效益降低。值得关注的是，NPK配施有机肥与NPK化肥单施相比玉米的产量没有显著差异，说明合理平衡施用化肥同样会取得较好的经济效益。

玉米秸秆还田、施化肥、有机无机肥配施20年长期试验的玉米产量的演变特征如表14-23所示。可以看出，玉米秸秆还田表现为前2年玉米不增产，甚至减产10%～15%，从第三年起，玉米产量开始回升，5 年后产量稳定在 9 400～12 000kg/hm² 之间，比对照增产 2 倍以上，比单施化肥增产 12%～23%。不施肥玉米产量呈急剧下降趋势，由试前的 7 500kg/hm² 左右下降到 2 000～3 000kg/hm²，不施 N 肥（PK 处理）玉米产量变化趋势与对照相同，不施 P（NK 处理）较不施 K 肥（NP）玉米产量低 20%左右。这些结果说明在黑土区三要素对玉米产量的贡献依然是 N>P>K。有机肥与化肥配合施用玉米产量基本稳定在 10 000～14 000kg/hm²，说明秸秆还田与施用有机肥具有相同的稳产和增产作用，有机肥与无机肥配合施用，培肥增产效果显著。

表 14-23　不同施肥处理玉米产量（kg/hm²）

施肥	经济产量	比 CK 增加（%）	生物产量	比 CK 增加（%）
CK	3 050.6	—	8 390	—
N	7 518.6	146.5	17 385.2	107.2
NP	9 114.3	198.8	22 096.9	163.4
NK	7 564.8	148.0	19 099.8	127.6
PK	3 136.2	2.8	8 845.2	5.426
NPK	9 581	214.1	13 708.9	63.4
NPKM	10 574.8	246.6	24 569.1	192.8
1.5NPKM	10 557.9	246.1	24 874.7	196.5
NPKS	9 461.1	210.1	20 110.8	139.7

（2）长期施肥对玉米百粒重及穗粒数的影响　百粒重和穗粒数是评价作物产量的重要指标，与产量有较好的相关性。不同施肥对玉米籽粒及穗粒数影响不同，但二者有较好的同步性。单施一种矿质肥料（N、P、K）与 CK 及 PK 无显著差异，百粒重为 28.54～29.88g，变异系数较小（1.73%）；施 NK、NP 和 NPK 玉米百粒重均在 30g 以上，尤以 NPK 最高(37.75g)，较 CK 高出 29.46%。除单施 N 外，其他单施一种矿质肥料穗粒数同 CK 相差不多，变异系数仅为 1.47%，均在 250 粒左右，而施 NP、NK 及 NPK 玉米穗粒数均在 350 粒以上，分别较 CK 高出 80.19、59.15 和 72.68%。

连续 25 年施用 30m³/hm² 有机肥，玉米百粒重和穗粒数未因配施不同化肥而产生差异；百粒重均在 40g 以上，CV 值仅为 2.0%。而单施化肥 CV 值为 10.54%，每穗粒数均在 400 粒以上。这说明有机肥的长期施用可以避免矿质肥料的单一或不足引起的诸多问题。

（3）亚耕层培肥措施对玉米产量的影响　亚耕层土壤肥力的改善对提高玉米产量具有明显的促进作用。与常规施肥相比，基肥深施、氮肥深追、深松及全处理区增产效果达到极显著水准，分别增产 10.4%、15.6%、15.3%和 20.3%。生物试验与土壤分析的结果也表明，亚耕层培肥措施对土壤肥力与玉米产量有明显的促进作用。

6. 适用区域（或土壤类型）**及推广应用前景**　这项技术是发展高产高效农业的支撑技术，在吉林省乃至东北雨养农业区有广泛的发展前途和推广价值。目前，在吉林省年推广面积有 260 万～330 万 hm²。

（王立春、任军、朱平、刘武仁、闫晓艳、侯立刚）

参 考 文 献

白震，张明，宋斗妍，等 . 2008. 不同施肥对农田黑土微生物群落的影响 [J]. 生态学报，28 (7)：3244 - 3253.

白震，张明，闫颖，等 . 2009. 长期施肥对农田黑土微生物活力与群落结构的影响 [J]. 土壤学报，46 (1)：108 - 117.

白震，张明，张旭东，等 . 2008. 长期磷肥处理农田黑土细菌群落特征 [J]. 应用生态学报，19 (7)：1567 - 1573.

陈恩凤 . 1990. 土壤肥力物质基础及其调控 [M]. 北京：科学出版社，140 - 207.

高崇洋，赵阳国，王爱杰，等 . 2010. 耕作和施肥对不同深度黑土中细菌群落结构的影响 [J]. 微生物学报，50 (1)：67 - 75.

高洪军，彭畅，李强，等 . 2010. 长期施肥对黑土养分供应能力和土壤生产力的影响 [J]. 玉米科学，18 (6)：107 - 110.

高洪军，朱平，等 . 2007. 黑土有机培肥对土地生产力及土壤肥力影响研究 [J]. 吉林农业大学学报，29 (1)：65 - 69.

韩晓增，王凤仙，王凤菊，等 . 2010. 长期施用有机肥对黑土肥力及作物产量的影响 [J]. 干旱地区农业研究，28 (1)：66 - 71.

李东坡，陈利军，武志杰，等 . 2004. 不同施肥黑土微生物量氮变化特征及相关因素 [J]. 应用生态学报，15 (10)：1891 - 1896.

李东坡，武志杰，陈利军，等 . 2004. 长期培肥黑土微生物量碳动态变化及影响因素 [J]. 应用生态学报，15 (8)：1334 - 1338.

李凯，窦森，韩晓增，等 . 2010. 长期施肥对黑土团聚体中腐殖物质组成的影响 [J]. 土壤学报，47 (3)：579 - 583.

梁爱珍，张晓平，杨学明，等 . 2006. 耕作方式对耕层黑土有机碳库储量的短期影响 [J]. 中国农业科学，39 (6)：1287 - 1293.

林英华，朱平，张夫道，等 . 2006. 吉林黑土区不同施肥处理对农田土壤昆虫的影响 [J]. 生态学报，26 (4)：1122 - 1130.

刘鸿翔，张璐，沈善敏，等 . 2001. 黑土长期施肥及有机无机配施的作物产量及土壤肥力质量变化Ⅰ. 作物产量 [J]. 应用生态学报，12 (1)：43 - 46.

刘鸿翔，张璐，沈善敏 . 2002. 黑土长期施肥及有机无机配施的作物产量及土壤肥力质量变化Ⅲ. 土壤养分收支 [J]. 应用生态学报，13 (11)：1410 - 1412.

苗淑杰，周连仁，巧云发，等 . 2009. 长期施肥对黑土有机碳矿化和团聚体碳分布的影响 [J]. 土壤学报，46 (6)：1068 - 1075.

乔云发，苗淑杰，韩晓增 . 2008. 长期施肥条件下黑土有机碳和氮的动态变化 [J]. 土壤通报，39 (3)：545 - 548.

沈善敏，廉鸿志，张璐，等 . 1998. 磷肥残效及农业系统养分循环再利用中长期试验 [J]. 植物营养与肥料学报，4 (4)：339 - 344.

孙宏德，李军，尚惠贤，等 . 1993. 玉米连作黑土培肥效果的长期定位试验研究 [J]. 玉米科学，1 (1)：53 - 56，64.

孙宏德，朱平，等 . 2000. 黑土肥力和肥料效益演化规律的研究 [J]. 玉米科学，8 (4)：70 - 74.

王德禄，刘鸿翔，王守宇，等 . 2001. 黑土长期施肥及养分循环再利用的作物产量及土壤肥力质量变化Ⅱ.

养分在作物体内分配 [J]. 应用生态学报，12 (6)：845－848.

王继红，刘景双，于君宝，等.2004. 氮磷肥对黑土玉米农田生态系统土壤微生物量碳、氮的影响 [J]. 水土保持学报，18 (1)：35－38.

王建国，韩晓增，刘鸿翔.1997. 黑土农田化肥氮素去向的研究 [J]. 生态学杂志，16 (5)：61－63.

王晶，朱平，张男，等.2003. 施肥对黑土活性有机碳库和碳库管理指数的影响 [J]. 土壤通报，34 (5)：394－397.

王斯佳，韩晓增，侯雪莹.2008. 长期施肥对黑土氮素矿化与硝化作用特征的影响 [J]. 水土保持学报，22 (2)：170－173，190.

吴珊眉，刘德辉，倪苗娟，等.1991. 有机—无机肥配施下氮钾的渗漏损失 [J]. 南京农业大学学报，14 (3)：68－72.

徐金忠，孟凯，崔晓阳，等.2009. 不同施肥处理对黑土腐殖质组成的影响 [J]. 东北林业大学学报，37 (11)：84－85.

战丽莉，许艳丽，韩晓增.2012. 长期施肥对黑土玉米田土壤动物影响 [J]. 土壤与作物，1 (2)：94－99.

张迪，韩晓增，侯雪莹.2011. 长期不同施肥管理对黑土活性有机碳及碳库管理指数的影响 [J]. 土壤通报，42 (3)：654－658.

张明，白震，张威，等.2007. 长期施肥农田黑土微生物量碳、氮季节性变化 [J]. 生态环境，16 (5)：1498－1503.

张素君，张岫岚，刘鸿翔，等.1994. 东北黑土地区农业中磷肥残效的研究 [J]. 土壤通报，25 (4)：178－180.

郑铁军.1998. 黑土长期施肥对土壤磷的影响 [J]. 土壤肥料 (1)：39－41.

周宝库，张喜林.2005. 长期施肥对黑土磷素积累、形态转化极其有效性影响的研究 [J]. 植物营养与肥料学报，11 (2)：143－147.

朱兆良，文启孝.1992. 中国土壤氮素 [M]. 南京：江苏科学出版社，213－245.

邹文秀，韩晓增，王守宇，等.2009. 长期施肥对大豆地土壤蒸发和水分利用效率的影响 [J]. 大豆科学，28 (3)：487－490.

第十五章　棕壤质量培育技术与模式

棕壤，曾称棕色森林土，在系统分类上为淋溶土纲，是在湿润暖温带落叶阔叶林下形成的土壤，其淋溶作用较强，黏土矿物处于硅铝化脱钾阶段，土壤呈微酸性，盐基饱和度较高，具有明显的黏化特征，心土层（B层）呈鲜棕色，成土母质多为酸性母岩风化物。棕壤在中国的分布纵跨辽东与山东半岛。另外，在半湿润半干旱地区的山地，如燕山、太行山、嵩山、秦岭、伏牛山、吕梁山和中条山的垂直带谱的褐土或淋溶土之上以及南部黄棕壤地区的山地上部也有棕壤分布。我国棕壤面积总计 2 015.3 万 hm^2，其中在辽宁面积最大，为 502.3 万 hm^2，占土类面积 24.9%（全国土壤普查办公室，1998）。

第一节　棕壤的特点及作物种植与耕作管理方式

棕壤分布区具有暖温带湿润和半湿润气候特征，夏季多雨，冬季干旱，水热同季，干湿分明，年均温 5～15℃，≥10℃积温 2 700～4 500℃，年降水量 500～1 200mm，干燥度 0.5～1.4，无霜期 120～220d，但由于受东南季风、海陆位置及地形影响，东西之间地域性差异极为显著。这种气候条件也决定了棕壤在土壤肥力及生产力等方面与其他类型土壤的差异，以及其在作物栽培与耕作管理方式上的特点。

一、耕地质量状况

棕壤成土过程具有明显的淋溶与黏化、生物富集与分解及元素迁移的地球化学过程。淋溶与黏化：棕壤在成土过程中所产生碱金属和碱土金属等易溶性盐类均被淋溶，土体中已无游离碳酸盐存在。土壤胶体表面部分为氢铝离子吸附，因而产生交换性酸，土壤呈微酸性至酸性反应，但在耕种或自然富盐基的影响下，土壤反应接近中性，盐基饱和。生物富集与分解：棕壤分布区气候温暖湿润，在森林植被下的生物富集作用相当旺盛，土壤表层形成丰厚的腐殖质层，有机质一般在 50g/kg 以上，高者可达 100g/kg。但棕壤分布区的森林植被已被破坏，严重影响了生物富集，特别是垦耕后的棕壤，生物富集明显减弱，表土有机质含量锐减到 10～20g/kg。元素迁移的地球化学特征：棕壤形成过程中，矿物质元素的迁移、富集与成土母质类型有密切关系，棕壤元素迁移的地球化学特征是，铝和铁有所富集，而脱硅、脱钾作用常有发生。

棕壤理化特性中土壤 pH 呈微酸性至中性反应，盐基饱和度与 pH 呈正相关，其多在 50%以上，高者可达 80%以上，少数棕壤 pH<6.0，盐基饱和度多在 50%以下，甚至低于 30%。棕壤指示性黏土矿物以水云母为主，还有一定量的蒙脱石、高岭石和少量的蛭石与绿泥石，但因成土母质和地区差异，黏土矿物的伴生组合类型也有一定差异。棕壤多为农林业用地，其养分状况，特别是土壤有机质及氮素营养有很大变化。棕壤在良好森林植被覆盖下，有机质含量可在 80g/kg 以上，在森林被破坏后，有机质及含氮量随之下降，有机质一

般小于 50g/kg，低者小于 30g/kg。山东和辽宁棕壤分布区的垦殖指数最高，加之农业利用历史悠久，有机质含量的平均值分别减少到 8.0g/kg 和 19.8g/kg，氮素含量降低到 0.52～0.87g/kg。棕壤的磷、钾养分状况取决于成土母质磷、钾矿物的种类和数量，在某些自然植被较好的表土和长期耕种熟化的耕地，土壤全磷和速效磷含量仍较高；棕壤钾素含量具有以下特点：第一，除石英岩和玄武岩母质发育的棕壤，全钾含量＜20g/kg 外，其余母质形成的棕壤，全钾含量均＞20g/kg，高者可达 30g/kg；第二，速效钾含量，不论何种母质、何种利用方式，表层大都在 100mg/kg 以上。

二、作物种植类型与种植制度

棕壤区具有良好的生态条件，生物资源丰富，土壤肥力较高，自古以来，棕壤地区已成为我国发展农业、林业、果木、柞蚕、药材的重要生产基础。

棕壤区的农用地面积占棕壤总面积的 18.9%，其中棕壤在丘陵和高阶地区的垦殖指数最高，山东为 72.1%，辽宁为 37.0%，在山地垂直带棕壤的垦殖系数最低，一般在 1%～5%之间。平原区棕壤地势平坦，土体深厚，质地适中，水热条件好，基础肥力高，生产性能好，加之耕作较为精细，土壤熟化程度较高，适种作物有玉米、小麦、高粱、大豆、花生、棉花等。辽宁为一年一熟，粮食单产为 3 375～7 500kg/hm^2。山东、江苏为一年两熟或两年三熟，粮食单产为 7 500～11 250kg/hm^2。山丘区耕种棕壤分布地势较高，常有不同程度的水土流失，排水条件好，适种作物有玉米、小麦、高粱、大豆、谷子、杂粮、黄烟等。山地垂直分布带的棕壤农用地主要分布于海拔 1 500～3 600m 的中高山地带，因受高山冷凉气候影响，农用价值不大，产量也较低，一般种植马铃薯、小麦、荞麦、青稞、蚕豆、豌豆等。

三、耕作制度与耕作管理方式

东北地区棕壤农田灌溉设施较少，多为雨养旱地农业，以往耕作主要包括耕、扣、攒、铲、趟、翻、压等，随着农业机械化水平的提高，现多以旋耕、起垄、镇压为主，且随着农用土地制度的改革，农田破碎化程度加剧，造成了深松和翻耕过程的减少甚至消失，土壤物理性状恶化，犁底层抬高，影响作物根系生长和农田水分、养分循环过程。作物种植为一年一季，多为玉米、大豆或二者轮作。

华北和山东半岛棕壤农田，多为两年三季，农作物多为冬小麦、玉米，经济作物为棉花、花生等。冬小麦种植应科学运筹肥水，底肥随整地播种施入，11～12 月进行冬灌并追施氮肥，翌年 4 月浇拔节水并追施氮肥，最后注重灌浆水和麦黄水灌溉。第二茬玉米播种，可以麦收后留高茬，整地播种，注重玉米拔节期养分供给。

设施农业也是棕壤地区一种主要的农业用地方式，主要进行日光温室条件下的蔬菜种植，辽宁地区多实行一年三季种植模式，从当年 10 月至翌年 9 月分别种植叶菜类蔬菜、果菜类蔬菜和豆科蔬菜，尤其以第二季果菜类水肥供应最为充足，但也因高强度种植与大量肥料施用等因素造成菜地土壤养分富集与土壤质量退化。

总体上，我国东部丘陵和高阶地棕壤农业区可供开发的后备资源少，现有耕地逐年减少，且坡地多平地少，中低产田面积大。由于不合理的农业利用，水土流失加剧，土壤肥力下降。改良利用重点：第一，加强水土保持措施，实现坡耕地梯田化，兴修以闸山沟为主的水利工程，造林、护坡、截流，防治水土流失。第二，因地制宜综合治理与改造中低产田土壤。首要问题是广开肥源，培肥地力。发展农区畜牧业并推广玉米秸秆还田或麦收留高茬还田。合理施用化肥，特别是增施磷肥，补施钾肥，全面推广优化配方施肥技术。第三，陡坡退耕还林还草，良田应防止“弃耕种果”的不合理现象，挖掘水源扩大水浇地面积，发展节水灌溉。

第二节　棕壤区耕地质量培育的典型技术模式

一、雨养旱地化肥均衡施用技术模式

随着配方施肥技术的开展，我国大部分地区已充分认识到化学养分均衡施用的重要性，尤其氮、磷养分更是如此，据 Miao 等（2011）统计，我国氮肥用量达 3 540 万 t，磷肥用量 1 150 万 t，但对钾肥的利用还未受到应有的重视，尤其在一些经济欠发达地区更是如此。针对化肥养分投入不均衡的现实，在此提出雨养旱地农田化肥均衡施用的技术模式。

1. 技术模式主要内容与操作方式

①技术模式：种植玉米、大豆或二者轮作，利用常规旋耕整地起垄，进行 N、P、K 化肥均衡施用，以实现提高作物产量的目标。

②模式特点：将 N、P、K 化肥优化配比，基本实现养分供给与作物需养量平衡，与作物需养时期相匹配，维持土壤养分收支平衡，减少农业生产对环境的影响，实现持续高产。

③操作方式：玉米种植时 N、P、K 肥用量分别在 150kg/hm^2、25kg/hm^2 和 60kg/hm^2 左右，其中 40%N 肥与全部 P、K 肥基施，60%N 肥在玉米拔节期追施，并辅以趟地作业，以改善垄体构型，覆盖杂草，减少降雨所产生径流。大豆种植时，N 肥用量可调整至 25～50kg/hm^2，P、K 肥用量与玉米相同，NPK 肥均在播种期基施。秋季收获后当季或在翌年春季进行旋地起垄。

为更准确的描述该模式的特点，在此分析布置在棕壤地区的长期定位试验，比较了化肥非均衡施用与均衡施用对农田生产力、土壤养分收支、土壤微生物活性等方面的影响，试验处理如下：

氮、磷、钾肥分别为尿素、重过磷酸钙、硫酸钾，其中肥料用量，玉米氮肥 150kg/hm^2，大豆 1990—2002 年不施 N 肥，2003 年后施氮肥 25kg/hm^2；磷肥每年纯磷 17.9kg/hm^2（1990—1996），1997 年后调整为 25kg/hm^2；钾肥 60kg/hm^2。3 次重复，分别种植大豆—玉米—玉米，并依次轮作，作物产量为 3 者平均值。共 8 个处理（对照与 7 个不同化肥组合处理，分别为 CK、N、P、K、NP、NK、PK 和 NPK 处理）。

2. 对作物产量影响　从表 15 - 1 的结果可以看出，各处理中 NPK 产量最高，达 5 581kg/hm^2，化肥增产贡献率为 4.42%～74.01%，氮肥的施用增产作用明显。但单施氮肥随着时间延长，磷钾养分的缺失造成作物产量呈下降趋势（宇万太等，2007c）；2005 年单施氮肥的作物产量与 1990 年比较，下降了 45.70%，其中大豆产量下降了 58.15%，玉米产量下降了 44.01%。对照（CK）的产量一般都最低，且呈逐年下降的总体趋势；无 N 处理（P、K、PK 处理）的作物产量也较低，其总体变化趋势与 CK 相仿，表明氮素是该地区农业生产的主要限制因子，在作物增产中起着十分重要的作用。对于 P、K 养分，试验开始时 NK 与 NP 处理作物产量与 NPK 处理相近，但因连年不施 P 或 K 肥，使这 2 个处理的作

物产量与NPK处理相比普遍降低，而NPK处理的作物产量与试验初期接近，说明养分非均衡施用不利于农业的可持续发展，氮磷钾化肥配施利于实现持续高产。

表15-1 施肥对产量的贡献

处理	年平均产量（kg/hm^2）	平均增产率（%）	肥料对作物产量贡献率（%）
CK	3 207	100.00	—
N	4 399	137.15	27.09
P	3 487	108.72	8.02
K	3 349	104.42	4.23
NP	5 006	156.08	35.93
NK	4 840	150.90	33.73
PK	3 824	119.21	16.12
NPK	5 581	174.01	42.53

注：肥料对作物产量贡献率$=\frac{\text{某施肥处理}-\text{不施肥处理}}{\text{某施肥处理}}\times 100\%$。

根据表15-1，对棕壤地区而言，当单独施用氮肥时，氮素对作物产量的贡献率为27.1%，要大于磷、钾肥单施对作物产量的贡献率；当N分别与P、K肥配施时，NP和NK对产量的贡献率相差不大，分别为35.9%和33.7%；但是，当NPK配合施用时，其对作物产量的贡献率要远远大于其他6个施肥处理，达到42.5%，这与林葆等（1994）及奚振邦（2004）得出的长期试验下肥料对作物产量贡献率结果相一致。总体而言，肥料配施可以提高肥料对产量的贡献率（徐浪和贾静，2003），更有利于作物的高产稳产。

从年际变化来看，肥料对产量的贡献率是波动的（图15-1、图15-2），其中N处理贡献率的波动幅度最大，表明单施氮肥其增产效果并不稳定。但在总体趋势上，16年中N、NP、NK、NPK处理的肥料贡献率是波动增加的（图15-1），而P、K、PK处理肥料贡献率变化较小，且这3个处理在个别年份的肥料贡献率为负值。这说明下辽河平原主要养分限制因子是氮，粮食作物要获得高产必须施用足量的氮肥（林葆等，1994；郑剑英等，1990）。

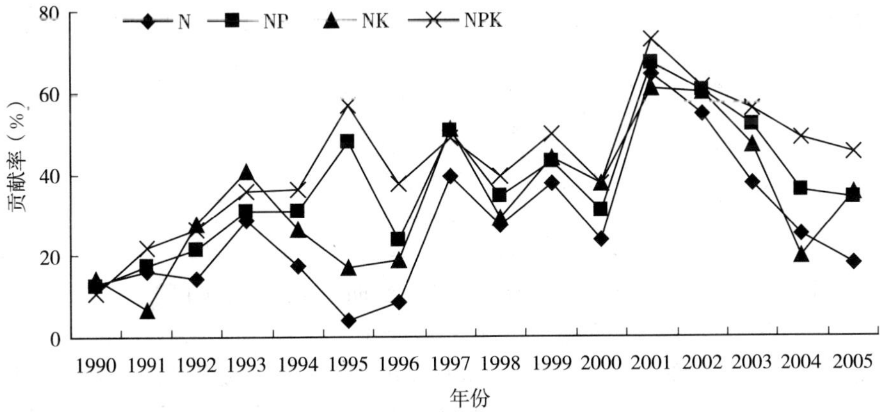

图15-1 施氮肥处理肥料对产量贡献率的年际变化

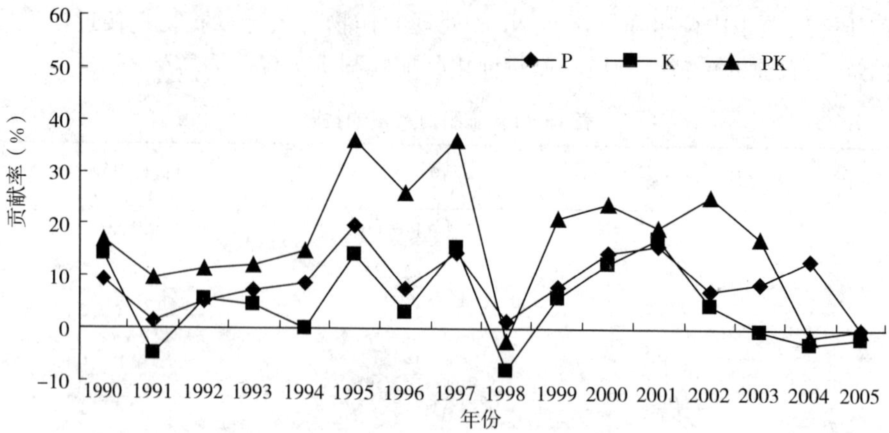

图 15-2　不施氮肥处理肥料对产量贡献率的年际变化

由表 15-2 可以看出，氮肥单施或配施增产效果均很明显，分别为 37.2%和 54.8%，每千克氮肥平均可增产籽实 7.9～11.7kg/hm²。磷肥的增产效果明显低于氮肥，平均增产效果为 8.7%～23.1%，但在与氮钾肥配施时单位重量磷肥平均可增产 29.6kg/hm²，显著提高了其肥效。钾肥的平均增产效果远远低于氮，仅为 4.4%，钾肥的这种低效应可能与棕壤钾素肥力水平较高，施钾只在个别干旱年份有效有关。从氮、磷、钾的增产效果看，总趋势是 N＞P＞K，且氮肥与磷、钾配施后，增产效果明显提高（表 15-1）。

表 15-2　化肥 NPK 的增产效果和对作物产量的贡献率

施用方法		计算式	增产量（kg/hm²）	增产率（%）	肥料组分贡献率（%）	平均贡献率（%）
N	单施	N-CK	1192	37.15	27.09	29.93
	配施	NK-K	1491	46.48	30.80	
		NP-P	1519	47.36	30.34	
		NPK-PK	1757	54.79	31.49	
P	单施	P-CK	280	8.72	8.02	11.46
	配施	PK-K	475	14.81	12.41	
		NP-N	607	18.92	12.12	
		NPK-NK	741	23.11	13.28	
K	单施	K-CK	142	4.41	4.23	8.11
	配施	PK-P	337	10.49	8.81	
		NK-N	441	13.74	9.11	
		NPK-NP	575	17.93	10.3	

就不同肥料间交互作用及其对作物产量的贡献而言，N、P 的交互作用可以增产粮食 327kg/hm²，其增产效应为 10.21%，N、K 的交互作用增产粮食 299kg/hm²，增产效应为 9.33%，而 P、K 的交互作用增产粮食 195kg/hm²，增产效应仅为 6.07%，说明在下辽河平原雨养农业条件下，N 肥对作物产量的提高是至关重要的，其次是 P，最后是 K。N 与 P、K 的交互作用均可提高近 10%的作物产量，P、K 的交互作用仅可提高 6%的作物产量。

同时，当 N、P、K 配合施用时，三元素之间的交互作用可以增产粮食 760kg/hm²，增产效率为 23.72%。三元素的交互作用较大，主要是由于其中包括 NP、NK、PK 之间的交互作用，3 种肥料之间的交互作用并不是两两肥料之间的简单相加，而是存在一定的交互作用机理。

综上，化肥养分的均衡施用可以显著提高作物产量，尤其氮素是棕壤地区粮食生产的主要限制因子，氮、磷、钾配施均可获得较高的作物产量。化肥单施时肥料对产量的贡献率 N>P>K，且肥料配施可以大大提高肥料对产量的贡献率。在 16 年中，肥料对产量的年际贡献率 N、NP、NK、NPK 处理总体呈上升趋势，而无 N 处理则表现出下降的趋势。

3. 对农田养分收支状况的影响　不同施肥模式下养分输入与移出量列于表 15－3 与表 15－4。根据沈善敏（1998）估计，大豆收获氮的 1/3 来自土壤氮贡献，因此其年均土壤氮素移出量低于玉米，但总收获氮量远高于玉米；而大豆磷、钾移出量明显低于玉米（宇万太等，2007a）。化肥施用不仅提高了作物的产量（表 15－1），亦提高了随作物收获移出的养分量（表 15－4），化肥均衡施用条件下养分移出量是对照的 1.7～2.1 倍。

表 15－3　1990—2009 年不同施肥处理养分年均输入量（kg/hm²）

养分	肥料	施肥处理			
		CK	N	NP	NPK
N	化肥	0.0	102.9	102.9	102.9
	循环肥	0.0	0.0	0.0	0.0
	合计	0.0	102.9	102.9	102.9
P	化肥	0.0	0.0	22.5	22.5
	循环肥	0.0	0.0	0.0	0.0
	合计	0.0	0.0	22.5	22.5
K	化肥	0.0	0.0	0.0	60.0
	循环肥	0.0	0.0	0.0	0.0
	合计	0.0	0.0	0.0	60.0

表 15－4　1990—2009 年不同施肥处理年均养分移出量（kg/hm²）

养分	作物	施肥处理			
		CK	N	NP	NPK
N	大豆	36.8a	37.4ab	45.4bc	53.6c
	玉米	68.3a	117.9b	136.9c	154.6d
	平均	57.8	91.1	106.4	120.9
P	大豆	7.9a	7.9a	10.7b	13.5c
	玉米	12.4a	15.6b	20.1c	22.6d
	平均	10.9	13.0	17.0	19.6
K	大豆	20.0a	21.3ab	25.4b	34.3c
	玉米	29.6a	37.1b	39.2b	48.9c
	平均	26.4	31.8	34.6	44.0

注：小写字母不同表示处理间差异显著（$P<0.05$）。

根据表 15－3 与表 15－4 的试验，20 年间年均养分收支（表 15－5）对于氮，无肥条件下年均赤字最高，单施氮肥可满足作物生长对氮的需求，而当氮与磷或磷钾肥配施时，因作物产量的提高，无机氮肥的施用已无法维持土壤氮的收支平衡，长此以往必定导致土壤氮素肥力下降。无机磷、钾肥的施用可维持土壤磷、钾养分收支平衡并略有盈余。总体上，氮肥的施用加速了土壤磷消耗，氮肥与磷肥配施更加快了土壤钾素耗竭。

表 15－5　1990—2009 年不同施肥处理年均养分收支（kg/hm^2）

养分	项　目	施肥处理			
		CK	N	NP	NPK
N	施肥输入	0.0	102.9	102.9	102.9
	作物移出	57.8	91.1	106.4	120.9
	年收支	−57.8	11.8	−3.5	−18.0
P	施肥输入	0.0	0.0	22.5	22.5
	作物移出	10.9	13.0	17.0	19.6
	年收支	−10.9	−13.0	5.5	2.9
K	施肥输入	0.0	0.0	0.0	60.0
	作物移出	26.4	31.8	34.6	44.0
	年收支	−26.4	−31.8	−34.6	16.0

对于土壤养分收支，在无相应化肥供应时将出现明显的土壤养分赤字，但不均衡的化学养分输入模式也无法达到高产、稳产目标，形成“短板”效应，限制农作物产量进一步提高。单施氮肥显然无法保持作物的高产，氮磷配施虽可提高作物产量，而钾素的缺失势必影响土壤功能的进一步发挥。Regmi 等（2002）也发现在不施磷肥条件下，稻田仅可维持短期产量，对钾肥的忽视也可造成作物减产 40%～45%。NPK 处理可得到较高作物产量，但对于玉米和大豆分别施用 $150kg/hm^2$ 和 $25kg/hm^2$ 无机氮肥不足以维持农田土壤养分平衡，而进一步提高无机氮肥将导致氮肥利用率的降低（Ma 等，2010）；同时许多研究也发现，随氮肥用量的增加，更多的氮素将进入环境（Yadav 等，2000；张维理等，2004）。可见尽管均衡的化学养分输入，仍可能导致土壤养分收支失衡，或造成对生态环境的影响。随无机养分的大量施用，农业生产长期忽视有机肥的施用，而有机肥对于维持土壤养分收支平衡、稳定作物产量、提高肥料利用效率均具有明显作用（Vanlauwe 等，2001）。

4. 对土壤微生物生物量及其周转的影响　农田生态系统中土壤微生物量的变化主要受环境条件、植物生长、施肥方式等因素的综合影响，土壤微生物量碳是表征土壤微生物数量的重要指标，不同施肥处理条件下土壤微生物量碳表现出较大差异。由表 15－6 可以看出，在作物整个生长期 CK 处理的微生物量碳最小，为 152.5mg/kg，NPK 处理微生物量碳最大，为 203.1mg/kg。方差分析显示，就全年平均水平而言各处理之间的土壤微生物量碳差异均显著（$P<0.05$）。

出现上述结果的原因，可能是由以下几个因素共同作用的结果：①施用化学肥料促进作物根系的生长，大量留田根茬提高了微生物的活性，加速了土壤原有的和新鲜的有机物质的分解、矿化（沈宏和曹志洪，1998）；②NPK 处理作物产量较施 N 和 NP 处理高，经过十几年的定位施肥后，NPK 处理通过根茬归还土壤的累计残茬量要明显高于 N 和 NP 处理，这也可能是 NPK 处理微生物数量显著高于 N 和 NP 处理的重要原因；③土壤养分含量与微生物数量存在较好的正相关性，由于土壤中的养分元素是多样的，不同土壤中养分丰缺程度也各不相同，因此，土壤肥力水平对微生物的影响非常复杂（Abbott 和 Murphy，2003）。土壤微生物的生命活动不仅需要能源，也需要生命元素，土壤养分限制因子及其水平都会影响微生物的生命活动（李秀英等，2005）。在长期定位条件下，由于养分供应的种类和数量相对固定，有些养分因长期得不到补充而成限制因子，如 N 处理或 NP 处理，土壤 K 可能成为限制因子，所以，NPK 平衡施肥处理的土壤微生物量碳含量明显高于 N 和 NP 处理。

表 15-6　玉米生长期不同处理土壤微生物碳量（mg/kg）

	播种前	出苗期	拔节期	抽雄期	灌浆期	完熟期	收获期	上冻前	平均
CK	101.3Aa	136.1Ac	149.8Cd	185.1Ae	192.6Af	191.2Af	151.4Ad	112.8Ab	152.5A
N	112.7Aa	148.9Bc	142.2Bbc	186.7Ae	201.7Bf	200.6Bf	168.9Bd	121.1Bb	160.3B
NP	121.6Ba	158.7Cc	135.2Ab	201.4Be	215.6Cf	224.0Cg	176.8Cd	140.2Cb	171.7C
NPK	130.7Ca	161.7Cb	195.2Dc	251.0Cd	251.3Dd	276.5De	204.6Dc	153.6Db	203.1D

注：大写字母不同表示同一时期不同处理间差异显著，小写字母不同表示同一处理不同时期差异显著（$P<0.05$）。

各处理中土壤微生物量碳的转移量和库容量均随施肥进步而增加，表明均衡施用化肥也能提高土壤微生物量的整体水平，加快土壤微生物的循环周转速度（表 15-7），提高对土壤养分的调节作用。CK 处理的土壤微生物量碳的周转期最长，为 1.37 年，与施肥处理间存在明显差异。可以认为土壤有机质含量高，其土壤微生物量及生物活性也较高，表现在土壤微生物碳的周转强度大。说明肥沃土壤具有持续稳定的供肥能力，这不仅与肥沃土壤具有宏大的有机养分库有关，也与土壤中活性有机营养库更新、周转的速度关系密切。据此可以认为，土壤中微生物量的多少可以是表征土壤肥力的一个指标，但微生物量的更新、周转速率应是表征土壤肥力更为重要的指标。

表 15-7　不同处理土壤微生物碳的周转特征

处理	转移量（mg/kg）	库容量（mg/kg）	周转率	周转期（a）
CK	111.31	152.53	0.73	1.37a
N	118.44	160.34	0.74	1.35b
NP	131.03	171.68	0.76	1.31c
NPK	171.12	203.06	0.84	1.19d

注：小写字母不同表示处理间差异显著（$P<0.05$）。

施肥不仅改变了土壤微生物量与周转特征，而且对微生物氮素功能群也有明显的影响（徐永刚等，2010）。施肥增强了土壤氨化作用、硝化作用和反硝化作用强度，这是因为施肥给相关微生物提供了作用底物，同时，随化肥施用造成土壤 pH 降低，也会在一定程度上影响硝化作用的强度。

通过以上长期定位试验可以看出，辽宁地区化肥养分的均衡施用有利于作物产量提高，但无机氮肥的施用已无法维持土壤氮的收支平衡，长此以往将导致土壤氮素肥力下降，进一步增加化肥 N 的投入则易造成更多 N 素进入环境，形成危害。无机磷、钾肥的施用可维持土壤磷、钾养分收支平衡并略有盈余。

5. 适用区域与推广前景 本技术模式主要应用于棕壤旱地农田，改变原有只重视氮肥，忽视磷、钾肥的施肥模式，采用均衡的化肥养分供给模式，实现作物高产。

该技术模式将均衡配比化肥养分与常规耕作相结合，能够在棕壤雨养旱地农田得到较高产量，并基本维持土壤 N、P、K 养分的收支平衡，操作简单，适宜大面积使用和推广。

二、农田生态系统养分循环再利用的有机—无机肥配施模式

近年来，随无机养分的大量施用，农业生产长期忽视有机肥的施用，而有机肥对于维持土壤养分收支平衡，稳定作物产量，提高农田生产力和改善土壤质量均具有明显作用，这在农业生产中应予以充分重视。根据这一现状，本技术模式将种植业、养殖业相结合，在农田生态系统养分循环前提下，配合化肥的均衡施用，以实现农业生产实际条件下耕地地力的提升与土壤质量的改良，增加作物产量，减少农业生产对环境的影响，提高生态效益。

1. 技术模式主要内容与操作方式

①技术模式：主要针对棕壤地区玉米和大豆的种植，在常规旋耕整地前，将腐熟有机肥施入，播种时施入化肥，实现增加作物产量、改善土壤质量、减少农业生产对环境影响等目标。

②模式特点：在农田生态系统内部将种植业和养殖业相结合、有机无机相结合，实现养分的循环利用，减少农村废弃物对环境的影响，实现资源化利用，兼顾经济效益与生态效益。

③操作方式：将以农户为单位的畜禽养殖所产生的粪便排泄物进行收集、堆腐，在旋耕整地以前施入农田，随旋耕实现与土壤的充分混匀。播种期间施用 N、P、K 基肥，并在玉米拔节等需养关键期进行追肥，同时进行趟地作业。

在辽宁布置的一组长期定位试验，模拟了这种模式对农田地力、土壤养分收支及土壤微生物等方面的影响，具体试验处理与操作方式如下：

对照处理（CK），不施肥；循环有机肥（M），收获大豆与玉米籽实的 80％喂猪，全部大豆秸秆和一半玉米秸秆经粉碎后垫圈，翌年春猪圈肥循环返回原处理；氮肥处理（N），玉米施纯氮 150kg/hm^2，大豆 1990—2002 年不施 N 肥，2003 年以后播种时施纯氮 25kg/hm^2；氮＋循环有机肥（N＋M），氮肥用量同 N 处理，循环有机肥操作同 M 处理；氮磷处理（NP），氮肥用量同，磷肥用量每年纯磷 17.9kg/hm^2（1990—1996），1997 年后调整为 25kg/hm^2；氮磷＋循环有机肥（NP＋M），氮、磷同 NP 处理，循环有机肥操作同 M 处理；氮磷钾处理（NPK），NP 同 NP 处理，每年施用纯钾 60kg/hm^2；氮磷钾＋循环有机肥（NPK＋M），NPK 同 NPK 处理，循环有机肥同 M 处理。3 个处理分别种植大豆—玉米—玉米，并依次轮作。

2. 对作物产量的影响 施肥对大豆和玉米产量具有显著影响。随有机循环肥的施用，玉米和大豆产量均高于相应无循环肥的化肥处理，有机肥分别使大豆和玉米增产 22.9％和 16.4％（表 15－8）。但从表中仍然可以看出，单纯养分循环仅可在一定水平上提高作物的产量，若不辅以化肥的施用，则很难使作物获得高产，如在养分循环利用基础上施用氮肥，可使产量与 NPK 或 NPK＋M 处理产量持平，达到 7 270kg/hm^2，但在无化肥磷、钾输入的情况下，也可能造成土壤中磷、钾养分库的消耗，导致养分收支失衡。

表 15-8　1990—2009 年不同施肥处理作物产量

处理	大豆		玉米	
	籽实	秸秆	籽实	秸秆
CK	1 516a	1 379a	4 097a	4 541a
M	2 009bc	1 887b	5 575b	5 476bc
N	1 532a	1 458a	5 985b	5 054ab
N+M	2 037bc	1 990bc	7 265cd	5 953cd
NP	1 786ab	1 986bc	6 774c	5 840cd
NP+M	2 218cd	2 420d	7 611d	6 403d
NPK	2 230cd	2 295cd	7 589d	6 296d
NPK+M	2 418d	2 532d	7 997d	6 994e

注：小写字母不同表示处理间差异显著（$P<0.05$）。

对于作物产量而言，与对照相比，循环有机肥显著提高玉米和大豆籽实产量，表明我国传统的养分循环再利用在无化肥输入条件下对农业生产意义重大（马强等，2006），尤其对大豆，即使播种时施用 25kg/hm^2 无机氮肥，N 处理产量仍显著低于 M 处理。但单施循环有机肥尚无法达到高产稳产的目的，不符合现代农业要求。随氮肥引入我国，玉米等作物产量有了明显提高，且氮肥对玉米的肥效明显优于大豆，一方面原因是大豆固氮作用降低了其对氮肥的依赖，另一方面当地施肥习惯是对大豆不施或少施氮肥，不足以明显提高大豆产量。随无机磷肥、钾肥配合氮肥的施用，玉米产量均显著提高，而大豆仅在 NPK 配施条件下产量才显著提高，表现出对肥料响应的不同。系统内养分循环再利用在养分施用不均衡条件下可显著提高作物经济产量，表现出对无机养分的补充作用。同时，随养分均衡与充分供给，玉米秸秆/籽实比例呈降低趋势，循环有机肥的施用也在一定程度上降低了该比值，说明养分条件的改善有利于玉米生殖生长，优化光合产物在作物体内的分配；而大豆却并未表现出这种变化。

3. 对农田养分收支状况的影响　从表 15-9 与表 15-10 中可以看出，随循环有机肥输入农田的氮、磷、钾养分占化肥氮、磷、钾的 40.2%～53.5%、37.3%～58.2%和 37.3%～56.7%，农田生态系统内养分循环是农田重要的养分供给源，如果忽视这部分养分不仅造成浪费，还会给环境造成极大的威胁。

表 15-9　1990—2009 年不同施肥处理养分年均输入量（kg/hm^2）

养分	肥料	施肥处理				
		CK	M	N+M	NP+M	NPK+M
N	化肥	0.0	0.0	102.9	102.9	102.9
	循环肥	0.0	41.4	48.6	51.5	55.0
	合计	0.0	41.4	151.5	154.4	157.9
P	化肥	0.0	0.0	0.0	22.5	22.5
	循环肥	0.0	8.4	9.3	11.7	13.1
	合计	0.0	8.4	9.3	34.2	35.6

（续）

养分	肥料	施肥处理				
		CK	M	N+M	NP+M	NPK+M
K	化肥	0.0	0.0	0.0	0.0	60.0
	循环肥	0.0	22.4	25.1	28.7	34.0
	合计	0.0	22.4	25.1	28.7	94.0

表 15-10　1990—2009 年不同施肥处理年均土壤养分移出量（kg/hm^2）

养分	作物	施肥处理				
		CK	M	N+M	NP+M	NPK+M
N	大豆	36.8a	48.7b	49.9bc	54.9bc	58.1c
	玉米	68.3a	95.1b	145.6de	156.4ef	168.7f
	平均	57.8	79.6	113.7	122.6	131.8
P	大豆	7.9a	11.0b	10.9b	13.9c	15.1c
	玉米	12.4a	17.2bc	19.2cd	23.8ef	25.8f
	平均	10.9	15.1	16.4	20.5	22.2
K	大豆	20.0a	28.3c	29.6cd	33.6d	39.4e
	玉米	29.6a	37.5b	44.5c	45.0c	58.1d
	平均	26.4	34.4	39.5	41.2	51.9

注：小写字母不同表示处理间差异显著（$P<0.05$）。

根据表 15-10 中结果，施用循环有机肥对作物的氮、磷、钾移出量有明显影响，除 NPK 与 NPK+M 处理外，施循环有机肥处理的土壤氮、磷、钾移出量均显著高于相应的未施有机肥的处理（马强等，2011）。

实际上，单独的养分循环再利用虽可一定程度上缓解氮、磷、钾赤字，即通过循环减少农田生态系统中氮、磷、钾等养分的输出，但由于作物收获及生猪出栏等也带走了一部分养分，所以，整体上该生态系统中氮磷钾的平衡仍为赤字，土壤中每年均要支持一定数量的氮磷钾养分。所以，补充相应的养分量，即在此基础上增加有机肥与化肥的施用，则可以使损失或减少的养分得到相应补充，甚至补充量可能大于损失或减少的量，因此将更有利于维持土壤养分收支平衡并实现略有盈余（表 15-11）。

表 15-11　1990—2009 年不同施肥处理年均养分收支（kg/hm^2）

养分	项　目	施肥处理				
		CK	M	N+M	NP+M	NPK+M
N	施肥输入	0.0	41.4	151.5	154.4	157.9
	作物移出	57.8	79.6	113.7	122.6	131.8
	年收支	−57.8	−38.2	37.8	31.8	26.1

（续）

养分	项　目	施肥处理				
		CK	M	N+M	NP+M	NPK+M
P	施肥输入	0.0	8.4	9.30	34.2	35.6
	作物移出	10.9	15.1	16.4	20.5	22.2
	年收支	−10.9	−6.7	−7.10	13.7	13.4
K	施肥输入	0.0	22.4	25.1	28.7	94.0
	作物移出	26.4	34.4	39.5	41.2	51.9
	年收支	−26.4	−12.0	−14.4	−12.5	42.1

4. 对土壤生物生物量及周转状况的影响　通过测定试验期间玉米不同生长期各处理土壤微生物量碳（表 15－6 和表 15－12），其结果表明，随着循环有机肥的施用，土壤中微生物量碳含量较相应只施用化肥处理有较显著提高（宇万太等，2007b），其原因可能主要是由于：①有机肥的输入为微生物的生长繁殖提供了足量的碳源；②有机肥料施入后有利于土壤团聚体的形成，改善了微生物的生存环境，从而使微生物数量大增；③有机肥本身所含的微生物在施入土壤后会迅速繁殖，增强土壤养分转化的能力；④堆肥属于热性肥料，施入土壤后能提高土壤温度，使土壤微生物的生命活动增强；⑤猪粪的长期施用可增强土壤的持水能力，缓和土壤中的干湿交替作用，从而更有利于土壤微生物的生命活动（易玉林等，1998）。而在上述基础上将化肥与有机肥配合施用，则既补充输入了有机碳源，又改善了土壤的物理性状，并同时刺激了土壤微生物的活性，所以土壤微生物量呈较高水平。

表 15－12　玉米生长期不同处理土壤微生物量碳（mg/kg）

	播种前	出苗期	拔节期	抽雄期	灌浆期	完熟期	收获期	上冻前	平均
CK	101.3Aa	136.1Ac	149.8Ad	185.1Ae	192.6Af	191.2Af	151.4Ad	112.8Ab	152.5A
M	111.3Ba	150.5Bc	179.7Be	198.9Bfh	204.3Bh	196.7Bf	169.2Bd	119.6Bb	166.3B
N+M	134.6Ca	180.3Cc	179.3Bc	238.6Ce	262.6Cf	260.2Cf	211.7Cd	159.6Cb	203.3C
NP+M	139.6Ca	198.3Dc	203.6Cd	284.3Df	304.7Dh	294.4Dg	212.6Ce	166.6Cb	225.5D
NPK+M	150.2Da	205.7Ec	240.1Dd	302.7Ef	353.0Eg	371.2Eh	289.6De	190.9Db	262.9E

注：大写字母不同表示同一时期不同处理间差异显著，小写字母不同表示同一处理不同时期差异显著（$P<0.05$）。

根据相关结果，可以计算出不同处理下土壤微生物量碳的周转特征（表 15－13）。从其中的结果可以看出，在施用循环肥的处理中，土壤微生物量碳的转移量和库容量均随有机肥加入量的增加而增加（由于作物的秸秆和籽实产量按 NPK、NP、N、CK 递减，因此，返回田间的循环肥数量也依次递减），这种结果表明，增施有机肥可以提高土壤微生物量的整体水平，并可加速土壤中微生物的新陈代谢活动；NPK＋M 处理的土壤微生物量碳周转率为 1.03；NP＋M、N＋M 和 M 处理的土壤微生物量碳周转率分别为 0.93、0.77、0.71。同理，施用有机肥的 4 个处理，其周转期分别为 1.41、1.30、1.07 和 0.97，也就是说，经过长期培肥，随养分循环通量的增加，土壤微生物量的循环周转能力加大，调节土壤养分的能力也在进一步增强。因此，在农业生产中施用有机肥，不仅可提高土壤的微生物量，使部分养分固持在微生物体内以增强土壤的保肥性能，还可加速土壤微生物的新陈代谢速度，从而矿化和释放出更多的可溶性养分供作物吸收。

表 15-13 不同处理土壤微生物量碳的周转特征

处理	转移量（mg/kg）	库容量（mg/kg）	周转率	周转期（a）
CK	111.31	152.53	0.73	1.37b
M	117.42	166.28	0.71	1.41a
N+M	156.67	203.35	0.77	1.30c
NP+M	210.61	225.51	0.93	1.07d
NPK+M	269.79	262.92	1.03	0.97e

注：小写字母不同表示处理间差异显著（$P<0.05$）。

由此可见，均衡的化肥施用基础上配以循环有机肥，不仅有助于提高作物产量，还能以有机肥形式补充微量养分（朱先进等，2009），同时在减少农村污染物排放，维持土壤养分收支平衡，提高肥料利用效率与土壤微生物活性等方面具有明显作用（Vanlauwe 等，2001）。Bučienė 等（2003）也提倡合理的使用有机肥，减少因过量无机氮肥施用而带来的环境问题，并补充土壤中的钾。Shisanya 等（2009）研究结果也表明，有机肥和无机肥配施比单独施用有机肥更有利于作物产量的形成。可见，实行养分循环再利用配施化肥，对提高作物产量、平衡土壤养分收支及减少农业生产对环境的影响等均具有重要意义。

5. 适用区域与推广前景 本项技术模式主要适用于一年一季棕壤旱田，因该区户均耕地在 0.3～0.7hm^2 之间，农村小型养殖业发达，为农户种植业养殖业相结合提供了条件和可能。通过合理配施有机肥与化肥，可实现农民增产增收和棕壤农田的可持续利用。

该技术模式坚持种养结合、有机无机相结合，在减少养殖业废弃物对农村环境污染的同时，实现作物高产与农田地力提升，应该对其予以正确引导和鼓励，在现今耕地户均占有规模前提下，较易实现养分的循环再利用，可广泛应用于生产实践。

三、潜翻深松耕作与有机无机配施模式

近年来，耕地包产到户后，因地块分割细化，大型农具减少，出现翻地困难，绝大多数棕壤农田以旋耕为主，导致犁底层上移，土壤物理性状恶化，蓄水能力下降，影响作物根系生长等问题。这种不合理的耕作制度加速了土壤退化；同时，不合理的施肥制度、有机养分归还减少也是土壤养分耗竭、作物产量偏低、土壤质量下降的重要原因。针对上述问题，已开展了深松耕作措施对作物产量、土壤理化性质等方面影响的研究，并提出浅翻深松耕作模式，如配合均衡的化肥养分或有机无机相结合则更有利于棕壤农田地力的提升。

1. 技术模式主要内容与操作方式

①技术模式：玉米、大豆连作或轮作，利用深松—旋耕耕作方式，结合化肥均衡施用或有机无机配施技术，实现耕作措施优化、作物增产与地力提升目的。

②模式特点：将耕作方式与养分管理相结合，以改善土壤物理性状为突破口，实现农田耕性改良，进而提高农田生产力。

③操作方式：秋整地前施用腐熟有机肥，而后进行农田深松，以便休闲期地表水分下渗、贮存，深松后可当年秋季或次年春季进行旋耕起垄。播种期基施化肥 N、P、K，并在

玉米拔节等需养关键期进行追肥与趟地操作。

为说明该模式的特点，分析了在辽北棕壤上进行的不同耕作模式试验，具体处理如下：

对照处理（CK）：常规旋耕，不施肥料；NPK：施用化肥 NPK，常规旋耕；NPK+SS：化肥 NPK+深松；NPK+GS：化肥 NPK+隔行深松；NPK+J：化肥 NPK+秸秆还田处理；NPK+M：化肥 NPK+腐熟猪粪；NPK+J+SS：化肥 NPK+秸秆还田+深松；NPK+M+SS：化肥 NPK+腐熟猪粪+深松。其中 N 肥用量为 180kg/hm^2，P 肥用量 30kg/hm^2，K 肥用量 60kg/hm^2，腐熟猪粪用量为鲜猪粪 30t/hm^2。

2. 对作物产量与养分利用效率的影响　根据各处理玉米籽实产量可以看出，几种农业措施条件下，其玉米产量均显著高于对照处理 CK，此外，NPK+M+SS 处理无论在作物增产率还是贡献率上均达到最大，化肥深松处理次之，最差的是单施化肥处理（表 15-14）。

表 15-14　2007—2009 年核心试验区各处理玉米籽实烘干产量（kg/hm^2）

处理	CK	NPK	NPK+SS	NPK+GS	NPK+J	NPK+M	NPK+J+SS	NPK+M+SS
2007	6 908a	7 318ab	7 883b	7 880b	7 495b	7 636b	7 673b	7 910b
2008	7 687a	9 458bc	9 655bc	9 553bc	9 490bc	10 053c	9 036b	9 289bc
2009	3 758a	4 929b	5 958cde	5 674c	5 797cd	5 457bc	6 336e	6 481e
平均	6 118a	7 235b	7 832c	7 702bc	7 594bc	7 715c	7 682bc	7 893c
增产率（%）	—	18.3	28.0	25.9	24.1	26.1	25.6	29.0
贡献率（%）	—	15.4	21.9	20.6	19.4	20.7	20.4	22.5

注：CK 为空白对照，NPK 为均衡施肥，NPK+SS 为 NPK+深松，NPK+GS 为 NPK+隔行深松，NPK+J 为 NPK+秸秆还田，NPK+M 为有机无机配施，NPK+J+SS 为 NPK+秸秆还田+深松，NPK+M+SS 为有机无机配施+深松。

根据表 15-14 结果，对比 CK 与 NPK 处理发现化肥对玉米产量贡献为 15.4%，而 NPK 与 NPK+M 对比结果为有机肥对产量贡献为 6.2%，同理，比较 NPK 与 NPK+SS 得出深松对产量贡献为 7.6%，其对产量的贡献甚至超过有机肥，其原因也将在下文进行分析。但在对比多个相应处理时发现，随秸秆还田和有机肥的施用，深松对于产量的贡献明显降低，在 NPK+M+SS 处理中深松对于产量的贡献为 2.3%，表明随着养分的均衡供给使玉米抵御自然灾害的能力增强，导致深松耕作措施对产量的贡献降低。同时，有机肥随着深松耕作的实施，其对玉米产量的贡献也显著降低，仅为 0.8%。但深松耕作措施对于棕壤旱作农田具有明显的改良增产作用，尤其是水分条件较差的年份。

通过比较 CK、NPK、NPK+M 和 NPK+M+SS 4 个处理，研究有机无机配施及其与深松配合对玉米产量的影响。就不同年份而言，有机肥与深松对玉米产量的贡献具有明显差异，在水分条件较好的 2008 年，NPK+M 处理中有机肥对玉米产量提高的贡献降低，为 5.9%，其占肥料总贡献的比例有所降低，为 25.1%；同年，NPK+M+SS 处理中深松未表现出增产作用，说明在水分条件好的年份，有机肥的作用被削弱，而深松无明显增产效果。在 2009 年，我国东北地区遭遇严重伏旱，CK、NPK、NPK+M 和 NPK+M+SS 处理分别比试验期间平均产量降低 38.6%、31.9%、29.3%和 17.9%，可见随施肥和耕作制度的进步，玉米抵御自然灾害的能力在增强，有机肥对玉米增产的贡献提高（9.7%）；深松对于玉米籽实产量贡献为 17.3%，NPK+M+SS 处理中深松耕作模式的增产效果也明显改善

(15.8%)，其增产作用已高于有机肥。

通过比较 CK、NPK、NPK+J 和 NPK+J+SS 4 个处理，研究秸秆还田及其与深松配合对玉米产量的影响。秸秆与化肥配施条件下，秸秆还田对玉米增产贡献为 4.7%，低于有机肥作用，在 NPK+秸秆+深松处理中深松与秸秆还田对玉米产量的贡献也低于 NPK+M+深松处理中深松与有机肥对玉米产量的贡献。深松对产量的贡献随秸秆还田措施的采用而显著降低，NPK+J+SS 处理中深松对玉米产量的贡献仅为 1.1%，其可能是秸秆还田在保水和改良土壤结构方面具有明显作用，降低了深松的增产效果。就不同年份而言，在降雨较充沛的 2008 年，秸秆还田与深松对玉米增产未表现出明显的作用；而在伏旱的 2009 年，深松增产作用明显，秸秆的增产作用甚至超过有机肥作用，可见伏旱条件下秸秆还田更易保持土壤水分，促进了玉米产量的形成。

分析对 CK、NPK、NPK+SS 和 NPK+GS 发现，气象干旱年份无论深松或隔行深松增产效果均明显提高，隔行深松对玉米产量提高的贡献略低于深松处理，但两种深松模式下各年份产量及多年平均产量并无显著差异，考虑到隔行深松在效率、节能上的优势与该地区气象干旱年份发生的频率，隔行深松应是一种更为经济和有效的耕作模式。

与玉米籽实产量相比，玉米秸秆产量无论处理间或年际间变异程度均较小，尤其是干旱的 2009 年，除 CK 处理秸秆产量明显降低外，其他各施肥处理间无显著差异（表 15-15），这可能是因为 2009 年 7 月以前降雨并未明显低于往年，因此秸秆生长未受明显影响，而降雨集中的 7 月降雨量较平均水平低 1/3，7 月下旬至 8 月中下旬，降雨量更低至多年平均水平的一成，直至 9 月，未有明显好转，严重影响籽实形成。在这样 60 年一遇的伏旱面前，玉米为有效吸收水分，优先营养生长，导致秸秆产量较 2008 年不降反升。

表 15-15　2007—2009 年核心试验区各处理玉米秸秆烘干产量（kg/hm^2）

处理	CK	NPK	NPK+SS	NPK+GS	NPK+J	NPK+M	NPK+J+SS	NPK+M+SS
2007	6 669ab	7 477bc	8 403c	7 438bc	5 869a	7 464bc	7 308b	7 533bc
2008	6 409a	7 073bc	7 695cd	7 471bcd	7 801d	7 622cd	7 410bcd	6 886ab
2009	6 586a	7 916b	7 767b	7 473ab	7 843b	7 653b	8 176b	8 309b
平均	6 555a	7 489b	7 955b	7 461b	7 171b	7 580b	7 631b	7 576b
增产率（%）	—	14.25	21.36	13.82	9.40	15.64	16.42	15.58
贡献率（%）	—	12.47	17.60	12.15	8.60	13.52	14.10	13.48

注：小写字母不同表示处理间差异显著（$P<0.05$）。

通过比较籽实/秸秆的养分分配比这个表示玉米养分利用效率的指标，发现 NPK+J 处理玉米的养分利用效率处于较高水平（表 15-16），在 2007 年单施化肥处理养分利用效率较低，2008—2009 年则对照与 NPK+M 养分利用效率较低，说明过多或不足的养分供应均会降低玉米对养分的利用效率，前者是因为养分的奢侈吸收，而后者的原因是养分胁迫条件下养分在玉米籽实与秸秆间的分配比例变化引起的。从多年平均水平也可看出，NPK 处理与 NPK+M 处理养分利用效率较低。同时，良好的气候条件在提高作物产量的同时，也提高了作物的养分利用效率，更多的养分集中在了籽实中，在 2009 年干旱条件下，深松处理较相应常规旋耕处理养分利用效率普遍有所提高，表明随着深松和水分条件的改善，有利于养分更多地向籽实中转移。

表 15-16　2007—2009 年不同处理对玉米籽实/秸秆养分分配比的影响

年份	养分	CK	NPK	NPK+SS	NPK+GS	NPK+J	NPK+M	NPK+J+SS	NPK+M+SS
2007	N	1.94Bab	1.53Ba	1.76Ba	1.79Bab	2.31Cb	1.79Bab	1.90Bab	1.84Bab
	P	4.26C	3.73B	4.07B	3.99B	4.84C	4.09B	3.98B	4.20B
	K	0.52Ba	0.47Aa	0.45Aa	0.52Aa	0.78Bb	0.61Bab	0.64Bab	0.63Bab
2008	N	2.05B	2.09C	2.00B	2.07C	1.99B	1.75B	1.95B	2.04B
	P	2.83Ba	4.06Bbc	4.00Bbc	3.42Bab	3.91Bbc	3.40Aab	3.34Bab	4.51Bc
	K	0.57Bbc	0.53Ab	0.44Aa	0.55Abc	0.54Abc	0.43Aa	0.64Bc	0.74Bd
2009	N	1.25Abc	1.09Aabc	1.23Abc	1.06Aab	1.32Ac	0.91Aa	1.26Abc	1.15Aabc
	P	1.24Aa	1.68Aabc	1.96Abcd	1.57Aab	2.13Acd	1.56ABab	2.35Ad	1.66Aabc
	K	0.39Aa	0.45Aab	0.55Ac	0.50Abc	0.54Abc	0.39Aa	0.49Abc	0.48Aabc
平均	N	1.75cd	1.57abc	1.66abc	1.64abc	1.88d	1.48ab	1.70bc	1.68abc
	P	2.78ab	3.16bcd	3.34cd	3.00abc	3.63d	3.02abc	3.22cd	3.46cd
	K	0.49a	0.48a	0.48a	0.52a	0.62b	0.47a	0.59ab	0.62b

注：大写字母不同表示年际间差异显著，小写字母不同表示处理间差异显著（$P<0.05$）。

分析每形成 1 000kg 籽实收获的养分量时发现，不同年份秸秆还田处理每形成 1 000kg 籽实所消耗的养分仍然较少，形成单位重量籽实所需养分量较小，养分利用效率较高（表 15-17），这与表 15-16 分析所得结论相符，而 NPK+M 处理每形成 1 000kg 籽实所需养分量提高，说明尽管其增产作用明显，但养分利用效率有所降低。从多年平均水平可见，深松并未明显降低 1 000kg 籽实收获的养分量，养分利用效率没有明显提高，但在干旱的 2009 年，深松处理可使养分利用效率有提高的趋势。同时，正常年份养分利用效率均明显高于干旱年份，且养分利用效率随籽实产量的增加而提高。

表 15-17　2007—2009 年不同处理玉米形成 1 000kg 烘干籽实平均收获的养分量（kg）

年份	养分	CK	NPK	NPK+SS	NPK+GS	NPK+J	NPK+M	NPK+J+SS	NPK+M+SS
2007	N	20.34Bab	21.29Ab	21.29Ab	21.28Ab	18.58Aa	20.44Aab	19.54Aab	20.35Aab
	P	3.27Aab	3.46Bbc	3.42Abc	3.51Abc	3.12Aa	3.60Ac	3.47ABbc	3.53Abc
	K	4.99Aab	6.16Bb	5.79Aab	4.99Aab	4.41Aa	5.93Aab	5.03Aab	5.67Aab
2008	N	17.89Aa	19.22Aab	20.97Ac	21.24Ac	20.00Abc	21.56Ac	20.08Abc	20.84Abc
	P	3.02Aab	2.82Aa	3.35Ab	3.23Ab	3.06Aab	3.36Ab	2.78Aa	3.21Ab
	K	4.74Aa	4.97Aab	5.65Acd	4.86Aab	4.96Aab	5.76Ad	5.05Aabc	5.43Abcd
2009	N	20.65Ba	26.72Bb	25.29Bb	26.09Bb	24.75Bb	31.27Bc	24.61Bb	27.57Bb
	P	4.54Bbc	4.25Cabc	4.11Babc	4.34Babc	3.89Bab	4.76Bc	3.69Ba	4.35Babc
	K	7.56Bbc	7.79Cc	6.77Bab	7.05Babc	7.01Babc	8.86Bd	6.68Ba	7.76Bc
平均	N	19.62a	22.41bc	22.52bc	22.87bcd	21.11b	24.42d	21.41b	22.92bcd
	P	3.61abc	3.51ab	3.63abc	3.69abc	3.36a	3.91c	3.31a	3.70abc
	K	5.76a	6.31abc	6.07ab	5.63a	5.46a	6.85c	5.59a	6.60bc

注：大写字母不同表示年际间差异显著，小写字母不同表示处理间差异显著（$P<0.05$）。

综上，在辽北棕壤自然条件下，单施化学肥料虽对维持玉米产量作用明显，但增产效果已十分有限，如与有机肥或秸秆配合施用，增产作用明显，若与好的耕作措施结合，增产作用更加显著；其中深松在严重伏旱的2009年作用尤为明显，其玉米籽实产量明显高于未经深松处理，鉴于有机肥在不同年景下增产效果稳定，秸秆还田与深松在干旱年份增产效果明显，隔行深松具有节能增效作用，因此该地区应以有机无机结合，配合一定比例的秸秆还田，辅以隔行深松耕作技术的种植模式。

3. 对土壤有机质及全N的影响 不同处理下土壤有机质与全N变化趋势如图15-3、图15-4、图15-5及图15-6所示。

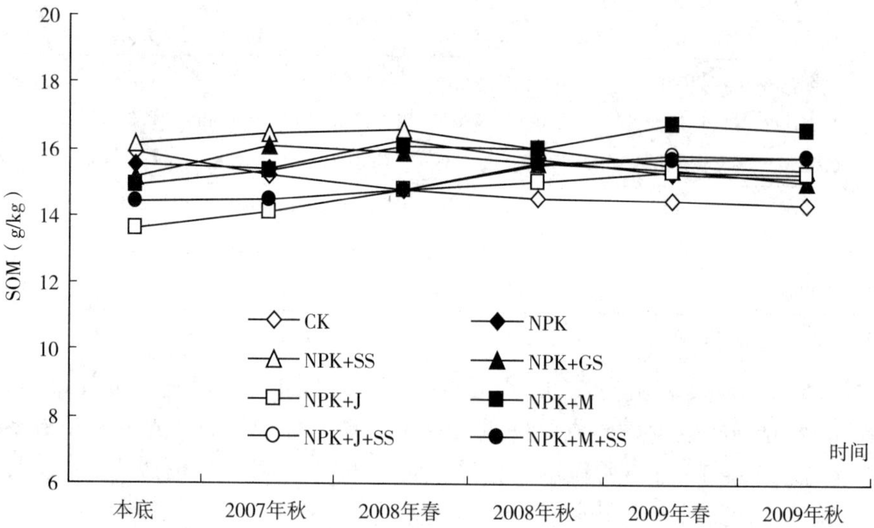

图15-3 不同处理0～20cm土层有机质的变化趋势

从图15-3可知，耕层土壤有机质CK处理降低最为明显，至2009年春土壤有机质总的降低1.59g/kg；秸秆还田与有机无机肥配施对于提高土壤有机质效果明显，二者有机质含量分别提高12.35%和11.22%，因为NPK+J有机质本底含量较低，因此其浓度相对提高程度更高。NPK+SS处理表层土壤有机质含量有所降低，同样配施秸秆或有机肥的深松处理，其表层土壤有机质提高幅度也低于相应常规处理，可能是深松增加了对表层土壤的扰动，促进了耕层与亚耕层土壤的混合，加速了土壤有机质的分解。

对于亚耕层土壤有机质变化与表层略有不同，降幅最高的仍为CK处理（9.26%），其次为NPK+SS处理，NPK+M处理基本可维持亚耕层土壤有机质的平衡，而NPK+J处理使20～40cm土层有机质提高了3.03%（图15-4），可见秸秆还田对于亚耕层土壤肥力水平的提高与熟化具有一定作用，但这也可能是因为该处理有机质含量本底较低的缘故。当有机肥或秸秆与深松配合使用时，亚耕层土壤有机质含量有所提高，尤其NPK+M+SS处理有机质提高幅度高于NPK+M处理，表明深松也有利于亚耕层土壤肥力水平的提高。

如图15-5，表层土壤全氮含量除对照处理下降较为明显外，化肥N的施用基本可以保持原有土壤氮素的肥力水平，甚至略有升高；有机无机肥配施条件下，表层土壤全氮含量均有大幅提高，NPK+M+SS处理的提高幅度更大；而秸秆还田处理则与其相反，深松未体现出对全氮的提升作用。

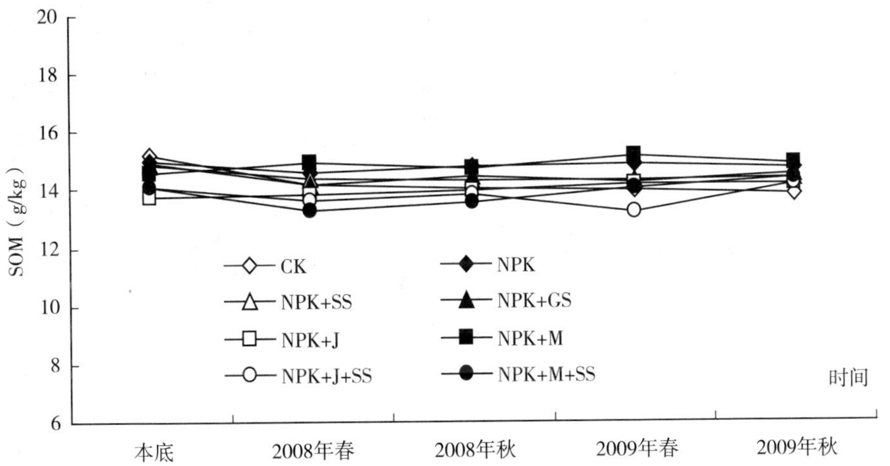

图 15-4　不同处理 20～40cm 土层有机质的变化趋势

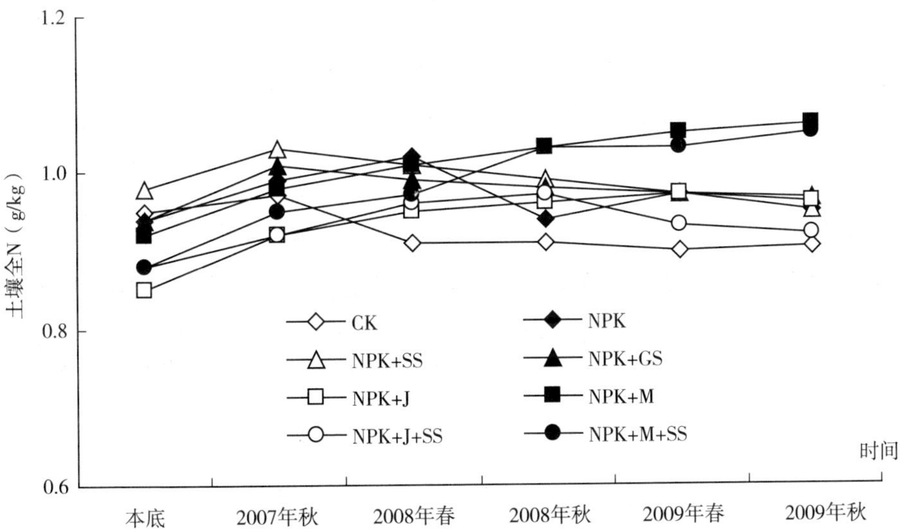

图 15-5　不同处理 0～20cm 土层全氮含量变化趋势

对于亚耕层土壤全氮含量除秸秆还田与有机无机肥配施处理外，其他处理均呈现不同程度的降低（图 15-6），降幅最大的仍为 CK 处理（12.09%）；与 NPK+J 和 NPK+M 处理相比，深松降低了亚耕层土壤全氮的提高幅度，这可能源于深松改善了土壤通透性，利于有机氮的矿化释放和作物根系对氮的吸收，导致亚耕层土壤全氮增幅的减小。

可见秸秆还田与施用一定量的有机肥对于土壤有机质或土壤全氮含量提升均有明显的作用，尤其在使用深松耕作措施时，单独施用化肥无法阻止土壤氮素养分的赤字，更应重视有机物料的投入。

4. 对土壤耕层与亚耕层容重及土壤水分的影响

（1）不同处理对耕层与亚耕层容重的影响　通过比较深松后耕层与亚耕层土壤容重发现深松并未降低耕层土壤容重，而对亚耕层土壤容重有一定的降低作用（表 15-18）。

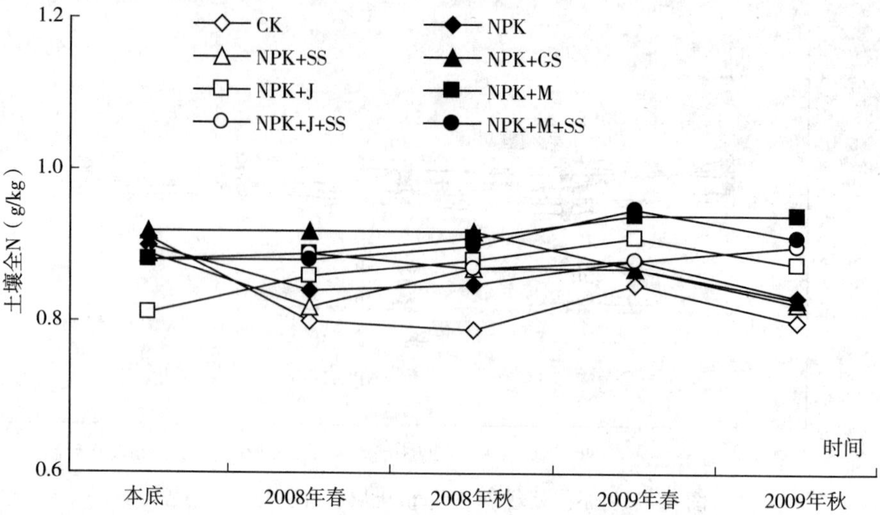

图 15－6　不同处理 20～40cm 土层全氮含量变化趋势

表 15－18　深松后土壤 0～40cm 土层容重（g/cm³）

处理	0～10cm	10～20cm	20～30cm	30～40cm
未深松	1.02	1.20	1.44	1.39
深松	1.06	1.23	1.41	1.37

同时刚经深松后的土壤田间持水量与对照相比略有下降，但降幅较小，差异未达到显著水平（表 15－19）。这可能是由于深松后土壤孔隙结构尚未经淋溶和压实等作用，孔隙度较大，减少了一部分毛管悬着水的缘故，这也可阻止下层土壤水分通过毛管提升作用蒸发损失。

表 15－19　深松后田间持水量（mm）

处理	0～100cm	0～40cm	0～20cm
深松	309.3	120.5	56.6
未深松	307.2	120.1	56.2

（2）不同处理对土壤渗漏的影响　深松和旋耕后进行土壤渗漏试验结果表明（图 15－7），深松处理初期（前两个小时）土壤的渗漏速度高于未深松处理，而经过较长时间连续灌水后土壤渗漏趋于平稳，此时深松与旋耕处理二者的渗漏量也基本达到一致。这也表明，深松有利于降雨初期水分向较深土层运动，并将其储存在其中，供作物在干旱条件下使用。

综上所述，从产量、土壤有机质与养分含量及土壤结构与水分循环等方面考量，深松对于旱地农田增产具有重要意义，但在深松时也应考虑有机养分的配合施用，这样不仅有利于增加产量和提高资源利用效率，而且对于改善土壤质量具有明显作用。因此在化肥施用的基础上进行隔行深松，同时配合有机肥施用或秸秆还田措施可在该地区进行推广。

5. 适用区域与推广前景　本项技术模式主要适用于开垦年限较长，且缺少翻耕措施的旱地棕壤农田，其将耕作措施与养分管理相结合，实现了农田耕性改良、地力提升、产量增加、资源高效利用、减少农村污染等多重目标。

该技术模式已经有了较为成熟的深松机械，只需将养分管理与耕作措施相结合，进行推广示范，便会起到较好的效果，同时，这项技术模式操作简便易行，有利于在生产实践中大面积应用。

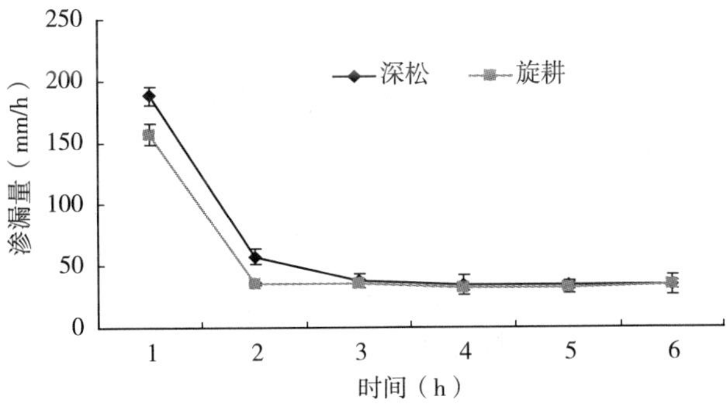

图 15－7　深松对耕地土壤渗漏速度的影响

四、优化轮作的设施菜地种植模式

设施菜地是棕壤地区一种主要的农业用地方式，辽宁省沈阳市大民屯镇是中国北方重要的蔬菜种植区，蔬菜种植面积达到 1.2 万 hm^2，其中日光温室 0.67 万 hm^2，为沈阳市乃至全省重要蔬菜副食保障基地。目前大民屯设施菜地主要实行一年三季种植模式，从当年 10 月至翌年 9 月分别种植叶菜类蔬菜、果菜类蔬菜和豆科蔬菜，高强度种植、模式单一与大量肥料施用等因素常常使菜地土壤养分富集并造成土壤质量退化。因此，设施菜田土壤氮、磷及重金属面源污染的研究一直受到学者的广泛重视，但不同轮作对作物及环境影响的研究较少，这里针对不同轮作模式对设施菜地作物产量、土壤养分及环境指数进行分析，以寻找有利于提高经济效益与环境效益的轮作模式。

1. 技术模式的主要内容与操作方式

①技术模式：以棕壤地区设施菜地典型轮作模式为研究对象，分析不同轮作模式的经济收入，对土壤养分状况与环境影响等方面的异同，总结出可兼顾经济效益与环境效益的优化轮作模式，即菠菜—黄瓜—豇豆轮作模式。

②模式特点：从营养、收益、土壤养分与环境效应多角度综合分析不同轮作模式的优缺点，实现多种效益兼顾，提高蔬菜产量与品质同时，减少设施菜地生产对环境的影响。

③操作方式：第一季叶菜基肥：牛粪 60t/hm^2，撒可富复合肥料（15－15－15）630kg/hm^2。第二季黄瓜基肥：鸡粪 40t/hm^2，复合肥（15－10－20）1 940kg/hm^2；黄瓜追肥：鲁西复合肥（15－15－15）255kg/hm^2，双动力复合肥（15－0－7）3 755kg/hm^2，海德鲁复合肥（16－16－16）2 041kg/hm^2，芭田硝基复合肥（15－15－15）255kg/hm^2。第三季芸豆、豇豆施肥：硫酸钾型复合肥（15－10－20）315kg/hm^2，硝基钛金钾（15－0－28）408kg/hm^2。

为比较不同轮作模式特点，根据辽宁大民屯地区典型轮作模式，开展不同轮作对蔬菜产量、营养物质、土壤养分状况与环境效益研究，具体处理如表 15－20。

表 15-20 温室作物轮作情况

处理	2008.10—2009.01（第一季）	2009.02—2009.06（第二季）	2009.07—2009.09（第三季）
处理 1	油麦菜	黄瓜	芸豆
处理 2	菠菜	番茄	芸豆
处理 3	油菜	黄瓜	豇豆

各处理施肥概述如下：

第一季叶菜基肥：牛粪 60t/hm²，撒可富复合肥料（15-15-15）630kg/hm²。

第二季黄瓜、番茄基肥：鸡粪 40t/hm²，复合肥（15-10-20）1 940kg/hm²。

黄瓜追肥：鲁西（15-15-15）255kg/hm²，双动力微生物菌剂（15-0-7）3 755 kg/hm²，海德鲁（16-16-16）2 041kg/hm²，芭田硝基复合肥（15-15-15）255kg/hm²。

番茄追肥：双动力微生物菌剂 1 714kg/hm²，海德鲁 765kg/hm²。

第三季芸豆、豇豆施肥：硫酸钾型复合肥（15-10-20）315kg/hm²，硝基钛金钾（12-0-28）408kg/hm²。

试验地基本土壤理化性质如表 15-21 与表 15-22。

表 15-21 试验开始前 0～20cm 土壤养分状况

处理	pH	全 C (g/kg)	全 N (g/kg)	全 P (g/kg)	全 K (g/kg)	碱解氮 (mg/kg)	速效 P (mg/kg)	速效 K (mg/kg)
1	7.77a	10.07a	1.12a	0.89a	16.99a	89.43a	85.37a	184.38a
2	7.98a	9.97a	1.10a	0.85a	17.47a	85.26a	92.90a	180.35a
3	7.60a	9.53a	1.01a	0.77a	16.61a	89.26a	97.60a	172.29a

注：小写字母不同表示处理间差异显著（$P<0.05$）。

从土壤养分含量来看，各处理间无统计学上差异；土壤重金属中，Cd 和 Hg 随土层加深含量降低，其他 3 种元素无明显变化。对照国家一、二级土壤标准（一类标准：Cd≤0.20mg/kg、Pb≤35mg/kg、Cr≤90mg/kg、As≤15mg/kg、Hg≤0.15mg/kg；二类标准 6.5<pH<7.5，Cd≤0.30mg/kg、Pb≤300mg/kg、Cr≤200mg/kg、As≤30mg/kg、Hg≤0.50mg/kg）。除了本底表层土壤 Cd 超标外，其他重金属元素都符合国家一类标准。

表 15-22 土壤 0～60cm 重金属浓度

耕层	Cd (mg/kg)	Pb (mg/kg)	Cr (mg/kg)	As (mg/kg)	Hg (mg/kg)
0～20cm	0.56	18.48	37.56	8.27	0.04
20～40cm	0.12	16.98	33.96	7.85	0.03
40～60cm	0.08	17.12	36.32	9.08	0.02

2. 不同轮作对蔬菜产量的影响 从表 15-23 的结果看，各种蔬菜的经济产量比较，第一季作物中以油菜的经济产量最高，其次为油麦菜和菠菜，但这 3 种叶菜的干物质量却几乎相等。第二季作物中，黄瓜的经济产量和干物质重均较番茄高，但其茎叶重却呈现出相反的趋势，番茄的茎叶量几乎比黄瓜高出 1 倍，可见，黄瓜是经济产量高而茎叶少的保护地作

物，对地力的消耗可能要高于其他作物，因此在土壤养分管理上要给予更多的关注。不同茬口的 2 个黄瓜产量在统计上没有显著差别。第三季作物中，芸豆的经济产量和干重都比豇豆高，但两者之间并无显著差异。尽管芸豆和豇豆茎叶的鲜重相差无几，但是，由于两者的含水量不同，豇豆茎叶的干重要大于芸豆，且豇豆的产量与茎叶比值大于 1，说明在保护地生产中豇豆是一个很好的轮作调节作物，其后续作物油菜的产量就是最好的证明。

表 15-23　不同轮作与施肥对蔬菜产量的影响

处理	蔬菜	产量（kg/hm^2）		茎叶（kg/hm^2）		茎叶/产量	
		鲜重	干物质重	鲜重	干重	鲜重	干重
第一季	油麦菜	48 333	2 731	—	—	—	—
	菠菜	25 095	2 289	—	—	—	—
	油菜	62 817	2 707	—	—	—	—
第二季	黄瓜	148 571a	28 526a	22 619a	2 837a	0.152 2	0.099 5
	番茄	90 317	8 607	50 635	4 999	0.560 6	0.580 8
	黄瓜	145 000b	26 361b	22 698a	2 727a	0.156 5	0.103 5
第三季	芸豆	19 446a	1 730a	19 603a	3 144a	1.008 1	1.817 0
	芸豆	19 508a	1 736a	16 730a	2 688a	0.857 6	1.548 9
	豇豆	12 460	1 212	17 698	3 348	1.420 4	2.761 4

注：小写字母不同表示处理间差异显著（$P<0.05$）。

从表 15-23 中还可以看出，尽管油麦菜和油菜的产量有很大差别，但后续作物黄瓜的产量却没有明显的差别，其原因可能是由于黄瓜是北方保护地的主要栽培作物，其施肥量较高且管理也更为精细，在一定程度上掩盖了茬口的作用。而在第三季芸豆产量上，尽管番茄茬口的肥力水平和养分状况要远远好于黄瓜茬口，但是两个芸豆产量之间并没有表现出显著的差异，可能的原因是由于属于豆科作物的芸豆具有固氮作用，使其良好的氮素肥力本底没有表现出应有的作用。

根据每次收获时采集各种蔬菜样品进行养分分析，各种蔬菜间收获物中养分的浓度具有较大差异，且似乎与种植季关系较小（表 15-24）。

表 15-24　不同轮作与施肥对蔬菜中养分含量的影响（以干物质计）

	蔬菜	C (g/kg)	N (g/kg)	P (g/kg)	K (g/kg)	单位干物质重吸收 NPK 总量（g/kg）
第一季	油麦菜	372.33	34.11	5.67	94.37	134.15
	菠　菜	374.33	46.60	8.62	105.04	160.26
	油　菜	334.15	52.16	6.34	92.54	151.04
	平　均	360.27	44.29	6.88	97.32	148.48
第二季	黄　瓜	398.00a	30.70a	4.80a	30.10a	65.60
	番　茄	387.10	20.50	4.00	26.80	51.30
	黄　瓜	396.30a	29.90a	5.00a	30.30a	65.20
	平　均	393.80	27.03	4.60	29.07	60.70

（续）

	蔬菜	C (g/kg)	N (g/kg)	P (g/kg)	K (g/kg)	单位干物质重吸收NPK总量（g/kg）
第三季	芸豆	400.37a	33.41a	8.63a	12.55a	54.59
	芸豆	405.70a	36.32a	9.73a	12.08a	58.13
	豇豆	423.71	45.43	12.11	10.31	67.85
	平均	409.93	38.39	10.16	11.65	60.19

注：小写字母不同表示处理间差异显著（$P<0.05$）。

通过表 15-24 的数据可以计算出，不同作物的养分含量明显不同，叶菜类含氮量要远远高于黄瓜、番茄，甚至比豆科的芸豆和豇豆还要高，豆科作物的含磷量高于叶菜类、黄瓜和番茄，叶菜类的含钾量也非常高，几乎是豆科作物的 8 倍，是黄瓜和番茄的 3 倍。从单位干物质中吸收 NPK 总量而言，叶菜类明显高于黄瓜、番茄和豆类，后三者单位干物质吸收 NPK 量接近。不同叶菜类吸收的养分量也不相同，菠菜单位干物质中含有的养分大于油菜和油麦菜，叶菜类 NPK 养分吸收比例平均为 1∶0.17∶2.16。黄瓜和番茄的比例为 1∶0.22∶1 和 1∶0.20∶1.3，芸豆和豇豆的比例分别为 1∶0.26∶0.35 和 1∶0.27∶0.23。各季作物 NPK 的吸收比例均不相同，主要区别在作物对钾的吸收。另外，从表 15-24 中还可以看出，无论茬口的肥力状况如何，单位干物质黄瓜吸收的养分量在统计上没有显著差异，说明第二季作物收获后，通过大量施肥已改善了土壤肥力，并掩盖了茬口对蔬菜养分量的影响，导致黄瓜的 C、N、P 和 K 均不存在显著性差异。同样，芸豆的结果也是如此。

在上述各种叶类蔬菜中，以油菜携出的氮量最高，其次为油麦菜和菠菜，但各种蔬菜所携出的磷、钾量则差别并不大（表 15-25）。此外，黄瓜所携出的 NPK 量明显高于番茄，这在很大程度上是由其产量差异所决定的，但番茄茎叶所携出的养分量则明显高于黄瓜。芸豆和豇豆携出的养分量相近，不过豇豆茎叶中含有更多的 PK。

表 15-25　不同作物养分携出量（kg/hm^2）

	蔬菜	果实			茎叶			合计		
		N	P	K	N	P	K	N	P	K
第一季	油麦菜	93.1	15.5	257.7	—	—	—	93.12	15.5	257.7
	菠菜	106.7	19.7	240.4	—	—	—	106.7	19.7	240.4
	油菜	141.2	18.8	250.5	—	—	—	141.2	18.8	250.5
第二季	黄瓜	875.7a	136.9a	858.6a	115.2a	62.6a	58.3a	990.9	199.5	916.9
	番茄	176.5	34.4	230.7	144.4	70.6	111.1	320.9	105.0	341.8
	黄瓜	788.2b	131.8a	798.7b	107.2a	54.9b	42.7b	895.4	186.7	841.4
第三季	芸豆	57.8b	14.9b	21.7a	69.6a	13.8a	32.0a	127.4	28.7	53.7
	芸豆	63.0a	16.9a	21.0a	60.9a	12.0a	26.9a	123.9	28.9	47.9
	豇豆	55.1	14.7	12.5	78.0	25.4	35.3	133.1	40.1	47.8

注：小写字母不同表示处理间差异显著（$P<0.05$）。

油麦菜茬口的黄瓜较油菜茬口的黄瓜吸收更多的NPK，说明油麦菜带走的养分少，使得更多的养分留在土壤中供下茬作物吸收，使下茬作物在产量或养分携出量上表现出茬口的差异。而再下茬的芸豆，这种茬口的差异表现的不明显。

3. 不同轮作方式对作物品质的影响　维生素C是一种还原剂，它能提高机体的免疫力，对防癌和抗衰老具有重要的作用，且能抑制亚硝胺的形成。由表15－26可以看出，叶菜中的维生素C含量相对最高，果实类蔬菜次之，豆类作物更低。另外，显著性分析显示，黄瓜和芸豆维生素C含量在统计上没有差异，说明在现有施肥条件下，轮作对作物维生素C含量的影响甚微。

表15－26　不同轮作和施肥对蔬菜维生素C含量的影响（鲜重）

第一季		第二季		第三季	
蔬菜	维生素C（mg/kg）	蔬菜	维生素（mg/kg）	蔬菜	维生素（mg/kg）
油麦菜	194.0	黄瓜	108.2a	芸豆	70.4a
菠菜	350.7	番茄	111.7	芸豆	67.7a
油菜	234.0	黄瓜	102.9a	豇豆	62.0
平均	259.6	平均	107.6	平均	66.7

注：小写字母不同表示处理间差异显著（$P<0.05$）。

蔬菜含有多种氨基酸，其中包括人体必需的8种氨基酸。从非必需氨酸的含量来看，含量较高的有天门冬氨酸和谷氨酸。谷氨酸、甘氨酸和精氨酸有健脑作用，并可使食味鲜美；甘氨酸和精氨酸都是生血（血红素和珠蛋白的生物合成）和促进钙质吸收的物质基础；精氨酸具有降压作用，天门冬氨酸则具有特殊的鲜味。这些比例适当的氨基酸都使蔬菜具有益气力、续精神、宽肠的功效。由表15－27可知，在所种植的蔬菜中，无论是氨基酸总量，还是人体必需氨基酸的总量，含量最高的都是菠菜，其次是豇豆，而含量最少的则是番茄，黄瓜中的含量亦仅略高于番茄。另外，由此表还可得知，豆科作物氨基酸总量和人体必需氨基酸总量远远大于叶菜类，果实类作物最小。人体必需氨基酸及其占总氨基酸百分比最高的也是菠菜和豇豆，最少的是番茄和黄瓜，但从平均值而言，豆科作物和叶菜类作物相差不大，它们均明显高于番茄和黄瓜。至于鲜味氨基酸，最高的仍然是菠菜和豇豆，最少的为黄瓜和油麦菜，番茄处于中间水平。显著性分析显示，无论是氨基酸总量，人体必需氨基酸总量，还是鲜味氨基酸总量，不同茬口的2个黄瓜和2个芸豆处理均无统计上的显著差异，说明轮作对作物氨基酸含量的影响很小。

可溶性糖含量的高低是衡量蔬菜果实营养品质的重要指标。可溶性总糖含量高，代表口感较好。从单一作物的试验结果来看，番茄和芸豆的可溶性总糖含量较高，其次为豇豆（表15－28），最低的是油菜。从季节性蔬菜生产而言，豆类作物最高，叶菜类最低。从轮作结果而言，第二季的2个黄瓜，第三季的2个芸豆，其可溶性糖的含量在统计上均未达到显著，说明轮作或茬口对作物可溶性糖几乎没有影响。

尽管蔬菜的硝酸盐污染早已引起人们的普遍关注，但在实际生产中，往往由于高量施肥及不当灌溉等造成土壤、地下水的硝酸盐污染，进而导致蔬菜中硝酸盐及亚硝酸盐的高残留，对人类健康产生了极大的负面影响。因此，了解蔬菜中的硝酸盐含量并采取有针对性的控制措施，对农产品的安全生产和食用价值的评估都具有重要的意义。国标

表 15－27　不同轮作蔬菜中各种氨基酸含量（鲜重）

季节	蔬菜	氨基酸（mg/kg）																				比值（%）	
		天门冬氨酸	苏氨酸*	丝氨酸	谷氨酸	甘氨酸	丙氨酸	胱氨酸	缬氨酸*	蛋氨酸*	异亮氨酸*	亮氨酸*	酪氨酸	苯丙氨酸*	赖氨酸*	组氨酸	精氨酸	脯氨酸	T	E	F	E/T	F/T
第一季	油麦菜	890	400	380	1 420	400	290	510	430	150	320	700	330	440	590	90	390	160	8 100	3030	2 310	37	29
	菠菜	2 750	1 230	1 190	3 390	1 420	880	1 420	1 300	520	920	2 170	1 190	1 370	1 840	430	1 290	470	24 130	9 350	6 130	39	25
	油菜	890	380	370	1 650	390	490	140	420	170	290	640	320	440	560	90	370	190	8 100	2 910	2 540	36	31
	平均	1 510	670	650	2150	740	550	690	720	280	510	1 170	610	750	1 000	200	680	270	13 440	5 100	3 660	37	28
第二季	黄瓜	550	220	250	1 650	330	320	50	340	120	290	460	230	300	340	90	410	190	6 290	2 070	2 200	33	35
	番茄	760	190	200	2 080	190	190	60	200	90	170	260	140	240	270	70	170	100	5 610	1 420	2 840	25	50
	黄瓜	510	220	270	1 700	320	280	50	300	120	260	430	190	270	320	90	390	170	6 160	1 920	2 210	31	36
	平均	610	210	240	1 810	280	260	50	280	110	240	380	190	270	310	80	320	150	6 020	1 800	2 420	30	40
第三季	芸豆	2 430	710	890	1 690	580	820	70	820	250	580	1 070	530	770	990	240	560	250	13 710	5 190	4 120	38	30
	芸豆	2 570	720	930	1680	580	840	50	810	360	740	800	580	740	990	230	540	410	13 910	5 150	4 250	37	31
	豇豆	3 250	1 090	1 240	2 620	1 090	1 290	60	1 280	300	950	1 850	830	1 130	1 800	490	1260	360	21 390	8 400	5 880	39	27
	平均	2 750	840	1020	2 000	750	980	60	970	300	760	1 240	650	880	1 260	320	790	340	16 340	6 250	4 750	38	29

* 为人体必需氨基酸。

注：T：总氨基酸含量；E：必需氨基酸含量；E/T：必需氨基酸占总氨基酸百分比；F：鲜味氨基含量，包括天门冬氨酸和谷氨酸；F/T：鲜味氨基酸占总氨基酸的百分比。

GB/T 5009.33—2003 中规定，无公害蔬菜的硝酸盐含量是瓜果类≤600mg/kg、根茎类≤1 200mg/kg、叶菜类≤3 000mg/kg；世界卫生组织和联合国粮农组织（WHO，FAO）1973 年规定，硝酸盐的人体摄入日允许值（ADI）为 3.6mg/kg。据此标准，按人均体重 60kg 计算，人均日食用蔬菜按 0.5kg 计算，则蔬菜中硝酸盐的允许含量为 432mg/kg，蔬菜中亚硝酸盐的限量标准为≤4mg/kg。本研究中，几种蔬菜中硝酸盐和亚硝酸盐的含量如表 15-29 所示。

表 15-28　不同轮作蔬菜中可溶性总糖含量

第一季		第二季		第三季	
蔬　菜	可溶性总糖（mg/kg）	蔬　菜	可溶性总糖（mg/kg）	蔬　菜	可溶性总糖（mg/kg）
油麦菜	1.45	黄　瓜	1.60a	芸　豆	2.16a
菠　菜	1.21	番　茄	2.28	芸　豆	2.20a
油　菜	0.76	黄　瓜	1.61a	豇　豆	1.79
平　均	1.14	平　均	1.83	平　均	2.05

注：小写字母不同表示处理间差异显著（$P<0.05$）。

表 15-29　不同轮作蔬菜中硝酸盐和亚硝酸盐含量

第一季			第二季			第三季		
蔬　菜	硝酸盐（mg/kg）	亚硝酸盐（mg/kg）	蔬　菜	硝酸盐（mg/kg）	亚硝酸盐（mg/kg）	蔬菜	硝酸盐（mg/kg）	亚硝酸盐（mg/kg）
油麦菜	338.75	1.81	黄　瓜	0.76a	0.44b	芸　豆	0.31a	—
菠　菜	220.26	4.32	番　茄	0.94	0.35	芸　豆	0.35	—
油　菜	398.80	1.21	黄　瓜	0.84a	0.68a	豇　豆	0.11a	—
平　均	319.27	2.45	平　均	0.85	0.49	平　均	0.26	—

注：小写字母不同表示处理间差异显著（$P<0.05$）。

由表 15-29 可以看出，就单一作物而言，油菜的硝酸盐含量最高，豇豆最低。从季节性蔬菜生产而言，叶菜类作物最高，豆类最低。从轮作结果而言，第二季的 2 个黄瓜，第三季的 2 个芸豆，其硝酸盐含量在统计上均未达到显著，说明轮作或茬口对作物硝酸盐含量影响较小。影响蔬菜中硝酸盐含量的多为施肥和原土壤残留。

虽然叶菜类作物富集硝酸盐的能力极强，但是该大棚中的蔬菜硝酸盐含量并不高，达到可生食标准。需要给予足够重视的是，该大棚生产的菠菜中的亚硝酸盐含量较高，超出限量标准，必须对其进行相应的调控。

蔬菜植株内重金属的含量一方面与土壤的污染程度和污染元素的性质有关，另一方面还与蔬菜作物本身对重金属的选择吸收性能有关（杜应琼等，2003；井彩巧，2006）。因为土壤中重金属含量很低，导致作物中重金属含量也较低，如大部分蔬菜样品的 As、Hg 和 Pb 浓度都低于仪器检出限，使得重金属含量不明确，尚不能评价蔬菜重金属的暴露风险，也不能筛选出适宜的轮作模式。本试验中，各种蔬菜中重金属的含量如表 15-30 所示。

表 15-30　不同轮作蔬菜中重金属含量（鲜重）

季节	蔬菜	As (mg/kg)	Hg (mg/kg)	Cd (mg/kg)	Cr (mg/kg)	Pb (mg/kg)
第一季	油麦菜	<0.01	0.001	0.062	0.098	0.032
	菠　菜	<0.01	0.002	0.163	0.417	0.034
	油　菜	<0.01	0.001	0.039	0.219	0.015
第二季	黄　瓜	<0.01	<0.001	0.003	0.01	<0.005
	番　茄	<0.01	<0.001	0.030	<0.01	<0.005
	黄　瓜	<0.01	<0.001	0.003	0.01	<0.005
	黄茎叶	0.03	0.002	0.024	0.41	0.050
	番茎叶	0.05	0.002	0.073	0.52	0.062
	黄茎叶	0.02	0.003	0.045	0.62	0.068
第三季	芸　豆	<0.01	<0.001	0.005	0.03	<0.005
	芸　豆	<0.01	<0.001	0.005	0.05	<0.005
	豇　豆	<0.01	<0.001	0.001	0.02	<0.005
	芸茎叶	<0.01	<0.001	0.004	0.04	<0.005
	芸茎叶	<0.01	<0.001	0.005	0.03	<0.005
	豇茎叶	<0.01	<0.001	0.006	0.06	<0.005

3 种类型的蔬菜均对 As、Hg 的吸收能力最差，对 Cr 的吸收能力最强（表 15-30），这可能与土壤中 Cr 的绝对贮量最大有关，Cd 易富集在土壤表层，使得根系较浅的叶菜体内 Cd 含量较高，而豇豆、芸豆等深根系作物体内含量较低。

参照蔬菜中污染物限量标准 GB 2762—2005（Pb：叶菜类≤0.3，其他蔬菜≤0.1；Hg：≤0.01；Cd：叶菜类蔬菜≤0.2，其他蔬菜≤0.05；As：≤0.05；Cr：≤0.5，单位为：mg/kg），发现该大棚生产的蔬菜重金属含量均较低，不超标。但对于叶菜类的菠菜，Cr 和 Cd 均接近临界值，应该给予足够的重视。

黄瓜和番茄的茎叶中重金属含量明显升高，而下茬作物可食部位和茎叶中重金属含量并不高，说明并没有从外界输入重金属，而是瓜果类蔬菜的根茎通过这种方式带走土壤中的重金属（张燕和廖超英，2008），达到对污染土壤的修复作用。

4. 不同轮作模式下的经济效益分析　蔬菜种植既要讲收益，也要讲成本，最后求得效益，为以后的种植提供依据和参考，达到节约成本，提高经济效益的目的。本研究中种植不同蔬菜的经济效益如表 15-31。

表 15-31　不同蔬菜的收益分析

	蔬菜品种	产量 (kg/hm²)	单价 (元/kg)	产值 (万元/hm²)	成本（万元/hm²）						净利润 (万元/hm²)
					种子	化肥	农药	地膜	人工	地租、水电等	
第一季	油麦菜	48 333	5.0	24.17	0.13	0.70	0.10		1.64	2.37	19.23
	菠　菜	25 095	6.4	16.06	0.10	0.70	0.10		1.91	2.37	10.88
	油　菜	62 817	3.6	22.61	0.48	0.70	0.10		1.91	2.37	17.05

（续）

	蔬菜品种	产量（kg/hm²）	单价（元/kg）	产值（万元/hm²）	成本（万元/hm²）						净利润（万元/hm²）
					种子	化肥	农药	地膜	人工	地租、水电等	
第二季	黄瓜	148 571	2.2	32.69	1.14	3.90	1.02	0.17	5.63	2.97	17.86
	番茄	90 317	2.0	18.06	0.56	2.23	1.02	0.08	4.64	2.97	6.56
	黄瓜	145 000	2.2	31.90	1.14	3.90	1.02	0.17	5.63	2.97	17.07
第三季	芸豆	19 446	2.4	4.67	0.16	0.31	0.15		1.40	1.78	0.87
	芸豆	19 508	2.4	4.68	0.16	0.31	0.15		1.40	1.78	0.88
	豇豆	12 460	4.8	5.98	0.13	0.31	0.15		1.16	1.78	2.45

在上述7种蔬菜中，黄瓜种植时间长，产量和产值都是最高的，产值位于2、3位的分别为油麦菜和油菜，因为叶菜收获季节为冬季，蔬菜单价较高（表15－31）。产量位居第二的番茄，因为当年单价较低，产值排于第五位。豆科作物的产量和产值均为最低。需要说明的是，2008年番茄收购价格较高，2009年许多农户改种番茄，导致市场供大于求，番茄的收购价偏低。据农户介绍，2008年试验地该大棚种植番茄最高产值为7万元左右，合35万元/hm²，比2009年番茄产值高一倍，也比同年黄瓜的产值高；而2010年黄瓜的收购价又不及2009年，说明蔬菜随市场需求变化的幅度较大。

在扣除所有成本后，根据计算种植各种蔬菜的经济效益（表15－32），发现油麦菜的净利润最大，其次为黄瓜和油菜，而以芸豆的利润最低。

表15－32　不同轮作模式的经济效益（万元/hm²）

处理	产值	成本						净利润
		种子	化肥	农药	地膜	人工	地租、水电等	
1	61.53	1.42	4.91	1.28	0.17	8.67	7.12	37.96
2	38.80	0.82	3.25	1.28	0.08	7.95	7.12	18.32
3	60.49	1.74	4.91	1.28	0.17	8.70	7.12	36.57

经计算，第一种轮作模式，即油麦菜—黄瓜—芸豆的经济效益最高，其产值可达62.53万元/hm²，但是对养分回收率和转化等综合指标的评定，第三种轮作方式更好些。

5. 不同轮作对土壤肥力的影响

（1）对pH和速效养分含量的影响　种植黄瓜和番茄后，土壤pH显著降低，每个处理平均下降0.6，说明施入的肥料偏酸性，迅速改变了土壤的pH。一些学者认为，氮肥在硝化作用的同时还释放出H^+，过量H^+释放超出了土壤的缓冲能力，从而导致土壤pH的下降。另外，蔬菜作物多长期施用酸性肥料，如KCl、过磷酸钙、含氯及含硫复合肥等，以及大量有机肥分解产生的有机酸、营养阳离子被作物吸收产生的生理酸等，又进一步加剧了土壤的酸化。至第三季pH又有所恢复，主要是由于豆科作物氮素肥料施用的少，H^+的释放能力被抑制，同时，硝基态钾肥本身又是弱碱性肥料，所以豆茬之后土壤pH有所恢复（图15－8）。

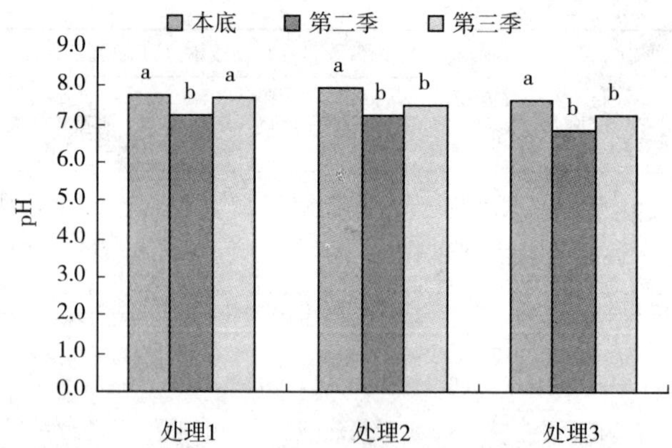

图 15-8　不同轮作处理对土壤 pH 的影响

土壤碱解氮含量在种植第二季蔬菜后呈现出显著升高的趋势，其含量平均增加了 32.5mg/kg（图 15-9），主要是由于第二季作物种植期间施入的含氮肥料较多，远远超过了作物的吸收量，由于豆科作物的固氮作用明显，使第三季作物后土壤碱解氮含量变化不大，与第二季相比并没有显著差异。

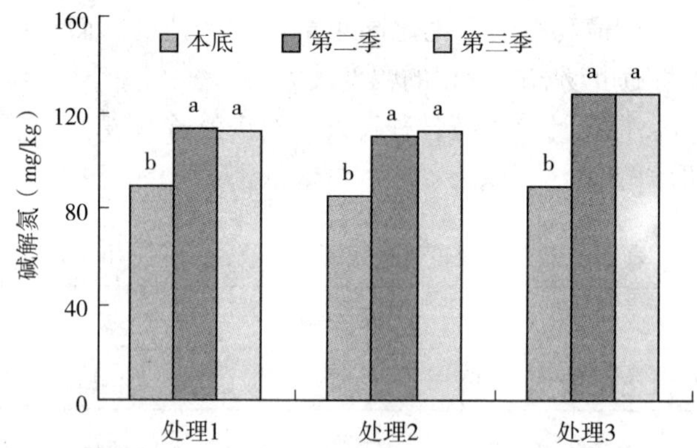

图 15-9　不同轮作处理对土壤碱解氮的影响

不同种植季土壤速效磷和速效钾的含量均表现为在第二季升高，第三季较第二季下降的趋势（图 15-10、图 15-11），其主要原因可能是第三季豆科作物中使用的肥料相对较少的缘故。总体而言，在一年的蔬菜大棚生产中，由于施入了大量的肥料（特别是化肥），因而

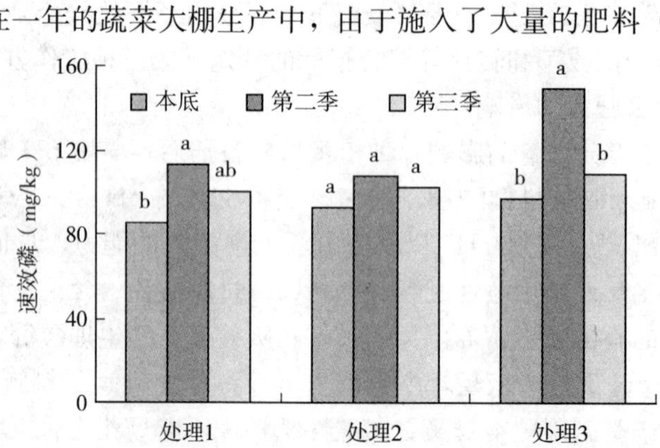

图 15-10　不同轮作处理对土壤速效磷的影响

提高了表层土壤的速效养分含量，即使在作物收获以后，仍然有部分养分残留在土壤中，因此，应注意对土壤、地表水和地下水的监测。

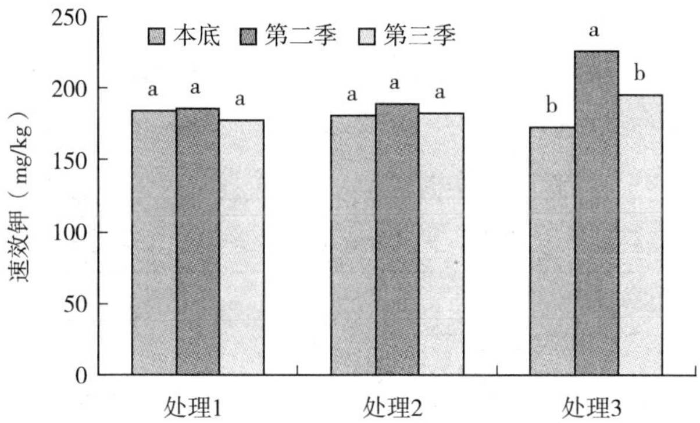

图 15－11　不同轮作处理对土壤速效钾的影响

总体而言，土壤 NH_4^+－N 变化幅度不是很大，其含量也较低（表 15－33、表 15－34）。从时间尺度而言，第二季后，土壤 NH_4^+－N 含量迅速上升，表明有一定量的 NH_4^+－N 残留在土壤中，从空间尺度而言，土壤 NH_4^+－N 随土层深度增加逐渐降低，但变化幅度不大。

表 15－33　不同轮作方式对 0～60cm 土壤中 NH_4^+－N 含量的影响（mg/kg）

处理	0～20cm			20～40cm			40～60cm		
	本底	第二季	第三季	本底	第二季	第三季	本底	第二季	第三季
1	5.66b	14.05a	6.32b	4.81b	10.5a	5.75b	4.15c	9.15a	5.91b
2	5.75b	8.45a	7.38ab	4.42b	8.32a	7.20a	3.64b	8.14a	7.34a
3	5.19b	8.82a	8.38a	4.7b	8.82a	7.81a	3.52b	7.46a	7.53a

表 15－34　不同轮作方式对 60～120cm 土壤中 NH_4^+－N 含量的影响（mg/kg）

处理	60～80cm		80～100cm		100～120cm	
	本底	第三季	本底	第三季	本底	第三季
1	4.13b	5.51a	4.57a	5.48a	4.84a	5.30a
2	3.41b	6.97a	4.34b	6.95a	3.93b	6.95a
3	3.92b	7.33a	3.90b	7.32a	3.48b	7.41a

注：小写字母不同表示处理间差异显著（$P<0.05$）。

土壤剖面 NO_3^-－N 动态变化较 NH_4^+－N 明显，本底土壤中 NO_3^-－N 含量随土壤深度增加，这可能是灌溉造成土壤 NO_3^-－N 向下迁移（表 15－35、表 15－36）。种植黄瓜和番茄后，土壤表层 NO_3^-－N 显著增加，随土壤深度稍有降低。说明黄瓜、番茄在生长过程中施入过量氮肥，作物成熟后，尚有大量氮肥残留。种植豇豆、芸豆后，土壤 NO_3^-－N 含量变化不一，这可能是灌溉不均造成的，但是共同点是 20～60cm 土层中 NO_3^-－N 明显降低，原因在于 20～60cm 土层蔬菜根系分布最多，土壤硝酸盐被大量吸收所致。随土壤深度增加，NO_3^-－N 明显升高，说明土壤 NO_3^-－N 淋溶强烈，施入土壤中的氮肥若未被蔬菜吸收利用，将被大量淋溶至深层土壤，对环境构成潜在威胁。

表 15-35　不同轮作方式对 0～60cm 土壤中 NO_3^--N 含量的影响（mg/kg）

处理	0～20cm			20～40cm			40～60cm		
	本底	第二季	第三季	本底	第二季	第三季	本底	第二季	第三季
1	6.44c	24.1a	12.96b	13.93a	24.72a	15.14a	19.18a	22.59a	13.59a
2	4.88c	35.46a	18.13b	6.63c	28.19a	14.79b	10.08b	31.84a	14.11b
3	9.26b	44.51a	32.05a	9.26b	25.98a	6.77a	13.35b	23.27a	8.71b

表 15-36　不同轮作方式对 60～120cm 土壤中 NO_3^--N 含量的影响（mg/kg）

处理	60～80cm		80～100cm		100～120cm	
	本底	第三季	本底	第三季	本底	第三季
1	25.03a	18.13a	33.24a	24.93a	40.45a	37.25a
2	11.79b	17.63a	14.55b	22.6a	24.55a	27.11a
3	17.18a	8.75b	37.46a	9.65b	59.31a	15.70b

注：小写字母不同表示处理间差异显著（$P<0.05$）。

对同一耕层不同时期 NH_4^+-N 和 NO_3^--N 进行分析，结果显示，第二季、第三季作物收获后，土壤 NH_4^+-N 含量明显增高，尤其是第二季，这与第二季作物生长时大量追肥不无关系。土壤浅层（0～60cm）NO_3^--N 更是在第二季后达到高峰，第三季 60～120cm 还有很高的 NO_3^--N 残留。说明大量的含 N 化肥及有机肥料分解产物在好气条件下经硝化作用转化为 NO_3^- 累积在土壤中，导致大棚土壤中以 NO_3^- 为主的盐分含量急剧上升。同时，大棚薄膜的覆盖不仅阻挡了降水对土壤盐分的自然淋洗，而且提高了棚内和土壤的温度，增加了土壤水分的蒸发，进一步加剧了盐分在土壤表层的累积，所以，在保护地蔬菜生产中必须密切注意土壤的次生盐渍化问题。

（2）对土壤全量养分含量的影响　经过一年的耕作，在土壤全量养分含量中，除全磷含量外（表 15-37），其他养分含量均没有发生显著变化。事实上，蔬菜大棚的肥料施入量相当大，尤其是无机肥的施入更是如此。大量的养分除了被作物吸收外，绝大部分并没有残留在耕层土壤中，要么通过挥发损失（如 N），要么通过淋溶损失（如 N、K），具体见下面分析。

表 15-37　不同轮作方式对土壤全量养分含量的影响

处理		N（g/kg）	C（g/kg）	P（g/kg）	K（g/kg）
1	本底	1.12a	10.07a	0.89a	15.99a
	第三季	1.08a	9.82a	0.99a	16.01a
2	本底	1.10a	9.97a	0.85b	17.47a
	第三季	1.22a	10.07a	0.92a	17.56a
3	本底	1.01a	9.53a	0.77b	16.61a
	第三季	1.06a	9.70a	0.87a	16.62a

注：小写字母不同表示不同时期差异显著（$P<0.05$）。

（3）不同轮作方式对土壤养分收支的影响　由表 15-38 可以看出，无论是叶菜类还是黄瓜或番茄，肥料的投入量明显大于作物的吸收量，每年种植完 3 季作物后，土壤—作物系统中盈余的 NPK 养分分别为 3 135、1 263 和 1 186kg/hm²，分别占施肥量的 52%、66.3% 和 28.4%。在盈余的肥料中，来自叶菜类季节大约占 46.1%，黄瓜和番茄季节大约占 56.9%，值得注意的是这些肥料一旦进入环境，尤其是氮磷肥料，必将给环境带来巨大风险，要给予足够重视。

表 15-38 不同轮作方式作物养分收支平衡

作物	移出养分量（kg/hm²）			肥料投入量（kg/hm²）			养分收支（kg/hm²）			占比率（%）		
	N	P	K	N	P	K	N	P	K	N	P	K
油麦菜	93.2	15.5	257.7	596	207.1	359.1	502.8	191.6	101.4	16.0	15.2	8.5
菠　菜	106.7	19.7	240.4	596	207.1	359.1	489.3	187.4	118.7	15.6	14.8	10.0
油　菜	141.2	18.8	250.5	596	207.1	359.1	454.8	188.3	108.6	14.5	14.9	9.2
黄　瓜	990.9	199.5	916.9	1 543.5	406.0	1 098.6	552.6	206.5	181.7	17.6	16.3	15.3
番　茄	320.8	105.0	341.7	903.8	281.8	753.4	583.0	176.8	411.7	18.6	14.0	34.7
黄　瓜	895.4	186.8	841.5	1 543.5	406	1 098.6	648.1	219.2	257.1	20.7	17.4	21.7
芸　豆	127.4	28.8	53.8	96.2	63.7	52.3	−31.2	34.9	−1.5	−1.0	2.8	−0.1
芸　豆	123.9	28.9	47.9	96.2	63.7	52.3	−27.7	34.8	4.4	−0.9	2.8	0.4
豇　豆	133.1	40.1	47.8	96.2	63.7	52.3	−36.9	23.6	4.5	−1.2	1.9	0.4
总　和	2 932.5	643.0	2 998.3	6 067.3	1 906.4	4 184.9	3 134.8	1 263.4	1 186.6	100.0	100.0	100.0

（4）不同轮作对土壤 NPK 养分库的影响　从表 15-39 可以看出，油菜—黄瓜—豇豆轮作处理氮的回收率最高，而油麦菜—黄瓜—芸豆轮作氮的回收率最低，两者相差 9 个百分点，这种差别应该引起重视，也是合理配置轮作作物的重要依据。

表 15-39 不同轮作处理对肥料氮回收率的影响

处理	全氮变化（kg/hm²）	肥料施入氮（kg/hm²）	作物吸收氮（kg/hm²）	回收率（%）
1	−108.0	2 235.7	1 211.5	49.4
2	324.0	1 596.0	551.4	54.8
3	135.0	2 235.7	1 169.7	58.4

三季作物轮作之后，不同轮作处理土壤速效磷库有了一定的增长，根据土壤全磷、速效磷库和土壤容重等相关数据，可以计算出不同轮作处理土壤全量磷库和速效磷库之间的相互转化，具体见表 15-40。

表 15-40 不同轮作处理对肥料磷和表层土壤磷转化的影响

处理	速效磷本底	第三季速效磷	速效磷变化	速效磷变化	作物吸收磷	进入速效磷库的肥料磷	施入的肥料磷	被土壤固定的肥料磷	土壤表层全磷增加	损失	进入速效磷库的肥料磷比例
	mg/kg			kg/hm²							%
1	85.37	100.13	14.76	39.85	243.8	283.7	676.8	393.1	273	120.1	41.9
2	92.9	101.87	8.97	24.22	153.6	177.8	552.6	374.8	189	185.8	32.2
3	97.6	108.27	10.67	28.81	245.7	274.5	676.8	402.3	277	125.3	40.6

由表 15－40 可见，进入土壤速效磷库的肥料磷分别为 283.7、177.8 和 274.5kg/hm²，分别占施入肥料磷的 42%、32%和 41%，被土壤表层固定的肥料磷分别为 273、189 和 277kg/hm²，损失的肥料磷分别为 120、186 和 125kg/hm²。通常而言，施入土壤中的磷绝大部分被土壤固定而很难发生其他途径的损失，此处的损失大概是在灌溉条件下，部分肥料磷被淋洗到 20～40cm 耕层。从磷的转化而言，叶菜类—黄瓜—豆科的轮作方式对土壤磷的利用较好，对环境的影响较小。

根据同样的计算方法，可以计算出不同轮作处理土壤全钾库和速效钾库之间的相互转化，结果列入表 15－41。

表 15－41　不同轮作处理对肥料钾和表层土壤钾转化的影响

处理	本底速效钾	第三季速效钾	速效钾变化	速效钾变化	作物吸收钾	进入速效钾库的肥料钾	施入的肥料钾	被土壤固定的肥料钾	土壤表层全钾增加	损失	进入速效钾库的肥料钾比例
	mg/kg			kg/hm²							%
1	184.4	178.6	−5.8	−15.7	1 228.4	1 212.7	1 510.0	345.9	54.0	291.9	80.1
2	180.4	182.8	2.4	6.6	630.0	636.6	1 164.8	528.2	243.0	285.2	54.6
3	172.3	196.1	23.8	64.2	1 139.8	1 204.0	1 510.0	306.0	27.0	279.0	79.7

从表 15－41 的结果可以发现，进入土壤速效钾库的肥料钾分别为 1 212.7、636.6 和 1 204.0kg/hm²，分别占施入肥料钾的 80%、55%和 80%，被土壤表层固定的肥料钾分别为 54、243 和 27kg/hm²，淋溶到下层的肥料钾分别为 292、285 和 279kg/hm²。从钾的利用来看，3 种轮作方式没有什么区别。

通过前述对氮的回收率、磷钾的转化等综合指标评价，比较本研究下几种轮作方式的作物产量、养分平衡、养分回收利用等结果，我们认为在研究区内以油菜—黄瓜—豇豆这一轮作方式利用养分的能力最高，对环境的威胁最小。

6. 不同轮作方式对土壤重金属含量的影响　本研究中，在种植作物前和第三季作物收获后，分别采集各处理 0～20cm 土层土壤，测定了 As、Hg、Cd、Cr 和 Pb 等重金属的含量，以探讨各种轮作方式和施肥管理等对这些重金属含量的可能影响。经测定，本底和前两季的 pH 平均值为 7.41，且 pH<7 的数值超过半数，对照国家一、二级土壤标准（一类标准：Cd≤0.20mg/kg，Pb≤35mg/kg，Cr≤90mg/kg，As≤15mg/kg，Hg≤0.15mg/kg；二类标准 6.5<pH<7.5，Cd≤0.30mg/kg，Pb≤300mg/kg，Cr≤200mg/kg，As≤30mg/kg，Hg≤0.50mg/kg），除了本底表层土壤 Cd 高于二类标准外，其他重金属元素都符合国家一类标准（表 15－42）。总体上来说，大民屯地区的蔬菜大棚中重金属含量很低，并没有受到施肥和灌溉水的污染。

表 15－42　不同季节不同耕层全量重金属含量

季节	层次	As (mg/kg)	Hg (mg/kg)	Cd (mg/kg)	Cr (mg/kg)	Pb (mg/kg)
本底	A	8.27b	0.04a	0.56a	37.56a	18.48a
	B	7.85c	0.03b	0.12b	33.96b	16.98b
	C	9.08a	0.02b	0.08c	35.32b	17.12b

（续）

季节	层次	As (mg/kg)	Hg (mg/kg)	Cd (mg/kg)	Cr (mg/kg)	Pb (mg/kg)
第三季	A	7.46c	0.04a	0.60a	36.66a	17.31b
	B	7.15d	0.02b	0.11b	30.79b	16.87b
	C	7.83c	0.01b	0.06c	33.31b	16.45b

注：同列相同英文小写字母表示数据间无显著差异（$P<0.05$）。

研究结果表明，供试土壤在经过一年的耕作后，全量重金属含量变化见表15－42。除了As在第三季有显著变化外，其他重金属含量无显著变化。说明投入的肥料和使用的灌溉水中重金属含量很低，而且第三季后，土壤中As的含量明显降低，极有可能是As随灌溉淋入下层土壤。在现代农业中，有机砷制剂常被作为一种优秀饲料添加剂被广泛应用，然而，禽畜对有机砷的吸收率很低，绝大部分有机砷随粪尿排出。国内养殖业普遍存在有机砷制剂超量滥用现象，尤其是猪粪As含量超标较为普遍。因此，监测蔬菜地中蔬菜和土壤中As含量具有十分重要的现实意义。由于该年没有施入猪粪，第一、二季基肥为牛粪和鸡粪，因此我们认为As含量没有显著升高与此有关。

各层土壤重金属含量加权平均后列于表15－43，As、Cr和Pb随轮作变化差异较小，Hg和Cd随轮作显示一定差异，即轮作1重金属含量略高于轮作2和3。为了更清晰地比较各重金属的污染状况，进行了单因子污染指数和各元素综合指数的评价，见表15－44。

表15－43　不同季节不同轮作下土壤全量重金属含量

季节	轮作模式	As (mg/kg)	Hg (mg/kg)	Cd (mg/kg)	Cr (mg/kg)	Pb (mg/kg)
本底	1	8.40	0.04	0.28	35.52	16.97
	2	8.40	0.03	0.27	35.81	18.01
	3	8.40	0.02	0.20	35.51	17.62
第三季	1	7.76	0.02	0.29	32.15	16.27
	2	7.53	0.02	0.27	33.73	17.59
	3	7.15	0.03	0.20	34.88	16.78

注：表中所示数值为土壤3个耕层的加权平均值。

以国家土壤环境质量二级土标准值（$6.5<pH<7.5$）为参照，对供试土壤重金属污染状况进行评价，结果见表15－42。As、Hg、Cr和Pb因为远小于背景值，因此单项污染指数较低。Cd呈现出在表层富集的规律，即使重金属含量超标与下层土壤加权平均后，单项污染指数并未超标，若按耕层计算污染指数，结果会有很大变化。正因为Cd含量较高，使得土壤综合污染指数提高，但均未超标。综合污染指数年际变化不大，但是在轮作制度上差异明显，轮作模式3明显好于1和2，即油菜—黄瓜—豇豆模式污染风险最小。

从沈阳市大民屯镇蔬菜生产基地研究结果可见，当地常见3种轮作模式对产量的影响较小，各轮作模式蔬菜中重金属含量均极低，土壤中镉含量超标，且土壤存在一定的酸化现象，氮和磷下移渐趋明显。菠菜—番茄—芸豆轮作模式中含有的人体必需氨基酸比例适中，维生素C含量较高，但需注意降低菠菜中亚硝酸盐含量。油菜—黄瓜—豇豆轮作模式能增加土壤对pH的缓冲性，有效减少菜地氮淋失，土壤重金属含量也低于其他两种轮作模式，综合污染指数为安全级别。综上，油菜—黄瓜—豇豆轮作模式相较其他两种轮作模式在养分淋失和重金属污染阻滞方面优势明显，但在蔬菜品质和经济效益方面有所欠缺，因菠菜是营养价值极高但易富集硝酸盐和亚硝酸盐的蔬菜，故在减少氮肥施用的前提下，可将油菜改为菠菜，即菠菜—黄瓜—豇豆轮作应为兼顾效益与环境的最佳轮作模式。

表15-44 不同轮作模式下的土壤重金属污染指数

季节	轮作模式	P_i					$P_{综}$
		As	Hg	Cd	Cr	Pb	
本底	1	0.28	0.08	0.93	0.18	0.06	0.70a
	2	0.28	0.06	0.92	0.18	0.06	0.68a
	3	0.28	0.05	0.67	0.18	0.06	0.51b
第三季	1	0.26	0.04	0.98	0.16	0.05	0.72a
	2	0.25	0.05	0.89	0.17	0.06	0.66a
	3	0.24	0.05	0.66	0.17	0.06	0.50b

7. 适用区域与推广前景 本项技术模式主要应用于棕壤设施菜地，应结合当地典型蔬菜种植轮作模式，制定最佳轮作方式，实现经济效益与环境效益双赢，有利于设施菜地的可持续利用。

该项技术模式在不根本性改变当地典型设施菜地轮作模式前提下，通过系统分析蔬菜产量、品质、经济效益、土壤养分状况与环境效益，制定优化的轮作模式，易于被广大农户接受，具有大范围推广的前景，适合于当地生产实际。

（宇万太、马强）

参 考 文 献

杜应琼，何江华，陈俊坚，等.2003.铅、镉和铬在叶类蔬菜中的积累及对其生长的影响［J］.园艺学报，30（1）：51-55.

井彩巧.2006.不同基因型大白菜镉和铅含量差异研究［J］.园艺学报，33（2）：402-404.

李秀英，赵秉强，李絮花，等.2005.不同施肥制度对土壤微生物的影响及其与土壤肥力的关系［J］.中国农业科学，388（8）：1591-1599.

林葆，林继雄，李家康.1994.长期施肥的作物产量和土壤肥力变化［J］.植物营养与肥料学报（1）：6-18.

马强，刘中良，周桦，等.2011.不同施肥模式对作物—土壤系统养分收支的影响［J］.中国生态农业学报，19（3）：520-524.

马强，宇万太，张璐，等.2006.下辽河平原不同水肥条件对玉米养分吸收与分配的影响［J］.农业工程学报，22（2）：283-288.

全国土壤普查办公室.1998.中国土壤［M］.北京：中国农业出版社.

沈宏，曹志洪.1998.长期施肥对不同农田生态系统土壤有效碳库及碳素有效率的影响［J］.热带亚热带土壤科学，7（1）：1－5.

沈善敏．1998. 中国土壤肥力［M］. 北京：中国农业出版社．

奚振邦．2004. 关于化肥对作物产量贡献的评估问题［J］. 磷肥与复肥，19（3）：68－71.

徐浪，贾静．2003. 化肥施用量对粮食产量的贡献率分析［J］. 四川粮油科技（1）：58－62.

徐永刚，宇万太，马强，等．2010. 不同施肥制度下潮棕壤氮素功能群活性的研究［J］. 水土保持学报，24（3）：160－169.

易玉林，武金果，杨首乐，等．1998. 有机无机肥配施对潮土某些物理性状的影响研究［J］. 土壤肥料，（5）：45－46.

宇万太，马强，张璐，等．2007a. 不同施肥制度下茬口对作物产量增益、土壤养分状况及施肥贡献率的影响［J］. 生态学杂志，26（11）：1798－1803.

宇万太，赵鑫，姜子绍，等．2007b. 不同施肥制度对潮棕壤微生物量碳的影响［J］. 生态学杂志，26（10）：1574－1578.

宇万太，赵鑫，张璐，等．2007c. 长期施肥对作物产量的贡献［J］. 生态学杂志，26（12）：2040－2044.

张维理，武淑霞，冀宏杰，等．2004. 中国农业面源污染形势估计及控制对策 21 世纪初期中国农业面源污染的形势估计［J］. 中国农业科学，37（7）：1008－1017.

张燕，廖超英．2008. 大棚土壤和番茄中 Cd 含量及其生物有效性［J］. 西北农业学报，17（3）：246－249.

郑剑英，赵更生，吴瑞浚．1990. 黄绵土在连续施肥下的肥料效应［J］. 水土保持通报，10（2）：8－15.

朱先进，姜子绍，马强，等．2009. 不同施肥模式下潮棕壤微量元素含量及其变化状况［J］. 华北农学报，24（2）：195－200.

Abbott LK，Murphy DV. 2003. Soil biological fertility：A key to sustainable land use in agriculture［M］. The Netherlands：Kluwer Academic Publishers，187－201.

Bučienė A，Švedas A，Antanaitis Š. 2003. Balances of the major nutrients N，P and K at the farm and field level and some possibilities to improve comparisons between actual and estimated crop yields［J］. European Journal of Agronomy，20：53－62.

Ma Q，Yu WT，Shen SM，et al. 2010. Effects of fertilization on nutrient budget and nitrogen use efficiency of farmland soil under different precipitations in Northeastern China［J］. Nutrient Cycling in Agroecosystems，88：315－327.

Miao YX，Stewart BA，Zhang FS. 2011. Long-term experiments for sustainable nutrient management in China［J］. A review. Agronomy of Sustainable Development，31：397－414.

Regmi AP，Ladha JK，Pathak H，et al. 2002. Yield and soil fertility trends in a 20－year rice-rice-wheat experiment in Nepal［J］. Soil Science Society of America Journal，66：857－867.

Shisanya CA，Mucheru MW，Mugendi DN，et al. 2009. Effect of organic and inorganic nutrient sources on soil mineral nitrogen and maize yields in central highlands of Kenya［J］. Soil Tillage Research，103：239－246.

Vanlauwe B，Aihou K，Aman S，et al. 2001. Maize yield as affected by organic inputs and urea in the West Africa Moist Savanna［J］. Agronomy Journal，93：1191－1199.

Yadav RL，Dwivedi BS，Pandey PS. 2000. Rice-wheat cropping system：Assessment of sustainability under green manuring and chemical fertilizer inputs［J］. Field Crops Research，65：15－30.

第十六章　潮土质量培育技术与模式

潮土属于非地带性土壤，是直接发育在河流沉积物母质上，受地下水影响并经不断耕种熟化而形成的一类半水成土壤。潮土在我国的分布面积为 2 566 万 hm^2，潮土区耕地约占我国耕地总面积的 15.9%。潮土广泛分布于我国的 27 个省（自治区、直辖市），但大部分集中分布在东部的黄淮海平原，以及长江、珠江、辽河中下游的开阔河谷与平原地区，在黄河河套平原也有连片分布，此外，在一系列盆地、河谷、山前平原与高山谷地、高原滩地也有小面积分布。山东、河北、河南 3 省潮土面积最大，均在 400 万 hm^2 以上，江苏、内蒙古和安徽 3 省（自治区）的分布面积其次，在 100 万～200 万 hm^2 之间，辽宁、湖北、山西和天津等省（直辖市）也有较广泛的分布，四川、广西等省（自治区）潮土面积较小。潮土区也是我国农业和经济相对较发达的地区，所在地区地势平坦，土壤肥力较高，适耕性较好，水源丰富，因而作物产量高，其中以黄淮海地区为代表的潮土区，是我国农业较发达的区域之一。

第一节　区域耕地质量特点及作物种植类型

尽管潮土的分布非常广泛，但从不同区域分布面积及其典型性等来看，黄淮海平原区潮土应该说在我国潮土中具有较强的代表性，因此，本节潮土质量培育技术及模式亦主要以该地区为重点展开。该地区作为我国农业最发达的区域之一，耕地质量相对较高，生产力也位居全国前列，特别是土壤的物理性状相对适中，且水热条件优良，但由于长期以来受盐渍化等的影响，也在一定程度上影响了耕地生产力的发挥，总体看，该地区土壤肥沃、水温条件好，农业发展前景广泛。

一、区域耕地质量状况

潮土不同分布区域的水热条件和种植利用程度区域分异明显。黄淮海平原区处于半湿润暖温带，年降水量 500～800mm，年均温 10～14℃，一年两熟或两年三熟；长江中下游区处于湿润北亚热带，年降水量 1 000mm 以上，年均温 14～18℃，一年两熟；珠江三角洲处于湿润南亚热带，年降水量 1 400～1 800mm，年均温度 20～22℃，一年三熟；河套平原属半干旱中温带，年降水量 200～400mm，年均温 4～7℃，一年一熟；辽河平原属半湿润中温带，年降水量 600～800mm，年均温 6～9 ℃，一年一熟；成都平原属湿润中亚热带，年降水量 1 000～1 200mm，年均温 16～18℃，一年三熟。

潮土主要成土母质为近代河流冲积物，部分为古代河流冲积物、洪积冲积物及浅海沉积物等。由于沉积物类型差异大，颗粒组成各不相同。黄河冲积平原区的沙质类沉积物中，沙粒含量高达 90%；壤质类沉积物中，沙粒和粉沙粒含量高；黏质类沉积物中，黏粒含量较高，可达 40%。而长江与淮河冲积平原，沙质类及黏质类沉积物中的各级沙粒和黏粒含量均不及黄泛区的同类质地高，而壤质类沉积物中的粉沙粒与黏粒大多高于黄泛区的同质地类沉积物。由壤质类沉积物发育的潮土，质地适中，物理性状好，抗寒抗涝能力强，养分含量较高，保水、保肥能力也强，水肥气热协调，通常为各类旱作作物的高产土壤；但由黏质类沉积物发育的潮土，质地黏重，通透性和耕性差，湿时上层滞水，干时龟裂跑墒，适耕期短，养分含量虽较高，但物理性状差，生产潜力难以发挥；由沙质沉积物发育的潮土，沙性重，漏水、漏肥，养分含量低，保肥供肥能力差，多属低产土壤。

1. 典型潮土区土壤有机碳库现状与特征　根据朱安宁等（2010）对潮土分布腹地河南（原阳、封丘、延津、长垣）、河北（冀州、栾城）、山东（平原、禹城）3省的8个县（市）表层土壤的调查结果显示（图16－1），该地区耕作层土壤有机质含量的分布范围在1～30g/kg之间，其中有2.9%的面积土壤有机质含量在20～30g/kg之间，81.5%面积的土壤有机质含量在10～20g/kg之间，约16%面积的土壤有机质含量在10g/kg以下。与第二次土壤普查的结果相比，这8个县（市）的土壤有机质含量都有较大幅度的增加，增加的比例在50.1%～86.3%之间。土壤有机质增加的原因主要是有机物料的施用量比过去有大幅增加，尤其是作物秸秆还田面积增大，促进了土壤有机质品质的改善和数量的提高。调查结果显示，该地区在一年两熟的种植制度下，小麦秸秆还田量在3 000～4 500kg/hm^{2}之间，玉米秸秆还田量在5 250～6 750kg/hm^{2}之间，是20世纪80年代初的5～7倍。虽然在过去20年间，黄淮海平原区潮土有机质含量有了大幅度提升，但根据土壤有机质含量的分级标准来看，该区54.8%的土壤有机质含量仍分布在3级区（10～15g/kg），15.6%的土壤有机质含量在3级区（<10g/kg）以下，土壤有机质仍较为贫乏。

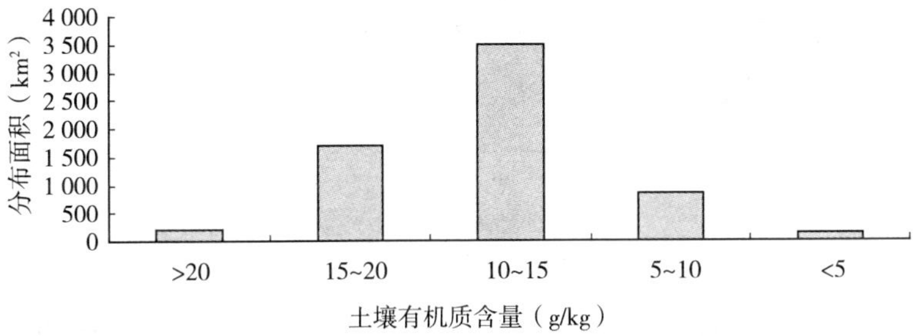

图16－1　典型潮土区土壤有机质含量分布频率

2. 典型潮土区土壤养分状况及特征　作为养分含量相对丰富、生产力相对较高的一类土壤，典型潮土的全氮含量却相对较低。如据朱安宁等（2009）的在潮土区取表层土壤（0～15cm）样品测定其全氮含量的结果，其含量范围一般在0.08～1.46g/kg之间（图16－2）。按照第二次土壤普查设定的土壤氮素分级标准，则该区土壤全氮含量在3～6级的水平上均

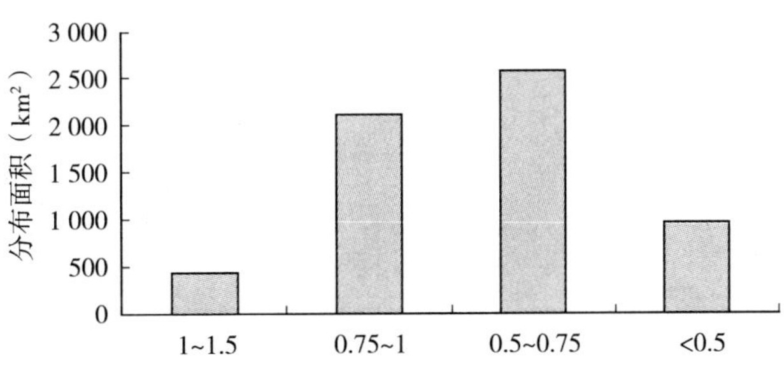

图16－2　典型潮土区土壤全氮含量分布频率

有分布，其中含量达到3级水平的样本量仅占7.2%、达到4级和5级水平的样本量分别占34.7%和42.4%、6级水平的样本量占15.7%，土壤全氮含量普遍偏低。

上述含量结果与第二次土壤普查数据的比较发现，绝大部分地区土壤全氮含量都有一定的累积，但各地区增幅差距较大，增加幅度在0～56.5%之间。土壤全氮含量的增加主要与实行秸秆还田以及增施有机肥有关，同时多年来连续投入大量氮肥，使土壤氮素盈余，也促进了土壤全氮含量的上升，但潮土属轻质土壤，硝态氮的淋失损失较大，化学氮肥的大量施用对土壤肥力的提高作用有限，因此，黄淮海平原潮土全氮含量依然属于偏低水平，尤其是在土壤沙粒含量较高地区，土壤氮素很难保持，以致出现了降低的现象（如延津县）。

在上述全氮含量的基础上，朱安宁等（2009）进一步测定和分析了土壤中碱解氮含量的情况，发现典型潮土区表层土壤碱解氮含量在11.6～116.3mg/kg之间，其中90%以上地区土壤碱解氮含量在30～90mg/kg之间，属4～5级水平，仅2.6%土壤碱解氮含量在90～120mg/kg的区间内（图16-3），可见该地区大多数土壤碱解氮含量属于很低的水平，补充氮肥对农作物生长至关重要。与第二次土壤普查的数据相比，典型潮土区土壤碱解氮含量均有一定幅度的增大，但碱解氮不稳定，在土壤中的变化较大，因而各地区增幅差异也较大，增幅的变化区间在2.0%～81.5%之间。土壤碱解氮含量的增加主要受氮肥施用的影响，特别是受当年氮肥的投入量与作物对氮素的吸收和消耗量的影响较大。

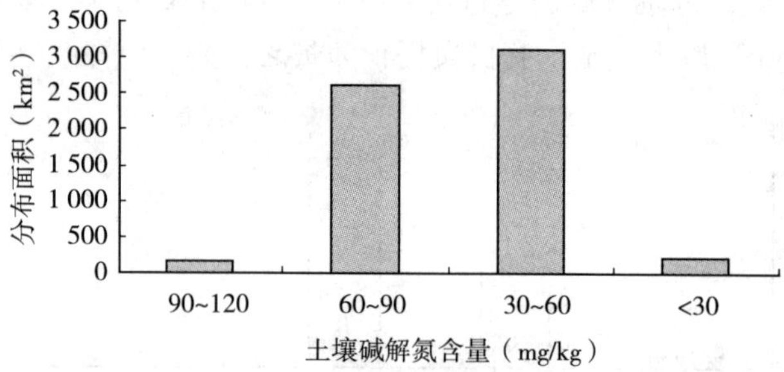

图16-3 典型潮土区土壤碱解氮含量分布频率

典型潮土区表层土壤速效磷含量变异相当大，从张佳宝等（2008）的调查结果看，潮土中速效磷含量的分布区间为1～65mg/kg（图16-4）。其中，80%土壤中速效磷的含量均低于10mg/kg，说明潮土速效磷的总体水平较低。与第二次土壤普查的结果相比，7个县（市）中的5个县（市）表层土壤速效磷平均含量有明显上升，升幅50.5%～449.4%。表

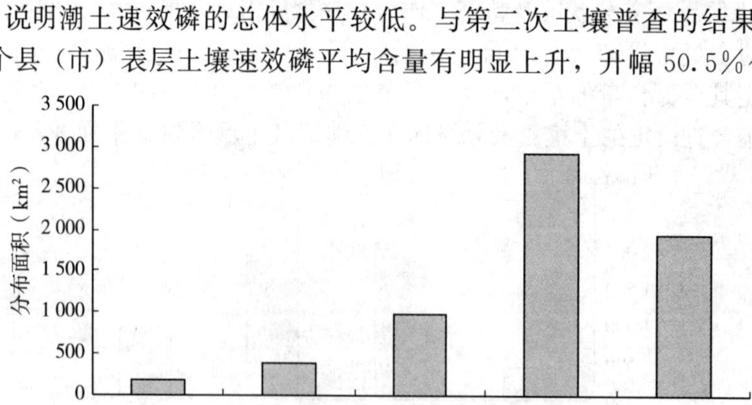

图16-4 典型潮土区土壤速效磷含量分布频率

层土壤速效磷含量在空间分布上表现出很强的变异性，而受调查的8个县（市）土壤速效磷与第二次土壤普查资料相比，其变化规律差异明显，总体上来说，河北、山东县（市）的表层土壤速效磷含量要高于河南的，这表明各地的施磷水平存在相当大的差异。

典型潮土区表层土壤速效钾的含量情况，亦可从张佳宝等（2008）的调查结果中得到说明。从图16－5中可以看出，典型潮土表层土壤的速效钾含量范围在25～330mg/kg之间，其中含量高于150mg/kg的土壤面积占总面积的10.6%，含量在110～150mg/kg之间的土壤面积占16.5%，含量在80～110mg/kg之间的土壤面积占32.1%，含量在50～80mg/kg之间的土壤面积占31.3%，含量低于50mg/kg的土壤面积占9.5%。一般而言，当土壤的速效钾含量低于80mg/kg时，作物生长会出现缺钾症状，低于50mg/kg时会出现明显的缺钾症状。调查地区的缺钾面积已达到40.8%，其中显著缺钾的土壤面积达到9.5%。

上述结果与第二次土壤普查的资料相比，调查的8个县（市）中仅1个出现显著增加（禹城），1个县基本保持稳定，其余6个县（市）均出现不同程度的降低，降低幅度在17.3%～45.0%之间。其原因可能是由于集约化种植使作物产量大幅度提高，土壤中速效钾的消耗也相应增加，而土壤钾素的投入却较少，尤其是受调查的潮土地区钾肥施用量很低。

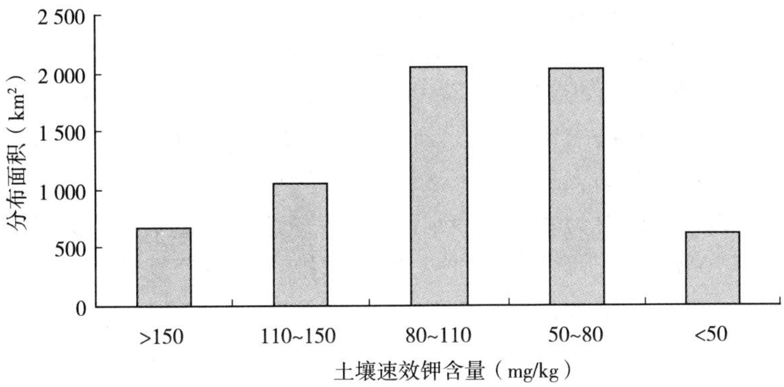

图16－5　典型潮土区土壤速效磷含量分布频率

3. 典型潮土区土壤盐渍化状况及特征　典型潮土区调查结果还显示，各县市表层土壤电导率均值在0.08～0.145mS/cm之间，极个别土样出现电导率大于1.0mS/cm的情况，按照美国农业部制定的4mS/cm的土壤盐渍化标准，潮土区土壤盐分含量较低，属于低盐土壤。第二次土壤普查的资料表明，1984年左右，该地区盐渍化土壤的面积在33～200km^{2}之间，经过20年的土壤盐渍化防治，各地盐渍化土壤基本消失。

综上可见，典型潮土区（黄淮海平原）的土壤粒径组成一般以粗粉粒为主，黏粒含量较少，因此其土壤水稳定性团聚体含量低，土壤结构性差，易于受到风蚀，而且其阳离子代换量低，保水保肥能力较差，土壤有机质、氮和磷素缺乏问题仍旧十分突出，近年来随着集约化种植和作物产量的大幅度提高，土壤缺钾问题也在部分地区出现，严重影响和制约了作物增产潜力的发挥。

二、作物种植类型与种植制度

典型潮土区（黄淮海平原）的气候、水文等条件，决定了该区域主要以一年两熟制和二年三熟制旱作为主，主要农作物有冬小麦、玉米、甘薯、大豆和棉花等。同时，也是我国花生和芝麻的重要产地，是我国温带果品如苹果、梨等的集中产区。表 16－1 为根据近年《中国统计年鉴》数据统计的黄淮海地区（山东、河南和河北 3 省）作物种植结构的变化。

表 16－1　黄淮海地区作物种植结构变化（万 hm^2）

作物	1995	2000	2005	2010
粮食	2 377.11	2 331.15	2 210.53	2 310.72
油料	275.58	313.58	306.46	284.44
棉花	236.70	165.54	220.14	181.53
蔬菜	187.18	384.37	454.84	461.35
果树	235.80	216.19	229.96	210.07

从表 16－1 的结果看，该地区作物的种植结构在一定程度上与国家政策、不同作物的经济效益等具有关联性。其中，该区域粮食种植面积在 2000 年前一直稳定在 2 300 万 hm^2 以上，但此后受种粮效益较低等多种原因的影响，种植面积有所减少，到 2005 年时仅 2 200 万 hm^2 左右，但其后受国家重视粮食生产等诸多政策因素的影响，粮食种植面积又逐渐恢复到 2 300 万 hm^2 以上。油料作物的种植面积一般维持在 300 万 hm^2 左右波动，棉花的种植面积则呈总体上减少的趋势，与其比较效益较低、水分消耗大等有关。而蔬菜的种植面积则是唯一从 1995 年以来一直保持增长势头的，特别是 1995 到 2000 年间增加了 1 倍多，这无疑主要归功于蔬菜具有较高的比较效益，同时也与设施蔬菜种植的发展不无关联。

从典型潮土区轮作换茬的方式来看，该地区耕地中作物轮作换茬的方式比较灵活，其中水浇地上的耕作制以一年两熟为主，旱地则以两年三熟为主，轮作换茬的方式比较灵活，复种指数在 135％～170％，各地实行多种形式的轮作换茬、间套复种，主要包括：春玉米间作大豆，换茬种冬小麦套种玉米；玉米、绿豆间作；玉米大豆间作；花生间作芝麻；马铃薯套种棉花；谷子高粱间作杂豆，主要农作物以冬小麦—玉米轮作方式为主。

三、耕作制度与耕作管理方式

典型潮土区（黄淮海平原）的耕作制度和管理方式简单来说可以划分为 4 个阶段。第一阶段（1987 年以前）：小麦—玉米传统耕作。冬小麦和夏玉米均采用传统精耕细作方式。作物收获后，需要完成秸秆搬运、造墒、施肥（化肥和有机肥）、翻耕（15～20cm）以及耙耱等整地环节，然后进行播种。第二阶段（1988—1995）：玉米免耕直播，小麦翻耕播种。玉米免耕直播技术首先在机械化收割发展较快的城郊地区得到发展，随后在各地迅速普及。其要点是冬小麦收获前后人工点播夏玉米，在玉米出苗—苗期中耕灭茬，玉米拔节期施用化肥。第三阶段（1996—2001）：玉米免耕直播，小麦少耕播种。在这个时期，可以同时完成播种和施肥作业的玉米免耕播种机得到较大发展，加上除草剂的使用，使玉米免耕直播技术得到进一步完善。为了禁止焚烧秸秆，政府出台了严厉的玉米秸秆管理政策，秸秆粉碎还田机械和技术得到较大发展。在此基础上，冬小麦实现了少耕播种，即玉米收获（人工摘穗）后，利用秸秆还田机将秸秆粉碎两遍，旋耕还田（10cm 左右），然后同时完成施肥和播种作业。第四阶段（2001 年至今）：玉米免耕直播，小麦免耕崭露头角。随着具有一次性完成秸秆（部分）粉碎、施肥、播种和翻压作业的小麦免耕播种机的研制成功，典型潮土区小麦—玉米一年两熟制地区冬小麦免耕播种技术得到了初步的推广应用。

潮土区施肥技术随着科技的进步和人们认识的提高而不断变化，从原始的单施有机肥（农家肥），随时间推移，氮肥、磷肥和多元素组合施肥技术不断被引入到当地农业生产中。目前，在国家一系列科技计划的推广、示范和带动下，正在努力实现平衡施肥和配方施肥，按作物对养分的需求规律，因地制宜地制定施肥方案。在肥料品种方面，氮肥主要为尿素、磷酸二铵；磷肥主要是过磷酸钙、磷酸二铵；钾肥主要是氯化钾、硫酸钾，并不断推进缓释肥料和复合肥料的使用。病虫害防治也由人工防治逐渐向无残留农药防治和生物防治发展。

第二节　潮土质量培育典型技术模式

作为农业发达区域，潮土区在我国农业发展、耕地质量培育中形成了许多具有区域特色的技术模式，为区域乃至全国农业发展提供了良好基础。特别是 20 世纪下半叶以来，以石元春院士为代表的老一辈土壤学家，经过在黄淮海地区长期蹲点、悉心研究，总结出了盐碱土改良等一大批具有代表性的研究成果，极大地促进了该区域农业的发展和农业综合生产能力的大幅度提升。其中，“黄淮海平原中低产田地区综合治理的研究与开发”作为该地区的代表性成果，获得了 1993 年国家科技进步特等奖，也被认为是区域土壤改良和农业综合生产力提升的标志性成果，产生了十分巨大的经济和社会效益。近年来，相关科研人员在已有研究成果的基础上，针对区域农业发展的特点和耕地质量培育的新需求，集成创新了已有技术模式，并形成了一系列耕地质量培育的新的技术模式。

一、小麦—玉米轮作有机无机肥配施模式

该模式主要介绍了黄淮海平原典型潮土区在小麦—玉米轮作一年两熟制下，采用有机肥代替部分化肥，增加土壤中有机物质投入量，以提升潮土旱地地力、提高作物种植经济效益的一种耕地质量培育技术模式。

1. 技术模式主要内容与操作方式　以冬小麦—夏玉米轮作为种植制度，一年两熟，采取潮土区习惯施肥水平的氮、磷和钾肥施用量，以有机肥代替部分或全部氮肥。有机肥分为两种：一是以粉碎的小麦或玉米秸秆为主，每季每公顷的施用量约为 4 500～7 000kg，添加部分大豆饼和棉籽饼，以提高有机肥氮素含量，有机肥经堆置发酵后再施用（化肥＋秸秆还田，SNPK）；二是以厩肥为主，每季每公顷的施用量约为 4 500kg，堆沤后施用（化肥＋厩肥，MNPK）。每季将有机肥作为基肥一次性施入，小麦和玉米的化肥均分基肥和追肥。小麦和玉米的品种均系当地大面积推广的品种。灌溉视每年降水情况而定，一般小麦灌水 2～3 次，玉米灌水 1～2 次，每次灌水量 900～1 200m^3/hm^2。

2. 对耕地质量的影响　有机质是土壤的重要组成部分，不仅影响植物所需要的大量和微量养分的供给，还与土壤的结构性、通气性、渗透性、吸附性和缓冲性等都有密切的关系，能改善土壤的物理和化学性质，调节土壤代换性，缓冲不利因素对土壤的影响。典型潮土区的调查结果表明，潮土有机质含量较低，可能是影响其肥力的重要限制因子，因此，从某种意义上说，潮土培肥的重点就是保持和提高土壤有机质含量，补充和更新土壤有机质。而增加有机肥的施用量无疑是最简捷、也是最有效的途径，根据张水清等（2010）的研究结果（图 16－6），不同施肥方式下土壤有机质含量的变化有较大差异，有机肥的施用量对土壤有机质含量的增加具有十分显著的影响。

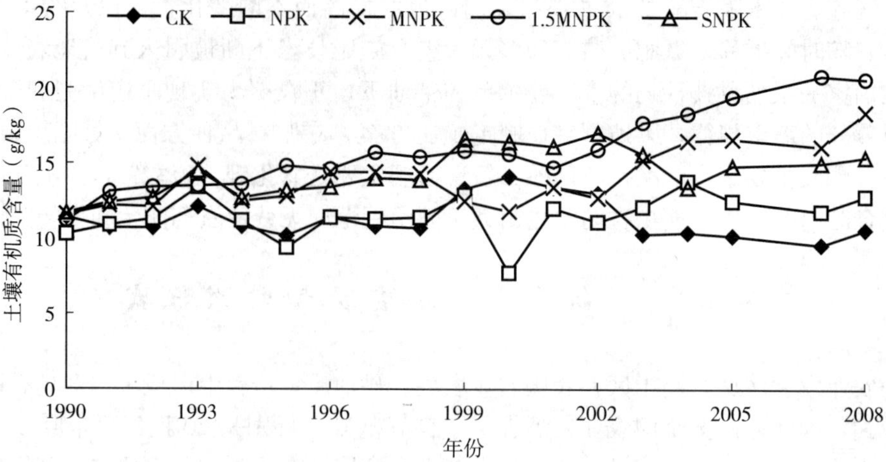

图 16-6　有机无机肥配施对土壤有机质的影响

从图 16-6 潮土长期施肥定位试验的结果可以看出，有机肥（秸秆或厩肥）与化肥配施是保持和提高潮土有机质含量的有效措施。在不施肥条件下（CK），作物根茬等残留物不足以弥补土壤有机质的矿化损失，通过 18 年的种植有机质含量降低了 7.0%；单施化肥条件下，基本可以保持土壤有机质的含量水平，并略有提升；而采用有机无机配施模式显著提高了土壤有机质含量，其中连续 18 年采用化肥+秸秆还田（SNPK）模式，土壤有机质含量提高了 31.6%，连续 18 年采用化肥+厩肥（MNPK 和 1.5MNPK）模式，土壤有机质含量增加的幅度达到 58.6%和 83.9%。

有机无机肥配施模式不仅对提高潮土的有机质含量具有良好效果，其同时还可改善土壤有机质的品质。土壤活性有机碳是土壤微生物生长的速效基质，其含量高低直接影响土壤微生物的活性和土壤养分流的调节。根据杨长明等（2005）利用相关长期试验的研究结果，对潮土而言，长期有机无机肥配施与单施化肥相比显著提高了土壤中易氧化有机碳、颗粒态有机碳、轻组有机碳以及微生物量碳的含量，其提高幅度在 50%～95%之间（图 16-7）。而且，秸秆与化肥配施（SNPK）更有利于提高土壤颗粒有机碳、轻组有机碳的含量，而对于易氧化有机碳和微生物量碳含量的增加效果，厩肥（MNPK）要明显优于秸秆（SNPK）。

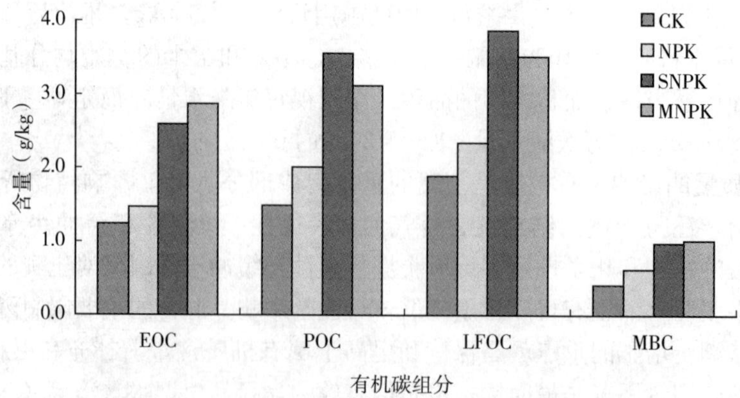

图 16-7　有机无机肥配施对潮土活性有机碳组分的影响

注：EOC：易氧化有机碳；POC：颗粒态有机碳；LFOC：轻组有机碳；MBC：微生物量碳。

土壤全氮增减是土壤肥力变化的指标之一，因此，提高土壤全氮的含量在很大程度上也意味着土壤肥力的提高。根据李秀英等（2006）的研究，连续13年（1991—2004）不施肥（CK）条件下，耕层土壤全氮降低了0.11g/kg（表16-2），降幅达13.7%；单施化肥处理（NPK）全氮略有提高（提高2.2%）；有机无机肥配施模式（SNPK和MNPK）显著提高了土壤全氮含量（9.1%和28.9%）。单施化肥以及有机无机肥配施模式均能显著提高潮土碱解氮含量，增加幅度在69.8%～110.9%之间，表明有机无机肥配施模式可以显著改善潮土供氮能力。在潮土上，长期不施肥（CK），土壤全磷和速效磷均显著下降，速效磷的下降幅度（52.2%）高于全磷。单施化肥使土壤全磷提高4.1%，速效磷提高222.1%，有机无机肥配施模式显著提高了土壤全磷和速效磷含量，秸秆还田配施化肥（SNPK）和厩肥配施化肥（MNPK）使土壤全磷分别增加75.7%和13.7%，速效磷分别增加2 911.7%和308.8%。有机无机肥配施模式能加快潮土全磷和速效磷的积累，而且厩肥与化肥配施的效果要优于秸秆还田配施化肥。连续13年不施肥、单施化肥和厩肥与化肥配施使潮土速效钾含量均有不同程度的降低（8.1%～23.4%），而秸秆还田配施化肥则使土壤速效钾含量提高了22.5%。

表16-2　有机无机肥配施模式对潮土养分含量的影响

处理	全氮（g/kg）	全磷（g/kg）	碱解氮（g/kg）	速效磷（mg/kg）	速效钾（mg/kg）
1990	0.81	0.69	36.1	4.6	65.3
CK	0.69	0.63	51.4	2.2	50.0
NPK	0.82	0.72	61.2	14.9	60.0
SNPK	0.88	0.78	70.5	18.9	60.0
MNPK	1.04	1.21	76.1	139.1	80.0

微生物在土壤中参与有机质和各种养分的分解与转化，与土壤质量或肥力高低密切相关，常被用来作为表示土壤质量高低的重要因子。李秀英等（2005）的相关研究结果（表16-3），与不施肥（CK）相比，长期单施化肥对土壤细菌和真菌数量无明显影响，显著提高了土壤放线菌、自生固氮菌、硝化细菌和纤维分解菌的数量，氨化细菌和反硝化细菌的数量明显降低。有机无机肥配施模式（SNPK、MNPK、1.5MNPK）相比于单施化肥，细菌、真菌、放线菌、自生固氮菌、氨化细菌、反硝化细菌的数据均有明显的增长，而硝化细菌和纤维分解菌的数量则有不同程度的减少，其中厩肥配施化肥（MNPK和1.5MNPK）比秸秆还田配施化肥提高细菌、自生固氮菌、氨化细菌、反硝化细菌数量的效果更为明显。

表16-3　有机无机肥配施模式对潮土微生物的影响

处理	细菌（10^6CFU/g）	真菌（10^4CFU/g）	放线菌（10^5CFU/g）	自生固氮菌（10^6CFU/g）	氨化细菌（10^6CFU/g）	硝化细菌（10^2CFU/g）	反硝化细菌（10^2CFU/g）	纤维分解菌（10^3CFU/g）
CK	21.1	2.3	8.3	18.41	51.56	4.85	161.6	19.5
NPK	20.1	2.4	9.7	20.99	47.05	21.44	71.8	108.2
SNPK	25.3	3.2	11.9	23.06	47.82	12.54	146.8	102.6
MNPK	31.8	2.7	11.7	44.03	120.57	8.67	274.4	74.8
1.5MNPK	33.1	2.8	12.1	34.78	71.16	16.27	159.1	91.4

团聚体是土壤结构的基本单元，不仅影响土壤的孔隙度、持水性、通透性和抗蚀性、养分运移等物理性质，也影响土壤碳、氮循环以及养分积蓄与释放等化学性质，也常被作为衡量耕地质量的重要指标之一。根据刘恩科等（2010）对潮土不同施肥长期定位试验样品的分析结果，施肥（NPK，SNPK 和 MNPK）显著提高了＞2mm 和 0.25～2mm 水稳定性大团聚体的含量（表 16－4），相应降低了 0.053～0.25mm 以及＜0.053mm 水稳定性微团聚体的含量，有机无机肥配施模式（SNPK 和 MNPK）相比于单施化肥（NPK）显著改善了土壤团聚体构成，水稳定性大团聚体的比例提高了 8.5～13.3 个百分点，尤其是厩肥与化肥配施（MNPK）提高大团聚体含量的效果更好。

表 16－4　有机无机肥配施模式对潮土水稳定性团聚体分布的影响（%）

处理	大团聚体			微团聚体		
	＞2mm	0.25～2mm	总和	0.053～0.25mm	＜0.053mm	总和
CK	4.5	18.8	23.2	54.4	22.3	76.8
NPK	9.0	25.0	34.0	50.1	15.9	66.0
SNPK	13.6	28.8	42.5	48.6	8.9	57.5
MNPK	25.3	32	57.3	33.8	8.9	42.7

土壤容重和孔隙度直接影响土壤的穿阻能力以及土壤水、肥、气、热的变化，还间接影响作物根系在土壤中的穿插与活力大小，是土壤的重要物理性质之一，也是衡量耕地质量或肥力高低的重要评价指标。耕地，特别是耕地表层土壤容重和孔隙度的变化，常常是耕地质量变化的一个重要信号。根据杨果等（2007）的相关研究结果，不同施肥影响下土壤容重和孔隙度的变化具有较大差异，施肥可显著降低潮土耕作层的容重，增加耕作层的孔隙度（表 16－5）。有机无机肥配施（MNPK）模式比单施化肥对潮土 0～5cm 和 15～20cm 容重的降低以及孔隙度的增大作用更为明显。

表 16－5　有机无机肥配施模式对潮土物理性质的影响

处理	容重（g/m^3）		孔隙度（%）	
	0～5cm	15～20cm	0～5cm	15～20cm
CK	1.35	1.36	49.1	48.8
NPK	1.31	1.32	51.5	50.3
MNPK	1.25	1.24	52.8	53.2

根据上述相关试验结果，在小麦—玉米轮作模式下，增加有机肥的施用量，特别是在施用化肥的基础上配合施用有机肥，可以在一定程度上提高土壤有机质含量，改善土壤有机质的特性，增加土壤氮素含量，提高土壤供氮能力，并且使土壤中微生物数量增加，物理性质得到明显改善等，即使土壤向质量改善、生产力提升的方向发展。综合考虑，以施用化肥配施有机肥、或施用化肥＋秸秆还田的效果较佳，也较利于在当地推广应用。

3. 对作物产量与经济效益影响　根据李秀英等（2006）对潮土中长期定位试验相关结果的整理，连续 14 年施肥下小麦的平均产量以厩肥配施化肥（MNPK）最高，比不施肥处理增产 533%，NPK 和秸秆还田配施化肥（SNPK）也获得了较高的产量，二者之间没有明显的差异，分别比不施肥处理增产459%和448%。与小麦类似，14年的玉米平均产量也以厩肥配施化肥最高，比不施肥处理增产182%，秸秆还田配施化肥（SNPK）和NPK的产量之间无明显差异，分别比对照增产158%和153%。小麦和玉米的产量均以氮磷钾肥平衡施用高于其他化肥处理，而氮磷钾肥平衡施用配施有机肥（厩肥和秸秆还田），则能在减少化肥投入的情况下保持，甚至提高小麦和玉米的产量，保证作物的稳产、高产，同时还可以提高土壤肥力水平，这说明在潮土上采用有机无机肥配施模式能够取得更好的经济效益。

4. 适用区域与推广前景　本项技术模式，主要应用于黄淮海平原一年两熟制潮土区，主要针对小麦—玉米轮作制，采用氮磷钾平衡施肥同时配施厩肥或秸秆还田，以有机肥代替部分化肥，在减少氮、磷、钾化肥投入的同时，保障农作物的稳产、高产，节本增效明显，具有广阔的推广应用前景。由于该项技术模式增加了土壤有机质的投入量，长期应用可有效提高土壤有机质和养分含量，改善土壤质量，实现潮土可持续发展的目标。

二、保护性耕作秸秆还田模式

该模式主要介绍了黄淮海平原典型潮土区旱作制下，采用免耕、少耕、浅耕等保护性耕作代替传统的耕作方式，同时结合农作物秸秆还田，以减少对土壤的扰动，促进土壤结构的改善，以提升潮土旱地地力条件和经济效益的一种地力提升模式。该模式是针对黄淮海平原土壤轻度盐渍化、降水量较少等实际情况，从阻止盐分上移、减少土壤水分蒸发、培肥耕地质量等的需求出发，集成发展的一种省工省肥、培肥土壤的技术模式，并且在黄淮海区域得到较大规模的推广应用。

1. 技术模式主要内容与操作方式

①技术模式：小麦采用机械收获，秸秆粉碎还田，玉米直接播种，玉米采用人工摘穗或机械收获，切茬免耕播种机直接切茬播种，或用机械灭茬（7～8cm）旋耕后直接播种，机械结合化肥均衡施用与深松技术，实现提高作物产量，改善土壤理化性质的目的。

②模式特点：与传统耕作方式相比，保护性耕作明显提高了秸秆的利用效率，使土表有了不同程度的秸秆覆盖，降低了对土壤的扰动，减少了风蚀、水蚀危害，简化了种植流程，增加了经济收益，实现了高效可持续的农业发展模式。

③操作方式：小麦采用机械收获，秸秆粉碎可采用收割机自带粉碎装置或秸秆粉碎机作业，如秸秆量较大或地表不平，粉碎还田后可用圆盘耙进行表土作业。玉米采用人工摘穗或玉米收获机收获，用切茬免耕播种机或用机械灭茬，播种、施肥、覆土、镇压一次完成；应用广谱性除草剂播种前后进行土壤处理和苗期喷洒，杀除杂草；小麦种植采用每年或2～3年翻耕1次，以破除土壤障碍层，促进根系下扎，增加土壤蓄水，提高作物抗旱性。或可每年进行深松追肥，将深松与深施肥相结合，利于培肥亚耕层土壤，提高肥料利用效率。

2. 对土壤质量的影响　保护性耕作对潮土质量的影响首先表现在提高土壤有机质含量，改善土壤有机质特性等方面。根据姬艳艳等（2012）对不同耕作措施下潮土有机质含量及组成影响的结果比较（表16-6），保护性耕作明显提高了土壤有机质的含量，改善了有机质的品质。

从表16-6中可以看出，经过两年的耕作处理（2008—2010），不同耕作方式显著影响土壤总有机碳含量。与撂荒相比，免耕和旋耕处理土壤总有机碳含量分别提高20.3%和12.4%，而翻耕处理下，土壤总有机碳含量没有显著变化，说明采用免耕和旋耕均有利于土壤有机碳的累积，但采用免耕方式更有利于土壤有机碳的固持和稳定。这可能是翻耕导致土壤大团聚体机械破坏，游离的有机质颗粒极易降解，加速了有机碳矿化损失。土壤不同态活性有机碳对耕作措施的响应不同。相对于撂荒处理，免耕、旋耕、翻耕方式下，土壤易氧化有机碳含量分别增加 44.2%、27.7%和 23.6%，在总有机碳中的比例分别提高 17.7%、14.1%、13.6%。土壤水溶性有机碳含量分别降低 24.1%、24.6%、43.9%，在总有机碳中的比例分别下降 11.2%、40.6%、50.7%。土壤微生物量碳含量和比例在免耕条件下分别增加 109.0%和 65.81%，旋耕和翻耕方式下，没有显著变化。

表 16-6　保护性耕作模式对潮土有机碳的影响

处理	有机碳 (g/kg)	易氧化有机碳		可溶性有机碳		微生物量碳	
		含量（g/kg）	比例（%）	含量（mg/kg）	比例（%）	含量（mg/kg）	比例（%）
撂荒	11.3	1.4	12.8	78.0	0.7	175.0	1.6
翻耕	11.9	1.8	15.0	59.2	0.5	164.8	1.4
免耕	14.3	2.1	14.6	58.8	0.4	366.2	2.6
旋耕	12.7	1.8	14.5	43.8	0.3	185.4	1.5

保护性耕作在提高土壤有机质含量、改善其质量的同时，也对土壤氮磷钾等养分的含量产生了相应的影响。如根据孙海国等（1997）的研究结果（表 16-7），保护性耕作条件下土壤全氮、速效磷钾的含量均有较大幅度提高。

表 16-7　保护性耕作模式对潮土表层（0～10cm）pH 和养分含量的影响

处理		全氮（g/kg）	速效磷（mg/kg）	速效钾（mg/kg）	pH
深耕＋免耕	秸秆不还田	7.74	24.7	106.8	8.55
	翻压还田	7.68	26.5	114.0	8.48
	覆盖还田	7.88	24.9	120.0	8.39
	均值	7.77	25.4	113.6	8.47
浅耕	秸秆不还田	7.74	23.6	114.0	8.46
	翻压还田	7.38	26.4	112.0	8.50
	覆盖还田	7.98	22.7	120.4	8.46
	均值	7.70	24.2	115.5	8.47
少耕	秸秆不还田	8.33	23.4	113.6	8.45
	翻压还田	8.35	26.0	122.0	8.44
	覆盖还田	8.52	30.2	118.4	8.46
	均值	8.40	26.5	118.0	8.45
免耕	秸秆不还田	8.25	32.5	117.6	8.38
	翻压还田	8.58	29.4	124.0	8.39
	覆盖还田	8.60	36.7	121.6	8.30
	均值	8.48	32.9	121.1	8.36

注：深耕＋免耕：小麦季采用深耕，玉米季采用免耕；其他耕作处理为两级作物采用同一种耕作方式；秸秆还田量为 5 250kg/hm^2，为玉米秸秆作小麦基肥一次性施入。

从表 16-7 可以看出，3 年不同耕作和秸秆还田方式的对潮土表层养分含量和 pH 均产生了明显的影响。免耕和少耕土壤全氮含量均显著高于深耕和浅耕土壤，而且结合秸秆覆盖还田的方式全氮累积效果最好。免耕表层土壤速效磷含量显著高于深耕、浅耕和少耕土壤，速效钾含量也有小幅度的提升；秸秆覆盖还田和翻压还田均能保障土壤速效磷和速效钾含量的稳定，高于秸秆不还田土壤。免耕表层土壤 pH 略有下降。

实际上，保护性耕作对潮土质量的影响更重要的还是表现在土壤物理性质方面，如据赵红等（2009）的研究结果，保护性耕作可以明显降低表层土壤的容重（表 16-8）。经过 4 年（2001—2005）不同耕作和秸秆还田处理，0～5cm 免耕高茬还田（M1）与免耕覆盖还田（M3）的土壤容重值显著低于翻耕处理和粉碎还田（M2）处理；5～20cm 免耕高茬还田与免耕粉碎还田的土壤容重值高于耕作处理，而免耕覆盖还田的土壤容重值显著低于所有其他处理；20cm 以下的容重值没有显著差异。总体来看，免耕秸秆覆盖还田可以降低潮土 0～20cm 层的容重，而免耕秸秆高茬还田、免耕秸秆粉碎还田、旋耕秸秆翻压还田与传统耕作模式相比，对土壤容重影响较小。

表 16-8　保护性耕作模式对潮土不同层次容重的影响

处理	土壤容重（g/cm³）			
	0～5cm	5～10cm	10～20cm	20～30cm
M1	1.42	1.55	1.60	1.63
M2	1.58	1.49	1.52	1.62
M3	1.29	1.27	1.45	1.61
F1	1.44	1.42	1.46	1.62
F2	1.47	1.42	1.51	1.59
X	1.47	1.5	1.61	1.61

注：M1：免耕高茬还田；M2：免耕秸秆粉碎还田；M3：免耕秸秆覆盖还田；F1：传统翻耕，秸秆不还田；F2：翻耕秸秆粉碎翻压还田；X：旋耕秸秆粉碎翻压还田，下同。

当然，土壤容重的变化在很大程度上也与土壤团聚体的改变具有直接关系，即保护性耕作在降低耕层土壤容重的同时，也在很大程度上改善了相应的土壤团聚体的组成等，使其朝更有利于提高土壤质量和生产力的方向发展。同样，根据赵红等（2009）在同一试验中的研究结果（表 16-9），不同耕作方式下潮土中团聚体的平均重量直径不论是干筛法还是湿筛法的测定值均具有较大差异。

表 16-9　保护性耕作模式对潮土干筛湿筛平均重量直径的影响

处理	干筛 MWD（mm）				湿筛 MWD（mm）			
	0～5cm	5～10cm	10～20cm	20～30cm	0～5cm	5～10cm	10～20cm	20～30cm
M1	3.09	3.49	3.49	3.73	0.62	0.42	0.27	0.19
M2	3.50	3.92	3.40	3.54	0.44	0.42	0.34	0.26
M3	4.60	4.77	4.57	4.56	0.37	0.35	0.28	0.21
F1	2.45	2.95	3.46	3.64	0.35	0.32	0.28	0.19
F2	1.80	2.94	3.88	3.59	0.39	0.41	0.27	0.19
X	2.34	3.44	3.56	3.08	0.53	0.34	0.26	0.19

一般认为，干筛得到的团聚体能够反映田间土壤的真实情况，它的形成是土壤结构形成的重要阶段；水稳性团聚体一般用于反应耕作对土壤结构的影响，因为水是农田土壤团聚体分散的主要原因。平均重量直径（MWD）能够反映田间土壤结构的稳定性，其值越大说明土壤结构越稳定。经过4年不同耕作和秸秆还田处理，干筛MWD与湿筛MWD值均产生明显变化（表16－9）。干筛情况下，表层0～10cm免耕处理的MWD值均显著高于耕作处理，不同免耕处理下的MWD值表现为：覆盖还田＞粉碎还田＞高茬还田，各处理相互间差异显著；10～30cm各处理间MWD值的差异很小，但从0～30cm剖面上看，免耕覆盖还田处理下M3的MWD值显著高于其他处理，分别比其他两组M处理、F处理、X处理高30.4%、47.0%和47.4%。在湿筛情况下，表层0～5cm立秆还田M1处理的MWD值显著高于其他各处理；5～20cm各处理间没有表现出显著差异；20～30cm粉碎还田M2处理的MWD高于免耕的其他处理，显著高于耕作处理；从0～30cm剖面上看，免耕处理下土壤的MWD值要高于耕作处理10.0%～16.0%。

土壤分散系数是微团聚体水稳定性的重要指标之一，一般而言，土壤的分散系数越大，意味着微团聚体的水稳定性就越差。不同耕作处理下土壤微团聚体的分散系数呈显著差异，同样引用赵红等（2009）的试验结果（表16－10）进行相应的分析，可以看出，除10～20cm土层中各处理土壤的分散系数没有显著差异外，其余层次比较粉碎还田M2处理的分散系数高于其他处理20.48%～330.93%；而5cm耕层以下，秸秆还田M1处理的分散系数显著低于其他处理。由此可见，保护性耕作模式能够改善潮土耕作层团聚体构成，并提高土壤团聚体的水稳定性。

表16－10　保护性耕作模式对潮土微团聚体分散系数的影响（%）

土层	M1	M2	M3	F1	F2	X
0～5cm	5.27	22.71	8.44	10.79	9.53	9.55
5～10cm	6.86	22.87	11.87	9.08	12.03	11.25
10～20cm	8.18	18.18	15.09	10.11	11.86	12.21
20～30cm	10.92	27.22	17.48	13.69	13.32	13.31

不仅如此，保护性耕作还对潮土中细菌、放线菌和真菌的数量产生较显著的影响。如据魏蔚等（2011）的研究结果，5年连续不同耕作模式影响下，潮土中微生物的数量具有较显著差异（表16－11）。

表16－11　保护性耕作模式对潮土耕层细菌、真菌和放线菌数量的影响

处理	细菌（10^5CFU/g）			真菌（10^3CFU/g）			放线菌（10^5CFU/g）		
	0～5cm	5～10cm	10～20cm	0～5cm	5～10cm	10～20cm	0～5cm	5～10cm	10～20cm
CTF1	21.6	8.9	7.0	2.6	1.7	1.1	2.1	1.7	1.9
CTF2	13.7	13.0	8.1	3.1	1.9	1.6	0.5	0.6	0.9
NTF1	31.4	14.4	4.5	4.2	2.5	1.8	2.4	1.4	0.8
NTF2	10.6	8.6	5.9	2.0	1.6	1.7	1.9	1.3	0.4
NTRRF1	17.4	15.0	6.7	1.1	1.6	1.1	1.1	0.7	0.2
NTRRF2	32.7	5.5	4.8	4.0	2.1	1.8	1.8	1.0	0.5

注：CTF1：常规耕作分次施肥；CTF2：常规耕作集中施肥；NTF1：免耕秸秆还田分次施肥；NTF2：免耕秸秆还田集中施肥；NTRRF1：免耕秸秆不还田分次施肥；NTRRF2：免耕秸秆不还田集中施肥，下同。

从表16-11的结果可以看出，经过5年不同耕作模式和施肥处理，土壤中细菌的总量在不同处理下差异很大，大体趋势是NTF1>NTRRF1>CTF1>CTF2>NTRRF2>NTF2。在分次施肥处理（F1）条件下，土壤细菌的数量分布为：在0～5cm的表层，NT>CT>NTRR，NT处理的细菌数量分别比CT和NTRR高44.80%和80.69%；在5～10cm土层中，NTRR>NT>CT，NTRR比NT和CT分别高4.17%和69.49%；在10～20cm土层中，CT>NTRR>NT，CT比NTRR和NT高4.48%和57.3%。在集中施肥（F2）条件下，土壤中细菌的数量分布为：在0～5cm表层中，NTRR>CT>NT，NTRR分别比CT和NT高29.30%和67.30%；在5～10cm土层中，CT>NT>NTRR，CT比NT和NTRR高52.05%和136.4%；在10～20cm土层中，CT>NT>NTRR，CT分别比NT和NTRR高37.61%和67.71%。与普通耕作和免耕秸秆不还田相比较，免耕和秸秆还田可以增加土壤中细菌的数量，但是不同施肥方式下的影响具有一定差异，分次施肥时土壤细菌数量要高于集中施肥，而且集中施肥可能使免耕秸秆还田对细菌的增加效应消失。

与细菌相似，土壤真菌总量在不同处理间也产生了明显差异，大体趋势是NTF1>NTRRF2>CTF2>CTF1>NTF2>NTRRF1。在分次施肥（F1）条件下，在0～5cm表层，NT>CT>NTRR，其中，NT处理的真菌数量分别比CT和NTRR高61.54%和281.8%；在5～10cm土层，真菌数量的变化趋势与0～5cm表层相同，其中，NT分别比CT和NTRR高47.06%和56.25%；在10～20cm土层，NT处理的真菌数量仍是最多，NTRR与CT相差不大，NT比CT和NTRR高72.73%。在集中施肥（F2）条件下，在0～5cm表层，NTRR>CT>NT，其中，NTRR处理的真菌数量分别比CT和NT高29.03%和100%；在5～10cm土层，真菌数量的变化趋势与0～5cm表层的变化趋势相同，其中，NTRR分别比CT和NT高63.16%和106.7%；在10～20cm土层，NT>CT>NTRR，但是3个处理之间的差异不大。与普耕和免耕秸秆不还田相比，免耕和秸秆还田可以增加土壤真菌数量，但同时也受不同施肥方式的影响，免耕秸秆还田分次施肥（NTF1）下土壤真菌数量最多，但不是所有分次施肥处理的真菌数量都高于集中施肥处理，集中施肥使NTRR和CT的真菌数量要高于NT。

土壤放线菌总量在不同处理间也产生了明显的差异，趋势为CTF1>NTF1>NTF2>NTRRF2>NTRRF1>CTF2。在分次施肥（F1）条件下，在0～5cm表层，NT>CT>NTRR，其中，NT处理的放线菌数量分别比CT和NTRR高10.95%和119.8%；在5～10cm土层，CT>NT>NTRR，其中，CT处理的放线菌数量分别比NT和NTRR高17.86%和150.0%；在10～20cm土层，放线菌数量的变化趋势与5～10cm土层的趋势相同，其中，CT处理的放线菌数量分别为NT和NTRR的2倍和9倍。在集中施肥（F2）条件下，在0～5cm表层，NT>NTRR>CT，其中，NT处理的放线菌数量要比NTRR高6.67%，但是却比CT高317.4%；在5～10cm土层，放线菌数量的变化趋势与0～5cm表层的变化趋势相同，其中，NT要比NTRR和CT高21.57%和129.6%；在10～20cm土层，CT>NTRR>NT，其中，CT分别比NTRR和NT高85.71%和111.6%。秸秆还田免耕条件下的放线菌总量要低于普耕，但是大于免耕秸秆不还田，不同施肥方式对放线菌总量的影响也很大，分次施肥使得放线菌的数量要高于集中施肥，但免耕秸秆不还田处理下分次施肥要低于集中施肥，集中施肥暂时有限的增加了放线菌的数量。

保护性耕作对土壤的动物群落亦具有较大的影响。如根据朱强根等（2010）的研究结果，不同耕作方式下耕作层土壤的动物群落具有较明显的差异（表 16-12）。

表 16-12 保护性耕作模式对潮土耕层土壤动物群落的影响

时间	土层（cm）	处理	丰富度指数		多样性指数				均匀度指数	
			D_{Mi}	D_{Ma}	λ	H′	N_1	N_2	J	E_{21}
小麦季	0～10	C_TW_T	1.12	0.26	0.41	1.04	2.88	2.56	0.84	0.81
		$C_{NT}W_T$	1.02	0.20	0.48	0.96	2.78	2.33	0.75	0.71
		$C_{NT}W_{2T}$	1.32	0.33	0.54	0.76	2.36	2.26	0.72	0.71
		$C_{NT}W_{NT}$	1.15	0.29	0.45	0.94	2.58	2.30	0.84	0.81
	10～20	C_TW_T	0.95	0.37	0.42	0.54	1.97	1.69	0.49	0.49
		$C_{NT}W_T$	1.23	0.37	0.46	0.83	2.37	2.28	0.96	0.95
		$C_{NT}W_{2T}$	1.33	0.44	0.50	0.75	2.15	2.07	0.94	0.93
		$C_{NT}W_{NT}$	1.17	0.30	0.51	0.59	2.05	1.86	0.59	0.58
玉米季	0～10	C_TW_T	0.82	1.08	0.38	1.14	3.22	2.27	0.80	0.81
		$C_{NT}W_T$	1.17	1.54	0.35	1.30	3.81	3.04	0.74	0.74
		$C_{NT}W_{2T}$	1.08	1.31	0.36	1.21	3.37	2.79	0.75	0.75
		$C_{NT}W_{NT}$	0.83	1.10	0.40	1.10	3.06	2.55	0.45	0.77
	10～20	C_TW_T	1.06	1.02	0.43	0.98	2.77	2.56	0.85	0.86
		$C_{NT}W_T$	1.29	1.33	0.38	1.16	3.25	2.82	0.84	0.79
		$C_{NT}W_{2T}$	1.10	1.19	0.39	1.10	3.22	2.93	0.85	0.87
		$C_{NT}W_{NT}$	0.88	0.83	0.52	0.83	2.47	2.22	0.76	0.78

注：C_TW_T：小麦和玉米均每年翻耕；$C_{NT}W_T$：玉米免耕＋小麦每年翻耕；$C_{NT}W_{2T}$：玉米免耕＋小麦每 2 年翻耕；$C_{NT}W_{NT}$：玉米小麦每年均免耕。D_{Mi}：Minhinick 指数；D_{Ma}：Margalef 指数；λ：Simpson 指数；H′：Shannon-Weiner 指数；N_1 和 N_2：Hill 指数；J：Pielou 指数；E_{21}：Alatalo 指数。

不同耕作方式下土壤动物多样性在不同时间表现不完全一致（表 16-12）。从表层土壤中来看，在小麦季，D_{Ma} 表现为 $C_{NT}W_{2T}>C_{NT}W_{NT}>C_TW_T>C_{NT}W_T$，H′和 J 分别表现为 $C_TW_T>C_{NT}W_T>C_{NT}W_{NT}>C_{NT}W_{2T}$ 和 $C_{NT}W_{NT}>C_TW_T>C_{NT}W_T>C_{NT}W_{2T}$；在玉米季，$D_{Ma}$ 表现为 $C_{NT}W_T>C_{NT}W_{2T}>C_{NT}W_{NT}>C_TW_T$，H′和 J 分别表现为 $C_{NT}W_T>C_{NT}W_{2T}>C_TW_T>C_{NT}W_{NT}$ 和 $C_TW_T>C_{NT}W_{2T}>C_{NT}W_{NT}>C_{NT}W_T$。对于土壤动物丰富度，小麦季和玉米季表现一致，免耕有助于提高土壤动物丰富度，小麦、玉米每年均翻耕的处理表现为最低。土壤动物多样性指数整体表现出免耕处理低于翻耕处理，但 $C_{NT}W_{NT}$ 和 C_TW_T 处理间没有显著水平上的差异。土壤动物均匀度在小麦季和玉米季表现不一致，玉米季翻耕处理下有更高的均匀度指数，小麦季两者差异不明显。

3. 对作物产量与经济效益影响 保护性耕作对土壤理化性质及养分的含量、微生物和动物群落等产生一系列影响的同时，实际上将最终对作物的产量带来一系列的影响，即能在一定程度上促进作物高产稳产。如从贾树龙等（2004）连续 7 年长期定位试验的结果来看（表 16-13），不同耕作方式影响下作物产量的差异是比较明显的。

表 16-13　保护性耕作模式对作物产量的影响

作物	处理	1992	1993	1994	1995	1996	1997	1998
小麦	轮耕	4 574	3 935	6 254	6 428	5 069	5 877	4 673
	浅耕	4 640	4 373	6 312	6 312	5 069	5 925	4 353
	少耕	4 784	4 371	5 594	5 954	4 917	5 916	4 602
	免耕	4 652	3 224	6 399	5 606	3 941	4 040	3 686
玉米	轮耕	7 533	8 136	4 808	5 408	6 552	7 370	6 437
	浅耕	7 788	8 736	4 394	5 890	6 440	7 452	6 404
	少耕	8 105	8 421	4 205	4 718	6 696	7 439	6 369
	免耕	7 803	8 724	4 650	4 359	6 578	6 893	6 396

表 16-13 不同耕作模式下小麦和玉米产量的结果表明，在试验开始后的前 3 年（1992—1994），耕作方法对作物产量的影响不显著，之后，耕作方法对小麦产量的影响达显著水平；免耕处理小麦产量与其他耕作方法（1995 年和 1999 年少耕例外）相比显著降低，分别较轮耕处理、浅耕处理和少耕处理降低 12.79%～31.26%、11.19%～31.83%和 2.59%～31.71%。但轮耕、浅耕和少耕处理之间，小麦产量差异多数年份不显著，只有 1995 年和 1999 年稍有例外。耕作对小麦产量的影响似乎有累积作用。经过 7 年的种植，不同耕作措施对玉米的产量没有明显的影响。

采用保护性耕作（免耕、少耕、浅耕）与传统的轮耕方式相比，可以大大节约机械投入和劳动力投入的成本，据估算，采用免、少、浅耕的方式，每公顷可以节约成本 250～1 000 元，经济效益良好。但值得注意的是，长期免耕会造成小麦产量的降低，因此，针对小麦应采取适当年限的耕、免轮替。

4. 适用区域与推广前景　本项技术模式，主要应用于黄淮海平原一年两熟制和二年三熟制的潮土区，主要采用浅耕、少耕或免耕等保护性耕作措施替代传统的耕作方式，同时结合氮磷钾平衡施肥和秸秆还田，在保障农作物产量没有明显变化的同时，大大节约劳动力和机械的投入成本，具有广阔的推广应用前景。由于该项技术模式减少了对耕层土壤的扰动，可以有效促进土壤结构的形成和团聚体机械与水稳定性的提高，改善土壤理化和生物学性状，实现潮土可持续发展的目标。

（刘兆辉、白玲玉、曾希柏、朱奇宏）

参　考　文　献

曹志洪，周健明．2008. 中国土壤质量［M］. 北京：科学出版社．

侯满平，郝晋珉，李新波，等．2004. 黄淮海平原农业结构调整及其模式探讨［J］. 农业工程学报，20（3）：286-291.

姬艳艳，张贵龙，张瑞，等．2012. 耕作方式对潮土有机碳及碳库管理指数的影响［J］. 中国农学通报，28（15）：73-77.

贾树龙，孟春香，任图生，等．2004. 耕作及残茬管理对作物产量及土壤性状的影响［J］. 河北农业科学，

8 (4)：37 - 42.

李秀英，李燕婷，赵秉强，等 .2006. 褐潮土长期定位不同施肥制度土壤生产功能演化研究 [J]. 作物学报，32 (5)：683 - 689.

李秀英，赵秉强，李絮花，等 .2005. 不同施肥制度对土壤微生物的影响及其与土壤肥力的关系 [J]. 中国农业科学，38 (8)：1591 - 1599.

刘恩科，赵秉强，梅旭荣，等 .2010. 不同施肥处理对土壤水稳定性团聚体及有机碳分布的影响 [J]. 生态学报，30 (4)：1035 - 1041.

孙海国，Larney FJ. 1997. 保护性耕作和植物残体对土壤养分状况的影响 [J]. 生态农业研究，5 (1)：47 - 51.

魏蔚，李运生，戴传超，等 .2011. 不同耕作和施肥措施对潮土生物学特性的影响 [J]. 土壤通报，42 (3)：692 - 697.

徐明岗 .2008. 耕地质量演变趋势研究 [M]. 北京：中国农业科学技术出版社 .

杨长明，欧阳竹，董玉红 .2005. 不同施肥方式模式对潮土有机碳组分及团聚体稳定性的影响 [J]. 生态学杂志，24 (8)：887 - 892.

杨果，张英鹏，魏建林，等 .2007. 长期施用化肥对山东三大类土壤物理性质的影响 [J]. 中国农学通报，123 (12)：244 - 250.

张水清，黄绍敏，郭斗斗 .2010. 长期定位施肥对冬小麦产量及潮土土壤肥力的影响 [J]. 华北农学报，25 (6)：217 - 220.

赵红，吕贻忠 .2009. 保护性耕作对潮土结构特性的影响 [J]. 生态环境学报，18 (5)：1956 - 1960.

朱安宁，张佳宝，杨劲松，等 .2010. 集约化种植条件下典型潮土区土壤有机质的演变特征 [J]. 土壤通报，4 (3)：532 - 536.

朱强根，朱安宁，张佳宝，等 .2010. 华北潮土区不同耕作方式下土壤动物丰富度与多样性 [J]. 土壤，42 (2)：236 - 242.

朱安宁，张佳宝，杨劲松，等 .2009. 集约化种植条件下典型潮土区土壤氮素的演变特征 [J]. 土壤，41 (5)：709 - 714.

第十七章　紫色土质量培育技术与模式

紫色土是亚热带湿润季风气候条件下由紫色砂岩发育而成的岩性土，集中分布在四川盆地丘陵区。作为一种典型的雏形土，紫色土成土速度快，含有丰富的矿质营养元素，但其土壤有效养分和有机质含量则相对较低。紫色土有机质一般在1%左右或者更低，只有在个别区域能够达到2%，全氮量也相对较低，缺磷现象严重，但是全钾和速效钾含量均较高。紫色土微量元素含量受母岩影响也较大，铁、锰含量较丰富，但缺硼、锌严重。但是由于紫色土土体中原生矿物未遭破坏，因此随着土壤风化作用的加强，长石、云母等原生矿物中的矿质营养元素得以释放，其潜在养分含量较高。

第一节　紫色土区的耕地质量

紫色土母岩疏松，物理风化作用强烈，当母质裸露，只需要经过较短时间日晒雨淋，经热胀冷缩便崩解成适合于作物生长的土壤，不同岩层形成的紫色土，在生产性能和生产力上存在显著差异（徐杰，1981）。如三叠纪的飞仙关组侏罗纪的自流井组岩层风化发育的暗紫泥土，多分布于自贡、内江、资中、资阳一带，胶体的硅铝率高达4～5.5，胶体吸收量为29～40cmol/kg土，养分含量也高，且质地结构合理，生产性能好，回润力强，宜作宜肥性广，发棵性能好，既发小苗，又催老苗。侏罗纪沙溪庙组岩层风化发育的灰棕紫泥，多分布于大足、潼南、内江、资阳等地，胶体的硅铝率为3.1～4.8，胶体吸收量为20～32cmol/kg土，养分含量和生产性能仅次于暗紫泥。侏罗纪蓬莱镇组岩层风化发育的棕紫泥，多分布于仁寿、简阳、安岳、三台等地，胶体的硅铝率为3.4左右，胶体吸收量为30cmol/kg土，养分含量和生产性能则次于沙溪庙组的灰棕紫泥。白垩纪嘉定组岩层发育的红紫泥，多分布于乐山、宜宾、綦江等地，胶体的硅铝率低，一般为2左右，胶体吸收量为9.8～12.6cmol/kg土，养分含量低，质地结构差，生产性能不好，生产水平低。

紫色土地处山地丘陵，旱坡地占50%以上，土质松软，易于风化，抗蚀性较差，所处区域降雨集中且强度大，水力冲蚀作用强烈，极易形成水土流失，造成土壤沙化。同时，由于人多地少，在土层浅薄难以利用的陡坡地都被普遍开垦耕种，过多的开发利用，加之不合理的管理和高强度的集约利用，导致了紫色土坡耕地水土流失严重，土壤退化特别是土壤浅薄化特征明显。据朱波等（2009）对四川盆地中部丘陵区紫色土坡耕地土层厚度的调查，约有73%的紫色坡耕地的土层厚度位于20～60cm之间，而且有16%的紫色坡耕地土层厚度不足20cm。一般来说，土层越薄，作物株高、生物量和产量越低，生产力越低；土层越厚，生物量、产量越高，生产力越高。土层厚度为20cm、40cm的夏玉米生产区的玉米产量分别是土层厚度为60cm生产小区的50%和74%，是土层厚度为100cm生产小区的28%和40%。因此，土层浅薄已成为限制紫色土耕地质量提升的关键性因子。

同时，由于人为施肥的影响，紫色土有酸化的趋势。董杰等（2007）通过对重庆市丰都县新县城以东的长江干流两岸紫色土的研究发现，与荒地相比，不同土地利用方式下紫色土的 pH 均有不同程度的下降，其中以园地和菜地酸化现象最为明显。同时研究者认为，由于施肥特别是磷肥的施用导致某些研究点的土壤 pH 低于 5 成为强酸性土壤，但是其研究结果也表明，在一些特殊区域，由于土壤侵蚀严重，pH 反而高于荒地。

不合理的土地利用方式导致紫色土养分流失严重，土壤出现贫瘠化、粗骨化。对重庆市北碚区和潼南县不同土地利用方式紫色土肥力的研究发现，耕地表现出明显的沙化，林地、草地相对较弱，但出现黏化；林地、草地大团聚体较多，耕地大团聚体最少；总孔隙表现为林地、草地＞耕地、园地；总的来看土壤肥力状况，以林地质量最优，而耕地最差。董杰等（2007）对三峡库区紫色土的研究也发现耕地中有机质、N 和 P 含量减少；土壤粗化度为 0.40，属于中度粗化。王洪杰等（2002）在对四川紫色土区小流域降雨的观测中发现，紫色土土壤养分流失的主要途径是径流的流失，而随泥沙携带的潜在土壤养分，由于产沙量较少，流失总量并不多，且流失量最易受雨强的影响。川中丘陵紫色土区地势起伏，夏秋两季降雨占年内降雨的 85％以上，土壤中的 N、P 养分在降雨径流作用下大量流失，降低耕地的生产力，加速地表水体的富营养化（徐泰平等，2006）。林超文等（2007）研究发现，紫色土坡耕地在传统的横坡垄作下会加大地下径流量，加大了氮的流失。

因此，如何减少人为活动/耕作对紫色土质量的影响，降低水土流失，已成为提升该地区耕地质量的关键。张兵等（2009）对紫色土丘陵区 5 种不同种植模式下土壤团聚体分布、水稳性和分形特征进行了研究，结果表明不同种植模式下团聚体分布和水稳性差异明显，团聚体水稳性为自然生草地＞横坡玉米＞南方早熟梨＋苜蓿＞桑基＋农作物＞柑橘＋鸭茅草，即通过横坡耕作和农林复合经营减少了人为活动对紫色土的干扰，提高了团聚体稳定性，提升了紫色土质量。夏青等（2006）对重庆合川市 7 种不同农林复合经营模式下的土壤理化性质进行了研究，其结果表明农林复合生态系统能够有效地改善土壤养分在垂直空间上的分布，其中以柚子—苋菜效果最佳。通过聚土与改土增加土层厚度，同时结合免耕技术，通过垄沟强化培肥降低土壤容重，增加土壤有机质、N、P、K 等含量（朱波等，2002）。此外，秸秆还田能显著影响减少雨季紫色土坡耕地土壤侵蚀和产流，同时也显著减少 N、P 的流失（徐泰平等，2006）。PAM 等土壤改良剂的施用也能减少紫色土耕地水土流失量。但是，由于紫色土丘陵区有其特殊的地形地貌和土壤条件，必须先通过工程措施改善其种植环境条件，然后再进行添加土壤改良剂改良或改变利用方式或改善经营管理，才能达到提升紫色土耕地质量的目的。

第二节　紫色土的耕作田块修筑工程

耕作田块修筑工程是进行农业机械化生产和农田水利、道路等基本建设的实施基础，目的是要达到便于机械化耕作，发挥机械效率，提高机耕质量，灌水方便均匀，利于压盐、排水、改良土壤等，满足作物高产稳产对水分及土质的需要。该项工程一般包括土石方开挖、土石方回填、运输、平整土地等。

耕作田块修筑工程通过坡改梯、土壤改良、归并田块等措施增加耕地面积，提高土壤质量，防止水土流失，提高灌溉效率。梯田建设是土地平整的核心，特别是在南方丘陵地区，由于特殊地形的限制，修建梯田（坡式梯田、水平梯田、隔挡式梯田）是提高土壤质量、治理水土流失的有力措施。国土资源部发出《关于加强建设和改进土地开发整理工作的通知》，把大力开展基本农田建设作为今后土地开发整理工作的重要任务。1999 年以来，通过土地开发整理，全国累计补充耕地近 200 万 hm^2，大于同期建设占地与灾害损毁的耕地面积。

一、坡式梯田工程

1. 设计要素

（1）地形地貌　地形地貌是影响土地开发整理的主导因素，其通过土壤、气候、水文的再分布影响着土地资源的类型及特征，不同的地区由于不同的海拔高度、地势起伏、地面坡度和坡向特征，因而有了特征各异的地形地貌，不同的地表通过对热量、水分的再分配，制约着农林牧用地的分布及利用方式。土地整理项目规划设计通过在不同地形地貌区布置相应的工程，改变热量、水分等的再分配，进而影响土地利用方式。地形地貌不同所布置的工程类型和数量也不相同。

地貌主要通过影响土壤的再分配来影响土地平整工程内容，如在平坝区土层通常较深厚，一般不会考虑爆破改土工程，而在喀斯特地区，由于特殊的地貌条件，平坝田土少，旱坡地多，受特殊的地表溶蚀形态影响，乱石缝地在坡耕地中比重较大，在该地类中掺杂相当数量的石碓、石包、牛背石和卧牛石，土层浅薄，这类石漠化坡耕地就需要取石还土、炸石造地；另外，在进行坡改梯工程中，虽然修筑水平梯田是治理水土流失的根本措施，但同时也应考虑工程量和投资来选择适宜的梯田形式，通过对重庆市忠县复兴等 7 个（乡）镇的土地开发整理项目的对比，修筑水平梯田与隔坡式梯田投资比例与地面坡度呈正相关性（表 17－1），坡度较陡时，修筑水平梯田平均单位面积投资甚至高出修筑隔坡式梯田近 1 倍。因此，考虑到工程量以及资金投入，一般坡度较陡的山区坡改梯以坡式梯田和隔坡梯田为主，坡度较缓中低丘陵区尽量修筑成水平梯田。

表 17－1　不同坡度采用不同梯田形式平均投资对比（元/hm^2）

采用梯田形式	2°～6°		6°～15°		15°～25°	
	投资	比例	投资	比例	投资	比例
水平梯田	48 210	1.06	83 010	1.56	108 870	1.94
隔坡式梯田	45 375		53 250		56 205	

资料来源：重庆市忠县复兴等 7 个（乡）镇土地开发整理项目规划设计报告。

田块的设计要考虑地形因素，如表 17－2 所示，选取重庆市 3 个典型地貌类型区的土地开发整理项目进行对比分析可以看出，不同地貌区，田块的各个参数有所差异。丘陵地区田块规模由末级排灌沟渠和生产道路划分，在坡度较陡、汇水面积大的深丘低山区，排水沟密度较浅丘平坝区大，因此，田块长度深丘低山区＞中丘区＞浅丘平坝区。在相邻田块高差一定的情况下，田块宽度与地面坡度呈负相关，地面坡度越大，田面越窄。通常，当相邻田面高差超过 1.5m 时，由于修筑土坎易垮塌，修筑田坎选择石坎为宜，因此，石坎在修筑田坎长度中的比例也具有深丘低山区＞中丘区＞浅丘平坝区的关系。在坡度一定的情况下，田块的宽度和相邻田块的高差呈负相关，田块高差越大，田面越宽，为使田块更利于耕作，在地势较陡地区进行坡改梯的过程中，应尽量增加田坎的高度，但通常低于 2m。

表 17-2 不同地貌区田块设计参数

地貌区	田块长度（m）	田块宽度（m）	土坎与石坎长度比	相邻田块高差（m）
浅丘平坝	10～300	5～100	9∶1	1.0
中丘	10～120	5～50	4∶1	1.5
深丘低山	5～120	3～30	1∶1	2.0

资料来源：重庆合川市龙市等两个镇土地整理项目规划设计报告、重庆市丰都县永兴土地整理项目初步设计报告、重庆市忠县金声土地整理项目初步设计报告。

土地平整工程中的水田田块归并是将相邻田面高差小于 0.1m 的田块进行翻耕合并，中深丘及低山区中的水田多以冲沟田形式分布于沟谷中，相邻田面高差大，归并难度大，该区域一般不考虑此项工程。

（2）岩性　岩性的差异是制约田土坎材料选择的重要因素。紫色岩石与其他岩石比较，属快速易物理风化型。平均成土率 1 年即为 15%，2～3 年增加 1 倍多，为 36%～37%，化泥率 1～3 年间持续在 2.2%～2.5%之间，紫色岩从岩石暴露地面开始，大约在 10 年之内即可风化成土。紫色砂岩表观密度大于 1 800kg/m^3，密实程度与强度较大，抗冻性、抗水性、抗气性均较好，适宜用于修建水平梯田石坎，也通常用于建筑物的基础、挡土墙、拱桥、房屋的贴面等。紫色泥页岩风化速度快，密实程度与强度较低，不适合用于修建梯田石坎。

四川盆地主要出露岩层为侏罗系沙溪庙组、自流井组、蓬莱镇组、遂宁组等，岩石主要为砂岩和泥（页）岩，砂岩主要含石英和长石，泥（页）岩主要含黏土矿物，矿物组成影响其风化速度，紫色母岩风化状况划分为 3 种类型（表 17-3）。

表 17-3 紫色母岩风化类型及特征

风化类型	类型阐述	成土率	化泥率	地层岩石
易风化类型	强烈崩解或中度至强烈崩解	1 年成土率达 25%～35%，3 年增至 65%～75%	1～3 年间均稳定在 5%～6%	城墙岩群、蓬莱镇组岩石
中风化类型	中至强烈崩解或强至中度崩解	1 年成土率达 10%～15%，3 年增至 25%～35%	1～3 年间均稳定在 1%～1.5%	遂宁组、沙溪庙组岩石
难风化类型	弱度崩解	成土很慢，3 年增至 1%～13%并稳定	化泥率低，3 年稳定在 0.2%～1.0%	飞仙关组、夹关组岩石

紫色土区主要岩石类型为碎屑沉积岩类和黏土岩类，沉积岩类主要由风化产物组成，大多数为原来岩石中较难风化的碎屑物或是在风化和沉积过程中新生成的化学沉积物，它们在风化作用中的稳定性一般都较高，紫色土区沉积碎屑岩主要类型为石英砂岩和长石砂岩，颗粒胶结方式主要为铁质胶结和钙质胶结，强度较高，但由于组成物质较粗，组织疏松，易透水，所含盐类淋湿较快，风化过程中沿节理崩解成大块，风化速度较快。黏土岩主要为泥岩、页岩，厚度薄，抗水性差，强度低，易软化和泥化，抗风化能力差，灰岩碎屑含量高，抗风化能力相对于砂岩更差。以侏罗系岩石为例（表 17-4），对紫色土区不同类型石坎修建的可行性进行分析。

表 17-4　紫色土区侏罗系岩发育类型及特征

地层			岩组厚度（m）	岩石颜色	矿物组分	岩石类型	剖面结构	岩类比例（%）	岩石物理性质	古沉积环境
侏罗系	上统	蓬莱镇组	500～1 300	灰紫、紫红夹暗紫	砂岩：石英 50%～60%，长石 30%～40%，少量岩屑；黏土岩：依利石为主，蒙脱石次之，高岭石、绿泥石少许	砂岩及泥岩	砂岩与泥岩频繁互层	砂岩 40～45，泥岩 55～60	裂隙孔隙率较高，热容量中等，吸湿散热力强，抗侵蚀度中等	广阔河流冲积平原，物源来自古大巴山和黔中山地
		遂宁组	300～500	紫红及鲜红	砂岩：石英 50%～80%，长石极少或无；黏土岩：伊利石 80%～90%，钙质胶结物达 7%～10%	泥岩及砂质泥岩	泥岩夹少许细砂岩	砂岩 <30，泥岩 >70	裂隙孔隙低，细微裂隙发育，散热力弱，抗侵蚀度差	干旱性气候条件下的河流一湖泊沉积，物源以东部为主
	中下统	沙溪庙组	500～1 800	灰紫、紫红	砂岩：石英<70%，长石 20%～45%；黏土岩：伊利石为主，高岭石、蒙脱石、绿泥石居次	砂岩、泥岩	厚层砂岩与紫红色泥岩及砂质泥岩互层	砂岩 40～50，泥岩 50～60	裂隙孔隙率较高，热容量中等，吸湿力强，抗侵蚀度好	略潮湿的河流泛滥平原沉积，物源以东部为主
		新田沟组，自流井组	150～700	紫红夹暗紫灰	砂岩：石英<70%，高近 100%，长石极少；黏土岩：伊利石、高岭石为主，灰岩：方解石，岩屑高	砂岩、泥岩夹泥灰岩	紫红、棕红色泥岩与青灰、黄灰色长石砂岩不等厚互层	泥岩 >50，砂岩 30～40，灰岩 10	孔隙率较小，微裂隙发育，比热及热容量较高，抗侵蚀度差	湖泊及河流沉积，物源以西、北方为主

岩石中的矿物成分会影响岩石的抗风化能力、物理性质和强度特性。如表 17-4 所示，重庆市侏罗系发育而来的沙溪庙、自流井组母岩为中风化类型，从岩石暴露到成土，一般要10 年时间，而且项目区存在紫色厚层砂岩，容易开采规则的条石。如果开采为块石，单位体积石块的表面积增加，加快风化速度，缩短了石坎的使用期限。从开采难易程度和石坎使用期限看，开采块石不如开采条石。

若在紫色岩区采用干砌块石，虽然有一定的内外边坡，但石坎轮数大，石块规格小，形状不规则，其稳定性差，一遇洪涝灾害，很容易冲毁，且由于规格小，单位体积内与外界接触的表面积增加，增加了风化面，加速了风化速率，几年内就会损坏塌陷。另外，若用块石修筑水平梯田 1m 多高的田坎，不易修筑丁字石。同时，就算能勉强修筑，其稳定性也不能很好地得到保障，从而造成材料的浪费。所以，不宜采用干砌块石修建石坎。

当然也可以通过浆砌来增强块石坎体的稳定性和抗风化能力，但透水性差，只有在坎体开透水孔，才能解决坎体的透水性问题，从而使工程烦琐，而且增加了工作量和投资。

总的来说，条石规格较块石大，形状规则，稳定性较好，透水性好。坎体建造时，可增加丁字石，进一步提高了石坎的稳定性。

2. 坡式梯田断面设计 坡式梯田即在坡耕地上隔一定距离沿等高线修筑田坎，坎内地表加以适当平整，仍保留一定田面坡度的阶梯状农田。在坡耕地土层较薄，或当地劳力较少的地区，可以先修坡式梯田，经逐年向下方翻土耕作，减缓田面坡度，逐步变成水平梯田。

（1）田面 为了改善紫色土区的水土保持状况，进行坡耕地改梯田的工程。坡式梯田田块布设顺山坡地形，沿等高线布设，大弯随弯，小弯取直，地块长度根据地形随机定取，田面宽度结合地形坡度综合定取，田块沿等高线方向大致有2°～3°角，以利于排水，田面高差一般1～3m。经整理后田块的平整程度应能改善耕作方式和水土涵养条件。旱地地面规整、平顺，在田面坡度上的相对高差不应超过20cm。

在梯田设计方式上，一般将6°～25°的旱地修成坡式梯田（图17－1），该种梯田在经过多年的向下翻土耕作并与田间工程措施相结合能够使得坡度变缓，一定程度上达到保水保土保肥的效果。降坡处理的坡度考虑较细，一般分为9个等级：6°～8°、8°～10°、10°～12°、12°～15°、15°～17°、17°～19°、19°～21°、21°～23°、23°～25°，对各个坡度级的旱地均作降坡处理。但是对于各个坡度具体降坡处理方法需要根据项目区坡地分布状况决定。不同项目区坡度处理方法不一致。可以将各个坡度级的旱地都降5°；也可以将15°以下各个坡度级的旱地降5°，15°以上的旱地降坡后台面坡度不高于15°，后者的降坡程度高于前者。

在田面高差设计方面，设计方案也较多。可以统一沿等高线每隔2m高程布设一排田坎，如果地处石灰岩地区，考虑到坡面水径流速度快，可以加大田坎布置密度，以15°为界，大于15°沿等高线原则上每隔1.5m高程布设一排田坎，15°以下沿等高线原则上每隔2.0m高程布设一排田坎。

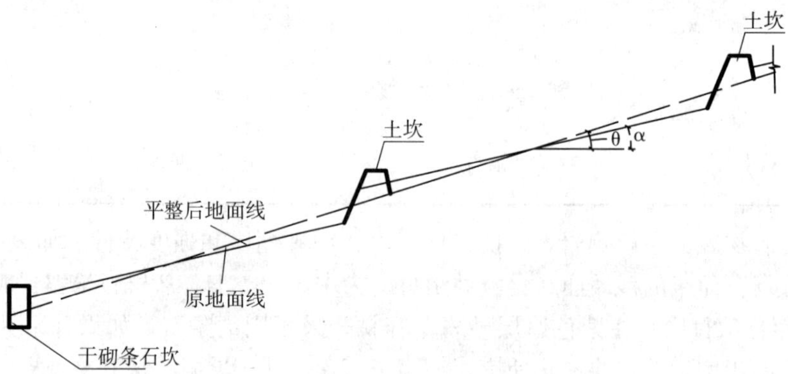

图17－1 坡式梯田断面设计示意图（原地面线与平整后地面线为一根）

梯田设计和高差设计等的差异，导致梯田田面参数产生差异，详细数据见表17－5：

表17－5 梯田田面参数

项目区	田面毛宽（B_m）		田面高差（h）	
	15°以下	15°以上	15°以下	15°以上
前者（m）	8～58	4～8	2	2
后者（m）	6～43	3～6	2	1.5

注：$B_m=h/\text{tg}\theta$（B_m为田面毛宽，h为相邻上下两田块间高差，θ为原坡度）。

田块高差和宽度根据作物类型、耕作机械工作效率、田块平整度、灌溉均匀度及排水畅通度等因素确定，同时考虑地形地貌的限制。总结紫色土区域土地整理资料发现，由于受地形、土壤、植被等的限制，梯田长度一般在3～60m。采用沿等高线原则上每隔2m高程修一排石砍，田面毛宽在8～58m之间；若设计15°以下沿等高线原则上每隔2m高程布设一排田坎，而在15°以上沿等高线原则上每隔1.5m高程布设一排田坎，增强对水土的拦蓄作用，使田面毛宽的最小值降到3m，最大值降到43m，陡坡区和缓坡区田面毛宽的范围均比前一种方案小，而后者田块规格小，更有利于保水保肥，降低水土流失。

（2）田坎　田坎断面应根据地形地貌、取材难易合理选择，新建田坎埂应因地制宜设计，水田区宜多采用土坎埂，旱地区宜采用石（砼、砖）坎埂。田坎材料最常用的是土坎、石坎两种，也有部分地区尝试预制田坎和空心砖。土坎视土质黏着力或田坎高度确定，一般土坎外坡坡度宜在60°～75°，土坎内侧坡坡度宜为60°～80°，坎顶宽宜为0.2～0.4m，田坎高度在1.2m以内为宜；石坎外坡度可在80°以上，坎顶宽宜为0.25～0.6m，兼做生产路的田坎埂其路面宽度不宜小于0.4m，石坎高度不宜大于2.0m。条石坎砌筑时，随着四川盆地石料市场开采规格逐渐统一，条石规格多选择25cm×25cm×100cm或者30cm×30cm×100cm两种。块石粒径不小于0.15m，规格因不同地区采石场开采条件而定。一般情况下，预制田坎顶宽为0.2～0.6m，浆砌空心砖顶宽为0.18～0.36m。

在田坎材料选择方面，石坎稳定性高，抗水击力强，水土保持能力高，土坎的稳定性不如石坎，容易被冲蚀，但土坎可以为生物提供生存环境，在保持原有农田生境上有一定优势，而且土坎的工程造价比石坎低，所以从经济和生态方面来看，修筑土坎仍然有其存在的价值。紫色岩区土层普遍较厚，石料的市场价格较高，田坎工程应就地取材，以修筑土坎为主。石灰岩项目区石料丰富，开采运输方便，加上土层贫乏，为了保持土壤，根据当地情况，石坎数量按长度可以控制在50%以上。

二、水平梯田工程

1. 设计要素

（1）岩层　岩层是自然梯地形成的物质基础。不同地层其岩层组合与风化成土能力不同，导致自然梯地的形态发育及空间分布各异。紫色土与紫色岩的关系，表现在紫色土的颜色、理化性状、矿物组成继承了紫色岩的特性。

现以项目区主要出露岩层之一侏罗系沙溪庙组岩层为例，来进行坡耕地水平梯田工程设计分析。在砂、泥岩互层的沙溪庙组地层上，砂岩层承接泥岩层风化产物形成自然梯地地貌的利用，因砂、泥岩层上、下组合位置的不同而有所区别。上砂下泥组合，上层砂岩成直立地悬垂，下层泥岩虽有风化堆积，但受耕作的影响，其旱作土瘠薄面积大，土层浅薄，甚至为还未进一步风化发育的泥岩碎屑，抗旱能力差，耕作效果不好。土坎坎高坡陡，多为直立的砂岩层露头，仅在坎底有薄层土壤覆盖，呈酸性或微酸性反应。因此，在对紫色土坡薄土改造时，利用紫色母岩容易分化的特点，就地取风化岩石碎屑或深撬母岩母质促进其风化，也可以不断增厚土层，这是紫色土的优势之一。而在地形起伏较大、土层薄、不适宜爆破改土的坡地还应采用客土方法。

上泥下砂组合，物理风化崩解强烈，风化产物极易受到侵蚀，产生较大面积的侵蚀边坡。土坎坡面土层随地面坡度不断增大而逐渐变薄，土壤粗骨含量逐渐增加，水土流失愈加严重，因此为减缓坡面水土流失，坡耕地开发利用时需将丘体由圆形修正为梯形，减缓坡度，同时需要对占地较宽的田土坎进行削坎，提高耕地利用率。

（2）坡度　对地面坡度及其组合规律的研究，是区域自然地理特征及生产力布局的重要基础数据。科学准确的坡度分析是山区丘陵坡耕地工程设计的前提和保障。坡度图制作是对地面坡度研究的必要条件。但是，由于坡度自身特征的复杂性以及应用目的的多样性，地面坡度的分级方法上还存在着诸多混淆，在一定程度上影响了对地面坡度研究与应用的准确性与有效性。

根据项目区地面起伏状况，综合考虑主观分级和临界坡度相关法，确定了坡度分级标准。经过多次试验、分析表明，采用0°～6°、6°～12°、12°～19°、19°～25°和25°以上五级分级体系来划分坡度等级还是比较合理的。将坡度分区图与土地利用图进行叠加，分析得到不同地类所对应的平均坡度值以及对应的面积：0°～6°坡耕地面积为35.48hm^2，6°～12°坡耕地面积为77.49hm^2，12°～19°坡耕地面积为129.12hm^2，15°～25°坡耕地面积为279.01hm^2。

一般来说，缓丘平坝和河谷平坝工程类型区旱地田面坡度降至5°以下；中低山坡地、岩溶坡地工程类型、低山岩溶槽谷工程类型、丘陵工程类型旱地田面坡度降至15°以下。通过改变田面坡度，能增加土壤入渗时间，减缓地表径流流速，其流速减小为整理前后坡度比的3/10次方。

（3）土层厚度　土层厚度能直接反映土壤的发育程度，与土壤肥力密切相关，是野外土壤肥力鉴别的重要指标。它既是土壤养分的补源，又是土壤矿质元素的储存库，而且还是判定土壤侵蚀程度的主要指标，对土壤的营养状况影响很大。

在项目区选取了43个土壤剖面进行土层厚度调查，母质类型为侏罗系沙溪庙组灰棕紫色泥页岩（或者砂岩）坡积、残积物和自流井组暗紫色泥页岩坡积、残积物两种。同时综合分析了以下自然地理因子来进行土壤土层厚度分析：①土壤类型。土壤类型是影响土层厚度的原发因素，根据土壤发生学原理，由于成土因素不同，形成了形态各异的土壤类别及其垂直层次的剖面特征，进而产生土层厚度的差异。②地形地貌。地形地貌是影响土层厚度的环境因素，地形地貌作用于土层厚度既有水平分布的地带规律，也有随海拔升高而呈现的垂直分布规律。③土地类型。土地类型是影响土层厚度的社会因素，土地利用方式对土层厚度的影响一定程度上反映了人为活动引起的土壤性状的变化。

在缺少客土源的地区，土层厚度影响坡改梯梯田所选择的形式，不同坡度地面只有当土层达到一定厚度时，才适宜修筑水平梯田，通过计算得出不同坡度修筑水平梯田的最小土层厚度，如表17-6。

表17-6　不同地面坡度修筑水平梯田适宜的土层厚度

地面坡度	2°～6°	6°～15°	15°～25°
土层厚度（cm）	≥42	≥51	≥58

注：设计相邻田块高差2m。

2. 水平梯田断面设计　坡改梯工程大大降低了耕层土壤养分，要自然恢复到平整前的养分环境，大约需要5～8年的时间。为减少平整后表土养分过于贫瘠和物理环境恶化，需要引入表土处理技术。本文设计坡改梯后土层厚度达到50cm，首先采用表土处理技术，即剥离20cm厚表土，堆积在附近，待平整后回填作梯田表土；其次水平梯田坡地田土移动、挖高填低，保证挖填、爆破的土层厚度在 30cm 以上；最后表土回填及覆土。因此，水平梯田建成后，活土层在 20cm，土层厚度在 50cm，可以实现高产农田的建设目标。

水平梯田建设作为改造坡地、控制水土流失、建设基本农田的措施，是通过改变局部地形实现的。梯田断面设计主要考虑以下两个方面：选择合适的田面，适应机耕和灌溉的需要；选择合适的田坎断面，不仅保证田坎的坚固、稳定，还要尽量减少田坎占地。

（1）田面　合适的田面要适应机耕和灌溉的需要。田面净宽偏窄，将不适于大机械操作，仅能满足小机械和耕畜操作；田面净宽过宽，将增大土方量和用工量，增加了项目区的建设成本。从地形考虑，在 5°以下的缓坡地区，田面宽度设计一般以 30m 左右为宜，以满足机耕、灌溉的要求；10°以上丘陵陡坡地区，目前很少实现机耕，田面宽度以不小于 8m 为宜，最窄不小于 2m。

根据坡度等级的划分进行典型梯田断面的选取：人为设定 0°～6°田面坡度为 4°、6°～12°田面坡度为 10°、12°～19°田面坡度为 15°、15°～25°田面坡度为 20°，以实地地形特征为参照，进行 4 种坡度级水平梯田断面的设计，以改变局部地形，尽可能地减少水土流失，提高土壤质量（表 17－7）。从断面来看（图 17－2），H 为相邻上下两田块间高差；B_m 为田面毛宽；B 为田面净宽；d_1、d_2、h_1 分别表示土坎上顶宽、石坎顶宽、土石坎出露平整后地面线高度；H_1、H_2 分别表示田坎、石坎高度；θ_1、θ_2 分别为土坎的外、内坡坡角；α 为原地面坡度。S_1、S_2、S_3 分别为筑土坎面积、丁字石面积、筑石坎挖基槽面积；S_4、S_5、S_6、S_7 分别为填方区填方面积、挖方区挖运土方面积、挖运母质面积、爆破石方面积；S_8、S_9 为挖方区表土回填之后，为保证土层厚度达到 50cm 厚的要求，爆破石方面积、松翻母质面积。

表 17－7　田面要素特性

原地面坡度（°）	采用坡度（°）	田面高差（m）	田面毛宽（m）	田面净宽（m）	坎长（m/hm²）
0～6	4	2	28.62	27.52	349.5
6～12	10	2	11.34	10.24	881.6
12～19	15	2	7.46	6.36	1 339.8
19～25	20	2	5.5	4.4	1 818.8

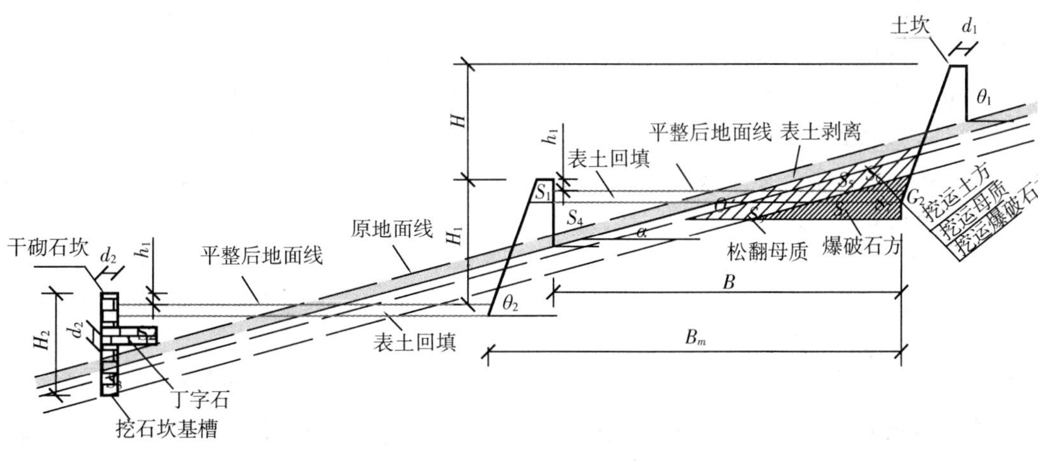

图 17－2　坡耕地水平梯田断面设计

田面宽度 B_m 主要考虑上下田面高差 H 以及原有田面坡度 α：$B_m = H/Tan\alpha$ 。四川盆地紫色丘陵区，H 一般取值为 1～3m，因此，可认为 B_m 与 α 成简单的反比关系。

基于坡耕地地力提升要求，由于不同坡度级土层厚度各异，表土剥离 20cm 后，挖方区挖土层厚度、挖母质层厚度也有很大的差距。坡度 0°～6°、6°～12°、12°～19°、19°～25°挖土层厚度分别为 30、30、15、5cm，挖母质层厚度由于挖、填方量相等，挖母质层厚度均为 30cm，但是各坡度级由于原地面坡度不同，挖方量相差很大。

对比而言，填方区土层厚度很容易达到 50cm 厚的高产田要求，土壤理化性质较好，而挖方区土层厚度基于 20cm 厚的表土回填，还需要下方 30cm 厚的母质层松翻和石方爆破，加速岩石的崩解和碎屑粒化阶段的进行。紫色岩以其风化速度快，风化度低，风化产物可种植作物而独具特色。平均成土率 1 年即为 15%，2～3 年增加 1 倍多，成土率为 36%～37%，化泥率 1～3 年间维持在 2.2%～2.5%之间。不同地层岩石成土化泥有明显的差异，城墙岩群和蓬莱镇组具有较高的成土化泥率，居各种岩层的首位，遂宁组和沙溪庙组居中等，而夹关组和飞仙关组居最后，遂宁组具有最高的成土率与化泥率比值，而飞仙关组具有最低的成土率与化泥率比值，且以成土率略高于化泥的速度进行风化。

（2）田坎　合适的田坎断面设计要保证田坎坚固、稳定，并尽量减少田坎占地。田坎保持稳定，是梯田设计中最基本的要求。影响田坎稳定性的主要因素有田坎高度、内外坡坡度角、土壤密实程度、修筑方法等。田坎高度选择要视田坎材料而定。田坎材料最常用的是土坎、块石坎和条石坎，也有部分地区尝试预制混凝土田坎和空心砖。田坎高度选择还要考虑田坎坡角大小。田坎坡角偏小，田坎占地及单位面积需功量相对偏大；田坎坡角偏大，田坎稳固性变差，容易垮塌。一般来说，土坎外坡坡度角为 70°～85°，内坡坡度角为 85°～90°。石坎或者是砼外坡坡度角为 80°～90°，内坡坡度角为 85°～90°。

紫色岩地区含砂量较大，成土母质物理风化迅速，耕作条件较优。由于紫色岩石与其他岩石比较属快速易物理风化型，因此，只需要对少数土层较薄部位实施爆破改土，一般不需要客土工程，土地平整后土层厚度一般要求不低于 0.60m。紫色岩地区土层普遍较厚，石料的市场价格较高，田坎工程应就地取材，以修筑土坎为主，土坎的稳定性不如石坎，容易被冲蚀，但土坎可以为生物提供生存环境，在保持原有农田生境上有一定优势，而且土坎的工程造价比石坎低，所以从经济和生态方面来看，修筑土坎仍然有其存在价值。经济条件允许的情况下，可以修建水平梯田，提高降低水土流失的能力。在石灰岩地区，地形陡峭，地质构造复杂，岩石裸露多，成土母质为岩石风化的残积、坡积物，土层浅薄，土壤质地多为砾质中壤，粗骨薄层特征明显，易于流失。土层薄，裸岩石砾地面积大，要增加耕地面积，增厚土壤，进行土地平整时需要比其他地区进行更多的爆破改土工程，而且需要客土来增厚土层以满足作物生长需求。在爆破改土中，由于比石灰岩溶区土层较薄，所以在土地平整工程中，可适当降低石灰岩溶区土层厚度设计的要求。由于该区石料丰富，土层贫乏，为了保持土壤，在修筑田坎时可以考虑就地取材，加大石坎比例。由于岩性特征，石灰岩地区特有的裸岩石砾地开发、覆土工程和大量石坎梯田的修建均导致石灰岩地区的单位土地平整工程量和工程投资高于紫色土地区。

梯田断面设计的优劣也是影响其土地整理效益高低的因素之一，而且这是可以人为调控的。因此，为减少工程投资和工程用工量，针对不同区域条件的梯田断面优化设计是非常必要的。有学者对北方地区断面优化设计做了相关的研究，但是南方复杂的区域条件决定了坡耕地水平梯田优化设计参数确定的难度，还需依据实践情况开展大量的坡耕地整治工程设计研究工作。世界杰出的稻作文化景观龙脊和云阳梯田是先民用开山号子喊出来的，呈现了梯田景观结构精细性与形状“粗糙性”之美，同时也印证了水平梯田的可行性。但是由于梯田窄小，劳动生产率低下，沿袭传统农业经济模式，极大限制了当地经济的发展。

坡耕地水平梯田设计时，应依据社会经济发展水平的要求，不断提高工程设计标准，进一步优化断面设计；生产实践中应重视对梯田田面、田埂的维护，提升土地综合利用效益和集约化利用水平，获取更大的经济效益和生态效益。

项目区田坎设计：①土坎设计：土坎顶宽为 30cm，内、外坡倾角为 90°和 70°，高度为 2.2m，实际筑坎高度为 40cm，高出平整后地面线 20cm，土坎占地宽为 110cm。②石坎设计：规格为 30cm×30cm×100cm 的条石干砌，6°～12°和 12°～25°坡耕地石坎高分别为 1.5m 和 1.8m。高出平整后地面线 20cm，条石坎基础必须置于坚硬的基岩或母质上。高于 1m 的石坎为了更好地保证石坎稳定，设计修建一定比例的丁字石（丁字石修筑剖面如图 17－3）。

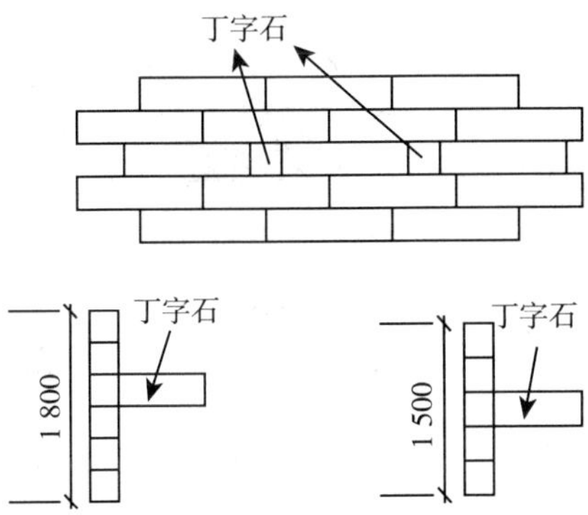

图 17－3　丁字石修筑剖面（单位：mm）

结合断面设计原理，具体计算过程：

6°～12°筑丁字石比例＝［0.3÷（0.3×5）］÷［0.3÷（1＋0.3）］＝5%

12°～25°筑丁字石比例＝［0.3÷（0.3×5）］÷［0.3÷（1＋0.3）］＝4%

在梯田建设中，还要考虑田坎占地损失问题。田坎占地宽度可用公式表示：

$$B_n = H_1 \times \mathrm{ctg}\theta_2 + d_2$$

式中：H_1 表示田坎高度；d_2 为田坎上顶宽，θ_2 表示田坎的外坡坡度角。因此，在 H_1 一定时，B_n 与 θ_2 成简单的反比关系；若在 θ_2 一定时，B_n 与 H_1 成正相关。不同坡度田坎占地损失 Z 可以用公式 $Z = B_n/B_m \times 100\%$ 计算。

现设计另外一套方案，即选用浆砌块石修建田坎，与项目区条石干砌相对比占地损失的变化规律。浆砌块石石坎采用内、外坡坡度角 θ_1、θ_2 分别为 90°、85°和 90°、70°，坎顶宽均为 30cm，高度为 1.8m（图 17－4）。

在 AutoCAD 中度量两种石坎占地宽 B_n 和田面宽 B_m，计算出田坎占地损失率 Z（%）。两种方案田坎占地统计如表 17－8。

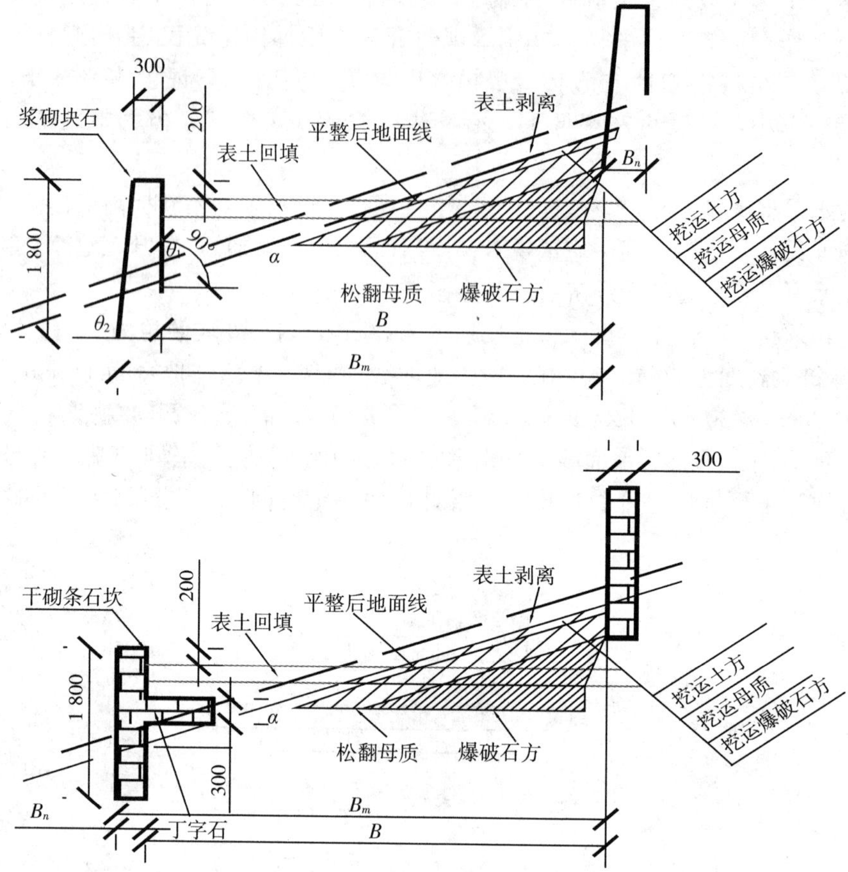

图 17-4　水平梯田石坎断面（单位：mm）

表 17-8　不同田坎类型占地损失率

田坎类型	占地损失率（%）			
	0°～6°（4°）	6°～12°（10°）	12°～19°（15°）	19°～25°（20°）
块石坎（70°）	2.73	6.88	10.45	14.19
块石坎（85°）	1.61	4.06	6.16	8.37
条石坎（90°）	1.05	2.64	4.02	5.46

从表 17-8 可以看出，无论何种田坎，坡度和田坎占地均成正相关，坡面越陡，田坎占地率越大。地面坡度一定时，块石由于存在外坡边坡率，占地比例明显大于条石。不同外坡坡度角块石坎占地损失对比分析：田坎外坡越缓，安全稳定性越好，但占地和用工量增大速率也越快；反之，田坎外坡越陡，占地和用工量越少。因此，不同区域应选取其合适的临界值，在保证田坎稳定性的同时，尽量减少田坎占地。项目区属于沙溪庙组岩石，厚层砂岩与紫红色泥岩及砂质泥岩互层，砂岩占 40%～50%，容易开采规则的条石，裂隙孔隙率较高，热容量中等，吸湿力强，抗侵蚀度好。条石坎修筑稳定性好，且没有边坡设计，占地面积小，能增加更多的耕地面积。

第三节　紫色土丘陵区特色产业基地建设

紫色土丘陵区特色产业基地建设基本思路就是结合区域发展特色、未来发展方向、区域耕地质量水平，建设具有特色的产业基地，既符合区域发展规划，也适合区域耕地质量状况的有效措施。例如现在三峡库区忠县是重庆市柑橘产业核心区域。结合重庆市“百万吨优质柑橘产业化工程”和国务院“三峡库区柑橘产业开发项目”，加上忠县有适宜的土壤、气候、降水量等自然条件，是重庆市最适宜种植加工柑橘的区（县）之一。柑橘产业是忠县经济发展的“命根子”，并计划将忠县建设成中国最大的柑橘城，到 2017 年，全县柑橘标准果园将达到 3.3 万 hm^2。基于该理念，重庆市国土资源与房屋管理局以及忠县果业局以土地开发整理项目为平台，整合各类资金和力量，大力发展忠县柑橘业，推进全县柑橘园建设。结合忠县土壤、气候条件，量身订制了柑橘苗木繁育、抚育管理和果园建设等系列标准，并全面推广。柑橘园建设基本思路参考土地整理规划思路，土地平整主要考虑种植柑橘挖定植穴不再降坡，农田水利工程主要对柑橘种植所需要满足的水利条件进行相应的工程调整，田间道路设计主要考虑柑橘产品的运输问题，增加柑橘园内配套生产道路的设计。整个重庆市除了忠县外，在万州、江津、云阳等 11 个重点柑橘基地区县都推进了柑橘园的规模建设，既发展了区域特色产业，也提高了耕地质量。

蔬菜基地建设属于结合地区优势和地区土壤状况，发展适合地区土壤的产业，通过工程建设，改善基础设施，以提高整个区域性的耕地地力。下面将结合重庆市潼南县蔬菜地建设，具体介绍发展区域特色产业以提高耕地地力的具体思路，以便该模式的继续推广。蔬菜基地建设从选址到核心内容都体现了耕地质量提高的理念。基地建设的目的就是为了促进农业结构调整、农民增收和农业可持续发展，而耕地质量建设是蔬菜基地建设的核心内容，是提高基地产出水平的关键措施。耕地质量建设要坚持科学规划、合理利用、用养结合、综合治理的原则；把工程措施、农艺措施与生物措施结合起来。稻田改种蔬菜要特别注意排湿，提高土壤的通透性能；旱地要以提高保水保肥能力为重点。从选址上，对于所选地块的产地环境，包括蔬菜基地空气中各种污染物含量、灌溉水中各项污染含量等临界值都做了详细的规定，也对所处的地形地貌、交通和土壤作了严格的规定。

对于稻田和旱地耕地质量提出建设后需要达到的标准。通过建设，稻田需要达到的标准是：有机质 25～45g/kg，速效磷≥15mg/kg，速效钾≥100mg/kg，pH 6.5～7.5，耕层厚度≥20cm，土体厚度 60～80cm。建立合理的水旱轮作制度，实行稻—菜 1 年 2～3 熟制；实施秸秆还田，增加土壤有机质含量；每年增施有机肥料 22.5～30t/hm^2 以上，提高土壤有机质含量，降低土壤容重，实施配方施肥。而旱地需要达到有机质 20～40g/kg，速效磷≥10mg/kg，速效钾≥100mg/kg，pH 6.0～7.5，耕层厚度≥20cm。建立合理的轮作制度，各种蔬菜间进行轮作，用地与养地相结合，增加植被覆盖土壤的时间；秸秆还田和冬季种植绿肥或其他豆科作物，增加土壤有机质含量；增施有机肥料，每年每公顷 30～45t，增加土壤有机质含量；配方施肥，根据土壤缺素情况，连续 3～5 年进行补充施肥；连续 3～5 年采用聚土垄作，每年深耕一次以上，每年每公顷掺油沙、黏土、渣肥 75t，增厚活土层，改善土壤质地状况。

一、柑橘园建设

柑橘产业基地的建设有其重要意义，既是保护重庆市生态环境的重要产业，同时又是区域经济发展与移民致富的支柱产业。但是，重庆市优质高产柑橘品种和原料加工基地建设严重缺乏；品种熟期不均衡，早、晚熟品种比例较低，品种更新与结构调整相对较慢，尚无知名品牌进入市场竞争；现有的柑橘种植区域立地条件相对较差，柑橘园改建难度大；且柑橘园建设极其不规范，标准化建设相对滞后，生产管理水平落后；各项技术服务体系不健全以及果农组织合作化程度较低等问题十分明显。将土地整理的工程措施同当地柑橘产业化发展相结合，稳步有序地在柑橘种植区推进土地整理工作，结合农业结构调整的要求，发展区域优势品种，根据当地柑橘的生长特性，因地制宜地实施土壤改良措施，增强土壤保水、保肥能力，提高土地产出率，为高产高质的规模化柑橘产业提供保障；先开展规划区内柑橘园中公路网和水网等基础设施的建设，切实改善柑橘种植区内的运输、生产及生态环境条件；随后构建土地平整、土壤改良，以及便于柑橘产业规模扩大的农业道路、水网产—销快捷高效的一体化模式，该模式能够整合区域优势资源，利于柑橘园经营规模的扩大，从而推进柑橘产业又好又快的发展。

柑橘品种的确定需要根据土地整理区域内产业规划的相关要求，以及产品的市场销售情况，同时，还应当依据区域小气候的特点。在海拔400m以下的重庆部分地区，年平均气温为18℃左右，冬季基本无冻害，这样的自然条件较适宜各熟期品种的生长，尤其是对晚熟品种的发展，其条件更为优越。而在海拔较高的区域，由于积温不足的影响，果实味道出现偏酸现象。在坡度过大的区域，土层厚度较薄，土壤肥力小，且易诱发水土流失。因此，种植区的选择需要分析区域的地形特征。种植区的坡度原则上应当控制在25°以内，且海拔高度尽量选择在400m以下（特殊地区若条件适宜可放宽到海拔500m以下），早晚熟品种尽量不规划在海拔400m以上的地区。综合分析万州区农业生态气候特点以及不同柑橘品种对环境条件的适宜性，对柑橘产业规划布局提出了“三大片区”的柑橘园布局要求，即万云南路和长江南岸的白溪发展片区（适宜种植早、中、晚熟品种），万忠路沿线的青龙河发展片区（适宜种植晚熟品种），万梁路与万宜路沿线的天城发展片区（适宜种植中、晚熟品种）。依据万州区《2008—2012年柑橘标准化果园建设规划要求》：在海拔400m以下区域适宜发展晚熟柑橘品种、塔罗科血橙新系和奥林达夏橙新系；海拔400～500m内适宜发展中熟柑橘品种北碚477锦橙；海拔500～600m内适宜发展早熟品种尤力克柠檬。

柑橘园建设的关键首先在于需要对特定区域适宜种植柑橘的旱地、水田的土壤性状进行甄别，并有效地控制在该区域改土技术指标参数的范围内；其次，需要建设水利网系统和配套管网系统，尤其是柑橘园区域内的排水系统，应当与PVC地下管道和周转水池实现一脉相通的有机衔接；再次，需要建设完善田间作业的快捷道路网体系和保障柑橘销售的运输系统。简言之，优质柑橘品种选种育种、改土技术及配套产业化道路和排灌体系构成了标准化工程建设模式的核心（图17-5）。接下来以万州区甘宁镇的永胜和永正两个行政村柑橘园建设为例进行阐述。

1. 柑橘园改土工程

（1）水稻土改土　研究区水田采用开沟垄畦改土法（图17-6、图17-7），依据当地群

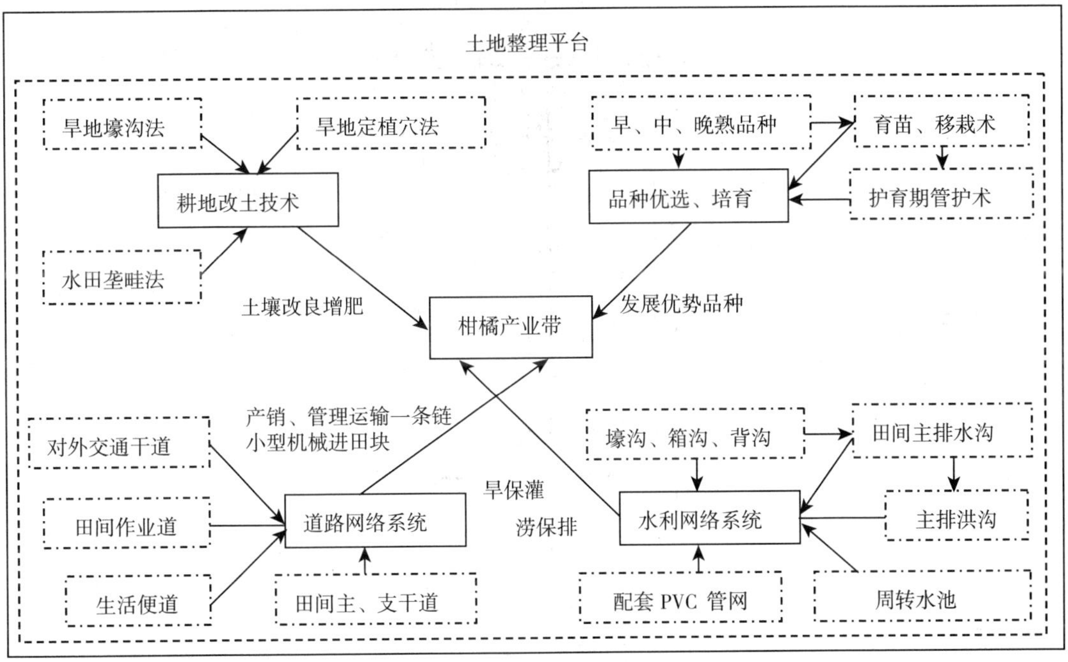

图 17-5 建设柑橘园的总体思路

众和万州区甘宁镇当地果业局技术人员的意见，考虑到塔罗科血橙生长的特殊性，结合所在地对自然条件的要求，可将研究区内海拔低于 500m，坡度控制在 25°以内适宜种植柑橘的水田共 90.73hm^2，进行垄畦法改土。改土设计具体方法：每 10m 间隔开挖排水沟、箱沟各一，同时开挖壕沟两条。排水沟规格：宽为 0.8m，深为 0.8m，沟长 67m；箱沟规格：宽为 0.8m，深为 0.6m，沟长 67m；壕沟改土规格：宽 1.5m，深 0.6m，沟长 133m。将表土回填于定植区域，形成 0.8m 耕作层土壤带。

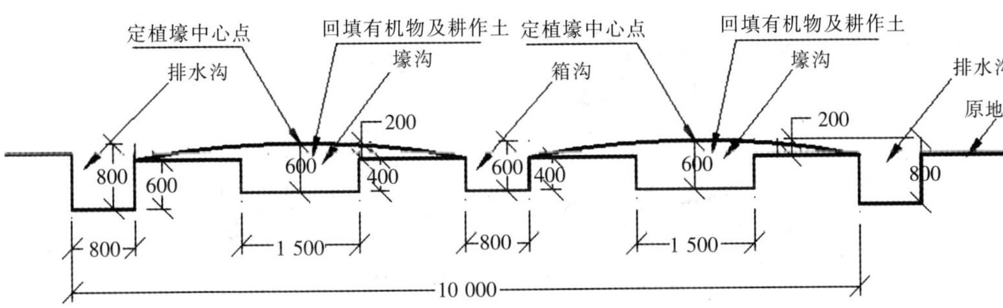

图 17-6 水田垄畦改土法开挖沟断面（单位：mm）

（2）坡地定植穴改土 研究区耕地主要拟种植柑橘，而柑橘根系本身具有一定的水土保持作用，一定坡度对柑橘生长的限制作用较小，故本着节约建园成本，满足柑橘生长要求，以及降低坡改梯工程造成水土流失的风险，又不打破人地景观格局的原则，以柑橘产业园建设为目标的土地平整工程无需对坡耕地进行降坡处理，也无需设计条石砌坎。根据柑橘种植及生长的要求，旱地平整主要采用定植穴和壕沟法。

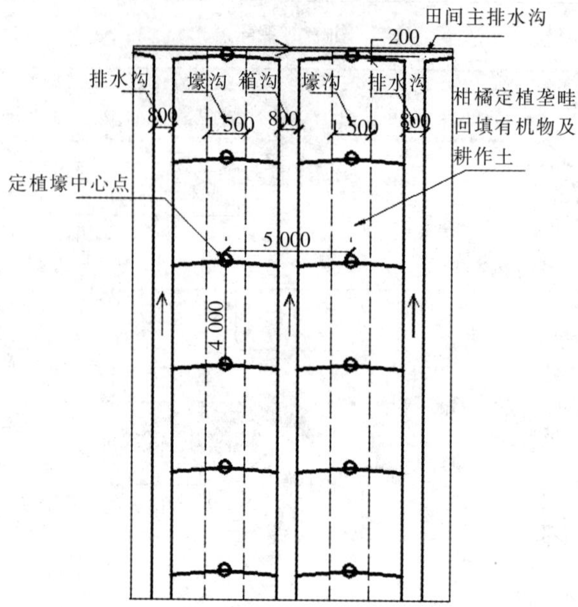

图 17-7　水田垄畦改土法平面（单位：mm）

研究区属于典型的坡耕地，旱地占总耕地的 34.21%，其中 15°～25°坡度的旱地占总旱地的 68%，土层平均厚度为 10cm，32%的旱地集中分布在 6°～15°，其土层平均厚度为 20cm。为此，土层较深的坡耕地采用定植穴改土法（图 17-8）。

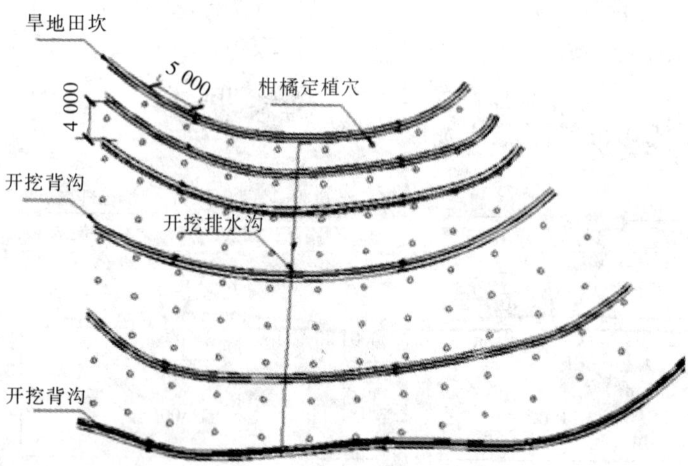

图 17-8　旱地定植穴平面

考虑到塔罗科血橙生长的特殊性，结合本项目所在地对自然条件的要求，可将研究区内海拔低于 500m，坡度控制在 25°以内，土层较深厚适宜种植柑橘的旱地共 16.05hm²，进行定植穴改土。土地平整工程包括挖田土坎和挖定植穴。定植穴规格长×宽×深＝1.5m×1.5m×0.8m，栽植株行距按 4m×5m，每公顷栽 510 株设计。土层厚度未达到标准的，需要进行改土，表土回填。

旱地改土定植设计的具体方法：按照放线定植设计的方法进行。放线、定植设计按照"放线→揭表土→起定植穴→填定植穴"进行（图 17－9）。

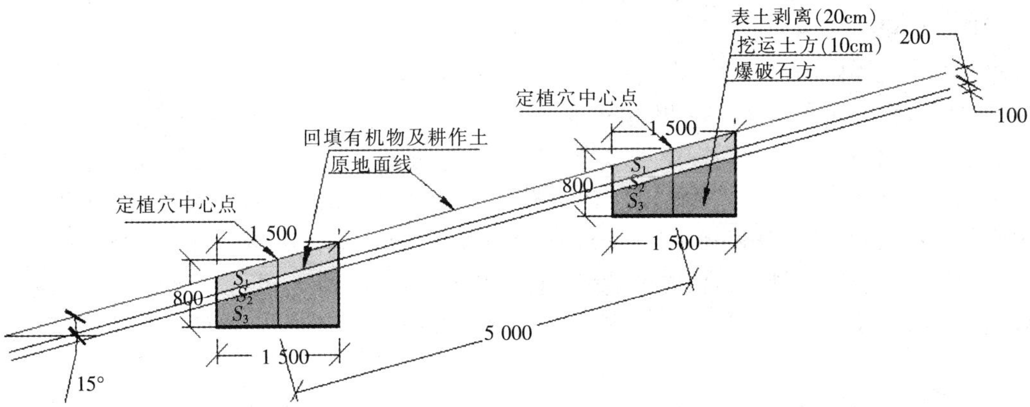

图 17－9　旱地定植穴剖面（单位：mm）

放线：横线按垂直等高线方向，随弯就势。坡度基本相同时，横线按等高线点放线；坡度变化较大，线从两条等高线中间穿过，但线要求等高。纵线垂直于横线。横线、纵线间距根据片区和果树株行距而定，研究区果树株行距采用 4m×5m，每公顷栽 510 株。

揭表土：每台从外边线用铲子往内揭，以不压埋内边线为宜。如果梯地全部是泥土，也要把上层 20cm 左右表土往上揭。

起定植穴：将泥土取出放于台面的下方，要求定植穴规格达到上宽×下宽×深＝1.5m×1.5m×0.8m。

填定植穴：将揭开的表土和有机物填入定植穴内。

（3）坡脊地壕沟改土　土层较浅的坡脊地采用壕沟改土法，每隔 5m 建一条壕沟，壕沟规格上宽、下宽、深度分别为 1.2m、0.8m 和 0.8m（图 17－10）。针对土层厚度未达到柑橘种植土壤厚度 0.8m 要求的旱地，需对定植点进行爆破，等高撩壕放炮改土，疏松质地，可保障土壤通透性，表层土进行回填，以改善土壤条件。

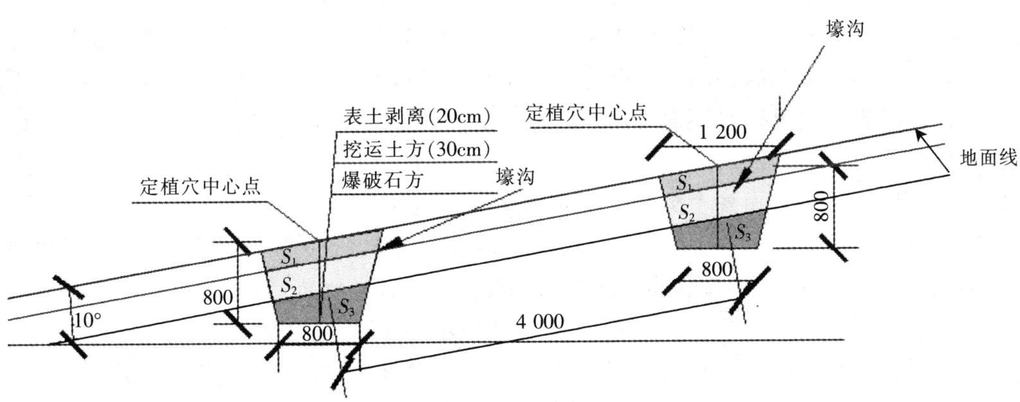

图 17－10　旱地壕沟改土法开挖沟断面（单位：mm）

2. 柑橘园灌排工程　研究区水利设施不成体系，排水条件较差，往往出现排水不畅的现象，且水田基本成片，面积较大、占65.79%，地势平坦，不利于田面排水，因此在多雨季节易受洪涝灾害。由于柑橘具有不耐涝的特性，因此，改土后水田和旱地的田间排水问题是解决柑橘高产稳产的关键。在保障排除田间水的同时，还应确保暴雨季节临时的水流不会冲毁耕地，使洪水可沿预定路径排出农田，同时应将一部分雨水截留并通过蓄水池积蓄，用以应对局部小范围内雨水季节性的分布不均，提高柑橘伏旱期的收成，同时需要尽量将水流中挟带的泥沙截留沉积起来，用以返土回田，降低水土流失程度。为保障柑橘带的高产稳产，有效排出田间土壤水，保证土壤水排水通畅，首先在容易积水的地块距离柑橘树间的距离大于1m处修建壕沟、背沟或箱沟，对于水田垄畦改土的田块，应在行间修筑箱沟，以排除田间积水；然后，应在田间修筑主排水沟，同田间的排水沟、壕沟、箱沟相连以排除此3种沟里的积水；再次为排除田块内外部多余的地表水、土壤水和地下水，还应沿等高线布设田块间的主排水沟，其一端与田间主排水沟、积水区相连，另一端与现有天然河道与沟溪等承泄区相连。

柑橘园田间的灌溉对柑橘高产稳产也非常重要。根据研究区域地势平坦的实际情况，兼顾甘宁镇已建成的优质柑橘示范园的灌溉模式，确定整理区的灌溉系统建设由田间周转水池建设，以及田间配套手持皮管固定管网建设等组成。结合柑橘生长期各阶段生理需水的要求，针对研究区内水资源时空分布不均造成季节性缺水现象的具体情况，布设蓄水池，使蓄水池水蓄满后再流入下一级沟渠或坑塘。周转水池要保证充分利用有利的自然降水汇至蓄水地点，布设在坡面汇流的集中地或低凹处，设置在纵向排水沟或灌溉渠上，坡面径流经排水沟后进入蓄水池。为确保周转水池中随时有充足的水源，需要在地势落差较大的两个周转水池之间，通过PVC管道进行连接输送，以便充分发挥周转水池的作用，而在水源缺乏的地方，应规划小型抽水机及其配件，利用抽水管道将水源从研究区山坪塘输送至周转水池，再通过连接管道输送至田块，即一级主管道同天然河沟、蓄水池或灌溉渠等水源相连接，同时，配套一定数量的阀门同二级管道连接，将水输送至田块灌溉，最终形成一个完整的综合排灌体系（图17-11）。

在构成研究区总体农田水利网络体系的基础上，充分结合现有的农田水利设施，整治加固原有设施基础，提高和完善研究区农田水利系统，解决好柑橘的排水与灌溉问题。根据研究区已建成果园的基本情况，在充分尊重农民意见的基础上，根据当地群众一致同意采用移动机组灌溉方式，在充分利用研究区内水库、河流、山坪塘等小型水利工程的基础上，配套建设适量周转水池，进园的移动引水管道、水渠、电动抽水机、动力泵房等移动机组灌溉所需的配套工程设施，通过抽水、提水方式，保障柑橘各生理阶段的需水量。具体各工程设计如下：

（1）周转池设计　采用移动机组浇灌方式时，灌溉需水量按照45m^3/hm^2，并兼顾研究区局部地形条件、径流分布、柑橘种植面积、种植及需水情况，确定配套100m^3周转水池，根据当地地形和总容量，分别确定池的形状为圆形，规格100m^3，周转水池进口、出口应与灌排沟渠相连，进口前应设沉沙凼。

100m^3周转水池池型采用圆形，半径为3.90m，净深为2.5m，周转水池均为嵌入式，即整个周转水池必须嵌入地面。池壁均采用现浇C_{20}钢筋砼池壁，池壁钢筋采用φ6@200布设，池壁厚0.2m，池底浇0.2m厚C_{20}混凝土。为防止人畜跌入周转水池，在周转水池四周采用$M_{7.5}$水泥砂浆砌砖栏杆，栏杆高1.2m，池内均设置梯宽1.0m，步宽0.3m，步高

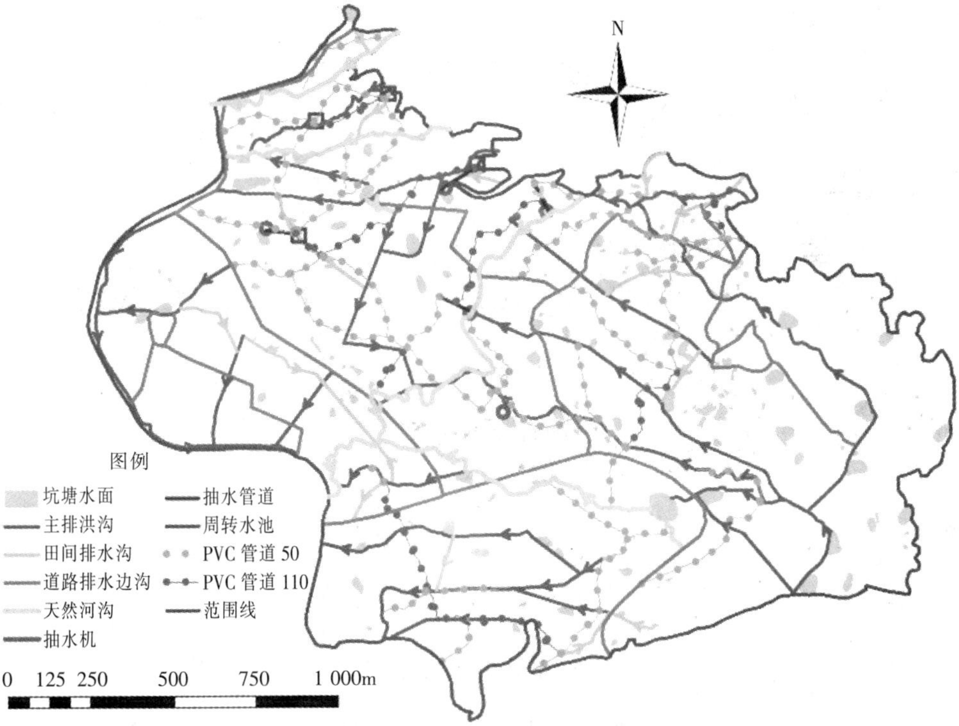

图 17－11　农田水利网络系统

0.15m 的 C_{20} 钢筋砼梯子，安装钢筋焊接的简易铁门，铁门高 1.2m（图 17－12、图 17－13、表 17－9）。

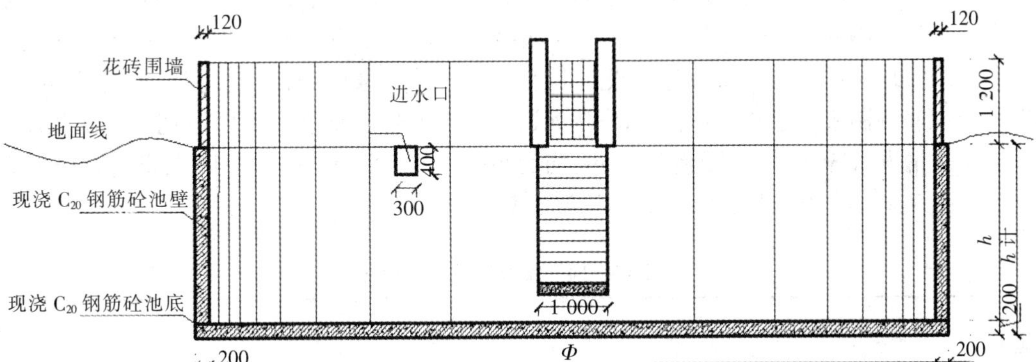

图 17－12　$100m^3$ 周转水池剖面（1∶50）$100m^3$ 的水池（单位：mm）

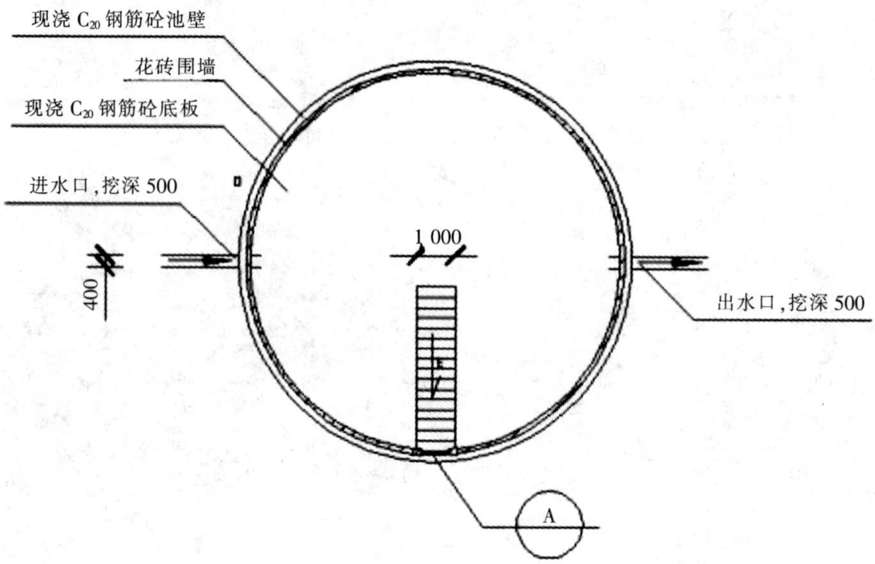

图 17－13　100m³ 周转水池平面（单位：mm）

表 17－9　新建周转水池设计（m）

规格	池形	上口半径	净深	池壁厚	底板厚	栏杆厚	栏杆高	梯步高	梯步宽	梯宽	梯高
100m³	圆形	3.9	2.5	0.2	0.2	0.12	1.2	0.15	0.3	1.0	2.7

（2）灌溉网设计

①维修灌溉渠。基于现有灌溉渠的数量及分布，在充分尊重民意的原则下，研究区需要维修的灌溉渠为 4 条，总长 1478m。维修灌溉渠沟壁采用 $M_{7.5}$ 砂浆砌毛条石，沟壁厚 0.25m，高 0.50m，沟底浇筑 0.10m 厚 C_{20} 砼底板，为防止砼底板因热胀冷缩断裂，造成沟底漏水，设计每隔 6m 布设一条 20mm 的伸缩缝，并用沥青砂浆嵌缝。为方便生产和通行，在渠道经过农地及居民点时布设过路板，即平均大约每隔 50m 布设一块宽 1m（长度依沟宽而定）的钢筋预制板。过路板横向每隔 100mm 布设一根 φ8 钢筋，不同沟宽致使板长不同，故根据实际情况每隔 120mm 或者 125mm 均匀布设一根 φ8 钢筋。研究区维修灌溉渠分为 2 种类型（图 17－14、图 17－15），具体设计参数详见表 17－10。

表 17－10　维修灌溉渠设计

类型	总长（m）	渠宽（m）	渠深（m）	水深（m）	灌溉渠比降（%）	$M_{7.5}$ 浆砌毛条石沟堤顶宽（cm）	沟底 C_{20} 砼底板厚度（cm）
Ⅰ	1 056	0.6	0.5	0.4	0.3	25	10
Ⅱ	422	0.8	0.5	0.4	0.3	25	10

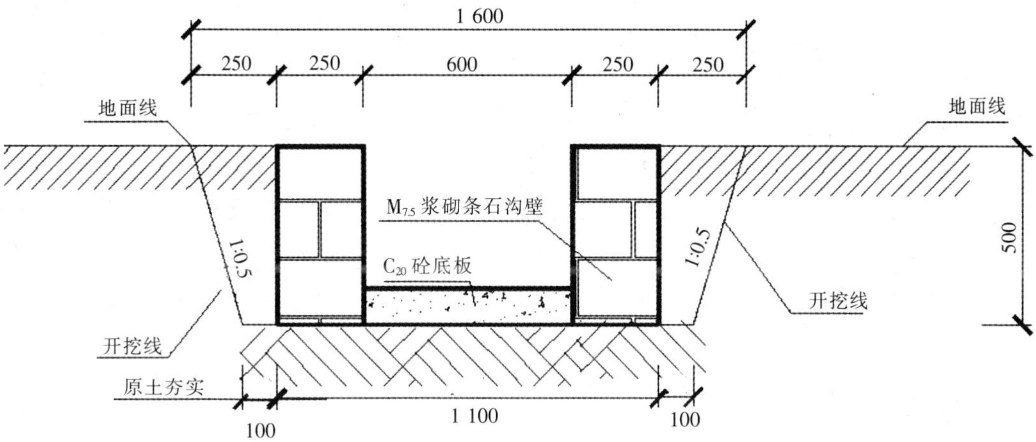

图 17-14 维修灌溉渠 0.6m×0.4m 断面（1：20）（单位：mm）

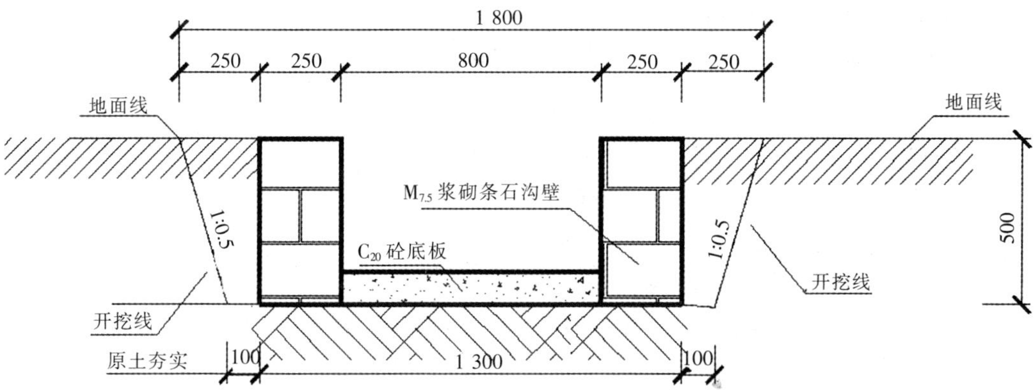

图 17-15 维修灌溉渠 0.8m×0.4m 断面（1：20）（单位：mm）

②移动机组灌溉配套建设。根据研究区已建成果园的基本情况，在充分尊重农民意见的基础上，果园田间灌溉方式采用移动机组灌溉模式。为此，参照柑橘园移动机组灌溉模式下田间管网建安工程进行灌溉工程配套（每 33hm^2 移动机组配套设施），实现从果园周边的登子河水库、中屯水库提水或通过水渠引水至果园，机组抽水抗旱（表 17-11）。

表 17-11 每 33hm^2 柑橘园移动机组灌溉模式下配套设施

内　容	单位	数量	备　　注
移动灌溉机组			按每 3.3hm^2 配置一套出水量 4t/h 的移动抽水机组，5d 1 个灌溉周期
电动抽水机	台	10	柴、汽油机组与电力机组、潜水泵
动力系统	套	10	
管道	m	2 500	Φ50mm 玻纤布软管
配件等	套	10	螺丝钉等

（3）排水网设计　研究区大面积改土种植柑橘后，柑橘具有不耐涝的特性，田间排水问题是解决柑橘高产稳产的关键。改土水田、旱地特别要注意犁底层阻水导致排水不畅涨水，否则形成集水坑，导致柑橘水害现象，为此，改建果园主、支排水沟必须要打穿犁底层和渗

育层，与田间的壕沟、排水沟、箱沟相连。改建果园主、支排水沟用以排除田块内外部多余的地表水、田间土壤水和地下水，其规格应依据田间的壕沟、排水沟、箱沟，改建果园主、支排水沟以及汇水面积而定。非果园排水沟规格主要根据土壤特性、水文地质和气象条件等因素，且结合社会经济条件和农业发展水平，确定排涝标准和排渍标准。旱作区采用 10 年一遇 1h 暴雨，1h 排除；水作区采用 10 年一遇 1h 暴雨，1h 排至作物耐淹深度。

①新建排水沟。排水沟设计排洪流量依据《水土保持综合治理技术规范沟壑治理技术 GBT 16453.3—1996》设计，据《万州区农业资源调查与农业区划报告集》，研究区径流系数为 0.5。研究区洪水均为暴雨形成，洪水特征是历时短、洪量集中，洪水过程线呈单峰尖瘦型。排洪流量计算式如下：

$$Q = 278 \times k \times i \times F \times 10^{-6} \quad (1)$$

式中：Q——设计排洪流量（m^3/s）；

k——洪峰系数 0.5；

i——10 年一遇 1h 最大暴雨强度，取 64.3mm；

F——排水沟控制的汇水面积（hm^2）。

排水沟采用矩形断面，按水力学明渠均匀流公式，确定沟渠断面。

$$Q = AC\sqrt{Ri} \quad (2)$$

式中：Q——渠道的设计流量（m^3/s）；

A——渠道过水断面面积（m^2）；

R——水力半径（m）；

i——渠底比降（排水沟取 0.3%）；

C——谢才系数（$C=1/nR^{1/6}$），n 取 0.025。

通过试算，排水沟横断面计算过程见表 17－12。

表 17－12　横断面计算过程

沟渠名称	沟宽 (cm)	沟深 (cm)	水深 (cm)	A (m^2)	X (m)	$R=A/X$	n	C	i	Q	F
排水沟	0.6	0.4	0.3	0.180	1.2	0.150 0	0.025	29.157	0.003	0.111 3	12.46
排水沟	0.6	0.4	0.4	0.240	1.4	0.171 4	0.025	29.813	0.003	0.162 3	18.15
排水沟	0.6	0.5	0.5	0.300	1.6	0.187 5	0.025	30.262	0.003	0.215 3	24.09
排水沟	0.6	0.7	0.6	0.360	1.8	0.200 0	0.025	30.589	0.003	0.269 7	30.18
排水沟	0.6	0.9	0.8	0.480	2.2	0.218 2	0.025	31.036	0.003	0.381 1	42.64
排水沟	0.8	0.9	0.8	0.640	2.4	0.266 7	0.025	32.091	0.003	0.580 9	65.00
排灌沟	0.6	0.7	0.6	0.360	1.8	0.200 0	0.025	30.589	0.003	0.269 7	30.18
排灌沟	0.6	0.9	0.8	0.480	2.2	0.218 2	0.025	31.036	0.003	0.381 1	42.64
排灌沟	0.8	0.9	0.8	0.640	2.4	0.266 7	0.025	32.091	0.003	0.580 9	65.00
排灌沟	1.0	0.9	0.8	0.800	2.6	0.307 7	0.025	32.866	0.003	0.798 8	89.38
排灌沟	1.2	0.9	0.8	0.960	2.8	0.342 9	0.025	33.464	0.003	1.030 3	115.28

基于研究区现有灌溉排水设施分析、排水工程布局分析及排水断面设计分析，确定研究区新建排水沟断面有 0.6m×0.4m、0.6m×0.9m、0.8m×0.9m 3 种规格，共 12 条，总长 4 860m（图 17－16、图 17－17、图 17－18）。

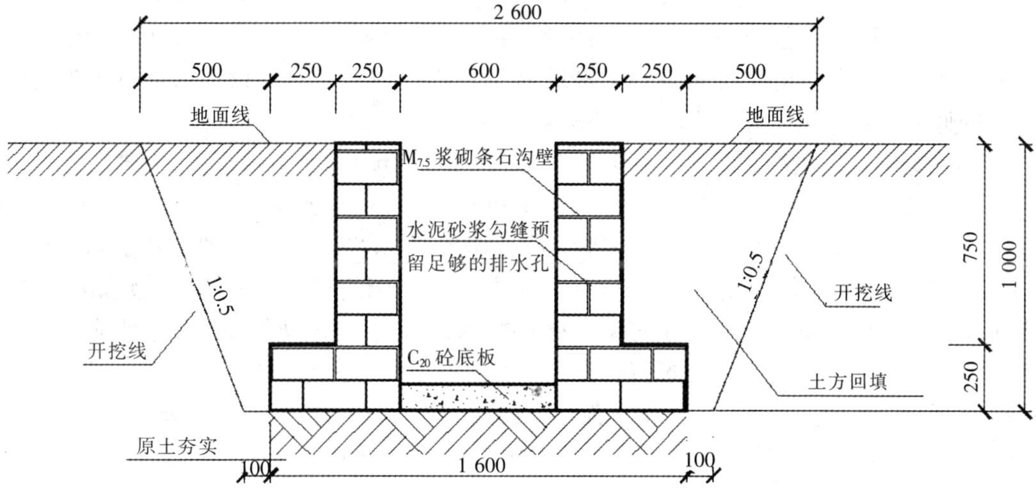

图 17－16　新建排水沟 0.6m×0.9m 断面（1：20）（单位：mm）

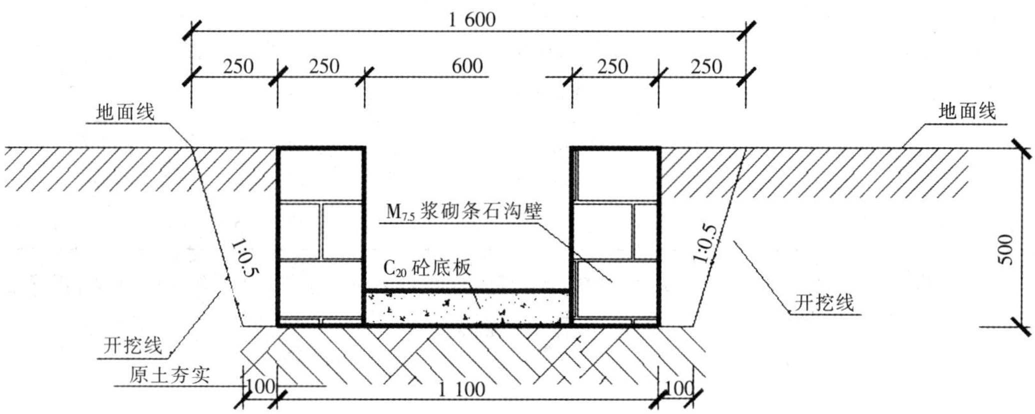

图 17－17　新建排水沟 0.6m×0.4m 断面（1：20）（单位：mm）

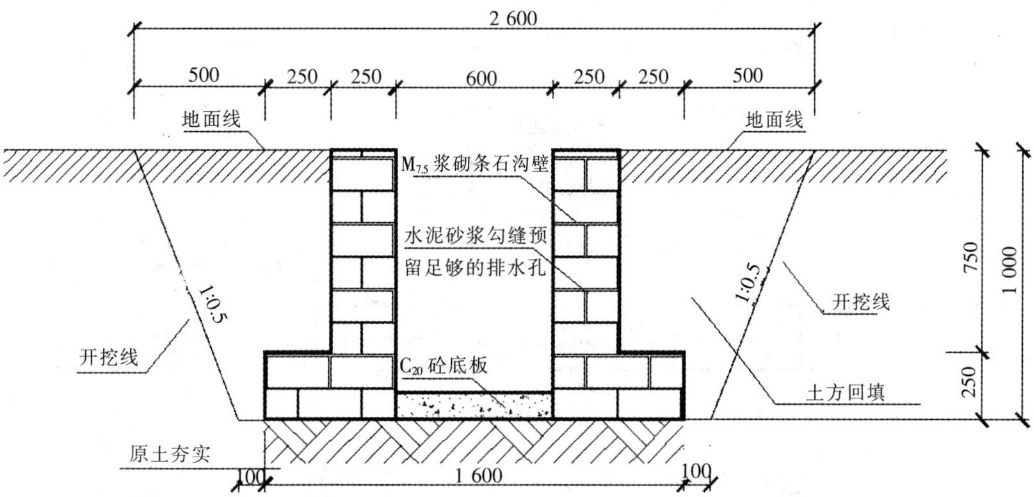

图 17－18　新建排水沟 0.8m×0.9m 断面（1：20）（单位：mm）

排水沟断面尺寸为净宽×净深：0.6m×0.4m。设计首先进行土石方开挖，在原土夯实基础上修筑沟壁。沟壁采用 $M_{7.5}$ 砂浆砌毛条石，沟壁厚 0.25m，高 0.50m。沟底浇筑 0.10m 厚 C_{20} 砼，为防止砼底板因热胀冷缩断裂，造成沟底漏水，设计每隔 6m 布设 1 条 20mm 的伸缩缝，并用沥青砂浆嵌缝。

排水沟断面尺寸为净宽×净深：0.6m×0.9m 和 0.8m×0.9m。设计首先进行土石方开挖，在原土夯实基础上修筑沟壁。沟壁采用 1.0m 高 $M_{7.5}$ 砂浆砌毛条石，为了防止沟垮塌，下方 0.25m 高沟壁设计为 0.5m 宽，即沟堤顶沟壁厚 0.25m，沟底端沟壁厚 0.50m，高 1.0m。条石中间的沟底铺 0.10m 厚 C_{20} 砼，为防止砼底板因热胀冷缩断裂，造成沟底漏水，设计每隔 6m 布设 1 条 20mm 的伸缩缝，并用沥青砂浆嵌缝。改建果园主排水沟来水一侧预留足够的排水孔。为方便生产和通行，在渠道经过农地及居民点时布设过路板，即平均大约每隔 50m 布设一块宽 1m（长度依沟宽而定）的钢筋预制板。过路板横向每隔 100mm 布设 1 根 φ8 钢筋，不同沟宽致使板长不同，故根据实际情况每隔 120mm 或者 125mm 均匀布设 1 根 φ8 钢筋（表 17-13）。

表 17-13 新建排水沟设计

类型	总长（m）	沟宽（m）	沟深（m）	水深（m）	允许通过流量（m^3/s）	排水沟比降（%）	毛条石沟堤顶宽（cm）	C_{20}砼底板厚度（cm）
Ⅰ	1 690	0.6	0.9	0.8	0.381 1	0.3	25	10
Ⅱ	190	0.6	0.4	0.3	0.162 3	0.3	25	10
Ⅲ	2 973	0.8	0.9	0.8	0.580 9	0.3	25	10

②维修排水沟。研究区两条排水沟共计 637m。维修排水沟-WP1 断面尺寸为净宽×净深（图 17-19）：0.8m×0.9m。沟壁采用 1.0m 高 $M_{7.5}$ 砂浆砌毛条石，为了防止沟垮塌，下方 0.25m 高沟壁宽设计为 0.5m，上面 0.75m 高沟壁设计为 0.25m，沟底浇筑 0.10m 厚 C_{20} 砼底板。

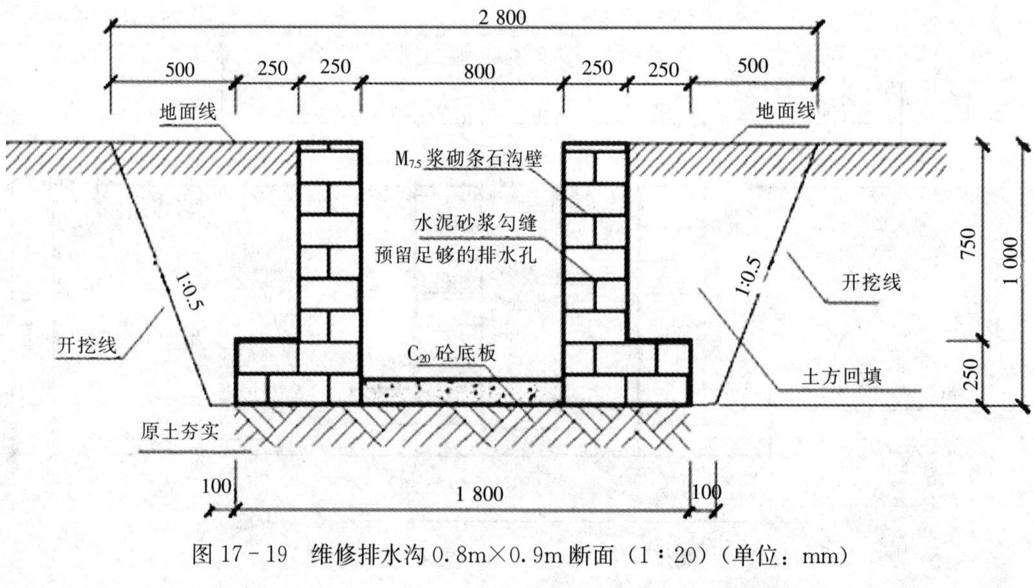

图 17-19 维修排水沟 0.8m×0.9m 断面（1：20）（单位：mm）

维修排水沟-WP2断面尺寸为净宽×净深（图17-20）：0.6m×0.4m。沟壁采用$M_{7.5}$砂浆砌毛条石，沟壁厚0.25m，高0.50m；沟底浇筑0.10m厚C_{20}砼底板。为防止砼底板因热胀冷缩断裂造成沟底漏水，设计每隔6m布设1条20mm的伸缩缝，并用沥青砂浆嵌缝。改建果园主排水沟来水一侧预留足够的排水孔。为方便生产和通行，在渠道经过农地及居民点时，布设过路板，即平均大约每隔50m布设一块宽1m（长度依沟宽而定）的钢筋预制板。过路板横向每隔100mm布设1根φ8钢筋，不同沟宽致使板长不同，故根据实际情况每隔120mm或者125mm均匀布设一根φ8钢筋（表17-14）。

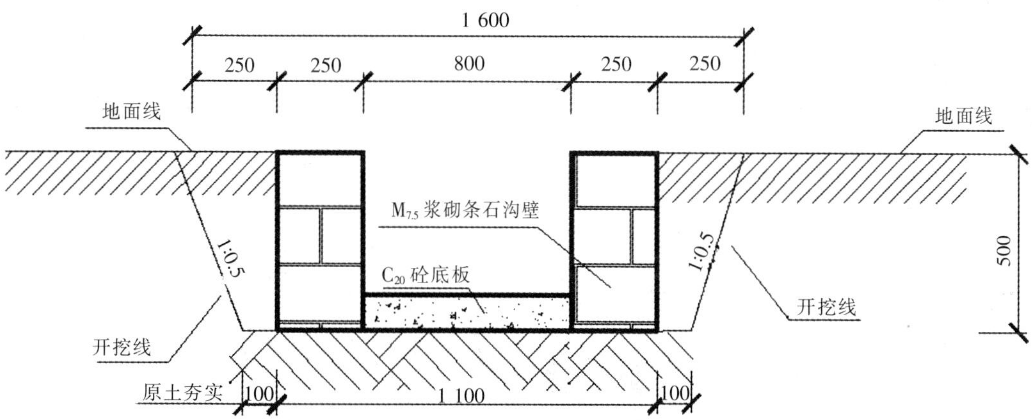

图17-20　维修排水沟0.6m×0.4m断面（1∶20）（单位：mm）

表17-14　维修排水沟设计

类型	编号	总长（m）	沟宽（m）	沟深（m）	水深（m）	允许通过的流量（m^3/s）	排水沟比降（%）	$M_{7.5}$浆砌毛条石沟堤顶宽（cm）	沟底C_{20}砼底板厚度（cm）
Ⅰ	WP1	395	0.8	0.9	0.8	0.580 9	0.3	25	10
Ⅱ	WP2	242	0.6	0.4	0.3	0.162 3	0.3	25	10

（4）排灌沟设计　排灌沟一般按垂直等高线沿田块边界布设，同时要与原有沟渠、坑塘、蓄水池、主排灌沟或天然排水道相通。排灌沟在洪涝时起排水作用，在干旱时起灌溉作用。根据实地踏勘以及在充分尊重农民意见的基础上，设计维修4条排灌沟。其中，除了WPG3为原有果园支排灌沟外，其余3条均为改建果园主排灌沟，其中WPG1总长668m，WPG2总长1 314m，WPG3总长452m，WPG4总长612m，总长3 046m。

维修排灌沟-WPG1断面尺寸为净宽×净深：0.6m×0.9m，WPG4断面尺寸为净宽×净深：1.0m×0.9m以及-WPG2断面尺寸为净宽×净深：1.2m×0.9m（图17-21、图17-22、图17-23、图17-24）。沟壁采用$M_{7.5}$砂浆砌毛条石，为了防止沟垮塌，最下方0.25m高沟壁宽设计为0.5m宽，上面设计为0.25m宽，沟底浇筑0.10m厚C_{20}砼底板。维修排灌沟-WPG3断面尺寸为净宽×净深：0.6m×0.4m。沟壁采用$M_{7.5}$砂浆砌毛条石，沟壁厚0.25m，高0.50m。沟底浇筑0.10m厚C_{20}砼底板。为防止砼底板因热胀冷缩断裂造成沟底漏水，设计每隔6m布设1条20mm的伸缩缝，并用沥青砂浆嵌缝。改建果园主排水沟来水一侧预留足够的排水孔。为方便生产和通行，在渠道经过农地及居民点时布设过路板，即平均大约每隔50m布设一块宽1m（长度依沟宽而定）的钢筋预制板。过路板横向每隔

100mm 布设 1 根 φ8 钢筋，不同沟宽致使板长不同，故根据实际情况每隔 120mm 或者 125mm 均匀布设 1 根 φ8 钢筋（表 17 - 15）。

表 17 - 15　维修排灌沟设计

类型	总长度（m）	沟宽（m）	沟深（m）	水深（m）	允许通过的流量（m^3/s）	排灌沟比降（%）	M7.5 浆砌毛条石沟堤顶宽（cm）	沟底 C_{20} 砼底板厚度（cm）
Ⅰ	668	0.6	0.9	0.8	0.381 1	0.3	25	10
Ⅱ	1 314	1.2	0.9	0.8	1.030 3	0.3	25	10
Ⅲ	452	0.6	0.4	0.3	0.162 3	0.3	25	10
Ⅳ	612	1.0	0.9	0.8	0.798 8	0.3	25	10

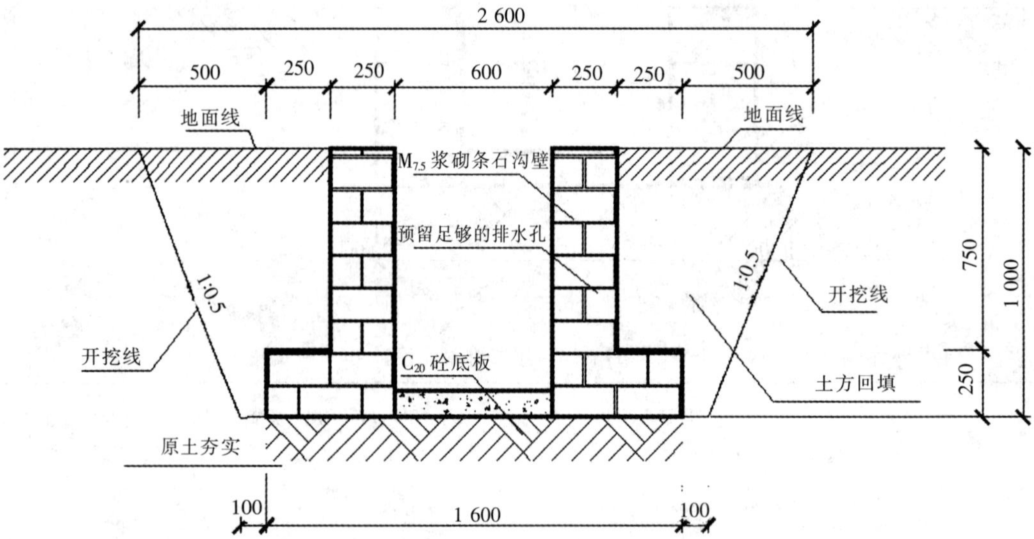

图 17 - 21　维修排灌沟 0.6m×0.9m 断面（1∶20）（单位：mm）

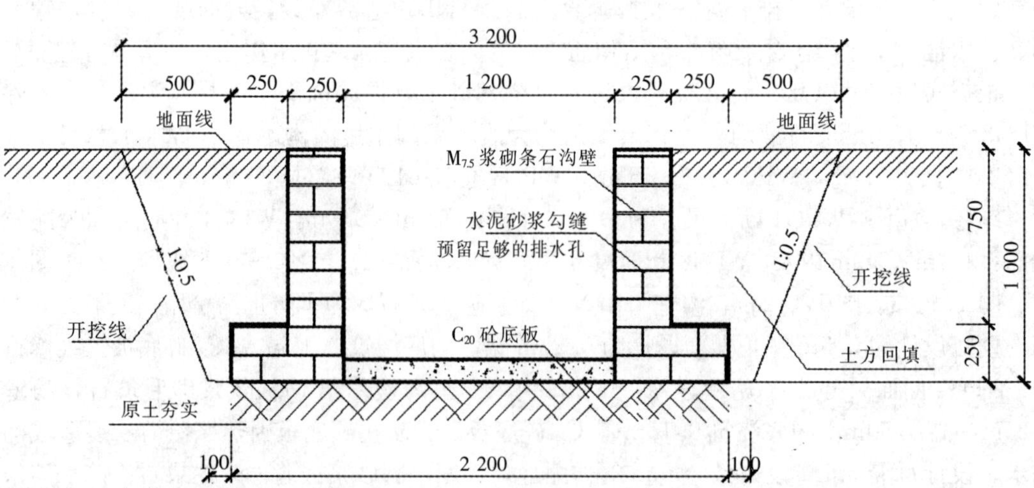

图 17 - 22　维修排灌沟 1.2m×0.9m 断面（1∶20）（单位：mm）

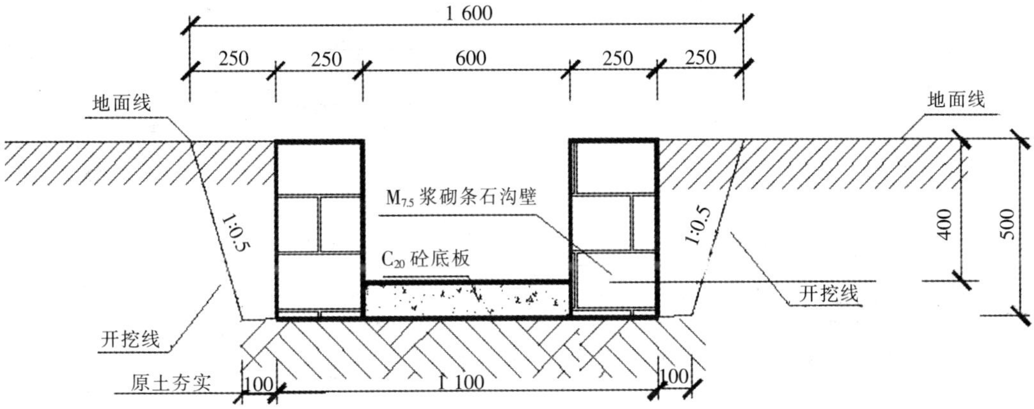

图 17-23　维修排灌沟 0.6m×0.4m 断面（1∶20）（单位：mm）

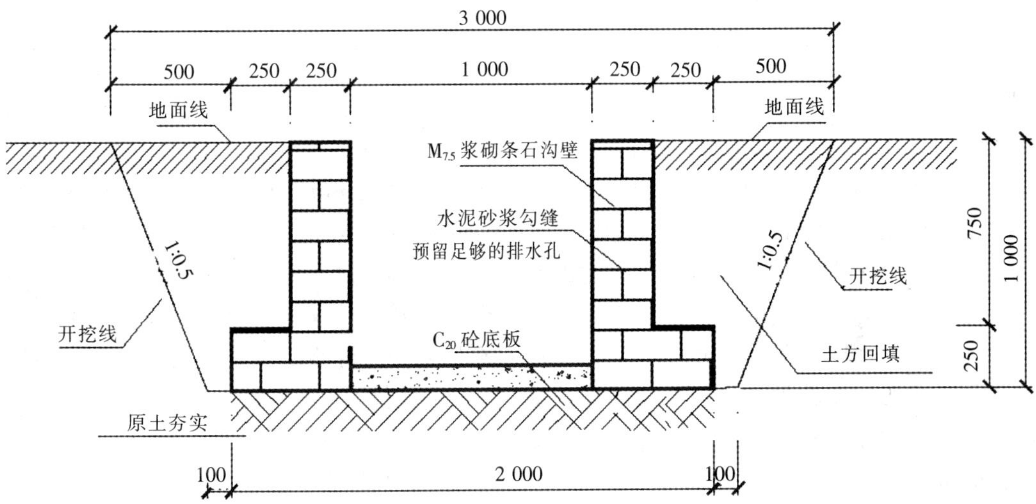

图 17-24　维修排灌沟 1.0m×0.9m 断面（1∶20）（单位：mm）

（5）渠系建筑物设计　考虑到主排水沟的规格深度小于或等于 1m，本设计中的涵洞采用 DN800 钢筋砼管，安装时洞线应选在地基均匀且承载力较大的地段，涵洞轴线宜短而直，并宜与道路、沟渠中心线正交，且进、出口应与上、下游的沟渠平顺连接。洞内水流的方向，应尽可能同洞顶填方沟渠或道路成正交，并尽量和原水道的方向相同。洞底高程，应等于（或接近）原水道的底部高程，纵坡一般为 1%～3%。若坡度较大时，应设置齿状基础或在出口设置重力墩防止洞身产生滑动（图 17-25）。

根据研究区域的实际情况，为了加强水土保持，结合周转水池布置了一系列的沉沙凼。沉沙凼的设计按照 10 年的标准。沉沙凼布设在排灌沟进入坑塘水面周转水池的进口前 25m 处，主要是用来拦截刚要进入的泥沙，达到沉沙、消力的作用。根据该地区农村多年的水土保持经验，研究区布设的沉沙凼采用嵌入式。新建沉沙凼共 9 口，沉沙凼净长为 2.0m，净宽 1.0m，深 1.0m，壁厚 0.25m，池壁采用 $M_{7.5}$ 砂浆砌毛条石，底部浇筑 C_{15} 砼底板，底板应放置于硬质基础上，若遇基岩，可直接开挖成形。在实际施工中，在满足设计沉沙要求以及沉沙池容积的前提下，可根据实际地形适当调整沉沙池的具体形状，但要求尽量少占耕地，避免高填深挖（表 17－16）。

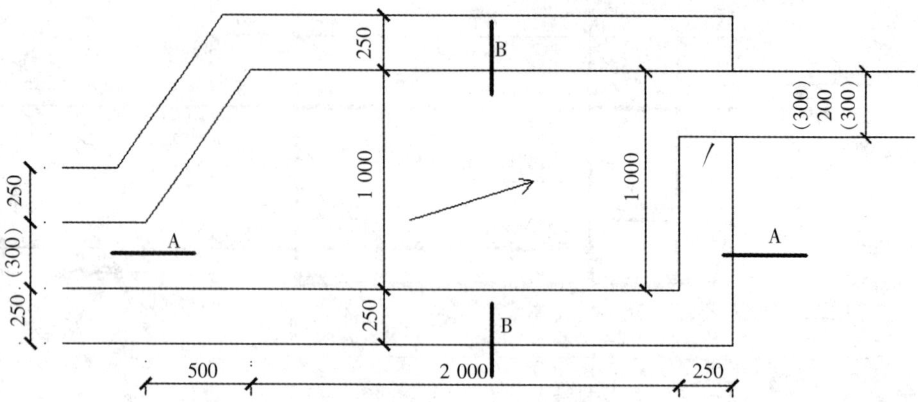

图 17－25　沉沙凼平面（1∶20）（单位：mm）

表 17－16　沉沙凼设计

容积（m^3）	净长（m）	净宽（m）	净深（m）	池壁厚（m）	底板厚（m）
2	2.0	1.0	0.75	0.25	0.08

3. 柑橘园道路工程　研究区交通条件较好，万州至忠县 8m 宽的水泥硬化公路穿过区域内的永胜村四组、六组，另一条 5m 宽的水泥田间道从小湾由南至北延伸至甘宁水库贯穿整个区域，且万州至青龙瀑布的水泥公路途经研究区最南端，此 3 条公路打通了研究区与外界交流的通道。另外，研究区内田间道路分布广，但多为断头路，未形成快捷高效道路网，且部分田间道路路面状况不良，年久失修，坑洼不平，遇雨泥泞不堪，给农民生产、生活带来不便。为此，田间道路模式以原有田间道路为中心，主要对研究区内、边缘对外交通干道、田间干道进行硬化，对日常田间耕作、生产物资的运输、农村居民出行等使用率高，路面破损或泥烂的生产便道进行维修，并结合当地地形地貌条件及生产方式因地制宜布局各级道路，构建完整道路网体系，田间道路网与农田水利网两大系统结合布置。除此以外，柑橘建设整理项目中的田间道路布局还要考虑到田块间大规模培肥、修枝、种植、灌溉、摘果等日常工作管理和生产环节链，及大规模的运输销售链。为此，既要建设对外柑橘销售运输的交通干道，还要针对规模超过 67hm^2 的较大柑橘园，建设田块间柑橘摘果收获的田间干道，田间道距最远距离果树不应该超过 200m，且能通行一般耕作机械与农用车辆，另外，保证机械作业的技术要求。同时还得建设用于日常柑橘园生产、管理与维护的作业便道，一方面主要方便居民生产、生活，故此部分建设重点在于将现有居民点与田块、原有田间道路连接成有机整体，道路宽度为 0.8～1.2m，为平直路面。另一方面主要方便生产、耕作，故此部分建设重点在于田间作业道系统构建，生产路距果树最远不超过 75m。最终各级道路均与农田水利系统、田块、居民点、对外交通干道结合构建完善田间道路网系统（图 17－26）。

（1）田间干道设计　基于柑橘建设整理项目的特殊性，田间道路规划设计要兼顾未来柑橘的规模化、机械化生产而留出足够的余地，此设计包括田间主干道和支干道。具体设计如下：路面净宽 3.0m，路面层 15cm 厚泥结碎石；道路两侧设置路肩，路肩采用 $M_{7.5}$ 浆砌毛条石，宽度不小于 0.5m，高度不小于 0.5m；路基宽 4.0～5.0m，路基层铺 20cm 厚手摆片石，路基高于田面以上 0.5m，施工应采用压实机具，采取分层填筑、压实，压实度必须达

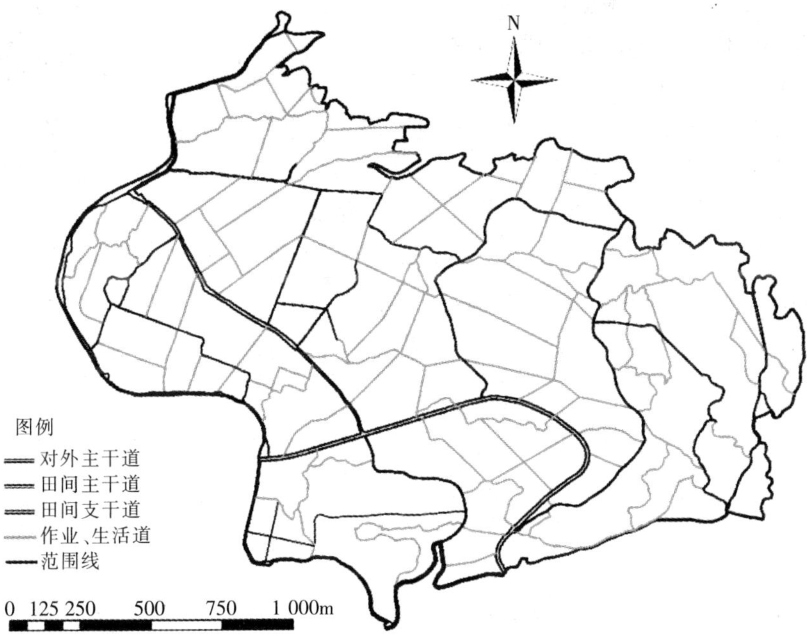

图 17－26　道路网系统

到 93%；考虑到路基沿线的降水与地质水文等具体情况，在田间道来水一侧设置排水沟，沟底宽 30cm、净深 50cm，采用 $M_{7.5}$ 水泥砂浆砌毛条石，表面进行勾缝，并在排水沟来水一侧留出足够的缝隙，沟底铺 8cm 厚的 C_{15} 砼。

维修田间干道沿线每隔 250m 以及终点设置错车位：每个错车道长约为 15m，其在设计田间道路基的基础上加宽 2.5m，路面采用 15cm 厚泥结碎石，路基采用 20cm 厚手摆片石，过水田段时首先挖水田段淤泥并压实路基，将近地端钻开挖石头回填，至路基高于田面以上 0.5m 并机械夯实（图 17－27、表 17－17）。

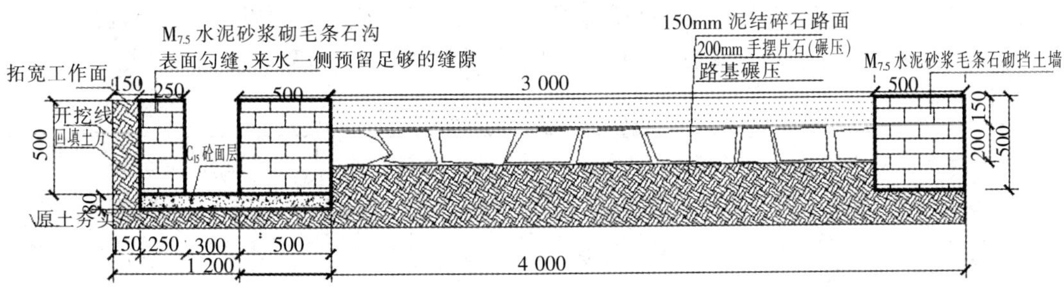

图 17－27　维修 3.0m 宽田间道断面（1∶20）（单位：mm）

表 17－17　维修田间干道设计

类型	设计总长度（m）	设计路面宽（m）	毛条石路肩宽（m）	毛条石路肩高（m）	毛条石边沟净宽（m）	毛条石边沟净深（m）	沟底 C_{15} 砼垫层厚度（m）	泥结碎石路面厚度（m）	手摆片石路基厚度（m）
Ⅰ	7 230	3.0	0.5	0.5	0.3	0.5	0.08	0.15	0.20

(2) 生产作业道设计　生产道路将现有居民点与田块、原有田间道路连接成有机整体，同时，为了方便柑橘特殊生产和果园内有小型机械车、摩托车对农产品运输，构建田间作业道网系统，作业道距果树最远不超过75m（图17-28）。新建1.0m和1.2m宽生产路，路基宽1.2～1.4m，比路面宽0.2m，填方平整后路基高于田面0.2m以上，素土夯实路基施工应采用压实机具，采取分层填筑、压实，其压实度≥80%；路面净宽1.0～1.2m，路面层8cm厚C_{20}砼。针对研究区实际地形条件，当生产路纵坡大于10°时，设计对路面采取凹槽防滑处理；生产路纵坡在10°以下时，设计采用平直式。砼路面施工过程中，应设置横向伸缩缝间距不大于5.0m，缝宽3～5mm（表17-18）。

表17-18　新建生产作业道设计

类型	设计总长度（m）	设计路面宽（m）	设计路基宽（m）	C_{20}砼路面层厚度（m）
Ⅰ	2 708	1	1.2	0.08
Ⅱ	2 483	1.2	1.4	0.08

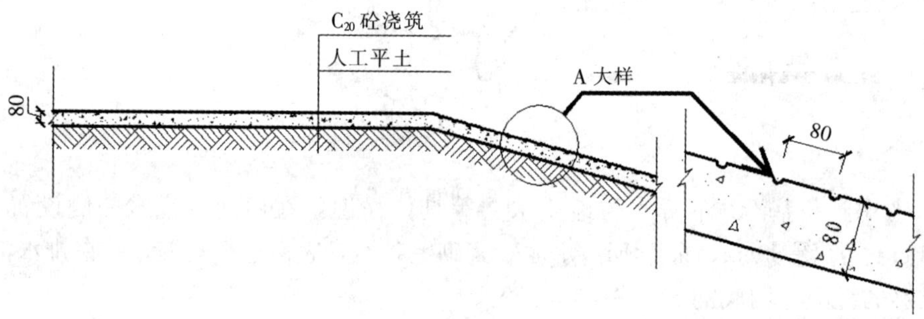

图17-28　平直式生产道断面（单位：mm）

维修生产路0.8m、1.0m、1.2m宽：路基宽1～1.4m，比路面宽0.2m，填方平整后路基高于田面0.2m以上，素土夯实路基施工应采用压实机具，采取分层填筑、压实，其压实度≥80%；路面净宽1.0～1.4m，路面层8cm厚C_{20}砼。针对研究区实际地形条件，当生产路纵坡大于10°时，设计对路面采取凹槽防滑处理；生产路纵坡在10°以下时，设计采用平直式。砼路面施工过程中，应设置横向伸缩缝间距不大于5.0m，缝宽3～5mm（表17-19）。

表17-19　维修生产作业道设计

类型	设计总长度（m）	设计路面宽（m）	设计路基宽（m）	C_{20}砼路面层厚度（m）
Ⅰ	5 872	1	1.2	0.08
Ⅱ	12 594	1.2	1.4	0.08
Ⅲ	1 817	0.8	1	0.08
Ⅵ	1 525	1	1	0.08
Ⅳ	435	0.8	1.2	0.08

二、蔬菜基地建设

重庆丘陵山区城郊的蔬菜产业既是保护区域生态环境的重要产业，更是城乡居民“菜篮子工程”的重要组成成分。然而，该区域蔬菜种植基地发展规模欠稳定；蔬菜生产的基础设施建设滞后，抗自然灾害能力差，与现代化生产的要求不相适应；蔬菜生产面积小，菜田地块破碎；蔬菜标准化生产水平低，菜农收益不稳定等问题仍旧存在。将土地整理与蔬菜产业化发展相衔接，稳步推进蔬菜基地的建设工作，结合农业结构调整政策，大力发展区域优势品种，依据蔬菜的生长特性，科学地进行宏观规划和微观土壤改良，保障高产高质的蔬菜产业规模化发展。

蔬菜基地的规划设计应坚持宏微观相结合，首先，应当对适宜种植蔬菜的不同区域中旱地和水田的土壤据其特点进行甄别，并合理科学地进行宏观布局和微观设计；其次对基地的水利网系统及配套管网展开建设，并配套灌排系统，以便实际运行，使各田块拥有保水、保肥的能力；最后建立并完善田间作业与蔬菜销售运输的快捷道路网体系。接下来将以璧山县璧北的蔬菜基地建设为例进行阐述。

1. 耕作田块

（1）条田田块设计　条田设计宽 60m 左右，长 120m 左右，田块布设顺原有田块方向布局设计，条田整理区内以田坎为界。条田田块是根据实地踏勘，实地进行规划田块方向及数量，再根据各个田块现状高程点，按照与灌排工程设计相结合、挖填方平衡的原则使平整土方量最小，同时考虑到田块本身的排涝要求，挖高填低，适当垫高地势较低处田块，据此初步拟定各田块的设计高程。

耕作条田是以水平方田为主的耕作田块。它既是田间工程建设和进行机械耕作的基本单元，也是田间组织灌水的基本单元。通过条田建设，能够改善农田生产条件，提高生态景观效应，减弱农田利用中可能对作物生长发育产生的限制因素，促进农田利用的集约化和有序化，进而提高土地的利用效率。条田的规划设计应做到因地制宜，结合区域实际制定规划设计方案。如此，才能实现土地的高效利用。

条田布置区域选址应尽量考虑在面积较大的平坝区，这样能够确保排灌畅通、调控便利，从而保障水稻等作物在不同生长发育阶段对水分的需求量。在以丘陵山区为主的重庆地区，地形条件复杂，地貌形态多样，微地貌类型纷繁多变，因此，要重点考虑地形条件对条田田块布设的影响。地形坡度较大时，田块规划应首先满足机耕和灌溉的要求。使田块长边尽量平行于等高线，能够保证在一定规模的小区内土地平整的方量较小，且若田间灌渠采用纵向布设方式（图 17－29），使畦、毛渠沿地面最大坡度方向布置，保持灌水方向同地面最大坡向一致，这样可以为灌水创造有利条件。然而，毛渠易受地形起伏的影响，末级固定渠道挖填方的工程量较大，农渠的延伸方向应尽量沿等高线布置，其间距大小即为田块宽度。

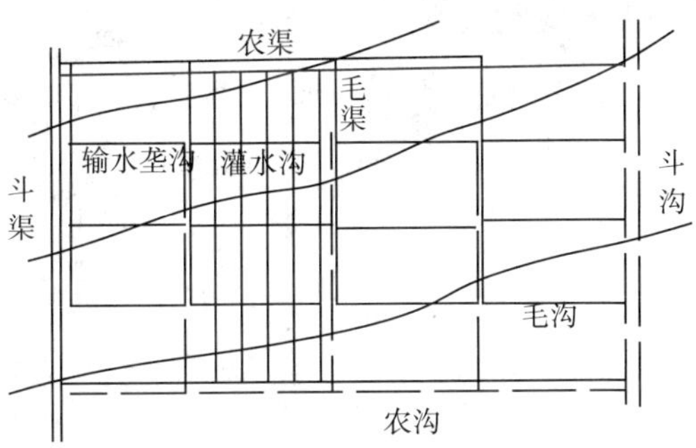

图 17－29　田间渠系纵向布置

若田间灌渠布置为横向方式，可以省去输水垄沟，从而减少田间渠系长度，还能减少田间输水量损失和节省土地。此种情况下，毛渠应沿等高线方向布设或与等高线保持较小的夹角，使地面坡度和灌水沟、畦的朝向大体一致，以利于灌水。农渠将垂直于等高线布置，毛渠间距为田块宽度（图 17－30）。

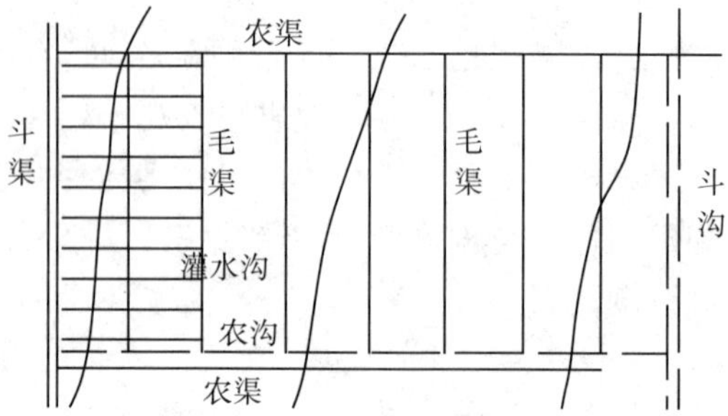

图 17－30　田间渠系横向布置

总之，土地平整必须形成平整的田面，沿灌水方向要有适度的坡度，便于灌溉水流均匀推进。研究区地貌类型主要为中丘，耕地类型主要为水田，且多分布在山脚坡脚以及河流两侧相对平缓处，总体来看，该地区微地形起伏变化较大。尽管沿河区域的水田其地形较平坦，坡度小，但在其他区域若要对水田实施条田工程，以保证灌溉质量且利于机械化耕作，就应当在一定规模上进行土地平整。考虑到该区域地形的起伏度，田块不适合全面设计为均一化平整的大片区、统一标高的耕作区，而应以现有田块为依托，布局田块长边方向与等高线方向大致相同，宽度需根据现场实地踏勘结果来确定，然后再进行上下田块的合并，进而通过削高填低，平整土地，连片成方，整理为一定规模的耕作区。田间农沟与等高线垂直设置，毛沟与等高线方向一致或者与等高线保持一个小的夹角，大体上沿着水田原有田坎的长边。农渠和农沟采用灌、排相结合的布置方式，这种布置形式不但保证了较少的土地平整挖填方量，而且能改善灌排条件，扩大耕地面积，从而适应机械耕作的需要。

（2）耕作条田田面设计　依据 DEM 坡度分析图（图 17－31）、机械作业、畜力耕作等

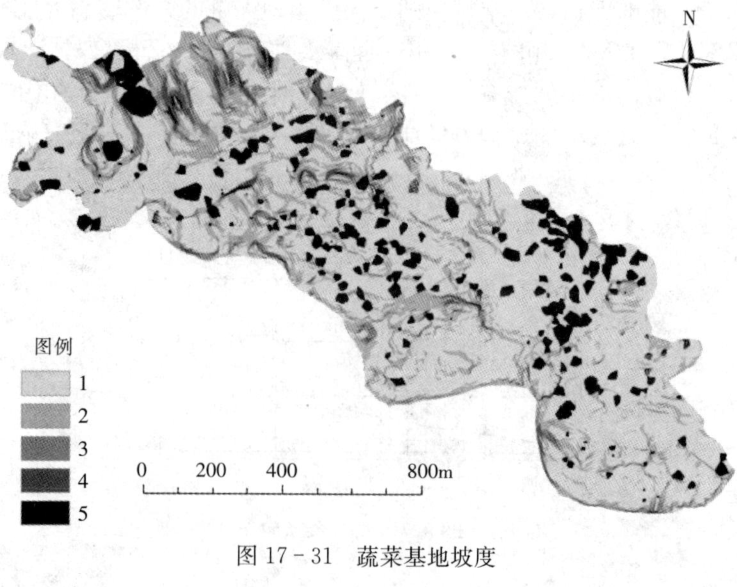

图 17－31　蔬菜基地坡度

因素考虑，拟设计在蔬菜生产示范基地与设施蔬菜生产示范基地两个功能区内地形较平坦的区域开展耕作条田建设，使零散的小块田整合成为大片田，促进蔬菜大规模标准化生产。本章设计的条田田块长度在120m左右，宽度在60m左右，其田块内部凹凸起伏高差在±3cm。另外，为防止平整后表土物理环境恶化或者养分过于贫瘠，应该引入表土处理技术，如剥离表土20cm，平整后回填，以保护原有耕作层表土。

（3）条田田坎设计　研究区设计田坎采用的浆砌条石规格为25cm×25cm×100cm，设计对大于1m田坎底部采用10cm厚C_{20}砼封底层防止漏水，根据平整后田块台面高差决定条石坎高度，条石坎坎顶高出地面20cm，底部嵌入原土层不小于30cm，顶宽设计为50cm，基础置于坚硬的基岩或土质上（条石规格为25cm×25cm×100cm，丁字石为25cm×25cm×50cm），从而保证石坎稳定，不垮塌。

2. 灌排工程　在对研究区的地形地貌、灌排水、土壤性质等情况进行调研分析后，科学地进行灌排工程设计，以期将该设计方式推广至其他类似区域。灌排工程的设计主要针对控制地下水和排除地表水两方面。调查结果显示，研究区内地面径流主要来自于暴雨或山上积水，不同形式的涝渍水源都能导致不同程度和不同性质的涝渍灾害。研究区用于规划露地蔬菜和大棚蔬菜的区域，其地形较为平坦，但区域内现有的排水系统并不完善，以至不能充分发挥排水设施的功能。同时，研究区内的承泄区较为明显，排水出口较为通畅，因此，灌排工程只涉及到排水沟道的设计与布设问题。此外，研究区虽承担着控制地下水的任务，但因区域内土质较轻，排水沟间距较大，故设计采用控制地下水和排除地面水结合的排水农沟。

根据排涝模数经验公式计算得出，排水农沟的深度一般为0.6～1.5m，至于排水沟的间距，参照研究区实践经验和现有资料加以确定，末级排水沟间距设计为100～200m。然而，灌排工程系统的优化布设要兼顾到排水功能，以及农田灌溉、田间作业等多种综合因素，从而建设旱涝保收、高标准的高产稳产农田。灌水系统的规划设计需要满足节水、高效、节能及美化环境等要求，一般由各级渠道（管道）及水源组成，同时还要考虑对不同类型的品种可以实施不同的灌溉方式。按塑料大棚微喷灌的方式对大棚蔬菜条田区域进行规划，按露天固定式喷灌或按低压管道输水淋灌的方式对露地蔬菜条田区域进行规划。灌区位于璧北河干流和支流之间，呈南北走向，区域高程处于297～304m之间，节水灌溉面积达$80hm^2$，规划为蔬菜基地。经多个方案分析，该灌区廖家湾提灌站水池放水主管道布设为L形，并且和北边供水主管道联合供水。管网平面设计为：一级主管道沿双塘路、五七路和田间道布设整个研究区；一级支管和主管道垂直布置，间距为100～150m；二级支管和一级支管垂直布置，尾端接DN32管道（末级管道），管灌区间距45～50m，15～18m；主管和支管设置闸阀，以便于实行分区轮灌。选配一级主管道内径为φ250mm、φ160mm、φ200mm、φ110mm，二级主管道内径为φ110mm、φ90mm，一级支管道内径为75mm，二级支管道的内径为φ50mm，立杆的内径为φ32mm。

3. 交通道路　蔬菜基地的交通道路应按照集约节约用地、降低投入、方便生产、适度超前的原则，根据地形地貌特点规划建设，丘陵区以板车道为建设重点，并与土地整治和排灌设施结合紧密。研究区道路规划分为一带、二环及多板块，即新规划建设的过境镇级公路“双塘路”和两条连接农民新村与“双塘路”的环状机耕道及多条板车道（图17-32）。包括对外交通、内部交通、入内交通、停车场地及交通附属用地等方面。对外交通即由主要入口处集中向外延伸的交通路线，主要是新规划的“双塘路”，由西向东贯穿整个研究区，在西北渣口石处和福八路连接，并经福八路同渝遂高速公路连接，成为研究区和主城中心区及周边区县的骨架道路；入内交通是研究区主要入口处向区域内主干道和接待中心集中的交通线路，包括连接农民新村和“双塘路”的两条3.5m宽的机耕道；内部交通则包括有田间便道和板车道，包括拟建的12条1.2m宽的田间便道及11条1.5m宽的板车道，以便于大棚蔬菜及露地蔬菜的采摘和运输，内部交通道在规划时，不仅要考虑它对蔬菜种植的组织作用，也要考虑其生态功能。

图17-32　蔬菜基地道路体系布局

紫色土丘陵区通过工程措施修复退化耕地是本区域耕地地力提升的特有模式。丘陵区大力开展土地开发整理项目，通过工程措施改变区域水土资源空间分布以及改善耕作层肥力，以各种配套措施保障地力不退化；同时，在丘陵区也根据各个分区的土壤条件发展适合区域发展的特色产业模式，例如蔬菜基地、柑橘基地等。实践证明，耕地地力在基地建设后都有明显提高。经过长期实践表明，紫色土丘陵区通过工程措施提高地力的模式可以尝试性加以推广。

（张贞、魏朝富）

参　考　文　献

董杰，罗丽丽，杨达源，等.2007.三峡库区紫色土坡地土壤退化特征：土壤养分贫瘠化［J].地理与地理信息科学，23（6）：58-64.

董杰，张重阳，罗丽丽，等 .2007. 三峡库区紫色土坡地土壤粗骨沙化和酸化特征 [J]. 水土保持学报，21 (6)：31－34.

林超文，涂仕华，黄晶晶，等 .2007. 植物篱对紫色土区坡耕地水土流失及土壤肥力的影响 [J]. 生态学报，27 (6)：2191－2198.

王洪杰，李宪文，史学正，等 .2002. 四川紫色土区小流域土壤养分流失初步研究 [J]. 土壤通报，33 (6)：441－444.

夏青，何丙辉，谢洲，等 .2006. 紫色土农林复合经营土壤理化性状研究 [J]. 水土保持学报，20 (2)：86－89.

徐杰 .1981. 四川省紫色土的特征及其改良利用 [J]. 土壤，13 (2)：57－59，46.

徐泰平，朱波，汪涛，等 .2006. 不同降雨侵蚀力条件下紫色土坡耕地的养分流失 [J]. 水土保持研究，13 (6)：30－32，36.

张兵，史冬梅，谢君强，等 .2009. 紫色土丘陵区不同种植模式下团聚体分形特征 [J]. 西南大学学报（自然科学版），31 (3)：119－125.

朱波，陈实，游祥，等 .2002. 紫色土退化旱地的肥力恢复与重建 [J]. 土壤学报，39 (5)：743－749.

朱波，况福虹，高美荣，等 .2009. 土层厚度对紫色土坡地生产力的影响 [J]. 山地学报，27 (6)：735－739.

第十八章　砂姜黑土质量培育技术与模式

砂姜黑土是由早期生长湿生草甸植被后经脱沼与长期旱耕而形成的古老耕作土壤，其总面积约400万hm^2，主要分布于安徽省（约165万hm^2）的淮北平原和淮河以南的寿县、长丰、凤阳等县；河南省（约120万hm^2）的豫东南平原和南阳盆地；山东省（约53.7万hm^2）的胶莱平原、沂沭河平原；江苏省（约14.6万hm^2）的苏北平原。此外，在河北省的唐山、玉田、丰润、丰南等县市，湖北省的光化、枣阳等县，以及天津市的部分郊区县（区）均有零星分布，上述地区是我国重要粮、棉、油、菜等商品的生产基地。其中，安徽省砂姜黑土的面积最大，也最为典型，其面积约占全国砂姜黑土总面积的41.5%，占安徽省旱地总面积的41.2%。

安徽砂姜黑土地区地处暖温带的南缘，年平均气温14～15℃，≥0℃积温为5 100～5 500℃，≥10℃积温为4 500～4 800℃，无霜期200～220d，光、热、水等条件较好，适于农业的综合发展。所在区域作物布局以旱作为主，耕作制度多为两年三熟，也有较大部分一年二熟或三年五熟，远田薄地多实行一年一熟，复种指数一般在180%左右。农作物以小麦、大豆、甘薯、烤烟、高粱、玉米、芝麻、棉花、花生等为主。本区是安徽省重要的粮、棉、油、烟、麻、果产区，其粮食总产、棉花总产、肉类总产占全省总产量的比例均高于人口所占的比例。

第一节　砂姜黑土地区耕地质量现状

砂姜黑土是一种古老的耕作土壤，母质多是黄土性古河湖沉积物，由数千年前的沼泽草甸土经过脱沼过程和旱作熟化过程演变而成。它的土体上部为腐泥状“黑土层”，下部为脱潜性“砂姜层”。黑土层经过长期的人为耕作影响，分化为耕作层、犁底层和残留黑土层，其中耕作层经过冬季冰冻后可变成有棱角的碎屑状结构，黑土层带棱柱状结构，干旱时易裂大缝，具有明显的变性土特征。砂姜（即石灰结核）按其形态可分成面砂姜（较软易碎）、钢砂姜（硬化）和砂姜盘3种类型。一般在表层往下60cm左右出现面砂姜，随剖面深度增加则钢砂姜增多且增大，至3m左右出现砂姜盘。一般砂姜埋藏较深，不影响耕作。

一、砂姜黑土的主要障碍因子

砂姜黑土尽管位处我国自然条件较优越的黄淮海地区，但受多种因素的影响，土壤中存在障碍因素，导致其产量低、耕作难等。其主要体现在：

1. 土体构型不良、质地黏重，结构性差　耕层浅薄，一般只有12～15cm。为屑状结构，水稳性差，尤其经冬冻后，土壤被冻成带棱角的粒状，土层更为松散。遇水土壤膨胀呈糊状，干时坚硬，耙不碎，砸不烂。犁底层为坚实的板状结构，厚约8～10cm，透水性差。犁底层以下为残留黑土层，棱柱状结构，土壤干旱时，变成棱块状。质地黏重，全剖面多为重壤土，少数土壤如青白土耕层为中壤土，黏粒含量较高，一般在30%左右，粉沙含量也高，所以遇水虽泥泞，黏性不如江淮地区黄泥土大。除耕层稍松外，犁底层和心土层（黑土层）均较坚实，土壤容重大于1.5g/cm³，影响作物根系生长。

2. 土壤有机质含量低，养分贫乏，阳离子代换量较大 耕层有机质含量一般在10.0g/kg左右，全氮含量为0.75g/kg左右，全磷和速效磷含量分别为0.6～0.8g/kg和5.0mg/kg左右，多属低量和极低量水平。钾素含量颇丰，全钾和速效钾含量分别为1.71g/kg和120～140mg/kg。耕层有效锌、硼、钼含量甚为缺乏，均低于各自缺乏临界值，在生产上也已反映出上述元素的缺乏症状；约有40%的土壤有效态锰低于缺乏临界值（7.0mg/kg）；而有效态铜、铁一般不缺。阳离子代换量较大（250cmol/kg），保肥力较强。土壤呈中性至微碱性，pH 7.2～8.2。

3. 涝渍 造成涝渍的原因：①降雨强度大，阴雨持续时间长。淮北地区全年降水量（872.4mm）的60%～70%集中在6～9月，且多以暴雨形式降落；②地势低平，地表和地下径流滞缓，水利工程不配套，排水标准偏低；③土壤蓄水量小，不能容蓄较多的雨水，在排水不畅的情况下，容易造成涝渍；④土壤吸水膨胀，裂缝闭合，雨水很难下渗。上述诸多因素共同作用下，极易造成土壤的明涝暗渍。

4. 干旱 致使土壤干旱的原因也是多方面的：①降水不均。如蒙城县40年均值，春、秋、冬三季的降水量分别只占全年降水量（872.4mm）的20.8%、18.1%和7.9%，多数年份不能满足作物需水要求。据蒙城气象资料分析，干旱一年四季都可发生，有春旱、初夏旱、伏旱、夹秋旱、秋旱、冬旱和秋冬连旱，其中以冬旱、秋冬连旱、秋旱和初夏旱最多，分别占新中国成立以来的62.5%、33.3%、20.9%和16.7%。②耕层浅，土壤结构差，蒸发强度大，加之下层棱柱结构发达，干时产生裂缝，切断结构体之间的毛管联系，使地下水不能补充上层土壤水分的亏缺，致使作物受旱。③灌溉条件差，由于多数地方农田水利工程配套不全，无法灌溉或灌溉不及时。

二、砂姜黑土的生产潜力

尽管砂姜黑土区存在上述限制农业生产的诸多障碍因素，致使作物产量低而不稳。但是，该地区也有不少有利条件，如水热资源丰富、土层深厚、土壤质地良好、土壤保肥力强等，因而具有很大的增产潜力。该地区生产潜力主要表现在：

1. 光热水资源丰富 砂姜黑土主要分布于黄淮海平原南部，年均太阳辐射是527.4kJ/cm²，低于北部，却高于淮河以南地区，多年平均气温15℃左右，≥10℃积温4 800℃上下，无霜期200～220d，多年平均降水量850mm左右，而且还有水质良好的地下水可以开发利用，自然条件优越，适宜种植的作物种类多，热量可满足农作物一年两熟的需要。

2. 地形平坦，土层深厚 砂姜黑土地处平原，土层深厚，虽有砂姜，但大部分出现在60cm上下，不影响耕作。有利于机械耕作和土壤管理。

3. 酸碱适中，保肥力强 砂姜黑土一般为中性到微碱性，适宜于多种作物；土壤阳离子代换量高，保肥力强，有利于培育高产土壤。

以安徽省为例，砂姜黑土约占全省中低产田总面积的47.5%。“旱、涝、渍、瘦、僵”是其主要低产原因。通过兴修水利，沟、路、桥、涵配套，使“旱、涝、渍”得到了有效控制，土地生产力有了明显提高，但“瘦、僵”仍未得到根本解决。“瘦”不仅表现在土壤肥力低下，而且又出现了养分失衡等新问题。由于长期偏施氮磷肥，忽视钾肥施用，微量元素基本不施，造成了砂姜黑土氮和钾含量下降、磷含量上升以及微量元素缺乏等现状。“僵”仍表现为团粒含量少，干时结块，湿时泥泞，适耕期短，耕作阻力大，耕作质量差。

第二节　砂姜黑土质量培育技术模式

砂姜黑土实际上是所在区域生产力较低、改造难度较大的一类中低产田，尽管多年来土壤肥料工作者致力于该类耕地的改良，以提高其生产能力，但至今仍没有找到快速、有效的改良办法。近年来，在所在区域科研工作者的努力下，研究集成了一批相对适用的技术模式，通过这些技术的应用，可使土壤有机质和养分含量得到较大幅度提升和改善，生产力有了较大幅度提高，但相对而言，其成本较高、对机械化的依赖性较强，如何实现快速、低消耗培肥土壤，提高耕地质量，任务依然很艰巨。现将已有的相关技术模式总结于后。

一、土壤有机质提升技术

1. 秸秆直接还田　秸秆还田的主要方式包括：

（1）留高茬　主要是指小麦收割时留高茬，一般留 20cm 高，这样加上残留在土壤中的根量，每公顷可增加有机物的输入量约 1 800～2 400kg，对下茬水稻或大豆、玉米来说都是比较有利的，其数量虽然不多，多年多次积累效果将会显著。另外，在留高茬的基础上仍可适当增加秸秆还田量。

（2）秸秆直接还田　可将麦秸用机械切碎成 5～10cm 长，结合深耕翻入土中，基本上达到地表不露秸秆。为促进微生物分解，应添加氮素化肥，调节 C/N 比。麦秸草 C/N 一般为 110（含 C 48.2%，含 N 0.44%），每 100kg 麦秸，需加纯 N 1.0～1.5kg，可使 C/N 调到 33～25。秸秆还田在一年内可分次进行，以减少翻埋的困难，可结合防旱田面盖草，或在防治大豆食心虫时采用田面盖草等技术措施进行秸秆还田，亦可与畜粪堆制后施入农田。

（3）绿肥加秸秆　绿肥加麦秸或玉米秸的培肥效果也是很显著的。但由于绿肥占农田一季收成，一时难以恢复。短期绿肥只适于夏季，夏季的水光热条件甚为珍贵，在当前复种指数提高的情况下，在田间难以插种。目前，可以利用的绿色资源，唯有生长茂盛的固氮灌木紫穗槐。可于春夏之交，割一茬紫穗槐幼嫩枝叶，与秸秆、畜粪一起堆制，或与秸秆一起还田，可节省部分氮素化肥，培肥效果会更好。

秸秆还田的技术要领如下：

不同土壤的肥力状况存在差异，秸秆还田的数量亦有适宜的范围。高肥力地块麦秸粉碎翻压还田量为 3 750～5 250kg/hm^2，覆盖还田为 3 000～4 500kg/hm^2，高留茬还田为 3 000～4 500kg/hm^2，中低肥力地粉碎翻压还田为 3 750～4 500kg/hm^2，覆盖还田为 3 000～4 500kg/hm^2，高留茬还田为 2 250～3 000kg/hm^2。

（1）玉米田间铺草　玉米苗期在行间铺草，适宜时间为 6 月底至 7 月初。铺草要均匀，铺草量掌握在 3 750～4 500kg/hm^2 为宜。要充分利用夏季高温多雨季节使其自然腐烂，玉米收获后采取浅耕或旋耕，使之与耕层土混匀后再播小麦。

（2）玉米秸秆掩青　玉米收获后立即用切碎机或圆盘耙和重耙横垄耙 2 遍，配施适量化肥后全部翻入土中。玉米收获时秸秆含水量为 30%～40%，及时翻压有利于腐解。掩青数量为 3 000～6 000kg/hm^2，掩青标准以秸秆不露地面为准，这样有利于土壤保墒，不影响后茬作物播种质量。

（3）土壤水分　在粉碎翻压还田、覆盖还田、高留茬田时土壤含水量的适宜范围为18%～22%。翻压还田、覆盖还田和高留茬还田若需浇水，浇水时间应在麦收前 3～7d，结合浇灌麦黄水。翻压还田、覆盖还田和高留茬还田浇水量为 450～600m^3/（hm^2·次）。

（4）农业机械　翻压还田深度应大于 20cm，覆盖玉米（或棉花）行间，高留茬覆盖玉米（或大豆、芝麻）行间，有利于土壤保墒保肥，提高土壤有机质含量。

（5）粉碎程度　翻压还田时秸秆需粉碎至小于 10cm，覆盖还田时需小于 15cm，高留茬一般在 20～40cm 为宜。

（6）氮肥用量　秸秆还田均需要施入氮肥。翻压还田和覆盖还田时施入 75～150kg/hm^2 作基肥，高留茬灭茬后一次追氮肥 150～225kg/hm^2。翻压还田、覆盖还田追肥均在 75kg/hm^2。

（7）磷（P_2O_5）肥用量　翻压还田和高留茬还田时施入磷肥 75～120kg/hm^2 作底肥为宜。

（8）翻压、覆盖时间　收割后翻压还田时间不迟于 6 月中旬，覆盖还田应实施于 6 月下旬至 7 月中旬，高留茬应于 7 月上中旬灭茬。

（9）防治病虫　还田时最好施用无严重传播病虫害的秸秆，并采取相应的生物防治、药物防治相结合的方法，以防为主，防治并重，用药剂量及浓度参照农药使用说明。在绿色食品生产基地应用生物方法防治病虫害和杂草。

（10）防除杂草　播后苗前用除草剂乙草胺或阿特拉津喷防 1 次。在绿色食品生产基地禁用化学药剂和除草剂。

（11）适应性　翻压还田和高留茬适宜在有机械和灌溉条件的区域采用，覆盖还田适应北方干旱和干旱地区。

（12）还田周期　每年至少将麦秸或玉米秸任选一季还田。逐年补充有机质，达到改土培肥的效果。

2. 秸秆“过腹”还田　在诸多有机肥料种类中，牛粪能迅速提高土壤有机质含量以及活性有机质含量。由于牛粪在腐熟过程中已有部分腐殖化，在施入土壤后能较快地与土壤矿质胶体复合成有机—无机复合体，提高了土壤胶体的活性，有利于土壤不良性状的改善。砂姜黑土区群众有饲养黄牛的习惯，饲草主要是麦秸以及部分玉米秸（青贮）。根据黄牛用料量计算，0.3hm^2 地所产麦秸负担 1 头牛的草料（包括燃料在内）。牛粪（半干）施用量为 22 500～30 000kg/hm^2，适宜于旱地施用，宜在种麦前结合深耕施入。水田不宜施用牛粪。以 15 000kg/hm^2 以上的有机肥施用量施入农田，将不断提高作物产量，土壤有机质能维持在 14.5～15.2g/kg 水平，全氮含量在 1.0g/kg 以上，畜粪的施用可使低肥水平的土壤逐步变成高肥土壤。

有机无机配合施用，可有效地提高土壤有机质和氮素含量，使作物稳产和取得较好产量。以每公顷施总 N 量而言的，具体应用即在每公顷施 22.5～37.5t 厩肥的基础上，再施用 60～90kg 无机 N 和 P_2O_5，就能获得较高产量；同时，土壤有机质含量可提高到 13.5～14.3g/kg，全 N 含量提高到 1.0g/kg 以上，能较快地增进地力。

3. 作物秸秆还田的培肥改土与作物增产效果

（1）不同作物秸秆腐解特征　根据相关方法测定的结果，砂姜黑土地区土壤有机质年矿化率平均为4.10%，即耕层土壤有机质年矿化量在900kg/hm² 左右。根据不同有机肥的含碳量和各自的腐殖化系数，计算出为维持每年每公顷消耗900kg有机质所需的施用量：麦秸秆为6 000～7 500kg，牛粪（半干）为22 500～30 000kg。

有机物料在土壤分解过程中，同时形成腐殖质。腐殖化系数大，则对土壤有机质的积累贡献大。据测定，不同有机物料的腐殖化系数以牛粪最高，猪粪次之。其顺序是牛粪>猪粪>稻草>麦秸>绿肥，其系数分别为：0.40～0.44、0.28～0.29、0.27～0.31、0.25～0.26和0.21～0.22。

不同作物秸秆类型和轮作方式下，秸秆的矿化特征也不一致。在淮北地区砂姜黑土上，麦秸的分解速率大于稻草，旱作轮作秸秆的分解速率大于水旱轮作。前30d时的分解速率差异明显，90d后的差异变小。稻草的腐殖化系数大于麦秸。稻草第一年和第二年的腐殖化系数分别为26.7%～31.3%和22.7～24.0%；麦秸的分别为25.3%～26.0%和14.0%～19.3%（表18－1）。第一年旱作的腐殖化系数高于水旱轮作，第二年则反。

表18－1　不同有机物料分解速率和腐殖质化系数

	旱作轮作				水旱轮作			
	消失率（%）		腐殖质化系数（%）		消失率（%）		腐殖质化系数（%）	
	30d	90d	第一年	第二年	30d	90d	第一年	第二年
麦　秸	42.2	45.7	26.0	14.0	32.8	40.3	25.3	19.3
稻　草	26.2	41.0	31.3	22.7	26.7	40.8	26.7	24.0
绿肥＋麦秸	30.5	38.2	28.0	15.3	34.2	44.5	24.7	22.7
绿肥＋稻草	30.8	43.0	28.0	15.3	40.8	43.2	25.3	22.0

（2）不同有机物还田对土壤有机质含量和性质的影响

①土壤有机质含量。土壤有机质是土壤的重要组成部分，也是土壤肥力的重要指标，一般来讲，土壤有机质含量与土壤肥力高低呈正相关。长期不施肥处理土壤有机质含量有所下降。长期定位研究结果表明，在砂姜黑土中增施有机肥（物）料，可显著提高土壤有机质含量。与不施肥处理相比，有机质含量年增加0.46～1.02g/kg，年增幅4.43%～9.92%；与单施化肥处理相比，有机质含量年增加0.17～0.75g/kg，年增幅1.13%～4.56%。土壤有机质含量随着投入的有机肥（物）料的量增加而增加（高量麦秸>低量麦秸）。不同有机肥（物）料对土壤有机质积累的贡献不同，表现为牛粪>猪粪>秸秆。

②土壤易氧化有机质含量。长期不施肥，土壤易氧化有机质含量下降，难氧化有机质含量上升，土壤有机质老化和品质退化趋势明显。单施化肥的土壤易氧化有机质含量与休闲处理相比有明显的提高，增幅为12.88%。有机肥（物）料配施化肥的土壤易氧化有机质提高53.6%～143.4%。增施有机肥（物）料主要增加易氧化有机质的含量，化肥处理积累的有机质以难氧化有机质为主。有机肥（物）料配施常量化肥，不仅能促进有机质的积累，还能够使土壤中易氧化有机质含量显著增加，加快有机质的更新。不同有机物料之间对易氧化有机质含量的累积效应为牛粪>猪粪>高量麦秸>低量麦秸。

③腐殖质结合形态。不同有机肥物（料）对土壤腐殖质的结合形态影响不同。低量秸秆处理松结态、稳结态和紧结态腐殖质分别占新增总碳量的41.1%、23.1%、35.8%，高量秸秆处理依次为40.5%、23.3%、36.2%，猪粪处理依次为43.9%、25.3%和30.8%，牛

粪处理依次为 37.9%、16.5%和 45.6%。长期施用秸秆和猪粪有利于松结态和稳结态腐殖质的形成，长期施用牛粪则对松结态和紧结态的贡献最大，而长期施用化肥新增的结合碳主要为紧结态的腐殖质。不施肥处理下降的腐殖质中，松结态、稳结态和紧结态分别占 24.8%、53.7%和 21.5%，以稳结态下降幅度最大（表 18-2）。

表 18-2　长期不同施肥对腐殖质结合形态的影响

处　理	重组有机碳 (g/kg)	松结态 (g/kg)	占结合碳 (%)	稳结态 (g/kg)	占结合碳 (%)	紧结态 (g/kg)	占结合碳 (%)	松/稳	松/紧
CK_1	6.54	1.07	16.35	1.50	22.90	3.97	60.75	0.71	0.27
CK_2	5.53	0.82	14.87	1.08	19.57	3.63	65.56	0.76	0.23
NPK	9.08	1.87	20.61	1.90	20.92	5.31	58.47	0.99	0.35
低量麦秸＋NPK	10.22	2.75	26.91	2.17	21.20	5.30	51.89	1.27	0.52
高量麦秸＋NPK	11.24	3.14	27.90	2.42	21.49	5.69	50.61	1.30	0.55
猪粪＋NPK	12.35	3.55	28.71	2.81	22.76	5.99	48.53	1.26	0.59
牛粪＋NPK	16.35	4.73	28.93	3.13	19.14	8.49	51.93	1.51	0.56

④腐殖质组成。腐殖质中 HA 和 FA 的含量及其比例是衡量腐殖质品质的重要指标。不施肥处理 HA 和 FA 的含量较休闲处理明显下降，差异达极显著水平；所有施肥处理 HA 和 FA 的含量都有明显提高，与不施肥、休闲处理间的差异均达到极显著水平，增施有机肥（物）料的处理其 HA 和 FA 的含量增幅大于单施化肥处理，其差异达到了极显著水平。不同有机肥（物）料处理间 HA 和 FA 的含量增幅为牛粪>猪粪>高量麦秸>低量麦秸。

砂姜黑土中松结态腐殖质和稳结态腐殖质的组成有明显的不同（表 18-3）。松结态腐殖质以 FA 为主，约占松结态总腐殖酸的 59.6%～69.1%，稳结态腐殖质以 HA 为主，约占稳结态总腐殖酸的 46.2%～74.2%。长期施用有机肥（物）料对不同结合形态腐殖酸含量的影响不一。对松结态腐殖质而言，新增腐殖酸中 FA 占 56.9%～63.9%，HA 占 36.1%～43.1%；稳结态则分别为 15.3%～29.0%和 71.0%～84.7%，而总腐殖酸分配比例约各占 50%。与休闲处理相比，不施肥处理下降的腐殖酸中 FA 占 48.3%，HA 占 51.7%。

表 18-3　长期施肥对腐殖质组成的影响

处　理	松结态（g/kg）			稳结态（g/kg）			松＋稳（g/kg）		
	HA	FA	HA/FA	HA	FA	HA/FA	HA	FA	HA/FA
CK_1	0.34	0.73	0.47	0.69	0.81	0.85	1.03	1.53	0.67
CK_2	0.26	0.57	0.46	0.56	0.53	1.06	0.81	1.09	0.75
NPK	0.58	1.29	0.45	0.95	0.95	1.00	1.53	2.24	0.68
低量麦秸＋NPK	0.99	1.77	0.56	1.30	0.87	1.49	2.28	2.64	0.87
高量麦秸＋NPK	1.10	2.03	0.54	1.50	0.91	1.65	2.60	2.95	0.88
猪粪＋NPK	1.43	2.11	0.68	1.60	1.21	1.32	3.03	3.33	0.91
牛粪＋NPK	1.79	2.94	0.61	2.32	0.81	2.86	4.11	3.75	1.10

（3）长期施肥对作物产量的影响　有机无机配施的处理较单施化肥处理均表现出不同程度的增产效果，但对不同的作物增产效果不同。表现为大豆的增产效果最佳，其次为玉米，小麦最差。低量秸秆处理和高量秸秆处理间产量差异历年都不显著，牛粪处理增产效果最好，较单施化肥处理总产、小麦产量、大豆产量、玉米产量分别增长 22.8%、15.6%、30.4%和 28.2%（表 18－4）。

表 18－4　长期施肥对作物产量的影响

处　理	CK	NPK	低量麦秸	麦秸	猪粪	牛粪
总产（kg/hm^2）	2 639.3	7 687.4	8 078.1	8 353.6	8 658.2	9 441.3
较对照增产（%）	—	191.3	206.1	216.5	228.1	257.7
较 NPK 增产（%）	—	—	5.1	8.7	12.6	22.8
小麦（kg/hm^2）	1 299.1	4 942.0	5 005.6	5 214.7	5 336.3	5 715.3
较对照增产（%）	—	280.4	285.3	301.4	310.8	339.9
较 NPK 增产（%）	—	—	1.3	5.5	8.0	15.6
大豆（kg/hm^2）	1 108.9	1 947.8	2 120.1	2 115.8	2 160.9	2 539.9
较对照增产（%）		75.7	91.2	90.8	94.9	129.0
较 NPK 增产（%）	—	—	8.8	8.6	10.9	30.4
玉米（kg/hm^2）	1 957.0	5 372.5	5 612.5	5 867.3	6 417.8	6 889.3
较对照增产（%）		174.5	186.8	199.8	227.9	252.0
较 NPK 增产（%）	—	—	4.5	9.2	19.5	28.2

注：总产为 11 年的平均产量；小麦为 11 年平均产量；大豆为 8 年平均产量；玉米为 3 年平均产量。

（4）长期施肥对土壤养分含量的影响　经过连续 23 年定位施肥，土壤养分含量发生了明显的变化（图 18－1 至图 18－4）。与休闲处理相比，不施肥处理土壤全氮、碱解氮、有效磷、速效钾分别下降了 3.6%、49.5%、38.1%和 25.9%，碱解氮、有效磷和速效钾下降幅度较大。单施化肥处理土壤全氮含量较对照上升了 27.2%，较休闲上升了 22.6%。化肥配施有机肥土壤全 N 提高幅度较大，过腹还田优于秸秆直接还田，牛粪处理全氮含量较单施化肥处理上升了 114.6%。所有施肥处理土壤有效磷含量较休闲和不施肥对照均有明显的提高，牛粪和猪粪处理有效磷含量较高。低量秸秆处理和秸秆处理有效磷含量较单施化肥处理也有明显地提高。单施化肥处理土壤速效钾含量较休闲处理下降了 6.5%，牛粪处理施入的钾素量高，土壤速效钾含量明显上升，较休闲和单施化肥处理分别上升 63.0%和 74.3%。

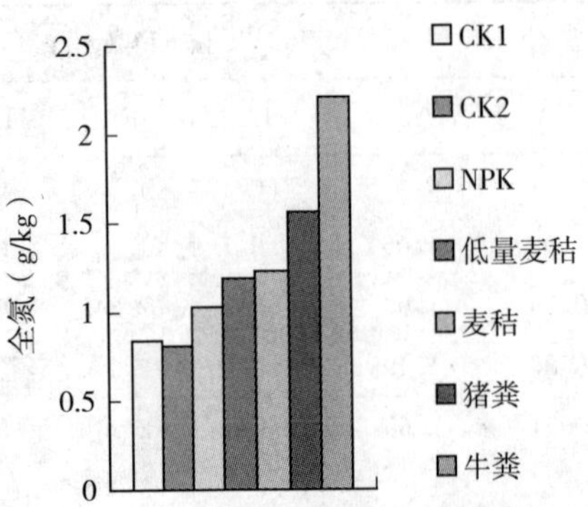

图 18－1　长期施肥对土壤全氮含量的影响

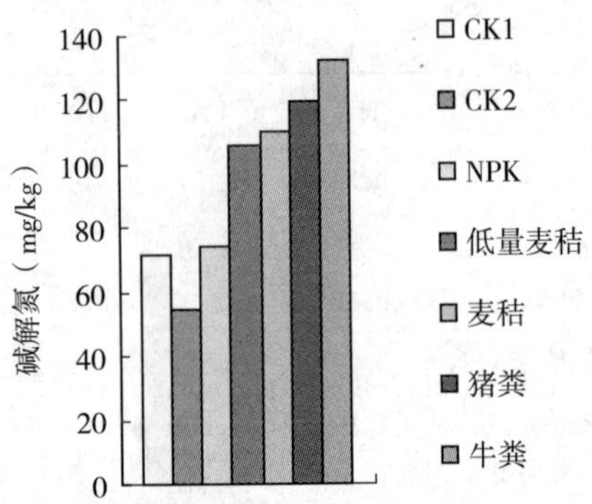

图 18－2　长期施肥对土壤全碱解氮含量的影响

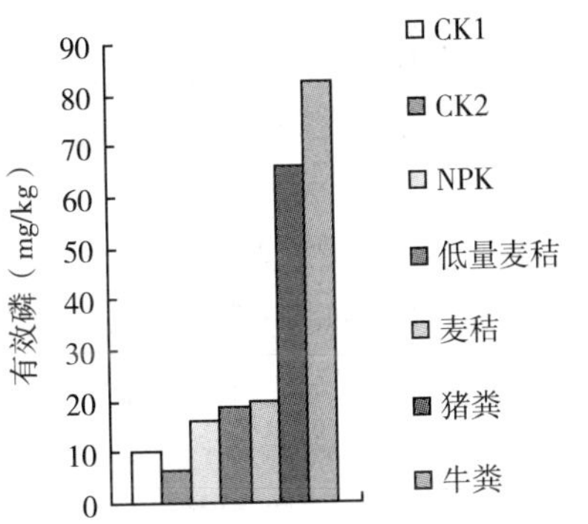

图 18-3　长期施肥对有效磷含量的影响

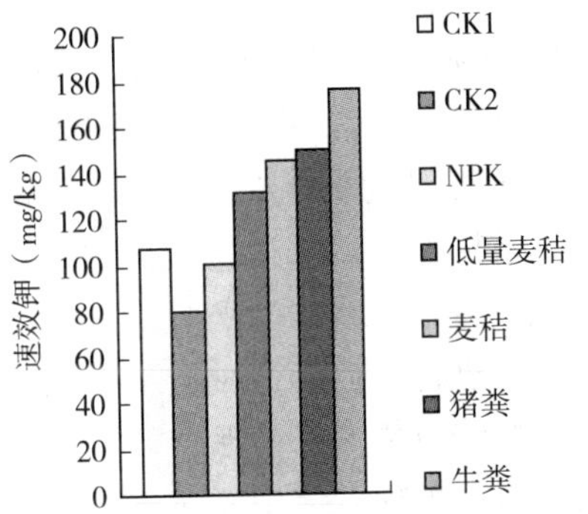

图 18-4　长期施肥对速效钾含量的影响

（5）长期施肥对土壤物理性状的影响　砂姜黑土质地黏重，土壤容重较高，通气孔隙度、总孔隙度、田间持水量较低，干时结块，湿时泥泞，严重影响作物的生长。虽然种植作物对质地黏重土壤的不良物理属性也有一定的改良效果，但长期施用有机肥（物）料均可使土壤容重下降、各种孔隙度增加、田间持水量上升（表 18-5）。不同有机肥（物）料处理间，容重以牛粪处理下降的最多，麦秸秆次之，猪粪最少；通气孔隙度、毛管孔隙度、田间持水量均以牛粪处理增幅最大。

表 18-5　不同处理对土壤物理质的影响

处　理	容重 (g/cm^3)	通气孔隙度 (%)	毛管孔隙度 (%)	总孔隙度 (%)	田间持水量 (%)
1982	1.43	6.42	39.61	46.03	27.69
CK_1	1.42	7.02	40.15	47.17	28.32
CK_2	1.38	6.47	41.45	47.92	29.35
NPK	1.36	8.42	40.26	48.68	29.79
低量麦秸+NPK	1.24	12.70	40.51	53.21	32.49
麦秸+NPK	1.22	14.26	40.46	54.72	33.40
猪粪+NPK	1.23	13.10	40.48	53.58	34.47
牛粪+NPK	1.10	14.75	42.98	57.23	34.63

二、砂姜黑土全方位深松技术

采用东方红-75 及其配套 ISQ-250 型全方位深松机，作业深度 40cm，工作效率 0.5～0.7hm^2/h，工作幅宽 1.44m，耕层断面积 0.328m^2，牵引阻力 16.18kN，耕作比阻 49.27kPa，深松后形成“上虚下实”左右松紧相间，紧实层深处有鼠道的土体构造，土壤全方位深松与深耕差别为深松不打乱土层，不破坏微生物区系，只深土，不翻土。

根据不同土壤条件选择相应机具进行深松作业，作业时土壤含水量应在 15%～22%之间。局部深松时，采用带翼深松铲进行下层间隔深松，深松间隔 40～60cm，深松深度 23～30cm；全面深松时，深松深度 35～50cm，不得有漏松现象。根据土壤条件和土壤压实情况，一般 3～5 年 1 次。

1. 技术规范和实施要点 深松可分全面深松和局部深松。全面深松是用深松机在工作幅宽上全面耕松土地，局部深松是用杆齿、凿形铲进行间隔的局部松土。深松既可作为秋季主要耕作措施，也可以用春播前的耕地、休闲地松土、草场更新等。具体形式有：全面深松、间隔深松、垄沟深松等。深松深度视耕作层的厚度而定，一般中耕深松深度为20～30cm，深松整地为25～35cm，垄作深松为25～30cm。

（1）适用机具 深松作业一般要求以36kW以上拖拉机为动力，配置相应深松机具进行。深松机械有单独的深松机，也可以在综合复式作业机上，安装深松部件，或中耕机架上安装深松铲进行作业。通过型深松机由机架和深松工作部件构成。工作部件由铲柄和深松铲组成，深松铲有凿形、箭形和双翼形3种，铲柄有轻型、中型两种。

（2）注意事项 使用动力要与作业机具配套，以保证足够的动力，达到深松深翻要求。以保持耕层土壤适宜的松紧度和创造合理的耕层结构为目标，合理采用深松方式方法。“三漏田”不适宜深松。

2. 土壤全方位深松的效果

（1）对砂姜黑土物理性状的影响 根据相关试验结果，深松能快速降低土壤容重。0～10cm、10～20cm、20～30cm、30～40cm土层土壤容重分别比对照下降0.18g/cm^3、0.19g/cm^3、0.07g/cm^{3}和0.06g/cm^3，平均容重比对照下降8.4%。深松处理土壤总孔隙度、通气孔隙度、田间持水量分别比对照提高10.7%、45.0%和17.5%（表18-6）。

表18-6 深松对砂姜黑土物理性状的影响

耕作方式	土层深度（cm）	土壤容重（g/cm^3）	总孔隙度（%）	通气孔隙度（%）	田间持水量（%）
CK	0～10	1.32	50.2	10.5	32.2
	10～20	1.41	46.8	7.6	31.1
	20～30	1.39	47.6	7.7	33.5
	30～40	1.43	46.0	6.3	33.7
	平均	1.39	47.7	8.0	32.6
深松（当季）	0～10	1.14	57.0	14.1	43.2
	10～20	1.23	53.6	12.4	38.0
	20～30	1.32	49.8	10.1	36.7
	30～40	1.37	50.7	9.9	35.1
	平均	1.27	52.8	11.6	38.1

（2）对不同土层水分含量影响 在本研究中，土壤全方位深松后水分下渗能力增强，1h内接纳473mm的降水仍没有出现地表积水，而未深松处理在降水60mm时就产生了地表径流，土壤渗透率增大了7.8倍。0～20cm土层深松与对照的土壤含水量接近或略低于对照，而30cm土层以下深松处理的土壤含水量明显高于对照。土壤深松打破了犁底层，有利于水分的下渗，下层土壤可以接纳更多的水分，成为作物生长的小水库，从而使抗旱能力增强。不同时间不同土层含水量结果比较，0～10cm土层含水量与对照接近，变化不大；随着时间延长，40～50cm土层含水量变化大，深松处理土壤含水量远高于对照，亦表明深松处

理深层土壤水分增多。深松可增加土壤水的有效性。10～40cm 土层深松处理土壤水吸力均低于对照，且距地表越近差异越大，即表明深松处理水的自由度高，易为植物利用（图 18-5 至图 18-9）。

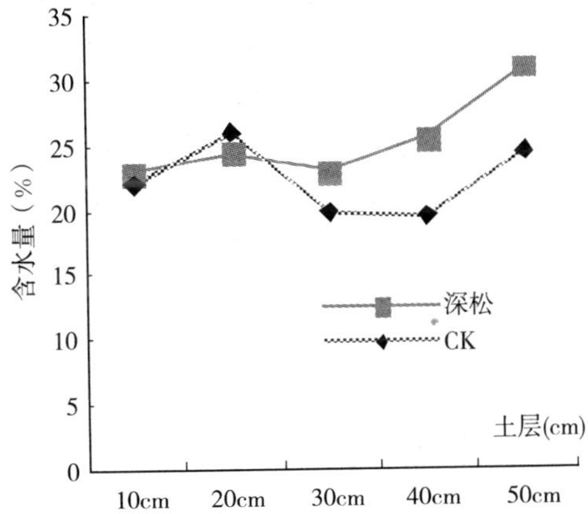

图 18-5　10～50cm 土壤含水量

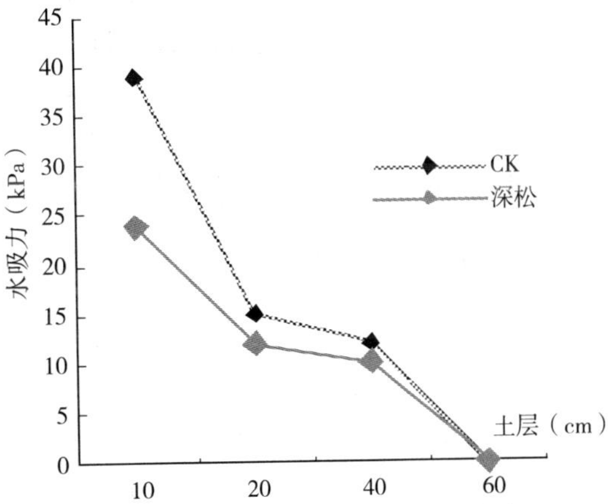

图 18-6　不同层次土壤水吸力影响

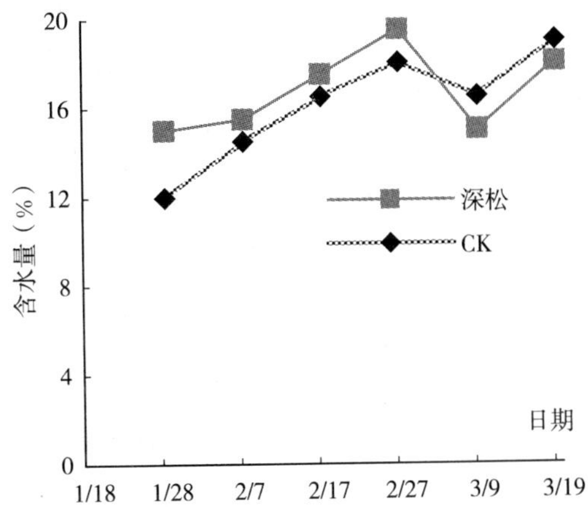

图 18-7　10cm 土层土壤含水量

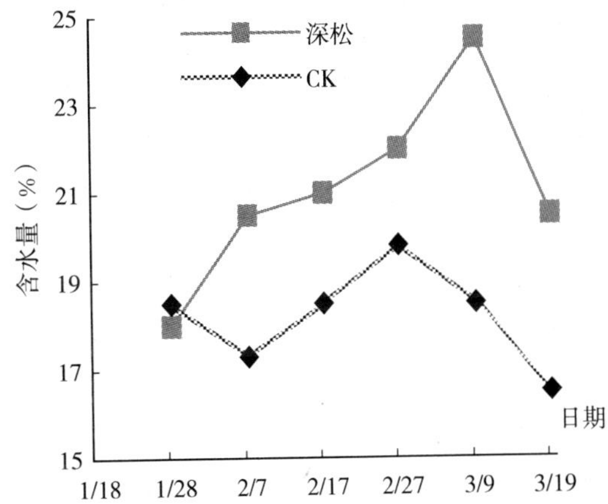

图 18-8　40cm 土层土壤含水量

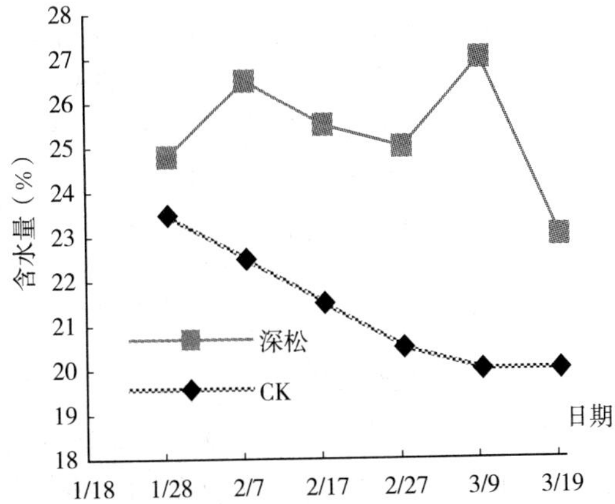

图 18-9　50cm 土层土壤含水量

（3）对作物生长及产量的影响　深松由于改善了土壤结构性状，提高了土壤蓄水保墒能力，对作物生长有明显的促进作用。当季深松处理小麦平均每公顷穗数增加 9 万穗，穗粒数增加 1.6 粒，千粒重提高 2.9g，小麦增产 15.1%，第二年小麦增产 5.4%；玉米当季、第二季分别增产 21.7%和 4.6%；大豆第一季、第二季增产率分别为 14.0%和 7.6%。深松有明显的后效作用。但随时间延长，深松效果逐渐减小，一般 3 年需再深松 1 次，土壤全方位深松一次每公顷费用 330 元，当季可增产小麦 699kg，玉米 1 637kg，大豆 167kg，每公顷增加收入小麦为 944 元、玉米 203 元、大豆 533 元，产投比分别为 2.9∶1、5.2∶1、1.6∶1。因此，全方位深松技术是改良砂姜黑土中低产田、提高农作物抗逆能力、增加作物产量、增加农民收入的有效技术措施。

三、少耕免耕技术

少免耕技术是近年来在国内广泛应用的一种改良土壤、提高耕地质量的技术，该技术具有省工、高效、培肥土壤等效果，特别在北方地区的应用较广泛。从已有研究结果看，经改良后的少免耕技术在该地区应用后，对砂姜黑土具有提高土壤有机质和养分含量、消除或减缓障碍因子影响等效果，具有较好的应用前景。

1. 不同作物轮作制下少耕免耕技术模式　对农田实行免耕、少耕，并用作物秸秆、残茬覆盖地表，是有效减少土壤风蚀、水蚀，提高土壤肥力和抗旱能力的一项先进的耕作技术，也是保护性耕作的重要方式。

（1）小麦—玉米轮作少耕免耕技术模式　玉米联合收获机收获玉米（或人工摘穗）→玉米秸秆粉碎还田→免耕播种机施肥播种小麦→喷施除草剂→田间管理→联合收割机收获小麦→秸秆粉碎还田→机械深松（3～5 年 1 次）→免耕播种机施肥播种玉米→喷施除草剂→田间管理→玉米收获。

（2）小麦—大豆轮作少耕免耕技术模式　大豆机收（或人工收获）→秸秆粉碎还田→免耕播种机施肥播种小麦→喷施除草剂→田间管理→联合收割机收获小麦→秸秆粉碎还田→机械深松（3～5 年 1 次）→免耕播种机施肥播种大豆→喷施除草剂→田间管理→大豆收获。

（3）主要机具　免耕施肥播种机、秸秆粉碎机、表土作业机械（旋松机、缺口圆盘耙、浅松机、弹齿耙等）、深松机、植保机具（机动、手动）。

2. 不同作物少耕免耕技术规程

（1）小麦少耕免耕技术规程　玉米（大豆）联合收获或人工收获→秸秆粉碎还田→表土作业→免耕机施肥播种→小麦生长期化学除草→灌溉→追肥→防虫治病→小麦联合收割机收获。实施小麦免耕播种前，前茬玉米秸秆机械粉碎，秸秆切碎长度≤10cm；秸秆切碎合格率≥90%；抛撒不均匀率≤20%。玉米秸秆全量还田，覆盖率大于 95%。小麦播种后，部分秸秆混于土中，部分秸秆覆盖地表，秸秆残茬覆盖率在 40%以上。大豆采用联合收获机收获或采用人工收获，秸秆直接还田或粉碎还田。

（2）玉米少耕免耕技术规程　技术重点包括 5 个作业环节，即免耕、覆盖、深施化肥、精密播种和田间管理。

在小麦蜡熟后期选用适宜机型及时收割，小麦割茬高度控制在 20～25cm。收割脱粒后的麦秸进行粉碎。要求粉碎后的秸秆碎段在 3～5cm 以下，抛洒均匀，以免妨碍玉米播种开沟器顺利通过和排种，避免秸秆成堆回移覆盖播行影响出苗。使用多功能免耕施肥播种机播种玉米，秸秆覆盖率大于 60%；使用玉米铁茬播种机播种，小麦秸秆覆盖率大于 70%。免耕播种机播种玉米，每667m²播量1.5～3.0kg，播深为3～5cm，施肥在玉米种下方4cm左右，作业深度为7～9cm。

（3）夏大豆少耕免耕技术规程 夏大豆播种要突出一个“早”字。大豆的出苗特点对麦茬的高度和秸秆粉碎的质量要求高。夏播大豆要求小麦的留茬在20cm左右，秸秆粉碎要又细又匀，绝对不能形成拥堆等影响开沟器通过的现象。

3. 作物少耕免耕技术效果

（1）对土壤有机质含量的影响 少耕免耕将大量秸秆及残茬覆盖于地表，使土壤表层（0～10cm）有机质含量得到较快提高。该方式下种植作物一茬后大豆地土壤有机质含量提高0.2～0.3g/kg，玉米茬土壤有机质含量提高0.3～0.6g/kg；第二茬小麦收获时有机质含量增加0.7～1.4g/kg；第三茬大豆地土壤有机质含量提高0.6～0.8g/kg，玉米茬土壤有机质含量提高0.7～1.1g/kg（表18-7）。

表18-7 少耕免耕对砂姜黑土耕层（0～10cm）有机质含量的影响（g/kg）

轮作作物	小麦—大豆			小麦—玉米		
	第一茬大豆	第二茬小麦	第三茬大豆	第一茬玉米	第二茬小麦	第三茬玉米
CK	13.5	13.6	13.6	13.3	13.7	13.5
全免耕	13.7	14.3	14.4	13.6	15.1	14.6
少耕	13.8	14.0	14.2	13.9	14.2	14.2

（2）对土壤含水量的影响 少耕免耕能把土壤水留住，显著提高砂姜黑土的保水能力，这对砂姜黑土地综合生产能力的提高具有重要意义。该方式下第一茬大豆地土壤含水量提高21.9%～25.4%，玉米地土壤含水量提高24.8%～26.6%；第二茬小麦土壤含水量提高19.3%～22.5%；第三茬大豆地含水量提高13.3%～19.4%，玉米地土壤含水量提高20.2%～22.9%（表18-8）。淮北地区小麦全生育期耗水量400～600mm，而在此期间的降水量只有240～360mm，只能满足小麦耗水量的60%，供需矛盾大。少耕免耕下的秸秆覆盖降低了土壤水分的蒸发并增加了雨水的入渗能力，使土壤蓄水保水能力大大增强，提高了已有的水资源利用率，缓解了该地区水分供需矛盾问题。

表18-8 少耕免耕对砂姜黑土土壤含水量影响（%）

轮作作物	小麦—大豆			小麦—玉米		
	第一茬大豆	第二茬小麦	第三茬大豆	第一茬玉米	第二茬小麦	第三茬玉米
采样日期	2007-7-15	2008-3-15	2008-7-10	2007-7-15	2008-3-15	2008-7-10
CK	16.9	18.7	16.5	17.3	17.8	15.3
全免耕	20.6	22.3	19.7	21.6	21.8	18.8
少耕	21.2	19.2	18.7	21.9	17.5	18.4

（3）对土壤容重的影响 少耕免耕使土壤容重呈现一定幅度的增加。第一茬大豆土壤容重增加了0.03～0.05g/cm³，玉米地土壤容重增加了0.04g/cm³；第二茬免耕处理小麦土壤容重增加了0.05～0.06g/cm³，少耕处理因本季实施翻耕，土壤容重与对照相近；第三茬少耕免耕下大豆地容重增加了0.05～0.06g/cm³，玉米地增加了0.06～0.07g/cm³（表18-9）。

实施免耕条件下，动土量不超过30%，导致土壤容重增高，不利于作物根系生长，需要将少耕与深松结合。砂姜黑土少耕免耕地块2～3年要深松1次，以降低土壤容重、改善土壤的通透性、促进作物根系的生长。

表18-9　少耕免耕对砂姜黑土土壤容重（0～10cm）影响（g/cm³）

轮作	小麦—大豆			小麦—玉米		
作物	第一茬大豆	第二茬小麦	第三茬大豆	第一茬玉米	第二茬小麦	第三茬玉米
采样日期	2007-7-15	2008-3-15	2008-7-10	2007-7-15	2008-3-15	2008-7-10
CK	1.37	1.34	1.39	1.39	1.35	1.36
全免耕	1.42	1.39	1.44	1.43	1.41	1.42
少耕	1.40	1.33	1.45	1.43	1.38	1.43

（4）对作物产量的影响　少耕免耕下第一茬大豆、玉米分别增产5.4%、16.7%（表18-10）。砂姜黑土一季不耕作的玉米、大豆均表现增产作用。第二茬少耕处理小麦产量分别比对照增产17.4%（大豆茬）、6.5%（玉米茬）；大豆茬免耕处理小麦产量比对照增产2.4%，而玉米茬免耕处理小麦产量比对照减产2.2%。连续两季不耕作后，小麦生长受到影响，增产效果降低甚至减产。少耕处理尽管当季与对照一样耕作，因连续两季秸秆还田，仍有显著的增产作用；第三茬全免耕、少耕处理玉米比常规耕作增产14.4%和20.9%，大豆减耕处理增产8.4%，免耕处理减产4.6%。砂姜黑土少耕免耕玉米增产效果高于大豆，以一季免耕一季翻耕的效果优于全免耕。

表18-10　少耕免耕对砂姜黑土作物单产的影响（kg）

轮作	小麦—大豆			小麦—玉米		
作物	第一茬大豆	第二茬小麦	第三茬大豆	第一茬玉米	第二茬小麦	第三茬玉米
CK	153.4	460	128.4	479.9	479.3	493.0
全免耕	163.4	471	122.5	540.2	469.0	595.9
少耕	160.1	540	139.2	533.0	510.6	563.9

注：单产系指每667m² 的产量。

（5）少耕免耕的经济效益分析　尽管免耕能增加土壤容重，也使小麦和大豆产量有所降低，然而，免耕减少了耕作的费用，少耕和免耕均有显著的经济效益，且小麦—玉米轮作少耕免耕的经济效益高于小麦—大豆轮作。小麦—大豆轮作少耕免耕平均每季每667m² 可实现节本增收95.9元、60.7元；小麦—玉米轮作少耕免耕平均每季每667m² 可实现节本增收109.9元、124元（表18-11）。从增收和节本角度看，适宜在砂姜黑土地区推广少耕免耕保护性耕作技术。

表18-11　少耕免耕每667m² 节本增收效益（元）

轮作	小麦—大豆			小麦—玉米		
作物	第一茬大豆	第二茬小麦	第三茬大豆	第一茬玉米	第二茬小麦	第三茬玉米
全免耕	86	67.2	28.8	138.0	33.9	200.2
少耕	74.1	124.8	88.9	127.5	48.8	153.5

注：耕地费用每667m² 50元，小麦、大豆、玉米价格每千克分别为1.56元、3.6元、1.46元。

四、砂姜黑土施用改良剂技术

1. 原理与方法　为加快砂姜黑土中障碍因子的消除，近年来有研究者应用高分子化合物来改良土壤，实现快速改土的目的。由于高分子化合物、特别是人工合成高分子化合物具有很强的黏接性，能把单个土粒黏接起来，促进土壤颗粒团聚化，因此，在具体应用时有改土作用大，施用量少，操作方便，后效持续时间长的特点。以高分子化合物为主的土壤结构改良剂的应用，为砂姜黑土的改良提供了新的技术途径。

2. 改良土壤效果

（1）水稳性团粒含量　根据相关研究结果，改良剂的施用可显著增加土壤水稳性团粒的含量。在改良剂用量低于0.4%时，随着施用量的增加，>0.25mm团粒含量稳步增加。施用改良剂能增加团粒稳定性，改良剂施用量为0、0.1%、0.4%时形成5～7mm团粒机械稳定性分别为393.8、463.2和599.3g/kg，因而施用改良剂可减少因耕作而破坏的团粒数量。改良剂可增加水稳性团粒的含量和比例。对照处理>0.25mm水稳性团粒含量仅占>0.25mm团粒含量的14.1%；改良剂施用量为0.1%时，>0.25mm水稳性团粒含量占>0.25mm团粒含量的50.1%。改良剂施用量为0.4%时，这一比例提高到了85.3%，且>5mm水稳性团粒占>0.25mm水稳性团粒的比例达到55.3%。

（2）水稳性团粒稳定时间　施用改良剂能显著增加团粒水稳定性后效的持续时间。根据试验结果，对照处理随着时间的延长，水稳性团粒含量迅速下降，培养1个月、6个月和1年时，>0.25mm水稳性团粒分别比培养一周时含量下降30.4%、44.6%和45.0%。施用改良剂后团粒含量在培养2个月内逐渐增加，以后才缓慢下降，且随着施用量增加，团粒稳定性愈强。当用量为0.1%时，培养1个月、6个月、1年后>0.25mm团粒含量分别为培养2个月（团粒含量最大）时的75.6%、83.9%、80.0%；改良剂施用量为0.4%时，其比例依次为78.7%、90.6%、90.3%（表18-12）。

表18-12　改良剂对砂姜黑土水稳性团粒稳定性影响（室内培养试验）

培养时间	CK		0.1%		0.4%	
	>0.25mm	>1mm	>0.25mm	>1mm	>0.25mm	>1mm
1周	23.1	8.7	37.5	30.2	58.4	47.9
1个月	16.1	6.7	47.3	32.9	69.5	55.6
2个月	13.4	7.1	49.6	29.7	74.2	56.2
4个月	11.9	6.0	42.9	26.1	67.8	53.0
6个月	12.8	6.1	41.6	24.8	67.2	51.2
1年	12.7	2.8	39.7	22.8	67.0	51.7

（3）不同剂型施用效果　改良剂不同施用方法的效果有较大的差异。根据试验结果，液施与干粉混施比较，在两种施用量下，干粉混施的土壤>0.25mm、>1mm水稳性团粒含量仅为液施的78.8%和91.6%（表18-13）。因此，施用改良剂要注意土壤含水量，土壤水分越高，施用效果越好。

表 18-13 改良剂不同施用方法对土壤水稳性团粒含量的影响

处 理	>0.25mm 团粒（%）	>1mm 团粒（%）
CK	13.2	7.1
0.1%HP-1 干粉	43.3	23.4
0.1%HP-1 液施	49.6	29.7
0.4%HP-1 干粉	67.8	51.5
0.4%HP-1 液施	74.2	56.2

（4）对土壤容重的影响 根据相关研究结果，施用改良剂在促进水稳性团聚体形成、提高其稳定性的同时，还能有效降低土壤的容重，提高土壤的通气孔隙度、总孔隙度、团粒内孔隙度以及田间持水量，即显著改善土壤的物理性质（表 18-14）。

表 18-14 改良剂对砂姜黑土土壤容重和孔隙度的影响

处 理	容重（g/cm^3）	团粒内孔隙度（%）	总孔隙度（%）	通气孔隙度（%）	田间持水量（%）
CK	1.40	44.7	47.3	8.5	30.5
750kg/hm^2	1.37	48.1	49.6	10.1	32.3
1 500kg/hm^2	1.30	51.6	52.4	12.3	36.4

（5）对作物育苗和作物产量的影响 施用改良剂能增加出苗率，有利于培育壮苗。每 hm^2 施用 75kg 改良剂，四季青、甘蓝、萝卜、菠菜、豆角和棉花等作物种子的出苗率分别比对照提高 28.7%、20.0%、92.0%、24.6%、13.0%、18.0%，而且株高、开展度、叶片数、干物重均高于对照。改良剂施用量为 0.01%，0.05%、0.1%时，萝卜比对照分别增产 29.3%、79.8%、89.0%。每 hm^2 施用改良剂 750kg、1 500kg，夏甘蓝增产率分别为 11.1%、33.4%，大蒜增产率分别为 5.8%、19.2%。改良剂不仅能增加单季作物产量，而且有显著的后效作用。

改良剂价格较贵，在粮食作物上土施成本高，暂不宜推广，但在蔬菜育苗上经济效益显著。以甘蓝为例，改良剂每公顷成本 1 125 元，甘蓝育苗若按 1 000 粒种子/m^2 育苗，1hm^2 可增加 150 万苗，每株苗以 0.01 元计算，可增产值 15 000 元，产投比达 13.3∶1，若 HP-1 应用到其他经济效益高的辣椒、番茄、黄瓜上，经济效益更可观。

五、土壤养分分区管理与精确施肥技术

养分分区管理技术（包括分区施肥技术）是欧美等发达国家最基本的耕地质量管理技术。我国虽已有耕地养分含量分级指标，但是分级的级数不同，农民难以掌握，主要供科研人员和领导部门使用，且缺乏易于农民直接使用的作物分区推荐指标和施肥推荐指标。因此，在研究中，我们根据安徽省小麦主产区土壤全氮、有效磷、速效钾含量状况及氮、磷、钾肥的肥料效应，对土壤养分进行分区，并开展田间校验与修正试验，进而弄清目前栽培管理条件下小麦的养分需求，建立小麦分区推荐指标和施肥推荐指标。

根据安徽全省“3414”试验小麦 208 个试验点土壤样品分析测试结果，土壤全氮含量最高

为 3.7g/kg，最低 0.5g/kg，平均 1.12g/kg；有效磷含量最高为 82.0mg/kg，最低 2.4mg/kg，平均 17.5mg/kg；速效钾含量最高为 392mg/kg，最低 25mg/kg，平均 131.7mg/kg。全省采集 57 个土壤样品的分析测试结果显示，全氮含量最高 1.46g/kg，最低 0.35g/kg，平均 1.02g/kg；有效磷含量最高 59.47mg/kg，最低 2.88mg/kg，平均 16.8mg/kg；速效钾含量最高 218mg/kg，最低 31mg/kg，平均 118.4mg/kg。根据全省小麦土壤样品的分析测试结果，结合小麦的肥料效应，建立了安徽省小麦土壤养分分区指标如表 18－15、表 18－16 和表 18－17 所示。

表 18－15　土壤养分供应状况分级指标

土壤有效养分分级		肥效反应	肥料推荐量
A	极低	很高	C 等级的 130%～170%
B	较低	较高	C 等级的 130%
C	中	小	占补平衡，以作物带走养分量定施肥量
D	较高	通常无效	C 等级的 70%
E	高	无效	C 等级的 50%或更低

表 18－16　安徽省淮北麦区土壤养分分级指标

全氮分级 (g/kg)		有效磷分级 (mg/kg)		速效钾分级 (mg/kg)	
A	极低（<0.6）	A	极低（<9）	A	极低（<80）
B	较低（0.7～1.5）	B	较低（10～14）	B	较低（81～120）
C	中（1.6～2.4）	C	中（15～21）	C	中（121～160）
D	较高（2.5～3.0）	D	较高（22～27）	D	较高（161～190）
E	高（>3.1）	E	高（>28）	E	高（>191）

表 18－17　安徽省小麦不同产量水平土壤养分分级指标

产量水平	全氮分级 (g/kg)		有效磷分级 (mg/kg)		速效钾分级 (mg/kg)	
<6 000kg/hm²	A	极低（<0.6）	A	极低（<8）	A	极低（<70）
	B	较低（0.7～1.2）	B	较低（9～12）	B	较低（71～90）
	C	中（1.3～1.9）	C	中（13～16）	C	中（91～110）
	D	较高（2.0～2.5）	D	较高（17～20）	D	较高（111～140）
	E	高（>2.6）	E	高（>21）	E	高（>141）
6 000～7 500kg/hm²	A	极低（<0.8）	A	极低（<9）	A	极低（<70）
	B	较低（0.9～1.6）	B	较低（10～13）	B	较低（71～100）
	C	中（1.7～2.3）	C	中（14～20）	C	中（101～130）
	D	较高（2.4～3.0）	D	较高（21～27）	D	较高（131～160）
	E	高（>3.0）	E	高（>28）	E	高（>161）

（续）

产量水平	全氮分级 (g/kg)		有效磷分级 (mg/kg)		速效钾分级 (mg/kg)	
7 500～9 000kg/hm²	A	极低（<0.8）	A	极低（<10）	A	极低（<80）
	B	较低（0.9～2.0）	B	较低（11～16）	B	较低（81～110）
	C	中（2.1～2.5）	C	中（15～21）	C	中（111～140）
	D	较高（2.6～3.0）	D	较高（22～29）	D	较高（141～170）
	E	高（>3.1）	E	高（>30）	E	高（>171）
>9 000kg/hm²	A	极低（<1.0）	A	极低（<10）	A	极低（<100）
	B	较低（1.1～2.1）	B	较低（11～16）	B	较低（101～130）
	C	中（2.2～3.0）	C	中（17～25）	C	中（131～160）
	D	较高（3.1～3.5）	D	较高（26～35）	D	较高（161～190）
	E	高（>3.6）	E	高（>35）	E	高（>191）

六、土壤难溶性磷有效化技术

施用磷肥能显著增产，已是众所周知的事实。然而，施入的普通过磷酸钙，在石灰性土壤中会很快地发生物理和化学变化，水溶性磷大都转化为不能利用的羟基磷灰石，致使每年都要施入大量的磷肥才能满足作物的需要。沸石交换体系砂姜黑土钙磷有效化技术，可发挥土壤本身的养分潜力。天然沸石是一种含水的碱金属和碱土金属的架状铝硅酸盐矿物，具有较强的选择吸附性能、离子交换性能和较大的吸附容量，在改良土壤方面有独特的作用。天然沸石制成铵饱和沸石（或称交换性 NH_4^+ -沸石）在施入土中后，能使土壤累积的难溶性磷重新释放，并作为植物有效氮、磷的供应源。

1. 沸石肥料开发 由于长期磷肥的大量施用，砂姜黑土的有效磷含量迅速提高，但由于土壤供磷能力较弱，磷肥后效较差，磷肥肥效的持续性问题仍不容忽视。将铵沸石与氮肥、钾肥以及一些微肥等混在一起制作复合肥，可有效提高磷肥的有效性和肥效的持续性。

2. 对作物的增产效果 NH_4^+ -沸石施用后，由于提高了土壤的供磷和作物的吸磷能力以及 NH_4^+ - N 肥的利用率，对作物生长发育具有良好的促进作用。研究结果表明，施用 NH_4^+ -沸石后，玉米苗期株高，平均叶长和叶宽、鲜重、干重分别比对照增长 8.0%、18.3%、12.9%、47.8%、32.6%；拔节期、抽雄期干物重增加 21.6%、17.3%；玉米增产 15%左右，效果显著。小麦施用 NH_4^+ -沸石后，与对照相比株高由 76.5cm 增加到 83.4cm，分蘖数增加 1.4 个，次生根增加 10.4 条/株，叶面积系数由 2.83 上升到 6.00，单株成穗数由 2.0 增加到 3.6 个；越冬期干重、拔节期以及抽穗、开花期的茎、叶、穗、根等干物重分别提高 35.2%、32.2%、48.3%、59.5%、53.1%、41.5%，小麦增产 15%～20%。水稻多点试验和示范结果也表明，施用 NH_4^+ -沸石，与对照相比，水稻长势较旺，产量明显提高，增产 13%左右。

3. 对土壤养分供应和作物养分吸收的影响 NH_4^+ -饱和态沸石溶解的磷素总量是未加沸石对照的 12 倍以上，是自然态沸石的 4 倍。NH_4^+ -饱和态沸石释 P 能力强、效果稳定，特别是其体系中存在土壤，对土壤中难溶性磷的活化具有明显效果。玉米体内氮磷养分含量虽然从幼苗期到成熟期逐渐降低，但施用 NH_4^+ -沸石可在整个生育期内提高植株内氮、磷的含量。其中，盆栽试验下玉米体内氮磷养分含量增加 9.06%～23.3%，田间小区试验下增加 9.13%～26.6%。施用 NH_4^+ -沸石还能有效提高小麦对氮磷化肥的利用率。按差减法计算，氮素利用率比对照增加 5.7%、9.8% 和 9.3%，相对增幅达 17.2%、29.6% 和 28.1%；磷肥利用率净增加 0.6%～3.5%，相对增幅达 2.97%、17.3%和 13.4%。

七、用养结合的粮肥轮作技术模式

小麦绿肥间作—大豆、玉米间作方式（绿肥间作面积占麦田面积的 1/5，每季轮换地段、绿肥掩青后 10～5d，小麦收割后进行玉米、大豆间作）既培肥又增产，符合人民生活和畜禽养殖的广泛需要。这种用养结合的粮肥轮作方式还符合现代农业发展的方向，应该大力提倡，推广应用。

从多年年平均产量来看，以麦—薯为对照，小麦＋绿肥—大豆＋玉米的增产最多，增幅达 13.5%。其主要原因：一是施肥水平相对提高，小麦的施肥量均为 N 150kg/hm^2、P_2O_5 90kg/hm^2；小麦＋绿肥—大豆＋玉米方式，小麦占全田 4/5，实际施氮量为 187.5kg/hm^2。二是每年有占 1/5 面积的绿肥（苕子和冬黑麦）生长和掩青，它们都具有庞大而密集的根系，有固 N 能力（苕子），为鲜草产量较高的绿肥作物，每年能活化部分耕层土壤，所以不仅小麦产量高，而且产量随时间延长而递增。三是大豆、玉米间作，均为养地作物，且腾茬较早，收获后有晒垡的机会，对土壤耕性的改善和养分释放确有好处，是小麦的良好前茬。

小麦＋绿肥—大豆＋玉米处理，3 年时间内土壤有机质增加不多，土壤全氮含量从 0.93g/kg 增加到 1.01g/kg，速效氮含量从 65mg/kg 递增到 75.7mg/kg，土壤速效磷从 9.5mg/kg 增加到 14.0mg/kg。

八、种草养畜农牧结合技术模式

农牧结合主要表现在，依靠种植业开发饲料资源，提高饲养量和畜产品产出；依靠畜禽粪便培肥土壤，提高农田产出；依靠养殖业的部分收入作为资本，投入于整个农业技术改造，促进农业生产的持续增长。

砂姜黑土区人均耕地 0.13hm^2 以上，可腾出部分耕地种植绿肥牧草，利用茎叶养畜，根茬和畜粪肥田，3～5 年内基本上可将农田全面改造一遍。沟坝、田埂隙地较多，约占土地总面积的 7.2%，也可在林带下、田埂种植冬黑麦与紫花苜蓿。

在牧草种植与利用上，可采取多年生与越年生牧草相配合，如紫花苜蓿与冬黑麦于秋种时混播，紫花苜蓿苗期生长缓慢易受冻害，可由冬黑麦保护。春季 4 月冬黑麦割青后，紫花苜蓿旺盛生长。另外，择田春种苏丹草和籽粒苋，待冬黑麦收种后，紫花苜蓿开始刈割，随后苏丹草、籽粒苋、紫花苜蓿交替刈割，可实现高质量草料的全年供应。刈割之草料，一时喂不完的可晒干贮存或青贮，既可调剂草料的旺淡（季）不匀，又可提高营养价值。

（郭熙盛、王道中、何传龙、李录久）

参 考 文 献

程伟，张丽娟．2012．玉米秸秆矿化过程中氮素形态变化及模拟［J］．安徽农业科学，40（15）：8501－8505．

何传龙，闫晓明．1996．淮北地区砂姜黑土培肥改土技术的研究［J］．安徽农业科学，24（3）：259－261．

何方，马成泽．1994．水旱轮作对砂姜黑土腐殖质状态和组分的影响［J］．安徽农业科学，21（1）：26－31．

孔令聪，曹承富，汪芝寿，等．2004．长期定位施肥对砂姜黑土肥力及生产力的影响研究［J］．中国生态农业学报，12（2）：102－104．

李芳，陶西俊，孙长江．2011．皖北砂姜黑土甘薯-芝麻套种高效栽培技术［J］．现代农业科技，4：94，97．

陆长青，廖海秋．1992．农牧结合改良砂姜黑土的理论与实践［M］．//周明枞，等．淮北地区水土资源开发与治理研究．北京：科学出版社．

马丽，张民．1993．砂姜黑土的发生过程与成土过程［J］．土壤通报，24（1）：1－4．

潘俊峰，万开元，陈防，等．2012．施肥模式对砂姜黑土区土壤种子库影响的研究［J］．生态环境学报，21（6）：1024－1030．

全国土壤普查办公室．1998．中国土壤［M］．北京：中国农业出版社，601－616．

沈学善，屈会娟，李学才，等．2012．玉米秸秆还田和耕作方式对小麦养分积累与转运的影响［J］．西北植物学报，32（1）：0143－0149．

苏培民．2009．沿淮淮北砂姜黑土地区小麦科学播种技术探讨［J］．安徽农学通报，15（16）：118，139．

孙彩荣．2001．淮北地区优质小麦品种选用及栽培技术［J］．种子世界，4：36．

孙华，熊德祥．1998．鲁南砂姜黑土及其有机无机复合体的有机磷研究［J］．土壤通报，29（2）：61－64．

孙克刚，李炳奇，和爱玲，等．2010．砂姜黑土去麦田土壤有效磷丰缺指标及推荐施磷量研究［J］．干旱区农业研究，28（2）：159－161，182．

汪金舫，刘月娟，李本银．2006．秸秆还田对砂姜黑土理化性质与锰、锌、铜有效性的影响［J］．中国生态农业学报，14（3）：49－51．

王道中，郭熙盛，何传龙，等．2007．砂姜黑土长期定位施肥对小麦生长及土壤养分含量的影响［J］．土壤通报，38（1）：55－57．

王道中，郭熙盛，刘枫，等．2009．长期施肥对砂姜黑土无机磷形态的影响［J］．植物营养与肥料学报，15（3）：601－606．

王道中，闫晓明．2002．皖北砂姜黑土氮磷钾肥肥效长期定位试验［J］．安徽农业科学，30（1）：87，97．

吴金富，谭刚，宋照银．2012．砂姜黑土地小麦“3414”肥料效应试验研究［J］．现代农业科技（4）：73－74．

熊毅，李庆逵．1987．中国土壤［M］．北京：科学出版社，175－179．

闫晓明，何传龙，王道中，等．1999．不同有机物料对砂姜黑土培土改土的效果［J］．安徽农业科学，27（1）：36－37．

闫晓明，张效朴，等．2000．砂姜黑土地区农业持续发展研究［M］．北京：中国农业科技出版社．

杨青华，高尔明，马新明．2000．砂姜黑土玉米根系生长发育动态研究［J］．作物学报，26（5）：587－593．

詹其厚，袁朝良，张效朴．2003．有机物料对砂姜黑土的改良效应及其机制［J］．土壤学报，40（3）：420－425．

詹其厚，张效朴，袁朝良．2002．秸秆还田改良砂姜黑土的效果及其机理研究［J］．安徽农业大学学报，29（1）：53－59．

张俊民．1988．论砂姜黑土的生产潜力和综合治理［M］．//张俊民，等．砂姜黑土综合治理研究．合肥：

安徽科学技术出版社.
张丽娟，常江，蒋丽娜，等.2010. 砂姜黑土玉米秸秆氮素矿化特征研究 [J]. 安徽农业科学，37 (2)：357-362.
张效朴，詹其厚，尹楚良.2000. 砂姜黑土连续施肥对作物生长及土壤肥力的影响 [J]. 土壤学报，37 (1)：131-1351.
赵立尚，石明权，李栋业，等.2012. 在砂浆黑土区种植强筋优质小麦的效益分析 [J]. 安徽农业科学，40 (21)：10769-10770，10773.

第十九章　灌漠土质量培育技术与模式

灌漠土是在多种类型漠土的基础上，经长期引用清水灌溉所形成的无明显灌淤层的灌溉漠土，它的发生特征是漠土中表层所聚积的物质，如盐分、碳酸钙等，通过长期清水灌溉后随灌溉水向下移动，使表层土壤脱盐及碳酸钙向下位移。据统计，我国灌漠土总面积约 91.5 万 hm^2，广泛分布于荒漠绿洲地带的内陆灌区，如新疆的广大地区及甘肃河西走廊（包括酒泉、武威、张掖盆地的扇形地、干三角洲、大河三角洲、平原、谷地和滩地）等。从土壤性质方面看，灌漠土的熟化土层一般质地均一，土壤通透性较好，全剖面土壤容重在 1.1～1.5g/cm^3，总孔隙度在 42%～58%，蓄水保肥能力较强、耕性良好，且有机质和氮磷钾等营养元素在熟化层累积，因而土壤的酶活性和腐殖质品质均较好。

第一节　河西走廊耕地质量现状

甘肃河西走廊是我国典型的干旱灌溉区，也是灌漠土集中分布的区域，素有“金张掖、银武威”之美称，可见该地区一直是我国农业相对发达、农产品生产相对集中的区域。近年来，随着国家加大对西部开发的投入力度，特别是加强了对石羊河流域生态恢复与治理的支持力度，使该地区生态条件有望进一步优化，并为区域农业发展创造更加有利的条件。但是，由于水资源紧缺等诸多因素的影响，在很大程度上制约了该区域农业的发展，如何充分利用现有耕地资源，在不增加水资源消耗量的前提下提高粮食单产、以生产更多的粮食，这是该区域农业发展的非常紧迫的任务。因此，强化该地区耕地质量培育，提高单位耕地资源的生产能力，对保障区域农业发展、保障区域粮食和农产品安全意义重大。

一、河西走廊绿洲传统农业发展的特征

甘肃河西走廊东自乌鞘岭，西至星星峡。东西长约 1 000km，南北宽 40～100km，土地总面积 21.5 万 km^2，耕地面积 67.40 万 hm^2。年降水量 29～490mm，年蒸发量 1 800～3 000mm；全年日照时数 3 000～3 400h，无霜期 160d。河西走廊绿洲以其潜在的巨大农业生产力，成为人类历史上为扩展生存空间而进行争夺和开发最激烈、最频繁的地区之一。纵观河西走廊农业开发历史，直到 20 世纪 90 年代之前，河西走廊农业开发始终沿着以最大限度地掘取水、土等自然资源来换取满足日益膨胀的人口对粮食消费需要的路线，可以毫不隐讳地称之为粗放式、掠夺式的非持续农业发展模式。

河西走廊传统绿洲农业发展模式的主要特征是：①农业生产要素获得的主要方式是土地、水资源等的外延增加，具体表现为通过修建水库、渠道、机井等水利设施，增加灌溉面积；通过开发荒地、草地、林地，增加粮食播种面积。农业单位面积产量的提高以大量增施化肥、农药和使用塑料薄膜等为主要手段；②农业产业结构以种植业为主，养殖业及农副产

品加工业的发展空间小，所占比重不高。种植业内部结构以粮食种植为主，蔬菜等经济作物种植集中的地区又存在较严重的化学污染、规模相对较小等问题；③农户经济力量薄弱，农业投入严重不足，农业技术研究和示范推广力量薄弱。农民受教育的程度较低，缺乏市场经济意识和风险意识。上述这种传统的绿洲农业发展模式在解决因区域性人口膨胀（由人口自然增长和移民造成）而产生的生存问题，以及为地区工业化、城市化和经济社会全面发展提供主要物质资料和必不可少的资金积累等方面，均发挥了十分重要、而且是不可替代的作用。但是，这种发展模式也给本来就十分脆弱的绿洲生态环境造成了很大、甚至是无可挽回的损害，使河西走廊绿洲农业生态系统可持续地为人类提供物质资料和基本生存环境的能力大大降低，并导致了一系列生态环境问题。

二、甘肃河西绿洲耕地质量状况

1. 绿洲耕地土壤较贫瘠、肥力偏低 河西走廊是甘肃省的主要人工绿洲区，也是甘肃省非常重要的农产品生产基地。该地区现有灌溉面积 64.5 万 hm^2，其中绿洲总面积 671.1 万 hm^2，包括天然绿洲面积 585.9 万 hm^2、人工绿洲面积 85.2 万 hm^2 等。河西走廊绿洲耕地土壤的类型为灌漠土，可分为 5 个亚类，即暗灌漠土、潮灌漠土、灰灌漠土、盐灌漠土和沙灌漠土。根据在河西走廊的调查结果，从贫瘠级别来看（表 19－1），漠灌土的主体土类都属国际三级以下贫瘠土壤，其总体肥力均较低。耕地是农民谋生最主要的生产资料，而优质耕地是农业增效、农民增收的基础。因此，在摸清养分丰缺状况和肥料效应的基础上，科学施肥、培肥，切实提高耕地土壤生产力，是稳步提高该区粮食产量的必然选择。

表 19－1 甘肃河西绿洲灌漠土的主要理化性状

土壤类型	土层 (cm)	有机质 (g/kg)	全氮 (g/kg)	全磷 (g/kg)	碱解氮 (mg/kg)	速效磷 (mg/kg)	速效钾 (mg/kg)	代换量 (cmol/kg)
暗灌漠土 (n=24)	0～15	23.2	1.36	0.82	—	11.0	425	11.76
	15～55	20.2	1.24	0.82	—	4.0	—	12.62
	55～100	12.6	0.96	0.72	—	—	—	—
灰灌漠土 (n=31)	0～20	16.6	0.80	0.48	48	8.0	134	6.7
	20～60	12.8	0.57	0.43	27	2.0	108	5.4
	60～80	7.9	0.44	0.38	14	2.0	91	4.9
	80～120	6.2	0.33	0.33	10	2.0	83	3.3
潮灌漠土 (n=24)	0～20	23.3	1.94	0.45	74	11.0	218	12.0
	20～60	20.4	1.81	0.38	40	7.0	220	12.3
	60～80	8.4	0.41	0.54	20	6.0	175	5.6
	80～120	6.7	0.29	0.56	47	3.0	160	5.4
盐灌漠土 (n=30)	0～40	7.2	0.50	0.42	48	4.0	308	7.3
	40～60	6.2	0.36	0.50	42	2.3	360	6.3
	60～90	6.5	0.31	0.35	27	2.0	278	5.9
	90～140	3.2	0.27	0.31	14	3.0	293	2.5

（续）

土壤类型	土层（cm）	有机质（g/kg）	全氮（g/kg）	全磷（g/kg）	碱解氮（mg/kg）	速效磷（mg/kg）	速效钾（mg/kg）	代换量（cmol/kg）
沙灌漠土（n=35）	0～25	7.1	0.38	0.50	23	4.1	60	2.5
	25～50	7.7	0.31	0.49	20	1.1	86	3.3
	50～80	6.4	0.31	0.54	23	1.0	78	3.0
	80～150	8.3	0.46	0.67	23	1.0	94	4.5

注：上述五类土壤中暗灌漠土取自甘肃张掖，其余土壤取自甘肃酒泉。

2. 绿洲耕地有机肥料投入很少，养分比例严重失调 河西绿洲长期以来重化肥轻有机肥、重氮肥轻磷钾肥、重大量元素轻中微量元素的“三重三偏”现象仍很突出，化肥利用率不高是不争的事实。以小麦玉米带田为例，作为创造该地区“吨粮田”甚至“吨贰田”的主要种植方式，在荒漠灌耕土区已得到普遍推广应用，其种植面积甚至已经超过了 23.3 万 hm^2，但该种植方式同时也是耗水量最大、施肥量最高的种植方式。河西走廊的农民普遍存在盲目施肥的习惯，小麦玉米带田平均施氮量为 525～600kg/hm^2，施磷量（P_2O_5）为 120～150kg/hm^2，基本上不施钾肥和中微量元素肥料，在沙漠沿线的风沙土区氮肥的施用量甚至高达 1 500kg/hm^2，养分比例严重失调，不但造成资源浪费和成本增加，还因为养分流失等严重污染环境。与此同时，传统有机肥的积造施用呈现出萎缩趋势，绿肥种植面积大幅度减少，单位面积的化肥施用量大大增加，有机肥与化肥的投入比例仅为 2∶8，大部分地区除少量的秸秆还田外，基本上不施用任何有机肥料，施肥结构极其不合理，导致耕地养分入不敷出，土壤理化性状逐渐恶化，耕地产出能力和抗灾能力下降，严重制约了该区农业的可持续发展。

3. 绿洲耕地荒漠化、盐渍化问题日益严重 在河西走廊地区绿洲的存在、土地荒漠化的发生与水资源有着密切的关系。沙漠化土地主要分布在绿洲附近或内陆河的下游，在分布形式上都成各不相连的小片状，其中以石羊河流域最为严重（表 19-2）。

表 19-2 河西走廊荒漠化土地统计

流 域	石羊河	黑河	疏勒河
沙漠化土（km^2）	1 052.4	444.27	549.63
盐渍化土（km^2）	255.9	668	—
总计（km^2）	1 038.6	450.95	549.63
占总土地面积的百分比（%）	3.66	1.03	0.8

根据调查结果统计，石羊河流域的荒漠化耕地主要分布在民勤县、凉州区东部、古浪县北部及金昌市北部，其中以石羊河下游的民勤县绿洲耕地荒漠化最为严重。民勤县 20 世纪 50 年代初有耕地 613km^2，但目前却不足 400km^2，有 41%即 252km^2的土地荒漠化，植被覆盖度也由 20 世纪 50 年代的 44.3%下降至目前的 15%以下；在 48.63km^2林地面积中，已经沙漠化的占 67.7%，其中林木成片死亡的林地约 5.8km^2。草被也从湿生系列的草甸植被逐步向旱生和超旱生系列演化，生物量也大大降低。如外河西侧的三渠湾 20 世纪 50 年代可年产芦苇 40×10^4kg，目前只能收到 20×10^4kg。武威盆地共有沙漠化土地 237.7km^2，占绿洲农田耕地面积的 14.4%。古浪县自 20 世纪 60 年代以来，风沙吞没农田 23.33km^2。

甘肃盐渍化土地主要分布在河西走廊各河流的下游平坦地区。如石羊河流域的民勤的湖区、泉山区、夹河、蔡旗和古浪的大靖一带；黑河流域的酒泉东部和北部、金塔；疏勒河流域的敦煌北部和西部、瓜州的西部、玉门的饮马、黄花、青山农场、花海子盆地等。上述三流域盐渍化土地总面积约 262.58km^2，占甘肃全省盐渍化土地面积的 85.4%。新中国成立以来，由于开垦及部分耕地耕作管理不当等多方面原因，土壤盐渍化的面积呈扩大趋势，如民勤县 20 世纪 50 年代有盐渍化土地面积 173km^2，占耕地面积的 28.3%，至 80 年代盐渍化土地面积已达 256km^2，占现有耕地面积的 64%。20 世纪 80 年代以来，酒泉有近 6.67km^2 耕地因盐渍化十分严重而弃耕，近 1.33km^2 耕地属于低产田。近年的调查结果统计，河西走廊现有耕地中受盐渍化威胁的耕地面积已达 20%。

造成土壤盐渍化的主要人为因素：一是灌溉制度不合理。多年来河西走廊习惯上的大水漫灌等方式，使灌溉水大量渗入地下，不仅导致水资源浪费，而且也抬高了地下水位，在所在区域强烈的蒸发作用下容易导致土壤表层积盐；二是因长期超采地下水，致使地下水的矿化度增高，使用高矿化度的水灌溉农田，无疑又大大增加了土壤盐渍化的几率；三是土地弃耕。受劳动力不足、耕种成本较高等多方面原因的影响，多年来所在区域弃耕现象较严重，被迫弃耕的农田因无灌溉淋滤作用和耕作措施，在强烈的蒸发作用下盐分迅速聚集地表，土壤在较短的时间内就成为盐渍土。土壤盐渍化的自然因素是干旱少雨，各盆地中地下水位浅埋，在强烈的蒸发作用下导致盐分迅速向地表聚积的结果，但是，人为耕作管理不当实际上在很大程度上将使该过程大大加快。

第二节　河西走廊绿洲耕地质量培育技术模式

河西走廊是我国农业相对发达区域，该地区土壤尽管经过了长期的耕种，但仍能保持较高的生产力，这与该地区土壤、灌溉水的特性以及当地精耕细作等方式密切相关。特别是面对近年来水资源日趋短缺的实际情况，该地区农业科技工作者研制出了一系列节水灌溉条件下耕地质量培育、作物优质高效生产技术模式，为保障该地区耕地质量、促进农业高产高效做出了较重要的贡献。

一、系统研究法平衡施肥技术

所谓平衡施肥技术，是依据作物需肥规律、土壤供肥特性与肥料效应，在施用有机肥的基础上，合理确定氮、磷、钾和中、微量元素的适宜用量和比例，并采用相应科学施用方法的施肥技术。平衡施肥能协调养分、提高品质、培肥地力、保护生态，减少环境污染、降低农业成本，提高肥料利用率。在甘肃省武威市凉州区永昌镇白云村进行小麦玉米带田系统研究法平衡施肥试验（表 19-3）。

表 19-3　各处理的纯养分用量

处　理	N (kg/hm^2)	P_2O_5 (kg/hm^2)	KCl (kg/hm^2)	$CuSO_4$ (kg/hm^2)	B (kg/hm^2)
$N_0P_2K_1$	0	120	75	2.8	3.5
$N_1P_2K_1$	150	120	75	2.8	3.5
$N_2P_2K_1$	300	120	75	2.8	3.5

（续）

处理	N (kg/hm²)	P_2O_5 (kg/hm²)	KCl (kg/hm²)	$CuSO_4$ (kg/hm²)	B (kg/hm²)
$N_3P_2K_1$	450	120	75	2.8	3.5
$N_2P_0K_1$	300	0	75	2.8	3.5
$N_2P_1K_1$	300	90	75	2.8	3.5
$N_2P_3K_1$	300	150	75	2.8	3.5
$N_2P_2K_0$	300	120	0	2.8	3.5
$N_2P_2K_2$	300	120	150	2.8	3.5

研究结果表明，补足微量元素肥料的用量、固定磷钾肥的用量时，与不施氮肥的处理相比（表 19－4），施用氮肥后各处理小麦产量增加了 9.2%～11.4%，且其增产幅度随施氮水平的增加而加大，氮素施用水平为 300kg/hm² 时小麦产量最高，为 4 885kg/hm²，较不施氮素处理每公顷增加 501kg。固定氮肥和钾肥，与不施磷肥的处理相比，施磷处理的小麦产量增加 0.3%～5.9%，且随施磷水平的增加而增加，磷水平 150kg/hm² 处理产量最高，为 4 970kg/hm²，较不施磷处理的增加 279kg/hm²。固定氮肥和磷肥，与不施钾肥的处理相比，施钾处理的小麦产量降低了 3.4%～6.9%，但随施钾水平的增加而降低。该结果说明，带田中氮、磷是限制小麦产量的主要因子，小麦产量最高的平衡施肥处理是 $N_2P_2K_0$。

在施用氮磷钾化肥的基础上补足微肥用量，固定磷肥和钾肥，与不施氮肥的处理相比，施氮处理的玉米产量增加 52%～61%，且随着施氮水平的增加而增加，氮素施用水平 450kg/hm² 时的产量最高，为 9 140kg/hm²，较不施氮处理的增加 3 450kg/hm²。固定氮肥和钾肥，与不施磷肥的处理相比较，施磷处理的玉米产量增加 7%～15%，磷水平 120kg/hm² 的处理产量最高，为 8 838kg/hm²，较不施磷处理的增加 1 125kg/hm²。固定氮肥和磷肥，与不施钾肥的处理相比，施钾处理的玉米产量增加 4%～18%，且随施钾水平的增加玉米产量增加，钾水平 150kg/hm² 的处理产量最高，为 9 969kg/hm²，较不施钾处理的增加 1 494kg/hm²。这些结果说明，带田中氮、磷、钾是限制玉米产量的主要因子，玉米产量最高的平衡施肥处理是 $N_2P_2K_2$。

表 19－4　不同施肥处理对产量的影响

处理	小麦产量（kg/hm²）	玉米产量（kg/hm²）
$N_0P_2K_1$	4 384d	5 690c
$N_1P_2K_1$	4 788ab	8 661b
$N_2P_2K_1$	4 885ab	8 838ab
$N_3P_2K_1$	4 812ab	9 140ab
$N_2P_0K_1$	4 691ab	7 713ab
$N_2P_1K_1$	4 703cd	8 288b
$N_2P_2K_1$	4 885ab	8 838ab
$N_2P_3K_0$	4 970ab	8 508b
$N_2P_2K_0$	5 055a	8 475b
$N_2P_2K_1$	4 885ab	8 838ab
$N_2P_2K_2$	4 707bc	9 969c

二、增施有机肥促进作物高产与耕地质量培育技术

施用有机肥料既供应了作物需要的各种养分，也改变了土壤养分的供应状况，特别是各种营养元素的比例，因此，施用化学肥料必须考虑有机肥料的施用状况及养分供应特点。在甘肃省武威市凉州区永昌镇白云村进行了小麦玉米带田不同种类有机肥增产及培肥效果试验，试验设计参见表 19-5。

表 19-5 各处理的有机肥及纯养分施用量

处 理	厩肥施用量 (t/hm²)	秸秆还田量 (t/hm²)	绿肥施用量 (t/hm²)	纯氮施用量 (kg/hm²)	磷酸钙用量 (kg/hm²)
M	90	—	—	—	1 125
G	—	—	45.0	—	1 125
S	—	10.5	—	—	1 125
N	—	—	—	375	1 125
1/2 (M+G)	60	—	22.5	—	1 125
1/2 (M+S)	60	5.25	—	—	1 125
1/2 (M+N)	60	—	—	187.5	1 125
1/2 (G+N)	—	—	22.5	187.5	1 125
1/2 (S+N)	—	5.25	—	187.5	1 125
1/3 (M+G+N)	40	—	15.0	124.5	1 125
1/3 (M+S+N)	40	3.45	—	124.5	1 125
1/4 (M+G+S+N)	26.25	2.63	11.25	93.0	1 125
CK	—	—	—	—	1 125

1. 不同类型有机肥的产量效应 根据本试验连续 17 年的试验结果（表 19-6），施用不同类型有机肥对小麦玉米带田的作物产量具有较明显的影响。

表 19-6 不同种类有机肥对小麦玉米带田产量的影响

处 理	1988 年产量 (kg/hm²)	2004 年产量 (kg/hm²)	17 年平均产量 (kg/hm²)
M	8 554.5	7 930.5	7 098.0
G	10 162.5	9 466.5	8 530.5
S	6 183.0	5 571.0	4 396.5
N	14 790.0	12 924.0	9 729.0
1/2 (M+G)	8 823.0	8 442.0	8 280.0
1/2 (M+S)	7 026.0	8 188.5	6 264.0
1/2 (M+N)	12 405.0	14 287.5	9 667.5
1/2 (G+N)	13 368.0	12 709.5	9 877.5
1/2 (S+N)	12 087.0	11 736.0	9 081.0
1/3 (M+G+N)	12 220.5	12 844.5	9 774.0
1/3 (M+S+N)	11 232.0	11 776.5	8 838.0
1/4 (M+G+S+N)	10 890.0	7 930.5	9 088.5
CK	6 151.5	9 466.5	4 219.5

试验结果表明，在磷肥充分供应的情况下，厩肥（M）较不施任何肥料的（CK）有明显的增产效果，第一年增产39.1%，最高增产年份达136.0%，试验进行17年时增产99.7%，17年平均增产68.2%。连续翻压绿肥（G）较无肥（CK）区有极显著的增产效应，第一年增产65.2%，随着时间的推移增产效果逐年增大，不同年份因气候条件的影响，增产幅度有所波动，但总的变化趋势不变，最高增产年份达228.0%，后3年增产达90.1%～126.4%，17年平均增产102.2%，秸秆还田（S）处理的产量较低（表19-6），甚至不如无肥（CK）区，17年中前7年除第三年增产，第一年平产，其余5年均减产（减产幅度为5.7%～11.5%）；后10年中除第十二年减产外，其余均增产，而且随着处理年限的增加，增产幅度亦增加。17年平均增产幅度最小（4.2%）。主要原因是秸秆还田处理前期秸秆C/N比高，含N量相对较少。随着秸秆还田年限的增加，秸秆腐解释放的氮素在土壤中逐渐积累，土壤供应氮素状况改善，从而使作物产量有所增加。

2. 不同类型有机肥对土壤全量养分的影响 各施肥处理的土壤有机质均有明显的增加（表19-7），在施用等量磷肥下，本试验的有机肥处理以厩肥增加29.5%为最多，其次是翻压绿肥增加27.3%，秸秆还田增加24.1%，居第三；采用有机肥配合氮磷化肥增加18.1%～41.2%，其中以1/2（M+G）配合施用增加土壤有机质最多，为41.2%，采用1/4（M+G+S+N）配合施用增加有机质36.4%，居第二，采用1/2（S+N）配合施用增加土壤有机质最少，为18.1%；单施氮磷化肥区增加最少，为3.0%；无肥区土壤有机质增加7.2%，高于纯施化肥区。

表19-7 不同肥料对土壤有机质及全量养分含量的影响

处 理	有机质（g/kg）		全氮（g/kg）		全磷（g/kg）		全钾（g/kg）	
	1992	2004	1992	2004	1992	2004	1997	2004
M	19.02	21.17	1.17	1.38	0.74	0.62	28.0	25.5
G	19.46	20.82	1.25	1.48	0.73	0.56	29.0	25.5
S	18.69	20.29	1.15	1.32	0.74	0.59	27.0	25.5
N	16.56	16.84	1.16	1.10	0.70	0.54	26.0	25.1
1/2（M+G）	18.76	23.08	1.30	1.61	0.72	0.62	28.0	25.9
1/2（M+S）	18.94	22.20	1.31	1.36	0.74	0.61	28.0	25.5
1/2（M+N）	18.38	20.84	1.24	1.38	0.74	0.60	27.0	25.5
1/2（G+N）	18.28	20.40	1.23	1.45	0.71	0.52	28.0	25.1
1/2（S+N）	17.97	19.31	1.10	1.31	0.72	0.54	25.0	24.9
1/3（M+G+N）	18.28	20.55	1.21	1.33	0.72	0.58	26.0	25.3
1/3（M+S+N）	18.85	20.75	1.15	1.46	0.72	0.57	24.0	25.5
1/4（M+G+S+N）	19.28	22.30	1.21	1.40	0.72	0.55	14.0	25.9
CK	16.35	17.52	0.93	1.22	0.69	0.55	28.0	25.71

在施用等量磷肥下，施用的3种有机肥17年后（表19-7），以翻压绿肥土壤全氮增加39.6%最多，其次是厩肥，增加30.2%，秸秆还田增加24.5%。单施氮磷化肥区则仅增加3.8%，低于厩肥与压绿肥和秸秆还田区。采用有机肥与氮磷化肥配合施用的增加23.6%～

51.9%，其中厩肥与绿肥配施 1/2（M＋G）增加 51.9%，厩肥与秸秆和化肥配施 1/3（M＋S＋N）增加 37.7%居第二，秸秆与化肥配施 1/2（S＋N）增加 23.6%为最少，无肥区增加 15.1%。

在施用等量磷肥条件下，17 年后（表 19－7）施用不同肥料及配合比例的处理土壤全磷含量均有降低，降低幅度为 6.1%～21.2%，其中以 1/2（G＋N）降低最多为 21.2%，单施化肥降低 18.2%居第二，单施厩肥（M）和 1/2（M＋G）最少为 6.1%。从而说明，施用厩肥对调节土壤全磷具有重要作用。在施用等量磷肥下，17 年后（表 19－7）施用不同肥料及配合比例的各处理土壤全钾差异不大，含钾量在 25.1%～25.9%之间，相互间差异未达到显著性水平。

3. 不同类型有机肥对土壤速效养分的影响　在施用等量磷肥的前提下，17 年后（表 19－8）除单施秸秆还田处理的土壤碱解氮减少 2.3%外，其余处理土壤碱解氮均有明显的增加，单施绿肥、厩肥两种有机肥土壤碱解氮较基础样高 15.2%～17.4%，以绿肥增加 17.4%为最多，厩肥增加 15.2%居第二，单施 NP 化肥增加 2.2%为最少；有机肥与 NP 化肥配合施用，除秸秆还田与 NP 化肥 1/2（S＋N）配合土壤碱解氮减少 2.3%外，其余处理增加 0.9%～20.8%，其中以厩肥与秸秆还田 1/2（M＋S）配合增加 20.8%最多，厩肥与绿肥 1/2（M＋G）配合增加 16.3%居第二，绿肥与 NP 化肥 1/2（G＋N）配合增加 0.9%最少；无肥区减少 11.0%。

表 19－8　不同类型肥料对土壤速效养分含量的影响

处　理	碱解氮（mg/kg）		速效磷（mg/kg）		速效钾（mg/kg）	
	1992	2004	1992	2004	1992	2004
M	71.63	74.2	38.2	0.62	28.0	25.5
G	77.70	75.6	26.1	0.56	29.0	25.5
S	71.03	62.9	29.5	0.59	27.0	25.5
N	75.60	65.8	12.0	0.54	26.0	25.1
1/2（M＋G）	77.47	74.9	35.0	0.62	28.0	25.9
1/2（M＋S）	73.50	77.8	41.1	0.61	28.0	25.5
1/2（M＋N）	66.03	67.9	30.7	0.60	27.0	25.5
1/2（G＋N）	73.30	65.0	22.5	0.52	28.0	25.1
1/2（S＋N）	72.57	62.9	19.2	0.54	25.0	24.9
1/3（M＋G＋N）	73.50	74.2	27.3	0.58	26.0	25.3
1/3（M＋S＋N）	70.47	66.4	26.2	0.57	24.0	25.5
1/4（M＋G＋S＋N）	74.90	74.2	22.5	0.55	14.0	25.9
CK	68.13	57.3	17.0	0.55	28.0	25.71

在施用等量磷肥下，17 年后（表 19－8）除单施 NP 化肥处理的土壤速效磷含量仅增加 27.7%，增幅较少外，其余处理土壤速效磷均有明显的增加，3 种有机肥土壤速效磷较化肥 NP 肥区高 2～4.8 倍，以厩肥增加 480.9%最多，秸秆还田增加 226.9%，翻压绿肥增加 221.5%；有机肥与 N 肥配合增加 68.5%～396.9%，其中以厩肥与秸秆还田 1/2（M＋S）

配合增加 396.9%最多，厩肥与绿肥 1/2（M+G）配合增加 370.8%居第二，秸秆还田与 NP 化肥 1/2（S+N）配合增加 68.5%为最少。从表 19-8 还可看出，凡是施用厩肥的处理，土壤速效磷均增加，并且随着施用量的增加而提高，而未施厩肥的处理，土壤速效磷均较基础样增加较少。由此认为，厩肥对保持和恢复土壤速效磷的含量有积极作用。

在施用等量磷肥下，17 年后（表 19-8）单施 NP 化肥和绿肥两处理的土壤速效钾分别较基础样减少 43.9%和 12.2%，施用厩肥、秸秆还田两种有机肥的土壤速效钾均有增加，其趋势为厩肥＞秸秆还田，分别较基础样增加 131.7%和 12.2%。有机肥与 NP 化肥配合施用的除绿肥与 N 肥、秸秆与 N 肥处理分别减少 33.9%和 27.8%外，其余处理均有增加，增幅为 26.1%～94.4%。无肥区减少 22.2%。从表 19-8 还可看出，凡是未施厩肥的处理，土壤速效钾均较基础样本底值减少，而施用厩肥的处理，土壤速效钾均增加，并且随着施用量的增加而提高。由此认为，厩肥对保持和恢复土壤速效钾的含量有积极作用。

三、保护性耕作增产及培肥技术

作为一种近年来在我国不同地区较广泛应用的以提高耕地质量为核心的耕作方式，保护性耕作对干旱灌溉地区具有较好的增产和耕地质量保育效果，同时还节省了大量的劳动力投入，因此，也得到了所在区域农民的欢迎。当然，受研究时间相对较短、农民理解和接受还有待进一步增强等多方面因素的影响，保护性耕作技术本身也需要不断提升，以逐渐适应河西走廊的气候特点和生产方式等方面的要求。

1. 保护性耕作的产量效应 根据保护性耕作特点和方式，在甘肃武威设计了相应的保护性耕作试验，研究作物收获时秸秆留茬 20cm 立茬和压倒、留茬 40cm 立茬和压倒、两种不同用量秸秆覆盖（3 750kg/hm^2 和 6 750kg/hm^2）等保护性耕作方式下作物产量、土壤相关理化指标等的变化，以研究明确其对耕地质量提升的效应。研究结果表明，不同措施比较以 20cm 立茬压倒保护性耕作处理对作物的增产效应较好（表 19-9）。

表 19-9 保护性耕作方式对产量的影响（kg/hm^2）

处理	CK	NS_{20} 留茬 20cm	NPS_{20} 留茬 20cm 压倒	NS_{40} 留茬 40cm	NPS_{40} 留茬 40cm 压倒	NSB_{20} 覆盖 3 750kg/hm^2	NSB_{40} 覆盖 6 750kg/hm^2
产量	4 015c	4 815bc	6 146a	5 654ab	5 886ab	4 189c	4 711bc
增产（%）	—	19.93	53.00	40.81	46.59	4.33	17.33

从表 19-9 的结果可以看出，各处理产量排序为：20cm 压倒＞40cm 压倒＞40cm 立茬＞20cm 立茬＞6 750kg/hm^2 覆盖＞3 750kg/hm^2 覆盖＞常规耕作。20cm 立茬压倒（NPS_{20}），40cm 立茬压倒（NPS_{40}），40cm 立茬（NS_{40}）处理产量相对于传统耕作（CK）分别增产 53.08%、46.59%和 40.81%，前两个处理与 CK 之间差异显著，且 NPS_{20} 与 CK 之间差异极显著。其他保护性耕作处理 20cm 立茬（NS_{20}）、6 750kg/hm^2 覆盖量处理（NSB_{40}）、3 750kg/hm^2 覆盖量处理（NSB_{20}）相对于 CK 分别增产 19.93%、17.33%和 4.34%，但与 CK 之间产量差异不显著。对于相同覆盖量下的不同处理，秸秆压倒处理产量高于立茬处理。20cm 留茬免耕的处理下不同秸秆处理方式之间差异显著，40cm 留茬的处理之间差异不显著。

2. 保护性耕作对土壤微生物量碳的效应 由于土壤表层 0～5cm 受外界条件的影响比较

复杂，收获期该层次土壤微生物量碳也比较多变。在留茬高度相同的处理中，秸秆量较小的NS_{20}和NPS_{20}两个处理5～10cm、10～20cm土层的土壤微生物量碳含量压倒处理大于立茬处理；在覆盖量较大的处理NS_{40}和NPS_{40}中，立茬处理下土壤微生物量碳的含量大于压倒处理（表19-10）。

表19-10 保护性耕作方式对微生物量碳的影响（mg/kg）

土层	CK	NS_{20} 留茬20cm	NPS_{20} 留茬20cm压倒	NS_{40} 留茬40cm	NPS_{40} 留茬40cm压倒	NSB_{20} 覆盖3 750kg/hm²	NSB_{40} 覆盖6 750kg/hm²
0～5cm	50.85	61.75	62.20	73.60	72.71	76.34	64.58
5～10cm	75.56	65.81	74.75	60.19	43.01	76.02	75.28
10～20cm	50.79	75.01	63.55	40.88	67.65	64.72	58.91
平均	57.00	69.40	66.01	53.89	62.76	70.45	64.42

从表19-10的结果还可以看出，传统耕作与免耕相比，收获期各层次土壤微生物量碳较其他处理为高。这主要是在这个生育时期，传统耕作植株生长状况均好于免耕处理，尤其在收获期该处理作物在被高温逼熟前，后期生长旺盛的地上部分减少了土壤蒸发而使土壤含水量相对较高，且作物形成较低产量所吸收的土壤养分远远低于其他处理，减小了水分以及养分对微生物生存的胁迫和竞争，为微生物的活动提供了一个较为良好的生存环境，这在小麦根系分泌物相对较多的5～10cm土层的表现尤为突出。

3. 保护性耕作对土壤有机质的效应 在不同措施保护性耕作处理下，由于土壤中有机物的投入量均有较大幅度增加，因此，均可在一定程度上提高土壤有机质的含量。但是，由于投入量及保护性耕作方式的差异，不同处理的效果亦具有一定差别（表19-11）。

表19-11 保护性耕作方式对土壤有机质含量的影响（%）

土层	CK	NS_{20} 留茬20cm	NPS_{20} 留茬20cm压倒	NS_{40} 留茬40cm	NPS_{40} 留茬40cm压倒	NSB_{20} 覆盖3 750kg/hm²	NSB_{40} 覆盖6 750kg/hm²
0～5cm	1.731	1.922	1.893	1.903	1.948	2.039	1.799
5～10cm	1.745	2.015	1.762	1.658	1.805	1.831	1.721
10～20cm	1.681	1.800	1.851	1.572	1.798	1.724	1.585

从表19-11的结果可以看出，收获后各处理的土壤有机质含量均有所提高。其中以NS_{20}在整个耕层中有机质的平均含量提高幅度较大，为58.70%，其次NSB_{20}提高45.18%。作物收获后，各处理土壤有机质含量随土层深度的增加而减小，与土体未经耕作扰动的原始草原有机质含量变化趋势一致；而传统耕作的土壤，由于土壤经翻耕被充分混匀，因而耕层中土壤有机质的变化不明显。经过作物的一个生长季后，保护性耕作0～5cm土层土壤有机质含量高于传统耕作，但在5～10cm以及10～20cm土层，结果并非如此。这是因为，虽然秸秆覆盖为有机质的形成提供了大量的碳源，但由此而造成较低地温导致有机质转化较为缓慢。

4. 保护性耕作土壤碱解氮的效应 在本研究中，尽管未增加化学氮肥的投入量，且实际上由有机物还田带入土壤的氮素也较有限，但由于覆盖等措施降低了地表温度，减少了土壤水分蒸发等多方面原因，因此，也在一定程度上增加了土壤碱解氮的含量（表19-12）。

表 19-12 保护性耕作方式对土壤碱解氮的影响（mg/kg）

土 层	CK	NS_{20} 留茬 20cm	NPS_{20} 留茬 20cm 压倒	NS_{40} 留茬 40cm	NPS_{40} 留茬 40cm 压倒	NSB_{20} 覆盖 3 750kg/hm²	NSB_{40} 覆盖 6 750kg/hm²
0~5cm	61.13	78.80	62.30	54.40	68.30	70.80	71.90
5~10cm	54.97	73.50	56.15	60.70	55.85	55.50	60.90
10~20cm	51.77	56.45	56.15	54.40	59.20	51.03	54.65

从表 19-12 的结果可以看出，收获期土壤碱解氮的变化比较明显，无论是传统耕作还是保护性耕作的处理，土壤碱解氮含量均随着土层深度的增加而减小。在作物收获期，覆盖量为 3 750kg/hm^2 的处理 NSB_{20} 0~5cm 土层土壤碱解氮含量与其他两层差异显著，覆盖量为 6 750kg/hm^2 的处理 NSB_{40} 的 0~5cm 土壤碱解氮含量与 10~20cm 土层差异显著。结果表明，不同保护性耕作措施对土壤碱解氮含量尽管具有一定的增加效果，但在短期内尚未产生十分显著的影响。

5. 保护性耕作土壤速效磷的效应 保护性耕作在增加土壤微生物量碳、有机质含量，改善氮素供应的基础上，对土壤磷素的供应亦具有较重要的影响。尽管不同方式下的效果不一，但由于保护性耕作条件下土壤水分状况得到进一步改善，且留茬条件下亦有一定量的磷素等养分投入，因而总体上看对提高土壤速效磷含量、改善土壤供应状况等均具有一定效果（表 19-13）。

表 19-13 保护性耕作方式对土壤速效磷含量的影响（mg/kg）

土 层	CK	NS_{20} 留茬 20cm	NPS_{20} 留茬 20cm 压倒	NS_{40} 留茬 40cm	NPS_{40} 留茬 40cm 压倒	NSB_{20} 覆盖 3 750kg/hm²	NSB_{40} 覆盖 6 750kg/hm²
0~5cm	11.78a	8.36a	12.90a	7.89a	12.00a	13.33a	8.61a
5~10cm	10.92a	5.87b	9.89a	3.20b	7.81 a	11.22a	6.20a
10~20cm	7.47a	4.67b	9.52a	3.54b	6.91 a	5.28a	1.97b

根据表 19-13 的结果，在小麦收获期，0~20cm 土层土壤速效磷含量除 NS_{40} 大于传统耕作外，其他处理均小于 CK。在土壤表层的 0~5cm，除 NPS_{40} 处理与 NSB_{40} 土壤速效磷含量的差异显著外，其他处理之间差异都不显著。在 0~5cm 土层秸秆覆盖量最大的处理 NSB_{40} 以及两个立茬处理 NS_{20} 和 NS_{40} 土壤速效磷的含量均大于传统耕作，其他处理土壤速效磷含量都比传统耕作低，但传统耕作与保护性耕作的处理之间差异不显著。在 5~10cm 土层，NSB_{40} 和 CK 与 NSB_{20}、NPS_{20}、NPS_{40} 差异显著，NS_{40}、NS_{20} 与 NPS_{40} 之间差异显著，且 NSP_{40} 与 NSB_{40}、CK、NS_{40} 之间差异极显著，其他处理之间的差异则不显著。在 10~20cm 土层，除覆盖量最大的处理 NSB_{40} 外，其他保护性耕作的处理土壤速效磷含量均低于传统耕作，传统耕作与保护性耕作处理之间差异不显著。在保护性耕作的处理中，土壤速效磷含量以 NS_{40} 最大，NSB_{20} 最小，且这两个处理之间差异显著。

实施保护性耕作一个周期之后，到小麦收获期时土壤速效磷含量较低的处理（留茬压倒的处理 NPS_{20}、NPS_{40} 以及覆盖量为 3 750kg/hm^2 的处理）不同土壤层次之间出现差异，其他处理不同土壤层次之间的差异则不显著（表 19-13）。与传统耕作相比，保护性耕作的处理各层次土壤速效磷含量各有增减，且随着土层深度的增加，保护性耕作土壤速效磷含量减小的幅度比传统耕作要大。

第三节　河西走廊退化耕地修复技术

灌漠土是在“无灌溉即无农业”的荒漠绿洲地带内陆灌区经长期引用清水灌溉所形成的一种耕作土壤，具有淋溶表聚交替进行、干湿冻融交替进行等成土特征，且因土粪、灌溉水中含有较高的钙以及活跃的生物富集作用等，使其全剖面的碳酸钙含量与母土相比有增高的趋势。同时，由于地处荒漠地带，生态脆弱且不稳定，加上气候等自然条件的影响，因此，土壤养分相对贫瘠，并容易产生盐潮、旱僵、板结、黏结、漏沙、硬磐层等障碍因子，从而导致耕地质量退化和生产力下降。所以，在退化灌漠土的修复方面，也同样具有与其他地区不同的需求与模式。

一、盐渍化耕地生物修复技术

1. 不同作物连作对盐渍化耕地全盐含量的降低效果　盐渍化是灌漠土退化的最主要的特征之一，也是退化灌漠土修复研究的重点。为此，我们在甘肃武威设立长期试验研究了不同作物连作对土壤全盐含量的影响（表 19－14）。

表 19－14　3 年连作不同作物后盐渍土的全盐含量（g/kg）

种植作物	0～10cm	10～20cm	20～30cm
苜蓿	8.1d	12.2cd	12.6cd
亚麻	15.1b	14.8bc	14.1bc
小麦	13.1bc	14.0bc	13.6bc
大麦	15.2b	15.5b	15.8b
天然戈壁	42.5a	17.8a	17.3a

从表 19－14 可以看出，在戈壁草地的盐渍土（对照）中，土壤盐分含量极高，0～10cm 土层盐分含量高达 42.5g/kg。种植苜蓿、亚麻、小麦和大麦后，土壤含盐量显著降低，其中 3 年连续种植苜蓿降盐效果最显著，土壤全盐含量仅为 8.1g/kg；其次为小麦，种植 3 年后土壤全盐含量为 13.1g/kg；亚麻和大麦对降低土壤表层全盐含量的效果接近，盐分含量分别为 15.1g/kg 和 15.2g/kg。在 10～20cm 土层中，对照盐分含量为 17.8g/kg；种植苜蓿、亚麻、小麦和大麦后，土壤含盐量都有不同程度的降低，分别为 12.2、14.8、14.0、15.5g/kg，其中苜蓿的降盐效果最为明显。

在 20～30cm 土层中，对照盐分含量为 17.3g/kg，种植苜蓿、亚麻、小麦和大麦后，土壤含盐量都有不同程度的降低，分别为 12.6、14.1、13.6、15.8g/kg，降盐效果最明显的仍为苜蓿。同时从表 19－14 也可以看出，未开垦土壤盐分含量随土壤深度的增加而减少，种植作物后，土壤表层（0～10cm）盐分含量的降低效果最为明显。

2. 不同作物对盐渍化耕地 pH 的影响　pH 的高低反映了土壤的酸碱程度，影响土壤中微生物的数量、营养元素的有效性和酶的活性，进而影响土壤质量，是土壤肥力的一个重要指标。尽管一些适应偏碱性条件的作物可以在 pH 7.0～8.0 的土壤中生长良好，适应偏酸性条件的作物可以在 pH 5.0～6.0 的土壤中生长良好，但多数作物最适宜生长的 pH 一般在 5.5～7.5，pH 过高或过低均将在一定程度上影响作物生长，因而也将影响耕地质量。受成土条件等多重因素的影响，灌漠土的 pH 一般较高，达 8.0 以上，因此，适度降低其 pH 对提高耕地质量非常重要。在前述不同作物连作的试验中，连续 3 年种植苜蓿、亚麻、小麦和大麦后，土壤的 pH 都发生了不同程度的变化（表 19－15）。

表 19－15　3 年连作不同作物后盐渍土的 pH

种植作物	0～10cm	10～20cm	20～30cm
苜蓿	7.50	7.95	7.95
亚麻	8.47	8.40	8.35
大麦	8.38	8.30	8.21
小麦	8.17	8.16	8.15
天然戈壁	8.45	8.35	8.13

在 0～10cm 土层中，天然戈壁的 pH 为 8.45，种植苜蓿后 pH 下降为 7.50，降低效果最佳；其次种植小麦后土壤 pH 下降为 8.17；而种植亚麻和大麦对土壤 pH 的影响不甚明显，种植后土壤 pH 分别为 8.47 和 8.38。在 10～20cm 土层中，对照 pH 为 8.35，种植苜蓿后的 pH 降为 7.95，位列第一；其次为小麦，种植后土壤的 pH 为 8.16，降低效果位列第二；而种植亚麻和大麦基本上未起到降低土壤 pH 的作用，其中种植亚麻后反而使土壤的 pH 略有升高。在 20～30cm 土层中，对照的 pH 为 8.13，种植苜蓿后 pH 降为 7.95，而种植亚麻、小麦和大麦后反而使该层土壤 pH 略有升高。

二、荒漠化耕地生物修复技术

生物修复是利用某些植物的特性，通过这些植物的种植以达到培肥或修复退化耕地的一种方法。如利用豆科作物对氮素的固定，十字花科作物对磷素吸收能力较强等功能，可以提高土壤中某些营养元素的活性，或者增加土壤有机质和养分的含量，可以达到培肥耕地的目的。利用某些作物的根际分泌物，通过化感作用等途径，可以消除土壤中的某些障碍因子，可以达到修复退化耕地的目的。由于豆科作物具有固定空气中氮素的功能，且其秸秆和根系还田可以提高耕地的有机质含量，因此，常用作贫瘠耕地肥力提升的先锋作物。

1. 紫花苜蓿对土壤物理性质的影响　为探讨豆科作物对灌漠土肥力提升的效果，我们选择适合河西走廊种植的豆科作物紫花苜蓿，在灌漠土中开展了紫花苜蓿对耕地相关性质影响的研究，表 19－16 为种植紫花苜蓿后对土壤相关物理性质影响的结果。

表 19－16　种植紫花苜蓿对土壤物理性质的影响

种植年限	自然含水量 (g/kg)	容重 (g/cm^3)	总孔隙度 (%)	0.25mm 团粒 (%)
3	217.39a	1.09a	51.26a	65.80
2	196.99b	1.16ab	48.53bc	56.60
1	166.48c	1.22b	46.39c	48.57
CK	126.74d	1.30c	43.33d	33.46

注：小写字母表示 $LSR_{0.05}$ 显著差异水平。

从表 19－16 的结果可以看出，灰棕漠土种植紫花苜蓿后地表的覆盖度有明显增加，土壤水分蒸发降低，加之紫花苜蓿根系发达，须根主要分布在 0～20cm 土层中，有利于改善土壤物理性质。与 CK 处理比较，种植紫花苜蓿 2 年和 3 年后，0～20cm 土层（耕作层）的总孔隙度增加了 5.20%～7.93%，土壤容重降低 0.14～0.21g/cm^3，自然含水量增加了 70.25～90.65g/kg，>0.25mm 团粒增加了 23.14%～32.34%，且不同处理间的差异均达到显著或极显著水平，即种植紫花苜蓿对改善土壤相关物理性质具有十分显著的效果。

2. 紫花苜蓿对土壤化学性质的影响　灰棕漠土的肥力相对较低，因此，种植紫花苜蓿后，因为苜蓿的枯枝落叶进入土壤中，加之每年施用一定量的有机肥料，以及豆科作物本身所具有的固氮作用等，可以在较短的时间内改善土壤的相关化学指标（表 19－17）。

表 19－17　种植紫花苜蓿对土壤化学性质的影响

种植年限	电导率（ms/cm）	全盐（g/kg）	脱盐率（%）	pH	有机质（g/kg）	碱解氮（mg/kg）	速效磷（mg/kg）	速效钾（mg/kg）
3	2.44a	1.95a	70.36	8.20a	11.22a	44.35a	7.70a	163.80a
2	5.09b	4.07bc	30.14	8.36ab	9.52bc	41.95b	6.76bc	147.50bc
1	7.01c	5.61c	20.27	8.40bc	9.45cd	32.27c	6.72c	142.71c
CK	8.23d	6.58d	—	8.45c	8.50d	26.92d	4.88d	122.40d

从表 19－17 的结果可以看出，随着紫花苜蓿种植年限的延长，灰棕漠土耕层中的有机质、速效养分含量呈现出随种植年限延长而逐渐增加的趋势。与 CK 相比较，种植 3 年紫花苜蓿后 0～20cm 土层有机质含量增加了 2.72g/kg、增加幅度达到 32.0%；土壤碱解氮、速效磷、速效钾的含量分别增加 17.43mg/kg、2.82mg/kg、41.40mg/kg，其提高幅度分别达 64.7%、57.8%和 33.8%；同时，土壤电导率降低了 5.79mS/cm，全盐含量降低 4.63g/kg，土壤的脱盐率达 70.36%，土壤 pH 由 8.45 下降到 8.20，地表的覆盖度达到 95%以上，有效抑制了土壤返盐，不同处理间相关指标的差异达到显著或极显著水平。

第四节　灌漠土质量培育的问题与对策

甘肃河西绿洲耕地土壤肥力偏低、质量不高，近年来由于片面追求产量和经济效益，尽管单位面积耕地产量呈现出增加的趋势，但水资源消耗量增加，且因忽视了用地养地相结合，忽视了农业基础设施建设等，导致耕地质量下降，农业环境不断退化，风沙、盐碱地面积呈扩大趋势，对粮食高产、稳产和农业可持续发展构成了严重威胁。因此，必须进一步强化耕地质量培育，特别是针对耕地质量培育中可能出现的问题，加强政策引导，增加政府投入、强化种地养地的有效结合，为区域耕地质量提升、农业综合生产能力提高提供有效支撑。

一、灌漠土质量培育中存在的主要问题

1. 缺乏耕地质量培育新技术成果　现有土壤培肥技术绝大部分是 20 世纪 90 年代提出来的，尽管对区域农业发展、耕地质量提升发挥了十分重要的作用。但是，近年来随着我国现代农业的发展，对农产品生产、农业生态环境建设等提出了新的更高的要求，农业耕作管

理水平也大大提高，在新品种、新的耕作措施和新的种植制度下，必须进一步强化耕地养分特征和质量培肥技术研究，依靠现代农业高新技术成果指导农业生产和耕地质量培育。

2. 多方认识不到位 由于政策不配套等多方面原因的影响，一是农民的认识不到位。部分农民存在懒惰思想和追求眼前利益，盲目大量、不合理施用化肥，对有机肥的认识不足、施用量少，培肥耕地的积极性不高，使作物对化肥的依赖性越来越大。二是政府和部门认识不到位。耕地培肥是一项长期的系统工程，属于应用基础研究的范畴，国家和各级政府部门应给予一定的经费资助，但近十几年来，有关研究立项难，研究经费严重缺乏，导致研究中断，致使耕地培肥、退化耕地修复技术研究进展较慢，特别是现代高技术成果的应用不足，严重影响了土壤培肥技术的创新和农业的高产、高效和可持续发展。

3. 农民种地养地积极性不高 由于实行联产承包责任制，土地使用权归农民，生产和管理由农民自己做主，种植什么作物，怎样施肥、耕作和管理农民自己说了算，导致只重视种地，不考虑养地的后果。国家没有建立相应的法律、法规使种养结合，因而很难确保农业可持续发展。农民种田见到效益后才会有积极性，才会考虑生产投入。2003 年以来，随着国家对粮食安全问题不断重视，粮食的价格有一定幅度回升，加上国家减免农业税和种粮补贴政策，农民种田见到了一定的经济效益，种田的积极性有所提高。但是，2005 年生产资料价格全面大幅度上涨，涨价造成的农业投入高于政策性补贴，严重打击了农民种田积极性，更谈不上养地。如果农民种地没有效益，就不会有积极性培肥地力，造成恶性循环。

4. 有机肥资源不足 目前，甘肃河西有机肥主要是牲畜粪便及其垫圈秸秆肥，具有养殖条件的农户一般农田中施用有机肥，而没有养殖条件的农户，或没有资金购买有机肥的农户很少施用有机肥。因秸秆还田除受气候条件影响外，还受燃料和饲料短缺的限制，目前，除小麦秸秆外，其他秸秆还田在甘肃河西绿洲大面积推广还有一定难度。

此外，耕作管理措施不当、施肥和灌溉不科学等，也在很大程度上制约了耕地质量的培育，导致作物产量低、农业生产效益差。因此，从某种意义上说，耕地质量培育是一项系统工程，不仅需要有先进适用技术作为保障，而且也必须有政府的投入和政策引导，当然更离不开农民的重视。从这一点来说，提高农民种地养地的积极性和自觉性，强化农民科技素质的培养和提高，对耕地质量培育是十分重要的。

二、土壤培肥的主要对策

1. 耕地地力提升的技术措施

（1）平衡施用化肥 化肥是最直接和最快速的养分补充途径，但目前甘肃省的化肥施用存在着很大盲目性，施肥结构极不合理，重氮、磷肥，轻钾、微肥，致使氮、磷、钾、微比例严重失调，这样不但造成土壤肥力下降，生产成本上升，甚至还会污染环境。当前化肥施用总的原则应该是减氮、稳磷、增钾、补微。

（2）增施有机肥 大量施用化肥固然是现代农业保持较高单产水平的保证措施，但提高河西绿洲土壤肥力的核心问题仍然是维持与提高土壤的有机质含量，经济合理地利用有机物料来培肥土壤，是恢复和保持地力的一项重要内容。增施农家肥和草炭，不仅能增加和更新土壤有机质，增多土壤中有效态养分，增强微生物活动能力，还可改善土壤的理化性状，调节土壤的水、肥、气、热状况，为作物生长发育创造良好的环境条件。

（3）种植绿肥 种植绿肥尤其是豆科绿肥作物，可明显增加土壤中氮、磷营养成分和腐殖质含量，使地力得到较大的恢复和提高。因此要积极引导农民在这部分耕地种植绿肥，通过绿肥根系肥田、过腹还田和翻压还田，逐渐恢复土壤的功能性状。

(4) 秸秆还田　作物的秸秆、根茬是土壤有机质的第三种来源（第一种为绿肥，第二种为有机肥料），其还田后不仅可以增加土壤有机质的数量，作为非腐解态有机物，它还可以明显提高土壤的生物活性，改善土壤腐殖质的质量，使耕地地力常新。据实验研究，每公顷还田750kg玉米秸秆，可积累土壤有机质277.5kg，大体上与土壤有机质每年0.1%的下降速度持平，从而保持土壤有机质的相对稳定。研究结果还显示，每667m^2产400kg玉米的根茬量大约在75kg左右，其中有67.5kg根茬可留在耕作层中，按根茬还田后，每667m^2增加有机质50kg计算，大体上相当于每年施用农家肥带入土壤中的有机质数量。随着农作物产量的逐年提高，河西绿洲区剩余农作物秸秆不断增加，应当充分利用这一宝贵资源，大力推行玉米、小麦、大豆不同作物主产区的秸秆还田模式，增加农田有机质的归还量，改善土壤性能，提高土壤肥力。

2. 改革不合理的耕作制度　乌克兰和美国都曾进行了一系列的耕作制度的改革。乌克兰主要是采取保土轮作、保留根茬、套行耕作、无犁壁耕地、在地缘种植高秆作物当围篱等办法；美国则建立了遍及全国的土壤保持示范点和土壤保持管理区，并逐步形成了保护性耕作体系。推行保护性耕作已成为农业发展的必然，但是由于存在着种种差别，国外的经验不能完全照抄照搬，只能供我们借鉴和学习，因此当务之急是要尽快探索出符合河西绿洲农民现有经济发展水平和农业机械化现状的具有区域特色的保护性耕作模式。

当前，河西走廊部分地方还存在一些不合理的耕作制度等问题，如农民不重视有机肥的施用，灌溉随意性大，耕作不合理等，在很大程度上制约了耕地质量的保护和提升。保护性耕作主要是将免耕、少耕、轮耕、深松、秸秆覆盖和化学除草等技术进行集成。实施保护性耕作，不仅可以增加土壤有机质，改善土壤结构，提高土壤肥力，保护土壤和水资源，而且能够降低生产成本，提高经济效益，有利生态环境的改善和农业可持续发展。保护性耕作目前已在许多国家大面积推广，有资料显示，美国保护性耕作面积已达到36%。农业部保护性耕作中心提供的研究资料表明，保护性耕作技术与传统深翻耕作技术相比，可降低地表径流60%，减少土壤流失80%，减少大风扬沙60%，提高水分利用效率17%～25%，增加作物产量10%～20%，节约人畜用工50%～60%，增加收益20%～30%，其效果非常显著。

3. 合理轮作　河西绿洲长期以来一直以种植耗地作物玉米小麦带田为主，而养地作物大豆播种面积却几起几落，基本上是处于低水平的徘徊局面，饲草和绿肥的种植更是空白，致使耕地得不到必要的休整和补充，加上管理等方面因素的影响，导致耕地地力降低、质量下降，粮食生产能力也呈急剧下降趋势。实施粮草（肥）间作、粮经间作，调减普通玉米种植面积，增加饲料玉米、提高饲草、绿肥和经济作物的播种面积，丰富粮草、粮经、粮特种制模式，发展粮区畜牧业，这样不仅可以使灌漠耕地地力得到休闲恢复，增强农业发展后劲，而且还能优化种植业结构，增加农民收入。

三、耕地沙质荒漠化的防治策略

河西地处温带、暖温带荒漠范围，降水量少、蒸发量大，地表物质疏松，土壤含盐量高，植被稀疏矮小，风大沙多，土地生态脆弱，如果不慎用土地，容易破坏生态平衡，使植被退化，土壤遭受风蚀沙害。在荒漠化的生态环境中，通过人工改造培育可形成人工绿洲；

反之，人类不合理的利用也会导致绿洲土地荒漠化。目前，河西地区沙质耕地荒漠化呈加速发展趋势，沙质荒漠化的防治进展还相当缓慢。因此，做好以下工作，加快沙质荒漠化的防治步伐尤显重要。

1. 抓紧生态资源的调查、制定长远的国土整治规划 河西走廊绿洲的自然资源多样性为发展农业经济提供了有利条件，但是，对资源缺乏全面细致的调查及科学合理的规划，资源的开发利用处于无序状态。特别是水资源的调查规划和合理利用规划不够，应按流域尽快进行全面的开发治理规划，大力加强生态工程建设，退耕还林还草，最大限度地增加植被面积，提高植被覆盖率，控制荒漠化的发生与发展，以便有效地维护绿洲生态系统的平衡，持续稳定地发展生产。

2. 大力种草种树，保护植被 在南部祁连山区营造和保护好水源涵养林，使涵养林成为“绿色水库”，以保障下游绿洲地区的水量需求。在北部山地风沙线一带营造和保护防风林，阻止和遏制巴丹吉林沙漠的侵袭。在中部走廊绿洲地带要大力营造护田林网的用材林和经济林，提高森林覆盖率。启动“两高一优”为宗旨的沙产业工程，建设和发展河西商品粮基地。在积极植树种草的同时，还要采取必要的措施保护植被，严格禁止在荒漠植被地域乱砍滥伐，改变荒漠植被地域生态系统的脆弱状况。

3. 改造盐碱地，防止荒漠化 河西走廊约有盐碱地 60 多万 hm^2，占总土地面积的 2.46%。针对盐渍化耕地的不同成因，必须采取不同的改良措施。在地势低洼的地方，要通过排水降低地下水位。对地下水矿化度高的地区如民勤等，要适度打井，科学灌溉，防止次生盐渍化加剧。同时，还要加快耐盐作物新品种的培育和推广应用，大力推行牧草轮作、水旱轮作等耕作方式。通过各种综合措施的推广应用，大幅度改造盐碱地，防止耕地荒漠化。

4. 加大节水灌溉技术推广 要大力发展生态型高效农业，提高水资源利用率。荒漠绿洲是世界上一种稳产、高产的灌区，但绿洲的生态系统依赖的是水资源的滋润。由于水资源非常有限，而耕地面积则不断扩大，所以，发展生态型高效农业，建立节水灌溉的高产农田，加快发展节水绿洲，扩大绿洲面积，已成为今后沙区乃至整个河西绿洲的当务之急。同时，应努力改善区域水利设施，提高水资源利用率，扩大有效灌溉面积。河西耕地资源的制约因素为水资源而非土地资源，土地开发及农业生产的核心技术为高新节水技术，而以高效节能日光温室、地膜增温保墒技术、各项土壤改良技术、防风治沙技术为配套农业技术，逐步形成节水灌溉制度下的先进耕作制度。积极推广滴灌、喷灌技术及其他类型的节水灌溉方式以及与之相匹配的先进耕作方法，是目前发展生态型高效农业、提高水资源利用率的可选途径。

（俄胜哲、杨思存）

参 考 文 献

包兴国，邱进怀 . 1996. 绿肥与氮肥配施对灌漠土磷钾平衡的研究 [J]. 土壤通报，27（4）：177 - 178.

包兴国 . 1990. 草木樨在甘肃河西灌漠土上的培肥改土效益 [J]. 耕作与栽培（4）：46 - 47.

杜守宇，田恩平 . 1995. 秸秆覆盖还田的综合效应与系列化技术研究 [J]. 宁夏农林科技（2）：10 - 14.

俄胜哲，杨生茂，郭永杰 . 2010. 长期施肥对河西绿洲灌漠土作物产量及土壤养分自然供给能力的影响

[J]. 植物营养与肥料学报，16 (4)：786 - 793.
郭天文，谭伯勋 . 1998. 灌漠土区吨粮田开发与持续农业建设 [J]. 西北农业学报，7 (4)：91 - 96.
侯格平，索东让 . 2006. 河西灌漠土土壤钾素变化的定位连作试验研究 [J]. 磷肥与复肥，21 (5)：73 - 76.
籍增顺 . 1994. 旱地玉米小麦免、少耕秸秆覆盖核技术 [J]. 山西农业科学，22 (3)：1 - 6.
籍增顺 . 1995. 旱地玉米免耕整秸半覆盖技术及其评价 [J]. 干旱地区农业研究，13 (2)：14 - 19.
江晶，张仁陟，索东让 . 2010. 长期施肥对河西灌漠土无机磷形态的影响 [J]. 土壤通报，41 (4)：483 - 487.
李霞飞，孙建军，吕锦屏 . 1999. 灌漠土肥料 10 年定位试验结果 [J]. 土壤通报，30 (5)：221 - 223.
李玉英，宋玉伟，程序，等 . 2009. 施氮对灌漠土春玉米干物质积累和氮素吸收利用动态的影响 [J]. 中国农业大学学报，14 (1)：61 - 65.
罗志桢，何慧生 . 1994. 灌漠土高产培肥途径探讨 [J]. 甘肃农业科技 (8)：28 - 29.
马忠明，杜少平，王平 . 2012. 长期定位施肥对灌漠土蔗糖酶活性的影响 [J]. 西北农业学报，21 (1)：151 - 155.
秦嘉海，陈广泉，刘金荣 . 2005. 钾肥对河西走廊灌漠土西葫芦肥效的研究 [J]. 农业科技与信息 (12)：20 - 21.
秦嘉海，吕彪 . 2005. 河西土壤与合理施肥 [M]. 兰州：兰州大学出版社 .
青海省农业资源区划办公室 . 1997. 青海土壤 [M]. 北京：中国农业出版社 .
全国土壤普查办公室 . 1998. 中国土壤 [M]. 北京：中国农业出版社，753 - 770.
孙建好 . 2007. 不同小麦专用肥在河西灌漠土上的肥效试验初报 [J]. 甘肃农业科技 (7)：7 - 10.
孙宁科，索东让 . 2011. 有机肥与化肥长期配施对作物产量和灌漠土养分库的影响 [J]. 水土保持通报，31 (4)：41 - 46.
索东让，王平，侯格平 . 2001. 河西灌漠土钾素状况及当季施肥效应 [J]. 甘肃农业大学学报，36 (2)：184 - 187.
索东让，王平 . 2001. 河西灌漠土主要粮食作物钾吸收效率及钾平衡定位研究 [J]. 干旱地区农业研究，19 (4)：6 - 10.
索东让，杨生茂，孙炳玲，等 . 2005. 河西绿洲灌漠土长期施肥效应及土壤生产力演变 [J]. 干旱地区农业研究，23 (6)：56 - 60.
索东让 . 2002. 河西走廊有机肥增产效应研究 [J]. 土壤通报 (5)：396 - 398.
索东让 . 2008. 河西走廊绿洲灌区灌漠土肥料利用率研究 [J]. 干旱地区农业研究，26 (2)：18 - 27，37.
谭伯勋 . 1983. 灌漠土的发生演变和培育 [J]. 土壤通报 (2)：9 - 11，20.
王根绪，程国栋 . 1999. 西北干旱区土壤资源特征与可持续发展 [J]. 地球科学进展，14 (05)：492 - 496.
王克鹏，张仁陟，索东让 . 2008. 长期施肥对河西灌漠土有机氮组分的影响 [J]. 生态环境，17 (2)：699 - 703.
王克鹏，张仁陟，索东让 . 2009. 长期施肥对河西灌漠土有机氮组分及剖面分布的影响 [J]. 土壤通报，40 (5)：1092 - 1097.
肖占文，秦嘉海，周俊 . 2008. 河西走廊灌漠土不同肥力水平下制种玉米氮素适宜用量的研究 [J]. 土壤通报，39 (6)：1358 - 1362.
熊毅，李庆逵 . 1987. 中国土壤 [M]. 北京：科学出版社，180 - 189.
徐存才 . 1997. 河西走廊灌漠土春小麦分级施肥决策的研究 [J]. 土壤肥料 (4)：32 - 33.
杨彬，陈修斌，杨德江 . 2005. 河西走廊灌漠土定位施肥对土壤肥力及春小麦产量的影响 [J]. 中国水土保持 (6)：35 - 37.
杨生茂，李凤民，索东让 . 2005. 长期施肥对绿洲农田土壤生产力及土壤硝态氮积累的影响 [J]. 中国农业科学，38 (10)：2043 - 2052.

张惠文，董巨河，吕锦萍.2003. 灌漠土定位试验结果 [J]. 新疆农业大学学报，26 (1)：20-23.

张立勤，马忠明，俄胜哲.2007. 垄膜沟灌栽培对制种玉米产量和水分利用效率的影响 [J]. 西北农业学报，16 (4)：86-86.

赵良菊，刘晓宏，肖洪浪.2004. 甘肃省灌漠土养分的研究 [J]. 中国生态农业学报，12 (5)：105-107.

赵良菊，肖洪浪，刘晓宏.2003. 甘肃省河西地区灌漠土养分限制因子研究 [J]. 干旱地区农业研究，21 (2)：50-53.

第二十章　红壤旱地质量培育技术与模式

红壤是我国热带、亚热带地区广泛分布且具有明显富铝化特征的一类典型地带性土壤，尽管其成土母质各异，理化性质也存在较大差别，但由于在土壤发生和生产利用上存在许多共同之处，因而被统称为红壤。广义的红壤包括砖红壤、赤红壤、红壤和黄壤等土类，主要分布范围包括广东、广西、海南、云南、湖南、江西、浙江、福建、贵州及台湾等省份的全部或大部，以及安徽、湖北、江苏、四川、重庆、西藏和上海等省份的部分，总面积约 218 万 km^2，占全国土地面积的 22.7％，耕地面积约占全国的 28％，人口约占全国的 40％，是我国重要的粮食和渔业、牧业生产基地，也是全国人口最密集的地区之一。

第一节　区域作物种植与耕作管理特点

红壤地区水热资源丰富，是我国水稻的主要产区，如湖南素有“鱼米之乡”的美称，水稻种植面积大、水平高。受季节性干旱的影响，旱地利用程度相对较低，管理粗放，产量不高，是该地区生产潜力最大的耕地类型。

一、红壤区自然资源特点

红壤地处热带、亚热带地区，该地区年均气温 15～28℃，≥10℃积温 4 500～9 000℃；年降水量较大，达 1 000～2 000mm，干燥度小于 1，无霜期在 240d 以上，但水热资源分配不均，干湿季节分明，冬季温凉干旱，夏季炎热多雨，其中 4～10 月光、热、水资源量占全年总量的 70％以上，这种气候特点有利于作物的生长和多熟种植。但由于降雨大多集中在 3～6 月、且多暴雨，容易导致水土流失，对油菜等冬季作物的成熟和收获也带来了较大影响。而蒸发量大的 7、8 月份则降雨量较少，导致水热不能完全同步，伏旱、伏秋连旱等季节性干旱现象较为普遍，对作物生长和产量、作物复种指数等均带来了较大影响。在高温、高湿、降水量大等气候背景下，土壤遭受季节性水分过多的淋溶环境，其中的盐基离子被逐渐淋溶，铁铝和硅的氧化物含量逐渐升高，由此导致土壤酸性不断增强。

南方红壤区地形以低山丘陵为主，在地势相对平坦的地方或灌排条件较好的低丘缓坡区，土地大多被开垦为稻田，因此，旱地往往是自然条件最差、人工管理也最差、水肥等最得不到保障的一类耕地，其分布也相对零散，在南方地区经常可以看到水田和旱地交错分布的现象。如果以一个小的丘岗地来描述，则其下部一般主要为水田，中部则主要为旱地，顶部主要为果园或其他用途。当然，这种分布其实在很大程度上受到丘岗地坡度的强烈影响，即在坡度较小时中部也可能被作为水田，而在坡度较大时中部经常被作为果园。近年来随着农业综合开发等工作的逐步深入，丘岗地果园种植模式不断扩大，种植的水果主要包括葡萄、柑橘、桃、李、梨等，并在果园间种经济作物，大大提高了土地的利用效率。

红壤旱地的成土母质变化比较复杂，除第四纪红土母质外，主要还包括花岗岩、板页岩、砂岩、石灰岩、紫色砂页岩等，不同母质发育的旱地理化性质差异较大。如由第四纪红土母质发育的红壤旱地，其pH一般在5.0以下，交换性酸总量达40cmol/kg左右，其中交换性H^+含量在5.0cmol/kg左右，有机质含量较低，一般仅18g/kg左右，全量氮磷钾含量亦仅在1.0、1.0、17.0g/kg左右，肥力较低；而由板页岩母质发育的旱地，其pH一般在5.0左右，交换性酸总量在35cmol/kg左右，其中交换性H^+含量在3.0cmol/kg以下，有机质含量较高，一般在22g/kg左右，全量氮磷钾含量亦达到1.3、1.2、21.0g/kg左右，肥力较高。

红壤旱地所处地区植被类型也较复杂，并对红壤旱地的发育产生较大影响，该地区植被以亚热带常绿阔叶林为主，但也有诸如马尾松等针叶林，以及落叶林等，其种类与母质等有较大的联系，近年来受自然以及人为条件的影响，植被出现了不同程度的退化，应引起重视。红壤旱地的肥力和生产力也在一定程度上受其发育时植被类型的影响，特别是其pH、有机质等的含量所受的影响更大，但是，实际上红壤旱地的性质在更大程度上会随开垦时间的延长而与原有植被的关系越来越小，即人为熟化与改良对其影响更为强烈。

二、红壤区旱地的主要作物类型与种植制度

红壤的开发利用历史悠久，距今至少已有3 000～4 000年的时间。长期以来，一直是我国重要的粮食和棉、麻、茶、鱼等农产品的生产基地。红壤区粮食作物以水稻为主，水稻种植面积占所在区域农作物播种面积的30%以上、粮食作物播种面积的60%以上（部分省甚至达到80%以上），水稻在该地区的重要性由此可见一斑。该地区旱地作物种类很多，但每种作物的种植面积和规模都较小，单产也较低。在不同类型农作物分布上，一般离居民点较近的旱地肥力较高，主要用于种植蔬菜；而离居民点较远的旱地，特别是分布在丘岗地的旱地，则主要用于种植茶叶、柑橘等经济作物，并间种一些旱地作物如豆类、芝麻、黄花菜等。从总体看，目前种植面积相对较大的旱地作物有豆类（主要是大豆）、薯类（马铃薯、甘薯等）、小麦、玉米、油料（油菜、花生、芝麻等）、棉花、麻类（主要为苎麻）、糖料（主要为甘蔗）以及烟叶，此外还有蔬菜、瓜果类作物。当然，在茶园、果园中亦套种有各种类型的旱地作物，但其类型因区域、土壤等具体情况而异。

从红壤区种植制度看，由于不同区域成土母质、地形、气候等的差异，作物类型也有所区别，导致其种植制度因区域而存在差异。以湖南省为例，该省是红壤区较典型的地区之一，根据相关调查，目前主要的种植制度如表20-1所示。

表20-1 湖南省旱地主要种植制度

生态类型区	地　貌	主要种植制度	其　他
平原湖区	平原旱地	棉花—油菜	棉花—冬小麦，棉花—豆类（蚕豆、豌豆等），甘蔗，苎麻
	河（湖）州滩地	桑	棉花—油菜，棉花—冬小麦

（续）

生态类型区	地　貌	主要种植制度	其　他
丘陵区	平旱地	棉花—油菜	豆类（如大豆、花生）—油菜，薯类（甘薯、马铃薯等）—油菜，玉米—油菜
	坡耕地	大豆—油菜	棉花—油菜，玉米—油菜，甘薯—油菜，花生—油菜，苎麻，黄花菜
山区	平旱地	玉米—油菜	棉花—油菜，豆类（大豆、花生等）—油菜，薯类（甘薯、马铃薯等）—油菜，玉米—冬小麦
	坡耕地	玉米—油菜	甘薯—油菜，大豆—油菜，花生—油菜，玉米—冬小麦，苎麻，黄花菜
城郊区		时令蔬菜	

可以看出，与北方地区相对单一的种植制度相比较，该地区旱地中农作物的种植制度确实较复杂，这种状况与该地区土壤、气候条件适合多种农作物种植，以及丘陵山区小气候变化较大等是直接相关的。了解该地区农作物种植制度，对分析耕地质量退化原因，研究并提出合理的修复与调控技术等，均具有十分重要的参考意义。

三、红壤旱地的耕作管理状况

红壤旱地的耕作管理在很大程度上与其种植制度直接相关。由于种植制度较复杂，不同作物的种植、收获时期差异较大，耕作、收获的方式也不同，因此，该地区旱地的耕作管理也呈现出较混乱的状况。从总体看，主要表现为：

1. 优质高产品种缺乏，作物单产普遍较低　如前所述，水稻是该地区第一大作物，其种植面积和比例均较大，这就决定了该地区主要技术力量也集中在水稻，所选育出的新品种亦以水稻为主，尽管蔬菜品种选育方面具有一些特色，但旱作品种选育力量薄弱、优质高产品种缺乏的状况十分明显。目前，该地区栽培的旱作品种要么靠农民自留、要么是很多年前的老品种，高产优质新品种所占比例很低，因此，必须大力强化适合该地区土壤、气候等条件的旱地作物优质高产新品种选育，加大新品种推广普及力度，为旱地作物优质高效生产提供必要的前提和保障。

2. 灌水保障率低，季节性干旱损失大　在南方红壤地区，旱地一般都是灌溉条件较差的，甚至很多旱地根本得不到灌溉，因此，即使是在南方雨水充沛的地区，旱地也常常会因为季节性干旱等原因而减产甚至绝收。导致这种结果的原因一是旱地大多地处于丘岗地中部乃至顶部，排灌设施建设难度大；二是长期以来以水稻生产为主，相关投资主要用于稻田基本建设，旱地排灌等设施建设投资很少；三是旱地作物本身产量较低，难形成规模化生产，农民投入的积极性较低等。灌溉设施缺乏严重影响了红壤旱地农业的可持续发展，强化旱地灌溉设施建设，保障其水分供应，对该地区旱地作物优质高效生产十分重要。

3. 施肥投入少，作物养分难以保障　由于生产规模小、单产低、效益较差等原因，加上旱地一般处于较边远的地区，因此，旱地作物一般施肥量很低，除播种或移栽时施用少量有机肥或化肥以外，大多很少再施用追肥等，这种结果直接导致了旱地作物养分需求难以保证，严重影响了其生长和产量。据调查，旱地作物的有机肥施用量仅为稻田的1/2左右，而化肥甚至不及水稻的1/2，且化肥主要为氮肥，磷钾等肥料的施用很少，即养分施用比例不甚合理，这也直接导致了作物低产，提高其单位面积养分施用量并强化旱地作物配方施肥，全面满足作物生长对养分的需要，是该地区旱地作物优质高效生产的当务之急。

4. 耕作管理粗放，地力提升慢 红壤区旱地所处的地形、地貌，与居民区距离较远，单一地块面积小，以及道路修建困难等诸多实际情况，使其耕作管理难度较大，机械化作业很困难，这是其耕作管理粗放的根本原因。目前，旱地耕作主要依靠人力，翻耕深度浅、土粒破碎度小、土层扰动小，施肥主要采取穴施、条施等方式，作物茬口时间长，种植制度不稳定等，直接导致了耕地复种指数较低、地力很难提升，整体生产能力也相对较差。因此，强化旱地整理，扩大其生产规模，逐步形成集约化生产能力，并实行统一耕作和管理，对提高旱地地力和综合生产能力等均十分重要。

5. 作物类型变化大，难以形成规模化集约化生产 导致这种局面的原因很多，在前面已经分别提到。实际上，该地区主要种植制度和作物的类型远远超出前述类型，如烤烟、甘蔗、芝麻、高粱、西甜瓜、牧草等，同时还包括果园中套种的各种旱地作物，其类型不胜枚举，不同类型的作物由于管理方式不一、种植和收获时间差异较大等，给集约化、规模化生产带来极大困难，严重制约了旱地农业的发展。因此，因地制宜地选择旱地作物的类型，扩大其种植规模，增加投入，强化管理，稳步提高其单产和效果，促进旱地作物规模化集约化生产，是该地区旱地农业快速发展、旱地地力提升的关键。

第二节　红壤旱地的主要特性

耕地的性质在很大程度上与其所处的环境条件、人类活动等相互关联，红壤旱地作为热带亚热带地区的一种典型耕地，其性质更是与母质、气候及人类活动等密切相关。实际上，红壤旱地的“酸、黏、板、瘦”等特点，也是被广大研究者所熟知的。当然，作为耕地土壤，红壤旱地的一些特性也在很大程度上与人类的耕作管理等具有直接联系，即熟化度越高的旱地不仅肥力较高，其与母质特性的联系也相对较小。

一、红壤旱地的酸性

酸性是红壤旱地、特别是第四纪红土母质发育旱地的重要特性之一，这与其所处的高温、高湿等气候条件下土壤中盐基离子淋失等有关，受气温升高、降雨集中等自然因素，以及化肥、特别是氮肥施用量增加等多种人为因素的影响。尽管该地区也有紫色砂页岩等母质发育的旱地 pH 呈中性或微碱性，但从总体看，近年来该地区旱地 pH 总体呈酸性、且其下降的趋势一直没有减缓，对旱地的地力和生产力带来了较大的影响。

红壤旱地的酸化主要表现在 pH 下降、交换性盐基离子含量降低，交换性酸、交换性 H^+ 和交换性 Al^{3+} 的含量增加，并由此导致土壤其他理化性质的改变，从而使旱地的地力和生产力下降，在很大程度上制约了所在区域农业的发展。据作者 2008 年在湖南省部分地区的采样调查结果，不同母质发育旱地的 pH 均在 6.0 以下，其中第四纪红土母质发育的旱地为 5.0 以下、花岗岩母质发育的旱地为 4.9 左右、砂岩母质发育的旱地为 5.5 左右、板页岩母质发育的旱地为 5.0 左右、石灰岩母质发育的旱地为 5.7 左右，其酸化现象已十分严重。同时，这些旱地土壤交换性酸、交换性 H^+、交换性 Al^{3+} 等的含量也较高，但不同母质发育的旱地间存在较大差异（表 20－2）。

表 20-2　几种母质发育旱地耕作层的酸度比较

成土母质	采样地点	pH	交换性酸（cmol/kg）	交换性 H^+（cmol/kg）	交换性 Al^{3+}（cmol/kg）	交换性 Al^{3+}/交换性酸
第四纪红土	湖南长沙	4.84	4.21	0.52	3.69	0.876
花岗岩	湖南衡阳	4.96	3.55	0.26	3.29	0.927
板页岩	湖南岳阳	5.02	2.59	0.23	2.36	0.911
砂岩	湖南双牌	5.57	3.67	0.11	3.56	0.970
石灰岩	湖南双峰	5.69	2.96	0.55	2.41	0.814

注：表中结果为多个样本的平均值。

从表 20-2 中的结果可以发现，不同母质发育的红壤旱地，其 pH 的差异较显著，其中第四纪红土和花岗岩两种母质发育的旱地 pH 甚至已经在 5.0 以下。而从交换性酸总量结果看，以第四纪红土、砂岩、花岗岩等母质发育的旱地最高；但交换性 H^+ 含量则以第四纪红土和石灰岩两种母质发育的旱地最高；反过来，交换性 Al^{3+} 占交换性酸的比例亦以该两种母质发育的旱地较低。可见，尽管在该地区所处气候条件下，旱地土壤大多呈现出酸性，但在一定程度上受到母质的影响，即不同母质发育旱地的酸性强弱是有所差异的。

红壤区旱地不仅表现为大多数类型旱地呈酸性，而且还表现在近年来逐步酸化的趋势。根据中国农业科学院红壤实验站对第四纪红土、花岗岩、紫色砂页岩 3 种母质发育旱地的长期定位试验结果，在常规施肥条件下（有机肥＋化肥）连续 25 年试验，0～20cm 土层土壤的 pH 均出现一定的下降趋势（图 20-1）。

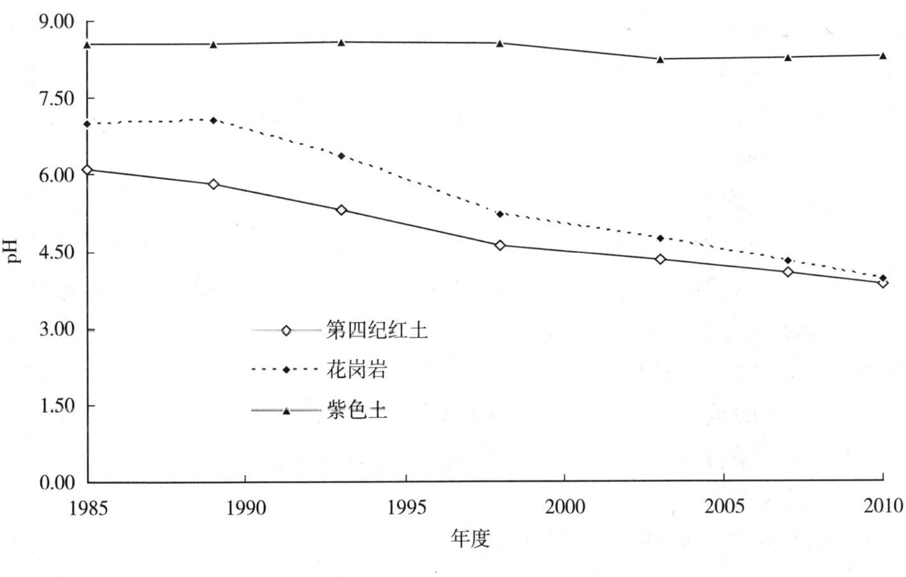

图 20-1　3 种母质发育的旱地土壤 pH 随试验年限的变化

从图 20-1 的结果可以看出，尽管紫色砂页岩母质发育的旱地 pH 尚处于碱性（8.3 左右），但亦有一定的下降趋势。而由第四纪红土、花岗岩母质发育的旱地，近年来 pH 的下降较为明显，目前均在 4.0 以下，说明其酸化已相当严重。

二、红壤旱地的物理性质

对于红壤的物理性质，了解最多的是其黏、板，即土粒直径小且粒级大小相近、团聚体含量低、黏性强、易板结，但这仅仅是第四纪红土母质发育旱地的典型特点。实际上，对于不同母质发育的红壤旱地而言，其物理性质差异很大，并且在很大程度上与母质的特性有着或多或少的内在关联。如据何园球、孙波等研究，在轻度侵蚀条件下，由第四纪红土、花岗岩、页岩母质发育的土壤，其机械组成及微团聚体组成如表 20－3 所示。

表 20－3　不同母质发育红壤的机械组成和微团聚体组成（%）

项目	母质	>2mm	2～1mm	1～0.5mm	0.5～0.25mm	0.25～0.05mm	0.05～0.02mm	0.02～0.002mm	<0.002mm
机械组成	Q	0.10	0.90	0.76	0.81	1.94	10.85	49.67	35.07
	G	6.93	26.94	9.12	6.80	11.52	8.33	11.43	25.87
	S	17.17	7.16	4.11	2.36	6.07	19.70	37.07	23.53
微团聚体组成	Q	—	1.47	3.31	4.00	17.70	15.98	50.35	7.19
	G	—	31.19	11.93	7.41	17.67	8.67	20.10	3.03
	S	—	7.16	5.11	3.30	16.07	17.28	40.99	10.09

注：表中 Q 代表第四纪红土母质，G 代表花岗岩母质，S 代表页岩母质。

从表 20－3 中的结果来看，由第四纪红土母质发育的红壤，其机械组成中土粒的粒径主要分布在 0.002～0.02mm 和<0.002mm 范围，占各级粒径颗粒的比例接近 85%，而较大粒径土粒的含量则很低、且其中又集中在 0.05～0.25mm 粒级范围，>0.25mm 土粒的含量很少，这种结果也直接导致了红壤黏、板的实际状况。而由花岗岩母质发育的土壤，则各级粒径土粒分布相对均匀，其中 1～2mm 粒级土粒、<0.002mm 粒级土粒的含量均在 25%以上，其他各粒级的分布亦较平衡；由页岩发育的土壤机械组成中，以 0.002～0.02mm 粒径土粒的含量最高，其次是<0.002mm 粒径土粒，然后依次为 0.02～0.05mm、>2mm 粒径土粒。很显然，花岗岩母质发育的土壤大粒径土粒含量较高，而页岩母质发育的土壤各粒径土粒含量相对平均，更有利于土壤微团聚体的形成。再看 3 种母质发育土壤的微团聚体状况，由花岗岩母质发育的土壤团聚体相对较大，微团聚体、特别是 0.02～0.002mm 粒径团聚体数量稍显不足；由第四纪红土发育的土壤则基本集中在 0.05mm 粒径以下，且相对集中在 0.02～0.002mm 范围内，粒径较大团聚体数量不足；而由页岩发育的土壤则各级粒径团聚体均有分布，且随着粒径由大到小，相应的团聚体含量逐步增加，这种团聚体分布也是 3 种母质发育土壤中较好的。

实际上，红壤旱地的物理性质不仅仅表现在机械组成和团聚体含量的差异，相应的水分特性如饱和导水率、水分特征曲线等，热量特性以及通气性等，均有其独特的地方。总的来看，由于红壤旱地分布于高温高湿的热带亚热带地区，受其气候条件的影响，母质的风化相对较完全，黏粒含量较高，土壤较易板结，无效孔隙较多等，在很大程度上均不利于土壤肥力的正常发挥，红壤旱地、特别是第四纪红土发育的红壤旱地也被认为是生产力较低且迫切需要改良的土壤之一。

三、红壤旱地的肥力特点

红壤旱地最显著的肥力特点是“瘦”，尽管其“瘦”的程度因其母质不同而有一定差别，但从整体看，有机质和养分含量低、盐基离子含量少、养分供应能力明显不足，加上酸性强、黏粒含量高等因素，导致了其整体生产能力较低、作物产量不高等现实，是所在地区重要的中低产田类型。

根据近年在湖南等地的调查结果，由第四纪红土发育的红壤旱地有机质含量一般在 9.5～16.5g/kg 范围，由花岗岩母质发育的红壤旱地有机质含量一般在 14.5～23.5g/kg 范围，板、页岩发育的红壤旱地为 13.5～23.0g/kg。红壤旱地的氮磷钾等养分含量亦较低，特别是有效态养分的含量更低，这在很大程度上与其所处气候条件下土壤酸性强、盐基离子流失等有关（表 20－4）。

表 20－4　红壤旱地的有机质和氮磷钾等养分含量

成土母质	有机质 (g/kg)	全氮 (g/kg)	全磷 (g/kg)	全钾 (g/kg)	速效氮 (mg/kg)	速效磷 (mg/kg)	速效钾 (mg/kg)
第四纪红土	14.2	1.09	0.82	17.1	63	6.3	58
花岗岩	19.7	1.21	1.06	31.5	81	9.7	82
板页岩	18.4	1.34	1.19	20.9	97	8.6	97
砂岩	14.9	1.07	0.84	16.3	61	6.1	63
石灰岩	15.5	1.15	1.05	15.8	59	8.2	95

由于管理上的差异，不同地区、不同管理方式下红壤旱地的肥力差异很大。复种指数相对较高、施肥和管理较好的旱地土壤，一般有机质和氮磷钾等养分的含量也相应较高，且土壤的其他理化性质也较好；而部分管理较粗放、施肥较少的旱地土壤则不仅生产力较低，有机质和养分含量也较低。因此，从提高红壤区旱地肥力和生产力、促进区域农业可持续发展的迫切需求出发，必须大力强化旱地施肥与管理。

四、红壤旱地的微生物组成及其特点

红壤旱地的微生物组成及其活性与旱地本身的理化性质、所处地区气候条件等密切相关，当然，还在很大程度上与作物类型及生长情况、施肥类型及比例、采样季节等密切相关。如据文顺元、王伯仁等（2010）在中国农业科学院祁阳红壤实验站第四纪红土母质发育旱地的研究结果，在连续 20 年长期施用单一氮磷钾化肥、氮磷钾配施及有机肥—化肥配合施用等条件下，土壤中微生物的数量呈现出较大差异（表 20－5）。

表 20－5　不同施肥下红壤旱地的微生物数量

施肥处理	细菌（$\times10^6$ cfu/g）	放线菌（$\times10^5$ cfu/g）	真菌（$\times10^3$ cfu/g）
CK	3.4	9.0	1.4
N	4.9	4.6	6.9
NPK	7.8	3.2	12.7
NPKM	29.0	94.0	43.0
M	11.2	111.0	123.0

注：CK 为不施肥，N 为单施氮肥，NPK 为施用氮磷钾化肥，NPKM 为氮磷钾化肥配施有机肥，M 为单施有机肥。除 CK 外各处理养分施用量按氮素等量计算。

从表 20-5 中结果看，红壤旱地微生物数量差异很大，且其差异与不同施肥处理长期影响下土壤肥力的差异有相同的趋势，即在正常施肥条件下，土壤微生物数量较多，不施肥或施肥不当条件下土壤微生物数量较少，而在单施化肥的基础上配施有机肥或施用有机肥时，土壤微生物的数量最多。不同施肥影响下土壤微生物数量的差异细菌可达 8.5 倍、放线菌达 34.7 倍、真菌达 87.9 倍，其数量差异为真菌>放线菌>细菌，而且，细菌和放线菌数量与土壤有机碳含量、真菌数量与 C/N 间均存在显著相关。

微生物数量的差异可能对耕地肥力等的影响在一定程度上要小于其活性和功能微生物组成的差异，因为不同类型的微生物在土壤中所发挥的功能是不一样的，而其中真正对土壤养分等理化性质起调节作用的是功能微生物。而且，如果因为土壤存在障碍因子等原因而导致微生物数量增加，或某些类群微生物活性增强，则这种数量的增加或活性的增强是不利于作物生长并获得高产的。在大多数情况下，土壤中微生物的活性与其肥力和生产力状况是相互关联的，如文顺元、王伯仁等（2010）的相关研究中，在连续 20 年的长期定位试验中，土壤功能微生物数量与施肥及其不同施肥下土壤养分等的关系密切（表 20-6）。不同处理影响下，土壤有机质和养分含量等差异较大，同样导致了功能微生物的差异，其中反硝化细菌数量相差可达 470 余倍，好气性纤维素分解菌数量相差达 56 倍，好气性自生固氮菌数量相差达 30 余倍。同时，反硝化细菌数量与土壤磷素、好气性纤维素分解菌数量与 C/N 及速效磷、好气性自生固氮菌数量与 pH 及速效磷、Shannon（生物多样性）指数与微生物量 C/N 之间，均存在显著相关关系。

表 20-6　不同施肥下红壤旱地中可培养的功能微生物数量

施肥处理	反硝化细菌（$\times10^4$ cfu/g）	好气性纤维素分解菌（$\times10^3$ cfu/g）	好气性自生固氮菌（$\times10^4$ cfu/g）
CK	4.5	2.8	2.6
N	0.95	0.25	0.42
NPK	45.0	4.5	1.3
NPKM	110.0	12.0	7.5
M	450.0	14.0	13.0

注：CK 为不施肥，N 为单施氮肥，NPK 为施用氮磷钾化肥，NPKM 为氮磷钾化肥配施有机肥，M 为单施有机肥。除 CK 外各处理养分施用量按氮素等量计算。

很显然，功能微生物数量的差异在很大程度上亦将导致其相应活性的差异，这也是影响耕地地力的关键因子。如据郑勇等（2008）的研究结果，在江西鹰潭长期施用有机肥和无机肥处理的旱地红壤，其酶活性有较大差异，但较微生物数量的差距明显要小（表 20-7）。

表 20-7　长期施肥对土壤中酶活性的影响

处理	脲酶	酸性磷酸酶	过氧化氢酶	脱氢酶	转化酶
CK	13.38±2.49	358.71±37.23	6.72±0.40	22.08±0.23	387.0±9.8
M	22.78±0.85	476.82±54.93	7.70±0.07	36.51±1.16	522.2±46.4
S	13.20±3.24	464.75±12.10	6.48±0.42	36.80±9.41	412.2±13.8
NPK	18.31±2.49	380.50±6.12	6.04±0.01	31.25±0.46	369.4±9.5

注：CK 为施低量无机肥，M 为 CK＋厩肥，S 为 CK＋秸秆还田，NPK 为 CK 二倍量化肥。脲酶为 NH_3-N mg/（kg·h）；酸性磷酸酶为 PNP mg/（kg·h）；过氧化氢酶为 0.1mol/L $KMnO_4$ ml/kg；脱氢酶为 TPF mg/（kg·h）；转化酶为 0.1mol/L $Na_2S_2O_3$ ml/kg。

第三节　退化红壤旱地质量培育的典型模式

针对红壤旱地的肥力和所处气候特点，结合当地农民的生产习惯等，对相关技术和模式进行了归纳和整理，同时，针对部分模式在操作、管理等方面可能存在的问题，开展田间试验研究。根据田间试验结果，以及对农民传统技术的总结、提炼，形成了该地区旱地地力提升及高产稳产旱地建设的相对典型的模式。

一、稻草易地还土模式

土壤有机质和养分累积能力低是亚热带地区旱作红壤肥力与作物产量水平的主要限制因子。与此同时，我国南方红壤地区大量的农业有机物料（特别是稻草）没有得到充分利用（25%），其根本原因在于该区域稻田的有机质含量普遍达到了相对适宜的水平（25～40g/kg），而且，大量稻草直接还田由于C/N比等原因可能会影响作物的生长和产量。与水田管理相对精细相比较，该地区旱地的投入、尤其是有机养分的投入少，导致旱地普遍存在“酸、瘠、板、旱”等障碍因子，已成为制约该区农业持续发展的重要因素。

根据当前南方红壤区农业生产方式变更过程中出现的区域农业源有机物和养分资源使（施）用与管理不当等突出问题（如就地焚烧作物秸秆、稻田养分投入过多而旱地养分投入甚少等），从高效利用稻草、培肥旱地的需求出发，构建了稻草易地还土模式，以提升退化红壤旱地的有机质水平，改善旱地作物生长，达到节本增效的目的。该模式的推广能有效解决或缓解因焚烧稻草、滥施化肥等引发的环境风险，有利于农业废弃资源的高效利用，使红壤区秸秆资源和退化耕地得到了更为合理、高效的利用，对于提高资源利用率、减少资源浪费、发展可持续农业具有重要的推动作用。同时，该模式操作简单，劳动力成本低。

1. 具体操作方式　该模式主要是将稻田的稻草运移到旱地，因为稻草的钾素含量较高，因而可代替化学钾肥，并可替代23.3%～38.8%的化学氮肥、15.4%～30.8的化肥磷肥，根据稻田易地还土的量确定相应的氮磷钾化肥用量，使N、P、K养分的用量与同种种植制度下化肥的施用量基本相等。该模式的具体操作方法为：在秋季旱地作物移栽时，在作物移栽时直接按12 750kg/hm^{2}将稻草覆盖在旱地作物植株行间，并同时按195.0kg/hm^{2}纯氮、88.5kg/hm^{2}磷素施用化学氮肥和磷肥作为基肥；同时，为防止稻草中病虫害的传播等，按熟石灰450～750kg/hm^{2}直接撒在稻草上，待当季作物收割后，在下季作物种植前将覆盖在表层的稻草直接翻耕入土，作为下季作物的有机肥。

2. 对红壤旱地地力的提升效果　按照上述方法，利用在湖南桃源布置的长期定位试验，连续进行了8年的定位研究，探讨了稻草易地还田对红壤旱地的地力提升效果。根据前人的研究结果，选择新开垦的中低产红壤为对象，设置了休闲、不施肥、单施化肥和稻草易地还土4个处理，各处理的施肥量及稻草还土量如表20－8所示。

根据本试验的结果，可以发现：

（1）稻草易地还土对土壤有机质的提升　根据不同年度土壤有机质含量的变化趋势分析，在试验前2年，完全休闲不种植任何作物处理（BF），耕层土壤有机质的含量由实验前

表 20-8 稻草易地还土田间试验种植制度与处理设置

种植制度	处理	施用量（kg/hm²·年）			
		N 肥	P 肥	K 肥	稻草（RS）
休 闲	不施肥（BF）	0	0	0	0
甘薯—油菜	不施肥（Nil）	0	0	0	0
甘薯—油菜	NPK（NPK）	224	52	174	0
甘薯—油菜	稻草＋NP（NP＋RS）	137	36	0	12 700

的 10.1g/kg 下降到 9.1g/kg（$P<0.05$），随后的 6 年则基本保持不变。种植作物条件下不施肥处理（Nil），耕层土壤有机质含量的动态变化与休闲处理相似。但是，种植作物并施用化肥处理（NPK），耕层土壤的有机质含量在前 3 年基本上稳定在 10.3g/kg 左右，从第四年开始呈现出逐年增加的趋势，到第八年时其含量达到 12.4g/kg；稻草易地还土配施化肥处理（NP＋RS），耕层土壤有机质含量仅在第一年没有显著变化，从第二年开始呈现出较大幅度的增加趋势，至 2008 年时已上升至 14.1g/kg，较试验前增加了 3.8g/kg，增加幅度达到 36.9%。在本试验的前 2 年（2000—2001），各处理间的耕层有机质的含量没有显著差异，但试验进行 2 年后（2002—2008），耕层土壤有机质的含量出现了较明显的变化，NPK 和 NP＋RS 处理，与 BF 和 Nil 处理相比较，耕层土壤的有机质含量有了较明显的增加；再进一步比较，NP＋RS 处理与 NPK 处理相比较，耕层土壤有机质的含量也有较大幅度的增加，其增加幅度为 11%～14%（$P<0.05$）。图 20-2 分别为新垦及熟化红壤旱地不同处理下土壤有机质的变化。

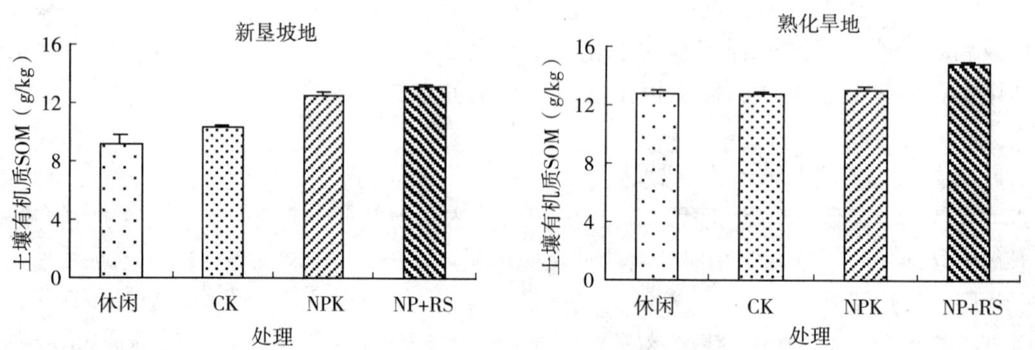

图 20-2 稻草易地还田对土壤有机质的影响

（2）稻草易地还土对旱地土壤养分和 pH 的影响 不同处理比较，BF 和 Nil 处理耕层土壤全氮含量在试验前 2 年分别由 0.76 和 0.78g/kg 降低至 0.64 和 0.65g/kg，差异达到显著水平（$P<0.05$），而在其后的 6 年中基本保持这一水平，说明无论在哪种状况下，不施肥肯定会导致土壤有机质和养分含量下降，并由此导致耕地质量退化。NPK 处理土壤全氮含量在试验前 3 年基本上没有变化，试验中期的 2 年间有增加的趋势，并由 0.78g/kg 增加至 0.90g/kg（$P<0.05$），而 2006—2008 年间则基本上稳定。NP＋RS 处理，土壤全氮含量仅在试验第一年时没有显著变化，2002—2005 年间由 0.77g/kg 增加到 1.00g/kg（$P<0.05$），增加幅度达到 29.9%，此后则基本上稳定在该水平不变。不同处理间比较，NP＋RS 和 NPK 处理土壤全氮在 2002—2008 年间显著高于 Nil 和 BF 处理；而且 NP＋RS 处理

的全氮含量在 2004—2008 年间显著高于 NPK 处理，其增加幅度达到 8%～13%（$P<0.05$）。但 Nil 和 BF 处理间土壤全氮含量无显著差异。

Nil 和 BF 处理土壤全磷含量的变化规律基本一致，即在试验前 3 年由 0.33g/kg 降低至 0.30g/kg（$P<0.05$），下降幅度达 9.1%，而在随后的 5 年中则基本保持不变。而 NP+RS 和 NPK 处理下，耕层土壤全磷含量则与不施肥处理下呈现出相反的变化趋势，在试验初期的 2000—2004 年间，其含量由 0.33g/kg 显著增加到 0.43g/kg（$P<0.05$），增加幅度达 30.3%，而在随后的 4 年中则无明显的变化。不同处理间比较，2003—2008 年的 6 年间，稻草易地还土（NP+RS）和施用氮磷钾（NPK）处理土壤全磷含量均显著高于 Nil 和 BF 处理，其增加幅度约为 33%（$P<0.05$）。

红壤母质开垦种植的初期（2000—2002），土壤可提取态氮含量均呈现出增加的趋势。NPK 和 NP+RS 处理可提取态氮含量比其初始值显著提高，而 Nil 和 BF 处理的未能达到显著水平，说明开垦种植利于土壤养分的释放。但从整体上看，试验期间（2000—2008），Nil 和 BF 处理的土壤可提取态氮含量均处于较低水平，在 8.9～13.0mg/kg 之间波动。而同期 NPK 和 NP+RS 处理的土壤可提取态氮含量分别由 8.7mg/kg 增加到 17.9mg/kg、由 9.4mg/kg 增加到 17.6mg/kg，差异达到极显著水平（$p<0.01$）。从不同处理的比较来看，2000—2008 年 Nil 和 BF 处理间、NPK 和 NP+RS 处理间土壤可提取态氮含量没有显著差异。但是试验 6 年后（2006—2008），NPK 和 NP+RS 处理土壤可提取态氮含量均显著高于 Nil 和 BF 处理。

开垦种植对土壤可提取态磷（Olsen - P）含量无明显影响，但在施肥条件下显著增加。本试验期间（2000—2008），Nil 和 BF 处理土壤 Olsen - P 含量基本稳定、变幅可认为是在分析误差范围内，且维持在较低的水平（3.4～5.1mg/kg）。但 NPK 和 NP+RS 处理土壤 Olsen - P 含量则呈逐年增加趋势，前者由 3.5mg/kg 增加到 13.2mg/kg（$P<0.01$），增加幅度达 277.1%，后者由 3.2mg/kg 增加到 12.2mg/kg（$P<0.01$），增加幅度达 281.3%，两处理的增加幅度基本相同。从不同处理的比较来看，2000—2008 年，Nil 和 BF 处理间、NPK 和 NP+RS 处理间 Olsen - P 含量差异不显著。但是试验 4 年后（2004—2008），NPK 和 NP+RS 处理土壤 Olsen - P 含量均显著高于 Nil 和 BF 处理。

从图 20 - 3 可以看出，坡地开垦以后，前 4 年的土壤 pH 均有明显下降，其中 BF 处理

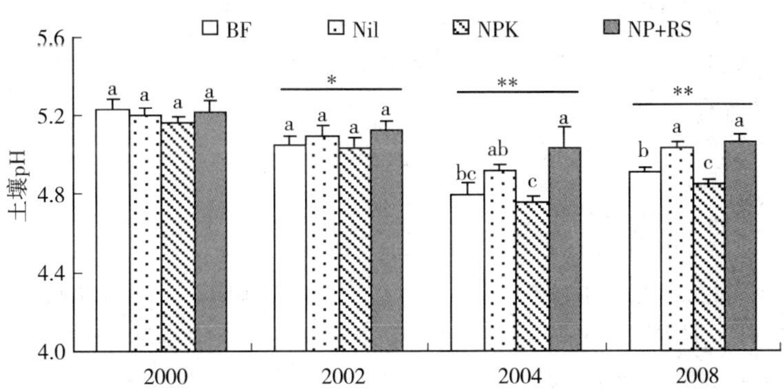

图 20 - 3　稻草易地还土对红壤旱地土壤 pH 的影响

注：字母不同表示处理间差异达到显著水平（$P<0.05$）；*，** 表示与初始值差异达到显著和极显著水平（$P<0.05$，$P<0.01$），下同。

的 pH 由 5.20 下降到 4.80，降低了 0.4 个单位（$P<0.01$）；NPK 处理的 pH 下降最为迅速，由 5.20 下降到 4.76，降低了 0.44 个单位（$P<0.01$）；Nil 和 NP+RS 处理，pH 降低幅度稍小，分别为 0.2 和 0.15 个单位（$P<0.01$）。而在 2004 年以后，各处理的 pH 相对较为稳定。试验前 2 年，不同处理间 pH 差异较小，没达到显著水平。试验 4 年后（2004），NPK 处理的 pH 显著低于 Nil 和 NP+RS 处理；BF 处理的 pH 显著低于 NP+RS 处理。到试验进行了第八年后（2008），NPK 处理的 pH 显著低于其他 3 个处理；BF 处理的 pH 也显著低于 Nil 和 NP+RS 处理。而在整个试验期间（2000—2008），与 Nil 处理相比较，NP+RS 处理的 pH 也呈现出提高的趋势，但差异未达到显著水平。

（3）稻草易地还土对旱地土壤物理性状的改良　不同团聚体粒径间，水稳定性微团聚体（<0.25mm）含量最高，为 465～526g/kg（图 20－4），说明红壤旱地土壤的团聚体以微团聚体为主，结构性较差。不同处理比较，NPK 和 NP+RS 处理水稳定性微团聚体分别为 465 和 282g/kg，显著低于 Nil 处理（526g/kg）。然而，NPK 处理 1～2、2～5、>5mm 水稳定性大团聚体的含量显著高于 Nil 处理。NP+RS 处理的水稳定性大团聚体含量与 Nil 处理相比也有提高的趋势，但未达到显著水平。

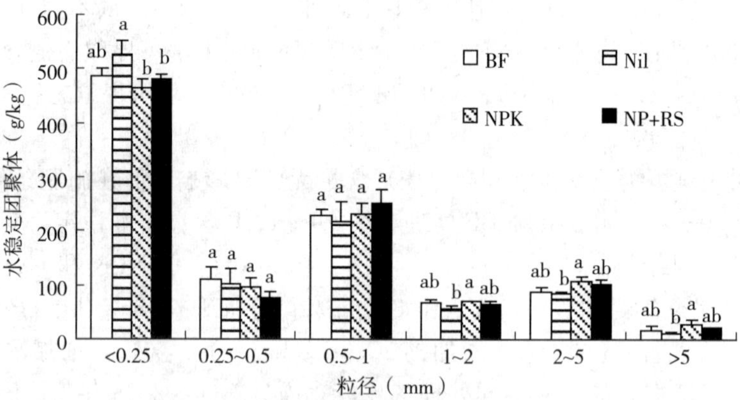

图 20－4　稻草易地还土对旱地土壤团聚结构的影响

比较不同处理下表层（0～5cm）土壤的容重（图 20－5a），发现各处理下土壤的容重均较小（1.12～1.15g/cm^3），且处理之间均没有显著差异。各处理表层和亚表层土壤比较，BF、Nil 和 NPK 处理亚表层容重显著高于其相应处理的表层土壤，而 NP+RS 处理表层和亚表层土壤容重之间则没有显著差异。不同处理亚表层（10～15cm）土壤比较，BF 处理亚表层土壤的容重显著高于耕作的 3 个处理（Nil、NPK 和 NP+RS）。在耕作处理中，NP+RS 处理容重（1.13g/cm^3）显著低于 NPK 和 Nil 处理（1.18 和 1.22g/cm^3），其降低幅度分别为 7.3%和 4.6%（$P<0.05$）。

不同处理下，表层土壤均具有较高的总孔隙度（0.57～0.58cm^3/cm^3，v/v），但处理间的差异不明显（图 20－5b）。BF、Nil 和 NPK 三处理亚表层土壤总孔隙均比表层对应处理的显著降低，而 NP+RS 处理下则表层与亚表层土壤的差异不大。亚表层土壤的总孔隙度比较，以 BF 处理下最低，仅 0.53cm^3/cm^3，显著低于其余 3 个耕作处理。NP+RS 处理下亚表层土壤的总孔隙度（0.58cm^3/cm^3）显著高于 Nil 和 NPK 处理（0.54 和 0.55cm/cm^3），其增幅约为 6%（$P<0.05$）。

不同处理下表层土壤田间持水量和总孔隙度相似（图 20－5c），且除 NP+RS 处理外田间持水量在亚表层显著降低。亚表层土壤田间持水量，BF 处理的为 0.41cm/cm^3（v/v），显著低于耕作处理。NP+RS 处理亚表层田间持水量（0.44cm^3/cm^3）显著高于 Nil 和 NPK 处理的（0.42 和 0.43cm^3/cm^3），增幅约为 4%（$P<0.05$）。而 Nil 和 NPK 处理亚表层田间持水量间没有显著差异。

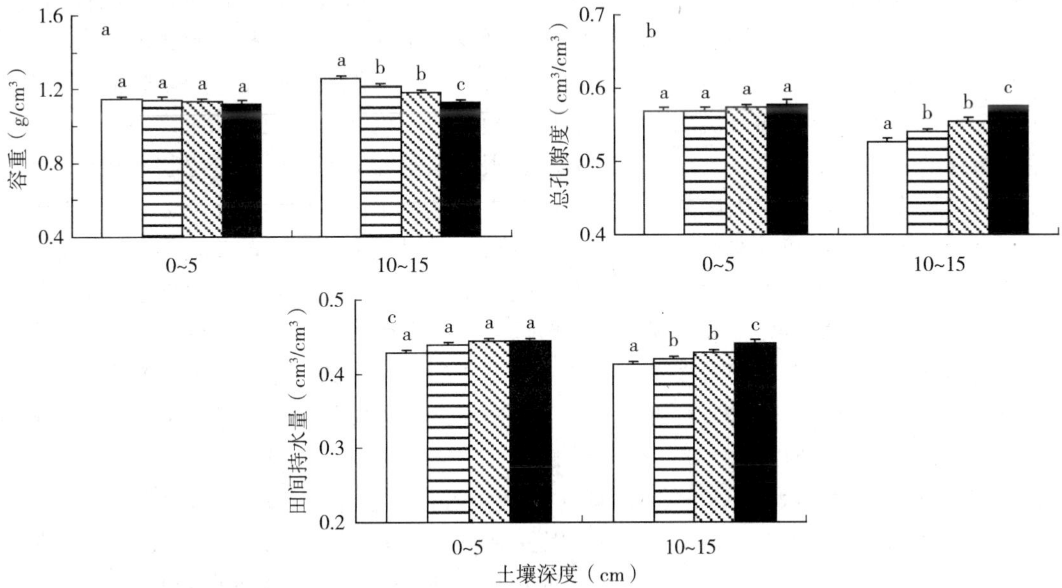

图 20-5 稻草易地还土对旱地土壤容重、孔隙度和持水能力的影响

3. 适用区域与推广应用前景 从红壤旱地的实际情况看，存在有机质和养分含量低、土壤生产力低、耕性差等问题，严重制约了旱地综合生产能力的提升，因此，迫切需要一种有效的模式，在不增加投入的前提下能稳步提升旱地的肥力。稻草易地还土模式的研究和形成，有利于充分利用该地区丰富的稻草资源，通过旱地覆盖又能有效防止水分蒸发、降低夏秋季节土壤温度，为作物创造良好的生长环境，其对旱地有机质和养分提升、土壤肥力建设的作用则更为显著。该模式操作简单方便，劳动力投入量有限，所需成本较低，根据田间试验和示范推广的数据，按照当前物价水平计算，该模式的应用平均每公顷约需增加投入 531 元，但应用该模式相关技术可使作物增收 1 851 元/hm^2，且节约了化肥钾肥和部分氮、磷化肥，有效地促进了资源的高效利用，其净经济效益可达到 1 320 元/hm^2。该模式适宜我国南方广大红壤地区，可在湘、鄂、赣、云、贵、川、渝、桂、粤、皖等省（直辖市、自治区）大面积应用，这些地区也是红壤旱地的主要分布区域，其应用前景十分广泛。

二、作物间套种和合理轮作秸秆覆盖施用调理剂模式

作物间作套种是指在同一土地上按照一定的行、株距和占地的宽窄比例种植不同种类的农作物，充分利用空间、时间和资源。作物同时期播种的叫间作，不同时期播种的叫套种。间作套种能够合理配置作物群体，使作物高矮成层，相间成行，有利于改善作物的通风透光条件，提高光能利用率，充分发挥边行优势的增产作用。间作套种作物选择要注意株型高低结合、枝形紧凑与分散结合、根系深浅结合、生育期早晚结合；在种植过程中要注意主要农作物适当密植，种植行幅要宽，辅助作物可适当稀植。在我国红壤区旱地，较为常见的间作

套种模式包括玉米—大豆、玉米—花生、玉米—甘薯（马铃薯）、玉米—蔬菜、棉花—瓜菜、棉花—马铃薯等类型。

轮作是指在同一块耕地上将不同类型的作物，按一定顺序在一定年限内循环种植。豆科作物生育期适中，在轮作制中容易安插，且豆科作物本身具有固氮作用，对提高土壤肥力具有良好效果，因此，被广泛应用于南方地区旱地轮作制中。通过种植豆科作物，能够利用作物与微生物的共生固氮作用增加土壤中的氮素，减少氮肥的施用量，提高土壤氮素含量；结合保护性耕作措施（如秸秆覆盖等），可以有效控制红壤旱地的水土流失，增加土壤中有机物质的进入量，提高土壤的有机质含量，改良土壤结构，提高土壤肥力和生产力。而且，由于轮作作物的种类存在差异，其对养分的需求、根际微生物类型及根系分泌物等均存在很大差异，通过轮作还可以促进土壤养分的平衡，改善土壤微生物结构和功能，创造良好的根际生长环境。如豆科作物和禾本科作物轮作，禾本科作物对氮和硅的吸收量较多，而对钙的吸收量相对较少；豆科作物吸收大量的钙，而吸收硅的数量极少，这样，不仅使土壤养分维持平衡，同时两种作物根系分布及分泌物等的差异，使其在生长方面能相互促进，有利于取得良好效果。红壤旱地除土壤肥力水平较低外，还存在酸化、板结等多种现象，都严重制约了其肥力和生产力，因此，除增施有机肥、合理耕作管理等措施外，可以结合种植豆科作物改善土壤条件，提高土壤地力水平。

1. 具体操作方式 根据不同地区的耕作和种植习惯，在条件许可的前提下，可每年安排种植一季豆科作物（如花生、大豆等），以提高土壤氮素及有机质含量、改善土壤地力。目前红壤旱地区的主要种植方式包括大豆（或花生、玉米）—油菜（冬小麦），按照常规方式种植，夏季作物为大豆、花生或花生和玉米间作等，冬季作物一般为油菜或冬小麦。根据红壤旱地的特点及肥力状况等，亦在豆科作物上配施化学调理剂（或生物—化学调理剂），以提高豆科作物产量、改善土壤理化性质。从目前看，所用化学调理剂一般含有 MgO、$CaCO_3$（或纳米级碳酸钙）、磷酸二氢钾、聚丙烯酰胺/凹凸棒黏土复合高吸水性树脂等物质，其主要功能是保水、保肥和改善旱地结构等，亦有用腐殖酸作为主要材料并添加 Ca、Mg 及保水剂等物质的调理剂及其应用，其功能亦大体上与化学调理剂相似。而目前所用的生物—化学调理剂则大多系在化学调理剂的基础上，增加了腐殖酸类物质、木霉类真菌等，主要目的是利用真菌类物质活化土壤养分，提高养分的利用率，减少其向环境流失，而腐殖酸类则起到强化土壤团粒结构、改善土壤物理性质等作用。在施肥方面，一般按照不同作物的需要，在豆科作物上适当增加磷钾肥的施用量，减少氮肥的施用量，以充分利用豆科作物的固氮作用；而在冬季作物上，则按照常规施肥量施用相应的氮磷钾养分，但应在豆科作物上增加磷钾肥用量，在冬季作物上适当减少磷钾肥用量，以充分发挥磷钾养分对后季作物的后效。

2. 对红壤旱地地力的提升效果

（1）对作物产量的影响　针对红壤旱地改良的需求，基于以豆科作物为主的种植制度，2007 年起在中国农业科学院祁阳红壤试验站开展了豆科作物轮作相关研究，并结合施用调理剂，探讨不同处理下种植制度及调理剂施用对土壤理化性质、作物生长和产量等的影响。试验选择大豆和花生作为豆科作物与禾本科（冬小麦）或十字花科（油菜）作物轮作，分别设置不施肥对照（CK）、单施有机肥（M）、单施化肥（NPK）、有机肥与化肥配施（NPK+OM）、单施化肥加调理剂Ⅰ（MgO+纳米 $CaCO_3$ +保水材料+填充剂）以及单施化肥加调理剂Ⅱ（哈茨木霉厚垣孢子＋纳米 $CaCO_3$＋腐殖酸）等处理。表 20－9 至表 20－12 为 2009、2010 年两年田间试验豆科作物夏季黄豆、花生及冬季萝卜、油菜的产量情况。

表 20－9　不同处理对黄豆产量的影响

处　理	小区籽粒产量（kg）				秸秆产量（kg）			
	Ⅰ	Ⅱ	Ⅲ	kg/hm²	Ⅰ	Ⅱ	Ⅲ	kg/hm²
CK	1.8	1.7	2.0	917.1	3.8	3.4	3.2	1 734.2
M	2.7	2.5	2.6	1 300.7	6.4	6.1	6.2	3 118.2
NPK	3.0	2.8	2.9	1 450.7	7.7	7.5	7.3	3 751.9
NPK＋OM	3.3	3.1	3.0	1 567.4	7.9	7.6	7.6	3 851.9
NPK＋SR1	3.4	3.3	3.0	1 617.5	8.1	8.0	7.8	3 985.3
NPK＋SR2	4.1	3.0	3.3	1 734.2	8.8	8.5	8.1	4 235.4

注：小区面积为 $20m^2$；Ⅰ、Ⅱ、Ⅲ为重复试验。

表 20－10　不同处理对花生产量的影响

处　理	小区籽粒产量（kg）				秸秆产量（kg）			
	Ⅰ	Ⅱ	Ⅲ	kg/hm²	Ⅰ	Ⅱ	Ⅲ	kg/hm²
CK	3.0	3.1	3.5	1 600.8	8.4	8.5	8.9	4 302.1
M	3.3	3.8	3.0	1 684.2	11.8	11.5	11.6	5 819.6
NPK	4.1	4.8	4.6	1 750.9	12.3	11.8	12.9	6 169.7
NPK＋OM	5.0	5.3	4.8	2 517.9	13.2	12.6	13.5	6 553.3
NPK＋SR1	6.9	6.8	7.5	3 535.1	13.8	12.7	13.0	6 586.6
NPK＋SR2	7.9	6.6	7.4	3 651.8	14.2	12.3	12.8	6 553.3

注：小区面积为 $20m^2$；Ⅰ、Ⅱ、Ⅲ为重复试验。

表 20－11　不同处理对萝卜产量的影响

处　理	小区地上部产量（kg）				小区地下部产量（kg）			
	Ⅰ	Ⅱ	Ⅲ	kg/hm²	Ⅰ	Ⅱ	Ⅲ	kg/hm²
CK	16.6	17.1	15.1	8 137.4	2.5	2.9	2.4	1 300.7
M	52.2	50.2	51.1	25 596.1	20.1	20.0	20.8	10 155.1
NPK	54.6	53.1	50.1	26 313.2	17.1	16.6	16.4	8 354.2
NPK＋OM	63.2	56.2	60.7	30 031.7	22.1	20.8	21.2	10 688.7
NPK＋SR1	60.1	58.6	57.8	29 431.4	23.7	25.6	23.8	12 189.4
NPK＋SR2	57.1	54.1	52.9	27 363.7	23.9	24.3	23.3	11 922.6

注：小区面积为 $20m^2$；Ⅰ、Ⅱ、Ⅲ为重复试验。

表 20－12　不同处理对油菜产量影响（kg）

处　理	小区籽粒产量（kg）				小区秸秆产量（kg）			
	Ⅰ	Ⅱ	Ⅲ	kg/hm²	Ⅰ	Ⅱ	Ⅲ	kg/hm²
CK	0.2	0.4	0.3	150.0	4.7	4.8	5.7	2 517.9
M	1.5	1.4	1.2	683.7	7.1	7.5	8.4	3 835.2

（续）

处 理	小区籽粒产量（kg）				小区秸秆产量（kg）			
	Ⅰ	Ⅱ	Ⅲ	kg/hm²	Ⅰ	Ⅱ	Ⅲ	kg/hm²
NPK	2.0	1.7	1.6	883.8	10.1	10.3	10.6	5 169.2
NPK＋OM	1.8	1.6	2.1	917.1	10.6	9.9	11.3	5 302.6
NPK＋SR1	1.7	2.0	1.8	917.1	10.5	9.7	12.1	5 386.0
NPK＋SR2	1.9	2.1	2.0	1 000.5	11.4	10.9	10.8	5 519.4

注：小区面积为 20m²；Ⅰ、Ⅱ、Ⅲ为重复试验。

从上述各表中田间试验的产量结果可以看出，在该模式的轮作条件下，化肥与调理剂Ⅰ配合、化肥与调理剂Ⅱ配合施用与单施化肥相比较，可显著提高大豆、花生以及萝卜、油菜等作物的产量。而化肥与调理剂配合施用与单施有机肥或有机—无机肥配合施用处理相比较，尽管因作物种类的不同其产量有一定差异，但总体看均基本持平或略有增加。这种结果说明，在豆科作物轮作施用调理剂模式下，不仅可以达到增加豆科作物产量的目的，而且其同时亦能使下季作物保持与有机—无机肥配施同等产量水平。此外，对于红壤旱地而言，由于土壤肥力较低，酸黏板瘦问题较严重，且有机质缺乏，因此，增加有机肥的施用能起到提高作物产量，改善土壤地力的效果。

（2）对土壤肥力相关指标的影响　在对作物产量产生影响的同时，在红壤旱地条件下施用调理剂及 CaO、MgO 等物质，对土壤养分变化等亦具有较大的影响。如根据上述试验相关处理土壤分析的相关结果，种植一年后在不同处理下，作物生长期间土壤表层碱解氮、速效磷、速效钾等养分含量及相关理化性质的变化均出现较大差异。

从图 20－6 不同处理下土壤碱解氮含量的变化可以看出，第一季（花生季）试验期间，土壤碱解氮含量随时间的变化呈现出较一致的变化趋势，各处理之间差异不大；但到第二季（油菜季）时，各处理之间含量的差异很明显，CK 处理土壤碱解氮含量一直保持在较低水平，NPK＋SR1、NPK＋SR2、NPK 和 NPK＋OM 处理则一直保持在较高水平，而且明显高于第一季，尤其以 NPK＋SR1 处理土壤碱解氮含量最稳定，说明施用调理剂可以在一定程度上改善土壤的供氮状况。

对试验中土壤有效磷的测定结果，发现其变化与土壤碱解氮含量的变化基本相似，第一季试验期间各处理土壤有效磷含量的变化趋势较为一致，但到第二季各处理之间土壤有效磷含量差异变大，NPK＋OM 处理土壤有效磷含量则一直保持在较高的水平，而 NPK＋SR1 处理土壤有效磷含量则保持在较低水平，前者主要是在施用有机肥条件下磷素的投入量明显增加，而后者则是否与土壤中 Ca－P 等含量的增加有关尚有待进一步探讨。在相同处理下，无论花生生长季，还是油菜生长季，不同施肥处理之间土壤速效钾含量都差异明显，且第二季的差异明显大于第一季，除 NPK 处理土壤速效钾含量与 CK 处理差异较小外，其他施肥处理土壤速效钾含量都明显高于 CK，尤其是在试验的中后期，CK 处理下土壤速效钾的含量持续下降，基本上保持在 100mg/kg 以下，而其他各处理则相对较高。表明土壤速效钾含量一方面与投入量相关（NPK＋OM），另一方面也可能与土壤 Mg、Ca 等的提升有一定关联，增加盐基离子的投入可能在一定程度上调节土壤速效钾的供应。

土壤 pH 反映土壤溶液的活性酸度，它是一个强度指标。在研究中发现，无论花生种植

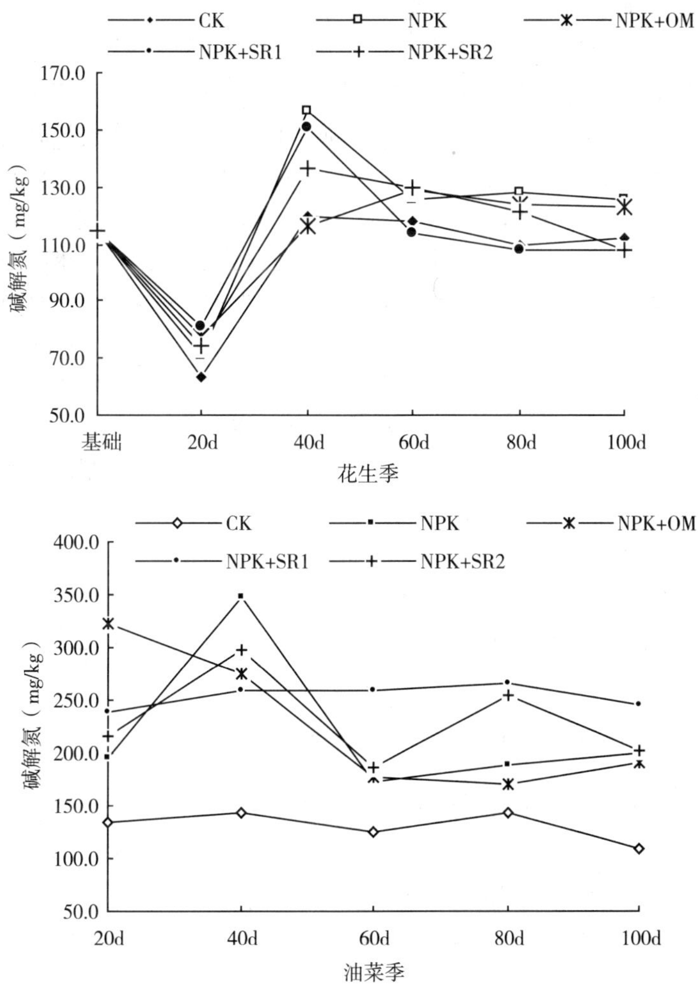

图 20-6　试验期间各处理土壤碱解氮含量的变化规律

季，还是油菜种植季，均以 NPK＋SR1 和 NPK＋SR2 处理改良土壤酸性的效果最明显，其中尤以 NPK＋SR1 处理的效果最佳，且油菜种植季的效果好于花生种植季，花生种植季和油菜季表层土壤的 pH 对比不施肥处理分别提高了 1.07 和 1.66 个单位，说明应用酸化调理剂在一定程度上减缓了土壤 pH 下降的趋势。在湿热气候条件下，铝硅酸盐强烈脱硅富铝化，在酸性土壤中易形成对植物有毒害的 Al^{3+}，其浓度较高时，Al 毒可抑制作物对 Ca、Mg、K 等营养元素的吸收利用，从而严重危害农作物的生长及产量。大量研究表明，在许多酸性土壤中，土壤胶体表面吸附的 H^{+} 和 Al^{3+} 数量远远大于溶液中 H^{+} 的数量。本研究中，不同施肥处理对土壤交换性酸均有一定影响，其中交换性 H^{+} 和 Al^{3+} 均随交换性酸总量的变化而变化，但以交换性 Al^{3+} 的变化较迅速，交换性 H^{+} 则因其总量较少，变化相对缓慢，即土壤交换性酸总量的变化主要是由于交换性 Al^{3+} 变化所致。本试验中油菜种植季 NPK＋SR1 和 NPK＋SR2 处理土壤交换性酸总量均出现一定程度的下降，且以 NPK＋SR1 处理的下降较明显，交换性酸总量、交换性 H^{+} 和 Al^{3+} 含量均呈现出大致相同的变化趋势。说明施用含氧化镁类物质的调理剂可以有效抵抗土壤酸化，且随着时间的推移其降酸作用效果更明显，可在一定程度上起到缓解土壤酸化的效果。

3. 适用区域与推广应用前景 间作套种是传统的土地耕作利用模式，结合秸秆还田等土壤培肥措施，不仅能够充分利用南方红壤区光、热、水资源，且有利于消除病虫草害，经济效益明显。如结合豆科作物合理轮作等，并同时施用调理剂和实行秸秆还田等，则可起到良好的改善土壤性质、提高土壤生产力的效果。上述模式操作简单，除注意作物种植制度调整、间套作时作物种类搭配等外，其管理方式基本上与作物单种一致，在我国南方广大红壤地区均可以采用，具有良好的推广应用前景。以红壤区最为常见的玉米—甘薯套种为例，玉米秸秆收获后可就地覆盖于甘薯行间的地面上，甘薯收获后再将玉米秸秆翻入土中。根据湖南省农业科学院的研究结果，此种模式采用后土壤有机质增加了 1.1g/kg，而秸秆移除则出现了有机质下降的趋势。在甘薯生长期，覆盖区土壤水分含量比未覆盖区高 21g/kg 以上，有利于甘薯的生长和高产。据统计，秸秆覆盖还田可使甘薯产量上升 10.6%～43.9%。江西省农业科学院“玉米—大豆”间作套种模式结合深埋秸秆和有机肥的应用结果显示，玉米每公顷增产 2 200kg，而间作大豆与净种大豆比较产量仅减少 300kg/hm^2，经济效益显著。江西省农业科学院的试验结果显示，红壤旱地推行玉米间套种能显著增加单位面积产量，提高土地产出率和整体经济效益。以早大豆间作玉米，花生成熟期套种秋玉米种植模式效果最佳，每公顷新增产值分别达 3 129.6 元及 7 479.0 元，比单种早大豆和花生—秋闲增值 74.51% 及 59.37%。

三、果园间套种豆科作物秸秆覆盖模式

果园是南方红壤地区丘岗地重要的利用方式，南方地区也是我国热带、亚热带重要的果品生产基地，除热带特有水果如菠萝、香蕉、芒果等外，柑橘、梨、桃、葡萄等在我国水果生产中均占据十分重要的位置。由于施肥、管理等多方面的原因，果园土壤的性质差异很大，特别是幼龄果园管理粗放，导致其肥力和生产力低下，土地利用率和经济效益很低，严重影响了果树生长及果园土壤的质量。加快土壤培肥，促进肥力均衡发展，提高果园土壤的利用率，已成为南方水果业快速、健康发展的关键。本模式从果园间套种豆科植物和绿肥或其他经济作物出发，在采摘鲜豆荚作蔬菜、收获经济作物或刈割绿肥鲜茎叶作饲料后，将其秸秆直接覆盖在土壤表层，同时配合施用一定量的肥料和调理剂，提升红壤果园的地力条件和改善鲜果的品质。

1. 具体操作方式 选择幼龄果园，间种蚕豆等豆科作物，或间种黄花菜、蔬菜等经济作物，亦可间种玉米等作物。如间种豆科作物，在采摘部分鲜荚作为蔬菜食用后，茎、叶等全部覆盖压青作为肥料（菜肥型）。间种再生能力强，茎叶营养丰富且适口性好的豆科草本绿肥圆叶决明、禾本科牧草小黑麦，刈割 2～4 次鲜嫩茎叶作青饲（饵）料，再生草及根系覆盖压青作肥料（饲肥型）。间种其他经济作物时，仅采收其食用或收获部分，作物的秸秆等全部直接覆盖还土。间种作物以条（穴）施的方式施肥，根据不同类型作物的需求及比例分 2～3 次施用。作物秸秆覆盖可在还土时添加一定数量生石灰或调理剂，最好挖沟将其一起放入沟中，并在表面覆土，同时保持一定的水分含量，以加快作物秸秆的腐解速度。

2. 对红壤旱地地力的提升效果 以幼龄柑橘园为例，通过 3 年的田间试验，评价该模式的地力提升效果。试验设置裸地对照、蚕豆、豌豆、大豆、圆叶决明和小黑麦 6 个处理，探讨该模式下土壤理化性状的改善及柑橘产量和品质的变化。

（1）对土壤理化性状的影响 连续3年间作并采用豆科作物或绿肥的茎叶覆盖压青后，土壤容重平均比对照下降1.2%，土壤孔隙度平均比对照高出10.1%，土壤有机质平均比对照高出3.9%，土壤有效氮平均比对照高出7.3%，土壤有效磷平均比对照高出6.7%，土壤有效钾平均比对照高出6.7%（表20-13）。7～9月干旱季节，0～20cm土层的土壤含水量比对照高出51.4%。不同绿肥改土效果不同，降低土壤容重效果依次是豌豆、决明>蚕豆>小黑麦>大豆；孔隙度增加效果依次是豌豆>决明、蚕豆>小黑麦>大豆；干旱季节0～20cm土层土壤含水量增加效果依次是豌豆>决明>蚕豆>小黑麦>大豆；提高有机质和有效养分作用依次是豌豆>决明>蚕豆、小黑麦>大豆。总的看来，在幼龄果园以间作豌豆、决明和蚕豆3种绿肥较好。

表20-13 橘园间作绿肥秸秆覆盖对土壤理化性状的影响

绿肥	容重（g/cm^3）	孔隙度（%）	0～20cm土层含水量（mm）	有机质（g/kg）	有效养分（mg/kg）		
					NH_4^+-N	P	K
豌豆	1.17	57.9	28.2	21.8	85.6	3.4	98.6
决明	1.17	57.7	27.6	21.5	81.5	3.2	96.4
蚕豆	1.18	57.7	27.0	21.4	79.6	3.2	95.5
大豆	1.19	57.2	26.1	21.3	78.0	3.1	94.4
小黑麦	1.18	57.5	26.6	21.4	80.0	3.1	95.5
平均值	1.18	57.6	27.1	21.5	80.9	3.2	96.1
对照	1.19	52.3	17.9	20.7	75.4	3.0	90.1

（2）对柑橘产量和品质的影响 表20-14表明，幼龄橘园内连续3年间作经济绿肥，柑橘产量平均为12.96t/hm²，比对照增产34.8%，其增产效果是豌豆>决明>蚕豆>大豆>小黑麦，以豌豆处理的增产效果最高（达49.0%），小黑麦的最低（为14.1%）；果实可溶性固形物平均达到10.3%，比对照高出11.7%；总酸量平均为1.20%，比对照降低27.3%；还原糖平均为5.30%，比对照高出17.7%；总糖量平均达到8.32%，比对照高出14.3%；维生素C平均达到25.96mg/100ml，比对照高出15.8%；固酸比平均为8.6，比对照高出56.4%；糖酸比平均为6.9，比对照高出56.8%。

表20-14 橘园间作绿肥秸秆覆盖对柑橘产量和品质的影响

绿肥	柑橘产量		品质						
	t/hm²	增产率（%）	可溶性固形物/A（%）	总酸量/B（%）	还原糖（%）	总糖量/C（%）	维生素C（mg/L）	A/B	C/B
豌豆	14.08	49.0	11.0	1.05	5.6	8.9	264.4	10.5	8.5
决明	14.22	45.2	10.8	1.1	5.5	8.9	264.2	9.8	8.1
蚕豆	13.14	39.1	10.3	1.18	5.3	8.8	262.6	8.7	7.5
大豆	12.41	26.7	9.9	1.32	5.0	7.5	253.8	7.5	5.7
小黑麦	10.95	14.1	9.7	1.33	5.0	7.5	252.9	7.3	5.6
平均值	12.96	34.8	10.3	1.2	5.3	8.3	259.6	8.6	6.9
对照	9.71	—	9.1	1.65	4.5	7.3	224.2	5.5	4.4

3. 适用区域与推广应用前景 果园间套作秸秆覆盖模式，尤其是在果园幼龄期，间套

作菜肥和饲肥型绿肥，既可解决幼龄橘园前期因树体小而短期性收入不高的问题，又可增加鲜果产量，改善水果品质，每公顷可增产节支4 500～9 000元，经济效益良好；同时可以为果园土壤提供充足的有机肥源，防治水土流失，改善土壤理化性质，是实现农业可持续发展的一项重要技术措施，在我国南方红壤区具有良好的推广应用前景。

（曾希柏、孙楠、吴翠霞）

参 考 文 献

阿拉腾希胡日，曾希柏，白玲玉，等．2010. 不同土地利用方式对农田土壤养分含量的影响［J］. 农业现代化研究，31（4）：492－495.

陈建国，张杨珠，曾希柏，等．2008. 不同配方施肥对长期缺施钾肥的红壤性水稻土微生物特性的影响［J］. 植物营养与肥料学报，14（6）：1200－1205.

何园球，孙波，等．2008. 红壤质量演变与调控［M］. 北京：科学出版社，79－122.

湖南省农业厅．1989. 湖南土壤［M］. 北京：农业出版社，69－196.

孔宏敏，何园球．2003. 红壤旱地有机质的积累规律及其影响因素［J］. 土壤，35（5）：401－407.

李成亮，孔宏敏，何园球．2004. 施肥结构对旱地红壤有机质和物理性质的影响［J］. 水土保持学报，18（6）：116－119.

李云，孙波，李忠佩，等．2011. 不同气候条件对旱地红壤微生物群落代谢特征的长期影响［J］. 土壤，43（1）：60－66.

李忠佩，林心雄，程励励．2003. 施肥条件下瘠薄红壤的物理肥力恢复特征［J］. 土壤，35（2）：112－117.

刘明，李忠佩，张桃林．2009. 不同利用方式下红壤微生物生物量及代谢功能多样性的变化［J］. 土壤，41（5）：744～748.

全国土壤普查办公室．1998. 中国土壤［M］. 北京：中国农业出版社，123－147.

邵兴华，徐金仁，张建忠，等．2011. 长期施肥对旱地红壤肥力和酶活性的影响［J］. 生态环境学报，20（2）：266－269.

王小兵，骆永明，李振高，等．2011. 长期定位施肥对亚热带丘陵地区红壤旱地质量的影响Ⅰ．酸度［J］. 土壤学报，48（1）：98－102.

王云，徐昌旭，汪怀建，等．2011. 施肥与耕作对红壤坡地养分流失的影响［J］. 农业环境科学学报，30（3）：500－507.

文顺元，王伯仁，李冬初，等．2010. 长期不同施肥对红壤微生物生长影响［J］. 中国农学通报，26（22）：206－209.

熊毅，李庆逵．1987. 中国土壤［M］. 北京：科学出版社，54－59.

徐明岗，梁国庆，张夫道，等．2006. 中国土壤肥力演变［M］. 北京：中国农业科学技术出版社，19－46.

曾希柏，李菊梅，徐明岗，等．2006. 红壤旱地的肥力现状及施肥和利用方式的影响［J］. 土壤通报，37（3）：434－437.

曾希柏．2000. 红壤酸化及其防治［J］. 土壤通报，31（3）：111－113.

曾希柏．2003. 红壤化学退化与重建［M］. 北京：中国农业出版社，43－78.

郑勇，高勇生，张丽梅，等．2008. 长期施肥对旱地红壤微生物和酶活性的影响［J］. 植物营养与肥料学报，14（2）：316－321.

朱捍华，黄道友，刘守龙，等．2007. 稻草易地还土对丘陵红壤有机质和主要物理性质的影响［J］. 应用生态学报，18（11）：2497－2502.

第二十一章　南方低产稻田质量培育技术与模式

水稻是东南亚、非洲等第三世界国家的主要粮食作物，在这些国家粮食安全中占有极其重要的地位。水稻同时也是我国第一大粮食作物，常年播种面积 0.29 亿 hm^2，占粮食作物播种面积的 27.4%，稻谷产量占粮食总产的 36.3%，因此，从某种意义上说，水稻生产不仅在中国，而且在世界粮食安全中均具有十分重要的地位。在水稻生产方面，杂交水稻作为我国农业科技的一面旗帜，是我国领先世界的重要标志，自推广应用以来，种植面积逐年加大，目前全国年种植 0.16 亿 hm^2 左右，约占水稻种植总面积的 57%，但产量则占稻谷总产量的 65%，不仅为我国以世界 9%的耕地养活 22%的人口做出了重要贡献，同时，也为发展中国家粮食增产做出了十分重要的贡献。

水稻土作为一个特殊的农业土壤类型，是人为和自然因素综合影响的结果，是在水耕种稻措施影响下使原有土壤剖面发生变化重新分化发育而成的一类独特土壤。我国土壤学家最早提出水稻土的概念，这是我国土壤学科技工作者对世界土壤学发展所做出的重要贡献。1935 年 7 月第三届国际土壤学大会上，侯光炯和马溶之合作撰写了“On the Morphological Aspects of the Podzolic Rice Paddy Soils in Nanchang Region，Kiangsi，China”的论文并在大会上宣读，该论文通过对江西南昌地区水稻土的系统观察、研究，分析了红壤地区潴育性水稻土的形态特征、理化性质及其剖面特征，探讨了相关性质与肥力的相互关系，并初步提出了潴育性水稻土的系统分类方案，引起了与会代表的高度重视。其后，在 1956 年巴黎第六届国际土壤学大会上，决定增设一个“水稻土”专门小组，水稻土的研究从此翻开了新的篇章。通过对水稻土的系统研究，侯光炯、马溶之同时还认为，根据水稻土的性质，可将中国的水稻土分为钙质水稻土和潴育性水稻土两大类，前者含有较多的游离碳酸钙，地下水位较高，呈深灰色，后者则主要受地下水位经常变动和人为活动影响而发生潴育化作用。发育良好的潴育性水稻土剖面中，有淀积层、漂洗层、腐殖质层和铁盘层等，水稻土的形态特征在很大程度上对水稻的平均产量和出米率具有显著影响。由于水稻土独特的成土条件，其发育层次常因氧化还原特点、母质、熟化度、质地等的差异，可以区别为许多变种，也使水稻土研究及地力培育等具有其特殊性和复杂性。

第一节　区域作物种植与耕作管理特点

我国稻田分布十分广泛，种植历史悠久。据记载，在距今 5 000～6 000 年前即已有水稻栽培，且以太湖地区栽培历史最长。同时，我国水稻种植区轮作复种之复杂也是世界上其他国家所不及的。从稻田作物种植制度看，在温带地区主要为一熟水稻，暖温带地区主要为稻麦轮作，亚热带地区除部分为稻麦轮作外，主要为稻稻麦、稻稻油、稻稻肥、稻稻冬闲等模式，由于区域水肥特性、管理等诸多方面的差异，不同地区间稻田生产力差异很大，本章主要针对淮河与秦岭以南至南岭以北的广大地区，该地区也是我国稻田最集中的区域。近年来，由于耕作管理等多种因素的影响，以及部分地区忽视地力培育等原因，水稻土地力呈现出一定的下降趋势，对水稻生产带来了较大影响。

一、南方稻区自然资源特点

我国南方稻区自然条件较为优越，且平原的比例较大，主要有江汉平原、洞庭湖平原、鄱阳湖平原、太湖平原、长江三角洲平原、皖中平原等，是水稻集中产区，也是水稻的适宜种植区域。该地区稻田分布十分广泛，从滨海平原到中高山区均有种植，且稻田面积一般占所在地区耕地面积的50%以上，且高产稳产稻田比例较高。由于灌溉条件、气候、种植水平、管理等的差异，区域内稻田复种指数和生产力的差异较大。

南方水稻种植区的主要气候特点：水稻生长期内平均气温一般在21～24℃，降水量在750～1 300mm，日均≥10℃的天数一般在200～260d、≥10℃积温4 500～6 500℃，日照时数一般在900～1 600h，日照率一般不足50%，日光辐射量在580～800J/cm^2，年光辐射总量一般在12.5万～21.0万J/cm^2。根据相关结果计算，该地区水稻光合产量单季稻一般在16 000～18 500kg/hm^2，双季稻的光合产量在29 650～35 000kg/hm^2。当然，受各种因素的限制，目前该地区水稻产量仅为光合产量的60%左右甚至更低。

二、主要作物类型、种植制度与耕作管理状况

顾名思义，水稻土种植的主要作物是水稻。尽管在南方水稻种植区因种植季节有早稻、中稻、晚稻之分别，因水稻类型的差异有籼稻和粳稻的分别，但不同种植季节或不同类型水稻，其本质上没有很大差别。除水稻外，不同地区由于耕作制度的差异，在稻麦两熟农田中还有冬小麦；而部分一季稻地区作物品种则较杂，包括各种旱地作物、蔬菜及经济作物等；在三熟制地区稻田，冬季作物的类型亦较多，但主要为冬小麦、马铃薯、油菜、紫云英（包括肥田萝卜等）及部分冬季蔬菜等。从总体看，如前所述，南方水稻种植区作物的类型与其所处的土壤、气候等自然条件，以及耕作栽培水平等人为因素密切相关，同时也在一定程度上取决于当地的种植习惯等。

该地区稻田的主要种植制度包括单季稻—小麦、单季稻—蔬菜、双季稻—冬闲、双季稻—冬作等。对于一个地区而言，其种植制度不仅与当地的经济发展水平、农民的种植习惯、饮食结构以及自然条件等密切相关，也在很大程度上受耕地地力、农业生产条件等因素的制约。一般而言，土壤肥力较低、排灌条件较差的稻田，大多种植一季稻，再种植一季旱作等，如单季稻—蔬菜、单季稻—马铃薯（油菜等）；土壤肥力较高、排灌条件较好的稻田，大多以双季稻或稻—麦为主，部分光热条件较好的稻田亦常见稻—稻—油、稻—稻—麦、稻—稻—肥、稻—稻—马铃薯及稻—稻—蔬菜等耕作制；而在肥力不高、排水不畅的稻田，则多见一季稻加水生作物等种植方式，亦有一季稻—再生稻—冬闲的种植方式。当然，与耕作制度差异相对应的是，不同地区、不同耕作制度下，所种植的水稻品种也存在很大的差异，如双季稻区一般以籼稻（部分纬度偏北地区晚稻种植粳稻）为主，而稻—麦轮作区则主要种植粳稻。由于所处地区总体上水热资源丰富，因此，其种植制度也相对复杂，这是北方地区所难以比拟的。

南方水稻种植区稻田的管理一般可以用精耕细作来表达，因为该地区中农业投入品、用

工等主要集中在水田，与所在地区旱地的粗放型耕作管理形成了十分鲜明的对比，这种结果是长期以来重视粮食生产的结果。也正是受施肥、管理等的影响，南方地区稻田同时也是肥力最高的农业土壤，其有机质和养分含量、实际生产力等均远高于旱地。如在双季稻区稻田中，一般平均单季水稻化肥施用量氮素为 120～180kg/hm^2，P_2O_5 为 60～100kg/hm^2，K_2O 为 45～120kg/hm^2，且主要农家肥都集中施用在稻田中，在 20 世纪末南方许多地区还有积制有机肥用作稻田肥料的习惯，近年来尽管积制有机肥的习惯在南方地区已不多见，但稻田中施肥量、管理仍然是所在地区的重点。

第二节　南方水稻土的主要特性

水稻土是一类独特的土壤，由于长期处于淹水、排水交替的状态，土壤中氧化还原交替，淹水时元素还原淋溶，排水时氧化淀积，且土壤中有机质的分解和腐殖质形成、养分的形态等均存在很大差异，因此，水稻土在剖面层次结构、土壤理化性质等方面均与旱地具有较显著的差别。

一、水稻土有机质及腐殖质组成

由于水分条件以及耕作管理等的差异，水稻土的有机质含量和性质、有机无机复合体组成等均与同区域旱地存在较大区别。一般认为，好气条件下土壤微生物活动较旺盛，有机物质的分解作用进行较快，进入土壤中的大部分有机物质都很快地被分解为 CO_2、H_2O 以及 NH_4^+、NO_3^-、HPO_4^{2-}、$H_2PO_4^-$、SO_4^{2-} 等矿质盐类，即主要进行矿质化作用；而在嫌气条件下，由于好氧微生物的活动受到很大程度的抑制，使有机物质的分解作用较慢且不彻底，使得其在土壤中累积并可能产生有机酸、乙醇等中间产物，在极端嫌气的条件下甚至有 CH_4、H_2 等还原物质形成。但是，在有机物质分解的同时，所形成的简单有机碳化合物又可以通过微生物的代谢等作用合成多酚、醌等物质，并不断聚合形成高分子多聚化合物即腐殖质。在稻田淹水条件下，有机物质的分解速度较慢，土壤中累积的各种中间化合物较多，且有水作为反应的介质，因而更有利于腐殖化过程的进行，与旱地中以有机物矿化过程为主具有较大反差，这也是稻田中有机质的含量通常高于旱地的重要原因之一。

尽管稻田中有机质的含量会因肥力高低等而有较大的差异，但总体看，其变异相对于所在地区旱地等农业用地而言要小，在正常耕作栽培等管理措施下，稻田中有机质的含量为 12～40g/kg，平均含量为 25g/kg 左右。当然，受耕作栽培与施肥水平、水分特性、土壤性质等诸多因素的影响，稻田土壤的有机质含量及品质等亦存在一定的差异。如据湖南省部分地区的调查，由板页岩发育的潴育性水稻土的有机质含量为 16.0～26.0g/kg，第四纪红土母质发育的水稻土有机质含量为 17.0～23.0g/kg，石灰岩母质发育的水稻土为 20.0～36.0g/kg，紫色岩母质发育的水稻土为 18.0～28.0g/kg，砂岩母质发育的水稻土为 17.5～45.0g/kg，其含量因成土母质的差异而有一定的差别，这在很大程度上可能是因土壤本身性质的差异所致。当然，即使是由同一种母质发育的水稻土，其有机质含量在很大程度上是与耕作、管理等紧密相连的，因而也可能会存在较大差异，如即使同样由板页岩发育的水稻土，其有机质含量亦可以为 15.0～25.0g/kg，甚至差距更大。

通常，C/N 比值可用来说明土壤腐殖质中氮素的富瘠及其在所处生物气候带的变化状况。由于成土条件等的差异，不同地区水稻土的 C/N 比值亦具有较大差异，总体上看其趋势是北低南高，这在一定程度上与北方地区气温相对较低、土壤有机质含量较高等因素有关。一般而言，水稻土中 C/N 的比值为 8～12，但同样会因成土母质、耕作管理水平等的差异而有较大的变幅。如由花岗岩发育的水稻土 C/N 比值一般约为 11.3，石灰岩发育的水稻土约为 11.0，紫色砂页岩发育的水稻土约为 9.7，第四纪红土发育的水稻土约为 9.6，长江冲积物发育的水稻土一般在 9.5 左右，不同母质发育的水稻土相互间的差异还是较明显的。

水稻土的腐殖质组成及胡/富比等亦与同区域旱地土壤有较大差异，且不同母质间亦有所差别。表 21-1 为在湖南省部分地区采样分析结果。

表 21-1　不同母质发育水稻土的腐殖质组成

母质	土壤	有机质 (g/kg)	C/N	胡敏酸 (g/kg)	富里酸 (g/kg)	胡敏素 (g/kg)	胡/富比
花岗岩	水稻土	33.1	11.3	4.31	10.01	18.78	0.43
	旱地	16.7	10.6	2.54	5.37	8.79	0.47
石灰岩	水稻土	36.2	11.0	5.45	8.49	22.26	0.64
	旱地	19.3	10.9	1.97	4.48	12.85	0.44
紫色砂页岩	水稻土	24.8	9.7	2.96	5.97	15.87	0.50
	旱地	18.1	11.7	2.11	3.72	12.27	0.57
第四纪红土	水稻土	18.9	9.6	1.67	4.28	12.95	0.39
	旱地	13.8	11.5	1.35	2.84	9.61	0.48
板页岩	水稻土	21.7	10.5	2.95	5.71	13.04	0.52
	旱地	15.9	11.1	1.87	3.82	10.21	0.49

从表 21-1 的结果大致可以看出，与旱地土壤比较，水稻土中有机质含量一般高于旱地，在同等条件下的含量是旱地的 1.5 倍左右甚至更高，但不同母质发育的土壤间由于其本身性质的差别，其相应的含量差异有所不同。在同等条件下，土壤 C/N 比尽管有一定差别，但似乎与利用方式关系不大。同样地，由于有机质含量的差异，同等条件下水稻土和旱地比较，水稻土无论是胡敏酸、富里酸，还是胡敏素的含量均显著高于旱地土壤，但不同母质发育土壤间胡/富比的变化水稻土与旱地间亦无明显规律。这种结果意味着，在同一地区水稻土成土条件下，有利于有机质的形成，土壤中腐殖化过程相应较强；而旱地中则有机物的矿质化过程相应较强，不利于有机质的累积。

与土壤有机质及腐殖质组成相对应，在水稻土中有机—无机复合体的数量和组成等亦与同地区旱地土壤有一定差异。如在湖南祁阳中国农业科学院红壤试验站进行的稻田改制试验，4 年后水旱轮作和种植牧草条件下土壤团聚体干筛平均质量粒径均较试验前有所下降，其中水旱轮作处理下降了 0.09mm，比试验前降低 3.54%，种植牧草时下降了 0.04mm，比试验前降低 1.57%；而稻—稻—紫云英和种植旱作时均较试验前有所提高，稻—稻—紫云英处理上升了 0.02mm，较试验前提高 0.79%，旱作处理上升了 0.13mm，较试验前提高了

5.12%。各处理湿筛团聚体平均质量粒径的变化中，仅旱作处理有较大幅度增加，比试验前上升了 0.37mm，比试验前提高 18.78%，稻—稻—紫云英和种植牧草下均有不同程度的下降。各处理土壤水稳性结构商与试验前相比，水旱轮作和旱作两处理均有一定幅度的增加，其中种植旱作下增加最多，达 67.12，提高了 78.16%；水旱轮作下增加 9.98，提高了 11.62%；种植牧草时增加 1.39，提高了 1.62%；稻—稻—紫云英下则较试验前减少了 8.82，降低 10.27%。根据上述结果，初步认为稻田改制，特别是改为旱地确实有利于土壤水稳性团聚体的形成和土壤结构的改善。

二、水稻土的酸碱性及养分状况

种植水稻条件下，由于土壤的水分状况、施肥、水稻对养分的需求等具有其自身的特点，一般而言，每生产 1 000kg 稻谷需要的氮磷钾养分分别为 N 19kg、P_2O_5 10kg、K_2O 28kg，水稻作为南方地区的主要粮食作物，其施肥量和管理也相对精细，因此，其酸度变化、养分含量和形态具有其独特的状况，且与旱地有较大的差别。

1. 水稻土的酸碱性　水稻土的酸碱性受其本身酸度、耕作、施肥等多种因素的综合影响，从整体看，由于长期淹水等的影响，尽管成土母质的 pH 或酸度差异较大，但由于水稻土中存在铁锰还原过程及有机酸、CO_2 等物质，经过淹水后会使其 pH 逐渐接近中性，变异范围缩小。根据相关数据，水稻土的 pH 一般在 6.0～7.5，其变化幅度较旱地小 2 个 pH 单位左右，土壤中活性酸、交换性酸的含量也显著低于旱地。在不同因素对水稻土 pH 和酸度影响中，土壤有机质含量被认为是十分重要的因素，其含量高低通常会显著影响水稻土 pH 的变化。有研究表明，有机质含量较低的酸性土壤在淹水后 pH 会迅速上升，并在 15d 左右达到平衡，而有机质含量高的酸性土壤淹水 3d 内 pH 迅速上升，其后会出现一个稍下降的过程，达到某个最低点后再缓慢上升，然后逐渐达到平衡，整个过程亦需要 15d 左右；但对于 pH 接近中性的土壤，则淹水后 pH 的变化相对较小，且与土壤中有机质的含量似乎不存在明显相关。

2. 水稻土的养分含量　水稻土的养分含量在一定程度上受成土母质、施肥、耕作管理水平等的影响。由于在南方地区水稻土的施肥量较大，管理精细，这与旱地形成了较鲜明的对比，也使得水稻土的养分含量相对旱地要高，一般认为平均高 1～2 个等级。据有关研究及我们近年的调查结果，一般南方地区水稻土的养分含量大致范围为：全氮 0.70～1.92g/kg，全磷 0.90～1.68g/kg，全钾 12.10～23.75g/kg，其中长江中下游地区冲积平原水稻土的含量相对较高，红壤、砖红壤地区水稻土的含量相对较低。

据 2010 年在湖南省相关地区取样调查结果，48 个水稻土样品（0～20cm）全氮含量平均为 1.86g/kg，其中含量＞2.0g/kg 和 1.5～2.0g/kg 的样品比例分别为 29.2%、37.5%，含量在 1.0～1.5g/kg 和＜1.0g/kg 的样品比例分别为 20.8%、12.5%；碱解氮含量平均值为 181mg/kg，其中含量＞200mg/kg 和 150～200mg/kg 的样品比例分别为 33.3%、35.4%，含量在 100～150mg/kg 和＜100mg/kg 的样品比例分别为 18.8%、12.5%。而在同一地区采集的 36 个旱地样品的分析结果，全氮含量平均为 1.21g/kg，其中含量＞2.0g/kg 和 1.5～2.0g/kg 的样品比例分别为 8.3%、8.3%，含量在 1.0～1.5g/kg 和＜1.0g/kg 的样品比例分别为 50.0%、33.3%；碱解氮含量平均值为 67mg/kg，其中含量＞200mg/kg 和 150～200mg/kg 的样品数均为零，含量在 100～150mg/kg 和＜100mg/kg 的样品比例分别为13.9%、86.1%。很显然，与同一地区的旱地土壤相比较，水稻土的氮素状况明显优于旱地土壤，全氮含量是旱地的1.54倍，碱解氮含量是旱地的2.70倍。

而在同一地区所调查的样品中，48个水稻土样品（0～20cm）全磷含量平均为1.03g/kg，其中含量＞1.5g/kg和1.0～1.5g/kg的样品比例分别为25.0%、33.3%，含量在0.5～1.0g/kg和＜0.5g/kg的样品比例分别为18.8%、22.9%；速效磷含量平均值为8.6mg/kg，其中含量＞15mg/kg和10～15mg/kg的样品比例分别为12.5%、14.6%，含量在5～10mg/kg和＜5mg/kg的样品比例分别为43.7%、29.2%。而在同一地区采集的36个旱地样品的分析结果，全磷含量平均为0.75g/kg，其中含量＞1.5g/kg和1.0～1.5g/kg的样品比例分别为8.3%、16.7%，含量在0.5～1.0g/kg和＜0.5g/kg的样品比例分别为33.3%、41.7%；速效磷含量平均值为7.4mg/kg，其中含量＞15mg/kg和10～15mg/kg的样品比例分别为5.6%、25.0%，含量在5～10mg/kg和＜5mg/kg的样品比例分别为55.6%、13.9%。很显然，与同一地区的旱地土壤相比较，水稻土的磷素状况亦优于旱地土壤，全磷含量是旱地的1.37倍，速效磷含量是旱地的1.16倍。

同样地，所采集的样品中，48个水稻土样品（0～20cm）全钾含量平均为16.7g/kg，其中含量＞20g/kg和16～20g/kg的样品比例分别为6.3%、41.7%，含量在12～16g/kg和＜12g/kg的样品比例分别为43.8%、8.3%；速效钾含量平均值为74.8mg/kg，其中含量＞120mg/kg和90～120mg/kg的样品比例分别为10.4%、18.8%，含量在60～90mg/kg和＜60mg/kg的样品比例分别为37.5%、33.3%。而在同一地区采集的36个旱地样品的分析结果，全钾含量平均为14.2g/kg，其中含量＞20g/kg和16～20g/kg的样品比例分别为16.7%、25.0%，含量在12～16g/kg和＜12g/kg的样品比例分别为50.0%、8.3%；速效钾含量平均值为53.4mg/kg，其中含量＞120mg/kg的为零，含量在90～120mg/kg的样品比例为5.6%，含量在60～90mg/kg和＜60mg/kg的样品比例分别为30.5%、63.9%。与同一地区的旱地土壤相比较，水稻土的钾素状况亦优于旱地土壤，全钾含量是旱地的1.18倍，速效磷含量是旱地的1.40倍。

此外，水稻土中钙、镁、硫等中量元素，以及铜、钼、锌等微量元素的含量，亦与所在地区旱地有一定差异，如在红壤地区旱地中可能发生Ca、Mg等中量元素，以及Mo、B和Zn等微量元素缺乏的情形，而在水稻土中一般较难出现这些元素的缺乏。这一方面与水稻的需肥特点等有关，另一方面也与水稻土淹水条件下这些养分的有效性较高，以及稻田中有机肥的投入较多等因素有较大联系。

3. 水稻土中养分的形态特征及氧化还原 水稻土区别于旱地的最明显的化学过程是氧化还原状况的周期性变化，如果用氧化还原电位（Eh）表示，其变化值一般在－200mV～＋500mV甚至更大范围，而旱地土壤的Eh值通常在＋300mV以上。水溶态氧化、还原物质比例关系的变化，亦是水稻土的一个重要特点，这也在很大程度上决定了其中养分的形态特征。水稻土中的氧化还原反应包括：

$$O_2+4H^++4e=\!=\!=2H_2O$$

$$NO_3^-+2H^++2e=\!=\!=NO_2^-+H_2O$$

$$MnO_2+4H^++2e=\!=\!=Mn^{2+}+2H_2O$$

$$FeOOH+3H^++e=\!=\!=Fe^{2+}+2H_2O$$

$$SO_4^{2-}+9H^++6e=\!=\!=HS^-+4H_2O$$

$$CO_2+8H^++8e=\!=\!=CH_4+2H_2O$$

$$2H^++2e=\!=\!=H_2$$

由于氧化还原过程的存在，水稻土中的氮素在淹水条件下以 NH_4^+ 的形态存在，并可能吸附在土壤胶体上，但在 Eh 值较低的条件下可与水稻土中产生的 Fe^{2+} 和 Mn^{2+} 进行交换反应，使 NH_4^+ 进入土壤溶液中并可在氧化条件下迅速氧化成 NO_3^-，亦可加速氮素的流失，当 NO_3^- 淋溶至 Eh 值更低的还原层时，可发生 NO_3^-—N_2O—N_2的反硝化过程而导致氮素的损失。土壤中的磷素尽管不会像氮素那样可以被还原，但土壤的氧化还原可明显影响磷素的活动性，氢氧化铁和磷酸高铁化合物的还原在很大程度上增加了 PO_4^{3-}（HPO_4^{2-}、$H_2PO_4^-$）的溶解度，这也是如前所述水稻土中速效磷的含量高于旱地的最重要的原因。

由于水稻土中的 Fe、Mn 直接参与土壤的氧化还原过程，因此，其形态及活性在很大程度上与氧化还原有关。一般而言，在 Eh 值较高的通气条件下，铁和锰通常以难溶的氧化物或氢氧化物形态存在于土壤中，但当土壤氧化还原电位下降到 100～200mV 时，Mn^{4+} 还原为 Mn^{2+}，Fe^{3+} 还原为 Fe^{2+}，使其溶解度大幅度增加，从而导致土壤剖面中铁锰的淋溶和淀积过程。水稻土中锌等金属元素尽管不像铁锰那样存在价态的变化，但其溶解度和活性在很大程度上受氧化还原状况的影响，一方面是因为在还原条件下形成的 Fe^{2+}、Mn^{2+} 可将被土壤胶体吸附的 Zn 交换出来，使其活性提高；另一方面，在淹水条件下土壤中的有机物质可被还原为易溶性的有机酸等，从而大幅度提高 Zn 等阳离子态养分的活性；再次，因淹水引起的 pH 升高亦可能在一定程度上增加其对 Zn^{2+} 的吸附。因此，水稻土中某些养分的形态及活性，在一定程度上取决于其淹水状况或氧化还原状况。

三、水稻土的结构

土壤结构是土壤最重要的物理性质之一，对水、肥、气、热的状况具有决定性的影响。水稻土结构的形成与其所处的氧化还原条件下土壤颗粒的团聚和分散，以及在黏闭条件下土壤颗粒的不断重新排列具有十分密切的关系。由于长年处于淹水状态，在水的分散应力、氧化物的还原等作用下，耕层中的土壤矿质颗粒大多呈单粒或微团聚体状态，使土体具有较强的持水性，但其通气性相对较差。当水稻收割并排出土壤中水分后，耕层土壤因失水而出现不均匀的收缩，逐步分裂成不同形状的土块或团聚体。其中，收缩较小的土壤表层裂缝较小，多形成粒状团聚体；收缩较大的土壤则出现表土开裂，多形成大棱块或大土块。水稻土中颗粒的排列形式及其稳定性与土壤中有机、无机胶体的胶结物质密切相关，从某种意义上说，水稻土结构的形成和变化要比旱土复杂得多。

研究表明，水稻土中有机质含量较高，或含有较多有机物料时，土体中的通气空隙也相应较多，在水稻收割后的排水过程中能形成较多的粒状团聚体；反之，则土壤易整体收缩，相应地会形成大土块或棱块。据李庆逵等的研究结果，我国不同地区发育的水稻土，耕层土壤的孔隙度和通气孔隙度大致为：太湖黄土性沉积物发育的水稻土总孔隙度（%）为 55.4±3.50，通气孔隙度（%）6.87±1.54，<0.001mm 黏粒（%）含量为 23.2±3.90；太湖冲积物发育的水稻土总孔隙度（%）为 52.8±3.26，通气孔隙度（%）10.10±4.52，<0.001mm 黏粒（%）含量为 17.6±2.25；成都平原岷江冲积物发育的水稻土总孔隙度（%）为 54.7±4.53，通气孔隙度（%）11.3±6.06，<0.001mm 黏粒（%）含量为 8.62±3.79；江西第四纪红土发育的水稻土总孔隙度（%）为 52.3±4.75，通气孔隙度（%）9.85±4.85，

<0.001mm黏粒（%）含量为20.0±7.21；珠三角沉积物发育的水稻土总孔隙度（%）为53.9±4.38，通气孔隙度（%）9.46±3.86，<0.001mm黏粒（%）含量为28.8±4.56。可以看出，不同地区、不同母质发育的水稻土尽管孔隙度具有一定差异，但总体看总孔隙度差异较小，而通气孔隙度和<0.001mm黏粒含量的差异则较大。一般认为，土壤总孔隙度和田间持水量时的通气孔隙度在剖面中的分布与土壤有机质的含量、氧化铁活度、无定形氧化铁含量等具有正相关，而与土壤黏粒含量、游离氧化铁含量、氧化铁的晶胶比等具有负相关。同时，耕层土壤中>0.25mm水稳性团聚体含量亦与无定形氧化铁含量、氧化铁活度具有正相关。

实际上，对于高产水稻土而言，尽管土壤黏粒含量会因成土母质的不同而有较大差异，但耕作层的黏粒含量一般在20%左右，黏性沉积物发育的土壤稍高、壤性母质发育的水稻土稍低，且犁底层分化明显，下层土壤的黏性亦相对耕作层较强。在团聚体组成方面，尽管不同研究者的结果会有所差别，但耕作层中1～0.05mm微团聚体的含量会较高，如在河湖沉积物发育的水稻土中相应粒级微团聚体的含量达10%～21%。而土壤的通气性和渗漏性也通常被认为是高产水稻土的重要指标，首先是适量的渗漏既可以调节土壤温度，又具有淋洗根际毒害物质，抑制水稻营养生长等功能，同时还可将表层水中的溶解氧带入作物根际，防止因根际还原作用带来的可能毒害，通常认为高产水稻土的渗漏量以10～20mm/d最佳。在土壤通气性方面，实际上土壤的通气性与水分特性密切相关，如在爽水、结构良好的水稻土耕层，在田间持水量时的通气孔隙度一般在10%左右，而在囊水、结构较差的水稻土耕层的通气孔隙度通常仅4%～7%，平均在6%左右。因此，保持水稻土良好的结构，不仅对提高水稻产量，而且对水稻土肥力提升等均具有十分重要的意义。

四、水稻土的吸附性能

水稻土在淹水条件下发生的氧化还原过程、有机质的合成与分解、盐基离子的淋溶、铁锰氧化物形成等，均在很大程度上影响着其吸附性能。因此，水稻土在表面特性、交换性能、交换性阳离子组成、盐基饱和度、对 NH_4^+ 和 $H_2PO_4^-$ 等的吸附方面，均有其独特的性质，并与旱地土壤具有较大的差别。

1. 水稻土的表面特性 水稻土中氧化还原状况的变化，可导致土壤中游离氧化铁的老化或活化，该过程的交替进行，可使氧化铁以胶膜形态包裹在其他矿物颗粒的表面，从而对土壤的表面特性产生十分重要的影响。据相关研究结果，水稻土的比表面与游离氧化铁含量具显著正相关，土壤去除氧化铁后比表面均出现一定程度的下降，且其下降幅度与游离氧化铁的减少量具有极显著的正相关，这种相互关系在南方酸性水稻土中表现更加显著。

土壤中腐殖质的比表面一般可达 8×10^5～$9\times10^5 m^2/kg$，且土壤中绝大部分的腐殖质胶体均与矿质胶体相结合形成有机—矿质复合体，因此，其含量对水稻土的表面性质具有十分重要的影响。一般而言，有机质含量愈高，则水稻土的比表面愈大，两者间具有显著正相关。有研究表明，水稻土去除有机质后，土壤比表面将出现不同程度的减少，但在多数场合下其减少的幅度并不与土壤有机质的去除量呈正相关，这种结果可能在一定程度上与有机质的性质、有机—无机复合度等相关。

2. 水稻土的交换性能　土壤的交换性能主要取决于其相应的电荷性质，其容量在一定程度上反映了土壤保肥能力的高低，相关研究结果认为交换量 13cmol（+）/kg 可能是水稻土交换量的界限，低于该值时交换量可明显影响水稻土的肥力，而高于该值则影响变小或不明显。水稻土的交换性能在很大程度上与母质的特性密切相关，其交换量除与土壤黏粒含量、有机质含量、矿物组成等因子相关外，还在很大程度上受到人为耕作与施肥等活动的强烈影响。一般认为，由高岭石、铁铝氧化物发育的水稻土的交换量较低，一般在 14～20cmol（+）/kg；由水云母发育的水稻土的交换量稍高，一般可达 18～35cmol（+）/kg；而由蒙脱石发育的水稻土交换量最高，大多在 35cmol（+）/kg 以上。

在水稻土特殊的成土背景下，前述影响土壤交换量的因素中，氧化铁和有机质含量的影响较旱地更加显著。因氧化铁在酸性条件下带正电荷，且其数量随 pH 下降而增加，因此，水稻土对阴离子的吸附量在一定程度上会随 pH 的下降而增大。有研究表明，红壤性水稻土胶体去除氧化铁后交换量常有一定程度的减少，游离氧化铁并未表现出明显的带负电荷特性，这可能与其他因素的综合影响有关；而长江中下游中性水稻土去除氧化铁后，大部分土壤的交换量有一定程度增加，其增加幅度为 4%～25%，但亦有小部分土壤呈现出相反的趋势，说明对不同土壤而言氧化铁的贡献不尽相同。

有机质对水稻土交换量的影响一般呈现出正效应，即随有机质含量升高水稻土的交换量增加，两者间具有极显著线性相关，且酸性水稻土中两者关系可用方程式 $Y=1.30+0.328X$（$r=0.807$，$n=22$）来表示，中性水稻土中两者关系可用方程式 $Y=14.50+0.158X$（$r=0.668$，$n=50$）来表示，这种结果说明，对于同一类型的水稻土而言，耕层中有机质的积累将大幅度提高其交换性能。同时，在南方红壤区酸性水稻土中，由于矿质部分的交换量相对较低，因此，有机质对土壤交换量的贡献较中性水稻土大。

水稻土的交换性阳离子组成主要受淋溶和复盐基两个过程的综合影响，且以后者占主导地位。一般而言，南方水稻土中最主要的盐基离子为 Ca^{2+}、Mg^{2+}、K^+、Na^+，其中以 Ca^{2+} 最多，Mg^{2+} 次之，K^+ 和 Na^+ 最少，但与旱地土壤比较，K^+ 和 Na^+ 所占的比例相对较大，且盐基离子的含量也相对较高。同时，与旱地土壤最大的区别是水稻土中在渍水时除吸附较多的 Fe^{2+}、Mn^{2+} 外，还有一定量的 NH_4^+。很显然，由于水稻土的成土条件、施肥管理等与旱地土壤具有较大差异，因此，在土壤交换性能等许多方面亦与旱地土壤呈现较大的区别。

五、水稻土的微生物组成

水稻土由于受水分灌排等因素的长期影响，其微生物数量、组成及生化活性等具有许多独特的性状，并与同区域的旱地土壤具有较大差异。根据相关分析结果，南方地区水稻土耕层每克土壤中的微生物数量为细菌 0.3×10^7～3.0×10^7，约占微生物总数的 90%，放线菌 0.1×10^6～3.0×10^6，真菌 0.5×10^4～12×10^4。在细菌中，需氧或兼性厌氧菌约占其总数的 95%以上，这些细菌在通气良好或嫌气条件下均能够生存，这也使得水稻土中的细菌数量一般要高于旱地。放线菌能利用土壤中的多种碳水化合物及不同形态的氮素，而在水稻土中这两类物质显然一般要高于旱地，因此，水稻土中放线菌的数量在多数时候也较多，但持续淹水会导致其数量的大幅度下降。真菌则因大多需要在氧气较充足的条件下才能生长良好，所以，水稻土中真菌的数量一般少于旱地。同时，水稻土在淹水和烤田期间由于土壤水分状况的差异，土壤中微生物的数量、类型也有较大差别。

关于水稻土中微生物的组成，一般认为常见的细菌中好气性类型包括假单孢菌属（*Pseudomonas*）、黄杆菌属（*Flavobacterium*）、无色杆菌属（*Achromobacter*）、产碱菌属（*Alcaligenes*）、肠杆菌属（*Enterobacter*）、不动杆菌属（*Acinetobacter*）、欧文氏菌属（*Erwinia*）等，大多属于革兰氏阴性菌，其中能产生孢子的芽孢杆菌属（*Bacillus*）细菌多为兼性厌氧菌，在水稻土中占有较大比例。而芽孢杆菌属细菌中巨大芽孢杆菌（*Baciiius megatherium*）通常在水稻土中的数量比旱地高，可占芽孢杆菌数量的50%～70%，旱地中则该类细菌一般仅占30%～50%。水稻土中常见的真菌除青霉（*Penicillium*）、曲霉（*Aspergillus*）、木霉（*Trichoderma*）、镰刀菌（*Fusarium*）等外，还包括旱地中很少出现的盾壳霉（*Coniothyrium*）、翅孢壳霉（*Emericellopsis*）、小威氏曲霉（*Westerdykella*）等。水稻土中微生物在氮素转化如绿肥的分解和利用、生物固氮、硝化和反硝化，土壤养分循环如磷素活化与转化、微量元素养分活化等过程中发挥着十分重要的作用，同时也对水稻土的肥力状况、生产力发挥等具有十分深远的影响。

第三节 退化水稻土质量培育的典型模式

长期以来，南方地区在不断总结经验的基础上，针对区域土壤、气候情况及耕作水平等条件，总结出了一系列与水稻土地力和综合生产力提升的典型技术模式，并在生产实际中不断完善和应用，为水稻土的持续高效利用发挥了重要的作用。

一、稻—稻—肥轮作模式

该模式主要介绍了南方稻田在冬闲季节种植经济绿肥，在采摘鲜豆荚作蔬菜或刈割绿肥鲜茎叶作饲料后，将其嫩茎叶覆盖压青，以提升稻田地力条件和稻田经济效益的一种地力提升模式。

1. 具体操作方式 选择双季稻田或一季稻田，在冬闲季节轮作经济绿肥。稻田菜肥型的经济绿肥主要有蚕豆、豌豆、大豆等，分批采摘部分鲜果（荚）作蔬菜上市，余下的果（荚）、茎、叶等可压青做肥料；饲肥型的经济绿肥主要有豇豆、小黑麦等，再生能力强，嫩茎叶营养物质齐全且含量丰富，适口性好，刈割2～3次嫩茎叶作青饲料，再蓄苗一段时间后连同残茬等压青做肥料。

2. 地力提升效果 通过3年田间试验研究了稻肥轮作模式对南方稻田地力提升的效果。试验设蚕豆—早稻—晚稻、豌豆—早稻—晚稻、小黑麦—早稻—晚稻、大豆—晚稻—油菜、豇豆—晚稻—油菜5种轮作制度，以南方双季稻产区传统的稻—稻—油轮作制度为对照。

（1）土壤理化性状 与对照（不施经济绿肥）相比，稻肥轮作模式下，连续3年等量施用7.5～30t/hm^{2}蚕豆或豌豆、大豆和施用5.25～15.0t/hm^{2}豇豆或小黑麦，其土壤容重下降了0.01～0.04g/cm^3，土壤孔隙度增加1.88～5.49个百分点，土壤有机质增加0.85～2.30g/kg，土壤有效N、P、K养分随着压青量的增加而增加。表明施用经济绿肥后，土壤理化性质得到了有效改善，生态效应显著，其效果是高量>中量>低量（表21-2）。

表 21-2　连续 3 年施用经济绿肥后对稻田土壤主要理化性质的影响

经济绿肥	压青量 (t/hm²)	干容重 (g/cm^3)	孔隙度 (%)	有机质 (g/kg)	有效养分 (mg/kg)		
					N	P	K
豌　豆	0.00	1.09	56.51	26.53	106.8	6.25	73.50
	7.50	1.08	58.82	26.95	108.3	6.35	76.20
	15.00	1.06	59.65	27.48	111.4	6.50	77.0
	30.00	1.05	62.00	28.60	116.9	6.75	78.60
蚕　豆	0.00	1.13	56.85	28.20	113.9	6.65	75.65
	7.50	1.12	57.65	28.80	115.8	6.80	81.65
	15.00	1.11	58.60	29.36	118.8	6.95	82.50
	30.00	1.10	60.50	30.50	123.5	7.15	84.05
大　豆	0.00	1.11	57.20	29.01	119.5	6.85	76.30
	7.50	1.11	58.02	29.62	121.7	7.00	79.10
	15.00	1.10	58.76	30.15	123.9	7.15	79.80
	30.00	1.08	60.40	31.25	128.4	7.40	81.10
豇　豆	0.00	1.10	57.70	22.55	90.8	5.30	64.00
	5.25	1.10	58.35	22.82	91.7	5.40	65.00
	7.50	1.09	58.58	22.95	92.8	5.45	65.10
	15.00	1.09	59.58	23.40	95.1	5.55	65.80
小黑麦	0.00	1.10	56.50	27.20	112.5	6.45	78.00
	5.25	1.09	57.35	27.59	114.3	6.55	78.90
	7.50	1.09	57.70	27.73	115.2	6.60	79.40
	15.00	1.08	58.95	28.21	117.8	6.70	80.70

（2）对后茬作物产量的影响　研究结果表明（表 21-3），稻肥轮作模式对水稻的增产效果明显，随着压青量的增加，后茬作物产量也增加，压青后第一年两季产量（A 表示直接接茬作物，B 表示间接接茬作物）和全年的产量（A+B）都随着压青量的增加而增加，经济绿肥压青第一年增产效果是高量>中量>低量，压青量以 15～30t/hm² 为宜；连续等量施用的第三年，饲肥型（豇豆、小黑麦）增产效果是高量>中量>低量，蓄苗后的全部生物量（约 15t/hm²）可就地压青，但菜肥型（蚕豆、豌豆、大豆）连续等量施用第三年的直接接茬作物（A）增产效果是中量>高量>低量，间接接茬作物（B）和全年的产量（A+B）是高量>中量>低量，所以其压青量应以 15t/hm² 为宜。

表 21-3　不同压青量对后茬作物产量影响

种植制度	压青量 (t/hm²)	第一年压青后产量 (kg/hm²)			连续压青第三年产量 (kg/hm²)		
		A	B	A+B	A	B	A+B
蚕豆—早稻—晚稻	0.00	3 877.5	6 081.0	9 958.5	3 930.0	6 006.0	9 936.0
	7.50	4 119.0	6 345.0	10 464.0	4 522.5	6 426.0	10 948.5
	15.00	4 627.5	6 754.5	11 382.0	5 089.5	7 273.5	12 363.0
	30.00	4 807.5	7 132.5	11 940.0	4 923.0	7 597.5	12 520.5

（续）

种植制度	压青量（t/hm^2）	第一年压青后产量（kg/hm^2）			连续压青第三年产量（kg/hm^2）		
		A	B	A＋B	A	B	A＋B
豌豆—早稻—晚稻	0.00	3 943.5	6 012.0	9 955.5	4 041.0	6 015.0	10 056.0
	7.50	4 242.0	6 352.5	10 594.5	4 728.0	6 481.5	11 209.5
	15.00	4 696.5	6 697.5	11 394.0	5 406.0	7 570.5	12 976.5
	30.00	5 133.0	7 315.5	12 448.5	5 242.5	7 818.0	13 060.5
小黑麦—早稻—晚稻	0.00	4 926.0	6 009.0	10 935.0	4 897.5	6 012.0	10 909.5
	5.25	5 107.5	6 177.0	11 284.5	5 307.0	6 376.5	11 683.5
	7.50	5 197.5	6 307.5	11 505.0	5 809.5	6 799.5	12 609.0
	15.00	5 440.5	6 475.0	11 915.5	6 030.0	7 042.5	13 072.5
大豆—晚稻—油菜	0.00	6 006.0	1 657.5		6 037.5	1 669.5	
	7.50	6370.5	1738.5		6882.0	1 770.0	
	15.00	6 922.5	1 896.0		7 548.0	1 966.5	
	30.00	7 446.0	1 981.5		7 257.0	2 029.5	
豇豆—晚稻—油菜	0.00	5 544.0	1 662.0		5 631.0	1 662.0	
	5.25	5 962.5	1 747.5		6 187.5	1 777.5	
	7.50	6 328.5	1 837.5		6 765.0	1 921.5	
	15.00	6 693.0	1 897.5		7 224.0	1 977.0	

3. 经济效益与推广应用前景 按当前湖南省市场均价计算了稻肥轮作模式与南方传统的“稻—稻—油”种植模式的经济效益，结果表明，稻肥轮作模式较南方传统的稻田种植模式具有更好的经济效益。

“蚕豆—早稻—晚稻”模式年产值一般在 3.8 万元/hm^2，比传统的“稻—稻—油”（年产值一般为 2.2 万元/hm^2）增收节支 1.60 万元/hm^2 左右；“豌豆—早稻—晚稻”和“油菜—大豆—晚稻”模式年产值一般均在 4.0 万元/hm^2，比传统的“稻—稻—油”增收节支 1.8 万元/hm^2 左右；“油菜—豇豆—晚稻”和“小黑麦—早稻—晚稻”模式年产值分别是 3.4 万元/hm^2 和 3.5 万元/hm^2，比传统的“稻—稻—油”增收节支 1.2 万元/hm^2 和 1.3 万元/hm^2。由此可见，稻稻肥轮作模式在我国南方稻作区具有良好的推广应用前景。

二、保护性耕作稻草还田模式

该模式主要介绍了南方稻田采取少耕（旋耕）或自然免耕的耕作方式代替传统的翻耕模式，结合稻草还田，以提升南方稻田地力和实现稻田土壤固碳的一种地力提升模式。在南方丘陵区耕层浅薄稻田实行自然免耕，不仅可以增加耕作层厚度，提升土壤温度，改善土壤水分状况，同时对提高土壤肥力，增加作物产量等，均具有十分显著的效果，该模式已在四川、湖南等省得到较大面积的推广应用。

1. 具体操作方式 改变传统土壤耕作技术（早稻为“二犁多耙”，晚稻为“一犁多耙”）为双季少耕或免耕栽培，少耕模式即采用稻草旋耕还田代替传统的翻耕稻草不还田或翻耕稻草还田，而免耕则是采用稻草覆盖还田、高效安全除草剂灭茬、喷施免深耕土壤调理剂，促进表层土壤疏松，经浸泡活泥后，直接抛（移）栽水稻。

2. 地力提升效果　以双季稻—冬闲为种植制度，于 2005 年建立田间定位试验，通过 3 年 5 季的结果评价了保护性耕作稻草还田模式对水稻产量和土壤肥力的影响。试验设翻耕，稻草不还田（F_0）；翻耕，100%稻草翻压还田（$F_全$）；免耕，100%稻草覆盖还田（$M_全$）；旋耕，1/3 稻草旋耕还田（$X_{1/3}$）；旋耕，2/3 稻草旋耕还田（$X_{2/3}$）；旋耕，100%稻草旋耕还田（$X_全$），共 6 个处理。

（1）对水稻产量的影响　根据 3 年 5 季水稻产量（表 21-4）分析，不同土壤耕作方式与稻草还田方式及还田量对全年水稻产量有一定的影响，其中全量翻耕稻草还田（$F_全$）与稻草不还田（F_0）相比，增产 459kg/hm^2，增产 4.0%；免耕全量还田（$M_全$）与翻耕稻草不还田（F_0）相比，全年水稻仅增产 2.4%；而旋耕 1/3、2/3、全量稻草还田与翻耕稻草不还田（F_0）相比，全年水稻分别增产 5.1%、4.8%、5.2%；早稻产量翻耕稻草还田（$F_全$）与稻草不还田（F_0）相比，增产 6.9%；免耕全量还田（$M_全$）与翻耕稻草不还田（F_0）相比，早稻产量差异较小；而旋耕 1/3、2/3、全量稻草还田与翻耕稻草不还田（F_0）相比，早稻分别增产 4.5%、6.3%、5.9%；晚稻产量翻耕稻草还田（$F_全$）与稻草不还田（F_0）相比，增产 1.4%；免耕全量还田（$M_全$）与翻耕稻草不还田（F_0）相比，增产 3.0%；而旋耕 1/3、2/3、全量稻草还田与翻耕稻草不还田（F_0）相比，晚稻分别增产 5.6%、3.5%、4.6%。试验结果表明，采取保护性耕作对水稻产量无明显影响，而稻草还田可显著提高水稻产量，可见采取保护性耕作稻草还田模式能够实现稻田高产稳产。

表 21-4　不同土壤耕作方式与稻草还田方式及还田量对水稻产量的影响（kg/hm^2）

试验处理	2005	2006		2007		3 年平均		
	晚稻	早稻	晚稻	早稻	晚稻	早稻	晚稻	全年
F_0	5 784	5 847	6 447	5 036	6 153	5 442	6 128	11 570
$F_全$	5 811	6 128	6 225	5 504	6 603	5 816	6 213	12 029
$M_全$	5 967	5 706	6 560	5 370	6 404	5 538	6 311	11 849
$X_{1/3}$	5 906	6 066	7 004	5 303	6 504	5 685	6 471	12 156
$X_{2/3}$	6 075	6 159	6 504	5 403	6 453	5 781	6 344	12 125
$X_全$	6 125	6 191	6 392	5 336	6 704	5 763	6 407	12 170

（2）对土壤有机碳含量的影响　土壤耕作和稻草还田对土壤有机碳含量影响显著（表 21-5），3 种耕作方式，0～10cm 土层土壤有机碳含量变化具有明显的规律，土壤有机碳以免耕最高，翻耕和旋耕次之，在 2006 年 4 月达到显著水平；10～20cm 土层土壤有机碳为旋耕>翻耕>免耕，除个别时间外都达到显著水平。从稻草还田分析，0～10cm 土层土壤有机碳在开始前期表现为稻草不还田高于稻草还田，后期则相反，差异仅在 2006 年 4 月达到显著水平；10～20cm 表现为翻耕稻草还田大于翻耕稻草不还田，但差异均不显著。说明免耕有利于提高土壤 0～10cm 总有机碳，旋耕和翻耕有利于提高土壤 10～20cm 土壤总有机碳，稻草还田有利于提高土壤各层有机碳。

表 21-5　不同土壤耕作方式与稻草还田方式对土壤总有机碳在层次间的分布（g/kg）

处　理	层次	采样时间（年-月-日）			
		2005-10-13	2006-4-8	2006-7-5	2006-10-10
翻耕稻草不还田	0～10cm	25.05a	30.56a	29.16a	29.65a
	10～20cm	17.35b	23.82a	22.67b	21.57b
翻耕稻草还田	0～10cm	23.05a	26.33a	29.94a	30.26a
	10～20cm	17.46b	23.96a	23.93b	21.81b
旋耕稻草还田	0～10cm	22.68a	24.54a	29.37a	30.47a
	10～20cm	19.03b	24.28a	24.98b	21.43b
免耕稻草还田	0～10cm	25.01a	31.36a	31.06a	31.02a
	10～20cm	17.19b	22.35b	20.50b	19.60b

注：同一栏内不相同字母的平均值表示方差分析差异显著（$P<0.05$）。

3. 经济效益与推广应用前景　保护性耕作稻草还田模式是在水稻少免耕栽培和盘育抛栽技术基础上发展起来的，广泛适用于南方双季稻区冬泡田、冬闲板田和板田绿肥田，具有“两减少、两降低、两提高”的特点，即减少稻田翻耕用工、减少水肥流失，降低生产成本、降低劳动强度，提高水稻单产、提高种稻效益。同时还能争取时间、保证茬口衔接，确保早晚稻平衡增产。据研究，传统土壤耕作技术，早晚稻两季牛犁翻耕成本平均为 2 100 元/hm^2 左右，而采用旋耕成本可降至 1 800 元/hm^2 左右，采用双季稻免耕技术，生产成本一般在 1 000 元/hm^2 元左右，节本增效显著，在南方双季稻区推广应用前景广阔。

三、稻田有机物料循环利用模式

该模式主要介绍了稻草过腹还田、生产食用菌菌渣还田和生产沼气沼渣还田，代替传统的稻草直接还田模式，实现稻田有机物料循环利用，提升稻田地力和水稻产量的一种地力提升模式。

1. 具体操作方式　在水稻收获后，将稻草作为牛饲料、食用菌培养基和沼气池原料，收集牛粪便、菌渣和沼渣，按照牛粪代替 20%化肥、菌渣代替 10%化肥和沼渣代替 20%化肥，有机废弃物与磷肥作为基肥一次性施入稻田，采用深埋还田的方式，其化肥施用与常规施肥管理一致。

2. 地力提升效果　以双季稻为种植制度，开展田间试验研究了稻田有机物料循环利用模式对水稻产量和土壤肥力的影响。试验设 6 个处理，包括①无肥对照（O），不施肥；②常规施肥（CK），即按照当地习惯纯施化肥；③90%常规施用化肥＋稻草直接还田（NPK＋S）；④90%常规施用化肥＋稻草栽培食用菌后（菌渣）还田（NPK＋FD）；⑤80%常规施用化肥＋稻草过腹（牛粪）还田（NPK＋CD）；⑥80%常规施用化肥＋稻草产沼气后（沼渣）还田（NPK＋BD）。早、晚稻按处理分别施用如下量的有机物料：稻草（6 250kg/hm^2）、菌渣（7 500kg/hm^2）、牛粪（22 500kg/hm^2）、沼渣（22 500kg/hm^2）。

（1）对土壤肥力的影响　由图 21-1 可以看出，早稻时，除 NPK＋BD 处理外，其他处理有机质含量均高于 O、CK 两处理，但仅有 NPK＋S 与 O 处理有机质含量达到显著性差异，其他处理之间差异较小。晚稻 NPK＋S、NPK＋CD、NPK＋BD 处理有机质含量均高于 O、CK 两处理，NPK＋S、NPK＋BD 处理与 O、CK 处理有显著性差异；其中 NPK＋BD 处理含量最高，为 20.50g/kg，与 O、CK 两处理相比，增幅分别为 24.20％和 10.80％。表明稻田有机物料循环利用模式与单施化肥相比可显著提高土壤有机质含量，但与稻草直接还田处理间无显著差异。

分析结果表明（图 21－1），4 种有机废弃物还田后，土壤速效氮、磷、钾有了明显的变化，无论早稻或晚稻，速效氮、磷、钾含量均以 O 处理最低，CK 处理也相对较低。NPK＋CD、NPK＋BD 处理的水解性氮含量显著高于其他 4 个处理，这可能是由于总氮投入量相对较大，但晚稻各有机废弃物还田处理土壤水解性氮含量略低于早稻处理；NPK＋BD 处理有效磷含量明显高于其他处理，但是晚稻 NPK＋S、NPK＋CD、NPK＋FD 处理有效磷含量低于 CK 处理，且各处理晚稻有效磷含量也低于早稻，说明沼渣的供磷能力较好，稻草、牛粪、菌渣相对较差；而 NPK＋BD 处理速效钾含量比 NPK＋S、NPK＋CD、NPK＋FD 处理低，除 NPK＋S 外，其他有机废弃物还田处理晚稻速效钾含量要低于早稻，这和水解性氮、有效磷变化趋势基本一致，可能是晚稻产量较高，对养分的吸收量较大等原因所致。总体而言，稻田有机物料循环利用模式与单施化肥相比显著提高了土壤有效养分含量，但与稻草还田间无明显差异。

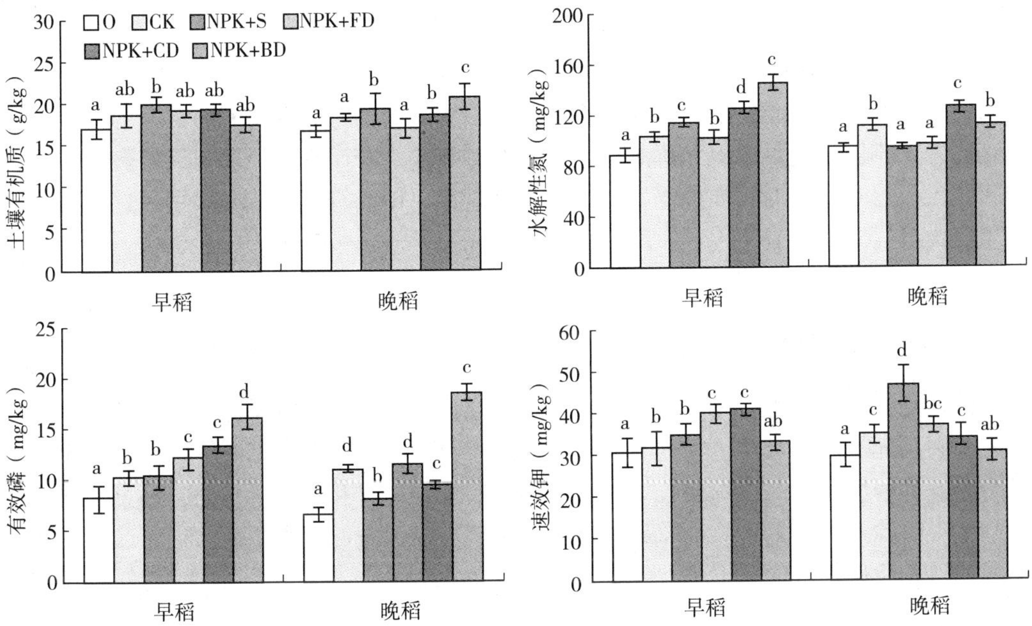

图 21－1　稻田有机物料循环利用模式对土壤养分的影响

（2）对水稻产量的影响　由表 21－6 可知，早稻和晚稻的 O 处理稻谷产量（减少 40％以上，与其他处理达到显著性差异）最低。尽管稻田有机物料循环利用模式（NPK＋FD 处理、NPK＋CD、NPK＋BD 处理）的化肥施用量只有单施化肥处理的 90％和 80％，从产量方面来看，早稻略有减产，晚稻略有增产，差异不显著；与传统的稻草直接还田方式相比（NPK＋S），早、晚稻产量均无显著差异。

表 21-6　稻田有机物料循环利用模式对水稻产量和稻田效益的影响

处　理		平均产量 (kg/hm²)	总收入 (元/hm²)	投入成本 (元/hm²)	实际收入 (元/hm²)	产投比
早稻	O	3 333	5 833	0	5 833	—
	CK	7 083	12 396	1 770	10 626	6.00
	NPK+S	7 058	12 352	1 606	10 747	6.69
	NPK+FD	6 967	12 192	1 606	10 586	6.59
	NPK+CD	6 850	11 988	1 420	10 568	7.44
	NPK+BD	6 925	12 119	1 420	10 699	7.53
晚稻	O	3 867	7 733	0	7 733	—
	CK	7 642	15 283	1 918	13 366	6.97
	NPK+S	7 650	15 300	1 724	13 576	7.88
	NPK+FD	7 567	15 133	1 724	13 410	7.78
	NPK+CD	7 767	15 533	1 530	14 003	9.15
	NPK+BD	8 033	16 067	1 530	14 537	9.50

注：早稻谷以价格 1.75 元/kg，晚稻谷价格以 2.0 元/kg 计算。本试验由于各小区农药、劳力等成本相同，投入成本只计算了化肥成本，实际收入＝总收入－投入成本，总收入＝总产量×稻谷价格。

3. 经济效益与推广利用前景　无论从稻田实际收入还是产投比而言，稻田有机物料循环利用模式都要显著高于单施化肥的管理方式，特别是晚稻，其效果更明显。与稻草直接还田的管理方式相比，过腹还田和沼渣还田方式的实际收入和产投比显著提高，菌渣还田方式的实际收入虽然略低，但其产投比显著高于稻草直接还田的管理方式。表明稻田有机物料循环利用模式可以减少化肥使用量，降低稻田生产成本，从而带来更好的经济效益，在南方水稻产区具有较好的推广应用前景。

四、稻—鸭共作复合生态模式

该模式能把种植水稻与鸭子养殖人为地组合在同一生态系统中，利用稻田的立体空间，达到充分利用光、热、水及生物资源的目的，同时也增加了稻田生态系统的能量产出。稻—鸭复合生态种养模式是一种发展已久的稻田综合利用方式，利用鸭子好动、勤觅食的生活习性，产生中耕除虫的效果，减少农药、除草剂对环境的污染；同时稻鸭共生，改善了水稻群体的通风透光条件，增加了土壤有效养分，促进了水稻的生长发育，实现鸭促稻、稻护鸭，稻鸭双丰收。

1. 具体操作方式　抛秧后在稻田四周围围网（高 50～60cm 左右，以防止鸭跑出稻田），$0.2hm^2$ 左右为一个围网单元。大约在抛秧后 10d，即水稻返青后，放入雏鸭，每亩放鸭的数量 20～25 只。自此，让鸭群一天二十四小时生活在稻田中，每天仅给鸭子补充少量的饲料，直到水稻抽穗扬花时才把鸭子赶出稻田。在这段时间里，不施任何化肥和农药，完全利用鸭子来吃草、捕虫、施肥、中耕，改善稻田生态环境以及刺激水稻生长等。

2. 地力提升效果　稻鸭共作复合生态模式与常规管理方式相比，土壤有机质及养分含量均有不同程度的增加，土壤容重亦有所下降（表 21-7）。

表 21-7　稻鸭共作复合生态模式对土壤肥力的影响

处　　理		有机质 (g/kg)	全氮 (g/kg)	碱解氮 (mg/kg)	速效磷 (mg/kg)	速效钾 (mg/kg)	容重 (g/cm^3)
早稻	稻鸭共作	39.4	2.19	198.5	68.7	131.5	0.926
	常规管理	30.5	1.90	181.2	66.2	103.2	0.936
晚稻	稻鸭共作	40.9	2.19	191.2	42.4	106.8	0.980
	常规管理	36.8	2.13	180.4	38.7	86.6	0.990

根据表 21-7 的结果，在稻鸭共作复合生态模式下土壤有机质含量增加 4.16～8.92g/kg，差异极显著，土壤全氮增加 0.063～0.287g/kg，碱解氮、速效磷、速效钾的含量分别增加 10.71～17.31mg/kg、2.53～3.75mg/kg、20.23～28.22mg/kg，早、晚稻速效钾含量差异均达到极显著水平。

稻鸭共作复合生态模式下水稻产量可达 4 500～5 400kg/hm^2 或以上（经试验研究，如果抛植足够数量的基本苗和田间管理得当，水稻产量可高达 6 000kg/hm^2 以上），与常规管理方式下（稻谷产量 4 500～6 000kg/hm^2）产量相差不大。但水稻品质显著改善，稻鸭共作水稻基本无农药污染，属无公害食品。

3. 经济效益与推广应用前景　从资金投入来看，对于常规管理方式，化肥、农药占总投入的 82%；而对于鸭稻共作复合生态模式，其投入则主要用于购买塑料网、鸭苗、饲料等，约占总投入的 85% 以上。从系统产出来看，常规管理方式仅产出水稻，按产量 4 500kg/hm^2，早晚稻平均单价 1.85 元/kg 计算，单季水稻产值为 8 325 元；对于稻鸭共作复合生态模式，水稻按同等价格和产量计算，单季产值为 8 325 元，加上鸭的产值 3 600 元，总收入 11 925 元。扣除成本，常规稻作单季稻净收入 6 725 元，稻鸭共作复合生态模式净收入 7 525 元。稻鸭共作复合生态模式每公顷单季净收入超出常规管理方式 800 元。同时，稻鸭共作复合生态模式生产出来的稻米为绿色健康食品，若按绿色食品价格高出同类商品 20%的市场价格计算，则稻鸭共作复合生态模式比常规管理方式的每公顷单季净收入增加 2 000 元以上。同时，稻鸭共作复合生态模式产生的生态环境效益和社会效益更是无法估量。总体上看，稻鸭共作复合生态模式的经济效益要高于常规管理方式，在南方水稻产区具有良好的推广应用前景。

五、淹育稻田改种旱作模式

随着现代农业的快速发展和生产力水平的逐步提高，农业结构调整不断深入，对区域农业经济发展和农民增收产生了十分深远的影响。我国南方红壤区以双季稻为中心的种植制度，对保证区域粮食供应实现基本自给、丰年有余的历史性转变发挥了重要作用。但是，部分稻田，特别是水分供应保证率较低的淹育稻田，单位面积稻谷产量很低，生产效益不高，已严重制约了所在区域农业和农村经济的快速发展。因此，急需对该类型稻田的种植制度进行改革，优化种植结构。在当前红壤地区土壤、气候条件和农业耕作水平下，建立淹育稻田改种旱作模式，将生产力水平和产量较低的淹育稻田改为旱地或实行水旱轮作，有利于种植业结构调整和最大限度地发挥土地的生产力水平。

1. 对地力的提升效果　通过田间定位试验的方法，选择生产力水平较低的淹育稻田，以传统的双季稻+绿肥的种植制度为对照（Ⅰ），设置牧草种植（牛鞭草，Ⅱ）、水旱轮作（亚麻或洋葱—中稻，Ⅲ）和旱作（高粱或玉米—马铃薯，Ⅳ）等处理，比较了不同处理土壤理化性质、作物产量等的变化。试验期间，作物生长的施肥和管理按照当地习惯进行。

（1）对土壤有机质和养分等的影响　从表 21-8 结果可以看出，不同处理下由于作物类型、水分管理及耕作方式等的差异，耕层土壤的 pH 和养分含量均与试验前出现了一定差异。从土壤 pH 的情况看，除水旱轮作处理较试验前略有下降（幅度仅 0.01 个 pH 单位）外，其余处理均有不同程度的上升，其中上升幅度最大的是牧草处理，增加了 0.61 个 pH 单位；其次是稻—稻—紫云英处理，增加 0.43 个 pH 单位；旱作处理亦较试验前增加了 0.10 个 pH 单位。各处理土壤有机质含量变化情况，稻—稻—紫云英处理较试验前增加 1.3g/kg，上升 4.58%，旱作处理增加了 0.6g/kg，上升 2.11%，但牧草处理则较试验前减少 5.6g/kg，降低 19.72%，水旱轮作处理减少 1.0g/kg，降低 3.52%，这种现象值得引起重视。牧草处理土壤有机质下降幅度较大，可能与该处理下牧草生长较快、收割时留茬短、地上部分残留少，以及土壤处于好气状态、有机质分解较快等因素有关。

表 21-8　不同处理试验前后耕层土壤 pH、有机质和养分含量比较

处理	项目	pH	有机质 (g/kg)	全氮 (g/kg)	全磷 (g/kg)	全钾 (g/kg)	碱解氮 (mg/kg)	速效磷 (mg/kg)	速效钾 (mg/kg)
试验前	含量	5.26	28.4	1.52	0.47	15.2	137.3	15.3	80.0
Ⅰ	含量	5.69	29.7	1.71	0.47	14.1	119.0	8.7	45.7
	±CK	0.43	1.3	0.19	0	−1.1	−18.3	−6.6	−34.3
Ⅱ	含量	5.87	22.8	1.46	0.56	12.4	126.5	19.7	60.2
	±CK	0.61	−5.6	−0.06	0.09	−2.8	−10.8	4.4	−19.8
Ⅲ	含量	5.25	27.4	1.53	0.51	14.5	124.2	16.8	53.0
	±CK	−0.01	−1.0	0.01	0.04	−0.7	−13.1	1.5	−27.0
Ⅳ	含量	5.36	29.0	1.67	0.40	14.4	128.8	10.1	45.7
	±CK	0.10	0.6	0.15	−0.07	−0.8	−8.5	−5.2	−34.3

注：表中各处理代号：Ⅰ为稻—稻—紫云英；Ⅱ为种植牧草；Ⅲ为水旱轮作；Ⅳ为旱作，下同。

不同耕作模式下，土壤全氮含量除种植牧草处理较试验前有所下降（减少 0.06g/kg、降低幅度为 3.95%）外，其他各处理均较试验前有不同程度的增加。其中增加幅度较大的是稻—稻—紫云英处理，增加 0.19g/kg，上升 12.50%；旱作处理增加 0.15g/kg，上升 9.87%；水旱轮作处理则仅增加 0.01g/kg，与试验前基本持平。不同处理下土壤碱解氮含量与试验前比较则均有所下降，其原因可能在一定程度上与取样时间、两次分析间的误差等有关。上述结果说明，试验所设计的氮肥施用量能基本满足作物对氮素养分的需要，从而使土壤氮素大致保持平衡。

土壤全磷含量牧草处理较试验前含量增加 0.09g/kg，提高 19.15%，水旱轮作处理亦较试验前增加 0.04g/kg，提高 8.51%，稻—稻—紫云英处理基本维持原水平，而旱作处理则较试验前减少 0.07g/kg，下降 14.89%；土壤速效磷牧草和水旱轮作两处理分别较试验前提高 28.76%、9.80%，稻—稻—紫云英和旱作处理则较试验前下降 43.14%、33.99%。不同处理磷素含量的变化，除可能与作物对磷素的需要量及土壤水分状况（有效磷）有关外，还可能与作物根系的活动等有关，其具体机制尚有待进一步研究。

从各处理土壤钾素的变化看，与试验前比较，所有处理的全钾和速效钾含量均出现了不同程度的下降，其中全钾含量以牧草处理下降最多，较试验前下降了 18.42%，速效钾含量以稻—稻—紫云英和旱作处理下降幅度较大，较试验前均下降了 42.88%，说明本试验所设计的钾素养分施用量，可能尚难以满足作物对钾素的需要，从而导致土壤中钾素的亏损。在现有耕作管理水平下，如何通过各种有效措施减少土壤中钾素的损耗，可能是当前和今后一段时间内我国农业发展的重要课题。

本研究中，在系统分析了不同处理对土壤养分变化影响的基础上，为了进一步探讨淹水稻田改种旱作对土壤肥力影响的机制，对试验前后耕层土壤腐殖质的组成进行了相应分析，其结果如表 21-9 所示。

表 21-9　不同处理下耕层土壤的腐殖质组成

处　理	有机质碳 (g/kg)	腐殖酸碳 (g/kg)	胡敏酸碳 (g/kg)	富里酸碳 (g/kg)	胡敏素碳 (g/kg)	HA/FA	胡敏酸碳/腐殖酸碳（%）	腐殖酸碳/有机质碳（%）
试验前	16.5	5.06	1.64	3.42	11.41	0.48	32.41	30.72
Ⅰ	17.2	5.21	1.73	3.48	12.03	0.50	33.23	30.21
Ⅱ	13.2	4.53	1.73	2.80	8.69	0.62	38.19	34.26
Ⅲ	15.9	5.01	1.73	3.27	10.88	0.53	34.53	31.52
Ⅳ	16.8	5.21	1.30	3.91	11.61	0.33	24.92	30.95

注：TOC 为有机质碳，HAS 为腐殖酸碳，HA 为胡敏酸碳，FA 为富里酸碳，HC 为胡敏素碳。

从表 21-9 的结果看，各处理土壤有机质碳含量与土壤有机质的变化是完全一致的。从各处理土壤腐殖质组成看，稻—稻—紫云英和旱作两处理腐殖酸碳含量均较试验前增加 0.15g/kg，提高了 2.96%，水旱轮作处理基本与试验前持平，而牧草处理则较试验前减少 0.53g/kg，降低了 10.47%。各处理胡敏酸碳含量除旱作处理较试验前减少 0.34g/kg，降低 20.73%外，其他处理均增加了 0.09g/kg，提高 5.49%。各处理富里酸碳含量与试验前比较，旱作、稻—稻—紫云英两处理分别增加 0.49 和 0.06g/kg，提高幅度达 14.33%和 1.75%；牧草和水旱轮作两处理则分别下降了 0.62 和 0.15g/kg，下降幅度达 18.13%和 4.39%。各处理胡敏素碳的含量与试验前比较，稻—稻—紫云英处理增加了 0.62g/kg，提高 5.43%，牧草处理下降 2.72g/kg，降低了 23.84%。旱作条件下土壤中富里酸碳含量增加较多，而胡敏酸碳则下降较大，可能与好气条件下土壤中部分分子量较大的胡敏酸分解成低分子量的富里酸，以及土壤中新形成的腐殖质主要为富里酸等因素有关；牧草处理下富里酸碳含量下降较大，可能主要与土壤有机质含量下降、新形成腐殖质较少，以及富里酸分解等密切相关。

同时，从表 21-9 还可以看出，耕层土壤腐殖质组成中，各处理腐殖酸碳含量占有机质碳总量百分数为 30.21%～34.26%，牧草处理最高，稻—稻—紫云英处理最低，但与试验前比较仅牧草和水旱轮作处理有一定幅度的提高；胡敏酸碳含量占腐殖酸碳总量百分数为 24.92%～38.19%，牧草处理最高，旱作处理最低，且该两处理与试验前比较的变化幅度也较大；HA/FA 比值为 0.33～0.62，牧草和水旱轮作处理分别较稻—稻—紫云英高 24.00%和 6.00%，旱作处理却较稻—稻—紫云英下降 34.00%，且与试验前比较降低了 0.15，下降幅度达 31.25%。上述结果表明，牧草处理和水旱轮作处理土壤的腐殖化程度较高，且有较好的腐殖质品质，但是，由于这两个处理的有机质含量反而较试验前有所下降，因此，这种结果是否有利于土壤肥力的发展尚待进一步探讨。

（2）对土壤剖面构型等的影响　研究结果表明，在 CK、稻—稻—紫云英、改种牧草、水旱轮作、旱作等不同处理下，由于土壤水分状况、作物类型和生长状况及管理等方面的差异，最终也在一定程度上导致了土壤剖面出现不同程度的分化，即土壤层次分布等出现了一定差异。根据连续 3 年田间试验后的剖面观测结果，上述不同种植制度下土壤的剖面结构出现了一定差别（图 21－2）。

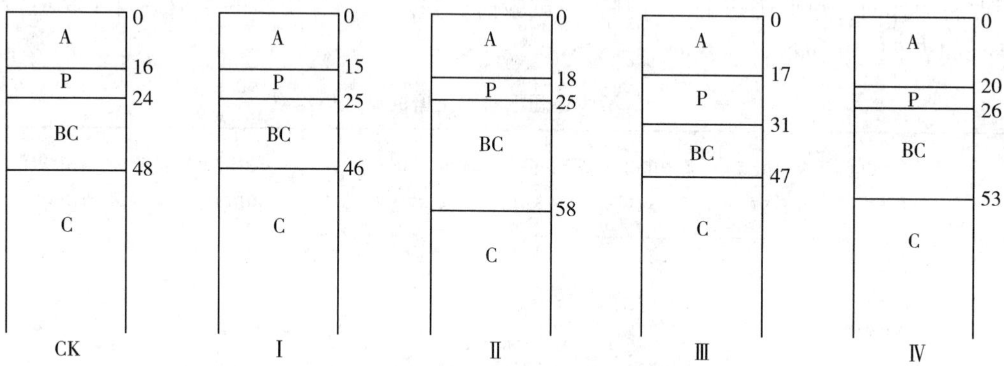

图 21－2　不同处理下土壤剖面构型的变化

注：图中 CK 代表试验前土壤，其余同前。

从图 21－2 不同处理剖面层次的变化来看，在耕作制度不改变（即稻—稻—紫云英处理）的前提下，土壤剖面构型与试验前基本未发生变化，但其他各处理则与试验前均有一定差别。其中，种植牧草处理 A 层（即耕作层，下同）加厚 2cm，P 层（即犁底层，下同）减少 1cm，BC 层（过渡层，下同）加厚 9cm；水旱轮作处理 A 层加厚 1cm，P 层加厚 6cm；种植旱作处理 A 层加厚 4cm，P 层减少 2cm，BC 层加厚了 3cm，但稻—稻—紫云英处理的土壤剖面构型则基本没有变化。这种结果说明，由于不同种植制度下的水分状况及田间管理方式等方面的差异，同时也对土壤剖面发育带来了相应的影响。在种植牧草处理下，由于牧草根系生长好，在表层土壤中根系残留多，且土壤湿度较大，周年变化较小，土层翻耕较少等，因此，A 层土壤厚度有一定增加，BC 层土壤亦稍有加厚；水旱轮作条件下，受作物根系活动及旱作翻耕等的影响，尽管 A 层厚度增加不大，但 P 层厚度增加较多，且该层土壤的紧实度较其他处理有较大降低；而在旱作条件下，由于土壤在全年基本不淹水，且种植旱作时翻耕较深，因此，A 层厚度增加较多，P 层厚度则大大变薄，加上作物根系活动等原因，BC 层厚度亦有所变化。

（3）对土壤粒径分布等的影响　在土壤剖面结构出现差别的同时，不同处理下土壤的粒径分布亦出现了较大差异。从表 21－10 结果看，与试验前比较，除稻—稻—紫云英处理变化幅度较小外，其他三处理均出现了一定的变化。各处理间比较，干筛法测定结果中差异较大的是 4.75～8mm 粒径的颗粒含量，较高的旱作处理达到 18.23%，最低的牧草处理则仅为 13.51%，两处理间相差 4.72 个百分点，且与试验前比较的变幅也最大；其次是 0.3～0.5mm 粒径的颗粒含量，最高的水旱轮作处理达 12.22%，最低的牧草处理为 8.49%，同样与试验前有较大变化。而 2.8～4.75mm、2.0～2.8mm、1.0～2.0mm、0.5～1.0mm 粒径土壤颗粒的含量尽管有所差异，但相互间的差别相对较少。各处理>2.0mm 粒径土壤颗粒含量仅旱作处理超过50%，为50.85%，而所有处理中水旱轮作处理最低仅46.24%，比试验前减少了2.79%，说明在种植旱作条件下可能有利于土壤中大粒径团聚体的形成，而在水旱轮作条件下则较不利于形成大粒径团聚体。

表21-10　不同处理下耕层土壤的颗粒分级结果

土壤颗粒分级		处理代号				
		试验前	Ⅰ	Ⅱ	Ⅲ	Ⅳ
干筛分级	8～4.75mm	15.76	16.04	13.51	15.51	18.23
	4.75～2.8mm	20.31	20.74	22.91	19.13	20.45
	2.8～2.0mm	12.96	12.41	12.88	11.61	12.18
	2.0～1.0mm	19.77	20.00	21.14	19.69	20.17
	1.0～0.5mm	14.90	14.51	13.42	14.15	13.23
	0.5～0.3mm	9.56	9.63	8.49	12.22	8.84
	＜0.3mm	6.74	6.66	7.65	7.70	6.92
	＞2.0mm (%)	49.03	49.20	49.30	46.24	50.85
	＜2.0mm (%)	50.97	50.80	50.70	53.76	49.15
湿筛分级	8～4.75mm	10.43	11.05	10.66	12.59	15.70
	4.75～2.8mm	17.55	15.24	18.33	16.43	18.93
	2.8～2.0mm	9.66	9.34	8.12	7.76	9.96
	2.0～1.0mm	16.91	17.03	14.28	13.24	16.42
	1.0～0.5mm	12.02	12.58	11.19	11.42	11.54
	0.5～0.3mm	5.98	6.50	5.03	7.09	5.28
	＜0.3mm	27.45	28.25	32.39	31.47	22.19
	＞2.0mm (%)	37.64	35.64	37.11	36.78	44.58
	＜2.0mm (%)	62.36	64.36	62.89	63.22	55.42
干筛平均重量粒径（mm）		2.54	2.56	2.50	2.45	2.67
湿筛平均重量粒径（mm）		1.97	1.92	1.93	1.97	2.34
水稳性结构商（SQ）		85.88	77.06	87.27	95.86	153.00

注：土壤水稳性结构商（SQ）≥2mm团粒（%）/（干筛平均重量粒径－湿筛平均重量粒径）。

进一步分析各处理土壤湿筛法的测定结果，可以发现不同处理间土壤颗粒的粒径分布亦出现了一定差异。其中差异较大的是＜0.3mm粒径的颗粒含量，种植旱作最低仅22.19%，较试验前减少了5.26%；种植牧草时最高达32.39%，较试验前增加了4.94%；其次是4.75～8.0mm粒径的颗粒含量，种植旱作处理下较高达15.70%，较试验前增加了5.27%；种植牧草处理下较低仅10.66%，与试验前比较基本没有改变。各处理＞2.0mm粒径土壤颗粒含量最高为旱作处理达44.58%，较试验前增加了6.94%；最低为稻—稻—紫云英仅35.64%，水旱轮作下亦仅36.78%，均较试验前有所减少；而＜2.0mm粒径的颗粒含量则与之相反。这种结果进一步说明，在种植旱作条件下有利于土壤中形成颗粒较大的团聚体，而水旱轮作则较不利于土壤形成较大粒径的颗粒。

从表21-10结果还可以进一步看出，各处理干筛平均重量粒径（DMWD）比较，水旱轮作和牧草两处理均较实验前有所下降，其中水旱轮作处理下降了0.09mm，降低3.54%，牧草处理下降了0.04mm，降低1.57%；而稻—稻—紫云英和旱作处理则均较试验前有所提高，其中稻—稻—紫云英处理上升0.02mm，提高0.79%，旱作处理上升0.13mm，提高5.12%。各处理湿筛平均重量粒径（WMWD）的变化与干筛结果有一定差异，仅旱作处理有较大幅度增加，比试验前上升了0.37mm，提高18.78%；水旱轮作处理与试验前持平；稻—稻—紫云英和牧草两处理则均有不同程度的下降。各处理土壤水稳性结构商（SQ）与试验前比较，水旱轮作和旱作两处理均有一定幅度增加，其中旱作处理增加最多达67.12，提高78.16%，水旱轮作处理增加9.98，提高11.62%；牧草处理增加1.39，提高1.62%；稻—稻—紫云英处理则较试验前减少8.82，降低10.27%。根据上述结果，可以初步认为稻田改制，特别是改制为种植旱地作物，确实有利于土壤水稳性团聚体的形成，改善土壤结构。

（4）作物产量和经济效益分析　由于作物差异较大，难以进行产量比较，通过价格计算效益进行处理间比较（表21-11）。

表21-11　淹育稻田改种旱作后作物产量和经济效益比较

处理	作　物	产量（kg/hm²）			2003—2005年总产值（元/hm²）	2003—2005年总投入（元/hm²）	产投比
		2003	2004	2005			
对照	早稻（干重）	5 249.5	5 284.0	5 791.5	136 412.1	94 467.4	1.4
	晚稻（干重）	5 892.0	5 786.5	6 218.3			
	紫云英（鲜重）	12 509.5	13 082.0	14 241.8			
牧草	牧草（鲜重）	46 401.5	118 760.5	130 652.3	151 358.1	65 048.6	2.3
水旱轮作	中稻（干重）	6 443.5	7 539.5	7 510.5	183 735.6	92 037.4	2.0
	亚麻（干重）	2 135.5	2 515.5				
	洋葱（鲜重）			18 960.0			
旱作	高粱（鲜重）	4 427.0	5 492.0		179 766.6	103 337.8	1.7
	玉米（干重）			3 546.8			
	马铃薯（鲜重）		24 997.5	11 657.3			

从表21-11结果可以看出，双季稻田改制后各处理的总产值均呈现出不同程度的增加趋势，产投比也相应有不同程度的提高。不同处理3年的总产值比较，对照处理仅136 412.1元/hm²，是所有处理中最低的；而牧草、旱作和水旱轮作3个处理则分别达到151 358.1、179 766.6和183 735.6元/hm²，其增加幅度分别为11.0%、31.8%和34.7%。不同处理的产出投入比比较，对照处理仅为1.4，而牧草、旱作和水旱轮作处理则分别达到2.3、1.7和2.0，即如果按产投比计算，种植牧草处理是各处理中最高的。

2. 适用区域与推广应用前景　从已取得的研究结果来看，淹育稻田改种旱作模式中的种植牧草的产投比相对较高，且可促进畜牧业发展，对调整农业产业结构具有十分重要的意义；水旱轮作的产投比也较高，同时土地休闲时间较长；选择适宜旱作作物进行旱作改制，也可获得较好的经济效益。因此，淹育稻田改种旱作模式，对促进农业产业结构调整，农民增产增效具有积极的作用。然而，必须注意的是，稻作模式是长期实践基础上发展起来的适合南方亚热带地区的耕作制度，同时，当前中国粮食生产形势仍然十分严峻，因此需要在保障粮食安全的前提下，只能针对 5%左右灌溉条件较差、不能满足双季稻蓄水要求的部分淹育稻田推广该模式。

（曾希柏、黄道友、孙楠）

参　考　文　献

高菊生，曹卫东，董春华，等 . 2010. 长期稻—稻—绿肥轮作对水稻产量的影响 [J]. 中国水稻科学，24（2）：672 - 676.

高菊生，曹卫东，李冬初，等 . 2011. 长期双季稻绿肥轮作对水稻产量及稻田土壤有机质的影响 [J]. 生态学报，31（16）：4542 - 4548.

侯光炯 . 1990. 侯光炯土壤学论文选集 [M]. 成都：四川科学技术出版社，22 - 41.

侯红乾，刘秀梅，刘光荣，等 . 2011. 有机无机肥配施比例对红壤稻田水稻产量和土壤肥力的影响 [J]. 中国农业科学，44（3）：516 - 523.

湖南省农业厅 . 1989. 湖南土壤 [M]. 北京：农业出版社，197 - 244.

李明德，吴海勇，聂军，等 . 2010. 稻草及其循环利用后的有机废弃物还田效用研究 [J]. 中国农业科学，43（17）：3572 - 3579.

李庆逵 . 1992. 中国水稻土 [M]. 北京：科学出版社，3 - 55，145 - 332.

全国土壤普查办公室 . 1998. 中国土壤 [M]. 北京：中国农业出版社，705 - 736.

盛良学，黄道友，夏海鳌，等 . 2004. 稻田复种应用经济绿肥效应研究 [J]. 中国生态农业学报，12（3）：109 - 111.

王凯荣，刘鑫，周卫军，等 . 2004. 稻田系统养分循环利用对土壤肥力和可持续生产力的影响 [J]. 农业环境科学学报，23（6）：1041 - 1045.

肖小平，黄凤球，魏湘林，等 . 2007. 湖南双季稻田少免耕栽培保护性耕作技术现状、问题与发展对策 [J]. 湖南农业科学（6）：96 - 100.

熊毅，李庆逵 . 1987. 中国土壤 [M]. 北京：科学出版社，206 - 221.

杨志辉，黄璜，王华 . 2004. 稻—鸭复合生态系统稻田土壤质量研究 [J]. 土壤通报，35（2）：117 - 121.

叶桃林，李建国，胡立峰，等 . 2006. 湖南省双季稻主产区保护性耕作关键技术定位研究 Ⅰ. 稻田不同保护性耕作种植模式作物生长发育状况与经济效益评价 [J]. 作物研究（1）：34 - 39.

袁嫚嫚，刘勤，张少磊，等 . 2011. 太湖地区稻田绿肥固氮量及绿肥还田对水稻产量和稻田土壤氮素特征的影响 [J]. 土壤学报，48（4）：797 - 803.

曾希柏，孙楠，高菊生，等 . 2007. 双季稻田改制对作物生长及土壤养分的影响 [J]. 中国农业科学，40（6）：1198 - 1205.

曾希柏，孙楠，高菊生，等 . 2008. 双季稻田改制对土壤剖面构型及性质的影响 [J]. 应用生态学报，19（5）：1033 - 1039.

曾希柏 . 2003. 红壤化学退化与重建 [M]. 北京：中国农业出版社 .

章家恩，陆敬雄，张光辉，等 . 2002. 鸭稻工作生态农业模式的功能与效益分析 [J]. 生态科学，21（1）：6 - 10.

章家恩，赵美玉，陈进，等 . 2004. 鸭稻工作方式对土壤肥力因素的影响 [J]. 生态环境，13（4）：654 - 655.

图书在版编目（CIP）数据

耕地质量培育技术与模式 / 曾希柏等著 .—北京：
中国农业出版社，2014.2
ISBN 978-7-109-18845-7

Ⅰ.①耕… Ⅱ.①曾… Ⅲ.①耕地管理-研究 Ⅳ.
①F301.21

中国版本图书馆 CIP 数据核字（2014）第 012468 号

中国农业出版社出版
（北京市朝阳区农展馆北路 2 号）
（邮政编码 100125）
责任编辑　贺志清

北京通州皇家印刷厂印刷　　新华书店北京发行所发行
2014 年 6 月第 1 版　　2014 年 6 月北京第 1 次印刷

开本：787mm×1092mm　1/16　　印张：34
字数：815 千字　　印数：1～1 000 册
定价：120.00 元